A HISTORY OF GREEK
PHILOSOPHY

希腊哲学史

（修订本）

第 一 卷

汪子嵩　范明生　陈村富　姚介厚　著

人 民 出 版 社

凡　例

1.本书第一版第一卷成书于 1985 年,1987 年年初出版。为保持全四卷体例的一致,后三卷沿袭第一卷。修订版基本上维持原来的体例。

1.1　全书按编、章、节、小节分目,每编附有一个小结。每卷后面附有书目,人名、神名、地名等译名的对照表。修订版还增加了索引。

1.2　书目仅列举撰写中参阅过的。

1.3　按当时的通例,凡外文参考书按姓、名、书名、版本、出版社、年代次序列述,同时译为中文,作为"书目"附于该卷之后。在脚注中仅出现作者姓氏、书目和页数,个别同姓氏而本书都加以引证者,则姓与名同时出现于脚注中。如第四卷中研究原子论的 M.F.Smith,研究晚古哲学的 A.Smith,研究教会史的 J.L.Smith。

1.4　考虑到我国读者难以找到外文资料,所以脚注中除个别国际通用的文献篇名、残篇或纸草文书用英文或拉丁化希腊名称外,一律译为中文。

1.5　涉及汉文古籍时遵照中国习惯列注人物与篇名。

2.受研究对象的制约,本书涉及大量外文资料,原则上遵循海外通例,个别依我国实际情况做些变更。

2.1　Diels 和 Kranz 编的《苏格拉底之前哲学家残篇》,按人物列章目,内分:A.后人记述;B.残篇;C.疑伪资料。本书按国际惯例在行文中注释,如"DK22B49"指该书第 22 章赫拉克利特的残篇第 49 条。

2.2　柏拉图著作按 1578 年斯特方(Stephan)的编目,每页分 A、B、C、D、E

五栏(有的为四栏)。如 189D 指斯特方标准页《柏拉图著作集》第 189 页 D 栏。由于斯特方之后人们发现柏拉图著作的成书时间并非 16 世纪人们排定的次序,所以《柏拉图全集》各篇的斯特方标准页是不连贯的。如 Timaeus 篇,后人考证为后期著作,斯特方以为是早期的,标准页为 17A—92D。

2.3 亚里士多德的著作按国际惯例采用 1831—1870 年贝刻尔(Bekker)的《亚里士多德著作集》标准页,每页分 a、b 两栏。如"980a 20"指贝刻尔标准页第 980 页 a 栏第 20 行。按惯例,用小写字母。

2.4 古希腊和罗马帝国时期的古代文献,由美国哈佛大学 Loeb 发起和主持,汇编成希英对照和拉英对照两个系列,本书撰稿期间共出版 476 册,之后又有些增补。本书注释通用《洛布希英对照古典丛书》和《洛布拉英对照古典丛书》,在前后文明示所引著作属希英对照或拉英对照情况下,简称《洛布丛书》或《洛布古典丛书》。

2.5 人名、地名中译,基本上采取古希腊语拉丁语的音译。有的按约定俗成处理,如西塞罗,按拉丁语发音,"Cicero"为"Kikero",目前都用英译发音。

目　录

第一编　米利都学派

3

第三编　赫拉克利特的哲学

第四编　爱利亚学派

―――――――――――――――――――――――――――― 附　录

Contents

———————————————————— Part I The Milesians

Part III The philosophy of Heraclitus————————————

Part V Natural Philosophers Living in the
Last Half of the Fifth Century B.C.

Appendix ──────────────────────────────

❀ 再版序言 ❀

汪 子 嵩

《希腊哲学史》全四卷分别于 1987、1993、2003、2010 年出版。为保持全书格式的统一,其他各卷大体上按第一卷的体例执行。时隔近三十年,从出版社到作者,不由得产生某种共鸣式的冲动。出版社想在装帧、排版、格式方面"旧貌换新颜",作者想积 30 年研究的经历,利用迄今为止掌握的资料和海内外学术界研究成果,做一个较完善的修订本。然而"心想事成"对我们六位原作者而言,仅是个美好的梦想。现实一些,统一全书个别前后不一的译名,更正个别差错或措词,按国际出版惯例增加一个各卷人名、地名、术语索引,这是做得到的。2011 年 9 月哲学编辑室主任方国根向我们转达人民出版社领导决定出全四卷《希腊哲学史》新版的消息,考虑到作者的现实条件,新版不作大的修订,仅作个别更正,统一译名和注释规格,增加索引。

现作如下说明:

1.再版的格式、译名、注释方式仍以第一卷为基础。特别是外文资料的注释,现在通行的方式是用原文全称或缩写。我们当时考虑到中国读者的情况,都用统一的中译文注释,书后附上译名一致的参考书目。此次再版不做大的更动。四卷中人名、地名、书名中译不一致者一般以第一卷为基础,个别采用后两卷的翻释。例如,地名帕伽马、帕加马、柏加玛,一律采用帕伽马;人名如斐洛、菲洛,一律用斐洛;奥利金、俄里金,一律用奥利金,这是教会史、基督教史方面比较通用的译名。姓名同一者,前面另加学派或地名,如同《著名哲学家的生平和著作》的作者第欧根尼·拉尔修同姓者有好几个,分别译为犬儒的第欧根尼即辛诺普的第欧根尼、阿波罗尼亚的第欧根尼、巴比伦的第欧根尼、塞留西亚的第欧根尼、奥依诺安达的第欧根尼。

2.四卷本原稿从撰稿人、统稿者到责任编辑、编辑室主任,经过好几道手续,此次复查,差错率极小,但是总免不了个别表述或打印方面的差错。人民出版社哲学编辑室,在方国根主任带领下,几人把关,作了更正。撰稿人和读者发现的差错,趁此机会也予以更正。

3.考虑到本书是研究外国哲学的,关于专门术语,从作者到读者都比较熟悉英译,所以索引的排序不用汉语拼音,而用英语字母顺序。索引的格式与海外通例一致。重要的、多次出现的专门术语按内容分类。

4.有关再版的具体工作委托浙江大学陈村富教授负责。索引是王晓朝教授安排他指导的博士后陈玮帮忙做的。周展、陈越骅分别承担第四卷和第一、二、三卷的英文目录。刘永亮、尚万里、徐晓燕承担了核查注释、统一体例等方面许多烦琐而又细致的具体工作。浙江大学还提供了"中央高校基本科研业务费专项资金"的资助。在此均表谢意。

5.《希腊哲学史》是1980年国家社科基金立项的多卷本《西方哲学史》之一。之后《希腊哲学史》第四卷、全四卷《希腊哲学史》新版(原名称"四卷本《希腊哲学史》导读及专题研究")又陆续获得国家社科基金的项目资助,其中第四卷还获得浙江省社科规划办重大项目的资助。在此对上述机构表示诚挚的谢意。

在新版《希腊哲学史》出版之际,自然想到始终如一为我们创造出版条件的人民出版社从社长到编辑以及校对和设计的整个团体。刚完成第四卷接着就出全四卷的新版,是我们做梦都想却不好意思开口的事。初版的四卷五大册,5千多页,而且前两卷当时还没有电子版,工作量可想而知。哲学编辑室主任方国根动员全室力量,各抱一卷重新过目一遍,统一全书格式,耗时一年多成就了这番事业。一个出版社找几位敬业精神的典范不难,难得的是从上到下,从老一代、第二代到第三代几十年如一日持奉这种敬业精神。我们在为人民出版社建社纪念而撰写的《图书出版业的守护神和常青藤》中倾诉了我们二十多年积累的感受。刻书与收藏起源于古巴比伦和亚述。Nabu是一位刻印楔形文字泥版文书的高手,一生兢兢业业。在

Borsipa 完成了大量口传史诗、铭文、赦令和星相学、天文学的刻印与维护，死后被奉为守护神。之后在 Ashur、Calah、Nineveh 也被奉为刻印业的守护神。近现代发掘的大量楔形文字泥版文书就是在这些地方。后来的希腊人发扬了这个传统。古代各行各业的守护神，其实就是人的敬业精神和理想的外化与升华，是一种象征，一种符号，代表某种行业、职业的精神、力量、戒律和守则。常青藤是古希腊酒神的生命不息的象征。本书的再版，再现了这种出版行业的守护神 Nabu 的精神。

借此机会，以我们六位撰稿人的名义，向出版社领导、哲学编辑室历任主任、本书责任编辑、校对、美术设计人员以及所有为本书劳心给力的朋友们致以崇高的敬意！

2011 年 12 月

我们着手编写的是一部预定为四卷本的古代希腊哲学史。编写这样多卷本的断代西方哲学史，在国内还是第一次尝试。我们打算怎么写，写成一部什么样的哲学史？必须先简单谈谈我们对哲学史的一些看法。

一

哲学史，顾名思义就是哲学发展的历史。古代希腊哲学史是西方哲学开始产生和早期发展的历史。它是人类认识历史的一部分，在人类认识史特别是西方文化发展史上占有相当重要的位置。我们就是想将这一部分人类认识的历史写出来。

人类的认识是不断发展变化的。从总的方向说，认识是往前进的，从简单到复杂，从幼稚到成熟，从比较不正确到比较正确。但是认识发展的情况又是错综复杂的，在前进过程中往往出现曲折反复和倒退。哲学的发展过程也是如此。我们写哲学史就是要写哲学认识的这种发展过程。

这点看法本来可以说是哲学史的应有之义，凡是写哲学史的人绝大多数是将哲学史当作哲学认识发展的历史来写的。我们现在所以要重申和强调这一点，主张将哲学史当做人类认识发展的历史来写，主要是因为在过去相当长一段时间内，这种看法曾经遭到错误的批判，要以另外一种所谓哲学史的定义来指导研究哲学史，要将哲学史写成唯物论和唯心论斗争的历史；其实践结果便是将哲学史研究搞成简单化、庸俗化,违背了实事求是的科学态度,使学习哲学史不但不能提高人们的理论思维能力,反而造成适得其反的结果。

人类认识是发展的,物质和精神的关系这个哲学问题也有它发生和发展的历史。本书将以大量材料说明:在古代希腊的哲学家中,开始时分不清物质和精神的区别,后来逐渐将二者区别开来,但还常有混淆不清的情况。早期的希腊哲学家没有留下完整的著作,只有一些残篇;从这些残篇可以看到,在同一个哲学家的思想中,有些可以说是唯物论的,有些却是唯心论的,并不是前后始终一致的。后来的一些哲学家,特别像柏拉图和亚里士多德这样影响很大的哲学家,他们留下的著作很多,我们必须从中研究分析他们的思想。本书第二、三卷将以资料表明:柏拉图虽然从总体上可以说是一个坚定的唯心论者,但在他的著作中也提出过一些重要的唯物论思想,如在《泰阿泰德篇》中提出的"蜡块说";亚里士多德的情况更为复杂,在他的著作中有些表现明显的唯物论倾向,有些则表现浓厚的唯心论色彩。对许多哲学家都不能简单地归结为唯物论者或唯心论者了事,而是应该对他们的著作进行具体分析,才能够将哲学史上的复杂事实作出比较实事求是的解释。

哲学思想的发展必然受到社会客观条件的制约,往往受政治和经济关系的影响,但是这个问题也不能简单处理。社会上各种关系是有不同层次的,哲学作为最抽象的思想领域,离开政治和经济基础最远,受到其他因素的影响因而发生的偶然性也最多。我们研究哲学史时可以发现:每当社会经济政治发生激烈转变和动荡的时候,它们对哲学的直接影响就比较明显。在古代希腊哲学的发展过程中我们可以指出两次这样的情况:一次是公元前5世纪开始的,以雅典为中心的智者运动的兴起是和当时民主制的兴盛直接有关的;另一次是在亚历山大帝国分裂以后,后期希腊哲学讨论的主题比较集中于伦理问题,产生折衷主义和怀疑论等等思想,可以从当时由希腊到罗马的奴隶制的发展变化中找到原因。虽然如此,要是想为每一种哲学理论寻找政治和经济上的直接原因,也必然是徒劳的。如果采取过去常用的那种"阶级分析"的方法,断定凡是唯物论哲学家必然属于工商奴隶主民主派,是进步的;凡是唯心论哲学家则必然属于反动的奴隶主贵族。这种二分法比解一个最简单的一次方程式更为容易,可惜它并不科学。

希腊的民主制在历史上当然起过重要的进步作用,但它终究是奴隶主的民主制,它本身有从兴起到鼎盛到衰落的发展过程。当民主制在雅典发展到最完备的时候,它本身的种种弊端也暴露出来了。当时一些哲学家如柏拉图等人对民主政治提出批评,我们怎么能简单地斥之为反动呢?对于古代希腊所称的贵族也要具体分析,有些是原来氏族制的世袭贵族,有些却是希腊人往海外建立殖民城邦时组织和率领群众的领袖人物,也被称为贵族,他们往往是赞成发展工商业的。"贵族政制"(aristocracy)原来的希腊词义就有由具有才德的人统治的意思,相当于"贤人政制",柏拉图和亚里士多德将这种政制说成是他们理想的政治制度,显然不能和歌颂反动的贵族统治一概而论。在哲学和政治之间不能简单地画等号,错误的哲学理论在政治上并不一定都起反动作用。最明显的例子是智者,他们的哲学思想是感觉主义、相对主义和怀疑论,但是他们的理论在推动当时的民主制度的发展上却确实起过进步作用。

研究古代的希腊哲学和研究近代哲学不同,其中主要之点在于古代的历史资料不够完整。我们对古代希腊社会的政治经济情况从总的方面说是大体了解的,但古代希腊世界范围很大,各地发展很不平衡,在数以百计的希腊各城邦间政治经济发展情况有很大差异,它们各自的具体情况是我们今天很难了解的。在不同城邦活动的不同的哲学家的生平,极大多数也只有片段的零碎材料,其中有些还是相互矛盾的。因此对于古希腊哲学家除少数有较多材料可供分析外,大多数哲学家的家庭出身、所从事的政治活动和他们的政治态度是较难确定的。分析他们的哲学以及和政治有关的思想,其中有些是可以据以判断他们的政治态度的,大多数也嫌根据不足。对于这种情况,我们以为只能根据历史材料,能够作出判断的就作出判断,能判断几分的就判断到几分,难以判断的就如实说明。近现代中外哲学史家对这些问题往往有不同看法,必要的我们就加以介绍,能作出评价的就提出我们的看法,不然就不作判断。我们认为,在这些问题上与其没有充分根据而作主观任意的武断,还不如客观地介绍情况、不下判断为好。

二

哲学历史的发展表明人类认识的不断前进和深化。

哲学史研究的对象——哲学的范围也是不断变化的。最初古希腊人认为哲学就是智慧,是唯一的无所不包的人类知识领域,然后是一门一门具体的知识从哲学中分化出来,成为独立的学科。哲学的领域不断缩小,性质也不断改变,以致到今天不同的哲学学派对于什么是哲学有不同的看法,甚至根本对立。研究希腊哲学史可以看到这段变化的最初历程:哲学如何从统一的包罗万象的知识开始逐渐分化,古代哲学家在这个过程中又是如何探索哲学的定义,探讨哲学和其他学科的关系的。研究人类认识的这个初级阶段,可以说是探本求源,有助于我们今天对许多问题的研究和理解。

哲学思想的发展看起来是十分复杂的,但在庞杂的现象背后却有必然的规律——逻辑可寻。研究哲学思想发展的必然规律是哲学史的工作,阐述希腊思想发展的规律是本书的根本任务。详细说明这些规律要在研究之后,由本书的各个章节特别是最后的结论才能作出的。现在只是为了说明以下的论点,先从一个主要的侧面试图勾画一个最简单的轮廓。

早期希腊的自然哲学是从探索客观自然界的"本原"开始的,在探索过程中他们发现了"逻各斯",认识到自然界是有秩序的,便去寻求客观的必然性,变化背后的不变的"存在"。这种思想受到智者们的挑战。他们认为没有什么客观的必然的真理,一切社会政治制度都是根据人的意见制定的,只有人才是万物的尺度,真理都是相对的,他们甚至得出连认识客观事物也是不可能的结论。在他们的推动下,哲学从主要研究客观自然界转到研究人和社会。这时候出现了苏格拉底、柏拉图和亚里士多德的哲学,他们都是针对智者的相对主义,要重新确定必然的定义和规律。他们不但要探寻属于客体的自然规律,而且也寻求属于主体的人和社会的规律、人的认识的规律以及思维的规律,形式逻辑就是在这时候开始出现的。虽然古代希腊哲学主要研究的是本体论的问题,认识论没有像在近代哲学中那样占突出的地位,但有关认识论的思想却几乎是在希腊哲学一开始就已经同时提出来了。当任何思潮达到了顶峰以后,容易走向极端和独断,从而带来了自己的否定。到后期希腊——罗马哲学,怀疑论就以比智者的相对主义更为尖锐和彻底的形式提出来了。他们对自然规律、社会规律以及形式逻辑的规律统统反驳,表示怀疑和否定,得出不可知论的结论。而到最后否定这种怀疑论的却是一种神秘主义的独断论——从新柏拉图学派发展起来的基督教教父哲学。这样,古代希腊罗马哲学也就被中世纪哲学取代了。

勾画这个简单的轮廓是想说明哲学史的发展——也就是人类认识发展的一条基本规律,即否定之否定的规律,也就是圆圈式发展的规律。前一阶段的思想为后一阶段所否定,这种否定又遭到再否定。否定之否定好像是绕了一个圆圈,又回到原来的出发点,但实际内容却已经发生了很大的变化。人类认识和哲学思想就是这样曲折反复地前进的。这种发展过程本来也可以从另外的角度来阐述,比如唯物论和唯心论之间的相互否定也是服从于这条规律的。我们采用以上的例子,只是因为它比较容易说明问题而已。

这种必然的发展规律就是逻辑,也就是辩证法和认识论。这种逻辑当然不是指形式逻辑,不是关于思维的外在形式的学说,而是关于世界的全部具体内容的学说,它既是关于客观世界的发展规律,同时又是人对客观世界的认识的发展规律的学说。它既是客观逻辑,又是主观逻辑;这种逻辑既是辩证法,又是认识论。

这就是逻辑、辩证法和认识论三者统一的思想,应该说这就是哲学的对象。当然,哲学史要研究的对象比较多,特别是古代希腊哲学史,既要研究一般划为哲学领域的方面——本体论、方法论(包括形式逻辑)、认识论,以及伦理学、美学等领域,还要研究古代的自然哲学、政治学、经济学、历史等后来已不属于哲学的思想领域。但是我们认为,哲学史的主要对象应该是逻辑、辩证法和认识论这三个方面,本书将以论述这三者统一的思想在古希腊哲学中的发展作为主要的任务。

研究人类认识的发展必然离不开范畴。现象世界是无限复杂的,又是不断运动变化的。人们认识世界必须通过概念,各门科学都有各自的基本概念,通过这些概念认识和掌握现象之网。这些基本概念就是这门科学的范畴。哲学有许多基本范畴,如物质和意识、存在和非存在、本质和现象、运动和静止、一般和个别、有限和无限、一和多、必然和偶然、同和异等等。哲学上的这许多范畴具有最一般的性质,亚里士多德曾经说过:这些普遍的范畴存在于每一个特殊领域中,但是每一门特殊的科学并不对它们进行专门的研究,比如几何学家不研究什么是"相反"、"完全"、"一"、"存在"、"同"或"异",而只假定它们,并以它们为出发点去进行推理。① 这些是由哲学家专门研究的,是最普遍的哲学范畴。

讲哲学就离不开这些范畴。哲学家提出的各个基本命题和判断,哲学探讨的各种问题和规律,实际上都是阐明范畴和范畴之间的关系。哲学本体论问题就是讲物质和精神、运动和静止、一般和个别等等范畴之间的关系;讲认识论当然也离不开存在和意识、客体和主体、感性和理性、认识和实践等等的关系。这些范畴本身几乎都是一对对矛盾,哲学正是要说明这些矛盾之间的辩证关系,它们之间的相互依存、相互转化和相互作用,以及这种矛盾之间的相对性和绝对性等等关系。研究这些矛盾的相互关系,本身就是逻辑,也就是辩证法和认识论。尽管现代西方哲学有些流派批判传统的哲学范畴意义不确定(这些范畴的意义本来就是不确定的,因为它们是随着人的认识发展而不断变化的,这点下文还将专门论述);但是我们很难设想,如果离开所有这些范畴,哲学(也包括持这种批判观点的哲学在内)的分析和论述将如何可能?

任何一种哲学体系都是由许多重要的命题、判断、推理有机地组合而成的。哲学的命题、判断和推理讲的既然是范畴和范畴之间的关系,那么哲学体系归根结底也可以说是由许多范畴关系综合起来的总体。不同的哲学学派、不同的哲学家之间的哲学的不同,往往可以从他们所使用的主要范畴来分辨。或者是他们所使用的主要范畴根本不同,或者是他们给同样的范畴赋予了不同的含义,或者是对同样的范畴作了不同的评价,如唯物论者认为第一性的是

---

① 参见亚里士多德:《形而上学》,1005ᵃ11—13。

物质,唯心论者却认为第一性的是精神。因此我们研究各种哲学思想,不论自觉与否实际上总离不开研究哲学范畴以及它们之间的关系。无论古今中外的哲学家,在他们的著作中主要的也是在阐述他们认为是基本的范畴。当然像黑格尔那样地将范畴组织成庞大的哲学体系的还是少有的,但大多数哲学家的核心著作往往就是论述基本范畴及其逻辑关系。早期希腊哲学家只留下一些残篇,其中最值得我们重视的也就是阐述他们的基本范畴的那些思想,比如米利都学派最早提出的"本原",赫拉克利特提出的"逻各斯",爱利亚学派提出的"存在"和"非存在",以及原子论哲学家提出的"原子"和"虚空"等等。至于有大量著作留下来的哲学家如柏拉图和亚里士多德,他们的著作的核心主要讲的也是范畴的逻辑关系,比如柏拉图提出"理念"这个范畴,他的著作主要就是说明理念和具体事物之间的关系,以及理念和理念之间的关系;亚里士多德的《形而上学》等重要的哲学著作,主要就是阐明"存在"和"本体"、"形式"和"质料"、"潜能"和"现实"等构成他的哲学体系的基本范畴之间的相互关系。研究哲学史,如果主要不去研究他们讲的这些范畴,又研究什么呢?

　　任何范畴都不是凝固的、僵死不变的。范畴是人认识现象及其关系的纽结,因此当人的认识不断前进和深化的时候,原来的范畴也要随之改变,或者是在原来的范畴上添加新的含义,或者是提出新的范畴代替原来的范畴。哲学史的研究必须重视这些范畴的变化和发展,因为正是这些范畴的变化发展具体地展示了人类认识的发展,以及哲学思想的发展。古希腊哲学家最初提出"本原"这个范畴,要探究万物的根源。一部分哲学家认为万物的本原是水、气、火这类物质性的东西,后来一些哲学家认为本原应该是抽象的不变的东西,爱利亚学派提出了"Being"这个范畴。唯物论哲学家认为这个变中的不变的存在,应该就是组成、构合万物的物质性的元素,于是产生了"元素"这个范畴;从多样的元素到统一的"原子",达到了古希腊唯物论哲学的顶峰。另一方面,柏拉图却将巴门尼德的"存在"转变成"理念",创造了古希腊完全意义的唯心论哲学。亚里士多德将"本原"解释为"原因",他的四因说是企图将他以前的各种有关本原的学说调和在一起,认为唯物论哲学家所说的物质性元素只是事物的"质料(物质)因",他所说的"形式"实际上就是柏拉图的"理念"。亚里士多德最后认为只有形式才是事物的"本质",它是高于质料的。这就说明了他的哲学倾向。

从以上简单的概述中可以看出哲学范畴的发展,从"本原"到"存在"到"原因"到"本质",这个过程和黑格尔在《逻辑学》中所阐述的过程大体上是符合的,因为黑格尔的逻辑体系本来也是从哲学史上概括出来的。当然二者并不完全一致,比如黑格尔认为只有"存在"才是哲学的起点,而实际的西方哲学却是从探寻"本原"开始的,最初的哲学家首先看到并企图作出解释的,并不是不变的"存在",而是变化着的万物。具体的历史研究可以纠正黑格尔的抽象的逻辑推论的缺点。

由于以上种种理由,我们确定这部《希腊哲学史》将以阐述哲学范畴的逻辑发展史作为主要的内容,重点说明各主要范畴的最初含义以及它们后来是如何发展变化的。我们试图主要通过这些范畴的逻辑发展过程说明古希腊哲学的发展,说明这一阶段人类认识的发展。

在古希腊哲学的研究中探讨这些范畴的逻辑发展具有特殊的作用和意义。因为古代希腊哲学属于人类思想史上的童年时期,它们提出的范畴和问题,和后来的哲学相比是较为简单、朴素的,它们原来的含义和变化比较容易看清楚,不像后来哲学中那么复杂。而且西方哲学(直到近现代哲学)经常使用的许多主要范畴,在希腊哲学中大多已经提出来了。研究这些范畴最初提出来的含义及其变化发展过程,对了解西方哲学史,了解后来一直到现代的哲学思想可能是有助益的。

这些范畴发展演化的历史,既具体体现了人类认识发展的历史,又表现出思维发展的必然规律。这就是一般常说的历史和逻辑的统一。

但是历史和逻辑的统一并不是这二者的同一或完全一致。逻辑的发展具有必然性,而具体的历史却充满了偶然性。必然性通过偶然性表现,大量的历史偶然事件中又存在着必然性。所以历史和逻辑的统一又表现为偶然和必然的统一。

哲学思想的发展必然要受社会客观条件的制约,这是一种必然性。但是社会条件只能制约或决定哲学思想发展的总的方向和倾向,而哲学发展的具体内容和细节却往往是由哲学内部的继承关系决定的。每一位哲学家的思想都是在他以前的思想资料的基础上发展起来的,他在提出自己的观点时总是对以前哲学家的某些思想理论有所取舍,或是肯定并加以发展,或是作了某种修正,或是根本否定并提出自己新的理论。不论肯定或者否定,都表现出思想发展的逻辑,从总的发展过程看具有必然性。然而这种必然性是通过每个哲学家个人的种种偶然性表现出来的,正如我们必须承认伟大人物个人在历史上所起的作用一样,在哲学史的发展中也必须承认哲学家个人所起的历史作用。而且应该看到,社会历史是人们在各方面活动的总和,个人作用所受的限制比较多;而哲学思想却是属于个人的脑力劳动,哲学家个人的品格、爱好和学识,甚至他的思维方式和论证方法所能发挥的自由作用就可以大得多,对以后哲学的发展也可以产生较大的影响。比如亚里士多德由于他惯于归纳和概括历史和经验事实,善于分析和推理,对于以后西方哲学和科学的发展产生了很大的影响。正如孔子注重人和人的关系,强调"仁"和"中庸"之道,对于以后中国哲学和文化的发展产生了重大的影响一样。可是,只要我们将哲学史的发展进程整个地贯穿起来考察,就可以看到在偶然性背后存在着必然性。当智者们提出了相对主义的思潮以后,即使没有那个自称是产婆的儿子苏格拉底出现,也会有另一个哲学家出来寻求对象的确定的界限和定义;尽管这位哲学家可能早出现一些或晚出现一些,可以提出伦理方面的论证或其他方面的论证,可以主张回忆说或不主张回忆说——这些都有偶然性,而要出现和相对主义相反的思潮却是必然的。

　　承认逻辑和历史的统一、必然和偶然的统一,就可以看到:我们写哲学史,主要的当然是要写出哲学思想发展的必然逻辑来,不能将它写成无数历史事实杂乱的堆积。但是如果只是写哲学思想发展的必然逻辑,所写出来的就是像黑格尔的《逻辑学》一样,只是哲学而不是哲学史。写哲学史不仅是写哲学,而是写哲学发展的历史,不仅要写出它的必然性,而且要写出它的偶然性来,这样才是有骨有肉的。因此,写哲学史还得按照一个一个重要的哲学家,他们的一本本主要的哲学著作,以及他们特有的推理和论证来进行分析,从中找出发展的线索,发现其中的必然性。

三

要避免将哲学史简单化,要写出哲学思想发展中的必然性和偶然性的统一来,必须重视历史资料。

历史学家一直在讨论史论和史料的关系问题。"以论带史"还是"论从史出"?我们认为,写哲学史当然要有理论的指导,但是在历史研究中,理论是原则,史料是事实;原则和理论只有它们本身是从事实中客观地概括出来的,才是正确可靠的。因此只能从事实出发,不能从原则出发,这就是实事求是的精神。过去我们在哲学史研究中产生简单化倾向,往往是和无视史料密切关联的。我们要将哲学史作为一门科学来研究,必须注重史料。

中国人研究西方哲学史最苦的是史料难得。现在国内只有少数几个中心城市、重点大学和研究机构能找到一些基本必需的外文书籍,广大的哲学史工作者难于看到这些书。虽经一些同志的努力,已翻译出版了一些重要的著作和资料,但就研究需要说,还是远远不够的。有关希腊哲学史的资料大体上有三类:一是哲学家本人的言论(被辑为残篇)和著作,二是古代哲学家、编纂家和注释家们的有关记载和论述,三是近现代西方哲学史家对于希腊哲学史的研究和论述。其中第一类是我们研究的主要根据,虽然已经翻译出版了一些,但连柏拉图和亚里士多德的许多重要著作至今还没有译出,至于后期希腊——罗马哲学家的著作,大部分还是空白。因为第一类资料比较少,许多重要的哲学家只留下少数残篇,要研究他们的思想不得不依靠第二类资料。古代哲学家、编纂家和注释家们有关的记载和论述是我们研究古希腊哲学史必需的资料,这部分史料数量很多,而我们已翻译的却极少。至于第三类资料,西方对古希腊的研究经久不衰,特别是19世纪末叶以来,由于他们采用了一些比较科学的方法,在整理古代资料和研究方面都取得很多成绩,近几十年更有采用新的观点和方法研究古希腊哲学的。近现代西方出版了大量研究希腊哲学的各种著作,我们也几乎都没有翻译。虽然他们的许多观点是我们不能同意的,但是他们整理和研究古代哲学的成果,我们应当有分析地吸取;他们研究希腊哲学提出的问题和各种不同见解,有些是有价值的,有些是可以参考的,有些则是我们要与之讨论的。

以上第一类和第二类史料是我们论述的基本依据,本书将以较多的篇幅大量地引用这些史料。我们这样做,是想在外文书籍和中文翻译缺少的情况下,为有志于研究希腊哲学的同行们提供一些基本必需的资料。至于第三类资料,因为过于繁多,我们看到的也有限,而且不可能大量引用原文,只能尽可能作些分析介绍,为读者提供一些研究线索,并且提出我们的看法。

引述资料有一个翻译问题。翻译实际上是一种解释,两种不同的语言文字之间要一个字一个字地完全准确地翻译过来,即使它们本来同属一个语系,比如英文和德文同属印欧语系,它们的语法同受语系制约,许多词来自同一词根,要做到这一点也还是相当困难的;而在中文和欧洲语文之间要做到这一点当然更为困难。外文中的一个词原来就包含着几种涵义,不同的哲学家使用这个词时又往往赋予不同的涵义;我们将它翻译成中文的一个词,这个词在中文里也往往有不同的涵义,因此在中文和外文间很难找出彼此完全对应的词来。比如大家都知道的:柏拉图用的 $i\delta\varepsilon\acute{\alpha}$(idea)①究竟应该怎么译? 一直是有争议的;最初一般译为"观念",有人主张译为"相"或"形"、"式"、"型",比较符合原义,但本书还是根据约定俗成,按照现在通用的译法译成"理念"。中文"念"这个词表示主观的精神的东西,"理"则有规律的含义;而在柏拉图的著作中,idea 只在个别的对话中可以说有这样的涵义,在多数对话中他指的是一种客观的存在,也还没有规律的意义。本书第二卷论述柏拉图哲学时将对这个最基本的范畴作详细的考察,而且改译为"相"。用这个例子只是想说明:每个译者根据自己的理解进行翻译,结果往往不同,有时差距很大,甚至可以作出相反的解释。这是在翻译问题上遇到的一个困难。

---

①　为了减少排印的困难,本书凡引用希腊文时,开始都加拉丁字母音译,以后就用音译,以避免多排希腊文。

研究希腊哲学还要增加另一重翻译上的困难，即将古代文字译为现代文字所引起的问题。语言文字本身是发展的，从比较简单到丰富复杂。我们现在看古代文字往往言简意赅。古代的一个词，用现代语言去翻译它，可以得出几个不同的解释。比如古代汉语中的"道"字，我们可以将它解释成道理、道路、说话等好几种不同的意思，和希腊文中的"逻各斯"有些相近。老子《道德经》中的"道可道非常道"，翻译成现代语，从句读标点到内容的解释可以完全不同，部分是由于这种翻译和解释的不同，有的说老子的哲学是唯心论，有的说它是唯物论。由古代希腊文翻译为现代西方语文时也常常发生相似的情况。古代哲学家的同一句话，在不同的英文译本中往往是不同的，有的差距也很大，甚至可以由于不同的翻译解释而得出相反的结论。西方的古文字学专家常常为此争论不休。也像对中国的古代著作一样，训诂考据是一门很专门的学问，两千年来西方学者对希腊古典著作做了大量的校释工作。我们不具备这方面的学识，只能以西方公认为比较权威性的著作为根据，参考其他译著，作出我们的解释和翻译。对某些已经有中文翻译的资料，也根据这个原则作了一些必要的改动；限于篇幅，不可能一一注明。在引文中，凡是由我们加了解释的，用方括号（〔……〕）标明。

综上所述，我们为本书的写作确定了两个重点目标：写出哲学范畴的逻辑发展史，以及重视引用哲学史料。

但在实际写作过程中，我们深深感到要做到这两点很不容易。由于多年来"左"的思想影响，研究哲学史仅仅满足于判定这个哲学家是唯心论者，那个哲学家是唯物论者；加上长期闭关锁国，许多资料没有看到，更谈不上认真的研究。现在这种情况开始纠正。尽管我们收集到的外文书籍还很有限，已经发现近几十年来西方对古希腊的研究有很多进展，有许多著作是需要认真阅读和研究的，可是本书编写在时间上又不可能拖得很长。而且要写这样的哲学史还必须具备语文、历史、许多具体科学（特别是天文学、数学、政治学等）以及宗教、文学艺术等多方面广博的知识，许多是超出我们的专业能力以外的。我们只能采取边学习边写作的办法，这就不免产生错误，甚至可能会有常识性的错误，只能希望得到读者的批评教正。

　　本书共分四卷:第一卷从米利都学派开始写到原子论者德谟克利特止,第二卷写智者、苏格拉底和柏拉图,第三卷专写亚里士多德和逍遥学派,第四卷写亚里士多德以后的希腊——罗马时期的哲学。

　　本书是集体研究的产物,在集体讨论的基础上分工起草:全书绪论是由陈村富写的,其中第四节是由范明生、姚介厚写的,第六节是由范明生写的;第一卷第一编米利都学派、第二编毕泰戈拉学派和第三编赫拉克利特是范明生写的;第四编爱利亚学派是由陈村富写的;其中芝诺反对运动的四个悖论,一直到现代数学和逻辑学都还在讨论这些问题,我们请张尚水同志著文介绍一些情况,作为本书的附录。第五编公元前5世纪后半叶的自然哲学是由姚介厚写的。全书由汪子嵩统一整理定稿。杭州大学古希腊哲学研究室为我们做了不少准备工作和技术性工作,庞学铨和王晓朝通读了全书原稿,提了很好的意见,王晓朝并为本书编了译名对照表。

　　绪论中希腊哲学史的资料一节请王太庆同志看过,他提了宝贵的意见;希腊和东方一节请戴康生和金宜久同志看过;其他一些问题曾向个别同志请教并得到帮助,或参考了其他同志著作的,统在书中注明。本书写作得到中国社会科学院哲学研究所西方哲学史研究室、上海社会科学院哲学研究所、杭州大学哲学系和人民日报理论部等单位的支持;本书的出版得到人民出版社田士章同志大力协助。谨表示我们的谢意。

❦ 绪 论 ❦

　　古代希腊是欧洲文明的发源地,欧洲哲学史是从古希腊哲学开始的。为什么西方哲学最初在希腊产生? 古希腊哲学恰好在某一具体年代由泰勒斯这个人开始,这是偶然的;但是,只有到了公元前 7 世纪末,在伊奥尼亚地区首先产生希腊哲学,这却不是偶然的。因为希腊历史只有发展到这个时候、这个阶段,才为哲学的产生创造了必备的条件。我们在前三节中将分别讨论产生希腊哲学的背景和主客观条件。第一节介绍古代希腊的地理状况和历史发展、希腊民族和希腊文字的形成。第二节介绍希腊社会经济发展情况及其阶级构成,以及希腊向外殖民的状况。第三节介绍古代希腊和东方的关系,主要说明它受西亚和北非——埃及的影响。

　　哲学思想的发生和发展又有其内在的原因。希腊哲学同它以前长期存在的神话中的某些内容有联系,第四节将讨论哲学的史前史,即哲学如何由神话演变而来。第五节讨论希腊哲学发展的几个主要线索,介绍希腊哲学发展的概况。

　　哲学史研究必须以史料为基础,第六节专门介绍希腊哲学的资料。其中包括:古代的原始资料以及后人的编纂和注释情况,近代和现代西方学术界对古希腊哲学的研究情况和成果的介绍等。

　　古代希腊哲学延续的时间很长,从公元前 6 世纪初一直到公元 6 世纪(罗马哲学实际上只是希腊哲学发展的后期阶段),几乎有一千年之久。我们在以后阐述各阶段的哲学思想时,还要比较详细地介绍各时期的历史情况、哲学思想的发展以及资料等等,因此,在绪论中,我们只作一般的总的叙述,重点放在说明希腊哲学早期的情况。

第一节　希腊世界和希腊人

古代希腊是在长期的历史变化中逐渐形成和发展起来的。无论它的地理领域或民族状况,在不同的历史时期是不同的。研究希腊哲学史,需要对古代希腊的地理和历史背景有个大致的了解。

一　古代希腊地方

古代希腊,并不限于欧洲巴尔干半岛南端的现在希腊的这块地方。现在的希腊半岛当然是它的主体部分,但早在公元前一千多年前,希腊奴隶制开始形成的时候,希腊人就向海外移民了。首先是向东方,经过爱琴海诸岛屿,在东岸的小亚细亚沿岸地方建立了一些殖民城邦。公元前 6 世纪,希腊哲学产生时的古代希腊,主要指现在欧、亚两洲交界处的爱琴海地区。它包括后人命名的希腊半岛、小亚细亚西部沿海地方(爱琴海东岸),以及爱琴海上诸岛屿和它南部的克里特岛。

作为爱琴海区主体的希腊半岛,分为北部、中部和南部三个部分。北部希腊包括西部的埃皮鲁斯和东部的帖撒利两部分。埃皮鲁斯是贫瘠的山地,历史上没有重要地位。帖撒利盆地东部的奥林帕斯山传说是希腊神话中诸神居住的地方。从北部希腊进入中部,必须通过海边的德摩比利峡谷,就是公元前 480 年希腊人反抗波斯侵略的著名的温泉关战场所在地。中部希腊包括东边以雅典为主的阿提卡地方,和西北边以底比斯(即忒拜)为主的彼俄提亚地方。彼俄提亚以西还有多利斯、福基斯等山区。著名的德尔斐(Delphi)神托所就在福基斯。在雅典兴起以前,彼俄提亚具有重要的地位,希腊神话中的腓尼基王子卡德摩斯(Cadmus)建城、七雄攻忒拜都在这个地区。南部希腊即伯罗奔尼撒半岛,主要有拉科尼亚和美赛尼亚两个土地肥沃的地区。斯巴达就在拉科尼亚的幼洛托斯河畔。伯罗奔尼撒的东北部阿哥利亚地区,就是迈锡尼所在地;它的西北部有落后的阿卡狄亚牧区和奥林匹亚竞技会的所在地——埃利斯小平原。联结中部希腊和南部希腊的陆上交通要道就是科林斯地峡,其中,科林斯和麦加拉城邦在古代希腊起过重要作用。

爱琴海中岛屿林立,主要属两大系统:一是巴尔干山脉延伸的基克拉迪群岛,由西北往东南依次有:优卑亚、安德罗斯、帕罗斯、那克索斯等岛屿;另一系统是由小亚细亚西岸延伸的斯波拉底群岛,由北往南依次有:列斯堡、开俄斯、萨摩斯、罗德斯等主要岛屿。爱琴海南部的克里特岛则是希腊和北部非洲——埃及相联系的通道,是古代希腊文明的最早发源地。

小亚细亚属于现在的土耳其,古代叫安那托利亚(Anatolia),希腊文意思是"太阳升起的地方"。腓尼基人开始将它叫作"亚细亚",意思是"东方",后来就沿用了。随着西方人对东方地域认识的日益扩大,凡是在他们东方的都叫亚细亚,成为现在的亚洲。原来安那托利亚地方就被称为"小亚细亚"。它是古代希腊和西亚地区联系的通道,古代希腊哲学的发源地米利都和爱菲索都是小亚细亚西部、爱琴海东岸边上的伊奥尼亚的希腊城邦。

伊奥尼亚是小亚细亚西岸中段从南到北的一条狭长地带,还加上萨摩斯和开俄斯两个岛屿。海岸线相当曲折,大部分是山区。境内有由三条河流经过的三个肥沃地带:北方的赫尔莫斯河流经士麦那,凯斯忒河流经爱菲索,弥安德河流经米利都。这个地方气候温和,自古以来就是富饶的地方。希罗多德说:

> 现在,这些伊奥尼亚人已在世界上我们所知道的气候和季节最优美的地区建立了自己的城市。因为在伊奥尼亚周围的任何地方,不管是北方、南方、东方还是西方,都不像伊奥尼亚那样的得天独厚。在其他地区,气候不是寒冷和阴湿,就是炎热和干燥,使人烦恼非常。[①]

希腊人在这里建立的殖民城邦有十二个,由南到北的顺序是:米利都、米乌斯、普里耶涅、爱菲索、科罗封、勒柏杜斯、提奥斯、埃律特莱伊、克拉佐门尼、佛凯亚以及萨摩斯和开俄斯这两个岛屿。希罗多德说:

---

① 希罗多德:《历史》,中译本,第239页。

伊奥尼亚人在亚细亚只建立了十二座城市并拒绝再扩大这个数目,这原因在我看来是当他们居住在伯罗奔尼撒的时候,他们是分成十二个部的。①

公元前7—前6世纪时,在这十二个城邦中,以米利都、爱菲索和萨摩斯最为发达。它们就成为希腊哲学最早发生的地方。

古代希腊还向西方意大利地区殖民。据修昔底德说:意大利这个名称来自上古时代当地居民西凯尔人的国王伊塔卢斯。② 最初,意大利仅指现在的亚平宁半岛(即意大利半岛)的南部地区,后来逐步扩大,到罗马帝国的奥古斯都时代才指现在所称的阿尔卑斯山以南的全部意大利。原来意义上的意大利,即亚平宁半岛南部就称南意大利。南意大利加上西西里岛及附近岛屿,在希腊殖民时代统称"大希腊"。

意大利半岛三面临海,东为亚得里亚海,东南为爱奥尼亚海,西为第勒尼安海。海上交通方便,通过地中海上的航路可与北非、希腊和小亚细亚等地来往。亚平宁山脉纵贯全境(所以又叫亚平宁半岛),北部多山,南部平坦。亚平宁半岛沿海岛屿较少,海岸平直,不如爱琴海两岸曲折,故甚少良港。毕泰戈拉学派主要活动地克罗顿在南意大利东海岸,而爱利亚学派的根据地爱利亚则在西岸。

西西里岛在意大利半岛南端,面积相当大。修昔底德说:"一只商船环绕西西里航行一周,差不多要八天时间。"③古代的西西里也是当时希腊哲学家活动的重要地方,毕泰戈拉学派的学说在这里广泛传播,西西里岛上的阿克拉伽是恩培多克勒活动的地方,而西西里东海岸的叙拉古则是柏拉图几次来活动的地方。

南意大利和西西里雨水充足,土地肥沃,适宜农业发展。这里和希腊本土一样,也种葡萄、橄榄、小麦和大麦等,气候条件和作物都和希腊相似。

以上是希腊哲学产生和活动的主要地方。古代希腊人殖民的范围比这大

---

① 希罗多德:《历史》,中译本,第240页。
② 参见修昔底德:《伯罗奔尼撒战争史》,中译本,第425页。
③ 修昔底德:《伯罗奔尼撒战争史》,中译本,第424—425页。

得多,他们往东北一直达到黑海沿岸,往西则到达现在法国和西班牙的地中海沿岸某些地方。公元前334年马其顿王亚历山大远征,建立起地跨欧、亚、非三洲的庞大的帝国,希腊世界的范围也大大扩充了。亚历山大死后,帝国分裂,希腊本土的文化逐渐衰落,希腊化时期希腊哲学的中心,主要转移到北非的亚历山大城。随后建立起来的罗马帝国比亚历山大的帝国更为庞大,当时的哲学中心也就向罗马转移了。

希腊半岛地处地中海北部的亚热带气候,但因它境内多山,很少有平原,各居民点多被群山环抱,彼此隔绝,所以由氏族发展起来的许多小城邦国家很难统一起来。希腊周围,无论东部的爱琴海或西部的爱奥尼亚海都有许多岛屿;希腊本土,特别是它的东部海岸线上有许多良好的天然港湾,这些都有利和促进了古代航海术的发展。希腊有丰富的矿产资源:大理石、陶土、金、银、铜、铁;葡萄、橄榄等经济作物产量丰富,酿酒、制油等手工业也很发达。但它缺少平原和耕地,粮食依靠从海外采购。这些都促使它发展手工业和对外贸易,地处沿海的城邦中工商业和航海事业发展迅速。希腊在整个爱琴地区处于中心位置,东和西亚,南和北非,西和意大利、西西里接壤,交通方便,文化交流也方便。古代希腊这样的地理环境,是它能成为欧洲文明和西方哲学的起源地的重要原因之一。

二　爱琴文明和荷马时期

地中海东部周围即西亚、北非和南欧地区,是世界远古文明摇篮之一。在希腊文化开创以前,它所在的爱琴海区早已有了悠久的文明历史。希腊文化及其哲学,是这个地区历史发展的产物。

根据考古学家在希腊北部帖撒利等地发掘的尤陶新石器遗址,以及在克里特、迈锡尼发掘的资料,爱琴海区虽属于欧洲,但同欧洲中石器文化没有连续性联系,却同西亚文明区一致。它是新石器时代西亚新月形雨水线地区农业文化的延伸。新月形地带是指东起约旦河谷和安那托利亚,西至札格罗斯山地的新月形(或伞形)地带,年平均降雨量三百毫米,能生长大麦、小麦等野生谷物。著名的两河(幼发拉底河和底格里斯河)流域冲积平原就在它的边上。在新石器时代,这个新月形地带最早形成农业文化,开始出现城堡、谷仓、神坛、首领坟墓,有祖先崇拜和母神崇拜。公元前 7000—前 6000 年间,开始向印度河、恒河、伊朗、阿富汗、北非及爱琴海区扩展。考古资料表明,在公元前 6100 年左右,克里特岛已经有从西亚来的移民。①

根据考古发掘资料,早期在爱琴海区活动的,不是后来的希腊人,而是从西亚来的移民和当地土著居民,史称"前希腊人"。据古代希腊历史学家希罗多德说,当地居民主要是佩拉司吉人。他说,雅典人就是过去的佩拉司吉人,他们"从来没有离开过自己的居住地"②;又说,"现在称为希腊,但以前称为佩拉司吉"③。他还说到有从西亚来的卡里亚人。④ 正是这些从西亚(或埃及)新迁来的居民带来了新的农业技术和工具,所以他们的发展比欧洲其他地方快。

在欧洲,爱琴海地区是最早使用金属——青铜器的地区,它最早开始了由野蛮向文明的过渡。这个过渡时期就称为"爱琴文明"。

爱琴文明在历史上分为克里特文明和希腊本土的迈锡尼文明两个时期。

克里特文明。大约在公元前 3000 年,克里特岛已经进入青铜时代。在克里特的克诺索斯等地,发掘出似乎是王宫的建筑(可能是统治者的住屋,也可能是公共集会地点、神庙或谷仓),所以,西方史学家也将克里特文明称为"王宫时代",分早王宫时代和后王宫时代。也有以克里特的统治者弥诺斯为名的,称为弥诺斯文化,分为早期、中期和晚期。公元前 2000—前 1700 年早王宫时期,发现有象形文字。公元前 18 世纪中叶,克诺索斯等城市被毁,到公元前 1700 年左右开始复兴,进入后王宫(中期弥诺斯)时期,此后二百多年是克里特文明的繁荣时期,由象形文字发展到线形文字 A,可惜至今还不能读解。当时弥诺斯王朝组织了海军,势力扩展到爱琴海诸岛直至西西里。公元前 1600 年、前 1500 年、前 1400—前 1380 年,克里特岛主要地区又三次被毁,原

---

① 参见《剑桥古代史》第 1 卷,第 1 分册,第 615—616 页。
② 希罗多德:《历史》,中译本,第 191 页。
③ 希罗多德:《历史》,中译本,第 301 页。
④ 希罗多德:《历史》,中译本,第 251—252 页。

因是大地震、火山爆发或其他不明的事故。从地下发掘的情况看,后王宫时代克里特文明在建筑、工艺、雕刻等方面都达到相当高的水平。这时期既有巨大和富丽的王宫和贵族住所,也有简陋的平民小屋,可见克里特社会已经严重分化了。

公元前 2200—前 2000 年间,欧洲地区发生过一次部落大迁徙,具体原因不明。公元前 2000 年左右,一支印欧语人从欧洲南下进入希腊半岛。他们被称为阿该亚人,它就是后来希腊人的第一代。其中一部分沿途定居,并同当地居民主要是佩拉司吉人融合,成为伊奥尼亚人和埃俄利亚人。还有一部分人直下伯罗奔尼撒半岛,原来的居民佩拉司吉人,一部分往外迁移,另一部分也被融合。他们进入伯罗奔尼撒半岛后,主要活动在阿哥利亚,迈锡尼就在这个地区。所以在荷马史诗《伊利昂纪》(原译《伊利亚特》)中,有时称他们是阿哥利亚人。在这部史诗中,阿该亚人是攻打特洛伊城的主体,统帅阿伽门农就是阿该亚人;诗中常用"阿该亚人"、"阿该亚人的舰队"代表希腊这一方;有时诗中也将阿该亚人称作阿哥利亚人。至于阿该亚人的来历,诗中却没有谈到,以后也没有确切的记载。《剑桥古代史》中说:"关于阿该亚人的历史,在前 13 世纪以前,没有可以信赖的传说。"[①]

公元前 15 世纪,阿该亚人进入克里特岛,取代了原来的非希腊语人,并于公元前 1450 年左右,在克里特的主要城市克诺索斯确立了统治地位。公元前 1400—前 1380 年,可能由于地震或别的自然灾害,克诺索斯等克里特城市遭到毁灭,从此不再重建,克里特文明也就此告终。

迈锡尼文明。这是产生在希腊半岛上,由第一代希腊人即阿该亚人所创造的文明。公元前 1600—前 1500 年间,传说中的阿该亚的珀耳修斯建立了迈锡尼王朝,其繁荣时期是公元前 15 世纪末至前 13 世纪初。从地下发掘的文物看,这时候迈锡尼地区已经有大型的王宫和王陵,有青铜制造的农具和武器,造船业和商业都相当发达。从地下还发掘出大量泥板文书,希腊语的线形

---

① 《剑桥古代史》(旧版)1926 年修订本,第 2 卷,第 473 页。自 1970 年起,《剑桥古代史》出了新版,增加了大量史料;但旧版的某些分析和论断,尚有可取之处。本书引用旧版时加以注明。

文字 B 代替了以前的线形文字 A,现在已经能够释读。当时已经出现了贵族占有大片土地的私有制度,出现了公有奴隶和私有奴隶,线形文字 B 已有表示男奴和女奴的词。由此可以知道,迈锡尼已经开始向奴隶制过渡。不过这仅仅是迈锡尼和派罗斯等个别地区的情况,整个希腊半岛则还处在原始社会的后期阶段。

公元前 12 世纪初,迈锡尼的珀罗普斯王朝国王阿伽门农统帅希腊半岛境内的联军,远征小亚细亚西岸的特洛伊,经过十年的战争,终于攻陷该城。这十年的统一联合行动对希腊民族的形成起了促进作用。这是希腊境内各部落的第一次统一行动。修昔底德说:"在特洛伊战争以前,我们没有关于整个希腊共同行动的记载。"①尽管各部落是屈服于阿伽门农的压力,如修昔底德所说:"阿伽门农一定是当时最有权势的统治者。"②"照我看来,他之所以能够募集远征军进攻特洛伊的原因,不是由于同盟者对他的忠顺,而是由于同盟者对他的畏惧。"③但这终究是在一个共同口号下的统一行动,它打破了过去部落间彼此隔绝的关系,使各部落感到它们有共同的利益,促进它们之间的交往和融合。

这次远征也是迈锡尼势力从繁荣到衰落的转折点。特洛伊战争结束后,迈锡尼就开始衰落下去。公元前 1180—前 1125 年,由于历史上还不清楚的原因,巴尔干地区发生了又一次部落大迁徙。同属于希腊语支的多立斯人陆续南下,进入希腊半岛和某些爱琴海岛。公元前 1125 年左右,多立斯人摧毁了迈锡尼,结束了迈锡尼文明的历史。

"多立斯人入侵"是现代人的说法,古代只说"赫拉克利德(Heraclides)的子孙回来"。因为在神话传说中,多立斯人的祖先是半神半人的赫拉克利德。传说赫拉克利德—叙卢斯部落曾在科林斯海峡被阿卡狄亚国王厄刻姆斯打败,离开该地,后来打回希腊半岛。这种"归来说"出于神话,但可能反映了部分历史事实。传说多立斯首领阿里司托玛库的三个儿子特美努斯、阿里司托

---

① 修昔底德:《伯罗奔尼撒战争史》,中译本,第 3 页。
② 修昔底德:《伯罗奔尼撒战争史》,中译本,第 6 页。
③ 修昔底德:《伯罗奔尼撒战争史》,中译本,第 7 页。

得姆和克瑞司丰特征服了伯罗奔尼撒的东部和南部,他们抽签瓜分。特美努斯统治迈锡尼的所在地——阿哥利亚,克瑞司丰特统治美赛尼亚,阿里司托得姆已死,他的两个孪生儿子统治斯巴达的所在地——拉科尼亚,这就是后来斯巴达二王制的起源。①

多立斯人原来是半农半牧的原始部落,进入希腊后,摧毁了当地原来的王宫、王陵等建筑,手工业和商业也被破坏了。地下发掘到这时的文物很少,线形文字 B 也绝迹了。这时候没有任何文献资料,却留下了相传为荷马所作的两部著名的史诗——《伊利昂纪》和《奥德修纪》。所以这个时期被称为"荷马时期"。因为它的文献很少,情况不明,有的史书也称它为"黑暗时代"。又因为这个时期以线条简单的几何图形的陶器代替了原来的彩陶,所以也被称为"几何陶时期"。

总之,从公元前第 12—前 11 世纪开始,希腊文化确曾出现过倒退的情况。落后的民族或部落侵入先进地区以后,在一个时期内,破坏了原来的生产力和先进的经济制度和文化,引起社会的暂时倒退,这在历史上并不罕见。但是,它并不能阻止社会的发展。落后的民族会接受先进的生产力、社会制度和文化的影响,赶了上来并且会超过原来的水平。荷马时期也是这样。在克里特——迈锡尼文明时代,仅有个别几个城市的生产力比较发达,出现奴隶制的萌芽,绝大部分地区则还处在原始社会的野蛮阶段。可是到荷马时期的后期,整个希腊除个别地区外,都已经开始向奴隶社会过渡。用恩格斯的话说,希腊人"已经站在文明时代的门槛上了"②。

荷马时期后期希腊社会的最大进步,就是结束了部落大迁徙的历史,开始了由部落向民族的过渡,形成了伊奥尼亚人、埃俄利亚人和多立斯人这三个希腊民族。

三　希腊民族的形成

修昔底德在《伯罗奔尼撒战争史》开始时,为了说明这场战争"是所有战

---

① 参见《剑桥古代史》(旧版)第 2 卷,第 525—538 页。
② 《马克思恩格斯选集》第 4 卷,人民出版社 1995 年版,第 97 页。

争中最伟大的一场战争",回顾了以往希腊的历史。他说:

> 现在所称为希腊的国家,在古时没有定居的人民,只有一系列的移民;当各部落经常受到那些比他们更为强大的侵略者压迫时,他们总是准备放弃自己的土地。……希腊最富饶的地区,人口的变动最为频繁;因为在这些肥沃的地区,个人容易获得比其邻人优越的权势,这就引起纷争,纷争使国家崩溃,因而使外族易于入侵。①

> 就是在特洛伊战争以后,希腊居民还是在迁动的状态中;在那里,经常有迁徙和再定居的事,因而没有和平发展的机会。②

恩格斯在《家庭、私有制和国家的起源》中说:

> 在荷马的诗中,我们可以看到希腊的各部落在大多数场合已联合成为一些小民族;在这种小民族内部,氏族、胞族和部落仍然完全保持着它们的独立性。③

到多立斯人南迁以后,再也没有大规模的迁徙运动了,稳定的居住区逐渐形成,居住区内的人民开始融合成为较稳固的共同体。恩格斯在讲到雅典国家的产生时说:"相邻的各部落的单纯的联盟,已经由这些部落融合为单一的民族所代替了。"④

到了公元前9—前8世纪,希腊半岛、爱琴诸岛和小亚细亚西岸基本上连成一个整体,形成了具有固定地区和共同方言的三个民族:

1. 埃俄利亚人。居住在希腊北部高原、希腊中部除阿提卡以外的地区、伯罗奔尼撒半岛的西北部和中部、爱琴海岸的北段、黑海沿岸和塞浦路斯岛等地。这个民族是由另一支多立斯人(准多立斯人)和当地原有居民以及阿该亚人混合而成。这些地方就叫"阿卡狄亚和埃俄尼亚——阿该亚方言区"。

2. 伊奥尼亚人。居住在以雅典为主的阿提卡、优卑亚岛、以米利都、爱菲索为主的爱琴海东岸的中段,以及大部分爱琴海岛如开俄斯、萨摩斯、那克索

---

① 修昔底德:《伯罗奔尼撒战争史》,中译本,第2—3页。
② 修昔底德:《伯罗奔尼撒战争史》,中译本,第11页。
③ 《马克思恩格斯选集》第4卷,人民出版社1995年版,第102页。
④ 《马克思恩格斯选集》第4卷,人民出版社1995年版,第108页。

斯等。这些地方叫做"伊奥利亚方言区"。这个民族的主要成分是以伊翁（Ion）为祖先的一支希腊人，所以叫伊奥尼亚人；此外还有为数众多的佩拉司吉人，以及后来移居阿提卡的希腊中部山区的居民，如卡德摩斯后裔的卡德米亚人。

3. 多立斯人。居住在伯罗奔尼撒半岛的东部和南部、科林斯海湾地带、克里特和罗得斯等岛屿，以及小亚细亚西部海岸的南端。这些地区称为"多立斯方言区"。①

这三个民族中，多立斯人大体上就是第二次大迁徙时进入希腊的多立斯诸部落。前两个民族是以阿该亚人为主，和原来在这些地区的佩拉司吉人、卡里亚人以及后来的一些多立斯人经过长期融合而形成的。②

但是，在这三个民族的内部，各个氏族和部落仍然保持着各自的独立性，彼此之间还是以部落的形式发生关系。这时候还不存在统一的"希腊人"的观念。修昔底德说：

> 我认为这个时候，整个国家甚至还没有叫做"希腊"（Hellas）。在丢卡利翁的儿子希伦（Hellen）以前，希腊的名称根本还没有；各地区以各种不同的部落名号来称呼，其中以"佩拉司吉"人的名号占主要地位。希伦和他的儿子们在泰俄提斯的势力增长，并且以同盟者的资格被邀请到其他国家以后，这些国家才因为和希伦家族的关系，各自称为"希腊人"。但是经过很久以后，这个名称才排弃了其他一切名称。关于这一点，在荷马的史诗中可以找到最好的证据。荷马虽然生在特洛伊战争以后很久，但是他从来没有在任何地方用"希腊人"这个名称来代表全部军队。他只用这个名称来指阿喀琉斯部下的泰俄提斯人；事实上，他们就是原始的希腊人。其余的人，在他的诗中，他称为"达那安人"、"阿戈斯人"和"阿该亚人"。他甚至还没有用过"外族人"这个名词；我认为在他那个时候，

---

① 参见罗斯托采夫：《世界古代史》上卷，第12章，第182页。
② 参见希罗多德：《历史》第1卷，第56节；格洛茨：《希腊城邦及其政制》，导言的第二节，第5页。

希腊人还没有一个统一的名称,以和希腊人以外的世界区别开来。①

因为当时的希腊人没有统一的名称,所以周围不同的地区也是以不同的名称来称呼他们。《剑桥古代史》新版第3卷第3分册第36章第1节说:希腊人自公元前9世纪重新扩张以来,在东西方就有不同的名称。西方称之为Graeci,即Greek,东方人称之为伊奥尼亚人,《圣经》中称希腊为Javan,米索不达米亚人称之为Yaman,埃及人称他们为Hgw-nbw。② 我们现在用"希腊"翻译Greek这个字,原来是从拉丁文来的。古代亚平宁地区附近有一个希腊人部落叫Graeci(Greek),古罗马人即拉丁人用这个名称将整个希腊叫作Graeci,即Greek。

古代希腊人的统一名称来源于一个当时日益被人们普遍接受的神话。现在留下一部据说是赫西奥德的著作《母系》,还留下一百条残篇,作为《神谱》的附录。其中说道:普罗米修斯和普罗诺亚生丢卡利翁和皮拉,这两个人是大洪水后的唯一幸存者;他们有一个儿子叫希伦。(残篇第一)他就是整个希腊民族的始祖。希伦有三个儿子:多鲁斯、克苏索斯和埃俄罗斯。这三个人就是多立斯人、伊奥尼亚人和埃俄利亚人的祖先。丢卡利翁还有一个女儿,生了马其顿,他是马其顿人的祖先,所以马其顿人和希腊人是表兄弟。③ 这个神话有各种不同的说法,格罗特(G.Grote)的《希腊史》第1卷第1册第5章有详细介绍。④

这个神话所以能日益被人们所接受,形成一个统一的名称,根本原因在于公元前8—前6世纪城邦奴隶制形成时期,希腊境内各地区人们之间的政治、经济和文化的交往有了重大的发展。罗斯托采夫认为:"从整个希腊历史中,我们可以看到所有希腊人有一种日益增长的意识:他们属于一个民族,构成一个统一体。这个统一体不仅以共同的宗教、共同的语言为特征,而且以或多或少共同拥有的文化为标志。殖民运动,以及相应的贸易的扩展,大大促进了这

① 修昔底德:《伯罗奔尼撒战争史》,中译本,第3页。
② 参见《剑桥古代史》第3卷,第3分册,第94页及注31。
③ 参见《赫西奥德著作集》,第155—219页。
④ 参见格罗特:《希腊史》第1卷,第85—93页,并参见第171页正文及注2。

种民族感情。"①

　　这种共同的特征首先是经济。公元前 8—前 6 世纪,希腊各城邦奴隶制已经逐渐普遍地确立或繁荣起来,打破了原来的氏族和部落的独立的经济地位,形成了以奴隶制生产方式为基础的共同的经济关系。不少地方以城邦和地区划分代替原来的部落划分,比如,雅典执政官梭伦在公元前 594 年改革实行的"三一区",公元前 627—前 585 年科林斯的僭主珀里安德洛执政时实行的"地区部落制"。尽管这种奴隶制生产方式在各城邦间产生的时间有先后,具体的形式也不完全一致,但它终为共同的政治生活、宗教和文化活动创造了条件。虽然希腊城邦制限制了各城邦间的交往,但因为一种比较先进的生产关系(在当时说,就是奴隶制)能够促进生产力的发展,不同的城邦就先后不同地接受了它。在政治方面这时形成了大体相同的阶级结构和阶级关系——奴隶、奴隶主和自由民劳动者。城邦之间及其内部的政治关系超过了原来各部落之间及三个民族内部的血缘关系。城邦之间开始按政治需要或殖民利益的不同,发生结盟或对立的关系,而不是按民族血缘的区别建立关系。比如,公元前 7 世纪末,米利都的僭主塞拉绪布罗是伊奥尼亚人,而科林斯僭主珀里安德洛是多立斯人,但他们却存在密切的政治关系,珀里安德洛从塞拉绪布罗学习统治办法。② 又如,面对东方吕底亚人的威胁,小亚细亚西岸的三个民族的城邦便共同联合起来反对他们。这样,在长期的共同经济关系和政治关系中,三个民族和各部落的界限逐渐被打破,渐渐形成统一的希腊民族。

　　由于伊奥尼亚人、埃俄利亚人和多立斯人来自一个共同的祖先——希伦,就有可能形成共同的宗教、文艺和反映这一民族特色的竞技会。

　　希腊人最初的宗教和其他地方一样,都是原始社会人们的宗教观念,流行图腾崇拜和拜物教。希腊部落和民族都相信太阳、月亮、雷、电、江河、森林等多神。这时只有部落神、氏族神,甚至家族神,还没有民族神。荷马史诗描述

---

　　① 　罗斯托采夫:《古代世界史》,第 229—237 页。我们以下的分析,采用了他的一些材料和看法。

　　② 　参见希罗多德:《历史》,中译本,第 554—555 页。

了希腊特有的(也有些是从东方和埃及传来的)神和神话,赫西奥德进一步加
以系统化,建立了神谱,并且将神谱同希腊民族联系起来,出现了民族神。希
腊人通过神话意识到自己都是希伦的子孙。希罗多德记载:

> 赫西奥德和荷马的时代比之我们的时代不会早过四百年;是他们把
> 诸神的家世教给希腊人,把它们的一些名字、尊荣和技艺教给所有的人并
> 且说出了它们的外形。①

他们而且塑造了一个全希腊人的、具有强烈民族色彩的阿波罗(Apollo)。阿
波罗本来是埃及和小亚细亚都崇奉的太阳神和农业神,只是各民族有不同的
说法而已。格罗特在《希腊史》中说阿波罗生在提洛岛,供奉的中心是德尔斐
神托所。② 在荷马史诗中,阿波罗地位不甚突出,后来成为希腊的民族神,而
且还是希腊人的佑主。在殖民时代和城邦制建立时代,阿波罗成为城邦的建
立者和保卫者。③《剑桥古代史》专门介绍了德尔斐神托所的历史,说它最早
是供奉地神该亚的,到公元前8世纪才开始供奉阿波罗。到公元前700年阿
波罗才逐渐成为全希腊崇拜的神,后来连异族人也来求神谕。公元前675年,
吕底亚国王巨格斯第一个派人来德尔斐求神谕。公元前735年在西西里的那
克索斯要建殖民城邦,也来向阿波罗求神谕。后来,希腊一些城邦的改革者,
如雅典的梭伦和斯巴达的莱喀古斯都来德尔斐求神谕。女祭司皮西卡(Pythi-
ca)成为阿波罗的代言人,是全希腊人都敬畏的预言家。④ 阿波罗和德尔斐神
托所成为统一的希腊民族的象征。

同宗教庆典相联系,反映统一民族特点的希腊的音乐、诗歌和奥林比亚竞
技会也产生了。祭神伴以歌舞和各种比赛,本是早已有的。但这时候却出现
了两个明显的特点:第一,在庆典节日,希腊本土及殖民地各城邦往往是成千
上万的人一起到科林斯或奥林比亚参加庆典或观看竞赛,附带讨论共同关心
的问题,使庙会成为经济、政治和文化交流的场所,促进了共同民族意识的发

---

① 希罗多德:《历史》,中译本,第300—301页。
② 参见格罗特:《希腊史》第1卷,第40—46页。
③ 参见《剑桥古代史》第3卷,第3分册,第192页。
④ 参见《剑桥古代史》第3卷,第3分册,第305—320页。

展。第二,在庙区,许多城邦都用自己最好的工匠、雕刻匠、画匠,建立自己的"宝库"(小庙),装饰体现各地特点和荣誉的艺术品。这不仅促进希腊共同文化的发展,而且使希腊人认识自己既是本城邦的一员,又是希腊民族的一分子。特别是从公元前776年开始,全希腊实行四年一次的奥林比亚竞技(运动会),对统一希腊起了很好的作用。① 它是全希腊规模最大的聚会。它同时也成为希腊各城邦共同采用的纪元标准。在此以前,各城邦的纪元标准不同,有的以首席执政官或以监察官的名字作年号依据。奥林比亚会后,传记作者将四年一次的赛会作为纪元标准,希腊有了统一的纪年依据,希腊哲学家的生平年代也都是以此为依据的。

由于有了共同的"希腊人"的思想,这时逐渐形成了两个概念:"异邦人"(或"别的希腊城邦的人"the other Hellenes)和"异族人"(或"野蛮人"barbarians)。他们很自然地将同属希腊人的不同城邦的人,即使是远至西西里、西班牙、北非的希腊殖民城邦的人,都称为"异邦人",认为他们和自己一样,都是希腊人,不过是不同城邦而已。不同学派的哲学家可以在各希腊城邦自由往来,传播自己的思想。而将那些具有不同外表、风俗和信仰的人,看成是非希腊人,哪怕是很邻近的马其顿人、小亚细亚人,也都是"异族人"。他们对待异族人和对待异邦人有不同的标准。柏拉图在《国家篇》中谈过这个问题。《国家篇》第5卷讨论理想城邦的男、女和青少年的教育问题,谈到能不能以战争得来的俘虏作奴隶。它谈到希腊人不能以希腊人为奴隶,对于不同城邦的希腊人,不能作为自己的奴隶。柏拉图认为,凡希腊人都以血统和感情联结在一起,而以非希腊人为异族人。只有希腊人与异族人之间的争斗,才叫作"战争",而在希腊人和希腊人之间即不同的希腊城邦之间的争斗只能叫"纷争",不能叫"战争"。凡是希腊人就不应当蹂躏和劫掠希腊人的土地,焚毁希腊人的房屋。他认为,应该将这些点写进理想国的法律中去。②

由此可见,当时的希腊人已经有比较明确的统一的民族意识了。公元前

---

① 参见格罗特:《希腊史》第1卷,第89页。
② 参见柏拉图:《国家篇》,469B—471D。

12世纪的特洛伊战争,虽然是全希腊的第一次统一行动,但那是在一个共同利益的口号下的诸部落联合行动,还谈不上统一的民族意识。经过六七百年以后,公元前492—前449年的希腊反抗波斯侵略的希波战争,则是已经有了明确的统一的民族意识的各城邦的一次共同抵御外族入侵的行动了。

经过这样长时期的变迁和发展,终于出现了统一的"希腊人",他们就是创造古代希腊哲学的主体。

四　希腊文字的形成

在希腊民族形成的过程中,希腊人也创造了自己的文字。

和其他地区的古代文字一样,爱琴海区文字的产生、变化和发展也是经过长期曲折的过程的。从现有的地下发掘的资料看,早在公元前2000年克里特文明时期,就已经有了象形文字。从公元前1700年左右开始的中期弥诺斯阶段,在克里特发现有线形文字A,考古学者发现了相当数量的泥板文书。线形文字A比象形文字进步,属音节字;可是它不属印欧语系,可能是前希腊人的文字。阿该亚人进入希腊半岛以后,在公元前1450年左右的后期弥诺斯阶段,可能是吸取线形文字A的某些因素创造了线形文字B。20世纪初至60年代,西方考古学家在克里特的克诺索斯发现了近四千件线形文字B的文物,在派罗斯挖掘出近一千二百件,此外在迈锡尼和底比斯亦有所发现。语言学家文特里斯(M.Ventris,1921—1956)解读了在派罗斯的维斯都宫发掘出来的线形文字B。他认定这是属于希腊语民族的文字,大概是阿该亚人所创造的,所以在阿该亚人居住地区相当广泛地流行。

公元前12世纪多立斯人进入南希腊后,线形文字B中断了,以后几百年没有文字。直到公元前9—前8世纪,希腊人从腓尼基人那里学来了字母,加以改造,才有后人所看到的希腊文字。

关于希腊文字的来历,希腊人自己有各种不同的传说。《剑桥古代史》介绍了几种说法:第一,希罗多德认为是卡德摩斯从腓尼基带来的。(希腊神话说:宙斯骗走了腓尼基国王的女儿欧罗巴,国王命王子卡德摩斯去寻找,宣称如果找不到便不准回来。卡德摩斯到希腊半岛寻找,没有找到。阿波罗指引他在彼俄提亚建城。他从腓尼基带来了十六个字母。)第二,希腊悲剧诗人埃斯库罗斯认为是普罗米修斯授予的。第三,悲剧诗人欧里庇得斯则归之于帕拉墨得斯(Palamedes),他是特洛伊战争中的英雄之一,传说他发明了度量衡工具。① 英国出版的《古典小词典》则说是帕拉墨得斯在卡德摩斯的字母的基础上,增加了 θ、ξ、χ、φ 四个字母。②

这些传说多带有神话色彩。近代学者认为,希罗多德在《历史》第五卷中的说法比较可靠。他在讲到杀死雅典僭主希帕库斯的格菲拉人时,介绍了他们的历史,同时谈到希腊文字的来历。他说:

> 格拉菲人是和卡德摩斯一同来到今天彼俄提亚的那一部分的腓尼基人。彼俄提亚的塔那格拉地方被分配给了这些人,而他们也便定居在那里了。……这些格拉菲人又为彼俄提亚人所驱逐,于是他们便到雅典去了。……他们把许多知识带给了希腊人,特别是我认为希腊人一直不知道的一套字母。但是久而久之,字母的声音和形状就都改变了。这时住在他们周围的希腊人大多数是伊奥尼亚人。伊奥尼亚人从腓尼基人学会了字母,但他们在使用字母时却少许改变了它们的形状;他们将这些字母称为腓尼基亚,这是十分正确的,因为这些字母正是腓尼基人给带到希腊来的。③

所以,希腊字母来自腓尼基,这大约是可信的。至于具体时间,《剑桥古代史》认为:"最早的希腊字母板书从阿提卡和优卑亚、比塞库莎开始,时期是公元前 8 世纪中叶,决不会比这个时期迟多少。"④因为公元前 776 年开始有奥林比亚竞技会的文字记载,说明那时已经有了文字。根据考察,在希腊罗马沿用了上千年的写字蜡板(deltos,即将两块木板粘在一起涂上蜡,可以在上面写字)是由中东的闪族人发明,后来也是由腓尼基人带到希腊来的。⑤

---

① 参见《剑桥古代史》第 3 卷,第 3 分册,第 36 章(A),第 6 节。
② 参见《古典小辞典》,第 209 页。
③ 希罗多德:《历史》,中译本,第 535—536 页。
④ 《剑桥古代史》第 3 卷,第 3 分册,第 28 页。
⑤ 参见《剑桥古代史》第 3 卷,第 3 分册,第 28 页。

但是希腊人并不是照搬腓尼基字母,而是加以改进,创造了自己的一套文字。至于他们具体作了哪些改变,没有任何资料,据说,元音和辅音的划分是希腊人自己发明的:"希腊人采用腓尼基字母表示元音和辅音,是世界史上最重要的事件之一。……我们不知道在何处先采用,也不知道是如何采用的,甚至不知道元音体系是偶然发现的呢,还是思索出来的。"①

希腊文字在各地区的完善化受到原来方言的影响。同希腊原有的三个方言区相适应,希腊的书写语文逐步形成以伊奥尼亚、埃俄利亚和多立亚为主的三个语支。关于希腊语言,恩格斯曾经说过:

> 拥挤在一个比较小的地区上的希腊人,其方言上的差异不像在广大的美洲森林中那样显著;但是就是在这里我们也看到,只有主要方言相同的部落才联合成为一个大的整体;甚至小小的阿提卡也有独特的方言,这一方言后来获得了统治地位而成为共同的散文语言。②

随着雅典的崛起,同伊奥尼亚语文比较接近的,并又具备这三个语支的共同点和优点的阿提卡语言就获得统治地位。③ 我们现在所见到的古希腊哲学、文学和历史等著作,就是用这种文字书写或传抄的。

这种文字后来主要由两种人加以发展并使之趋于完美。一种是古典时代的诗人和戏剧家,如埃斯库罗斯、欧里庇得斯、索福克勒斯和阿里斯托芬等;另一种是从智者到亚里士多德和前期斯多亚学派的哲学家们。前者侧重于词汇和句子,以及文字上的修饰和表达;后者侧重于语法和修辞。智者的论辩术以及亚里士多德为此而写的《论辩篇》和《修辞学》是这方面的代表。

古希腊文就是这样产生和逐渐完善起来的。语言和思维是密切不可分的。人们的思维总是凭借语言进行并用文字记载下来的。所以,语言是思维的直接现实,是表达思维的物质外壳。而哲学是抽象的思维活动,是在人类思维发展到比较高级阶段才产生的,所以它总是出现在有文字以后,和文字有密

---

① 《剑桥古代史》第 3 卷,第 3 分册,第 28 页。
② 《马克思恩格斯选集》第 4 卷,人民出版社 1995 年版,第 102 页。
③ 参见史密斯(H.W.Smyth):《希腊语语法》,导言"希腊语及其分支";罗斯托采夫:《世界古代史》上册,第 182 页。

切的关联。

在这点上,哲学和宗教不同。原始宗教主要是形象性的思维,用比较简单的语言就可以表达。古代人在没有文字以前,可能很早已经有了宗教,而哲学则必须以比较复杂的语言为条件。当然,我们不能绝对地说:在没有文字以前,人们完全没有哲学思想。早期的人类对世界还是有一定的看法的,原始宗教也是一种世界观,不过是被歪曲的、主要用形象来表达的世界观。哲学是抽象的思维,如果没有文字,即使它发生了,也不能记载和巩固下来,不能互相表达,更谈不到系统化。所以,古代的哲学是在文字已经相当发展以后产生的。同时,我们还可以看到,古代哲学问题的提出和解决的方向,往往受当时当地语言文字的限制。中国哲学、印度哲学和希腊哲学的不同,都有这种语言文字上的原因。反过来,哲学思想的发展又往往推动语言文字的发展,使它们更加复杂、更加细致。古代哲学包括希腊哲学,它们的一些概念范畴以及推论方式的发展变化,也促使语言文字更加丰富。

哲学的产生和文字的形成有密切联系。古代希腊的文字是在公元前 8 世纪左右形成的,大约一百多年以后,公元前 7 世纪末,希腊最早的哲学家泰勒斯就出现了。

综上所述,到了公元前 7 世纪,自然环境——希腊世界、认识主体——希腊人,以及必需的工具——希腊文字都逐渐形成了,希腊哲学的产生具备了必要的前提。

第二节　希腊社会

希腊经过克里特—迈锡尼文明和荷马时代以后,到公元前 8—前 6 世纪,进入了城邦奴隶制形成的时代,逐步建立了城邦奴隶制的经济政治制度,同时又向海外殖民,所以又称它为殖民时代。在这个时代,希腊奴隶社会的各阶级逐渐分化形成了。这就是产生希腊哲学的社会条件。

一　城邦国家的产生

希腊的城邦($\pi o \lambda \iota s$, Polis)是由卫城($\alpha \kappa \rho \acute{o} \pi o \lambda \iota s$, acropolis)发展来的。acros 原来是"高"的意思,卫城是指和开放的(不设防的)乡村相对应的设防的城市居民点。这是古代人为了防卫而建立起来的。修昔底德说:

> 由于海盗的广泛流行,岛屿上和大陆上的古代城市建筑在离海岸有一定距离的地方;这些城市,直到现在还留在原来的地址上。[1]

格洛茨在《希腊城邦及其政制》中说明:最早的时候,卫城设在山头,人们在遭到敌对势力或海盗的威胁时就聚集在那里;一般情况下,这种山头总有一个或几个卫城。[2] 后来,由于耕作的发展和定居的需要,这些卫城就从山头搬到平坦的地方或河畔,周围建筑城墙和城堡。这样,"这些防卫所逐渐地转化为拥有生产场所、宗教生活中心和首领、祭司居屋的城市,城邦就成为大小不等的领土的中心"。[3] 由最早的卫城到城邦国家,是有一个相当长期的演变过程的。这个演变过程就是奴隶制生产方式的形成过程,也是奴隶主国家的建立过程。

原来,在部落大迁徙的时代的情况,就如修昔底德回顾历史时所说的:

> 现在所称为希腊的国家,在古时没有定居的人民,只有一系列的移民;当各部落经常受到那些比他们更为强大的侵略者压迫时,他们总是准备放弃自己的土地。当时没有商业;……土地上没有正规的耕种;因为他们没有要塞的保护,侵略者可以随时出现,把他们的土地夺去。这样,他们相信在别处也和在这里一样,可以获得他们每日的必需品,他们对于离开他们的家乡也没有什么不愿意的,因此,他们不建筑任何或大或小的城市,也没有任何重要的资源。[4]

在原始社会野蛮阶段的初期出现了定居。但当时所谓"城"的只不过是

---

① 修昔底德:《伯罗奔尼撒战争史》,中译本,第5页。
② 参见格洛茨:《希腊城邦及其政制》,第18页。
③ 罗斯托采夫:《世界古代史》上册,第182页。
④ 修昔底德:《伯罗奔尼撒战争史》,中译本,第2页。

聚居的村落,是原始部落、氏族的居住区。这些村落有的没有设防,即使有设防的,也只是防卫野兽和其他部落的侵犯。它所保护的是氏族、部落的全体成员及公共财产,所以迁居也很容易。例如,帖撒利人被赶出希腊北部他们原来的居住地帖撒利,迁到希腊中部的彼俄提亚;他们赶走了原来住在那里的卡德米亚人;卡德米亚人迁往阿提卡,后来有些人又迁往小亚细亚沿海和爱琴海岛屿。

到野蛮时代的高级阶段,由于出现了农业和手工业的分工以及商品交换,私有财产及随之而来的部落首领的世袭地位和特权随之形成,产生了城市和王宫,如克里特的克诺索斯和南希腊的迈锡尼、派罗斯等。这些虽然是最初的城市,但它还不是一个国家。由日本历史学家编写、台湾翻译出版的《世界风物志》说,克里特的弥诺斯还是无防御的,没有发现城墙。① 王宫的出现表示已经有国家的萌芽,但还不能说已形成国家机器。

多立斯人进入希腊后,出现了暂时的倒退,随后逐步形成了三个民族各自有相对稳定的居住区。由于生产力的发展,有了固定的农业、畜牧业和手工业场所;个体家庭开始成为社会的经济单位,共耕制和平均分配的原始公社制度遭到破坏。家庭之间财富不均的现象成为社会的普遍现象,家庭成为一种与氏族制度对抗的力量。氏族首领的家庭或家族拥有大量财富。同经济上的变化相适应,他们手中拥有的权力的性质也发生了微妙的变化,从社会公共的权力开始变成为维护自己特殊地位的政治权力。内部的这种变化也导致对外关系性质的变化。本来是部落之间的战争,变成为掠夺财产、俘虏人口的战争,于是卫城就显得格外重要了。这时的希腊,到处出现了卫城,其性质和过去也不同了。除了保护本部落成员及公共财产外,增加了一个新的因素——首领们需要卫城来保护自己的特殊地位。同样是城或卫城,但在城墙内部的人与人的关系改变了。希腊许多地方出现了这样的城市。雅典的忒修斯(Theseus)改革之一,就是不按部落来划分不同的人,而是按财产、地位和职业分工,把各部落的人划分为贵族(Eupatriden)、农民(Geomoren)和手工业者

---

① 参见《世界风物志》第8卷,第88页。

(Demiurgen),规定只有贵族才有权担任公职。①

荷马时代后期,铁器在希腊得到广泛使用,生产力有了新的发展。这时不仅有大量的家奴,而且在农业、手工业等生产领域中广泛使用奴隶(如斯巴达的希洛人、雅典作坊中的外籍奴隶等)。随着奴隶在生产中占有比重的提高,奴隶和奴隶主阶级逐步形成。原来氏族成员中的分化日益加深,部落和氏族的首领转化为奴隶主贵族,一般成员转化为平民,出现了奴隶主贵族、奴隶和平民三大阶级,形成了奴隶和奴隶主、贵族和平民的阶级矛盾和阶级斗争。这种矛盾和斗争的发展,就产生了新的需要——建立新的机构,改造旧的氏族组织机构。这样,凌驾于社会之上的国家机器,就通过"部分地改造氏族制度的机关,部分地用设置新机关来排挤掉它们"②而产生。当时的议事会和人民大会等,是改造旧机构而成的;执政官(如雅典、科林斯等)、监察官(如斯巴达)则是新建的官职。公元前683年雅典废除王权,次年实行一年一任的执政官制度。斯巴达的监察官制度始于公元前757年,它的二王制、长老院和民众会传说于公元前9世纪就有了,但在莱喀古斯改革(公元前9世纪末)时有了很大变化。城邦的武装力量从表面上看似乎还是全体公民的武装,实际上已经变成对内镇压、对外掠夺的暴力机关。原来的城市(polis-city)正式成为城邦国家(city-state),城邦中的居民就叫作Polites,中文译为"公民"。亚里士多德在《政治学》第一卷中讨论了城邦的本质及其形成,他认为城邦是由家庭和村庄发展来的,它是全体公民为了最高目的(善)而建立的共同体。③ 他的说法反映了历史发展的过程,当然他不可能认识城邦国家的阶级实质。

由于希腊全境各地区经济政治发展很不平衡,所以城邦国家的产生也是不平衡的。最早建立城邦国家的有:科林斯地峡的科林斯、麦加拉;小亚细亚

① 参见《马克思恩格斯选集》第4卷,人民出版社1995年版,第108—109页。关于忒修斯改革,可以参见亚里士多德的《雅典政制》第3、4、5、6节。忒修斯是传说中英雄时代后期的人物,是否确有其人,具体年代如何?历史上有不同的说法。格罗特根据希腊神话,说他是伊奥尼亚人的祖先伊翁的后裔。(参见格罗特:《希腊史》第1卷,第176—178页)

② 《马克思恩格斯选集》第4卷,人民出版社1995年版,第107页。

③ 参见亚里士多德:《政治学》,1052ᵇ2—3。

西岸的米利都、爱菲索、士麦拿;阿提卡的雅典;伯罗奔尼撒半岛的斯巴达、阿戈斯、奥林匹亚;希腊中部彼俄提亚地区的底比斯和福基斯地区的德尔斐;希腊北部帖撒利地区的拉利萨等。其中,希腊大陆的科林斯、麦加拉和小亚细亚西岸的米利都在初期具有重要地位,斯巴达和雅典这时还未崛起。希罗多德说:

> 先前强大的城邦中,现在有许多已经变得默默无闻了;而在我们的时代雄强的城邦,在往昔却又是弱小的。

> 当时整个希腊族是十分弱小的,而伊奥尼亚人在希腊人中,又是最弱,最不受重视的。他们除去雅典以外,没有一座比较像样的城市。因之雅典人和其他地方的伊奥尼亚人都不喜欢被人称为伊奥尼亚人。①

到公元前 6 世纪后,雅典和斯巴达才逐渐成为最强盛的城邦。关于它们的历史,我们将在以后详细论述。

城邦奴隶制的建成是经历相当长的时期,通过一些中间阶段才得以完成的。起先,在公有制的原始社会中出现私有制,开始有阶级和国家的萌芽,经过私有制取代公有制,国家机关取代氏族机构的一系列过渡,最后完成由原始社会到希腊奴隶制社会的转变。在土地制度方面,原来土地都归氏族公社所有,后来分给各个家庭耕种,所有权仍属公社;然后又归城邦国家所有,个人承担耕种任务;最后全归私人所有,可以买卖或抵押。国家制度方面也是如此。按地域划分代替按部落划分;由全体公民选举代替按部落、氏族各选固定名额官员的办法;国家政权机构取代氏族组织机构;执政官代替原来的军事长官(巴赛勒斯 Bassileus),等等,都是在相当长的过程中逐步完成的。

完成阶段的城邦,在经济上都是奴隶制的生产方式,在政治上都实行奴隶主专政。但是,由于各个城邦发展有先后,它们的具体条件也有不同,因此,各城邦具体的经济和政治制度很不一样。如斯巴达,规定土地和奴隶归国家所有,禁止公民经商,主要政治权力归长老院三十人所有(开始是二十七个胞族各产生一人,加上两个王,以及还有一个不知从何产生的人)。斯巴达人占据

---

① 希罗多德:《历史》,中译本,第 169、239—240 页。

拉科尼亚和美赛尼亚后,将当地居民赶到山区,降为皮里阿西人(Perioikoi,即"边民")。后来居住在希洛(Heilot)地区的边民起来反抗,被镇压降为奴隶,归国家所有,分给每个公民使用,史称"希洛制"(Heilotes)。分有份地的农民不准私自买卖或释放希洛人。斯巴达城邦的土地在莱喀古斯改革后分成九千份,交由公民监督希洛人耕种;另有边民份地三万份,向斯巴达纳贡。① 几百年内,斯巴达都实行贵族政体。雅典却很不一样,它注重手工业、商业,特别是海上贸易。土地和奴隶开始归氏族村社所有,分给个人经营;到公元前 7 世纪已经是私人所有,可以买卖和抵押。政治制度方面,开始也是贵族统治,后来发展为民主政体。就整个希腊说,在公元前 8—前 6 世纪,大部分城邦以奴隶制的农业自然经济为基础,在政治上则还是以贵族政体为主。

与不同的经济政治制度相适应,在一些主要城邦里,产生了不同的法律制度。城邦国家建立后,公民都须遵循共同体(community)和人与人之间的一些准则。这些准则带有强制性,但又被认作是公民意愿的体现,取名 νόμος (nomos),就是法律这一名称的起源。② 各城邦还有不同的教育制度、伦理规范和生活方式。同时,他们除了有共同的希腊宗教外,随着城邦的建立,又出现各城邦自己的守护神和邦徽(prytaneum),以及庆祝活动,如雅典的雅典娜守护神和泛雅典娜节日,科林斯的宙斯大庙和大规模的海腰(Isthmus,即海峡,指科林斯海峡)赛会等;在节日的时候,要在守护神庙前举行祭祀和公餐。所有这些,都对当时希腊人的思想发生过深刻的影响。

古代希腊实行地域较小、各自独立的城邦制度,而不是像东方那样较早出现统一的王国或帝国,这对希腊文化的发生和发展,对后来的欧洲文明传统当然是有深刻影响的。③ 但长期以来,西方一些史学家、哲学家却由此作出结论,认为东方的传统是专制主义的,西方则从希腊开始就是注重自由和民主的。这种说法是不符合事实的。近代考古发掘资料证明,世界各地从原始社

---

① 亚里士多德:《政治学》第 2 卷第 9 章详细论述了斯巴达的政治制度。

② 参见罗斯托采夫:《世界古代史》上册,第 205—206 页。关于 nomos 的含义演变,可参见彼特尔(F.E.Peters):《希腊哲学术语:历史辞典》,第 131—132 页。

③ 参见顾准:《希腊城邦制度》。

会过渡到奴隶制时,都存在过类似希腊的城邦小国,例如西亚的苏美尔,埃及的州(Spt,斯帕特),以及中国古代都是如此。其原因,正如列宁在《论国家》中所说的:

> 当时无论是社会和国家比现在小得多,交通极不发达,没有现代的交通工具。当时山河海洋所造成的障碍比现在大得多,所以国家是在比现在狭小得多的疆域内形成起来的。①

希腊境内多山,这种地理环境更使它迟迟难于统一。但是历史发展总要从城邦国家过渡到中央集权的帝国,只是东方出现得早些,希腊出现得迟些,它后来由外族马其顿王亚历山大来实现而已。以古代希腊实行的分散独立的城邦制度说明是因为西方人天生有自由民主的习性,是一种倒果为因的说法。

但是,也应该看到:古希腊的城邦制度,由于它存在时间很长,和其他地方相比,它发展得最典型、最充分。这就为希腊科学和哲学的发展提供了广阔的历史舞台。希腊各城邦在公元前 5 世纪以前,即未受雅典、斯巴达控制前,都独立自主,互相竞争,容易发挥人的才能和促进文化的繁荣,如同中国的春秋战国就出现过百家争鸣的局面那样。在一个城邦内,哲学家可以从事哲学和科学的探讨,也可以从事政治活动。他们在这个城邦呆不下去时,可以跑到另一个城邦去活动。各个城邦所能提供的条件是很不同的。一般说来,单纯以自然经济为基础的城邦,由于人们固守在小块土地上,排斥商品经济,所以眼界狭隘,墨守成规,不利于人们认识的发展。像斯巴达那样实行军事生活方式和军营式的教育,更堵塞了科学技术、文艺和哲学的发展。相反,像米利都、雅典这类伊奥尼亚人的城邦,注重手工业、商业和海上贸易,同时也发展当地条件许可的农业;人们的眼界就比较开阔,较少保守性。而政治上的民主制度比起贵族制、寡头制来,当然更有利于人们的创造活动。古代希腊哲学一般都产生在这类伊奥尼亚人的城邦,这是一个重要的原因。

公元前 8—前 6 世纪的希腊城邦制是适合当时生产力的发展水平的,因

---

① 《列宁选集》第4卷,人民出版社1995年版,第31—32页。

而这三百多年经济迅速发展。造船、冶炼、制陶、酿酒、建筑的发展尤为迅速,出现了使用二百名水手的三层桨远洋船及大规模的手工作坊和冶炼场。富有民族特点的宏大的神庙、运动场、剧场和会场等一个个建立起来。这时期希腊的工商贸易超过了原来的海上强国腓尼基。对哲学发展来说,最重要的是生产力的发展引起了体力劳动和脑力劳动的分工。马克思说:

> 分工只是从物质劳动和精神劳动分离的时候起才真正成为分工。……从这时候起,意识才能摆脱世界而去构造"纯粹的"理论、神学、哲学、道德等等。①

而且这种分工使得统治阶级中"一部分人是作为该阶级的思想家出现的"②。在古希腊,亚里士多德早就看到,"闲暇"是产生哲学的必要条件。他认为哲学不同于生产的科学,它要探求的是世界的原因和原理,因此,"只有在几乎所有的生活必需品都得到满足,而且确保有个安逸的生活环境时,才能探求这种知识。"③

公元前8—前6世纪,由于生产的发展,使统治阶级中一部分人有可能专门从事脑力劳动,创立各种哲学理论。哲学产生的条件就具备了。

二　殖民运动

公元前8—前6世纪,随着城邦的建立,希腊出现了大规模的移民运动,也叫殖民运动。这时候的殖民运动和早期的大迁徙不同,那是由于自然原因或外族入侵而发生的整个部落往外地迁移;它也和荷马时代后期的移民不同,那往往是自发的、个别的、无组织的活动。而这个时候希腊的殖民运动是城邦制发展的结果,是解决城邦内部人口增多的一种办法。修昔底德说过:

> 希腊其他地方的人,因为战争或骚动而被驱逐的时候,其中最有势力的人逃入雅典,因为雅典是一个稳定的社会;他们变为公民,所以雅典的

---

① 《马克思恩格斯选集》第1卷,人民出版社1995年版,第82页。
② 《马克思恩格斯选集》第1卷,人民出版社1995年版,第99页。
③ 亚里士多德:《形而上学》,982ᵇ22—24。

人口很快就比从前更多了。结果,阿提卡面积太小,不能容纳这么多的公民,后来就派遣移民到伊奥尼亚去了。①

接着就是殖民时代。雅典人殖民于伊奥尼亚和大多数岛屿上。伯罗奔尼撒人建立大多数殖民地于意大利和西西里,也建立一些殖民地在希腊的其他地方。所有这些殖民地都是在特洛伊战争以后建立的。②

马克思在《强迫移民》中也分析过:

在古代国家,在希腊和罗马,采取周期性地建立殖民地形式的强迫移民形成社会制度的一个固定的环节。那些国家的整个制度都是建立在人口数量的一定的限度上的,超过这个限度,古代文明就有毁灭的危险。为什么会这样呢? 因为对那些国家来说,在物质生产方面运用科学是完全闻所未闻的。为了保持自己的文明,它们就只能保持少量的人口。否则,它们就难免体力劳动之苦,把自由民变成奴隶。由于生产力不够发展,公民地位就要依赖于一种不得打破的一定的人口比例。强迫移民是唯一的出路。③

西方学者也有类似的看法,如《剑桥古代史》认为:殖民运动的基本的积极的原因就是人口过剩,此外还有市场的扩大和穷人寻找生计等。④ 所以,古代的殖民运动和近代资本主义国家的殖民运动的原因和性质是不同的。

古代殖民运动也不是希腊所特有的,西亚的巴比伦、亚述、赫梯、腓尼基等都有过殖民活动,后来的罗马帝国也有殖民,不过希腊的殖民运动比较典型而已。

希腊的殖民运动大都是由原来的城邦(母邦)组织的,而且有一定的程序。先由城邦作出往外移民的决定,选择领导人,求得阿波罗的神谕,举行宣誓仪式,征集殖民者(即参加人);到达殖民地后,先建立居民点和卫城,解决

---

① 修昔底德:《伯罗奔尼撒战争史》,中译本,第 3 页注 1。
② 修昔底德:《伯罗奔尼撒战争史》,中译本,第 11 页。
③ 《马克思恩格斯全集》第 11 卷,人民出版社 1962 年版,第 661 页。
④ 参见《剑桥古代史》第 3 卷,第 3 分册,第 157、159 页。

和本地居民的关系,然后分土地,建立城邦机构。① 在这个程序中,宗教仪式是很重要的,领导人或建立者的第一项任务就是求得神的赞许。解决和当地原来居民的关系,是殖民运动的重要问题。解决的方式不一样。《剑桥古代史》认为,一般说,往西方向去的移民通常是在牺牲当地人的情况下建立起自己的城邦的,如在西西里的叙拉古,就是驱逐当地居民之后建立的;而往东方向去的移民,通常不赶走当地居民,而是在得到他们允许的条件下迁入的;② 在非洲建立居勒尼殖民地时,起初同当地居民和好,后来由于不断迁入新的移民,人口增加,土地不足,引起双方冲突,希腊人夺取了当地人的土地。③

既然是由城邦组织殖民的,因此殖民地和母邦有密切的联系:“通常是忠实地效法母邦的政制”,“有同样的宗教仪式、历法、方言、文书、官吏制度及公民的划分”。④ 这种情况在殖民运动前期比较普遍,在小亚细亚西岸尤为典型。希罗多德说过:

> 老实讲,所有的伊奥尼亚人都是起源于雅典的,都是举行阿帕图利亚祭〔Apaturia,在雅典和大多数伊奥尼亚城市中,每一胞族的成员们在十月末和十一月初举行祭典,每次持续三天,最后一天正式接受成年的青年为胞族成员〕的。这是全体伊奥尼亚人都庆祝的一个节日。⑤

后来由于政治、经济关系和利害冲突,母邦和殖民地的关系发生了变化。⑥ 尽管殖民地和母邦在政治、经济制度和传统、风俗习惯及宗教等方面是相同的,但在政治、经济地位上,殖民地却是独立的,它并不受母邦的控制;因此,殖民城邦建立以后,它的发展以及同母邦的关系,就以利害关系为转移了。这是希腊殖民城邦和近代资本帝国主义殖民地的根本不同点。

---

① 参见《剑桥古代史》第3卷,第3分册第37章第10节“建城程序”(第143—152页);修昔底德叙述斯巴达人建立赫腊克利亚城的情况,大体就是如此。(参见《伯罗奔尼撒战争史》,中译本,第245页)

② 参见《剑桥古代史》第3卷,第3分册,第5页。

③ 参见《剑桥古代史》第3卷,第3分册,第155—156页。

④ 《剑桥古代史》第3卷,第3分册,第144页。

⑤ 希罗多德:《历史》,中译本,第241页及注。

⑥ 参见《剑桥古代史》第3卷,第3分册第37章第11节“同母邦的关系”(第153—155页)。

当时的移民方向主要是从海上向东、西、南三个方向。往东到小亚细亚西岸直到黑海沿岸一带;往西到南意大利及西西里半岛,远至现在的法国和西班牙沿海,例如高卢南部的马赛利亚(即现在法国的马赛)就是在公元前600年左右由弗凯亚人建立的;往南经过地中海到北非,如居勒尼就是在公元前630年左右由铁拉人建立的。最早从事有计划的殖民活动的是希腊本土的科林斯、麦加拉、卡尔西斯等城邦。小亚细亚西岸的城市如米利都、萨摩斯等大都是在8世纪甚至更早时建立的,这时候它们已居于母邦的地位向外殖民了。据《剑桥古代史》第3卷第3分册第37章的附录:"公元前800—前500年建立的希腊殖民地目录"记载,有文献或考古资料可查的希腊殖民城邦有一百四十多个,并列有建立者、建立年代、考古资料及参阅地图等项目。①

这些殖民城邦一般都在地中海(以及黑海等地)沿岸地区,土地肥沃,交通方便,有利于经商和对外来往的地方,容易接受新鲜事物,保守势力较小。所以建立以后,经济、政治和文化的发展比较快。早期希腊哲学首先在殖民城邦产生,与此有密切关系。伊奥尼亚地区的米利都、爱菲索、克拉佐门尼、科罗封、萨摩斯,爱琴海北部的阿布德拉,黑海沿岸的辛诺普,南意大利和西西里岛的克罗顿、爱利亚、叙拉古,北非的居勒尼等地,都是早期希腊哲学家的出生地或活动地方。而在这个时期,希腊本土却还没有产生过一位哲学家。

三　阶级状况

希腊进入奴隶社会,产生了不同的阶级;但在不同的历史发展时期,各阶级的地位及其所起的作用也是有变化的,需要具体分析。

早在克里特文明时期的克诺索斯地方和迈锡尼文明时期的迈锡尼地方,已经出现城邦制的萌芽。当时,原始社会的氏族部落成员就已经发生分化。少数氏族首领转化成为氏族贵族奴隶主,一般的氏族成员成为劳动者和武士,而战俘及占领区的当地居民中,有的就变成了奴隶。奴隶的形成过程也是复杂的。最早对于战俘是杀掉的,对占领区居民则是杀掉或赶跑。后来发现可

---

① 参见《剑桥古代史》第3卷,第3分册,第160—162页。

以利用战俘从事生产劳动,才成为奴隶。但也不是所有的战俘和当地原来居民都变为奴隶,有的地方是占领者和他们互相融合了,如南希腊的佩拉司吉人,有的后来就成为伊奥尼亚人。[1]

在荷马时代的中期和后期,除少数落后的希腊半岛西北高原外,开始了氏族制度的全面解体过程。在全希腊,包括爱琴海岛屿和小亚细亚西岸,逐步形成氏族贵族奴隶主、奴隶和平民这三大阶级。当时形成的氏族贵族奴隶主虽然是最早产生的社会寄生阶级,但他们还是新生产力的代表,不能说他们已经是反动的了。从杀戮俘虏到将他们变为劳动者,这是促进生产力发展的进步行为。在刚刚产生的奴隶制时代,奴隶在生产劳动中还不居主要地位,他们还只是简单的助手。平民的成分和经济地位比较复杂。从成分说,主要是原来的部落成员(例如雅典的四个部落的成员),但又有从外籍吸收进来的成员。例如,斯巴达原来由四个村社组成,人口稀少;因为征战需要,他们吸收外族人入籍。希罗多德说,斯巴达人接受米尼亚人加入自己的部落。[2] 亚里士多德也说,斯巴达人从前就有授予外人公民籍的传统。[3] 至于雅典就更不用说了,由于商业和手工业的发展,在雅典的四个部落之间以及部落内部,出现了许多杂居现象。同时又有许多外族人、异邦人在阿提卡从事手工业和商业活动,其中有不少人都成了雅典的公民。忒修斯的改革明确承认他们的权利。从经济地位讲,平民一般是拥有少数几个奴隶,但以自己的劳动为主的劳动者,如雅典的小农和手工业者,还有赫西奥德所描述的彼俄提亚的小农。斯巴达的情况比较复杂,份地农民靠希洛人耕种,他们自己主要从事战争,但又参加一些劳动和管理,从经济地位讲也属于平民。

公元前8—前6世纪,希腊已经完成第二次社会大分工——手工业和农业的分离,一些先进地区出现了第三次社会大分工——手工业和商业的分离。在这个时代,不仅正式形成了氏族贵族奴隶主、奴隶和平民等三个阶级,而且还从手工业和商业的分离中,"创造了一个不再从事生产而只从事产品交换

---

[1] 参见希罗多德:《历史》第1卷第57节,中译本,第192页。

[2] 参见希罗多德:《历史》,中译本,第487页。

[3] 参见亚里士多德:《政治学》,1270ᵃ 35—36。

的阶级——商人"①。在古希腊的具体条件下,商业奴隶主和手工业奴隶主的根本利益一致,而且往往是一身二任,所以统称为工商业奴隶主,即恩格斯所说的"新阶级即从事工商业的富人"②。这四个阶级——奴隶、平民、氏族贵族奴隶主和工商业奴隶主——和古希腊哲学关系密切,有必要作些分析。

1. 奴隶阶级。奴隶,希腊文有两个字——$\overset{\'{}}{\alpha}\nu\delta\overset{\'{}}{\rho}\overset{\'{}}{\alpha}\pi o\delta o\nu$(andrapodon)和 $\delta o\upsilon\lambda o\varsigma$(doulos)。在荷马史诗中主要用 andrapodon 及其第三格 andrapodossi,意思是从战争或买卖得来的奴隶。由于奴隶的子女生下来就是奴隶,后来就出现 doulos,意指天生的奴隶。③ 亚里士多德在讨论奴隶的定义时,用的就是 doulos。他认为奴隶不过是有生命的财产和工具。④ 除了从战争或买卖中得来的奴隶及天生的奴隶外,公元前 8—前 6 世纪还有所谓"边民"、债务奴或耕奴。这几种人都属于奴隶阶级,但在当时却加以区别,有不同的称呼。比如在雅典,称因债务关系而抵押的人为 hectemor(中文译"六一汉",即仅能得到收获物的六分之一的人)和 pelates(依附人,人身依附于所有者,受所有者保护的人)。这些人,连亚里士多德也已经看到他们"事实上都成为富人的奴隶"。⑤ 在阿戈斯,边民和耕奴叫 gymnetes、(中文译"光身汉",不得穿甲胄和不准持武器的人)。在西库昂,耕奴被称为 katonakaphoroi(中文译"粗衣汉",以羊毛皮为衣的人)。在克里特,公共耕奴叫 mnoita,份地农民的耕奴叫 klarotai。此外,有的地方还称耕奴为 konipotes(中文译"泥脚汉")。这些都是耕奴或边民的不同名称。它说明在公元前 8—前 6 世纪,奴隶的数量增加了,并且主要用于生产,所以才叫"耕奴"。他们的来源不仅有战俘和被拐卖来的,而且还有边民、本部落的债务人。恩格斯指出:

> 在前一阶段上刚刚产生并且是零散现象的奴隶制,现在成为社会制度的一个根本的组成部分;奴隶们不再是简单的助手了,他们被成批地赶

---

① 《马克思恩格斯选集》第 4 卷,人民出版社 1995 年版,第 166 页。
② 《马克思恩格斯选集》第 4 卷,人民出版社 1995 年版,第 115 页。
③ 参见《希英大辞典》,第 128、447 页。
④ 参见亚里士多德:《政治学》,1053ᵇ34—35。
⑤ 亚里士多德:《雅典政制》第Ⅱ节,中译本,第 4 页。

到田野和工场去劳动。①

他还指出:在公元前594年梭伦改革前的雅典,"奴隶的数量已经大大增加,那个时候肯定就已经远远超过自由的雅典人的数量"②。所以应该说,这个时候已经确立了奴隶制的生产关系。不过也应该看到:尽管奴隶和奴隶主的矛盾,是奴隶社会固有的根本矛盾,但是在公元前8—前6世纪时这个矛盾还没有激化。公元前740—前720年左右,斯巴达在第一次美赛尼亚战争中将美赛尼亚人变成耕奴,给他们一定土地,向他们索取贡物。这在当时历史条件下还是进步的,因为它不像过去大迁徙时代那样赶跑和屠杀居民了。这和后来矛盾激化,奴隶反抗和起义是不同的。

2. 平民阶级。在公元前8—前6世纪,希腊社会突出的矛盾是氏族贵族奴隶主和平民的矛盾。平民的主要成分是小土地所有者(雅典叫小农,斯巴达叫份地农民),其次是独立的手工业者。马克思在《资本论》中,曾几次专门论述过小农和手工业生产的问题。他说:

> 小农经济和独立的手工业生产,一部分构成封建生产方式的基础,一部分在封建生产方式瓦解以后又和资本主义生产并存。同时,它们在原始的东方公有制解体以后,奴隶制真正支配生产以前,还构成古典社会全盛时期的经济基础。③

按照马克思的论述,任何一个社会的经济基础不可能是单一的,不可能有纯粹的奴隶制生产关系或封建的、资本主义的生产关系。作为特定社会阶段的经济基础,除了主导的生产关系外,还有其他生产关系。小土地所有制和独立的小手工业既可以存在于奴隶社会,也可以存在于封建社会和资本主义社会,但不能构成独立的社会形态,不能说它们是奴隶制发展的某个阶段(如古典的城邦制)的独立的经济基础。它们总是受所处时代(如奴隶社会)的主导的生产方式所制约的。马克思在讲到可以将奥古斯都的罗马史"明显地归结为小

① 《马克思恩格斯选集》第4卷,人民出版社1995年版,第163页。
② 《马克思恩格斯选集》第4卷,人民出版社1995年版,第112页。
③ 《马克思恩格斯全集》第23卷,人民出版社1972年版,第371页注1。

土地所有制同大土地所有制的斗争"时,就指出:"当然这种斗争具有为奴隶制所决定的特殊形式。"①在希腊城邦制时期,这种矛盾斗争就表现在氏族贵族奴隶主和小农、小手工业者之间的斗争。

希腊城邦制下的小农和小手工业者都受正在形成、发展的奴隶主经济和国家的支配。氏族贵族奴隶主掌握政权,又拥有大量财富;而小农则由于小土地所有制本身的弱点,由于他们自身兼有耕战任务,免不了分化和破产。在货币经济已经充分发展的条件下,他们就要借债、抵押,最后被兼并,自身沦为耕奴。因此,贵族与平民的矛盾不断激化。亚里士多德在讲到公元前7世纪雅典的情况时说:那时,"全国土地都集中在少数人手里","贵族和群众的党争,继续了一个很长的时期";"多数人被少数人奴役,人民起来反抗贵族。党争十分激烈,各党长期保持着互相对抗的阵势"。② 一句话,就是当时富人和穷人之间的矛盾十分尖锐,这是当时希腊城邦相当普遍存在的情况。

在公元前8—前6世纪,小农和小手工业者是城邦经济的主要支柱,他们还是有生命力的;氏族贵族奴隶主没有强大到足以支配全部经济和政治生活的地步;他们还需要城邦,需要平民为他们提供经济服务和兵员。因此,从氏族贵族奴隶主中就产生出一些立法者,如雅典的梭伦、斯巴达的莱喀古斯、科林斯的斐冬、底比斯的菲罗劳斯等实行改革。他们的改革的具体措施虽然有很大不同,但有一个共同的主要内容,就是要保证平民的经济政治地位。根据亚里士多德的记载:

> 古代立法家科林斯人斐冬主张在开国时,产业的份数相等于公民的人数,这些数额应该作为定制,勿使增减。③

> 在菲罗劳斯的一些著作中,……照他的立法意志,各家所有份地数和子嗣数总要保持平衡,使世代相续,各人资以营生的产业不至于剧增或

---

① 1855年3月8日马克思致恩格斯的信,见《马克思恩格斯全集》第28卷,人民出版社1973年版,第438页。

② 亚里士多德:《雅典政制》第Ⅱ、Ⅴ节,中译本,第4、8页。

③ 亚里士多德:《政治学》,1265^b 12—15。

剧减。①

保持份地数额，目的就是使平民不容易被兼并。这是为了缓和当时阶级矛盾的改革措施。果然，由于平民地位得到了暂时的缓和，因而奴隶制在一定时期内得到稳定的发展。

3. 氏族贵族奴隶主阶级。和荷马时代不同，在公元前 8—前 6 世纪，氏族贵族奴隶主的阶级地位和历史作用也发生了变化。氏族贵族奴隶主具有保守性的一面，但是，决定他们的保守性乃至反动性的，并不是他们对奴隶和平民的剥削和压迫。我们不能抛弃历史主义的原则，简单地根据他们的剥削和压迫的性质与程度，去认定他们的保守性、反动性。正如我们不能根据原始积累时代资本家的残酷剥削来判定他们是保守的、反动的阶级一样。氏族贵族奴隶主是由原始的氏族和部落的首领转化来的。列宁在《论国家》中说：在国家产生以前，“全靠习惯和传统的力量来维持，全靠族长或妇女享有的威信或尊敬来维持”②。在奴隶制和国家开始产生的时候，氏族贵族奴隶主敢于打破这些旧势力，那是革命的行为。但是，他们终究和过时了的氏族组织有千丝万缕的联系。他们还需要旧的组织形式、机构、习惯和宗教，以维持自己的特权地位。这就是他们具有保守性的一面。当他们和平民的矛盾日益尖锐的时候，他们之中有一些开明的、有远见的立法者出来主张改革，而氏族贵族奴隶主的多数人却顽固地坚持旧立场，反对改革。他们要维护原有的经济特权，在经济上束缚、抑制小手工业者等平民的经济发展；他们维护按氏族和部落划分区域和推选官员，反对按地区划分行政区，反对由全体公民选举官员；他们要求维护旧的风俗、传统，反对适应城邦制发展的新的政治生活和道德生活的准则；他们反对宗教改革和政治改革，要维护旧的宗教迷信，反对新兴的科学、哲学和文艺。这样，他们就成为保守的势力了。

氏族奴隶主从保守转向反动，主要的标志是从公元前 7 世纪开始，希腊出现了代表生产力、生产关系进一步发展方向的新的奴隶主阶级——工商奴

---

① 亚里士多德：《政治学》，1274^{b}2—5。

② 《列宁选集》第 4 卷，人民出版社 1995 年版，第 28 页。

隶主。

4. 工商奴隶主阶级。这是我们研究希腊哲学史时经常遇见的,似乎是这个时代特有的一个阶级,需要作些历史的考察。就我们查到的资料看,这个名称原来是恩格斯在《家庭、私有制和国家的起源》中提出来的。他在该书第五章中,以雅典为典型说明:"结果,一方面形成了新阶级即从事工商业的富人对旧的贵族权力的胜利竞争……"①20 世纪四五十年代,苏联学术界提出"工商业奴隶主"和"旧的贵族奴隶主"的对立。因为这两个阶级在希腊当时无疑都属于奴隶主阶级,因此就沿用下来,以工商业奴隶主和旧的贵族奴隶主作为古代希腊奴隶主(富人,不包括拥有几个奴隶的平民)阶级中两个对立的阶级,前者代表进步的新兴力量,后者代表落后的保守势力。

希腊工商业奴隶主的形成是经历了漫长的过程的。恩格斯在《家庭、国家和私有制的起源》一书中,除第 5 章外,在第 9 章中也有所论述。将这两章结合起来,联系其他章节的论述,就可以看到希腊工商业奴隶主形成的一般进程:

原始氏族是在蒙昧时代中级阶段产生,在野蛮时代低级阶段达到全盛的。那时的分工是"纯粹自然产生的","它只存在于两性之间"。② 野蛮时代中级阶段出现了农业与畜牧业的分工,"这就第一次使经常的交换成为可能";③同时,由于制造武器和工具的特殊技能,开始有个别的"终身手艺人"。④ 到野蛮时代高级阶段,发生了手工业和农业的分离,英雄时代的希腊人就属于这一阶段。⑤

　　随着生产分为农业和手工业这两大主要部门,便出现了直接以交换为目的的生产,即商品生产,随之而来的是贸易,不仅有部落内部和部落边境的贸易,而且海外贸易也有了。⑥

---

① 《马克思恩格斯选集》第 4 卷,人民出版社 1995 年版,第 115 页。
② 《马克思恩格斯选集》第 4 卷,人民出版社 1995 年版,第 159 页。
③ 《马克思恩格斯选集》第 4 卷,人民出版社 1995 年版,第 160 页。
④ 参见《马克思恩格斯选集》第 4 卷,人民出版社 1995 年版,第 160 页。
⑤ 《马克思恩格斯选集》第 4 卷,人民出版社 1995 年版,第 26 页。
⑥ 《马克思恩格斯选集》第 4 卷,人民出版社 1995 年版,第 163—164 页。

> 第三次的……重要分工:它创造了一个不再从事生产而只从事产品
> 交换的阶级——商人。①

至此,手工业奴隶主和商业奴隶主阶级终于形成。可见,这个新阶级是随着生产、分工的发展而产生的,是生产力发展引起经济关系改变的结果。

恩格斯概括的这个一般进程,是以马克思的《资本论》为武器分析大量史料而得出的。"在这里,马克思的《资本论》对我们来说是和摩尔根的著作同样必要的。"②以上所说的这种一般的发展进程,古代希腊的情况也是如此。

从荷马史诗看,特洛伊战争时期即迈锡尼时代的后期,也就是军事民主制阶段,希腊先进地区的手工业已经相当发达了。从地下发掘出规模宏伟的王宫等遗址看,如果当时没有大量的手工业工人或奴隶,是不可能有这样的建筑的。但是,它们首先还是部落所有制基础上的手工业。马克思在《资本论》第一卷中,讲到古代的"庞大建筑,显示了简单协作的巨大作用"时指出:

> 我们所看到的那种在劳动过程中占统治地位的协作,一方面以生产条件的公有制为基础,另一方面,正像单个蜜蜂离不开蜂房一样,以个人尚未脱离氏族或公社的脐带这一事实为基础。③

后来,手工业工人成为氏族或部落首领的技艺奴隶,或者是依附于部落首领的奴隶。在荷马史诗中反映了这种情况。《奥德修纪》中记载奥德修漂流到腓尼基的斯赫利亚岛,受到阿尔喀诺俄王的接待。在阿尔喀诺俄的王宫里,有各种奴隶,其中包括 50 个纺织和碾磨的女奴。④ 奥德修自己家里也有各种家奴,史诗中提到的有耕奴、纺织女工、磨坊女奴、牧猪奴、牧羊奴、牧牛奴等,单家内女奴就有 50 个之多。⑤ 荷马史诗中提到的手工作坊和工匠都是属于部落首领们所有的。后来,从这些工奴和平民中,产生了独立的手工业者和商人,其中一部分人又拥有奴隶,转化为从事手工业、商业的奴隶主,

---

① 《马克思恩格斯选集》第 4 卷,人民出版社 1995 年版,第 166 页。
② 《马克思恩格斯选集》第 4 卷,人民出版社 1995 年版,第 158 页。
③ 《马克思恩格斯全集》第 23 卷,人民出版社 1972 年版,第 370—371 页。
④ 参见《奥德修纪》,中译本,第 82 页。
⑤ 参见《奥德修纪》,中译本,第 208、275—276、289、215、260—261 页。

于是：

> 这里首次出现了一个阶级，它根本不参与生产，但完全夺取了生产的领导权，并在经济上使生产者服从自己；它成了每两个生产者之间不可缺少的中间人，并对他们两者进行剥削。在可以使生产者免除交换的辛劳和风险，可以使他们的产品的销路一直扩展到遥远的市场，而自己因此就成为一个居民最有用的阶级的借口下，一个寄生阶级，真正的社会寄生虫阶级形成了，它从国内和国外的生产上榨取油水，作为自己的非常有限的实际贡献的报酬，它很快就获得了大量的财富和相应的社会影响；正因为如此，它在文明时期便取得了越来越荣誉的地位和对生产的越来越大的统治权……①

根据雅典的资料，工商业奴隶主到公元前 7 世纪才产生，公元前 6 世纪才形成为一个新的独立的阶级。恩格斯将公元前 594 年梭伦改革以后的 80 年，概括为从事工商业的富人对旧的贵族势力的胜利竞争的时代，同时又是"旧的氏族制度的残余失去了它的最后地盘"的时代。②

工商业奴隶主是新兴的进步的阶级。为了得到更多的财富，他们需要发展生产，扩大流通领域和贸易市场。在迈锡尼——荷马时代，希腊、亚述等地中海沿岸城邦都是以抢劫为主，交换为辅的，抢劫不成才进行交易。恩格斯说："进行掠夺在他们看来是比进行创造的劳动更容易甚至更荣誉的事情。"③到了工商业奴隶主产生以后贸易成为主要的事情。他们为了生产和销售更多的商品，需要保证生产、流通和消费各个环节畅通无阻。他们需要将各地区、各氏族部落都卷入流通领域，打破固定的部落和氏族界限，破除封闭的农业自然经济，破除旧的传统、习惯和势力。所以，他们"不仅同旧的氏族制度格格不入，而且还千方百计在破坏它。"④。当工商业奴隶主羽毛丰满，掌握了大

---

① 《马克思恩格斯选集》第 4 卷，人民出版社 1995 年版，第 166 页。
② 参见《马克思恩格斯选集》第 4 卷，人民出版社 1995 年版，第 115 页。
③ 《马克思恩格斯选集》第 4 卷，人民出版社 1995 年版，第 164 页（在希罗多德的《历史》和修昔底德的《伯罗奔尼撒战争史》开首部分都有这方面的记载）。
④ 《马克思恩格斯选集》第 4 卷，人民出版社 1995 年版，第 168 页。

量财富时,他们就伸手要政治权力,要求城邦国家为他们的利益服务。这样,他们和氏族贵族奴隶主的矛盾就激化,而且表现为政治斗争了。(当个别工商业奴隶主为自己的利益和氏族贵族发生冲突,那还是经济斗争;只有当工商业奴隶主要求改变原来的法规,要求政治上的地位时,才发展成为阶级和阶级之间的政治斗争。)在这场斗争中,以从事手工业、农业和商业为主的平民同工商业奴隶主的利益是基本一致的,所以,他们联合起来的力量往往超过氏族贵族奴隶主。

工商业奴隶主在这场"胜利的竞争中",主要是通过一系列的改革和僭主政治来实现的。

首先发生的是改革。在雅典,先有公元前594年开始的梭伦改革,后来有公元前509年的克利斯提尼改革。其他较发达的城邦也发生过类似的改革。从雅典的情况看,公元前7世纪到前6世纪的交界是一条线。公元前621年的德拉科立法还是以氏族贵族的利益和意志为准则的,它明确规定可以将债务人及其全家变为奴隶。恩格斯说:"后世的立法,没有一个像古雅典和古罗马的立法那样残酷无情地、无可挽救地把债务人投在高利贷债权人的脚下。"①但是从公元前6世纪开始的改革,它们立法的方向和内容都改变了。其矛头是针对氏族贵族奴隶主的。梭伦改革和立法的重要内容就是取消一切债务。② 克利斯提尼的改革宣告了氏族贵族"最终被推翻",③为下一世纪古典时代的民主政治和繁荣扫清了道路。

除了改革以外,另一条打击氏族贵族奴隶主势力的途径是僭主政治。城邦奴隶制刚形成时,在希腊本土,几乎所有城邦都是贵族政体。城邦的统治者是按传统程序从氏族和部落的贵族首领中产生的;出身低微的人,不能爬上最高统治层。当时还没有后来才建立起来的选举官吏的法律程序和途径,来改革这种独占权力的办法。在这种情况下,一些"平民的斗士"(demagogue),其

---

① 《马克思恩格斯选集》第4卷,人民出版社1995年版,第167页。

② 关于梭伦改革,参见亚里士多德:《雅典政制》第Ⅴ—Ⅷ节。

③ 《马克思恩格斯选集》第4卷,人民出版社1995年版,第115页;参见亚里士多德:《雅典政制》第ⅩⅩ—ⅩⅫ节。

中主要是拥有军权的将军,①就使用不合当时习惯和传统的非常手段,用暴力或其他手段,推翻原来的统治者,夺取政权,实行他自己的独裁统治。这些人就叫"僭主"(tyrant)。在希腊历史上,僭主政治从来没有构成为一个特定的阶段,它在各个不同时期和不同城邦中所起的作用也不一样。最初的僭主并无贬义,在由贵族奴隶制向奴隶主民主制转变时期,僭主政治在经济、政治、文化等发展上往往起着进步的作用。到公元前 5 世纪以后,各城邦已经有了一套产生各级官员的法律程序,有的人还用非常手段夺取政权;他所实行的独裁政治又不顺民意,这时的僭主就遭到公众谴责,带有贬义了。Tyrant 就成为专制暴君。

按照亚里士多德的说法,早期的僭主有:阿戈斯的斐冬、阿格里根特的法拉里斯、林地尼(在西西里)的帕奈提乌、科林斯的库普塞卢、雅典的庇西特拉图、叙拉古的狄奥尼修,以及伊奥尼亚诸僭主(亚里士多德没有举人名,从其他章节看,是指米利都的塞拉绪布罗、萨摩斯的波吕克拉底)等。② 亚里士多德在《政治学》中将僭主政治看作是有缺失的政体,持否定态度,但对早期僭主,他还没有全部否定。

早期的僭主一般都做了一些有利于平民和工商业奴隶主,而不利于氏族贵族的事情。阿戈斯的斐冬曾经给伯罗奔尼撒人制定了度量衡。③ 科林斯的库普塞卢于公元前 7 世纪中叶建立僭主政治后,驱逐了长期统治科林斯的巴洛族的氏族奴隶主。他的儿子珀里安德洛在公元前 627—前 585 年左右做僭主,进行了许多改革:铸造科林斯钱币,在科林斯海峡修建横跨海腰的石路,设立海腰市场,限制奢侈和奴隶数量,实行地区部落制,支持艺术和科学的发展,建筑科林斯的宙斯大庙,组织海腰赛会等,从而使科林斯成为一个强大的城邦。据希罗多德说,他还将那些有名望的

---

① 亚里士多德:《政治学》,1305^{b}10;"平民斗士往往是将军";参见《世界风物志》第 8 册,第 95 页:"生产力发展,导致武器、战斗队形的变化。平民中出现了一些新型将领。"

② 参见亚里士多德:《政治学》,1310^{b}20—30。

③ 参见希罗多德:《历史》,中译本,第 621 页。

贵族杀了。① 据亚里士多德说,麦加拉的僭主塞亚革涅(约公元前640—前620年为僭主)在溪边遇见富人的牧群,将它们都杀掉了,成为僭主;叙拉古的狄奥尼修也因为敌视富人而得到平民的信任。② 亚里士多德还说,希巨昂的俄尔萨戈拉及其后裔是持续最长的僭主政治,经历了一百年之久,原因就在他们能够知道节制,大体上遵守法律,对人民温和因而得到信任。③ 当时社会上已经出现了一个不直接从事物质生产,而专门从事文学、艺术、科学和哲学活动的知识阶层。僭主们往往是他们的保护人,僭主的宫廷成为当地文化活动的中心。哲学史家文德尔班(W.Windelband)指出过在伊奥尼亚和希腊本土和意大利都发生过这种情况:"米利都的塞拉绪布罗、萨摩斯的波吕克拉底、列斯堡岛的庇塔库斯、科林斯的珀里安德洛、雅典的庇西特拉图、叙拉古的格隆和希厄隆——这些人的宫廷,在当时成为知识活动的中心。他们吸引诗人们到他们的宫廷里去,创立了图书馆,支持艺术和科学的各项活动。"④

雅典的僭主庇西特拉图继承和坚持梭伦的改革,进一步打击了贵族奴隶主,为克利斯提尼的更彻底的改革扫清了道路。因此,尽管后人对这些僭主本人的"恶行"有许多非议,但在历史发展中,他们是起过进步的作用的。

在这个时代,平民和工商业奴隶主反对氏族贵族奴隶主的斗争,以及由此引起的改革、立法和僭主政治,开始汇成了一股潮流。古代希腊哲学就是在这个政治背景下开始发生的。

---

① 参见希罗多德:《历史》,中译本,第554—555页。希罗多德说,珀里安德洛派人去向米利都僭主塞拉绪布罗学习治理城邦的办法。塞拉绪布罗一句话也不说,只是在麦田里见到好的麦穗就剪掉。珀里安德洛会意,就将城邦中的有名望的贵族都杀掉了。亚里士多德的记载与此刚好相反,是塞拉绪布罗派人向珀里安德洛问计,情节一样。(参见《政治学》,1284ª25—33)《剑桥古代史》采用希罗多德的说法,未提亚里士多德的说法。(参见第3卷,第3分册,第201页)

② 参见亚里士多德:《政治学》1305ª24—29。

③ 参见亚里士多德:《政治学》,1315ᵇ12—15;参见希罗多德:《历史》,中译本,第539—541页。

④ 文德尔班:《古代哲学史》,第18页。

第三节　希腊和东方

希腊哲学的发生,除了它自身的自然、历史和社会条件外,还有和外部——东方世界,主要是西亚和埃及的关系。

过去在西方流行一种"西方中心论"的思想,认为人类的文化开始于西方,都是由西方人创造出来的。西方文化起源于希腊。他们说,希腊民族是一种天赋的、具有理性思维的民族,比所有其他古代民族都高明,以此蔑视东方的古代文明。黑格尔在《哲学史讲演录》中就是这样看的:

> 在希腊生活的历史中,当我们进一步追溯时,以及有追溯的必要时,我们可以不必远溯到东方和埃及,只在希腊世界和希腊生活方式内,就可以追寻出:科学与艺术的发生、萌芽、发达,直到最盛的历程,以至衰落的根源,都纯粹在希腊人自己的范围里面。①

这种说法当然是偏见。人类的文明本来是各民族相互影响,共同发展的结果。由于各种客观条件的不同,在一个历史发展阶段,某个民族可能比较先进一些,较多地影响其他民族,但同时它也接受其他民族的影响;当历史发展到一个新的阶段时,另一民族就可能取而代之,成为先进的了。任何情况都必须摆到具体的历史条件下来探讨,才是真正科学的精神。

在人类文明发展史上,希腊文化并不是最早的,它发展得相当晚;当希腊文化兴起的时候,在它邻近的西亚和埃及,已有相当发达的文化;希腊文化是在西亚和埃及的影响下发展起来的。这是已为许多考古文物资料所证明,也为许多历史学家所公认的事实。

一　西亚文化和希腊

西亚,指的是伊朗高原以西至小亚细亚半岛,包括阿拉伯半岛在内的地

---

① 黑格尔:《哲学史讲演录》,第 1 卷,中译本,第 158 页。

区。这个地带是人类最早进入文明的地区之一。考古资料证明，这里在旧石器时代就已经有人居住。公元前 10000 年至前 4300 年经历了中石器时代，进入新石器时代，由采集和狩猎过渡到种植业和驯养家畜，出现了定居的农村公社。按照摩尔根提出、恩格斯加以阐述和发展的原始社会分期标志，可以说这个时候已经从蒙昧时期的高级阶段过渡到野蛮时代的低级阶段。① 在蒙昧时期，西亚北部的原始人主要居住在伊朗高原、西亚各地的河谷，以及东部的札格罗斯山脉。种植业和畜牧业形成以后，底格里斯河和幼发拉底河流域，即希腊人称为米索不达米亚（Mesopotamia，原义是两河之间的地方，通称两河流域）地方，就成了西亚的先进地区。其中最先进的是巴比伦尼亚（Babylonia）南部的苏美尔（Sumer）和稍后的阿卡德（Akkad）。这个阶段史称苏美尔——阿卡德时期。其中包括公元前 4300—前 3500 年的原始公社解体时期及公元前 3500—前 2000 年的奴隶制城邦兴衰时期。②

公元前 2000 年左右，西亚进入了奴隶制帝国时代，其中主要有古巴比伦王朝、赫梯帝国和亚述帝国。

巴比伦王朝。巴比伦城在幼发拉底河岸。在苏美尔王朝、阿卡德王朝之后，经过一番混乱，到公元前 2100—前 2000 年前后，建立了乌尔第三王朝（Ur Ⅲ）。这是从城邦制向奴隶制帝国的过渡阶段。其后，一支阿摩利族人在巴比伦建城，约在公元前 1894 年前后立国，史称巴比伦第一王朝或古巴比伦。他们接受了苏美尔——阿卡德——乌尔三个王朝的文化，发展比较迅速。传到第六代汉谟拉比（Hammurabi，约公元前 1728—前 1686 年），兼并了周围各邦，统一了苏美尔——阿卡德地区，灭了西北方的玛利王国，建立了强大的中央集权的奴隶制帝国。1901—1902 年法国考古学家发掘了汉谟拉比法典石柱（现藏巴黎卢浮博物馆）。法典条文经整理有二百八十二条。从法典看已经是一个奴隶制帝国。巴比伦第一王朝于公元前 1600 年左右被赫梯帝国灭亡。通常所说的巴比伦和巴比伦文化，除第一王朝外，还包括第二王朝（公元

---

① 参见《马克思恩格斯选集》第 4 卷，人民出版社 1995 年版，第 26 页。
② 参见《世界上古史纲》上册，第 2 章第 1 节。

前1595—前1518年)、第三王朝(公元前1518—前1204年)、第四王朝(公元前1165—前689年)及迦勒底人建立的新巴比伦(公元前630—前539年),最后于公元前539—前538年亡于波斯王居鲁士。

赫梯帝国。赫梯(Hittite),位于小亚细亚东部,幼发拉底河和哈吕斯河(Halys,今土耳其的圣齐尔——伊尔马克河)、黑海和西利西亚之间。公元前1400年左右,赫梯侵入东南方的叙利亚,往西发展到小亚细亚西岸,与希腊的迈锡尼王朝竞争。公元前13世纪,赫梯同埃及新王国争夺叙利亚,前后几十年。到公元前13世纪末、前12世纪初,赫梯开始衰落,以后仅留下一些残余的赫梯人城市,持续到公元前700年左右。

亚述帝国。亚述(Assyria)位于底格里斯河中游,形成于公元前2500年左右,以胡里特人为主。公元前21世纪末建国,公元前19世纪末开始扩张,势力发展到地中海沿岸,后来屈服于另一支胡里特人的国家米丹尼。这段历史称为古亚述。公元前1400—前1070年亚述复兴,称霸两河流域北部的西利西亚地区,史称亚述帝国。亚述帝国于公元前13世纪进犯小亚细亚,击败赫梯。公元前11世纪亚述帝国衰落。公元前9—前8世纪再次复兴,史称新亚述帝国,称霸约一个世纪。它依靠军事征服,建立了北起乌剌尔图(Urartu)和南高加索,南临波斯湾,东接伊朗,西抵地中海岸叙利亚、以色列,西南和埃及接壤的大帝国。公元前7世纪后期,迦勒底人建立新巴比伦,同米地亚人(Media,在伊朗高原)结成反亚述同盟,于公元前619年攻陷亚述首都尼尼微,亚述帝国崩溃。

除了这些帝国外,西亚在这个历史时期还有和希腊人常打交道的腓尼基。腓尼基位于叙利亚沿岸,西临地中海,东倚黎巴嫩山,北接小亚细亚,南连巴勒斯坦。腓尼基地处西亚海陆交通的枢纽。腓尼基最古居民是胡里特人。公元前三千年代,塞姆人进入后,就和胡里特人混居。这时候,腓尼基形成许多城邦国家,长期处于分裂状态,城邦之间经常发生争夺霸权的斗争。公元前二千年代后期,腓尼基和南方的巴勒斯坦一样,处在埃及新帝国的统治下,后来又处在赫梯帝国的统治下。腓尼基各城邦虽然有时独立,但更多时候是受邻近强大帝国的控制,后来还受亚述帝国、新巴比伦和波斯帝国的控制。腓尼基各城邦很早就有发达的手工业和商业，特别是海上贸易很发达，在希腊城邦工商业兴起以前，在地中海上没有竞争对手。从公元前二千年代起，腓尼基人就在地中海沿岸开始殖民活动。腓尼基商人在小亚细亚沿岸、塞浦路斯、爱琴海诸岛，甚至黑海南岸建立据点。公元前 10 世纪，腓尼基南方城邦推罗强盛时期，更向地中海西部扩展。他们沿马耳他岛、西西里西进，直达今西班牙地方。公元前 9 世纪，腓尼基人在北非建立迦太基（Cathage）城。这个殖民城邦也进行商业殖民，发展为强大的国家，后来和希腊争夺海上霸权。

腓尼基商业和殖民的发展，促使文字和字母的发展。世界各国最古的文字，如埃及文、楔形文、印度河流域的上古文明、爱琴文化、古代中国的文字等，都还没有发展到字母文字。埃及的二十四个辅音字母，还不是拼音文字，保存着开声字。约公元前 15 世纪或更早，塞姆人受埃及文字影响创造了二十六个字母。约一两个世纪后，在腓尼基出现了以二十二个辅音字母书写的文字，从此形成真正的字母文字。希腊字母就是从腓尼基传过来并经过改造而成的。

两河流域的这些国家和民族创造了灿烂的古代文化。在欧贝德时期（Ubid，公元前 4300—前 3500 年），苏美尔就出现了非塞姆语的文字，现在有出土的泥板文书和石刻铭文。公元前 3000 年左右出现了塞姆语的阿卡德人的楔形文字。公元前 2000 年的古巴比伦王国继承和发展了这种文字，而且建立了收藏历史记录、叙事文学、印章等等的图书库（现在保留下的有神殿文书、法令、学习课本等）。在天文学方面，在汉谟拉比时代就使用了太阳历，能辨别恒星与行星，测定星座，确定闰月。在数学方面，古巴比伦创造了十进位和六十进位，能解三个未知数的方程式。近代考古学家还发现了类似赫西奥德《田功农时》的农业历书，共 109 行，历叙一年农事，比赫西奥德早一千年。希罗多德在讲到居鲁士进军巴比伦尼亚地区时，回顾了巴比伦的历史、风俗和巴比伦城的修筑状况。他说："这座城市的幅员有这般大，而它的气魄也是我们所知道的任何其他城市所难以相比的。"他具体地描绘了这座城的宏伟情况。① 赫梯帝国继承了古巴比伦文化，发展了建筑技术，特别是使用了铁器。

---

① 参见希罗多德：《历史》，中译本，第 255—256 页。

公元前 9—前 7 世纪亚述新帝国时期,铁器已经广泛运用于农业和战争,出现了铁剑、铁锄、铁锹、战车兵、重装兵、攻城部队和撞城槌。亚述就是靠用铁器武装的部队进行扩张的。近代考古学家在亚述古都发现了王宫的文库,其中有大量关于宗教、文学作品、天文、医学和辞典的泥板文书,说明当时文化已有相当高的成就。此外,像腓尼基的玻璃业、榨油业、纺织业、造船业,在古代都是最先进的,那里的船只早就使用双层桨。

自克里特——迈锡尼时代以来,西亚的这些文化成就逐步传到希腊本土和小亚细亚西岸及爱琴诸岛。公元前 2000 年左右,亚述和腓尼基商人就在小亚细亚沿岸建立商业据点。腓尼基人在迈锡尼时代就到达希腊本土;他们从海生动物提取染料,染成鲜艳的紫红布运销希腊,所以希腊人称他们为 φοίνιξ (Phoiniks)——紫红之国。① 希腊神话和希罗多德的记载都说明腓尼基人早就踏上希腊国土。希罗多德在《历史》开始的第一卷第一节就说:在特洛伊战争以前,腓尼基人就运载着埃及和亚述的货物,在希腊许多地方,包括在阿戈斯登陆,还抢劫了国王的女儿,引起了争端。② 希腊神话中的"卡德摩斯建城",就是讲腓尼基王子卡德摩斯在希腊彼俄提亚定居的事。从荷马史诗和出土文物看,希腊人在迈锡尼时代和荷马时代也已经到了西亚。《奥德修纪》中记载攻打特洛伊的英雄奥德修漂泊到腓尼基的一个岛屿,得到腓尼基人的协助,才回到故乡。③ 1963 年考古发现了公元前 730 年伊奥尼亚人去亚述进行抢劫的一个文献资料,上面写道:"国王,您的仆人向您报告,伊奥尼亚人来了,他们袭击了萨姆西姆鲁纳城,哈里苏城和别的城市……"④说明当时伊奥尼亚人已经有力量同亚述、腓尼基相抗衡了。

希腊人在创造自己的文化时,显然是吸取西亚的文化的。在希腊本土及小亚细亚西岸城邦如米利都、萨摩斯等,都有模仿赫梯人的建筑(巨石柱基和圆柱结构的建筑)。希腊人学习西亚的酿酒和榨油技术,采用了腓尼基字母

---

① 参见《希英大辞典》,第 1948 页。
② 参见希罗多德:《历史》,中译本,第 167 页。
③ 参见《奥德修纪》,中译本,第 71—103 页。
④ 《剑桥古代史》第 3 卷,第 3 分册,第 15 页。

和书写用的蜡板。据法灵顿(B.Farrington)在《希腊的科学》中说,腓尼基传来的语音字母是在公元前 800 年左右,先在米利都采用并创造希腊文的。① 此外,希腊的宗教和神话也受西亚的影响。公元前 8 世纪以前,希腊的神殿很简陋。公元前 7 世纪开始出现了吸取赫梯、亚述建筑艺术的石柱结构神殿。爱菲索的阿耳忒弥女神(Artemis)神殿就是赫梯时期赫梯人建筑的,后来成为爱菲索城邦的主要崇拜对象。吕底亚人进攻爱菲索时,爱菲索人用绳子将城邦和阿耳忒弥神殿系在一起,表示将城邦献给女神,借此保护城邦免受吕底亚人的掠夺。② 根据现代比较神话学的研究,赫西奥德的《神谱》和《田功农时》都受了西亚的影响。③《剑桥古代史》在"近东对希腊的影响"一节中,专门列举了希腊神谱中来自埃及、赫梯、腓尼基、吕底亚、米地亚的神的名称。该书作者认为,《神谱》和近东、特别是巴比伦的神话著作《伊奴玛·伊立希》(Enûma Elis)有特殊关系,它可能是在迈锡尼时代或小亚细亚西岸殖民时代传入希腊的。④ 泰勒斯认为水是万物的本原,也可能是受了《伊奴玛·伊立希》的影响。耶格尔(W.Jaeger)在《早期希腊哲学家的神学》中认为,赫西奥德关于神的世系的思想,特别是关于大地母神和罪恶的起源的说法,可以追溯到东方;但他又认为:"尽管如此,赫西奥德的《神谱》在内容和精神上完全是希腊式的"⑤。

小亚细亚西岸城邦同西亚相邻,希腊本土和西亚的海陆交通也方便。迈锡尼时代以来,它们不仅接受了从西亚来的影响,而且从公元前 8 世纪以来,发展了海上和陆地贸易,和腓尼基、亚述、巴比伦尼亚地区直接交往。随着商业贸易的来往,希腊,特别是伊奥尼亚地区早期的哲学家们亲自游历西亚,学习那里的先进文化。所以,希腊文化受西亚文化的影响是很明显的。

二 埃及文化和希腊

希腊的经济、文化和宗教,希腊的哲学,尤其是毕泰戈拉学派的数理哲学,

---

① 参见法灵顿:《希腊的科学》,第 15 页。

② 参见希罗多德:《历史》,中译本,第 178 页;罗斯托采夫:《世界古代史》,第 193 页。

③ 参见《剑桥古代史》第 3 卷,第 3 分册,第 287 页。

④ 参见《剑桥古代史》第 3 卷,第 3 分册,第 29—31 页。

⑤ 耶格尔:《早期希腊哲学家的神学》,第 18 页。

还受埃及的影响。

埃及是世界上古老的文明古国之一。古埃及人属于塞姆—哈姆语系,可能是东非和西亚不同种族的混合。(现代埃及人是公元 7 世纪后才形成的。)考古资料说明,两万年前尼罗河谷的高地就有人居住。大约在公元前12000—前 8000 年间,这里处于蒙昧时期的旧石器和中石器时代。到公元前5000 年,进入新石器和铜石并用时代,当时古埃及还处在原始社会野蛮时期。公元前 3500 年古埃及步入文明时代,出现了类似城邦的"州"(埃及文 Spt 斯帕特,即"州"的意思)。上埃及和下埃及大约有四十个州左右,每一个州有一定的土地、名称、图腾、军队和政治机构。这个阶段史称"前王朝时期"。公元前 3200—前 3100 年,开始进入早王朝时期,上埃及国王米恩[1]着手往外扩张,经过几个国王的征战,逐步统一了上埃及和下埃及。这是从城邦制到中央集权的奴隶制帝国的过渡时代。这个时代一直持续到公元前 27 世纪上半叶,才形成统一的帝国,开始了古王国时期。

以后埃及的历史可分为下列几个阶段:古王国时期,约公元前 2780—前2280 年,第三至六王朝。[2] 中王国时期,约公元前 2050—前 1778 年,第十一至十二王朝。新王国时期,约公元前 1567—前 1090 年,第十八至二十王朝。后期埃及,约从公元前 1090 年至前 332 年马其顿王亚历山大征服埃及,为第二十一至三十一王朝。[3] 在这几个阶段之间有或长或短的内乱或外族入侵时期,史称"第一中间期",即第七至十王朝,和"第二中间期",即第十三至十七王朝时期。

在这个漫长的历史过程中,埃及人民创造了先进的文化,影响了希腊。

公元前 4000 年左右,在下埃及就出现了文字和用于书写的芦苇制草纸,

---

① 希罗多德在《历史》中说:埃及祭司们告诉他:"埃及人的第一位国王是米恩。"(中译本,第277 页)

② 公元前 280 年左右,埃及僧侣用希腊文写了一部埃及史,现仅留下片段。它将埃及历史分为三十个王朝,到公元前 343 年为止。现在学者还采用这种说法。参见威廉·兰格(W.Lange)主编:《世界史编年手册》,中译本,第 61 页。

③ 具体年代说法不同。这里援用日本出版的《世界风物志》的说法,见该书中译本,第 7 卷,第 97—98 页。《世界史编年手册》与此大体一致,但年代不同,见该书中译本,第 62—69 页。

以后出现了音节符号和指意符号,以及一音一符的字母和六百多个各种音符组成的词组。古王国时期已有文献记载。大约在荷马时代后期,埃及的草纸就出现在希腊,后来在希腊大量使用。

据法灵顿在《希腊的科学》中记载,埃及人在公元前 4000 年左右,就已使用象牙、燧石、水晶、石英、玛瑙、赤铁矿、琥珀,以及金、银、铜、青铜和铁等金属。还说在出土的古王国时代的一幅墓葬画中,描绘了一个金属加工作坊,有一些人用芦管吹风,另一些人在切断锤炼,还有人在称量。① 说明已经有分工的手工业作坊。

公元前 16—前 11 世纪的新王国时期,埃及的手工业已相当发达。过去的熔炉用吹火管,这时已出现脚踏风箱;纺织工具除用卧式织机外,还发明了立式织机。玻璃工业方面,这时期已发明了玻璃着色。手工作坊的规模,有的达一百五十人之多。在新王国时期,埃及和腓尼基、叙利亚、赫梯、米丹尼、亚述、巴比伦,以及希腊都有贸易关系。确切的资料说明,在荷马时代希腊人就知道埃及。据《剑桥古代史》记载,"埃及"名称就来自希腊文,埃及人自称"尼罗人"(Nile);荷马在《伊利昂纪》和《奥德修纪》中多次提到埃及。② 从这幅的文物看,可以肯定,在公元前 9 世纪,埃及的地毯、铜器、象牙和陶制品就出现在希腊本土和爱琴诸岛。

埃及的天文学和数学,希腊人是相当熟悉的。希罗多德说:

〔埃及的祭司〕说,埃及人在人类中第一个想出用太阳年来计时的办法,并且将一年分成 12 部分。根据他们的说法,他们是从星辰得到这种知识的。在我看来,他们计年的办法要比希腊人的办法高明,因为希腊人每隔一年就要插进去一个闰月才能使季节吻合,但是埃及人把一年分成各有 30 天的 12 个月,此外再加 5 天,这样,季节的循环就和历法吻合了。他们又说,埃及人最初使用了 12 位神的名字,这些名字后来被希腊人借用了去。③

---

① 参见法灵顿:《希腊的科学》,第 23—24 页。
② 参见《剑桥古代史》第 3 卷,第 3 分册,第 32—35 页。
③ 希罗多德:《历史》,中译本,第 276—277 页。

埃及人由于尼罗河泛滥,很早开始研究几何学。对埃及人的几何学,希腊早期哲学家如泰勒斯、毕泰戈拉是很熟悉的。埃及的天文学和几何学对希腊哲学的影响,我们以后将具体论述。

埃及的宗教神话和灵魂不灭、灵魂轮回观念对希腊的宗教和哲学起了不可忽视的作用。埃及宗教中的灵魂轮回思想是建筑金字塔的主要原因。这个思想对毕泰戈拉学派及以后的包括柏拉图在内的哲学家是起了作用的。希罗多德说:

> 在埃及,人们相信地下世界的统治者是得墨忒耳(Demeter)和狄俄尼索(Dionysos)。此外,埃及人还是第一个认为人类的灵魂是不朽的。在肉体死去的时候,人的灵魂便进到当时正在出生的其他生物里面去;而在经过陆、海、空三界的一切生物之后,这灵魂便再一次投生到人体里面来。整个一次循环要在三千年中完成。早先和后来的一些希腊人也采用过这个说法,就好像是他们自己想出来的一样。①

埃及神话和风俗对希腊的影响,希罗多德多次提到过。他说:

> 可以说,几乎所有神的名字都是从埃及传入希腊的。我的研究证明,它们完全是起源于异族人那里的,而我个人的意见则是,较大的一部分是起源于埃及的。②

希腊神话中有的东西,如人面兽身的斯芬克司(Sphinx),就是完全照搬埃及的。希罗多德还说,希腊的一些风俗,如祭日集会游行也是从埃及学来的。他说:

> 埃及人又好像是第一个举行祭日的庄严集会、游行和法事的民族。希腊人从他们那里学到这些事物。我认为这是有根据的,因为埃及的仪式显然是非常古老的,而希腊的仪式则是不久之前才开始有的。③

近代比较神话学的研究者,以及一些西方学者也提出了类似的看法。耶格尔在《早期希腊哲学家的神学》中说:"公元前 6 世纪,米利都达到了政治、

---

① 希罗多德:《历史》,中译本,第 331 页。
② 希罗多德:《历史》,中译本,第 299 页。
③ 希罗多德:《历史》,中译本,第 302 页。

经济、文化发展的高峰。……人们可以看到,小亚细亚的希腊人在贸易、艺术和技术方面同东方古老的文化显然有密切的关系;东方文化对希腊精神发展的影响究竟大到什么地步,历来就有争议。不难想象,东方创造的各式各样的神话、巴比伦的占星术对于易受影响的希腊人的心灵,产生了多么深刻的影响。"①

伊奥尼亚人不仅接受迈锡尼时代以来的埃及对希腊的影响,而且从公元前7世纪以来就和埃及直接来往,米利都人还在埃及建立商业殖民地。根据希罗多德的说法,公元前7世纪,伊奥尼亚人到埃及经商,埃及王普萨美提库一世(前664—前610年在位)得到伊奥尼亚人和卡里亚人的帮助,夺取了政权。他就让他们在尼罗河西岸定居,"此外,他又把埃及的孩子们交给他们,向他们学习希腊语";这些希腊人,"由于他们住在埃及,我们希腊人和他们交往以后,对于从普萨美提库的统治时期以后的埃及历史便有了精确的知识,因为作为讲外国话而定居在埃及的人,他们算是第一批。"②接着阿玛西斯夺取了政权,他对希腊人抱有好感,他把瑙克拉提这样的城市给予愿意定居在埃及的希腊人居住。③《剑桥古代史》根据古代文献和米利都的碑文,认为在公元前620年以前,米利都人带着30条船到瑙克拉提,建立了殖民地。④ 他们受埃及文化的影响当然也是明显的。

三 东方文化和希腊哲学

古代文献和近代考古资料都确凿地证明:希腊文化是在西亚和埃及的文化影响之下发展起来的。正因为在公元前8—前6世纪以前,两河流域的古巴比伦、赫梯、亚述,以及古代埃及都已经发展过相当高度的文化,希腊接受了这些先进的科学技术和宗教等等,才能够迅速发展,一跃而登上当时文化的顶峰的。

---

① 耶格尔:《早期希腊哲学家的神学》,第18页。
② 希罗多德:《历史》,中译本,第346页。
③ 参见希罗多德:《历史》,中译本,第355页。
④ 参见《剑桥古代史》第3卷,第3分册,第37—38页。

　　近代西方学者也承认这一点。格思里在《希腊哲学史》论及希腊哲学的起源时,比较客观地讲了这个问题:关于早期希腊哲学家究竟在多大程度上受了东方的影响,在这个问题上是存在很大分歧的。19 世纪的希腊崇拜者们认为希腊思想纯粹是独创的,要是有损于这一点,他们就不能承认;由此引起一种相反的倾向,认为希腊思想完全是外来的,根本否认他们的独创性。格思里认为,这些意见都是建立在偏见和猜想的基础上,而不是建立在真正知识的基础上的。他说,由于成千件泥板文书的发掘,已经可以正确地说明东方的科学和哲学究竟教给希腊多少东西了。他承认,在具体的天文学、数学和其他一些科学技术方面,东方人早已超过了希腊,是希腊人的老师。他也重述亚里士多德和希罗多德的说法,认为东方人发展这些科学技术,只是为了实用和宗教的需要,只停留在对个别的、具体的事物的阶段,还没有上升到对一般的理论的认识。只有希腊人提出"为什么"的问题,由于探究原因,产生了进一步的要求,才得到一般性的认识。火,在埃及人看来是有用的工具,对他们生活的各个方面多发生作用;而希腊人却要问为什么同一个火能做这许多不同的事情,究竟火的本性是什么。这样就使希腊人的思想大大上升,达到一般的抽象思维,产生了理论科学或称为哲学。正是在这点上,希腊人超过了他们的先驱者。格思里认为,这具体地表现在希腊人所说的"寻求逻各斯"的思想中。①这种说法比较符合实际,为多数学者所接受。

　　古代希腊哲学是从科学,从宗教中发展产生出来的。从这个意义上讲,也可以说希腊哲学是在西亚和埃及的思想影响下产生的,东方人是希腊哲学的老师。但从另一方面看,使哲学从具体的科学和宗教神话中升华,成为抽象思维的理论体系,希腊人的确作出了具有独创性的贡献,他们在很短的时间内就达到了当时人类思想的高峰。为什么会出现这种情况? 不能将原因归之于希腊民族的天赋或天性,而应该从客观条件中去寻找。

　　在西亚和埃及,宗教的神庙经济和由此而产生的祭司阶层、僧侣阶层势力很大,城市里的商业和手工业往往为祭司所控制,由神庙经营,因此,科学技术

---

① 　参见格思里:《希腊哲学史》第 1 卷,第 31—38 页。

和文化也为祭司控制,服从神庙和祭司的需要。

在西亚,这种情况早在苏美尔城邦时期就出现了。1877—1933 年,法国考古队发掘了公元前 2550 年开始的乌尔·南什王朝时期的拉格什城遗址,获得泥板文书五万件以上。这些材料说明,神庙占有拉格什城的百分之二十五以上的土地,分神庙公用地、神庙份地、神庙出租地三种。神庙的首脑是祭司,下面有总管、监工、书吏等神职人员。每个神庙除了有自由民劳动者外,还有男奴、女奴,有的还有债务奴。例如拉格什的巴贝(Baba)神庙拥有 188 名女奴,南什(Nanshe)神庙有 180 名女奴,她们从事纺织、清理羊毛、酿酒等劳动。神庙拥有各种手工劳动者,如木工、造船工、制战车工、制革工、制农具工等等。在神庙中祭司的权力很大,他们是神的代言人,唯有他们能与神交往,传达神的旨意。乌尔·南什王朝后期,祭司与王朝政权矛盾加剧,最后祭司夺取了政权,结束了乌尔·南什王朝。①

在古巴比伦初期有大量自由民小农,但到后期,神庙的经济势力也大大增加,它们拥有为建设神庙所必需的雕刻、建筑、纺织、玻璃等行业的工匠。到亚述帝国时期,形成了依靠军事力量的奴隶主贵族军事集团,和依靠商业、高利贷活动,拥有农业奴隶和工匠的城市神庙祭司集团。城市工商业和神庙纠缠在一起。祭司们自己不经商,由腓尼基商人和亚述商人经手。这些工商业者往往依附于神庙经济,不能形成一个独立的阶级或阶层。和工商业发展密切有关的科学技术和文化的发展,直接受宗教或祭司集团的严格控制。

埃及的情况基本上也是如此。埃及的手工行业和科学技术主要服从尼罗河灌溉和金字塔建设的需要;工商贸易或者受神庙祭司控制,或者在帝国强大时为国王和大臣所操纵。希罗多德说埃及人分成七个等级,祭司是最高的,高于武士的特权阶级,以下依次为牧牛人、牧猪人、商贩、通译和舵手。② 在公元前 16—前 11 世纪的新王国时代,法老政权力图借助于宗教势力以加强中央集权统治,阿蒙神被奉为最高的神,阿蒙神庙和祭司拥有大量土地和手工作

---

① 参见《世界上古史纲》上册,第 148—161 页。
② 参见希罗多德:《历史》,中译本,第 350 页。

坊,并且参预国事。《哈里斯大纸草》记载了拉姆塞斯三世(前1198—前1166年)献给底比斯的阿蒙神庙的礼品清单中,除了神的祭祀品外,还包括田地、果园、牧场、造船厂、船舰,以及65个城市、四十多万头牲畜和八万多名奴隶。在新王国后期,即从拉姆塞斯四世(前1166—前1160年)到拉姆塞斯十一世(前1113—前1085年)时期,阿蒙神庙掌握了全国耕地的十分之一,拥有自己的城市、军队、造船厂、船只和行政机构。祭司们认为自己是直接从阿蒙神那里接受权力,而不是从法老那里得来的。① 祭司阶层不仅有一套严密的组织、机构和制度,而且控制了意识形态,不许与神相矛盾的思想存在。正是在这种情况下,独立的哲学思想难以冲破宗教的束缚而自由地发展。这大约就是哲学思想在西亚和埃及不能发生和发展的原因。

而希腊的情况却不是这样。在希腊,神庙固然有自己的土地,但数量很小,而且是从属于所在的城邦。公元前8世纪才开始有石造的神殿。祭司只从事宗教活动,不参预政事,不能控制意识形态。即使是全希腊的宗教中心德尔斐的阿波罗庙,祭司们也只从事收集各方情报,以便为各方求神谕的人作出准确的预言,以显示阿波罗的神灵。德尔斐的神谕之所以灵验,近代学者根据普卢塔克提供的资料,认为除了祭司们致力于收集情报外,重要原因在于他们超脱于党派和城邦之间的斗争。②

在希腊,工匠的地位也与西亚和埃及不同,他们不受祭司和神庙的控制。工匠、艺人,甚至吟游诗人和城邦的关系,也比农民松散,他们可以在各城邦自由往来活动,以至在雅典有大批外来的手工业者。公元前5世纪以前,希腊各地除斯巴达等少数地区外,工匠和艺人是受尊重的,因此,希罗多德将鄙视手工业者的风俗归于外族的影响。他说:

> 我知道在色雷斯、司奇提亚、波斯和吕底亚,以及在几乎所有的外邦,那些从事一种职业的人,是不如其他人那样受尊重的;而那些和手艺毫无关系的人,特别是那些单单从事军务的人们则被认为是最高贵的人。然

---

① 埃及情况,参见《世纪上古史纲》上册,第302—316页。

② 参见《剑桥古代史》第3卷,第3分册,第305—320页;关于超党派问题,见第370页。

而,可以肯定的是,所有希腊人,特别是拉栖代蒙人中间的这种看法是外来的。在科林斯人那里,手艺是最不受蔑视的。①

在希腊,手工业者是独立的生产者,他们不受歧视,这就为发展成工商奴隶主创造了基本的前提和条件。这样,在工商贸易发达的地方,首先是在小亚细亚西岸以米利都为代表的伊奥尼亚城邦,随着手工业和商业的发展,就出现了一支独立的社会力量——工商业奴隶主。这和西亚、埃及的情况大不一样。希腊的商业和手工业作坊,不受宗教势力的支配。希腊工商业者是反对旧的习惯势力,反对土地贵族的社会力量。在他们的推动下,出现了扩大"公民权",打击传统势力的改革,产生了扶助工商业发展的僭主政治。《剑桥古代史》也说:"至少在爱菲索,也许还有其他地方,在贸易和手工业的发展已经改变了原来的以土地为基础的社会结构时,扩大公民权和政治权力方面的改革是满有成效的。发展着的社会集团将僭主看作催化剂。"②公元前6世纪后半叶,在萨摩斯出现了有名的僭主波吕克拉底,他原是青铜工艺制造厂的厂主,继承父业,又兼营商业。他们三兄弟夺取了政权,后来由他一人独揽。他建立了强大的舰队,称雄于爱琴海;修建了许多大庙,尤其是希拉大庙,挖掘了地下水道,解决了全城用水问题,还优待有名的诗人,等等。③

希腊的工商业者既具有独立的地位,又拥有生产技术和科学知识,他们又没有保守性,就有可能摆脱宗教神话的传统,而用他们积累起来的知识解释世界的起源和奥妙。这就是哲学所以能在希腊开花结果的一个重要原因。

第四节 从神话到哲学

哲学思想的产生,有它的客观背景,即社会历史各方面的条件,但同时也

---

① 希罗多德:《历史》,中译本,第351页。
② 《剑桥古代史》第3卷,第3分册,第201页。
③ 参见《剑桥古代史》第3卷,第3分册,第217—219页;希罗多德:《历史》,中译本,第378—381页。

有它内在的原因,它是人类认识本身发展的产物。人类认识的发展经历了不同的阶段,只有发展到一定阶段,才能产生哲学。哲学是用抽象的概念、推理和论证来说明世界,要人类发展到具有一定的抽象能力和推理能力时才会产生。在达到这个阶段以前,人类对于周围发生的种种事情早就在企图解释和说明;不过那时候,他们主要是采用形象的思维方式去解释世界,那就是神话。所以,哲学是从神话中发展产生出来的。可以说,哲学产生以前有一个史前阶段,即神话阶段,它是哲学的史前史。

远古人类由于认识能力的局限,对自然力量和人类自身的种种问题无法用科学思维的方式加以说明。他们创造了形形色色的神话,实即采用拟人化的幻想的手段,表现他们对周围种种现象所作的素朴的想象和猜测,其中包含一些具有哲理意义的认识。马克思在《政治经济学批判导言》中指出希腊神话的本质:

> 大家知道,希腊神话不只是希腊艺术的武库,而且是它的土壤。……任何神话都是用想象和借助想象以征服自然力,支配自然力,把自然力加以形象化;因而,随着这些自然力之实际上被支配,神话也就消失了。……希腊艺术的前提是希腊神话,也就是已经通过人民的幻想用一种不自觉的艺术方式加工过的自然和社会形式本身。这是希腊艺术的素材。①

希腊神话不只是希腊艺术的土壤和素材,它也是产生古希腊哲学的温床。

神话与宗教既有区别,也有联系。神话作为远古人类对自然力和社会形式的想象性的认识,本身还是健康的;它并不完全等同于因对自然力恐惧无知而产生的、奉行偶像崇拜的宗教迷信。然而,神话既然是远古人类认识低下状况中对自然力的拟人化的想象,这种人格化手段本身,就包含着向偶像崇拜和宗教迷信发展的可能性,以至必然性。古希腊神话被吸纳入古希腊宗教内容中,成为希腊宗教思想的主要组成部分。古希腊最盛行的传统通俗宗教和奥菲斯教,都包含着丰富、生动的有关奥林帕斯山诸神和狄奥尼修斯的神话。因

---

① 《马克思恩格斯选集》第2卷,人民出版社1995年版,第28—29页。

此,我们要研究古希腊神话向哲学的发展,不能不联系考察古希腊卷宗教思想的内容。

关于原始宗教思想的产生,恩格斯曾经作过论述:

> 在远古时代,人们还完全不知道自己身体的构造,并且受梦中景象的影响,于是就产生一种观念:他们的思维和感觉不是他们身体的活动,而是一种独特的、寓于这个身体之中而在人死亡时就离开身体的灵魂的活动。从这个时候起,人们不得不思考这种灵魂对外部世界的关系。既然灵魂在人死时离开肉体而继续活着,那末就没有任何理由去设想它本身还会死亡;这样就产生了灵魂不死的观念,这种观念,在那个发展阶段上决不是一种安慰,而是一种不可抵拒的命运,并且往往是一种真正的不幸,例如在希腊人那里就是这样。到处引起这种个人不死的无聊臆想的,并不是宗教上的安慰的需要,而是由普遍的局限性所产生的困境:不知道已经被认为存在的灵魂在肉体死后究竟怎么样了。同样,由于自然力被人格化,最初的神产生了。随着宗教的向前发展,这些神愈来愈具有了超世界的形象,直到最后,由于智力发展中自然发生的抽象化过程——几乎可以说是蒸馏过程,在人们的头脑中,从或多或少有限的和互相限制的许多神中产生了一神教的唯一的神的观念。①

恩格斯既说明了原始宗教的产生,又说明了宗教和神话的结合过程。恩格斯阐述的这种情况,不但在古代的无论哪个地方的早期人群中普遍存在,就是在近现代发现的一些原始民族中,也无一不是普遍流传着关于灵魂不灭,以及将自然力(日、月、风、雨、雷、电等)人格化为神的现象。古代希腊也是这样。

上一节已经引证过希罗多德的说法,他认为古代希腊关于灵魂不灭和轮回,以及诸神的名字都是从古代埃及传过来的。其实,这种说法并不完全可靠;应该说,任何一种原始人类都可能产生关于灵魂不灭和各种神话传说;只是由于埃及的文化发展比希腊早得多,因而它可能影响了希腊原有的神话,使

---

① 《马克思恩格斯选集》第4卷,人民出版社1995年版,第223—224页。

之具有更丰富多彩的内容而已。这些当然都已经没有文字可以考证的了。在希腊历史上值得庆幸的是:在希腊哲学正式产生以前,就出现了据说是由诗人荷马整理的两部伟大的史诗——《伊利昂纪》和《奥德修纪》,它们已经在人民中广泛流传,几乎是作为学习教材使用了。它们描写的是希腊人攻陷特洛伊城的英雄事迹,却将地下的英雄和天上的诸神结合在一起,使神也具有和人一样的残酷、贪婪、欺诈、淫乱等特性。荷马史诗大概是将当时流传的各种神话传说集中在一起,成为互相限制、互相嫉妒、互相争斗的许多神。在荷马史诗以后,出现了赫西奥德的《神谱》,它将诸神列成世系,企图将他们归属于同一祖先。

荷马史诗和赫西奥德《神谱》所记述的关于奥林帕斯诸神的神话,被古希腊最盛行的通俗宗教即埃琉西斯(Eleusis,阿提卡的一个城,据说是该教的发源地)教所吸收。这是公元前7—前6世纪以来,在希腊本土和小亚细亚、南意大利地区最流行的重要宗教。这种宗教更多地表现为将自然力量拟人化,它所吸收的神话,鲜明地将神融合于自然之中。在对诸神的描述中,更多地表现了对外在宇宙和自然现象的想象和猜测,并且用人间的社会秩序、人的品格来想象诸神的体系——自然体系的幻化。这种宗教所包含的神话,不能简单地被视为对自然力量的迷信、无知及偶像崇拜,它实际上包含着当时希腊人对自然力量的某种朦胧的认识和猜测;它已经以神话的想象形式,试图探索宇宙和自然万物的起源,甚至要在万物中寻求某种唯一的根源——本原。这样,它本身就蕴含了哲学思想的萌芽。

公元前6世纪以前,希腊还流行一种宗教——奥菲斯教(Orphic)。据说是由奥菲斯(Orpheus)创立的。传说中的奥菲斯是阿波罗的儿子,是个著名歌手,他的歌声能使山林、岩石移动,野兽驯服。据说自奥菲斯写的陈述奥菲斯教义的《圣书》($ι ε ρ ο ι\ \lambda' ο γ ο ι$),现代西方学者认为是在公元前6世纪出现的。[①] 奥菲斯教也崇拜奥林帕斯诸神,它所包含的神话和埃琉西斯通俗宗教的神话一样,都和荷马与赫西奥德的记述有关,但也有区别。奥菲斯教尤其崇

---

① 参见格思里:《希腊人及其神》第11章及《牛津古典辞典》"奥菲斯教义"条目。

奉狄奥尼修斯（Dionysus）。据说，狄奥尼修斯是宙斯和塞美勒（Semele，大地女神）的儿子，是收获之神，又是酒神。他是自由和狂放的象征。（尼采在《希腊悲剧的诞生》一书中，以狄奥尼修斯和太阳神阿波罗作为古希腊自由的浪漫主义和理性主义这两种艺术思想传统的象征。）狄奥尼修斯每年在隆冬肃杀之际去世，到春天复生，意味着生对死的胜利。他最初只是色雷斯北部边缘地区崇祀的神，随着奥菲斯教的广泛流传，他受到越来越多的人的崇拜，而且成为人们感到可以亲近的神。每年收获季节，希腊人庆祝酒神狄奥尼修斯的活动是狂热的，人们开怀痛饮，高歌狂舞，享受一年辛勤劳作的果实。奥菲斯教的神话说到宙斯在和泰坦（Titans，巨人，叛恶之神）的斗争中，用灰烬创造人，其中既有泰坦的灰烬，因而人生来不完善，有原罪；同时也有狄奥尼修斯的实体部分，因而人生来也有某种神性。泰坦的因素就是人的肉体、感官、欲望部分，狄奥尼修斯的则是人的灵魂或心灵部分。所以，人的肉体是灵魂的囚笼或坟墓。奥菲斯教主张，人既然带有原始的罪恶，必须通过"净化"来赎罪，使灵魂在轮回转世中变得纯洁，从而得到解脱，复与诸神同在，享受至福。净化的方式则有：用清净的泉水洁身，戒食、禁绝杀生和血祭等等。公元前6世纪中叶以前，奥菲斯教在南意大利、西西里等地区尤为盛行；中叶以后传入雅典，在希腊本土以至小亚细亚殖民城邦地区也比较流行，成为一股在全希腊世界甚有影响的宗教思潮，在欧里庇得斯等诗人的剧作中有所反映。奥菲斯教及其神话对古希腊哲学有较大影响。它以幻想的形式猜测宇宙的起源、日月星辰等天体的形成等，可以说是早期希腊自然哲学思想的渊源之一。奥菲斯教的灵魂轮回转世和净化说以及它的宗教伦理思想，直接影响了毕泰戈拉学派和恩培多克勒的学说，对赫拉克利特和爱利亚学派的思想也有所影响。以后，苏格拉底和柏拉图也从奥菲斯教吸取了灵魂不朽的观点；直到后期的新柏拉图学派仍带有奥菲斯教的深刻痕迹。

此外，公元前6世纪中叶（也有说是公元前7世纪），锡罗斯（Syros）的宗教家斐瑞居德（Pherecydes）的神话思想也颇有影响。他大约和泰勒斯同时代，也有人将他列为"七贤"之一，有人说他懂得天文星相。亚里士多德在《形而上学》第十四卷讲到那些老的认为世界的统治者是宙斯的（神话）诗人时，举出斐瑞居德，说他"并不是完全使用神话语言的"①。他的思想中已经有一些对自然事物作了不是神话的，而是哲学的说明。在第尔斯—克兰茨编纂的斐瑞居德残篇中，就有："斐瑞居德像泰勒斯一样，认为水是本原；不过他叫它'混沌'（Chaos），可能是从赫西奥德那里借用来的。"（DK7B1a）他的宗教思想和神话内容较为混杂，既有奥菲斯教的成分，也有对赫西奥德《神谱》的修正。他所写的圣书已佚，从现存的残篇看，有较多是直接探索宇宙起源和天体生成的内容。他的神话思想对早期希腊哲学是有一定影响的。

　　希腊神话对希腊哲学的影响，现代西方学者一般都承认了。格思里在《希腊哲学史》的"前言"中说：赫西奥德、奥菲斯、斐瑞居德等，"他们作为哲学家的先驱，以及在他们之中存在一种离开神话、向理性思想发展的倾向，其重要性最近已经越来越清楚地被认识到了。"②他还提出：1907 年，康福德（F.M. Cornford）在写希腊哲学史时曾经发过牢骚："好像泰勒斯突然从天上掉下来，仿佛他碰了一下大地，就崩出来：'万物是由水造成的'。"格思里说，这种情况，我们现在已经克服了。他举了一个例子说明：汇编苏格拉底以前的哲学家残篇的第尔斯，原来是将奥菲斯、赫西奥德、斐瑞居德等人的资料作为"附录"编在该书的后面的，而在该书第四版（1922 年）的序言中，看法已经有了改变；所以克兰茨在改编该书第五版（1934 年）时就将第尔斯的设想付诸实施，将这些人的资料作为正文，列于泰勒斯以前。③ 其他西方学者，也多采用这种处理的方法。德国的卡佩莱（W.Capelle）在编纂《苏格拉底以前的学派》中，就将这些人的材料列为第一章，标题是"希腊哲学史前史：宇宙演化论的诗篇和散文"。英国学者基尔克和拉文在编纂《苏格拉底以前的哲学家》时，也将这些资料作为第一章，标题是"哲学宇宙演化论的先驱"，列在泰勒斯以前。我们根据荷马、赫西奥德的著作以及这些西方学者整理的资料，简略探讨从希腊神话到希腊哲学的思想演变和发展。以下分万物的本原、宇宙的起源和演化、灵魂三个方面来论述。

---

① 亚里士多德：《形而上学》，1091^b8—9。
② 格思里：《希腊哲学史》第 1 卷，第 XI 页。
③ 参见格思里：《希腊哲学史》第 1 卷，第 39 页。

一　万物的本原

原始人类将自然物——日、月、水、火等加以人格化,成为多样的神,然后又产生一种趋向,要从多神中选出一个神来,认为它是先于其他神,并且是产生一切神的。这就是后来哲学家寻求万物本原的思想的前驱。当时被选作这种最根本的"神",并对后来哲学思想发生影响的,大约有这几种:

第一,海洋之神俄刻阿诺(Oceanus)。

人类其实早就认为海洋和水是产生万物的根源,不过最初这种思想是用神话的形式表现的。赫西奥德在《神谱》中说,海洋之神俄刻阿诺是天神乌剌诺斯(Uranus)和地母该亚(Gaea)的儿子,忒提斯(Tethys,大海女神)的丈夫,他又是三千海洋女神俄刻阿尼德(Oceanids)和一切江河之神的父亲。[①] 荷马在《伊利昂纪》中记载,俄刻阿诺是围绕大地的江河神,万水之源;他记述:"从俄刻阿诺的深水伟流那里,确实流出了全部江河,全部海洋和一切溪泉。"[②]荷马还将俄刻阿诺看成是巨大的秩序井然的宇宙的力量,是一切有生命的东西所赖以生长的神。[③] 它记载神后赫拉(Hera)说:"我正要到富饶的大地的尽头,去探望诸神的父亲俄刻阿诺,母亲忒提斯。"[④]柏拉图解释荷马的思想是:

> 当荷马吟唱'俄刻阿诺是诸神的父亲,忒提斯是诸神的母亲'时,意思是说万物都是变动之流的产物。[⑤]

> 正像荷马说的,"俄刻阿诺是诸神的父亲,忒提斯是诸神的母亲";我认为赫西奥德也是这样说的。奥菲斯也讲过,川流不息的俄刻阿诺是最早婚配的,和他同母所生的妹妹忒提斯结婚。[⑥]

柏拉图是将这种神话和赫拉克利特的一切皆流的思想联在一起讲的;亚里士多德则将这种神话和泰勒斯的水是万物本原的思想联在一起了:

---

① 参见赫西阿德:《神谱》,第 133、364 行。

② 荷马:《伊利昂纪》第 8 卷,第 607 行;第 21 卷,第 194—200 行。

③ 参见荷马:《伊利昂纪》第 14 卷,第 201、246、302 行。

④ 荷马:《伊利昂纪》第 14 卷,第 200 行。

⑤ 柏拉图:《泰阿泰德篇》,152 E。

⑥ 柏拉图:《克拉底鲁篇》,402 B。

　　这一派哲学的创始人泰勒斯认为本原是水……可是也有人认为,那些生活在很久以前,最早想说明神的人也是这样看的;因为他们将俄刻阿诺和忒提斯夫妇说成是创世的父母;……那一种意见较早,还难以确定,不过泰勒斯总是提出第一原因的。①

可见在亚里士多德看来,泰勒斯认为水是万物的本原,和神话中说海洋之神俄刻阿诺和大海女神忒提斯是诸神的父母,意义是同样的,所不同的只是泰勒斯以理性思维的方式提出了"第一原因"(这个概念其实还是亚里士多德自己提出来的)这样的哲学概念来说明,将神话变成了哲学。

　　第二,黑夜(尼克斯 Nyx)。

　　希腊神话中也有将黑夜看作是最先的力量,万物的始原。荷马在《伊利昂纪》中说到睡眠之神许普诺斯(Hypnus)抱怨宙斯:

　　　　他会将我从以太驱赶到遥远而没有黑夜的海洋中去,黑夜是诸神和人类的征服者;当我飞翔到黑夜那里时,尽管宙斯怒气冲冲,但再也不能驱赶我了,因为他害怕这样做会立刻惹怒黑夜。②

公元5—6世纪的新柏拉图学派的达玛修斯(Damacius)在他的著作《关于本原的问题和证明》中,讲到在亚里士多德的弟子欧德谟斯的著作中,说到奥菲斯的神学时说,他(奥菲斯)认为黑夜是万物的本原。虽然后来流行的奥菲斯教的说法是不同了。(DK1B12)

　　神话中所说的黑夜,也就是后来自然哲学家所说的混沌状态。他们认为宇宙最初是混沌一片,什么都分辨不出来的状态。用神话说,这就是黑夜。亚里士多德在谈到事物的动因时,将神话中的"黑夜"和哲学中的"混沌"的关系说出来了:

　　　　如果我们追随那些认为世界是从黑夜产生的神学家们,或者追随那些说"万物混在一起"的自然哲学家们,就会得出相同的不可能的结果:如果没有现实的存在的原因,如何会有运动呢?③

---

① 亚里士多德:《形而上学》,983ᵇ20—984ᵃ3。
② 荷马:《伊利昂纪》第14卷,第258—262行。
③ 亚里士多德:《形而上学》,1071ᵇ27—29。

虽然亚里士多德是从批判这种观点的角度来讲的,但从这里可以看出:后来的自然哲学家所说的宇宙的开始是混沌,原来是从神话中所说黑夜是万物的本原中演化过来的。

第三,时间(克罗诺斯 Chronus)。

上面引到的达玛修斯在《关于本原的问题和证明》的记载中,谈到奥菲斯教认为黑夜是万物的根源以后,接着就说:"在流行的奥菲斯的叙事诗中,关于认知的东西的神话大体是这样的:作为一个原始的因素的,是克罗诺斯;作为两个的,是以太和混沌,在'存在'的地方,还有'蛋',这三者是最初产生的。"(DK1B12)奥菲斯教认为时间是产生一切可知东西的第一因素。因为有了时间就是有了运动;有了运动就将原来混沌一片的东西区别开来了。格思里在《奥菲斯和希腊宗教:奥菲斯教派运动研究》一书中,对这条残篇作了解释:由克罗诺斯开始,接着出现了成对的以太(光明的燃烧着的东西)和混沌(裂开的深渊);由此形成或产生被浓雾包围起来的银壳的世界——蛋。这枚世界——蛋破裂后,它的上半部变成天穹,下半部包含有水,由此形成大地。从这枚世界——蛋又产生出法涅斯(Phanes,光明之神)或头生的神普洛托戈诺(Protogonus),是万物的创造者。他既是阴性又是阳性,也称为厄洛斯(Eros,爱神),包含一切生命的种子,和自己的女儿尼克斯相结合。法涅斯相继产生了三代子女:(一)天和地,(二)克罗诺斯和瑞亚(Rhea,众神的母亲),(三)神帝宙斯和神后赫拉。接着,宙斯又吞噬了法涅斯。这样,宙斯创造了一代代神灵。① 在奥菲斯教派中,时间之神是万物之源。

关于克罗诺斯,还有另外一种说法,说他是收获之神。神话传说他是泰坦(Titan)族巨人之一,是乌剌诺斯(天)和该亚(地)的儿子。克罗诺斯推翻了乌剌诺斯的统治,他又被自己的儿子宙斯所推翻。收获之神和时间之神就结合在一起了。②

原来是混沌一片的黑夜,没有运动,也就没有时间。一旦有了时间,万物

---

① 参见格思里:《奥菲斯和希腊宗教:奥菲斯教派运动研究》,第80—95页。
② 参见《韦勃斯特英语国际大辞典》(1917年版),第535页。

就区别开来,万物就成为可认知的东西了。古代的时间本来是和农牧业的生产季节结合在一起的,所以,时间之神也就是收获之神。早期希腊人以神话方式将"时间"看做是原始的混沌在运动中分化为一切事物的根本要素。虽然时间是以人格化的神"克罗诺斯"出现的,但是克罗诺斯的功能,恰恰表现了早期希腊人对于在本原化生为万物的过程中"时间"的重要作用的朴素认识。这对后来希腊哲学关于时间的看法是很有影响的。

综上可知,古希腊虽有不同的宗教和神话思想,但它们都将自然力量人格化,并且以追溯神谱的方式,探求自然最初始最根本的起源。希腊神话中的这种特点,直接影响了早期希腊哲学着重于探讨自然哲学的中心问题,就在于探索自然万物的本原。

二　宇宙的起源和演化

希腊哲学开始时的自然哲学,除了探讨万物的本原外,主要讨论的就是宇宙的起源和演化等问题;而在神话中却早已在讨论这些问题了。不过在神话中,自然界的种种现象如日、月、江、海、雷、电等是作为人格化的神出现的。神话中将这些自然现象的产生归于诸神间的父子、夫妇、兄弟关系。其中最有代表性的是赫西奥德的《神谱》。它将古代流传下来的有关诸神的庞杂传说,整理出一个一脉相承的谱系。这部长诗主要分三个部分:(一)宇宙谱,叙述宇宙的演化过程;(二)神谱,叙述以宙斯和克罗诺斯为代表的神的谱系;(三)英雄谱,叙述半神半人的英雄的谱系。在宇宙演化方面,它将世界的起源和诸神的降生结合在一起阐述,实际上已经以幻想的神话形式,对宇宙的生成和演化作了素朴的猜测,甚至有了对自然现象总体作某些理性解释的萌芽。

首先出现的是混沌;接着出现的是宽广的大地、那永远肃然不动的为一切不朽的神居住的奥林帕斯雪峰的基座;接着是在宽广的大地凹处的朦胧的冥府塔尔塔洛(Tartarus);接着是不朽的神中最可爱的爱神厄洛斯,她对待神和人是一样的,既酥软了他们的手足,又慑服了他们的神志。从混沌中产生了黑域厄瑞布斯(Erebus,指阴间和阳间之间的黑暗区域)和黑夜。他们婚配后,又从黑夜中产生了以太和白昼。于是大地首先产

生和她本身同样广大的,点缀着繁星的天宇,将自身团团围住,并作为幸
福的诸神的永恒居处;以后她又不经交配而产生高山,是栖息于森林山谷
的女神尼姆福斯(Nymphs)流连的居处,以及波涛汹涌的海洋。然后,大
地和天宇婚配,产生涡流深深的大洋之神俄刻阿诺……①

在希腊诗人的剧本中也记录下许多古老的神话。悲剧诗人欧里庇得斯在已经
佚失的悲剧《美拉尼珀》(Melanippe)中提到:

> 这故事不是我自己的,而是从我的母亲那里来的:天和地本来是一片
> 混沌,当它们彼此分离开来时,就产生万物。万物投入阳光中去,就出现
> 各种树木、飞禽、走兽;生物是由咸的海水滋养的,还有人类。②

喜剧诗人阿里斯托芬在喜剧《鸟》中,保存下很可能是代表奥菲斯教派的关于
宇宙演化的神话传说:

> 一开始只有混沌、黑夜、黑域和茫茫的冥府;那时还没有大地(该
> 亚),没有气(埃尔 aer),也没有天(俄剌诺斯);从黑域的怀里,黑翅膀的
> 黑夜首先生出了风蛋,经过一些时候,在季节的实现中,渴望着的爱情
> (厄洛斯)生出来了。她是像旋风一般的,背上有灿烂的金翅膀;在茫茫
> 的冥府里,她与黑暗无光的混沌交合,生出了我们;首先将我们带进光明。
> 最初世上并没有天神的种族,情爱交合后才生出一切,万物交会才出了天
> 地、海洋和不死的天神。所以我们比所有天神都要早得多。③

格思里在《奥菲斯和希腊宗教:奥菲斯教派运动》中,将阿里斯托芬在《鸟》中
关于奥菲斯教派的这段记载,和塞奥弗拉斯特记载的阿那克西曼德的有关宇
宙演化的资料进行类比,发现二者非常相似;④奥菲斯神话强调爱神(厄洛斯)
作为一种结合的自然力量,在衍生天神种族,实即生成天地间万物的过程中,
起有重要作用。这明显地直接影响后来颇受奥菲斯教影响的恩培多克勒的自

---

① 赫西奥德:《神谱》,第116—134行。
② 欧里庇得斯:《残篇》(瑙克 Nauck 编),第484页;转引自格思里:《希腊哲学史》第1卷,第
69页。
③ 阿里斯托芬:《鸟》,见《阿里斯托芬喜剧集》,中译本,第297页。
④ 参见格思里:《奥菲斯和希腊宗教》,第223页。

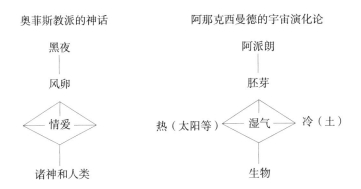

然哲学,他将"爱"作为万物生成的主要动因。这也同样说明了神话和哲学之间的紧密关系。

此外,赫西奥德在《田功农时》中,提出了一种社会历史观。波普尔(K. Popper)说他是"第一个希腊人,提出一种比较明确的历史决定论的学说"①。赫西奥德实际上是提出了一种历史退化论。他将历史分为五个时期,一代不如一代。其一,黄金时期:人类无疾病之苦,也不用进行耕作劳动,是最幸福的时期。它相当于克罗诺斯和古老一代神灵统治的时期。其二,白银时期:处在宙斯和年轻一代神灵统治的时代。人们失去了原先受到尊敬的那些美德,它们让位于奢侈和傲慢。其三,青铜时期:出现了一个凶暴好战的种族,最后导致自我毁灭。其四,英雄时期:半神半人的英雄们在特洛伊和底比斯进行战争。其五,铁器时期:正是赫西奥德自己所处的时代,苦工和自私成了堕落的人类的负担。

赫西奥德这种思想,对后来希腊哲学家的社会政治观点是有影响的。从柏拉图在《国家篇》中提出的,由理想政体向荣誉政体、寡头政体、民主政体到僭主政体的退化过程,以及神以金、银、铜、铁造成各不同等级的人的学说中,都可以看到他所受赫西奥德的影响。

具体的关于天和地的解释,神话传说和早期自然哲学家的解释也是很相似的。荷马在《伊利昂纪》中记载,天穹是钵形的固态半球,它覆盖着圆盘状

① 波普尔:《开放的社会及其敌人》第1卷,第11页。

的大地。在天和地之间的空间的最低部位,包括云层在内,到处充满了气或湿气;较高的部位则充满了以太。在大地的地平面以下是地府哈得斯,再下面是冥府塔尔塔洛。荷马是这样说的:

> 主神宙斯告诫男女诸神,不要介入特洛伊战争,否则就要对他们严加惩处:我就要逮住他,将他掷进无比遥远的烟雾弥漫的冥府塔尔塔洛,那里是地下最深的深渊,有铁的闸门和青铜的门槛;它在地府哈得斯下面,犹如大地在天穹下面。①

荷马这种天似穹隆、地似扁盘的神话记述,表明远古希腊人对天体构造的素朴看法,同早期希腊许多自然哲学家的有关论述是相似的。从米利都学派的哲学家到原子论者德谟克利特大多持有这种天穹地盘的看法。

关于宇宙天体的最初构造,奥菲斯教派又有一种说法。前引阿里斯托芬在《鸟》中所记述的,奥菲斯教认为宇宙最初从混沌的“黑夜”里生出了“风蛋”,整个宇宙是一种蛋形结构。天地万物都在这风蛋中演化生成。达玛修斯在《关于本原的问题和证明》中一段关于厄庇美尼德(Epimenides)的记载,被第尔斯编为厄庇美尼德的残篇。(厄庇美尼德大约是公元前6—前5世纪的克里特人,也有人将他列入“七贤”,有些据说是他写的叙事诗,表现了奥菲斯的宇宙论思想。)“厄庇美尼德认为气和黑夜是本原,由它们产生冥府(塔尔塔洛),由它生出两个泰坦,它们互相结合生出‘蛋’,其他事物都由此产生。”(DK3B5)这种蛋形的天体结构说,对恩培多克勒的宇宙论有明显影响,后者主张整个宇宙是一个有限无界的球体“斯弗拉”。

希腊自然哲学的宇宙演化的思想,以至于变化生成、对立斗争等等基本思想,许多可以从希腊神话中找到根源。这些,我们在以后的论述中还将提到。

三 灵 魂

灵魂的问题,在古代哲学中一直是唯心论和唯物论斗争的一个焦点。所以恩格斯在讲哲学基本问题时,一开始就提出远古时期的人由于愚昧,无法解

---

① 荷马:《伊利昂纪》,第8卷,第14—18行。

释人死后和做梦等现象,从而产生了灵魂的想法。拉法格在《思想起源论》中,根据恩格斯的思想,专门研究了灵魂观念的起源和发展。他指出,野蛮人由于无法解释生活中存在的许多谜——如睡眠和做梦,就产生了"另外一个我",实际上是一个与活着的我面貌完全相同的"双重人",即灵魂。原始人对于灵魂是既崇拜又畏惧。最初是害怕灵魂来损害自己〔中国说的鬼魂作祟〕,想出种种办法想将他赶走〔驱鬼〕;后来想到为他营造居室,供给生活用品〔建造坟墓〕;以后才逐渐产生出天堂和地狱,灵魂也就可以转世轮回了。① 上节引用过希罗多德的说法:古代埃及认为人死后灵魂轮回历经陆地的走兽、水中的鱼类和空中的飞鸟,要过三千年才能再投生为人。人的灵魂要对生前的各种恶行负责,死后可能因此投生飞禽走兽、穷苦人家,甚至到地狱受苦。因此,恩格斯说灵魂不死的观念,在最初的人看来,并不是一种安慰,而是一种不幸。古希腊人就是这样看的。荷马的《奥德修纪》中,叙述特洛伊战争中的英雄奥德修在返回故乡的途中,在地府遇到已经死去的阿该亚人最勇猛的首领阿喀琉斯(Achilleus)的灵魂,他们进行了对话:

> 奥德修:阿喀琉斯,我看从古到今没有比你更幸福的人了;你从前活着的时候,我们阿该亚战士们对你像天神一般尊崇,现在你在这里又威武地统率着鬼魂们;阿喀琉斯,你虽然死了,你也不必悲伤。

> 阿喀琉斯:光荣的奥德修,我已经死了,你何必安慰我呢?我宁愿活在世上作人家的奴隶,侍候一个没有多少财产的主人,那样也比统率所有死人的灵魂要好。②

阿喀琉斯宁愿活在世间做奴隶,不愿死了去统率所有的灵魂。这代表当时希腊人的看法:活着的人比死后的灵魂好。

公元前 6 世纪,奥菲斯教在整个希腊世界迅速传播。伯奈特在《早期希腊哲学》中认为,奥菲斯教关于灵魂的看法,和希腊人原来的看法有所不同。奥菲斯教的一系列信仰,主要是建立在"出神"(ἐκοτάσιs)现象的基础上。它认

---

① 参见拉法格:《思想起源论》,中译本,第 179—189 页。
② 荷马:《奥德修纪》,中译本,第 144 页。

为灵魂只有离开肉体,才能呈现真正的本性。灵魂并不像荷马所认为的那样,仅仅是人自身的苍白的双重化,而是一个堕落了的神或精灵(daemon),它寄寓在几世事物中轮回转生。而寄寓在人的肉体中的灵魂,可以通过"净化"($\kappa\alpha\theta\alpha\rho\sigma\iota\varsigma$)和秘密崇拜($\dot{\alpha}\rho\gamma\iota\alpha$)重新恢复原来的高级地位,回到原来所属的神的队伍中去。这种教义很快为人们接受,因为他们对原来的诗人所描述的城邦传统宗教那种仙凡异途的神感到不满,需要强调人人都可以通过"净化"的赎罪手段而成为神,能享受永恒的福祉。"在任何情况下,奥菲斯教的仪式和典礼的主要目的,是使灵魂摆脱'生的轮回',即摆脱投生到动物和植物体中。这样摆脱后的灵魂,就再次成为神,而且享受永恒的福祉。"[1]所以,奥菲斯教的"圣徒"的灵魂是经过"净化",因而是不朽的,永生的。人们所谓的肉体的生,实际上是灵魂的死,因此,肉体是灵魂的坟墓。灵魂相继被囚禁在植物或动物体内,直到最后由于人的灵魂净化而摆脱生的轮回;至于那些不可救药的灵魂,只能被罚永远堕落在凡间事物的泥潭中。奥菲斯教的这种永生的、不朽的、高踞于肉体之上并且可以与肉体分离存在的灵魂的思想,这种灵魂轮回转世的思想,对随后的各种宗教和哲学都有深远的影响。我们在后面论述毕泰戈拉学派、恩培多克勒,以至柏拉图的灵魂学说时,都可以发现这种影响。

灵魂($\psi\upsilon\chi\dot{\eta}$,psyche),古代希腊人使用这个词有双重含义;一是从以上所说的希腊神话中流传下来的,和肉体相对立的东西。基尔克、拉文说它是"肉体的一种非实体性的影像,它给肉体以生命,当离开肉体以后,它苍白无力地存在于冥府之中"[2]。这种灵魂可以轮回转世,在后来唯心论哲学中就发展成为不朽的精神性的本体。另一种意义是指呼吸,是生命的起源,是指人的感觉、情感、理智等意识活动的主体或活动本身。后来的许多哲学家专门研究这种意义上的灵魂,发展了认识论的学说。灵魂的这双重意义在各个哲学家使用时是不同的,有许多变化和发展。我们将在以后讨论各个哲学家的学说时再来具体论述。

---

① 伯奈特:《早期希腊哲学》,第81—82页。
② 基尔克、拉文:《苏格拉底以前的哲学家》,第9页。

综上所述,可以看出:古代希腊哲学并不是到公元前 6 世纪的泰勒斯突然发生的。作为人类对自然和人自身的认识,它早已披着神话的外衣,经历了很长一个时期的孕育过程。神话是以幻想的、拟人化的形象方式,表明当时人类对自然力量乃至社会历史的想象和猜测。随着人类认识能力的提高,将这种想象性的猜测转变、飞跃成为一种理性的思维,就产生了哲学。所以,古代希腊神话应该说是希腊哲学的史前史。

第五节　希腊哲学的发展

希腊哲学经历了大约一千年,它包括各种不同的学派,有不同的发展阶段,内容庞杂丰富。因此,要理解希腊哲学史,必须从杂多的现象中找出它的基本的东西。它是围绕着哪些主要问题而展开的? 只有抓住这些主要线索,才能提纲挈领地理解希腊哲学发展的进程。

我们认为,希腊哲学的发展主要是围绕以下一些问题展开的:首先,是哲学和宗教、哲学和科学的关系;其次,在哲学思想内部则主要围绕几对对立的范畴:物质和精神、运动和静止、一般和个别而展开。从总体来说,希腊哲学将世界当做一个浑然的整体来观察,没有能将这些对立明白区分开来;但是,它又企图将它们区别开来,在区别中看到它们的联系,在探讨关系时又混淆不清。希腊思想是人类思想发展的童年时期,它提出不少纯朴天真的问题,而这些问题却正是后来西方哲学中许多观点的胚胎和萌芽。

这里我们先为这些主要线索的发展勾划简单的轮廓,详细论述这些问题则是本书的主要内容。

一　哲学和宗教,哲学和科学

古代希腊哲学开始的时候,哲学和宗教、哲学和科学并没有分化,甚至连这三个概念都还没有产生。宗教迷信可能是人类最早就具有的一种意识形态。在希腊,也早已有原始宗教和严格的祭神仪式与神庙。但在古希腊文中,却只有"神"和"神话",而没有"宗教"这个词。这个词起源于拉丁文 religio（或写作 relligio）。在古希腊文中也没有"科学"这个词，只有技艺 $\tau\epsilon\chi\nu\eta$、意见 $\delta o\xi\alpha$、知识 $\dot\epsilon\pi\iota\sigma\tau\eta\mu\eta$ 等词，只是到后来，$\dot\epsilon\pi\iota\sigma\tau\eta\mu\eta$ 才获得科学的含义；后人说的"科学"这个词也是起源于拉丁文 scientia。至于"哲学"$\phi\iota\lambda o\sigma\acute o\phi\iota\alpha$，米利都学派还没有这个词；据说是毕泰戈拉最早开始用"爱智者"$\phi\iota\lambda o\sigma\acute o\phi o s$ [1]代替以前用的 $\sigma o\phi\acute o s$（智慧的人、贤者），但这只是传说，有些学者如策勒就提出怀疑。[2] 现存的可靠的资料中，这个词最早出现于赫拉克利特的残篇第三十五中，那里也只有"爱智慧"的意思：

> 爱智慧的人[3]应当熟悉很多事物。

在那个时期，哲学和其他知识没有区别开来。到智者活动的时期，"哲学"这个词才具有比较严格的含义，但是还包含其他知识如修辞、讲演、诉讼等，例如，伊索克拉底（Isocrates）称自己的医学活动为"哲学"，欧绪德谟（Euthydemus）称自己练习写诗为"哲学"。[4] 直到亚里士多德，才将哲学和其他智慧、学问区别开来，以研究"作为存在的存在"、本体的性质、变化的原理和终极原因等为"第一哲学"；以研究自然、运动的原因和原理为"第二哲学"。"哲学"才开始有比较确定的含义。

古代希腊，正是哲学和宗教、哲学和科学分化的时期。

在哲学和宗教的关系方面，希腊哲学大体经历了三个阶段。

第一个阶段是从哲学开始产生到智者活动时期。哲学是从神话中产生出来的。泰勒斯第一次以物质性的水作为万物的本原，意味着哲学从神话中分离出来，标志着哲学的产生。最初的哲学虽然开始从神话中分离出来，但又摆脱不了宗教神话的影响。伊奥尼亚哲学的朴素唯物论中包含有物活论或泛神论的思想，泰勒斯认为万物都是有灵魂的，赫拉克利特认为万物的本原——

---

① 参见第欧根尼·拉尔修：《著名哲学家的生平和学说》第 8 卷，第 8 节。
② 参见策勒：《苏格拉底以前的学派》第 1 卷，第 2 页及注 1；黑格尔是接受这种说法的，参见《哲学史讲演》第 1 卷，中译本，第 208—209 页。
③ 由于语法关系，这里用的是希腊文复数第四格 $\phi\iota\lambda o\sigma\acute o\phi o\upsilon s$。
④ 参见策勒：《苏格拉底以前的学派》第 1 卷，第 2 页注 2。

"永恒的活火"就是神。毕泰戈拉学派对哲学、数学和天文学作出了重要的贡献,可是又将哲学、科学和宗教混合在一起,他们建立的盟会成为哲学、宗教、政治三者合一的团体。列宁说他们的世界观是"科学思维的萌芽和宗教、神话之类的幻想的一种联系。"①爱利亚学派的先驱者塞诺芬尼明确反对传统的以荷马为代表的神人同形同性说,代之以单一的神,再过渡为巴门尼德的"存在"。这个"存在"是抽象的,靠理性的逻辑论证得到的,就这点而言,它是哲学的而非神话的产物;可是就其为唯一的、绝对的、至高无上的性质说,也可以说它是一种哲学的"理性的神"。早于巴门尼德的赫拉克利特也反对祭神仪式,和塞诺芬尼一样,反对拟人说和偶像崇拜,认为神就是唯一的智慧,也就是逻各斯。他们都是将宗教的神变为理性的神,在使哲学和宗教分离上起了重要作用。但当时终究不能摆脱宗教。即使唯物论者恩培多克勒也是这样,他写了《论自然》,提出水、火、土、气的四根说,但同时又写了《净化篇》,宣传灵魂轮回。对传统宗教冲击最厉害的是原子唯物论者和智者。原子唯物论者从理论上作论证,将神和灵魂都解释成为精微的原子。智者提出"人是万物的尺度",以人而不是以神为中心,用相对主义和怀疑主义为武器,破坏了传统势力和宗教的绝对权威。他们是和当时希腊以雅典为中心的社会经济发达、民主制度昌盛和文化繁荣相一致的。在这个阶段,哲学起了破坏宗教的积极作用。

　　第二阶段是从苏格拉底经过柏拉图到亚里士多德。苏格拉底反对智者的相对主义和怀疑主义,坚持有客观的绝对真理,他开始采取归纳的方法寻求普遍的定义,要求达到最高的"善"。他将目的论思想引进哲学。当时的目的论思想起双重作用。一方面,它引导哲学家去探求事物的目的——本质。柏拉图将苏格拉底的思想和巴门尼德的"存在"理论结合起来,得出他的理念论,理念就是事物追求要达到的目的和本质。亚里士多德批判地继承了柏拉图的理论,发展成形式和质料的学说,认为潜能总是向现实(目的)发展的,从而重视经验科学的研究,致力于探索事物的本质。这对科学的发展起了促进作用。

---

　　① 《列宁全集》第 38 卷,人民出版社 1959 年版,第 275 页。

但是,另一方面,由于当时的科学不可能说明许多自然和社会现象,特别是关于动因问题,即万物如何会运动发展的？他们又不得不求助于神。目的论思想不能不承认神的最高主宰地位。不过,他们的这个神,已经不是原来宗教意义的,可以形象表达的神,而是抽象的理性神。这样,我们也就可以说明对于苏格拉底的死所发生的争论了。当时,指控苏格拉底的人说他不信神,而苏格拉底自己却申辩说他是最虔诚的,神灵一直伴随着他。其实双方各有道理,分歧的原因是他们各自说的是不同的神。指控他的人是以传统的宗教的神为准绳,所以说他不信神;而苏格拉底作为一个哲学家,他蔑视一般人所迷信的神,认为只有他才认识神的真谛,他可以为此而献身。柏拉图更向这个方向发展,甚至使他的哲学——理性神具有创造者的作用。他在《蒂迈欧篇》中提出了造物者——Demiourg,后来被宗教神学所利用。亚里士多德提出潜能和现实的学说,本来是要解决事物本身运动变化的问题的,但他又承认有完全现实、不含任何质料的第一推动者,把第一哲学叫做"神学"。从苏格拉底到亚里士多德,在这方面,将巴门尼德开始的理性神制造得更加精致了。这就是哲学唯心论。在当时,主要表现为客观唯心论。哲学和宗教的真正分离才能导向唯物论,哲学和宗教混淆不清,哲学向宗教让步只能导向唯心论。从这方面说,哲学与宗教的关系和唯物论与唯心论的关系是可以联系起来的。

亚里士多德以后的哲学属于第三阶段。这个时期,上述唯物论和唯心论对于宗教态度的分歧发展得更加明显。唯物论和宗教对立。伊壁鸠鲁虽然也肯定神的存在,但认为它对于我们这个世界以及人生祸福并不发生作用。他用原子的运动和虚空的存在来解释世界和人生的各种现象。由于他的主要著作已经佚失,现在我们所能看到的只是罗马时期卢克莱修的《万物本性论》,它自称是宣传伊壁鸠鲁的思想的。这部著作彻底批判宗教创世和灵魂不灭等理论,用唯物论的学说解释了自然和社会的种种现象,驳斥了宗教的荒谬性,集古代无神论思想的大成。而在另一方面,由于这时期,欧洲古代奴隶制已经日趋没落,伦理问题成为哲学的中心,腐朽的人生观以及折衷主义、怀疑论日益盛行,使唯心论哲学更加向神秘主义发展。主要如:斯多亚学派(特别是后期)的禁欲主义和宿命论的思想;新毕泰戈拉学派的灵魂轮回观念;特别是新柏拉图学派认为奥菲斯是第一代哲学家,东方的神喻是最高智慧的源泉,宗教仪礼和通神术是真正哲学的体现①;普罗提诺的"太一",给柏拉图的哲学神涂上浓厚的神秘主义色彩,使它可以为宗教所利用,为新兴的基督教提供了哲学理论根据。基督教教父哲学用逻各斯和柏拉图的理念学说解释教义,创立宗教哲学。以致到中世纪,哲学又沦为神学的侍婢。公元529年东罗马皇帝查士丁下令封闭新柏拉图学派中心的学园,古希腊——罗马哲学终结了。导致古代哲学结束的,并非真正是皇帝的暴力,而是哲学自身丧失了生命力。

古代希腊哲学开始的时候,哲学从宗教神话逐渐分化出来。塞诺芬尼和赫拉克利特批判传统的宗教,开始将宗教的神改造成为理性的神。德谟克利特和伊壁鸠鲁用物质的原子解释世界,坚持了唯物论的无神论;而苏格拉底、柏拉图和亚里士多德虽然都提倡理性,但他们程度不同地宣扬目的论,对宗教作了让步,为宗教留下可乘之机。到希腊哲学后期,原来在西亚巴勒斯坦兴起的基督教要在希腊——罗马世界传播时,它需要哲学来为自己的宗教教义作论证。它首先找到的便是柏拉图——普罗提诺的哲学,将他们那已经带有宗教色彩的理性神涂上更浓厚的宗教色彩,成为创造世界的宗教神。这样我们看到:从宗教神变为理性神,又由理性神回复到宗教神。这也是人类认识史上一个圆圈式的发展。但是后一个宗教神却是带着哲学理论色彩的,从宗教来说,这是一种进步,所以到中世纪,宗教哲学能够成为当时时代思潮的主流。

哲学和科学的关系十分密切。科学和哲学都是人类对客观世界规律的探索和认识,只是具体科学以世界的某一局部或方面作为自己的研究对象,而哲学则以世界整体作为研究对象,探索客观世界最一般的规律。但是这种整体和局部、一般和特殊的区别,最初并不为人们所认识。人类最初由于实践的需要,对和生产直接有关的自然现象进行探索,认识了一些比较具体的规律。在古代希腊哲学产生以前,天文、气象、数学,以及和人类生活密切相关的建筑、航海、医学等方面,都已经积累起不少知识。但是,要将这些具体知识加以概括,认识那些最一般的原理,按照亚里士多德的说法,是要等人们有了闲暇,感

①　参见策勒:《苏格拉底以前的学派》第1卷,第3—4页。

到惊奇时,才会给自己提出这个任务。用我们的话说,就是要到脑力劳动和体力劳动的分工相当发展以后,哲学才会产生。泰勒斯提出万物是从水产生的,最后又复归为水的论点,标志着这个时代的来临。

哲学虽然产生了,但是最初的哲学并没有和科学分开。早期的自然哲学家主要探讨两方面的问题,一是万物的本原,另一个是宇宙的生成。后一个问题探讨天地、日月星辰的产生、运动和毁灭问题,其中有一部分早在希腊时代就已经成为经验科学天文学、气象学的内容。早期的哲学还包括了人文科学的内容,如政治、法律、语法、修辞等,后来也逐渐分化出去了。我们现在看到的,在柏拉图的著作中,这些学问还交织在一起,成为统一的"智慧"和"知识"的组成部分。但是,柏拉图也已经意识到这些学问是有区别的,所以他在不同的对话中专门讨论某一门特殊的对象。亚里士多德的著作虽然是后人编纂成的,但还是因为他自己对各门科学作了分门别类的研究,才能有天文、生物、心理、政治、伦理等专门学科的著作。其中有不少是来自抽象的思辨和猜测,但也有许多是以经验事实为根据,开始具有后来经验科学的雏形。随着社会生产实践和阶级斗争实践的不断发展,科学的内容也就不断丰富起来。因此,哲学与科学的分化和哲学与宗教的分化情况不同。哲学和宗教分离以后,又可以向宗教复归;而科学和哲学分离以后,却只能随着社会的发展,而不断深入分化。希腊后期的哲学是衰落了,而科学却在生产比较发达的地方如北非的亚历山大里亚继续发展着。

在哲学和科学分化的同时,产生了认识分类和学科分类的理论。最早提出感性认识和理性认识的是赫拉克利特,但是他并没有将这二者对立起来。将它们割裂开来的是巴门尼德。他认为只有理性的思维才能认识真理,感觉的意见只能得到谬误。哲学认识论上这个感性和理性矛盾的争论就此展开了。古代希腊的唯物论者是既重视感觉又重视理性的;而唯心论者则往往蔑视感觉,推崇理性;智者派只重视感觉经验,引出相对主义;发展到后期的怀疑论甚至连感觉也否定了。柏拉图继续发展巴门尼德的思想,将理智和感觉的对立作为他两个世界理论的认识论根据。只有理性才能认识绝对不变的理念,感觉认识的只是变幻的现象世界。但是这种分类法不能将哲学和科学区别开来。在《国家篇》中,柏拉图又将理性分为两段,最高的一段他叫做"辩证法",以认识理念为对象;第二级理智阶段则以由数学作代表的具体科学为对象。这种分类法实际上是想将哲学和其他科学区别开来。柏拉图认为这二者的区别在于:辩证法所认识的是最高的自明的真理,理智所认识的真理不是自明的,是必须以其他原理作为假设才能推论出来的知识。这种区别当然不能说明哲学和科学之间的不同。亚里士多德在《形而上学》第六卷(E)第一章中提出另外一种科学分类法,即将学问分为理论的、实践的(如政治、经济、伦理)和生产的(各种技艺)三类。而在理论科学中,他又区分为物理学、数学和哲学三种。他认为这三者的区别是:物理学讨论那些一个个可以独立、分离存在并且运动的东西(即具体事物);数学讨论那些永恒不动,但并不独立分离的存在,而是体现在质料之中的东西;而第一哲学是讨论那些既独立分离存在,又是永恒不动的东西,他又将这叫作"神学"。① 实际的具体事物都是运动的,只有抽象的一般才是永恒不动的;数学中的数量关系是抽象的一般,但它只存在于具体事物之中,不能独立分离存在;亚里士多德认为只有哲学的对象既是抽象的一般,又是可以独立分离存在的。在《形而上学》第 4 卷中,他将哲学和科学的区别讲得比较清楚。他认为,哲学是专门研究"作为存在的存在(Being as Being)"的,而别的科学只是割取了"存在"的一部分,以之作为自己研究的对象,比如数学就是这样做的。② 这就是说,各门特殊科学各自研究"存在"的某一特殊方面,如数学研究"作为数的存在",伦理学研究"作为道德的存在",生物学研究"作为生物的存在",等等;只有哲学不研究"存在"的任何特殊方面,只研究"存在"本身的一般性质,即"作为存在的存在"。这样,在人类认识史上,开始将哲学和科学的区别大致划分出来了:科学研究事物的特殊方面,哲学则研究其一般的方面。

随着哲学和科学的分化,方法论的问题也提到哲学面前来了。哲学和科学都需要用逻辑论证,哲学家们在论证中都有一套方法,特别是智者们在论证

---

① 参见亚里士多德:《形而上学》,1026ᵃ13 — 16。
② 参见亚里士多德:《形而上学》,1003ᵃ22 — 26。

中常常采用一些似是而非的有逻辑矛盾的辩驳方法,因此,需要研究正确的论证方法。亚里士多德的《工具论》概括了前人论证中的正确与错误,首创了形式逻辑。由于当时的实际需要以及数学的影响,亚里士多德主要研究的是演绎法,特别是三段论式;同时,他也发展了苏格拉底的归纳法思想,认为归纳是从特殊到一般的方法,因此,如果没有归纳也就没有一般的知识。他开始为经验科学的研究提供了方法。在亚里士多德以后,哲学虽然趋向衰微,但各派哲学家为了论辩的需要,对逻辑都比较重视,形式逻辑是有所发展的。

在哲学和科学的分离过程中,我们也可以看到它们二者之间的相互渗透和相互促进。古代希腊哲学是在科学发展的基础上产生和发展起来的。古代数学、几何学、天文学等科学的产生和发展,推动了希腊自然哲学的发生和前进。毕泰戈拉学派的哲学是以数学为基础的,而他们的哲学又将数学和天文学等推向前进。公元前5世纪的科学,特别是医学和生理学的进步,是推动恩培多克勒、阿那克萨戈拉和原子论唯物论哲学发展的科学基础。即使是唯心论哲学也是歪曲地吸收当时的科学成果的,如柏拉图在《蒂迈欧篇》中所阐述的自然哲学。而哲学的发展又为科学的发展提供了理论和方法,上述亚里士多德的哲学和逻辑学就是最明显的例子。古代希腊哲学和科学之间的紧密联系,为以后西方哲学的发展奠定了基础。

二 哲学自身的矛盾发展

哲学从它诞生之日起,就不仅存在着外在的、同宗教的矛盾,以及同科学的对立统一关系,而且存在着内在的、自身固有的矛盾。古希腊哲学一产生就蕴涵着认识中的根本矛盾——个人认识能力的有限性和人类认识任务的无限性之间的矛盾。泰勒斯提出的关于世界本原的问题,本身就是一个必须由整个人类认识特别是科学的发展才能日益正确回答的问题。他以及全部希腊哲学对这个问题的回答都只能是历史的产物,必然被后来的认识所扬弃;但他们所作出的这样那样的回答又是人类认识发展的历史中不可缺少的环节,没有前人作出的努力便不可能有后来的前进。任何矛盾也不是从一开始就明显暴露的,它有一个从同一到差异到对立的发展过程。只有当矛盾已经充分展开以后,我们才能完全认识它。在整个人类认识发展史上,希腊哲学是幼年时期,各种矛盾只是开始提出来,尚未充分展开。但就希腊哲学作为人类认识的一个阶段说,这些矛盾已经经历了同一、差异和对立的发展阶段。

希腊哲学的发展,主要是围绕三对矛盾展开的:

一是物质和精神,即存在和思维的关系;

二是运动和静止,即变和不变的关系;

三是一般和个别,即一和多的关系。

第一,物质和精神的关系问题。

这是哲学的基本问题。这个问题在哲学发生以前很久,早已存在。正如恩格斯所说,在远古时代,人们就产生灵魂和灵魂不灭的观念;同时,人们也不能解释自然现象,将自然力人格化,产生了最初的神。因此,灵魂和神是原始人类普遍具有的概念。①

哲学是在摆脱宗教迷信的束缚下产生的,最早的哲学是朴素唯物论,他们将世界的本原归为水、气、火等物质性的东西。他们相信物质是永恒运动的,但又不能说明这种运动是如何产生的,因此,他们相信万物都具有灵魂的物活论思想。但灵魂又是什么呢?泰勒斯将灵魂说成是像磁石吸铁一样的物质性的力量,阿那克西美尼将灵魂说成是呼气。可以看出,他们并没有将物质和精神看成是相互对立的。毕泰戈拉学派所说的数,还是从客观事物中抽象出来的性质,不能简单将它归结为精神,他们自己有的还将数解释成为物质性的东西。赫拉克利特将他所说的物质性的本原——"永恒的活火"说成就是神,就是灵魂。他所说的逻各斯虽然是只有最高的智慧才能认识的,但它主要是客观事物运动变化的尺度和规律,也不能简单地说它就是精神性的本原。爱利亚学派所说的"存在",虽然是只有思维才能认识的东西,但它还不能等同于精神的本体。早期希腊哲学家中,最早是阿那克萨戈拉在物质的"种子"以外,提出另外一种本体——"努斯"。阿那克萨戈拉提出努斯,实质上是在哲学史上第一个提出和物质相对立的精神性的本原。在人类认识史上,这是一

---

① 参见《马克思恩格斯选集》第 4 卷,人民出版社 1995 年版,第 223—224 页。

个重要的进展,表明对物质和精神的差别,已经开始有了认识。但是当时的这种认识终究不是十分明确的。阿那克萨戈拉虽然尽力将努斯和物质对立起来,说明它们的区别,但他仍将努斯说成是最稀最纯的、有大小的东西,用一些感性的物质性的词来描述它。西方有些学者根据这点将阿那克萨戈拉的努斯也解释成为物质性的,说明阿那克萨戈拉还有将精神和物质混淆之处。而且阿那克萨戈拉有强烈的朴素唯物论的科学精神,因此,在他的自然哲学体系中,努斯的精神性作用并没有得到始终如一的彻底贯彻。他只有在无法解释物质的最初运动时,才提出努斯来;而在一般物质的运动变化中,仍旧用物质的原因来解释,因而使唯心论者柏拉图感到失望。

柏拉图的理念论是古代希腊哲学中第一个唯心论哲学体系。关于理念,他在不同的对话篇中有不同的解释。在有些对话篇中,理念可以说是明显的精神性的本体,而在另外一些对话中就不那么明显。我们将在本书第二卷中具体讨论这个问题。一般说来,从他的认识论看,他所提出的回忆说和心灵转向的学说认为只有将人的认识从客观世界转回到认识主体——自己的心灵时,才能得到真正的理念。这样的理念当然是精神性的。柏拉图将精神和物质的区别又向前推进了一大步。但是在本体论上,比如在《国家篇》中,他又将认识和认识的对象分为对立的两列,将理念摆在认识的对象一边。理念和具体事物一样是客观的存在,(当然,这个存在并不等于物质,)不是认识的主体。理念是具体事物共有的形、相或模型;理念和具体事物的关系,与其说是精神和物质的关系,不如说更明显地表现为一般和个别的关系。柏拉图认为理念是在具体事物以外独立分离存在的,理念世界和现实世界是两个世界。这又是将物质和精神的区别和对立向前推进了。但是他又不能明白清楚地表述这种对立,将理念在具体事物以外的独立分离存在,又说成是像这个具体事物和那个具体事物之间的独立分离存在,从而又将理念看成是和具体事物一样的独立的存在物。这是柏拉图自己在《巴门尼德篇》中批判理念论,以及亚里士多德在批判柏拉图的理念论时的重要论据之一。这也表明他在将物质和精神的区别向前推进时仍没有能将这二者的区别分辨清楚,又将它们混淆了。亚里士多德的形式就是柏拉图的理念,但亚里士多德认为形式并不是在具体事物以外独立分离存在的,它和质料(物质)结合在一起成为具体事物,这是他和柏拉图的根本不同之处。这种"形式"当然也不能简单地说它就是精神。但是,亚里士多德又认为有一个最高的没有质料的纯形式,不动的动者,并且说它就是努斯,也就是神。阿那克萨戈拉提出来的这个精神性的本原——努斯,经过柏拉图的发展,到亚里士多德这里,可以说已经达到比较完全的形态了。所以,黑格尔说它是"再没有比这个更高的唯心论了";①中世纪后期的经院哲学就以亚里士多德的这个思想为基础建立它那庞大的哲学体系的。但是亚里士多德的这个思想和他的其他一些根本思想是有矛盾的,所以马克思主义的经典作家认为亚里士多德是动摇于唯物论和唯心论之间的哲学家。亚里士多德是怎样推论出这个没有质料的纯形式——不动的动者的? 这种学说在亚里士多德哲学中究竟占有什么地位? 这是值得研究的问题,我们将在本书第三卷中讨论它。

综上所述,关于物质和精神的矛盾对立关系,在希腊哲学中是逐步认识起来的。在自然哲学的初期阶段,有时将物质性的东西说成是精神的,有时又将精神性的东西说成是物质的,往往将二者混同起来,说明他们只看到二者的同一,还没有明白意识到二者的差别。也许正因为此,国内外许多学者对于像毕泰戈拉学派的数的学说、赫拉克利特的火和逻各斯的学说,以及巴门尼德的存在的学说究竟是唯物论还是唯心论,争论不休。对他们的哲学思想,简单地用"物质第一性还是精神第一性"是很难作出明确的判断的。早期的自然哲学家还不能将物质和精神区分开来,只有到阿那克萨戈拉提出和物质的"种子"相对立的"努斯",才开始比较明显地将二者区分开来,但是他所作的这种区分也是有限度的,不彻底的。在他以后,德谟克利特和伊壁鸠鲁认为灵魂——努斯不过是最精微、最能动的原子,并创了系统的唯物论哲学;而苏格拉底、柏拉图和亚里士多德则将努斯的精神性一步步向前推进,创立了唯心论的哲学体系。这样,哲学上物质和精神的对立逐渐明确起来了。即使如此,在柏拉图的理念论中,特别是在亚里士多德的哲学中,对物质和精神还常常有混淆不

———————————

①　黑格尔:《哲学史讲演录》第2卷,中译本,第295页。

清、发生动摇的地方。由此可知,对物质和精神分化的认识,哲学上精神概念的形成,并被夸大成为一种独立的本原——本体,是经历了一个漫长而复杂的演进过程的。整个希腊——罗马哲学都处在这种发展演进过程中。即使是在一些有重大影响的唯心论哲学体系中,物质和精神、存在和意识、客体和主体的关系也往往混淆不清,还没有能自觉地明确区分开来。这种情况,黑格尔和策勒也看到了。黑格尔说:

> 希腊的哲学思想是朴素的,因为还没有注意到思维与存在的对立,这种对立还不是它所考察的对象。(在希腊哲学里,通过思想,作了哲学论证、思维和推理,但是在这种思维和推理里,却有一个不自觉的假定,认为被思维的也是存在的,并且是像被思想所认识到的那样存在着,因此便假定了思维与存在不是分离的。)

> 关于主体和客体对立的问题,在柏拉图时期也还没有提出。①

策勒说:"在我们的概念中,主客观的区别是和理智与具体物的区别、我们内在的现象与外在世界的现象之间的区别紧密相联的。但在古代哲学家那里,这种区分和别的区分一样,一般说来是不清楚不明确的。的确,阿那克萨戈拉是将精神看做和物质世界对立的,而且在柏拉图的学派中,将这种对立发展到最充分的地步。可是在希腊哲学中,这两个领域却总是互相重合的。""即使是在柏拉图、亚里士多德、普罗提诺的唯灵主义心理学中,我们也惊奇地发现,意识力量和非意识力量的对立总是被忽视了。"②

哲学基本问题,尽管在远古时代已经开始出现了,但在哲学发展史上,它是经历了很长的时期,才完全明显地展开的。所以恩格斯精确地说:

> 这个问题,只是在欧洲人从基督教中世纪的长期冬眠中觉醒以后,才被十分清楚地提了出来,才获得了它的完全的意义。③

学习希腊哲学史,我们可以看到这个问题在古代是如何提出和展开的。

第二,运动和静止的关系问题。

---

① 黑格尔:《哲学史讲演录》第 1 卷,中译本,第 106、51 页。
② 策勒:《苏格拉底以前的学派》第 1 卷,第 149—150 页。
③ 《马克思恩格斯选集》第 4 卷,人民出版社 1995 年版,第 224 页。

客观世界是不断运动变化的。即使在希腊神话中也将世界和人类说成是生成的、运动变化着的事物。早期希腊哲学带着明显的朴素的辩证法思想,赫拉克利特认为万物皆流,用"人不能两次踏进同一条河流"这样生动的比喻说明事物的不断运动变化;他提出事物的运动变化都要按照一定的逻各斯的学说;他又是开始比较深刻地认识到对立面的统一和斗争是产生事物的根源的哲学家。所以,他是最早的辩证法的奠基人。而爱利亚学派却提出了静止的问题。他们认为人类理性所认识的是不变的"存在",它是事物的本质,要在运动变化的现象背后去认识发现不变的本质,这种思想在人类认识发展史上是很重要的。他们的错误在于将理性认识和感性认识、本质和现象割裂开来,认为只有理性认识才能认识不变的本质,感性认识所认识的只是变幻的假象,不是真理。

由于赫拉克利特和巴门尼德的对立,运动和静止的问题就成为希腊哲学中一个重要的问题。在他们以后,无论是唯物论者或唯心论者,都力图将运动和静止结合起来,从变化中寻求不变的东西。恩培多克勒、阿那克萨戈拉和原子论者以不变的物质性的元素、种子和原子来说明种种变化的事物和现象。但他们在辩证法方面落后于赫拉克利特,不懂得对立面的斗争是事物运动的真正源泉,因而他们不能真正说明如何由本身不变的元素产生运动变化的事物,解决不了事物的动因问题。

另一方面,这时候出现的智者,一般讲来,他们在政治上代表了当时的民主势力,反对旧的传统。在理论上,他们主张以人为中心的相对主义,反对旧的奴隶主贵族和宗教的绝对权威。他们和爱利亚学派相反,重视感性认识而贬低理性认识,以至于像高尔吉亚那样达到否认"存在",即使有"存在"也不可知,即使知道了也不能说这样二条结论,成为西方哲学史上最早出现的不可知论和怀疑论。他们实质上也是只承认运动变化的绝对性而否认相对的静止。他们以相对主义否认客观真理的存在,成为古希腊最早出现的有主观唯心论倾向的哲学。苏格拉底想维护客观真理,反对智者们的相对主义和怀疑论,孜孜以求事物的普遍定理。柏拉图继承了苏格拉底的思想,又接受了巴门尼德的思想,认为只有理性认识才能认识事物的本质——理念。不过他修正了巴门尼德的某些思想,将巴门尼德所说的唯一的"存在",变成许多不同的理念,而且理念和具体事物的关系,也不是绝对对立的,它们不过是在真实性的程度上有高低不同的差别而已。这是在唯心论的立场上从变化中寻求不变的东西。理念既然是不变的,它怎么能是运动变化的事物的原因和本质呢?从苏格拉底开始将目的论思想引入哲学,柏拉图的理念既是事物的形式,又是事物追求的目的,事物的运动就是要追求(模仿)那绝对完善的目的——理念。亚里士多德从这方面发展了他们的思想,提出了形式因(本质因)、动因和目的论三者合一的理论,形成了形式和质料、现实和潜能这两对基本的范畴。形式既是本质,又是目的和动因,它就是现实,它推动质料(物质);质料是潜能,它以形式为目的,必然要向现实转化。这样,形式和质料、现实和潜能这两对范畴本身就不是静止不动的,而是变化流动的。所以恩格斯称亚里士多德为"古代世界的黑格尔"。① 亚里士多德以后,运动和静止、相对和绝对的问题还继续存在,而相对主义和怀疑论的思想却逐渐发展了,不过它们不像智者时期那样起进步作用,而是希腊罗马的奴隶制日益衰落的思想表现。

运动和静止的问题,即变和不变的问题,是古代辩证法和形而上学争论的中心问题。一般地说,主张运动变化的是辩证法的观点,主张静止不变的是形而上学。但是,这个问题也不能简单化。在希腊哲学中,我们可以看到二者的联系和转化。赫拉克利特的辩证法思想一旦被克拉底鲁所绝对化,认为只有绝对的运动,否认相对的静止,就成为形而上学。而芝诺为了论证巴门尼德的反对运动变化的形而上学思想,提出四个悖论。它实质上是以思维中的矛盾去否定客观世界的矛盾。客观世界是活生生的,不间断地运动变化的,而我们的思维要反映、描述、表达它们,就不能不将不间断的东西割断,使活生生的东西僵化。所以,主观思维中的矛盾是客观事物中连续性和间断性、运动和静止的矛盾的反映。芝诺为形而上学所作的论证,只是不自觉地揭露了主观和客观的矛盾,揭示了主观辩证法和客观辩证法的关系。我们可以从这一方面来

---

① 参见《马克思恩格斯选集》第 3 卷,人民出版社 1995 年版,第 358 页。

理解黑格尔所说的芝诺是"辩证法的创始者"。① 他的论证是辩证法发展史上一个重要的环节。同时,也应该看到,在古代希腊哲学中,辩证法和形而上学的对立,也像唯物论和唯心论的对立一样,还是在开始分化的阶段,哲学家们还不能自觉地将它们区别开来,在辩证法中常常包含着形而上学的因素。像亚里士多德虽然创造了流动的哲学范畴和体系,但仍旧提出"不动的动者"的形而上学思想。从总体来说,古代希腊哲学家将世界看成是运动变化的,形成比较完备的朴素辩证法的世界观;而没有像近代哲学开始时期那样,形成一套完备的形而上学的世界观。他们只有形而上学思想的萌芽和因素,古代原子论唯物论就已经有机械论的萌芽,而没有 17—18 世纪那种静止、孤立、片面看问题的形而上学体系。

对立统一是辩证法的核心问题。客观世界中存在各式各样的对立。希腊人很早就认识了自然界中冷和热、干和湿的对立。最早的米利都学派就是在它们的对立中争论事物的本原问题的。毕泰戈拉学派开始列出十类对立的表。所以,希腊哲学一开始就在讨论对立的问题。赫拉克利特全面地提出了关于对立统一的理论,他不但看到对立面的相互联系、相互转化,而且提出对立面的斗争是产生万物的根源。他的理论所达到的高度不但超过他当时的水平,而且在整个希腊哲学史上都是无与伦比的。他不愧是辩证法的奠基人。希腊哲学家讨论的问题离不开各种矛盾和对立:存在和非存在、原子和虚空、运动和静止、一和多、同和异等等,或者着重将对立区别开来,或者着重对立的联系。柏拉图前期的理念论认为理念是绝对的,"美的理念"就是绝对的美,它不能包含丝毫的丑。这时候,他将二者绝对地对立起来了。到他后期的理念论中,他却承认运动和静止、同和异、存在和非存在这些最普遍的"种"(理念或范畴)是互相联系、互相转化的。这就是他的"通种论",是他由形而上学向辩证法的进步。亚里士多德的著作中更多地讨论这些对立的范畴。他往往根据经验事实,探讨这些对立范畴的区别和联系;他还讨论"对立"这个范畴本身,讨论它的各种含义。可以这样说:如果离开了这些对立,我们就无法把

---

① 参见黑格尔:《哲学史讲演录》第 1 卷,中译本,第 272 页。

握希腊哲学。

第三，一般和个别的关系。

现实世界中的事物都是具体的、个别的、多样的，而哲学却是要从个别中抽象出一般来，得出多中之"一"。因此，一般和个别的关系问题成为哲学中一个重要的问题。它既是辩证法的一个核心问题，在古代希腊哲学中，它又是划分唯物论和唯心论的一个关键问题。

人的认识总是从具体到抽象、从现象到本质的。希腊哲学从具体的物质性元素——水、气、火开始。既然已经是哲学，它们也就不是现实具体的水、气、火，而是具有一般性的水、气和火了。但是，这种一般化了的水、气、火终究是有局限性的，说它们是万物的本原会遇到许多无法解决的矛盾。所以，许多唯物论哲学家寻求更为一般的物质性本原。从阿那克西曼德的"阿派朗"到德谟克里特的"原子"，可以说是当时所能达到的最一般的物质概念。

毕泰戈拉学派从另一方面寻求一般。他们将事物的数量关系抽象出来，认为一般的"数"才是事物的根本原则。将事物的某一方面抽象出来专门进行研究，本来不失为一种科学的抽象。毕泰戈拉学派的错误在于将抽象的一般的数过分夸大，认为它是先于具体事物和决定具体事物的东西。这样就开始走向唯心论。爱利亚学派也循着这个方向，得出最一般的"存在"。如果他们所说的"存在"是标志客观实在的范畴，那就是我们讲的和物质等同的存在了。但他们所说的"存在"是将任何规定性都抽象掉了。这样的"存在"，是将物质的唯一标志——客观实在抽象掉了，将物质的根本属性——运动也抽象掉了，而且还将运动、变化、可分性、多样性等物质的根本属性都宣布为虚假的。这样的抽象就不是科学的抽象。这种非科学的抽象得到的范畴——"存在"，就背离唯物论，走向唯心论。

智者们和他们相反，却又走上另一个极端，只承认个别的存在，否认一般，从而走上相对主义和怀疑论。苏格拉底要寻求普遍的定义，也就是要在个别之中去寻求一般。从爱利亚学派起，"一"和"多"的关系，已经成为哲学中的一个重要问题；到苏格拉底以后，个别和一般的关系问题就成为希腊哲学讨论的一个中心问题了。被称为小苏格拉底学派之一的麦加拉学派的斯提尔波

(Stilpo,前380—前300年)指出:我们所说的"人",既不是这个人,也不是那个人。他提出了一般和个别的差别。这和中国哲学史中公孙龙子提出的"白马非马"是同样的问题。希腊和西方哲学对这个问题展开了长期的讨论。柏拉图将理念和个别事物分属于两个不同的世界,认为理念是永恒的、绝对的、不变的,而个别事物则是相对的、不断变化的,理念在个别事物以外独立存在。这样就发生了理念和具体事物,即一般和个别究竟是什么关系的问题。柏拉图只能用诗意的比喻,说具体事物"分有"和"模仿"理念,不能真正说明它们的关系。亚里士多德正是从这点上批判了柏拉图的理念论。亚里士多德的"形式"和柏拉图的"理念",本来是同一个东西,都是从个别抽象出来的一般,是事物的共相。亚里士多德和柏拉图的不同在于:柏拉图的理念是在具体事物之外独立存在的,一般在个别之外;而亚里士多德的形式却只存在于具体事物之中,一般在个别之中,这是辩证法的思想。但是,亚里士多德在一般和个别的关系问题上,也并不是完全正确的。在他的本体学说中,他认为个体和一般的"种"和"属"都是本体。在早期的《范畴篇》中,他认为个别的物体先于"种"和"属",是第一本体,"种"和"属"只是第二本体。个别先于一般,这时候他是唯物论的;而到后来的《形而上学》中,却又反过来认为一般的"形式"(即事物的"属")是事物的本质,它先于具体事物并决定具体事物,所以是第一本体。将一般和个别对立起来,夸大一般的作用,认为一般决定个别,就成为客观唯心论。亚里士多德尽管在一般和个别的关系问题上提出过正确的主张,认为一般在个别之中;但他对一般和个别的关系常常混淆不清,终于从唯物论滑到唯心论去了。

　　亚里士多德以后,希腊后期和罗马时期,个别和一般的问题和伦理宗教问题结合在一起。斯多亚学派所说的"宇宙灵魂"和"世界理性",新柏拉图学派普罗提诺所说的"太一",就是一般。不过这时候由于神秘主义和怀疑论盛行,他们所说的一般被排斥于认识范围以外。"太一"是排斥差异和多样性的最高本体,它只能靠神秘的直观即所谓"出神"来把握,而不能靠语言、概念和理性来认识;人的理性只能认知世上有限的、杂多的东西。普罗克洛(Proclus,411—485年)修改了普罗提诺的太一学说,认为太一是包含一、多以及一和多的统一的"三一体"。然而这里所说的一、多也是属于超存在的东西，不能靠人的知识来把握。本来，一般和个别的关系问题是认识中的重要问题，但是他们却将这个问题当作是认识范围以外的问题，为信仰主义开了大门。

普罗提诺的学生波菲利（Porphyry）在注释亚里士多德《范畴篇》的《引论》中提出三个问题：第一，"种"和"属"是真实存在的呢，还是纯粹理智的产物？第二，如果它们是真实存在的，那么，它们是有形体的呢，还是无形体的？第三，它们是存在于具体事物以外的呢，还是存在于具体事物之中的？他提出的这三个问题，是给希腊哲学中关于一般和个别的关系问题的争论作了概括，并且使这个问题过渡为中世纪哲学的唯名论和唯实论的争论问题。

以上我们从三对矛盾对立范畴的关系简单地勾画了希腊哲学发展的进程。哲学范畴是人类认识之网上的纽结。抓住了这些纽结，就是抓住了纲，才可以脉络分明地掌握复杂丰富的希腊哲学的发展进程。客观事物和人类认识是一对矛盾，而客观事物和人类认识本身又各自充满着矛盾。所以只有从诸矛盾方面，抓住它的那些主要矛盾（不止是一个），才能正确地理解它。当然，我们这里所列举的矛盾，无论是哲学和宗教、哲学和科学的矛盾关系，或是哲学内部的物质和精神、运动和静止、一般和个别的矛盾，都不仅是希腊哲学的主要矛盾，而且是整个西方哲学，甚至可能是所有各种哲学发展的主要矛盾。但这些矛盾在希腊哲学的发展中有它的特殊性，这就是希腊哲学是哲学的童年时期，这些矛盾才开始产生和发展。因而我们看到，在希腊哲学开始时期，这些矛盾往往浑然一体，还没有分化；随着哲学的发展，矛盾开始分化，代表这些矛盾的哲学范畴一个一个地开始出现。但这些矛盾的范畴的含义最初也是不明确的，后来才逐步明确起来，在明确的过程中又始终有混淆不清的地方。正因为是这样的初期发展阶段，所以当时提出来的哲学问题和观点，也往往是天真的、朴素的；用后来的哲学观点来看，可以说它们是幼稚的。由于它们幼稚朴素，更接近于普通人的常识，因而比较容易理解。理解这种比较简单的希腊哲学可以帮助我们理解后来直到近代和现代的西方哲学。这就是我们研究学习希腊哲学史的意义。

上面几种矛盾的划分,也只是一种抽象化的分析。客观对象是一个整体,只是从不同的矛盾角度去认识它;因而这些矛盾往往互相交叉,甚至有许多重叠的地方。哲学和宗教同物质和精神的关系问题,在许多方面是相同的;物质和精神同个别和一般的关系以及科学和哲学同运动和静止、个别和一般的关系,也有许多是重合的。本体论、辩证法和认识论本来是一致的、同一的,只是从不同的方面来分析、表述而已。

第六节 希腊哲学的史料

研究哲学史,必须根据大量资料——首先是哲学家们本人的著作,以及后人对这些哲学家思想的编纂、整理和研究,才能得出比较实事求是的结果。就希腊哲学史的研究说,史料既非常欠缺,又相当丰富。说它欠缺,因为古代希腊哲学家的著作,流传到现在的实在很少;除了柏拉图和亚里士多德以及后期有些哲学家有相当丰富的著作,我们现在能够看到外,其他哲学家只有少数人留下他们的主要哲学著作。另一方面,古代哲学家的著作虽然没有完整地保留下来,但是他们的思想,由后人记载下来的却是不少。在西方,二千多年来,对古代哲学家的思想进行了很多编纂和注释;近代的哲学史家又进行了许多整理和研究工作。因此,希腊哲学史的资料又是相当丰富的。一般中国读者对希腊哲学史的资料相当生疏,因此我们简要地分别介绍哲学家的原著、后人的编纂和近现代哲学史家的整理研究情况。

一 哲学家的原著

作为哲学家,总应该写过哲学著作。古希腊的哲学家,除了苏格拉底等人外,大概都曾写过哲学著作。据古代记载,苏格拉底是经常和人辩论哲学问题的,而自己却没有写过哲学著作;和他同时的某些智者,可能也是这样。早期的自然哲学家,据说大多曾写过《论自然》或《论真理》这样的著作,但都早已失传了。传说古希腊原子唯物论哲学家德谟克利特是位博学的人,他写过大量著作,但现在留下来他的思想,即使是残篇也很少。古希腊哲学家中留下著作最多的是柏拉图和亚里士多德,他们的著作是我们研究希腊哲学史的重要资料;在他们的著作中,不但记载了他们本人的哲学思想,还记录了在他们以前的哲学家们的思想,是我们研究早期哲学家的重要资料。他们的著作情况比较复杂,以下作些必要的介绍。

柏拉图留下的著作主要是用对话的文体写成的。其他古代著作提到的有关柏拉图的思想和著作,在现存的对话中都可以看到。因此,一般学者认为柏拉图生前自己写定并曾公开传播的著作,大部分或者全部保留下来了。除了对话以外,现在还有 13 封他写给别人的书信,是我们了解柏拉图生平活动的主要资料。除此之外,据说柏拉图在他的学园中有许多讲演,没有写成文字,被亚里士多德称为柏拉图的"不成文的学说",现在只有在古代著作中还保留下一些零星的残篇。

柏拉图的对话中讨论了各种理论问题:哲学、伦理学、自然哲学、政治学、教育学、语言学、艺术等等。几乎提到了他以前所有的哲学家的名字和他们的某些重要学说,从泰勒斯开始(包括更早的荷马和赫西奥德),一直到和他同时或稍早的苏格拉底和智者们,只有德谟克利特例外。第欧根尼·拉尔修记载说:柏拉图想焚毁所有他能收集到的德谟克利特的著作,一位毕泰戈拉学派的人劝阻了他,说这样做是无益的,因为德谟克利特的著作已经广泛流传了。① 柏拉图和他以前的哲学家时间最接近,他所提供的材料是我们现在所能见到的最早的史料,尽管其中不免有歪曲,仍旧是我们必须重视的资料。

柏拉图大部分对话中的主要对话人是苏格拉底。由苏格拉底说出来的思想,究竟是苏格拉底本人的思想还是柏拉图自己的思想? 一直是哲学史上有争论的问题。由于苏格拉底没有写下著作,他的思想除了柏拉图的对话外,只有他的另一个学生色诺芬(Xenophon)写的《回忆苏格拉底》中有记载。但色诺芬记载的哲学思想不多,因此,要探讨苏格拉底的哲学思想主要还只能根据

① 参见第欧根尼·拉尔修:《著名哲学家的生平和学说》第 9 卷,第 7 章第 40 节。

柏拉图的对话。在柏拉图的对话中如何区别苏格拉底的思想和柏拉图的思想,便成为我们需要慎重对待的问题。在柏拉图的对话中,和苏格拉底一起讨论问题,特别是有关伦理、政治问题的,往往是当时的一些智者。许多智者的思想只有在柏拉图的对话中才有比较详细的记载和论证。因此,它们也是研究智者们思想的重要资料。

　　柏拉图的全部著作,据公元 1 世纪时亚历山大里亚的塞拉绪布罗(Thrasybulus,死于公元 36 年)记载,一共有 36 种,其中有 35 篇对话,13 篇书信也列为一种。但是,这些著作是否都真正是柏拉图的原作? 长期以来就有争论。新柏拉图学派的普罗克洛认为连最著名的《国家篇》也是伪作。19 世纪,西方学术界一度疑古成风,以致认为传世的柏拉图著作中绝大多数都是后人的伪作。以后经过许多学者考订鉴别,现在大体上趋向于认为,在 35 篇对话中至少有 27 篇是柏拉图的真作,大部分书信(包括最长最重要的第七、第八封信)也是真的。这样,有 28 种柏拉图的著作(包括一种书信)是可靠的。至于柏拉图的不成文的学说,在亚里士多德等人的著作中保留着的残篇,已由芬德利(J.N.Findlay)辑在一起,作为他的著作《柏拉图的成文和不成文学说》(1974)的附录出版。

　　柏拉图著作的版本流传的情况大体是这样的:我们现在知道的,最早是1483—1484 年由斐奇诺(Marsilio Ficino,1433—1499 年)于翡冷翠(即佛罗伦萨)出版的拉丁文版,1491 年在威尼斯重印。最早的希腊文原版,是由马努修斯(A.Manutius)1513 年在威尼斯出版的。1578 年由斯特方(H.Stephanus)在巴黎出版的希腊文版,并附有萨尔拉努(J.Serranus)的拉丁文译文的三卷本。斯特方所编定的分卷、页码和分栏(A、B、C、D、E),以后为各国学者广泛采用。如:《国家篇》429D,即指斯特方本第 429 页 D 栏,本书注引文出处时也采用这种公认的页码。后来,德国的贝刻尔(I.Bekker)将历来的注释一并辑入,1823年于柏林发表了校刊本。迄今为止,公认为较好的柏拉图著作的希腊文版,是由英国哲学史家伯奈特(J.Burnet,1863—1923 年)校订的牛津版六卷本《柏拉图著作集》(*Platonis Opera*)(1899—1906 年)。

　　从古以来,有关柏拉图著作,有大量的注释,如亚历山大里亚的欧多鲁斯

（Eudorus of Alexandria,约公元前 1 世纪）、士麦拿的塞俄（Theo of Smyrna,约公元 2 世纪）和阿尔比努（Albinus）等人的注释,都是受到后人重视的。近代的一些学者对古代的注释进行了整理,汇集在一起出版。如斯塔尔鲍姆（G. Stalbaum）1827—1842 年于德国的戈塔（Gotha）和埃尔福特（Erfurt）出版的十二卷本;赫尔曼（K.F.Hermann）1851—1853 年于莱比锡出版的六卷本,以后,沃尔拉布（M. Wohlrab）1884—1887 年出版的修订版。这些对研究柏拉图的哲学是有用的。

现代各种通行语言的柏拉图著作的译本更是不胜枚举。这里择要列举英、法、德文的著名译本。

英译柏拉图著作的全译本,最早是泰勒（T.Taylor）1804 年于伦敦出版的五卷全译本,接着是由卡里（Cary）和戴维斯（Davis）等分别译出的博恩（Bohn）版六卷全译本。现在流传较广的是乔伊特（B.Jowett）1871 年发表的牛津版五卷本,每篇对话都有详细的引论、分析提要;近年来有人进行个别修订,于 1953 年出了第四版修订本。此外,常用的还有由伯里（R.G.Bury）、肖里（P. Shorey）等分别译出的十二卷本洛布（Loeb）古典丛书版,是希腊文和英译对照的。近来,美国的汉密尔顿（H.Hamilton）等将现有较好的各家不同的译文汇编在一起,1963 年出版了普林斯顿版的一卷本《柏拉图对话全集,附信札》,附有比较完整的索引,使用起来比较方便。本书主要根据这些英文译本。

法文译本比较通行的是由著名古典学者罗斑（L.Robin）和克若瓦塞（Croiset）等分工译出的布德学会（Association Guillaume Budé）版本,每篇对话都有引论,说明写作的年代、背景、来源、结构,以及对话人物和讨论的主题等。

德文译本有米勒（H.Müller）于 1850—1860 年发表的莱比锡版的八卷本。其他值得注意的是阿佩尔特（O.Apelt）1912—1922 年发表的莱比锡版二十五卷本,附有比较丰富的文献资料和比较详备的索引。

中文至今还没有柏拉图对话的全译文,有些重要的对话还没有翻译出版。1933 年有张师竹等译的《柏拉图对话集六种》,1934 年郭斌和等译的《柏拉图五大对话集》,1929 年吴献书译的《理想国》（即《国家篇》）,1963 年严群译的《泰阿泰德、智术之师》,1963 年朱光潜译的《柏拉图文艺对话集》,1983 年严群译的《游叙弗伦、苏格拉底的申辩、克力同》。1946 年出版的陈康译注《柏拉图巴曼尼得斯篇》是一本有研究的译注本,对这篇对话做了创造性的解释。

亚里士多德的著作,情况与柏拉图的不同。据古代记载,亚里士多德生前写下并公开传播的,也是一些流畅的对话,可惜后来佚失了,现在只留下一点残篇。现在流传的亚里士多德的著作,原来可能是亚里士多德在吕克昂学院的讲稿、札记、提要,甚至还可能有学生的笔记。亚里士多德自己在生前没有写定,并没有准备以这种形式公开传播。亚里士多德的学生马其顿的亚历山大大帝死后,雅典掀起了反马其顿的运动,亚里士多德被迫离开雅典,第二年(公元前 322 年)死在优卑亚岛上。学院的继承人塞奥弗拉斯特(Theophrastus)将亚里士多德的手稿送到小亚细亚的斯革柏锡地方,在地窖里收藏了一百五十多年,到公元前一百年左右,这批手稿才送回雅典。又过了几十年,由学院的第十一代继承人安德罗尼柯(Andronicus,鼎盛年在前 60—前 50 年)将这些手稿和学院中的讲义整理编辑成书。由于是将各种不同的手稿辑在一起成书的,难免有错编混杂,增加后人阅读亚里士多德著作的困难。

安德罗尼柯编定的亚里士多德著作是按照各门不同的学科分别编排的,如:"第一哲学"(《形而上学》)、"第二哲学"(《物理学》),以及伦理学、政治学等等。亚里士多德是最早在理论上主张将这些学科进行分门别类研究的,在实际上他也正是根据各类经验事实对各门学科进行分别研究。在对各门学科进行研究的时候,他对前人在这方面的观点作了回顾,分析了它们各自的优缺点,然后提出他自己的看法。他在作这种回顾时,对他以前的哲学家们的观点作了比较系统的论述,从而为我们保存了许多以前哲学家的重要资料。像《形而上学》、《物理学》、《论灵魂》、《论天》以及《伦理学》、《政治学》等著作中的历史回顾部分,是我们研究早期哲学家的重要史料。他的学生塞奥弗拉斯特等人继承亚里士多德这方面工作,开创了编纂和记述以往哲学家思想言论的传统,下文将专门阐述。

亚里士多德是哲学家,在他叙述以往哲学家的思想时,总是根据他自己的观点,按照他自己哲学的需要来解释和发挥,不免会有主观的成分。比如在《形而上学》第 1 卷中,他将以往哲学家有关本原的思想,都纳入他的"四因说",定它们为质料因、动力因、形式因、目的因。尽管他这种解释是有道理的,但因为他以前的哲学家并没有意识到这四种原因的区别,亚里士多德实际上是发展了他以前哲学家的思想。我们在运用哲学家所提供的史料时,必须注意区分这种情况。

从古代开始,学者们对亚里士多德的著作,做了大量注释。最早的是公元2世纪的阿斯帕西乌(Aspasius),最重要的是阿佛罗狄西亚的亚历山大(Alexander Aphrodisisias,鼎盛年为公元205年),其他还有德克西波(Dexippus)、塞米修斯(Themitius)、绪里亚努(Syrianus)、阿谟尼乌(Ammonius)、菲罗波努(Philoponus)、辛普里丘(Simplicius)以及中世纪最大的经院哲学家托马斯·阿奎那(Thomas Aquina,约1225—1274年)等人。由于公元529年拜占庭皇帝查士丁禁止亚里士多德的学说在罗马传播,反而在东方叙利亚和阿拉伯等地广泛研究亚里士多德。著名的阿拉伯哲学家如阿维森纳(Avicenna,原名伊本·西拿 Ibn‐Sina,约980—1037年)和阿威罗伊(Averroës,原名伊本·路西德 Ibn‐Rushd,1126—1198年)等也是重要的亚里士多德著作的注释家。

最早的亚里士多德著作的希腊文版本,是由爱拉斯谟(Erasmus)等于1489、1531、1550年陆续出版的。近代公认的标准版本是由德国柏林研究院于1830—1870年校印的希腊文《亚里士多德著作集》(Aristotles Opera,又称贝刻尔 I.Bekker 本)。一般引用亚里士多德著作时所用的页码即是贝刻尔本页码,如《形而上学》1046^{a}5—15,即指贝刻尔本第1046页a栏第5—15行。本书也用贝刻尔本页码。贝刻尔版是五卷本,其中第1—2卷是亚里士多德著作的希腊原文,第3卷是文艺复兴时期的拉丁文译本,第4卷是由布兰迪斯(C.A.Brandis)汇编的亚里士多德著作的注释,第5卷包括由罗泽(V.Rose)汇编亚里士多德著作残篇,以及由鲍尼兹(H.Bonitz)编的索引。最近,由吉贡(O.Gigon)就其中第1、2、4、5卷进行修订,于1960—1961年出了新版本。此外,1848—1874年在巴黎还出版了菲曼(Firmin)和迪多(Didot)编订的希腊文和拉丁文合刊的亚里士多德著作集(Aristotles Opera omnia Graece et Latine)。其他陆续出版的还有几种版本:德国图布奈(Teubner)丛书版(1868—1901年)、英国牛津古典丛书版(1894—1968年)、法国布德(Budé)学会丛书版

（1926—1960 年,附有法译文）,以及英国出版的 25 卷希、英文对照的洛布（Loeb）古典丛书版。

　　英译的亚里士多德著作全译本,有代表性的是由史密斯（J.A.Smith）和罗斯（W.D.Ross）主编的牛津版十二卷本的《亚里士多德著作集》（1925—1952年）。本书主要根据这个英文译本。罗斯（1877—1971 年）是现代著名的亚里士多德学者,他不但翻译《形而上学》和《伦理学》等著作,还对《形而上学》、《物理学》、《分析前篇》和《分析后篇》等作了校订和注释。

　　德译本的亚里士多德著作全译本,有 1921—1922 年在莱比锡出版的罗尔费斯（E.Rolfes）编译的亚里士多德哲学著作集;近年来吉贡正在陆续翻译出版五卷本《亚里士多德全集》,1951 年已在瑞士苏黎世出版第 1、2 两卷。

　　中国早在明朝末年,利玛窦来华传授西方学说时,当时和徐光启一起的李之藻就已经翻译介绍亚里士多德的学说,有关于逻辑学的《名理探》,关于物理学的《寰有铨》。可惜以后这项工作就中断了。解放以前,仅有向达翻译（节译）的《亚里士多德伦理学》。解放以后,有方书春译的《范畴篇、解释篇》,日知、力野译的《雅典政制》,罗念生译的《诗学》,吴寿彭译的《形而上学》、《政治学》、《动物志》,张竹明译的《物理学》,李匡武译的《工具论》（节译）。

　　古代希腊的原子唯物论是当时唯物论发展的最高成就。原子唯物论哲学家德谟克利特和伊壁鸠鲁据说都写有大量著作,可惜最大部分都佚失了。从现在留下的他们二人的残篇中,很难看出他们的原子唯物论学说的全貌。幸亏欧洲中世纪时发现并于 1473 年出版了卢克莱修的《万物本性论》。卢克莱修（约前 99—前 55 年）是罗马时期的唯物论哲学家,他的生平事迹我们很少知道,但他留下的这部长诗稿本,却可以说是古希腊唯物论哲学的百科全书。他高度赞扬伊壁鸠鲁的学说,用许多生动的事实阐述和发挥原子论哲学。他从原子和虚空、原子的运动,以及影像流射和各种感觉的说明;反对神创世界的学说,用原子论说明各种自然现象,反对宗教迷信;他还探讨了人类社会的起源和发展,对伦理、政治都作了说明。尽管资产阶级哲学史家用各种办法贬低它的重要性,只肯定其文学价值;但在我们看来,它却是我们研究古希腊唯物论哲学和当时的许多科学思想的重要材料。这部长诗已由方书春译成中文出版。

后期希腊哲学（包括罗马时期）还有一些哲学家留下著作，如斯多亚派和怀疑论的哲学家的著作，其主要价值在于记录了古代哲学家的思想，我们留到下文叙述。在此值得提到的还有罗马时期新柏拉图学派哲学家普罗提诺的主要著作《九章集》（Enneads）。传说是普罗提诺在自己的学院中对听众提出的问题，分别写成54篇论文。后来由他的学生波菲利编辑成书，分六卷，每卷有九篇论文，故称《九章集》。其中讨论了哲学、伦理学和美学各方面的问题，主要阐述他的神秘主义、唯心论的"太一"和"流溢"的学说。它主要发展柏拉图的理念论，但也吸取了毕泰戈拉学派、亚里士多德和斯多亚学派等的唯心论哲学，并且和奥菲斯教派和东方宗教结合起来，集古代唯心论哲学和宗教之大成，开创哲学为宗教神学服务的方向。因此，它是研究后期希腊哲学史的重要资料。

二 古代的编纂

由于古代许多哲学家的原著已经佚失，因此，他们的思想只能以后人的著作中的有关记载和论述为根据。

古代传说，柏拉图在建立学园前后，就致力于搜集早期希腊思想家们的著作，在他的对话中记载了大量前人的观点。亚里士多德一贯重视文献资料的收集和整理，在更大规模上继续进行这种工作，在他的主要著作中，对在他以前的哲学家的观点作了系统的有分析有评论的论述。亚里士多德的学生欧德谟斯（Eudemus）编写了古希腊数学和天文学历史的著作，另一位学生美诺（Meno）则编纂了古希腊医学著作《医学集成》（$Ἰατρική\ συναγωγή$）。最重要的则是亚里士多德的继承人塞奥弗拉斯特所编写的十六—十八卷本的《自然哲学家的意见》（$φυσικῶν\ δόξαι$），系统地纂集了早期哲学家们的各种学说，并且分门别类地进行了编排。其中第一卷是专门讨论本原问题的，最后一卷则专门讨论感觉问题。现在除最后一卷外，都已经佚失了。塞奥弗拉斯特编的《论感觉》，有苏格拉底以前诸学派哲学家们论感觉的有关材料，现在保存下来的是公元 14 世纪的手抄本。这是研究古代认识论的重要依据。

塞奥弗拉斯特的《自然哲学家的意见》这部著作,影响了整个古代对早期希腊哲学的研究,后来的许多编纂论述性的著作,往往以它为依据。古代文献浩瀚,后来的一些编纂记载和塞奥弗拉斯特这部著作的关系究竟如何,不很清楚。直到 19 世纪后半期,经过德国著名古典学者第尔斯(H. Diels, 1848—1922 年)的努力,在 1879 年发表了《希腊学述》(*Doxαgraphi Graeci*)对此作了整理,指出了大概线索。以下就其中对后世有比较重要影响的作简略的介绍。

塞奥弗拉斯特的《自然哲学家的意见》影响了撰写于公元前 50 年左右的《古代意见》(*Vetusta Placita*),这部佚名的编纂性著作带有斯多亚学派的色彩。它又影响了公元一二世纪时折衷主义哲学家艾修斯(Aetius),在他的著作《哲学家意见集成》简称《意见》(*Placita*)中,辑录和概述了希腊哲学家关于自然哲学的种种意见。这些记载,后来保存在伪普卢塔克(Plutarch,约公元 150 年)的《汇编》(*Epitome Placita*)和斯托拜乌(Stobaios,约公元 5 世纪)的《自然哲学家意见选编》(*Eclogae Physicae*)中。第尔斯从这两种著作中,辑出艾修斯的《意见》,部分恢复了原书面貌,见《希腊学述》一书第 273—444 页。

在《古代意见》、艾修斯的《意见》和伪普卢塔克的《意见述要》等书的影响下,产生一些记载和论述古代哲学家言论的著作,如:古罗马政治家、折衷主义哲学家西塞罗(Cicero,前 106—前 43 年),在他的著作,主要是《图斯库兰的辩论》(*Tusculanae Disputationes*)中保存了许多古代哲学家的意见。西塞罗是第一个将许多希腊哲学的专门术语译为拉丁文的作者,后来西欧的许多拉丁文术语沿用了他的翻译。犹太神学家、新柏拉图主义的先驱者斐洛(Philo,约前 30—45 年)的大量著作是在他以前的希腊哲学家学说的重要资料来源。上述的斯托拜乌,为了教育儿子,从古代诗人和散文作家的著作中作了大量摘录并进行了汇编。这部著作大约撰写于公元 5 世纪,现在只保存两部分:《自然哲学家意见选编》和《辩证法和伦理学》(*Dialecticae et Ethicae*),其中不仅保存了大量有价值的引证,还可以有助于考订原来的讹误。大约是公元 264—

340 年间的早期基督教神学家尤息比乌(Eusebius),出生于巴勒斯坦,他所撰写的《预备福音》(*Praeparatio Evangelica*)中保存了古代哲学家的许多有价值的引证和阐述,受到后世的重视。在尤息比乌的这部著作中,还保留了伪普卢塔克的《汇编》(*Stromateis*),这是公元前 150 年左右的著作,其中有些内容摘自塞奥弗拉斯特的《自然哲学家的意见》。此外,约前 80—前 10 年间的渊博学者阿里乌·狄底谟斯(Areius Didymus),在他所写的有关荷马、赫西奥德、品达和修昔底德著作的大量注释中,部分地保存了古代哲学家的言论,也保存在尤息比乌的《福音初阶》中。罗马寓言家斐德罗(Phaedrus,约前 15—50 年)在他的著作《论神》中,根据斯多亚学派学者的记载,保存了古代哲学家学说的部分资料。斐德罗的这些资料,现在保存在西塞罗的《论神性》(*De Natura Deorum*)第 1 卷第 25—41 节中。

除以上这些外,还有一些比较重要的古代哲学的编纂者,如:

公元前 3 世纪,斯多亚学派的第三代代表人物克律西波(Chrysippus,约前 232—前 204 年领导该派),具有朴素的唯物论倾向,是斯多亚学派的正统代表,致力于制定斯多亚学派的体系,抵御来自柏拉图学园的攻击,也是很重视早期哲学家的著作的。据说他撰写了一百五十种左右论著,现在只留下少数残篇。他对早期哲学家,特别是对赫拉克利特的记载,至今仍然受到重视。

公元 2 世纪末期怀疑论派的塞克斯都·恩披里柯(Sextus Empiricus)是古代的医生和哲学家。他是后期怀疑论的最大代表。他的著作《皮罗学说概要》,是研究古代怀疑论派的最重要的著作。他撰写的五卷本《反独断论》,包括《反逻辑学家》二卷、《反自然哲学家》二卷、《反伦理学家》一卷;以及六卷本的《反诸学科技艺教师》,包括《反语法学家》、《反演说家》、《反几何学家》、《反算术家》、《反占星术士》、《反音乐学家》各一卷,都是揭露古代哲学家学说中的矛盾,常常长篇引证被驳斥的哲学家的材料,从而为后世保存下来许多有价值的资料。其中许多系统的资料,如关于赫拉克利特、巴门尼德、早期毕泰戈拉学派的资料等,是其他著作无法比拟或代替的。所以黑格尔在《哲学史讲演录》中,称赞塞克斯都·恩披里柯的著作是"古代哲学史的最丰富的来源,他为我们保存了许多有价值的残篇"①。

前面提到过的阿佛罗狄西亚的亚历山大,是亚里士多德的逍遥学派的哲学家,公元198年前后在雅典讲学。他是亚里士多德著作的最渊博的注释家之一。亚历山大的注释,不仅为后世保存了许多亚里士多德佚著的残篇,而且保存了不少古代其他哲学家的资料,所以受到后人的重视。

公元2世纪时罗马早期基督教神学家希波吕托(Hippolytus),他的主要著作是十卷本的《驳众异端》(*Refutatio Omnium Haeresium*,第2、3卷已佚失),是研究被早期基督教视为异端的诺斯替教派的重要资料,其中还保存了不少早期希腊哲学家的资料,例如赫拉克利特的许多残篇就是在这部著作中保存下来的,而且希波吕托本人的论述对人们理解这些原始资料也是有帮助的。

公元6世纪时新柏拉图学派后期的辛普里丘(Simplicius),致力于诠释亚里士多德的四部重要著作:《论天》、《物理学》、《论灵魂》和《范畴篇》。辛普里丘自己并不是一个有创造性的思想家,但是他的学问渊博,在他的注释中保存了古代哲学家的许多残篇,为后代研究家所重视。

在编纂和陈述古代思想家的思想资料外,还有古代哲学家的生平传记和生卒年代的资料问题。古希腊编年学的奠基人是厄拉托塞涅(Eratothenes,前275—前194年),他致力于确定希腊人攻陷特洛伊城以来的政治和文学艺术等重大事件的年代。后来这项工作由雅典的阿波罗多洛(Apollodoros)加以改进。他写的《编年史》(*Χρονικά*)相当详尽地记载了从特洛伊城陷落(公元前1184年)到公元前144年止,包括哲学家生卒和著作撰写年代的编年。这是现在一般用的编年的根据。

阿波罗多洛提出了"鼎盛年"的估算方法,他将著名人物一生中的重要事件,假定是在他的鼎盛年——即40岁左右时发生的,由此上推40年,就是这个人的生年。如泰勒斯曾预言过发生于公元前586或前585年的日食,以此作为他的鼎盛年,上推40年即公元前626或前625年就是他的生年。这种方法当然是不可靠的,但在当时缺乏事实根据的情况下,是一种不得已的办法,

———————
① 黑格尔:《哲学史讲演录》第1卷,中译本,第174页。

因而为一般人普遍接受了。前面已经说到过，希腊各城邦原来没有共同的纪年，到公元前776年举行第一次奥林比亚赛会，以后定期每四年举行一次，编年史作者就以此作为共同的纪年标准，如第欧根尼·拉尔修在《著名哲学家的生平和学说》中说，泰勒斯生于第三十五届奥林比亚赛会的第一年。按推算，那是公元前640年。

传记性著作最早是由逍遥派学者、亚历山大里亚的索提翁（Sotion，约公元前2世纪）撰写的十二卷本的《哲学家师承》（Διαδοχἡ των φιλοσόφων）。这部书探讨了哲学家之间的师承关系。很可能正是索提翁从早期哲学家中将伊奥尼亚学派和意大利学派区别开来，分别说明他们的师承关系。以后又有赫拉克利得（Heraklides）的兰布斯（Lembus，公元前170年左右）根据索提翁的著作写出提要。这些著作后来成为第欧根尼·拉尔修编写《著名哲学家的生平和学说》的依据。其他同类著作的作者还有安提斯泰尼（Antisthenes）、索西克拉底（Sosikrates）、赫尔米波（Hermippus），以及逍遥学派的萨堤罗斯（Satyrus）等人。

最重要的传记作者是公元1—2世纪时的第欧根尼·拉尔修，他写的《著名哲学家的生平和学说》，是了解古希腊哲学家的生平事迹等的最重要依据之一，历来受到重视。黑格尔的《哲学史讲演录》曾广泛运用了这部著作的材料，马克思的博士论文《德谟克利特的自然哲学和伊壁鸠鲁的自然哲学的差别》，恩格斯的《反杜林论》和《自然辩证法》都运用过这部著作的材料。第欧根尼·拉尔修是罗马哲学家、传记作者，他的生平事迹不详，有人认为他是基督徒；有的从他叙述伊壁鸠鲁所占篇幅较大，并附有较多的史料，认为他是属于伊壁鸠鲁学派的哲学家；也有认为由于他对一切学派都不偏不倚，所以是怀疑论派。由于古代哲学家的原著大多没有保存下来，在第欧根尼·拉尔修以前也没有这样大篇幅的有系统的著作，所以这部著作早在古代以至中世纪，一直被当作希腊哲学史看待。但随着研究的日益深入，更多原始资料被发现和确证以后，这部著作的权威性也发生了问题，但它终究还是我们研究希腊哲学史的一部重要资料。

第欧根尼·拉尔修继承由塞奥弗拉斯特开始的，由索提翁进一步所作的分类,将希腊哲学家分为两种师承关系的系统。其一,伊奥尼亚学派:从泰勒斯开始,经过阿那克西曼德、阿那克西美尼、阿那克萨戈拉、阿凯劳斯(Archelaus),到苏格拉底和他的学生,特别是学园的奠基人柏拉图;从柏拉图经过老学园的斯彪西波(Speusippus)、色诺克拉底(Xenocrates)、波勒谟(Polemo)、克冉托尔(Krantor)、克拉特斯(Crates),以及中期学园奠基人阿尔凯西劳(Arkesilaos)、拉居德(Lakydes),到新学园的卡涅亚德(Karneades)、克利托玛科(Kleitomachos)。其中还有一支,从苏格拉底到安提斯泰尼、犬儒学派的第欧根尼(Diogenes Cynic)、基提翁的芝诺(Zeno of Citium)等人,经过柏拉图到亚里士多德,再到塞奥弗拉斯特,他都归于伊奥尼亚学派。其二,意大利学派:从毕泰戈拉和他的学派,经过赫拉克利特和爱利亚学派的塞诺芬尼、巴门尼德、爱利亚的芝诺,接着是留基伯、德谟克利特和他的学生,特别是瑙西芬尼(Nausiphanes)和瑙居特斯(Naukydes,伊壁鸠鲁的老师),一直到伊壁鸠鲁。①这样区分伊奥尼亚学派和意大利学派的师承关系,现在已经没有人采用了。

第欧根尼·拉尔修的著作以哲学家的传记为主,也注意到他们的学说内容和师承关系,保存了古代哲学家许多残篇。一般讲,他的著作中包含以下一些内容:(1)哲学家的家庭出身,(2)所受的教育、哲学训练、游学概况,(3)在所属学派的创建和师承系统中的地位,(4)用轶事和言论来说明哲学家的性格和气质,(5)生平重要事件,(6)有关他去世的轶闻,(7)包括鼎盛年在内的编年志,(8)著作目录,(9)学说,(10)包括书信、遗嘱等文献资料,(11)同名的人,(12)其他,如追随者、喜剧诗人对他的讽刺、发明创造和政治活动等。书的内容非常广泛,但由于作者在哲学上缺乏识见,片面追求遗闻轶事,许多资料根据间接来源,所以在运用时要注意鉴别。

普卢塔克(Plutarch,约公元46—120年)②是彼俄提亚的凯罗尼亚人,著名的传记作家和杂学家。在哲学上他主要受柏拉图和亚里士多德的影响,被认为是公元1—2世纪初时柏拉图主义的最大代表;他和犹太哲学家、神学家

---

① 参见第欧根尼·拉尔修:《著名哲学家的生平和学说》第1卷第14—16节。

② 注意不要将他和另一个希腊哲学家普卢塔克(约公元350—430年)相混淆,后者是新柏拉图学派主要代表杨布利柯的学生,是公元5世纪初雅典新柏拉图学派的首领。

斐洛一起,是新柏拉图学派的先驱。① 他把宗教、亚里士多德和斯多亚学派的主张结合到经过神学化了的柏拉图的学说中。他撰写的《希腊罗马人物对比传记》列举希腊的忒修斯、莱喀古斯等人和罗马的西塞罗、恺撒等人的历史,对探讨希腊——罗马哲学的历史背景是有帮助的。和希腊哲学关系密切的是他的另一部著作《道德论文集》(Moralia)。其中包括 78 种著作,广泛地涉及宗教、伦理、文学、教育、政治、哲学等,为后世保存了大量资料。其中和希腊哲学关系尤其密切的如:在《论伊西斯(Isis)和俄西里斯(Osiris)》中,根据埃及神话探讨哲学思想,并强调它对柏拉图、毕泰戈拉和欧多克索等人的影响;在《柏拉图问题》和《论〈蒂迈欧篇〉中灵魂的产生》等中,对柏拉图著作中的有关问题进行了解释和探讨;在《论斯多亚学派的自相矛盾》和《驳斯多亚学派的论一般概念》中,对斯多亚学派的学说进行了比较系统的探讨;在《伊壁鸠鲁实际上使快乐的生活成为不可能的》中对伊壁鸠鲁的道德学说进行了讨论。实际上,普卢塔克的《道德论文集》涉及从泰勒斯起直到他那时为止所有希腊哲学家及其学说,并进行了彼此有联系的探讨,同时保存了早期哲学家的一些残篇;所以他的著作成为后世研究希腊哲学的重要资料之一。

三 近现代的整理和研究

近现代西方学者对于遗留下来的大量古代哲学的资料,开始用比较科学的方法,进行了整理和研究。

在整理古代哲学方面,最重要的是上文已经提到的德国古典学者第尔斯。他于 1879 年发表的《希腊学述》,收集了希腊哲学家的各种意见,加以分类编排。古代作者有时直接引用哲学家的原话,有时则用作者自己的语言加以陈述。第尔斯又将直接引用的哲学家原话编在一起,于 1903 年发表了《苏格拉底以前哲学家残篇》(Die Fragmente der Vorsokratiker)。这部书将每个哲学家的资料分为三部分:(A)包括后人撰写的有关哲学家的生平事迹和学说等言论汇编,(B)哲学家本人言论和著作的残篇,(C)后来作者的拟作或疑伪残

---

① 参见德·沃格尔(C·J·De Vogel):《希腊哲学》第 3 卷,第 376 页。

篇。这部著作受到学者的重视,成为研究苏格拉底以前哲学家的主要材料。第尔斯又不断修订,生前出版了第三版(1922 年)。他去世后由克兰茨(W. Kranz)于 1934—1937 年出版了修订第五版。我们引用这些哲学家的残篇多沿用第尔斯所编定的次序,如赫拉克利特残篇第三十二,即第尔斯所编定的第三十二则残篇;现在用第尔斯—克兰茨所编定的次序,一般写作 DK22B32,即第尔斯—克兰茨本第二十二章(赫拉克利特)B 部分第 32 则残篇。本书也采用这种写法。第尔斯—克兰茨本中所辑的残篇中的 B 部分,已由弗里曼(K. Freeman)译为英文,书名为:《苏格拉底以前哲学家的辅助读物》(*Ancilla to the Presocratic Philosophers*),本书引用哲学家残篇主要以此为根据。

第尔斯这部著作发表以来,西方学者又陆续发表一些类似的或带有研究的资料著作,如:卡佩莱(W.Capelle)的《苏格拉底以前的哲学家》(*Die Vorsokratiker*),弗里曼的《苏格拉底以前的哲学家》(*The Pre-Socratic Philosophers:A Companion to Diels' Fragmente der Vorsokratiker*),基尔克和拉文(G.S.Kirk and J.E.Raven)的《苏格拉底以前的哲学家》(*The Presocratic Philosophers:A Critical History with A Selection of Texts*),奥特(W.J.Oates)的《斯多亚学派和伊壁鸠鲁学派的哲学家》(*The Stoic and Epicurean Philosophers*),以及纳斯特尔(Nestle)的《苏格拉底以后的哲学家》(*Die Nachsokratiker*)等。至于专门研究某一学派或某一哲学家资料的著作,当在本书有关的论述中另行分别介绍。以上这些著作将是本书写作中经常参考引用的。

此外,为了初学希腊哲学读者的需要,各国也编选了一些最低必读的资料读物,如美国贝克威尔(C.M.Bakewell)编的《古代哲学资料》(*Source Book in Ancient Philosophy*)。在我国,由北京大学哲学系外国哲学史教研室编的《古希腊罗马哲学》(资料选辑)中,德谟克利特以前的哲学家的残篇,还是收集得比较齐全的。

国内外,特别是西方,研究希腊哲学的论著很多。凡是研究某一学派或某一哲学家的重要著作,本书将在有关的编、章中介绍。现在只重点介绍几部重要的哲学史著作。

谈到西方哲学史的著作,我们还是不能不首先提到黑格尔的《哲学史讲演录》。黑格尔这部著作打破了过去将许多资料杂乱地堆积在一起的哲学史传统,第一次明确提出要系统地整理思想发展的线索,将哲学史写成是人类认识的发展史。马克思在他早年的《博士论文》中讲到黑格尔的《哲学史讲演录》时说:"一般说来,哲学史是从它开始的"。① 在 1858 年致拉萨尔的信中,马克思说黑格尔是"一个最早了解全部哲学史的人"。② 恩格斯在 1891 年 11 月致施米特的信中,说《哲学史讲演录》是"最天才的著作之一"。③ 普列汉诺夫在批评黑格尔这部著作往往根据自己哲学体系的需要来处理历史材料时,还是肯定它"至今仍然是一部最好的哲学史"。④

正是黑格尔,要求辩证地历史地对待每个哲学学派、每个哲学家以及他们的哲学体系和观点。它们都是历史发展的产物,在历史发展的过程中,它们的出现具有必然性;哲学史研究的任务正是要在大量偶然性事实的背后去发现这种必然性。因此,要将每个哲学家和他的体系摆在一定的历史地位上,既不能用我们现在的观点去简单地宣布它们是错误的,绝对地否定它们,也不能绝对地肯定它们;而是要找出它们的发展线索,将它们摆在一定的历史地位上,恰当而正确地评价它们。由此,他提出将哲学史比作圆圈发展的思想,提出历史的东西和逻辑的东西相统一的重要原则,等等。《哲学史讲演录》也存在根本性的缺点:首先,他站在唯心论的立场上,认为哲学的发展乃是绝对理念本身的发展,为了他自己哲学体系的需要,不惜歪曲和颠倒哲学史实;对唯物论哲学采取抹杀和鄙视的态度等等。其次,该书出现的时间比较早,在他以后,西方对古代哲学史资料的研究有了很多新的比较科学的进展,我们现在看到,黑格尔所用的资料,有许多已经是过时的、陈旧的,由此当然不能作出正确的结论。虽然如此,黑格尔对希腊哲学所提出的许多重要的看法,无论是正确的或是错误的,对后来希腊哲学史的研究,都发生了重大的影响。

---

① 《马克思恩格斯全集》第 40 卷,人民出版社 1985 年版,第 189 页。
② 《马克思恩格斯全集》第 29 卷,人民出版社 1972 年版,第 529 页。
③ 《马克思恩格斯选集》第 4 卷,人民出版社 1995 年版,第 713 页。
④ 普列汉诺夫:《从唯心主义到唯物主义》,见《普列汉诺夫哲学著作选集》中译本,第 3 卷,第 733 页。

我们今天决不能忽视它们,而应该继承和发展他的正确的观点,批判他的错误论点。

继黑格尔的《哲学史讲演录》以后,德国著名哲学史家策勒(E.Zeller,1814—1908年)在19世纪40年代开始陆续出版和修订了三卷本五巨册的《希腊哲学史》。这部书可以说是奠定了近代西方研究希腊哲学史的基础,长期以来被认为是研究希腊哲学的权威性著作,被译成许多欧洲文字出版。

策勒深受黑格尔的影响,他强调研究哲学史必须采用历史的方法。他也强调从发展中去探索哲学史,不要将哲学看成是已经完成了的东西。在研究哲学史的方法上,他特别强调要从事实、从史料出发,不要从理论出发。他说:“我们要求的无非是完美地应用一种纯历史的方法。我们不要有理论的历史框架,不要从理论出发到事实;我们的历史必须从下面建立起来,必须从实际提供的资料出发。”①但是,他也反对停留在只收罗原始资料上,主张要对这些资料进行历史的分析,从中找出本质的和内在的联系。因此,在策勒的书中,说明他的主要观点的正文所占的篇幅并不多,而在注释中却大量引证资料,并对这些资料作了分析比较,用以证明他自己的论点。往往在一页之中,正文只占少数几行,极大篇幅是注释。他引用资料比黑格尔严肃得多,不像黑格尔那样引用资料只是为了论证他自己的哲学观点。策勒是哲学史家,他以比较客观的态度,从大量史料中作出结论。不过因为在他以后,西方对这些哲学史料的研究有很多进展,改变或推翻了原来的一些看法,因此,策勒的观点也就显得有些陈旧了。

但是总的说来,策勒的哲学史观是继承黑格尔的思想的。德国近代另一个著名哲学史家宇伯威格(F.Ueberweg,1826—1871年)在他的《哲学史》中,说到策勒:“作者的哲学立场,是用经验的和批判的因素加以改变了的一种黑格尔主义。”②近代德国著名的古典学者耶格尔(W.Jaeger)也认为:“策勒属于老式的德国学派,实际上是19世纪哲学史的奠基人,原来是受黑格尔思想激

① 策勒:《苏格拉底以前的学派》第1卷,第21页。
② 宇伯威格:《哲学史》第1卷,英译本,第23页。

励的,这种思想大体上是建立在对理念史所作的哲学解释上。"①

策勒将希腊哲学分为三个时期:

1. 苏格拉底以前的学派。其中又划分为三个阶段:(1)早期的伊奥尼亚学派、毕泰戈拉学派和爱利亚学派;(2)公元前5世纪的自然哲学家;(3)智者派。

2. 苏格拉底、柏拉图和亚里士多德。其中又划分为四个阶段:(1)苏格拉底;(2)小苏格拉底学派,包括色诺芬、麦加拉学派、居勒尼学派、犬儒学派;(3)柏拉图和老学园;(4)亚里士多德和逍遥学派。

3. 亚里士多德以后的哲学。其中又划分为三个阶段:(1)斯多亚学派、伊壁鸠鲁学派和怀疑主义;(2)折衷主义、后期怀疑主义、新柏拉图学派的先驱;(3)新柏拉图学派。

策勒的这种分期法,为以后大部分希腊哲学史著作所接受,并大体沿用下来了。

由于本书要经常引用策勒的著作,所以将我们根据的该书英文译本书目列下:

1.《苏格拉底以前的学派》,两卷。

2.《苏格拉底和苏格拉底学派》。

3.《柏拉图和老学园》。

4.《亚里士多德和早期逍遥学派》,两卷。

5.《斯多亚学派、伊壁鸠鲁学派和怀疑学派》。

6.《希腊哲学中的折衷主义史》。

(新柏拉图学派未译出。)

本书引用策勒《希腊哲学史》时,均注英译本书名和页数。

另一部有代表性的著作,是原维也纳大学教授冈珀茨(T.Gomperz,1832—1912年)的三卷本的《希腊思想家:古代哲学史》(1896—1909年),该书英译本为四卷。冈珀茨自称要竭尽毕生的努力,撰写一部综合的著作,是广大有文

---

① 耶格尔:《早期希腊哲学的神学》,第195页。

化的读者可以理解的,力求排除片面性。他说:"我力图公正地对待古代思想的种种不同倾向,将其中每一种思想看作是对现代文明的完整结构作出贡献的,不偏不倚地考虑它们,公正地评价它们。"①

冈珀茨主张将希腊哲学的研究和一般的希腊文化的发展联系起来考察。他认为哲学和各门科学是相互联系、相互影响的,所以要联系各门科学来研究哲学史。他这部书更像是我们称作"思想史"的著作。他倾向于认为:哲学的内容是对一切科学研究共同的认识因素,即广义的认识论和方法论。他热衷于在希腊思想家和近代思想家之间进行类比,将古代人的学说和在后世科学中的影响和发展联系起来讨论,因此不免有牵强附会的地方。

尽管冈珀茨声称自己不是从某个学派出发研究哲学史,但他的具体论述实际上带有实证论的偏见,也有将古代哲学现代化的倾向。格思里指出冈珀茨是受英国著名的希腊史家和柏拉图学者格罗特(G.Grote,1794—1871年)的影响。② 而格罗特是深受英国早期实证论的主要代表穆勒(J.S.Mill)的影响的。但是,冈珀茨这部著作,在西方还是有比较长远的影响,以致近来格思里的六卷本《希腊哲学史》,就是自称为要取代冈珀茨的这部著作的。③

英国的希腊哲学史家伯奈特(J.Burnet,1863—1928年)写的两部著作:《早期希腊哲学》(1892年初版)和《希腊哲学:从泰勒斯到柏拉图》(1914年初版),提出了许多不同于黑格尔的观点。他强调希腊早期思想家们的经验和科学的特征。他的《早期希腊哲学》书中,对早期哲学家的资料收集较多,对哲学家们的残篇,也作出了和第尔斯有所不同的整理和安排,因而也是一本重要的资料用书。他的不少论断和分析,至今仍有参考价值。

法国的希腊哲学史家罗斑(L.Robin,1866—1947年)所写的《希腊思想和科学精神的起源》(1923年出版),也是研究希腊哲学的一部重要参考书,已由陈修斋译成中文出版。

近期出版的,引起学术界重视的著作,则是剑桥大学教授格思里(W.K.C.

---

① 冈珀茨:《希腊思想家》第1卷,第Ⅸ页。
② 参见格思里:《希腊哲学史》第3卷,第13页。
③ 参见格思里:《希腊哲学史》第1卷,第Ⅸ页。

Guthrie,1906—1982 年)的六卷本《希腊哲学史》(1962—1982 年)。格思里原拟编写从米利都学派直至希腊化时期和新柏拉图学派的全部希腊哲学史,但由于他 1982 年去世,只编成一部从泰勒斯到亚里士多德的六卷本著作。第 1卷包括米利都学派、毕泰戈拉和毕泰戈拉学派、塞诺芬尼和赫拉克利特;第 2卷包括爱利亚学派、恩培多克勒、阿那克萨戈拉和原子论者德谟克利特;第 3卷包括智者和苏格拉底;第 4、5 卷专门论述柏拉图;第 6 卷论述亚里士多德。

格思里这部著作概括了近一百年来西方研究希腊哲学史的成果。特别是在哲学史资料方面,从 19 世纪末期以来,西方进行了大量的考证研究工作,取得不少进展,纠正了过去的一些错误。对于哲学史上的许多问题,也提出各种不同的看法。这些在格思里的书中都有所反映。因此,我们要了解西方研究希腊哲学史的情况,格思里的书可以说是必读的参考书。但是,由于现代西方哲学如实证论等的影响,对原来哲学的重要问题如本体论、辩证法的问题,被认为是“没有意义的形而上学问题”而遭蔑视,黑格尔提出的认识发展史的哲学史传统逐渐被放弃。格思里的著作显然也受这方面的影响,对哲学问题和哲学发展史的深入探索就显得不够。例如,他以第 4、第 5 两大卷的篇幅论述柏拉图哲学,却只是按照先后次序对柏拉图的对话逐篇介绍其时期、背景、人物以及对话中讨论的主要问题。就事论事,支离破碎,既不能让读者了解柏拉图哲学的全貌,也没有说明柏拉图思想本身的发展变化及其在历史上的影响等等,没有起到哲学史应有的作用。

以上简略地介绍了几部主要的有代表性的西方研究希腊哲学史的著作。西方近现代研究希腊哲学史的著作还有很多,我们这里不再一一列举。

黑格尔提出要辩证地历史地看待哲学史,提出哲学史是认识的发展史,这是有正确的因素的。他的错误在于认为这种发展史是思想——绝对理念本身的发展史,颠倒了思维和存在的关系。马克思主义就是要将被他颠倒的东西纠正过来,用历史唯物论说明人类认识的发展史。从这方面说,马克思主义是批判地继承了黑格尔的传统。现代西方资产阶级却是日益抛弃黑格尔的传统,他们用各种唯心论的观点歪曲哲学史,以至将哲学史上的命题孤立起来作逻辑的语义的分析,忽视了哲学的历史发展。

　　在苏联,1947 年就亚历山大洛夫编写的《西欧哲学史》一书进行讨论,日
丹诺夫强调哲学史研究的主要对象应该是唯物论和唯心论、辩证法和形而上
学斗争的历史,强调要克服哲学史研究中的"欧洲中心论"和其他资产阶级观
点,当然有积极的意义。但在这种思想指导下,1957 年苏联出版的《哲学史》
第一卷关于希腊哲学的论述却出现了另一种偏向,即教条化和简单化的毛病。
1965 年苏联出版的《哲学史》第 6 卷中总结检查了这个问题,认为:"日丹诺夫
在对待哲学史的态度方面也表现出某种片面性";"他错误地断言,马克思以
前的全部哲学'决不能成为实践上影响世界的工具,也决不能成为认识世界
的工具';似乎过去各种哲学体系的创造者是'不能帮助自然科学发展的'。
结果,党性原则实际上同哲学史中的继承性原则对立起来。"[1]从"左"的方面
否定过去的全部哲学,就无所谓继承性,也无所谓哲学的发展史了。它还指出
日丹诺夫"把哲学思想的发展仅仅同唯物主义学说联系起来,低估了唯心主
义体系中的辩证法的价值";以至"有人企图按照'唯物论——进步,唯心
论——反动'这样一个公式来千篇一律地评价各种哲学学说。"[2]
　　从 20 世纪 60 年代开始,苏联又重新翻译出版了三卷本的《柏拉图著作
集》,四卷本的《亚里上多德著作集》,两卷本的《塞克斯都·恩披里柯著作集》
和第欧根尼·拉尔修的《著名哲学家的生平和学说》等。此外还出版了不少
研究古代哲学的著作,其中的观点和 40 年代的著作也有显著不同。比如,40
年代亚历山大洛夫主编的《西欧哲学史》第一卷中,对柏拉图采取全盘否定的
态度,说他是"贵族的反动的思想家,古代唯心论的最大代表,唯物论世界观
的最凶恶的敌人。"但在 70 年代出版的苏联古希腊哲学专家阿斯穆斯(B.Φ.
Acmyc)所著的《古代哲学》中,对柏拉图进行了比较具体的分析,既肯定柏拉
图的哲学是神学目的论的唯心论,又承认柏拉图是"思想史中罕见的天才",
认为从整体看,柏拉图哲学中有值得注意的唯物论倾向。1973 年,苏联科学
院哲学研究所和莫斯科大学哲学系还召开了纪念柏拉图诞生二千四百周年的

---

① 敦尼克等主编:《哲学史》第 6 卷,第 467—468 页。
② 敦尼克等主编:《哲学史》第 6 卷,第 467—468 页。

报告会,会后,于1979年出版了《柏拉图及其时代:诞生二千四百周年纪念论文集》一书。

在我国,20世纪50年代以来出版的有关希腊哲学史的论述,都是受40年代苏联观点的影响的。近年来,在实事求是、解放思想的方针指导下,许多同志对原来的若干论断重新考虑,提出新的看法,如1982年出版的叶秀山著《前苏格拉底哲学研究》以及其他同志的论文和专著。我们相信,在这个正确的方针指导下,根据大量史料,用马克思主义指导研究希腊哲学史的工作必将日益深入。

第 一 编

米利都学派

泰勒斯

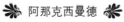 阿那克西曼德

阿那克西美尼

希腊哲学最早是从伊奥尼亚地方的希腊殖民城邦米利都开始的。泰勒斯、阿那克西曼德和阿那克西美尼被公认为西方最早的哲学家。

米利都(在今土耳其地方,仍称原名)地处弥安德河入海口附近。在希腊的伊奥尼亚人来这里殖民以前,是由卡里亚人居住的,所以这里的伊奥尼亚人后来混有卡里亚血统。米利都处于富饶的弥安德河流域的极其有利的位置,是小亚细亚南部弗里基亚出口贸易的中心。它整个城市并不大,人口不过六万多;①但在公元前8—前6世纪,却向外建立了四十几个殖民城邦。② 当时的米利都积累了巨大的财富,成为这个地区原材料和制成品聚散和贸易的中心,也是小亚细亚和内地对外贸易的通道。它是一个将海运、贸易和手工业生产结合起来的,和各地有广泛联系的繁荣港口。它的联系范围,北到黑海,东到美索不达米亚,南到埃及,西到南意大利。公元前7世纪时,伊奥尼亚地区支配了当时沿地中海欧、亚、非之间的贸易,米利都居于伊奥尼亚许多商业城市的首位。希罗多德一再说道:"米利都人是海上的霸主","米利都那时正在它的全盛时代,以至它被称为伊奥尼亚的花朵"。③ 米利都又是伊奥尼亚各城邦联盟的首领。虽然这仅是一个松散的联盟,各城邦共同参加泛伊奥尼亚节,

---

① 这是《剑桥古代史》估算出来的数字,见该书第3卷,第3分册,第217—218页。

② 这是根据《剑桥古代史》第3卷,第3分册,第160—162页所附希腊殖民地表统计出来的。

③ 希罗多德:《历史》,中译本,第174、521页。

却各自拥有绝对的自主权。① 以致当它们遭受外来侵略时,泰勒斯竭力劝说它们组成一个政治联盟,也未被接受。

早在公元前 630 年前后,米利都就出现了僭主,②其中最著名的是塞拉绪布罗。③ 在他统治下,米利都达到前所未有的繁荣状态;到黑海地区建立殖民地,成功地抵御了强邻吕底亚的威胁。

根据文献和碑铭的记载,米利都氏族制度的解体和当地出现僭主政治的时期是大体相应的。逐渐由新的社会组织代替伊奥尼亚原来的各部落,广泛扩大公民权,不仅使当地的土族居民,而且连外邦人和移民都获得公民权;并且部分地将政权的治理建立在地区划分而不是氏族划分的基础上。《剑桥古代史》描述当时的情况:"至少在爱菲索,也许在伊奥尼亚到处都是一样,这种改革一度可能令人满意地扩大了公民权和政治的基础。当时贸易和制造业的大发展,改变了原来以农业生产为基础的整个结构。各种社会团体的发展,也许可以将僭主看作是它们的催化剂。"④氏族贵族的统治被新兴的工商业奴隶主及其早期政治代表僭主所取代,成为走向奴隶主民主制的过渡时期。希腊哲学正是在这个时候开始产生的。

当时米利都还有对外的民族矛盾。伊奥尼亚各城邦不断遭到东边强邻的侵犯。其中有可靠记载的有:公元前 7 世纪中叶西美里亚人的入侵,他们劫掠了小亚细亚大部分地区,但在进攻爱菲索时遭到挫败。公元前 700 年左右,吕底亚的美尔姆纳特王朝第一个君王巨格斯曾不断侵略米利都、士麦那、科罗封等地。在克娄苏当政时,伊奥尼亚城邦相继处于吕底亚统治下。公元前 547年,吕底亚被波斯战败,克娄苏被波斯俘虏。从此,伊奥尼亚城邦便被波斯统治。公元前 500 年左右,米利都人首先发难,反抗波斯王大流士一世的统治。

---

① 以上参见《不列颠百科全书》(1911 年版)第 14 卷,"米利都"条目;埃姆林—琼斯:《伊奥尼亚人和希腊化》,第 17 页;文德尔班:《古代哲学史》,第 7、8 节。

② 参见埃姆林—琼斯:《伊奥尼亚人和希腊化》,第 29 页。

③ 参见伯里:《希腊史》,第 140 页。伯里认为塞拉绪布罗大约在公元前 610 年左右任米利都的僭主。

④ 《剑桥古代史》第 3 卷,第 3 分册,第 201 页。

公元前494年,波斯人攻陷米利都,将该城夷为平地,男人大量被屠杀,女人则被俘往波斯首都苏萨。后来发展成为希波战争。米利都也就衰落了。米利都哲学繁荣时期正是它外受吕底亚和波斯的侵略时期。

希腊哲学的第一个学派被称为米利都学派,但所谓米利都学派既不像毕泰戈拉学派那样结合组成一个团体,也没有后来柏拉图和亚里士多德的学派那样有一个讲学场所长期存在。只是因为泰勒斯、阿那克西曼德和阿那克西美尼都是在米利都活动的哲学家,才将他们称为米利都学派,甚至他们之间是否有师承关系,也有人提出怀疑。可是他们的学说却有明显的共同点:他们是最早提出探究世界万物本原的人,并且他们都认为万物的本原是一种物质性的元素。西方哲学史上的第一个哲学学派的哲学家是朴素的唯物论者。

❋ 第一章 ❋

泰 勒 斯

一般都认为泰勒斯是西方哲学史上第一位哲学家,但是有关他的资料却是极少的。

第一节 "贤 人"

根据古代记载,泰勒斯兼有欧亚血统,出身于米利都的名门望族。希罗多德说他是"一个米利都人,又和腓尼基人有血统关系的人物"①。第欧根尼·拉尔修讲得比较具体:

> 希罗多德、多乌里斯和德谟克利特都认为泰勒斯的父亲是埃克萨密俄,母亲是克莱俄布里娜,是腓尼基人塞琉斯的后裔,属于卡德摩斯②和阿革诺耳的高贵家族。……当他和被从腓尼基放逐的奈勒俄斯来到米利都时,便成为该城的公民。但是大多数人却认为泰勒斯是米利都本地人,出身于高贵的家族。③

---

① 希罗多德:《历史》第 1 卷,中译本,第 170 节,第 251 页。

② 卡德摩斯:神话中腓尼基的提瑞国王阿革诺耳的儿子,传说他是希腊中部彼俄提亚的底比斯城邦的缔造者,曾将腓尼基字母引入希腊;在该地播下龙齿,长大后彼此残杀,最后剩下五个人,成为底比斯贵族的祖先。这个底比斯的卡德摩斯家族后来参加了向伊奥尼亚的殖民运动。(详见《牛津古典辞典》,第 151 页)

③ 第欧根尼·拉尔修:《著名哲学家的生平和学说》第 1 卷,第 22 节。

希罗多德讲到当时的伊奥尼亚各城邦是欧亚两地许多民族杂居的地方①，近现代许多学者也大多认为泰勒斯是混有腓尼基人血统的、来自希腊卡德摩斯族后裔高贵家庭的人。

　　泰勒斯的生卒年代也没有可靠的记载，主要是根据他曾经预言过某次日食来进行估算的。希罗多德讲到，和米利都接壤的吕底亚人在和米地亚人发生战争的第六年时，发生了一件偶然的事情，白天突然变成黑夜。米利都人泰勒斯曾经预言过这件事，结果应验了。② 根据历史记载和科学推算，泰勒斯预言的这次日食有三个可能的时间，即公元前的 610 年 9 月 30 日、前 597 年 7 月 21 日或前 585 年 5 月 28 日。一般认为，泰勒斯预言的是公元前 585 年 5 月 28 日的那一次，即将这一年定为泰勒斯的鼎盛年，上推 40 年即他的出生年是公元前 624 年，即第三十九届奥林匹克赛会的第一年。但是，第欧根尼·拉尔修却记载说，阿波罗多洛在他的《编年史》中认为泰勒斯生于第三十五届奥林匹克赛会的第一年，即公元前 640 年，说他活了 78 岁，也有人说他活了 90 岁。③

　　泰勒斯是当时希腊世界的著名人物，被称为"七贤"之一。现在知道的七贤的名单，最早见于柏拉图的《普罗泰戈拉篇》，他们是：米利都的泰勒斯、米提利尼的庇塔库斯（Pittacus of Mitylene）、普里耶涅的彼亚斯（Bias of Priene）、雅典的梭伦、林迪人克莱俄布卢（Cleobulus the Lindian）、刻尼人密松（Myson the Chenian）和拉栖代蒙人喀隆（Lacedaemonian Chilo）。④ 后来的名单中说法各有不同，据第欧根尼·拉尔修说，只有泰勒斯、彼亚斯、庇塔库斯和梭伦这四个人是被一致公认列在七贤之中的。⑤ 所谓"贤"，是翻译希腊文 σοφία（sophia）这个词，一般译为"智慧"，但用于"七贤"，是指：熟谙日常事务、能作出

① 参见希罗多德：《历史》第 1 卷，中译本，第 146 节，第 241 页。
② 参见希罗多德：《历史》第 1 卷，中译本，第 74 节，第 203 页。
③ 参见第欧根尼·拉尔修：《著名哲学家的生平和学说》第 1 卷，第 38 节。
④ 参见柏拉图：《普罗泰戈拉篇》343A。
⑤ 参见第欧根尼·拉尔修：《著名哲学家的生平和学说》第 1 卷，第 41 节。

健全的判断、聪明、具有实践的智慧。① 这七贤,大多是各城邦的政治家和立法者,只有泰勒斯是例外,普卢塔克记载说:

> 的确,在当时所有的贤人中,只有泰勒斯懂得自然哲学;所有其他的贤人都是由于政治上的智慧而获得荣誉的。②

古代许多作者一致赞扬泰勒斯。第欧根尼·拉尔修记载说:"有人认为他〔泰勒斯〕是第一个研究天体并且发现日食和冬、夏至点的人,如欧德谟斯在他的天文学史中所说的。因此,塞诺芬尼和希罗多德颂扬了他,赫拉克利特和德谟克利特也同意他们的证明。"③塞诺芬尼的残篇第十九:"塞诺芬尼颂扬泰勒斯,由于他预言了日食。"赫拉克利特残篇第三十八:"泰勒斯是最早研究天文学的人。"柏拉图在《国家篇》第 10 卷中嘲笑荷马不是政治家、军事家和立法者,同时却赞扬泰勒斯:"荷马有什么从事实际事务的才能吗,他是否像米利都的泰勒斯或司奇提亚人阿那卡尔西那样发明过精巧的用具?"④第欧根尼·拉尔修记载说,在泰勒斯的塑像下有这样一段铭文:

> 这里长眠的泰勒斯是最聪明的天文学家,米利都和伊奥尼亚的骄傲。⑤

根据古代各种记载,泰勒斯积极从事商业、政治和科学活动。

(一)商业活动。

当时的米利都是沟通欧、亚、非贸易的重要工商城市,泰勒斯在这里从事商业活动。大家都知道的泰勒斯预言油橄榄丰收的事情是亚里士多德在《政治学》中提到的:

> 泰勒斯曾以他的贫困而被人轻视,人们因此认为哲学毫无用处。某年冬天,他以占星学预测明年油橄榄将大获丰收,他将有限的资金交给开俄斯和米利都的各油坊,租用了所有的榨油设备,因为没有人和他竞争,

① 参见《希英大辞典》,第 1621 页 σοφία 条。
② 普卢塔克:《梭伦传》,第 3 节。
③ 第欧根尼·拉尔修:《著名哲学家的生平和学说》第 1 卷,第 23 节。
④ 柏拉图:《国家篇》,600A。
⑤ 第欧根尼·拉尔修:《著名哲学家的生平和学说》第 1 卷,第 34 节。

租金很低。当收获季节来临时,需要榨油的人只能照付他所索取的高价,从而获得大量金钱。他向世人表明:哲学家只要愿意是容易致富的,只是他们的抱负并不在此。①

亚里士多德站在哲学家的立场上,讲这个故事时对经商致富还表示了轻蔑的意思。普卢塔克在《梭伦传》中却肯定在梭伦和泰勒斯那个时代,从事商业是一种光荣的活动,他在赞扬梭伦作为正直的政治家而从事商业活动时,也提到泰勒斯:

> 当时,正如赫西奥德告诉我们的那样,"工作并非耻辱",从事贸易无损于任何人的名誉,从事流动商业甚至是光荣的职业,可以使野蛮部落转为文明,得到君王的友谊,在不少地方学习到许多东西。有些商人还建立了大城市,如普洛提斯建立了马赛,从而得到罗纳河附近高卢人的爱戴。还有人讲到过,贤人泰勒斯和数学家希波克拉底都曾经作为商人进行过旅行;就是柏拉图也是依靠到埃及卖掉橄榄油,支付他去埃及旅行的费用的。②

普卢塔克的记载,可能是比较忠实地说明当时希腊本土和伊奥尼亚等地商业盛行,从事商业的人有较高的社会地位。泰勒斯也可能到过埃及经商,从那里学习到几何等科学知识的。③

(二)政治活动。

当时,米利都的强大邻邦是吕底亚。公元前 7 世纪,吕底亚和米利都经常发生冲突,吕底亚的君王一度将他们的统治扩展到小亚细亚沿岸。公元前 7—前 6 世纪,米利都僭主塞拉绪布罗和吕底亚的美尔姆纳特王朝的君王阿吕亚特(约前 610—前 560 年)达成协议,共同抵御东方波斯的骚扰。后来,阿吕亚特的儿子克娄苏(在位期间是前 560—前 546 年)继续推行侵略政策,征服

---

① 亚里士多德:《政治学》,1259ᵃ 8—18。

② 普卢塔克:《梭伦传》,第 2 节。

③ 邦纳(A. Bonnard)认为泰勒斯是一个伟大的旅行家,曾到过埃及、小亚细亚西部、迦勒底(即巴比仑所在地)等地,在各处收集大量事实材料和知识。见所著《希腊文明:从〈伊利昂纪〉到巴特农时代》,第 59 页。

了爱菲索,但和米利都仍然保持联盟关系,米利都始终没有臣属于吕底亚。这种良好关系促进了米利都和巴比伦、埃及的交往。当时吕底亚的首都萨尔迪斯是巴比伦文化的前哨,而吕底亚国王克娄苏和埃及法老阿玛西斯二世又都爱好希腊文化,从而促进各种文化彼此交流和相互影响。当吕底亚和米地亚发生战争时,由于泰勒斯预言日蚀应验,这两个国家达成和平协议。后来,当克娄苏和波斯国王居鲁士发生战争时,据说也是在泰勒斯的帮助下,克娄苏的军队才渡过哈吕斯河的。希罗多德是这样记载这件事的:

> 当克娄苏到达哈吕斯河的时候,他使自己的军队通过我认为是他所架设的、至今还在那里的桥渡过了河。但是,根据希腊人的一般说法,他是靠米利都人泰勒斯的帮助才渡过河的。这个说法是这样的:正当克娄苏不知如何使自己的军队渡过河去时,在他营内的泰勒斯却说可以为他把河水分开,使在营地左面流的河水转向右面流。他的计划是这样实现的:从阵地上手不远的地方起,他挖了一道新月式的深沟;这样,河水就离开原来的河道,沿沟通过营地后方,再经过营地旁边流入从前的河道。河水被分成两股,便都可以徒步涉过了。①

尽管希罗多德似乎并不相信这种说法,但这个记载表明泰勒斯和吕底亚王朝关系密切,并且娴熟工程技术。克娄苏征服周围各民族后,都城萨尔迪斯的宫廷成为希腊世界的文化中心和人物荟萃的场所。希罗多德记载说:

> 当克娄苏将这些民族征服,并把他们变成和吕底亚人一样的臣民时,生活在希腊的贤者都相继来到富强如日中天的萨尔迪斯,其中就有雅典人梭伦。②

根据普卢塔克和第欧根尼·拉尔修等记载,泰勒斯和梭伦是有密切友谊的;和克娄苏有密切关系的泰勒斯,当然也可能会出现在他的宫廷之中。

第欧根尼·拉尔修记载了另外一件事:当吕底亚国王克娄苏和强大的波斯国王居鲁士发生战争时,克娄苏要求和米利都结盟,泰勒斯竭力阻止,从而

---

① 希罗多德:《历史》第 2 卷,中译本,第 75 节,第 204 页。
② 希罗多德:《历史》第 1 卷,中译本,第 29 节,第 179 页。

避免了米利都遭受波斯侵略。

　　泰勒斯也被认为是在政治上能提出高明的建议的人。当克娄苏要求和米利都结盟时,他挫败了这个计划,从而在居鲁士获得胜利的时候,米利都得以幸免。①

当波斯于公元前547年征服吕底亚,俘获克娄苏,威胁到伊奥尼亚其他希腊城邦时,又是泰勒斯向他们提出忠告。希罗多德是这样记载的:

　　在他们〔伊奥尼亚人〕遭受灾难以前,一个米利都人、又和腓尼基人有血统关系的人物泰勒斯曾向他们提出过另一个有益的意见。他劝告他们建立一个共同的政府,并以提奥斯作为这个政府的所在地(因为它在伊奥尼亚的中心),其他城邦仍然按照原来的方式生活,仿佛它们只是郡区。②

泰勒斯的建议虽然没有实现,但后来,公元前500年左右,米利都却成为反抗波斯人侵略的中心。③

　　由此可见,泰勒斯虽然不是政治上的当权者,但他在政治舞台上还是很活跃的,提出过许多正确的意见。

　　泰勒斯和当时的僭主政治有什么关系? 泰勒斯的时代,米利都处在著名的僭主塞拉绪布罗的统治下。只有第欧根尼·拉尔修曾提到他们的关系:

　　据米尼亚斯说:他〔泰勒斯〕曾和米利都的僭主塞拉绪布罗一起生活过。④

但泰勒斯和雅典的改革政治家梭伦友谊密切,似乎是可信的。第欧根尼·拉尔修的书中保存了一封泰勒斯致梭伦的信,全文如下:

　　要是你离开雅典,我看最好是定居到米利都来,这是雅典的殖民地,到这里你不会遇到危险。要是你因为我们处在一个僭主的统治下而感到苦恼,因为你是憎恨一切独裁统治的,你至少也可以来这里享受朋友的友

---

① 第欧根尼·拉尔修:《著名哲学家的生平和学说》第1卷,第25节。
② 希罗多德:《历史》第1卷,中译本,第170节,第251页。
③ 参见希罗多德:《历史》第5卷,第99页;《剑桥古代史》第3卷,第3分册,第251、259页。
④ 第欧根尼·拉尔修:《著名哲学家的生平和学说》第1卷,第28节。

谊。彼亚斯写信邀请你到普里耶涅定居,要是你选中那里,我自己将到那里去和你住在一起。①

这封信的真伪是有争议的。但是,在第欧根尼·拉尔修以前的普卢塔克的《梭伦传》中也记载了他们之间的友谊:

当梭伦去探望米利都的泰勒斯时,他对泰勒斯未曾结婚而已经有一个家庭感到奇怪。②

从以上这些零星材料,我们只能作出一个大致的判断:泰勒斯曾经积极参加政治活动。在当时的民族矛盾中,他是站在伊奥尼亚人的立场上,反抗波斯人侵略的;在阶级矛盾中,他和主张改革的政治家关系密切,大概是代表当时工商业奴隶主的利益,是进步的。

(三)科学活动。

恩格斯说过:"最早的希腊哲学家,同时也是自然科学家。"③泰勒斯是希腊第一个哲学家,也是古代最著名的科学家之一,历史上将许多科学成就归功于他。第欧根尼·拉尔修说他是"在从事政治活动以后,才研究自然的"④。泰勒斯在科学上的成就,首先是和当时的生产发展有关的。由于农业和手工业发展的需要,实用的科学技术发展了,从而促使理论科学的发展。当时伊奥尼亚地区是欧、亚、非三地文化交流的场所,米利都是中心,泰勒斯又到埃及、巴比伦进行广泛旅行,能够吸收这些地区的科学成就。

泰勒斯在科学上的主要贡献,是在数学和天文学方面。在数学上,主要是在几何学方面。

一般认为,几何学最早是埃及人发现的,由于尼罗河水上涨,他们要测量土地。希罗多德是这样记载的:

塞索司特里⑤在全体埃及居民中间分配土地。他把同样大小方形的

① 第欧根尼·拉尔修:《著名哲学家的生平和学说》第1卷,第44节。
② 普卢塔克:《梭伦传》,第6节。
③ 恩格斯:《自然辩证法》,见《马克思恩格斯全集》第20卷,人民出版社1971年版,第526页。
④ 第欧根尼·拉尔修:《著名哲学家的学说和生平》第1卷,第23节。
⑤ 埃及新王国第十九王朝的国王,约公元前1304—前1237年。

土地分给所有的人,要土地持有者每年向他缴纳租金,成为他的主要收入。如果河水冲去了一个人分得的土地的任何部分,这个人就可以报告国王;国王便派人来调查并测量损失地段的面积,以后这个人的租金就按减少后的土地面积来征收了。我想,正是由于有了这样的做法,埃及才第一次有了量地法,希腊人是从他们那里学来的。①

新柏拉图学派的普罗克洛在他的《欧几里德〈几何学原本〉诠释》中,根据亚里士多德的学生欧德谟斯的《几何学史》的提要,作了些有关的记载,近代学者托马斯(I.Thomas)的《希腊数学原始资料选编》和希思(T.L.Heath)的《希腊数学史》中曾引述过。普罗克洛说:

> 泰勒斯是最先从埃及把这种研究〔指几何学〕引进希腊的。他本人发现了许多命题,并将其他许多基本原理揭示给后人。在某种情况下,他的方法是较为一般的,而在其他情况下,则是更为经验的。②

一般认为,在埃及,几何学研究还只是停留在经验事实的描述上,到希腊才提高到一般性的理论高度。希思就是这样认为的:"因此,随着泰勒斯,几何学开始成为建立在一般性命题之上的一门演绎科学。"③冈珀茨也这样认为,他说泰勒斯"最早把在埃及人中流行的测量土地的笨拙方法——仅仅是以个别测量实例的需要为目标的——上升成为建立在一般原理上的演绎的几何科学。"④

在几何学的发展方面,希腊和埃及究竟有什么具体不同,现在已经不清楚了。只是古代有些记载曾提到泰勒斯发现过一般的几何定理。第欧根尼·拉尔修记载:

> 据帕菲勒说,他〔泰勒斯〕向埃及人学习过几何学,在圆里画出了直角三角形,并且为这个发现宰了一头牛献祭。另外一些人,例如数学家阿

① 希罗多德:《历史》第2卷,中译本,第109节,第321页。
② 托马斯:《希腊数学原始资料选编》第1卷,第147页;希思:《希腊数学史》第1卷,第129页。
③ 希思:《希腊数学史》第1卷,第128页。
④ 冈珀茨:《希腊思想家》第1卷,第47页。

波罗多洛则将这个发明归于毕泰戈拉。①

> 他〔泰勒斯〕没有任何教师,只是在埃及和当地的祭司们往来过。希洛尼谟说他在我们自己的影子和我们自己同样长度的时候,观察金字塔的影子而测量它的长度。②

普罗克洛记载:

> 欧德谟斯在《几何学史》中,把这条定理〔有关相似三角形的定理〕归诸泰勒斯。因为欧德谟斯讲到,泰勒斯使用这种方法表明他找到测量海上船舶的距离,那是必须包含这种原理的。③

这些记载表明,泰勒斯已经开始发现一些一般性的几何定理。托马斯在《希腊数学原始资料选编》中根据拉尔修和普罗克洛等人的记载,归纳说泰勒斯提出以下几条几何定理:

(1)圆周被直径等分;

(2)等腰三角形的两底角相等;

(3)两直线相交时,对顶角相等;

(4)如两三角形的一边和两邻角彼此相应和相等,则这两个三角形完全相等。④

(5)内切半圆周的三角形是直角三角形。⑤

如果这些属实,泰勒斯确是已经发现了比较抽象的一般的几何学定理了。

其次,在天文学上的成就。

要是说泰勒斯在几何学上的成就是受埃及人的影响,那么在天文学上,他主要是受巴比伦影响的。根据历史记载,巴比伦的天文观察可以追溯到公元前两千年以前,主要由僧侣们担任观象和记录工作。已知他们最早准确地记录了金星的出没,他们已经逐渐看出天文现象的周期性。从保存下来的公元

---

① 第欧根尼·拉尔修:《著名哲学家的生平和学说》第1卷,第24节。

② 第欧根尼·拉尔修:《著名哲学家的生平和学说》第1卷,第27节。

③ 转引自托马斯:《希腊数学原始资料选编》第1卷,第167页。

④ 以上参见托马斯:《希腊数学原始资料选编》第1卷,第165—167页。

⑤ 参见第欧根尼·拉尔修:《著名哲学家的生平和学说》第1卷,第24节。

前6世纪的一个文件中可以看到,他们已经能够事先计算出太阳和月亮的相对位置,因而有可能测定日、月食了;但因为当时宗教迷信占据统治地位,科学和占星术是分不开的。① 米利都人和巴比伦来往密切,由于航海和天文的需要,也致力于天文现象的观察和研究。泰勒斯在天文学上也作出贡献,希思称他是"第一个希腊天文学家"②。泰勒斯大约常从事天文现象的观察。柏拉图在《泰阿泰德篇》中记载过一件轶事:

> 相传有个伶俐的色雷斯女奴,当泰勒斯仰观星空失足掉进井里的时候,她嘲笑他只热衷于认识天上发生的事情,却看不到在脚下发生的是什么。③

泰勒斯在天文学上的贡献,主要就是上文曾经引述过的他预言了公元前585年的那次日蚀。希罗多德在《历史》第1卷第74节中曾详细记载了这件事。但是,在当时的条件下,泰勒斯是否有可能预言日蚀? 在近代学者中是有意见分歧的。一些学者持肯定的意见。如希思认为:"有充分的证据证明,他预言过一次发生于公元前585年5月28日的日蚀。我们可以设想这种预言的根据:巴比伦人经过多少世纪持续观察的结果,发现了223个朔望月的周期,日食是按照这个周期重复出现的。泰勒斯无疑是知道这种周期的。"④康福德认为:"泰勒斯已经从东方人那里获悉,日月蚀是周期性地出现的。他成功地预言一次日蚀,公元前585年在小亚细亚是可以看到的。"⑤基尔克也肯定这种预言是可能的,因为泰勒斯可以利用巴比伦人的记录,这种记录是他可以从吕底亚的首都萨尔迪斯得到的。⑥ 后世考古发掘材料证明,在巴比伦的泥板书中确有这类记载。

但有些学者对此表示怀疑。因为在古代,艾修斯在《哲学家意见集成》中谈到,泰勒斯所以能预见日蚀,由于他认识到日蚀是由于月亮的干扰,而月亮

---

① 参见丹皮尔:《科学史及其与哲学和宗教的关系》,中译本,第33页。

② 希思:《希腊数学史》第1卷,第137页。

③ 柏拉图:《泰阿泰德篇》,174A。

④ 希思:《希腊数学史》第1卷,第137—138页。

⑤ 康福德:《鉴别原理》,第132页。

⑥ 参见基尔克、拉文:《苏格拉底以前的哲学家》,第97页。

的光是来自太阳的。① 学者们认为泰勒斯当时还不可能认识到艾修斯记载的这样高度。因为在古代希腊，许多人认为大地并不是球形的，泰勒斯也是这样看的；他还认识不到地球自转或天体周日视运动所产生的周日视差，认识不到月亮本身不发光，因而，也认识不到日蚀是由于月球绕行到地球和太阳之间而造成的。有些学者据此否定泰勒斯有预言日食的可能。② 希思自己也认为：阿那克萨戈拉或巴门尼德才认识到月亮的光来自太阳，毕泰戈拉提出大地是球形的，所以，将发生在泰勒斯以后的天文学上的成就归诸泰勒斯是不恰当的。③ 格思里引用了古亚述王宫废墟中保存的楔形文泥板："关于月食……作了观察，月食也发生了。至于日蚀，我们作了观察，却没有发生。我将亲眼看到的事情，报告国王。"他认为："可以肯定地讲：当时泰勒斯没有用来预言某个地区发生日食所必需的天文学知识，也不可能预见日食是偏食还是全食。"④这件历史公案表明：对于古人的记载，我们也应该采用科学分析的态度。

泰勒斯在天文学上的发现还有：根据欧德谟斯的记载，说他发现太阳在冬至点到夏至点之间的运行，并不总是一致的。⑤ 第欧根尼·拉尔修则认为泰勒斯"是第一个测定太阳从冬至点到夏至点运行的历程"，他已经知道将一年分成365天，一个月分成30天；并且说他已经发现了小熊星座：

卡利马科认为他〔泰勒斯〕发现了小熊星座，他〔卡列马科〕在《长短诗》中说：

他〔泰勒斯〕第一个测量了小熊座诸星，

腓尼基人就是据此导航的。⑥

这种发现是一种进步，因为小熊星座比大熊星座更接近北极所示正北方向。

---

① 参见艾修斯：《哲学家意见集成》第2卷，第13章第1节，第27章第5节。
② 如埃姆林—琼斯：《伊奥尼亚人和希腊化》，第97页。
③ 参见希思：《希腊数学史》第1卷，第138页。
④ 格思里：《希腊哲学史》第1卷，第47—48页。
⑤ 参见《不列颠百科全书》（第11版）第26卷，第721页。
⑥ 第欧根尼·拉尔修：《著名哲学家的生平和学说》第1卷，第23—27节。

因为泰勒斯在政治上和科学上的贡献,使他成为在当时希腊世界享有盛誉的人物。他一生后期可能主要从事科学研究,所以能够成为古代希腊的第一个哲学家。

泰勒斯是否写过著作? 这在古代就有不同的意见。辛普里丘在对亚里士多德《物理学》的注释中说:"人们认为,除了所谓的《航海星象学》外,他〔泰勒斯〕没有留下任何成文形式的著作。"①第欧根尼·拉尔修则认为:"人们认为他没有留下任何著作,因为一般归于他的《航海星象学》实际上是萨摩斯人福科斯的作品。……有些人说他写过两部著作,一部论冬至夏至,一部论春分秋分。"②辞书《苏达》③却以肯定的语气说:"他〔泰勒斯〕用叙事诗体写下了关于天的著作,关于春分秋分以及别的著作。"基尔克、拉文在《苏格拉底以前的哲学家》书中引用了上述几则材料之后,认为:关于泰勒斯是否有著作的问题,在古代也是有怀疑的。至少可以确定的是:早在古代亚历山大里亚收藏丰富的图书馆中,除了上述可疑的《航海星象学》外,没有任何泰勒斯的著作;亚里士多德大约也没有看到过泰勒斯的著作,所以他在讲到泰勒斯时,总是用"据说"这样的口气。因而认为泰勒斯可能没有写过任何著作,至多只留下一些格言式的教导,这是当时"七贤"的一般情况。④

因此,我们探讨泰勒斯的哲学时,只能根据后人的记载。其中主要是亚里士多德留下的为数不多的资料,以及艾修斯、辛普里丘和普洛克鲁、第欧根尼·拉尔修等人的记载。

第二节　本　原

泰勒斯所以被认为是西方最早的哲学家,因为在现有文字记载中,他是第

---

① 辛普里丘:《〈物理学〉注释》,第 23 页第 29—33 行。

② 第欧根尼·拉尔修:《著名哲学家的生平和学说》第 1 卷,第 23 节。

③ 《苏达》(Suda)是公元 10 世纪末编定的辞书,其中收入有关希腊学术文化的重要记载,所以受到后世重视。

④ 参见基尔克、拉文:《苏格拉底以前的哲学家》,第 84—86 页。

一个用抽象的哲学语言提出万物的根源或来源的问题，并给予解答的人。

当人们接触客观事物，企图认识它时，总会产生一个问题：这些事物究竟是什么，它们是从哪里来的，是怎样产生的？这就是事物的根源问题。早期人类也是这样提出问题的。他们面对种种自然现象，感到惊异，也要追问它们的根源。对这个问题的回答，最初表现为神话，各种事物的根源都是神。在希腊神话里，太阳是阿波罗，战争之神是阿瑞斯，火是普罗米修斯从天上偷到人间的，一切智慧和技巧则来自雅典娜女神。慢慢地，人们不能满足于这样的解释了。这各种各样的神之间究竟是什么关系，是不是有一个最高的神，一切其他的神都是由他产生的？这样就产生了"神谱"。"神谱"排列神的谱系，要确定一个产生一切神的神时，实际上已经是用神话的形式提出万物的根源的问题了。这方面的问题，在本书"绪论"第四节中已经谈到过了。

在希腊哲学中，万物的根源也就是"本原"$\dot{\alpha}\rho\chi\dot{\eta}$（arche）问题。这个问题，亚里士多德比较系统地论述过。他在《形而上学》第一卷第三章开始论述了四种原因以后，接着就说：

> 那些最初从事哲学思考的人，大多数只把物质性的东西当作万物唯一的本原。万物都由它构成，开始由它产生，最后又化为它（本体 $o\dot{v}\sigma\iota\alpha$ 常存不变，只是变换它的属性），他们认为这就是万物的元素，也就是万物的本原（arche）。他们认为，既然有一种实体是常存的，也就没有什么东西产生和消灭了；比如我们说，当苏格拉底有了神采和文才的时候，他并不是绝对地产生了；当他丧失了这些特色的时候，他也不是绝对地消灭了，因为基质（$\dot{v}\pi o\kappa\varepsilon\dot{\iota}\mu\varepsilon\nu o\nu$）苏格拉底本身是一直在那里的。所以他们说，没有什么东西是产生和消灭的，因为总有某种本体存在，它可能是一个或者不止一个，别的东西都是从它产生出来的，而它则是常存的。

> 至于本原的数目有多少，性质是什么，他们的意见并不一致。这一派哲学的创始人泰勒斯认为水是本原，所以他宣称地浮在水上。……①

---

① 亚里士多德：《形而上学》，983ᵇ 6—22。

本原(旧译"始基")可以说是希腊哲学中提出来的第一个哲学范畴。后人根据辛普里丘在《〈物理学〉注释》中的一句话,认为这个范畴是阿那克西曼德最先使用的。① 可能泰勒斯并没有使用这个词,但他所说的水有本原的含义,则是没有疑问的。自从米利都学派提出本原的问题以后,大多数希腊哲学家实际上都在对这个问题作出自己的回答;因为他们回答的方式和内容不同,实际上就是给"本原"这个范畴增加了新的含义,使这个范畴的意义从简单变为复杂,有时还提出一些其他的范畴来代替它或和它并列。这种范畴的变化发展正表示人类认识在逐步深化,因此,我们研究作为人类认识发展史的哲学史,就需要研究这些哲学范畴的变化发展史。现在我们先对本原这个范畴作些探讨。

arche 这个词原来有两方面含义:一是开始、发端、起源,另一是政治上的权力、统治和政府官员。② 亚里士多德《形而上学》第五卷(通常被称做"哲学辞典")中,分析讨论了三十个哲学范畴,其中第一个就是 arche,许多英文译本译为 Beginning。这一节全文如下:

arche 的含义有:(一)事物开始的部分,比如一条线或一条路,无论在相反的哪一端,都有一个起点。(二)事物最好的出发点,例如学习时,我们有时并不是从头开始,而是从最容易学好的地方开始的。(三)事物从它的某个内在的部分首先产生的,比如船从龙骨开始,房屋从基础开始,至于动物,有人说是从心开始,有人说是从脑开始,还有人说是从别的具有这类性质的部分开始。(四)事物从某个不是它内在的部分开始产生,运动变化都从它开始产生,比如小孩是从他的父亲和母亲开始,而打架是从骂人开始产生的。(五)运动变化的事物是由于某个东西的意志而产生运动和变化的,例如城邦的统治,寡头政治、君主政治和僭主政治,也都被称作 archai,③技术也是这样,特别是建筑术。(六)由于它而开始

① 参见辛普里丘:《〈物理学〉注释》,第150页第23行。
② 参见《希英大辞典》,第252页"αρχή"条。
③ 这就是从 arche 的双重含义引申出来的。罗斯的英译文加注说:因为 arche 有"开始"和"政府"的两重含义,英文却无法表达。如果我们将政治上的统治理解为"支配"、"决定"的意思,也可以说"本原"包含有这种意思。

认识事物的,也叫作本原,比如,假设是证明的开始。原因($a'\iota\tau\iota os$)也有这么多含义,所有的原因也都是开端。所有的 arche 有个共同点,它们是事物的存在、产生以及被认知和说明的起点;但它们有的是在事物以内,有的却是在事物以外的。所以,作为 arche 的本性,它是事物的元素,事物的倾向和选择,事物的本质,事物的目的因——因为"善"和"美"是许多事物的知识和运动的起点。①

亚里士多德的这段分析,有两点值得注意:

第一,他在这里分析的 arche 的六种含义,都包含有开始、起源这样的意思。无论是事物的存在和产生,以及我们对事物的认识和说明,都有一个起点和出发点,这就是 arche 本原。这就是这个词的本来的含义。

第二,亚里士多德在分析这几种含义时,实际上是按照他自己的四因说——质料(物质)因、动因、本质(形式)因和目的因——来分析的;这几种含义可以和他所说的四因相对照。大体上说,他所说的(三),如船的龙骨、房屋的基础、动物的心或脑,相当于事物的质料因。他所说的(四),产生孩子的父母,则是事物的动因。他所说的(六),即我们用来作为认识事物的起点的,就是事物的本质因;他在这里说的是:我们先要认识假设即前提,才能得到证明和结论;而他在《形而上学》第七卷中着重强调的,则是:我们只有认识了事物的本质即形式,才能认识这个事物;所以他认为本质即形式,是我们用来作为认识事物的起点。他在(二)中说的"最好"的出发点,也就是他在这一节最后提到的"善"和"美",就是事物的目的因。因此,他认为"本原"有几种含义,"原因"也同样有这几种含义。在他看来,原因也就是本原。

我们知道,亚里士多德的四因说是总结和概括了他以前的哲学家的学说而得出来的。在亚里士多德以前的哲学家们,最初是讨论万物的本原问题,后来有些哲学家提出来的看法,却已经超出了本原的意思,不能完全包含在"本原"这个范畴之中。因此,亚里士多德用"原因"这个范畴来代替"本原"。

---

① 亚里士多德:《形而上学》,1012^{b}34—1013^{a}23。

"原因"和"本原"有密切的联系,但"原因"的含义已经超出了"本原",比"本原"丰富。从这点上讲,可以说亚里士多德的"原因"范畴是从"本原"发展出来的。

我们将原来的"本原"和亚里士多德的"原因"对比一下,大体可以看出当时哲学思想发展的情况。泰勒斯以及整个伊奥尼亚哲学——米利都学派和赫拉克利特所说的本原,基本上还属于亚里士多德所说的质料因,同时,他们也已经开始谈到了动力因的问题。这些我们都将在下文陆续分析。但在整个伊奥尼亚哲学,却还没有谈到亚里士多德所说的本质因和目的因方面。伊奥尼亚哲学家们认为万物的本原是水、气、火等,公元前五世纪后半叶的自然哲学家提出它们是组成事物的分子,恩培多克勒开始将它们叫做"四根",亚里士多德就称为"元素"。所以,"元素"是"本原"的一种,即事物的质料因。"元素"这个范畴也是从"本质"发展出来的。最初只有"本原"而没有"元素"这个概念。因此,当亚里士多德说"最初的哲学家讨论万物的元素和本原"时,伯奈特批评亚里士多德是"犯了时代的错误"[1]。后来,毕达戈拉学派认为万物的本原是"数"。这个数是不是事物的质料因?我们以后再来讨论。但数至少具有质料因以外的意义,它不是一种物质性的东西,而是从物质中抽象出来的;可是,它又是规定事物的(量的方面的)性质的东西,我们只有认识它,才能更好地认识事物。就这方面说,毕达戈拉学派所说的"数",是事物的本质因,也就是形式因。柏拉图的"理念",也具有这一类特性。无论毕达戈拉学派所说的"数",或是柏拉图所说的"理念",也是万物的本原。但这种本原,和伊奥尼亚哲学讲的物质性的本原,尽管都叫作本原,却是两种不同性质的东西。作为质料因的本原,古希腊已经将它叫作元素;作为本质因或形式因的本原,就是后来的哲学家称为"原则"的,许多英文译本就将这　类 arche 译为"原则"principle。至于亚里士多德所说的目的因——"善"的问题,也是毕达戈拉学派开始提出来,到苏格拉底才强调讨论的。它也只能属于原则这一类本原。

----

① 　参见伯奈特:《早期希腊哲学》,第53页。

到了"本原"有这两种不同的说法时，哲学上的唯物论和唯心论就开始划分了。主张本原是物质性的元素的哲学家，大多属于唯物论阵营；主张本原是抽象性的原则的哲学家，很容易倾向唯心论。这样，本原这个词也就有了我们现在所说的"第一性"的意义了。① 是物质第一性，还是意识第一性？不过在古希腊哲学的这个阶段，还没有明确提出意识这个范畴来。那时的问题是：本质是物质性的元素呢，还是抽象性的原则？用马克思主义哲学中常用的"世界的统一性"这个概念来说明"本原"，也比较恰当，因为本原也包含有归于一个根源即统一性的意思。世界的统一性在于它的物质性，还是统一于某种抽象的原则？

这样，我们可以理解黑格尔在《哲学史讲演录》的导言中说过的一段话：

> 因此，我们只须引用哲学家自己的字句，至于原字句之发展或引申乃是进一步的思想范畴，尚不属于哲学家本人的意识。比如，亚里士多德说过，泰勒斯曾提出：一切事物的原则（arche）是水。但阿那克西曼德才是第一个使用 arche 这个词。可见泰勒斯还没有这一思想范畴。他〔泰勒斯〕认为 arche 是时间上的起始，但并不是内在的根据。泰勒斯哲学里还没有提出"原理"这一思想范畴，"第一原理"乃是更进一步的规定。有许多民族一直还没有"第一原理"这个概念。要具有这个概念还需很大一个阶段的发展。②

列宁对黑格尔的这个思想表示赞赏，说他"卓绝地坚持哲学史中的严格的历史性，反对把我们所能了解的而古人事实上还没有的一种思想的'发展'硬挂到他们名下。例如，在泰勒斯那里还没有 arche（即原则）这个概念，还没有原因这个概念……"③我们研究哲学史，必须严格坚持这种历史性，如果将一个哲学家本人还没有的，而是后人发展起来的思想硬挂到他头上，那就不可能科学地说明哲学思想发展的情况了。所以我们必须判明：在有关本原的问题上，有哪些思想是泰勒斯自己已经或可能达到的，而哪些则是后人才发展

---

① 参见叶秀山：《前苏格拉底哲学研究》，第 44 页。
② 黑格尔：《哲学史讲演录》第 1 卷，中译本，第 47 页。
③ 《列宁全集》第 38 卷，人民出版社 1959 年版，第 272 页。

起来的。

根据辛普里丘的记载，arche 可能是阿那克西曼德第一个提出来的，泰勒斯并没有提出这个哲学范畴；可是，并不能说泰勒斯没有本原这种哲学思想。不过泰勒斯说的只是某一个在时间上的开始，一切事物都是由它产生的东西。这当然也是本原，不过它不是原理意义的本原；作为原理的本原，不是泰勒斯的思想。所谓"原理"，不光有始初根源的意思，它还指万物的内在构造、内在根据，并指某种支配万事万物演化的东西。所以，从广义的理解，物质性的元素也可以说是事物的一种原理；但在这里，是狭义的讲，作为抽象的原理，或者像黑格尔所说的作为事物的内在根据的原理，和物质性的元素相对而讲的原理，在泰勒斯的思想中，是还没有的。更不可能有黑格尔所说的"第一原理"的思想。黑格尔提出来的这个意见应该说是正确的。

再看亚里士多德的论述有没有违反历史性的要求。从上引《形而上学》第 1 卷第 3 章的论述看，亚里士多德并没有直接说泰勒斯提出 arche 这个范畴，他只是说"最早的哲学研究者们，大多数只把物质性的东西当作万物唯一的本原"以及"这一派哲学的创始人泰勒斯认为水是本原"。他用"原因"来解释"本原"，这当然不是他以前的哲学家的思想，而是他本人的发展。亚里士多德将伊奥尼亚哲学家们的思想解释成他所说的质料因即物质因，而不是其他三种原因。在这点上，他并没有违反历史性的要求。但是，亚里士多德却将这种质料因或物质因的特征，说成是：万物都由它组成，最初从它那里产生出来，最后又复归于它。这种特征，就是"元素"具有的性质，我们现在说的元素也具有这种性质。这种意义的本原，是在泰勒斯以后才逐步发展起来，到恩培多克勒和阿那克萨戈拉才明确提出来的。

在亚里士多德的论述中，还有违反历史性的地方，那就是他将本原解释成为"本体"和"基质"。按照亚里士多德的解释，本原的属性可以经常变化，但本原作为本体的基质，它本身是常住不变的。它是变中的不变。本原变为万物，比如由水变为土、气，水是不是常住不变？这个问题，下文还要具体讨论。问题在于，亚里士多德不是这样解释的，他不是将这种变化解释成由本原变为其他元素或事物，而是解释成为本体变换它的属性；用他自己的关于本体和属性的区别来解释这种变化。他举的例子是苏格拉底和他的神采和文才,苏格拉底是本体,他的神采和文才都属于他的属性。属性发生变化时,本体作为基质并不发生变化,所以,当苏格拉底有了神采和文才时,并不是苏格拉底产生了;同样,当他失去了神采和文才时,也不是苏格拉底消灭了。苏格拉底可以有神采和文才这些属性,也可以没有;无论他有这些属性或者没有这些属性,苏格拉底作为苏格拉底这个人——他是这些属性变化背后的基质,是本体,则是没有变化,常住不变的。这就是亚里士多德关于本体和属性的学说。他用这种学说来解释泰勒斯和伊奥尼亚哲学的本原,显然是违反历史性的。因为:第一,关于这样的不变的本体的思想,尽管也是由本原这个范畴发展起来的,但只是到公元前五世纪才发生,后来亚里士多德自己才明确系统地作出哲学论述的;在他以前,特别是早期希腊哲学还没有这样的本体的思想。伊奥尼亚哲学家将世界看成是不断运动变化的,他们认为本原也是运动变化的,这样,它才能产生万物。第二,本原和其他事物的关系,比如水和土、气以及动物、植物等等的关系,显然不同于本体和属性的关系,不能说其他事物是本原的属性,就像神采和文才是苏格拉底的属性一样。亚里士多德的这种论述是用他自己的思想去解释他以前的哲学家的思想,这是违反历史性原则的。

作了以上的分析,我们可以说,泰勒斯所说的本原,大体只含有这样的意思:它是万物的开始,万物都由它产生出来。

第三节　水是万物的本原

亚里士多德说,泰勒斯认为水是万物的本原。泰勒斯为什么主张水是万物的本原呢? 亚里士多德是这样解释的:

他〔泰勒斯〕所以得到这种看法,也许是由于观察到万物都以湿的东西为滋养料,而且热本身就是从湿气里产生,并靠潮湿来维持的(万物从其中产生的东西,也就是万物的本原)。他得到这种看法,可能是由于这个缘故，也可能是由于万物的种子都有潮湿的本性，而水则是潮湿本性的来源。①

亚里士多德的这种解释，可以说是生物学和生理学的解释。亚里士多德作这种解释时，用的是"也许"、"大概"、"可能"这样的语气，西方一些哲学史家指出②，这表明是亚里士多德的猜测，他大约没有看到过泰勒斯自己的说明，因为泰勒斯可能没有写过或留下著作。这种猜测是合乎情理的，人类完全可以从这类生物和生理的现象而作出水是万物的根源这样的结论。亚里士多德的学生塞奥弗拉斯特在论自然哲学家的意见中也有类似的记载，辛普里丘在《〈物理学〉注释》中转述：

> 感性的现象使他们〔泰勒斯等〕得出这个结论。因为热的东西需要潮湿来维持，死的东西则干燥了。凡是种子都是湿的，所有的食物都充满着水分；所以，说每一种事物都以它所从而产生的东西作为营养，是很自然的；而水则是潮湿性质的本原，又是养育万物的东西；因此他们得出这样的结论，认为水是万物的本原，并宣称地浮在水上。③

伪普卢塔克的《汇编》也作了类似的比较具体的解释：

> 泰勒斯揣想，一切事物都由水发生而又复归于水，因为：一、像一切生物的种子都以湿润为其原则一样，一切动物也同样都以湿润为其原则；二、一切植物都由水得到养料，由水而结果实，如果缺乏水，它们就要枯萎……④

我们日常生活中经常接触的动物、植物、种子、食物等，无一能够离开水。所以，这种生物学和生理学的解释是很自然的。

除了这种生物学和生理学的解释外，古代还有人为泰勒斯作天文、气象学的解释。艾修斯在《哲学家意见集成》中，引述了"动物的精子是湿润的，植物是由潮湿滋养的"以后，接着说：

---

① 亚里士多德：《形而上学》，983ʰ22—27。
② 如策勒：《苏格拉底以前的学派》第1卷，第28页。
③ 辛普里丘：《〈物理学〉注释》，第23页第21行起。
④ 伪普卢塔克：《汇编》第1卷，第3章。

太阳的火和星辰本身,以及整个宇宙,都是由水蒸发出来的湿气滋养的。①

上面引用的伪普卢塔克的《汇编》中所列举的第三条原因也是这样:

……三、甚至太阳与星辰的火,以至世界本身,也都是由于水的蒸发而得到滋养的。

这种看法当然是由于古代人缺乏科学知识,他们因为看到地上的动物和植物等都是靠水来滋养的,由此推想,天上的太阳和星辰也是靠水的蒸发而得到营养的。这种看法和当时人们对自然界的看法有关,和以后一些哲学家对水、火、土、气等四种元素的相互转化的看法有关。公元 1 世纪时《荷马问题》一书的作者赫拉克利德(Heraclides)就这样解释:

所以挑选水这种天然湿润的本体,因为它是最容易形成各种不同事物的,它容易经受各种不同的变化。水蒸发的部分就成为气,其中最精致的部分点燃起来就成为以太,当水变得坚实时就成为粘泥,再变为土。所以,泰勒斯声称四元素之一的水,作为原因是最有活动力的。(DK11A22)

这种解释,实际上是已经吸收了以后哲学家关于四种元素相互转化的思想,所以,很难说它是泰勒斯自己原来的思想。

其实,泰勒斯提出水是万物的本原,还有一个重要的原因,那就是米利都、伊奥尼亚,以至整个希腊世界的自然条件。它们在地中海的周围,受海洋的包围;他们的生活和生产活动,包括农业、工业和商业贸易,处处都和水发生密切不可分的联系。正是在这样的自然环境中,泰勒斯才会认为"地是浮在水上的"。这种客观条件,应该说是产生泰勒斯的看法的一个重要因素。

泰勒斯关于水是万物本原的思想,也不是他凭空产生出来的,它本来是从神话转变过来的。亚里士多德曾提到了这一点:

然而有些人认为,那些生活在很久很久以前,最初对神的事情进行思考的人,对自然也是这样看的,因为他们把俄刻阿诺(海洋之神)和忒提

---

① 艾修斯:《哲学家意见集成》第 1 卷,第 3 章第 1 节。

斯(海洋女神)当作创造万物的祖先,而神灵们对着起誓的见证也是水,就是那个被诗人们歌颂的斯提克斯(黄泉)。最受尊敬的是最老的东西,而对着起誓的东西也是最受尊敬的东西。这种对于自然的看法究竟是不是最初和最老的,也许还说不定,不过据说泰勒斯对于最初的原因是像上面那样说的。①

亚里士多德在这里开始时讲的"有些人",罗斯认为是指柏拉图。柏拉图在《泰阿泰德篇》中引用荷马在《伊利昂纪》中的话:"俄刻阿诺产生众神,忒提斯则是他们的母亲。"②赫西奥德在《神谱》中认为太初本来是混沌一片,后来从中分出天(乌拉诺斯)和地(该亚);俄刻阿诺是他们的儿子,忒提斯是他们的女儿,由他们产生其他的神等等。③ 可见,在希腊神话中,这一对海洋之神是占有特殊的地位的。

近代英国学者康福德提出关于这种说法的更早得多的来源。他在《马尔杜克和宙斯的颂歌》论文中,认为赫西奥德的《神谱》是深受巴比伦的神话著作《伊奴玛·伊立希》(*Enuma Elis*)诗篇影响的。《伊奴玛·伊立希》是用阿卡德文编写于公元前两千年代的中叶。它在开始时是这样描写太初时代的景象的:

> 在上天还未被提及,
>
> 下地也还未被想到,
>
> 那时只有天地之父,
>
> 太初的阿普苏(Apsu)和摩摩(Mummu)
>
> 以及万物之母提阿玛特(Ti'amat)
>
> 混合着各自的水流。
>
> 那时候,沼泽还未形成,
>
> 岛屿还无处可寻;
>
> 神灵还没有出现,

---

① 亚里士多德:《形而上学》,983^{b}27—984^{a}3。

② 柏拉图:《泰阿泰德篇》152 E,荷马的话见《伊利昂纪》第 14 卷,第 201、246 行。

③ 参见赫西奥德:《神谱》,第 116—134 行。

> 既未获有名称，
>
> 也未确定身份：
>
> 在这混流当中，
>
> 后来才被造出了神灵，
>
> 才出现了拉牧(Lahmu)和拉哈牧(Lahamu)，
>
> 并且获得了名称。①

根据康福德的解释，这诗中的阿普苏是指阳性形态的水，提阿玛特是指阴性形态的水。汤姆逊在《古代哲学家》书中解释：阿普苏是指淡水，提阿玛特指盐水，摩摩指大雾。诗篇整个是这样说的：太初时候只有混沌。在混沌中，阳性淡水阿普苏和阴性盐水提阿玛特彼此混合，从中产生了代表淤泥的第一对神祇拉牧和拉哈牧；接着由他们产生第二对神祇，即代表上界天的安沙尔(Anšar)和下界地的刻沙尔(Kisar)；再由他们产生第三对神祇：代表天神的阿奴(Anu)和代表地上的主宰、别名纽迭门特(Nudimmud)的哀阿(Ea)，后者是人类的创造者。正是他们，才是将秩序带进混沌之中的神祇。②

由此可见，认为水是万物的本原，一切事物都是由水产生出来的这种思想，很早在巴比伦和希腊神话中就已经有了。不过在泰勒斯以前，是用神话的方式表达出来的。泰勒斯却是以哲学的方式将这种思想表达出来的第一个人。

亚里士多德明确指出③，他所探讨的早期哲学家，即那些最初从事哲学思考的人，其中包括认为水是本原的泰勒斯，认为本原是气的阿那克西美尼和第欧根尼，认为火是本原的赫拉克利特和希巴索，认为水、火、土、气四种元素是本原的恩培多克勒，以及认为本原的数目有无穷多的阿那克萨戈拉。尽管他们之间对于本原究竟是什么，以及本原只是一个，还是不止一个？在这些问题上还有分歧，但他们有一个共同点，即认为本原是物质性的元素——亚里士多

---

① 转引自汤姆逊：《古代哲学家》，中译本，第152—153页。

② 这些对《伊奴玛·伊立希》诗篇的解释，根据康福德的论文《马尔杜克和宙斯的颂歌》，见他所著《鉴别原理》，第239—249页，以及汤姆逊：《古代哲学家》，中译本，第89—91、152—168页。

③ 参见亚里士多德：《形而上学》第1卷，第3章。

德所说的质料因。所以,这些哲学家都属于古希腊早期的唯物主义哲学家。而泰勒斯是这一派哲学的创始人。

恩格斯在《自然辩证法》中有一节"古代的自然观"。他在引证了亚里士多德关于本原的论述以后,接着指出:

> 因此,在这里已经完全是一种原始的、自发的唯物主义了,它在自己的萌芽时期就十分自然地把自然现象的无限多样性的统一看作不言而喻的,并且在某种具有固定形体的东西中,在某种特殊的东西中去寻找这个统一,比如泰勒斯就在水里去寻找。①

这就是将无限多样性的世界,看做是有统一性的。它们的统一性就在于物质性。

作为某种具有固定形体的物质,当然是特殊的东西。无论是水、火、气、土,无论是恩培多克勒所说的"根"、阿那克萨戈拉所说的"种子",以至原子论者所说的"原子",都具有这方面的性质。但是,当它们被当做哲学上的本原时,它们又具有另一方面的性质——一般性。泰勒斯所说的水,既不是米利都某地的某条川流,也不是哈吕斯河水或地中海的水,而是一般的水,是从各种各样具体的水中抽象概括出来的具有普遍性的水。用黑格尔的话说,这叫作"思辨的普遍性"。黑格尔在《哲学史讲演录》中讨论泰勒斯哲学时,对此曾作过反复的讨论。他说,对于泰勒斯有关自然哲学方面的问题,"我们是没有兴趣的。唯一的兴趣就在于追问:说水是本原的这种哲学究竟到了什么样的思辨程度。"他说,作为哲学的开端的水,是"一种有单纯的普遍性或一般的流动性的东西"。但因为在感觉中,除了水以外还有其他元素如火、气、土等,"因此,水并没有感觉的普遍性,而只有一种思辨的普遍性。然而,思辨的普遍性必然要扬弃感觉性而使它自己成为概念。……于是就发生了水究竟是感觉的普遍性还是概念的普遍性的争执"。黑格尔也不得不承认:"概念和它的存在有矛盾。因为水不管怎样仍有其确定性或形式。"他最后认为泰勒斯的哲学包含:"(一)他曾作出这样一种抽象:把自然概括为单纯感性的实体;(二)建

---

① 《马克思恩格斯全集》第20卷,人民出版社1971年版,第525页。

立了"根据"这一概念,一方面把它当做感觉的单纯物,另一方面又把它当做思维的单纯物"。①

抛开黑格尔那些烦琐的哲学术语,他实际上只是承认:像泰勒斯所说的作为万物本原的水,既是感性的个体,又是思辨的抽象物。作为物质的水,作为感觉的对象,它是有具体形态的特殊的东西;作为万物的本原,作为哲学的范畴,它又不是某个特殊的水,而是抽象的一般。所以,它是感性和思辨(理性)、个别和一般的矛盾统一体。泰勒斯以水为本原,是要解释事物多样性的统一,即"一"和"多"的矛盾统一。当然,这是我们所作的分析,泰勒斯自己是决没有意识到这点的。

关于作为万物本原的水,还有两个问题需要讨论:

第一,本原水是变化的,还是常住不变的? 它是不是变中的不变?

上面已经说过:亚里士多德将本原说成就是他自己讲的本体,当它的属性改变时,本体常住不变,这就是变中的不变。这种说法不能用于早期哲学家所说的本原。因为由本原生成万物,由水变成动物、植物以至日、月、星辰,这些事物都不能说是水的属性,按照亚里士多德的说法,它们也都是本体。所以,在这种情况中,不发生属性变化了,而本体不变的情况。

由水产生万物,也可以是这样一种情况,即本原——水,作为一种基质,它本身不变,而是它的存在的形式发生了变化,成为其他事物。亚里士多德在《物理学》中提到过这种情况:

> 有些自然哲学家认为基质是一——或者是三个〔元素——水、气、火〕中的一个,或者是比火更密比气更稀的东西——从这个基质通过凝聚和稀散而产生别的事物,达到多。②

由水凝聚而成土,稀散而成气和火。在这种变化中,土只是凝聚起来的水,气和火也只是稀散开了的水。土、气和火只是水的不同的存在形式,它们的基质——水是不变的。这和水冻结成为冰,蒸发成为气是类似的。冰和蒸气只

---

① 黑格尔:《哲学史讲演录》第 1 卷,中译本,第 182—192 页。
② 亚里士多德:《物理学》,187ᵃ12—16。

是水的不同的存在形式,它们的基质都是水,并没有发生变化。

可是,关于凝聚和稀散的解释是在泰勒斯以后,阿那克西美尼才开始提出来的。它不能用于泰勒斯所说的水。

再有一种解释:由水变成万物,成为动物、植物等,而动物、植物等毁灭以后,最后又复归为水。从水变为其他事物,最后又回到水。这样,水是发生了变化,但只是相对地变化了:水变成其他事物,是水的毁灭;其他事物再变为水,则是水的产生。这种变化只是相对地产生的变化。但就整个变化过程说,从水开始,最后又回到水。所以可以说:在绝对的意义上,水并没有产生变化。这也许就是亚里士多德所说的本原是变中的不变的意思。

但是,这种变化的形式,根据现存资料,是赫拉克利特才明确提出来的:由火产生一切,最后又复归到火。泰勒斯是不是有这种思想?现在没有材料说明。策勒也说:"至于事物如何从水产生的问题,泰勒斯似乎没有谈到。……极其可能的是,泰勒斯从未考虑过这个问题,他自己只是满足于这种不确定的观念,认为事物来自或是从水产生的。"①

总之,泰勒斯所说的本原——水,是不是变中的不变的,它是如何变化产生万物的?对于这个问题,因为没有可以说明的材料,我们无法作出判断。可能有的解释,都是在泰勒斯以后才产生的思想,我们不能武断地加到他身上去。

可是,有一点倒是可以肯定的。那就是:在古代最早的希腊哲学家看来,从四种元素到整个世界,并不是静止不动,而是不断运动变化的。所以早期的希腊哲学家都是自发的辩证论者。即使从常识看来,四种元素特别是火、水、气也都是经常不断地运动变化的。前面曾经引证柏拉图在《泰阿泰德篇》中说海洋之神俄刻阿诺和忒提斯是众神的父母。柏拉图原来是作为运动变化的例子提出来的。他指出:一系列哲学家,除了巴门尼德以外,如普罗泰戈拉、赫拉克利特、恩培多克勒等等,以及荷马等诗人,都是认为万物是在不断运动变

---

① 策勒:《苏格拉底以前的学派》第1卷,第223—224页。

化中的。① 他虽然没有提到泰勒斯和米利都学派的其他哲学家,但他所引荷马的诗句,恰恰是亚里士多德用来说明泰勒斯的本原——水的。由此可见,在当时希腊人看来,水是运动变化,而不是常住不变的。

实际上,在希腊哲学中首先提出有静止不变的本质——存在,认为运动变化是虚幻不真实的,是后来的爱利亚学派巴门尼德。从那以后,希腊哲学中才发生运动和静止的争论,才发生是否有变中不变的问题。亚里士多德将这个问题提前了,好像泰勒斯已经有这样的思想,这是不妥当的。正因为水和万物都是运动的,究竟是什么推动它们运动的? 才发生所谓灵魂的问题。

第二,本原水是无限的,还是有限的?

策勒提到:辛普里丘曾经根据亚里士多德的一段话而认为泰勒斯所说的水是无限的。亚里士多德的这段话是这样的:

> 另一些人,即自然哲学家,他们都是把无限看做为被他们称之为元素的某一自然物——如水或气或它们的中间体——的属性。

亚里士多德虽然讲到水这种元素,但没有提泰勒斯的名字。而且在这句话后面接着就讲:

> 那些认为元素在数目上是有限的人,从来不认为它们的总数是无限的。但是那些认为元素在数目上是无限的人,比如阿那克萨戈拉和德谟克利特,却认为无限是由于接触而产生的连续性。②

可见"无限"是个比较复杂的问题,亚里士多德在这里已经提到是一个一个元素的数目无限呢,还是总数无限的问题。实际上,无限这个问题是由阿那克西曼德最初提出来,后来才发展起来的。策勒也指出这点:"物质的无限性作为一个普遍提出的概念,最初是由阿那克西曼德提出来的;很可能泰勒斯根本没有提出这样一个问题。"③

---

① 参见柏拉图:《泰阿泰德篇》,152 D—E。
② 亚里士多德:《物理学》,203ᵃ 16—23。
③ 策勒:《苏格拉底以前的学派》第 1 卷,第 219 页。

第四节　灵　魂

亚里士多德在《形而上学》第 1 卷第 3 章中,在概括性地回顾了以往哲学家关于质料因的主张以后,接着就转向他所说的第二种原因——动因:

> 人们可以认为,事物唯一的原因就是所谓质料因;但人们又前进了,事实迫使他们再去研究这个主题。不管怎样,一切生成和毁灭都是由某一种或几种元素产生的,这可能是真的,但是,这种生成和毁灭是如何发生的? 它们的原因是什么呢? 因为,至少基质本身是不会使它自身发生变化的;例如,既不会是木材,也不会是青铜,是它自身变化的原因,木材自身不会造成床,青铜自身也不会造成雕像,而是有其他某种东西是它们变化的原因。寻求这种东西就是寻求我们所说的第二种原因——运动就是从它开始发生的。那些最早开始这种探索并且认为基质是一的人,对他们自己并没有不满。①

亚里士多德自己认为物质元素本身是不会运动变化的,所以必须从物质以外去寻求事物运动变化的原因。他在这段话的后面着重说明:只有阿那克萨戈拉提出的"努斯",才是真正清醒地说明了真正的动因。他在这一节中并没有指名说明米利都学派泰勒斯等对动因问题是如何看的。但以上引文中最后这一句话"那些最早开始这种探索并且认为基质是一的人",一般都认为是指泰勒斯、阿那克西美尼和赫拉克利特。对于这句话的解释和翻译是有歧义的,究竟泰勒斯等人有没有研究动因问题,或者他们认为动因是什么? 亚里士多德并没有明白说明,他似乎只是说泰勒斯等人对他们自己的研究并没有感到不满意。

亚里士多德是在《论灵魂》第 1 卷第 2 章中,回顾早期哲学家(其中包括毕泰戈拉学派、阿那克萨戈拉、留基伯和德谟克利特等)关于灵魂的见解时,

---

① 亚里士多德:《形而上学》,984ᵃ16—29。

提到泰勒斯将灵魂看做是一种引起运动的能力的。他认为：

> 根据有关泰勒斯的记载来判断，他似乎认为灵魂（ψυχή，psyche）是一种引起运动的能力，他说过磁石有灵魂，因为它推动了铁。①

这是亚里士多德自己对泰勒斯的理解，所以他说泰勒斯是"似乎认为"。第欧根尼·拉尔修根据亚里士多德的记载说：

> 亚里士多德和希庇亚斯说，他〔泰勒斯〕认为即使是无生命的事物也有灵魂，他以琥珀和磁石来证明这一点。②

灵魂 psyche 在希腊文中原来有呼吸、生命的含义。本来是只有有生命的生物才能有灵魂，但泰勒斯却将灵魂赋予没有生命的事物，这又是为什么？这要和亚里士多德在《论灵魂》中的另一则记载联系起来看："有些思想家认为，灵魂是搀杂在整个宇宙中的，可能是由于这个理由，泰勒斯得出万物充满神灵这样的看法。"对这个看法，亚里士多德接着指出：它是有困难的，为什么灵魂存在于火或气中并不能成为一个动物，只有当灵魂存在于元素的结合体中才能成为动物呢？而且它们之间还发生高级和低级的区别。他认为，这种认为元素也有灵魂的意见，似乎是从这种学说中产生出来的，即认为整体和它的部分是同素体。③ 这就是说：因为整个宇宙是充满灵魂的，也就是充满神灵的，因此，它的每个部分，即使是无生命的事物，也应该和整体一样，是有灵魂即神灵的，因为整体和部分是同素体。

认为宇宙万物都充满着神灵，这种看法在当时希腊人中，可能是相当普遍的。柏拉图在《法篇》中讨论到灵魂是否是天体运行和季节变化的原因时，曾经这样说："难道有人愿意接受这种主张，坚持万物并不充满神灵的吗？"④究竟他们所说的"灵魂"、"神灵"是什么意思？这个问题需要从两方面来考察：一方面是它们作为事物运动变化的动力问题，另一方面则是它们和宗教神话

---

① 亚里士多德：《论灵魂》，405ᵃ19—20。

② 第欧根尼·拉尔修：《著名哲学家的生平和学说》第1卷，第24节。

③ 参见亚里士多德：《论灵魂》，411ᵃ7—17。

④ 柏拉图：《法篇》，899 B。泰勒认为，根据亚里士多德的记载，柏拉图在这里指的就是泰勒斯。参见汉密尔顿编：《柏拉图对话全集》，第1455页。

的关系问题。

现在先考察灵魂作为事物运动的能力问题。从上文所引亚里士多德区别质料因和动因的思想可以看出,他是认为质料即物质本身是不会运动的。就亚里士多德的整个体系说,质料也只是潜能,有运动的可能性,如果没有形式作用于它,质料自己是不会运动的。这是古代希腊哲学中一般有唯心论倾向的哲学家的共同看法。所以在亚里士多德看来,只有阿那克萨戈拉提出"努斯",才说明事物的真正动因。但是,这是亚里士多德以自己的观点对泰勒斯所作的解释。在泰勒斯当时还没有意识到运动源泉的问题,他是将万物和水都看成是自然而然地生成变化的,这是从原始神话以来的普遍认识。泰勒斯只是从当时的认识条件出发,认为这种运动变化的事物是有灵魂的。"灵魂"这个概念,是原始人早已产生,在神话中普遍流行的概念。它当然有宗教迷信的含义,但即使在神话里,它也有另一方面的意义,灵魂就是生命。Psyche 是和呼吸、血液联系在一起的。在希腊人看来,它是生命的源泉。一个人只要还在呼吸,血液还在流动,他就是活着,能够移动他的身体和做各种运动;当人的体力衰退时,就是他的灵魂变得不健全了;当人死亡时,生命也就消失。在这种意义上的灵魂,不过是一种生命的能力,是我们能够感觉到的。在希腊神话中,在荷马等人的史诗中,常常在这个意义上使用这样的灵魂概念(由此引申出来的灵魂不灭、灵魂轮回等思想当然属于宗教迷信,暂且排除在外)。泰勒斯所说的灵魂,最多也只能解释成为这种生命和运动的能力。

在希腊人看来,生命是尊贵的,因此,灵魂也是尊贵的。上面所引"万物充满了灵魂"也就是"万物充满了神灵",主要就是表达这方面的含义。希腊文中有两个意义相近的词:Θεῖος,一般英译为 the divine①,中义可译为神性、神灵、神圣的东西;另一个是Θεάς,英译为 god 或 the Deity②,中译为神、神祇。前者的宗教意义比后者少。泰勒斯所说的"神灵"用的是前一个词,只是说生

命、灵魂具有神圣的性质,是神圣的东西。这和将灵魂直接说就是神,是不一样的。

泰勒斯看到磁石能够吸引铁,琥珀经过摩擦生电能够吸引纸片等现象,用此说明万物具有灵魂,这种说法是幼稚的,表明这是从神话向哲学过渡时期的朴素的思想。

恩格斯曾经引用黑格尔在《哲学史讲演录》中的一段话:

> 说磁石有灵魂(如泰勒斯所说的),比起说它有吸引力更好些;力是一种性质,性质是可以和物质分离的,可以想象为一个述语;而灵魂则是磁石的这种运动,是和物质本性等同的。①

恩格斯引用这段话是批评当时一些科学家因为不能说明某种机能变化的真实原因,随便造成"力"这个概念;而这种"力"是可以和物质分离,是可以在物质以外的;而灵魂是物质本身的运动,和物质不可分的。这里的要点在于所谓"力"是不是在物质本身以内,是不是和物质可分的。恩格斯说泰勒斯认为灵魂这种运动是在物质本身以内的,和物质不可分的,是物质的本性。这种理解当然是唯物论的。

泰勒斯认为万物都具有灵魂,这种思想可以说是西方最早的物活论思想。

但是,泰勒斯是最早从宗教神话转化到哲学的思想家,他的思想中带着不少宗教的痕迹,"灵魂"和"神灵"就是其中最显著的。他用了宗教神话中这些概念,因此后人也可以很容易地又用宗教神话来解释他的学说。艾修斯就用斯多亚学派的"世界灵魂"(或"宇宙灵魂")去解释泰勒斯的灵魂学说:

> 泰勒斯说,世界的心灵就是神灵,因此万物是被赋予灵魂的,充满精灵的;正是在贯穿湿气的元素那里渗透着一种神圣的推动力量。②

伯奈特对此评论说:"艾修斯十分肯定地把世界灵魂的学说归诸泰勒斯,并用

---

① 恩格斯:《自然辩证法》,参见《马克思恩格斯选集》第3卷,人民出版社1995年版,第502页;参见黑格尔:《哲学史讲演录》第1卷,中译本,第191页。
② 艾修斯:《哲学家意见集成》第1卷,第7章第11节。

斯多亚学派的术语来表达它,将世界心灵和神等同起来。"①

艾修斯的这类记载,以后还影响到普卢塔克、西塞罗和第欧根尼·拉尔修等人。特别是西塞罗在这个问题上走得更远,他根据某个伊壁鸠鲁学派成员的记载,进一步将这种曲解了的世界心灵解释成为柏拉图所说的"创造者"——Demiurgos,说泰勒斯是主张由神的心灵从水中造出万物来的。② 基尔克说:"和这种见解一样的许多可以辨别出来的虚构,都是那些不审慎的编纂学家和传记作者们归诸泰勒斯的。"③

所以能够产生这种虚构,还是因为泰勒斯自己使用了本来是宗教的概念。这个问题可以说明:哲学开始从宗教分化出来,但还是带着浓厚的宗教痕迹。

第五节　地浮在水上

早期的希腊哲学家被称为"自然学家"或"自然哲学家",因为他们学说的主要方面,是要解释自然现象:世界是怎么形成的,大地、日、月、星辰等等又是怎么产生的,等等。这些问题,可能是人类很早就发生的疑问,原始神话也都想说明和解释这些疑问。神话逐渐为科学和哲学所代替。当时的科学还处于萌芽状态,许多问题不能解决,只能依靠哲学的猜测来说明,因此,哲学和科学混成一体。古代凡是解释宇宙的形成和构造的学说,就被称为"宇宙学"或"宇宙生成学",其中有些基于简单地观察自然现象的科学成分,但大部分是哲学的猜测。后来,由于观察逐步深入,科学因素逐渐增加;特别是近代科学飞速发展,对宇宙的形成和构造等的科学认识日益深入,哲学的宇宙论也就为科学所取代。

泰勒斯可以说是最早留下宇宙学说的人。但关于他在这方面的思想,现

① 伯奈特:《早期希腊哲学》,第49页。
② 参见西塞罗:《论自然》第1卷,第10章第25节。
③ 基尔克、拉文:《苏格拉底以前的哲学家》,第96页。

在留下的资料极少。亚里士多德在《论天》中对泰勒斯的宇宙论作了概括性的论述：

> 另外一些人说地浮在水上。这确实是保存下来的最古老的理论，据说是属于米利都人泰勒斯的。地被假定为静止的，因为它浮在那里，就像木头和其他类似的东西一样，这些东西的构造使它们浮在水上而不是浮在气上。①

亚里士多德在这里叙述的泰勒斯的思想，和泰勒斯认为万物的本原是水的思想是一致的。上面引证过的亚里士多德等讲到泰勒斯关于本原的思想时，也都提到泰勒斯的"地浮在水上"的思想。亚里士多德说泰勒斯将大地和木头相比，木头只能浮在水面上，在空气中，它是下沉的。泰勒斯认为大地也是这样。

亚里士多德这里提到浮在水上的大地是静止的，但这样的大地究竟是什么形状？并没有说明。有些学者推测泰勒斯很可能是将大地看成是扁平的像盘子一样的东西。伯奈特说：

> 根据亚里士多德的记载，泰勒斯认为地浮在水上，他无疑地认为地像一种扁平的盘状物。至少，这是除了阿那克西曼德以外，所有他的后继者都持有的看法；这种看法，是直到德谟克利特以前所有伊奥尼亚学派的、区别于意大利学派的宇宙论的特征。②

古代记载提到公元前 5 世纪后期的毕泰戈拉学派曾有人认为地是球形的，爱利亚学派认为圆是最完美的形式，因此巴门尼德的"存在"是像球形的。这也许就是伯奈特所说的意大利学派的宇宙论的特征。但是，艾修斯却记载：巴门尼德和恩培多克勒也认为地是扁平的，德谟克利特则将大地看作带有凹面的圆盘。③ 亚里士多德在《论天》中也明确地记载：

> 阿那克西美尼、阿那克萨戈拉和德谟克利特提出大地是扁平的，以此

---

① 亚里士多德：《论天》，294ᵃ 28—32。
② 伯奈特：《希腊哲学：从泰勒斯到柏拉图》，第 20 页。
③ 参见艾修斯：《哲学家意见集成》第 3 卷，第 10 章第 5 节。

作为它保持静止的原因。①

这些哲学家的看法,我们将在以下有关章节中具体论述。

　　泰勒斯认为地是静止的,而且浮在水上的看法,也很可能是受了埃及和西亚地区流行的神话传说的影响。② 古代埃及人一般将大地看做是静止在水面上的扁平的圆碟子,整个宇宙包括天上都充满了水;太阳则是装在一条船上的,白云航行在天空,黑夜则航行在地下。前面提到过的古代巴比伦的诗篇《伊奴玛·伊立希》中,阿普苏和提阿马特代表太初时的水;后来马尔杜克(相当于希腊神话中的宙斯)出来战胜了提阿马特,阿普苏就成为大地下面的水,提阿马特则分裂为天和地。以后这又演变为公元前七世纪厄里杜(Eridu)故事中的说法:大地开始原是海洋,马尔杜克在水面上造了一座筏,又在筏上面用芦苇造了小屋,这样就形成了大地。③ 可见,地浮在水上是古代埃及西亚地区广泛流传的说法。

　　在《圣经·旧约》的诗篇中,也有类似的说法:"耶和华,他把地建立在海上,安定在大水之上。"④

　　希腊人比较普遍地认为是海洋围绕着大地,很少有人认为大地浮在水上,水在大地下面的。泰勒斯的这种思想可能是接受了埃及和西亚的影响而产生的。

　　此外,根据古代的有关记载,很可能泰勒斯还提出过有关地震的解释。出生于公元前 1 世纪末的罗马哲学家塞涅卡(Seneca),在他那本专门讨论火、气、水的奇异特性以及风和地震等问题的《自然问题》中,根据公元前 2 世纪时斯多亚学派波塞多纽(Poseidonius)的得自塞奥弗拉斯特的记载,写道:

　　　　因为他〔泰勒斯〕讲过,地是由水支撑的,它像一只船那样漂浮在水上;当讲到地震时,他认为地震实际上是随着水的运动而起的摆动。⑤

---

① 亚里士多德:《论天》,294ᵇ4—15。
② 参见基尔克、拉文:《苏格拉底以前的哲学家》,第 90—91 页。
③ 参见康福德:《鉴别原理》,第 15 章"马尔杜克和宙斯颂";汤姆逊:《古代哲学家》,第 7 章。
④ 《旧约·诗篇》,第 24 章第 2 节。
⑤ 塞涅卡:《自然问题》第 3 卷,第 14 章。

地像一只漂浮在水上的船,船随水摆动时就发生地震。这种解释和泰勒斯认为地浮在水上的解释是一致的。它虽然幼稚可笑,却终究是不用神话而用自然现象去解释自然,所以是一种自然哲学的解释。

❁ 第二章 ❁

阿那克西曼德

　　米利都学派的第二代代表人物阿那克西曼德,是以提出"阿派朗"作为万物的本原,并且开始比较系统地说明宇宙的产生和构造而闻名的哲学家。

　　根据古代的大约最早出自塞奥弗拉斯特等人的记载,阿那克西曼德是出生于米利都的当地人。阿那克西曼德和泰勒斯的关系密切,是后者的学生、朋友和继承人。辛普里丘、伪普卢塔克、希坡吕托等都是这样记载的。近人汤姆逊在《古代哲学家》中提到阿那克西曼德出身王族:"米利都派哲学的创始人泰勒斯和阿那克西曼德也都属于古代祭司君主的王族系统。"①但他并没有提供令人信服的资料来源和根据。

　　第欧根尼·拉尔修是这样记载阿那克西曼德的生平的:

　　　　普拉克西亚德的儿子阿那克西曼德,是米利都本地人。……雅典人阿波罗多洛……在他的《编年史》中说,阿那克西曼德在第五十八届奥林比亚赛会的第二年,是64岁,以后不久就死了,而他的鼎盛年大约是在波吕克拉底担任萨摩斯的僭主的时候。②

按照这里记载的年份,第五十八届奥林比亚赛会的第二年,应是公元前547/前546年,那时阿那克西曼德是64岁,由此推算,他的生年应是公元前610年左右。但据《不列颠百科全书》,波吕克拉底担任僭主的年代约是公元

---

① 汤姆逊:《古代哲学家》,中译本,第146页。
② 第欧根尼·拉尔修:《著名哲学家的生平和学说》第2卷,第1—2节。

前535—前515年①,《剑桥古代史》提到波吕克拉底死于公元前522/前521年②,阿那克西曼德不可能活到那个时候。上面的记载显然是有问题的。

阿那克西曼德有没有参加过政治活动?已知的唯一记载是公元2世纪罗马修辞学家埃利安(Aelian)在《杂史》中曾经记载说阿那克西曼德率领米利都的一支远征队,到黑海沿岸的阿波洛尼亚地方建立一个米利都殖民城邦。据说后人曾在当地发掘出一座镌刻有阿那克西曼德名字的雕像的底座,但也有人否认这种说法,认为这仅只是捐献这座雕像的人的名字。③

阿那克西曼德主要是以他的科学活动闻名的。第欧根尼·拉尔修记载说:

> 他〔阿那克西曼德〕第一个发明了日晷指时针,将它安装在拉栖代蒙〔即斯巴达〕的日晷上(参看法沃里诺Favorinus的《历史杂记》),用以测定冬至夏至和昼夜平分点;他还造了一个计时器。他又是第一个画出陆地和海洋轮廓的地图的,并且造了一个球体。④

关于这几件事情,古代记载也是有些分歧的。希罗多德在《历史》中记载:"日钟($\pi\acute{o}\lambda os$)和日晷($\gamma\nu\hat{\omega}\mu o\nu$)以及一日之分成十二部分,这是希腊人从巴比伦人那里学来的。"⑤那么,阿那克西曼德大概不是第一个发明日晷,而只是将从巴比伦引进的日晷加以改进的人。西塞罗在《论预见》中提到:阿那克西曼德把这种日晷置于斯巴达,并以此向他们预报即将发生的地震。⑥说凭借日晷可以预报地震,那是可疑的。但因为米利都一带处于地震带,当地人对地震有经验,所以对泰勒斯和阿那克西曼德都有说他们预报过地震的记载。

值得注意的是,据说阿那克西曼德是绘制了当时希腊人所知道的世界的第一张地图。公元前3世纪的著名地理学家、曾经担任过亚历山大图书馆馆

---

① 《英国百科全书》(1911年版)第11卷,第23页"波吕克拉底"条。
② 《剑桥古代史》第3卷,第3分册,第219页。
③ 参见伯奈特:《早期希腊哲学》,第52页;格思理:《希腊哲学史》第1卷,第75页。
④ 第欧根尼·拉尔修:《著名哲学家的生平和学说》第2卷,第1节。
⑤ 希罗多德:《历史》第2卷,中译本,第209节,第321页。
⑥ 参见西塞罗:《论预见》第1卷,第50章第112节。

长的厄拉托塞涅(Eratothenes,约公元前 275—前 194 年),著名的天文学家、数学家和地理学家托勒密(Ptolemy,约公元 90—168 年),以及写过《地理学大纲》一书的地理学家阿伽塞美鲁(Agathemerus,公元 3 世纪初)等人都相继肯定这一点:

> 厄拉托塞涅说过,那些追随荷马的人中有两个是杰出的,一个是阿那克西曼德,他是泰勒斯的熟人和学生,还有米利都的赫卡泰乌(Hecatae-us)①,前者是绘制第一张地图的人,后者留下了一篇关于地理学的著作。②

由于当时米利都地处欧、亚、非三地的联结点,米利都人曾到各地从事航海、商业和殖民活动,阿那克西曼德本人大约也到过希腊本土以及黑海等地,因此,他绘制了第一张地图是可能的。近现代的哲学史家对阿那克西曼德在这方面的成就作了很高的评价。冈珀茨称他是"科学地理学之父"③;耶格尔则说他"绘制了第一张世界地图和创立了科学的地理学"④。

当然,这终究是人类最早绘制的地图,限于当时的条件和水平,不能要求太高。希罗多德在《历史》中没有谈阿那克西曼德绘制地图,却说到当时一般的地图情况:

> 在这以前有多少人画过世界的地图,但没有一个人有任何理论的根据,这一点在我看来,实在是可笑的。因为他们把世界画得像用圆规画的那么圆,而四周则环绕着俄刻阿诺〔海洋〕的水流,同时他们把亚细亚和欧罗巴画成一样大小。⑤

阿那克西曼德有没有写过著作? 在这点上,他和泰勒斯不同。古代的记

---

① 赫卡泰乌是公元前 5—前 6 世纪时米利都人,据说曾参加过公元前 500—前 499 年的反对波斯人的伊奥尼亚起义。
② 斯特拉波:《地理学》第 1 卷,第 1 章第 11 节。
③ 冈珀茨:《希腊思想家》第 1 卷,第 50 页。
④ 耶格尔:《潘迪亚,希腊文化的理想》第 1 卷,第 157 页。
⑤ 希罗多德:《历史》第 4 卷,中译本,第 36 节,第 445 页。

载一般都肯定他撰写过著作。公元4世纪时的罗马哲学家、修辞学家塞米司提乌①提道："就我们所知,他(阿那克西曼德)是在希腊人中第一个有勇气发表关于自然的著作的人。"②根据第欧根尼·拉尔修的记载,公元2世纪时《编年史》作者阿波罗多洛还保存着阿那克西曼德的著作:

> 他〔阿那克西曼德〕曾对他的理论作了文字说明,这个说明曾经在雅典人阿波罗多洛手中。③

此外,古代辞书《苏达》还曾记载过阿那克西曼德的著作目录,说他写过:《论自然》、《大地概况》、《论恒星》、《天球》等著作。需要说明:所谓"论自然"这样的著作,实际上是古人加到自然哲学家的著作上的名称,所有苏格拉底以前的自然哲学家,几乎多被说成是写过《论自然》的。

此外,因为古代作者关于阿那克西曼德的记载,如辛普里丘等人大多是根据亚里士多德的学生塞奥弗拉斯特的记述,第欧根尼·拉尔修既然说甚至在公元2世纪时还保存有阿那克西曼德的著作,所以,有些哲学史家认为亚里士多德的逍遥学派的吕克昂中保存有阿那克西曼德的著作。伯奈特认为塞奥弗拉斯特肯定知道阿那克西曼德的著作。④ 这样,应该说亚里士多德关于阿那克西曼德的论述是具有权威性的。但从下文可以看到,亚里士多德对阿那克西曼德的思想,并没有指名的系统的阐述,大多数属于不指名的论述,它们可能是阿那克西曼德的思想,也可能是别人的思想。这就增加了我们理解阿那克西曼德的思想的困难。同时,在亚里士多德手上是否有阿那克西曼德的著作,也可以引起怀疑。

还有,根据古代的记载,阿那克西曼德是最早用散文体裁来论述哲学思想的。从早期用韵文表达的神话,到用散文来表达抽象的哲学思想,这也是一种

---

① 塞米司提乌,曾居于君士坦丁堡和罗马,撰写过36篇政治演说,其中有34篇保存下来;他还写过关于亚里士多德著作的注释和摘要。
② 转引自基尔克、拉文:《苏格拉底以前的哲学家》,第102页。
③ 第欧根尼·拉尔修:《著名哲学家的生平和学说》第2卷,第2节。
④ 参见伯奈特:《早期希腊哲学》,第52页。

"深刻的变革"。①

第一节　"阿派朗"

　　阿那克西曼德认为万物的本原是"阿派朗"。什么是阿派朗？阿那克西曼德所说的阿派朗究竟是什么意思？从古以来就有各种不同的意见,一直到现在哲学史家还在为此争论不休,西方有人还为此写了专门的著作,如塞利格曼(P.Seligman)的《阿那克西曼德的"阿派朗"》(1962年)。因此,对于这个问题,需要多作一些论述。

　　"阿派朗",希腊文 ἄπειρον(apeiron)其中"α"表示否定的意思,即"没有"、"无"的意思,πειρον 来自 περας(peras)有"限制"、"界限"、"规定"的意思。中文过去一般都将阿派朗译成"无限",近来有人主张译为"无定"、"无定形"等;英文也有各种不同的译法:infinite、unlimit-ed、boundless、indeterminate等;这种译法的差异表示不同的作者对它的看法和解释存在着不同。

　　西方研究者指出:在柏拉图的著作中没有明确提到阿那克西曼德的阿派朗,亚里士多德才开始提到它。但亚里士多德指名提到阿那克西曼德讲作为本原的阿派朗的地方只有四处,特别是在他的《形而上学》第1卷第3章中论述事物的质料因时,列举了泰勒斯、阿那克西美尼、赫拉克利特、恩培多克勒和阿那克萨戈拉等自然哲学家,单单没有提到阿那克西曼德。这又是为什么？亚里士多德在《物理学》第3卷第4—8章专门讨论了无限的问题,但他是这样开始讲的:

　　　　既然研究自然是要研究空间的量、运动和时间的,其中每一个必然不是无限的就是有限的,……事实上,所有有名的哲学家,凡是接触过这门自然哲学的,都讨论过有关无限的问题,并且都将它看作事物的本原。②

―――――――――――

　　①　参见卡佩莱:《苏格拉底以前的学派》,第73页。
　　②　亚里士多德:《物理学》,202^{b}30—203^{a}4。

以下亚里士多德具体讨论时,首先举的是毕泰戈拉学派和柏拉图,说他们将无限这种本原看做是自在的本体,而不是其他事物的属性。说毕泰戈拉学派说无限就是偶数,柏拉图却认为有两个无限,即"大"和"小"。接着,他又说:

> 另一些人,即自然哲学家,他们都把无限看作是被他们称为元素的某一自然物(如水或气或它们的中间物)的属性。①

在亚里士多德的这些论述中,有两个问题需要提出来讨论。

第一,亚里士多德认为主张无限是事物的本原的哲学家,并不仅仅是阿那克西曼德一个人,而认为是所有研究过自然哲学的有名的哲学家,都是这样主张的。虽然他在后面曾专门谈到阿那克西曼德关于无限的看法,但在开始的时候,亚里士多德并没有专门论述阿那克西曼德的主张;相反,他却认为一切哲学家都认为事物的本原是无限,而且首先提到的还是柏拉图和毕泰戈拉派这类唯心论或倾向唯心论的哲学家。从这里,我们可以看到在无限这个问题上,古代思想发展变化的情况:自从阿那克西曼德开始提出阿派朗作为万物的本原以后,别的哲学家很快就接受"无限"这个范畴作为他们哲学思想中的重要问题。差不多紧接着米利都学派的毕泰戈拉学派就以有限(peras)和无限(apeiron)作为他们提出的十对对立的范畴中的第一对范畴。在此以后,特别是经过爱利亚学派的麦里梭论证以后,许多哲学家,不论是唯物论者或唯心论者,都认为他们认定的本原或第一原则是无限的。这样,"无限"也就成为从古代一直到现代许多哲学家的体系中属于最高的一个抽象范畴。亚里士多德在《物理学》中讨论的无限,已经具有这样的含义。显然,阿那克西曼德最初提出阿派朗时,还不可能有那样丰富的含义。所以,我们研究亚里士多德的这些论述时,要尽可能设法区别出来:哪些是阿那克西曼德的原义,而哪些则属于后人发展起来的看法。在这个问题上,很容易犯"时代的错误",即将后人的思想加到阿那克西曼德身上去。

第二,在上述《形而上学》第 1 卷第 3 章中,亚里士多德列举认为物质性的元素是本原的自然哲学家时,却没有提到阿那克西曼德。后人认为这里应

① 亚里士多德:《物理学》,203ᵃ16—18。

该包括阿那克西曼德在内,有人就从亚里士多德的这句话"如水或气或它们的中间物"中找根据。既然泰勒斯认为本原是水,阿那克西美尼认为本原是气,那么,这里所说的"水和气或它们的中间物"中所说的"中间物"就是指阿那克西曼德的阿派朗。从古代开始就有这种说法,认为阿那克西曼德所说的阿派朗就是水、气或其他元素之间的中间物。对这种看法,下文将专门讨论。

还有,因为亚里士多德在这里说:毕泰戈拉学派和柏拉图认为无限就是本体,而不是其他事物的属性;自然哲学家则认为无限是某种元素的属性,而不是本体。这样,就产生了无限究竟是本体还是属性的问题。其实,亚里士多德在这里说无限是某种元素的属性,只是如泰勒斯认为水是无限的(泰勒斯自己可能还没有这样明确的思想,在上一章已经谈到过),阿那克西美尼认为气是无限的,等等。这样的"无限",就不是本体,而是属性。亚里士多德只是这样的意思。

亚里士多德在《物理学》第3卷第4章中分析了毕泰戈拉学派、柏拉图和自然哲学家关于无限的看法以后,接着又专门写了一段,阐明为什么哲学家要将无限看做是事物的本原的:

> 所有他们都将无限当做本原是很有道理的。因为不能说无限是不起作用的,而且它的唯一的作用就是作为本原而起的作用。任何事物如果不是本原,就是由本原所产生的。无限不能再有自己的本原,不然那个本原就会成为无限的一个限度了。再说,作为本原,它是不生不灭的。因为凡产生的事物都必然会达到一个完成点,而所有灭亡的过程也都会有一个终极。就是我们所说的,无限再没有自己的本原,而是它自身作为其他事物的本原,并且包容一切,支配一切,这是那些除了无限之外不承认有其他原因(如"努斯"、爱)的人们所主张的。并且他们认为无限是神圣的,因为神圣的东西是不死的、不毁灭的,如阿那克西曼德和大多数自然哲学家所说的那样。①

亚里士多德在这里说明:这些哲学家们都认为他们所说的本原是无限的(除

---

① 亚里士多德:《物理学》,203ᵇ 3—15。

了阿那克萨戈拉在物质性元素之外还要肯定一个"努斯",恩培多克勒还要提出"爱和争"作为推动本原的力量以外)。他提出两个论证:其一,如果本原以外还有一个其他的、更根本的本原,那就成为限制原来那个本原的东西,它就不是无限,也就不是本原了。其二,从变化的生成和毁灭说,无论生成或毁灭都是有终极的,有终极就是有限制,就不是无限。本原是无限,就是没有生灭的。前一个论证是说,本原就是根源,不能有比它更根本的根源了;后一个论证则是从生成和毁灭方面论证本原是不生灭的,所以是无限的。正因为有这两个特点,本原能够包容万物,支配万物。亚里士多德在这里指名提到阿那克西曼德,说他和其他大多数自然哲学家一样,认为无限是神圣的(这里用的仍是Θέτos这个字),因为它是不死的,不毁灭的。

亚里士多德的这段论述,对我们理解阿那克西曼德的阿派朗有两点作用:首先,他替阿那克西曼德为什么要提出阿派朗作为万物的本原说明了理由。但他提出的这两个论证并不限于阿那克西曼德,而是包括大多数早期哲学家。阿那克西曼德自己是不是提出过这样的论证,是可疑的;实际上,亚里士多德提出的这个论证的思想应该说是属于麦里梭的。但说阿那克西曼德已经开始有这种思想的萌芽,则是可能的。其次,他指名说阿那克西曼德认为阿派朗是神圣的、不死的、不毁灭的。这就是说,亚里士多德提出的第二个论证虽然不一定是阿那克西曼德提出来的,但这个论证的结论却是当时对于本原的一个共同的看法,即认为本原是神圣的、不死的。阿那克西曼德的阿派朗也具有这个特征。

但是,单从上引亚里士多德的论述,我们并不能理解阿派朗的真正性质。一般哲学史家认为理解阿那克西曼德所说的阿派朗的主要史料根据是辛普里丘的《〈物理学〉注释》。据说辛普里丘的记载是根据塞奥弗拉斯特的《论自然哲学家的意见》,是该书的残篇第二。全文如下:

> 在那些认为本原是唯一的、能动的和无限的人中,米利都的阿那克西曼德是普拉克西亚德的儿子,泰勒斯的学生和继承人。他说一切存在物的本原和元素是阿派朗,他是第一个提出这个本原的名称的。他说本原并不是水,也不是任何别的被称为元素的东西,而是某种本性是无限的东

西,从其中产生出所有的天以及一切世界。"各种存在物由它产生,毁灭后又复归于它,都是按照必然性而产生的,它们按照时间的程序,为其不正义受到惩罚并且相互补偿。"①(DK12B1)这是他用带有诗意的话说出来的。显然,他是由于观察四种元素的互相转化,因而想到不以其中某一元素,而以这些元素以外的某种东西为基质才合适。他不认为元素的变化为"产生",而认为是永恒运动所造成的对立的分离才是"产生"。因此,亚里士多德将他的看法和阿那克萨戈拉相比。②

我们可以根据辛普里丘这段话来讨论一些问题:

第一,辛普里丘说阿那克西曼德是第一个称阿派朗为本原的人。在希波吕托的《驳众异端》中也说阿那克西曼德是第一个称阿派朗为本原的人。③ 后来有些哲学史家因此认为阿那克西曼德不但是第一个提出阿派朗的人,而且也是第一个提出本原(arche)的人,因为没有可靠的根据说泰勒斯已经明确提出这个概念。关于这个问题,近代哲学史家中也发生过争论。④ 即使泰勒斯没有提出本原这个概念,但他的思想却确实就认为水是本原,因此这个问题显得并不重要。比较重要的是阿那克西曼德说出了关于本原的定义性的解释,即:万物由它产生,最后又复归于它。根据辛普里丘的记载,这是阿那克西曼德最初说的,并且对这种说法作出了他的解释,即这种产生和复归是按照必然性进行的。这点,我们留到下文再讨论。

第二,阿那克西曼德提出的阿派朗是物质性的还是精神性的东西?多数哲学史家认为根据辛普里丘的说法,阿派朗是物质性的本原。基尔克、拉文在《苏格拉底以前的哲学家》一书中就将辛普里丘这段残篇中的本原译成是"物质性的"。⑤ 从辛普里丘以下的说法,他将阿派朗看成既不是水,也不是其他被称为元素的东西(恩培多克勒才将水、火、土、气称为"根"即元素),而是某

---

① 引号内这段话,被第尔斯辑为阿那克西曼德残篇第一。
② 辛普里丘:《〈物理学〉注释》,第24页第13行起。
③ 参见希波吕托:《驳众异端》第1卷,第6章第112节。
④ 参见伯奈特:《早期希腊哲学》,第54页注2。
⑤ 参见基尔克、拉文:《苏格拉底以前的哲学家》,第106页。

种本性是无限的东西。那就是说,在阿那克西曼德看来,像水、火、土、气这类东西都不是无限的,而只有阿派朗才是无限的。为什么水、火、土、气这些东西不是无限的呢?阿那克西曼德看到的大约是这一点:水终究是水,火终究是火,它们各自有明确的规定性。正是从它们有明确的规定性这点讲,它们是有限的(有规定性的),而不是无限的。所以,阿那克西曼德所说的"阿派朗"这种"无限",主要是指它没有明确的规定性而说的。阿派朗和水、火、土、气这些元素的区别,只是在于那些元素是各自有其规定性的,而阿派朗却是没有自己的规定性的,所以是无限的。但是,阿派朗终究是和水、火、土、气同一类的东西,属于亚里士多德所说的物质性的本原。

第三,以上这种说法还需要进一步证明。我们需要追问:为什么阿那克西曼德要在水、火、土、气以外,去找一个阿派朗来作为万物的本原呢?在辛普里丘这段话的最后一节中,对这个问题作了回答。他说,阿那克西曼德是由于观察水、火、土、气这四种元素的相互转化,因而想到不以其中的某一元素,而以它们以外的某种东西作为基质才比较合适。为什么在观察这四种元素的相互转化时,会得出这样的结论呢?辛普里丘没有作进一步的说明。亚里士多德在《物理学》第3卷第5章中的一段话对此作了解释。他在那里讨论"无限"是单一的物体还是组合物时说:

> 有些人认为无限是一种单一的物体,或者是将一种在元素以外的〔有些外文和中文本译为:超出或高于元素之上的〕,并且产生元素的东西叫作无限,或者将某个元素叫作无限。我们先考察前者,因为有些人认为不是气或水,而是一种在它们以外的〔超出它们的〕东西才是无限;为的是如果其中的一种元素是无限的,别的元素就会被消灭。这些元素彼此是相反的、对立的——气是冷的,水是湿的,火是热的,如果其中的一种是无限,别的就不能存在了。因此,他们说,无限不是这些元素,而是产生这些元素的东西。①

亚里士多德的这段话虽然没有指名提到阿那克西曼德,但有理由认为这是指

---

① 亚里士多德:《物理学》,204ᵇ22—29。

阿那克西曼德的思想。策勒说:这段话,"即使是亚里士多德以他自己的方式从某种暧昧的说法中推论出来的,或者是由他自己猜测得出的,也可能是后来的作者插进去的,但无论如何,这里引用来辩护的思想,却无疑地是源出于阿那克西曼德的。"①伯奈特指出:这种思想是从泰勒斯的思想中"自然地发展起来"的;泰勒斯以水作为万物的本原,阿那克西曼德就提出问题:为什么可以将水这种特殊的元素作为万物的本原呢? 这样做,就不能解释对立物的产生和存在。古代希腊人认为最普遍的对立是冷和热、干和湿;四种元素正好具有相反的性质:水是冷和湿的,火是热和干的,气是热和湿的,土是冷和干的。所以,如果以其中任何一种元素为本原,由于它只具有对立的性质的一个方面,就必然不能说明具有对立的另一方面性质的元素的存在和产生。比如,泰勒斯说水是万物的本原,而水的特性是冷和湿,因为对立的两面总是相反的、互相冲突的,水如何能产生带有热的或干的性质的东西呢? 因此,如果水是无限的,火、土、气都要被毁灭或停止存在了。伯奈特的这种解释,看来是比较符合早期希腊哲学的朴素的思想的。泰勒斯最初提出水是万物的本原,而直接继承他的阿那克西曼德却不赞成是水,也不说是别的元素,却要提出一个阿派朗来。显然,他是认为以水为万物的本原会产生困难,只有用阿派朗才能避免这种困难。这就是他所以要用阿派朗来代替泰勒斯所说的水的理由和根据。只有用这种说法才能解释辛普里丘所记载的阿那克西曼德是由于观察四种元素的互相转化,所以提出阿派朗来的。因此,伯奈特引用亚里士多德的这段话来说明从泰勒斯到阿那克西曼德的思想的自然发展过程,显得是有道理的(伯奈特将阿那克西曼德的这种思想又解释为对立面的"冲突",这种"冲突"的意义,我们在下文再谈)②。

既然阿那克西曼德以阿派朗代替泰勒斯的水,是因为这样的埋由,我们对于他所说的阿派朗究竟是什么,也可以有以下几点理解了。

1. 阿派朗 apeiron 的字冠"a",本来是"无"、"没有"、"不是"等否定的意

---

① 策勒:《苏格拉底以前的学派》第 1 卷,第 247 页。
② 伯奈特的解释,参见《早期希腊哲学》,第 14 节,第 53—54 页。

思,说明它不是什么。首先它既不是冷的东西,也不是热的东西;既不是干的东西,也不是湿的东西。由此推出,它既不是水,也不是火,也不是任何一类元素。可以说它是一种在种类上没有任何规定性的东西(indefinite in kind)。这可能是阿那克西曼德最先和主要考虑的意思①。在辛普里丘的《〈物理学〉注释》中,讲到阿那克西美尼的"气"时,还说阿那克西美尼"不像阿那克西曼德那样说它是无定的,而认为是确定的,说它就是气"②。可见,阿那克西曼德的阿派朗就是不确定的、没有规定性的东西。从这个意义上讲,我们认为阿派朗可以译为"无定体",它是一种没有任何规定性的物体。因为阿那克西曼德是用阿派朗替代泰勒斯的水的,所以阿派朗是和水一样的东西,是本体,而不是属性,更不能说它是水的属性。

但是,由于阿派朗没有任何规定性,它也是没有任何性质和形状的东西,因为性质如冷和热、干和湿,形状如大和小、方和圆等等也都是规定性。阿派朗没有这样或那样的规定性。由此也可以再进一步推论,阿派朗是在时间上永恒和空间上无限的。阿那克西曼德自己是不是已经意识到这点,我们难以确定;但他既然认为阿派朗是包容一切的,又认为阿派朗是不死的,不会毁灭的,所以,是可以作出这个推论的。当然还不能说他已经有了在时间上和空间上无限的思想,这种思想是后来才逐渐形成的;但是可以说阿派朗是这种思想的萌芽。根据这些方面,也可以说阿派朗是"无定限体"。

看来,阿那克西曼德对于无限的思想,最多只能达到这个程度。但关于无限的思想后来很快发展和丰富起来了。亚里士多德在《物理学》中,在论述了上面已经引证过的为什么哲学家们认为无限是本原的那一节以后,接着就说:

> 相信有"无限"存在的主要根据为以下五点:(1)由于时间的本性是无限的;(2)由于量是无限可分的,数学家也使用"无限";(3)产生和灭亡是无穷无尽的,这只能是因为产生事物的东西是无限的;(4)因为被限制的东西总是由某种东西所限制,如果这个东西总是被和它自己不同的东

---

① 参见基尔克、拉文:《苏格拉底以前的哲学家》,第109页。
② 辛普里丘:《〈物理学〉注释》,第24页第26行。

西所限制的话,它也就必然是没有限制;(5)最重要的一点,也是所有思想家都感到困难的一点是:因为在我们的思想中不能想象任何穷尽,所以数和数学上的量以及超出天外的事物都被认为是无限的。①

在亚里士多德指出的这五种关于无限的看法中,恐怕只有第三和第四点是阿那克西曼德可能已经开始认识到的;事物的产生和灭亡是无穷无尽的,所以产生事物的本原应该是无限的。第四点的意思可能是说:本原不能被别的、不是本原的东西所限制;如果它被不是本原的东西所限制,它就是没有限制。还有关于第五点,阿那克西曼德也曾经提到有"无数个天"的主张。其他的思想是以后的哲学家们才明确起来的。当然,从我们今天的思想看,承认本原无限也就包含了说它在数和量上的无限;但在阿那克西曼德的时候却还没有这样的认识。比如,关于数的无限是毕泰戈拉学派才提出来的,关于量的无限可分性问题则是在爱利亚学派芝诺的论证中才提出来的。不能将这些思想归于阿那克西曼德的阿派朗。在人类认识发展史上,"无限"这个范畴是不断变化,由简单到复杂的,阿那克西曼德的阿派朗只是它的起点,是它的开始。

2. 因为阿那克西曼德是以阿派朗来代替泰勒斯的水作为万物的本原的,尽管阿派朗没有任何规定性,但它终究和水一样,是一种物质性的实体(用后来亚里士多德的术语说,就是"本体"和"基质")。

但是,也总是有些哲学史家要将这个阿派朗说成是精神性的本体。策勒在他的《希腊哲学史》中提到:19 世纪一个德国学者莱特(Röth)在他的著作《西方哲学史》中,将阿那克西曼德的阿派朗说成为"无限的精神",它具有一种理智的、意识的精神本性。策勒竭力反对这种意见,认为莱特是以他自己当时的思想方式曲解古人;并且指出,莱特的这种见解,和亚里士多德在《形而上学》第 1 卷第 3 章中的记载不一致,亚里士多德认为,阿那克萨戈拉才是第一个将精神性的"努斯"当做世界的原理的。② 当前也还有人持这种观点,如辛尼奇(T.G.Sinnige)在《苏格拉底以前的学派和柏拉图的物质以及无限性》

---

① 亚里士多德:《物理学》,203^{b}15—25。
② 参见策勒:《苏格拉底以前的学派》第 1 卷,第 249 页注 3。

中,一方面承认:古代作者将阿那克西曼德的阿派朗理解为物质性的东西,它预示着亚里士多德的"质料",塞奥弗拉斯特将它理解为"基质",辛普里丘则将阿派朗直接理解为物质;但另一方面,他又坚持认为阿派朗是精神性的本原,"这种本原,是万物的半先验、半内在的根源式的根据"。① 但他并没有提供确凿根据的资料证明,我们当然不能同意这种看法。

但是,由于阿那克西曼德当时还没有认识到物质和精神的区别,也还没有认识到抽象和具体的区别,所以他所说的阿派朗究竟是什么? 一直到亚里士多德还提出问题。亚里士多德在说了上引《物理学》第 3 卷第 5 章中那段讲到无限是在水、火、土、气等元素以外的某种(超元素的)东西之后,接着就说:

> 但是,要是说有这种东西〔在元素以外的阿派朗〕存在,也是不可能的。倒不是因为它的无限性——关于这点,自有一个对一切,包括气、水等都适用的论证来说明,而是因为除了所谓的元素而外,看不到有这样的物件存在。一切事物都可以分解为组成它自己的元素。因此,如果有这样的物体存在着,它应该存在在这个世界上,在气、火、土、水以外存在着,但是从来没有见到过这样的东西。②

如果阿派朗是万物的本原,如阿那克西曼德所说,万物都由它组成,最后又复归为它,那么,阿派朗就应该是像水、火、土、气那样的感性物体。但是,阿派朗之所以为阿派朗,就是它没有任何规定性,因此,它是看不见、听不到、摸不着的,它不是可以感觉的物体。它应该是像水、火、土、气一样存在在世界上的感性的物体,可是在这个世界上,却从来没有看到过。这就是阿派朗的矛盾,亚里士多德因此认为:说有阿派朗存在,是不可能的。所以,阿派朗不是一个可以看得到的物体。

上面提到过:亚里士多德在《形而上学》第 1 卷第 3 章开始时提到那些主张物质性本原的自然哲学家时,根本没有提到阿那克西曼德和他的阿派朗。为什么亚里士多德不提它呢? 原因就在这里。因为在亚里士多德看来,阿派

---

① 辛尼奇:《苏格拉底以前的学派和柏拉图的物质和无限性》,第 9 页。

② 亚里士多德:《物理学》,204^{b}29 — 205^{a}1。

朗不是感性的物体,所以不能将它列在物质性的本原之中。

的确,阿那克西曼德所说的阿派朗是物质,而不是精神;但这种物质却不是我们的感觉所能感觉到的,它只能是我们的思想——理性将物质的各种规定性都抽象掉以后,才得到的。它不是感觉的对象,只能是理性的对象。但是阿那克西曼德自己虽然这样做了,他却还没有认识到抽象和具体的区别;亚里士多德在《物理学》中也还没有认识到这种区别,所以他提出这样的问题:既然阿派朗是和水、火、土一样的东西,为什么我们却看不到呢? 黑格尔看到了这一点,他说:阿那克西曼德:

> 把原则〔本原〕规定为"无限"所造成的进步,在于绝对本质不再是一个单纯的东西,而是一个否定的东西、有普遍性的东西,一种对有限者的否定。……同时,从物质方面看来,阿那克西曼德取消了水这一元素的个体性。他的客观原则〔本原〕看来并不是物质的,我们可以把它当做思想看待。不过显然,他所指的不是别的,只是一般的物质,普遍的物质。①

在这里,黑格尔说阿派朗"并不是物质的,我们可以把它当做思想看待",是错误的。只能够说:阿派朗不是感性的物质,不是像水那样的个别的物质,而是一般的物质,只有理性思想才能想象出来的。阿那克西曼德和亚里士多德不能认识的东西,黑格尔才理解了:阿派朗是一种否定的东西,是对有限者(任何规定性)的否定;阿派朗就是"一般的物质,普遍的物质"。

这里就是一般和个别、抽象和具体的关系问题。我们所看到的水,无论是这一条河里的水,那一杯中的水,以及现在天空降下的水等,都是个别的、具体的,是我们感觉的对象。这是最具体的一层。当泰勒斯提出万物的本原是水时,这个水已经不是个别的、具体的,不是我们直接感觉到的无论哪个具体的水,而是抽象的、一般的、普遍的水了。它已经是理性的对象,而不是直接感觉的对象了。但是,水作为水,它总是湿的,如果不是湿的,它就不是水了。即使是一般的水(不是个别的水),是一般的湿(不是个别的湿),但作为水和湿说,总还是可感觉的。从这点说,这种抽象的、一般的水还带有具体性和个别性。

----

① 黑格尔:《哲学史讲演录》第 1 卷,中译本,第 195 页。

这可以说是第二层。当阿那克西曼德提出阿派朗时，它将一切具体性、个别性、特殊性都否定掉，都抽象掉了。这是更高的抽象、普遍、一般的一层了。

由此看到：在希腊哲学开始时，从泰勒斯到阿那克西曼德，在从个别到一般的过渡上经历了两个阶段：泰勒斯从个别的水上升到一般的水；阿那克西曼德则从一般的水（也是个别的物质）上升到一般的物质。在人类思想抽象发展的过程中，后一个阶段超出了前一个阶段，是一次很大的进步，可以说是思想发展史上的一次飞跃。因为只有认识了这个普遍的物质、一般的物质，人类的认识才能脱离开具体的、感性的水、火、土、气等，进入后来哲学家们提出的抽象的"存在"和"原子"以及亚里士多德所说的"质料"等哲学范畴的领域。从这个意义上讲，可以说阿那克西曼德提出的阿派朗，乃是西方哲学史上最早提出的第一个物质概念。

第二节　阿派朗和对立

但在西方研究哲学史的学者中，对于阿那克西曼德的阿派朗，还有各种不同的解释，需要介绍和分析。

亚里士多德在《物理学》第 1 卷第 4 章中介绍自然哲学家如何主张由一个本原产生各种事物时说：

> 现在我们转而谈自然哲学家的主张，他们有两种解释。一种主张存在的基质是一，或是三者（水、气、火）之一，或是比火更密比气更稀的东西，由这个基质通过凝聚和稀散产生别的事物，达到"多"。凝聚和稀散是一对对立，……另一种主张对立是在"一"之中，是由它分离出来的，阿那克西曼德就是这样说的；还有那些主张存在是一又是多的人，如恩培多克勒和阿那克萨戈拉也是这么说的，他们主张万物是由混合体中分离出来的。[①]

① 亚里士多德：《物理学》，187ᵃ12—23。

亚里士多德在这里谈的是如何由一个本原产生万物的问题,也就是哲学上叫做"一"和"多"的关系问题。他说在古希腊的自然哲学家中有两种不同的解释:一种认为本原就是单一的元素,水或气或火,如果不是这三者之一,那就可能是一种比火更密比气更稀的东西,就是一种"中间体",由这种"一"产生出"多"。另一种主张认为原来的"一"是已经包含各种对立的,可以说是一个"混合体",从这种混合体中分离出万物来,这也是从"一"产生"多"。本来,亚里士多德在这里明确地将阿那克西曼德归入第二类哲学家,即认为本原"一"是一个包含各种对立的混合体的;但因为从古代希腊开始,就有哲学家将阿那克西曼德的阿派朗解释成为中间体的。所以,对这两种主张,一种认为阿派朗是中间体,一种认为阿派朗是混合体的,我们都应该讨论。

同时,因为亚里士多德在这里,也还在其他地方,将阿派朗和对立的问题联合一起;古今许多哲学史家也都将对立的问题和阿那克西曼德的阿派朗联系在一起。所以,我们也要将对立的问题和阿派朗联系起来讨论。

先讨论第一种关于阿派朗是中间体的主张。亚里士多德确实多次谈到有的自然哲学家主张作为万物的本原的乃是某些元素的中间体。我们在前面引用的亚里士多德在《物理学》第 3 卷第 4 章中讲到自然哲学家认为某种元素是无限的时候,说元素是"水或气或它们的中间物",以及在这里提到的火和气之间的中间物。在古代希腊哲学家中,主张水、气、火这些元素是万物本原的,都确有其人。但是主张本原是某两个元素的中间体的,究竟是谁呢? 却找不到这样的人,似乎因此,古代许多作者认为这就是指阿那克西曼德,说他的阿派朗就是这样的中间体。策勒曾列举了一些这样主张的古代作者的名单,其中包括著名的亚历山大和辛普里丘。[①] 黑格尔也接受了这种看法,说亚里士多德所说"比气密又比水稀薄"的东西,"许多人都把这个规定归于阿那克西曼德;很可能这就是他的规定"[②]。

近现代的许多哲学史家都怀疑这种说法。他们的主要论据大体是:其一,

---

① 参见策勒:《苏格拉底以前的学派》第 1 卷,第 241 页。
② 黑格尔:《哲学史讲演录》第 1 卷,中译本,第 194—195 页。

亚里士多德没有明白说过阿那克西曼德的阿派朗是某两个元素的中间体。其二,如果阿派朗是中间体,它究竟是哪两个元素之间的中间体呢?罗斯在亚里士多德《物理学》注释中曾列举了:亚里士多德著作中提到火和气之间的中间体的有四处,水和气之间的中间体的有五处,火和水的中间体的有一处。① 在这些不同元素之间的中间体中,究竟哪一种才是阿那克西曼德的阿派朗呢?其三,所谓中间体,就是在两种元素之间,比稀的那一种元素更密,比密的那一种元素更稀。因此,各元素之间的相互转化以及万物的产生,都是由于稀散和凝聚这一对对立的作用造成的。稀散和凝聚是一对对立,希腊早期自然哲学家用它们来说明物质的运动,是一种朴素的观点。但即使是这样朴素的观点,也是在阿那克西曼德以后,到阿那克西美尼才提出来的,不能说阿那克西曼德已经那样熟悉这种思想,以至用这种思想去解释他的本原和万物的关系了。其四,最重要的根据,还是上引亚里士多德的这段话。他在这段话中,将中间体以及稀散和凝聚这对对立,归于持第一种主张的自然哲学家,而将阿那克西曼德归为第二种主张的自然哲学家。他已经将阿那克西曼德和所谓中间体的思想明白区分开来。

古希腊是不是有人主张这种"中间体"呢?策勒和第尔斯猜想可能希墨腊的伊戴乌斯(Idaeus of Himera),是这样主张的。但罗斯却认为唯一提到伊戴乌斯的是塞克斯都·恩披里柯,他却明白地说伊戴乌斯认为气是万物的本原。罗斯同意伯奈特的意见,认为主张这样的中间体为万物本原的,可能是属于阿那克西美尼学派的人。②

第二种主张就是将阿派朗说成是一种包含各种对立的混合体。虽然亚里士多德的这段话直接提到的是恩培多克勒和阿那克萨戈拉,说他们认为万物是由混合体中分离出来的。恩培多克勒和阿那克萨戈拉认为世界最初都是由一切"根"或"种子"混合成的统一体,万物都是由这个统一体分离产生出来的。亚里士多德在讲到阿那克西曼德的时候,说他认为对立在"一"之中,是

① 参见罗斯:《亚里士多德的〈物理学〉》,第482页。
② 参见罗斯:《亚里士多德的〈物理学〉》,第483页。

由"一"分离出来的。看来有些不同,但亚里士多德将他们列在一起,当做同一派的主张,这就有可能将阿那克西曼德所说的阿派朗,也看做是一个混合体。正因为在它之中混合了水、火、土、气,以及种种对立,所以这些元素和对立,可以从它之中分离出来。因为分离是和混合相对应的,原来是混合在一起的东西才能从中分离出来。但这种说法和亚里士多德以及古代作家的记载是不一致的,古代记载说阿那克西曼德的阿派朗是在水、火、土、气这类特殊的元素以外的东西,当然不能是这些元素的混合体。所以策勒认为不能以阿那克萨戈拉的同类部分即同素体学说去理解阿那克西曼德的阿派朗;他说,没有资料可以表明阿那克西曼德把阿派朗说成是各种特殊物质的一种混合物。①

但是,关于对立的情况却似乎与那些特殊物质的元素不同。亚里士多德在这里明白地说,阿那克西曼德认为对立是在"一"之中,是由"一"分离出来的。阿那克西曼德所说的"一"当然就是万物的本原阿派朗。阿派朗是将对立包含在内的,这样的阿派朗又是什么呢?

阿派朗和对立是什么关系,这里所说的对立主要是指什么?辛普里丘在《〈物理学〉注释》中有一段话讲到这些问题:

> 还有另外一种看法,不把任何物质的变化当做原因,也不认为产生是任何基质的转化,而认为产生就是分离。阿那克西曼德说,对立物蕴藏在基质以内,基质是一个无限体〔阿派朗〕,从这个无限体中分离出对立物。他是第一个把基质称为本原的人。对立物就是热和冷、湿和干等等。②

辛普里丘这段话至少表达了以下几层意思:其一,阿那克西曼德所说的对立物,就是(或主要是指)热和冷、湿和干等。其二,这些对立物本来是在阿派朗以内,由阿派朗分离出来的。其二,因此,事物的产生不是物质的变化,不是任何基质的转化,比如由水变成气、变成土等;而是分离,即对立物原来就是在阿派朗以内的,现在由阿派朗分离出来了,这就是事物的产生。这和我们在前面

---

① 参见策勒:《苏格拉底以前的学派》第 1 卷,第 236—238 页。
② 辛普里丘:《〈物理学〉注释》,第 150 页第 29 行起。

引证过的辛普里丘的另一段话①中的说法是一致的,那里说,阿那克西曼德认为事物的产生(生成)不是由于元素的变化(转化),而是由于永恒运动所造成的对立物的分离。辛普里丘在两处作相同的论述,说明在事物是如何从本原产生出来的这个问题上,阿那克西曼德和当时的自然哲学家,至少和米利都学派的其他两位哲学家的看法是不同的。泰勒斯认为万物都从水产生出来,像火、土、气等元素应该都是由水转化而成的;阿那克西美尼是用凝聚和稀散来比较具体地解释如何由气转化为其他元素和事物的。阿那克西曼德却采取另一种方式,认为事物的生成不是由于元素的变化和转化,而是认为本原是一个高于或超出水、火、气的阿派朗,在它之中原来已经包含或蕴藏着对立物,当这些对立物从阿派朗中分离出来的时候,万物也就产生了。这种关于事物生成的看法和后来的阿那克萨戈拉等人的看法是相近的,所以辛普里丘提到亚里士多德把阿那克西曼德的看法拿来与阿那克萨戈拉相比。辛普里丘指的,可能就是上面引的亚里士多德在《物理学》第 1 卷第 4 章中的那段话,那里是将阿那克西曼德和恩培多克勒、阿那克萨戈拉当做同一种主张的自然哲学家的。

阿那克西曼德所说的对立物,主要是指热和冷、干和湿等。从阿派朗中分离出来这些对立,怎么会产生万物呢? 现代一些学者讨论了这样一个问题:辛普里丘这里说的热和冷、干和湿,是指热和冷、干和湿这种性质(属性),还是指热和冷、干和湿的东西(物体)? 其实,在亚里士多德以前,一直到柏拉图,希腊哲学家还没有将物体(本体)和属性区别开来,在柏拉图的理念世界里,"热的理念"、"大的理念"、"美的理念"和"人的理念"是同样并存的。在阿那克西曼德的时候,冷和热、干和湿也是和水、火、气一样的东西,即事物(things)。当时的希腊人并没有将它们区别开来。康福德认为是指物体,即热的事物、冷的事物等等②,格思里也接受他的意见。③ 因此,所谓阿那克西曼

---

① 参见辛普里丘:《〈物理学〉注释》,第 24 页第 13 行起。
② 参见康福德:《鉴别原理》,第 162、178 页。
③ 参见格思里:《希腊哲学史》第 1 卷,第 79 页。

德认为对立物原来就存在于阿派朗之中，也就意味着水、火等元素，这些特殊的物质原来也存在于阿派朗之中，则阿派朗也仍然是一个由各种元素和对立物组成的混合体了。

如何解释这种情况？似乎有两种可能的说法：第一，阿派朗是个否定词，不能正面地肯定它是什么，只能从反面否定它既不是这样，也不是那样；既不是这个，也不是那个。但恰是因为它具有这种否定的性质，倒使它有可能成为任何东西。按照上引亚里士多德在《物理学》第 3 卷第 5 章的解释：如果万物的本原是对立中的一面，又如果这一面是无限的，由于对立面互相冲突，另一面就是被消灭。他在那里举的例子也是气是冷的、水是湿的、火是热的等。因此，阿那克西曼德认为万物的本原既不是冷，也不是热；既不是水，也不是火；那么，它究竟是什么呢？他又说不出来，所以他将它叫做"阿派朗"这个只有否定意义的东西。但又正是因为它不是冷，所以它有可能成为热；因为它不是湿的水，所以它有可能成为干的火。这样，他避免了泰勒斯的困难。从人的认识发展阶段来看，在"肯定——否定——肯定"中，否定是一个中间环节，因为有了这个否定，才能有以后像"存在"、"原子"、"质料"这样的肯定。阿那克西曼德当时只达到这样的认识程度。他这种认识也可能是从古代神话的"混沌"来的，混沌是万物还没有区别出来的状态，它既不是这个，又不是那个，但是万物都可以从它那里产生出来。

第二，但这种说法又如何解释辛普里丘说的，对立物存在于阿派朗中，又从它分离出来呢？这就只能用亚里士多德的潜能和现实的解释，说对立只是潜能地存在于阿派朗之中，而不是现实地存在。亚里士多德所说的潜能，本来就包含有可能的意思。在阿派朗之中，只是有包含对立物的可能性，而不是这些对立物已经现实地包含在它里面了。亚里士多德既用潜能和现实的思想解释过恩培多克勒和阿那克萨戈拉等的混合体，也解释过无限——阿派朗。在《物理学》中讨论无限的问题时，亚里士多德的结论是：无限只能是潜能的存在，不能是现实的存在。[①] 用亚里士多德的这种解释去说明阿那克西曼德的

---

① 参见亚里士多德：《物理学》第 3 卷第 6 章。

阿派朗中包含对立,甚至说阿派朗就是一种混合体,也是可以的。当然,不能说阿那克西曼德自己已经有潜能和现实相区别的思想。

可是,因为古代记载多次将阿那克西曼德的阿派朗和矛盾对立联在一起,西方现代有些哲学史家就对阿那克西曼德的思想作了许多辩证法的解释。罗斯在对上面提到亚里士多德在《物理学》第 3 卷第 5 章那段话作注释时说:阿那克西曼德"认为对立——热和冷、干和湿——的斗争构成世界"①。如果这样,也可以说阿那克西曼德是比赫拉克利特更早的辩证法的奠基人,并且将他所说的阿派朗理解为对立面的统一体了。

因此,我们需要分析,在关于对立的问题上,阿那克西曼德的思想是不是已经达到这样的深度?

在客观世界中充满着种种对立的现象,这当然是人类最初就认识到的,在古代神话中早已在讨论这种现象,如生和死、光明和黑暗等。但在古希腊哲学家中,根据现存资料,泰勒斯似乎没有讨论关于对立的问题;阿那克西曼德可能是最早从哲学上谈到对立的问题,并且是将对立和他的阿派朗学说联系起来的。但在古代记载中,谈到阿那克西曼德的对立时,总是讲到冷和热、干和湿,辛普里丘则直接说这两对对立就是阿那克西曼德所说的对立。为什么主要只强调这两对呢? 一是上面已经讲过,这两对是古代希腊人认为自然现象中最基本的对立,四种元素就是分属于这两对对立的。另一个原因就是亚里士多德所指出的:由于冷和热是互相冲突的,如以冷的水为本原,就会使热毁灭。这种互相冲突的现象,如果用现代辩证法的术语说,恐怕只能说它们是互相排斥的:冷不是热,也不能生成热;热不是冷,也不能生成冷。这是一般朴素的常识的看法,也是阿那克西曼德的看法。将这说成是对立的斗争是太早了,那是到赫拉克利特才提出来的思想。再说,即使对立的两面共同存在于阿派朗中,这种共同的存在也只是机械地结合或潜能地混合在一起,不能因此说阿派朗已经是一个对立的统一体。作为对立的统一体是对立双方互相不可分离地联系着,没有甲方也就没有乙方。这也是后来赫拉克利特才开始看到的。

---

① 罗斯:《亚里士多德的〈物理学〉》,第 549 页。

阿那克西曼德还没有看到这一点，他所担心的乃是：如果只有冷，就不能有热。所以不能将他的阿派朗说成是对立的统一体。

在希腊哲学史中，将一对对对立排列起来，作为哲学的范畴，是从毕泰戈拉学派开始的。毕泰戈拉学派对于这些对立的关系的认识达到什么深度？以后将专门讨论。但有一点是哲学史家比较公认的，即比较系统地提出对立统一学说最早只能说是从赫拉克利特开始的，他提出了对立面的互相联系、互相排斥、互相转化和互相斗争的思想。如果说在赫拉克利特以前将近一百年之久的阿那克西曼德已经有对立面的统一和斗争的思想，可能又是犯了违背时代性的错误。

现代西方有些哲学史家还引用上述辛普里丘记载中的那一句，即被第尔斯辑为阿那克西曼德残篇第一的那句话："各种存在物由它产生，毁灭后又复归于它，都是按照必然性而产生的，它们按照时间的程序，为其不正义受到惩罚，并且相互补偿。"他们将这句话和阿那克西曼德关于对立的思想联系起来，认为他这里说的就是对立的转化。他们的解释大体是这样的：对立的双方在斗争中，相互侵犯。在一对对立中，甲方侵犯了乙方，使乙方丧失了存在的根据，这是不正义的；乙方就向甲方作出报复，从而使自己恢复存在的根据，使甲方受到损失，也就是甲方为自己的不正义而受到惩罚。反之亦然。这就是对立的双方互相得到补偿。例如，火变成云（气），云变冷成为水，水又补充大地和海洋。在这个过程中，热的东西和干的东西，冷的东西和湿的东西交替前进和退却，这样就形成每年春、夏、秋、冬季节的变化。这种变化是有必然性，是按照时间的程序而发生变化的。许多学者多这样解释阿那克西曼德的这个思想。[1] 汤姆逊则是这样解释的："阿那克西曼德将对立面的冲突看作是两者彼此交替侵蚀而由各自消失自己的本来面目于各自所从出的那种无区分的物质形态〔阿派朗〕之中的一种历程。这就是他所谓'各种存在物按照时间的程序，为其不正义受到惩罚，并且相互补偿。'"[2]汤姆逊的讲法不但涉及对立双方

---

[1]　如弗拉斯托斯（G.Vlastos）的论文：《早期希腊宇宙演化论中的平等和正义》；康福德：《鉴别原理》，第 168 页；格思里：《希腊哲学史》第 1 卷，第 80 页。

[2]　汤姆逊：《古代哲学家》，中译本，第 177 页。

的关系,而且说到对立双方和阿派朗的关系,说它们相互补偿。后一点比较接近辛普里丘的原话,因为辛普里丘记载这段话时,并没有和对立的问题联在一起,而是用它来直接说明万物由阿派朗产生,又消灭复归于阿派朗的问题的。对立可以包括在万物之中,但它们又不完全相同。像上面这样说法,冷和热、干和湿还要通过火、云、水以及春、夏、秋、冬等自然事物或现象之间的变化来说明它们的相互补偿,这些终究还不是对立面的直接转化。这些事物和阿派朗之间如何相互补偿? 这是难以说明的。所以辛普里丘说,这只是带着诗意的说法。根据现存材料,阿那克西曼德自己在这个问题上并没有作出明确的说明。

但是,阿那克西曼德能够提出这种说法,说万物从阿派朗产生是带有必然性,按照时间程序,并且相互补偿的。这终究是很了不起的。因为现存的泰勒斯的资料中并没有谈到必然性的思想,所以,阿那克西曼德提出必然性,可以说是西方哲学史上最早提出的必然性思想。并且是在谈到从阿派朗产生万物,万物又回归到阿派朗时提出这个必然性来的,表明他已经开始提出了"规律"的思想萌芽,可能后来就影响了赫拉克利特的"逻各斯"学说。这在西方哲学思想的发展史上是很重要的。关于阿那克西曼德运用必然性思想说明天体的生成和变化问题,将在下一节论述。

因为阿那克西曼德在这段话中讲到了"正义"、"惩罚"、"补偿"等概念,耶格尔在《潘迪亚,希腊文化的理想》中着重从道德、伦理和法律的立场解释阿那克西曼德的思想。他认为,阿那克西曼德的宇宙正义是哲学中最重要的概念,和惩罚等概念一样,是从法律的术语转到物理学的术语,从法律领域移植到自然领域,从城邦生活扩大到宇宙中去的。他认为,阿那克西曼德制定的是道德律,而不是物理上的自然律,自然现象是受道德准则支配的;强调永恒正义的力量统治着自然现象,统治整个宇宙。耶格尔把阿那克西曼德在哲学上的成就和梭伦在政治立法上的成就相比。一方面他认为,阿那克西曼德的这种宇宙概念是"对于宇宙的精神发现",是和流行的宗教信仰发生决裂,从而打开了新的哲学探讨的道路,成为后来人类理解宇宙的最本质的范畴之一,象征着整个早期自然哲学对希腊文化的影响;另一方面又认为,阿那克西曼德的这种认识是和一切经验研究无关的，是出自人类灵魂深处的"直观的思维"①。所以，耶格尔在《早期希腊哲学家的神学》中，通过对阿那克西曼德的因果规律性的解释，认为阿那克西曼德的残篇第一，"不仅仅是对自然的解释，它是最早的哲学的神论。……因此，在这种所谓的自然哲学中，我们发现神学、神谱和神论是一起发生作用的。"②耶格尔将希腊哲学和整个希腊社会文化联系起来考察，是很值得做的探讨；只是就阿那克西曼德的这条残篇说，能够据以说明的其他资料实在太少。当时希腊城邦已经注意立法，像"正义"、"惩罚"已经是日常生活经验中存在的问题，耶格尔认为这些思想与一切经验无关，从而夸大为哲学中的神学和神论，大概是过分了。

第三节　永恒的运动，无限的宇宙

古代记载中有关阿那克西曼德的宇宙演化、世界构造等自然哲学即宇宙论方面的思想，要比泰勒斯多，其中也有一些精辟的思想，近代哲学史家冈珀茨称他为"宇宙演化学的始祖"③。现代学者也有人企图重建阿那克西曼德的宇宙论的观点和体系④，也有人为此写出专门的著作。⑤

但是，要将阿那克西曼德的宇宙论观点说成是一个完整的体系，终究是有困难的。现存的古代记载是零碎的，有些观点还是彼此矛盾的，甚至有些材料是否属于阿那克西曼德本人，也是有争议的。因此，我们只能选择其中几个重要的问题作些讨论。

第一，前面的引述已经提到，阿那克西曼德认为宇宙是永恒地运动的。万物由阿派朗产生，按照永恒的运动，最后又复归到阿派朗。阿那克西曼德还认

① 参见耶格尔：《潘迪亚，希腊文化的理想》第1卷，第160—161页。
② 耶格尔：《早期希腊哲学家的神学》，第34—36页。
③ 冈珀茨：《希腊思想家》第1卷，第337页。
④ 如格思里：《希腊哲学史》第1卷，第76页。
⑤ 如卡恩(C.H.Kahn)：《阿那克西曼德和希腊宇宙演化论的起源》(1960)。

173

为这种运动是有必然性的。但是,这种永恒运动究竟是什么样的运动? 阿那克西曼德自己并没有说明。近现代一些学者认为这种永恒的运动,就是旋涡的运动。罗斑提出:"考虑到亚里士多德在这方面所确立的那些对立和同样多的类似事物的比较,这种运动似乎是一种对立事物的分离和结合的过程,它的原始形式应当是一种混沌的旋涡运动。"①亚里士多德是在《论天》中谈到这种旋涡运动的:

　　但是,如果有任何自然运动的话,强制力就不会是运动和静止的唯一原因。如果由于强制力使大地保持着它现在的位置,那么,使大地的各部分集结到中心去却是由于所谓的旋涡运动。这种原因的看法,是从观察水中和空气中的情况得来的,因为在水中和空气中,比较大的和重的物体总是被带到旋涡的中心。因此,所有企图解释天体的形成并说明大地总是处于中心的人,都是这样想的。②

可是亚里士多德在讲这段话时并没有提到阿那克西曼德。不过古代希腊哲学家大多认为大地居宇宙的中心,其中也包括阿那克西曼德。因此,也可以推论亚里士多德这段话同样适用于阿那克西曼德。对这个问题,现代学者也有不同的意见,比如基尔克就认为:"无论如何,亚里士多德在写这段话时,并没有将阿那克西曼德考虑在内",因为在这段话以后不久,亚里士多德就提到阿那克西曼德,说他认为大地保持在中心位置,是因为平衡的力量。③ 但是,冈珀茨和汤姆逊等人却都认为阿那克西曼德是主张旋涡说的,并且将他同康德—拉普拉斯关于太阳系起源的星云假说联系起来,将阿那克西曼德说成是星云说的最早的先驱。④ 而康德本人在《自然通史和天体论》中,谈到一些希腊和罗马的哲学家,主要是卢克莱修及其先驱伊壁鸠鲁、留基伯、德谟克利特等原

---

① 罗斑:《希腊思想和科学精神的起源》,中译本,第62页。

② 亚里士多德:《论天》,295ᵃ7—15。

③ 参见基尔克、拉文:《苏格拉底以前的哲学家》,第128页。

④ 参见冈珀茨:《希腊思想家》第1卷,第53页;汤姆逊:《古代哲学家》,中译本,第174—175页。

子论者的理论,与他自己的理论有许多相似之处,并没有提到阿那克西曼德。①

此外,还有一种解释,说这种永恒的运动是循环发生的。这种说法,和阿那克西曼德认为万物从阿派朗产生,最后又复归为阿派朗是直接关联的。古代的记载有:

> 普拉克西亚德的儿子米利都的阿那克西曼德说,存在物的本原是阿派朗,因为万物都从它产生,而又消灭复归于它;因此有无数个世界连续地从它们的本原中产生,又消灭复归于它们的本原。② (DK12A14)

> 他〔阿那克西曼德〕说,天,一般说世界,是从阿派朗中分离出来,它们的数目是无限多的。他声称,天和世界的毁灭,以及还要早得多的产生,是从无限的年代里早就发生的;因为,它们都是循环地出现的。③ (DK12A10)

从这些记载看,阿那克西曼德认为有无数个天和世界,它们连续相继地从阿派朗中分离出来,又复归于阿派朗。所以,这是一个必然的过程。但由此也产生了下面的问题。

第二,阿那克西曼德既然认为有无数个天和世界,在西方哲学史家中就引起了争论:这无数个世界是相继连续和循环产生的,还是同时并存的?

策勒认为,阿那克西曼德认为我们的世界是既无开始又无终结的,是无限系列的连续的世界。④ 伯奈特反对策勒的意见,认为阿那克西曼德所说的阿派朗是指空间上的无限,所以尽管所有的世界每一个都是可灭的,但因同时存在着无数个世界,所以就总体来说仍是无限的。他认为,阿那克西曼德以后的阿那克西美尼、塞诺芬尼、第欧根尼、留基伯、德谟克利特和伊壁鸠鲁等人,都主张同时并存着无数个世界。他们之间的区别仅仅在于:伊壁鸠鲁认为无数个世界彼此之间的距离是不相等的,而阿那克西曼德却认为它们之间是彼此

---

① 参见康德:《宇宙发展史概论》,中译本,第11页。
② 艾修斯:《哲学家意见集成》第1卷,第3章第3节。
③ 伪普卢塔克:《汇编》第2节。
④ 参见策勒:《苏格拉底以前的学派》第1卷,第265页。

等距离的。① 康福德②和格思里③都同意策勒的看法。耶格尔在《潘迪亚，希腊文化的理想》中，对这个问题表现徘徊。④ 基尔克则根据对古代资料的分析，认为这两种说法都是难以置信的。⑤

我们认为，尽管这些古代的记载可能还有值得怀疑之处，但没有其他更确凿的资料时，我们终究只能凭已有的记载来判断。既然古代记载几乎都认为阿那克西曼德认为世界在数目上是无限多的，这无限多的世界的存在方式只能是两种：或者是在时间上连续相继地存在，或者是在空间上并列存在。这两种存在的方式也并不是矛盾的、互相排斥的，而是可以同时存在的。

上面所引的艾修斯和伪普卢塔克的记载，基本上可以解释为无限数的世界是在时间上连续相继地存在的，但同时也可以找到有关于说它们是在空间上同时并存的古代记载：

> 那些主张世界在数目上是无限的人，如阿那克西曼德、留基伯和德谟克利特等，以及他们以后的伊壁鸠鲁，认为无限数目的世界在无限时间中产生和消灭，其中有些在产生中，同时有些却在消灭着。⑥（DK12A17）

中世纪的奥古斯丁也作了类似的解释，他的解释不一定符合阿那克西曼德的原意，只能录以参考：

> 因为他〔阿那克西曼德〕认为，事物不是从一种本体产生出来的，像泰勒斯认为是从水产生出来的，而是认为，每种事物都是从它自己的特殊本原中产生出来的。他认为，这些个体事物的本原是无限的，从其中产生无数个世界，不管其中出现什么事物；他认为，这些世界即便消解了，同时又产生了，按照各个世界所能生存的年代。⑦

在辛普里丘的记载中，将阿那克西曼德和留基伯、德谟克利特、伊壁鸠鲁并列，

---

① 参见伯奈特：《早期希腊哲学》，第58—59页。
② 参见康福德：《鉴别原理》，第179页。
③ 参见格思里：《希腊哲学史》第1卷，第111页。
④ 参见耶格尔：《潘迪亚，希腊文化的理想》第1卷，第159—161页，以及455页注(56)。
⑤ 参见基尔克、拉文：《苏格拉底以前的哲学家》，第121—126页。
⑥ 辛普里丘：《〈物理学〉注释》，第1121页第5行以下。
⑦ 奥古斯丁：《上帝之城》第8卷，第2章。

这些人都是主张有无数个世界同时存在的。奥古斯丁明显地曲解了阿那克西曼德的阿派朗的思想,说每种事物都是从它自己特殊的本原中产生出来的;但他肯定阿那克西曼德是认为有无限多的世界同时存在又连续产生和消灭的。

所以,阿那克西曼德所说的在数目上无限多的世界,既可能是在时间上连续相继,也可能是同时并列存在。阿那克西曼德自己并没有说明这个问题,这是后人从阿派朗推论出来的时间上的无限和空间上的无限,我们以为,不一定要肯定地将其中哪一种思想加到阿那克西曼德身上,因为他也许还没有意识到这种区别。

第三,在关于宇宙——大地和日、月、星辰等的形成、性质和结构等问题上,古代记载的阿那克西曼德的观点也不少,其中有些是相同的,有些是不同的。这里只能作简单的介绍,不可能一一具体分析讨论。

伪普卢塔克的一则来自塞奥弗拉斯特的记载中讲道:

> 他〔阿那克西曼德〕说,宇宙产生时,热的和冷的胚芽从永恒的本体中分离出来;从这种胚芽中生长出一团火球,围绕着包围大地的空气,就像树皮围绕着树木一样。当这个火球破裂和断离开来成为几个环形物时,日、月和星辰就产生了。[1] (DK12A10)

这则记载比较具体地介绍了从永恒的本体——阿派朗中分离出热的和冷的胚芽,又从这种胚芽中生长出一团火球,包围着大地;后来又由于这团火球的破裂而产生日、月和星辰。这是由阿派朗分离出热和冷,通过火球形成日、月、星辰的具体过程。可能是阿那克西曼德自己作的解释。上一节提出的问题:阿那克西曼德的阿派朗如何产生对立和万物的?我们现在只能知道这样朴素的解释。阿那克西曼德所说的必然性,大约就是指这个过程是必然的。

有些学者却根据这里讲到"胚芽",说这是阿那克西曼德用生物学的观点,以有机生命的产生和形成的特点来解释宇宙的形成。比如格思里认为,阿那克西曼德是将动物精子、胚胎的发展和奥菲斯教派宇宙演化论中"世界卵"

---

[1] 伪普卢塔克:《汇编》,第2章。

的说法联系起来解释宇宙的形成的。①

但是更多的记载,表示阿那克西曼德是从几何学和数学方面来考虑宇宙的形状和结构的。其中最重要的一点,就是认为阿那克西曼德主张大地处在宇宙的中心,和周围的距离相等。亚里士多德在《论天》中是这样记载的:

> 但是,有些人认为地的"中立"(不偏不倚)是保持它的位置不变的原因,例如古人阿那克西曼德就是这样说的。这些人论证说,地是处在中心,它和各端距离相等,没有朝某个方向运动——无论朝上、朝下,或是朝旁边的运动,因为对它来说,同时实现相反方向的运动是不可能的,所以它必然保持静止不动。②

以地为宇宙中心的思想,当然是人类最早就已经有的,古代的神话也都是这样讲的。但在西方哲学史上,用哲学的语言来论证这种思想,可能是从阿那克西曼德开始的。

希波吕托的记载比较广泛具体:

> 地悬在上面,没有什么东西支持它。因为它在中央,和周围距离相等,所以保持它的位置不变。它是凸的和圆的,就像一根石头柱子一样。它有两个彼此相反的表面,我们就住在其中一个表面上。星辰是一些火圈,是从那包围世界的火中分离出来的,火又为气包裹着。不过有一些通气的洞,一些管状的开口,通过这些洞便显出星辰。当这些洞关闭的时候,就发生食的现象;月亮的盈亏就是由这些洞的开闭而表现出来的。太阳的圆周是大地的二十七倍,是月的十八倍;太阳是最高的,恒星圈则是最低的。③(DK12A11)

艾修斯在《哲学家意见集成》中,更记载了阿那克西曼德的一系列观点:

> 阿那克西曼德说,星辰好像是气做的毡帽,是轮形的,充满着火,有些地方有喷着火焰的气孔。④(DK12A18)

---

① 参见格思里:《希腊哲学史》第1卷,第90—91页。
② 亚里士多德:《论天》,295^{b}10—16。
③ 希波吕托:《驳众异端》第1卷,第6章第4—5节。
④ 艾修斯:《哲学家意见集成》第2卷,第13章第7节。

　　阿那克西曼德、开俄斯的梅特罗多洛和克拉特斯说,太阳位于全宇宙最高的地方;太阳的后面跟着月亮,下面是恒星和行星。①（DK12A8）

　　阿那克西曼德说,星辰是由一些圆环和球荷负着,每一颗星的位置都是在这些圆环和球上面。②（DK12A18）

　　按照阿那克西曼德的说法,太阳基本上是一个环状物,是地的大小的二十八倍,形状像是一只车轮。边缘是凹的并充满着火,正像风箱喷嘴的通风口,在某一点上可以看到火,这就是太阳。③（DK12A21）

　　月亮是一个比地大十九倍的圆环,很像一个车轮,轮子的边缘是凹的,充满着火,就像太阳的圆环一样,不过它的位置和太阳比起来是斜的;也只有一个唯一的气孔,就像一个风箱的管子一样,随着轮子的运转而表现出种种变象。④（DK12A22）

　　月亮的光是它所固有的。⑤（DK12A22）

　　阿那克西曼德说,月食是由轮子的开口关闭所造成的。⑥（DK12A22）

　　阿那克西曼德说,地好像一块柱子的础石。⑦（DK12A25）

此外,辛普里丘在对亚里士多德《论天》的注释中,还根据亚里士多德的学生欧德谟斯的《天文学史》,指出阿那克西曼德是最先探讨行星间的距离的:

　　根据欧德谟斯的说法,阿那克西曼德是第一个讨论各个行星的大小和距离的,最先确定行星序列的是毕泰戈拉学派。日、月的大小和距离,那时是以日、月蚀作为我们认识的出发点加以估算的。我们有理由可以假定,这点也是阿那克西曼德的发现。（DK12A19）

可是有关阿那克西曼德讨论行星的大小和距离的具体材料,却主要只有以上

---

① 艾修斯:《哲学家意见集成》第2卷,第15章第5—6节。
② 艾修斯:《哲学家意见集成》第2卷,第16章第5节。
③ 艾修斯:《哲学家意见集成》第2卷,第20章第1节。
④ 艾修斯:《哲学家意见集成》第2卷,第25章第1节。
⑤ 艾修斯:《哲学家意见集成》第2卷,第28章第1节。
⑥ 艾修斯:《哲学家意见集成》第2卷,第29章第1节。
⑦ 艾修斯:《哲学家意见集成》第3卷,第10章第2节。

这些记载,要由此得出阿那克西曼德已经作出宇宙的几何结构和数量关系的结论,显得是不够的。阿那克西曼德对于天体的这些说法,从他当时的情况讲,是很大胆地作了一些猜测,是从神话的宇宙观转到用物质本身解释宇宙的一种科学的萌芽的尝试,是一种进步;但它终究是没有科学根据的幼稚的猜测,带有很大的空想成分。但他对稍后的一些哲学家如赫拉克利特的宇宙学说,是有很大影响的。

此外,关于雷、电等自然现象,辛普里丘在《哲学家意见集成》中,也记载了阿那克西曼德的一些看法:

> 谈到雷、电和飓风时,阿那克西曼德说:是风造成了这一切现象;因为,当风被关在一片密云中的时候,由于它是精细和轻巧的,它就努力要跑出来,于是撕破云层而发出声响,而裂口的扩大则点亮了黑夜。① (DK12A23)

> 阿那克西曼德说,风是空气的流动,因为空气的最轻和最湿的部分为太阳所晒而膨胀起来。② (DK12A24)

希波吕托在《驳众异端》中也记载了阿那克西曼德的观点:

> 雨是由太阳从地上蒸发起来的气产生的。③ (DK12A11)

辛尼加在《自然问题》中记载:

> 阿那克西曼德将一切都归于风,他说,雷是彼此撞击的云的闹声……④ (DK12A23)

以上这些观点,大概都是阿那克西曼德观察经验事实作出的解释。由于泰勒斯没有留下多少有关这方面的论述,在古希腊哲学家中,阿那克西曼德是最早提出对各种自然现象的解释的哲学家。从这个意义上,说他开创了古代自然哲学的研究,是可以的。

第四,阿那克西曼德在自然哲学方面最值得重视的,还是他关于动物和人

---

① 艾修斯:《哲学家意见集成》第3卷,第3章第1节。
② 艾修斯:《哲学家意见集成》第3卷,第7章第1节。
③ 希波吕托:《驳众异端》第1卷,第16章第5节。
④ 辛尼加:《自然问题》第2卷,第18章。

类起源的思想。在这方面,古代的记载是比较一致的:

> 阿那克西曼德说,最初的动物是在潮湿的东西中产生的,并且有一层硬皮包裹着;等它们长得够大了,就爬到岸上来,当硬包破裂后,它们就作为另外一种生物活下去。① (DK12A30)

> 此外,阿那克西曼德说,人最初是由另外一种动物产生的。他的理由是别的动物都很快就能给自己寻找食物,只有人却需要很长一段哺乳时期;如果人在起初就是像现在这种样子,那他是不能存留下来的。② (DK12A10)

> 米利都的阿那克西曼德认为,从热的水和土中产生出鱼或非常像鱼的生物;从这些生物中长出人来,从胚芽到青春期一直还保留着原来的形式,直到最后,像鱼一样的生物破裂了,已经能够喂养自己的男人和女人生长出来了。③ (DK12A30)

> 他讲过,生物是从太阳所弄干了的湿的东西中产生的。人是从另一种动物产生的,就是从鱼产生的。④ (DK12A11)

阿那克西曼德认为,人是从鱼或类似鱼的动物中产生出来的。他所以会产生这种思想,可能因为古人早已观察到从潮湿和温暖的腐烂物中产生昆虫等小动物的现象,更可能是从观察人的胚胎和幼鱼有某些相似而得出来的论断,这就已经有了经验科学的意义了。人是从鱼变化而成的,这种思想,在当时,不仅是阿那克西曼德提出来,还可能在其他地方也存在。格思里在《希腊哲学史》中,曾根据普卢塔克的著作《宴谈篇》讲到当时叙利亚人就是这样看的。那里说,在一次宴会中,客人们讨论到为什么宗教有不吃鱼的习惯时,有一个人说:就像叙利亚人,他们将海神波塞冬作为自己的祖先来崇拜,他们相信人也是从湿的东西中产生的。接着说:

> 所以他们〔叙利亚人〕将鱼作为同宗和同奶兄弟来崇拜。在这点上,

---

① 艾修斯:《哲学家意见集成》第5卷,第19章第4节。
② 伪普卢塔克:《汇编》,第2章。
③ 肯索里努:《论生日》第4卷,第7节。
④ 希波吕托:《驳众异端》第1卷,第6章第6节。

他们比阿那克西曼德的哲学更加合理。因为他〔阿那克西曼德〕并不把鱼和人列为一类，认为他们属于同一祖先；只是声称，人最初是在鱼里面产生的，按照狗鲨的方式哺育自己，变得能够照料自己，出现并逗留在陆地上。正像火毁灭事物，事物在火中燃烧，火便是事物的父母。阿那克西曼德也是这样看的，他认为鱼是人类的共同父母，所以劝阻我们吃鱼。

（DK12A30）

关于这段话中的思想，基尔克认为不是阿那克西曼德自己的思想，而是普卢塔克引证亚里士多德在《动物志》中关于狗鲨的解剖情况①来为阿那克西曼德作解释的。② 格思里不同意基尔克的意见，他以为居住在海边的阿那克西曼德完全可能有这样的知识，"古代生活在海边的居民们对于鱼类的实际生活情况，可能比我们当中没有科学知识的人知道得更多些"③。

人是从鱼变来的。这种思想尽管可能是古代人从经验事实的观察中得来的素朴的认识，但在人类认识发展史上，它是由阿那克西曼德第一个表达出来的。这终究是达尔文的进化论的最早的萌芽。恩格斯说过：

伊奥尼亚哲学家阿那克西曼德还在公元前6世纪就提出了人是从鱼发展而来的观点，大家知道，现代进化论自然科学的观点也是如此。④

所有阿那克西曼德关于自然哲学的思想，表明他是将从宇宙到人类的整个自然界，都看做是永恒、无限地发展变化的。这是古代希腊早期的自然哲学家的共同特征，也是和他主张万物的本原是阿派朗的思想相一致的。

---

① 亚里士多德：《动物志》565^{b}1 以下。
② 参见基尔克、拉文：《苏格拉底以前的哲学家》，第 142 页。
③ 格思里：《希腊哲学史》第 1 卷，中文第一版，第 104 页注 2。
④ 《马克思恩格斯全集》第 21 卷，人民出版社 1965 年版，第 563 页。

第三章

阿那克西美尼

米利都学派的第三代著名哲学家是阿那克西美尼。

有关阿那克西美尼的生平,古代留下的记载极少。第欧根尼·拉尔修是这样说的:

> 阿那克西美尼,欧律司特拉托的儿子,米利都本地人,是阿那克西曼德的学生。根据另一种说法,则是巴门尼德的学生。他以气为万物的本原,它是无限(apeiron)的。他认为星辰不是在大地上面运行,而是环绕着大地运动的。他是用简单而纯朴的伊奥尼亚方言写作的。根据阿波罗多洛的说法,他主要活动在萨尔迪斯陷落的时候,死于第六十三届奥林比亚赛会。①

在这段记载中,说阿那克西美尼是米利都人,他的父亲叫欧律司特拉托,是没有分歧意见的。他和阿那克西曼德的关系很密切,古代不同的记载中,说他是阿那克西曼德的学生、朋友、熟人、继承人等。至于说他是巴门尼德的学生,根据年代推算和他们学说思想上的关系,是不大可能的,一般哲学史家都不接受这种说法。

关于阿那克西美尼的生卒年代,过去有说他生于萨尔迪斯城陷落的时候,现代哲学史家根据第尔斯的考证和译读,改为说他主要活动在萨尔迪斯城陷落的时候。米利都的邻邦吕底亚的首都萨尔迪斯城曾有两次被攻陷,第一次

---

① 第欧根尼·拉尔修:《著名哲学家的生平和学说》第2卷,第3节。

在公元前546—前545年,第二次在公元前498年。已经辨明阿那克西美尼的活动是在前一次,即波斯国王居鲁士(在位年代是公元前559—前529年)攻陷萨尔迪斯。从而将他的鼎盛年定在公元前546—前545年,即第五十八届奥林比亚赛会的第三年,由此上推40年,即他出生于公元前586/585年,死于六十三届奥林比亚赛会,大约是公元前526/525年。据此推算,阿那克西美尼出生于泰勒斯的鼎盛年,比阿那克西曼德大约年轻二十多岁。① 这样,泰勒斯、阿那克西曼德和阿那克西美尼的年龄,彼此大约相差二十岁左右,成为先后相继的米利都的主要哲学家。

阿那克西美尼有没有参与政治活动?现在没有留下可靠的记载。第欧根尼·拉尔修记录下的两封据说是阿那克西美尼写给毕泰戈拉的信,给我们提供了一点参考消息。阿那克西美尼在第二封信中祝贺毕泰戈拉平安地离开了那时在僭主统治下的萨摩斯,到达克罗顿,得到当地人和其他在意大利的希腊人的欢迎。但是他说:

> ……米利都是不能没有僭主的。的确,只要我们不愿意纳贡,米地亚的国王就是另一个令我们害怕的人。伊奥尼亚人为了保卫共同的自由,就要和米地亚作战,这样,我们也就不再希望平安了。当遭到毁灭或奴役的威胁时,阿那克西美尼如何能再继续研究天呢?②

当时的米利都和伊奥尼亚其他城邦一样,都处在东方的侵略威胁之下,民族矛盾超过了阶级矛盾。因此,人们支持僭主。这是泰勒斯、阿那克西曼德和阿那克西美尼共同具有的政治态度。

阿那克西美尼有没有写过著作?第欧根尼·拉尔修说他是"用简单而纯朴的伊奥尼亚方言写作的",至少表明阿那克西美尼曾经撰写过著作。第欧根尼·拉尔修记载塞奥弗拉斯特的著作目录中,有一卷《论阿那克西美尼的著作》。③ 但现在留下的只有几则阿那克西美尼的残篇,也为数极少。他的自然哲学学说主要是由塞奥弗拉斯特记载下来的,后来的辛普里丘、艾修斯、希

① 参见基尔克、拉文:《苏格拉底以前的哲学家》,第143—144页。
② 第欧根尼·拉尔修:《著名哲学家的生平和学说》第2卷,第5节。
③ 参见第欧根尼·拉尔修:《著名哲学家的生平和学说》第5卷,第42节。

波吕托等人的记载,主要内容和塞奥弗拉斯特的记载是基本一致的。现代一些哲学史家认为,所谓"用简单而纯朴的伊奥尼亚方言写作",也就是用朴素的日常用的散文语言代替了神话诗以及阿那克西曼德的"颇带诗意的语言",在表达抽象的哲学思想上,也是一种进步。①

第一节　本原是气

阿那克西美尼认为万物的本原是气。亚里士多德在《形而上学》中说得很明白:

> 阿那克西美尼和第欧根尼②认为气先于水,是一切单纯物体的本原。③

辛普里丘在《〈物理学〉注释》中,根据塞奥弗拉斯特《论自然哲学家的意见》的记载,作了进一步说明:

> 欧律司特拉托的儿子,米利都人阿那克西美尼,是阿那克西曼德的同伴,也像他一样认为自然的基质是"一",是无限的;但是他不像阿那克西曼德那样说它是无定的,而认为是确定的,说它就是气。④（DK13A5）

普卢塔克和上面引用过的第欧根尼·拉尔修也都提到阿那克西美尼认为万物的本原是气。希波吕托在《驳众异端》中讲得更为详细:

> 另一个米利都人,欧律司特拉托的儿子阿那克西美尼认为本原是无限的气。一切生成的东西,已经是或者将要是的东西,还有神和神圣的东西,以及其他由它产生的东西,都是由它而成为存在的。气的形式是这样的:当它均匀地分布时,它是看不见的,但是,冷、热、湿和运动,却使它显

---

① 参见格思里:《希腊哲学史》第1卷,第118页。
② 这个第欧根尼,不是古代传记作者第欧根尼·拉尔修,而是阿波罗尼亚人,关于他的思想,将在本书第五编中论述。
③ 亚里士多德:《形而上学》,984ᵃ5—7。
④ 辛普里丘:《〈物理学〉注释》,第24页第26行起。

露出来了。它总是在运动中,不然,如果没有运动,变化的事物也就不能变化了。① (DK13A7)

这些古代的记载都是将阿那克西美尼的气和泰勒斯的水,以及阿那克西曼德的阿派朗对比起来说的,因此,我们分析研究这些记载,就可以理解他们三个人的哲学思想间的关系,从以下几点来说明:

第一,阿那克西美尼所说的气和泰勒斯所说的水是属于同一类的事物。古代希腊人将水、火、土、气并列,后来就成为组成事物的四种物质性的元素(质料)。因此,气和水一样是具体的物质性的东西。但是,阿那克西美尼以气作为万物的本原,这个气就不是某一个地方的具体的气,也不是某一种类特殊的气。虽然古代希腊不可能知道有空气、氧气、氢气等等的区别,但阿那克西美尼所说的气和泰勒斯所说的水一样,带有一般性。因此,将阿那克西美尼当做万物本原的东西译为"空气",我们觉得不如译为"气"更为妥当。

阿那克西美尼所说的气和泰勒斯所说的水一样,都具有两重性:一方面它们是具体的,是我们的感觉所能感知到的物质性的东西;另一方面,它们既然被认为是万物的本原,是多中之一,所以它们又是一般的。选择这种既是具体又是一般的东西作为万物的本原,表明了当时人类认识的进程。和早先的神话相比,他们摆脱了用形象的神解释世界的传统,而用自然界本身来说明世界,这是一个很大的突破,标志着哲学的产生。但是,他们用来说明万物的产生的,仍旧是某种具体的我们的感觉可以直接感知的东西。这就是人类认识从具体到抽象的发展过程中的最初阶段:人们认识要从具体上升到抽象,但还摆脱不了具体。

第二,这样,从泰勒斯的水到阿那克西美尼的气,是否停留在同一认识水平,没有任何发展呢?也不能这样看。从具体的程度说,气和水并不是一样的。这就是上引希波吕托所解释的:气是我们一般所看不到的,只有通过它的冷、热、干、湿等变化以及运动(如刮风、吹气),我们才能感触到它。在四种元

---

① 希波吕托:《驳众异端》第1卷,第7章第1节。

素中,水和土是我们能够直接看到和感觉到的;火并不是物质实体,而是物质的运动(燃烧),但它也是我们所能直接看到和感觉到的;唯有气,是我们不能直接看到的,如果它不发生变化和运动,我们就不能感觉到它的存在。正因为气具有这样的特性,所以我们要认识它就比较困难。你如果对小孩子解释什么是固体和液体,比较容易,但要对他解释什么是气体就比较困难。必须具备一定的抽象能力,才能理解什么是气体。从这个意义上说,应该承认:从泰勒斯的水到阿那克西美尼的气,在人类认识发展史上,也是从具体到抽象的一个进步,是一个不算小的发展。

第三,阿那克西曼德由于看到泰勒斯以水为万物的本原时产生了不可解决的矛盾,从而提出以阿派朗来代替水。阿那克西曼德是意识到不能说万物的本原有任何规定性,不能赋予它任何规定性,才将他所认为的本原叫做阿派朗的。因为这个阿派朗不具有任何规定性,所以在一般性的程度上,它要比水、火、土、气这些具体的元素要高一些。阿派朗作为"普遍的物质",要比那些具体的物质更为一般些。从这个意义上说,由阿那克西曼德的阿派朗到阿那克西美尼的气,在人类认识由个别到一般的发展过程中,似乎是一种倒退,是由比较一般又倒退为比较个别的本原。

阿那克西美尼在这个问题上是不是倒退了呢?这不能不看到他所说的气是具有某些特征的。首先,阿那克西美尼认为作为万物本原的气本身就是无限的。他说的这个"无限"仍旧是"阿派朗"这个字。水、火、土都是我们看得见的东西,我们可以看到它们的边际和界限,因此,不能说它们是无限的。而气却是我们看不见的东西,单凭感觉,我们不能说出它的界限。因此,如果我们要找一个具体的阿派朗的话,这个阿派朗就只能是气,只有气才可以说是无限的。这种思想比较符合早期人类分辨不清一般和个别时期的状况,他们要说的本来是一般,却常常以个别来取代一般。这就是上面引用辛普里丘所说的,阿那克西美尼也认为万物的本原是无限,不过他不像阿那克西曼德那样说它是无规定性的,而认为它是有规定性的,它就是气。阿那克西曼德的阿派朗只有否定的意义,说它既不是这又不是那。在从具体到抽象的过程中,这是一个进步,但这种进步并不是成功的,因为它只有否定而没有作出肯定。从这点讲,阿那克西美尼的气吸收了阿派朗的性质,但不是完全否定,而是给了它某种规定性,某种肯定。虽然这种肯定又使本原从抽象回到比较具体,但这是退中有进。我们也要看到这一方面。其次,阿那克西曼德所以认为泰勒斯以水为万物的本原必然会产生矛盾,是因为水是冷的、湿的,由它如何能产生热和干呢? 可是,气却并不具有这种规定性,它不一定是冷的、热的、湿的或干的;只是像希波吕托所说的,由于气的变化和运动,它既可以是冷的,也可以变成热的,既可以是干的,也可以变成湿的。从这方面讲,阿那克西美尼所说的气,既可以避免掉泰勒斯所说的水那种不可避免的困难,又可以起到和阿那克西曼德所说的阿派朗同样的作用。因此,可以说比阿那克西曼德的说法更为进步、更为具体的。

的确,阿那克西美尼的学说是有比阿那克西曼德更为发展和进步的方面,那就是他第一次提出了稀散和凝聚这一对对立的运动方式的范畴。

第二节　稀散和凝聚

从本原中如何产生出万物来? 这个问题在阿那克西美尼以前还没有作出合理的解释。泰勒斯并没有说明万物是如何从水产生的。阿那克西曼德虽然提出万物由本原产生、最后又复归于本原的思想,但这种产生和复归是如何进行的? 他除了提出由阿派朗"分离"或"分散"出冷和热等对立外,也没有其他更具体的说明。最早说明这个问题的,是阿那克西美尼提出的稀散和凝聚的学说。

辛普里丘在上引《〈物理学〉注释》中讲到阿那克西美尼认为本原是气以后,是这样说的:

> 它[气]通过稀散和凝聚而成为不同的实体。当它稀薄的时候,便成为火;当它浓密的时候,便成为风,成为云,更浓密时,便成为水、土和石头;别的东西都是由这些产生的。他也主张运动是永恒的,变化则由此产生。[①]

---

① 辛普里丘:《〈物理学〉注释》,第24页第26行起。

（DK13A5）

上引希波吕托《驳众异端》中也是这样说的：

> 它〔气〕由于变得更加浓厚或稀薄，就有不同的外观。当它消解得更
> 加稀薄时，变为火；当它变得浓厚时，就变成风，然后是可以看到的云。当
> 它更浓厚时，就产生水；再浓厚时就成为土，最浓厚时就成为石头。结果
> 是，产生影响最大的是热和冷这一对对立。①（DK13A7）

根据普卢塔克的记载而被辑为阿那克西美尼的残篇第一，就将冷和热与凝聚
和稀散的作用连结起来了：

> 使物质集合和凝聚的是冷，使它稀散和松弛的则是热。②（DK13B1）

在伪普卢塔克的《汇编》中，将日、月、星辰的产生也归到气的稀散和凝聚、冷
和热：

> 据说阿那克西美尼认为气是宇宙的本原。气在种类上是不定（阿派
> 朗）的，以其所具有的性质而定。万物都由气的凝聚或稀散而产生。运
> 动是永恒存在的。他说，当气浓缩时，最初生成的是大地〔土〕，它是扁平
> 的，因而为气所支撑。至于太阳、月亮和其他星辰，都是从地产生的。所
> 以他认为太阳也是土，只是由于它的迅速运动才获得最大的热量。③

（DK13A6）

以上这些记载表明：万物的本原是气，气由于热而稀散，便成为火；气由于
冷而凝聚，便成为水和土。日、月、星辰以及其他事物都由此而生成。这就是
阿那克西美尼对于由本原气产生万物的解释。

这种解释第一次说明了万物从本原产生又复归于本原的具体过程。气稀散
成为火，火凝聚又复归为气；同样的，气凝聚成为水、土以及其他事物，这些事物又
可以稀散复归为气。通过稀散和凝聚这对对立的作用，可以将本原和万物的关系
作出朴素的解释。这样的"本原"，就具有是万物的发生和归宿的含义了。

---

① 希波吕托:《驳众异端》第1卷,第7章第1节。

② 根据第尔斯的考释,这则残篇中,只有"松弛"是阿那克西美尼本人的原话。参见《苏格拉
底以前学派的残篇》第1卷,第95页。

③ 伪普卢塔克:《汇编》,第3章。

这种解释实际上是将种种不同的万物最后都归结为气。火是稀薄的气，水、土等等不过是凝聚的气。万物尽管是在永恒不断地运动变化，但这种运动变化，只是使气的外观、形态、现象发生变化，在它们背后的气本身，它的内部却是不变的。尽管阿那克西美尼自己没有说出，甚至还没有意识到这一点，但他这样解释的本原——气，却已经具有变中的不变的本体的含义了。我们在前面分析泰勒斯的本原时，曾经引用亚里士多德在《形而上学》中的一段话，亚里士多德将本原解释成为在变化背后的常住不变的基质即本体。在阿那克西美尼以前，本原还不能说已经有这方面的含义了，只是到阿那克西美尼的气，才可以说开始有了变中不变的含义。

但是，阿那克西美尼的本原——气，还不是真正的变中的不变。因为气并不是完全不变，不变的只是气之作为气，它的根本性质没有发生变化；另一方面，气本身并不是停止不动的，而是不断运动的，它发生了稀散和凝聚，就是发生了运动和变化。稀散和凝聚本来是一种数量上的变化，而不是一种性质上的变化。由稀散和凝聚而产生的火、水、土等等，仍旧是气，不过是具有不同量的稀的或浓的气。阿那克西美尼的这种解释就是将事物的质的多样性还原为量的多样性。当然，"数量"的概念是和他差不多同时或稍后的毕泰戈拉才提出来的，阿那克西美尼可能还没有明确意识到事物的数量关系，但他提出的稀散和凝聚实际上蕴涵着数量的变化关系。在这点上，我们可以说阿那克西美尼是毕泰戈拉派的先驱。现代英国从分析哲学立场研究早期希腊哲学史的巴恩斯也指出了这一点。他说："毕泰戈拉学派把形式和数联系起来。在某种意义上，可以认为阿那克西美尼是毕泰戈拉学派的先驱。阿那克西美尼的宇宙演化论认为相对的密度是各种质料的本质特征，用这种特征去解释各种质料的其他特性：任何质料都仅仅只是如此密度的气而已。现在，对我们来说，密度是一种量的概念，是可以用数量的大小来检验的。因此，阿那克西美尼的自然哲学，基本上是一种量的学说，它暗示着一种包含科学的真正本质的原理，即认为质能够还原为量。"①

① 巴恩斯:《苏格拉底以前的哲学家》第1卷,第45页。

在人类认识的发展过程中,要从现象深入到事物的本质。在希腊哲学史上,哲学家们最先认识到的是事物的量的规定性,而不是质的规定性。这在下文论述毕泰戈拉学派的思想时,可以看得更为清楚。在整个希腊哲学中,这种将质还原为量的思想是一直存在着的,它不仅影响后来原子唯物论者,也影响柏拉图后期的宇宙论哲学。这种思想还一直持续到现在。由于现代科学的发展,将质还原为量的思想还大为流行,以至巴恩斯称此为"包含科学的真正本质的原理"。这种思想,在西方哲学史上,最初的创始者当然是毕泰戈拉学派,而阿那克西美尼的稀散和凝聚的学说,则可以说是这种思想的最初萌芽。

阿那克西美尼的学说是否就取消了事物的质的差别,从而也就取消了对立面的矛盾了呢? 汤姆逊在《古代哲学家》书中曾有这样的担忧。他说:"阿那克西美尼所做的说明就在将这一过程的质的面貌归结为量的观点。宇宙的各个部分并不是不同的物质所构成的,而是由同一物质所构成的,他们彼此之间的不同点,只是由于彼此所含同一物质的量的多少所致。他这样就削弱了三种原始前提中的第三个前提的力量;因为质的差别既然不存在,那就不可能更有对立面的冲突了。"①汤姆逊似乎忘记了:稀散和凝聚本身就是一对矛盾,是一对互相冲突的对立面。阿那克西美尼只是将这对对立面当作事物运动变化的原则,由这种对立的原则产生对立的事物。他只是将质的差别归结为量的差别,并没有从根本上取消事物的质的差别。由于气的稀散和凝聚,也就是热和冷,导致两种对立的物质——火和水的产生。这一点也说明了:完全离开对立,离开矛盾,我们就无法说明和解释世界。希腊哲学从一开始就已经表明了这一点。

我们还应该看到:阿那克西美尼虽然将火、水、土归结为稀散或凝聚的气,可以说是模糊地蕴含了"质还原为量"的思想萌芽。但是,另一方面,也要承认火、水、土和气终究是在性质上有不同的东西,而它们的性质不同,是由于气的量的不同(稀散和凝聚)造成的。这样也可以说在阿那克西美尼的解释中

---

① 汤姆逊:《古代哲学家》,中译本,第179—180页。他所说的三种原始前提是:其一,一切东西都来自共同的根源,即宇宙是从一个单一的无区别的混沌中演化出来的;其二,万物都在不断的运动之中;其三,发展在对立面的冲突(矛盾)之中。参见该书第174—176页。

同时也已经有了"量变引起质变"的思想萌芽。当然,无论说它是"质还原为量"或是"量变引起质变",都是用后来的思想去解释阿那克西美尼的思想。阿那克西美尼自己是不可能有这种认识的,因为"质"和"量"这类思想是在他以后才逐渐形成的。

第三节　气:呼吸、灵魂、神

阿那克西美尼选择气作为万物的本原,除了以上两节所说的气的物理学方面的意义外,还有另一方面的含义,他认为气是呼吸、生命、灵魂,甚至就是神。

艾修斯在引证后来被编定为阿那克西美尼的残篇第二以后,就说他是以气和呼吸作为同义词来使用的:

> 欧律司特拉托的儿子,米利都的阿那克西美尼声称,一切存在事物的本原是气。万物从气产生出来,消解后又复归为气。他说:"正如我们的灵魂(psyche)是气,它将我们结合起来,同样,呼吸($\pi\nu\epsilon\tilde{\nu}\mu\alpha$ pneuma,普纽玛)和气($\dot{\alpha}\eta\rho$,aer)也包围着整个宇宙。"(DK12B2)。这里,气和呼吸是在同义语意义上使用的。[1]

在我们人的活动中,最明显的和气有联系的就是呼吸。普卢塔克在讲了上引后来被编定为阿那克西美尼的残篇第一以后,还作了一段解释:

> 他认为使物质集合和凝聚的是冷,使它稀散和松弛的则是热。(DK13B1)所以,他认为这条格言并不是不可理解的,即:从人的嘴里既可以吐出热,也可以吐出冷。如果呼吸时压紧嘴唇,吐出的气就是冷的;放松嘴唇张开呼出的气就是热的。[2]

那时的人类当然早已观察到,呼吸出来和进去的都是气;而人如果一旦停止了

---

① 艾修斯:《哲学家意见集成》第1卷,第3章第4节。
② 普卢塔克:《论冷的原理》,947F。

呼吸,他就要死亡;只有在他呼吸的时候,生命才存在。所以,可以认为,气就是生命,因此也就得出气就是灵魂的结论。这样意义的灵魂 psyche,不过就是生命的原则。人活着的时候,灵魂存在着,人死亡以后,灵魂也就消失。这样的灵魂还可以说是物质性的。因此,当阿那克西美尼说气是呼吸,是生命,是灵魂的时候,我们可以说他并没有离开唯物论的原则,他是个早期的朴素唯物论者。

但是,我们上面译为"呼吸"的"普纽玛"这个字是可以作不同的解释的。特别是到后期希腊哲学的斯多亚学派将普纽玛解释成是决定人的感觉、情感、理智、意志的灵魂,甚至是带有宗教色彩的东西。因此,后人就有将上引阿那克西美尼的"普纽玛"这个字作了别的解释和翻译。比如黑格尔在《哲学史讲演录》中就将阿那克西美尼的残篇第二中的这句话翻译成为:"整个世界是一种精神和气结合在一起",将"普纽玛"直接译为"精神"了。他并由此得出结论,说阿那克西美尼的本原具有灵魂的性质,"他仿佛标志着从自然哲学过渡到意识哲学"。在黑格尔看来,阿那克西美尼的哲学已经从唯物论转向唯心论了。①

问题在于:阿那克西美尼所说的气,是否已经具有这样的精神性的意义呢? 阿那克西美尼还没有意识到精神和物质的区别,就现有的资料看,他并没有对"气"作更具体的解释。那时的希腊人对"气"是怎么看的? 我们可以用比阿那克西美尼晚将近一百年的阿波罗尼亚人第欧根尼的残篇来说明。上面引述过亚里士多德说第欧根尼和阿那克西美尼一样,都是以气为万物的本原的。第欧根尼对气是怎么看的呢? 他的残篇第四、五中是这样说的:

> 人和其他动物都是以吸进气而活着的,气对他们说来,既是灵魂又是心灵。这是很容易证明的:如果〔他们〕没有气,也就没有心灵。(DK64B4)
>
> ……气本身和心灵有许多不同的形式:有的热一点,有的冷一点,有

---

① 参见黑格尔:《哲学史讲演录》第 1 卷,中译本,第 198—199 页。

的干一点,有的湿一点,有的运动得慢一点,有的运动得快一点;还有许多内在的不同,它们的气味和颜色也是很不一样的。但是,所有动物的灵魂却是一样的,就是气,它比在我们身外的气要热一点,却比靠近太阳的气要冷得多。在动物中,这种气的热的程度是不一样的(实在,在不同的人身上的气的热的程度也不是一样的),但它们的差异并不大,而是比较接近的。(DK64B5)

阿波罗尼亚的第欧根尼是在阿那克萨戈拉已经提出努斯以后,又主张气的一元论的,因此,他所说的气和阿那克西美尼所说的气已经有些不同,带有精神性。这点,我们在第五编中再来讨论。即使如此,在阿那克西美尼以后差不多一百多年之久的第欧根尼还将气——灵魂作这样物质性的解释,说它是人呼吸的气,说它有一定的温度,可以热一点、冷一点、干一点、湿一点等等,如何能像黑格尔那样认为阿那克西美尼已经会将他的气——灵魂完全解释为精神性的东西呢!

不过,阿那克西美尼选择气作为万物的本原,而且说气就是灵魂,这也是早期希腊哲学中的物活论思想的表现。在早期的朴素的唯物论哲学家看来,世界是物质的,但是物质的世界是能运动的,有生命的。这种运动和生命从哪里来?泰勒斯认为物质本身能够运动,他以磁石和琥珀为例,他的解释是比较粗鄙的。阿那克西美尼却认为气是本原,他看到呼吸不能离开气,生命又不能离开呼吸,因此他说气是生命,是灵魂。这种物活论思想比泰勒斯前进。他以经验事实为根据,具有更大的说服力。

但是,阿那克西美尼还说气就是神。根据艾修斯的记载:

阿那克西美尼(说)气(就是神):人要懂得,这就是说渗入元素和物体中的种种力量。[①](DK1310)

这里说气就是神。究竟气和神之间彼此是什么关系,是谁创造谁的?前面我们引用过希波吕托在《驳众异端》中的一段话,说阿那克西美尼认为"一切生

[①] 艾修斯:《哲学家意见集成》第 1 卷,第 7 章第 13 节。基尔克、拉文:《苏格拉底以前的哲学家》,第 150 页。

成的东西,已经是或者将要是的东西,还有神和神圣的东西",都是由于无限的气产生出来的。(DK13A7)西塞罗也说:

> 后来,阿那克西美尼确定气是神,它是产生出来的,是没有范围的、无限的和永远运动的;好像无形的气或者能够成为神,……或者成为并不伴随任何已经生成的事物的有生灭的东西。①

后来的基督教神学家奥古斯丁说得更为明白:

> 他〔阿那克西曼德〕将阿那克西美尼认为是他的学生和继承人,他〔阿那克西美尼〕将万物的原因归于无限的气,但并不否认有神,也不是闭口不谈神;他只是不相信气是由神创造的,而是认为神是由气产生出来的。②

由这些材料可以说明:在阿那克西美尼看来,并不是神创造气,而是相反,神是从气产生出来的。基尔克在分析了这几则资料后说:"可能阿那克西美尼自己关于神说过一些什么:有理由可以推论出的是:世界上的诸神本身是从包含一切的气中派生出来的,只有气才是真正神圣的。"③

只有包含一切的气才是真正神圣的,所谓神不过是从气派生出来的。这种看法可以从当时人的认识来解释。神话中把"混沌"、天地、海洋等等都看做神,而神又是与人同性同形,有形体的,却又高于人。所以把神也看做是一种精气是不奇怪的。不能简单地说这是宗教迷信,这个结论并没有违反唯物论。但是,为什么还要承认神,而且说气就是神呢? 这就表明最早的哲学是从神话中蜕化出来的,一方面要用哲学取代神话,另一方面又摆脱不掉神话的影响,还保留着神话的痕迹。

---

① 西塞罗:《论神的本性》第 1 卷,第 10 章第 26 节。
② 奥古斯丁:《上帝之城》第 8 卷,第 2 章。
③ 基尔克、拉文:《苏格拉底以前的哲学家》,第 150 页。

第四节　气围绕大地

万物的本原是气,由于气的稀散和凝聚,产生火、水、土以及日、月、星辰和种种事物。阿那克西美尼从这个根本思想出发,来说明种种宇宙天文现象。

第一,阿那克西美尼认为大地是扁平的,浮在气上。亚里士多德在《论天》中记载说:

> 阿那克西美尼、阿那克萨戈拉和德谟克利特认为大地是扁平的,这是它保持静止不动的原因。他们说,大地并不劈开气,而是像盖子一样遮在上面,气在它下面。扁平的物体看来都是这样的,由于它们具有抵抗力,即使风也不能吹动它们。他们说,这种稳定性是由于表面扁平而产生的,大地对在它下面的气就是这样;气,因为在大地下面挤成一堆,就没有足够的地方来变换位置了……①

其他的古代记载也都是类似的。如前引伪普卢塔克在《汇编》中讲的:当气浓缩时,最初生成的是大地,它是扁平的,因而为气所支撑。(DK13A6)艾修斯的记载:

> 阿那克西美尼、阿那克萨戈拉和德谟克利特都认为大地扁平如桌面。②(DK13A20)

希波吕托的记载是:

> 大地是扁平的,并且浮在气上。③(DK13A7)

泰勒斯认为万物的本原是水,所以大地浮在水上。阿那克西曼德认为万物的本原是阿派朗,大地像一根圆柱,它的四周都是阿派朗。而阿那克西美尼认为万物的本原是气,所以大地浮在气上,正像一片树叶在空气中飘浮一样。基尔克认为,亚里士多德将大地说成是遮在气上的盖子,它将气压在下面使气

---

① 亚里士多德:《论天》,294^{b}13—23。
② 艾修斯:《哲学家意见集成》第3卷,第10章第3节。
③ 希波吕托:《驳众异端》第1卷,第7章第4节。

动弹不得,这可能是亚里士多德自己作的错误解释,因为气也是无限的,它在上下左右包围着大地;正像叶子是浮在空气上面,但在它上面的也仍旧是空气。① 从这点也可以看出:阿那克西美尼所说的气不同于泰勒斯所说的水,我们总不能说围绕着大地的上下左右都是水;但它和阿那克西曼德所说的阿派朗却非常相似,说大地四周都被气围绕着和说它被阿派朗围绕着,几乎是一样的。

第二,关于日、月、星辰等天体的形成和位置,前引伪普卢塔克的《汇编》中说,阿那克西美尼认为:太阳、月亮和其他星辰,都是从地产生的,所以他认为太阳也是土,只是由于它的迅速运动才获得最大的热量。(DK13A6)。艾修斯也有类似的记载:

阿那克西美尼肯定太阳是有火的。② (DK13A15)

阿那克西美尼说,太阳是像叶子一样扁平的。③

阿那克西美尼说,天体的性质像火一样,其中也包含一些具有土的性质的物体,它们都为同一运动所牵引。④ (DK13A14)

将日、月、星辰等天体看成是燃烧着的火,它们本身又像大地一样,都是土。这是人类早期从经验观察中得到的认识,可能与人们看到流星、陨石有关。这和阿那克西美尼认为本原是气的学说也没有矛盾,因为火和土不过是气的另一种形态,是气稀散和凝聚所产生的结果。至于伪普卢塔克所说的:太阳是土,只是由于它迅速运动才获得最大的热。阿那克西美尼当时是否已经认识到物质的运动产生热,而且运动越迅速产生的热量也越大这样的科学知识,则是可疑的,没有其他材料可以证明这一点。

有一些古代记载可以解释为:阿那克西美尼认为日、月、星辰都是以大地为中心,围绕着大地运动的。亚里士多德在《气象学》中说:

许多古代的气象学家认为,有些迹象表明,大地的北部是比较高的。

---

① 参见基尔克、拉文:《苏格拉底以前的哲学家》,第153页。
② 艾修斯:《哲学家意见集成》第2卷,第20章第2节。
③ 艾修斯:《哲学家意见集成》第2卷,第23章第1节。
④ 艾修斯:《哲学家意见集成》第2卷,第13章第10节。

> 他们相信,太阳并不是在大地的下面通过,而是绕着大地的北部旋转,因为那里高,挡住了太阳,就成为黑夜。①

第尔斯认为,亚里士多德这里所说的古代气象学家中包括阿那克西美尼。策勒认为:"就我们所知,只有阿那克西美尼是用北部的高山来说明太阳下落成为黑夜的。"②

前面引证过:第欧根尼·拉尔修也说阿那克西美尼认为星辰不是在大地下面运行,而是环绕着大地运行的。

艾修斯的记载是:

> 阿那克西美尼说,各个天体是被凝聚的、有抵抗力的气推动到轨道上循环的。③

> 阿那克西美尼说,星辰像是被钉在水晶体上的钉子。④(DK13A14)

希波吕托说到阿那克西美尼:

> 他说天体并不是像有些人所猜想的,是在大地下面运动的,而是围绕大地,正像毡帽绕着我们头上转动;而太阳并不是隐藏到大地下面,而是被大地的较高部分挡住了,那里离我们很远。⑤(DK13A7)

因为他们还没有认识到大地是个球,而认为它是扁平的,所以日、月、星辰好像是罩在大地头上的小毡帽那样在大地上面旋转,也像是钉在水晶体上的钉子一样。太阳下沉并不是沉到大地的下面,而只是绕到遥远的北方的高山背后去了。而这些星辰的旋动则都是由于凝聚的气有一种推动力量,将它们推动到按一定轨道旋转的。这就是阿那克西美尼所想象的朴素的宇宙的图景。他认为这些天体的运行都是由凝聚的气的推动造成的,说明他是企图将气的稀散和凝聚作为产生万物的唯一动因的。

第三,关于气象学。古代的所谓"气象学",和近现代的气象学并不完全

---

① 亚里士多德:《气象学》,354ª27—33。
② 策勒:《苏格拉底以前的学派》第1卷,第275页注1。
③ 艾修斯:《哲学家意见集成》第2卷,第23章第1节。
④ 艾修斯:《哲学家意见集成》第2卷,第14章第3节。
⑤ 希波吕托:《驳众异端》第1卷,第7章。

相同,只能说是近代气象学这门科学的萌芽。亚里士多德在他的《气象学》一书开始时是这样说明这门学科的研究对象的:

> 我们已经讨论了自然的本原〔指《形而上学》〕,以及所有的自然运动〔指《物理学》〕,还有星辰在天体运动中的位置〔指《论天》〕,并且列举和说明各种物质元素是如何相互转化的——即它们的生成和毁灭〔指《论生成和毁灭》〕。留下来需要研究的就是前人称为气象学的部分了。它们是最接近星体运动的领域。诸如银河、彗星和气象的运动。它也研究一切我们说是气和水的共同的作用,以及土的种类和部分及其作用。这些可以说明风、地震等等运动的成因。这些事情有的使我们困惑,有的在某种程度上是可以解释的。还要研究雷电、旋风的降临,以及这些物体由于凝结而重新发生的作用。①

所以,古希腊所讲的气象学,是包括上自银河、彗星,下至雷电、旋风、地震等等现象的。亚里士多德在《气象学》中就记载了阿那克西美尼对于地震的解释:

> 阿那克西美尼说,当大地湿透或干竭的时候,它就裂开来了,大块土地落下来就发生地震。所以地震总是出现在干旱或暴雨季节,因为,正像刚才解释的,在干旱时节,大地干燥而裂开;当大雨渗透大地时,也使它破裂了。②(DK13A17)

艾修斯记载阿那克西美尼是这样解释闪电的:

> 阿那克西美尼说的和他〔阿那克西曼德〕一样,不过他〔阿那克西美尼〕补充一点,说它〔闪电〕像海上发生的情况一样:当桨划破水面的时候,便产生了反光。③

阿那克西曼德认为风撕破云层产生雷鸣,裂口扩大点亮了黑夜,就是闪电(前引 DK12A23)。阿那克西美尼则将它比作桨划破海水时所发生的反光。艾修斯还记载了阿那克西美尼关于云、雨、雹、雪、虹等现象的解释:

> 阿那克西美尼说,当气更加浓厚起来的时候,便产生云;再进一步凝

---

① 亚里士多德:《气象学》,338ᵃ20—339ᵃ5。
② 亚里士多德:《气象学》,365ᵇ6—12。
③ 艾修斯:《哲学家意见集成》第3卷,第3章第2节。

聚时,便下雨了;雨在下降时冻结起来,便是冰雹;水里结合了部分气时,便下雪了。①(DK13A17)

阿那克西美尼说,当太阳光照在极浓厚的云上时,便发生虹。云总是暗的,因为光照在它上面时,不能穿过它。②(DK13A18)

由此可见,阿那克西美尼在解释这种种现象时,还是用他的本原——气的凝聚来说明的。这种解释当然是粗鄙的,但它是人类开始用自然本身来解释种种自然现象。在从宗教神话到哲学的转变过程中,这些思想是很了不起的进步。在他们看来,日、月、星辰、雷电风雨都不是什么神,而是一些可以用自然本身来解释的自然现象。这对于破除传统迷信,促进科学的发展,起了重大的作用。

---

① 艾修斯:《哲学家意见集成》第3卷,第4章第1节。
② 艾修斯:《哲学家意见集成》第3卷,第5章第10节。

❋ 小　结 ❋

以泰勒斯、阿那克西曼德和阿那克西美尼为代表的米利都学派,大约存在到公元前 5 世纪初。公元前 494 年,米利都被波斯攻陷,也就丧失了它在伊奥尼亚的文化中心的地位。

米利都的哲学家们揭开了希腊哲学以至整个西方哲学史的序幕。他们在人类认识发展史上的作用和地位,可以简要地概括为以下几个方面:

第一,米利都学派标志着西方哲学的产生。他们开始实现了从神话向哲学的转变。过去人们用神话,用超自然的力量来解释自然,米利都的哲学家们最早用自然本身来说明自然,开始主要用抽象的理性思维的方式取代神话主要以形象思维方式的幻想。这样,哲学就产生了。

第二,在他们看来,客观世界中形形色色的万物是相互联系的,又是在变化发展的整体。他们要探求万物的根源,就是要寻求多中之一,提出了关于世界的统一性问题。他们提出了西方哲学史上第一个哲学范畴——本原的问题。Arche 原来的意思是起始、开端,随着探讨的深入,在米利都学派那里,它就具有"万物从它产生,又复归于它的含义",从而有了"变中的不变"的萌芽,成为后来的"本体"、"本质"范畴的最早的起源。

第三,米利都学派的哲学家们从可感的物质性元素中去寻求万物的本原。泰勒斯认为本原是水。但是,从水产生万物的解释中存在困难,因此,阿那克西曼德提出一种没有任何规定性的"阿派朗"来。这说明人类认识从具体向抽象发展的过程中又前进了一步。阿那克西美尼以气为万物的本原,似乎是又回到具体,但因为气是无定形的、看不见的东西,它也具有阿派朗的特征。

对本原的看法的发展过程表明,最早的哲学家要从个别上升到一般,但是他们对抽象和具体又分辨不清,因而产生这样曲折的过程。

第四,他们都肯定事物是不断运动变化的。运动变化的原因是什么？泰勒斯认为这是因为万物本身都具有灵魂。从表面上看,这种说法和神话划不清界限;但实际上,他是将事物运动的原因归于事物内在的力量,而不是神的作用。这就是开始从神话摆脱出来的哲学的物活论思想。最初具体解释事物运动的原因的是阿那克西美尼,他用气的稀散和凝聚来说明各种事物的产生和消灭。这样,他实际上开始提出了事物的质和量的关系问题,是后来的"质归结为量"以及"量变引起质变"的最早思想萌芽。

第五,从哲学产生时起,哲学家们就接触到对立的问题。阿那克西曼德所以要以阿派朗代替泰勒斯所说的水,就是因为他看到对立面既是同时并存的,又是相互对抗即相互排斥的。他提出一种超乎对立的本原——阿派朗,认为一切对立都可以从它分离或分解出来。阿那克西美尼则提出稀散和凝聚这一对对立的力量,作为产生一切对立事物的原因。

第六,最初的哲学和自然科学紧密地结合在一起。米利都学派的哲学家主要是要解释自然界从宇宙天体到地上的事物是如何存在和产生的。根据他们当时所能具有的知识和经验,他们既作出一些科学的说明和预见,又有许多幼稚的猜测和幻想。正是在进行这种科学探讨的时候,他们提出来一些哲学问题,比如:万物的本原问题、事物的动因问题以及关于对立的问题等等。这些问题推动了后来哲学的进一步发展。

第 二 编

毕泰戈拉学派

第四章

毕泰戈拉和早期毕泰戈拉学派

　　早期希腊哲学大体上可以区分为两大支。一支是从东方伊奥尼亚地方米利都学派开始的,经过赫拉克利特和恩培多克勒、阿那克萨戈拉,一直到留基伯和德谟克利特的原子论,逐渐完成古代希腊的唯物论哲学;另一支出现在西方意大利地方,以毕泰戈拉学派和爱利亚学派为主,寻求抽象的原则,为古希腊唯心论哲学开辟了道路。亚里士多德在《形而上学》第 1 卷中将伊奥尼亚哲学和意大利哲学划分开来,第欧根尼·拉尔修在《著名哲学家生平和学说》中沿袭了这种分法,他在该书第 8 卷是这样开始的:

　　　　在讲完从泰勒斯发端的伊奥尼亚哲学,并且研究了它的著名人物以后,现在我们来叙述意大利的哲学。它是从指环雕刻匠涅萨尔科的儿子毕泰戈拉开始的。①

　　毕泰戈拉和毕泰戈拉学派,他们的学说的创立、内容及其演变,可以说是古希腊哲学史上最复杂的现象之一,许多著名的哲学史家认为要将这些问题讲清楚几乎是不可能的。

　　首先是毕泰戈拉学派的存在时间很长,从公元前 6 世纪末占代希腊开始,一直到公元 3 世纪古代罗马时期,几乎有八百年之久。他们的发展大体上经历了三个时期:其一,早期毕泰戈拉学派,从公元前 6 世纪末到公元前 4 世纪前半叶。这个时期又可以分为前后两个阶段:前期阶段,包括毕泰戈拉和他的

---

　　① 第欧根尼·拉尔修:《著名哲学家的生平和学说》第 8 卷,第 1 章第 1 节。

门徒,即被亚里士多德提到的佚名的"毕泰戈拉学派的哲学家们";后期阶段,大体指公元前5世纪末到公元前4世纪前半叶的毕泰戈拉学派,其中有姓名记载的如佩特罗斯(Petros)、希凯塔俄(Hiketaos)、欧律托斯(Eurytos)、菲罗劳斯(Philolaos)、阿尔基塔(Archytas)等人。其二,希腊化时期。作为一个学派,到公元前4世纪,毕泰戈拉学派已经消亡,但他们的影响继续存在,主要在亚历山大里亚科学的发展中发挥作用。其三,到公元前1世纪,毕泰戈拉学派重新兴起,直到公元3世纪,新毕泰戈拉学派融入新柏拉图学派。我们现在以论述早期毕泰戈拉学派的前期阶段的思想为主;对后期阶段几个有材料可据的毕泰戈拉学派的哲学家,则作为本章中的一节附带论及。

讨论毕泰戈拉学派的困难在于资料。早期毕泰戈拉学派主要是个宗教集团,他们的教义是秘密不外传的。他们即使有著作,也没有流传下来,以致第欧根尼·拉尔修说:

> 直到菲罗劳斯时代,要获得任何关于毕泰戈拉学派学说的知识是不可能的,只有菲罗劳斯公开发表的那三本著作,就是柏拉图花了一百个弥那斯买下来的。①

现在流传下来的,只有菲罗劳斯和阿尔基塔的一些残篇,它们的真伪也是有争议的。

关于前期毕泰戈拉学派的资料,主要是由别人记载下来的。和毕泰戈拉同时代的塞诺芬尼,以及稍晚于毕泰戈拉的赫拉克利特的残篇中都提到过毕泰戈拉。历史学家希罗多德出生虽晚于毕泰戈拉约一百年,但他曾在毕泰戈拉的故乡萨摩斯居住过,对那里的情况很熟悉。他在《历史》中多次指名或不指名地谈到毕泰戈拉和他的学派,是我们的重要依据。

柏拉图的哲学和毕泰戈拉学派的学说有密切关系,这是哲学史家所公认的。柏拉图和阿尔基塔还有过直接交往,在他的对话中直接指名提到毕泰戈拉和他的学派的却只有很少几处,但很重要。有人认为,柏拉图在《斐多篇》中讨论的灵魂不灭学说时所批判的学说可能是从菲罗劳斯来的。至于他的

---

① 第欧根尼·拉尔修:《著名哲学家的生平和学说》第8卷,第1章第15节。

《蒂迈欧篇》中的思想和毕泰戈拉学派的关系更为明显,据说,亚里士多德的学生阿里司托森(Aristoxenos)认为《蒂迈欧篇》是剽窃菲罗劳斯的那三篇著作的。[①] 柏拉图后期不成文的学说以及他的学园继承人斯彪西波(Speusippos)等人都企图将理念论和毕泰戈拉学派的数的理论结合起来,但缺少确凿的材料可以说明那些是来自毕泰戈拉学派的。这方面的问题,我们将在讨论柏拉图和他的学园时再来论述。

亚里士多德的著作是我们研究早期毕泰戈拉学派学说的最主要的资料来源。亚里士多德不仅在《形而上学》、《物理学》、《论天》、《论灵魂》等书中,谈到毕泰戈拉学派的各种学说,而且据说他还撰写过有关毕泰戈拉学派的专门著作。其中,《答毕泰戈拉学派》(一卷)已佚失,《论阿尔基塔哲学》(三卷)和《论毕泰戈拉学派》(一卷)则留下一些残篇,特别是后一种残篇,[②]是我们研究毕泰戈拉学派关于数的理论和宗教思想的重要根据。值得注意的是,在亚里士多德著作中,直接提到毕泰戈拉本人的只有两处,[③]而且是不重要的;在提到他们的学说时,亚里士多德都是用"毕泰戈拉学派",这表明亚里士多德已经不可能将毕泰戈拉本人的思想和他的学派区别开来了。亚里士多德的学生阿里司托森和狄凯亚尔库(Dicaearchus)都写过有关毕泰戈拉学派的著作,却已失传,只在后来新柏拉图学派的著作中还保留一些摘录,也是比较可靠的根据。

有关毕泰戈拉及其学派的许多资料,是在公元后1世纪以后,随着毕泰戈拉学派的复兴,从西塞罗时代起,主要由新柏拉图学派和怀疑论者提供的。普罗提诺的学生波菲利(Porphyry)以及波菲利的学生杨布利柯(Jamblichus)都写过毕泰戈拉的传记。波菲利所写的传记已经只剩下一些摘录了,只有杨布利柯写的传记完整地保存下来。其中保留了一些有用的材料,但他爱好奇迹,夸大了某些宗教神秘主义的因素;并且把柏拉图、亚里士多德、斯多亚学派和伊壁鸠鲁的学说都混杂在一起。我们利用它时必须加以辨别。另一个新柏拉

---

① 参见杨布利柯:《毕泰戈拉传》,第199节。

② 参见罗斯主编:《亚里士多德著作集》第12卷,《残篇选辑》,第134—146页。

③ 参见《形而上学》,986^{a}29;《修辞学》,1398^{b}14。

图学派的普罗克洛撰写的欧几里德《几何原理》的注释中,提到的毕泰戈拉学派在数学方面的贡献,也是值得注意的。

第欧根尼·拉尔修的《著名哲学家的生平和学说》第 8 卷几乎都是介绍毕泰戈拉及其学派成员的传记和思想的。塞克斯都·恩披里科在《皮罗学说概要》和《反理论家》中,也较多地讨论了毕泰戈拉学派的哲学和科学思想。但在这些著作中,都是将前期和后期的毕泰戈拉学派思想混在一起,夹杂了许多别的学派的思想,我们要作历史的考察就必须十分注意这种区别。

近人戈尔曼(P.Gorman)整理古代资料,写了《毕泰戈拉传》,可供我们参考。

第一节　毕泰戈拉学派盟会

关于毕泰戈拉的生平,历史记载有许多矛盾,在学者中也是有争议的。

毕泰戈拉大约于公元前 570 年左右出生于小亚细亚沿海的萨摩斯岛,他的鼎盛年在公元前 532—前 529 年。第欧根尼·拉尔修说他的父亲涅萨尔科是一个指环雕刻匠,但许多古代记载说他是一个商人,富裕的商人。①

萨摩斯是伊奥尼亚人建立的殖民城邦,和米利都、爱菲索等隔海相望。它地处海上交通要道,和小亚细亚腹地、埃及、黑海地区,以及居勒尼、科林斯等地有广泛的贸易往来。从公元前 7 世纪以来,就是当时地中海地区主要的和最富裕的城邦之一。② 毕泰戈拉活动的时代,萨摩斯正由波吕克拉底实行僭主政治。在波吕克拉底的统治下,萨摩斯达到了前所未有的繁荣和强盛。它依靠强大的海军,一度统治了伊奥尼亚地区,击败了当时该地区的海上强国米利都和列斯堡的联盟;③它还缔造了当时希腊世界的三项伟大的工程:一是欧

---

① 参戈尔曼:《毕泰戈拉传》,第 19、51 页。
② 详见《不列颠百科全书》第 11 版第 24 卷"萨摩斯"条目。
③ 参见埃姆林—琼斯:《伊奥尼亚人和希腊化》,第 20 页;参见《不列颠百科全书》第 11 版第 22 卷"波吕克拉底"条目。

帕利努（Eupalinus）领导掘建的隧道（1882年重新发现），二是洛厄库斯（Rhoe-cus）建造的伟大的神庙，三是巨大的海港防波堤（它在海中的界线现在还可找到）。① 所以，在波吕克拉底统治下的萨摩斯，是当时希腊世界主要的政治、经济和文化的中心之一，他本人也被希罗多德称为伟大的僭主：

> 除去叙拉古的僭主以外，希腊人中的僭主没有一个其伟大是可以和波吕克拉底相比的。②

毕泰戈拉在青少年时代就热衷于研究学术和宗教仪式，到过希腊各地和外国。③ 古代记载有他和米利都学派的关系。杨布利柯说毕泰戈拉曾问学于泰勒斯，泰勒斯感到自己年事已高，把他介绍给自己的学生阿那克西曼德，并劝他像自己一样到埃及去游学。④ 波菲利则记载毕泰戈拉直接听过阿那克西曼德的讲演。现代学者耶格尔据此认为毕泰戈拉学派的数的学说和阿那克西曼德的学说有相似之处。⑤ 另一位现代学者康福德则认为毕泰戈拉学派的自然哲学是由两部分组成的，一部分是数学，另一部分是物理学；他们的物理学和阿那克西美尼的哲学有某种相似之处。⑥ 这些记载和说法表明，毕泰戈拉本人曾受过米利都学派的影响，他们的学说和伊奥尼亚的哲学是有联系的。

毕泰戈拉还接受了锡罗斯岛的斐瑞居德（Pherecydes）的影响。第欧根尼·拉尔修说斐瑞居德是希腊人中第一个用希腊文写关于自然和神的著作的人，他还制造过许多奇迹。毕泰戈拉和他结下了深厚的师生情谊，以致斐瑞居德病危时，毕泰戈拉从外地赶来，亲自护理并为他营葬。⑦ 在亚里士多德的残篇中也讲道：

> 涅萨尔科的儿子毕泰戈拉，起初勤奋地探讨数学和算术，后来却像斐

① 参希罗多德：《历史》第3卷第60节，中译本，第387页；参见《不列颠百科全书》第11版"波吕克拉底"条目。
② 希罗多德：《历史》第3卷第125节，中译本，第415页。
③ 参见第欧根尼·拉尔修：《著名哲学家的生平和学说》第8卷第1章第3节。
④ 参见杨布利柯：《毕泰戈拉传》，第11—13节。
⑤ 参见耶格尔：《潘迪亚：希腊文化的理想》第1卷，第162页。
⑥ 参见康福德：《柏拉图和巴门尼德》，第16页。
⑦ 参见第欧根尼·拉尔修：《著名哲学家的生平和学说》第1卷，第116—118节。

瑞居德一样沉溺于兜售奇迹了。①

毕泰戈拉到过埃及,并且在那里住了相当长的时间。据说他学习并通晓埃及文字,当过埃及的僧侣,介入埃及神庙中的祭典和秘密入教仪式,从而洞悉埃及的宗教思想和制度等。② 他在埃及时还被波斯国王掳往巴比伦等地,和当地的僧侣也有过来往。在希罗多德的《历史》中,也多次提到毕泰戈拉和埃及等地的关系。比如,在《历史》第 2 卷第 81 节中谈到希腊人和埃及人都有这样的习惯:不能将毛织品带入神殿或与人一同埋葬,他说这是奥菲斯教派、埃及人和毕泰戈拉一致的。在第 2 卷第 123 节中讲到埃及人有灵魂不灭和轮回转世的思想,说有些希腊人也采用了这种说法。希罗多德说:"这些人的名字我都知道,但我不把他们记在这里。"③多数学者认为他所说的这些希腊人中,就包括毕泰戈拉。又如第 2 卷第 37 节中说到埃及祭司有许多教规,如不许吃鱼,不许吃豆子等,实际上也就是后来毕泰戈拉学派的教规。古代埃及和巴比伦很早就有几何学和算术的知识,毕泰戈拉的数学知识是否是从他们那里学来的? 在西方学者中虽然有争论,但大体上应该说是可信的。

毕泰戈拉从埃及等地回来后,就离开萨摩斯,移居到意大利的克罗顿去了。第欧根尼·拉尔修是这样记载的:

> 他进过埃及神庙,学习了关于神的秘密教规。后来他回到萨摩斯,发现他的母邦正处在波吕克拉底的僭主统治下,他就航行到意大利的克罗顿去了。④

毕泰戈拉所以离开萨摩斯,大概与他和波吕克拉底的关系不好有关。因为波吕克拉底是当时颇有作为的僭主,在当时奴隶主民主派和贵族的斗争中,僭主政治往往是有利于民主派的。许多学者根据这一点推论毕泰戈拉是站在反民主的反动立场上,所以反对波吕克拉底的。这种说法看来有理,但是根据不足,有点将事情简单化了。一个有作为的僭主不见得处处都是好的。希罗多

---

① 《亚里士多德著作集》第 12 卷,第 134 页。
② 参见杨布利柯:《毕泰戈拉传》,第 18 节。
③ 希罗多德:《历史》,中译本,第 331 页。
④ 第欧根尼·拉尔修:《著名哲学家的生平和学说》第 8 卷,第 3 节。

德就记载了波吕克拉底是因为贪财和骄傲,不听忠告而被谋杀的。① 所以,毕泰戈拉和波吕克拉底究竟是不是因为政治分歧而不和,这种分歧是不是民主和反民主的问题? 都缺乏足够的事实根据去作出判断。

克罗顿在靴形的意大利南部靴跟上,地处布鲁提(今名卡拉布里亚 Calabria)地区东岸。它是在公元前 710 年左右,在密斯刻洛领导下,由希腊的阿该亚人建立的殖民城邦。当时还有希腊的美塞尼亚人在这里居住,不久就和邻近的另一希腊城邦锡巴里斯一起,成为强盛富裕的城邦。② 纪元前 6 世纪左右,在意大利的这些希腊城邦,和伊奥尼亚地区的米利都、萨摩斯等相比,在政治、经济、文化上都比较落后,但和当时的希腊本土相比,却还是比较发达的。在毕泰戈拉来到以前,克罗顿由于在萨伽拉战役中被邻邦洛克里战败,处于衰落地位。毕泰戈拉来到以后,克罗顿在各方面的情况有了改进,以至在一个相当长的时期内,成为该地区最强大的一个城邦。③ 公元前 510 年,克罗顿战败了锡巴里斯。

克罗顿的这些变化,据说和毕泰戈拉有关。毕泰戈拉来到克罗顿以后,很快就吸引了一大批门徒,组成了毕泰戈拉学派的盟会。这个盟会既是一个宗教信仰和研究科学的团体,又是一个政治组织。毕泰戈拉成为人们崇拜的对象。对于这种情况,杨布利柯不无夸张地描述说:

> 克罗顿这个杰出的城邦,是毕泰戈拉以他的教导获得许多门徒的第一个地方。他赢得了六百名以上的公民,他们不仅热衷于他所传授的哲学,而且还据说是财产共有的公社成员。他们按照毕泰戈拉的教导,过共同的生活,这六百人都是哲学家。根据资料,还有许多号称为"信条派"的听众,他们是他到意大利作第一次讲演时就成为他的门徒的。还有二千名以上的听众,也被他的讲演说动,衷心信服,以致不再回家,和他们的妻子儿女一起建立了一个宏大的毕泰戈拉学派的听众之家,被称为大希

① 参见希罗多德:《历史》第 3 卷,第 122—126 节。
② 参见《不列颠百科全书》,第 11 版第 7 卷,"克罗顿"条目。
③ 邓巴宾:《西部希腊人》,第 359—360、369 页。

腊城。他们从毕泰戈拉那里接受教导和法规，当作神圣的盟约那样遵循。他们和广大追随者一起继续保持它们，受到邻人的尊敬和赞美。已经说过，他们有公共的财产。他们几乎将毕泰戈拉看成一个神，好像他原来就是一个有善心的精灵。有些人称他为皮提亚的阿波罗，有些人称他为许佩玻瑞的阿波罗，有些人称他为医药之神的阿波罗，有人认为他是居于月亮中的一个精灵，有人甚至说他是另一个人形的奥林比亚神。他向同时代人显灵，给世俗带来有益的新生活。由于他的降临，把幸福的火花和哲学带给人类，作为神的礼物，那是过去不曾有过的，也不能有更大的善了。因此，到今天还流传着，用最庄严的方式公开赞扬这个长头发的萨摩斯人。①

毕泰戈拉受到人们的格外尊崇，这在古代记载中几乎是一致的。柏拉图在《国家篇》中，讲到立法家莱喀古斯之于斯巴达，梭伦之于雅典，卡隆达斯之于意大利和西西里等所起的巨大作用时，一面谴责荷马，一面赞扬毕泰戈拉说：

> 如果荷马没有从事过任何公职，难道他能成为任何人的私人保护者和教师吗？在他生前有多少朋友乐于和他一起，像毕泰戈拉那样，将一种荷马式的生活秩序传给后代吗？毕泰戈拉以他的智慧特别受到赞美，他的追随者们直到现在，不是仍然在赞扬和追求这种被称为毕泰戈拉的生活方式吗？②

许多古代记载都提到毕泰戈拉被人们称颂为司光明、青春、音乐、诗歌、医药、畜牧等的奥林帕斯的主要神祇——太阳神阿波罗。

毕泰戈拉所组织的盟会，成为当地——不但在克罗顿，而且在其他意大利城邦——一个很大的有势力的组织。关于它的成员的划分，也有不同的说法。一种说法是：他的一些门徒，只有公共财产，过着共产的生活，他们被称为"毕达戈拉学派"（Pythagorean）；另外一些门徒则可以保留私人财产，只是联合聚居在一个地方，他们被称为"毕泰戈拉主义者"（Pythagorists）。③ 还有一种说

---

① 杨布利柯：《毕泰戈拉传》，第 29—30 节。
② 柏拉图：《国家篇》，600B。
③ 参见杨布利柯：《毕泰戈拉传》，第 80 节。

法是:上面所引被称为"信条派"(Acousmatics)的门徒,主要接受毕泰戈拉学说中的宗教神秘主义,另外一些学生则主要接受毕泰戈拉学说中的科学方面,被称为"数理学派"(Mathematicians)。①

毕泰戈拉的这个盟会,也就是一般被称为最早的毕泰戈拉学派。它是一个宗教的、科学的和政治的组织。关于它在宗教和科学方面的活动,将在以下有关各节论述。现在主要讨论他们的政治活动方面。

根据第欧根尼·拉尔修的记载,毕泰戈拉到克罗顿以后,

> 他在那里为意大利的希腊人立法,他和他的门徒获得极大的尊崇;他们几乎有三百人,出色地治理着城邦,把他们的政制搞成真正的贵族政治。②

黑格尔也说,毕泰戈拉所建立的教派,对意大利的多数希腊城邦有巨大的影响,甚至可以说这些城市是由这个教派来统治的,这种统治保持了很久。③ 策勒一方面说,这些意大利城邦的大多数立法者都承认毕泰戈拉是他们的老师,而且在他的影响下,克罗顿和整个大希腊都重新建立了秩序、自由、文明和法律;另一方面又说,毕泰戈拉的盟会成为当地贵族党派的中心,以致当由一些野心家煽动起来的群众反对传统的贵族政治的民主运动兴起时,各地的毕泰戈拉学派组织都被捣毁了。④

许多学者根据这些以及别的资料,做出结论说:毕泰戈拉学派在政治上是代表反民主的贵族力量,是反动的。

但是,也有一些学者提出与此不同的看法。比如:伯奈特认为毕泰戈拉盟会只是一个宗教团体,不是政治联盟。他认为,说他们偏袒贵族派也是没有根据的,第欧根尼·拉尔修所说的"贵族政治",并不是指从出生和财产上说的贵族,而是像柏拉图在《国家篇》中使用的 Aristocracy 的意义,指好人或贤人

---

① 参见基尔克、拉文:《苏格拉底以前的哲学家》,第 227 页。
② 第欧根尼·拉尔修:《著名哲学家的生平和学说》第 8 卷,第 3 节。
③ 参见黑格尔:《哲学史讲演录》第 1 卷,中译本,第 210 页。
④ 参见策勒:《前苏格拉底学派》第 1 卷,第 342、356—357 页。

政治。① 自称要以马克思主义观点研究古代社会的汤姆逊,认为毕泰戈拉是当时在克罗顿出现的铸币的雕刻者。他由此以及一些别的根据,认为毕泰戈拉学派所代表的阶级必定是新兴的富有的工商阶级;认为他们向传统的思想挑战,并且还从土地贵族方面夺取了政权,从而运用政权来推进商品生产的发展。② 他还用这个观点去解释毕泰戈拉学派的学说。格思里多少同意这种看法,认为毕泰戈拉属于有海外市场经验的新兴的工商阶级,他的贵族政治并不属于古老的土地所有型的,而是有很强的贸易关系的。③ 写《毕泰戈拉传》的戈尔曼也认为毕泰戈拉到意大利的目的,是在各城邦中推行自由和民主,以消灭民众的不满。④

我们介绍这些不同的意见,只是想说明:根据为数很少的资料,既不充分,也不准确,要以此为古代的哲学家下政治结论,是不大可靠的。

关于毕泰戈拉盟会的被消灭,也是一个有分歧意见的问题。毕泰戈拉和他的门徒在克罗顿等城邦掌权,据说达二十年之久。他们的影响遍及南意大利各地,直至西西里岛。大约在公元前五百年左右,他们遭到了打击。过去许多著作说打击他们的是当时的民主派,可是,根据亚里士多德、阿里司托森、阿波罗多洛等人记载,毕泰戈拉盟会遭到两股不同政治力量的反对,一股是以库隆(Cylon)为代表的上层贵族,一股是以尼农(Ninon)为代表的民主派。⑤ 而且说是库隆反对他们的材料还比较多一些。第欧根尼·拉尔修曾记载毕泰戈拉遭到克罗顿的库隆的批评。⑥ 根据阿里司托森的说法,库隆是一个富有而生活放荡的贵族,一个根据个人恩怨行事的人,毕泰戈拉盟会拒绝他加入。⑦

关于毕泰戈拉是怎样死的,在第欧根尼·拉尔修的书中就记载了几种不

---

①　参见伯奈特:《早期希腊哲学》,第89—90页。
②　参见汤姆逊:《古代哲学家》,中译本,第282—285页。
③　参见格思里:《希腊哲学史》第1卷,第177页。
④　参见戈尔曼:《毕泰戈拉传》,第102页。
⑤　参见杨布利柯:《毕泰戈拉传》,第255节。
⑥　参见第欧根尼·拉尔修:《著名哲学家的生平和学说》第2卷,第46节。
⑦　参见杨布利柯:《毕泰戈拉传》,第248节;波菲利:《毕泰戈拉传》,第54节。

同的说法：

> 毕泰戈拉是这样死的。有一天，他和门徒们在米罗（Milo）家里，有一
> 个人因为没有被收为门徒而心怀不满，放火将房子烧了。也有人将这件
> 罪行归于克罗顿人，说他们害怕毕泰戈拉会成为僭主。毕泰戈拉是在逃
> 走时被抓住的，他逃到一块豆子地时就停住了，说他宁可被捕也不愿穿过
> 它，宁可被杀也不能糟蹋他的学说；这样，他就被割断了喉管。①

> 可是，狄凯亚尔库却说毕泰戈拉是在逃亡到墨塔蓬通的摩西神庙四
> 十天以后饿死的。赫拉克利德（Heraclides）在他的《萨堤罗斯 Satyrus 传
> 略》说，当他〔毕泰戈拉〕在提洛埋葬了斐瑞居德以后，回到意大利，发现
> 克罗顿的库隆大摆奢侈的筵席，就隐退到墨塔蓬通，不愿活下去而饿死
> 的。另外，赫尔米波（Hermippus）却说，当阿格里根特人和叙拉古人作战
> 时，毕泰戈拉和他的学生站在阿格里根特部队的前锋，他们转变战线时，
> 毕泰戈拉试图避开豆子地，被叙拉古人杀死了。②

从这些古代的不同记载，我们怎么能断定毕泰戈拉盟会是因为站在反动
的奴隶主贵族一边，所以被民主派打击而失败的呢？

上述那一次打击，并没有能够摧毁毕泰戈拉盟会和学派，他们的著名代表
阿尔基波（Archippus）、吕西斯（Lysis）等人都逃掉了。他们只是遭到了暂时的
挫折，后来还继续存在四五十年。可能是在公元前 460 年左右，毕泰戈拉学派
遭到更沉重的毁灭性的第二次打击。根据古罗马的历史学家波利比奥（Poly-
bios）的记载，这一次反毕泰戈拉学派的运动，漫延到整个南意大利。他们在
各地聚会的场所纷纷被捣毁，在各城邦的领导人也被杀掉。结果导致一批毕
泰戈拉学派成员避居希腊本土，在佛利岛和底比斯等地建立起新的毕泰戈拉
学派的中心，主要代表人物有菲罗劳斯等人，他们的学说影响了智者和柏
拉图。

即使这样，毕泰戈拉学派在意大利也没有被最后消灭掉。他们在各地还

---

① 第欧根尼·拉尔修：《著名哲学家的生平和学说》，第 39 节。
② 第欧根尼·拉尔修：《著名哲学家的生平和学说》，第 40 节。

保留着影响,甚至还保留着盟会组织和生活方式。但随着各种政治情况对他们越来越不利时,他们的活动和影响也就日益减弱。公元前 4 世纪初,大约只有阿尔基塔在塔壬同还继续存在。到公元前 4 世纪的前半叶,早期毕泰戈拉学派的活动也就基本结束了。①

第二节　宗教和灵魂

　　毕泰戈拉盟会也是一个积极从事宗教活动的团体。在这方面,他们是以宣传灵魂不灭和灵魂轮回转世的思想著名的。

　　　　毕泰戈拉对他的门徒们讲过些什么,没有一个人能够肯定地说得出来,因为门徒们保持一种异乎寻常的缄默。可是,以下几点是众所周知的:首先,他认为灵魂是不朽的;其次,灵魂能够移居到其他生物体中去,而且循环反复出现,以致没有一件绝对新的东西;最后,因此可以说一切有生命的东西都是血缘相通的。毕泰戈拉似乎是第一个将这些信仰传进希腊的人。②

毕泰戈拉的这些思想显然不是他或他的学派自己创造出来的。根据希罗多德的记载,古代埃及早就认为人的灵魂是不灭的。肉体死亡以后,人的灵魂还要投生到其他生物中去,经过陆地、海洋和空中的一切生物以后,再投生到人体中来。整个一次循环大约要三千年才能完成。③

　　这种学说是不是由毕泰戈拉第一个在希腊传播的? 在学者中也有争议。毕泰戈拉的学说开始流行的时候,在南意大利地方,奥菲斯教派已经相当盛行。关于毕泰戈拉学派和奥菲斯教派的关系,也有不同的看法。一般认为奥菲斯教派比毕泰戈拉更古老些;④也有认为它们是彼此影响,融合成为同一个

---

① 参见格思里:《希腊哲学史》第 1 卷,第 179—180 页。
② 波菲利:《毕泰戈拉传》,第 18 节。
③ 参见希罗多德:《历史》第 2 卷,中译本,第 331 页。
④ 参见菲布尔曼:《宗教的柏拉图主义》,第 53 页。

哲学宗教体系的两个不同的方面。① 奥菲斯教派和毕泰戈拉学派在相信灵魂不朽、轮回转世，以及凭借神秘的入教仪式而使灵魂得到拯救这一系列主张上是一致的。这些大约也是当时宗教的共同的看法，即认为灵魂之降生人寰，是作为一种惩罚而被羁绊在肉体中的；通过入教和净化等宗教仪式，当肉体死亡以后，灵魂可以避免在阴间遭受惩罚，却获享福祉。所以，灵魂摆脱肉体的束缚，是宗教人生的终极理想。这种思想，当然是宗教—唯心论哲学产生的根源之一，但在它开始的时候，却也是作为被剥削阶级由于绝望而产生的要求出现的。汤姆逊在《古代哲学家》中就是这样阐述奥菲斯教义的。②

还有，毕泰戈拉所崇拜的斐瑞居德，据说也是主张灵魂不灭和轮回转世的。开俄斯的伊翁（Ion of Chios，约生于公元前 490 年左右）说到斐瑞居德："他在男子气概和荣誉上超群绝伦，虽然已经去世，他的灵魂却过着幸福的生活。"③（DK36B4）公元前 6 世纪的南意大利各地，宗教迷信的气氛是相当浓厚的。毕泰戈拉学派可能既是这个环境的产物，又是推动宗教迷信的团体。

关于毕泰戈拉的灵魂轮回转世观点，还流传了这样的故事：

> 关于投生问题，塞诺芬尼在哀歌中提供证据。他是这样开始的：现在我要转到别的故事，说明其情况。他是这样讲到毕泰戈拉的：他们说，当有一只遭到痛打的狗穿过时，他〔毕泰戈拉〕就充满怜悯地喊叫道："住手！不要打它。它是我一个朋友的灵魂；我听到它吠声时就认出了他"。④（DK21B7）

第欧根尼·拉尔修在《著名哲学家的生平和学说》第八卷第三至四节中，还具体谈到毕泰戈拉能够回忆起他自己四次前生转世轮回的情况。

因为毕泰戈拉认为一切生物都是血缘相通，属于同一族类的，所以他们有许多戒律。比如，他们"不仅禁忌生物，而且也不要接近屠夫和猎人。"⑤

---

① 参见格思里：《奥菲斯和希腊宗教》，第 129 页。
② 参见汤姆逊：《古代哲学家》中译本，第 268 页。
③ 第欧根尼·拉尔修：《著名哲学家的生平和学说》第 1 卷，第 120 节。
④ 第欧根尼·拉尔修：《著名哲学家的生平和学说》第 8 卷，第 36 节。
⑤ 波菲利：《毕泰戈拉传》，第 7 节。

(DK14A9)第欧根尼·拉尔修有许多类似的记载,说毕泰戈拉:

> 首先,他禁食红鱼和黑尾鱼,并且还禁食动物的心脏和豆子。据亚里士多德说,他还禁食胞衣和魟鲥鱼。……他在忿怒时既不惩罚奴隶,也不惩罚自由民。……他只用没有生命的东西作献祭,但有些人说他用公鸡、小山羊、小猪,只是从来不用羔羊作献祭。①

杨布利柯在他专门讨论柏拉图的著作《哲学劝学篇》中详细列举了毕泰戈拉学派的种种禁忌:

> 要默念这些教规:
>
> 当你到神庙去时,首先是礼拜,除了有关你日常生活的事外,既不要说,也不要做任何别的事情。
>
> 在旅行中,即使你穿过许多门,也不要进入神庙,根本不要礼拜。
>
> 献祭和礼拜时不要穿鞋子。
>
> 避开大道,要走在小路上。……
>
> 追随神,最要紧的是要约束你的舌头……
>
> 不要用铁去拨火……
>
> 帮助负重的人,不要帮助不负重的人。
>
> 穿鞋子要从右脚开始;洗脚则先洗左脚。
>
> 不要在日光下面谈论毕泰戈拉学派的事情。
>
> 不要跨过横杆。
>
> 当你离开家时,不要回头去看,因为富里斯(Furies,复仇女神)跟在你的后面……
>
> 饲养公鸡,但不要以它奉祭,因为它是献给月亮和太阳的。
>
> 不要坐在量斗上……
>
> 不要让燕子在你的屋顶下做窝。
>
> 不要戴戒指……
>
> 不要在灯边照镜子。

---

① 第欧根尼·拉尔修:《著名哲学家的生平和著作》第8卷,第19—20节。

不要不相信关于神和宗教信条的奇迹。

不要被压制不住的欢乐所摆布。

在献祭时不要剪指甲……

当你从床上起来时,要铺好床单,平整你睡过的地方。

不要吃心脏……

要藐视整理头发和指甲……

不要抹掉罐子上的灰……

禁吃豆子……

禁吃活的东西。[1]

在第欧根尼·拉尔修《著名哲学家的生平和学说》第 8 卷第 17 节中也有类似的记载,其中有些是相同的。这些教规,有些可能是从埃及的宗教中移植过来的,有些可能是他们自己创造的,有些可以用宗教伦理来解释,有些却是没有意义的。但是,毕泰戈拉学派中的人却非常重视这些教规,以致毕泰戈拉自己宁愿死也不走进豆子地里去。

由此可见,毕泰戈拉学派是一个有严格教规的秘密宗教团体。这个宗教团体主要是相信灵魂不灭和灵魂轮回的。虽然第欧根尼·拉尔修曾经记载:据说,毕泰戈拉是第一个宣称灵魂按照必然的命运在生物体中轮回的。[2] 但是灵魂不灭和灵魂轮回大约是最初人类早就具有的宗教迷信思想,这是各地的历史都已经证明了的。

认为在人的肉体死亡以后,灵魂还可以继续存在,它可以投生为其他生物,经过一定周期,可以再投生为人;以及灵魂经过净化,可以得救,免得再投生受各种痛苦,等等。这种思想就是认为灵魂是一种和肉体不同的、可以离开肉体而独立存在,并且不朽地永恒存在的本体,它是我们看不到、抓不住的无形体的东西。这样的灵魂,当然只能是精神性的本体。这就是原始的宗教唯心论,是后来的哲学唯心论的最早萌芽。毕泰戈拉学派的这种灵魂学说后来

---

[1]　基尔克、拉文:《苏格拉底以前的哲学家》,第 226—227 页。

[2]　参见第欧根尼·拉尔修:《著名哲学家的生平和学说》第 8 卷,第 14 节。

被柏拉图发展了,在他的《斐多篇》等对话中形成了系统的唯心论哲学。所以,毕泰戈拉学派的灵魂学说,可以说是从宗教唯心论向哲学唯心论的过渡阶段。

但是,毕泰戈拉学派自己并没有将精神和物质明确区分开来,因此,在他们解释灵魂时,也往往将它解释成为类似物质的,或者就是物质的,以及由物质产生的东西。根据古代记载,有几种说法:

第一,灵魂是由身体中的热气所产生的。第欧根尼·拉尔修记载毕泰戈拉学派的学说时说:

> 一切有生命的事物都分有热,因此植物也是生物,但它们没有灵魂。灵魂是从以太分出来的部分〔碎片〕,一部分是热的,一部分是冷的,因为它也分有了冷的以太。灵魂不同于生命;它是不朽的,因为它所从出的东西是不朽的。生命体是一个一个地萌发的,没有任何事物是从土中自动产生出来的。精液是一滴脑髓,其中包含着热气;当它进入子宫,就从脑髓生出灵液、流体和血液,这些就形成为肌肉、神经、骨头、头发和整个身体,而灵魂和感觉则是由包含于其中的热气生成的。精液经过大约四十天就有了胎儿的形式,按照"和谐"的比例,在七个月、九个月,或者至多十个月,就生出婴儿来。①

这段话据说是从亚历山大的《哲学家的师承》中摘下来的,有不同的解释和翻译,可能是稍后的毕泰戈拉学派的学说,和阿尔克迈翁的思想比较接近。但其中说灵魂是从包含在脑髓中的热气(也就是普纽玛)生成的这一点,在哲学史家中似乎没有分歧。不管怎样解说,灵魂是从类似物质的东西生成的,或者说,它的生成和其他物质性的东西如肌肉、神经等等的生成,是相类似的。从这一点上,可以说,毕泰戈拉学派中的某些人还是将灵魂看成是和物质相类似的东西。

恩格斯在《自然辩证法》中说:

> 在毕泰戈拉学派那里,灵魂已经是不死的和可移动的,肉体对它来说

---

① 第欧根尼·拉尔修:《著名哲学家的生平和学说》第 8 卷,第 28—29 节。

是纯粹偶然的。在毕泰戈拉学派那里,灵魂又是以太的碎片(第欧根尼·拉尔修,第 8 卷,第 26—28 节),冷的以太是气,密集的以太则形成海和水气。①

这就是说,毕泰戈拉学派一方面认为灵魂是和肉体不同的,另一方面又认为它是物质性的以太的碎片,他们分不清精神和物质的区别。

第二,灵魂是空气中的尘埃。

亚里士多德在《论灵魂》第 1 卷第二章中,论述了他以前的哲学家关于灵魂的学说,认为他们说灵魂最主要的特征就是它是引起运动的。他先提出德谟克利特,说在德谟克利特所说的无限数的原子中,只有球形的原子才被他称作火和灵魂,因为它们是不断运动的;他将这种原子比作那些穿过窗户的光线中我们能够看到的空气中的尘埃。这就是使得动物运动的灵魂。接着,亚里士多德说:

> 毕泰戈拉学派的〔灵魂〕学说,似乎也建立在相同的想法上。他们中有些人宣告,空气中的尘埃就是灵魂,另一些人则认为推动尘埃运动的才是灵魂。他们所以认为是尘埃,因为他们看到尘埃总是永远在运动中,即使在完全没有风的时候也在运动。②

古代哲学家将灵魂看成是推动事物运动的力量,泰勒斯就是这样看的。德谟克利特认为灵魂是球形的光滑细致的原子,不过他所说的原子是感觉不到的;他们至多将它比作空气中的尘埃而已。他们这种看法,是将灵魂看成是物质性的有形体的东西,是对灵魂的唯物论的看法。根据亚里士多德这段记载,在毕泰戈拉学派中也有些人持这样的看法。列宁在读《哲学史讲演录》时,看到黑格尔引用亚里士多德的这段记载,很为重视,在旁边注上:"对物质结构的暗示!"他还提到:"在古代哲学中尘埃(阳光中的)的作用"。③ 这种思想,究竟是毕泰戈拉学派中哪些人提出来的? 现在已无从查考,但是毕泰戈拉学派中曾经有人主张过这种唯物论的灵魂学说,这是根据亚里士多德的记载可以

---

① 《马克思恩格斯全集》第 20 卷,人民出版社 1971 年版,第 528 页。
② 亚里士多德:《论灵魂》,404ᵃ16—19。
③ 《列宁全集》第 38 卷,人民出版社 1959 年版,第 275 页。

确定的。

不过,这只是毕泰戈拉学派中一部分人的看法,另一部分人大概认为说灵魂是尘埃太低下了,所以将灵魂说成是推动尘埃运动的东西。那是什么呢?又不清楚了,总之是将灵魂说成是一种神秘的东西,基尔克、拉文认为可以将它想象为"普纽玛"(呼气)。他们认为这种思想大概是早期毕泰戈拉学派中曾经流行的一种将灵魂形体化的思想。① 这也同样是早期宗教—哲学中分不清精神和物质的表现,所以出现这两种对立的思想。

第三,灵魂是一种和谐、谐音。

亚里士多德在《论灵魂》第一卷第四章提到有关灵魂的另外一种学说:

> 赞成这种学说的人说,灵魂是一种和谐,因为和谐是由对立组合或结合起来的,而肉体就是对立组合而成的。②

亚里士多德在《政治学》中谈到音乐在教育中的作用时也说:

> 在我们身上似乎有一种类似乐调和谐音的东西,所以有些哲学家说灵魂是一种谐音,别的哲学家则说灵魂具有谐音。③

亚里士多德没有指明主张这种意见的哲学家是谁。将灵魂比作谐音,在亚里士多德的时候,可能已经是相当流行的看法。在上引《论灵魂》的引文之后,亚里士多德提到身体健康就是一种和谐,因此,这也是当时医学上的一种看法。而毕泰戈拉学派是最早提出数的和谐和谐音等主张的。所以,许多学者认为亚里士多德所说的灵魂是一种和谐、谐音的学说,大概也是毕泰戈拉学派关于灵魂的一种看法。④

在柏拉图的对话《斐多篇》中有为这种看法提供的证明。柏拉图在这篇对话中,借苏格拉底在临刑前讨论灵魂不灭的问题论证他的理念论。他说到人的灵魂是不变的、看不见的、神性的,而肉体则是变化的、看得见的,有死的。他将人的肉体的死亡比作天鹅临死时的绝唱,可以摆脱罪恶的人世回到神那

---

① 参见基尔克、拉文:《苏格拉底以前的哲学家》,第 262 页。
② 亚里士多德:《论灵魂》,407ᵇ31—33。
③ 亚里士多德:《政治学》,1340ᵇ17—19。
④ 参见格思里:《希腊哲学史》第 1 卷,第 307 页。

里去。这本来是柏拉图从毕泰戈拉学派那里接受过来的灵魂不灭的思想,可是在《斐多篇》中,这种思想却遭到毕泰戈拉学派中人的怀疑和反驳。提出怀疑的是西米亚(Simmias),他是毕泰戈拉学派的菲罗劳斯的学生,曾经听过菲罗劳斯的讲演,[①]这时向苏格拉底提出问题:

> 我的意思是这样。有人可能会提出七弦琴和谐音作论证,认为谐音也是某种看不见的、无形的、壮丽的、神圣的东西,存在于发出谐音的七弦琴之中;而琴和弦却是物质的、有形的、尘世的,和有生灭的事物同类的。现在,假如有人打破了琴,割断了弦,按照你的理论,作同样的类比,谐音却可以继续保存而不消灭。因为你不能想象,当琴破裂和弦被割断时,这些可灭的事物还能继续存在;而具有不灭的神性的谐音却反而消灭了,先于可灭的事物而毁灭掉了。你会说,谐音一定继续在某处存在下来,而木头和弦却毁坏掉了。苏格拉底,我认为你是这样想的,因为你也知道,我们毕泰戈拉学派有一种关于灵魂的理论,它大体是这样的:肉体是热和冷、湿和干等对立的元素按照某种张力结合起来的,而灵魂却是由于它们之间有比例的调和而成的和谐。但是一旦肉体的张力松弛,或因疾病而过分紧张时,那末,灵魂,尽管它是非常神圣的,也会像音乐和其他艺术的和谐一样,当然立刻消灭了;倒是肉体,在它们腐烂或被焚毁以前,还可以保存一段时间。要是有人主张:灵魂,作为肉体组成的谐音,在我们称为死亡的时候,必然首先消灭。我们又将如何回答呢?[②]

这里,西米亚承认,在毕泰戈拉学派中有这样一种关于灵魂的学说,认为肉体是由冷和热、干和湿等对立的元素结合而成的,而灵魂就是对立的和谐。他也承认肉体是看得见的、有形体的,灵魂是看不见的,没有形体的。但是,他不能同意灵魂是神圣的,不灭的。他将肉体和灵魂的关系比作七弦琴和谐音的关系。当琴和弦破裂的时候,谐音也就立即消灭了,它还能在何处存在呢? 西米亚提出的这个问题,是直接反对灵魂不灭的学说的。这个论证和中国哲学史

---

① 柏拉图:《斐多篇》,61D。
② 柏拉图:《斐多篇》,85E—86D。

上范缜提出的神灭论的论证——将形和神的关系比作刀刃和锋利的关系——是同样的,而柏拉图写这篇对话的时间,大约要比范缜早八百年。一般都认为毕泰戈拉学派是主张灵魂不灭的,但在《斐多篇》中却记载了毕泰戈拉学派中的人对这种学说提出了反驳。由此可见,在毕泰戈拉学派之中,关于灵魂也是存在不同的学说的,至于这种种学说谁先谁后,是如何发展的? 现在都已无法判断了。

灵魂不灭和灵魂轮回,无疑是早期毕泰戈拉学派作为一个宗教团体的重要思想。毕泰戈拉学派的一个重要的哲学概念——"净化"($\kappa\alpha\theta\alpha\rho\sigma\iota s$),主要就是讲人的灵魂要得到净化才能摆脱轮回,达到不朽。"根据阿里司托森的说法,毕泰戈拉学派凭借医学实现肉体的净化,凭借音乐实现灵魂的净化。"[①]所以音乐在毕泰戈拉学派中占有重要位置。寻求灵魂的净化也就成为毕泰戈拉学派中一个重要的思想,以后许多希腊哲学家也常用这个概念。毕泰戈拉学派的这种灵魂不灭和灵魂轮回的学说当然是一种宗教唯心论的思想,以后就发展成为柏拉图等的哲学唯心论。这是毕泰戈拉学派的关于灵魂学说的主导方面。但是,在毕泰戈拉学派以后的发展中,也出现了上述关于灵魂的种种不同的学说。这些学说,无论说灵魂是身体中的热气、以太的碎片,说灵魂是阳光中的尘埃,或是说灵魂是谐音,它将随着琴弦的破裂而消灭,这些说法都是将灵魂说成是物质的,或类似物质的东西,说成是物质的产物。这种种说法,已经不是唯心论的灵魂学说,而应该说是唯物论或接近唯物论的灵魂学说了。尽管我们无法判明这些学说究竟是毕泰戈拉学派中哪些人的主张,也不能确定这些思想是什么时候发生的。(有些是可以判明的,如西米亚是菲罗劳斯的学生,大约和柏拉图同时。)但毕泰戈拉学派中也曾经出现过种种有关灵魂的唯物论思想,这一点却是可以肯定的。

因此,关于毕泰戈拉学派的灵魂学说,我们也不能简单化地肯定它一定是唯心论的。他们中间也有变化,有分歧,有种种不同的说法。在古代人分不清精神和物质的区别时,这种情况的出现是很自然的。

---

① 转引自基尔克、拉文:《苏格拉底以前的哲学家》,第 229 页。

第三节　作为万物本原的数

一　哲学和数学

毕泰戈拉学派的贡献,使他们能在历史上占有比较突出的地位的,当然还是他们在科学和哲学上的创见。

毕泰戈拉本人在他那个时代大约就是以智慧而闻名于希腊世界的。比他稍后一点的赫拉克利特,虽然对毕泰戈拉表示蔑视,但也承认他"博学",承认他在从事科学探讨上"超过其他所有人们"。[①] 根据第欧根尼·拉尔修的记载,毕泰戈拉是最早提出"哲学"和"哲学家"(Philosopher——爱智者)这个名称的:

> 第一个使用哲学这个词,并称自己是哲学家或爱智者的,是毕泰戈拉;因为他说过,只有神是智慧的,任何人都不是。[②]

和神相比,人最多只能爱好智慧,也就是爱神。

> 当菲罗斯的僭主勒翁问到他〔毕泰戈拉〕是什么人时,他说他是"一个哲学家"。他将生活和大竞技场作比,在那里,有些人是来争夺奖赏的,有些人是带了货物来出卖的,而最好的人乃是沉思的观众;同样的,在生活中,有些人出于卑劣的天性,追求名和利,只有哲学家才寻求真理。[③]

拉尔修的说法是否可靠,"哲学"和"哲学家"这两个名词是不是毕泰戈拉第一个提出来的? 在学者中有怀疑。而哲学家要沉思($\theta\varepsilon\omega\rho\iota\alpha$),以追求真理为目标这一点却成为后来哲学家们的信念了。

毕泰戈拉学派不但是政治的、宗教的团体,更重要的还是从事教育和科学研究的团体。波菲利说:

> 他的教育方式是两重的:有一类门徒被称为"数理学派",另一类被

---

① 参见赫拉克利特殘篇第4和第129。
② 第欧根尼·拉尔修:《著名哲学家的生平和学说》第1卷,第12节。
③ 第欧根尼·拉尔修:《著名哲学家的生平和学说》第8卷,第8节。

称为"信条派"。数理学派是那些学到他精心制作的细致的学说的人,信条派的人是只听到他的学说的概要,而没有准确解释的。①

古代希腊的"数学"($\mu\alpha\theta\eta\mu\alpha\tau\iota\kappa\acute{o}s$, mathematikos)的含义比较广泛,包括数学和其他自然科学;当时这些还没有分别开来,一直到柏拉图的对话中,还是使用这种广泛的含义的。所以,这里说的数理学派,也是广义的,包括数学和其他自然科学。毕泰戈拉学派至少是在研究数学、几何学、天文学、谐音学等方面都获得可观的成绩,而在这些学科的研究中,他们特别研究了其中的数的关系。在古代希腊科学的发展中,毕泰戈拉学派开始就将科学研究建筑在数学的基础上。也可以说,他们最大的科学成就是在数学方面。

大家都知道,几何学上的勾股定理——直角三角形斜边的平方等于两夹边平方之和——一直被称为毕泰戈拉定理。第欧根尼·拉尔修记载说,根据阿波罗多洛说,毕泰戈拉因为发现了这条定理,曾举行百牛大祭。②

普罗克洛在《欧几里德〈几何原理〉注释》中比较全面地概括了毕泰戈拉学派在数学研究中的成就。据他说,"数学"这个词也是毕泰戈拉学派最先使用的。他们将数学研究分为四个方面:第一种是研究多少的,即研究不连续的量,其中研究绝对不连续量的是算术,研究相对不连续量的是音乐;第二种是研究大小的,即研究连续的量,其中研究静止的连续量的是几何学,研究运动的连续量的是天文学。毕泰戈拉学派认为"点"是有大小的(占空间的)"单位"。此外,欧德谟斯提到他们发现了三角形的内角之和等于二直角的定理,并提供了证明;还发现了正立方体形的作图法。③

此外还有许多数学上的发现,也都被归功于毕泰戈拉学派。比如说毕泰戈拉学派曾提出一个法则,循此能求出可排成直角三角形三边的三元数组,直至今天还把表示直角三角形三条边的三个整数所构成的任何集合都称为毕泰戈拉三元数组。说他们研究了质数、递进数列,发现了算术的、几何的、音乐的

① 波菲利:《毕泰戈拉传》,第37节。
② 参见第欧根尼·拉尔修:《著名哲学家的生平和学说》第8卷,第12节。
③ 参见普罗克洛:《欧几里德〈几何原理〉注释》,第45、35、95、379、65页。参见《不列颠百科全书》第11版第22卷,"毕泰戈拉"条。

等三种比例关系。(如 p 和 q 是两数,它们的算术平均值 A 是 $(p+q)/2$,几何平均值 G 是 $\sqrt{pq}$,而和音平均值 H,即 $1/p$ 和 $1/q$ 的算术平均值取倒数,是 $2pq/(p+q)$;由此可以看出 G 是 A 和 H 的几何平均值;$A/G = G/H$ 这个比例便叫完全比例,而 $p : (p+q)/2 = 2pq/(p+q) : q$ 这个比例,他们称之为音乐比例。)他们还探讨了可公度比(指相比的两个量,可以用公共度量单位约尽)、不可公度比(不可用公共度量单位约尽),用归谬法(即间接证明法)证明正方形的对角线——斜边($\sqrt{2}$)和正四边形的任一边(1)是不能公约的。(如斜边能与一直角边公约,则同一个数将既是奇数又是偶数,这是自相矛盾,从而是不可能的。其证明是这样的:设斜边与一直角边的比为 $\alpha : \beta$,并设这个比已达成最小整数比,于是根据毕泰戈拉定理得到 $\alpha^2 = 2\beta^2$;这样,α^2 是偶数,α 也必然是偶数,因为任何一奇数的平方必然是奇数。但因 $\alpha : \beta$ 既是可约的,当 α 是偶数时,β 必然是奇数;可是,α 既是偶数,可以假设 $\alpha = 2\gamma$,于是 $\alpha^2 = 4\gamma^2 = 2\beta^2$,因此,$\beta^2 = 2\gamma^2$,这样,$\beta^2$ 又是个偶数,于是 β 也是偶数。β 同时是奇数又是偶数,这就产生了矛盾。所以,α 与 β 是不能公约的。[①] 毕泰戈拉学派也许正是由此推论出:只有"一"才能既是奇数,又是偶数,是奇一偶数的。)在柏拉图和亚里士多德的著作中多次提到正方形的对角线和它的一边不能公约的问题,可见在他们之前已经发现了这个定理。上面括号中的证明和现代数学中对 $\sqrt{2}$ 是无理数的证明是相同的。此外,毕泰戈拉学派除了提出毕泰戈拉定理外,据说还发现了一些关于三角形、平行线、多边形、圆、球和正多面体的一些定理;还研究了面积应用等一类问题。[②] 至于这些数学上的发现,有多少,或在多大程度上可以归之于毕泰戈拉或早期毕泰戈拉学派,现在没有可靠的材料来判定。但这些数学上的发现,其深度和广度在当时世界上都遥遥领先,这是没有问题的。因此,许多学者认为毕泰戈拉及其学派是古代希腊数学的奠

---

① 这个证明可以参见罗素:《西方哲学史》上卷,中译本,第 62—63 页。

② 关于毕泰戈拉学派在数学上的贡献及其解释,主要根据克莱因:《古今数学思想》第 1 册,中译本,第 33—39 页;希思:《希腊数学史》第 1 卷,第 64—117、141—169 页;《不列颠百科全书》第 11 版第 22 卷,"毕泰戈拉"条。

基人,虽然他们最初可能是从埃及和东方学习得到启发,但将东方偏于实用的数学作出理性的推论,提出普遍的定理,毕泰戈拉学派的成就是创造性的,不可磨灭的。

毕泰戈拉学派正是在这种深入研究的科学基础上,提出他们的哲学思想的。他们提出的数是万物的本原的哲学理论,是他们进行数学研究得出来的概括和总结。哲学和科学的紧密联系,在毕泰戈拉学派的学说中表现得非常明显。这个特点,在以后西方哲学的发展中,可以说基本上是一直继承了的。

二 为什么说数是万物的本原

毕泰戈拉学派的哲学思想的核心,就是认为数是万物的本原。对他们的哲学思想,亚里士多德在《形而上学》第 1 卷第五章中作了比较系统的概述:

> 和这些哲学家〔指第四章中讲的从巴门尼德到原子论者〕同时,或稍早一点,所谓毕泰戈拉学派孜孜从事数学的研究,他们最早推进了这门学科,并且由此认识到数的本原就是万物的本原。因为在它们之中,数自然是最先的,而且他们似乎发现了数和存在的与生成的事物有较多相似之处,比在火、土、水中能找到的更多,如某种数是正义,另一种是灵魂和理性,再有一种是机会,几乎所有一切别的东西无一不可以用数来表述;还有,他们看到音律的特性和比例也是可以用数来表现的;一切其他事物就其整个本性来说都是以数为范型的,数在整个自然中看来是居于第一位的东西,所以他们认为数的元素就是万物的元素,认为整个天就是一个和音,也是数。而且,数和音阶的一切特征,他们都能指出是和天体的属性、区别以及整体安排相一致的,他们将这些都收集起来摆进他们的模式里;如果有什么地方出现了漏洞,他们毫不犹豫地进行拼凑,以使他们的理论能自圆其说。例如,他们认为"十"这个数目是完满的,它包含了数的全部性质,他们便说在天上运动的天体也应该是十个,可是我们能看到的却只有九个,他们就捏造出第十个——所谓"对地"。①

---

① 亚里士多德:《形而上学》,985^{b}23——986^{a}12。

亚里士多德说明,他在这里所说的毕泰戈拉学派是指和从巴门尼德到原子论者留基伯和德谟克利特同时或稍早时期的,一般学者认为他在这里所论述的思想是属于早期毕泰戈拉学派的思想,是比较可信的。我们以亚里士多德这段论述为纲来讨论早期毕泰戈拉学派的哲学思想。

亚里士多德这段论述中可以讨论的问题很多,我们将它们概括为两大类:(一)毕泰戈拉学派为什么认为数是万物的本原,这种数的学说有什么意义?(二)数和具体事物的关系是什么?本节专门讨论第一个问题,第二个问题留到下一节讨论。

毕泰戈拉学派为什么认为"数"才是万物的本原?亚里士多德在这里作了解释:一切存在的和生成的事物,与其说它们和火、土、水等相似,不如说它们和数有更多的相似之处。所以,与其用火、土、水来解释万物的生成和存在,说火、土、水是万物的本原,不如用数来解释,承认数才是万物的本原。亚里士多德的这个说法,显然是将毕泰戈拉学派和米利都学派(也是包括赫拉克利特等在内的伊奥尼亚哲学)对比起来说的。米利都学派或伊奥尼亚哲学以水、气、火等具体的物质性元素作为万物的本原,毕泰戈拉学派不满足于他们的解释,认为只有数才是万物的本原。

为什么毕泰戈拉学派认为数(比之于水、火、土)和万物更为相似呢?从亚里士多德这段话中可以看出有两层含义。第一,毕泰戈拉学派所认为的万物,已经不仅是在世界上实际存在的具体事物如动物、植物等等了。如果单就这些实际存在的事物说,它们和水、土、火相似,还是比较容易说明的;但除了这些实际事物之外,还有一些也是存在的东西,如这里提到的正义、理性、灵魂、机会等等,也应该属于他所说的万物之列,所谓本原也应该能够说明它们。显然,用水、土、火是不能解释正义、理性、灵魂等等东西的;在毕泰戈拉学派看来,只有用数,才既能解释像动植物这类具体的事物,又能解释像正义、理性等抽象的东西。所以说万物和数更为相似。由此可见,从米利都学派到毕泰戈拉学派,虽然都寻求万物的本原,但他们所说的"万物"的范围已经不同了。米利都学派只要为具体的事物寻求本原,毕泰戈拉学派却要为包括抽象的东西在内的万物寻求统一的本原。用统一的物质性元素来说明一切物质性的存在物是可以的。世界的统一性在于它的物质性是唯物论的基本原理,米利都学派的学说是唯物论的哲学。但是,世界上除了物质性的存在物以外,还有抽象的存在,如原则或原理,要再用物质性元素来解释它们就比较困难了,只有抽象的原则才能解释它们。这就是毕泰戈拉学派提出数是万物的本原的意义,它表明人们已经发展到在更广泛的意义上考虑统一性的问题。这样的"本原"的含义和米利都学派的本原的含义也有所不同和发展了。亚里士多德在这段话中前面讲的"本原"还是 arche 这个词,英译作 principle 即"原则"(或"原理")是正确的。从毕泰戈拉学派开始的意大利哲学中,传统的"本原"这个范畴实际上已经加上了抽象的原则或原理的含义了。

但是,毕泰戈拉学派提出数是万物的本原,还有一层更深刻的含义,即他们发现了万物之中都存在着某种数量关系。这个发现是由一个著名的故事流传下来的,古代的塞克斯都·恩披里柯和杨布利柯记载了这个故事。据说,毕泰戈拉有一次走过铁匠铺,他从铁匠打铁时发出的谐音中得到启发;他比较了不同重量的铁锤打铁时发出不同谐音之间的关系,从而测定出不同音调的数的关系。以后,他又在琴弦上作了进一步的试验,找出了八度、五度、四度音程之间的比例关系。他发现,如果甲弦负重 12 磅,乙弦负重 6 磅,即二者之间的比率是 2∶1 时,便发出八音度的谐音来;如果二者之间的比率是 12∶8 或 3∶2 时,便发出五音度的谐音来;如果二者之间的比率是 12∶9 或 4∶3 时,便发出四音度的谐音来。① 即谐音的音程之间存在着比率关系:

音　程	比　率
八音程	2∶1
五音程	3∶2
四音程	4∶3

这就是说,毕泰戈拉已经开始发现音程和弦的频率之间的关系。由于毕泰戈拉本人在数学上具有深刻的研究和造诣,古代的学者已经将这个发现归于毕

---

① 详见塞克斯都·恩披里柯:《皮罗学说纲要》第 3 卷,第 18、155 节;《反理论家》第 4 卷,第 6—7 节,第七卷,第 95 节,第 10 卷,第 283 节;杨布利柯:《毕泰戈拉传》,第 66—67 节。

泰戈拉本人,近现代的学者也大多接受这种说法。比如,伯奈特认为:"可以肯定地说,是毕泰戈拉自己发现了这种数的比率,它决定谐音音阶的音程。"①泰勒认为:"毕泰戈拉的成功,是在于为音阶的音调中的各种关系寻找出数的规律。"②许多学者强调指出这个发现在科学发展史上的重大意义。比如,策勒指出:"由于把数学应用到音乐中去,他们〔毕泰戈拉学派〕就成为科学的声学理论的奠基人,这种理论如此深深地渗入到他们的体系之中。"③戈尔曼认为"毕泰戈拉应用了这种有历史意义的实验方法……他的神秘主义总是建立在理性和经验方法上的……我们可以有把握地说,毕泰戈拉发现了音乐的谐音的数学基础。"④另一个研究物理学发展史的作者则认为:"这一发现大概是物理定律的第一次数学公式的表示,完全可以认为是今天所谓理论物理学的第一步。"⑤这些说法至少表明:这次发现可以说是西方有记载的最早的一次在经验观察的基础上进行的简单的科学实验,而且这次实验的内容是测定事物的数量关系。虽然它只是有意识地研究谐音,但正如伯奈特指出的:"有充分理由假定,毕泰戈拉是这样推论的:要是乐音能归结为数,那么其他任何东西为什么不能归结为数呢?"⑥在实验中测定事物的数量关系。这正是西方科学,一直发展到现代科学的主要的方法。而毕泰戈拉的这次实验正是开创了这个方向,怎么能低估它的意义呢?

三 数是什么

但是,我们现在是要从哲学方面对这个发现作出评价。在这方面首先作出评价的还是亚里士多德,他在《形而上学》第 1 卷第八章中说:

毕泰戈拉学派所讲的原则〔本原〕和元素比自然哲学家们所讲的更为奇怪,理由是他们是从非感性的东西中得到这些原则的。因为数学的

---

① 伯奈特:《希腊哲学》第 1 卷,第 45 页。
② 泰勒:《柏拉图〈蒂迈欧篇〉注释》,第 489 页。
③ 策勒:《苏格拉底以前的学派》第 1 卷,第 347—348 页。
④ 戈尔曼:《毕泰戈拉传》,第 163 页。
⑤ 伽莫夫:《物理学发展史》,中译本,第 4 页。
⑥ 伯奈特:《早期希腊哲学》,第 107 页。

对象,除了天文学的对象外,都是属于不动的东西;可是他们所讨论和研究的却又是关于自然的所有一切,关于天的形成,以及他们观察到的天体的部分、属性和作用等现象;而且运用这些原则和原因解释这一切,好像他们和自然哲学家们一致,都认为"实在"就是一切可感知的事物,也包括所谓的"天"。但是,我们已经说过,他们提出来的原因和原则,足以进入更高一级的"实在",而且与其用来解释自然,不如解释高一级的"实在"更为合适。但是,他们根本没有告诉我们,如果只设定有限和无限、奇数和偶数,则如何能有运动;或者,如果没有运动和变化,如何能有生成和毁灭,以及天体如何还能运行。①

亚里士多德在这段话中说明了毕泰戈拉学派所说的本原——原则的基本特征:第一,它们是从非感性的东西中得到的;第二,它们本身是不动的;第三,数这种原则应该属于更高一级的"实在"。这几点至少是亚里士多德已经提出来的关于毕泰戈拉学派的"数"的看法。亚里士多德根据他自己关于"四因"的看法,批评毕泰戈拉学派想以这种不动的数的原则——有限和无限、奇数和偶数——去解释运动的事物,像自然哲学家那样,实际上是解释不了的,因为没有动因。这种批评也可以说是击中了毕泰戈拉学派学说的弱点的。

较后的塞克斯都·恩披里柯关于毕泰戈拉学派的数的学说也有一系列的记载。他指出,毕泰戈拉学派和柏拉图等一样,认为万物的本原是无形体的东西。他说,关于基本元素有两种主要的观点,第一种观点认为基本元素是有形体的东西,主张这种观点的有斐瑞居德、泰勒斯、阿那克西曼德、阿那克西美尼、赫拉克利特、德谟克利特和伊壁鸠鲁等人;②第二种观点认为基本元素是无形体的:

> 毕泰戈拉学派声称数也是宇宙的元素。实际上,他们坚持现象是由某种东西构成的,而构成它们的元素必须是单纯的;所以,这种元素不是显明易见的。在不是显明易见的东西中,有些是有形体的,如原子和物

---

① 亚里士多德:《形而上学》,989^{b}29—990^{a}12。

② 参见塞克斯都·恩披里柯:《反自然哲学家》第1卷,第359—363节,即《反理论家》第9卷,第359—363节。

体;有些是无形体的,如形式、理念和数。有形体的东西是复合的,是由长、宽、高和体积构成的。所以,〔毕泰戈拉学派所说的数这种〕元素不仅不是显明易见的,而且还是无形体的。①

　　那些坚持基本元素是无形体的人们中,毕泰戈拉学派认为数是万物的本原,数理学家们认为是有形体物的限制,柏拉图则认为是理念。②

可见,亚里士多德所说的"高一级的'实在'",就是指这种无形体的东西。在《驳算术家》中,塞克斯都·恩披里柯将这种观点归到毕泰戈拉本人:

　　总的来讲,作为数学家的毕泰戈拉学派,把伟大的力量归诸数,认为万物的本性是受数支配的。因此,他们总是重复:——万物都和数相似。他们不仅凭数起誓,而且也凭毕泰戈拉起誓,是毕泰戈拉把这种主张告诉他们的,好像毕泰戈拉原来是一个神……③

塞克斯都·恩披里柯也分析了毕泰戈拉学派所以将数看成是万物的本原的理由。他指出,由于他们认识到,无论是有形物还是无形的东西,都是参与(分有)数的,离开数就无法认识它们。比如,有形的物体都有三个向度,它就包含了"三"这个数;无形的东西如时间也是这样,它要通过钟点、日、月、年才能认识;任何工艺品,没有比率是造不起来的,而比率是建立在数上面的。④ 日常生活中的事情也都是如此:

　　他们〔毕泰戈拉学派〕强调,日常生活中的事情和刚才讲过的观点一样,各种技艺的实践也同样如此。因为日常生活是用尺度来评判事情的,这些尺度就是各种数的标准。肯定地说,要是我们取消了数,就会取消腕尺〔一种希腊量度〕,……也会取消量斗,也会取消塔壬同〔一种希腊铸币〕和其他标准;所有这些标准,都是由许多元素构成的,它们就是种种数。因此,所有其他东西——债款、证据、选票、契约、时间、周期等,都是

---

①　塞克斯都·恩披里柯:《皮罗学说概要》第3卷,第152节。

②　塞克斯都·恩披里柯:《反自然哲学家》第1卷,第363—365节,即《反理论家》第9卷,第363—365节。

③　塞克斯都·恩披里柯:《反算术家》,第2节。

④　参见塞克斯都·恩披里柯:《反逻辑学家》第1卷,第101—104节,即《反理论家》第6卷,第101—104节。

和数结合在一起的。总之,在一般的经验中,不可能找到一种东西是不参与数的。①

需要指出,无论是亚里士多德的记载或是塞克斯都·恩披里柯的记载,我们都不能以此为根据,说毕泰戈拉本人或他的早期学派的认识已经达到这样的高度。亚里士多德晚于毕泰戈拉二百年,其间还经过将他自己的学说和毕泰戈拉学派学说相结合的柏拉图哲学;塞克斯都·恩披里柯更晚,他主要活动于公元第 2 世纪,上距亚里士多德有五百多年,比毕泰戈拉本人晚了七百多年。他们是从后来哲学的发展中才能看出毕泰戈拉哲学的意义的。但正是因为这点,他们的论述对我们现在理解毕泰戈拉学派的哲学还是有重要的意义。早在公元前 4 世纪的亚里士多德和公元 2 世纪的塞克斯都·恩披里柯就已经看出毕泰戈拉及其学派提出的"数"的特点,我们可以据此进一步探讨它的哲学意义:

第一,数和水、气、火、土不同,后者属于可感知的、有形体的东西,数则是不能感知的、无形体的。亚里士多德还指出,毕泰戈拉学派的"数"是不动的东西,和现实存在着的运动变化的事物(包括天文学的对象)是两类不同的"实在",数是比较更高一级的"实在"。它不但是没有形体的,而且本身又是不运动变化的。将"实在"区分为这样不同的两类,这是从巴门尼德开始到柏拉图才完成的,毕泰戈拉及其早期学派大概并没有作这样的区分。但是,由于他们提出的"数"确实是和米利都学派所说的水、气、火、土等不同,是两类不同性质的"实在",也是两类不同性质的"本原"。因此,他们为希腊哲学开创了一条新的途径。

本质和现象,这也是后来才逐渐明确起来的哲学范畴。但是,当米利都学派要寻求万物的本原时,实际上已经蕴涵了这样的意思:要在众多的现象背后寻求它们的统一本质。不过,米利都学派所寻求到的本原——本质,和他们所要解释的万物——现象还是同一类的东西,是可以感知的、有形体的、运动的

---

① 塞克斯都·恩披里柯:《反逻辑学家》第 1 卷,第 105—106 节,即《反理论家》第 6 卷,第 105—106 节。

东西。(今天我们分析他们的哲学时,认识他们所说的水、气应该是一般的,而不是具体的水和气,但他们自己是还作不出这种区别的。)阿那克西曼德感到这里有矛盾,所以提出一个阿派朗来。但阿派朗只是一个否定词,说它不具有任何规定性,阿那克西曼德不能肯定地说出它是什么。但从他当时达到的水平说,这个阿派朗还不能是和水、气等属于两类根本不同的事物,仍只能属于物质性的可感知的有运动变化的东西。阿那克西曼德要在水、气、火、土以外提出阿派朗来,终究也表示他开始模糊地意识到要以和水、气、火、土等不同的另一类东西,才能作为万物的本原。古代记载说毕泰戈拉曾听过阿那克西曼德的讲演,也许他正因此受到启发,从而找出不可感知的、没有形体的、不能运动的"数来"。所以,毕泰戈拉学派提出的"数",就寻求万物的本原说,是开辟了和米利都学派不同的新的途径;就寻求现象的本质说,也比米利都学派深入了一层,因为他开始不自觉地提出来,这种无形体的数是比可感知的事物更为本质的东西。

第二,说毕泰戈拉学派比米利都学派深入一层,不仅因为数和具体事物是两类不同的东西,更重要的是因为毕泰戈拉学派发现了事物的数量关系,认为事物是由数量的比率决定的。和毕泰戈拉差不多同时的阿那克西美尼企图用气的稀散和凝聚来说明万物的产生和变化,稀散和凝聚就是一种不同数量的物态的变化方式,不过他不能说明精确的数量。毕泰戈拉也是沿着这种思想线索进行探索的,由于他在数学等科学方面的成就,他在某些方面达到能用确切的数学比例来说明事物之间存在的关系,例如几何学上的所谓毕泰戈拉定理,以及他所发现的音程的比例关系,按照怎样的数的比率可以达到最好的和谐,等等。按照上引塞克斯都·恩披里柯的话,他还想将这种数的关系推广到日常生活和各种技艺中去,认为万物都可以用数为标准和尺度来进行衡量。从这些方面看,我们也可以说,毕泰戈拉学派已经开始提出了数量方面的规律的思想了。当然,最早提出类似规律的哲学范畴"逻各斯"的是晚于毕泰戈拉的赫拉克利特,并不是毕泰戈拉及其早期学派。但应该承认,毕泰戈拉学派关于数的理论,已经开始包含了规律的思想。耶格尔在谈到毕泰戈拉学派的贡献时说:"实际上,这个时代发现了数是存在的若干重要方面的普遍原理,在探讨宇宙的意义上作出了一种伟大的进步：更近于表明，整个自然界是由一种内在的规律统治的，我们必须研究这种规律，以便理解自然。"①将事物的本质归结于数的规律，这一直到现在来说，还是很深刻的哲学思想和科学思想。而这种思想是从毕泰戈拉学派开始的，这就是他们在哲学史上所作出的贡献。

塞克斯都·恩披里柯将毕泰戈拉的数和债款、证据、选票、契约、时间、周期等联系起来，因为它们和数的关系是非常明显的，而其中多数是和当时的工商业、民主制度有关的。第欧根尼·拉尔修也提到，根据亚里士多德的学生阿里司托森的记载，毕泰戈拉也是第一个把秤和尺介绍到希腊的人。② 这些表明毕泰戈拉的思想和当时工商业的发展是有关系的。

四 从"一"到"十"

毕泰戈拉学派所说的数中，有以上所说的深入事物的量的规律性，合乎科学的方面；但也还有另外一方面，那就是牵强附会的臆造，甚至是充满迷信的神话的方面。亚里士多德已经指出过：他们为了要补足"十"这个完整的数字，在已知的九个天体之外，又生造出第十个天体"对地"来。而且，他们不但要用数去说明和解释具体的物体，还要用数解释像正义、理性、灵魂和机会这类抽象的东西。这一类东西，一直到现代科学，也不能用数来解释和规定它们，在古代科学当然不可能用数去解释它们。于是，毕泰戈拉学派只能运用非科学的方法来补足，对数作了许多主观任意的解释。在戈尔曼的《毕泰戈拉传》中，根据古代的各种记载，将毕泰戈拉学派对于从"一"到"十"的十个数字的各种说法加以辑录。虽然这些说法已经不限于早期毕泰戈拉学派的观点，有些可能是属于后期的和其他学派有关的思想了。我们简单介绍，让读者可以比较具体地了解毕泰戈拉学派关于数的学说。

"一"。毕泰戈拉学派认为，在一切数中，"一"③是最基本的，它既是一切数的开始，又是计量一切数的单位。在《形而上学》第一卷第五章中，亚里士

---

① 耶格尔：《潘迪亚：希腊文化的理想》第1卷，第163页。
② 参见第欧根尼·拉尔修：《著名哲学家的生平和学说》第8卷，第14节。
③ 这个"一"，有些中文译本译作"元一"或"一元"，本书都译为"一"。

多德说,毕泰戈拉学派认为一切数都是从"一"产生的。[1] 在他的《论毕泰戈拉学派》残篇中,详细地说明了这一点:

> 他们〔毕泰戈拉学派〕认为数先于整个宇宙也先于一切自然事物(因为没有数,任何东西都既不能存在,也不能被认知;而数即使离开别的事物也是能被认知的),因此,他们认为数的元素和第一原则就是万物的第一原则。他们说,数的原则就是偶数和奇数;他们认为,奇数是有限的,而偶数是无限的;而在所有数中,"一"是第一原则,它由偶数和奇数组成;所以,"一"同时是偶—奇数;他〔毕泰戈拉〕证明"一"能够产生奇数和偶数,"一"加上一个偶数就成为奇数,加上一个奇数就成为偶数。[2]

因为数的原则就是万物的第一原则(本原),而数的原则就是奇和偶,也就是有限和无限;"一"是产生奇和偶的,所以,"一"是数的第一原则,它就是万物的第一原则的第一原则,是最高的本原。

亚里士多德还指出,他们还将"一"和理性、灵魂、本体看成是同一个东西:

> 他们将理性(这是他们给灵魂的称呼)和本体与"一"等同起来。因为它是不变的,到处一样的,而且是一种统治的原则,他们就将理性叫作一个单位,或"一";同时他们也将这名称加于本体,因为它是根本的。[3]

在《尼各马科伦理学》中,亚里士多德还指出,毕泰戈拉学派将"一"和"善"联系起来:

> 毕泰戈拉学派看来是对"善"作了一个比较有道理的解释,他们将"一"摆在"善"的行列里,斯彪西波似乎是追随他们的。[4]

戈尔曼在《毕泰戈拉传》中辑录古代文献资料,说明毕泰戈拉学派对"一"的种种解释。比如:他们认为"一"是创造者,由"一"产生原始的运动或"二",接着就产生第一个数"三","三"就是宇宙。"一"作用于"二"就产生数

---

[1]　参见亚里士多德:《形而上学》,986ᵃ20。
[2]　《亚里士多德残篇选》,第143—144页。
[3]　《亚里士多德残篇选》,第142页。
[4]　亚里士多德:《尼各马科伦理学》,1096ᵇ5—7。

的系列,而这种作用相当于形式作用于质料:"一"是形式或雄性的本原,"二"是质料或雌性的本原。后来毕泰戈拉学派又将"一"说成是打在模子上的那种印记,也就是形式。这种当然是在柏拉图和亚里士多德以后的毕泰戈拉学派才可能有的思想,在亚里士多德以前的毕泰戈拉学派不可能区别形式和质料。他们认为,"一"是有限的源泉和形式。他们是将形式看成宇宙的本原的,因为没有形状或形式,宇宙就会是一团混沌物和无限体。毕泰戈拉学派将"一"等同于阿波罗,有时将它等同于诸神之父、宇宙的创造主宙斯。有时又将"一"看成是至上的本体,因为它是一切数的源泉。有时将"一"看作是真理、存在的原因、朋友和船。所以将"一"称做是船,因为他们把宇宙看作是一艘船,其龙骨就是中心火团,行星就围绕这种中心火团运行。所以将"一"称作太阳神阿波罗,因为太阳或中心火团是宇宙中生命的源泉;或者因为太阳和"一"是和弥漫于宇宙的心灵或"努斯"联系在一起的。这种思想当然也只能是在阿那克萨戈拉以后才能有的。毕泰戈拉学派认为宇宙中的秩序是起源于神的,心灵或"努斯"就是将宇宙设计为最理智的,所以将"一"和秩序等同起来。他们把"一"看成是产生宇宙中一切善的东西的源泉,而"二"则是恶的东西、不平等和不平衡的源泉;因此,"一"是朋友,因为他们认为友谊是平等的一种状态,毕泰戈拉学派将朋友说成是"另一个我"。杨布利柯记载说,像这样将"一"和"二"说成是形式和质料、善和恶的对立,是毕泰戈拉的创造发明之一。① 杨布利柯的这种说法也是没有将毕泰戈拉本人和他以后的学派区别开来。

"二"。毕泰戈拉学派认为,"二"是第一个偶数,是宇宙中不足或过度的一种象征。亚里士多德说:

> 他们〔毕泰戈拉学派〕将"二"和意见看作是同一的,因为它能朝着两个方向移动,他们也将"二"叫作运动或相加〔即1+1〕。②

"二"和"意见"是同一的,就是照巴门尼德的说法,"意见"是可以变化的,可

---

① 参见戈尔曼:《毕泰戈拉传》,第137—139页。
② 《亚里士多德残篇选》,第143页。

以这样，也可以那样；"二"也可以是大，可以是小。所以后来也叫作"不定的二"。

毕泰戈拉学派认为宇宙是对立的，只有"一"还不能解释它，还必需有和它对立的"二"。因此，"一"和"二"在一系列方面都是对立的。"二"是恶、黑暗的源泉，是一切偶数，是无限的源泉。"一"是雄性和形式，"二"是雌性和质料；"一"是诸神之父宙斯，"二"就是诸神之母瑞亚。相对于"一"讲，"二"这个数就处于次要的地位。可是，毕泰戈拉学派所说的这种运动的、"不定的二"，是无限的质料，也就是物质。这为唯物论者提供了根据，所以后来柏拉图企图限制它，基督教的神学家则害怕它。①

"三"。亚里士多德在《论天》中讲到毕泰戈拉学派对于"三"的理解：

> 正像毕泰戈拉学派说的，世界以及其中的一切都是由数目"三"所决定的，因为开端、中间和终结就提供了"全"这个数，他们将这个数叫作"三"。而且，从自然中取出这三项就（可以说）是自然的规律，我们可以进一步用数字"三"来祈祷神。我们在实践中还可以这样使用这个词：对于两件事情或两个人，我们只能说是"二者"，不能说"全体"；只有"三"是第一个可以适合于"全体"的数。②

"三"这个数不仅代表开端、中间和终结，而且又表示长、高、宽这三个向度，一切有形体的事物都具有三个向度，因此，"三"可以象征物质世界，它是和杂多、大量联系起来的第一个数。"三"又是三角形，三角形是几何学中的第一个封闭的平面图形，毕泰戈拉学派认为各种多面体都是由三角形构成的，而水、火、土等元素以及由它们组成的各种事物都是由各种多面体构成的，所以三角形可以表明"三"是组成万物的最基本的元素。此外，毕泰戈拉学派又从巫术和宗教仪式的意义来解释"三"，毕泰戈拉将"三"比作德尔斐神殿祭祀阿波罗的青铜三脚祭坛，毕泰戈拉学派则将"三"这个数和咒语、巫术中的惯用语联系起来，给它以神秘的意义。

---

① 参见戈尔曼：《毕泰戈拉传》，第 140—142 页。

② 亚里士多德：《论天》，268ᵃ 11—19。其中，所说"祈祷"是指起誓时常向三个神呼吁，如荷马史诗中向宙斯、雅典娜和阿波罗呼吁。

"四"。毕泰戈拉学派将"四"看成是仅次于"一"的重要的数。在构成神圣的"十"这个数中，"四"比其他任何数都具有更多象征的价值。它是宇宙的创造主的象征，又是创造主创造宇宙时的数的模型，因为物理对象是由点、线、面、体这种"四"的流动过程产生出来的。因此，塞克斯都·恩披里柯记载毕泰戈拉学派是这样起誓的：

> 我凭他〔毕泰戈拉〕起誓，是他把神圣的"四"传授给我们的心灵，它是永恒流动的自然的根源。①

而《亚里士多德残篇选》根据亚历山大的《〈形而上学〉注释》是这样记载的：

> 亚里士多德说，毕泰戈拉学派相信在数和存在着的以及生成的事物之间有相似性；他们认为相互义务和相等性是正义的特征，并发现这种特征存在于数中。由于这理由，他们说正义是第一个平方数。凡是能符合这个定义的第一个数才真正是这样的数。有些人声称这个数就是"四"，因为"四"是第一个平方数，它可以被分成相等的，而且它自身就是相等的（它是二和二）。别的人却声称这个数是"九"……②

在戈尔曼的《毕泰戈拉传》和康福德的《柏拉图的宇宙论：柏拉图〈蒂迈欧篇〉》中引述了公元2世纪初的新柏拉图学派的塞翁（Theon）的著作《从数学方面帮助理解柏拉图》，对毕泰戈拉学派所说的"四"的各种含义作了说明，比如：音乐上的"四"。在希腊音乐，全音阶中有四个主要的谐音，其比率是4：3，3：2，2：1，4：1，它们都可以包括在数的系列1、2、3、4中。这些简单的比率是最悦耳的，它可以敲响灵魂中同类的谐音。这样，毕泰戈拉学派就将谐音中这种简单的数的关系和灵魂以及神的不朽的本体联系起来。"四"象征四种元素：水、气、土、火。"四"又象征点、线、面、体；它又可以象征简单的几何图形：角锥体、立方体、八面体、二十面体。"四"又可以象征四季：春、夏、秋、冬。"四"又表示有生命的东西从种子=1，它向长=2、宽=3和高=4的方向生长。"四"又象征社会：1=人，2=村庄，3=城市，4=国家。它又象征人一生的四个

---

① 塞克斯都·恩披里柯：《反逻辑学家》第1卷，第94节，即《反理论家》第7卷，第94节。
② 《亚里士多德残篇选》，第141—142页。

阶段:幼年、青年、成年、老年。"四"还象征人的四种认识能力:1＝理性,2＝知识,3＝意见,4＝感觉。这种意见后来可能影响柏拉图在《国家篇》中关于认识的分类,又可能这种思想就是从柏拉图那里来的。也有将"四"看成是代表灵魂和肉体的,即:1＝理性,2＝心,3＝欲望,4＝肉体,因为"四"象征几何学中的立体图形,最接近于物质实体。

由此可见,毕泰戈拉学派从一、二、三、四这几个数,首先联想为几何学中的点、线、面、体以及各种立体图形,物理界的四种元素,再想到生物成长的阶段,自然的春、夏、秋、冬四季,社会的人、村庄、城市、国家,又到人生的四个阶段和人的四种认识能力,灵魂和肉体的四个部分。他们几乎将可以构成为"四"的各个方面都收集在一起了,而最后却还要将"四"神化。他们将"四"和宇宙创造者(Demiurgos)联系起来。对此,毕泰戈拉学派中人的看法是并不一样的。有的认为从"一"到"四"这种神圣的数的系列本身就是宇宙中的创造力量,这可能是毕泰戈拉本人的看法;有些人将至上的神和这种具有创造力的数等同起来;有些人却认为具有创造力的神是低于神圣的数的,神圣的数是创造宇宙的模型。这种不同的说法可能出现在不同时期的毕泰戈拉学派中。他们的说法虽不一致,但都将数说成是宇宙的创造主,说它是神圣的,就是神。公元 5 世纪的一个新柏拉图学派成员——亚历山大里亚的希罗克勒(Hierocles)在他有关伪毕泰戈拉的黄金诗篇的注释中将这种说法归于秘传的毕泰戈拉的圣书:

> 但是神如何能成为"四"呢? 这点你可以从毕泰戈拉的圣书中获悉。在这部诗篇中,神是被当作诸数之数来歌颂的。要是万物的存在都是由于神的永恒的命令,那么,不言而喻,每类事物中的数都是依赖于产生它们的原因的。我们在那里发现数,神也就降临到我们。①

可见毕泰戈拉的数的理论实际上是和宗教教义紧密结合在一起的。

"五"。毕泰戈拉学派认为,"五"是第一个奇数"三"和第一个偶数"二"相加后的第一个数字,它的重要性正如亚里士多德所指出的:

---

① 希罗克勒:《毕泰戈拉黄金诗篇注释》,第 54 页。

　　他们〔毕泰戈拉学派〕说婚姻是"五"这个数,因为它是雄性和雌性的结合,按照他们的说法,奇数是雄性,偶数是雌性,"五"是从第一个偶数"二"和第一个奇数"三"产生出来的第一个数。①

塞翁等对"五"这个数作了进一步的解释。他们指出,毕泰戈拉学派所以认为"五"这个数重要,因为它是处于"十"这个数的中间的数,是中心数。因为它包含一个雄性的奇数和雌性的偶数,所以它被称为婚姻,从而将它献祭给神话中掌爱情、婚姻和生育的女神阿佛洛狄忒(Aphrodite)。柏拉图很可能正是在毕泰戈拉学派的"五"这个数的启示下,提出五种正多面体形成的元素:立方体的土元素,四面体的火元素,八面体的气元素,二十面体的水元素,十七面体的以太。传说中毕泰戈拉的门徒希帕索所以被逐出毕泰戈拉盟会组织,是由于他将十二面体的秘密泄露给外人。"五"这个数还象征五个已知的行星以及地球的五个地带,戈尔曼认为这是毕泰戈拉最先发现的,说这和他最早发现地球是球形的并且有对极有关。②

　　"六"。"六"所以是一个重要的数,因为它是第一个完美的数"五"和"一"相加的结果,即 $1+2+3=6$。"六"和"五"都被称为婚姻,"六"是第一个奇数和偶数相乘的结果 $2\times3=6$,而"五"是第一个奇数和偶数相加的结果 $2+3=5$。"五"和"六"都是循环数,因为它们自乘结果最后一位数总是"五"或"六",如 $5^2=25,5^3=125;6^2=36,6^3=216$。其中 216 这个数在毕泰戈拉学派看来具有神秘的含义,因为它代表人在生物中轮回转世的间隔。毕泰戈拉学派的菲罗劳斯认为"六"代表生命本性的六个等级,从精子开始,一直到神的生命,达到最高点。最低一级的生命是种子萌芽的过程,第二级是植物的生命,第三级相当于动物的非理性的生命,第四级相当于理性的人的生命,第五级生命是精灵,它处于神和人之间,最高的第六级代表神自身的生命。从最低一级的生命一直到最高的神,被他描写为一个发展过程。③

　　"七"。毕泰戈拉学派认为"七"这个数有独特之点。它是从"一"到"十"

① 《亚里士多德残篇选》,第 142 页。
② 参见戈尔曼:《毕泰戈拉传》,第 149 页。
③ 参见戈尔曼:《毕泰戈拉传》,第 150 页。

的数中,唯一既不是任何数的因子,又不是任何数的乘积的数。它是"三"加"四"的和,它和"四"一起,处于从"一"到"十"之间的算术级数的中项;因为$1+3=4,4+3=7,7+3=10$。亚里士多德在残篇中对"七"作了较多的解释:

> 他们〔毕泰戈拉学派〕说,"七"这个数是机会;因为自然事物在"七"这个数中获得出生和成熟的最好时机。人就是这样的。人是在〔怀孕〕七个月后诞生的,他们在出生七个月后开始长牙齿,大体在出生第二轮的七年末〔即十四岁〕达到青春期,在第三轮的七年末〔即二十一岁〕长胡子。太阳也是这样,因为太阳自身是季节的原因,他们主张摆在"七"这个地方,将它和季节相等同。太阳在十个天体中居于第七位,这些天体围绕地球或宇宙炉〔即中心火团〕运行。太阳接在恒星体和五个行星后面,在它后面的第八个是月亮,第九个是地球,在地球后面的是对地。因为"七"这个数在十个数中,既不产生任何数,也不被任何数所产生,因此,他们将它等同于雅典娜女神。因为"二"这个数产生"四","三"产生"九"和"六","四"产生"八","五"产生"十",而"四"、"六"、"八"、"九"和"十"自身都是被产生的,只有"七"既不产生任何数,也不被任何数所产生,雅典娜也是这样,她没有母亲,自己永远是处女。①

希腊神话中的雅典娜是智慧的女神,雅典城邦的保护神;她没有母亲,是从大神宙斯的头脑中蹦出来的。毕泰戈拉学派根据这一点就说"七"是雅典娜女神。

"八"。根据普卢塔克、塞翁、杨布利柯等人的记载,毕泰戈拉学派将"八"这个数理解为第一个立方数,即$2^3=8$。它又是"伟大的四",因为前四个奇数之和($1+3+5+7=16$)加上前四个偶数之和($2+4+6+8=20$)的和($16+20=36$),等于"一"、"二"、"三"三个数的立方之和($1^3+2^3+3^3=36$)。② 奥菲斯教派和埃及宗教传统都认为主要的神有八个,这种信仰可能也影响毕泰戈拉学派对"八"这个数的理解。由于"八"这个数象征谐音,所以菲罗劳斯将它看成是友

---

① 《亚里士多德残篇选》,第142页。
② 参见策勒:《苏格拉底以前的学派》第1卷,第430页。

谊的象征,也被称为是爱情。

"九"。根据杨布利柯的记载,"九"这个数是"三"的平方,是在"十"以前的最后一个数,所以占有重要地位。"九"被称为海洋之神俄刻阿诺,因为海洋围绕大地四周,而"九"是"十"以前的数的限止。"九"也被称为普罗米修斯,因为他是强大的,而"九"也强大到足以牵制其他的数进到"十"。"九"是从"一"开始的系列中最大的数,是另行开始数的系列的转折点。亚里士多德说,有些人也将"九"说成是正义,因为它是奇数"三"的第一个平方数。①

"十"。亚里士多德说,毕泰戈拉学派认为"十"是最完满的数,为了凑足"十",他们编造出一个"对地"来。他们将"十"看成是一个完善的、神秘的数。因为谐音的 1、2、3、4 之和就是"十"。他们用一个三角形的图形来表示:

$$\begin{matrix} & & \cdot & & \\ & \cdot & & \cdot & \\ \cdot & & \cdot & & \cdot \\ \cdot & \cdot & & \cdot & \cdot \end{matrix}$$

这个图形他们称为 τετρακτύς,tetraktys。这是一个神秘的符号,成为毕泰戈拉的门徒们崇拜毕泰戈拉的象征。他们说,"这个 tetraktys 是他传给我们的,它就是永恒的自然的根源。"这就是他们的数的神秘主义的表现。格思里说,这种数的神秘主义和真正的数学发展同时并存,正是毕泰戈拉学派思想的特征;而所以产生这种现象,是因为在文明早期时代的人还不能将分离存在的带有数的事物和抽象的数区别开来,不能将数字"三"和三棵树、三粒石子区别开来。② 实际上,毕泰戈拉学派正是开始将"三"从三棵树和三粒石子中区别开来,但他们有时也将这二者混淆起来,下文还将说明。

在第尔斯辑录的毕泰戈拉学派的菲罗劳斯的残篇中,有一则讲道:

> 人们必须根据存在于"十"之中的能力研究"数"的活动和本质;因为它〔"十"〕是伟大的,完善的,全能的;它分享的……也是"十"的能力。如果缺少了这个,万物就将是没有规定的、模糊和难以辨别的。③

---

① 参见《亚里士多德残篇选》,第 142 页。
② 参见格思里:《希腊哲学史》第 1 卷,第 225 页。
③ 弗里曼:《苏格拉底以前哲学家的辅助读物》,第 75 页。

（DK44B11）

所以,"十"是最完善的数。

从以上由一到十这些数的具体说明中,我们可以看到:毕泰戈拉学派提出数是万物的本原,认为事物和数有相似性,是模仿数而成的,他们是怎么样具体地论证他们的观点的。他们想尽办法,将各种各样事物——从物质元素到自然界的事物,天体、生物以及人和人的意识,社会以及伦理道德,一直到神——都和数联系起来,企图找出它们和数的相似之处,也就是用数来解释事物,将事物归结为数。他们这些解释,从我们现在来看,有些是合理的,有些是对经验事实作的常识性的概括,有些是牵强附会的,有些则是荒谬可笑的。所以出现这种情况,因为当时的科学还刚在萌芽状态,一方面,它对于种种复杂的事情,根本不可能作出真正的数学的解释;另一方面,科学还没有和宗教脱离开。其中有许多解释,与其说它们是科学,还不如说是宗教的迷信巫术。毕泰戈拉学派虽然可以说是一个科学团体,但它首先还是一个宗教团体;但是,作为一个宗教团体,它却是首先提出科学和哲学上的重要问题——从事物中探索它们的数量关系,研究其中的数的规律的。只有这样,我们才能比较合乎实际地理解他们在人类认识发展中的历史地位。

第四节　数和事物的关系

现在我们来讨论有关毕泰戈拉学派数的哲学的第二方面的问题,即他们所说的数和具体事物之间究竟存在什么关系? 毕泰戈拉学派的哲学是唯物论还是唯心论,这个早已存在争论的问题,也只有通过分析数和事物的关系才能做出说明。但是,要探讨这个问题所遇到的困难更大,古代记载毕泰戈拉学派讲到数和事物的关系就有许多不同的说法,有的是彼此矛盾的;而且后人的记载往往是他们自己对毕泰戈拉学派学说的理解,用他们自己的观点来解释毕泰戈拉学派的哲学,比如亚里士多德将毕泰戈拉学派所说的数解释为事物的形式因,同时又是质料因,这显然是亚里士多德的解释,而不是毕泰戈拉学派的原话,可是亚里士多德的解释还是有道理的,可以说在某种意义上是表述了毕泰戈拉学派的原意的。我们只能利用这些古代资料来作出分析和解释。

一　数是事物的本体

毕泰戈拉学派认为事物就是数,万物都是由数组成的,因而他们认为数就是万物的本体。

数怎么会是万物的本体？最能说明这个问题的,就是毕泰戈拉学派关于几何图形——点、线、面、体的看法。他们认为这些几何图形是从数——单位"一"产生的;而且它们本身也就是数:点是一,线是二,面是三,体是四。他们从几何学的研究中认识到具体事物都是由立体构成的,立体是由平面构成的,平面是由线构成的,线是由点构成的,点可以归结为"一"或单位,从而认为数和几何图形是组成具体事物的本原即本体,是比具体事物更为实在的东西。亚里士多德指出过这点:

> 有些人因为看到点是线的极限,线是面的极限,面是体的极限,所以认为这类东西必然是实在的。①

罗斯在他的注释中说这里说的"有些人",是指毕泰戈拉学派。② 亚里士多德还明确指出,毕泰戈拉学派认为数和几何形体是事物的本体:

> 有些人〔毕泰戈拉学派〕认为物体的界限,如面、线、点和单位,是本体,它们比体和有形物体更是本体。③

"本体"是到亚里士多德才使用的哲学范畴,在他以前的毕泰戈拉学派还没有用这个范畴;但是他们说数是事物的本原,是万物背后的基本的东西,是变化中不变的东西,实际上也就是说数是本体。前面我们已经说过,米利都学派所说的本原,本身就是运动变化的,而不是不变的。毕泰戈拉学派开始提出不变的本原——数,使原来的"本原"具有新的含义,即它是运动变化着的事物背后的不变的原则,即变中的不变。这就是亚里士多德规定为"本体"的一个重

---

① 亚里士多德:《形而上学》,1090ᵇ5—7。
② 参见罗斯:《亚里士多德的〈形而上学〉》第2卷,第481页。
③ 亚里士多德:《形而上学》,102 8ᵇ16—18。

要特征。所以,毕泰戈拉学派所说的本原——数,从这点上说,已经有亚里士多德所说的"本体"的意义了。我们可以使用亚里士多德的概念来说明毕泰戈拉学派所说的数和万物的关系,即数和几何图形是万物的本体。现在我们专门讨论这种数的本体说。

亚里士多德一贯认为毕泰戈拉学派主张数是事物的本体,但这种本体只能属于亚里士多德自己所说的"四因"之一——形式因或本质因,也就是说,数是事物的形式即本质。在《形而上学》第一卷中,亚里士多德将他以前的哲学家关于本原的学说归纳到他的四因说中。他说,直到意大利学派以前的那些自然哲学家们,实际上只是说了事物的两种本原或原因,即质料因和动因,接着说:

> 但是毕泰戈拉学派也以同样的方式说到这两种本原,可又加上他们所特有的说法,认为有限和无限并不是某些别的东西如火、土之类的事物的属性,相反,无限自身和"一"自身却是那些表述它们的东西的本体。这就是为什么说数是万物的本体的缘故。在这个题目上,他们就是这样说的;他们开始为本质作说明和下定义,但是他们对这个问题处理得太简单了。他们下的定义也很肤浅,只是认为用一个定义说明的第一个主词就是这个被定义的事物的本体……①

在这里,亚里士多德是从逻辑上来讨论本体问题的。按照亚里士多德在《范畴篇》第五节中的解释,本体和属性的区别就是在一个判断或定义中,被宾词表述(说明)的主词是本体,而表述主词的宾词就是属性。亚里士多德认为,只能说火、土等事物有多大数量,是有限的或无限的;所以,从这个意义上,只有火、土等才是本体,数、有限或无限都是表述本体的,只能是事物的(数量方面的)属性。可是,毕泰戈拉学派的看法正好相反,他们认为只有数、有限("一")、无限才是本体,其他事物都是由数组成的,只能是表述数的,所以只有数才是本体。按照同样的逻辑,万物都是由点、线、面、体组成的,所以点、线、面、体是事物的本体。亚里士多德认为只用这种逻辑的方法来说明这个问

---

① 亚里士多德:《形而上学》,987ᵃ13—23。

题是太简单了;用这种方法来说明数和几何图形是事物的本质,为这种本质下这样的定义是太肤浅了。他看到这个问题是一个复杂的问题。

但在说明这点以前,我们还需要对毕泰戈拉学派的由几何图形组成万物的思想作些探讨。

万物如何由几何图形产生,也就是点如何产生线,线产生面,面产生体的?这个问题,根据塞克斯都·恩披里柯的记载,在古代就已经有两种解释了。第一种可以称为静态的解释。塞克斯都·恩披里柯记载说,毕泰戈拉学派将"一"和"不定的二"看作是万物的最高本原(这点在下文专门解释),从"一"产生数"1",它是有限的;从"不定的二"产生数"2",它将数扩展到无限,由此构成万物:

> 这样,例如,点列在"一"项下,因为"一"是一种不可分的东西,点也是这样;因为"一"是数的本原,同样,点也是线的本原。结果是,点列在"一"项下,而线被认为是属于"不定的二"这类的。……长度是被认为处于两点之间的没有宽度的一条线,所以线属于"不定的二"这一类,而面是属于"三"这类的,面不仅被认为是有长度的,像"不定的二"那样,而且还有第三个向度——宽度。同样,当设定三点时,两点彼此对立,而第三点却在由这两点形成的线的中间,但在不同的向度上,这就构成为一个平面。而立体和有形体、角锥形一起,列在"四"这一类。因为当三点像我以上讲的那样设定以后,另一点被置于这三点的上方,就构成为立体的角锥形;它已经具有长、宽、高三个向度。①

这种说法可以用图表示如下:

接着,塞克斯都·恩披里柯讲到第二种解释:

> 但是,有些人说,物体是由一点构成的。这个点流动时产生线,线流动时成为平面,平面向深度运动时就产生三度的立体。这种毕泰戈拉学派的模式和以前的有所不同。以前的模式认为从"一"和"不定的二"这

---

① 塞克斯都·恩披里柯:《反自然哲学家》第2卷,第278—280节,即《反理论家》第10卷,第278—280节。

点是"1"　　　线是"2"　　　平面三角形是"3"　　　立体角锥形是"4"

两种本原产生数,从数形成点、线、平面和立体。从一个单纯的点构成万物。①

这种解释可以说是动态的解释,认为由点运动成为线,线运动成为平面,平面运动成为立体。一切都是流动造成的。但数和点、线、面如何能运动呢? 毕泰戈拉学派说,能够自己运动的数就是灵魂。亚里士多德在《论灵魂》第一卷中回顾他以前的哲学家们关于灵魂的学说时,曾指责这种学说是最不合理的,他说:

> 再有,因为他们说一条运动着的线产生平面,而一个运动着的点产生线,那么,灵魂的单位在运动时也必然成为一条线了。(因为点是一个占有位置的单位,那么,灵魂的数也当然在某个地方,占有位置了。)②

这里,亚里士多德已经指出毕泰戈拉学派的矛盾:如果像他们那样将数说成是能这样自己运动的灵魂,那么,灵魂就成为占有空间的具体事物了。这显然是荒谬的。这也是分别不清灵魂和物质、抽象和具体的一种表现。

可是以上这种解释是从当时的几何学研究中得出来的,普罗克洛在他的《欧几里德〈几何原理〉注释》中,也提到这种流动理论:

> 别人用不同的方式给线下定义,有些人认为线是点的流动,有些人认为线是朝一个方向延伸的量。③

这种解释和上一种解释的不同在于它是从点到线到正方形到立方体,而不是像上一种那样,从点到线到三角形到角锥体。可以用图表示如下:

---

① 塞克斯都·恩披里柯:《反自然哲学家》第2卷,第280—282节,即《反理论家》第10卷,第280—282节。

② 亚里士多德:《论灵魂》,419ª4—7。

③ 转引自格思里:《希腊哲学史》第1卷,第263页。

但是,这种流动学说在当时的科学和哲学上,却可能具有更深刻的含义。现代学者康福德提出,它可能是针对爱利亚学派的芝诺关于运动不可能的论证的。按照芝诺的论证,数量大小只能是由并列的、不连续的点或单位组成的;而毕泰戈拉学派的这种流动学说却保证了数量大小的连续性和无限可分性。[①] 因此,这种流动学说是比较深刻的。

如果按照这种解释,这种学说只能出现在爱利亚学派以后。拉文认为是由毕泰戈拉学派的菲罗劳斯和欧律托斯提出来的,被和他们同时的柏拉图学派借用了。但格思里却认为有另一种可能性,它是由柏拉图学园中的人,可能是色诺克拉底(Xenocrates)制造出来,被后来的毕泰戈拉学派中人所盗用的,因为在他们看来,柏拉图学派和毕泰戈拉学派几乎是属于同一个体系。[②]

我们认为,说数和几何形体——点、线、面、体是万物的本原即本体的这种思想,最初大概是毕泰戈拉学派提出来,后来被柏拉图接受了,并且在他的学园中进行研究,成为比较系统的学说,在柏拉图的《蒂迈欧篇》中有所反映,亚里士多德多次讨论和批评这种思想。这在本书以后论述柏拉图和亚里士多德的哲学时再来讨论。

现在的问题是:对于这种认为数是事物的本体的思想如何评价,这种开始由毕泰戈拉学派提出来的哲学是唯物论的还是唯心论?

这个问题也不能简单地判断。我们以为,如果说数是事物的本原即本体是指这样的意思:"数"是存在于事物的量的规定性,我们的思想将这种规定性抽象出来,从而在量的方面掌握了事物的本质,认识到事物的多样性可以归

---

① 参见康福德:《柏拉图和巴门尼德》,第 12 页。
② 参见格思里:《希腊哲学史》第 1 卷,第 264—265 页。

到量的统一性,因而"数"是事物的量的统一的抽象原则。这样认识的"数",应该说是科学的抽象,是符合唯物论原则的。但是,如果将这种作为本体的数看成不是抽象的原则,而是现实的具体的事物,认为万物都是由数组成的,像由水、火、土组成事物一样,那就有问题了。上面所讲的事物由点、线、面、体组成的说法,无论是静态的或是动态的说法,如果说是科学家作出来的抽象的概括,这是可以的,几何学上可以说"点的运动成为线";但如果认为现实存在的事物就是这样由点、线、面、体组成的,那就错了。我面前的这张桌子可以分解为许多体、面、线、点,而且正是这种分解,使我们可以在设计图上用许多点、线、面、体画出桌子的图形,这是家具制造必须作的科学设计。但如果认为我面前的这张桌子就是由这些抽象的点、线、面、体构造的,那当然是错误的。现实的桌子是由木头组成的,而现实的木头虽然有各种点、线、面、体,但那些只是它的形式,木头本身只能由物质的元素组成,并不是由点、线、面、体构成的。毕泰戈拉学派的错误恰恰就是在这里。他们认为现实的物体如桌子之类都是由点、线、面、体等等组成的,由数这类本原即本体构成的。他们将抽象的数(亚里士多德认为应该是另一类"实在"的东西)看成是和水、火、土、气这些元素以及现实的具体事物如桌子等等同类的东西了。

毕泰戈拉学派产生这种错误,分析其认识论根源,就在于他们分不清抽象和具体、一般和个别的区别。毕泰戈拉学派是最早提出万物的抽象的本原——"数"的,他们当时当然分不清这种区别。在他们以后,这种区别才逐渐被人认识。到亚里士多德才开始从这方面指出毕泰戈拉学派这种思想中的问题。我们现在先介绍亚里士多德对这个问题的看法。

亚里士多德在《形而上学》第三卷中提出了他认为哲学应该重点讨论的十几个问题,其中好几个问题(如第四、第五个问题)都提到点、线、面、体的问题,特别是第十二个问题,专门讨论:数、点、线、面、体是不是本体? 亚里士多德对这些问题并不是简单地回答"是"或"不是",他从正、反两面回答问题。正题:如果数、点、线、面、体不是本体,还有什么东西能是事物的本体呢? 因为事物的性质、运动、关系等只是属性,不是本体;组成物体的元素——水、土、火、气,也不是本体。而物体,作为一种"体"是存在的东西,应该是本体。但体是由面、线、点限制的,有点才有线,有线才有面,有面才有体。所以从本体性说,体不如面,面不如线,线不如点。如果没有点、面、线,就不能有体;相反,如果没有体,仍可以有点、面、线。所以,早期的哲学家认为只有(物)体才能是本体,后来那些更聪明的哲学家却认为只存"数"才是本体。除了由数组成的点、线、面、体外,还有什么别的本体呢?① 在这里,亚里士多德指出早期的自然哲学家认为只有有形体的物体才是本体,而毕泰戈拉学派提出"数"才是本体。亚里士多德认为毕泰戈拉学派是更为聪明的哲学家,他们的看法比自然哲学家更为深入到事物的抽象的本质了。可是,他又从反面考虑这个问题。反题:如果说点、线、面、体是本体,也有许多困难。第一,点、线、面属于哪一类物体呢? 显然,它们不是可感觉的物体。它们只是体的分割,面是从宽度上分割,线是从长度上分割。如果一个平面还没有从立体中分割出来,就没有这个平面;正如赫耳墨斯(Hermes,神话中掌商业、交通、竞技之神,也是信使之神)的像如果还没有从大理石中雕刻出来,它就没有存在一样。同样,线如果没有从面中分割出来,就没有这线;点如果没有从线中分割出来,就没有这点的存在。这样,如何能说点、线、面是本体呢? 第二,从生成和毁灭说,更有许多困难。……(论证比较复杂,此处从略)……所以,关于点、线、面,我们既然不能说明它们的生成和毁灭,又如何能肯定它们是本体呢?② 对于亚里士多德的这段论证,我们现在能够看清楚:当他论证点、线、面是本体时,他谈的是抽象的一般的点、线、面;当他论证点、线、面不能是本体时,他谈的是具体的点、线、面。③

　　亚里士多德在《形而上学》第13、14卷中,更详细地讨论这个问题。一般学者认为这两卷主要是针对和他同时的柏拉图学园的斯彪西波和色诺克拉底的观点的,但他们两个人的观点也就是当时毕泰戈拉学派的观点。亚里士多德在第13卷第一章提出要讨论数学的对象——点、线、面、体是不是实存的本体。他指出,这些数学的对象或者是存在于可感觉的对象之中,或者是存在于

---

① 参见亚里士多德:《形而上学》,100 1^{b}27—1002^{a}14。

② 参见亚里士多德:《形而上学》,1002^{a}15—^{b}11。

③ 参见汪子嵩:《亚里士多德提出的哲学问题》,《中国社会科学》1983年第4期。

可感觉的对象之外,和它们分离存在;如果不是以上两种,则它或是不存在,或是以另一种特殊的方式存在。他证明这些数学的对象不能存在于可感觉的对象之中,因为那样就是有两个实体存在于同一个地方了,这是不可能的。而要说它们在可感觉事物之外独立分离存在着,也不可能。在第二章中,他提出七个论证来批判认为数学对象是独立于感觉事物之外分离存在的论点。这些论证都比较复杂,此处也从略了。亚里士多德所要说明的是:如果将数学对象——点、线、面、体看成是和具体事物一样的实存的本体,那么,无论说它们存在于可感觉事物之中,或者和可感觉事物分离存在,都是不可能的。在第三章中,亚里士多德说明:这种数学对象的存在,不是实际的存在,而是另一种特殊方式的存在,实际上就是抽象的存在。① 亚里士多德在这里第一次说明"抽象",但他还没有使用这个词,因此他的说法非常复杂难懂,以下引文在方括号内我们作了解释:

> 数学的一般命题所处理的并不是和有广延的〔具体的〕大小与数分离开存在的对象,而只是〔抽象的、一般的〕大小与数,却不是作为有大小或可以分的〔具体的〕东西。显然,关于可感觉的〔具体的〕大小,是可以有命题和证明的,但并不是以它们作为可感觉的〔具体的〕东西,而是作为具有某种特性的〔抽象的、一般的〕东西。因为关于事物可以有许多命题,只专门研究它们的运动,不管这些事物是什么,也不考虑它们的属性,〔霍帕(Richard Hope)的英译本就将这句话译作:将运动从每个事物是什么以及它的属性中抽象分离出来,②〕却并不必然需要有一个和可感觉的东西分离开独立存在的〔具体的〕运动,或要在可感觉的事物中还要再分出一个运动的〔具体的〕实体来。所以,关于运动着的〔具体的〕事物也可以有些命题和科学,它们不是将它作为运动来研究,而将它只作为体、面、线、可分的、不可分而占有位置的〔点〕,以及不可分的〔单位〕来研究。③

亚里士多德在这里想说明的是:数学或其他任何科学都是从具体事物中分出

---

① 参见汪子嵩:《亚里士多德关于本体的学说》,第239—249页。

② 霍帕:《亚里士多德的形而上学》,英译本,第275页。

③ 亚里士多德:《形而上学》,1077 ᵇ 17—31。

某一方面来进行研究，比如，物理学只研究事物的运动方面，数学只研究事物的大小和数，几何学只研究事物的点、线、面、体等，而不考虑这些具体事物本身还是什么，以及还有什么其他属性等等。这些从具体事物中抽象出来的某一方面，就是抽象的一般，它们是和具体的存在物不同的一种特殊的存在，它们只能是在人们的思想中可以分离开来独立存在的；但在实际中，并没有这样的独立存在的东西。可是在他以前以及和他同时代的哲学家们，却没有弄清楚这种抽象和具体的区别，所以他们以为这种抽象出来的一般也和具体事物一样，是可以和其他具体事物分离开，而且又是具体地独立存在的东西。毕泰戈拉学派认为数、点、线、面是这样存在的，后来爱利亚学派所说的"存在"、柏拉图所说的"理念"也是这样的存在。亚里士多德正是发现了他们的问题，才作这样的说明的。所以他接着又说：

> ……几何学，如果它研究的对象恰巧是可感觉的事物，它也不是将它作为可感觉的东西来研究，所以，数学也不是关于可感觉的东西的科学，——另一方面，它也不是和可感觉的东西分离开的别的〔可感觉的〕东西。①

亚里士多德实际上说了两种"分离"，一种是现实事物的分离，比如这个具体的人和那个具体的人的分离，他们彼此都是独立存在的；另一种是思想上的分离，就是将事物的某一方面通过思想将它抽象出来，这样抽象出来的一般，只能在思想中可以和具体事物分离开而独立存在，在现实中它们是不能和具体事物分离开而独立存在的。这就是抽象和具体的区别。在亚里士多德的时候，哲学家们已经知道一般和个别的区别。经过爱利亚学派和柏拉图的努力，他们已经知道一般是永恒的、不变的、只有理性才能认识的，而个别事物却是有生灭的、变化的，是感觉的对象。但他们认为由理性所认识的一般——数、存在、理念——应该是最高的实在，是比具体事物更真实的存在，所以它们应该在具体事物之外，在它们之上，高高在上地独立存在着，像具体事物一样地具体存在着。亚里士多德正是针对这种思想，指出这种只能由理性才能认识

---

① 亚里士多德：《形而上学》，1078ᵃ 2—5。

的一般，并不是和感觉到的具体事物一样的，可以具体地和事物分离开而独立存在的；它们只能以另一种特殊的方式存在，即只有在思想中，它们才能独立分离存在的。这就是抽象和具体的区别，它是亚里士多德在这里开始提出来的。

列宁在《亚里士多德〈形而上学〉一书摘要》中注意到这个问题。他引用了亚里士多德在《形而上学》第13卷第2章中的一段话：

再说，立体、固体是一种本体，因为在一种意义上它已经是完成了的物体。但线怎么能是本体呢？从形式和形态方面说，线不如灵魂，从质料方面说，它也不如物体，因为我们没有经验到任何事物是由线或面或点组合起来的……①

列宁说，这是"关于'数学哲学'（按照现代人的说法）的'困难'的质朴的述说"。② 他对亚里士多德整个关于抽象的学说作了很高的评价：

〔《形而上学》〕第十三卷第三章卓越地、明确地、清楚地、唯物主义地解决了这些困难（数学以及其他科学把物体、现象、生活的一个方面抽象化）。但是，作者没有使这种观点贯彻到底。③

关于抽象的问题，到亚里士多德的时候才开始比较明确。如果按照思想的发展过程，我们应该摆到后面论述亚里士多德的哲学时再来谈它。但如果不弄清楚这个问题，我们便不能理解毕泰戈拉学派以及爱利亚学派的哲学的意义，也无法探讨毕泰戈拉学派所说的数的哲学是唯物论还是唯心论的问题。因此，需要提前在这里论述它。

毕泰戈拉学派所说的数和几何图形——点、线、面、体——是人类理性从具体事物中抽象出来的，从这个意义上说，它们当然不是物质性的而是精神性的东西。（但在阿那克萨戈拉提出"努斯"以前，希腊哲学家还没有认识和物质相区别的精神的本体。）可是能否说，因为他们肯定的这些本体是属于精神性的，因此便断定他们的哲学是唯心论呢？不能这样简单地下结论。如果他

---

① 亚里士多德：《形而上学》，1077°31—35。
② 《列宁全集》第38卷，人民出版社1959年版，第422页。
③ 《列宁全集》第38卷，人民出版社1959年版，第422页。

们所作的抽象是正确的抽象,即他们确是将具体对象的某些本质方面抽象成为一般,这种一般尽管在形式上是精神的(主观的),但其内容却是客观的。这样的抽象正是一切科学都必须做的。一切科学和哲学(除了那些不正确地作出的抽象以外)都要使用这样的精神性的概念、范畴、命题和定理等等。决不能因此说它们是唯心论的,恰恰相反,应该说它们都是科学的。

这里,区分唯心论和唯物论的标准只能在于:这种由思想抽象出来的一般是怎么存在的? 如果认为这种一般也和具体事物一样,可以和具体事物分离开来,独立地存在着,并且是先于和高于具体事物的。这种说法,就要导致唯心论。相反,如果像亚里士多德在这里所指出的,认为这种抽象出来的一般,是以某种特殊的方式存在的,即它只有在人的思想中才能将它从具体事物中分离出来,因而只有在思想中才能独立存在;而在实际和现实生活中,这种一般只能存在于具体事物之中,作为具体事物的某一方面而存在。这还是唯物论。所以列宁说,亚里士多德是"卓越地、明确地、清楚地、唯物主义地解决了这些困难"。

这样,我们就可以探讨毕泰戈拉学派关于数是万物的本体的学说究竟是唯物论还是唯心论的问题了。

当毕泰戈拉学派发现了任何具体事物都有一定的数量的规定性,并且发现事物中包含有数的比例或规律时,他们是正确的,在人类认识史上是最初的伟大的科学发现。当他们说任何具体事物都可以归结为体,体又可以归为面,面归为线,线归为点。从这个意义上讲,体、面、线、点才是本体;而且正如亚里士多德在提出问题时所说的:从本体性上讲,体不如面,面不如线,线又不如点,而且点又可以最后归为"一","一"才是万物的最后的本体。如果只是到此为止,可以说毕泰戈拉学派的学说是正确的。但必须加以限制,即这些只是在人类思想上透过事物的现象深入它们的本质,看到事物的限制、规定,看到的只是事物的形式(量)方面的本体即本质。这些是通过人的思想的抽象作用才得到的,因此,它们只在思想中存在,并不是在现实生活中具体存在的。如果这样,这种思想仍不失为唯物论的思想,而且是非常重要的科学思想,一直发展到现代科学,能够将复杂繁多的数学公式和规律用电子计算机将它们具体记录并加以运算。

但是，如果由此再向前进一步，认为这些情况不仅在思想中存在，而且在现实中就是如此；如果认为现实中的事物就是由这样（实际上是抽象出来，而又将它当作现实存在）的数构成的，认为人们不仅在思想中可以设想体由面构成，面由线构成，线由点构成等等，而且认为现实中的体就是由这样的面构成，现实的面由这样的线、现实的线由这样的点构成的；而且从它们本体性说，在万物生成以前，已经先有现实的点，才有线、面、体，才能产生出具体的万物来。如果将这些只能在思想中抽象存在的情况，认为是在现实中也必然具体存在的事实，那就不是唯物论，而要陷入唯心论了。正像电子计算机可以将具体事物分析成许多公式，但如果有人认为只要有电子计算机中的一些数字和公式，毋需提供任何现实的材料——钢铁、塑料、电子元件等等，单凭数字就可以造出任何一件现实的产品来一样，这样的人只能被人看成是疯子。毕泰戈拉学派关于数是万物的本体的学说的错误也就是在这里，即他们认为现实世界中的事物就是由这样的数、点、线、面构成的。这样，他们就陷入了唯心论。

恩格斯在《反杜林论》中批判杜林的先验论时也谈到了这个问题。因为杜林认为全部纯数学都是先验的。恩格斯批评他说：

> 线、面、角、多角形、立方体、球体等等观念都是从现实中得来的，只有思想上极其幼稚的人，才会相信数学家的话；第一条线是由点在空间中的运动产生的，第一个面是由线的运动产生的，第一个立体是由面的运动产生的，如此等等。[①]

毕泰戈拉学派中的人自己是数学家，但又成为恩格斯所讥讽的"思想上极其幼稚的人"。这是因为在人类科学和哲学思想发展的初期，他们分不清一般和个别、抽象和具体的区别，才造成的。恩格斯对于这种错误的学说作出了深刻的分析：

> 数和形的概念不是从其他任何地方，而是从现实世界中得来的。……必须先存在具有一定形状的物体，把这些形体加以比较，然后才

---

① 《马克思恩格斯选集》第3卷，人民出版社1995年版，第379页。

能构成形的概念。纯数学的对象是现实世界的空间形式和数量关系，这是非常现实的材料。这些材料以极度抽象的形式出现，这只能在表面上掩盖它起源于外部世界的事实。但是，为了能够从纯粹的状态中研究这些形式和关系，必须使它们完全脱离自己的内容，把内容作为无关重要的东西放在一边；这样，我们就得到没有长宽高的点、没有厚度和宽度的线、a 和 b 与 x 和 y，即常数和变数；……和其他一切科学一样，数学是从人的需要中产生的：是从丈量土地和测量容积，从计算时间和制造器皿产生的。但是，正如同在其他一切思维领域中一样，从现实世界抽象出来的规律，在一定的发展阶段上就和现实世界脱离，并且作为某种独立的东西，作为世界必须适应的外来的规律而与现实世界相对立。社会和国家方面的情形是这样，纯数学也正是这样，……①

将本来是人类思维从现实世界中抽象出来的东西，却当作是某种独立存在的东西，和现实世界相对立。这就是科学中的"异化"现象，也是毕泰戈拉学派陷入唯心论的认识论根源。

这个抽象的数的问题，在西方哲学史中是毕泰戈拉学派最初提出来的，它不但在古希腊哲学史中，而且是一直到现代的西方哲学中都是一个争论不休的问题。因此我们在这里多花点篇幅，试图说明这个问题。

认为数是万物的本原即本体，这是毕泰戈拉学派哲学的核心。讨论毕泰戈拉学派哲学是唯心论还是唯物论，首先和主要应从这个方面来探讨。综上所述，如果毕泰戈拉学派认为这种作为本体的数只是一种存在于事物内部的原则，是我们的思想从杂多的现象中抽象出来的本质，这正是一切科学的任务，它并没有离开唯物论。但是，如果认为这种作为本体的数乃是像具体事物一样现实地存在着的，并且是先于具体事物而存在的；由数组成事物，正像是由水、火、土、气等元素组成事物一样，从而将数也看成是这样的元素；这样就违反了唯物论，导向唯心论。毕泰戈拉学派由于分不清这种抽象和具体、一般和个别的区别，实际上是采取了后一种看法。所以他们的哲学，就这个主要方

---

① 《马克思恩格斯选集》第 3 卷，人民出版社 1995 年版，第 377—378 页。

面论,我们认为是在古希腊哲学中最早具有唯心论倾向的哲学。

二　事物是摹仿数的

在数和具体事物的关系上,毕泰戈拉学派除了认为数是事物的本体外,还有几种别的说法。他们又认为万物都是摹仿数的。这种摹仿说,首先见于亚里士多德在《形而上学》中的记载。

上节所引《形而上学》第 1 卷第 5 章中亚里士多德论述毕泰戈拉学派的哲学时讲道:因为他们看到万物和数有很多相似之处,所以他们认为"一切其他事物就其整个本性说都是以数为范型的。"①到《形而上学》第 1 卷第 6 章,亚里士多德论述柏拉图的哲学,说柏拉图肯定了另外一类实体——"理念",接着谈到事物和理念的关系:

> 多数的事物是由于分有和它们同名的理念而存在的。只有"分有"这个词是新的;因为毕泰戈拉学派说事物是由"摹仿"数而存在的,柏拉图则说事物由"分有"而存在,只是改变了名称而已。但对于形式的分有或摹仿究竟是什么,他们并没有说明。②

数是事物的范型,事物是摹仿数而存在的。这就是亚里士多德提到的毕泰戈拉学派的摹仿说。在第 6 章中,亚里士多德接着又说明数学的对象是在可感觉事物和理念以外的第三种本体,它们居于这二者之间的中间地位。然后,他又将柏拉图和毕泰戈拉学派进行比较:

> 但是他〔柏拉图〕同意毕泰戈拉学派说"一"是本体而不是某些其他事物的宾词;在认为"数"是其他事物的实在性的原因上,他也和他们一致;……但当他们〔毕泰戈拉学派〕说事物自身就是数,并不将数学对象摆在可感觉的事物和理念之间时,他〔柏拉图〕却认为"数"是在可感觉事物以外分离存在的。他和毕泰戈拉学派的分歧,在于将"一"与"数"和事

---

① 亚里士多德:《形而上学》,985ᵇ32—33。
② 亚里士多德:《形而上学》,987ᵇ9—14。

物分离开来,……①

在这里,亚里士多德说毕泰戈拉学派认为事物本身就是数,因此他们并不将数和事物分离开来,也就是说,数存在于事物之中。在这点上,柏拉图和他们不同,柏拉图将"理念"、"数"和事物分离开来,说"数"存在于事物之外。

这样,毕泰戈拉学派关于事物和数的关系,就有了两种学说:一种是,事物自身就是数,因此,数存在于事物之中;另一种是,事物是由于摹仿数而存在的。这两种学说事实上是彼此矛盾的。因为按照后一种说法,数是事物的范型,事物是摹仿数的,是数的摹本;模型和摹本当然是两个不同的东西,如果是同一个东西,怎么能说事物摹仿数呢? 作为范型的数,当然也只能存在于事物以外了。在这一点上,柏拉图所说的"分有"和毕泰戈拉学派所说的"摹仿"确是一样的:分有者和被分有者、摹仿者和被摹仿者,只能是两个彼此独立的东西。如果事物是摹仿数的,数就只能是在事物以外,并且先于事物而存在。

现代西方学者提出了这个问题。如彻尼斯(H.Cherniss)在《亚里士多德对苏格拉底以前哲学的批判》一书中专门讨论了这个问题:"〔毕泰戈拉〕学派的与众不同的特征,按照亚里士多德的说法是他们设定数是本原;他对这种学说所作的阐述,可以看出是自相矛盾的,因为他将这种学说表述为数和物理对象是同一的,表述为数的本原和存在着的事物的本原是同一的,表述为事物摹仿数。人们可以假设,这些表述是由于同时的,或是在时间上彼此相继的毕泰戈拉学派的不同派别采取的对同一理论的三种看法;但是亚里士多德并没有作这样的区别。他将这三种看法不加区别地归诸毕泰戈拉学派,认为这三种看法合起来是一个单一的理论。"②彻尼斯强调指出,亚里士多德没有看出他自己这种说法实际上是自相矛盾的:"这种陈述,认为毕泰戈拉学派将事物的存在解释成为是由于'摹仿'数,同将事物和数说成是同一的学说显然是矛盾的。这种说法实际上认为毕泰戈拉学派和柏拉图是一致的,因为'摹仿'包含了数和事物分离的意思,可正是在这一点上,亚里士多德总强调是柏拉图和毕

---

① 亚里士多德:《形而上学》,$987^b22—32$。

② 彻尼斯:《亚里士多德对苏格拉底以前哲学的批评》,第386—387页。

泰戈拉学派的主要区别。"①

　　早在彻尼斯以前,策勒已经看出这个矛盾,但是他为亚里士多德辩护。他说,事物由数组成,以及事物摹仿数这两种说法,在亚里士多德的《形而上学》中,并不是在隔开得很远的地方提到的,而是在紧密相连的上下之间提出来的,如果它们有矛盾,怎么能逃得过亚里士多德的眼睛呢? 显然在亚里士多德看来,这两种说法并不是互相排斥的。策勒为亚里士多德解释说:认为事物是数的摹本,根据就是说数是事物由以组成的本质,所以,由于数的这种特性必然可以被认为它是在事物之中的。② 策勒的这种解释,一方面可以说是比较深刻的,因为他指出了:数是事物的本质,本质存在于现象之中,所以数是存在于事物之中的;但另一方面,当时的毕泰戈拉学派是不是已经清楚地认识到这一点,却还是可以怀疑的。因为他们还不能将抽象和具体分别开来,他们所说的摹仿和被摹仿的东西都是具体的。

　　亚里士多德在《形而上学》最后两卷中,多次提到毕泰戈拉学派认为数是在事物之中,不是分离独立存在的,但又指出他们分不清抽象和具体。如在第13卷第7章中说:

　　　　毕泰戈拉学派也相信一种数——数学的数;不过他们说这种数不是分离存在的,而可感觉的本体是由它形成的。因为他们从数构造出整个宇宙——只是数不是由抽象的单位〔这里,罗斯也译成"抽象的"了〕构成的,他们以为这个单位是有空间的大小的。③

而在第14卷第3章中,他又说:

　　　　再说,毕泰戈拉学派,因为他们看到数的许多属性是属于可感觉的物体的,所以设定实在的事物就是数——可是,不是分离开的数,而是组成实在事物的数。④

接着又说:

---

①　彻尼斯:《亚里士多德对苏格拉底以前哲学的批评》,第392页。

②　参见策勒:《苏格拉底以前的学派》第1卷,第374—375页。

③　亚里士多德:《形而上学》,$1080^{b}16$—21。

④　亚里士多德:《形而上学》,$1090^{a}20$—23。

显然,数学的对象不是分离存在的;如果它们分离存在,它们的属性就不会出现在物体之中了。毕泰戈拉学派在这点上是无可非议的,可是,他们从数构造整个物体时,有轻重的东西是从没有轻重的东西来的,他们似乎是说到另外一个天体和其他物体,不是说这个可感觉的〔天体和其他物体〕。①

亚里士多德在这几处都肯定地说,毕泰戈拉学派所说的数是存在于具体事物之中,而不是和具体事物分离存在的。但是,毕泰戈拉学派的问题在于,他们认为这种存在于具体事物中的数本身也是具体的,是具有空间的大小和重量上的轻重的。这样才产生亚里士多德提出的问题:那不就是在同一个地方同时存在着两个〔具体的〕本体了吗?② 毕泰戈拉学派分不清抽象和具体的区别,所以产生这种矛盾情况。亚里士多德虽然初步认识他们的矛盾,但由于他自己也还没有能真正将抽象和具体、一般和个别完全清楚区别开来,用他自己的思想去解释毕泰戈拉学派的思想,有时强调这一方面,有时又强调那一方面,所以令人感觉到其中还是存在没有解决的矛盾现象。

我们还应该看到另外一个方面,那就是毕泰戈拉学派的哲学在西方哲学史上是将本原学说从米利都学派的具体的水、气向抽象的数发展的创始者。黑格尔在《哲学史讲演录》中说明这一点:

毕泰戈拉学派的哲学形成了实在论哲学向理智哲学的过渡。伊奥尼亚学派说,本原是一种确定的物质性的东西。跟着来的规定便是:一、不以自然的形式来了解"绝对",而把它了解为一种思想范畴;二、于是现在必须建立起各种范畴——第一是完全的无限。毕泰戈拉学派作了这两点。③

黑格尔在这里所说的"实在论哲学",就是唯物论哲学,他说的"理智哲学"也就是唯心论哲学。黑格尔说毕泰戈拉学派是从希腊最初的唯物论哲学向唯心论哲学的过渡。这种见解是有道理的。虽然毕泰戈拉学派,至少在早期,并没

---

① 亚里士多德:《形而上学》,1090ª30—35。
② 参见亚里士多德:《形而上学》,1076ª38—ᵇ1、998ª7—19。
③ 黑格尔:《哲学史讲演录》第1卷,中译本,第217—218页。

有自觉地意识到这一点,但是他们的历史作用,恰恰正是在这一点。

关于事物摹仿数,还存在一个问题。无论是被摹仿的范型,或是摹仿它的摹本,本身都是不动的。如果没有第三者来造成这种摹仿,单是摹仿者和被摹仿者自身,是不能进行这种摹仿活动的。这在柏拉图的《国家篇》中可以看得很清楚。其实,柏拉图也不是只讲"分有"而不讲"摹仿"的。在《国家篇》中,具体的国家要摹仿国家的理念——理想国,才能实行合乎正义的治理。柏拉图认为这种摹仿必须由哲学家来实现,因为只有哲学家才真正认识国家的理念。同样,具体的床是摹仿床的理念制造的,这种制造要由工匠来实现;画家摹仿具体的床画出床的图像来,画家便是第三者——工匠。毕泰戈拉学派说万物是摹仿数而成的,那么,这种摹仿由谁来实现呢? 他们没有回答这个问题。似乎万物自己就能摹仿数而产生出来,这当然是不可能的。他们又不能提出一个第三者来,这样便只能说数自身有这样的能力,能使事物摹仿它。这样,他们说"一"是理性,是神,能够主动地将印记打在质料——"不定的二"上。这种说法不仅是彻底的唯心论,而且又和宗教混在一起了。

由此可见,毕泰戈拉学派的摹仿说,实际上是经不起认真的分析的。亚里士多德在批评柏拉图的理念论时,说柏拉图的分有说,"不过是空洞的语言和诗意的比喻而已"。[1] 我们也可以说:毕泰戈拉学派的摹仿说,也不过是空洞的语言和诗意的比喻而已。

三　数是形式因又是质料因

亚里士多德在《形而上学》第 1 卷第 5 章概括地介绍了毕泰戈拉学派的学说(引文见上节)以后,接着说:

> 我们重温这些哲学家的观点,目的是想了解,他们所说的各种本原怎样归到我们所说的各种原因中去。显然,这些思想家〔毕达戈拉学派〕认为数既是事物的质料,同时又是形成事物的变化和它们的不变的状态的

---

[1]　亚里士多德:《形而上学》,991^a 21—22。

〔形式〕。①

所谓"四因"，是亚里士多德提出来的。在他以前的哲学家们并没有清楚地意识到有这种区别。亚里士多德研究这些哲学家关于本原的各种学说，发现他们所说的本原，实际上是有不同含义的，他将这些含义概括为四种，将"本原"改为"原因"（$\alpha\iota'\tau\iota\alpha$），就得出他的四因论——质料因、形式因、动因、目的因。亚里士多德在这里提出的问题是：毕泰戈拉学派的"数"应该归为那种原因呢？

对于亚里士多德的这段话，许多学者解释为，他说"数"是质料因和形式因。比如康福德解释说："毕泰戈拉学派认为数，在某种意义上，既是事物的质料因，又是形式因。"②策勒认为：当毕泰戈拉学派说："万物是数，即万物由数组成时，数不仅是决定事物构成的形式，而且也是组成事物的本体和质料。"③但罗斯在注释亚里士多德的这句话时，却认为他首先说的是质料因和动因，因为这里提到数是事物变化的原因；但他也承认，亚里士多德是在暗示，毕泰戈拉学派认为，数在某种意义上，也是形式因。④ 所以有些译文将这段话的最后一句直接译成"形式"。关于数能不能是动因的问题，我们在上一个问题中已经讨论过了。数是事物的形式因，这是不成问题的，因为亚里士多德在《物理学》中为四因各自下定义时，对形式因是这样讲的：

> 〔事物的〕形式或原型，如本质的定义，和它的"种"，也被称作"原因"，（例如，音程中的 2∶1 的关系，以及一般地说，"数"，）还有定义的组成部分。⑤

显然，亚里士多德心目中所想到的形式因，其中就包括毕泰戈拉学派所说的数，如音程中的 2∶1 的比例关系。

我们已经几次提到毕泰戈拉学派以数为万物的本原，在西方哲学史上是

---

① 亚里士多德：《形而上学》，986ᵃ 13—17。

② 康福德：《柏拉图和巴门尼德》，第 6 页。

③ 策勒：《苏格拉底以前的学派》第 1 卷，第 375—376 页。

④ 参见罗斯：《亚里士多德的〈形而上学〉》第 1 卷，第 148 页。

⑤ 亚里士多德：《物理学》，194ᵇ26—29。

一次重要的创举。因为在他们以前的米利都学派是以可以感觉到的物质性的元素(即使阿派朗也属于这一类)为事物的本原,而毕泰戈拉学派却提出了"另一类实在",即不具有形体的抽象的数作为万物的本原。只有当我们认识到这种数量方面的规定性时,才可以说是从认识表面现象深入了一层。科学就必须能认识事物的这种量的规定性,才能成为科学。我们往往用这种量的规定性来为事物下定义。所以,毕泰戈拉学派提出数是事物的本原,在西方哲学的发展史上,就是第一次提出了万物的形式因即本质因。这虽然是亚里士多德提出的名词,我们现在实际上也还是可以承认的,数可以说是万物的形式即本质性的原则。

但是,数怎么能是事物的质料因呢? 这倒是比较难以理解,必须加以说明的。

亚里士多德在《形而上学》第1卷第5章说了上面那段话后,接着就谈毕泰戈拉学派和阿尔克迈翁都认为对立是事物的本原,然后说:

> 但是〔他们所说的〕这些原则可以归于我们所说的哪一种原因,他们并没有明白清楚的说法;看来,他们似乎是将这些元素归于质料这一类;因为他们说本体就是以这些元素作为其内在部分而组成的。①

毕泰戈拉学派怎么说"数"是事物的质料的? 罗斯在《形而上学》注释中将亚里士多德有关这个问题的说法收集概括为四个方面:

1. 认为数实际上就是事物。如:"这些思想家〔毕泰戈拉学派〕说数和实在事物是同一的"。(1083[b] 17;同样说法还见于 986[a] 2, 21;987[b] 27, 30;1090[a] 22。)

2. 认为数就在事物之中。如:"只有毕泰戈拉学派认为无限是在感觉对象之中(他们并不将数当成是和感觉对象分离的东西)。"(《物理学》203[a] 6;同样说法还见于《形而上学》1080[b]1。)

3. 认为数是组成事物的东西。如:"毕泰戈拉学派……认为实在事物就是数——不是分离的数,而是组成实在事物的数。"(1090[a] 23;同样说法还见

---

① 亚里士多德:《形而上学》,986[b]4—8。

于 990^{a}22；1080^b 2,17；1083^b 11,18；1090^{a}32。)

4. 数是有空间大小的。如:"……只有毕泰戈拉学派,他们是认为数是有空间大小的。"(1080^{b}32；同样说法还见于 1080^b 19。)①

将这四个方面结合起来考察:数就是实在的事物,它只存在于实在事物之中,实在事物就是由数组成的,而且数本身也是有空间大小的。这样理解的数就不是无形体的抽象的形式了,而是具体的组成事物的元素,正像水、土这些组成事物的元素一样,只能说它是事物的质料。

这种说法并不是强加于毕泰戈拉学派,并没有冤枉了他们。用几何图形可以比较清楚地说明这一点。以上讲毕泰戈拉学派认为数是事物的本体时已经说到这一方面。他们说数是事物的本体,就是说事物是由点、线、面、体等元素构造而成的。毕泰戈拉学派认为任何物体都是由立体组成的,立体是由平面组成的,平面是由线组成的,线是由点组成的,点是由单位("一")组成的,这单位就是占空间的。如果用静态的说法,线就是由一个一个占空间的点连续起来构成的;如果用动态的说法,线就是占空间的点运动造成的;一根一根的线排在一起,或是一根线具体运动,就成为面;一个一个的面叠在一起或是一个面从上到下运动,就成为体。这样的点、线、面,当然就是事物的质料,而不是事物的形式了。

将数说成是事物的质料因,也就是说"数"是构成事物的物质。这种观点看起来是对"数"作了唯物论的解释,但前面已经讲过,正是因为这样解释"数"(将抽象的原则说成是具体的物质),却导向了唯心论。

所以出现这种情况,就是我们上面所说的,因为毕泰戈拉学派还分不清抽象和具体的区别。罗斯在指出上述四个方面以后,接着解释说:"亚里士多德在坚持毕泰戈拉学派说数是事物的〔具体的〕本体时,他的说法不是象征性的,而是对物理世界所作的认真的解释。我们不要认为他们是经过慎重的考虑才拒绝数是不占空间的这种观念的。像一切苏格拉底以前的哲学家一样,他们都还没有达到'非空间的实在'这样的观念。他们〔毕泰戈拉学派〕大概

---

① 罗斯:《亚里士多德的〈形而上学〉》第 1 卷,第 146 页。

认为'十'这个数,不仅仅是一种比喻的说法,而实在就是由一组物质的东西排列而成的 tetraktys〔完整的〕。所以,对于恩培多克勒认为爱和争,阿那克萨戈拉认为努斯也是物质性的东西时,不要过于惊奇。毕泰戈拉学派用最模糊的形式来表达他们认为数是事物的质料(物质)的学说,这是无疑的;而亚里士多德仅仅指出这个事实,即他们还没有能像后来的哲学家那样作出明白的区别来。"①

正因为他们不能作这种区别,所以后来毕泰戈拉学派的菲罗劳斯的学生欧律托斯就用卵石来代表数了。亚里士多德记载说:

> 再说,不能确定他们〔毕泰戈拉学派〕是以什么方式说数是事物的本体的原因的,是不是作为极限(如点是空间大小的极限)。这就是欧律托斯决定什么是某个事物(例如这一个是人,另一个是马)的数的方式,就是,他用卵石摹仿生物的形象,正像有些人将数摆成三角形或正方形的形象一样。②

亚里士多德的学生塞奥弗拉斯特记载说,根据阿尔基塔的说法,欧律托斯是用排列卵石的方法来做的,说:这是人的数,这是马的数,这是别的某种东西的数。③ 在亚历山大对亚里士多德这一段话的注释中,关于这一点讲得更为具体:

> 为了论证人的定义是数 250,而植物的定义是数 360,他选取了 250 颗卵石,有些是绿的,有些是黑的,有些是红的,总之,是各种颜色的。然后他在墙上用石灰画出一个人或一株植物的图像,他将有些卵石摆在所画的面部,有些摆在手部,别的摆在其他部位,直到他完成了人的图形,使卵石的数恰好和他宣称为人下定义的数字相等。④

这就是毕泰戈拉学派将数说成是万物的质料的最具体也是最极端的表现了。

---

① 罗斯:《亚里士多德的〈形而上学〉》第 1 卷,第 146—147 页。
② 亚里士多德:《形而上学》,1092ᵇ8—15。
③ 参见格思里:《希腊哲学史》第 1 卷,第 274 页。
④ 亚历山大:《〈形而上学〉注释》,第 827 页第 9 行以下;见基尔克、拉文:《苏格拉底以前的哲学家》,第 314 页。

像这样,毕泰戈拉学派说数是万物的质料,甚至用具体的卵石来表示数,这种思想大约不能说它是唯心论,应该说这是粗糙的唯物论的表现。而这种用卵石代替数的粗糙的唯物论,在当时又可能是和宗教巫术有关的。

四 "一"和"不定的二"

稍后一点的毕泰戈拉学派将数说成是"一"和"不定的二",是更明确地将数说成是事物的形式因和质料因。在第欧根尼·拉尔修的书中保留了一段公元前2世纪时亚历山大的话:

> 亚历山大在他的《哲学家的师承》中说,他在关于毕泰戈拉学派的回忆录中发现了下述教义:万物的本原是"一"或单位;从"一"产生出"不定的二",它是"一"的质料或基质,"一"是它的原因。从"一"和"不定的二"产生数;从数产生点,从点产生线,从线产生平面,从平面产生立体,从立体产生可感觉的物体,以及它们的四种元素:火、水、土、气;这些元素互相转化,组合而产生一个有生命的、精神的、球形的宇宙,地居于它的中心,地自身也是球形的,在它上面住着人。①

这已经是比较后期的毕泰戈拉学派的学说了,它描绘了如何由数产生出世界的各个阶段,构成一幅完整的画面。值得注意的是,这里说的不是由数开始产生万物,数是万物的最根本的本原;而是说万物的本原是"一",从"一"产生"不定的二",数是由"一"和"不定的二"产生出来的。"一"和"不定的二"是数的本原,不过这二者的地位是不同的,"一"是原因,"不定的二"是质料或基质。这也就是说,"一"是形式,"不定的二"是质料。

我们通常讲毕泰戈拉学派认为数是万物的本原,一般地说,这是对的。但许多记载表明,毕泰戈拉学派因为分析数,认为数也有它的本原。上节引用亚里士多德在《形而上学》第1卷第5章中概述毕泰戈拉学派的学说时就说过,毕泰戈拉学派认为"数的本原就是万物的本原"和"数的元素就是万物的元

---

① 第欧根尼·拉尔修:《著名哲学家的生平和学说》第8卷,第25—26节。

素"。① 在他们看来,还有比数更根本的东西,即数的本原或元素,它们决定或组成数,数再决定或组成万物。这样,数的本原或元素才是最根本的东西。

数的本原或元素是什么? 古代也有不同的记载。亚里士多德在《形而上学》第 1 卷第 5 章中是这样说的:

> 他们〔毕泰戈拉学派〕认为数的元素是偶和奇,其中,后者是有限,前者是无限;而"一"是从这二者来的(因为它既是偶数,又是奇数),而数又是由"一"来的。②

亚里士多德在这里说,毕泰戈拉学派认为数的元素是奇数和偶数,也就是有限和无限;还有"一"。"一"是从这二者来的,它本身又既是奇数也是偶数,数又是由"一"来的。所以,奇数和偶数、有限和无限,还有"一",都是数的元素或本原。

但亚里士多德在这里并没有提到毕泰戈拉学派讲"不定的二",相反,他认为"不定的二"的发明权是属于柏拉图的。他在《形而上学》第 1 卷第 6 章阐述柏拉图的哲学思想时,将柏拉图和毕泰戈拉学派加以对比:

> 但是他〔柏拉图〕同意毕泰戈拉学派所说的"一"是本体,而不是别的东西的宾词;在说"数"是别的事物的实在性的原因这点上,他也同意他们;但是,在设定一个"不定的二",由大和小构成无限,以代替无限是"一"这点上,却是他〔柏拉图〕所特有的……③

亚里士多德并且说,柏拉图是将大和小(即"不定的二")作为质料因,而"一"是本质,当大和小分有"一"时,就产生数。④

在柏拉图的对话中,特别是在《蒂迈欧篇》中,很明显有这种思想。亚里士多德在《形而上学》第 13、14 卷中多次讨论"一"和"不定的二",但他主要也是针对柏拉图学园中的斯彪西波等人的。这一方面,以后讨论柏拉图哲学时再来论述。现在只讨论"不定的二"是不是毕泰戈拉学派的思想。

---

① 亚里士多德:《形而上学》,985[b]25—26、986[a] 1—2。

② 亚里士多德:《形而上学》,986[a] 17—21。

③ 亚里士多德:《形而上学》,987 [b]22—25。

④ 参见亚里士多德:《形而上学》,987[b]20—22。

亚里士多德在这里是将柏拉图和毕泰戈拉学派区别开来,说"不定的二"是柏拉图所特有的,并不是毕泰戈拉学派的思想。但是,哲学史家都认为柏拉图的哲学是深受毕泰戈拉学派的影响的。特别是他去西西里之行以后,在他的后期思想中,接受了许多毕泰戈拉学派的观点,有人甚至提出柏拉图的《蒂迈欧篇》是剽窃毕泰戈拉学派的著作。柏拉图逝世前后,在他的学园中,以斯彪西波等人为代表,主要就是将柏拉图的理念论和毕泰戈拉学派关于数的理论结合起来研究。亚里士多德正是因为不同意他们的这种做法才愤而离开学园的。也许因为这个缘故,亚里士多德比较重视将柏拉图学派和毕泰戈拉学派区别开来。但在实际上,在那个时候,这两个学派已经很难区别了。或者也可以这样解释:自从柏拉图提出"不定的二"以后,毕泰戈拉学派也就接受了这个观点,因此,后来的亚历山大说这是毕泰戈拉学派的观点。

所以,根据亚里士多德和亚历山大的记载,毕泰戈拉学派所说的数的本原或元素,就是指奇数或偶数、有限和无限,还有"一"和"不定的二"。

关于有限和无限、奇数和偶数,我们留到第 5 节专门讨论。现在要解释"一"和"不定的二"。

上一节中讲到:毕泰戈拉学派认为,在一切数中,"一"是最基本的,它既是一切数的开始,又是计量一切数的单位。亚里士多德在残篇中说,他们认为在所有数中,"一"是第一原则。[1] 同时,还指出毕泰戈拉学派将"一"看成就是理性、灵魂和本体。[2] 在哲学上将"一"看作最高的范畴,是万物的第一原则,很可能是从毕泰戈拉学派开始的。爱利亚学派的先驱塞诺芬尼主张神是"一",大约和毕泰戈拉本人同时;巴门尼德提出"存在"是"一",至少是在毕泰戈拉本人以后的事。但是,毕泰戈拉学派将"一"说成是理性——努斯,却是不能早于阿那克萨戈拉的。

什么是"不定的二",为什么要提出这个"不定的二"呢? 亚里士多德在《形而上学》第 14 卷第 1 章中对此有过解释。他说,"所有的哲学家都以对立

---

[1] 参见《亚里士多德残篇选》,第 144 页。

[2] 参见《亚里士多德残篇选》,第 142 页。

作为第一原则"。① 毕泰戈拉学派是最早提出以对立作为第一原则,并且列举十种对立的哲学范畴的。(这个问题将在以下第5节专门讨论。)在他们列举的十对对立中,有一对就是"一"和"多"。这大约是早期毕泰戈拉学派的主张。后来柏拉图或毕泰戈拉学派用"不定的二"来代替"多"。亚里士多德解释说:"多"的本质就是"不等","不等"就是"大和小"。有大有小、可大可小的就是"不定的二"。"不等"就是由"大和小"组成的"二"。② 所以,"一"和"不定的二"就是由"一"和"多"这对对立发展过来的。

但是,作为"一"和"不定的二"却具有更深一层的含义,那就是:"一"是主动的形式,"不定的二"是被动的质料。(也有将"不定的二"解释成为空间的,说它是接受形式——"一"的空间。在柏拉图的《蒂迈欧篇》中就有这样的意思。本书论述柏拉图哲学时再来讨论这个问题。)当毕泰戈拉学派认为数是万物的本原,万物都从数产生时,他们有一个致命的弱点,那就是:数本身是不能运动变化的,它们如何产生万物呢? 亚里士多德正是从这点上批评他们的:

> 我们已经说过,他们〔毕泰戈拉学派〕提出的原因和原则足以上升到更高一级的"实在"了,而且对那种"实在"比对自然界更为合适。可是,他们却根本没有告诉我们,如果他们认定的只是有限和无限、奇数和偶数这样的东西,如何能有运动? 如果没有运动和变化,如何能有生成和毁灭,在天空运动的天体又如何能那样运动呢?③

也许就是因为这个缘故,后来的毕泰戈拉学派要从数中找出一个运动的本原来,他们将"一"说成是理性(努斯)、灵魂和神,使它成为主动的元素,运动的原因。既有主动的元素,便必须有相应的被动的元素,这便是"不定的二"。"不定的二"是可大可小的东西,当"一"作用于它时,它便成为某种一定大小的数。所以"数"是从"一"和"不定的二"中产生出来的;"一"是主动的,"不

---

① 亚里士多德:《形而上学》,1087^a 29—30。

② 参见亚里士多德:《形而上学》,1087^b 5—10。

③ 亚里士多德:《形而上学》,990^a 5—12。

定的二"是被动的,二者结合便成为各个数。后来,按照亚里士多德的解释,"一"就是形式,"不定的二"就是质料。这就是具体说明数本身有形式和质料之分,"数"也就是事物的形式因和质料因了。因为形式"一"是主动的,而质料(物质)——"不定的二"是被动的。所以这种思想是唯心论。不过,这是较后时期的毕泰戈拉学派的哲学思想,大约和柏拉图同时,和柏拉图的哲学是一致的。

综合以上两节,可以看出毕泰戈拉学派提出的数是万物的本原的学说的历史意义:

米利都学派将万物的本原归结为水、气,或者和它们同类的阿派朗,这些终究还是物质性的元素,它们和具体事物是属于同一个层次的。而毕泰戈拉学派却在具体事物的背后,看到它们都具有量的规定性,而且这种量的比例关系和规律性是决定种种事物的。他们是在现象的背后,深入发现了事物的本质。正是在这一点上,黑格尔说他们走出了哲学的第一步:

> 因此我们在将宇宙解释为数的尝试里,发现了到形而上学〔哲学〕的第一步。毕泰戈拉在哲学史上,人人都知道,站在伊奥尼亚哲学家和爱利亚学派哲学家之间。前者,有如亚里士多德所指出的,仍然停留在认事物的本质为物质的学说里,而后者,特别是巴门尼德,则已进展到以"存在"为"形式"的纯思阶段,所以正是毕泰戈拉哲学的原则,在感官事物与超感官事物之间,仿佛构成一座桥梁。①

无论是科学或是哲学,都要从事物的表面物质现象背后,去发现它们的内在规律,发现它们的本质。而这种本质并不是感觉所能感知的,它是只有理性才能认识的,是超感官的、无形体的东西。毕泰戈拉学派在西方哲学史发展中的突出地位,就在于他们是第一个提出这种超感官的本质的。从他们开始,爱利亚学派以至柏拉图、亚里士多德和后来的许多哲学家,都寻求这样的本质。在这个意义上,可以说毕泰戈拉学派走出了哲学的第一步。

这里,黑格尔将这种现象和本质的区别,归结为物质和纯思的区别,这是

---

① 黑格尔:《小逻辑》,中译本,第230页。

他自己的唯心论的表现,是错误的。像数这样的内在本质是只有思想才能认识的,但这不是思想本身创造出来的;它是思想从事物中抽象出来,因此是反映客观的。一切科学和哲学都是要在现象背后寻求抽象的本质——规律性的。在西方哲学史上,毕泰戈拉学派是第一个提出关于数的理论问题来的。当然他们自己并没有明确意识到这一点,但实际上这正是他们在哲学思想发展过程中所作的主要贡献。

第五节　对　立

一　对立的本原

亚里士多德在《形而上学》第 1 卷第 5 章中概述了毕泰戈拉学派关于数的学说以后,接着又讲了一段话:

> 这个学派〔毕泰戈拉学派〕中的另一些人说有十对本原,并且将它们排成两行:

有限	无限
奇	偶
一	多
右	左
雄	雌
静	动
直	曲
明	暗
善	恶
正方	长方

克罗顿的阿尔克迈翁似乎也持这种看法,也许是他从他们那里得到这个观点,也可能是他们从他那里得来的,因为阿尔克迈翁盛年时已是毕泰戈拉的晚年时期。他说的和他们相似。他说大多数有关人的事情都是成双

的,只是他并不像毕泰戈拉学派那样明确规定相反的东西,而是随意列举,如:白和黑,甜和苦,善和恶,大和小。关于别的相反的东西,他只是任意提及,不像毕泰戈拉学派那样说出有多少相反的,以及它们是什么。从这两个学派,我们可以看到:"相反"是事物的本原;至于这些本原有多少,以及它们是什么,我们可以从其中一派知道。①

亚里士多德在这里论述了一个很重要的哲学问题,即万物的本原是"对立"。毕泰戈拉学派不但认为数是万物的本原,而且认为对立也是万物的本原。

亚里士多德在这里用的是ἐναντία(enantia,contrariety,contrary,我们译为"相反"),而不是ἀντικείμενα(antikeimena,opposition,我们译为"对立")。亚里士多德在《形而上学》第5卷第10章中以及在其他章节中将这两个范畴区别开来,认为"相反"只是"对立"的一种。"对立"除了"相反"以外,还有"矛盾"(ἀντίφασις,antiphasis)、"相对"("相关"的,τὰ προς τι,ta pros ti)和"缺失和有"(στέρησις καί ἕξις,steresis kai hexis),他作了详细的分析。② 亚里士多德所作的这种区分和我们讲辩证法的"对立"不一样,我们讲对立就是矛盾,也就是相反的两面(对立物)的统一。亚里士多德认为"相反"是"对立"的一种,而且是最明显的一种;毕泰戈拉学派自己大约没有作这种区别,他们所讲的都是一对对相反的东西,也就是对立的东西,所以下文不再像亚里士多德那样将这二者区别开来,而统称为"对立"。但要研究辩证法发展史,探讨"对立"这个范畴究竟是不是毕泰戈拉学派最早提出来的,作这点说明还是需要的。

有关对立的思想,在毕泰戈拉学派以前早就有了。在米利都学派中,阿那克西曼德认为冷和热、干和湿都是从阿派朗中分离出来的;阿那克西美尼认为本原——气的稀散和凝聚生成万物;这些都是有关对立的思想,但他们并没有专门提出对立来,没有将对立说成是事物的本原。将"对立"说成是事物的本

① 亚里士多德:《形而上学》,986ᵃ22—ᵇ4.
② 参见汪子嵩:《亚里士多德关于"对立"的思想》,《外国哲学》第7期。

原,可能是从毕泰戈拉学派开始的。但至少在早期,毕泰戈拉学派说的只是一对对具体的对立面——相反的东西;他们有没有作出那样高度的概括——"对立"是万物的本原,还是可以怀疑的。他们只是说数的本原是万物的本原,而数的本原正是一些相反的东西——有限和无限、奇和偶;因此,亚里士多德说他们认为对立是事物的本原。至于他们的学说在什么程度上和我们讲的辩证法相接近,下面将专门讨论。

　　一般哲学史著作都根据亚里士多德这段记载,认为毕泰戈拉学派主张这十对对立。但是,这十对对立的表究竟属于什么时期的毕泰戈拉学派,以及它在毕泰戈拉学派的学说中占有什么地位? 这在学者们中间也是有不同意见的,因为亚里士多德这段话本身有不明确的地方。罗斯根据亚里士多德在这里说的是毕泰戈拉学派中的"另一些人",所以认为这十对对立的学说并不是毕泰戈拉学派学说的主要的本质的部分;他认为只有在这段话以前,亚里士多德提到的有限和无限、奇和偶才是毕泰戈拉学派的根本思想。罗斯在对亚里士多德这段话的注释中还提到,究竟有多少对对立是并不重要的,因为古代记载就有许多不同,比如,辛普里丘在《物理学》注释中提出七对对立,波菲利在《毕泰戈拉传》中则提到六对对立;此外,亚里士多德自己在别处提到毕泰戈拉学派还讲到别的对立,如上和下,前和后等。只是因为毕泰戈拉学派认为"十"是最完善的,所以在他们中间才流行这十对对立的表。此外,罗斯还提到,这张十对对立的表,策勒认为有可能是属于菲罗劳斯的。[①] 伯奈特认为,提出这张对立表的时间可能要早得多,他以为,巴门尼德在他的《论自然》的诗的第二部所批评的那种观点,很可能就是毕泰戈拉学派的这种同时承认相反的东西存在的自然哲学。[②] 这样,产生这张表的时间就早于巴门尼德。基尔克、拉文既不同意伯奈特的意见,指出巴门尼德的诗中并没有明显触及毕泰戈拉学派的基本思想——有限和无限的对立;他们也不同意策勒的意见,将这张表定于菲罗劳斯的时代,而认为亚里士多德说这张表出现于阿尔克迈翁的

---

① 参见罗斯:《亚里士多德的〈形而上学〉》第 1 卷,第 150 页。
② 参见伯奈特:《早期希腊哲学》,第 185 页。

时代大概是可信的。① 这样就牵涉阿尔克迈翁生活的时代问题了。罗斯认为,上引亚里士多德这段话中说阿尔克迈翁是和毕泰戈拉同时并较为年轻的人,是后人添加的,所以在他的英译文中将这句话删掉了。② 这个问题,我们将在下文论述阿尔克迈翁一节中,再来讨论。

我们认为,罗斯的主要意见,大体是可以接受的。即:是否一定是十对对立,或者更多一些,或者减少一点,并不妨碍我们理解毕泰戈拉学派的哲学。毕泰戈拉学派开始时大约没有提出这样十对对立来,也可能是后来凑成十对,在学派内部广泛流传。其中还是有限和无限、奇和偶这两对对立才是最根本的。策勒和其他许多学者大多也是这样认为的。除此以外,还有一点也是比较重要的,即在这张对立的表中包括有善和恶,这样就使这些对立具有伦理价值方面的意义了。以下我们分别从这两个方面来讨论毕泰戈拉学派的这张对立的表。

二 有限和无限

亚里士多德在列举这张对立表以前,概括毕泰戈拉学派数的理论时说:他们认为数的元素是偶和奇,其中,后者是有限,前者是无限;而"一"是从这二者来的,因为它既是偶数,又是奇数,而"数"又是由"一"来的。③ 后来的亚历山大在注释《形而上学》时,也提到亚里士多德讲过类似的话,被罗斯辑在《亚里士多德残篇》中:

> 他们〔毕泰戈拉学派〕认为数先于自然整体以及自然事物(因为任何事物都不能离开数而存在或被认知,而数即使离开别的事物仍能被认知),所以主张数的元素和本原就是万物的本原。他们说,这些本原就是偶数和奇数,奇数是有限制的而偶数无限;他们认为单位〔"一"〕是数的本原,它由偶数和奇数组成;因此单位〔"一"〕同时是偶—奇数,他〔毕泰

① 参见基尔克、拉文:《苏格拉底以前的哲学家》,第280、241页。
② 参见策勒:《苏格拉底以前的学派》第1卷,第382—383页。
③ 参见亚里士多德:《形而上学》,986ᵃ17—21。

戈拉]以此证明它能产生奇数和偶数;它加上一个偶数就生成一个奇数,加上一个奇数就生成一个偶数。①

希腊人认为一是单位,不是数,从二开始才是数,所以二是第一个偶数,三是第一个奇数,而单位——"一"是偶一奇数。它加上一个偶数就成为奇数,加上一个奇数就成为偶数。偶和奇就是数的元素和本原。

值得注意的是毕泰戈拉学派——并且很可能是从毕泰戈拉本人就开始提出:有限和无限也同奇和偶一样,是数的元素和本原。叶秀山在研究毕泰戈拉哲学时提出了这个"不大为人提到的问题",将它和阿那克西曼德的阿派朗学说联系起来讨论。② 这是很有见地的,在此也谈谈我们的看法。

我们以为,这个问题在希腊哲学思想的发展中是一个相当重要的问题。无限——阿派朗的思想是阿那克西曼德最初提出来的,但他并没有提出和阿派朗 a peiron 相反的有限 peras 来。因为在他看来,阿派朗是万物的最后本原,一切其他的对立的东西都是由阿派朗分离出来的,所以并没有和阿派朗相对立的东西。那么,毕泰戈拉为什么要提出一个和阿派朗相反对的"有限"来呢? 我们在解释阿那克西曼德的阿派朗时认为,它是一个没有任何规定性的元素或物体,是"无定体"或"无定限体"。阿那克西曼德认为,作为万物的最后元素即本原的,乃是一个没有任何规定性的物质性元素。历史上记载说,毕泰戈拉曾受教于阿那克西曼德。不管这是否事实,但他知道阿那克西曼德的学说,大约是没有问题的。而毕泰戈拉的学说的最根本点,就是认为万物都是数,正因为数,万物才能存在,而且能被我们认知。所以,在毕泰戈拉和他的学派中人看来,万物是有规定性的,这个规定性就是数。因此,万物的本原不是没有规定性的阿派朗,而是有规定性的数。peras 就是有限、限制,数就是限制万物的,就是万物的限制。毕泰戈拉提出"有限"来,确实是针对阿那克西曼德的阿派朗的。而且从此以后,"有限"和"无限"也就成为哲学中一对很重要的对立范畴了。将它们作为一对对立的哲学范畴,应该说是从毕泰戈拉和他

① 罗斯编:《亚里士多德残篇》,第143—144页。
② 参见叶秀山:《前苏格拉底哲学研究》,第71—76页。

的学派开始的。一般哲学史家似乎都忽略了这个重要的事实。

还有一点,似乎也被一般哲学史家所忽略了,即:有限和无限,虽然是一对并列的对立面,但在所有哲学家的体系中,这二者是有价值高低的不同的。大约从爱利亚学派的麦里梭开始,论证无限是高于有限的;从此,一直到近现代,绝大多数哲学家都将无限看成是比有限更根本的东西,无限高于有限。但在西方哲学史中,早期的哲学家从毕泰戈拉学派一直到爱利亚学派的巴门尼德,却是认为有限高于无限的。毕泰戈拉学派将"有限"和"一"跟"善"摆在同一行列,而将"无限"摆在"恶"的一边。显然,在他们看来,有限是好的,而无限是坏的。可是,大家都知道,在毕泰戈拉以后,到麦里梭论证"一"就是无限,就是完全,也就是善。这种思想为后来大多数哲学家所接受了。我们已经论述过,阿那克西曼德的阿派朗,并不明确有数量上的无限的含义;到了毕泰戈拉学派,将有限和无限与数结合起来,说它们是数的元素和本原。这样,有限和无限就都具有明确的数量方面的含义了。

我们可以将阿那克西曼德提出阿派朗,到毕泰戈拉学派将有限和无限列为一对对立,以及后来爱利亚学派的麦里梭论证"一"是无限这些思想联系起来,加以对照研究,就可以看出其中的"无限——有限——无限"的否定之否定的过程,看出最初哲学家对这个问题的认识如何从简单向复杂发展的辩证过程。我们现在已经看到这个过程的前半段,后半段将在论述麦里梭时再来讨论。

还需要讨论有限和无限这对对立同奇数和偶数那一对对立之间的关系。罗斯在注释亚里士多德《形而上学》那段话时认为:有限和无限是一对广义的词,奇数和偶数则是它们在数学范围内的具体化;不过对于毕泰戈拉学派说,数学范围内的奇数和偶数是特别重要的。到后来,奇数和偶数就逐渐退到背后去了,有限和无限成为最重要的对立。①

可是,为什么说奇数是有限而偶数是无限呢?这个问题在亚里士多德的《物理学》中曾经作过说明:

---

① 参见罗斯:《亚里士多德的〈形而上学〉》第 1 卷,第 148 页。

　　再说,毕泰戈拉将无限和偶数看成是等同的。他们说,因为偶数在被奇数割开和围限时,就给事物提供了无限性。数的遭遇可以表明这一点。如果角尺围绕"一",或是围绕"除去一",结果,由一种造成的图形总是变化着的,由另一种造成的图形却总是相同的。①

角尺,原来是木工使用的矩尺,成磬折形,中国的木匠也早已使用这种工具。为什么用角尺围绕"一"和围绕"除去一"(就是偶数)得出两种不同的图形,会成为有限和无限? 亚里士多德的这段话很难解释。古代作者斯托拜乌、亚历山大、辛普里丘等人作了许多猜测。近现代的许多学者也作了许多解释。最普遍的解释是用以下图形来表示的:

　　一是当角尺围着"一",或一加上奇数即:

　　　　1+3,1+3+5,1+3+5+7……

时,总是产生相同的正方形,实际上就是产生平方数。如图:

　　即：　1 + 3 + 5 + 7 + 9 + 11 + 13……
　　等于　　　4　9　16　25　36　49
　　就是　　　2^2　3^2　4^2　5^2　6^2　7^2

　　二是当角尺围绕着"除去一",即围绕着偶数二,或二加上其他的偶数,如:

　　　　2+4,2+4+6,2+4+6+8……

时,总是产生边长不同比例的长方形,呈现出无限变化。如图:

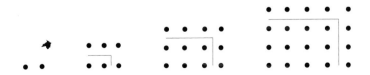

即： 2 + 4 + 6 + 8 + 10 + 12 + 14 + 16

等于 6 12 20 30 42 56 72

就是 2×3 3×4 4×5 5×6 6×7 7×8 8×9

但是,这种解释①,用来说明这十对对立表中的最后一对——正方和长方,奇数是正方,偶数是长方则是比较恰当的;用来说明偶数是无限,似乎不够清楚。罗斯在《形而上学》的有关注释中介绍了德国人海德尔(Heidel)的一种解释,虽然简单,但比较明确。用图表示如下:

在 A 的情况下,当箭头向前进时,排在它两边的是偶数(无论是十或其他任何偶数),均匀地分布在箭头两旁,不能阻止它前进,它可以无限地向前。而在 B 的情况下,分布在箭头周围的是奇数(无论是十一或其他任何奇数),除了在两边平均分布外,总要多出一个,拦在它前面,阻止它前进,所以是有限。因此,这是一个比较好的解释。② 它可以说明为什么毕泰戈拉说奇数是有限而偶数是无限。

在毕泰戈拉学派的这张十对对立的表中,有一对"一"和"多"的对立。这虽然是哲学史上一对很重要的对立,但在有关毕泰戈拉学派的资料中,却很少谈到这对对立。可能是因为一和多的对立是在爱利亚学派的学说中才明显突出讨论的。毕泰戈拉学派从爱利亚学派的学说中,接受了这对对立,而没有专门讨论它。

毕泰戈拉学派对于"一"是很重视的。至于"一"在毕泰戈拉学派哲学中的位置,以后在讨论毕泰戈拉学派的哲学是一元论还是二元论时,还将论及。

值得注意的是一和多这对对立,到后来的毕泰戈拉学派——大约和柏拉

① 参见格思里:《希腊哲学史》第 1 卷,第 242—243 页;罗斯:《亚里士多德的〈物理学〉》,第 542—545 页;辛尼格:《苏格拉底以前的学派和柏拉图的物质与无限》,第 73—76 页;康福德:《柏拉图和巴门尼德》,第 8 页。

② 参见罗斯:《亚里士多德的〈形而上学〉》第 1 卷,第 149 页。

图同时或稍后,变成了"一"和"不定的二"的对立。"不定的二"就是"大和小",可大可小,实际上就是无限大小的空间,在这点上,它有点相似于后来原子论者所说的虚空;但它又是事物的质料因,是最普遍的、还没有接受任何形式的物质,在这点上,它又相似于阿那克西曼德所说的阿派朗。所以,"不定的二"是无限的。它接受单位("一")的限制,"一"是形式,由"一"将限制(各种数的规定性)加到无限的"不定的二"上面去,就成为各种各样的数以及具体事物。这样,"一"和"不定的二"既是事物的形式和质料,同时它们本身也就是有限和无限。在早期毕泰戈拉学派中,只提到奇数和偶数、有限和无限,还有"一",是数的元素和本原。到后来的毕泰戈拉学派中,奇和偶、有限和无限,还有"一"和"不定的二",这三对对立同时成为数的元素和本原。在这三对对立中,"一"是奇数,又是有限,而"不定的二"是偶数,又是无限。将"一"加到"不定的二"上去,就是将限制(有限)加到无限上去,才能成为各种数和事物。有限的"一"是主动的,它高于无限的"不定的二"。用这种学说,上面所说的为什么奇数是有限、偶数是无限的问题,是可以说清楚了。但在这个问题上,毕泰戈拉学派的学说是前后有变化的。

根据这种思想,还有两对对立也可以解释了。一对是雄和雌的对立。①策勒根据普卢塔克的记载,说毕泰戈拉学派认为奇数是雄,偶数是雌。② 柏拉图在《蒂迈欧篇》中,将有限的形式和无限的质料之间的作用,比之于父母亲在孕育子女时的作用。③ 亚里士多德在《形而上学》第1卷第6章论述柏拉图哲学时,也应用了同样的比喻,他说,正像人用一个桌子的形式可以造出许多张桌子来,一个雄性可以使许多雌性怀孕。④ 亚里士多德在《论动物的生成》中,也多次讲道:雄性包含形式的本原,是主动的,雌性包含质料的本原,是被动

① 许多中译本将这对对立译成"阳和阴"。中文中的阳指雄性,阴指雌性;但中国哲学中的阴阳学说实际上相当于一般的对立,即正和反,可以和毕泰戈拉学派的整个对立学说相比。(参见格思里:《希腊哲学史》第1卷,第251—253页。)所以我们将这对对立译成"雄和雌"。
② 参见罗斯:《亚里士多德的〈形而上学〉》第1卷,第150—151页。
③ 参见柏拉图:《蒂迈欧篇》,50D。
④ 参见亚里士多德:《形而上学》,988ª4—6。

的。① 这是在古代希腊人中流行的见解，认为生殖是由父亲的精子决定的，母亲的子宫仅仅起到孕育和滋养精子的作用。

另一对是明和暗的对立。在黑暗中，什么东西都分辨不出来，只有光明才能将事物区别开来。所以在明和暗这对对立中，暗相当于无限的质料，明相当于给它限制的形式。亚里士多德在《论感觉》中说，毕泰戈拉学派很可能是将物体的表面说成是它的"色彩"，色彩是限制物体的；而物体的内部却只是可能具有色彩的，是还没有限制的。②

值得注意的是毕泰戈拉学派将善和恶也排在这张对立表中，将善和奇数、有限列在一边，恶和偶数、无限列在另一边。这样，就使这张对立表具有伦理价值方面的意义，判断它们的一方是好，另一方是坏了。

罗斯辑录的亚里士多德论毕泰戈拉学派的残篇中，有一条是辛普里丘注释《论天》中的记载：

> 毕泰戈拉学派将所有相反的排成两列对立的表，一列是好的，一列是坏的——善的表和恶的表。他们将每一列都用"十"这个完善的数来表示，……他们将右、上、前叫作善，将左、下、后叫作恶，这是亚里士多德自己在收集毕泰戈拉学派的教义时讲的。③

为什么说这些对立的一方是好，另一方是坏？看来也和毕泰戈拉盟会的宗教教义有关。有些对立如奇—偶、右—左、前—后，以及直—曲、正方—长方，本来是无所谓好和坏的，但摆在神秘主义的教义中，也成为有伦理意义的善恶之别了。

但在亚里士多德的伦理学说中，却为毕泰戈拉学派作了解释，不过是用他自己的伦理思想来解释的。大家知道，亚里士多德认为在伦理方面，"过"和"不足"是恶，只有掌握适当的中间度才是善。所以他说：

> 再说，失败可能有许多方式（正像毕泰戈拉学派所猜想的，恶属于无

---

① 参见亚里士多德：《论动物的生成》，729ᵃ 9、29、730ᵇ 8。
② 参见亚里士多德：《论感觉》，439ᵃ31—35。
③ 罗斯编：《亚里士多德残篇选》，第 141 页。

限这一类,而善是属于有限的)而成功却只可能有一种方式(因为这理由:一个是容易的,另一个是困难的——丧失分寸是容易的,而要掌握它却是困难的);也因为这些理由,过和不足是恶的特性,而居中则是善。①
过和不足——恶可以有多种多样,所以是无限,善——掌握中度——却只有一种,是有限。这虽然是亚里士多德的解释,但和毕泰戈拉学派关于数的看法也是可以相通的。可大可小,没有数的规定性的无限是坏的,因为在那种情况下,没有任何事物存在,也没有任何事物可以被认知;只有当"一"、有限——数的规定性加上去以后,事物才能存在和被认知,这就是善。从这方面也可以看到亚里士多德的伦理思想是受到毕泰戈拉学派思想的影响的,他自己上面这段话也暗示了这一点。亚里士多德所说的"中间"和毕泰戈拉学派所讲的对立面的和谐有密切联系,这方面下文另作论述。

在这许多对对立中,毕泰戈拉学派将一方和"善"列在一起,另一方和"恶"列在一起。这就表示他们将一方看成是好的,另一方看成是坏的,有伦理价值的高低不同。在这许多对的对立中,有两对的价值高低是值得我们重视的。一对就是毕泰戈拉学派认为有限是善,而无限是恶。这种看法和以后绝大多数哲学家的看法不同,以后的哲学家们普遍认为无限是最高的"善"。这点,上文已经讲过了。还有一对就是毕泰戈拉学派认为"静"是善,而"动"是恶。这种看法和伊奥尼亚的自然哲学家的看法刚好相反。米利都学派认为万物的本原都是永远运动的,赫拉克利特更是强调运动。但毕泰戈拉学派却认为运动是恶,是坏的,只有静才是善。这是两种根本对立的学说。在人类认识发展史上,人们最初看到的都是种种变化运动的现象,他们认为万物的本原也应该是不断运动变化的。但随着认识的向前发展,人们在运动变化的现象背后,发现有某种静止不变的东西,它是更为根本的。应该承认,在哲学思想的发展中,这是一个必不可少的阶段,是一次大的前进。正是因为提出了静的本原,运动和静止的问题才成为哲学上一个很重要的问题。辩证法是反对片面夸大静止,将静止绝对化的形而上学的;但如果只有运动而看不到静止,也

---

① 亚里士多德:《尼各马科伦理学》,1106 ^{b} 29—34。

就不可能有辩证法。毕泰戈拉学派认为万物的本原是数,数是静止的。虽然我们现在看不到他们在这方面所进行的论证,大量反对运动的论证是由稍后的爱利亚学派提出来的。但无论如何应该承认:在希腊哲学史,也就是在整个西方哲学史上,最初提出以静止的东西为本原的,是毕泰戈拉学派。他们启发了爱利亚学派和后来的柏拉图哲学,开辟了不同于伊奥尼亚哲学的另一条哲学道路。正是从这个意义上,我们应该重视在这张对立表中,毕泰戈拉学派将"静"和"善"、"动"和"恶"分成为对立的两列的哲学意义。

对于这张对立的表,策勒总结得比较好:"早期和后来的毕泰戈拉学派都认为事物是由对立的因素组成的,而且最后,是由奇数和偶数、有限和无限组成的;……至于将这些对立组成为这样的表,不过是形式上的发展,对于我们理解毕泰戈拉学派的基本学说是并不重要的,……只是我们不要弄错了其中的主导观点,即他们的企图在于将始终一致、完善、自我完全归于'有限',而将和这些相反的范畴归于'无限'。"①

三 对立和辩证法

毕泰戈拉学派虽然不是最早论述有关对立问题的哲学家,但是认为万物的本原是一对对的对立的,却是从他们开始的。他们讲的对立,如这张十对对立的表,和后来以至我们讲的辩证法究竟是什么关系? 这是我们现在要探讨的问题。

辩证法讲的是对立面的统一,因此,讲辩证法必须首先肯定对立面的存在。正是在这点上,毕泰戈拉学派在辩证法发展史上的开创地位是应该肯定的。但是,毕泰戈拉学派所讲的对立,是不是对立的统一,或者,在多大程度上相当于对立的统一? 这是个有不同意见的问题。在西方现代学者中,对于毕泰戈拉学派的哲学究竟是一元论的还是二元论的,有分歧意见。基尔克、拉文根据早期毕泰戈拉学派提出十对对立,这些对立的地位是平等的,因此说他们

---

① 策勒:《苏格拉底以前的学派》第 1 卷,第 383—384 页。

是二元论。① 格思里也认为在柏拉图以前的毕泰戈拉学派对最后本原的主张是明显地二元论的,和米利都学派的一元论体系不同。② 而康福德则认为毕泰戈拉学派认为只有"一"才是根本的本原,所以他们的哲学是一元论。③ 这种不同意见就是和如何看待毕泰戈拉学派所说的对立有关的。主张毕泰戈拉学派的对立是二元论的人,并不是说他们所说是对立就是心和物的二元,他们只是说,毕泰戈拉学派所说的万物的本原——对立,是两个(两列)平行的东西,是两个,而不是最后归为一个,所以是二元论。他们将毕泰戈拉学派和米利都学派对比,米利都学派所说的本原,无论是水、阿派朗或气,最后都只是一个,所以是一元论。毕泰戈拉学派所说的对立的本原,对立的双方并列存在,最后并不归为一个最高的本原。所以,说这是二元论,也就是说他们还没有达到对立的统一。

主张毕泰戈拉学派所说的对立是一元论的人,也有一些论据。论据之一是亚里士多德所讲的"一"和奇数、偶数的关系。如果"一"是由奇数和偶数组成的,那么"一"就是奇数和偶数的统一体,就是对立的统一了。但是,亚里士多德这句话④的意义是含糊不清的,有人译成"一"来自奇数和偶数,有人译成"一"由奇数和偶数组成。这样,好像是先有奇数和偶数,然后才产生"一";但他接着又说,"一"既是奇数又是偶数。对此后来也有解释:因为"一"加上奇数便成偶数,加上偶数便成奇数,所以"一"是奇—偶数。如果毕泰戈拉学派在这方面再进一步发挥和论证,也可以说明"一"是奇数和偶数的统一体。但我们并没有看到这种论证,相反,他们却将奇数和偶数、一和多并列在这张表上,作为对立的两边。根据这一点,似乎至少可以说,他们还没有明白意识到对立统一的问题。

论据之二是这两列对立并不是相互平等的,而是一方是善,另一方是恶,这一方比那一方好。但这是伦理价值的高低,好和坏还只是彼此相反的对立,

---

① 参见基尔克、拉文:《苏格拉底以前的哲学家》,第240—241页。
② 参见格思里:《希腊哲学史》第1卷,第249—251页。
③ 参见格思里:《希腊哲学史》第1卷,第249—251页。
④ 参见亚里士多德:《形而上学》,986ᵃ19—20。

还说不上对立的统一。

论据之三是后来的毕泰戈拉学派将这些对立归结为"一"和"不定的二"，其中"一"是主动的形式，"不定的二"是被动的质料。这样，对立的双方并不是彼此独立的，而是相互依赖，失去了一方也就没有另一方。这可以说是对立的统一了。但这种思想是在较后期的毕泰戈拉学派中流行的，至少不会早于柏拉图时期。所以格思里认为，在柏拉图以前的毕泰戈拉学派所讲的最后本原，明显是二元论的。①

综合以上所述，关于毕泰戈拉学派所说的对立，我们以为，至少在早期的毕泰戈拉学派，包括亚里士多德列举的这张对立表在内，只是列举了这些对立，没有论述对立间的相互关系，还不能说他们已经明白地意识到对立的统一了。正像黑格尔说的，这只是"简单的列举"，"这是关于对立的详细规定的一个粗率的开始，没有秩序，没有深义"。② 黑格尔还说："在这里，发展的必然性和证明是找不到的；对于二元之由统一中发展出来的理解是缺少的。普遍的范畴只是以完全独断的方式得到和固定下来的；所以都是枯燥的、没有过程的、不辩证的、静止的范畴。"③列宁在《黑格尔〈哲学史讲演录〉一书摘要》中也肯定了黑格尔的这个判断。④ 这就是辩证法的初创阶段的状况。

但是后期的毕泰戈拉学派却研究了许多对立的辩证关系。黑格尔引用了塞克斯都·恩披里柯的记载，说毕泰戈拉学派认为存在的东西有三类：

第一，绝对殊异的。指那些自存的，彼此完全不同的事物，如人、马、植物、土、水、气、火等，其中的每一种都是彼此绝对殊异的，和其他事物都不处在相互关系中。

第二，对立的。指那些彼此处在相反中的东西，如善和恶、正义和不正义、有利和有害、神圣和不神圣、虔诚和不虔诚、动和静，以及所有其他相类似的对

---

① 参见格思里:《希腊哲学史》第 1 卷，第 248 页。本段关于一元论、二元论的论述，参见该书第 246—249 页。

② 黑格尔:《哲学史讲演录》第 1 卷，中译本，第 227 页。

③ 黑格尔:《哲学史讲演录》第 1 卷，中译本，第 223 页。

④ 参见《列宁全集》第 38 卷，人民出版社 1959 年版，第 273 页。

立的东西。

第三,相关的(相对的)。指那些和其他处于相互关系之中的东西,如右和左、上和下、倍和半等,因为它们处在相互的关系中,其中一方只能从另一方才能得到理解,离开右、上、倍,就无法设想或理解左、下、半等。①

接着,塞克斯都·恩披里柯就集中讨论毕泰戈拉学派关于对立关系和相对关系的矛盾特征。首先,他们认为,对立和相关是不同的。处于对立(相反)中的东西,一方的消灭,就是另一方的产生,反之亦然。比如健康和疾病,疾病的产生就是健康的消失,而健康的产生也就是疾病的消失;动和静也是这样,静止产生就是运动消失,运动产生则是静止消失;在善和恶以及一切凡是本性相反的东西都是这样的。可是处在相关即相对双方的关系却不是这样,相对的双方是共生共灭的。没有左也无所谓右,没有上也无所谓下,没有倍也无所谓半。失去了这一方,另一方也就不再存在。其次,毕泰戈拉学派还提出在对立和相关之间还有第二种区别:在对立的双方之间,是没有中间状态的,比如在健康和疾病、生和死、善和恶、动和静之间是没有第三者的,非此即彼。但在相关的双方之间,却是有中间状态的,如在大和小、左和右、高音和低音之间都可以存在中间的东西。②

黑格尔还根据塞克斯都·恩披里柯的记载,将毕泰戈拉学派的这些思想和他们所说的"一"和"不定的二"联系起来,并借此发挥他自己的辩证法。③塞克斯都·恩披里柯所记载的这些毕泰戈拉学派的思想中,确实有相当丰富的辩证法;但这些只能是比较后期的毕泰戈拉学派的思想。就上述将对立(相反)和相对区别开来,说明它们各自的特点这种思想而言,在亚里士多德的《范畴篇》和《形而上学》中论述得更为完备,④但他却没有提到毕泰戈拉学派有类似的思想。我们至少可以说,这些不是较早时期的毕泰戈拉学派的

---

① 参见塞克斯都·恩披里柯:《反理论家》第 10 卷,第 263—265 节,即《反自然哲学家》第 2 卷,第 263—265 节。

② 参见塞克斯都·恩披里柯:《反理论家》第 10 卷,第 266—268 节,即《反自然哲学家》第 2 卷,第 266—268 节。

③ 参见黑格尔:《哲学史讲演录》中译本,第 228—232 页。

④ 参见汪子嵩:《亚里士多德关于"对立"的思想》,《外国哲学》第 7 期。

思想。

就早期毕泰戈拉学派的学说看，他们最早提出对立的原则是万物的本原；虽然他们只是将这些对立平列起来，还没有明确意识和论证对立统一关系，但他们将有限和无限、一和多、静和动、善和恶这些重要的哲学范畴作为对立列举出来。单是这些，也就应该肯定他们在辩证法初创时期的历史地位了。

第六节　和谐的天体——"科斯摩斯"

一　"科斯摩斯"

毕泰戈拉学派中的一些人是古代希腊很有成就的自然科学家。他们主要研究了算术和几何学，并且将关于数的研究成果运用到其他方面，特别是在天文学方面。他们最早大胆地提出地是球形的，并且认为地球不是居于宇宙的中心，居于中心地位的是一团火，称为"中心火"。他们是怎样得出这样比较科学的结论的？由于缺乏必需的材料，我们今天已经无法具体说明了。其中当然不免会有许多猜测的成分和宗教神话的影响，但由于他们在算术和几何学研究上的高度成就，可以想象他们得出这些结论也是有一定的科学依据的。法灵顿说，毕泰戈拉学派的宇宙论，"与伊奥尼亚学派的观点相比，它显然是包含着较少的感官直觉和较多的抽象思维。"[1]

但是，正像他们在别的方面的学说一样，毕泰戈拉学派的天文学说也是非常复杂的。它经历了相当长时间的发展变化，学派中许多人提出过各种意见，作出不同的贡献；他们又和其他学派相互影响。我们仍只能用以上的叙述方法，实事求是地将能够分辨的东西加以分辨。

毕泰戈拉学派的一条根本原则，似乎是得到大多数哲学史家的公认的，那就是：他们研究数，特别是在音乐的研究中，发现一定的数的比例，构成和谐。他们将这个思想运用到天体上，认为各个天体之间的距离，也是按照这种数学

---

[1]　法灵顿:《希腊的科学》第 1 卷,第 48 页。

比例的,因而整个天体就是一个大的和谐。前引亚里士多德就是这样记载的。① 因此,整个天体是一个和谐的有秩序的宇宙——"科斯摩斯"。

这里,有两个毕泰戈拉学派的重要范畴——"和谐"和"科斯摩斯",需要简单说明。

"和谐"($\dot{\alpha}\rho\mu o\nu i\alpha$,harmonia)。这个词最初的意思是将不同的事物连接或调和在一起;它用于音乐就成为将不同音调结合调和在一起,成为音阶。这种音乐的意义的和谐在纪元前 5 世纪初期就已经建立起来了。② 基本的音程是和简单的数的比例相一致的。

由此可见,"和谐"确实是毕泰戈拉学派学说中的一个重要的范畴。但他们使用这个范畴,主要是指一定的数的比率关系。他们从研究中发现,凡是符合这种数的比率的,就是和谐,就能够产生美的效果。据说"黄金分割段"就是毕泰戈拉学派最初发现的,这种简单的数的比率关系在图画、雕塑、建筑等各方面都成为一条重要的美的规律。"和谐"是毕泰戈拉学派的美学和伦理价值观念中的一条重要原理。

有人将"和谐"和毕泰戈拉学派的对立学说联系起来,说他们主张对立面的和谐就是对立面的调和,并和赫拉克利特的对立面相互斗争的学说相对照,指责毕泰戈拉学派提倡矛盾调和论。但在我们所看到的材料中,还没有发现可靠的将毕泰戈拉学派的和谐和对立直接联系起来的记载,说他们要在有限和无限、奇数和偶数、善和恶等等对立之间寻求和谐或调和。上一节中我们已经说明,毕泰戈拉学派只是提出了这一对对的对立,至于这些对立之间的相互关系,至少在早期,他们并没有明确论述。当然,音乐中的高音和低音也是一种对立。但我们总不能说,只有当高音和低音互相斗争,发出噪音才是辩证法,而寻求它们之间的和谐的倒反而成为"形而上学"吧。

"科斯摩斯"($\varkappa \acute{o}\sigma \mu o\varsigma$,cosmos)。这个字的原来意义是"秩序",但在公元前 5 世纪初期就已经用作"世界—宇宙"的意思了。一些较后的古代记载说

_____

① 参见亚里士多德:《形而上学》,986ᵃ2—3。

② 参见格思里:《希腊哲学史》第 1 卷,第 220 页。

阿那克西曼德认为有许多个"世界",以及阿那克西美尼说气和风包围着"世界"时,已经用"科斯摩斯"这个字了。但有一些古代记载却说是毕泰戈拉最初用"科斯摩斯"说天体的,其中包括第欧根尼·拉尔修的记载,不过他也表示了存疑态度:

> 此外,我们还被告知,他〔毕泰戈拉〕是第一个将天(乌剌诺斯)叫作"科斯摩斯",并且说地是球形的。虽然塞奥弗拉斯特说是巴门尼德说的,而芝诺却说是赫西奥德说的。①

格思里分析"科斯摩斯"这个字有四种含义:(a)任何事物的秩序或排列,(b)世界的秩序,(c)作为一种有秩序的世界,(d)指一般的世界。他认为,从(a)到(b)这一步发展不能归之于某一个特定的时期或人物,但这一决定性的发展却使整个世界第一次被展示为可以合理地理解的秩序。虽然阿那克西曼德是被认为早于毕泰戈拉提出这种用法的,但后者却是大大地丰富和发展了这个概念。② 基尔克、拉文认为从"科斯摩斯"的原来意义——秩序演变为"世界秩序",大约是在公元前5世纪后半叶发生的,它比以前更好地用来描述表现在自然中的秩序,可能是由早期毕泰戈拉学派完成的;毕泰戈拉自己则被认为是将"科斯摩斯"等于"乌剌诺斯"的人。赫拉克利特所说的 $\kappa\acute{o}\sigma\mu o\nu$ $\tau o\hat{\upsilon}\delta\varepsilon$("那秩序井然的世界",残篇第三十也就是他的"逻各斯"思想)可能是由此转化来的;后来到恩培多克勒(残篇第一三四),则被更广泛地使用,意义也显得更明确了。③

可见,"科斯摩斯"这个字的含义,从原来的"秩序"转变为"世界秩序"或"有秩序的世界"——宇宙,表现了人类早期认识中一次相当大的跃进,即从原来认为是混乱一团的世界,转变为认识到这个世界是有内在的秩序、内在的规律的。看来,这种有秩序的世界的思想,在公元前5世纪的希腊哲学家中,是逐渐流行并且深入发展起来的。本来,早期的希腊哲学主要是自然哲学,以探求自然界——整个世界的规律为根本任务。米利都学派的哲学家由于资料

---

① 第欧根尼·拉尔修:《著名哲学家的生平和学说》第8卷,第48—49节。
② 参见格思里:《希腊哲学史》第1卷,第208页注1。
③ 参见基尔克、拉文:《苏格拉底以前的哲学家》,第159页注1。

欠缺,在这方面不能给我们比较深刻的印象。毕泰戈拉学派发现数是万物的本原,从地上的事物到天上的星体,都同样具有数的比率关系,是有秩序的和谐的整体。他们确实是在这个问题上迈开了有决定意义的重大的一步,这是无论如何都不能忽视和否认的。可能正是在他们的影响下,赫拉克利特才提出逻各斯的思想;后来,无论是恩培多克勒、阿那克萨戈拉和原子论者,或是柏拉图、亚里士多德,都向这个方向发展,探讨整个世界的秩序或规律。

当然,这样的世界秩序是根据什么建立起来的? 对这个问题可以有截然相反的回答。一种回答是:这种世界秩序是按照神的意志,由神建立起来的。这是宗教的回答。古代希腊的哲学家,即使是唯物论者,当他们对许多问题不能解答时,往往不得不乞助于宗教的解释,不能完全摆脱宗教的痕迹。特别到晚期希腊——罗马哲学,这方面的思想越来越占上风,几乎成为当时哲学的主要潮流。另一种回答是科学的回答,即认为这种秩序的建立,是有合乎理性的科学根据的。毕泰戈拉学派尽管也是一个宗教团体,他们有许多浓厚的宗教迷信思想,但他们关于"科斯摩斯"的思想,却主要是以数学和天文学的科学探索为根据的,其中尽管包含不少猜测和空想的成分,但其主要方面还是属于科学的,而不是宗教的。他们研究天文学时所使用的数学方法,以至于他们所得出的某些具体结论,给近代天文学发展很大启发,有些甚至为近现代天文学研究基本上接受并沿用了。

我们现在讨论关于天体谐音的问题。

毕泰戈拉学派将天体的运动秩序比作音乐的谐音。他们认为竖琴的琴弦由于粗细长短不同,但都合乎一定的数的比率,所以能够发出悦耳的和谐音调。同样的,天空中的各个星体,由于大小和运动速度不同,也都合乎一定的数的比率,也能产生和谐的音调,这就是天体的谐音。亚里士多德在《论天》中是这样论述的:

> 从这些可以明白,由星体的运动产生和谐,就是说,它们造成的声音是和谐的。不管这种学说论述是如何巧妙和富有独创性,然而却不是真实的。有些思想家认为,那样大小的物体必然会产生声响,因为在地上运动着的物体,即使在大小和运动速度上是低得很多的,也会产生那样的结

果。所以他们说，太阳、月亮和其他星球，既然在数目上是这么多，体积上是这么大，运动速度又是这么快，它们怎么能不产生极大的声音呢？从这样的论证开始，并且由于观察到用星体间的距离衡量出的它们的速度，是与音乐的和音属于相同的比率的，因而他们断言星体的圆周运动所产生的声音也是一种和音。可是，难以说明的是，我们竟听不到这种音乐。他们解释说，从我们出生时候起，在我们耳朵里的这种声音，就是与静止分辨不清，因为声音和静止是相对的，所以难以分辨。人所遇到的这种情况，正是铁匠所遇到的，他们习惯于打铁的声音，因而这种声音对他们来说是无所谓的。①

亚里士多德对毕泰戈拉学派的天体谐音的学说是持反对态度的。他提出了问题：既然有这样的谐音，我们为什么会听不到呢？而他自己又为他们作了解释：因为我们生来就习惯于这种声音，正像铁匠习惯于打铁的声音一样，我们对这种声音也就听而不闻了。这在当时当然是一种猜测，但从现代科学来看，却并不是毫无根据的。

在罗斯编辑的亚里士多德论毕泰戈拉学派的残篇中收辑了亚历山大在《〈形而上学〉注释》中的有关论述，讲得更为具体：

因为围绕宇宙中心运动的各个天体之间的距离，都是有一定的数的比率的，有的天体运行得快些，有的慢些；运动得比较慢的天体发出深厚的音调，比较快的发出高昂的音调；而这些和距离成比率的音调就结合成为和谐的声音。所以他们说数是这种谐音的起源，由此，他们自然而然地断定数是天体和宇宙的本原。他们说，太阳和地球的距离是月亮和地球的距离的两倍，金星是三倍，水星是四倍，每个别的天体都处于一定的比率；天体的运行是和谐的，距离越大的天体运动得越快，距离越小运动得越慢，各居间的天体按照它们环行的大小成比率地运行。基于事物和数之间的这种相似性，他们设想存在的事物既是由数构成的，同时它们自身

---

① 亚里士多德：《论天》，290ᵇ12—30。

也就是数。①

亚历山大接着提到亚里士多德在《论天》中的说法：

> 亚里士多德在《论天》中谈到这些事情，而在他的关于毕泰戈拉学派学说的汇编中说得更加明确。他们〔毕泰戈拉学派〕证明那些天体的排列是和谐的，由于断言组成宇宙的那十个运动着的天体彼此间的距离是和谐的，并且按照它们的距离的比例而运动（如亚里士多德已经说过的），有的快些，有的慢些，运动得慢些的发出深厚的音调，快些的发出高昂的音调，由于它们之间的和谐的比率就产生了和谐的音调；可是，我们没有听到过这种谐音，因为我们从儿童时代起就是和这种谐音一起生长的。他〔亚里士多德〕在《论天》中也谈到这一点，并在那里表明这种说法是不正确的。②

亚历山大还讲到毕泰戈拉学派认为八度音程的比率是 2：1，五度音程是 3：2，四度音程是 4：3。③ 塞克斯都·恩披里柯在《皮罗学说概要》中也是这样记载的：

> 这就是他们〔毕泰戈拉学派〕所想象的各个天体和整个宇宙系统。他们还讲到，这个宇宙系统是按谐音的比率排列的。四度音程是 4：3，即 8：6；五度音程是 $1\frac{1}{2}$：1，即 3：2；而八度音程是成倍的比率，即 2：1。④

这就是我们现在能知道的毕泰戈拉学派的天体谐音说的大致内容。

在后期希腊——罗马哲学中，毕泰戈拉学派的天体谐音说就被罩上更多的神秘色彩，被宗教化了。西塞罗在《斯基庇俄（Scipio）的梦》中说：

> 我吃惊地注视这些奇迹，当我清醒过来时，就问："充满我两耳的这样伟大悦耳的声音意味着什么呢？"他回答说："那是由各个天体自身的运动和冲击产生出来的声音，这种声音是那些按恰当比率严格区别开来

---

① 罗斯编：《亚里士多德残篇选》，第 143 页。
② 罗斯编：《亚里士多德残篇选》，第 143—144 页。
③ 参见罗斯编：《亚里士多德残篇选》，第 143—144 页。
④ 塞克斯都·恩披里柯：《皮罗学说概要》第 3 卷，第 157 节。

的各个不相等的音程划分出来的；它由高音和低音混合而成，将各种不同的和音造成统一的音程；因为这样快速的运动不会默默无声地发生，而自然规定了声音的一端是低音，另一端是高音。在星天历程的最高点上，那里的运动是无比地迅速的，就发生尖锐的快速的声音；而月球的历程（那是最低的）则以一种厚重的声音运动着；至于地球，在这些天体中是第九个，不动地停在一处，永远牢固地占有宇宙的中心。现在，这八个旋转的天体（其中两个〔水星和金星〕的力量是相同的）被它们的音程区别开来，形成七种声音；于是七这个数几乎是联结万物的纽带。有教养的人以弦和歌来摹仿它，像别人已经做过的那样，为他们自己开辟了回到这个领域的道路，他们要感谢那些杰出的天才，使他们能毕生献身于神的研究。"①

希波吕托在他的《驳众异端》中则说：

> 毕泰戈拉以这种方式表明"一"是神。他对数作了深刻的研究，断言宇宙进行歌唱，并且是被和谐地构成的，他又是第一个将七个行星的运行归为节奏和旋律的人。②

因此，音乐教育在毕泰戈拉学派中占有十分重要的位置。杨布利柯在《毕泰戈拉传》中记载说：毕泰戈拉深信，向感官灌输音乐，"对人类来讲是头等重要的事情；随之而来的是，他们能观察美的外貌和形式，并听到优美的节奏和旋律。因此，他是第一个凭借节奏和旋律确立音乐教育的人。"③因为音乐能医治人类坏的品性，使人的心灵恢复到原来质朴的正常状态。毕泰戈拉让他的门徒们在晚上入睡以前用音乐驱除白天精神上的激动回响，以纯化他们受到搅动的心灵，使它们平静下来，处在做好梦的状态；早晨醒来又让他们听人唱的特殊的歌曲和由竖琴演奏的旋律，以清洗晚上睡眠中的麻木状态。接着杨布利柯又指出，只有毕泰戈拉一个人才能够听到天体的谐音：

---

① 西塞罗：《斯基庇俄的梦》第 5 章，转引自格思里：《希腊哲学史》第 1 卷，第 297 页。
② 希波吕托：《驳众异论》第 1 卷，第 2 章第 2 节，见格思里：《希腊哲学史》第 1 卷，第 298 页。
③ 杨布利柯：《毕泰戈拉传》，第 65 节。

就他〔毕泰戈拉〕自己说,他既不创作又不演奏任何他的同伴们演奏的那种竖琴或歌声的旋律,而只是使用一种秘密的、莫测高深的神圣方法,全神贯注于他的听觉和心灵,使他自己沉浸在流动的宇宙谐音之中。根据他的说法,只有他才能听到并理解这种谐音,以及由这些天体激发起来的和声。①

毕泰戈拉学派既是科学的团体,又是宗教的集团;他们的天体谐音的学说中,也常有这样的两重性。不过在不同的时期,不同的人中,有人重视和发挥他们的这一方面,有人则重视发挥他们的另一方面而已。

二 地球和中心火

毕泰戈拉学派的天体学说和当时希腊其他自然哲学家们的学说有明显不同。他们认为地是球形的,地球并不居于宇宙的中心,中心是一个火团。显然,毕泰戈拉学派的思想比较接近后来科学得出的结论。

亚里士多德在《论天》第 2 卷第 12 章中就大地所处的位置、它是静止的还是运动的,以及它的形状等三个方面将毕泰戈拉学派和其他哲学家的学说作了对比:

还要说到大地,关于它的位置,关于它是静止的还是运动的问题,以及关于它的形状问题。一、关于它的位置,有一些不同的意见。大多数人——事实上,所有主张天体是有限的人都说大地居于中心。只有被称为毕泰戈拉学派的意大利哲学家持相反的观点。他们说,居于中心位置的是火;地不过是星球中的一个,由于它绕中心作圆周运动,才产生黑夜和白昼。他们还进一步构想了和我们处于对立位置的地,他们叫它"对地"。在所有这些方面,他们不是寻求理论和原因去解释观察到的事实,而是强求观察到的事实去符合他们自己的已经确定的学说和意见。但是也有许多别人会同意说,给大地以中心位置是错误的,他们要求与理论符合更甚于与观察到的事实相符合。他们的观点是:最宝贵的地方才适合

---

① 杨布利柯:《毕泰戈拉传》,第 65 节。

最宝贵的事物:他们说,火比地更为宝贵,限制比中间体更为宝贵,而圆周和中心都是限制。根据这个理由,他们认为居于圆的中心的不是大地,而是火。……①

二、有些人提出大地是静止的还是运动的观点。这个看法也不是一致的。所有否认大地居于中心的人都认为它是围绕中心旋转的,不仅大地如此,我们已经说过,"对地"也是如此。他们中有些人甚至认为可能还有几个天体也是这样运动的,只是我们看不到它们,因为被地球挡住了。他们说,这样便可以说明这个事实:月食比日食更为频繁,因为对于地球,这些运动着的天体的每一个都能够遮住它。的确,在任何情况下地球的表面都不是实际的中心,而是离开中心有整个半球〔即半径〕的距离。他们认为,用我们并不住在中心的观点去解释观察到的事实,要比通常认为地居于中心的观点的困难少得多。即使如此,在观察中也并没有启发我们认识到我们是以地球直径的一半距离围绕中心转动的。再说,别的人认为地球居于中心,但它是"旋转"的,即绕整个天体的轴而转动。〔柏拉图〕在《蒂迈欧篇》中就是这样写的。②

三、关于大地的形状也发生类似的争论。有的人认为它是球形的,另一些人认为它是扁平的像鼓一样的。他们提出作为证据的事实是:当日出和日落的时候,大地遮蔽的部分呈现的是直线而非曲线,如果地是球形的,这段线就会是圆形的。在这里,他们忽视了在太阳和地球之间的远大距离,这个圆周是太大了,以至在这样的距离上看,那样的圆形将显得成为直线。所以,这样的现象不应该使他们怀疑地是球形的。但是他们还有别的论证。他们说,因为地是静止的,所以它必然有这样的形状。还有许多不同的方式可以用来考虑大地是静止的还是运动的。③

---

① 亚里士多德:《论天》,293ᵃ15 —ᵇ1。
② 亚里士多德:《论天》,393ᵇ16 — 33。
③ 亚里士多德:《论天》,293ᵇ34 — 294ᵃ12。

亚里士多德对于毕泰戈拉学派的天文学说,特别是对于他们认为大地不是宇宙中心的学说是持反对态度的,但他的上述论述还是比较客观地反映了当时的一些实际情况,即在天文学的萌芽时期,人们对各种问题还处在幼稚的摸索和猜测状态。

关于毕泰戈拉学派的天文学说,现在也没有留下比较完整的记载。正像其他领域的学说一样,在天文学说方面,毕泰戈拉学派内部的意见也不会是一致的和一贯的。我们现在能够看到的比较完整的资料是艾修斯在《哲学家意见集成》中所记载的菲罗劳斯的学说:

> 菲罗劳斯的学说是:处于〔宇宙〕中央的是中心火团。他将这个火团称为整个天体的火炉、宙斯之家、诸神的母亲、自然的祭坛、支持者和尺度;除此以外,还有其他的火团在极高的地方环绕着宇宙。中间主要是十个神圣的天体按照自然的秩序,围绕中心火团旋转:天(乌剌诺斯)和各个行星,接着是太阳,在太阳下面的是月球,月球下面是地球,地球下面是对地。在所有这些天体后面的是火团,它占有中心炉缸的位置。环绕天体的最高领域,那里的元素的纯度是最纯的,他将它们称作"奥林帕斯"(Olympus);他用"科斯摩斯"称呼奥林帕斯环行圈以下的领域,在这个领域中,五个行星、太阳和月球各占有它们的位置;这个领域和代表月球以下环绕地球的乌剌诺斯,是变化和生成的发源地。①(DK44A16)

> 毕泰戈拉学派的菲罗劳斯认为,火团处于中心,被称为宇宙的火炉;其次出现的是对地,第三是人们居住的地球,地球在运行中和"对地"保持相反的位置,因此,这个地球上的居民看不到"对地"。②(DK44A17)

现代有些学者根据这些记载,绘制了毕泰戈拉学派的天休图,可以帮助我们理解他们的学说。图示如下:

---

① 艾修斯:《哲学家意见集成》第 2 卷,第 2 章第 7 节。
② 艾修斯:《哲学家意见集成》第 3 卷,第 11 章第 3 节。

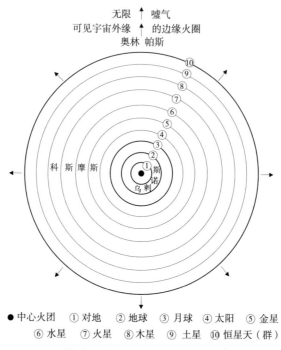

无限 ↑ 嘘气
可见宇宙外缘 ↑ 的边缘火圈
奥林 帕斯

● 中心火团　① 对地　② 地球　③ 月球　④ 太阳　⑤ 金星
⑥ 水星　⑦ 火星　⑧ 木星　⑨ 土星　⑩ 恒星天（群）

毕泰戈拉学派的天体系统图①

对其中一些重要的范畴还需要说明：

中心火团。

它在毕泰戈拉学派的宇宙系统中占有重要地位。毕泰戈拉可能是最早提出地不是宇宙中心的人，他认为占居宇宙中心的是一团火。毕泰戈拉学派为什么提出中心火团的主张来？亚里士多德在以上引文中讲了他们认为火比地更宝贵，所以宇宙的中心是火而不是地的一般主张以后，又特别指出毕泰戈拉学派还有更多理由：

毕泰戈拉学派还有进一步的理由。他们主张世界的中心是最重要的部分，应该受到最严格的保卫，因此他们将这个中心，或居于这个位置的

---

① 本图主要参照麦克鲁尔和拉铁摩尔：《早期希腊哲学家》，第106—107 页，见德·沃格尔的《希腊哲学》第1卷，第20页。

火叫作"宙斯的警卫室"。但是"中心"这个词的意义是十分含糊的,数学图形的中心和事物的中心、自然的中心都一样。所以,比较好的办法是将整个天体的情况和动物相比,动物的中心和它们身体的中心〔位置〕是有不同的。根据这个理由他们就没有必要为世界担忧,要去保卫它的中心;他们毋宁去寻求另一种意义的中心,并且告诉我们它像什么,以及自然将它安排在那里。中心乃是某种最初的、第一的和最可贵的东西;至于它的位置,我们与其将它摆在最先还不如摆在最后。因为居于中间位置的都是被规定的东西,规定它们的东西就是限制,限制比被限制的东西更为宝贵,因为后者是质料,而前者则是系统的本质。①

亚里士多德自己是主张地球中心说的,他不赞成毕泰戈拉学派的中心火团学说,因此,他认为这个中心不应该是数学图形的中心,即在空间上居于宇宙的中心;他要求和动物的中心相比,因为动物的中心是灵魂,灵魂并不居于动物躯体的中心位置上;可是动物如果没有灵魂,它们也就没有运动和生命了。亚里士多德用他自己的学说去解释毕泰戈拉学派的学说,认为灵魂给躯体以规定和限制,灵魂是本质,躯体仅仅是质料。辛普里丘在《亚里士多德〈论天〉注释》中正是从这样的意义上解释这个问题的,他说:"真正的毕泰戈拉学派的追随者们认为处于中心的火团是创造力的中心,火团从中心激励整个地球,使地球已经变冷的部分温暖起来。"②

但是,正像策勒所指出的,毕泰戈拉学派不仅习惯于从数学上,而且也从力学上考虑这些关系;中心火团在空间上居于宇宙的中心,它是重力的中心,从而能支持整个天体。③ 毕泰戈拉学派的中心火团说,后来影响了古希腊著名的数学家和天文学家、属于亚里士多德的逍遥学派的萨摩斯人阿里司塔库(Aristarchos,约公元前310—前230年),他开始提出太阳中心的假设,认为太阳是不动的,地球围绕太阳进行圆周运动。尽管由于亚里士多德主张的地球

---

① 亚里士多德:《论天》,293^{b}1—16。

② 辛普里丘:《亚里士多德〈论天〉注释》,第512页第9行起,转引自格思里:《希腊哲学史》第1卷,第290页。

③ 参见策勒:《苏格拉底以前的学派》第1卷,第446页。

中心说曾经统治天文学的研究达一千多年之久,后来终于被哥白尼等人提出的太阳中心说所战胜。哥白尼自称他是从阅读有关毕泰戈拉学派的著作而得到启发的。①

"对地"。

亚里士多德在《形而上学》第1卷中讲到毕泰戈拉学派假设有一个"对地",只是为了凑齐满足"十"这个完善的数字的需要;但在上引《论天》的有关论述中,亚里士多德已经将"对地"以及可能还有别的类似星体的假设和解释月食的现象联系起来了。② 伯奈特指出,这种解释可以追溯到阿那克西美尼,据说他提出过有看不见的黑暗的行星体存在,以此来解释月食。这可能是一种最简单的解释月食的方法。有些毕泰戈拉学派将这种黑暗的星体置于地球和中心火团之间,为的是说明它们的不可见性,后来才将它们说成是一个单一的星体——"对地"。③

地球。

毕泰戈拉学派在天文学上的主要贡献之一是:他们不仅认识到地是球形的,而且还认识到地不是宇宙的中心,它不过是诸天体中的一个,每天由西向东绕着中心火团环行一圈;只是由于中间隔着和地球同步运行的"对地",所以我们看不到这个中心火团。上引亚里士多德在《论天》第2卷第13章中不止一次讲到地球是沿中心火团运动的。恩格斯在《自然辩证法》中讲到毕泰戈拉学派这种学说的历史意义:"虽然这火不是太阳,但这毕竟是关于地球运行的第一个推测。"④在艾修斯的记载中将这种地球运动学说也归于菲罗劳斯:"和其他认为大地是静止的哲学家们不一样,毕泰戈拉学派的菲罗劳斯认为,地球像太阳、月球一样,以一种倾斜的环形围绕火团运行。"⑤(DK44A21)。亚里士多德在《论天》中讲道:"阿那克西美尼、阿那克萨戈拉和德谟克利特都

---

① 参见伯奈特:《早期希腊哲学》,第299页。
② 参见亚里士多德:《论天》,293^{h}22—24。
③ 参见伯奈特:《早期希腊哲学》,第305—306页。
④ 《马克思恩格斯全集》第20卷,人民出版社1971年版,第527页。
⑤ 艾修斯:《哲学家意见集成》第3卷,第13章第1—2节。

认为大地是扁平的,这就是使它静止的原因";①"在古人中还有阿那克西曼德,他也说大地由于它冷漠无情,所以始终保持在一定的位置上"。② 但在第欧根尼·拉尔修的记载中,也提到过有些毕泰戈拉学派仍旧认为地球是宇宙的中心:"〔火、水、土、气〕这些元素互相转化,组合成一个有生命的、理智的、球形的宇宙,地居于它的中心,地自身也是球形的,在它上面住着人。"③这也说明在毕泰戈拉学派内部的看法也是很不一致的。

根据艾修斯的记载,毕泰戈拉学派大概是假设地球环绕中心火团呈倾斜的环形转动,以此解释地球上的白昼、黑夜以及一年四季的变化,否则,地球面向中心火团的那一面就将永远是白昼或长夏了。④ 策勒根据古代的普卢塔克等人的记载,指出:毕泰戈拉学派不能忽视地球对太阳的倾斜轨道;这在他们的宇宙体系中是必需的,不仅为了说明季节的变化,而且因为不如此,地球就不能每天防止来自中心火团通过太阳照到它上面的光了。⑤ 策勒的解释比艾修斯的记载更合理些。因为按照毕泰戈拉学派的看法,居住在地球上的人们是不能直接看到中心火团的,否则在我们的天空将出现一个比太阳更大得多的太阳了;由于在中心火团和地球之间还存在着"对地",它和地球同步运转,就将中心火团的光遮挡住,使它不能直接射到地球上,只能通过太阳反射到地球上。

月球。

根据艾修斯的记载,毕泰戈拉学派认为,月亮和地球一样呈球形,在它上面也有动物和植物:

> 毕泰戈拉学派的某些人,其中包括菲罗劳斯,解释月球的外观和地球是一样的,认为居住在月球上的事物和我们地球上也是一样的,是有生命的动物和植物,而且它们要比我们地球上的大些和美些。在月球上动物的力气要比地球上的强大十五倍,并且是不排泄废物的;相应地月球上的

---

① 亚里士多德:《论天》,294ᵇ14—15。

② 亚里士多德:《论天》,295ᵇ11—12。

③ 第欧根尼·拉尔修:《著名哲学家的生平和学说》第8卷,第25—26节。

④ 参见艾修斯:《哲学家意见集成》第3卷,第13章第1—2节。

⑤ 参见策勒:《苏格拉底以前的学派》第1卷,第455页。

白昼也要长些。①（DK44A 20）

关于月食，罗斯编的《亚里士多德残篇选》中收辑了斯托拜乌的记载：

> 根据亚里士多德的解释，以及奥布斯的腓力普斯(Philippus of Opus)的说法，有些毕泰戈拉学派说，月食是由于干扰，有时是地球的插入，有时是"对地"的插入造成的。这个学派的青年辈中有些人认为这是由火焰的分布造成的，它逐渐有规律地发亮，直到给满月以完全的光明，然后又相应地消失，直到重合，它就完全消失了。②

第欧根尼·拉尔修还记载有"月球的光是从太阳得到的"。③ 这和毕泰戈拉学派一般的学说不一致，也可能是在这个学派内部产生的一种不同的说法。

太阳。

在毕泰戈拉学派的宇宙学说中，太阳并不占有重要的位置，而是被他们杜撰出来的中心火团所取代了。根据艾修斯的记载，他们将太阳看作是一面镜子：

> 毕泰戈拉学派的菲罗劳斯认为太阳像镜子一样。它接受宇宙〔中心〕火团的光，并且反射给我们以光和热。因此，在某种意义上有两个太阳：宇宙中那个燃烧的物体，还有那个具有像镜子性质的反射的太阳，……④（DK44A19）

但在上引第欧根尼·拉尔修书中引用的亚历山大的记载中，却是一种完全不同的学说：

> 太阳、月球以及其他星体都是神；因为在其中占优势的是热，而热正是产生生命的原因。月球的光是从太阳得到的。神和人是同种的，所以神眷顾人，人也分享了热。一切都服从命运，命运是宇宙秩序之源。太阳的光穿过冷的或稠密的以太——他们将气叫作冷的以太，将海和湿叫作稠密的以太——降到地的深处，由此产生一切生命。⑤

---

① 艾修斯：《哲学家意见集成》第2卷，第30章第1节。
② 罗斯编：《亚里士多德残篇》，第146页。
③ 第欧根尼·拉尔修：《著名哲学家的生平和学说》第8卷，第27节。
④ 艾修斯：《哲学家意见集成》第2卷，第20章第12节。
⑤ 第欧根尼·拉尔修：《著名哲学家的生平和学说》第8卷，第27节。

由第欧根尼·拉尔修记录的亚历山大记载的一大段关于毕泰戈拉学派的比较详细的自然学说中,说是地球居于宇宙的中心,根本没有提到中心火团。由此可知在毕泰戈拉学派内部关于太阳实际上也存在着很不相同的学说。

行星体和恒星群。

根据古代的记载,毕泰戈拉学派认为五个行星——金星、水星、火星、木星、土星——处于太阳和恒星群之间,围绕中心火团旋转。并且说他们最早发现启明星(晓星)和长庚星(昏星)是同一颗星——金星。[①]

在五个行星体以外的是第十个恒星天。关于恒星天,古代有关记载不多。策勒根据他所收集的资料,为毕泰戈拉学派的恒星天学说作了这样的叙述:恒星天和别的天体一样,围绕中心火旋转;它的周期运动被地球的运动所遮蔽,因而在地球的周日运动中是看不到它的。策勒认为,毕泰戈拉学派并不是从现实的观察中得出这种理论的,而只是根据星体的性质而作的假设。他们计算了天体本性间的运动,发现它们的过程都是不变而且有规则的,并以此证明星体的神性,这是他们和大多数古人一样相信的。根据这种恒星体运行的周期,他们可能确定了"宇宙年"——后来柏拉图使用的这个概念无疑是从他们那里借用来的。[②]

此外,毕泰戈拉学派认为,在恒星天外是由边缘火圈包围着。这是包围整个宇宙系统的一层覆盖物,星光可能就是从这种边缘火圈获得的。这很可能就是指从银河中放射出来的光。在边缘火圈以外的是无限嘘气或无限者,宇宙由此吸入呼气、时间和空间。

无限的嘘气。

在毕泰戈拉学派的宇宙学说中,在边缘火圈以外,居于宇宙最外层的,是无限的嘘气,也就是"普纽玛";它被吸入宇宙,就成为虚空,是划分自然物的区分者。亚里士多德在《物理学》中记载说:

毕泰戈拉学派也主张有虚空存在,并且认为虚空是无限的嘘气(普

---

① 　参见第欧根尼·拉尔修:《著名哲学家的生平和学说》第 8 卷,第 14 节。

② 　参见策勒:《苏格拉底以前的学派》第 1 卷,第 458—459 页。

纽玛)吸入天空。正是这种虚空将自然物区分开来,仿佛它是将这个系列分离和区别开的。而这首先表现在数里,因为虚空正是区分数的本性的。①

按照毕泰戈拉学派的学说,数就是规定,是限制,也就是有限,它形成为连续的系列;与数相对的是无限的虚空,它就是将数(以及由数组成的自然物)区分开来的东西。无限是将有限区分开来的东西,虚空是将数区分开来的东西。伯奈特将数和虚空的关系,即有限和无限的关系,比作巴门尼德所说的光明和黑暗;因为在毕泰戈拉学派的对立表中,有限列在光明一边,无限则列入黑暗一边。②

毕泰戈拉学派关于虚空的学说,也就是他们所提出的关于空间的思想。他们所说的空间是普纽玛,和后来原子论者所说的虚空是不一样的。现在可以附带论述他们关于时间的看法。根据亚里士多德的记载,毕泰戈拉学派认为时间就是天体本身:

> 至于说到时间是什么或它的本性是什么? ……有些人主张时间是整个天球的运动,有些人说它就是天球自身。③

学者们认为,在这两种主张中,前者是柏拉图的看法,后者是毕泰戈拉学派的看法。亚里士多德对后一种看法采取蔑视态度:

> 认为时间是整个天球的那些人所持的理由是,万物都发生在时间里,也都存在于整个天球里。这种说法是太荒诞了,以至无须研究如何来说明它的不合理性。④

艾修斯也有同样的记载:"毕泰戈拉认为,时间是封闭的天体。"⑤(DK58B33)他们的理由是:万物都在时间中发生,同时万物又都存在于整个天体之中,因此,时间等于天体。这样,他们就将时间——万物运动的存在形式以及运动过程的量度——实物化了。这种思想当然是幼稚的,但它是和当时人类认识的

---

① 亚里士多德:《物理学》213^{b}22—27。
② 参见伯奈特:《早期希腊哲学》,第109页。
③ 亚里士多德:《物理学》,218^{a}30—^{b}1。
④ 亚里士多德:《物理学》,218^{b}5—9。
⑤ 艾修斯:《哲学家意见集成》第1卷,第21章第1节。

进程分不开的。可以和在当时流行的奥菲斯教派的"世界蛋"的神话相比较。根据第尔斯辑录的这则残篇，奥菲斯神话认为：最初只有水和土，后来产生了第三者，叫作"没有年龄变化的时间"，它的形象是有三个头的有翼巨兽，并相应地有三个名称：时间、不变的赫拉克勒斯（Heracles）和命运，它具有时间神克洛诺斯（Cronos）的力量；并由它产生出一种新的三合一体：以太、无限的混沌（Chaos apeiron）和黑暗的下界（Erebus）。世界蛋就是时间神在三合一体中心产生出来的。（DKIB13）

由此可以看出：毕泰戈拉学派关于时间的看法是和奥菲斯教派的神话有关，但又有所发展，有所前进，从神话变为抽象的哲学思考了。

毕泰戈拉学派的自然哲学并没有一个统一的、一贯的体系，在他们内部存在着许多分歧的意见。但是，从他们的总的倾向说，在古代希腊的自然哲学的发展中，毕泰戈拉学派的学说占有突出的地位。他们从认为数是万物的本原和原则这样一个基本思想出发，认为天体也是数，在天体运行中发出合乎数的比率的和音。这样，他们将天上的事物和地上的事物统一起来，认为它们有共同的规定性，即数的规定性。尽管在他们的天体学说中有不少幼稚的猜想和神话的成分，但他们运用当时所能达到的数学程度，作了许多天文学的推算，因而能够提出几个重要的、超出当时一般自然哲学家的水平的观点。他们提出了和谐的、有秩序的宇宙——"科斯摩斯"的思想，研究它便成为专门的学问——宇宙学（Cosmology）和宇宙演化学（Cosmogony）。他们大胆地提出了：地是球形的，它并不处于宇宙的中心；宇宙的中心是中心火团，地球只是绕着它进行周期运转的许多天体中的一个。这一些，可以说已经奠定了他们作为科学的天文学的最早创始人的地位。

第七节　毕泰戈拉学派代表人物

以上我们综合探讨了毕泰戈拉学派的主要思想。这些学说大多无法指名归到某个成员的名下，只在少数情况曾引用了个别成员如菲罗劳斯的学说。

本节分别论述毕泰戈拉学派的几个比较著名,且有比较可靠的资料的代表人物的学说。在时间上,他们大约属于从公元前 5 世纪初直到公元前 4 世纪前半叶,都晚于毕泰戈拉本人,其中有的晚于赫拉克利特和爱利亚学派的巴门尼德,有的是原子论者和苏格拉底的同时代人,有的甚至是和柏拉图同时代的人。从他们的学说可以看到他们已经和其他学派的哲学家们相互影响。所以将他们提前合并在这里一起论述,只是为了方便。因为他们的资料都非常有限,也很难断定他们的确切时代,不可能按时间顺序逐个分章论述。但他们在古希腊哲学思想的发展中,又各自占有一定的意义和位置,摆在一起来讨论,也可以看出毕泰戈拉学派内部在学说上的多样性和复杂性。

一　阿尔克迈翁

关于阿尔克迈翁的生平事迹和学说,古代留下的记载不多。在第欧根尼·拉尔修记载的亚里士多德的大量的著作目录中列有《对阿尔克迈翁著作的答复》一卷,现已不传。① 在《形而上学》第 1 卷第 5 章中,亚里士多德在列举了毕泰戈拉学派讲的十对对立以后,接着就说:

> 克罗顿的阿尔克迈翁似乎也持这种看法,也许是他从他们那里得到这个观点,也可能是他们从他那里得来的,因为阿尔克迈翁盛年时已是毕泰戈拉的晚年时期。②

如果根据最后这句话,阿尔克迈翁的盛年时期已是毕泰戈拉的晚年,则他应是公元前 6 世纪末至前 5 世纪初叶的人。但这句话在公元 12 世纪劳伦提诺(Laurentianos)的抄本 A[b] 中被删去了,在罗斯的英文翻译和校释本中也删去了。他们的理由是:这句话是后人添加的,虽然他们也承认这种说法很可能是真的。③ 但近现代许多学者如第尔斯、伯奈特、基尔克、格思里等人仍认为这句话是亚里士多德的原话。④ 我们认为:从以下将论述的阿尔克迈翁的学说

---

① 参见第欧根尼·拉尔修:《著名哲学家的生平和学说》第 5 卷,第 25 节。
② 亚里士多德:《形而上学》,986[a]27—31。
③ 参见罗斯:《亚里士多德的〈形而上学〉》第 1 卷,第 152 页。
④ 参见格思里:《希腊哲学史》第 1 卷,第 341—343 页。

看,与其将他的时代定在和毕泰戈拉本人比较接近,还不如定得稍晚一点可能更接近实际。

与此相连的一个问题是:阿尔克迈翁是不是属于毕泰戈拉学派的? 亚里士多德在《形而上学》中上引的那段话以后,接着就讲阿尔克迈翁所讲的一些对立的范畴,然后又总结说:"从这两个学派,我们可以看到,'相反'是事物的本原"。① 看来,亚里士多德认为阿尔克迈翁和毕泰戈拉学派是属于两个不同的派别的。现代一些学者如伯奈特、基尔克等都主要据此认为阿尔克迈翁并不属于毕泰戈拉学派。

但是,在第欧根尼·拉尔修的记载中却明确肯定阿尔克迈翁是毕泰戈拉的学生:

> 克罗顿的阿尔克迈翁是毕泰戈拉的另一名学生,主要撰写医学著作,但也一再接触自然哲学,如他说,"大多数人类的事情多是成对进行的"。根据法沃里诺的《汇编》,他还是第一个编纂物理论文的,他讲过,月亮〈和〉一般〈天体〉的本性都是永恒的。他是佩里索斯的儿子,他自己在论文开始时告诉我们:"这些是克罗顿的阿尔克迈翁,佩里索斯的儿子对布隆提诺(Brotinos)、勒翁(Leon)和巴绪卢(Bathyllus)所说的话:对于不可见的东西,如同可朽事物一样,只有神才能有确定的知识;而对于作为人的我们,只有由证据作出推论才是可能的,等等。他也主张灵魂是不朽的,它像太阳一样在持续的运动中。"②

这就是第欧根尼·拉尔修对于阿尔克迈翁的记述的全文。策勒认为根据阿尔克迈翁的学说,主要是他没有关于数的理论,因此说他不属于毕泰戈拉学派。③ 但是,第欧根尼·拉尔修具体引用了阿尔克迈翁的文章,其中提到的布隆提诺,和毕泰戈拉关系密切,据说是姻亲,而勒翁和巴绪卢在杨布利柯的《毕泰戈拉传》中是被列入毕泰戈拉学派的表中的人物。④ 他虽然没有提到数

---

① 亚里士多德:《形而上学》,986ᵇ2—3。
② 第欧根尼·拉尔修:《著名哲学家的生平和学说》第 8 卷,第 83 节。
③ 策勒:《苏格拉底以前的学派》第 1 卷,第 525 页。
④ 参见基尔克、拉文:《苏格拉底以前的哲学家》,第 233 页。

的学说，但提到了灵魂不朽的学说。阿尔克迈翁又是克罗顿人，而克罗顿正是毕泰戈拉学派的主要根据地。根据这种种，不论阿尔克迈翁是否正式属于毕泰戈拉学派，他和这个学派的关系十分密切总是不可否认的。因此，我们不另列一章，而将他放到和毕泰戈拉学派的一些代表人物中一起来论述。

上引第欧根尼·拉尔修的记述中说，阿尔克迈翁主要撰写的是医学著作，他大约是一位医生兼哲学家。他的故乡克罗顿在当时就以医学著称。希罗多德曾经记载说："卡利封的儿子德谟凯得（Demokedes）是一个克罗顿人，他是当代最高明的医生。"①据说，德谟凯得曾先后在萨摩斯僭主波吕格拉底和波斯国王大流士宫廷中担任过御医，后来回到故乡，和毕泰戈拉的朋友、著名运动家米罗（Milo）的女儿结婚。当时的克罗顿是南意大利的一个强国，被认为是以阿尔克迈翁和德谟凯得为代表的著名的医学传统的故乡。② 阿尔克迈翁还被称为"生理学之父"。③

在古代希腊，医学和数学、天文学等一样，是受重视和有成就的自然科学领域。而医学又和其他科学有所不同，当时的数学和天文学等主要是用思辨的方法进行推理，医学却注重经验，采用直接的观察和实验的方法。科学史家们认为阿尔克迈翁在开创医学科学上是起了重要作用的。据说他是在苏格拉底以前的希腊主要的胚胎学家；可能是他进行了解剖，发现了视觉神经，并认识到大脑是感觉和理智活动的中心；后来可能是在他的影响下，阿那克萨戈拉用动物进行实验，用解剖方法研究它们的构造；恩培多克勒也是阿尔克迈翁的后继者，他也是一个医生，是南意大利医派的主要代表；公元前5世纪后半叶的希波克拉底医派是和南意大利医派平行发展的，这个学派也明显受到阿尔克迈翁的影响。④

---

① 希罗多德：《历史》第3卷，中译本，第125节，第415页。
② 参见卡恩：《柏拉图以前的毕泰戈拉学派的哲学》，见穆里莱托斯编：《苏格拉底以前学派的批判论文集》，第167页。
③ 参见冈珀茨：《希腊思想家》第1卷，第152页。
④ 主要根据康福德：《鉴别原理》，第7、35、40—42、122、172等页；格思里：《希腊哲学史》第1卷，第348、358—359页；丹皮尔：《科学史》，中译本，第63—64页；梅森：《自然科学史》，中译本，第23页；伯奈特：《早期希腊哲学》，第193—196页。

　　因为阿尔克迈翁用实验解剖等方法研究医学,他可能是古希腊最早研究感知认识的生理机制的,他比较具体地探讨了各种感觉器官,企图说明各种感觉的产生,并指出感觉和理性认识的区别。这些在认识论的发展史上当然是很重要的。在塞奥弗拉斯特的《论感觉》中有比较详细的记载:

　　　　在那些用异类相知来解释感觉的人中,阿尔克迈翁是最早确定人和动物之间的区别的。他说,人和别的动物的不同在于,"只有人能理解,别的〔动物〕仅有感觉而不能理解"①思想和感觉是不同的,不是像恩培多克勒所主张的,说它们是相同的。接着他分别研究各种感觉。听觉通过耳朵,那里有空间会发生共鸣。声音是在耳腔中发生,气发生回音。人用鼻子嗅东西,在呼吸活动中将气味吸入大脑。味觉是用舌头辨别的,舌头的热融化对象发生温软,由于舌头的多孔而敏感的构造,它接受并传送各种味道。眼球通过围绕它的水看东西。眼球中显然包含了火,火受到冲击就闪闪发光;眼睛通过亮的和透明的元素看东西,后者能反射映象,这个元素越纯,看得就越清楚。所有这些感觉都以某种方式和大脑联结,因此,要是大脑受到扰乱或变化,它们就都不起作用,因为它堵塞了感觉发生的通道。关于触觉的形态和器官他没有说什么,这就是他所解释的范围。②

由此可见,阿尔克迈翁通过经验的观察和解剖实验,对各种感觉器官进行分别研究,开始认识感觉对象如何在感觉器官中形成感觉,然后和大脑联结的整个过程。他提出思想和感觉的区别,以及大脑在认识过程中的重要作用,等等。他的解释是以经验事实为根据的,开创了感官生理学的研究。同时,他的这种认识论思想,后来不仅直接影响从恩培多克勒到德谟克利特的朴素的反映论思想,而且也影响了柏拉图和亚里士多德的感觉学说。因此,在古希腊认识论的发展史上,阿尔克迈翁的感觉学说占有相当重要的位置。

---

　　①　"理解"原文是 $\xi\upsilon\upsilon\iota\acute\varepsilon\upsilon\alpha\iota$(英译 understand),原意是"结合在一起",指人能将各种感觉综合起来。参见格思里:《希腊哲学史》第1卷,第347页注1。
　　②　转引自格思里:《希腊哲学史》第1卷,第347页;参见基尔克、拉文:《苏格拉底以前的哲学家》,第233页。

阿尔克迈翁主要的哲学思想和他研究医学有关系,这从他关于对立的学说中也可以看出来。亚里士多德在《形而上学》第 1 卷第 5 章中,将阿尔克迈翁的对立学说和毕泰戈拉学派作了比较:

> 他〔阿尔克迈翁〕说大多数有关人的事情都是成双的,只是他并不像毕泰戈拉学派那样明确规定相反的东西,而是随意列举,如:白和黑,甜和苦,善和恶,大和小。关于别的相反的东西,他只是任意提及,不像毕泰戈拉学派那样说出有多少相反的,以及它们是什么。①

为什么阿尔克迈翁主要只提和人事有关的对立?艾修斯的记载讲得很具体:

> 阿尔克迈翁主张,保持健康要使各种能力平衡,湿和干,冷和热,苦和甜等等,一旦其中之一占到优势,就产生疾病,因为任何一方面占优势就是破坏。疾病的发生直接由于冷或热的过度,间接则由于营养的过量或不足;而其中心或者是血液,或者是骨髓,或者是大脑。在这些中心产生疾病有时是由于外在的原因:某种潮湿或某种特殊的环境,或者是筋疲力尽,或者是艰难困苦,以及诸如此类的原因。另一方面,健康是这些性质按比例地融合。② (DK24B4)

阿尔克迈翁在这里讲的是对立之间的“平衡”。“平衡”($i\sigma o\nu o\mu i\alpha$, isonomia)原来有“平等的权利”的意思。艾修斯的这段记载将这个“平衡”的意思说得很清楚,就是要对立的双方保持一定的比例相互结合,如果一方超出了这个比例,原来平衡的双方变成一方过度而另一方不足,就产生疾病。这个“平衡”和毕泰戈拉学派所说的对立的“和谐”的意义显然是相同的。由此也可以说明,不能将这种“和谐”和“平衡”简单地说成是什么“矛盾调和论”。可以说,阿尔克迈翁的对立学说是将毕泰戈拉学派的对立学说具体运用于医学。阿尔克迈翁的这种“平衡”的思想既是有医学方面的科学根据的,在当时希腊也可能是一种比较流行的看法,它在哲学家中间的影响也是很明显的,在亚里士多德的伦理学说中就可以看出受到这种思想的影响。

---

① 亚里士多德:《形而上学》,986ᵃ 31—ᵇ2。
② 艾修斯:《哲学家意见集成》第 5 卷,第 30 章第 1 节。

阿尔克迈翁关于灵魂的学说和当时许多希腊哲学家相似,将灵魂看成是永恒运动着的神圣的东西。上引第欧根尼·拉尔修的记载中说,阿尔克迈翁主张灵魂是不朽的,说它像太阳一样在持续地运动着。亚里士多德在《论灵魂》第 1 卷第 2 章中相继讨论了德谟克利特、阿那克萨戈拉、泰勒斯和赫拉克利特的灵魂学说,指出他们都认为灵魂是发生运动的能力,它是永恒运动的,从而是不朽的。接着,亚里士多德就提到阿尔克迈翁:

> 关于灵魂,阿尔克迈翁似乎也持类似的观点。他说,灵魂是不朽的,因为它和"不朽的东西"相似,而它所以具有不朽性,就是由于灵魂不停歇地运动着;一切"神圣的东西",月球、太阳、行星,以及整个天体,都是处在持续的运动中的。①

在这一章开始时,亚里士多德讨论灵魂的本质特征时说,有灵魂的事物和没有灵魂的事物的区别在于前者能够运动和感觉。因此这两点就被以前的哲学家认为是灵魂的特征。他说:

> 所有那些将灵魂定义为自身运动的人似乎认为运动就是灵魂的本性,其他一切都是由灵魂推动的,只有灵魂自己运动。因为他们从来没有看到过任何产生运动的东西,它自身却首先是不动的。②

阿尔克迈翁的观点和大多数哲学家是一致的,认为灵魂本身是永恒运动的。艾修斯也是这样记载的:

> 阿尔克迈翁认为,灵魂是处在永恒运动中的自动的本体,因此,灵魂是不朽的,是和神圣的东西相似的。③（DK24A12）

这里所说的"神圣的东西"和第欧根尼·拉尔修的记载一样,是指天上运行的天体。

说灵魂是永恒的运动,又是产生一切运动的力量。这样的灵魂,既可以将它解释成为没有形体的、精神性的本体,也可以将它仍解释为一种物质性的本体,如德谟克利特所说精致的圆形的原子。阿尔克迈翁所说的灵魂属于那一

---

① 亚里士多德:《论灵魂》,405^{a}29—34。
② 亚里士多德:《论灵魂》,404^a 21—24。
③ 艾修斯:《哲学家意见集成》第 4 卷,第 2 章第 1 节。

种？以上所引的有关资料并不能给我们提供明确的解释。在伪亚里士多德的《问题集》中，保存下阿尔克迈翁的残篇，提到他将人的死亡看成是开端和终结的循环的中断：

> 正像天体和每颗星的运行是循环的一样，为什么产生和毁灭的事物不也应是同样的，以至同一事物可以再产生和再毁灭呢？这才合乎俗话说的"人生是循环的"。要是要求那样产生的事物是同一个个体，这是愚蠢的；但说它们是同一个"属"，则是可以接受的。这样，我们自己也就是"在先的"，可以设想如此安排的系列在循环中又回到它的出发点，从而保证这种组成的连续性和同一性。因此，阿尔克迈翁说"人死亡是因为他们不能将开端和终结联结在一起"（DK24B2）——如果认为他不是严格地，而只是比喻地使用，这种说法是聪明的。如果人生是循环，而循环是既无开端又无终结的，我们就应该"先于"那些生活于特洛伊时代的人，而他们便不能因为更接近于开端而"先于"我们了。①

格思里指出，这种循环论的思想在早期希腊思想中是广泛流行和应用的。最初将天体星球看成是圆形的循环，可能出自巴比伦的天文学家；天上的循环又成为地上事物循环的原因，一切动物、植物的生命都是循环不止的。② 这种生命循环论本来可以用毕泰戈拉学派的灵魂不灭和灵魂轮回的学说来解释，但在伪亚里士多德《问题集》中的这则记载却用"个体"和"属"（即"形式"或"理念"）的区别来说明。它认为，就一个个体说，都是有生有灭的，但作为一个"属"来说，一个个体死亡了，又有另外一个个体产生；一株植物死亡了，它的种子又会产生新的植物。这种解释和灵魂轮回说并不矛盾，但却是合乎科学的，也可以说是唯物论的解说。这也说明，我们不能简单地认为，只要主张灵魂不灭和灵魂轮回就必然是唯心论。实际上，正因为当时人们还不能明确区分物质和精神，即使是这样主张，对于灵魂也可以作出比较合理的解释。

罗斯认为，《问题集》大约是后来公元5至6世纪时的人撰写的伪亚里士

---

① 伪亚里士多德：《问题集》，916ᵃ24—40。（牛津版《亚里士多德著作集》第7卷）
② 参见格思里：《希腊哲学史》第1卷，第351—353页。

多德的著作,①这里的解释,大约不是阿尔克迈翁本人的思想。其中将"个体"和"属"区别开来,可能不会早于柏拉图和亚里士多德。但其中引用阿尔克迈翁的这句话却被第尔斯编进阿尔克迈翁的残篇中。因此,《问题集》中的这段记载,成为我们现在所能见到的对这则残篇的唯一解释。

二　希帕索和佩特隆

在第尔斯辑录的《苏格拉底以前的哲学家的残篇》中,将希帕索和佩特隆都列入"老毕泰戈拉学派",但说对他们的学说理论没有确实的知识,所以没有收辑他们这方面的残篇。②

亚里士多德在《形而上学》中说:墨塔蓬通的希帕索和爱菲索的赫拉克利特认为本原是火。③ 但也有些记载说希帕索是克罗顿人或锡巴里斯人。第欧根尼·拉尔修记载说:有两个希帕索,墨塔蓬通人希帕索是属于毕泰戈拉学派的,据说他认为宇宙完成运转是有一定的时期的,"一"是有限的、永远运动的。④ 他又记载说,希帕索曾写了《秘密教义》,用来败坏毕泰戈拉学派的名声。⑤

根据波菲利和杨布利柯等人的记载,希帕索可能是毕泰戈拉生前的一个毕泰戈拉学派成员。他可能是毕泰戈拉学派内部的所谓"信条派"的创始人。"信条派"不像"数理学派"那样研究这个学派的高深的数学理论,只能算这个学派的外围组织。希帕索在毕泰戈拉死后还活动了一段时期,据说他还领导过一次反对毕泰戈拉学派的寡头政治的民主运动。所以格思里认为在某些方面,希帕索可以说是毕泰戈拉学派的"异端"。⑥

根据古代记载,希帕索也从事数学研究,并且取得某些成就。⑦ 据说,由

---

① 参见《牛津古典辞典》中罗斯撰写的"亚里士多德"条目。

② 参见弗里曼:《苏格拉底以前的哲学家的辅助读物》,第20页。

③ 参见亚里士多德:《形而上学》,984^{a}7—8。

④ 参见第欧根尼·拉尔修:《著名哲学家的生平和学说》第8卷,第84节。

⑤ 参见第欧根尼·拉尔修:《著名哲学家的生平和学说》第8卷,第7节。

⑥ 参见杨布利柯:《毕泰戈拉传》,第257、255节;格思里:《希腊哲学史》第1卷,第320页。

⑦ 参见希思:《希腊数学史》第1卷,第85—86页。

于他泄露了毕泰戈拉学派的数学秘密,因而被罚沉入海中。据杨布利柯说,他泄露的是"天体是由 12 个五角形构成的"秘密。但也有说他泄露的是无理数或不可通约数的秘密。①

亚里士多德记载说,希帕索和赫拉克利特一样,认为万物的本原是火。这样就发生了希帕索和毕泰戈拉学派以及赫拉克利特之间的关系问题。伯奈特解释说,在毕泰戈拉学派的十对对立中,光明和黑暗也是一对对立,而且将光明和有限、"一"列在一起,火也就是光明。所以他认为希帕索是毕泰戈拉学派和赫拉克利特之间联结的环节。② 冈珀茨则将希帕索的时代定于赫拉克利特以后,说他是一个折衷的哲学家,企图调和毕泰戈拉和赫拉克利特的学说。③ 古代还有人根据这点将赫拉克利特说成是一个毕泰戈拉学派的人。④ 上引第欧根尼·拉尔修的记载,说希帕索已经认识到宇宙的运转和变化是按一定周期的。在这点上,他的看法也是和赫拉克利特相近的。⑤ 至于他们是谁影响了谁,就很难确定了。

佩特隆据说是西西里岛北部的希墨腊人。关于他,只有普卢塔克留下的一则不大可靠的材料。其中一个对话者报告说,他在波斯湾附近遇到一个神秘的陌生人,不是希腊人,像是一个沙漠中的先知。这个陌生人在讲了一大堆的神话中,夹杂着说:有 183 个世界排列成一个三角形,每边各有 60 个世界,还有三个世界分别列在三只角上。它们像在跳舞一样,彼此紧挨在一起平稳地旋转着。接着就有人起来反驳,指责这个陌生人是个骗子,说这种思想是从一个通晓本国文献的希腊人那里剽窃来的。"这种说法不是埃及人或印度人的,而是来自西西里的多利安人,实际是一个叫佩特隆的希墨腊人的。"⑥伯奈特认为佩特隆是属于最早的毕泰戈拉学派的人,他所提出的 183 个世界排列

---

① 参见杨布利柯:《毕泰戈拉传》,第 247 节。
② 参见伯奈特:《早期希腊哲学》,第 142 页。
③ 参见冈珀茨:《希腊思想家》第 1 卷,第 371 页。
④ 参见伯奈特:《早期希腊哲学》,第 142 页。
⑤ 参见冈珀茨:《希腊思想家》,第 146 页。
⑥ 格思里:《希腊哲学史》第 1 卷,第 323 页。

成一个三角形的学说,表明他是比原子论者早得多的提出有许多个世界学说的人。① 康福德不同意这种意见,而认为佩特隆是和留基伯、德谟克利特,甚至和柏拉图同时代的人。②

三　厄克芳图和希凯塔

最早根据塞奥弗拉斯特的记载,厄克芳图和希凯特都是西西里岛上叙拉古人,都属于毕泰戈拉学派。从古代的西塞罗、希波吕托、艾修斯一直到近代的第尔斯等人,都是这样说的。近现代西方有些学者表示怀疑,说他们是虚构出来的,并非真有其人。但多数学者认为塞奥弗拉斯特的记载,应该还是可信的。③

有关他们的材料很少。关于厄克芳图的一条最重要的资料出自希波吕托的《驳众异端》第 1 卷第 15 章:

> 叙拉古的厄克芳图宣称,对于存在的事物要获得真实的知识是不可能的,只能按照我们相信它们是什么来确定它们。他说本原是一种不可分的物体,它们在三个方面——大小、形状和能力——彼此区别。从它们产生种种可以感觉的事物,它们的数目是有限的,而不是无限的。这些物体的运动并不是由于重量或外来的碰撞,而是由于一种神圣的力量,他称为心和灵魂。宇宙就是它的形式(idea),由于这种神圣的力量,所以宇宙变成圆形的。地球居于宇宙的中心,绕着它自己的中心向东运转。④

这里说的"不可分的物体",就是原子。艾修斯的记载中就说厄克芳图认为"宇宙是由原子组成的","万物的本原是原子和虚空"。⑤ 很明显,这种思想是和德谟克利特的原子论一致的,因此,哲学史家将厄克芳图定为晚于德谟克利特的时代的人。

---

① 参见伯奈特:《早期希腊哲学》,第 60—61 页。
② 参见格思里:《希腊哲学史》第 1 卷,第 323 页。
③ 参见格思里:《希腊哲学史》第 1 卷,第 323—324 页。
④ 转引自格思里:《希腊哲学史》第 1 卷,第 324—325 页。
⑤ 转引自格思里:《希腊哲学史》第 1 卷,第 325 页。

但是,厄克芳图的学说和德谟克利特的原子论也有重大区别。德谟克利特认为原子彼此间只有形状、大小、次序和位置的不同,而厄克芳图却认为是大小、形状和能力的不同。特别是他说的能力(dynamis),是一种能动的力量。他又认为原子运动并不是由于它们自身的重量或外来的碰撞,而是由于一种神圣的力量,他将这种神圣的力量叫作心和灵魂,也就是努斯。由此可见,厄克芳图将德谟克利特的原子论加以改造,用阿那克萨戈拉的"努斯"作为推动原子运动的能力。他实际上将唯物论的原子论改造成为带有神秘主义唯心论色彩的学说了,可以说具有近代莱布尼兹单子说的萌芽。艾修斯记载说:"厄克芳图认为宇宙是由原子组成的,但是由天命统治的。"①

从这方面看,似乎是厄克芳图用毕泰戈拉学派的神秘主义改造了原子论。可是,另一方面艾修斯又记载说,厄克芳图"是第一个宣称毕泰戈拉学派的'一'是有形体的"。② 毕泰戈拉学派认为万物的本原——数是没有形体的,而他们又认为"一"是数的本原,"一"当然是没有形体的;可是厄克芳图又宣称"一"是有形体的。看来,他是把毕泰戈拉学派的"一"和原子论者所讲的"原子"看成是一个东西了。从这方面看,又可以说厄克芳图是用唯物论的原子论去改造毕泰戈拉学派的"数"的理论。所以产生这种矛盾的现象,唯一可能的解释是:他们还不能完全分清物质和精神、抽象和具体之间的区别。策勒根据这一点,认为不能将厄克芳图列入毕泰戈拉学派当中。③ 格思里认为厄克芳图是在原子论的影响下,企图将毕泰戈拉学派的数的理论和德谟克利特的原子论结合起来的较晚期(大约和柏拉图同时)的毕泰戈拉学派的人。④

厄克芳图和希凯塔在思想史上的主要贡献在于,他们和菲罗劳斯一起都是主张地动说的。上引希波吕托的资料中说,厄克芳图认为地球居于宇宙的中心,这又是和正统的毕泰戈拉学派的说法不同的。他又认为地球是围绕自己的中心向东旋转的,在这个问题上,古代的资料比较多。艾修斯在讲了菲罗

---

① 转引自格思里:《希腊哲学史》第1卷,第325页。
② 转引自格思里:《希腊哲学史》第1卷,第325页。
③ 参见策勒:《苏格拉底以前的学派》第1卷,第415—416页。
④ 参见格思里:《希腊哲学史》第1卷,第325页。

劳斯主张地球行星说之后继续说：

　　本都斯的赫拉克利德（Heraclides of Pontus）和毕泰戈拉学派的厄克芳图说地球是运动的，不是变换位置这样的运动，而是像车轮绕着轴转动那样：地球围绕自己的中心从西向东转动。①

西塞罗记载了希凯塔的学说：

　　塞奥弗拉斯特说，叙拉古的希凯塔持这种观点：天穹、太阳、月球和星星，事实上，天上的每个事物都是不动的。在宇宙中，除了地球以外，没有什么东西是动的；地球以高速围绕它自己的轴旋转，以致产生这样的结果，好像地球是静止的，是天体在运动。②

说只有地球在运动，其他天体都是静止的，这种说法当然是错误的，和正统的毕泰戈拉学派的看法也不同，可以说是从毕泰戈拉学派的倒退。但是，恰恰是希凯塔的思想影响了后来的哥白尼。哥白尼在致当时罗马教皇保罗三世的一封信，即他所著的《天体运行论》的序中说：

　　据西塞罗说，希凯塔认为大地是动的……普卢塔克说，有某些别的人也持有同样的见解。当我从这里觉察到有这种可能的时候，我自己也开始思考大地的运动了。③

希凯塔的名字因此在科学史上占有一个位置，我们也因此可以说：哥白尼的学说是受了古希腊毕泰戈拉学派的影响的。

四　菲罗劳斯

　　菲罗劳斯是公元前5世纪后期至前4世纪初的毕泰戈拉学派的重要代表人物。他原来是克罗顿人，也有人说他是塔壬同人，后来由于南意大利动乱而移居到希腊本土的底比斯去了。柏拉图在《斐多篇》中让菲罗劳斯的学生西米亚和克贝成为和苏格拉底讨论灵魂不灭问题的对话人。克贝提到他是在底

---

① 转引自格思里：《希腊哲学史》第1卷，第325页。
② 转引自格思里：《希腊哲学史》第1卷，第328页。
③ 丹皮尔：《科学史》，中译本，第171—172页。

比斯城听到菲罗劳斯的讲话的。① 由此推断,他大约和恩培多克勒、德谟克利特、苏格拉底等人同时,可能比恩培多克勒年轻些,比德谟克利特和苏格拉底又年长些。阿波罗多洛说他和德谟克利特有来往。② 一般将他的生年定于公元前474年左右。

根据古代记载和保留下来的菲罗劳斯的残篇,他对数学、天文学、谐音学、医学、生理学等都有过广泛的研究,是一个有广博学识的哲学家。他关于天体的学说,以及认为五种元素是由不同的几何图形构成的:土是立方体,火是四面体,气是八面体,水是二十面体,还有第五种元素是十二面体等学说,和柏拉图的唯一讲宇宙论的对话《蒂迈欧篇》的内容有许多是相似的。第欧根尼·拉尔修记载说:

> 有些作者说,柏拉图这位哲学家,当他到西西里的狄奥尼修的宫廷去时,曾花了40个银币从菲罗劳斯的亲属那里买到他的著作,《蒂迈欧篇》是从它改写过来的。另外有人说,这是狄奥尼修从菲罗劳斯的一个已经投入监狱的年轻的学生那里得来,当作礼物送给柏拉图的。③

因此,柏拉图的《蒂迈欧篇》是不是剽窃了毕泰戈拉学派,特别是菲罗劳斯的著作? 这就成为哲学史上一件无头公案了。

许多记载都提到柏拉图花钱收购过菲罗劳斯的著作。因此,菲罗劳斯写过著作大约是没有问题的。有人说他是唯一或主要的将毕泰戈拉学派学说写下来从而使其得以流传于世的人。也就因此,在第尔斯所辑录的苏格拉底以前的哲学家的残篇中,在毕泰戈拉学派当中,指名为菲罗劳斯的残篇最多,属于他的学说的就有二十四则。现代学者对于这些残篇究竟是不是真的,有各种不同意见。一般认为从第一至第十九是真的,第二十(有两条)存疑,从第二十一至二十三则是假的。第尔斯自己也是这样分的。④

我们主要根据这些残篇来探讨菲罗劳斯的哲学思想。

---

① 参见柏拉图:《斐多篇》,61 E。
② 参见第欧根尼·拉尔修:《著名哲学家的生平和学说》第9卷,第38节。
③ 第欧根尼·拉尔修:《著名哲学家的生平和学说》第8卷,第85节。
④ 参见弗里曼:《苏格拉底以前哲学家的辅助读物》,第73—77页。

菲罗劳斯的根本思想也是认为万物是由有限和无限、奇和偶组成的，"一"是万物的开始。

> 科斯摩斯中的自然是由无限和有限组成的，整个宇宙及其中的一切都是如此。①（DK44B1）

> 所有一切存在的东西，必然或者是有限的，或者是无限的，或者同时是有限和无限的。它们不可能只是无限，也不可能只是有限。因为很明显，它们不能全部来自有限，也不能全部来自无限，所以宇宙及其包含的一切都是由有限和无限二者组成。这点从实际存在的事物也可以证明：凡是由有限（的元素）组成的事物是有限的，凡是由有限和无限（的元素）组成的事物就既是又不是有限的，而那些由无限（的元素）组成的事物就显得是无限的。②（DK44B2）

> 实在，数有两种不同的形式：奇数和偶数，还有第三种，即由这二者组成的奇—偶数；这两种形式的每一个都有许多方面，这是每个独立存在的事物都可以证明的。③（DK44B2）

> "一"是万物的开端。④（DK44B8）

基尔克、拉文将这些被辑为菲罗劳斯的残篇和亚里士多德著作中有关毕泰戈拉学派的论述——对照，认为它们的内容基本相同，因而得出结论说："这只能表明这些残篇的作者是依靠亚里士多德的论述，而不是相反。"他们认为这些是亚里士多德以后的伪作，托名归诸菲罗劳斯的。⑤ 这种论断值得考虑。因为毕泰戈拉学派本身是个复杂的团体，至少在早期，他们的学说是秘密的，很难判断谁提出了什么学说。亚里士多德只是论述一般认为是属于毕泰戈拉学派的论点，并不特别指明这是其中某个人的论点；这当中当然也可以包含有菲罗劳斯的论点。至于后来的作者如第欧根尼·拉尔修、斯托拜乌、杨

---

① 第欧根尼·拉尔修：《著名哲学家的生平和学说》第 8 卷，第 85 节。
② 斯托拜乌：《自然哲学家意见选编》第 1 卷，第 21 章 7 a。
③ 斯托拜乌：《自然哲学家意见选编》第 1 卷，第 21 章 7c。
④ 杨布利柯：《关于尼各马科的〈数学引论〉》。
⑤ 参见基尔克、拉文：《苏格拉底以前的哲学家》，第 309—310 页。

布利柯等人，他们可能看到菲罗劳斯的著作，也可能是从塞奥弗拉斯特等人所辑录的著作中得到的资料，不能说他们只是抄袭亚里士多德的。

而且，如果我们研究菲罗劳斯的残篇，就可以发现其中有些思想，在一般的毕泰戈拉学派的思想中还是有他自己的特点的。其中主要的一个方面是关于认识论的，菲罗劳斯强调认识和数的关系，认为要是没有数，就不可能认识任何东西。

　　如果万物都是无限，那么在认识开始以前，甚至连对象也不能有了。① （DK44B3）

　　实在，任何东西所以能够被认识，是由于有"数"；如果没有这个〔数〕，心就不可能把握或认识任何东西。② （DK44 B4）

　　因为"数"的本性是认识的原因，在费解的和不知的事物中，〔数〕能给每个人提供指导。对于任何一个人来说，任何存在的事物，无论它们自身或它们彼此之间的关系都是不清楚的，除非是那里存在有"数"及其本质。事实上，正是"数"使万物通过感性知觉和灵魂相适应，使它们成为可以认识的，并且可以彼此比较的；"数"通过角尺（Gnomon）③给万物以形体，并且区分它们的不同关系，无论它们是无限的或是有限的，将它们分为不同的组。

　　这样你就可以看到"数"的本性和它的能力，不仅能作用于超自然的和神圣的存在，而且也在一切人类的活动和语言中到处发生作用，并且贯穿在一切技艺产品和音乐之中。"数"的本性与和谐是不允许任何谬误的，因为这与它们无关。谬误和妒忌是属于无限、无知和无理的。谬误不能以任何方式进入"数"，因为谬误和"数"的本性是彼此敌对的；而真理是和"数"有关，并且紧密地和"数"结合在一起的。④ （DK44B11）

从这些残篇，我们可以探讨菲罗劳斯的认识论：

---

① 杨布利柯：《关于尼各马科的〈数学引论〉》。
② 斯托拜乌：《自然哲学家意见选编》第1卷，第21章7b。
③ 毕泰戈拉学派用角尺区分奇数和偶数、有限和无限，见前。
④ 忒俄斯：《理解柏拉图的数学辅助》。

第一,虽然菲罗劳斯和一般毕泰戈拉学派同样认为有限和无限是数的本原或元素,但这一对对立的双方的价值和地位,在他们看来却并不是同等的。因为无限的东西就是没有任何规定性的;没有任何规定性的东西也就是我们不能认识的(不能说明和定义——因为你要说明它或给它下定义,就是给它以某种规定)。所以菲罗劳斯说:如果万物都是无限,那么甚至连认识的对象也没有了。而"数"却是给事物以规定性的。事物有了数的规定性,就有了形体,就可以互相比较彼此间的不同;这样,心就可以把握和认识它们。所以菲罗劳斯说:任何东西所以能够被认识,是由于"数"。通过这样正反的对比,菲罗劳斯就突出强调了"数"在认识中所起的决定性作用。

第二,"数"在认识中的作用,不仅表现于认识的对象方面,而且也表现于认识的主体方面。当然在菲罗劳斯的时代,认识的对象和主体,并没有自觉地明确划分开来,但在他的残篇中,既考虑了认识的对象,同时也考虑了认识的主体。比如他提到:对于费解的和不知(尚未知道)的事物,"数"能给每个人提供指导;以及:正是"数"使万物通过感性知觉和灵魂相适应,使万物成为可以认识的;他又认为:"数"的本性和它的能力,不仅能作用于超自然的和神圣的存在,而且也在一切人类的活动和语言中到处发生作用。这些说法表明,数给主体提供对象的规定性,而认识的主体——人正是通过数、运用数去认识万物——它们各自自身以及彼此间的相互比较关系的。如果人的灵魂中没有数的概念,人们也就无法认识对象。塞克斯都·恩披里柯有一段话提到菲罗劳斯:

> 毕泰戈拉学派认为逻各斯是认识的标准,但不是一般的逻各斯,而是由各种科学得到的逻各斯;正像菲罗劳斯所讲的:'要精通万物的本性,此外还要具有某种[和万物的本性相]类似的本性,因为本性是同类相知的。①

菲罗劳斯在这里提出的"同类相知",即以心中的"数"的概念去认识对象中"数"的性质和关系。

---

① 塞克斯都·恩披里柯:《反逻辑学家》第1卷,第92节。

第三,菲罗劳斯还将"数"和真理联系起来,认为真理和"数"有关,并且是和"数"紧密地结合在一起的。而谬误与"数"无关,说谬误和"数"的本性是敌对的,说谬误是属于无限(Non Limited)、无知(Unintelligent)和不合理性的(Irrational)。这里,菲罗劳斯将"无限"和不可理解、不合理性看作是相等的东西了。本来,自从爱利亚学派的麦里梭论证"存在是无限"以后,一般哲学家使用"无限"这个范畴,已经是褒义而非贬义了。在菲罗劳斯这个时代也已经是如此。但菲罗劳斯却完全从贬义上来使用"无限",这还是毕泰戈拉学派的传统思想。这就是我们以上说过的:毕泰戈拉学派是将"无限"看成是与"数"相对立的范畴,因为在他们看来,事物有了数的规定性,就是"有限"而非"无限"了。

由此可见,菲罗劳斯的认识论主要就是突出论证了"数"在认识中的作用。他认为"数"是认识的决定性因素,事物由于有了数的规定性才能被认识;灵魂只有通过"数"才能识别事物。"数"又是真理的标准。真理总是和"数"紧密结合在一起,谬误则是和"数"相敌对的,是没有数的规定性的"无限"。在认识论上这样强调"数"的作用,在西欧的科学和哲学的发展史上都是具有重要意义的。这点我们在前面已经讲过了。

与认识有关的是和谐的问题。在菲罗劳斯的残篇中也讲到这个问题:

> 这就是自然与和谐的关系:事物的"存在"是永恒的,而自然本身需要的却是神圣的理智,而不是人的理智;还有,如果不存在有组成宇宙的基本的"存在",即有限与无限的话,我们甚至不可能认识任何实际存在的事物。但是既然有限与无限是作为相异的和不相关的元素而存在的,显然,除非将"和谐"加进去,不然就不能将这些元素组成宇宙,而它〔和谐〕也就是这样产生的。如果事物是彼此相似、相关的,就不需要和谐;只有当事物是彼此相异的、不相关的,又是不相等地排列着的时候,才必需有这样一种和谐将它们紧紧缚在一起,通过和谐,事物命定地在宇宙中持续下去……①(DK44B6)

---

① 斯托拜乌:《自然哲学家意见选编》第1卷,第21章7d。

和谐是众多混合(的元素)的"一",是在不一致(的元素)间的一致。

（DK44B10）

如果万物都是同样的、相似的,那就不需要和谐;正因为万物是相异的、不相关的、不相等的,才需要有和谐将它们结合在一起。音乐中的和谐就是将各种不同的音调按照一定的比率结合在一起。菲罗劳斯认为灵魂就是一种和谐:

灵魂通过"数"和肉体连在一起,它是不朽的,也是一种没有形体的和谐……灵魂爱肉体,因为如果没有肉体,灵魂就不能使用感官。灵魂在死亡时和肉体相分离,它作为一种无形的存在物生活在世界上。①

（DK44B22）

菲罗劳斯以及毕泰戈拉学派主张灵魂是和谐的学说,还有菲罗劳斯关于宇宙的学说,前面已经作过论述,这里就不再专门讨论了。

五　阿尔基塔

阿尔基塔是公元前4世纪前半叶的毕泰戈拉学派的重要代表,也是当时希腊世界著名的政治家和军事家。关于他的生平,第欧根尼·拉尔修是这样记载的:

塔壬同的阿尔基塔是涅萨戈拉的儿子,或者,照阿里司托森②的说法,他是赫司提埃俄的儿子。他也是一个毕泰戈拉学派中人。当柏拉图几乎被狄奥尼修处死时,是他〔阿尔基塔〕的一封信救了柏拉图。由于他在各个领域的卓越成就,他赢得普遍的赞扬。在他的城邦中他曾七次担任统帅,虽然法律规定这个任期是不能超过一年的。我们有两封柏拉图写给他的信,……〔以下是抄录他和柏拉图的来往信件〕……阿里司托森说,我们的这位毕泰戈拉学者在他担任将军时期从来没有失败过,只有一次在他感觉身体不适时他辞职了,也就因此,军队立即败于敌人手中。他

① 辑自克劳狄安·玛美尔图（Claudianus Mamert us,公元5世纪时的基督教作家）:《论灵魂》。

② 阿里司托森是塔壬同人,他的父亲和阿尔基塔有直接交谊,据说他撰写过阿尔基塔的传记,已佚失。见DK47A9,DK47A1。

又是第一个将数学原则运用成为机械的人；他又是第一个将机械运动应用于几何作图的人，他试图用一个半圆柱体的一段，找出两个比例中项，求得立方体的两倍。① 在几何学上，正像柏拉图在《国家篇》中所说②，他又是第一个发现立方体的人。③（DK47A2）

斯特拉波说，阿尔基塔在塔壬同推行民主政治，他的地位可以和雅典的伯里克利相比。这一点在毕泰戈拉学派中可以说是一种例外情况（因为通常认为毕泰戈拉学派是反民主的）。④ 据说，塔壬同的军队在阿尔基塔领导下曾经打败了梅萨皮、卢卡尼亚，甚至打败了当时西西里岛上最强大的叙拉古的军队。因而他的权威得到当时大希腊的希腊城邦联盟的承认。⑤

阿尔基塔是和柏拉图同时代的人。柏拉图和他有直接交往。柏拉图曾先后三次访问西部希腊——南意大利和西西里等地。公元前388年左右他第一次访问意大利时，可能已经结识了阿尔基塔。根据柏拉图著名的第七封信的记载，事隔20年后，他第二次访问西西里岛时，肯定已结识了阿尔基塔。当他第三次去西西里岛，在生命遭受威胁时，又是在阿尔基塔的斡旋下，由他派船只去叙拉古将柏拉图安全送回雅典的。⑥ 阿尔基塔及其治理下的塔壬同，肯定给柏拉图以重大影响，《国家篇》的主旨之一——"哲学王"以及所谓理想国的一套政治主张，可能与这种影响有关。

阿尔基塔在数学和其他自然科学方面都作出了贡献。根据欧德谟斯的记载，他整理了当时已经发现的几何学定理："他〔阿尔基塔〕以其独创的定理丰富了几何学，并对几何学的定义提出了真正合理的安排。"⑦阿尔基塔在几何学上作出了具体贡献，但更值得注意的是，他并没有停留在纯理论的探讨上，

① 参见希思：《希腊数学史》第1卷，第246—249页。

② 柏拉图：《国家篇》，528 B。（这是原注，柏拉图书上没有提到阿尔基塔。）

③ 第欧根尼·拉尔修：《著名哲学家的生平和学说》第8卷，第79—83节。

④ 参见格思里：《希腊哲学史》第1卷，第333—334页。

⑤ 参见古代辞书《苏达》。

⑥ 柏拉图：《书简》，第七封信338 C、339A—D、350A。

⑦ 欧德谟斯：《物理学》残篇；转引自《不列颠百科全书》"阿尔基塔"条目，第11版第2卷，第446页。

而是将几何学的成果运用到机械、音乐、天文等领域中去，从而遭到柏拉图的反对。普卢塔克记载了这件事：

> 欧多克索和阿尔基塔是这一著名的受珍视的机械技能的首创人。他们用机械工具巧妙地说明几何学的真理，用实验证实那些以图形和语言论证起来是过于复杂的结论，使人看了一目了然能够信服。例如，给定两线求其两个比例中项的问题在作图题中是常要碰到的；这两位数学家在解决这个问题时都借助于仪器，使其适用于他们需要的某些曲线和线段。但柏拉图对此大为愤慨，加以谴责，说这是败坏了几何学，使其可耻地不顾纯理智的抽象对象，而回归到感性；并卑躬屈膝、丧尽尊严地求助于物质。由于这种谴责，便发生了这种情况：机械学和数学分了家，并被哲学家所蔑视，它只能在军事技术上还占有位置。①

看来，在西方的科学和哲学思想的发展史上，这可能是最早有关理论与实践的关系问题的争论。欧多克索和阿尔基塔是主张将理论运用于实际，使理论与实际相结合的。柏拉图主张作纯理论的研究，轻视物质，所以反对他们。柏拉图的主张被人们接受（当然还有其他许多因素）可能是使以后相当长一段时间内西方的机械技术停滞不前的一个原因。

但是，阿尔基塔自己对于理论一点也不轻视。从第尔斯所辑的阿尔基塔的几则残篇中可以看出，他对于像数学这样的基本理论是作了很高的评价的：

> 在我〔阿尔基塔〕看来，数学家具有优秀的辨别能力，不必惊奇，他们能够正确地认识个别存在物的本性。因为既然他们能够对整体的本性作出卓越的判断，他们对个别的事物也就会有卓越的观点。的确，他们给我们以有关星座的速度及其升起和排列的清晰的判断，正如不仅仅有关音乐，而且有关〔平面〕几何、数〔算术〕和立体几何也是一样；这些都和数学研究有关。它们都和"存在"的两种基本形式相关联。
>
> 所以，首先是数学家断言：除非对象彼此间发生碰撞，否则便不可能有声音。他们说，当运动着的对象彼此相遇并冲击时才发生这种碰撞。

---

① 转引自克莱因：《古今数学思想》第1册，中译本，第53页。

事物以相反的方向运动,当它们相遇时,由于同时放慢〔即减缓彼此的速度〕而产生声音。但当事物以相同的方向运动时,由于速度不同,当在后面的超越前面时引起碰撞也产生声音。而许多这样的声音是我们的本性所不能认识的,有的是因为声音轻微,有的是因为和我们距离太远,还有的甚至是因为它们的声音太大,太大的声音是不能进入我们的听觉的,正如在狭颈的容器中,人们注入的东西太多时,是一点东西也进不去的。所以,当事物冲击我们的感觉时,声源来得快而有力时,音调就高;慢而无力时,音调就低。……从这许多例子,我们就明白了:高音在于快速的运动,而低音在于缓慢的运动。(DK47B1)

看来,在智慧方面,算术是远远高于别的一切科学的,特别是高于几何学,因为算术能够更清晰地处理它所要处理的任何问题……当几何学对一个问题失败时,算术能够加以证明;同时,如果问题是涉及"形式"(即数的本原)的,算术也能探讨形式。(DK47B4)

对于尚无知识的题目,人们必然只能或是通过向别人学习,或是自己去发现它,才能得到知识。所以,凡是学来的知识总是来自别人或外来的帮助;凡是发现的知识总要凭自己独立的努力。不探求而要发现是困难而罕见的,但如人们去探求,这也是经常而容易的;可是,如果人们不知道如何去探求,发现也是不可能的。

一旦发现了正确的计数标准,就能控制公民的冲突并促进协调。因为如果那里达到这一点,就不会有过分的权益,平等就占居统治地位。正是这个〔正确的计数标准〕给我们带来了契约,穷人从有财产的人那里得到东西,富人给贫民东西,彼此公平对待,相互信任。作为一种标准和对作坏事的人的威慑,它制止住那些在做坏事以前能计算结果的人,使他们相信当他们企图反抗它时就不免败露;而当他们不能〔计算这种结果〕时,也可以向他们表明他们是因此而做错了,从而防止他们犯罪。(DK47B3)

从这些残篇可以看出,阿尔基塔是重视一般的理论研究的。因为一般性的理论——在他看来,首先就是数学——能够认识事物的整体,只有对整体的本性能够作出卓越的判断时,才能对个别事物有卓越的观点。天文学、音乐等具体科学都要以数学研究为它们的基础。当我们认识到像"高音在于快速的运动,而低音在于缓慢的运动"这样的一般规律时,便可以运用于音乐、天文等各别方面。在他的残篇第四中,他提出,在数学的各门学科中,算术是最基本的,它高于几何学,因为几何学在计算各种几何图形时,离不开算术。算术研究的是最一般的数的关系。阿尔基塔在这则残篇中用了"形式"($\varepsilon i \delta o \varsigma$)这个词,柏拉图的"理念"有时也用这个词,后来亚里士多德讲的"形式"就是这个词。阿尔基塔所讲的"形式",主要是指最一般的数。由于他和柏拉图之间的密切交往,从这个词中也可以看出柏拉图的理念论所受到的毕泰戈拉学派学说的影响。在残篇第三中,阿尔基塔谈到了知识的两种来源,即自己的直接发现和向别人的间接学习。他提出"正确的计数标准",也就是一般的尺度,它和数量有关,是数量方面的尺度。他认为只有掌握这种正确的数量尺度,才能合理地解决社会上富人和穷人的矛盾,才能正确地治理国家。从这里我们可以看到既是哲学家又是政治家的阿尔基塔的基本思想,也可以看到他这种思想和柏拉图在《国家篇》中关于"正义"的思想以及后来亚里士多德的"中道"思想的关系。当时的哲学家们都是想在日益尖锐的阶级和贫富矛盾中找出一个调和折衷的尺度和办法,以为这样就可以实现理想的正确统治了。

此外,根据欧德谟斯的记载,阿尔基塔还从理论上论证了"无限"的问题。据说,阿尔基塔结合球面几何学的研究,认识到:"要是我达到了(宇宙的)外面,即达到了恒星天的外面,我能不能够把我的手或手杖再向外伸展出去?"他的结论是:"要是回答说不能再向外伸展出去的话,那在任何情况下都是荒谬的;因此不管在各个阶段是否越出物体或空间,总必然会伸展到无限。"[1](DK47A24)他这种关于"无限"的思想,显然已经超出了毕泰戈拉学派早期对于"无限"的看法,和爱利亚学派的麦里梭反对巴门尼德和芝诺认为"存在"是有限的,提出"存在"是无限的看法是一致的。[2]

---

① 辑自欧德谟斯:《物理学》,残篇第30。
② 参见弗里曼:《苏格拉底以前学派的哲学家》,第237页。

六　其　他

除了以上这些人以外,有资料可查的还有这样一些毕泰戈拉学派的人物:

欧律托斯(Eurytus)。第欧根尼·拉尔修记载说,阿里司托森看到了最后一代的毕泰戈拉学派,他们是:塞诺菲罗(Xenophilos)、芳同(Phanton)、厄刻克拉底(Echecrates)、狄奥克勒(Diocles)、波吕那斯托(Polymnastos)和佛利乌斯(Phlius)。佛利乌斯的老师是菲罗劳斯和塔壬同的欧律托斯。① 那么,欧律托斯大约是公元前4世纪初的最后几代毕泰戈拉学派的一个代表人物。但是杨布利柯在《毕泰戈拉传》中却说欧律托斯是克罗顿人,是毕泰戈拉的学生。② 这样,欧律托斯就成为早期的毕泰戈拉学派的代表人物了。他们是同一个人,还是两个在时间上有先后的同名的人? 现在也不能断定。

关于欧律托斯的学说,主要的资料就是亚里士多德在《形而上学》中提到的,他用卵石摹仿生物的图形,以确定各种不同的生物的数。③ 亚历山大在《〈形而上学〉注疏》中对此作了具体说明。我们在本章第4节中已经引证过了,不再重复。

布隆提诺(Brotinos)。根据第欧根尼·拉尔修的记载,布隆提诺是克罗顿人。传说他的女儿塞亚诺(Theano)是毕泰戈拉的妻子,据说他还是恩培多克勒的老师。④

帕朗(Paron)。只有亚里士多德在《物理学》中提到过帕朗:

> 万物都在时间中产生和消失。因此,有人说时间是"最智慧的",但毕泰戈拉学派的帕朗却说时间是"最愚蠢的",因为我们也在时间中忘掉一切;他的观点比较正确。显然,我们已经说过,与其说时间是生成的条件还不如说它是毁灭的条件,因为变化本身就是脱离原来的条件,时间作

---

① 参见第欧根尼·拉尔修:《著名哲学家的生平和学说》第8卷,第46节。
② 参见杨布利柯:《毕泰戈拉传》,第139、148节。
③ 参见亚里士多德:《形而上学》,1092^{b}8—14。
④ 参见第欧根尼·拉尔修:《著名哲学家的生平和学说》第8卷,第42、83、55节。

为生成和存在的条件只是偶然的。①

但是古代著名注释家辛普里丘对此却作了不同的解释,他认为亚里士多德这里提的帕朗($π\acute{α}ρων$)不是专门名词,而是指"出现在那里"。他引证欧德谟斯在一则故事中讲到古希腊著名诗人西蒙尼德(Simonides,约公元前 556—前 468 年)在一次奥林比亚节上朗诵诗篇,赞美时间是最智慧的,因为一切学习和记忆都是发生在时间中的;但是某个无名的智者($παρόν$ paron,即帕朗)说:"但是看看这里,西摩尼德,一切是在时间中学会的,但也是在时间中忘掉的。"辛普里丘认为亚里士多德在这里讲的正是这回事。所以这里不应理解为"毕泰戈拉学派的帕朗",而应该说是"在场的一个无名的毕泰戈拉派"。② 关于帕朗,除此没有任何别的资料。

苏索斯(Xuthos)。杨布利柯在《毕泰戈拉传》中说苏索斯是属于毕泰戈拉学派的。③ 亚里士多德在《物理学》中讲到苏索斯的虚空学说,但没有提到他是毕泰戈拉学派的成员:

> 有些人认为既然有稀和密存在,就表示有虚空。他们说,如果稀和密不存在,事物就不能密集和压缩。如果那样,像苏索斯说的,就会或者是根本没有运动,或者宇宙就会膨胀,或者水和气必然是等量变化,即:如果一满杯水变成气,必然同时同量地由一满杯气成为水,或者就必然有虚空,否则就不会有收缩和膨胀。④

苏索斯的这种学说大约是和原子论者的学说有关的。

在杨布利柯的《毕泰戈拉传》中,指名提到的毕泰戈拉学派成员有二百多人。其中男的有 218 人,女的有 17 人。他们的成员几乎遍布当时的希腊世界,但主要还是集中在南意大利,如克罗顿有 29 人,墨塔蓬通有 38 人,塔壬同有 43 人,雷吉翁有 12 人,等等。此外,如西西里的叙拉古、希腊本土的科林斯

---

① 亚里士多德:《物理学》,222^{b}16—22。

② 参见康福德等译亚里士多德:《物理学》第 1 卷,第 414 页;罗斯校释:《亚里士多德的〈物理学〉》,第 610 页。

③ 参见杨布利柯:《毕泰戈拉传》,第 267 节。

④ 亚里士多德:《物理学》,216^{b}22—30。

和雅典、北非的迦太基、伊奥尼亚的萨摩斯等地,几乎都有毕泰戈拉学派在传布。杨布利柯将巴门尼德、恩培多克勒也列入毕泰戈拉学派。他们虽然和毕泰戈拉学派发生过关系,受过他们的影响,但都发展成为不同学派的著名代表人物,我们当然不能将他们列入毕泰戈拉学派来论述。除了以上这些人以外,其他的毕泰戈拉学派成员的思想学说,几乎都没有资料记载可供探讨。

毕泰戈拉学派原来是一个秘密的教派,没有公开的著作;后来的毕泰戈拉学派成员可能曾经写过一些著作,但也没有流传下来。我们现在能够掌握的只是为数极少,内容又极其零碎的资料。但从这些资料中我们可以看到,作为毕泰戈拉学派的成员,当然有他们共同的思想和信念,比如他们多重视数学的研究,认为数是万物的本原;同时他们又是宗教的团体,相信灵魂不灭等等。但在这种共同的前提下,他们的具体思想却彼此大有不同,无论在政治态度和实践上,或是哲学思想方面,都有很大的分歧。有的倾向进步,有的倾向保守;在总的以唯心论为主的情况下,也有不少唯物论的观点。并且因为这个学派存在的时间很长,和以后相继产生的各种哲学学派和学说发生相互影响。如果有足够的资料,能够说明毕泰戈拉学派内部的发展、演化和分化过程,可以帮助我们更好地理解希腊哲学思想的发展。西方学者在这方面作了许多努力,但他们的根据终嫌不足。我们觉得还是提供这些材料而不作主观任意的判断为好。

❀ 小 结 ❀

　　在希腊哲学发展史上,继米利都学派以后就出现了毕泰戈拉学派,它对以后希腊以至整个西方哲学和科学的发展,都具有重大的意义。

　　在毕泰戈拉学派以前,米利都学派从某种具有固定形体的东西、特殊的东西中寻求世界的统一性,即使是阿那克西曼德的"阿派朗",虽然他不愿给它以任何规定性,但仍然是属于这种"有固定形体"的范畴——它还是一种物质性的实体。用物质性的东西说明世界的统一性,当然符合"世界的统一性在于它的物质性"原理,所以这是原始的、自发的唯物论。但是在多样性的世界中,不只是存在着具有固定形体的特殊的东西,还存在着许多不具有固定形体的东西,怎么能用水、气等物质性的东西去说明这样杂多的世界的统一性呢?因此,毕泰戈拉学派想另辟途径,寻求一个更能说明世界性的本原。他们找到的便是"数"。世界万物无论是具有形体的或是不具形体的,在他们看来,都具有数的规定性,多样性的世界可以统一于数,因此,数是万物的本原或原则。

　　数,就其原始的简单的形式说,也是用具形体的东西来表现的,人们最初只能用指头、线条、石子来计数,几何图形也是有形体的;可是深入一些,讲到数的关系,它们的计量、演算、推论,那就只能用抽象的理性来进行。因此,毕泰戈拉学派所讲的数,常常在一般和个别的问题上混淆不清。一直到深受毕泰戈拉学派影响的柏拉图,还将数当作是介于一般的理念和具体事物之间的中间体。

　　但是,数终究是和米利都学派所说的物质元素根本不同的东西。首先,它主要不属于感觉的对象,而只是理性才能把握的东西;其次,它不像物质世界

331

和物质元素那样是变化生灭的,而是不变动的。罗素在《西方哲学史》中说:
"有一个只能显示于理智而不能显示于感官的永恒世界,全部的这一观念都
是从毕泰戈拉那里来的。"①要在现实世界以外肯定一个永恒的本质世界,并
且孜孜地探求它的奥秘,这正是世界上多少大大小小的哲学家为之化费毕生
心血的事情。确定这样的永恒世界的存在,当然是经过爱利亚学派到柏拉图
才逐渐完成的事业,但是最早的先驱却是毕泰戈拉学派。

当然,将数看成是先于现实事物的可以独立自存的本体,这就将哲学导向
了唯心论。后来希腊哲学中发生的各种客观唯心论哲学,也可以说都是从毕
泰戈拉学派开始的,这就是将一般当作为单个的存在物,在现实世界以外还有
个永恒不变的独立的世界。但是对于这样的唯心论,特别是对毕泰戈拉学派
这样的数的唯心论,我们不能简单地斥之为"荒谬"完事。它至少提出了一个
一直困扰着无数哲学家心灵的问题:为什么由人类理性作出的数学的演算和
推理竟具有普遍性和必然性? 这个康德企图回答而实际上并没有能够解决的
问题,到现代,由于科学技术的日益发展,计算机的飞速进步,给哲学家更增添
了多少难题。

恩格斯在《自然辩证法》上述札记中说到毕泰戈拉学派:

> 数服从于一定的规律,同样,宇宙也是如此。于是宇宙的规律性第一
> 次被说出来了。②

毕泰戈拉学派第一次提出宇宙规律和数的规律的一致性,提出有规律有秩序
的宇宙——科斯摩斯的思想。他们还在音乐的和谐中发现了数的规律。算
术、几何学、天文学和谐音学,在这四个领域中,毕泰戈拉学派都作出了重要的
科学贡献,这四门科学也正是古代希腊最为重视的被列为必修的科学。为什
么这些不同的领域都服从同一的规律? 再有,既然这些领域都服从同一规律,
那么是否所有其他一切科学领域也都服从这个同一规律,最后都可归结为数
呢? 毕泰戈拉学派是这样相信的,后来科学的发展也在逐步地证实这一点,以

---

① 罗素:《西方哲学史》上卷,中译本,第65页。
② 恩格斯:《自然辩证法》,《马克思恩格斯全集》第20卷,人民出版社1971年版,第527页。

至认为任何一门科学只有能用数的规律来说明才能说是精确的科学。但这一点终究还没有得到最后的完全的证明。是否如此,以及为什么如此? 这难道不是科学家特别是哲学家应该探讨的问题吗?

毕泰戈拉学派既是科学的团体,在当时的希腊世界,他们达到的科学水平是比较高的,像在天文学上所主张的地球围绕中心火旋转等思想,远远超出同时以及后来亚里士多德等人的地心说;但他们同时也是宗教的团体,他们的科学学说和宗教迷信混合在一起,主张灵魂不灭和灵魂轮回。他们关于数的学说中夹杂了不少宗教巫术的成分,有许多神秘和荒唐的猜想。所以,在毕泰戈拉学派中,我们可以看到古代希腊哲学、宗教、科学三者混沌不分的状态,哲学和科学正开始从宗教中脱离出来而又没有完全分开的情况,以至到希腊哲学后期的新毕泰戈拉学派又向宗教复归了。

第 三 编

赫拉克利特的哲学

❀ 第五章 ❀

赫拉克利特

在伊奥尼亚地区,继米利都学派以后,出现了爱菲索城邦的赫拉克利特的哲学。它继承了米利都学派的朴素唯物论的传统,而在辩证法方面却将人类的认识大大推进了,被列宁称为"辩证法的奠基人之一"①。

从哲学思想的内容讲,赫拉克利特和米利都学派同属东方的伊奥尼亚哲学;但在时间上,赫拉克利特略迟于毕泰戈拉本人以及和毕泰戈拉同时的学派成员;从思想上讲,赫拉克利特在某些方面大大超越了早期毕泰戈拉学派的哲学。为了说明思想发展的线索,我们将赫拉克利特的哲学摆到早期毕泰戈拉学派以后来论述。科罗封的塞诺芬尼的思想和伊奥尼亚哲学有联系,在时间上略早于赫拉克利特,并且对于赫拉克利特的思想有某些影响。西方有些哲学史将塞诺芬尼放在赫拉克利特以前来论述。但我们认为塞诺芬尼主要还是爱利亚学派的先驱,所以将他摆在下一编中论述。

关于赫拉克利特的哲学思想的实质和评价,在古希腊哲学家中可以说是分歧意见最大的一个。后来的学者对他的思想有各种不同的甚至相反的评价。

马克思和恩格斯是高度评价赫拉克利特的哲学的。1857 年马克思致拉萨尔的信中提到赫拉克利特,他说:"我对这位哲学家一向很感兴趣,在古代

---

① 《列宁全集》第 38 卷,人民出版社 1959 年版,第 390 页。

337

的哲学家中,我认为他仅次于亚里士多德。"①恩格斯在《反杜林论》中对赫拉克利特的哲学作了历史的评述:

> 当我们深思熟虑地考察自然界或人类历史或我们自己的精神活动的时候,首先呈现在我们眼前的,是一幅由种种联系和相互作用无穷无尽地交织起来的画面,其中没有任何东西是不动的和不变的,而是一切都在运动、变化、产生和消失。这个原始的素朴的但实质上正确的世界观是古希腊哲学的世界观,而且是由赫拉克利特第一次明白地表述出来的:一切都存在,同时又不存在,因为一切都在流动,都在不断地变化,不断地产生和消失。②

这种辩证法的世界观,当然引起黑格尔的重视,他在《哲学史讲演录》中说:"没有一个赫拉克利特的命题,我没有纳入我的逻辑学中。"③的确,黑格尔的辩证法中许多重要的思想,我们都可以从赫拉克利特的哲学中找到其萌芽。而黑格尔在发掘赫拉克利特的辩证法思想时,却对赫拉克利特的哲学作了某些歪曲,主要是将他的思想说成是唯心论的辩证法。

1858 年,德国工人运动中的机会主义者拉萨尔写了一部《爱菲索的晦涩哲人赫拉克利特的哲学》(F.Lassalle:*Die Philosophie Herakleitos des Dunklen von Ephesos*)。马克思批评这部书"实际上是一部非常无聊的作品","就像一个小学生要在一次作业中证明,他已经把它的'本质'、'现象'以及'辩证过程'都掌握了"。④ 列宁在《哲学笔记》中专门写有《拉萨尔〈爱菲斯的晦涩哲人赫拉克利特的哲学〉一书摘要》,其中提出了许多研究哲学史的重要思想,对拉萨尔的书则作了这样的评价:"得到的印象是这样的:唯心主义者拉萨尔掩盖了赫拉克利特的唯物主义或唯物主义趋向,牵强附会地把他弄成黑格尔的样子。"⑤

---

① 《马克思恩格斯全集》第 29 卷,人民出版社 1972 年版,第 527 页。
② 《马克思恩格斯选集》第 3 卷,人民出版社 1995 年版,第 359 页。
③ 黑格尔:《哲学史讲演录》第 1 卷,中译本,第 295 页。
④ 《马克思恩格斯全集》第 29 卷,人民出版社 1972 年版,第 262 页。
⑤ 《列宁全集》第 38 卷,人民出版社 1959 年版,第 401 页。

近现代西方哲学家对赫拉克利特的哲学及其历史地位,有各种分歧的意见。有一些学者将赫拉克利特说成是神秘主义者。例如,英国的批判的理性主义者波普尔(K.R.Popper)在他的《开放的社会及其敌人》一书中,一方面肯定"赫拉克利特是一个具有非凡能力和创造性的思想家,因此他的许多思想(通过柏拉图的中介)已经成为哲学传统的主体的组成部分";但他强调的却是"赫拉克利特哲学中的反理性主义和神秘主义的作用",并且认为赫拉克利特通过黑格尔并和黑格尔一起,在历史上起着反动的作用。[①]

为什么对于赫拉克利特的哲学有这样不同的,甚至截然相反的看法呢?这就需要分析赫拉克利特的哲学,从它本身探讨原因。

第一节　晦涩的哲学家

关于赫拉克利特的生平事迹,古代记载得很少,柏拉图的著作中仅仅提到他是伊奥尼亚地方的爱菲索人,亚里士多德的著作中只有一处提到赫拉克利特一件无关紧要的轶事。[②] 在他们以后有些零散的传说,直到公元3世纪,第欧根尼·拉尔修才纂述了他的生平,其中有些是彼此矛盾,不大可靠的。

根据第欧根尼·拉尔修的记载:赫拉克利特是伯洛松的儿子,有些人说他是赫拉孔的儿子,是爱菲索本地人。他的鼎盛年约在第六十九届奥林比亚竞技会(即公元前504—前501年)。[③]

爱菲索是当时伊奥尼亚地区仅次于米利都的繁荣的港口城邦,即现在土耳其西部最大港口伊兹密尔(Izmir)省首府伊兹密尔附近的库朱克·门代雷斯(Kuouk Menderes),地处凯斯忒河口。传说这是在公元前11世纪雅典国王卡德摩斯的儿子安德罗克罗(Androklus)和部分伊奥尼亚族人渡海到这里建立和发展起来的一座殖民城邦,逐渐成为当时伊奥尼亚地区的一个中心。很

---

①　参见波普尔:《开放的社会及其敌人》第1卷,第17、15页。

②　参见亚里士多德:《论动物的构成》,645ª17。

③　参见第欧根尼·拉尔修:《著名哲学家的生平和学说》第9卷,第1节。

早就和开俄斯、拜占庭、帖撒利一起,成为当时希腊世界供应奴隶的最大市场。早在公元前 8 世纪中叶,爱菲索的冶炼术就和米利都、萨摩斯等地一样有相当进展,制品远销到科林斯、希巨昂、伊齐那和雅典等地,制陶业也相当发展。[1]

在地理位置上,爱菲索和当时小亚细亚强大的吕底亚王国的首都萨尔迪斯靠近,关系颇为密切。而这时候正是吕底亚的势力在小亚细亚各希腊城邦扩展的时候。公元前 7 世纪后期,爱菲索的僭主梅拉斯(Melas)成为吕底亚国王阿吕亚特的女婿;这种亲密关系一直维持到阿吕亚特的儿子克洛伊索(Kroesos,在位时期是公元前 560—前 546 年)征服爱菲索。[2] 但爱菲索仍享有相对的独立性。公元前 546 年吕底亚被波斯帝国征服,爱菲索就处于波斯历代国王居鲁士(在位时期公元前 559—前 529 年)、冈比斯(公元前 529—前 522 年)、大流士一世(公元前 522—前 486 年)和薛西斯一世(公元前 486—前 465 年)的统治下。

正当吕底亚的影响在爱菲索日益增长时,爱菲索的母邦雅典曾经派它的最显贵的公民之一的阿里司塔库(Aristarchus)来帮助爱菲索人恢复原来在梭伦的政制基础上建立起来的法律,获得了成果;并由阿里司塔库的朋友赫谟多洛(Hermodoros)继续从事这项工作。后来,据说是爱菲索发生了一场民主运动,将赫谟多洛驱逐出境;他就此到罗马去,帮助罗马的立法工作。[3] 许多记载说他参与了十二铜表法的制定,但对此历史学家还有争议。

古代有些记载说赫拉克利特出身于爱菲索邦奠基人安德罗克罗王族,本应是王位继承人。第欧根尼·拉尔修根据安提斯泰尼在《哲学家的师承》中的记载,说赫拉克利特为了表示宽宏大量,放弃王位,让给他的弟弟。[4] 赫拉克利特是赫谟多洛的朋友,对赫谟多洛被逐深表不满,因此猛烈抨击爱菲索人:

> 如果将爱菲索的成年人都吊死,把他们的城邦让给未成年的少年去

---

① 参见格罗茨(G.Glotz):《古代希腊的成就:从荷马时期到罗马征服时期的希腊经济史》,英译本,第 193、128、134 页。
② 参见希罗多德:《历史》第 1 卷,第 26 节,中译本,第 178 页。
③ 参见《不列颠百科全书》第 11 版第 9 卷,第 673 页"爱菲索条"。
④ 参见第欧根尼·拉尔修:《著名哲学家的生平和学说》第 9 卷,第 6 节。

管理,那就对了。因为他们放逐了赫谟多洛——他们中间最优秀的人,还说:"我们不要最优秀的人,要是有这样的人,就让他到别处去和别人在一起吧"。①（DK22B121）

尽管赫拉克利特重视法律,认为人民应当为法律而战斗,就像为自己的城垣而战斗一样。（DK22B44）②但当他的同胞要求他为城邦立法时,他却加以拒绝;因为在他看来,爱菲索已经是处在坏的政制的支配下了。他避居到当地最受崇敬的狩猎女神阿耳忒弥（Artemis）的神庙附近,和孩子们玩骰子,拒绝参加政治活动;后来就隐居山林,由于靠吃树皮草根过活,得水肿病而死,年约60岁,③时间约在公元前480年左右。

根据这些历史上的记载,赫拉克利特出身贵族,他看不起群众;而他所最推崇的朋友赫谟多洛,据说又是被民主派所驱逐的;最后他又拒绝和人民合作。因此,许多哲学史家认为赫拉克利特在政治上是保守的。如策勒说赫拉克利特是坚定地站在贵族的立场上,他所反对的同胞则是民主派。④

但是,要分析赫拉克利特的政治态度还必须从更广泛的背景上来考察,要看到当时伊奥尼亚以至整个希腊和波斯之间的尖锐的民族矛盾。自从公元前546年波斯王居鲁士攻灭吕底亚后,小亚细亚的各希腊城邦都受波斯奴役,要向波斯纳贡和服兵役,政治上则由倾向于波斯的僭主统治。公元前512年波斯王大流士攻占色雷斯,威胁希腊本土。公元前500年米利都发生反波斯的暴动,得到小亚细亚各城邦和希腊本土的一些城邦如雅典等的支持,起义初步得到胜利,曾焚毁波斯在小亚细亚的首府萨尔迪斯。但因为兵力不如波斯强大,这次起义终于在公元前494年失败了,波斯人残酷地镇压小亚细亚各城邦。以后大流士又于公元前492年和前490年两次西征希腊,在马拉松一役,波斯人被由雅典领导的希腊人所战败。最后在公元前480年由斯巴达和雅典领导的希腊人同盟彻底战败了波斯王薛西斯。

---

① 第欧根尼·拉尔修:《著名哲学家的生平和学说》第9卷,第2节。
② 参见第欧根尼·拉尔修:《著名哲学家的生平和学说》第9卷,第2节。
③ 参见第欧根尼·拉尔修:《著名哲学家的生平和学说》第9卷,第3—4节。
④ 参见策勒:《苏格拉底以前的学派》第2卷,第4页的注。

赫拉克利特活动的时代正是在这样一个民族矛盾尖锐的时期。公元前494 年波斯镇压伊奥尼亚各邦时,米利都被彻底破坏了,爱菲索受到的破坏较轻,它就代替米利都成为伊奥尼亚的中心。但在保留下来的赫拉克利特的残篇中能反映当时赫拉克利特对波斯的态度的却极少。第尔斯只辑录了一条公元 4 世纪时塞米司提乌在《论善》中的记载,说赫拉克利特支持他的同胞反抗波斯的统治,并且指出他们抵抗的关键问题在于必需暂时牺牲他们的奢侈的生活方式。(DK22A36)在第欧根尼·拉尔修的著作中保留了波斯王大流士和赫拉克利特通信各一封,大流士热情地邀请《论自然》这部难懂的著作的作者到波斯去教授希腊文化,但是赫拉克利特却拒绝了。他说,世上的人都热衷于名利,而他自己却视显耀为畏途,只要求能满足自己心灵上的一点平静,所以他不能到波斯去。① 虽然这些信件的真伪还是有问题的,但赫拉克利特复信的口吻是符合他一贯孤芳自赏的习性的。

正像现代学者卡恩(C.H.Kahn)所说的:"对于当时决定爱菲索公众生活的穷人和富人、拥护波斯和反对波斯的党派斗争的情况,我们并不了解。"②再说,如果赫谟多洛是推行梭伦的政制的,我们便不能说他是反对民主制度的。我们如果仅仅根据某些残篇和资料中的一两句话就推论赫拉克利特的政治态度是保守的或是进步的,难免失之于主观武断。

赫拉克利特确实蔑视人民群众,这在他的残篇中是屡见不鲜的:

人们既不懂得怎样去听,也就不懂得怎样说话。(DK22B19)

〔赫拉克利特把人们的意见称为〕儿戏。(DK22B70)

一个如果是最优秀的人,在我看来就抵得上一万人。(DK22B49)

他们〔群众〕的心灵或理智是什么呢?他们相信街头的游吟诗人,以庸众为师。因为他们不知道多数人是坏的,只有少数人才是好的。(DK22B104)

赫拉克利特不但蔑视一般群众,连古代希腊最受人崇敬的诗人荷马和赫西奥

---

① 参见第欧根尼·拉尔修:《著名哲学家的生平和学说》第 9 卷,第 13—14 节。
② 卡恩:《赫拉克利特的艺术和思想》,第 2 页。

德,以及当时已经闻名的思想家毕泰戈拉和塞诺芬尼等人,他也加以蔑视:

> 博学并不能使人智慧,否则它就已经使赫西奥德、毕泰戈拉以及塞诺芬尼和赫卡泰乌(Hecataeus)智慧了。(DK22B40)

> 应该把荷马从赛会中驱逐出去,并且加以鞭笞。(DK22B42)

> 赫西奥德是多数人的老师。人们深信他知道得最多,但是他却不知道日和夜其实是一回事。(DK22B57)

> 涅萨尔科的儿子毕泰戈拉,在从事科学的探讨上,是超过所有其他的人的;他从这些著作中作出摘录,从而得出一种自己的智慧,实际上却只是博闻强记和剽窃行为。(DK22B129)

由这些残篇中可以看出:赫拉克利特自视甚高,看不起所有在他以前以及和他同时的著名的思想家们。也就因为这样,赫拉克利特成为一个愤世疾俗和离群索居的人,从而被称为是"哭的哲学家",①和被人称为"欢笑的哲学家"德谟克利特成为明显的对照。也许正是因为他这样看不起群众,所以被认为是反对民主制的人。但也不能说赫拉克利特蔑视所有一切人;根据他的残篇,赫拉克利特除了称赞他的朋友赫谟多洛外,至少还颂扬过当时提倡抵制波斯入侵的希腊七贤之一彼亚斯:

> 住在普里耶涅的透塔美斯的儿子彼亚斯,②比别人有更高的逻各斯。

(DK22B39)

正因为赫拉克利特表现得与众不同,他看不起别人,人家也不能了解他。所以,自古以来,赫拉克利特的文风即以晦涩出名。公元前3世纪的讽刺作家、佛利岛的蒂蒙(Timon of Phlius)就称赫拉克利特为"谜样的人"($\alpha i \nu\iota\kappa\tau\acute{\eta}s$);③

---

① 根据基尔克的考释,"哭的哲学家"这个称号可能是由于后世的误解而造成的。原来塞奥弗拉斯特认为赫拉克利特 $\mu\varepsilon\lambda\acute{\alpha}\gamma\chi\omicron\lambda\acute{\iota}\alpha$(忧郁),以后可能是由于塞涅卡和琉善的错误解释而造成的。(参见基尔克:《赫拉克利特:宇宙学残篇》,第8页)

② 彼亚斯,希腊七贤之一,鼎盛年在公元前570年左右。传说他写过一首诗,提出使伊奥尼亚地区富庶起来的最好办法。当波斯入侵时,他劝告当地居民移居撒丁尼亚,建立一个统一的伊奥尼亚城邦。(详见希罗多德:《历史》第1卷,第170节,中译本,第251页。)

③ 参见第欧根尼·拉尔修:《著名哲学家的生平和学说》第9卷,第6节。

后来又被称为"晦涩者"(δ $\sigma\kappa o\tau\epsilon\iota\nu\delta s$)。① 据说他还有一个绰号:"辱骂群众的人"($\delta\chi\lambda o\lambda o\acute{\iota}\delta o\rho o s$)。② 卢克莱修也攻击赫拉克利特:

> 是那个赫拉克利特,他以晦涩的语言闻名于愚人中间,而不是闻名于那些严肃的寻求真理的希腊人之间。③

从保存下来的残篇看,他喜欢用模糊不清的隐喻的方式来表达他自己的思想。这一点,正像他自己在谈到德尔斐神庙中阿波罗的神谶那样:"那位在德尔斐发神谶的大神不说话,也不掩饰,只是暗示。"(DK22B93)

所谓晦涩,是因为赫拉克利特的文章令人难懂。亚里士多德在《修辞学》中谈到文章应该写得使人容易读懂时,批评了赫拉克利特的文风:

> 写出来的文章应当容易阅读,也就容易传播,这是一般的规则。不能像赫拉克利特的著作那样,那里有许多联结词和子句,连在哪里点标点都有困难。给赫拉克利特的作品点标点,不是一件容易的事情,因为我们常常不能说出一个词的前面是哪个词,在它后面又是哪个词。④

赫拉克利特的文风晦涩,可能是后来学者对他的思想作出各种不同评价的一个相当重要的原因。而赫拉克利特所以被人认为晦涩,除了他的文字令人难懂以外,更重要的可能还是因为他所提出的一些思想,就其深度来说,已经远远超出当时一般哲学家的水平。格思里指出,从赫拉克利特的思想内容说,已经要求将物质和精神、抽象和具体加以明确区分开来;但他的思维形式却还停留在他以前思想家的常规——即只能用感性的语言来表达理性的思想。⑤ 感性和理性是到巴门尼德才开始比较明白地划分开来的;赫拉克利特意识到这二者的区别,但不能将它们区分开来,往往只能用感性的语言来表达理性的思想。有些学者攻击他是反理性的神秘主义,这也许是原因之一。特

---

① 参见西塞罗:《论目的》第2卷,第5章第15节;转引自格思里:《希腊哲学史》第1卷,第411页。

② 参见《不列颠百科全书》第11版第13卷,"赫拉克利特"条。

③ 卢克莱修:《万物本性论》第1卷,第640—642行;见《物性论》,中译本,第34页。

④ 亚里士多德:《修辞学》,1407^{b}11—15。

⑤ 参见格思里:《希腊哲学史》第1卷,第428页。

别是赫拉克利特提出了很深刻的辩证法思想,超出古代希腊哲学家的水平,连柏拉图和亚里士多德也不能理解他,在他们的著作中多次对他进行非议。亚里士多德几次批评赫拉克利特的"事物既存在又不存在"的学说,认为这是违背形式逻辑的矛盾律和排中律的。①

但是,也不能说赫拉克利特的论述都是晦涩难懂的,第欧根尼·拉尔修就曾经赞美他的表述有时候是简洁明晰的:

> 不管怎么样,有时他〔赫拉克利特〕的表述是明晰和清楚的,甚至连最愚蠢的人也容易把握和体验这种精神的崇高,因为他的表达方式的简洁有力是无与伦比的。②

第欧根尼·拉尔修还引证了一则传说:悲剧诗人欧里庇得斯询问苏格拉底对赫拉克利特的论文的看法,苏格拉底回答说:"我所理解的部分是优美的,我敢说,我所不理解的部分无疑也是优美的,但需要像一个潜水探宝者那样去寻根究底。"③虽然这则传说被认为是难以凭信的,但它的确说明了一个道理,即对于赫拉克利特的思想,需要深入探讨,才能理解它;因此,在一般人看来,它们就是晦涩难懂的。

后世有人却称赞赫拉克利特的文字优美。现代学者卡恩于1979年出版的《赫拉克利特的艺术和思想》的"前言"中,说赫拉克利特是"一位伟大的散文作者,不仅在古代希腊,而且是世界文学中最有力风格的作家之一"④。

关于赫拉克利特的思想和他以前的以及同时的思想家的思想之间的关系,在哲学史上也曾有过不同的看法。爱菲索靠近米利都,赫拉克利特出生的时间也晚于泰勒斯、阿那克西曼德和阿那克西美尼,他当然熟悉他们的学说。此外,赫拉克利特的残篇中既然已经提到毕泰戈拉和爱利亚学派的先驱者塞诺芬尼,从时间上说,这两位思想家的活动时代也略早于赫拉克利特,赫拉克利特应该是知道他们的思想的。但赫拉克利特和他们之间是否有师承关系,

---

① 主要参见亚里士多德:《形而上学》第4卷第4章。
② 第欧根尼·拉尔修:《著名哲学家的生平和学说》第9卷,第7节。
③ 第欧根尼·拉尔修:《著名哲学家的生平和学说》第2卷,第22节。
④ 卡恩:《赫拉克利特的艺术和思想》,第1页。

却成为有争议的问题。

古代早就流传一种看法,认为赫拉克利特是没有师承关系的。其根据是赫拉克利特的残篇:

> 我寻找我自己。(DK22B101)
>
> 人人都具有认识自己和健全思想的能力。(DK22B116)

这些似乎是说,人人都具有自学的能力,不必依靠别人的帮助。第欧根尼·拉尔修很可能是因此而强调说:"他〔赫拉克利特〕不是任何人的学生,而且他声称:'我寻找我自己',他从自己身上学到了一切。"①

赫拉克利特很自傲,看不起任何人,他当然不愿意承认自己是任何人的学生。第欧根尼·拉尔修的记载是符合赫拉克利特的个性的。但如果认为赫拉克利特完全凭借他个人的沉思默想,就能提出体现在残篇中的那些思想,那也是难以想象的。赫拉克利特的思想是从他前人的思想中发展起来的。

首先是赫拉克利特和米利都学派的关系。在古代的记载中,亚里士多德在《形而上学》第 1 卷中就是将赫拉克利特和米利都学派的哲学家放在一起论述的,认为他们都是寻求事物的质料因,所不同的只是赫拉克利特认为火是万物的本原,而不是泰勒斯所说的水或阿那克西美尼所说的气。② 亚里士多德在这一卷回顾以前的哲学史时并没有给赫拉克利特的思想以更多的注意和特别的论述。后来在第欧根尼·拉尔修的《著名哲学家的生平和学说》中,将希腊哲学家分为伊奥利亚学派和意大利学派两大系统。他将关于赫拉克利特的记载归到后一系统,列于毕泰戈拉学派和爱利亚学派之间。③ 第欧根尼·拉尔修的这种分类法后人都不采用了。一般哲学史家都认为从赫拉克利特所注意探讨的问题——万物的本原说,他属于伊奥尼亚的自然哲学家之列是没有问题的。即使黑格尔对赫拉克利特作了许多唯心论的解释,将他的火说成是"理念",但黑格尔还是承认赫拉克利特赋与火以实在的形态,主要是自然

---

① 第欧根尼·拉尔修:《著名哲学家的生平和学说》第 9 卷,第 5 节。

② 参见亚里士多德:《形而上学》第 1 卷,第 3 章。

③ 参见第欧根尼·拉尔修:《著名哲学家的生平和学说》第 8 卷。

哲学的,因此他还是算作伊奥尼亚学派的自然哲学家。① 近代学者大多接受这个观点,比如策勒认为赫拉克利特"对整个世界的看法,无疑是受了伊奥尼亚学派的影响";但另一方面他又认为,赫拉克利特学说中最典型最重要的理论,却是他自己独立创造和发展的,如认为万物是永恒变化的,而统治这种变化的逻各斯却是唯一常住不变的;他还将发展变化归结为对立面的分离和结合,提出向上之路和向下之路的发展进程,导出全部现象;等等。② 我们同意这种观点,认为赫拉克利特的思想主要还是受米利都学派的影响,但他却将米利都学派的朴素的思想大大地发展了,提出了很多深刻的思想。

但是,对于赫拉克利特发展起来的这部分思想也可以作不同的解释。我们认为,赫拉克利特发展创造的就是古代的朴素而深刻的辩证法思想,这是人类理性发展的一个较高的阶段。辩证法后来是由黑格尔发现并加以系统阐述的。黑格尔从赫拉克利特那里发掘出许多深刻的辩证法思想。不过,在黑格尔的阐述中,不但对赫拉克利特的思想作了唯心论的歪曲,而且还作了许多神秘主义的解释。这影响了后来西方有些学者强调赫拉克利特的神秘主义方面,要将他和米利都学派的理性主义对立起来。比如耶格尔在1933年出版的《潘迪亚:希腊文化的理想》和1947年出版的《早期希腊哲学家的神学》中,都指责哲学史家将赫拉克利特和米利都的自然哲学家并列是错误的,乃是接受了柏拉图和亚里士多德的传统解释。③ 格思里也认为:"赫拉克利特的语言确定地将他置于灵感的行列,他是诗人、先知和神秘宗教的传教师,他用象征的语言讲话,因此不能用世俗的方式去理解他。我们不能期望他这样一个人会具有米利都学派的理性的世界观。"④我们以为,也许正是由于这些学者自己缺少辩证的世界观,看不到赫拉克利特思想的理性的创造和发展,因此片面地强调他的神秘主义方面。

① 参见黑格尔:《哲学史讲演录》第1卷,中译本,第303页。
② 参见策勒:《苏格拉底以前的学派》第2卷,第105—106页。
③ 参见耶格尔:《潘迪亚:希腊文化的理想》第1卷,第178页;《早期希腊哲学家的神学》,第110页。
④ 格思里:《希腊哲学史》第1卷,第415页。

讲到赫拉克利特思想的发展和创造，就得讨论他和米利都学派以外的在他之前的思想家们的关系，这主要是指他和毕泰戈拉学派（初期的）以及爱利亚学派的先驱者塞诺芬尼的关系。

我们现在所能看到的赫拉克利特的残篇中，他对毕泰戈拉和塞诺芬尼采取蔑视态度。在残篇第四十中指责他们虽属博学，却无智慧；在残篇第一百二十九中，他虽然肯定毕泰戈拉在从事科学探讨上超过别人，但又说他只是博闻强记和有剽窃行为。可是，早在古代就有人肯定赫拉克利特是塞诺芬尼的学生。第欧根尼·拉尔修记载说，公元前2世纪逍遥学派的索提翁在他的《哲学家师承》中提到："有些人讲过，他〔赫拉克利特〕曾经是塞诺芬尼的学生。"[1]虽然伯奈特认为：这是不可能的，因为在赫拉克利特出生以前，塞诺芬尼已经离开伊奥尼亚地方了。[2] 塞诺芬尼是伊奥尼亚的希腊殖民城邦科罗封人，后来被逐出母邦，移居西西里。但确切年代现在都不能确定，即使按伯奈特的说法，塞诺芬尼在赫拉克利特出生以前已经离开伊奥尼亚，因此赫拉克利特不可能成为他的学生；但塞诺芬尼既然在伊奥尼亚活动过，他的思想也就会在当地流传，也就会影响赫拉克利特，这是完全可能的。

近代学者冈珀茨特别强调毕泰戈拉对赫拉克利特的影响。他认为：赫拉克利特不是与世隔绝的，他也处在当时居统治地位的时代精神的影响之下；具体说，赫拉克利特思想体系中的重要特征如对立、尺度、和谐等，大部分受毕泰戈拉的影响，小部分是受阿那克西曼德的影响。[3] 这个问题在学者中间也有争议，因为毕泰戈拉学派的时间很长，他们的一些主要思想究竟是什么时间开始提出来的就不能断定，因此，有些学者认为是赫拉克利特的思想影响了毕泰戈拉学派，另一些学者则认为是毕泰戈拉学派的思想影响了赫拉克利特。我们将在下文分析：像尺度、对立等思想，很可能是在赫拉克利特以前的毕泰戈拉学派已经提出来了；只是初期毕泰戈拉学派虽然提出这些思想，但还比较朴素，如他们讲尺度只是从数的方面谈的，他们讲的对立也只是讲有对立存在，

---

① 第欧根尼·拉尔修：《著名哲学家的生平和学说》第9卷，第5节。
② 参见伯奈特：《早期希腊哲学》，第131页。
③ 参见冈珀茨：《希腊思想家》第1卷，第74—75页。

而没有谈到对立之间的关系;正是在这些方面,赫拉克利特将他们的思想深刻地发展了。

我们认为,从思想发展史上看,赫拉克利特主要是继承了米利都学派的思想,将伊奥尼亚的自然哲学推向前进;同时又受了早期毕泰戈拉学派的思想影响,才能提出逻各斯以及矛盾对立等重要的思想。

赫拉克利特生前是否撰写过著作?这也是一个历来有争议的问题。

上引亚里士多德在《修辞学》中讲到赫拉克利特的文风的那段话①似乎是说赫拉克利特是写有著作的,但没有说他写有什么著作。在赫拉克利特以后约七百年的第欧根尼·拉尔修明确肯定赫拉克利特写了什么著作:

> 至于说到他〔赫拉克利特〕流传下来的著作,是一组连续性的论文《论自然》。它分三篇论述,第一篇论宇宙,第二篇论政治,第三篇论神学。他将这部著作放在狩猎女神阿耳忒弥的神庙中。根据有些人的说法,他故意将他的文章弄得比较晦涩,为的是除了接受它的人以外,没有人能探讨它,免得由于熟悉反而会引起轻蔑。……而塞奥弗拉斯特则非常坚决地认为他〔赫拉克利特〕的著作的某些部分是半成品,而其余部分则是一种奇怪的混合物。②

他还说,赫拉克利特的书的"注释者是很多的"③。

古代的这种意见分歧,一直流传到近现代。在近代西方学者中,也有两种不同的说法。一种是以第尔斯为代表的,认为赫拉克利特生前并没有撰写过完整的书面著作;后来流传的他的著作,不过是一种 γν-ῶμαι,gnomai(意见、判断、命题或警句)的汇编。④ 但另外一些学者,却认为赫拉克利特生前撰有书面著作,甚至认为柏拉图和亚里士多德手头都有过赫拉克利特的完整的著

① 参见亚里士多德:《修辞学》,1407ᵇ11—15。
② 第欧根尼·拉尔修:《著名哲学家的生平和学说》第9卷第6节。
③ 第欧根尼·拉尔修:《著名哲学家的生平和学说》第9卷第15节。
④ 参见吉贡(O.Gigon):《赫拉克利特研究》,第6页;格思里:《希腊哲学史》第1卷,第407页。

作。① 但是后一种说法根据不足,因为:第一,他们主要根据亚里士多德在《修辞学》中讲的那句话,而那句话只是提到有赫拉克利特的作品或著作,并不能理解成赫拉克利特撰写有完整的著作。第二,第欧根尼·拉尔修提到赫拉克利特的著作分为宇宙学、政治学和神学三编,这是后来才有的分类法,在赫拉克利特的时代,各门知识交织在一起,还没有这样独立的知识的分类。因此,很可能赫拉克利特自己生前并没有写下专门的著作,当时流传的,只是他的言论的汇编,像基尔克所说的:"可能赫拉克利特并没有写过书,至少没有写过我们称作'书'的这种意义的书。他的残篇或大多数残篇,是作为孤立的陈述或 gnomai 出现的;它们所包含的许多联结虚词是后来加上去的。在赫拉克利特生前或他去世后不久,才有这些言论的汇编,大约是由他的学生编定的。这就是这本'书',它将赫拉克利特原来口述的言论,编成容易记忆的形式。"② 这种情况在古代最初的思想家中是常见的,他们自己并没有写什么书,由他们的弟子将他的言论汇编起来,就成为他的"书"。中国的《论语》、《孟子》一直到以后的《语录》都是这样的著作。古代希腊的哲学家据说多写有《论自然》,很可能也有许多是这样的著作。

有关赫拉克利特的资料,在古希腊哲学家中,首先见于柏拉图和亚里士多德,以及亚里士多德的学生塞奥弗拉斯特等人的著作。③ 根据亚里士多德的记载,柏拉图在年轻的时候就熟悉赫拉克利特和克拉底鲁的学说,即认为万物都处在永远流动的状态中,这些观点,柏拉图一直到后来还保持着。④ 但在现存的柏拉图的对话中直接提到赫拉克利特的思想的并不多,在亚里士多德的著作中情况也是这样,直接讨论赫拉克利特的哲学思想的也不多。塞奥弗拉斯特提供了较多的材料,他的《自然哲学家的意见》一书中的记载,大约是后来许多编纂著作的主要根据。第欧根尼·拉尔修在《著名哲学家的生平和学说》中收集了较多赫拉克利特的言论。此外,公元 2 世纪和 3 世纪的一些早

---

① 参见格思里:《希腊哲学史》第 1 卷,第 406—408 页。

② 基尔克:《赫拉克利特宇宙论残篇》,第 7 页。

③ 参见基尔克:《赫拉克利特宇宙论残篇》,第 13—21 页有详细引证。

④ 参见亚里士多德:《形而上学》,987^{a}32—^{b}1。

期基督教神学家的著作,如亚历山大里亚的克莱门特的《汇编》和罗马的希波吕托的《驳众异端》,以及斯多亚学派的克律西波等人的著作中都保存了重要的赫拉克利特的资料。还有古代怀疑论的主要代表塞克斯都·恩披里柯在他的《皮罗学说纲要》、《驳数理学家》等书中也保存了不少赫拉克利特的资料。

第尔斯将古代著作中直接引用赫拉克利特的言论收集起来,辑成他的残篇。其中属于思想方面的有一百三十多条,最后约十条是疑伪的。一般都根据第尔斯(和克兰茨)编定的残篇序数,本书也采用这种编次。但近现代一些学者对赫拉克利特的残篇作了不同的编排。比如,伯奈特在他的《早期希腊哲学》中就抱怨第尔斯没有按照这些残篇的主题内容来编排,因而显得支离破碎;他采用拜沃特(Bywater)的范本将赫拉克利特的残篇重新整理安排成一百三十条。[1] 最近西方一些古典学者对赫拉克利特的残篇又进行了深入的整理研究,我们看到的,有两本著作比较重要:一本是基尔克于 1954 年发表的《赫拉克利特宇宙论残篇》(*Heraclitus*, *The Cosmic Fragments*, *Edited with an introduction and commentary*),另一本是卡恩于 1979 年发表的《赫拉克利特的艺术和思想》(*The Art and Thought of Herclitus*, *An edition of the fragments with translation and commentary*)。

基尔克的著作集中讨论了赫拉克利特的有关广义的宇宙论(实际上是赫拉克利特的最主要的哲学思想)的四十八则残篇,将它们分为十二组:第一组有四则残篇,专门讨论有关逻各斯的学说;第二至第八组共有二十七则残篇,专门讨论有关对立统一的学说;第九组有五则残篇,专门讨论宇宙(天文学)及其规律的学说;第十组有七则残篇,专门讨论有关宇宙火的学说;第十一组有二则残篇,专门讨论有关河流比喻的学说;第十二组有三则残篇,专门讨论有关真正的智慧的学说。这部著作不是孤立地探讨某则残篇,而是将古代作者引用赫拉克利特的话时所作的论述前后文一起列出,这样就使人容易了解这则残篇的原意和出处背景。基尔克对这些残篇作了许多校勘和注释工作。

---

① 参见伯奈特:《早期希腊哲学》,第 132—141 页。

这些对于研究赫拉克利特的思想，是有帮助的。

卡恩的著作则是将全部赫拉克利特的残篇根据其内容，重新整理安排，使读者按照这个次序阅读，就可以了解赫拉克利特的思想系统。作者非常赞美赫拉克利特的文风，宣称要在他所作的重新翻译中将原来语言的丰富性尽可能地表达出来；对于赫拉克利特原来语言中蕴含的、在翻译中无法明白表现的那些难以了解的内容，作者又作了详细的注释，注释的篇幅占全书二分之一以上。他所作的整理、翻译和注释，对我们理解赫拉克利特的思想，也是有用的。①

尽管我们并不完全同意基尔克和卡恩对于赫拉克利特思想的许多观点，但是本书将利用他们的某些研究成果，以解释和论述赫拉克利特的思想。

第二节　永恒的活火

一　火和运动

赫拉克利特的思想是沿着米利都学派的路线前进的，还是如上节提到的某些西方学者所说，他们走的是根本不同的道路？要回答这个问题，首先得看赫拉克利特关于万物本原的论述。因为当时哲学思想上首先要解决的根本问题还是关于万物本原的问题。

米利都学派的哲学家，不论是泰勒斯所说的水，阿那克西曼德所说的阿派朗，还是阿那克西美尼所说的气，都是一种具体的物质性的元素。正是在这点上，赫拉克利特和他们是一致的。他认为万物的本原是火，火也是一种物质性的元素。因此，亚里士多德在《形而上学》第 1 卷第 3 章中说到初期的哲学家都认为万物的本原是物质性的元素（质料因）时，列举了米利都学派的哲学家的本原思想，同时也提到赫拉克利特：

---

① 我们在利用卡恩的著作成果时，曾经参见杨适的论文原稿：《赫拉克利特：原始素朴哲学的光辉顶点》。

墨塔蓬通的希帕索和爱菲索的赫拉克利特则认为本原是火……①

希帕索属于毕泰戈拉学派,他的思想在上一章中已经简单介绍了。亚里士多德的这条记载,和古代后来的一些纂述家的记载是一致的,比如艾修斯在《哲学家意见集成》和辛普里丘在亚里士多德《物理学》注释中都有同样的记载,第尔斯考释,这些记载大约都是根据塞奥弗拉斯特的《自然哲学家的意见》。②

在古代希腊,火和水、气、土一起是四种最基本的物质元素,正像中国的金、木、水、火、土五行一样。因此,在本原问题上,赫拉克利特的思想和米利都学派的思想是基本一致的。

但是,赫拉克利特为什么要选定火为万物的本原,这有什么深刻的含义?他又提出了什么新的思想,从而发展了原来米利都学派的学说? 这里我们首先要引用赫拉克利特自己的话,即辑自克莱门特《汇编》的残篇第三十:

> 这个有秩序的宇宙(科斯摩斯)对万物都是相同的,它既不是神也不是人所创造的,它过去、现在和将来永远是一团永恒的活火,按一定尺度燃烧,一定尺度熄灭。(DK22B30)

这则残篇可以说已经将赫拉克利特的思想的主要内容表达出来了。

第一,赫拉克利特所说的火是永恒的活火,它过去、现在和将来都是不断燃烧着的。他所以选择火,因为火是最活动变化的。米利都学派认为万物是运动变化的,因此万物的本原也应该是运动变化的,无论水、阿派朗、气都是运动变化的。在这点上,赫拉克利特也和米利都学派一致;而且他所说的火,比其他物质元素的运动变化更为活跃,更具有特性。这点在下文将具体说明。

第二,这种永恒的活火既不是任何神,也不是任何人所创造的。换句话说,它是自然界自我生成的。③ 这是一个很大胆的、明确的唯物论者的宣言,它根本否定了神创世界的传统说法。在这点上,丝毫不容怀疑他是继承米利

---

① 亚里士多德:《形而上学》,984ᵃ7—8。
② 参见第尔斯:《希腊学述》,第475页。
③ 参见卡恩:《赫拉克利特的艺术和思想》,第134页。

都学派的唯物论哲学传统的。

第三,更重要的是赫拉克利特一开始就提出宇宙秩序——科斯摩斯的思想。在上一章论述毕泰戈拉学派时已经说过,科斯摩斯作为"宇宙"在古代希腊可能早就有了,但解释为有秩序的宇宙却可能是从毕泰戈拉学派开始的。赫拉克利特大约是受了毕泰戈拉学派的影响。在这处译文,一般将科斯摩斯译成"世界"或"宇宙",卡恩译成"有秩序的",基尔克作了文字上的考证,主张译成"宇宙秩序",它表示"自然世界以及其中的秩序(换句话说,就是逻各斯)也就是永恒的活火",认为"永恒的活火就是科斯摩斯的象征"。① 我们同意这种意见。赫拉克利特又指出:这种宇宙的秩序就是永恒的活火按一定的尺度燃烧,又按一定的尺度熄灭。在这个方面,赫拉克利特更多受了毕泰戈拉学派的影响。米利都学派开始注意的是万物的本原——事物的统一性问题;毕泰戈拉学派开始提出事物的数量比率关系,认为宇宙是有秩序的——科斯摩斯的思想,从此,人类的认识跨进到一个新的阶段,即要发现运动变化的秩序和规律。赫拉克利特提出逻各斯思想是当时所能达到的顶峰。这点我们将要专门论述。

由此可见,赫拉克利特的这则残篇是十分重要的。基尔克称它是:"一个庄严的、精心构造的、令人惊奇的宣言"。② 列宁则明确地点明了它的实质:"这是对辩证唯物主义原则的绝妙的说明。"③

但是,这里有些问题还需要进一步说明。

首先一个问题是:赫拉克利特以火为万物的本原,他这个思想和米利都学派哲学家的思想相比较,究竟有些什么不同和特点?

米利都学派看到的首先是运动、变化、产生和消灭的世界,他们要为变化的万物寻求一个最后的根源,寻求他们的统一性。他们提出来的本原是为了要解释变化着的万物,因此这个本原本身必须是能运动变化的。泰勒斯所说的水是不断流动的,阿那克西曼德提出阿派朗,正是为了可以让它变成任何事

① 基尔克:《赫拉克利特宇宙学残篇》,第311、316—317页。
② 基尔克:《赫拉克利特宇宙学残篇》,第311页。
③ 《列宁全集》第38卷,人民出版社1959年版,第395页。

物才使它本身不具有任何规定性,而阿那克西美尼所说的气在流动性方面可以说比水更为自由。也许正是因此,米利都学派的哲学家没有人单独提出土作为万物的本原,因为土是最不易运动变化的。赫拉克利特认为万物的本原是火。我们也可以从表面上看问题,说火的活动性比水、气更明显,更活跃,因为水和气都有静止不动的时候,而火却总是运动着。但实际意义却并不仅止此。

虽然古代人将火看成和水、土、气一样,认为都是物质性元素,但是仔细分析一下就可以看出,火和水、土、气其实是并不一样的。水、土都是我们能够看到的一种实在的东西,用后来的哲学语言说,它们都是一种实体;气虽然是我们不能直接看到的,但它也还是一种实体。可是火,虽然是我们直接能够看到的,它本身却不是一种实体。火只是燃烧,总是有另外一种实体——无论是房屋、森林、木材等等在燃烧,才会有火。用后来的话说,水、土、气等是物质,而火却是物质的运动。当然,这种区别是要到后来才能明确作出的,不能说赫拉克利特已经认识到这种区别了。但是说赫拉克利特已经认识到火是一种运动过程,这大概是没有问题的,因为他称它为"永恒的活火"(everliving fire),就是说它是永远燃烧,永恒运动。

亚里士多德在《论灵魂》第 1 卷第 2 章中讨论早期思想家关于灵魂的见解时谈到,早期思想家们关于本原的看法是有不同的,最大的分歧在于:有些人认为本原是有形体的,有些人认为是没有形体的;因此,他们关于灵魂的看法也有不同:

> 这就导致,有些人认为灵魂是火,因为火是诸元素中最精致的,并且是最接近于没有形体的东西;更重要的是,火既是运动的,又是能使别的事物运动的东西。①

亚里士多德在这里泛指的"有些人",包括赫拉克利特在内。亚里士多德已经指出:火是最接近于没有形体的东西,并且,火不但本身是运动的,而且又是能使别的事物运动的东西。因为火使其他事物燃烧时,就使其他事物发生变化。

---

① 亚里士多德:《论灵魂》,405ᵃ6—8。

火不但是运动,而且又是运动的原因。正因为这一点,赫拉克利特认为永恒的活火是万物的本原。

说赫拉克利特认识到火是一种运动过程,在近代是由黑格尔强调提出来的。黑格尔从唯心辩证法出发,认为整个世界不过是绝对理念运动变化发展的过程,所以他特别重视赫拉克利特的火,并将它明确解释为过程:

> 了解自然,就是说把自然当作过程来阐明。这就是赫拉克利特的真理,这就是真正的概念。因而对于我们是明显的,赫拉克利特不能说本质〔本原〕是气或水之类的东西;因为它们自身(这是首要的)不是过程,而火则是过程。因此他将火认作最初的本质〔本原〕。①

黑格尔在这里说的就是这个意思。因为赫拉克利特将自然看作是运动变化发展的过程,所以他选择火,而不是选择水或气作为本原。黑格尔对赫拉克利特的这个观点作了绝高的评价,认为哲学应该说是从他开始的:

> 回到赫拉克利特吧,他就是第一次说出了无限的性质的人,亦即是第一次把自然了解为自身无限的,即把自然的本质了解为过程的人。哲学存在的开端必须自他始——这开端便是长存的理念,这个理念在所有哲学家中一直到今天还是同一的理念,正如它过去是柏拉图和亚里士多德的理念一样。②

对于黑格尔的这个结论需要分析。将自然看作是一个无限发展的过程,这就是辩证法的世界观。这可以说(至少是)所有带有辩证法思想的哲学家的共同观点,柏拉图有这方面的思想因素,亚里士多德则认为世界就是由潜能向现实发展的过程,他和黑格尔一样,在西方哲学史中是具有系统的辩证法世界观的两位伟大的哲学家之一。这也是我们辩证唯物论的世界观,即认为自然界是永恒发展变化的过程。但是,我们和黑格尔有根本的不同。我们认为这个发展过程是物质世界本身的发展过程,赫拉克利特在这则残篇中明白宣称:这个世界秩序既不是神也不是人所创造的。这就是唯物的辩证的世界观,它本

---

① 黑格尔:《哲学史讲演录》第1卷,中译本,第305页。
② 黑格尔:《哲学史讲演录》第1卷,中译本,第311页。

来是毋庸怀疑的;但是黑格尔却利用了火本身不是一种物质实体而是一种运动,将赫拉克利特的这个思想歪曲成为不是物质的发展过程,而是理念的发展过程。这样就将唯物论者赫拉克利特歪曲成为唯心论者了。

在赫拉克利特的时代,由于对物质和精神的区别还含糊不清,所以在赫拉克利特的残篇中,也因为它们本身是晦涩的,其中有不少可以作唯心论解释的地方。从古代开始就已经有人将他的学说解释为唯心论了,最明显的就是后期希腊哲学的斯多亚学派,他们将赫拉克利特的本原——火说成是普遍的或宇宙的理性,也就是神和逻各斯。因而西方学术界将赫拉克利特的思想解释为唯心论和神秘主义也是有传统的,黑格尔不过是反映了这种传统看法而已。关于这方面的问题,以后我们还将多次提到。

马克思主义经典作家是反对将赫拉克利特的思想解释为唯心论的。拉萨尔在《爱菲索的晦涩哲人赫拉克利特》一书中重弹黑格尔的老调,认为赫拉克利特所说的火是一种精神性的本体。拉萨尔说那是"纯粹的绝对非物质的火",他认为火只是"变化的理念本身",是处在"存在和非存在过程中的统一体","不是存在而是纯粹过程"。① 拉萨尔的这部蹩脚著作,被马克思评为"他〔拉萨尔〕对黑格尔在《哲学史》中所说的绝对没有加进一点新的东西。"② 当时西方的资产阶级学者对拉萨尔也有持和马克思同样的批评态度的。比如策勒在引证了拉萨尔的一些说法以后,指出:"拉萨尔对这些主张所作的冗长而啰嗦的辩护,当严格地加以考察时,就证明是没有根据的。"他认为赫拉克利特并没有讲过像拉萨尔所说的"火是观念的逻辑的东西",并没有讲过作为本原的火是绝对的精神的,不同于任何物质的东西;"恰恰相反,他〔赫拉克利特〕自己的说法,以及古代作者的陈述,使人们毫不怀疑地认为火是一种确定的实体。他在火中找到了万物的本原和本质。"③伯奈特也批评拉萨尔将赫拉克利特的火说成是"一种逻辑的原理",并且指出拉萨尔的这种错误是源出丁

---

　　① 均出自拉萨尔:《爱菲索的晦涩哲人赫拉克利特》,转引自策勒:《苏格拉底以前的学派》第2卷,第26页。

　　② 《马克思恩格斯全集》第29卷,人民出版社1972年版,第263页。

　　③ 策勒:《苏格拉底以前的学派》第2卷,第26—27页。

黑格尔的。① 列宁在《哲学笔记》中也得出这样的结论,说拉萨尔牵强附会地把唯物论者赫拉克利特弄成黑格尔的样子。②

这里还有一个问题是值得我们重视的,就是黑格尔所采取的方法——将物质的运动(过程)和物质对立起来,说运动(过程)不是物质而是理念,在现代自然科学的发展中,却被相当普遍地接受和流行了。列宁在《唯物主义和经验批判主义》一书中所批判的当时物理学中的新学说——"唯能论",就是采用这种方法。他们将物质存在和运动的一种状态——"能量"和物质对立起来,说只存在着能量,而"物质消失了"。③ 这种情况和黑格尔歪曲赫拉克利特所说的火非常相似。这一点,现代量子力学的奠基人、哥本哈根学派的代表人物海森伯也看出来了,他说:

> 但是变化本身并不是质料因〔物质因〕,因而在赫拉克利特的哲学中用火来代表它,把它当作一个基本元素,它既是物质,又是一种动力。在这里我们可以看到,现代物理学在某些方面非常接近赫拉克利特的学说。如果我们用"能量"一词来替换"火"一词,我们差不多就能用我们现在的观点一字不差地来重述他〔赫拉克利特〕的命题。④

现代自然科学的许多理论的发展,又对哲学提出了新的问题:物质是否已经消失了? 要研究这方面的问题,如果追根探源,最早可以回到赫拉克利特的火上。

这就是因为赫拉克利特所说的火,是物质的一种运动,而不是物质实体本身。(我们这样说,丝毫没有否定火的物质性,即火是物质的一种运动形态。如果没有某种物质实体如木头、煤炭在燃烧,也就不会有火;没有物质也就不会有物质的运动。)赫拉克利特自己也许没有自觉地意识到这一点,但他所说的火却确实具有这样的特点,这也可以说是赫拉克利特继承了米利都学派,但又和他们有所不同、有所发展的方面。

---

① 参见伯奈特:《早期希腊哲学》,第 144 页。
② 参见《列宁全集》第 38 卷,人民出版社 1959 年版,第 401 页。
③ 参见列宁:《唯物主义和经验批判主义》,中文第一版,第 5 章第 1、2 节。
④ 海森伯:《物理学和哲学:现代科学中的革命》,中译本,第 28 页。

赫拉克利特所说的火,除了具有以上这个特点外,还有一个特点,就是它是统治万物的。前面我们分析泰勒斯的本原时曾指出:"本原"这个词的最初含义,除了"开端"外,还有"统治"的意思。但米利都学派哲学家所说的本原,无论水、阿派朗或气,都看不出它们有统治万物的作用,只有到赫拉克利特所说的火,才具有统治万物的能力。

在第尔斯辑录的赫拉克利特残篇中,有几则很短。如残篇第六十四:

> 雷霆驾驭万物。(DK22B64)

残篇第六十五:

> 饱满和不足。(DK22B65)

残篇第六十六:

> 火遇到万物,便审判和制服它们。①（DK22B66）

单是这几则简短的残篇,我们是很难理解它们的意义的;但这几则残篇都辑自希波吕托《驳众异端》中同一段话。基尔克在《赫拉克利特宇宙学残篇》中将希波吕托这段话引出来了,便可以帮助我们理解这些残篇的原义:

> 他〔赫拉克利特〕还说到,宇宙〔科斯摩斯〕以及其中出现的万物的裁判,都是通过火进行的。他这样说:"雷霆驾驭万物"〔=DK22B64〕,这就是说支配万物;他所说的雷霆就是永恒的活火。他也说到火是聪明的、敏锐的,它是安排宇宙的原因。他将它〔火〕称为"饱满和不足"〔=DK22B65〕;根据他的说法,不足就是指宇宙被安排得有秩序,而火的燃烧($\acute{\epsilon}\kappa\pi\acute{\nu}\rho\omega\sigma\iota\varsigma$,ekpyrosis)则是饱满。因为他说,"火遇到万物,便审判和制服它们"〔=DK22B66〕。②

由此可见,赫拉克利特所说的雷霆也就是永恒的活火,它是支配、指挥、统治万物的。它是怎么支配和统治的? 残篇第六十五的那一句话不大好理解。"饱满"和"不足"又是一对对立的词,为什么宇宙被安排得有秩序就是"不足",而

---

① 这句话,基尔克认为不是赫拉克利特的原话,所以不列为残篇。卡恩列为残篇,但在译"审判和制服"时,却突出它有"区分和辨别"的意思,见《赫拉克利特的艺术和思想》,第82—83 页。

② 希波吕托:《驳众异端》第10 卷,第10 章第6 节;基尔克:《赫拉克利特的宇宙论残篇》,第349 页。

火的燃烧却是"饱满"(有"过多"的意思)？许多学者都引用第欧根尼·拉尔修的一段话来解释,这段话据说是源出塞奥弗拉斯特的。在讲到赫拉克利特关于火变为万物的思想时,说万物的产生都是由于对立面的冲突：

> 在对立中,促成生成和创造的倾向被称为战争与冲突,而被火毁灭的倾向则被称为协调与和平。[1]

这和赫拉克利特的两则残篇——残篇第八和第八十所说的"一切都是通过斗争产生的"是一致的。赫拉克利特认为：当火燃烧的时候,也就是战争与冲突的时候,万物也就被创造与产生出来了,这也就是"饱满"的状态；而燃烧停止,也就是协调与和平的时候,正是万物被火毁灭的时候,这也就是"不足"的状态。这是赫拉克利特的一条极其重要的思想,我们以后还要专门讨论。

为什么火燃烧的时候万物产生呢？这就是残篇第六十六所说的：当火与万物相遇,即万物燃烧的时候,也就是火审判(判断)和制服(有处罚的意思)万物；用卡恩的解释,就是当万物燃烧的时候,火就将它们区别开来,加以识别和把握了,这也就是万物产生了。[2] 无论是从法律的意义上说火审判和制服了万物,或是从认识的意义上说火识别和区分了万物,总是经过火的燃烧,使万物生成、产生了。

通过火的燃烧使万物产生,这和米利都学派的思想,如阿那克西美尼所说的由于气的稀散和凝聚产生万物,是不同的。因为气的稀散和凝聚只是表明了一种量的变化,不能说明旧质的死亡和新质的产生；而火的燃烧却可以使旧质毁灭,使新质的事物得以产生。火的燃烧可以促使事物发生质的变化。——当然,赫拉克利特限于他当时的水平,还不可能像后来这样明确说明这种量变和质变的不同,但他用了"支配"、"审判"或"区分"、"识别"这样的词,也表明他多少已经意识到这种不同了。这也是赫拉克利特以火为万物的本原的一个特点：它可以说明新的事物的产生。

---

① 第欧根尼·拉尔修：《著名哲学家的生平和学说》第9卷,第8节。

② 参见卡恩：《赫拉克利特的艺术和思想》,第273页。

二　火和万物的转化

火是万物的本原,万物均从火产生出来,但赫拉克利特认为火和万物是相互转化的。根据普卢塔克记载辑成的残篇第九十表明了这种思想:

> 万物都换成火,火也换成万物,正像货物换成黄金,黄金换成货物一样。(DK22B90)

当时希腊世界,特别是小亚细亚地方,商品已经非常发达,黄金已经起到货币的作用,所以赫拉克利特用这个比喻来说明火和万物的关系是很自然的。但如果单凭这则残篇就断言赫拉克利特属于工商业奴隶主阶层,就显得根据不足了。

普卢塔克在记载这段话以前,还作了一个解释:"统治整体的本原〔火〕通过逐渐的变化使宇宙从它自身产生出来,然后又使它自身从宇宙产生出来。"①这也说明本原火和宇宙(万物)是互相转化的。但是,火和万物是怎样相互转化的呢? 在赫拉克利特的残篇和有关的古代记载中有各种说法,并不一致。第欧根尼·拉尔修认为他在这个问题上没有说清楚:

> 他〔赫拉克利特〕的学说的个别方面是这样的:火是元素,万物都由火的转化而形成,或者是由稀散形成,或者是由凝聚形成。但在这点上他没有作出清楚的解释。万物都由于对立面的冲突而产生,而事物的总体却像河水一样长流。再说,所有一切是被限止的,成为一个宇宙。它交替地从火产生出来又复归为火,按照一个固定的周期直至永恒无穷,这是被命运规定的。

接着就是上文引过的:在对立中,促成生成的是战争与冲突,而促成毁灭的则是协调与和平。然后又说:

> 他将变化称作上升的路和下降的路,这就是决定宇宙的生成的。②

第欧根尼·拉尔修说赫拉克利特对于火和万物如何转化并没有说清楚;

---

① 普卢塔克:《论放逐》第8卷,388D—E;基尔克:《赫拉克利特宇宙论残篇》,第345页。
② 第欧根尼·拉尔修:《著名哲学家的生平和学说》第9卷,第8节。

但他自己却同时为赫拉克利特的学说提供了三种解释:一是由于火的稀散和凝聚,即稀薄化和浓厚化而产生万物;二是由于对立面的冲突而产生万物;三是万物从火产生又复归为火,是有固定的交替周期的,他将这种变化叫做上升的路和下降的路。这三种解释也可以说是一致的,因为稀散和凝聚、上升的路和下降的路就各自构成一对对立面,可以说由于这些对立面的冲突而产生万物。但仔细分析一下,这些解释还是有不同的。

将万物的产生解释为火的稀薄化和浓厚化,在辑录的赫拉克利特的残篇中没有这种说法,但在古代别的纂述中却有类似的记载,如艾修斯说:

> 赫拉克利特和墨塔蓬通的希帕索主张万物的本原是火。他们说,万物都从火产生,又都消灭而复归为火。当火熄灭时,宇宙间的万物就形成了。最初,火的最浓厚部分浓缩起来成为土;然后,土被火融解成为水,水蒸发时又产生气。整个宇宙和万物后来在一场宇宙大火中被火烧毁。①

稀散和凝聚的说法出自阿那克西美尼。阿那克西美尼认为本原是气,气的稀薄化成为火,气的浓厚化成为水和土。这种解释比较自然,容易为古代人的常识所接受。但火和气不同,火本身不是一种实体,只是物质的运动,它如何稀薄化和浓厚化呢? 就拿艾修斯的这段记载说,火如何浓缩起来成为土,又如何能将土融解成为水? 如果要拿常识来说明,那就只能这样解释:火将事物烧成灰,灰就是土;火可以将铁矿石或铜矿石(这是土)溶解成液体,那就是水。这样解释就比较勉强了。当然,古代人采用这样的解释也并不是不可能的。辛普里丘在《〈物理学〉注释》中提到赫拉克利特以火为本原时说:

> 万物借浓厚化和稀薄化从火产生,又重新分解为火,这个东西〔火〕乃是唯一的本原。所以赫拉克利特说,万物都是火的转换。他认为宇宙的转化是按照不可避免的必然性,是有一定的秩序和确定的周期的。②
> (DK22A5)

辛普里丘虽然提到火的稀薄化和浓厚化,但并没有作具体解释。因此,赫拉克

---

① 艾修斯:《哲学家意见集成》第1卷,第3章第11节。
② 辛普里丘:《〈物理学〉注释》,第23页第33行起,转引自格思里《希腊哲学史》第1卷,第432页。

利特自己是不是将万物的生成解释为火的稀散和凝聚,是值得怀疑的。

　　但是,古希腊人确实是将火和水、土、气一样看成是一种物质的东西,一种元素。所以,火和万物的转化在赫拉克利特的残篇中主要是用这些元素之间的转化来说明。

　　首先是残篇第三十一,它辑自克莱门特的《汇编》,本来是紧接在残篇第三十之后的。它直接引用了赫拉克利特的两句话,在这两句话之间克莱门特插进了一段解释。卡恩将它们分列为两则残篇。为了便于理解,我们根据基尔克将克莱门特的这段话全部引用:

　　　　他〔赫拉克利特〕认为它〔宇宙〕是既产生又毁灭的。他告诉我们:
　　"火的转化是:首先成为海,海的一半成为土,一半成为闪光的旋风"(=
　　DK22B31)。他的意思是:火凭借着安排万物的逻各斯和神,通过气成为
　　水,水作为形成宇宙过程的胚胎,他称为"海",从海生出地〔土〕和天以及
　　一切被它包围的东西。至于这些东西后来又如何回到火,发生宇宙燃烧,
　　他明白说:"它〔土〕被分解为海,是按照以前海变为土的相同的逻各斯
　　的"(=DK22B31)。别的元素也遇到相似的情况。①

这里赫拉克利特说的是:火首先转化为海,海的一半成为土——地,另一半成为天(闪光的旋风)以及天地间的万物。他又说,海变为土和土变为海是按照相同的逻各斯——尺度进行的。别的元素间的转化也是这样。

　　另一则是残篇第三十六:

　　　　灵魂的死亡就变成水,水死亡就变成土;而水是从土产生出来的,灵
　　魂是从水产生出来的。(DK22B36)

这则残篇也辑自克莱门特的《汇编》。克莱门特在引用赫拉克利特这段话以前,先引用了奥菲斯的诗句,并且说明赫拉克利特这段话是来自奥菲斯的:

　　　　奥菲斯写道:"水死产生灵魂……;从水生土,从土又生水;从水生灵
　　魂,一直到整个以太"。赫拉克利特是从这些诗句编写他的话的。②

----

① 克莱门特:《汇编》第 5 卷,第 104 章第 3 节;基尔克:《赫拉克利特宇宙论残篇》,第 325 页。
② 克莱门特:《汇编》第 6 卷,第 17 章第 1 节;基尔克:《赫拉克利特宇宙论残篇》,第 339 页。

这里所说的'灵魂',就是指本原火。根据克莱门特的说法,赫拉克利特的这个思想大约是受奥菲斯教的影响的。残篇第三十六的思想是这样的:火(灵魂)死则水生,水死则土生;这个过程又是可逆的:土死则水生,水死则火(灵魂)生。

这种可逆的运动就是第欧根尼·拉尔修记载中所说的上升的路和下降的路:

> 火收缩成为湿气,湿气凝聚成为水,水又凝结成为土。这个过程他〔赫拉克利特〕叫做下降的路。反过来,土又液体化成为水,从水形成其余的一切。他几乎将每一事物的产生都归于海的蒸气。这个过程就是上升的路。从土也像海一样可以产生蒸气;而从海产生的蒸气是光亮的、纯洁的,从土产生的蒸气则是黑暗的。火是由光亮的蒸气哺育的,湿的东西则由别的蒸气哺育。[①]

这些记载都表明:由土到水,由水到火,这是上升的路;相反,由火到水,由水到土,这是下降的路。这种思想大概是古代人简单地直接观察自然现象而得出来的结果。

还有一则残篇第七十六,这是辑自三个不同作者的三句不同的话:一条辑自玛克西姆·堤里乌斯(Maximus Tyrus):"火生于土之死,气生于火之死,水生于气之死,土生于水之死。"一条辑自普卢塔克:"火死则气生,气死则水生。"第三条辑自后期斯多亚学派主要代表玛尔库斯·奥勒利乌(Marcus Aurelius):"土死生水,水死生气,气死生火;反过来也是一样。"

所有这些残篇都讲到由火转化成水、土、气等元素,但具体的说法是不同的。苏联的米哈伊洛娃(Э.Н.Михайлова)和恰纳舍夫(А.Н.Чанышев)在他们的著作《伊奥尼亚哲学》中,分析了第三十一、第三十六和第七十六等三则残篇,指出其中具体解释的不同之处,并用图表示如下:[②]

[①] 第欧根尼·拉尔修:《著名哲学家的生平和学说》第9卷,第9节。
[②] 参见米哈伊洛娃、恰纳舍夫:《伊奥尼亚哲学》,第91页。

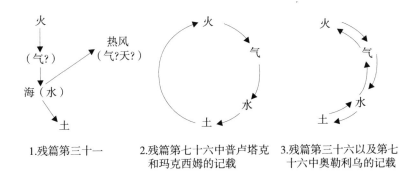

1.残篇第三十一　　　　2.残篇第七十六中普卢塔克　3.残篇第三十六以及第七
　　　　　　　　　　　　和玛克西姆的记载　　　　十六中奥勒利乌的记载

　　其实,有些残篇原来并没有提到气,如在残篇第三十一中,气的作用是不明白的;又如残篇第三十六中只讲到灵魂,也没有提到气,他们是将灵魂解释成为水和气。残篇第七十六中普卢塔克的记载中也没有提到土。这里是为了补足火、气、水、土这四种元素才用这样的图表示的。但恰恰因为这样,西方有些学者如卡恩就怀疑残篇第七十六是否真的?① 格思里指出:现代多数学者怀疑这种说法,因为将它们说成是包括气在内的四种元素,最早是由恩培多克勒才提出来的。② 所以,说赫拉克利特已经谈到这四种元素的相互转化,是值得怀疑的。

　　我们以为,将这些物质性元素并列起来,说它们相互转化,这是古代哲学家普遍存在的朴素唯物论思想,是他们观察自然界得到的结论。虽然将这四种元素并列起来,认为它们是万物的本原——"根",是从恩培多克勒才开始的。但在恩培多克勒以前,将这四者并提,大约是早已有的。中国古代哲学中也讲金、木、水、火、土五行的相生相克。赫拉克利特认为这些物质元素的转化是可逆的,向上的路和向下的路同时进行。这表现了他的辩证法思想,我们以后还要专门讨论。

　　赫拉克利特所说的火和万物相互转化,这种转化究竟是如何具体进行的?虽然可以作以上各种解释。但这些解释实际上都不是真正清楚的。所以第欧根尼·拉尔修说赫拉克利特对此并没有作出清楚的解释,这也是赫拉克利特所以被称为"晦涩的哲学家",被后人认为"神秘主义"的原因之一。

---

① 参见卡恩:《赫拉克利特的艺术和思想》,第153页。
② 参见格思里:《希腊哲学史》第1卷,第453页。

三 火和灵魂

上引赫拉克利特残篇第三十六说:灵魂死亡变成水,水死亡又变为土。即从灵魂→水→土,这个过程是可逆的。这和残篇第三十一所说的:由火变成海(水),由海变成土;以及残篇第七十六:"土死生水,水死生气,气死生火,反过来也是一样。"所谓"反过来",就是火死生气,气死生水,水死生土。将这些残篇相比较,就可以看出:赫拉克利特所说的"灵魂",就是火,或者说是火与气,但主要是火。

基尔克提出两条论据说明赫拉克利特这里说的灵魂就是本原——火。①其一是赫拉克利特残篇第一百一十八:

> 闪闪发光的是干燥的灵魂,它是最智慧、最优秀的。(DK22B118)

这就是说干燥的火就是最纯洁、最智慧的灵魂。其二是亚里士多德在《论灵魂》中的记载:

> 赫拉克利特也说:本原——热的呼气,照他的说法,万物都是由它组成的——就是灵魂;再说,这种呼气是最不具体的又是不停地流动的;凡是在运动中的事物,要求认知它们的〔灵魂〕也应该是在运动中的;一切存在的东西之所以存在,主要是在运动中(这是大多数人都同意的)。②

赫拉克利特所说的灵魂——psyche,是热的呼气,是干燥的火。虽然火和水、土(甚至还有气)相比较,是最不具体的,但它终究还是物质性的,是物质的运动。因此,他将火说成是灵魂,我们不能因此认为赫拉克利特已经放弃了唯物论的立场。

但是,我们也应该看到这个问题的另一方面。因为在赫拉克利特那里,物质和精神还没有区分开来,所以又出现了可以将赫拉克利特的思想作唯心论解释的一面。亚里士多德在《论灵魂》中的这段话,本来是说:赫拉克利特和当时大多数哲学家一样,认为凡是存在的(万物)都是在运动中的,认识的对

---

① 基尔克:《赫拉克利特宇宙论残篇》,第340—341页。
② 亚里士多德:《论灵魂》,405ᵃ25—28。

象在运动中,因此要求认识的主体——灵魂也是在运动中的,认识的对象和主体(灵魂)都是火。再结合残篇第一百一十八:火作为干燥的灵魂,是最智慧最优秀的。这样一来,赫拉克利特所说的作为灵魂的火,就可以被解释成为智慧或"理性",后来一些哲学家,特别是斯多亚学派的哲学家就是这样解释赫拉克利特的火的。我们也不能简单地断言这种解释完全是对赫拉克利特思想的歪曲,因为赫拉克利特自己还没有明白意识到物质和精神的区别,因此他的话可以被这样解释,也可以被那样解释。

为什么赫拉克利特的思想被后来许多(包括像黑格尔那样的)哲学家作了唯心论和神秘主义的解释?除了因为那些哲学家本来是站在唯心论(还有宗教)立场上,有意无意地曲解了他的话之外,也应该承认:赫拉克利特自己的话中也确实有可以使人产生这种曲解的地方。赫拉克利特的思想,特别是他的辩证法思想,确实是很深刻的,高高地站在他那个时代的顶峰。但要将他这样的思想明白地表达出来,就需要具有一定高度的思辨能力,要能够将一些重要的哲学范畴如物质和精神、一般和个别等明白区分开来。但是赫拉克利特所处的人类认识的那个阶段又还没有能将这些区别开来。他只能以比较笼统的直观的说法表达他的深刻思想,这也许就是他被人称为"晦涩的哲学家"的原因之一,也是他的思想容易被人曲解的重要原因。

赫拉克利特所说的"永恒的活火",也是一个能够说明这问题的例子。就我们在这个世界(地球)上所能直接观察到的个别的现实的火来说,它们总是一会儿燃烧,一会儿熄灭的,并没有永恒存在的火。从宇宙范围说,像太阳这样的恒星或者像毕泰戈拉学派所说的"中心火",才可以说是永恒的火;却不能以此推广得出整个宇宙就是一团永恒的活火,这样说是违背常识的。但是,火作为火,只要它在燃烧,它就在不停顿地运动着;一旦停止燃烧,停止运动,它也就不是火了。所以,作为火的本质,就是它的不停顿地运动,像生命一样地永恒燃烧。赫拉克利特正是将火的这种本质特点抽象出来,他将宇宙说成是永恒的活火,说的本来是这种抽象的一般的火。在这点上,赫拉克利特所说的火和泰勒斯所说的水一样。泰勒斯所说的作为本原的水是抽象的一般的水,而不是某一个海或某一条河中的具体的水;赫拉克利特所说的永恒的活火,既不是太阳上永远燃烧的火,也不是地球上到处在断断续续又燃烧又熄灭的具体的火,而只是一般的火。

但火作为火,它在燃烧,在运动变化,它总是有燃烧有熄灭的。这就是火的具体表现。所以赫拉克利特一方面说宇宙是永恒的活火,一方面又说它是按一定的尺度燃烧又按一定的尺度熄灭的。既然是永恒的活火,就应该是永远不熄灭地燃烧着,怎么又说它按一定的尺度燃烧又按一定的尺度熄灭呢?这里就有抽象和具体的区别。说它是永恒的活火,是就火的抽象的一般意义上说的,说它有时燃烧有时熄灭则是就火的具体意义讲的。这一点,有些古代的纂述家就已经看出来了。上述克莱门特在《汇编》中引用赫拉克利特残篇第三十(即讲宇宙是一团永恒的活火)以前,就先作了一段解释:

> 他〔赫拉克利特〕认为宇宙在一种意义下是永恒的,在另一种意义下则是在毁灭的过程中的;他认识到这个有秩序的宇宙不是别的,不过就是永恒的宇宙的一种〔具体变异的〕形态。而且他认识到这个由一切实体组成的唯一的宇宙是永恒的。他明白地说:〔下接残篇第三十〕①

赫拉克利特一方面说宇宙是永恒的活火,一方面又说它按一定的尺度燃烧和熄灭。这是一般和具体的统一,统一性和多样性的统一。

我们深入分析,还可以发现:赫拉克利特所说的"宇宙按一定的尺度燃烧,又按一定的尺度熄灭"这个命题本身,也是一个一般和个别的统一。这个命题,相对于说宇宙是永恒的活火说,它是具体;但相对于我们日常观察到的现实的到处发生的具体燃烧的火说,它又是一般。赫拉克利特正是观察现实的火,看到火的燃烧和熄灭都是按照一定的尺度——即必然的逻各斯的。每一处现实的火的燃烧和熄灭的尺度是具体的、各不相同的,这是它们的特殊性;但它们都有一定的尺度、必然的逻各斯,这又是它们的共同性、一般性。赫拉克利特的贡献正就是发现了火的燃烧中存在一定的尺度和逻各斯思想,这是个重要的哲学命题。

这里我们又看到:抽象和具体亦即一般和个别这一对范畴的关系是相对

---

① 克莱门特:《汇编》第5卷,第104章第1节;基尔克:《赫拉克利特宇宙论残篇》,第307页。

的,有层次的。赫拉克利特的这个有关尺度的命题,相对于更一般的——永恒的活火这个命题说,它是具体;但相对于更具体的现实的火说,它又是一般。我们只有将这种不同层次的一般和具体区别开来,才能理解赫拉克利特的意思。

但是赫拉克利特自己没有,也不可能作出这种区别,因此他的思想便可以为后人曲解。最常见的曲解就是将赫拉克利特所说的具有一般意义的东西解释成为具体的、现实存在的东西。比如赫拉克利特说宇宙是永恒的活火,本来只是一般地说宇宙是永恒运动,有新事物产生和旧事物毁灭的;但后来的哲学家却将它解释为现实存在的"宇宙火",斯多亚学派将残篇第六十六中所说的ekpyrosis(燃烧)解释为"宇宙大火"、"大焚烧";罗马时期的犹太教、基督教竟由此得出"世界末日"、"最后审判"这样的结论。又如赫拉克利特提出的宇宙按一定尺度燃烧和熄灭的思想,也被一些哲学家解释成为宇宙有周期地轮回,一段时间燃烧,一段时间熄灭,然后又再重新燃烧。有人甚至断言这种周期是一万八千年或一万零八百年。至于将赫拉克利特所说的永恒的活火和逻各斯解释成为"宇宙理性",甚至"神",更是后来一些哲学家,特别是斯多亚学派的哲学家所常作的解释。

在赫拉克利特的残篇中,是有将火说成是神的。最明显的是残篇第六十七:

> 神是日又是夜,是冬又是夏,是战争又是和平,是饱满又是饥饿,它像火一样变化着,当火和各种香料混合时,便按照那一种香料的气味而命名。(DK22B67)

基尔克考证这里所说的神($\Theta \varepsilon o s$, God)是和各种对立联系起来的,和赫拉克利特在其他残篇中说到"神"的情况不同。基尔克认为可以和这些对立联系起来的只有逻各斯,逻各斯可以和日夜、冬夏、战争和平、饱满饥饿等对立相等同。[①] 但我们以为,与其说这"神"是逻各斯,还不如说这神就是赫拉克利特所说的本原——永恒的活火。这里列举的四对对立中,至少有两对——战争与

---

① 参见基尔克:《赫拉克利特宇宙论残篇》,第188—189页。

和平、饱满与饥饿（不足）——在赫拉克利特的其他残篇中出现过，而且都是和火的燃烧直接联系的，是由于火的燃烧和熄灭所产生出来的对立。所以，这里所说的"神"不就是永恒的活火吗？也许因为赫拉克利特在这则残篇中是将神和火相比，说神变化为各种对立和火变化为各种气味，是同样的方式。因此，不能将这里所说的神解释成就是火。但如果研究这则残篇，就可以发现赫拉克利特用来和神相比的"火"，是具体的、现实的火。当现实的火燃烧这样或那样的香料时，它发生的气味不同，有的是香的，有的是臭的，香又有不同的香味，人们便以不同的名称来称呼这不同的火。所以，用来和神相比的火是现实的具体的火；这样，这里所说的"神"可以解释为最一般的作为本原的永恒的活火。

说赫拉克利特这里所说的"神"就是火，也就是说：他也曾将永恒的活火称为"神"。这样是否表示赫拉克利特已经放弃了朴素唯物论的立场了呢？也不能这样简单地下结论。赫拉克利特这则残篇辑自希波吕托的《驳众异端》。希波吕托这段话原来是这样说的：

> 在这一章中，他〔赫拉克利特〕开创了所有他的特有的意义，同时也开创了诺厄图斯（Noetus）的异端。关于他〔诺厄图斯〕，我〔希波吕托〕刚才已经证明他不是基督的学生，而是赫拉克利特的学生。因为这个被创造的宇宙已经成为它自己的创造者了。他〔赫拉克利特〕是这样说的：〔下接残篇第六十七〕①

这里我们看到：作为基督教神学家的希波吕托是将赫拉克利特和基督教徒对立起来的，诺厄图斯崇奉赫拉克利特的学说，在基督教徒看来就是异端。而且，希波吕托还表明：他引用赫拉克利特的话"神是日又是夜……"只是表明这个宇宙本身就是它自己的创造者，它并不是在它以外的某一个神所创造的。所以，虽然用"神"来表示这个宇宙（由此也可以证明：这个"神"就是宇宙，就是永恒的活火），但这个神并不是宗教中的创世主。宇宙是自己的创造者，这

---

① 希波吕托：《驳众异端》第9卷，第10章第2节；基尔克：《赫拉克利特宇宙论残篇》，第184页。

和赫拉克利特在残篇第三十中所说的宇宙"既不是神也不是人所创造的"永恒的活火,意思是一致的。这样的"神",就不是宗教意义的神,而只是哲学上理性的神。赫拉克利特虽然用"神"这个词,但最多也只能说他的思想中有泛神论的成分,他并没有背弃唯物论。

赫拉克利特认为万物的本原是火,说宇宙是永恒的活火,他的基本出发点是:这个有秩序的宇宙既不是神也不是人所创造的。宇宙本身是它自己的创造者,宇宙的秩序都是由它自身的逻各斯所规定的。这是赫拉克利特学说的本质,它是米利都学派的朴素唯物论思想的继承和深入的发展。

第三节 万物皆流

赫拉克利特被称为辩证法的奠基人之一,因为他是在古代希腊哲学家中,第一个用朴素的语言讲出了辩证法的要点的人。赫拉克利特的辩证思想主要表现在以下三个方面:

第一,他认为万物都是在不断运动变化中的,并提出了"人不能两次踏进同一条河流"这一著名命题来说明它。

第二,他看到事物的运动变化是按照一定的规律进行的,第一个提出了"逻各斯"的思想。

第三,他看到事物的运动变化是和事物本身存在的矛盾对立分不开的;虽然他自己并没有明确提出"对立统一"这样的命题,但他注意到各种对立面统一的现象,并且提出了"斗争是产生万物的根源"的思想。

以下分别论述这三个方面,本节先讨论他第一方面的思想。

一 "人不能两次踏进同一条河流"

初期的哲学家都是自发的辩证论者,因为他们所看到的世界总是在不断运动变化,不断生灭的。柏拉图在《泰阿泰德篇》中讲道:

　　所有我们说是"存在"的东西，实际上都是在变动的过程中，作为运动、变化和互相结合的结果而存在的。我们说它们是"存在"，是错误的，因为它们没有一个是永远如此存在的；它们总是在变化中。在这方面，可以说除了巴门尼德之外，所有的哲学家——普罗泰戈拉、赫拉克利特、恩培多克勒——都是同意的；还有最伟大的诗人，如喜剧诗人厄庇卡尔谟和悲剧诗人荷马也都同意。荷马说："俄刻诺斯（海洋之神）是诸神之源，忒提斯女神是诸神之母"，他的意思就是说万物都是从变化之流中产生出来的。①

这里虽然没有直接提到米利都学派的哲学家，但他们当然是包括在柏拉图这里说的所有的哲学家之内，连毕泰戈拉学派也承认万物的运动变化。因为人们日常接触到的世界万物，无一不是在运动变化中的。在这点上，赫拉克利特的贡献在于将人们日常经验的事实加以概括，提出一般性的命题：万物都是在不断运动变化中的，并且用"人不能两次踏进同一条河流"这样生动的比喻来说明万物的变动。

　　用河流来比喻万物的流动，在赫拉克利特的残篇中只有三则，而且在学者中还是有不同看法的。

　　其一是残篇第十二：

　　　　踏进同一条河流的人，遇到的是不同的水流。（DK22B12）

这则残篇辑自尤息比乌的《福音初阶》，根据阿里乌斯·狄底谟斯的一则资料，说赫拉克利特认为灵魂是一种可以知觉到的呼气，他〔赫拉克利特〕为了论证被呼出的灵魂是永远变化的，所以将它们〔灵魂〕比作河流，他这样说：（即残篇第十二）灵魂也是从湿气中呼出来的。② 最后这句话，原来许多学者（除策勒外）多认为是赫拉克利特的原话，也列入这条残篇。最近有的学者如基尔克经考证后认为这不是赫拉克利特的原话，他和弗里曼、卡恩等人都不将这句话列入残篇，但他们都承认这句话表达的思想是属于赫拉克利特的。基

---

① 柏拉图：《泰阿泰德篇》，152D—E。

② 参见尤息比乌：《预备福音》，第15章第20节；基尔克：《赫拉克利特宇宙论残篇》，第367页。

尔克还根据这里的思想,说明上引残篇第三十六中所说的"灵魂"就是赫拉克利特所说的"宇宙火"。①

　　其二是残篇第九十一,这则残篇原来是:

　　　　人不能两次踏进同一条河流……它分散又结合,……接近又分离……(DK22B91)

这则辑自普卢塔克的残篇,现在也有不同意见。基尔克认为这里的"人不能两次踏进同一条河流"并不是赫拉克利特的原话,而是根据柏拉图—亚里士多德的论述的转述。基尔克将普卢塔克整段话译为:

　　　　……每个有生灭的自然物,都是在生成与消失之中的,呈现为一种模糊的不确定的形象……根据赫拉克利特,要两次踏进同一条河流是不可能的,正像将手两次摆在固定状态的有生灭的物体一样〔不可能〕:由于它们的变化迅速剧烈,所以它分散又结合,而且与其说它是"又"或"后来",不如说它是同时聚合又流开,接近又分离;所以它的变动并不终止于存在……②

基尔克认为只有这段话后半句中的"它分散又结合","聚合又流开,接近又分离"才是赫拉克利特的原话。

　　"人不能两次踏进同一条河流"这句话确实最早见于柏拉图的对话《克拉底鲁篇》:

　　　　据说赫拉克利特说过:万物都在运动中,没有静止的东西;他将它们比作河流,说过你不能两次踏进同一条河流中去。③

类似的说法还见于《泰阿泰德篇》:

　　　　荷马和赫拉克利特以及所有他们这派人的学说都认为万物像流水一样运动着。④

由此可见,古代希腊的诗人和思想家们将万物的变动比作河流或流水是很普

---

①　参见基尔克:《赫拉克利特宇宙论残篇》,第 371 页。

②　普卢塔克《论放逐》,第 18 章 392 B;基尔克:《赫拉克利特宇宙论残篇》,第 381 页。

③　柏拉图:《克拉底鲁篇》,402 A。

④　柏拉图:《泰阿泰德篇》,160 D。

遍的。至于"人不能两次踏进同一条河流"是不是赫拉克利特自己的原话虽然难以确定,但他的残篇第十二说的"踏进同一条河流的人,遇到的是不同的水流",实际上是同一个意思。由这句话自然可以推出:人不能两次踏进同一条河流。无论这是赫拉克利特自己推论出来的,或是柏拉图替他概括出来的,实质上没有什么不同。所以基尔克和卡恩虽然不承认这是赫拉克利特的原话,但都承认这句话是符合赫拉克利特的原意的,是赫拉克利特的最具有深刻含义的说法。[①] 将这个比喻说成是赫拉克利特的思想,是在柏拉图—亚里士多德时代就已经流行了;甚至早于柏拉图,属于赫拉克利特学派的克拉底鲁就已经批评过赫拉克利特的这个观点。亚里士多德说,"克拉底鲁批评赫拉克利特所说的不可能两次踏进同一条河流。"[②]

所以,我们认为,说赫拉克利特曾经提出过"人不能两次踏进同一条河流"这样的命题还是可以相信的。

其三是残篇第四十九 a:

我们踏进又不踏进同一条河流,我们存在又不存在。(DK22B49a)

这则辑自赫拉克莱德(Herakleides)的《荷马问题》的残篇,也是一则很重要的残篇。如果它是真的,那就是赫拉克利特第一次提出了"存在又不存在"这样的命题。原来的学者如第尔斯、策勒等都认为这则残篇是真的,近来的一些学者却怀疑其真实性,基尔克和卡恩都不将它列为赫拉克利特的残篇。卡恩只在他的书的附录——"存疑的赫拉克利特的引文"中提到这则残篇,说:许多作家认为这是一则真的引文,但我认为只能将它看作是有关河流残篇的一种简单的解释,并且是受另一则残篇中有关"我们活着又不活着"的思想影响的。[③] 他所说的另一则残篇就是残篇第六十二:

不死的是有死的,有死的是不死的;这个死那个生,那个生这个死。

(DK22B62)

---

① 参见卡恩:《赫拉克利特的艺术和思想》,第 168—169 页;基尔克:《赫拉克利特宇宙论残篇》,第 372—373 页。

② 亚里士多德:《形而上学》,1010^a 13—14。

③ 参见卡恩:《赫拉克利特的艺术和思想》,第 288 页。

按照卡恩的看法，"我们存在又不存在"并不是赫拉克利特的原话，而是从赫拉克利特的这则残篇引申出来的。从这则残篇可以得出：我们又生又死，也就是：我们又是又不是，即：我们又存在又不存在。

这个问题所以值得提出来专门论述，因为在哲学史上，一般都承认：最初从万物中概括出一个"存在"的哲学家是巴门尼德，而赫拉克利特是早于巴门尼德的。如果赫拉克利特已经说过："我们存在又不存在"，那就是他在巴门尼德以前已经作过这种概括了。如果我们接受卡恩等人的说法，那就是赫拉克利特自己并没有作出这种概括，而是后人为他作出的概括。自从巴门尼德提出唯一的"存在"，并且批评了那些主张"存在又不存在"的思想以后，这些概念就在当时普遍流行了。人们当然会想到：巴门尼德所批评的那主张"存在又不存在"的思想的人，主要就是赫拉克利特。因此，后来的人就认为赫拉克利特说过"存在又不存在"这样的话。亚里士多德在《形而上学》第4卷中论证矛盾律时专门批评了这种思想，他是这样说的：

> 我们不能相信同一事物既存在又不存在，有人认为这是赫拉克利特说的。①

可见亚里士多德也没有完全肯定这句话——同一事物既存在又不存在——是赫拉克利特说的。但这种思想的确是赫拉克利特的思想。赫拉克利特认为万物是在不断变动中的，因此它总既是这样又不是这样。河水不断流动，当人第二次踏进同一条河流时，它已经不是原来的水了。至于赫拉克利特自己是不是已经由此作出一般的概括——"同一事物既存在又不存在"，那就难以断言了，很可能这个命题并不是他自己陈述的。

黑格尔在他的《逻辑学》中，虽然将"存在"置于"变化"之前，但他也承认他所说的"存在"只是一个纯粹抽象的东西，从而肯定"变化"在哲学上的意义：

> 变化既是第一个具体的思想范畴，同时也是第一个真正的思想范畴。

在哲学史上，赫拉克利特的体系约相当于这个阶段的逻辑体系。当赫拉

---

① 亚里士多德：《形而上学》，1005ᵇ23—25。

克利特说:"万物皆在流动"时,他已经说出了变化是万有的基本规定。①实际上人类的思想并不是从抽象开始的,而是从具体开始的。因此,初期的哲学家最早探讨的问题还不是抽象的"存在",而是具体的变化着的万物,开始讨论它们的本原问题。赫拉克利特提出万物都在不断运动变化,并且以河流作比喻,认为人不能两次踏进同一条河流中去,可以说是为最早时期的哲学作了一般的表述——我们可以这样来理解黑格尔的这一段话。

二 赫拉克利特和克拉底鲁

亚里士多德在《形而上学》第 4 卷中讲到那些认为万物都是在不断运动变化的思想家是将一切存在等同于可感知的事物,接着就说:

> 将这种观点推到极端,便成为被称作赫拉克利特学派的克拉底鲁的看法,他最终认为人根本不能说什么,而只能简单地动动他的手指;他批评赫拉克利特所说的人不能两次踏进同一条河流,因为他〔克拉底鲁〕认为即使踏进一次也不可能。②

这就是将变动的观点推到了极端:当你这一次踏进河流去的时候,水已经在流,你踏进去的已经不是原来的河水了,所以连踏进一次也不可能。由此他又推论:人要说什么都不可能,事物瞬息变化,你要说它的时候,它早已不是原来的那个东西了;因此,人不能说什么,只能动动他的手指。这就是夸大了运动变化的绝对性,根本否认在运动变化中还有相对静止的一面。

关于克拉底鲁,我们能够知道的很少,只是从柏拉图—亚里士多德所提供的材料,知道在赫拉克利特死后,他的学说在爱菲索一带流传,形成一个被称为赫拉克利特的学派,克拉底鲁是其中一位著名的代表。这个学派直到公元前 4 世纪还在活动,柏拉图熟悉他们的思想。在《泰阿泰德篇》中,柏拉图曾以嘲笑的语气谈到赫拉克利特学派的活动。他说到当时在伊奥尼亚,赫拉克利特的信徒们热烈地为他的学说进行辩护:

---

① 黑格尔:《小逻辑》,中译本,第 199 页。
② 亚里士多德:《形而上学》,1010ᵃ10—14。

　　爱菲索人当然是非常熟悉赫拉克利特的学说,但你无法和他们讨论,
他们简直像一群疯子。他们确是非常忠于自己的理论,真正在不断变化;
要他们停下来注意一个论证或问题,或者要他们安静地进行问答,比要他
们飞还困难;他们欠缺这种静止的能力,即使用负数来表示都嫌不足。如
果你向他们提出一个问题,他们就会从箭囊中取出一支小小的玄妙的格
言向你射来;如果你想了解他所说的意义,你又会被另一支新创造的比喻
的箭所穿透。你无论怎样也抓不住他们,他们自己彼此也不能抓住;他们
非常小心,无论在讨论中或者他们自己心中,不让任何东西确定下来。我
猜想这正是他们所做的某种不动的东西——这本是他们尽最大努力为之
奋斗到底的要将它们从宇宙中驱逐出去的东西。①

柏拉图不但淋漓尽致地描绘了当时赫拉克利特学派将赫拉克利特的变动学说
推到极端的错误做法(当然也可能有出自他自己的偏见),而且也不自觉地说
出了一条辩证法的真理,即认为"没有任何静止不动的东西"这个原则本身就
是一个确定的、静止不动的东西,虽然这是从两个不同的层次上说的,但这也
是属于辩证法所承认的绝对运动的一种相对静止性。

　　如果说在赫拉克利特的时代,赫拉克利特自己,甚至还有克拉底鲁能够这
样考虑问题,提出绝对运动和相对静止的问题,那是违背历史的。赫拉克利特
的历史地位在于他是第一个从哲学上提出动的问题并为之作出深刻解释的希
腊哲学家。他以后的以克拉底鲁为代表的赫拉克利特学派将他的运动学说推
到了极端,将辩证法变为形而上学。克拉底鲁所说的人什么都不能说,只能动
动手指,以及柏拉图所描述的赫拉克利特学派的行为,已经走上了诡辩,可以
导向相对主义、不可知论和怀疑论。后期希腊哲学的怀疑论的来源之一,就是
沿着克拉底鲁歪曲赫拉克利特的辩证法思想的路于发展起来的。

　　在赫拉克利特以后,爱利亚学派又提出了相反的学说,认为只有静止不变
的"存在"是存在的,根本否认运动变化。这样,运动和静止的关系问题才成
为哲学中的一个重要的争论问题而展开。尽管赫拉克利特自己并没有谈到静

---

① 柏拉图:《泰阿泰德篇》,179E—180B。

止的问题,但在他以后的哲学家解释他的思想时,就不免要讨论到运动和静止的关系问题,其中最主要的一个问题就是:当赫拉克利特认为一切都在变动时,他是不是承认在变动中还有不动的、稳定的东西?赫拉克利特自己也许根本没有想到用这样的方式考虑问题,但随着人类认识的发展,后来的哲学家却必然要提出这样的问题。这个问题曾使柏拉图困扰过。

前引柏拉图在《克拉底鲁篇》中谈到赫拉克利特的河流的比喻时说,据说赫拉克利特说过:万物都在运动中,没有静止的东西。① 这句话有人按中国哲学的语法译作"一切皆流,无物常住"。在《克拉底鲁篇》中同样的话又出现过一次。就在这个河流比喻以前,柏拉图讲到本体是万物的动力、原因和统治力量时,也说:

……赫拉克利特的意见是:万物流动,没有停住不动的东西。②

对于柏拉图这样解释赫拉克利特的河流比喻是否正确?在后来的学者中就引起了争议。基尔克在概述了这些争论意见之后认为:柏拉图是相信万物处于经常变化之中的,他对于河流比喻的理解也不能说全部错了,他的错误只在于着重点没有摆对。赫拉克利特用河流比喻是要说明:(整个河流的)稳定性和(水流经过一个固定点的)变化之间的结合,而不单是说明这种变化的连续性。他认为在河流比喻的这两个方面——稳定性和变化之间,赫拉克利特更有兴趣的是前者——稳定性,可以证明这点的是赫拉克利特的整个自然学说,以及他在这则残篇中所说的"同一条河流",而且踏进去的也是"同一个人";他还提到赫拉克利特经常讲到这个"同一",比如说向上的路和向下的路也是"同一"的等等。③

我们认为:基尔克的解释虽然是用现代人的思想去解释赫拉克利特,这实际上也是无法避免的;他所说的河流比喻是稳定性和变易性的结合和统一,也是对的。这就是赫拉克利特的思想和克拉底鲁不同的地方,赫拉克利特的思想是辩证的,而克拉底鲁却将它引向怀疑论和不可知论。将运动变化推到极

---

① 参见柏拉图:《克拉底鲁篇》,402A。
② 柏拉图:《克拉底鲁篇》,401D。
③ 参见基尔克:《赫拉克利特宇宙论残篇》,第377页。

端也是一种形而上学。但是,基尔克认为在两个重点——稳定性和变易性之间,赫拉克利特更有兴趣的是前者,这是我们不能同意的。我们认为赫拉克利特整个思想的重点还是在万物的运动变化上,他的河流比喻也是为了说明万物是不断运动变化的。在这点上,柏拉图并没有错;柏拉图的错误在这句话的后半句——"没有静止的东西"("无物常住")。这句话如果作为哲学的总的原则来说,"万物都在流动,没有静止不变的东西",这是完全正确的,因为运动变化是绝对的;但如果将这句话本身也绝对化,说完全没静止的东西,否认相对的稳定性,那就错了。在赫拉克利特的学说中,这种关于相对稳定性的论述是很多的。基尔克所举的"同一条河流"和"同一个人"是相对稳定性,因为我们总得承认"这一条河流"和"这一个人",这就是相对静止;虽然人和河流总是在不断变动的。而说向上的路和向下的路是"同一"的,这个"同一"就不会改变了。正像赫拉克利特说运动变化都是按照一定的尺度——逻各斯进行的。在这里,尺度和逻各斯,就其抽象的一般意义说,它是不变的;但具体事物变化和运动的具体的尺度和逻各斯(以及人对这些尺度和逻各斯的认识)也还是有变化和发展的。这里就需要分析抽象和具体的各种不同层次,才能说明这种相对的稳定性。

卡恩认为柏拉图是"同情地发展了赫拉克利特的卓见"的,他引了柏拉图在《会饮篇》中的一段话来说明。[1] 柏拉图在这篇对话中谈到不朽的爱时说:

怎样达到这种不朽呢?只能靠生殖,用新的一代代替旧的。就拿个体的生命说,也是连续的,不是绝对的同一个。一个人虽然被称为同一个名字,但在短暂的时间内他已经由青年变成老年。任何动物虽然是在同一个生命中,但它总是在不断的丧失和弥补的过程中——它的头发、肌肉、骨、血以至整个身体都在不断变化。不但肉体如此,灵魂也是这样,我们的习惯、心情、意见、欲望、快乐、痛苦、恐惧等等都不是保持不变,而是不断变化的。[2]

---

① 参见卡恩:《赫拉克利特的艺术和思想》,第167页。
② 参见柏拉图:《会饮篇》,207D—E。

接下去柏拉图又说，连人的知识也是这样不断变化的，所以才有"回忆"的问题。他说，凡是有生灭的东西都是这样不断变化的，只有神圣的东西才能真正不朽，有生灭的东西只能从神圣的东西那里分有这种不朽。①

卡恩只引证了以上直接引用的这段话，从而得出"柏拉图同情地发展了赫拉克利特的卓见"的结论。如果单就这段话说，确也可以得出这样的结论。我们将柏拉图这一段话的后面部分的意思补出来，这样才能全面地了解柏拉图对赫拉克利特学说的态度。

柏拉图是受赫拉克利特的影响的。亚里士多德在《形而上学》第1卷第六章论述柏拉图哲学时，开始就讲：

他〔柏拉图〕青年时就首先通过克拉底鲁熟悉了赫拉克利特的学说，即认为一切可感觉的事物都永远在流动状态中，对它们不能有任何知识，这种观点一直到他晚年还保持着。②

由此可知，柏拉图是通过克拉底鲁了解赫拉克利特的学说的；他所认识、接受并一直保持到晚年的，实际上已经不是真正的赫拉克利特的学说，而是克拉底鲁的思想。亚里士多德在这里列举的所谓赫拉克利特学说的两个要点，其一是一切可感觉的事物都永远在流动状态中，这是赫拉克利特自己的学说；其二说对它们（一切可感觉的事物）不能有任何知识（这里指的是理性的知识），显然不是赫拉克利特自己的思想，而是被克拉底鲁用巴门尼德的思想解释过的思想。因为，认为对变化着的现象不能有真正的知识，这是在赫拉克利特以后，巴门尼德才开始提出来的。赫拉克利特关于这个（认识论）方面的思想，我们下面还要专门论述。

柏拉图接受了克拉底鲁的思想，认为现实的具体世界是变动的世界，对它们只能有感觉，不能有知识（在这点上，他没有走到克拉底鲁那么极端）；永恒不变的乃是另一个理念世界，我们的知识都是关于理念世界的。这就是柏拉图的两个世界的学说，以及其中所受赫拉克利特—克拉底鲁学说的影响和

① 参见柏拉图：《会饮篇》，208A—B。
② 亚里士多德：《形而上学》，987^{a}32—^{b}1。

作用。

　　了解了这一点以后,再回头看柏拉图在《克拉底鲁篇》中对赫拉克利特河流比喻的解释——"一切皆流,无物常住",就可以知道:这确实是柏拉图对赫拉克利特学说的看法,即他认为赫拉克利特所说的万物都是运动变化的,没有任何一点静止的东西;因为所有永恒不变的东西都在赫拉克利特所说的那个世界以外的另一个世界里。

　　从这里也可以看出:柏拉图实际上没有看出赫拉克利特的思想和克拉底鲁的思想之间的区别。亚里士多德虽然曾经将克拉底鲁的思想和赫拉克利特的思想区别开来,[①]但在上引的这段话里,他也将二者混淆了。

　　赫拉克利特所说的万物变动,其中是否还有静止不变的东西? 亚里士多德在《论天》中提出了另一种说法,他说到在早期的自然哲学家中,有一派是根本不承认有生成和毁灭的,另一派则相反,认为世界万物都是生成和毁灭的。他说,在后一派哲学家中:

　　　　这些思想家认为,一切都是生成的,或者像他们所说,"是流动的",没有什么固定不变的东西,只除了一种单纯的东西,它作为一切转化的基础,是持续存在的。我们可以这样来解释爱菲索的赫拉克利特和许多别的哲学家的学说。[②]

这种解释在亚里士多德时代大概已经很流行了。自从赫拉克利特提出万物皆变,爱利亚学派提出只有不变的存在以后,哲学家们从恩培多克勒、阿那克萨戈拉起都倾向于这样解释:在变化的现象背后有不变的东西,这就是本原,就是物质的元素——水、气等单纯的东西,它是一切转化的基础,是持续存在的,是变中的不变。他们这样解释米利都学派的本原——泰勒斯所说的水、阿那克西曼德所说的无定限体、阿那克西美尼所说的气,也这样解释赫拉克利特所说的火。这样,原来的"本原"又多了一重含义:变中的不变。亚里士多德以此作为他的"本体"的一个重要的特征。

---

① 参见亚里士多德:《形而上学》,1010^a 10—14。
② 亚里士多德:《论天》,298^b 29—34。

赫拉克利特所说的"火"是不是变中的不变呢? 我们可以说既是又不是。赫拉克利特说万物都从火产生最后又复归于火,他称之为"永恒的"活火。从这方面说,火确实可以说是在变化背后的持续不变的东西。这是米利都学派的哲学家还没有明白意识到的问题,赫拉克利特开始提出这一点,但也还没有能将这个意思明白表达出来。但是,赫拉克利特所强调的是万物的运动和变化,他所以选火为万物的本原,因为火是最变动不停的东西。

从以上这些方面可以看出:虽然赫拉克利特强调的是事物的运动变化方面,他提出了"人不能两次踏进同一条河流"这样著名的命题。但是他的思想和他的后继者克拉底鲁的思想是有区别的。克拉底鲁将赫拉克利特的思想推到极端,根本否认运动变化中的相对静止性;并且他吸取了巴门尼德的思想,认为对于运动变化的事物不能有真正的知识。这些思想并不是赫拉克利特的思想。赫拉克利特的思想是朴素的辩证法,不能解释为克拉底鲁那样的形而上学。当然,也要说明:赫拉克利特自己只提出运动变化的问题,有关静止不变的问题是在他以后的爱利亚学派提出来的。所以,有关赫拉克利特学说中的运动和静止的关系问题,都是后人给他作的解释,这些解释是必要的,有些是正确的,但在赫拉克利特自己却还没有意识到这方面的问题。这一点是我们应该注意的。

第四节 逻各斯

赫拉克利特认为万物是永远变动的,而且这种变动是按照一定的尺度和规律进行的。这就是他的逻各斯学说,是他的辩证法思想的第二个方面。

一 什么是"逻各斯"

"逻各斯"这个词,是希腊文 $\lambda\acute{o}\gamma o\varsigma$ (logos)的音译。因为这个词原来有多种不同的含义,赫拉克利特的残篇中多次使用这个词,也是在不同的意义上使用的。中文中很难找到一个适当的词翻译它,现在一般多音译为逻各斯。

在赫拉克利特的残篇中,有许多地方谈到逻各斯。比如前引残篇第三十中,他讲到宇宙过去、现在和将来永远是一团永恒的活火时,说它"按一定的尺度 $\mu\acute{\epsilon}\tau\rho\sigma\varsigma$ (metros) 燃烧,按一定的尺度熄灭"。这里虽然没有用逻各斯这个词,但所讲的尺度是和逻各斯密切关联的。所以接下去的残篇第三十一说到火变为海,海变为土;而土又被分解为海;他说土变为海和海变为土是按照"相同的逻各斯的"。这两则残篇已经表明赫拉克利特认为,本原火的燃烧和熄灭,也就是万物的转化,都是按照一定的、相同的逻各斯的。

赫拉克利特正面阐述他的逻各斯思想的,主要是第尔斯辑自塞克斯都·恩披里柯的《驳数理学家》的残篇第一和第二。塞克斯都·恩披里柯是这样说的:"在上述这个人〔赫拉克利特〕的论自然的著作的开始,他以某种方式表示的气氛说道",接着引证了一大段赫拉克利特的原话,即残篇第一:[①]

> 逻各斯虽然像我所说的那样常在,但人们在听到它以前,或是第一次听到它的时候,却总是不能理解它。万物都是按照这个逻各斯产生的,虽然我已经根据事物的本性将它们加以区别,解释了它们是如何发生的,而且人们也经常遇到像我所说明的那些话语和事实,但是他们却像从来没有遇到过它〔逻各斯〕一样。至于另外一些人对他们醒来以后做了些什么也不知道,就像是对他们梦中所做的事已经忘记了一样。(DK22B1)

塞克斯都·恩披里柯说这段话是赫拉克利特在一本论自然的著作中开头所讲的话,这一点可以在亚里士多德的《修辞学》中得到证实。在本章第一节中曾引用过亚里士多德在《修辞学》中一段批评赫拉克利特的文风的话,他抱怨连给赫拉克利特的著作点标点都不是一件容易的事情。接着他就举例说:"在他的论文开始时说,'这个逻各斯虽然常在,人们却总不能理解它',这里就不清楚应该如何标点,才能将这两个子句联结起来。"[②]学者们都认为亚里士多德所说的赫拉克利特在论文开始时的那句话,就是残篇第一开始时的那句话。可见亚里士多德也感到赫拉克利特的这句话难以理解,连给它标点也觉得困

---

① 塞克斯都·恩披里柯:《反逻辑学家》第 1 卷,第 132 节;基尔克:《赫拉克利特宇宙论残篇》,第 33 页。

② 亚里士多德:《修辞学》,1407$^{\rm b}$15—17。

难,正像我们对老子《道德经》开头所说的"道可道非常道……"一样。

卡恩在《赫拉克利特的艺术和思想》一书中,将赫拉克利特的残篇重新排列,按照它们的内容,企图将它们安排成为一篇前后相联的,能够有条理秩序地系统地表达赫拉克利特思想的论文。他也将这段话列在开头,作为第一则残篇。他是利用逻各斯另有一个含义,即说话、报告。古代作家常以"某某〔作者自己〕这样说"作为著作的开场白,正像我国古书上的"孔子曰"、"孟子曰"、"太史公曰"一样。卡恩利用逻各斯的这种含义在这里表达了双重意思:一方面表示这是赫拉克利特像当时一般作者一样,在这里开始所说的、所报告的,和后面的人们"听到"可以联系起来;另一方面又表示他所说的是一种新的语言,是一种智慧的格言、常存的真理,所以是一般人所难以理解的。①

因为逻各斯有多种不同的含义,所以我们要了解赫拉克利特所说的逻各斯究竟是什么,还得先弄清楚逻各斯这个词的各种含义。

《希英大辞典》中 λόγος 条解释这个词有十种含义:1.计算、尺度,2.对应关系、比例,3.说明、解释、论证、公式,4.灵魂内在的考虑,如思想、理性,5.陈述、演说,6.口头的表述、言词,7.特殊的说法,如神谕、格言、命令,8.所想的、说的东西,如对象、主题,9.表述的方式,如理智的、文学艺术的表述,10.神的智慧或言词。②

格思里在《希腊哲学史》第 1 卷中,专门就公元前 5 世纪及其以前的哲学、文学、历史著作中有关逻各斯的用法,归纳出十种含义:

一是任何讲的以及写的东西,包括虚构的故事和真实的历史。

二是所提到的和价值有关的东西,如评价、名誉、名声。

三是进行思考,早在巴门尼德,逻各斯就是和感觉对立的思想或推理;

四是从所讲或所写的发展为原因、理性或论证;

五是和"空话"、"借口"相反,"真正的逻各斯"就是指事物的真理。

六是尺度,完全的或正当的尺寸。

---

① 参见卡恩:《赫拉克利特的艺术和思想》,第 97 页。
② 参见《希英大辞典》,第 1057—1059 页。

七是对应关系、比例，在柏拉图和亚里士多德那里，逻各斯经常指严格的数学上的比例，亚里士多德所说的公元前5世纪的毕泰戈拉学派，也是在这种含义下使用逻各斯这个词的。

八是一般的原则或规律。格思里认为，这种含义的逻各斯要到公元前4世纪前后才出现；如亚里士多德在《伦理学》中说的"正确的逻各斯"；他认为，说公元前5世纪已有这种含义的例子，可能只是误译；他以为要说到最接近于公元前5世纪的，也只能推到留基伯和德谟克利特，他们在有些地方说到的逻各斯，接近于一般规律的意义。

九是理性的力量。这种意义的逻各斯显然和上述第三、四种含义有联系；但格思里认为说逻各斯是理性的力量，是到公元前四世纪的作家中才成为通常的用法的，他们说人和动物的区别就在于人有逻各斯。

十是定义或公式，这是表明事物的本质的，亚里士多德经常使用逻各斯的这种含义。这种含义到公元前四世纪是相当普遍的，但在公元前五世纪还属罕见。

最后，格思里认为：逻各斯在希腊语中是一个最常用的词，在英语中却找不到一个可以逐词对应的同义词。[1]

我们也可以说，在汉语中也很难找到有这种种含义的同义词，如果勉强要找一个，则老子《道德经》中所讲的"道"，也包含其中几种含义，它是规律、比例、道路、方式，也有说话、陈述的意思，也有理性的意义，如"道理"。以前有许多人将逻各斯译为"道"，如基督教的《圣经·新约》中《约翰福音》第1章开始的译文："太初有道，道与神同在，道就是神。这道太初与神同在。万物是借着他造的，凡被造的，没有一样不是借着他造的。"这里的"道"，就是翻译"逻各斯"的。希腊哲学后期的基督教教父哲学曾经利用赫拉克利特的哲学，特别是他的逻各斯学说去解释他们的教义，这就是一个显著的例子。

因为逻各斯有这样多种含义，在赫拉克利特的残篇中出现"逻各斯"这个词的，有好多则，译者往往根据上下文，将它译成不同的词了。外文翻译是这

---

[1]　参见格思里：《希腊哲学史》第1卷，第420—424页。

样,中文翻译如在《古希腊罗马哲学》中也往往是这样。比如上面引用过的残
篇第三十九:

> 住在普里耶涅的透塔美斯的儿子彼亚斯,比别人有更高的逻各斯。
（DK22B39）

这里的逻各斯有价值的含义,因此被译为"声望"。残篇第八十七:

> 浅薄的人听了无论什么逻各斯,都大惊小怪。（DK22B87）

这里的逻各斯有说话、报导甚至谣传的含义,被译为"话"。残篇第一百零八:

> 我听过许多人的逻各斯,他们没有一个人能够认识到智慧是和一切
> 事物有区别的。（DK22B108）

这里的逻各斯,被译为"讲演"。残篇第三十一:

> 它〔土〕被分解为海,是按照以前海变为土的相同的逻各斯的。
（DK22B31）

这里的逻各斯是比例、尺度、分寸的意思。残篇第四十五:

> 灵魂的边界,无论你走遍所有道路,也是找不到的,它〔灵魂〕的逻各
> 斯是那么深。（DK22B45）

这里的逻各斯被译为"根源"。残篇第一百一十五:

> 灵魂有它自己的逻各斯,它自行增长。（DK22B115）

这里的逻各斯可以理解为深度、根源等等。

基尔克解释:逻各斯的词根 $\lambda\varepsilon\gamma$ 原来有"挑选"、"选择"的意思,由此引
申出"计算"的意思,就有"尺度"、"比例",最后成为"公式"、"计划",达到"规
律"。他认为:虽然赫拉克利特在不同的含义上使用这个词,但在他心中,显
然是有一个基本的抽象概念的。在以上这些残篇中,逻各斯最显著的含义就
是它是一种尺度,有数量上的"大小"和"分寸"的意思。残篇第三十九的逻各
斯虽然被译为"声望",但这种声望、名誉也是有高低、大小的不同程度的;残
篇第四十五的逻各斯被译为"根源",它也是有深度的;残篇第一百一十五中
灵魂的逻各斯也是能够自行增长的;残篇第一百零八和第八十七中的逻各斯,
虽然是说话,但这种说话也可以说是有深浅程度不同的,可以将它说成是一种
"估计",浅薄的人无论听到什么样的估计,都会大惊小怪;赫拉克利特听过许

多人的估计,发觉他们都没有认识真正的智慧。①

由此我们可以说,如果在赫拉克利特心中有一个基本的抽象概念的话,这个概念就是:万物的运动,无论是火的燃烧和熄灭以及万物的生成和互相转化,都是按照一定的逻各斯进行的;这种逻各斯主要就是一种尺度、大小、分寸,即数量上的比例关系。

这种尺度当然也是一种规律,但它和通常说的一般规律还有点不同,即尺度还只是一种主要表现为数量上的一定的比例和关系,而一般规律却不仅表现在数量方面,也可以表现在其他方面。从抽象的程度说,一般规律高于尺度。人的认识发展是从具体到一般的,先从具体的事物中发现比较一般的东西,然后再深入到更为一般的东西。所以,发现尺度是发现一般规律的前一步,从认识尺度再前进一步就可以认识一般规律。从上述格思里的分析以及基尔克的意见,我们似乎可以说,赫拉克利特提出的逻各斯正是处在人类认识发展的这个阶段——认识尺度、比例上。

由此也可以看到赫拉克利特和毕泰戈拉学派之间的关系。毕泰戈拉学派认为万物的本原是数,它们的存在和变化都根据一定的数的比率关系,整个宇宙就是按一定的数的比例组成的有秩序的科斯摩斯。赫拉克利特用"逻各斯"这样一个简单的概念将毕泰戈拉学派的思想完美地表达出来。在这点上,赫拉克利特和毕泰戈拉学派的思想是根本一致的。至于他们究竟是谁影响了谁?这个问题就很难确定。也许最初是赫拉克利特受了他以前的毕泰戈拉学派的思想影响,后来则是他们彼此相互影响了。上引格思里指出,亚里士多德在讲到毕泰戈拉学派的思想时,也使用逻各斯这个词。

这样,我们可以说:在公元前6—前5世纪期间,以毕泰戈拉学派和赫拉克利特为代表的希腊哲学,已经比米利都学派前进了一步,即他们不满足于寻求万物的本原,而是开始要寻求隐藏在现象背后的带有规律性的东西。他们开始发现了数量上的比例关系,也就是逻各斯。这是当时哲学上的一个重大发展,也是他们对哲学发展作出的重要贡献之一。

---

① 参见基尔克:《赫拉克利特宇宙论残篇》,第38—39页。

二 公共的逻各斯

赫拉克利特所说的逻各斯是后来哲学上讲的一般规律的最初表现,这还可以用以下一点来证明:赫拉克利特认为这个逻各斯是公共的、共同的,而不是哪一个人或物所私有的;这相当于我们说规律是普遍的、客观的,有同样的意义。

赫拉克利特说逻各斯是公共的,主要见于他的残篇第二。残篇第二是紧接在残篇第一后面的,都辑自塞克斯都·恩披里柯的《驳数理学家》。在引用赫拉克利特的这两段话的中间,塞克斯都·恩披里柯只加上一句他的解释:"这里他表示无论我们做或想任何一件事,都是由于分有了神圣的逻各斯〔后期希腊哲学家都强调逻各斯是神圣的〕;不久他〔赫拉克利特〕又说:"①

> 所以必须遵从那共同的东西。虽然逻各斯是共同的,但大多数人还是按他们自己私自的理解那样生活着。(DK22B2)

塞克斯都·恩披里柯又作了一段解释:"这话不是别的,乃是对统治宇宙的方式所作的一种解释;只要我们意识到这一点,我们说的就是真理,如果我们对它保持独立,我们就说假话。"②可见,塞克斯都·恩披里柯已经将赫拉克利特的逻各斯看成是统治宇宙的方式——规律了,这种方式是共同的,只要我们认识到这一点,就能认识真理;但如果对它保持独立,不承认它是共同的,而要按自己特有的(私有的)方式去理解,就违背真理。说逻各斯是共同的,而不是每个人所私有的,就是说相对于每一个个人的主观说,它是普遍的,客观的。

残篇第七十一、七十二、七十三都辑自玛尔库斯·奥勒利乌,卡恩将它们合并为一则,其内容是可以联系起来的:

> (我们应当记得那个)忘记了道路通向那里的人。(DK22B71)

> 对于那些接触最多的、支配一切的逻各斯,他们格格不入,对每天都

---

① 塞克斯都·恩披里柯:《反逻辑学家》第 1 卷,第 132 节;基尔克:《赫拉克利特宇宙论残篇》,第 33 页。

② 塞克斯都·恩披里柯:《反逻辑学家》第 1 卷,第 133 节;基尔克:《赫拉克利特宇宙论残篇》,第 57 页。

遇到的事情,他们显得很生疏。(DK22B72)

　　不要像睡着的人那样说话行事。(DK22B73)

所谓"忘记了道路通向那里",就是说对于那些接触最多(每天都遇到)的,又是支配和指导一切的逻各斯,他们却显得很生疏,格格不入。所以,他们像睡着的人那样说话行事。赫拉克利特常用"睡着的人"和"喝醉的人"来形容属于大多数却不懂得逻各斯的人。逻各斯是最常见的,又是支配一切的,它就是有秩序的宇宙——科斯摩斯。残篇第八十九:

　　对于清醒的人来说,科斯摩斯是统一的、共同的;如果睡着了,每个人就回到他自己的世界。(DK22B89)

可见在赫拉克利特看来,逻各斯和科斯摩斯是一回事,它是人人共同,而不是哪一个人所私有的。

　　在赫拉克利特的残篇中,有一组(从第一百零八到第一百一十八)辑自斯托拜乌的《自然哲学家意见选编》的,其内容大体与这个问题有关。最明显的是残篇第一百一十四:

　　如果要理智地说话,就得将我们的力量依靠在这个人人共同的东西上,正像城邦依靠法律一样,甚至还要更强一些:因为所有人类的法律都是由一个神圣的法律所哺育的,只有它才能要怎样治理就怎样治理,才能满足一切,还能有所超越。(DK22B114)

一般学者都认为这里所说的"人人共同的东西"就是逻各斯。我们如果要理智地说话,就是要说得正确,必须依靠逻各斯。他将逻各斯比作法律,因为法律是人人共同的;一个城邦的人都必须遵守这个城邦的法律,法律对人人都一视同仁。但所有人间的法律又都共同遵守一个唯一的神圣的法律,这个神圣的法律也就是逻各斯,只有它才能合理地统治万物。这段话可以看作是最早用哲学的语言表达了对统治世界的最一般规律的看法。

　　在这一组残篇中,赫拉克利特还将逻各斯和灵魂联系起来,和思想联系起来,认为只有健全的(理智的)思想才能认识逻各斯,而这种健全的思想也是人人所共同有的,只是大多数人还不能认识它而已。我们也可以将这几则残篇按内容排列起来,便可以看出赫拉克利特的思想。前引残篇第一百一十五:

> 灵魂有它自己的逻各斯,它自行增长。(DK22B115)

这是弗里曼的译法,卡恩译为:"逻各斯属于灵魂,它自行增长"。但这逻各斯只有干燥的灵魂才能有,潮湿的灵魂是没有的:

> 干燥的灵魂是最智慧、最优秀的。(DK22B118)

> 一个喝醉酒的人,东倒西歪地被一个未成年的儿童引导着,因为他有一个潮湿的灵魂。(DK22B117)

同样地:

> 思想是人人共同的。(DK22B113)

但是只有:

> 健全的思想($\sigma\omega\varphi\rho\rho\nu\epsilon\bar{\iota}\nu$, sophronein)是最优越最智慧的:它能说出真理并按真理行事,按照事物的本性(自然)认识它们。① (DK22B112)

而这种健全的思想也是人人共有的:

> 人人都能认识自己并有健全思想。② (DK22B116)

这里所说的"认识自己",也就是在公元前 6 世纪时铭刻在德尔斐地方的阿波罗庙进口处的那句格言:"认识你自己"。后来苏格拉底曾以此作为他自己的哲学的一个主题。虽然人人都具有这样的能力,但赫拉克利特还是感叹:

> 我听过许多人的逻各斯,他们没有一个人能够认识到智慧是和一切事物有区别的。(DK22B108)

辑自斯托拜乌的这一组残篇将逻各斯和认识联系起来。"逻各斯是属于灵魂的",或"灵魂有它自己的逻各斯"。但有干燥的灵魂,也有潮湿的灵魂;只有干燥的灵魂是最智慧的,潮湿的灵魂却像喝醉了酒的人一样东倒西歪。所以,灵魂有智慧与愚蠢的区别,高低程度不同,才有自行增长的问题。逻各斯是人人共同的,灵魂也是人人共同有的,灵魂的能力——思想也是人人共同有的,但思想能力也有健康与否和高低程度的不同。只有健全的思想才是最优越最智慧的。这种健全的思想是人人都具有的,但是极大多数人又不能真

---

① 根据卡恩的翻译。

② 根据卡恩的翻译。

正认识智慧。可见,这种健全的思想只是人人可能有的(用后来的哲学术语说,就是"潜在"地有的),而现实却没有。这种健全的思想也可以说就是灵魂的逻各斯。

但什么是健全的思想呢? 健全的思想就是按照事物的本性(即自然)去认识它们,只有这样,才能说出真理和按真理行事。而事物的本性(即自然)是客观的,也可以说就是客观的逻各斯,它也是一切事物和一切认识它的人所共同的。

由此可以看出,赫拉克利特说逻各斯是共同的,是既有主观的也有客观的意义。说它是主观的,即人人都具有健全思想的能力;说它是客观的,即它是事物共同的尺度或规律。逻各斯这个词本身,如上所述,是既具有主观的意义也具有客观的意义。在赫拉克利特的时代,物质和精神还没有明确区分开来,因此他使用逻各斯这个词也有时将它说成是主观的思想,有时又说是客观的尺度。在他以后,唯物论和唯心论系统的分化逐渐明确,唯心论者则强调逻各斯的属于理性的方面,就是努斯,甚至于解释成神的说话,逻各斯也就是神;唯物论者则强调逻各斯是事物发展的客观规律。所以,如果要问这逻各斯究竟是客观的还是主观的? 至少在赫拉克利特提出这个词的时候,他没有分别这两个方面,我们只能说:这两方面的意义都是有的。

按照赫拉克利特的这些残篇,我们还可以作这样的解释:只有干燥的能力,也就是健全思想的能力,才是灵魂的真正的逻各斯;只有它才能认识事物的本性即自然,才能认识真理,也就是认识逻各斯。这就是说:只有主观的逻各斯才能认识客观的逻各斯,因为它们二者都是逻各斯,它们都是人人共同有的,它们彼此也是共同的。这就是主观和客观的同一性,也就是思维和存在的同一性的最初萌芽。当然赫拉克利特自己并没有意识到这一点,不可能从这方面考虑问题,提出问题。但在他的这些残篇背后,应该说是具有这样一种思想,即承认人人具有共同的理性,它是能认识普遍的真理的。这是一种健全的理性主义的思想,而不是神秘主义的。

因为逻各斯是共同的,普遍的,它不是哪一个人所私有的,不是我的、你的。这样就可以理解残篇第五十:

　　　　不要听我的话,而要听从逻各斯,承认一切是一才是智慧的。
(DK22B50)

《古希腊罗马哲学》将这则残篇译成:"不要听从我本人,而要听从我的逻各斯",将逻各斯说成是"我的",就是我个人私有的,是不符合赫拉克利特原意的。所有外文都没有这样译法。这里说:听从逻各斯,就是要承认"一切是一"。(这里赫拉克利特说"承认一切是一才是智慧的",大约就是他所接受的塞诺芬尼的影响。)这个"一切是一",就是指万物的统一性,统一于一个共同的原则。这个统一的共同的原则是什么呢?

　　这则残篇辑自基督教神学家希波吕托的《驳众异端》。希波吕托在引用赫拉克利特这句话以前,还讲到赫拉克利特说过的一些话:

　　　　赫拉克利特说过,整体既是可分的又是不可分的,既是生成的又不是生成的,既是有死的又是不朽的;逻各斯就是 $\alpha\iota\omega\gamma\alpha$(生命、时间),〔圣〕父就是〔圣〕子,神就是正义。①

接下去就是:赫拉克利特说,即残篇第五十。可见他所说的"一切是一"就是指的这些对立的同一。

　　这句话的前半段讲的既"可分"又"不可分",既"生成"又"不生成",既"有死"又"不朽",都是对立的统一。这种思想在赫拉克利特的残篇中很多。如残篇第六十二就是讲:"不朽的是有死的,有死的是不朽的"等等。后半段却并不是说对立的统一。如果说父与子,那也是对立的统一;但如果像基尔克译成大写的 Father and Son,圣父与圣子一体,那就是用基督教义去附会赫拉克利特的学说了。将逻各斯说成是生命、时间,就是说逻各斯也是一个流动的过程,这和赫拉克利特说"一切皆流"是一致的。因为一切皆流,所以任何事物都既是这样又不是这样。这就是赫拉克利特的对立统一学说。所以,我们以为,残篇第五十说的"要听从逻各斯","承认一切是一",指的就是赫拉克利特的对立统一学说。在这点上,赫拉克利特所说的"一",就和塞诺芬尼不一

────────────

① 希波吕托:《驳众异端》第9卷,第9章第1节;基尔克:《赫拉克利特宇宙论残篇》,第65页。

样了。

第五节　对立统一

万物都是运动变化的,这种运动变化都遵从逻各斯,而最高的即统一万物的逻各斯就是对立的统一。所以,对立统一学说在赫拉克利特的辩证法思想中占有核心位置,也是他对辩证法作出的最重要贡献。

一　琴和弓

赫拉克利特在残篇第五十中所说的"要听从逻各斯,承认一切是一",就是指要了解对立的统一。这是从残篇第五十一可以看出的。残篇第五十一也辑自希波吕托的《驳众异端》,并且是紧接在残篇第五十之后的。在引用了赫拉克利特残篇第五十的那句话以后,希波吕托只加了一句说明:"因为他们〔一般人〕都忽视了这一点,所以他〔赫拉克利特〕抱怨说",①接下去就是残篇第五十一:

> 他们不了解不同的东西是自身同一的,相反的力量($π\check{α}λί$-$τονοϛ$,palintonos)造成和谐,像弓与琴一样。(DK22B51)

由此可见,残篇第五十一就是解释残篇第五十的。为什么"一切是一"呢? 因为不同的东西都有一个共同性,即它们都是由相反的力量造成的统一;承认这种对立的统一,才是承认逻各斯。

这里所说"相反的力量"—— palintonos 这个词,《希英大辞典》解释为:向后弯,也就是当弓绷紧时拉到对立的方向;并且解释赫拉克利特这条残篇中这个词的意思是"对立的张力造成的结果"。② 古代希腊的七弦琴和弹琴的弓一样,都有绷紧的弦,但它们的作用却是相反的,所以形成对立的张力,才能发出

---

① 希波吕托:《驳众异端》第 9 卷,第 9 章第 1 节;基尔克:《赫拉克利特宇宙论残篇》,第 203 页。

② 《希英大辞典》,第 1292—1293 页。

和谐的音调。叶秀山将这个词读成"二力背反"，"这就是说，弓弦和琴弦两种相反的力量相互作用，才能演奏出有节奏的、和谐的乐曲。"①

赫拉克利特以当时人们习见的琴和弓作比喻，生动地说明了对立的统一。虽然赫拉克利特自己并没有用"对立统一"这样的术语，但近现代西方许多学者已经用"对立统一"来概括赫拉克利特这方面的思想，我们也用黑格尔和马克思主义哲学的这个常见的术语来概括它。实际上，应该承认，在西方哲学史上赫拉克利特是对立统一学说的最早创始人。

赫拉克利特在当时提出对立统一学说，是非常深刻的，远远超出他当时一般人的思想水平，所以他抱怨别人不能理解这个道理。不但在赫拉克利特的时代人们不能理解对立统一，即使在他以后约一百年的大哲学家柏拉图也不能理解他的思想。柏拉图在对话《会饮篇》中专门攻击赫拉克利特所说的琴和弓的比喻。柏拉图用医生厄律克西马库（Eryximachus）的口说：医学就是要使相反的东西和谐一致，音乐也是这样。接着他说：

> 赫拉克利特说过一句含糊费解的话，也许就是这个意思。他说，"一和它本身相反，又和它本身一样，就像竖琴和弓一样。"说和谐就是相反，或者是由还在相反的东西形成的，当然是荒谬的。②

为什么"荒谬"呢？下文他作了解释：如果高音和低音仍然相反，它们就决不能有和谐；因为和谐是协调和一致，如果两个相反的东西还没有调和一致，就不可能有和谐。他认为：赫拉克利特也许是想说：高音和低音本来是相反的，现在协调一致了，才产生和谐的音调。③ 由此可见，柏拉图是抽象地静止地看问题，所以在他看来，如果高音和低音还是相反的，它们就不能协调和谐；如果它们成为和谐了，它们就不再是相反。这就是说，两个东西或者是对立的，或者是和谐的，只能是其中之一，而不能同时既是和谐的又是对立的。用这种形而上学的思想当然不能理解赫拉克利特的辩证法。用辩证法看问题，则恰恰因为它们是对立的，才能成为和谐；如果不是对立的高音和低音，而是相同

---

① 叶秀山：《前苏格拉底哲学研究》，第117页。
② 柏拉图：《会饮篇》，187A。
③ 参见柏拉图：《会饮篇》，187 A—C。

的、一样的音,还有什么和谐的问题呢?承认对立的和谐就是相反相成。

在这点上,亚里士多德还比较客观些。他在《尼各马科伦理学》中记载了赫拉克利特的说话,被第尔斯辑为赫拉克利特的残篇第八:

> 互相排斥的东西结合在一起,不同的音调造成最美的和谐;一切都是从斗争产生的。① (DK22B8)

亚里士多德在《论世界》(这部著作是不是真正亚里士多德自己的,学者中还有不同意见)中还有一大段话说明这种对立的统一。在这段话的最后,亚里士多德引用了"晦涩者"赫拉克利特的话,被第尔斯辑为残篇第十:

> 结合物既是整体又不是整体,既是一致又有不同,既是和谐又不和谐;从一切产生一,从一产生一切。(DK22B10)

在这则残篇以前,亚里士多德有一段比较长的解释:

> 有些人感到奇怪:既然世界是由相反的原则——干和湿、热和冷——组成的,它怎么会长久不消失不毁灭呢?正像人可以感到奇怪:既然城邦是由对立的阶层——富的和穷的、年轻的和年老的、弱的和强的、好的和坏的——组成的,它如何能继续存在呢?他们没有注意到城邦的一致中总是带着最有冲突的特征的,从多样性中产生统一,从不相同中产生相同,它总得允许各种不同存在。自然界也同样是有相反的,从相反的而不是从相同的东西产生和谐,它将雌和雄配合起来,而不是同性相配,从相反的而不是相同的东西组成最初的和谐。艺术在这方面也显然是模仿自然的。绘画在画面上将白色和黑色、黄色和红色的因素混合起来,造成和原物相似的形象。音乐也是将高音和低音、短音和长音混合在一起,达成不同声音的和谐;书法则是将元音和辅音混合,构成整个这种艺术。②

亚里士多德这段话虽然没有说是赫拉克利特自己说的,但它比较正确地表达了赫拉克利特的思想:无论自然界还是社会以及各种艺术都是在相反中得到谐和,不同中得到统一,在对立中存在的。特别值得注意的是:这个问题原来

---

① 亚里士多德:《尼各马科伦理学》,1155^b5—7。

② 亚里士多德:《论世界》,396^a33—^b19。

是从现实生活中提出来的。当时人们看到城邦内部分裂为不同的阶层和阶级——富的和穷的、弱的和强的、好的和坏的,便发生问题:这样的社会如何能存在下去而不消灭呢? 赫拉克利特看到了社会的统一和秩序正是建筑在它内部的不同和对立上的。这在当时当然是很深刻的思想。

从以上所引柏拉图和亚里士多德对赫拉克利特的论述可以看出,他们对赫拉克利特的看法是不同的。柏拉图站在形而上学的立场上,认为赫拉克利特的辩证法命题是荒谬的。(也应该说明:柏拉图对赫拉克利特的这种看法,属于他早期对话篇中的思想,到他后期的对话——如《巴门尼德篇》、《智者篇》等,对于对立的性质和理念能否相互结合的问题展开讨论,已经改变了他早期的看法了。)而亚里士多德至少在这段话中,是表示同意赫拉克利特思想的,认为对立统一是自然界、社会和各种艺术的普遍规律。自然界只能将雌雄相配,而不能将雄配雄,雌配雌。如果没有不同和对立,只有相同,怎么能有统一与和谐呢? 但是亚里士多德对于这种辩证法的观点也不是始终坚持的。当他讲到排中律和矛盾律时,就批评赫拉克利特的"既存在又不存在"的学说。可见要求古代希腊的哲学家完全理解和接受赫拉克利特的思想是很困难的。

赫拉克利特的对立统一思想,和他以前哲学家的思想有什么联系? 可以说,从哲学一开始就避免不了有关对立的问题。米利都学派的哲学家,特别是阿那克西曼德提出"阿派朗",是从对立的问题直接引起的。西方许多学者,从古代开始就有将阿派朗解释为对立的统一体,从而将赫拉克利特的思想溯源到阿那克西曼德。我们在讨论阿那克西曼德的思想时已经说过,这种解释不一定妥当。实际上,米利都学派尽管谈到过许多有关对立的问题,但是他们(包括阿那克西曼德在内)并没有明确地从哲学上认识到和提出对立统一的问题。开始在哲学上提出对立的问题并认为对立是本原的是毕泰戈拉学派,所以需要讨论的是赫拉克利特和毕泰戈拉学派的关系问题。

在这个问题上,西方学者的意见是不同的。伯奈特认为,在主张世界同时既是一又是多,以及对立统一成为一上,赫拉克利特得出和毕泰戈拉同样的结论;还有在讲到"和谐"这个词上,赫拉克利特显然是受了毕泰戈拉的影响的。① 基尔克认为,必须将毕泰戈拉和毕泰戈拉学派区别开来,没有证据表明毕泰戈拉本人已经将事物分析成为对立面,亚里士多德列举的十对对立是归为毕泰戈拉学派的,是在毕泰戈拉死后才形成的;他认为赫拉克利特所说的对立的和谐也不能说是受毕泰戈拉的影响的。② 格思里也论证赫拉克利特所说的和谐和毕泰戈拉学派所说的是很不同的。③

我们以为,毕泰戈拉本人和早期毕泰戈拉学派是早于赫拉克利特的,虽然毕泰戈拉学派的一些完整的思想,如十对对立等大约是在比较后的时期才形成的,但他们的一些根本思想,如提出数的基本对立——奇数和偶数、有限和无限,以及数的和谐等却很可能是毕泰戈拉和早期毕泰戈拉学派已经提出来的,这些不能不影响赫拉克利特。赫拉克利特的思想和毕泰戈拉学派的思想之间有联系,这也是很清楚的。但是,赫拉克利特的思想比毕泰戈拉及其学派有很大发展,最根本的一点还在于对立统一思想。我们论述毕泰戈拉学派时已经谈到:他们只是论述了这些对立的存在,从价值上对于对立的两面有所区别;但对于对立两面之间的关系,它们之间的不可分割的联系以及转化等等,至少早期毕泰戈拉学派并没有论及。正是在这点上,赫拉克利特的对立统一学说大大超过了毕泰戈拉学派。在和谐的问题上,毕泰戈拉学派只看到数和音乐的和谐,赫拉克利特却推广到一切对立的统一是普遍的和谐,并且提出斗争是比和谐更为重要的思想。因此,赫拉克利特的思想虽然受毕泰戈拉及其学派的影响,但是,只有赫拉克利特才能被称为辩证法的创始者和奠基人。

二　辩证法和相对主义

赫拉克利特没有留下比较完整的著作,我们只能看到他的一些残篇,从这些残篇中很难发现他的思辨的逻辑过程。逻辑的思辨和论证是到爱利亚学派的残存著作中才开始看到的。赫拉克利特虽然提出很深刻的思想,但他这些

① 参见伯奈特:《早期希腊哲学》,第143—144页。
② 参见基尔克:《赫拉克利特宇宙学残篇》,第219页。
③ 参见格思里:《希腊哲学史》第1卷,第435页。

思想很可能和初期的哲学家一样,主要是从对客观世界和日常生活的感性的观察中领悟出来的。因此,在他有关对立统一的残篇中也不免出现一些简单朴素的、表面的东西。

基尔克在《赫拉克利特宇宙论残篇》中将赫拉克利特的有关残篇分成十二个组,其中有七个组(第二组至第八组)都是和对立统一思想有关的。在第二组收集的残篇,基尔克介绍说:这些是"由不同类型的观察者以相反的方式去看,则同一事物对不同的对象便会产生对立的结果。某种食物或行为,如果对动物是好的,对人便是相反的,反之亦然。"①在这一组中,他列举了以下几则残篇:

残篇第六十一,也辑自希波吕托的《驳众异端》。希波吕托介绍赫拉克利特认为肮脏和清洁是同一的、能喝和不能喝是同一的。他〔赫拉克利特〕说:②

海水既是最清洁的又是最肮脏的;对于鱼,它是能喝的和有益的;对于人,它是不能喝的和有害的。(DK22B61)

这里是以相对于人和鱼这样不同的对象来说明清洁和肮脏、能喝的和不能喝的、有益的和有害的也就是好的和坏的,这些对立是同一的。

残篇第十三:

猪在污泥中比在清洁的水中更为高兴,……(DK22B13)

与此相似的还有残篇第三十七:

猪在污泥中洗澡,家禽在尘土和灰烬中洗澡。(DK22B37)

这也是相对于人和动物而说的,人和动物有不同的价值标准、好坏判断。

残篇第九辑自亚里士多德的《尼各马科伦理学》。亚里士多德在分析"快乐"时认为:每一种动物都有它自己固有的快乐,显然,马、狗和人的快乐是不同的,正像赫拉克利特所说的:

驴子宁愿要草料而不要黄金。(DK22B9)

---

① 基尔克:《赫拉克利特宇宙论残篇》,第 73 页。

② 希波吕托:《驳众异端》第 9 卷,第 10 章第 5 节;基尔克:《赫拉克利特宇宙论残篇》,第 74 页。

因为对于驴子说,食物比黄金可以带来更多乐趣。①

基尔克还提到残篇第四,这则残篇在学者中是存疑的:

如果幸福在于肉体的快感,那么就应当说,牛找到草料吃时是幸福的。(DK22B4)

这些残篇中所讲到的事情,确实是我们日常生活中最常见的。相对于人是坏的东西,相对于动物却可能是好的。不但人和动物之间有这种不同,即使在人和人之间也可以有这种不同。由于各人的条件不同,我认为是好的,你却可以认为是坏的。如果从这样得出结论,说:因此,好和坏是同一的,是对立的统一。那就是相对主义的观点,而不是辩证法了。因为这就是认为真理只是相对的,相对于不同的主体——一个一个不同的个人或动物都可以有自己的真理。公说公有理,婆说婆有理。只有每个主体特有的主观真理,而没有普遍共同的客观真理。相对主义夸大真理的相对性一面,否认真理还有(相对的)绝对性,否认客观真理,可以导致怀疑论和不可知论,当然不是真正的辩证法。

因为辩证法承认真理的相对性,所以它有容易被夸大歪曲为相对主义的一面,以上这些残篇就可以说明。实际上,在希腊哲学史上后来就反复出现这种情况。

智者中的普罗泰戈拉提出"人是万物的尺度"这样的哲学命题。柏拉图在《泰阿泰德篇》中作了解释。柏拉图是在讨论知识就是感觉这个问题时提到普罗泰戈拉,认为"人是万物的尺度"就是说任何事物对于感觉到它是如此的人说,它就是如此的。比如风,有些人感到它是冷的,有些人感到它是热的;对于感到它冷的人,它就是冷的;对于感到它是热的人,它就是热的。柏拉图也将这种思想和赫拉克利特的学说联系起来,说普罗泰戈拉学说的后面有一种"秘密的真理",就是赫拉克利特的一切流动变化的学说。② 虽然柏拉图并没有由此得出风本身既是热的又是冷的的结论(他是不同意这种说法的),但这种思想和上引赫拉克利特的残篇是同一类型的。

---

① 参见亚里士多德:《尼各马科伦理学》,1176ᵃ3—8。

② 参见柏拉图:《泰阿泰德篇》,151D—153C。

后期希腊哲学的怀疑论者也是从这样的论点出发反对他们所说的"独断论者"——即承认有客观真理的人。他们认为由于主体和客体的种种不同条件,对同一事物可以产生不同的印象,从而怀疑、否认有客观真理存在。比如公元前 1 世纪的怀疑论者埃涅西得姆(Aenesidemus)在他的著作《皮罗学派》(Pyrrhonics)中,介绍怀疑论创始人皮罗的学说时提出的悬拟判断的十点理由即"十式"(δεκα τροπον),列举了:不同的生物对同一事物可以得到快乐或痛苦、有利或有害的不同印象,每个人的特性不同,条件状况不同,如在健康或有疾病、睡着或醒着时所得的印象也不相同;不同民族的法律习惯、宗教信仰不同,也可以得到不同的印象;由于位置和距离不同,也可以产生不同印象;一切都是相对的,如左和右、父和子,如果改变了位置,右就不是右,父也不是父,并不是它们本性如此;等等。① 他们甚至认为:"我们无法在自己和其他动物的印象之间做出决断,因为我们自己也卷入争辩之中。"②因此他们根本否认人能判断任何真理。从他们所作的这些论证看,也是可以和上引赫拉克利特的残篇联系起来的。人认为是有害的,猪却认为是有益的。究竟谁掌握真理呢? 我们无法判断,因为人自身也卷入争辩中,成为争辩的一方。按照这样的逻辑,赫拉克利特的这些残篇是可以引申出相对主义和怀疑论的结论的。

赫拉克利特自己是还不可能想到这样的问题的。从他的全部思想说,这些残篇能不能作相对主义的解释呢? 也应该说:不能。我们可以再举出两组与此相似的赫拉克利特的残篇:

一组是辑自柏拉图的对话《大希庇亚斯篇》的残篇第八十二和八十三:

最美丽的猴子和人类相比,也是丑的。(DK22B82)③

最智慧的人和神相比,无论在智慧、美丽和其他方面,都像一只猴子。(DK22B83)④

---

① 参见第欧根尼·拉尔修:《著名哲学家的生平和学说》第 9 卷,第 78—88 节;塞克斯都·恩披里柯:《皮罗学说概要》第 1 卷,第 36—163 节。
② 塞克斯都·恩披里柯:《皮罗学说概要》第 1 卷,第 59 节。
③ 柏拉图:《大希庇亚斯篇》,289A、B。
④ 柏拉图:《大希庇亚斯篇》,289A、B。

如果按照上面的推论,也可以得出:人既是美丽的,也是丑陋的;美丽和丑陋是同一的,因此没有客观的、绝对的美和丑、智慧和不智慧。但这显然不是赫拉克利特的意思,从这两则残篇看来,神——人——猴子(动物)是三个不同的等级,它们的美丽、智慧也属于三个不同的等级,人在这些方面仅仅次于神,而是高于动物的。(柏拉图的《大希庇亚斯篇》的这一段也正是讨论这个问题的。)这就表明:赫拉克利特一方面承认美和丑有相对性,是互相比较而言的;另一方面又是客观的,有绝对性:神比人更智慧和美丽,人又比动物更智慧和美丽。这里还是有个客观的共同标准的。

另一组是残篇第七十八和七十九:

人类的本性没有智慧,只有神的本性才有。(DK22B78)

人和神相比只能说是幼稚的,正如孩子和成人相比一样。

(DK22B79)

这两则残篇的意义和上两则残篇是一样的。赫拉克利特经常从这类比较明显的现象出发考虑对立统一的问题,有时着重了它们的相对方面,但不能因此便解释成相对主义。基尔克也看到这一方面,认为不能将赫拉克利特的这类残篇解释成像"人是万物尺度"这样的主观的相对主义。① 但是,另一方面也得承认,这类思想如果推到绝端,是可以变为相对主义和怀疑论的,后来希腊哲学中的怀疑论和相对主义就是这样发展起来的。

三　对立的统一

赫拉克利特是怎么解释对立的统一的? 从他的残篇看,可以说有两个方面:一、对立面是互相依存的;二、对立面是互相转化的。

基尔克列入第四组的两则残篇——残篇第二十三和第一百一十一——说明对立是互相补充、相互依存的。残篇第二十三辑自克莱门特的《汇编》。克莱门特说:"只有当你已经取消了恐惧的原因——罪恶时,你才能取消恐惧本身;但只有当充满欲望的天性不存在时,你才能取消刑罚:因为《圣经》说:'法

---

① 参见基尔克:《赫拉克利特宇宙论残篇》,第75页。

律不是为正义的人订立的'①。赫拉克利特说得好":②

> 如果这些东西〔恐惧、罪恶、刑罚等〕不存在,他们就不会知道正义的名字。(DK22B23)

辑自斯托拜乌的残篇第一百一十一:

> 疾病使健康成为愉快和好的,饥饿使饱满成为愉快和好的,疲劳使休息成为愉快和好的。(DK22B111)

赫拉克利特从日常生活经验中体会到,对立的好和坏的判断是相互比较而存在,是相互依存的,如果没有这一面,也就无所谓那一面。没有罪恶、刑罚这些非正义的东西存在,人们就不能认识什么是正义。反之亦然,如果没有坏的东西,便无所谓好。所以,疾病使人们认识到健康是好的,饥饿使饱满成为好的,疲劳使休息成为好的。这就是对立统一的第一方面意思。

对立统一的另一方面意义是对立面的相互转化。因为赫拉克利特认为万物是不断流动的,在不断流动变化中,对立面可以相互转化。上文已经引用过的残篇第七十六所说的:由土变水,由水变气,由气变火,这个过程是可逆的。水、火、土、气本身不是对立物(一般只认为水和火是对立的),但由于它们各自具有冷、热、干、湿的性质,从而也成为可以对比的元素了。说明这个问题的是残篇第一百二十六:

> 冷变热,热变冷,湿变干,干变湿。(DK22B126)

冷怎么变? 它不能变成冷,由冷变冷就是没有变,只有冷变热才是发生了变化。这里的"冷"和"热"都是抽象的冷和热,而不是某种具体的冷的和热的事物,具体的冷的和热的事物当然可以变成其他的任何东西,具体的热的事物可以变成冷的事物,也可以变成死的东西。这种冷和热本身又是抽象的,排除了它们可以有程度的不同,热可以变得更热一点,或者变得更冷一点。古希腊哲学家常以这种一般的东西作推论,热只能变成冷,冷也只能变成热。因此,我们对任何对立的范畴都可以作同样的推论:大变小、小变大;奇变偶、偶变奇;

---

① 《圣经·新约:提摩太前书》,第1章第9节。
② 克莱门:《汇编》第4卷,第9章第7节;基尔克:《赫拉克利特宇宙论残篇》,第124页。

有限变无限,无限变有限;等等。

但是,赫拉克利特更主要的是从事物的发展变化来考虑的。最明显的是辑自普卢塔克的残篇第八十八:

> 在我们身上,生和死、醒和睡、少和老都是同一的,因为这个变成那个,那个又再变成这个。(DK22B88)

普卢塔克接着解释说:"因为当一个人从同一泥土培育生物时,他能够毁掉这一株〔植物〕而培育另一株,又毁掉那一株,能够这样无休止地一个接着一个地做下去;同样地,自然也以同样的质料生成我们的祖先,然后又毁掉他们而生成我们的父辈,然后又生成我们,一代接着一代。这种继续的生成之流是永不停止的,和它相对立的毁灭之流也是永不停止的……"①

普卢塔克的这段解释应该说是比较符合赫拉克利特的思想的。赫拉克利特既然认为一切皆流,像一条永不停止的河流,在这个流动的过程中,一些东西的毁灭也就是另一些东西的生成。所以,毁灭之流也就是生成之流,生成和毁灭是同一的,生和死也是同一的,它们是在不断地相互转化之中的。正是在这种转化的过程中,一些新的东西生成了,另一些旧的东西毁灭了。所以赫拉克利特所说的运动变化,主要讲的是质的变化,旧东西的毁灭也就是新东西的产生。

既然生成之流和毁灭之流是同一条流,赫拉克利特也就由此得出普遍的结论,即残篇第六十:

> 上升的路和下降的路是同一的。(DK22B60)

本章第二节中讲到赫拉克利特主张由火变为万物,万物又复归于火时曾提到古代有些作者将此解释为"向上的路"和"向下的路",可见"上升的路"和"下降的路"很可能是赫拉克利特自己常作的比喻,它主要是说明在运动变化过程中的对立统一。

在残篇第五十九中,对于这种统一又作了具体的解释。残篇第五十八、五

---

① 普卢塔克:《致阿波罗尼奥(A pollonium)的信》,第10章第106 E;基尔克:《赫拉克利特宇宙论残篇》,第135页。

十九、六十都辑自希波吕托的《驳众异端》，本来是先后连续的。我们为了解释方便，将它们的次序颠倒过来。残篇第五十九的内容是什么？学者有不同的意见。希波吕托这段话是：

> 他〔赫拉克利特〕认为直和曲是同一的。他说：写字的笔迹既是直的又是曲的，漂洗铺里称作"螺旋器"（κοχλιον）的工具的转动既是直的又是曲的，因为它既向上又作环形运动：他说，这是同一的。①

在这段话中，基尔克和格思里认为"写字的笔迹……"是赫拉克利特的原话，将它列为残篇第五十九；而第尔斯—克兰茨却认为"漂洗铺里称作螺旋器的……"是赫拉克利特的原话，将它列为残篇第五十九。究竟谁是谁非？我们无法判断，但为了理解赫拉克利特的思想，我们觉得，螺旋器的转动似乎比写字的笔迹更容易说明问题。因为螺旋器是按照环形的即弯曲的轨道转动的，但在这种弯曲的转动中，它却向上升了，而上升是一种直线的运动。所以，在螺旋器的转动中，表现出曲和直的同一，这就是对立统一。还有，螺旋器的转动本身，也可以看做一方面是在向上运动，另一方面则是在向下运动，这就是"向上的路和向下的路是同一条道路"。

残篇第五十八也辑自希波吕托的《驳众异端》，赫拉克利特以医生为例，说明善和恶是统一的：

> 医生用割、灸等各种方式折磨病人，以致病人控诉他们，因为他们做的事情和疾病一样，所以不应该得到报酬。（DK22B58）

医生治病本来是好事，但他们用割、灸这些方法治病，给病人带来的痛苦却和生病一样。所以，在医生治病这件事情中，善就是恶，恶也就是善，善和恶是统一的。

赫拉克利特发现，最能说明对立统一的乃是圆周上的点。辑自波菲利的残篇第一百零三中说明这点。波菲利解释说：在整个圆周中是没有开始和终点的，因为圆周上的每一点都可以被认为既是开始又是终结，所以赫拉克利特

---

① 希波吕托：《驳众异端》第9卷，第10章第4节；基尔克：《赫拉克利特宇宙论残篇》，第97页。

认为：①

在圆周上,起点和终点是同一的。(DK22B103)

赫拉克利特确实是从许多日常经验中认识了对立统一的道理,同一事物同时就是对立的双方。

赫拉克利特还从名字上找到对立统一的例证。残篇第四十八以希腊文中的"弓"和"生命"是同一个字——"彼奥斯"($\beta\acute{\iota}os$,bios),②他说：

弓的名字是生,它的作用却是死。(DK22B48)

赫拉克利特并没有从理论上说明和论证过对立的统一,他只是从大量的经验事实中用感性的语言说明对立统一是普遍存在的。他的这种认识是远远超过了他同时代的人的。他因此而嘲笑赫西奥德。希波吕托在《驳众异端》中说："赫拉克利特认为,黑暗和光明、恶和善并不是不同的,它们是同一个东西。他谴责赫西奥德不知道白天与黑夜,因为白天与黑夜是同一个东西。"③接下来就是上文引过的残篇第五十七。

四 对立的斗争

赫拉克利特不但看到对立的统一,还看到对立的斗争。这更是他的思想比当时一般人远为深刻的地方。但是,对于赫拉克利特所讲的对立的斗争,我们也不能将它和我们现在所说的"对立的斗争"等量齐观。这个问题需要具体分析。

赫拉克利特的这个思想最典型地表现于残篇第五十三：

战争是万物之父,又是万物之王,它使一些人成为神,一些人成为人；使一些人成为奴隶,一些人成为自由人。(DK22B53)

可见,赫拉克利特还是从实际生活中领会到这个深刻的道埋的。赫拉克利特

---

① 基尔克：《赫拉克利特宇宙论残篇》,第113页。
② 在希腊文中,"弓"和"生命"虽然是同一个字,但重音有不同。卡恩指出：$\beta\acute{\iota}os$—生命,$\beta\iota\acute{o}s$—弓,他说,赫拉克利特时还不这样写。(参见卡恩：《赫拉克利特的艺术和思想》,第65页。)
③ 希波吕托：《驳众异端》第9卷,第10章第2节；基尔克：《赫拉克利特宇宙论残篇》,第155页。

所处的时代战争频起,他所在的爱菲索和东方的吕底亚和波斯不断斗争。在奴隶制时代的战争中,战败者沦为奴隶,战胜者取得自由,所以战争是使一部分人成为奴隶,另一部分人成为自由人的原因。同时,在战争中一部分人活下来了,继续是人;另一部分人死亡了,灵魂进入另一个世界,具有神的条件。[①]人和神可以互相转化,赫拉克利特的残篇第六十二就是这样说的:

不朽的是有死的,有死的是不朽的:这个死那个生,那个生这个死。

(DK22B62)

一般认为,这个"不朽的"就是神。赫拉克利特所说的"神",一般地说已经不是宗教的神,但这里的说法,虽然也是讲对立统一,显然还带着灵魂不灭说的影响和痕迹。无论如何,赫拉克利特总是从这样的经验事实中认识到战争是万物之父,万物之王的。

因为在战争中,一个人或生或死,或胜或败,在事先是无法预料到的,所以赫拉克利将它比作儿童玩棋。残篇第五十三是紧接在残篇第五十二之后的,都辑自希波吕托的《驳众异端》。残篇第五十二就说:

生命的时间就像儿童玩棋,王权是掌握在儿童手里的。(DK22B52)

值得注意的是希波吕托在引用了残篇第五十三以后,接着又引出残篇第五十四:

不明显的和谐比明显的和谐更好(更强)。(DK22B54)

在这则残篇以前,紧接在残篇第五十三以后,希波吕托加了一句解释:"那个是不明显的,人所看不见的,不认识的,他这样说"(接着就是残篇第五十四)。这句话中的"那个"是指什么?原文是不清楚的,校勘学者将它校作"神",基尔克将这句话译作:"那个(神)……"。但他又作了较长的解释,说这"不明显的和谐"就是和"明显的"看得见的和谐相对的,存在于事物中的基本的统一,也就是逻各斯。[②] 我们以为,将这里的"那个"说成是"神",上下文是连不起来的。基尔克将"不明显的和谐"解释成逻各斯,是有道理的。当然,赫拉克

---

① 参见卡恩:《赫拉克利特的艺术和思想》,第 208 页。
② 参见希波吕托:《驳众异端》第 9 卷,第 9 章第 5 节;基尔克:《赫拉克里特宇宙论残篇》,第 222—226 页。

利特也认为逻各斯就是神,但那是指理性意义的神。而在这句话前面的残篇第五十三中也有一个"神",那却是宗教意义的神,希波吕托所说的"那个"显然不是这宗教意义的神。所以,与其将"那个"解释成"神",还不如将它解释为残篇第五十三的整段话,即"战争是万物之父,又是万物之王……",这就是逻各斯。这样,希波吕托所以将残篇第五十三和第五十四连接起来的意思也就可以明白了:希波吕托先引了赫拉克利特的话:"战争是万物之父,……",然后又说:这个道理("那个")是不明显的,人所看不见的,不认识的。(的确,由战争产生万物这个道理是当时人们所不认识的,人们只认为战争能毁灭万物。)接着又引用赫拉克利特的话:"不明显的和谐比明显的和谐更好(更强)"。这里所说"不明显的和谐"可以说是指逻各斯——那个道理,但具体地说,这"不明显的和谐"也可以说就是指战争,而"明显的和谐"即一般承认的"和谐"。所以残篇第五十四可以解释为:赫拉克利特是将战争和和谐相比,认为战争比和谐更好,更强,因为战争能产生万物。叶秀山提出这个意见是有道理的。①

　　但这样也产生了一个问题:怎么能将战争说成是"不明显的和谐"呢? 因为我们一般将战争、斗争看成是与和谐相对立的,认为说矛盾的和谐就是"矛盾调和论",只有说矛盾的斗争才是辩证法。这种说法是否存在片面性,姑且不论。但在哲学史上,至少在赫拉克利特提出"战争是万物之父"时,他并没有将战争、斗争与和谐对立起来,相反,他是将"斗争"与"和谐"并提的。前引辑自亚里士多德《尼各马科伦理学》的残篇第八说:"互相排斥的东西结合在一起,不同的音调造成最美的和谐;一切都是从斗争中产生的。"这里说的是:从斗争(互相排斥的东西结合在一起)产生和谐。卡恩在残篇第五十四以后,又补充了一则,辑自亚里士多德的《欧德谟斯伦理学》。亚里上多德是在讨论友谊的问题时讲的。他说,关于友谊有两种相反的观点,一种认为只有相似的才能互相爱好,成为朋友;另一种认为只有相反的才能互相爱好,"干"所需要的不是"干",而是"湿",所以土需要雨。(这两种不同的观点是赫拉克利特以

_____

① 　参见叶秀山:《前苏格拉底哲学研究》,第118—119页。

后的哲学家经常争论的问题。)他将赫拉克利特归为后一类,说赫拉克利特认为:

> 当荷马说"但愿斗争从神和人之间消失"时,他是错了。因为如果没有高音和低音,就没有和谐;没有雌和雄也就没有动物,它们都是对立的。①

这里也是说,如果没有斗争,没有高音和低音之间的斗争,也就没有和谐。斗争与和谐并不是矛盾对立的,而是斗争产生和谐,和谐只是斗争的结果。

由此可见,赫拉克利特所说的斗争,并不是我们现在所理解的一定是你死我活的斗争。当然有像实际战争这样你死我活的斗争,但这不是唯一的斗争。实际上,只要是对立面的相互作用,不论是高音和低音的结合产生和谐,或是雌和雄交配产生新的生物,还是战争中你死我活,只要是对立两面之间的相互作用,他就称为"斗争"。因此,这种斗争是普遍存在的。这就是赫拉克利特残篇第八十所说的:

> 应当知道,战争是普遍的,正义就是斗争,万物都是由斗争和必然性产生的。(DK22B80)

这样的斗争,即对立面的相互作用,不但是普遍的,而且是必然的。万物都是由对立面的相互作用而产生的,所以,斗争(战争)是万物之父,又是万物之王。

为什么斗争(不明显的和谐)要比(明显的)和谐更好,更有力呢?从赫拉克利特的整个思想看,可以这样解释:和谐是对立作用的结果,已经表示是一种静态,而斗争——相互作用却是一种动态,是一种运动和变化。赫拉克利特是主张运动变化的哲学家,主张一切皆流,从流动变化说,当然只有动态的相互作用——斗争才是万物之父,一切都是在运动变化中产生的。这一点,又是赫拉克利特的哲学和毕泰戈拉学派不同的地方,毕泰戈拉学派主要只讲和谐,而赫拉克利特却认为和谐是在斗争中才能产生的。前者着重的是静止,后者着重的是运动。这也是当时意大利哲学和伊奥尼亚哲学的根本不同。

---

① 亚里士多德:《欧德谟斯伦理学》,1235ª25—28。

基尔克以"表面的静止"和"运动的本性"来解说琴和弓的比喻,他又以"暗藏在表面背后的普遍联系"来说明这些残篇。① 我们以为,对于赫拉克利特的对立统一学说,是可以这样来说明:在表面上显得是静止的、统一的事物背后,赫拉克利特发现,处处存在着对立面的相互作用,正是这种种相互作用才产生万物。这种相互作用是普遍的,必然的,却又是一般人所不能理解的,这也就是他所说的逻各斯。

尽管赫拉克利特的这些思想都是从经验直观中体会出来的,他也只是列举一些经验例证来说明;但是作为公元前6—前5世纪时期的哲学家,能够得出这样深刻的辩证法思想,真是令人惊异的。

第六节　认识:感性和理性

在赫拉克利特的残篇中,有许多关于认识的思想。在古代希腊哲学家留下的著作中,赫拉克利特的这些残篇可能是最早谈论有关认识方面的问题的。但其中有自相矛盾的地方。因此,后来的哲学史家对他的认识学说作出不同的甚至完全相反的解释。传统的哲学史家很多认为赫拉克利特是重视理性,轻视感觉经验的。策勒可以代表这种观点。他认为对赫拉克利特来说,认识的最高的中心问题乃是要在流动的现象中把握事物的永恒的本质——逻各斯,因此,"只有'一般'的理性认识,对他才是有价值的;他不相信感性知觉。"策勒还批评了将赫拉克利特说成是经验论的第一个代表的说法。② 但是近来的一些哲学史家还是强调赫拉克利特是经验论者。巴恩斯在《苏格拉底以前的哲学家》中认为赫拉克利特"不只是一个经验论者,而且还是一个感觉论者:知识必须建立在经验上,尤其建立在感觉经验上。"③格思里也提出了类似的思想,他在讨论赫拉克利特提出"私有的世界"时,认为这种思想就是普罗

---

①　参见基尔克:《赫拉克利特宇宙论残篇》,第202页。

②　参见策勒:《苏格拉底以前的学派》第2卷,第88、93页。

③　巴恩斯:《苏格拉底以前的哲学家》第1卷,第146页。

泰戈拉的"人是万物的尺度"——每个人都是他自己的感觉的判断者——的朦胧的预示;但他又强调赫拉克利特的神秘主义方面,认为"与其说赫拉克利特是理性主义者,还不如说他是一个宗教的先知";进一步认为对赫拉克利特"这样一个人,我们不能指望他在有关人类灵魂的题目上会有前后一贯的思想。"①

究竟赫拉克利特的认识论是理性主义还是经验论?我们以为像这样提出问题,对于赫拉克利特来说,还是为时尚早。在古代希腊哲学中,将感觉和理性作为两种不同的认识明确区分开来,最早也是从巴门尼德开始的。在爱利亚学派以后,理性与经验何者更为重要、更为根本,才成为哲学家争论的问题。比如柏拉图是重视理性、蔑视经验的,普罗泰戈拉则是重视经验的。这些都是在赫拉克利特以后才发生的。因此,我们不能要求赫拉克利特在这个问题上有"前后一贯的思想",或者是经验论,或者是理性主义。

但是,由于赫拉克利特自己的哲学思想,却又必然地、不可避免地要谈论认识的问题,并且引出有关感觉和理性的关系问题。一方面,他认为世界万物都是在不断地运动变化之中的,一切皆流。这种运动变化是我们直接从感觉经验得来的。因此,他必然要重视感觉经验。另一方面,他又认为运动变化都是按照一定的逻各斯进行的,而这种逻各斯却又不是我们的直接经验所能认识的,需要更深一层发掘,只有更高一层的认识能力——理性才能认识。当然,赫拉克利特自己并没有明确地认识到这一点,他还没有像巴门尼德那样明确地将感觉和理性区别开来;但在他的残篇中却以一些比喻来说明这种区别,有些比喻又可作不同的解释,因此,只有分析这些残篇才能了解赫拉克利特的认识论思想。

按照赫拉克利特"一切皆流"的学说,他应该是很重视感觉经验的,因为正是从感觉经验中,我们才认识万物的运动变化。古代的学者就是这样解释赫拉克利特的思想的,比如柏拉图在《泰阿泰德篇》中就将主张万物都是运动变化的赫拉克利特等人的学说和认为"知识就是感觉"的学说联系在一起,并

① 格思里:《希腊哲学史》第 1 卷,第 431、479 页。

且和普罗泰戈拉的"人是万物的尺度"也联系在一起。从这方面说,赫拉克利特的认识论主要应该是承认感觉经验的重要性,属于经验论者,这是不错的。但是在保留下来的赫拉克利特的残篇中,有关感觉重要性的思想却并不多。

残篇第五十五:

> 凡是能够看到、听到、学到的东西,都是我所喜爱的。(DK22B55)

卡恩将这里的"学到"($\mu\acute{\alpha}\theta\eta\sigma\iota\varsigma$,mathesis)解作"从经验中学到"(learning from experience),将这则残篇译为:"凡是能够看到、听到,以及从经验中学习到的东西,都是我所喜爱的。"[①]这样,整则残篇突出感觉经验,赫拉克利特认为从感觉经验中得来的东西,都是重要的。

还有残篇第七:

> 如果一切事物都变成了烟,鼻子就会将它们分辨出来。(DK22B7)

这就是说,像鼻子这样的感觉器官是有能力分辨一切的。

还有残篇第五十六:

> 人们被明白可见事物的认识所欺骗,正如荷马这个希腊人中最智慧的人那样。因为他被杀死虱子的孩子欺骗了,他们问他:什么东西是我们看到了,抓住了,但又将它放掉的;什么东西是我们既没有看到又没有抓住,却将它带着的?(DK22B56)

传统的故事中说,荷马因为是个盲人,他猜不中这个谜语,苦恼而死。[②] 根据这种说法,这则残篇也可以说是赫拉克利特重视感觉经验的例子:荷马因为是盲人,没有感觉经验,所以他被欺骗了。

残篇第十九:

> 人们既不懂得怎样去听,也就不懂得怎样说话。(DK22B19)

也可以解释为:赫拉克利特认为听——感觉经验是最重要的。

残篇第一百零一a:

> 眼睛是比耳朵更可靠的见证。(DK22B101a)

---

① 卡恩:《赫拉克利特的艺术和思想》,第35页。
② 参见卡恩:《赫拉克利特的艺术和思想》,第39页。

古希腊人认为在各种感觉——视觉、听觉、嗅觉、触觉中,视觉是最精确的,因为它能将对象最明显地区别开来。赫拉克利特这里说的也就是这个意思。虽然他是将视觉和听觉相比,但还可以说他认为感觉,特别是视觉是重要的见证。但这就牵涉到另一则残篇第一百零七:

眼睛和耳朵对于人们乃是坏的见证,如果他们有着野蛮人的灵魂的话。(DK22B107)

对于这则残篇,一般都将其中"野蛮人的灵魂"解释成"不懂逻各斯的灵魂"。这则残篇辑自塞克斯都·恩披里柯的《驳逻辑学家》。塞克斯都·恩披里柯在引证赫拉克利特这句话后,就解释说:

这就等于说:信赖非逻各斯($\check{\alpha}\lambda o\gamma o\iota s$,alogois)的感官是野蛮人的灵魂的组成部分。他〔赫拉克利特〕声称,逻各斯是真理的裁判官,但不是任何一种逻各斯,而是指共同的、神圣的逻各斯。①

如果这样解释,感觉还要由灵魂是否有逻各斯来决定其正确与否,有逻各斯的灵魂(也就是理性)是第一的,感觉是第二的,可以说赫拉克利特是理性主义者了。但是,卡恩又对这则残篇作了另一种解释。他将这里的"野蛮人的灵魂"解释成"异族人",不懂希腊语言的人。他将这则残篇译成:"眼睛和耳朵对于人们乃是坏的见证,如果他们的灵魂不懂得这种语言的话。"如果这样解释,赫拉克利特并没有轻视感觉经验。卡恩认为:赫拉克利特所珍贵的真理,并不是像某些人说的那样深不可测,需要某种特殊的启示才能认识的东西,而是人们在日常生活经验中通过视觉、听觉就能掌握的;要认识这些真理,只有一点,就是观察者的灵魂必须不是"野蛮人"的,这就是说,必须懂得有关的语言。②

以上都可以说是在赫拉克利特的残篇中表现出重视感觉经验的思想。但是,在赫拉克利特的残篇中,更多的还是另一方面:认为单是感觉经验还不够,感觉经验不能认识真理——逻各斯。

---

① 塞克斯都·恩披里柯:《驳逻辑学家》第1卷,第126—127节。
② 参见卡恩:《赫拉克利特的艺术和思想》,第106—107页。

因为赫拉克利特所说的逻各斯，并不是事物的表面现象，不是日常的感觉经验所容易认识的。前面引用过的说明逻各斯的残篇第一就说到：当人们"第一次听到它的时候，却总是不能理解它"；即使我已经作了解释，而且人们也经常遇到这些事实，"他们却像从来没有遇到过它一样"；以至比作"像是对他们梦中所做的事已经忘记了一样"。这里说的都是一般人不容易认识逻各斯。与此相似的还有残篇第三十四：

> 如果没有理解，即使他们听见了，也像聋子一样。关于他们有谚语为证：虽在场却不在场。（DK22B34）

残篇第十七：

> 多数人对他们遇到的事情不假思索，受到教训以后也不认识，只是自以为是。（DK22B17）

这些和前面引用过的残篇第七十二："对于那些接触最多的、支配一切的逻各斯，他们格格不入，对每天都遇到的事情，他们显得很生疏"；因而要人们"不要像睡着的人那样说话行事"（残篇第七十三），以及残篇第八十七："浅薄的人听了无论什么逻各斯，都大惊小怪"，都可以作同样的理解，即：一般人虽然在日常生活中，经常（通过感觉经验）遇到逻各斯，但是他们并不能理解它，认识它。可以由此推论：要认识真理，还必须有更高一级的认识，他叫作"智慧"。残篇第四十一：

> 智慧只在于一件事，就是认识那驾驭并贯穿一切的思想。（DK22B41）

这里的"思想"（γνώμη，gnome）一词有：洞察、认识、思想、意见、判断、计划、目的等等意思。弗里曼译作"目的"，基尔克译作"真正的判断"，格思里译作"思想"，卡恩译作"计划"，他还认为也可以译作："去认识、洞察万物是如何驾驭并贯穿一切的"。① 基尔克认为这则残篇和前引残篇第五十："不要听我的话，而要听从逻各斯，承认一切是一才是智慧的"是一个意思，这里的"万物如何驾驭并贯穿一切"也就是残篇第五十中的"一切是一"的意思，都是要理解不

---

① 卡恩：《赫拉克利特的艺术和思想》，第55页。

同的万物背后的统一性。① 这个驾驭并且贯穿一切的东西,也就是逻各斯。

这样的"智慧"在本章第四节论述逻各斯时所引用的残篇中还一再出现过。如残篇第一百零八:"我听过许多人的逻各斯(讲话),他们没有一个人能够认识到智慧是和一切事物有区别的";还有残篇第一百一十二:"健全的思想是最优越最智慧的:它能说出真理并按真理行事,按照事物的本性(自然)认识它们。"智慧是一种思想、判断、计划等等,它是主观的,但它并不是主观任意的,而是要按照事物的本性即自然去认识它们,因此,赫拉克利特是坚持唯物论的观点的,智慧要能认识客观的逻各斯。

但是,要认识这样的逻各斯是不容易的,因为:

> 自然喜欢躲藏起来。(DK22B123)

所以:

> 找金子的人挖掘了许多土,才找到一点点金子。(DK22B22)

这里说的似乎是:因为逻各斯是隐藏在现象背后的,我们的感觉只能认识现象,不能直接认识它;要认识逻各斯,就要像挖金子那样深入发掘。许多学者都将这两则残篇联系起来,作这样解释的。

这种能认识逻各斯的智慧和日常的感觉经验不同,赫拉克利特究竟怎样看待这二者之间的关系?古代塞克斯都·恩披里柯曾经这样记载:

> 赫拉克利特还设想过,为了获得真理的知识,人具备两种器官,即感觉和理性;他和前面提到过的自然哲学家们〔指德谟克利特和恩培多克勒等〕一样认为,这些器官中的感觉是不可靠的,只有理性才是标准。②

如果这样解释,赫拉克利特就是一个理性主义者了。但是这样的论断从赫拉克利特的残篇中却是不能明确看到的。从上引残篇可以看出,在有些残篇中他是肯定感觉经验的可靠性的,而在另一些残篇中却又对感觉经验表示怀疑,认为只有感觉经验还不能认识逻各斯。从他的残篇中不能得出结论说他已经明确地认为感觉是不可靠的,只有理性才能认识真理。像这样明确地将感觉

---

① 参见基尔克:《赫拉克利特宇宙论残篇》,第390页。
② 塞克斯都·恩披里柯:《反逻辑学家》第1卷,第126节。

和理性对立起来,是由巴门尼德开始提出来的。格思里的看法比较稳妥,他认为:在巴门尼德以前,赫拉克利特将感性和理性的区别向前推进了,他宣称依赖没有经过理性检验的感觉是愚蠢的,但他没有走得像巴门尼德那么远,绝对否认感性知觉的确实性,主要就是因为他是将整个自然界看成是不断运动变化的。①

在赫拉克利特的残篇中,有几则用这样比喻的说法:有些东西是"人人共同有"的,而有些东西却是每个人个别"私有的"。有些学者认为这就是赫拉克利特所说的智慧和感觉的区别:认识逻各斯的智慧是人人"共同的",而感觉却是个人"私有的"。格思里也正是根据这一点,说赫拉克利特朦胧地预示了普罗泰戈拉所说的每个人都是他自己的感觉的判断者,因为感觉只是他独有的,没有两个人有相同的感觉。②

赫拉克利特认为逻各斯是人人共同的,认识逻各斯的智慧也是人人共同的,这有残篇为证。前面引用过的残篇第二:

> 所以必须遵从那共同的东西。虽然逻各斯是共同的,但大多数人还是按他们自己私自的理解那样生活着。(DK22B2)

这里是说逻各斯是共同的,对每个人一视同仁;但与逻各斯相对立的,不是共同的,而是私有的东西,赫拉克利特并没有说是感觉,他用的是 $\varphi\rho\acute{o}\nu\eta\sigma\iota\varsigma$ (phronesis),还是"理解"、"理智"的意思。③ 所以,这则残篇只能解释为:虽然逻各斯对人人一样,是共同的,但大多数人不认识它,只是以自己私自的理解方式来生活。从这则残篇不能得出赫拉克利特认为逻各斯是共同的,而感觉是私有的那样的结论。还有残篇第一百一十三:

> 思想是人人共同的。

这里的"思想"也是用 phronesis 这个词。而在残篇第一百十六:

> 人人都能认识自己和健全思想。

---

① 参见格思里:《希腊哲学史》第 1 卷,第 5 页。
② 参见格思里:《希腊哲学史》第 1 卷,第 431 页。
③ 参见卡恩:《赫拉克利特的艺术和思想》,第 29 页。

这里说的"健全思想",用的是 sophronein,卡恩译作 think well 和 sound think-ing,①也可以译为"智虑明达"或"深思熟虑"。

将这三则残篇联系起来看,赫拉克利特所说的"共同的"和"私有的",都是用在思想范围中说的。我们可以这样解释:能够认识逻各斯的,就是健全的思想,那是共同的;而大多数人的思想因为不能认识公共的逻各斯,所以只是他私有的,不是共同的。至于残篇第一百十三所说的"思想",只能说是泛指,用后来的哲学用语说,可以解释为:思想的能力是人人共同有的。总之,这几则残篇并没有说到感觉是私有的。

在赫拉克利特的残篇中,讲到"共同的"问题的,除了以上三则外,还有残篇第八十九,这里是可以和感觉联系的:

> 对于清醒的人说,科斯摩斯是统一的、共同的;如果睡着了,每个人就回到他自己的世界。

科斯摩斯是有秩序的宇宙,也可以说是遵从逻各斯安排的世界,因此,这里所说的"共同的"东西仍旧是指那客观的逻各斯以及认识逻各斯的智慧。但是,赫拉克利特在这里是将清醒的人和睡着的人对比起来讲的:在清醒的人看来,这个世界是一样的,你看到的和我看到的都是同样的山川大地、日月阴晴;只有在睡梦中,每个人的梦幻世界是不同的,才是个人私有的。如果这样解释,他认为清醒的人的感觉也是共同的,并没有认为感觉是私有的。这也符合赫拉克利特的整个哲学思想,因为他认为世界是不断运动变化的,这是人人都感觉到的,所以他并不怀疑这种感觉也是人人共同的。认为人的感觉都是相对的,每个人的感觉不同,因而得出"人是万物的尺度",这是柏拉图解释的普罗泰戈拉的学说。如果要说感觉是私有的,最早也只能推到普罗泰戈拉,很难说赫拉克利特已经有这种思想了。以上讨论对立统一时,我们提到有些赫拉克利特的残篇可以作相对主义的解释,但在那些残篇中他也只是讲人和神、人和动物之间的相对性,而没有讲到人和人之间在感觉上的相对性。他只是将清醒的人和睡着的人、清醒的人和喝醉的人对比,我们只能得出:睡着的人和喝

---

① 参见卡恩:《赫拉克利特的艺术和思想》,第41页。

醉的人的感觉是私有的,而清醒的人的感觉,在赫拉克利特看来,大约还是共同的。

前引残篇第一百十四也是讲到共同的东西的:"如果要理智地说话,就得将我们的力量依靠在这个人人共同的东西上,正像城邦依靠法律一样,甚至还要更强一些:因为所有人类的法律都是由一个神圣的法律所哺育的,只有它才能要怎样治理就怎样治理,才能满足一切,还能有所超越。"这里是以法律来说明共同的东西。法律是共同的,一个城邦的法律是这个城邦中所有的人都要遵守的。但是,所有城邦的法律都是人类的法律,是人制定的,它们应该服从一个更高的神圣的法律,那就是逻各斯。如果将这个比喻引用来解释人的认识,则可以说:清醒的人的感觉也是共同的,但它们也要服从一个更高的、神圣的逻各斯,因为它们也是由逻各斯所哺育的。

赫拉克利特还将灵魂区分为干燥的和潮湿的。他认为:"干燥的灵魂是最智慧、最优秀的"(残篇第一百十八);而喝醉酒的人的灵魂则是潮湿的(残篇第一百十七)。这里所说的干燥的灵魂和潮湿的灵魂,也不能解释成为智慧和感觉的区别,不能说潮湿的灵魂就是感觉,因为喝醉酒的人的智慧和理性也是虚妄的。

这里所说的灵魂,实际上已经是指感觉和理性智慧的主体,也指感觉和理性的活动。具有干燥的灵魂(也就是火)的人,是最智慧的,不但在理性上,而且在感觉中也是优秀的,正确的;而具有潮湿的灵魂的那些喝醉酒的或在睡梦中的人,他们的智慧和感觉都同样是虚妄的,他们所认知的,不是公共的逻各斯,而是他们所私有的理性或感觉。在赫拉克利特看来,大多数群众实际上就是像醉酒和做梦的人一样,他们不能认识真正的逻各斯,不但在理性上,而且在感觉中也是如此。赫拉克利特只是将不同的人的灵魂区分为干燥的和潮湿的,他并没有将一个人的灵魂分成这一(理性)部分是干燥的,那一(感觉)部分是潮湿的。在这方面,我们很容易用后来哲学家的思想去解释赫拉克利特的思想,是需要注意防止的。

还有一则残篇第六十七a,似乎可以说明灵魂和感觉的关系,但一般学者都认为这则残篇是伪的,不是赫拉克利特的原话:

　　　　正如蜘蛛坐在蛛网中央，只要一个苍蝇碰断一根蛛丝，它就立刻发觉，很快跑过去，好像因为蛛丝被碰断而感到痛苦似的；同样情况，人的灵魂当身体的某一部分受损害时，就连忙跑到那里，好像它不能忍受身体的损害似的，因为它〔灵魂〕以一定的联系牢固地联结在身体上面。

这里所说的"身体的部分"可以理解为感觉器官，居于中央的"灵魂"就是综合感觉的理性，理性是和感觉器官牢固地联结在一起的，如果感觉器官受到损害，灵魂就不能忍受。这可以解释为理性还得依赖感觉。

　　虽然学者们认为这则残篇不是真的，基尔克根本没有提到它，卡恩认为它完全是伪造的①，但是，塞克斯都·恩披里柯对赫拉克利特所作的一段解释，和这意义相同，并且说得更为明确，却是许多学者都加以重视和引用的：

　　　　如果我们经由呼吸而吸入这种普遍的本质——逻各斯，我们就变得理智；但只有在清醒时我才如此，在睡梦中我们就忘记了。因为在睡眠中，感觉的通道关闭了，在我们以内的理智和周围的联系隔断了。只有呼吸的联系保存着，像是一条根。这样一隔断，理智就失去了它从前曾经有过的意识力量。但是它〔理智〕在觉醒的人中，可以通过感觉，像从窗户往外望一样，能够和外界建立联系而获得这样的力量。正如炭近火则燃烧、离火即熄灭一样，部分〔感觉〕也是如此。当它与在我们身体外的环境隔绝时，由于这种隔离，它差不多变成非理性的了；但是在与无数道路的联系中，必然就与全体联系起来。②

这就是说：清醒的人所以能有理智，是因为他的各种感觉器官都在活动着，使理性能够保持与外界的联系，它才能有意识的力量。在睡梦中的人所以不具有这种力量，是因为在睡梦中，除了继续呼吸以外，其他的感觉都停止活动了；理性离开了感觉，就被隔断了和外界的通路，失去了和外界的联系，它差不多要变成非理性的了。这是说，理性如果失去了感觉的通道，就可能变成非理性。因此，不是感性依赖理性，而是相反，理性依赖于感性。这是古代朴素唯

---

① 卡恩：《赫拉克利特的艺术和思想》，第 288 页。

② 塞克斯都·恩披里柯：《反逻辑学家》第 1 卷，第 129—130 节。

物论的认识论的一个很好的比喻和说明。

对于塞克斯都·恩披里柯的这种解释，基尔克也是赞成的。他说："对赫拉克利特说，灵魂的功效是依赖它和外界，以及和物质的逻各斯的接触的，这种接触可能以呼吸〔?〕为中介，正如塞克斯都所告诉我们的。"①格思里也持同样的看法："感觉是人类和外界逻各斯联系的主要通道。这里我们要补充上塞克斯都·恩披里柯对赫拉克利特残篇所作的解释，这种解释是没有理由去怀疑的，虽然它用的是后来的，特别是斯多亚学派的术语来表达的。"②因此，他们比较倾向于认为赫拉克利特主要是经验论者。

我们以为，无论将赫拉克利特说成是经验论者，或是理性主义者，都是不恰当的。经验论和理性主义作为两个明确对立的学派，是近代哲学才产生的。当然，这两种对立的观点在古代希腊哲学家中已经可以找到它们的萌芽和先驱：从巴门尼德开始，包括德谟克利特和苏格拉底、柏拉图等人都是重视理性的；而从智者普罗泰戈拉到后期怀疑论者都是重视经验的。可是赫拉克利特处在他们以前。由于他的哲学一方面承认万物皆流，另一方面又认为有逻各斯存在，所以在他的残篇中有时突出智慧——理性的作用，有时又似乎承认理性必须依赖感觉。由于他留下的只是一些片段的残篇，并没有系统的论述；再加上不同的学者各自以自己的观点去翻译、解释这些残篇，因此，我们要从这些残篇中得出赫拉克利特在感性和理性这两方面中，究竟偏重在哪一边，实际上是有困难的。

但是，从人类认识发展史来看，正是应该指出：赫拉克利特是最早提出认识论的问题并且注意到感性和理性这两种不同的认识的哲学家，是他第一个明确地提出这方面的问题，并且用一些比喻作了说明。在这点上，也许正是赫拉克利特影响了巴门尼德，使后者能够明确地将感性和理性对立起来，提出真理和意见这两种不同的认识。这是赫拉克利特在认识论方面所做出的历史贡献。

---

① 基尔克：《赫拉克利特宇宙论残篇》，第 341 页。
② 格思里：《希腊哲学史》第 1 卷，第 430 页。

第七节 宗教和神

赫拉克利特对宗教持什么态度？学者中有不同的说法。《不列颠百科全书》第十五版的"希腊宗教"条目中说："在公元前6世纪，伊奥尼亚学派的哲学家们的理性主义思想，对传统宗教提出了严重的挑战。公元前五世纪初，爱菲索的赫拉克利特和科罗封的塞诺芬尼，对迷信和神大张挞伐。"[①]耶格尔却持不同的看法，在《早期希腊哲学家的神学》中，他认为在公元前6世纪末和前5世纪初，希腊人中间出现了一股复兴宗教精神的势头。从毕泰戈拉、塞诺芬尼和巴门尼德身上看到一种新的南意大利文化，它是引进的伊奥尼亚理性主义和当地社会宗教背景的融合物；而在赫拉克利特的身上显示出，同样的宗教问题也在困扰着哲学的诞生地——伊奥尼亚。[②] 在他的《潘迪亚：希腊文化的理想》中，讲得更为具体。耶格尔认为在赫拉克利特身上出现一种新的更崇高的宗教，它是早期自然哲学家的宇宙学和奥菲斯教义的统一体。他说，早期自然哲学家没有摆正宗教的位置，将宇宙看成是失去人性的"存在"；奥菲斯教的崇拜填补了这个空白，它认为人的灵魂实际上是和神血脉相通的，都是永恒的。"而赫拉克利特则以他承认人在宇宙中的地位的学说表明，他最后统一了这两种相对的思想途径。赫拉克利特的灵魂概念，把奥菲斯教提到一个更高的水平。因为他认为，通过灵魂和宇宙中永恒的活火血脉相通，哲学的灵魂有能力认识神的智慧，并且将它包含在哲学灵魂自身之中。这样一来，公元前6世纪的宇宙学和宗教之间的冲突，就在赫拉克利特的统一中得到解决。他站在进入新世纪的门槛上。"[③]

将赫拉克利特的哲学解释成为宗教学说，是古已有之。后期希腊—罗马哲学的斯多亚学派和基督教教父哲学就将赫拉克利特的永恒的活火和逻各斯

[①] 《不列颠百科全书》第8卷，第407页。

[②] 参见耶格尔：《早期希腊哲学家的神学》，第109页。

[③] 耶格尔：《潘迪亚：希腊文化的理想》第1卷，第184页。

作了神秘主义的宗教的解释。在人类认识发展史上,赫拉克利特究竟是将哲学从宗教分离开来的哲学家呢,还是"复兴宗教精神",创立了一种"新的更崇高的宗教"呢? 这是我们现在要探讨的问题。

在赫拉克利特以前的自然哲学家——主要是米利都学派的哲学家注重探讨自然万物的本原,开始从传统的宗教中摆脱出来;他们还没有明确提出认识论方面的思想,因此似乎是只谈到了客体(自然)而没有谈到主体,即耶格尔所说"将宇宙看成是失去人性的'存在'"。但是,从他们残存的资料中也看不出他们对传统的宗教提出公开的反对。毕泰戈拉学派本身既是哲学团体又是宗教团体,一身而二任,当然也没有反对宗教。在希腊哲学家中,最初对传统宗教提出批判的,确实是塞诺芬尼和赫拉克利特。他们两个人批判的重点不同,塞诺芬尼批判的是拟人化的神,而赫拉克利特则首先批判传统的宗教祭神仪式。他认为宗教的祭神仪式,乃是大多数人愚昧无知的表现。这一类残篇为数不少。如残篇第五:

> 人们将为祭神而宰杀的动物的血涂在身上来使自己纯洁是徒然的,正像一个人掉进泥坑却想用污泥来洗净自己一样。任何人看到他这样做,都会将他看成疯子。他们向神像祷告就像和房子说话一样,他们并不知道什么是神和英雄。(DK22B5)

残篇第十四和第十五:

> 〔爱菲索的赫拉克利特向谁作预言?〕夜游者、术士、酒神祭司、女祭司、秘密传教者。〔他威吓这些人死后要受罚,预言他们要遭受火焚。〕因为人们的神秘的传教仪式是不虔诚的。(DK22B14)

> 如果不是为了酒神〔也是收获之神〕狄奥尼修斯,他们举行赛会和歌唱阳具颂歌,就是最无耻的行为。地狱之神哈得斯和狄奥尼修斯是一样的,可是人们却只为了狄奥尼修斯而如醉如狂地举行祭赛。(DK22B15)

还有疑伪的残篇第一百二十七和一百二十八:

> 〔赫拉克利特向埃及人说:〕如果他们是神,你们为什么哀悼他们? 如果你们哀悼他们,你就是不再将他们看做神。(DK22B127)

> 他们〔希腊人〕向神的塑像祈祷,好像它们能听见似的,其实它们听

不见,也不能给予回报,正像不能提出要求一样。(DK22B128)

从这些残篇中可以看出,赫拉克利特所反对的,首先是宗教的血祭仪式。伯奈特看到这一点,他说:赫拉克利特"反对流行的宗教的论证,与其说是反对神话的结果,不如说是反对宗教的祭神仪式。"①

杨布利柯在《论秘密宗教仪式》中还作了这样的记载:

> 祭神分为两种,一种是完全净化的人所做的,如赫拉克利特所说,是偶尔由一个人或少数人所做的;另外一种则是物质的祭祀。(DK22B69)

这段夹叙夹议的话,被第尔斯编为残篇第六十九,但不作赫拉克利特的原话对待;卡恩也不列为残篇。根据这则记载,赫拉克利特似乎反对那种当时宗教的某些祭神仪式,主张净化;同时他似乎也崇拜狄奥尼修斯,从这些情况看,赫拉克利特可能和奥菲斯教有些关系。基尔克、拉文认为:虽然"赫拉克利特追随塞诺芬尼嘲笑了当时流行的奥林帕斯宗教的拟人说和偶像崇拜。但是……〔从他的一些残篇〕……表明,他并未完全抛弃神灵思想,甚至还用某些因袭的说法来描述它。"②

赫拉克利特的残篇中的确多次提到或使用"神"。他所说的"神"是什么意思呢?分析他的残篇,可以看出以下几点:

第一,神不是创世主。

赫拉克利特最重要的残篇第三十明确地说:这个有秩序的宇宙——科斯摩斯既不是神也不是人所创造的,它是永恒的活火,按一定的尺度燃烧和熄灭。

列宁在《哲学笔记·拉萨尔〈爱菲索的晦涩哲人赫拉克利特的哲学〉一书摘要》中摘录了拉萨尔书中的一些引文,其中有古代的犹太教和基督教的神学家,他们也提出同样的看法。如公元前后的犹太神学家斐洛认为赫拉克利特的学说"和斯多亚派的学说一样,从世界导出一切,又使一切归于世界,它不相信有什么东西是由神产生的"。还有公元四世纪的基督教神学家涅美西

---

① 柏奈特:《早期希腊哲学》,第167页。

② 基尔克、拉文:《苏格拉底以前的哲学家》,第212页。

乌(Nemesius)也说:"德谟克利特、赫拉克利特和伊壁鸠鲁认为,无论对于普遍、无论对于单一来说,天意都不存在。"①宗教神学家也作这种看法,可见赫拉克利特是排除了神作为世界的创造主的看法的。这一点是根本的,是对传统宗教的致命的打击。

第二,神是智慧。

赫拉克利特说智慧就是神。残篇第三十二:

> 智慧是唯一的,它既不愿意又愿意接受宙斯的称号。(DK22B32)

至高无上的唯一的智慧,你可以不将它叫做神,也可以将它叫做神。还有残篇第七十八:"人类的本性没有智慧,只有神的本性才有。"赫拉克利特所说的神是智慧表明什么? 经内斯特莱(W.Nestle)改编的策勒的《希腊哲学史纲》又将这种智慧解释成为创造一切的精神性力量:"在赫拉克利特那里,神获得内在精神的形式,它创造自然、历史、宗教、法律,而且德性也是从神自身中产生出来的。"②这样又将赫拉克利特所说的"神—智慧"变成创造一切的宗教神了。它不但创造宗教、法律、德行,还创造自然和历史本身。这和赫拉克利特自己的话是矛盾的。残篇第一百十三:"健全的思想是最优越最智慧的:它能说出真理并按真理行事,按照事物的本性(自然)认识它们。"可见在赫拉克利特看来,并不是智慧创造自然,创造事物,而是智慧要按照自然——事物的本性去认识它们,这就是说出真理并按真理行事。这和"智慧创造自然"是恰恰相反的,是唯物论的观点。残篇第五十也说:听从逻各斯才是智慧的。

而且,赫拉克利特虽然在残篇第七十八中说人类的本性没有智慧,只有神的本性才有,但在紧接着的残篇第七十九中就说:"人和神相比只能说是幼稚的,正如孩子和成人相比一样。"在前引残篇第八十二和八十三中,赫拉克利特又将"神——人——猴子"比作三个不同的等级,它们的美丽和智慧也依次有高低的程度不同。所以,人并不是没有智慧,人的智慧只是比神低,就像孩子和成人相比一样。残篇第四十一又说:"智慧只在于一件事,就是认识那驾

---

① 《列宁全集》第38卷,人民出版社1959年版,第392、391页。
② 策勒—内斯特莱:《希腊哲学史纲》,第48页。

驭并贯穿一切的思想。"残篇第一百十三认为"思想是人人共同的"，残篇第一百十六又说"人人都能认识自己和健全思想"。这些都表明赫拉克利特认为人也是有智慧的，只是人的智慧不如神的智慧而已。残篇第七十八以及其他一些残篇中的"智慧"，都是译希腊文 gnome，这个词有认识能力、认识手段的意思，①是一种比较高级的认识能力，即后来所说的理性认识。这种能力是人也具备的，不过不如神那么完全。既然是人也具备的能力，当然不是能创造自然、创造一切的神。认为理性可以创造一切的唯心论思想是以后才产生的，将这种思想加在赫拉克利特身上是错误的。

第三，神又是火、逻各斯和对立的统一。

赫拉克利特不但认为神就是智慧，而且将神看成就是客观存在的火、逻各斯、对立的统一。

最明显的是残篇第六十七：

> 神是日又是夜，是冬又是夏，是战争又是和平，是饱满又是饥饿，它像火一样变化着，当火和各种香料混合时，便按照那一种香料的气味而命名。

这些日与夜、冬与夏、战争与和平、饱满与饥饿都是对立的统一；神所以能够是对立的统一，就因为它在不断变动，变动又按照一定的尺度，所以神又是逻各斯；我们在本章第二节分析这则残篇时讲到，更不如说神就是永恒的活火。这里说神像火一样变化着，当火和那一种香料混合时，便发出那一种香料的气味，因而以此命名。同样，当神与某一种东西混合时，它便成为一种东西，当它与另一种东西混合时，又成为另一种东西。它与光明结合成为白昼，与黑暗结合成为黑夜；与冷结合成为冬天，与热结合成为夏天；它燃烧时就是战争，是饱满，它熄灭时就是和平，是饥饿。这样的"神"不就是一种物质性的基质即本原吗？这不就是赫拉克利特所说的永恒的活火吗？

还有在本章第二节分析的残篇第六十四至第六十六谈到火是统治万物的："雷霆驾驭万物"，"火遇到万物，便审判和制服它们"。这种驾驭、审判和

---

① 参见《希英大辞典》，第 354 页。

制服万物的,不就是神吗？所以,神也就是火。但在这里也只说驾驭、审判和制服万物,而没有说创造万物。万物是由火产生出来的,但这种产生只是一种物质性的运动造成的结果,和宗教的神创造世界是有根本区别的。

我们在以上各节中分析了:赫拉克利特认为万物的本原——永恒的活火是按照一定的尺度燃烧和熄灭的,逻各斯就是万物也就是永恒的活火的变动的一般规律;而这种逻各斯的具体内容,最根本的就是对立的统一,即对立面互相依存、互相转化,又互相作用、互相斗争。所以,永恒的活火、逻各斯和对立统一这三者可以说实际上是同一个东西的三个不同的方面,是赫拉克利特哲学的最高原则,他就将它们统称为"神"。而在赫拉克利特看来,这三者都是客观的存在,只有认识这三者的才是"智慧",一般的人是达不到这样的认识的,只有神才能认识,所以只有神才是智慧。

这样我们就可以看出:赫拉克利特对传统的宗教神学确实起了一定的破坏作用:他不但反对宗教的种种祭神仪式,反对拟人说和偶像崇拜,更重要的是他破坏了神创世界的宗教学说,将宗教的神说成是一个哲学上的理性的神。所以,无论说赫拉克利特对宗教"大张挞伐",或者说他"复兴宗教精神",都是说得过分了。的确,在公元前6—前5世纪时,以塞诺芬尼(他的观点我们将在下一编中论述)和赫拉克利特为代表,对传统的宗教进行了冲击。虽然他们两个人的着重点各有不同,但他们所起的客观作用是一样的,就是将宗教创世的神变成为哲学的理性的神,使宗教向哲学转变。这在人类认识的发展中是很重要的。应该说赫拉克利特所提出的,并不是耶格尔所说的"新的更崇高的宗教",而是哲学。赫拉克利特认为神就是永恒的活火,就是逻各斯和对立的统一,这是一种泛神论,是哲学而不是宗教。同时,赫拉克利特认为神也就是认识这一切的最高的智慧,这样的神也已经不是原来宗教的神,而是哲学的理性的神了。因此,赫拉克利特就使宗教走向哲学、哲学和宗教的脱离走出了很重要的一步。

残篇第一百零二也可以说明这一点:

对于神,一切都是美的、善的和公正的;而人却认为有一些东西不公正,另一些东西公正。(DK22B102)

单看这则残篇不容易理解,这则残篇辑自波菲利乌的《荷马问题》。波菲利乌在引用赫拉克利特这段话以前曾作了一段说明:

> 他们说,如果神以战争为乐事也改变不了什么。但是并不是没有变化,因为神感到高兴的事情就是高贵的事业。战争,在我们看来是可怕的,在神看来却并不可怕:因为神是以宇宙的和谐即将万物安排得合适的观点来看待一切的。所以赫拉克利特说……〔下接残篇第一百零二〕①

神比人站得高。人以自己的观点看待一切,认为战争是可怕的;神却以宇宙和谐的观点来看,认为万物都安排得合适,所以战争也是美的、善的、公正的。这样的神已经是哲学上的自然—理性的神了。

这里我们看到:赫拉克利特将神说成是火、逻各斯、对立的统一,说神是智慧,是使哲学从宗教中摆脱出来。到后期希腊—罗马哲学的斯多亚派和基督教教父哲学却又将火和逻各斯说成是神。不过他们所做的工作却和赫拉克利特不同了。他们是用哲学来解释宗教的教义,是使宗教哲学化。但是这种宗教的哲学化,从宗教来说,是一种进步;而对哲学来说,却是要将哲学拉回去为宗教服务,和赫拉克利特所起的历史作用正好相反。所以,从赫拉克利特到基督教教父哲学,我们也可以看出从宗教到哲学,又由哲学到宗教的"否定之否定"的过程。

第八节　社会和法律

赫拉克利特和米利都学派的哲学家一样,都被哲学史家列为早期希腊的自然哲学家,认为他们的哲学主要是讨论有关自然宇宙的问题的。但是对于赫拉克利特,从古至今也有不同的看法。例如,根据第欧根尼·拉尔修的记载,古代的文法学家狄奥多图(Diodotus)认为赫拉克利特的著作并不是讨论

---

① 波菲利乌:《荷马问题》第4卷,第4节;基尔克:《赫拉克利特宇宙论残篇》,第180页。

自然的,而是讨论政府的,其中的物理学部分仅仅是作为例证用来说明的。①
在近代,耶格尔在《潘迪亚:希腊文化的理想》一书中,强调赫拉克利特是"第
一个研究人的哲学家",认为他的哲学包含神学、宇宙学、人学三个部分,而人
学则是他的哲学的核心。②

如果说,在赫拉克利特的哲学体系中,认为宇宙是永恒的活火,它本身就
是对立的统一,是按一定的逻各斯运行的;可是要认识这种逻各斯,必须是智
慧。这样,他确实是第一个哲学家,将人的认识问题突出提出来了,也可以说
他开始将哲学研究的问题从单纯研究客观对象转而也研究人的认识,研究主
体了。但是,在他的残篇中,谈到人类社会问题的却很少。在第尔斯辑录的疑
伪的残篇中,有一些只能说是日常生活的格言,如:

不可以跟人开玩笑,弄到自己倒成了笑柄。(DK22B130)

自满是进步的退步。(DK22B131)

颂扬使神灵和人们俯首帖耳。(DK22B132)

坏人是诚实人的对头。(DK22B133)

教育是有教养的人的第二个太阳。(DK22B134)

获得好名誉的捷径是做好人。(DK22B135)

在赫拉克利特的残篇中,主要谈到社会政治问题的只有两个方面,一是战
争,二是法律。

赫拉克利特认为战争是万物之父,万物之王。因为他看到,战争使一些人
成为神,另一些人成为人;战争使一些人成为奴隶,另一些人成为自由人。因
此,他认为战争是普遍的,一切都是通过战争产生的。

因为他推崇战争,从而也推崇在战争中阵亡的人:

神和人都崇敬在战争中阵亡的人。(DK22B24)

战死的灵魂比染病而死的灵魂纯洁。(DK22B136)

但是他特别推崇在战争中死得伟大的那些英雄:

①　参见第欧根尼·拉尔修:《著名哲学家的生平和学说》第9卷第15节。
②　参见耶格尔:《潘迪亚:希腊文化的理想》第1卷,第181页。

> 伟大的死可以得到更大的奖赏。(DK22B25)

这里的"奖赏"μοῖρα，原意是部分、疆域、社会地位、命运。①

辑自希波吕托的残篇第六十三：

> 在那个存在〔神〕面前，他们上升了，成为活人和死人的守护神。
> (DK22B63)

这则残篇的前半句是残缺的，卡恩认为从"上升了"开始才是赫拉克利特的原话。② 这里的"他们"，《古希腊罗马哲学》认为是"英雄"，那就是在战场上英勇阵亡的人，可以和上一则残篇联系起来。弗里曼却认为是指"地狱(哈德斯)中的灵魂"，那就是指一般的灵魂了。希波吕托的原文却是用这段话来说明复活和灵魂的轮回的：

> 他〔赫拉克利特〕还说到肉体的复活，说到我们诞生于其中的那种尘世的身体的复活，并且认为是神促成了这种复活。他的话是这样说的：
> (以下为残篇第六十三)。③

这里是不是神学家希波吕托曲解了赫拉克利特，将他说成也是主张灵魂轮回说呢？也难说这就是歪曲，因为赫拉克利特残篇第六十二就说到：不朽的神就是有死的人，他们是相互转化的，这个死就是那个生。从哲学上说，这是讲了对立统一的辩证的道理，但从世俗的宗教的眼光看，这就是讲灵魂轮回。所以，赫拉克利特的辩证法可以被解释为神秘主义甚至神学。

还可以举一个类似的例子，残篇第一百十九：

> 人的性格就是他的守护神。(DK22B119)

这里，《古希腊罗马哲学》译成"守护神"，弗里曼和卡恩都译成"命运"，原来δαίμων，daimon是既有神灵又有命运的意思。④ 这句话其实也可以说并不神秘，只是说：一个人的性格或者是勇敢的，或者是懦怯的……，往往可以决定他的一生命运。赫拉克利特所说的"命运"，大多可以解释为事物发展的必

---

① 参见卡恩：《赫拉克利特的艺术和思想》，第73页。

② 参见卡恩：《赫拉克利特的艺术和思想》，第79页。

③ 希波吕托：《驳众异端》第9卷，第10章第6节。

④ 参见卡恩：《赫拉克利特的艺术和思想》，第81页。

然性。

　　赫拉克利特提出"战争是万物之父"，在哲学上，这是极深刻的思想；但他将这个思想运用到社会政治上，崇拜战争，崇拜战争中阵亡的人，特别是崇拜战争中英勇阵亡的人，这就不过是当时希腊人普遍流行的英雄崇拜的思想，荷马的史诗就是这种思想的范本。赫拉克利特在这点上丝毫没有超出当时一般人的思想水平。因为那时根本还没有正义的和非正义的战争之分，赫拉克利特所处的具体环境我们也不了解，要从他的这些言论中去分析他的政治态度是进步的还是反动的，是不可能的。

　　第二，关于法律。

　　在本章第五节讲到赫拉克利特为什么会认为对立统一时，曾引用亚里士多德在《论世界》中的长段说明，其中谈道："既然城邦是由对立的阶层——富的和穷的、年轻的和年老的、弱的和强的、好的和坏的——组成的，它如何能继续存在呢？他们没有注意到城邦的一致中总是带着最有冲突的特征的，从多样性中产生统一，从不相同中产生相同，它总得允许各种不同存在。"①要在富和穷、年轻和年老、强和弱、好和坏这样对立的阶层中得到一致，在不相同中产生相同，必须有法律来维持城邦的秩序。法律是阶级斗争的产物，它是维护阶级社会秩序的必不可少的工具。古代希腊人早已从社会实践中懂得法律的重要性。每个城邦都要为自己制定法律，制定法律的人往往是最有经验和知识的政治家和思想家。因此，希腊的哲学家都很重视法律，赫拉克利特也是如此。辑自第欧根尼·拉尔修的两则残篇：②

　　　　消灭暴行急于扑灭火灾。（DK22B43）

　　　　人民应当为法律而战，像为自己的城垣而战一样。（DK22B44）

在当时希腊，保卫自己的城邦，保卫城邦的卫城，抵御外来人的侵犯，是每个公民的责任。赫拉克利特要求人民像保卫城邦一样来保卫法律。

　　前面引用过的残篇第一百十四讲得更为明确：法律是人人共同的东西，一

---

　　①　亚里士多德：《论世界》396ʰ1—6。

　　②　参见第欧根尼·拉尔修：《著名哲学家的生平和学说》第9卷，第2节。

个城邦的人都必须遵守这个城邦的法律。但所有人间的各城邦的法律又必须共同遵守一个唯一神圣的法律，这个神圣的法律也就是逻各斯。

还有一则残篇第三十三：

> 法律也要服从唯一的意志。（DK22B33）

这里的"唯一"*ένος*，可以有双重解释：一个人或一个原则。① 如果解释成"一个人"，法律要服从一个人的意志，这种法律就是独裁的、专利的；如果说法律也要服从一个原则，这原则就是逻各斯，就可以与残篇第一百十四相一致。弗里曼译成"一个人"，卡恩倾向于后者，将它解释成唯一的智慧。②

这样，又发生同样的问题：赫拉克利特这样重视法律，表示他的政治态度是进步的，还是反动的？对此也有各种不同的说法。波普尔在《开放的社会及其敌人》中，认为赫拉克利特的哲学是当时正在进行的社会变革的典型的反动，说他具有"保守的反民主的观点"，并将他的残篇第四十四中的"为法律而战"，解释"为他的城邦的古老法律而战。"③耶格尔却认为："希腊人的自由在于这事实，即使他自己作为一个组成的部分从属于整体的城邦，服从于城邦的法律。哲学上的自由，赫拉克利特追求的这种自由，和希腊人对自己城邦的忠诚是绝不冲突的：赫拉克利特教导说，在城邦中，人是共同体的一个组成部分，因此他服从这个共同体的法律。"④耶格尔将赫拉克利特说成是一个这样的"自由"的追求者。策勒认为："对于政府来讲，没有什么比法律的统治更为必要的了；人间的法律是从神圣的法律中散发出来的；社会是建立在它们之上的，没有这些法律就不会有正义；所以，国家要为它的法律而战，正像为它的城垣而战一样。这种法律的统治，无论对个别统治者的或群众的意志，都是平等相待的。赫拉克利特实际上是自由之友，但是他憎恨和鄙视民主制，因为民主制不懂得如何听从最优秀的人，不能容忍任何伟大的杰出人物。"⑤卡恩比较

---

① 参见卡恩：《赫拉克利特的艺术和思想》，第 59 页。
② 参见卡恩：《赫拉克利特的艺术和思想》，第 181 页。
③ 波普尔：《开放的社会及其敌人》第 1 卷，第 11—13 页。
④ 耶格尔：《潘迪亚：希腊文化的理想》第 1 卷，第 183—184 页。
⑤ 策勒：《苏格拉底以前的学派》第 2 卷，第 98—99 页。

实事求是一点,他说:"我们对于爱菲索的确实的政治情况一无所知,它可能是在公元前499—前494年伊奥尼亚人起义以后由波斯人建立的温和的民主制统治的。但是关于它的意识形态背景却是我们能够理解的。"接着就引用了大约一个世纪以前梭伦分析雅典当时的政治危机的诗句,诗中描述了由于没有法律而给公众带来普遍的危害;抢劫、残杀、暴力迭起,只有法律才能治愈这些祸害。卡恩认为,赫拉克利特的学说,是将"梭伦的政治学说和梭伦自己的开明领导的实践推广成为一种普遍统一的原则。"①卡恩将赫拉克利特说成是梭伦的继承人了。

单凭赫拉克利特重视保卫法律这一点,要断定他在政治上是进步的还是反动的,确实是有困难的。当时一些有钱有势的奴隶主固然需要法律来保护他们的利益,而奴隶主民主派的改革家也是提倡和重视法律的。除非我们确实知道赫拉克利特所要保护的是传统的奴隶主贵族的法律,或是某个独裁者(僭主)以个人意志制定的法律,还是民主派改革家所制定的法律,不然就不能根据这点来断定他的政治态度。

赫拉克利特认为超过一切人间法律之上的,还有一个神圣的法律,一切人间的法律应该服从它。这种思想和后来智者们争论的问题很相似。在智者中间,有一部分代表民主派思想的人主张法律都是人为的,可以根据人们的需要制定法律;而一些守旧的人却认为传统的维护奴隶主贵族利益的法律则是天然的、神圣的。从这点看,赫拉克利特也主张有神圣的法律,似乎是站在保守的、反民主的一面。但是,仔细分析,这里还有不同:智者的争论中是将人为的法律和天然的、神圣的法律二者对立起来,赞成前一种法律是代表进步的民主派,赞成后一种法律则是保守的、反动的。而赫拉克利特却并没有将这两种法律对立起来,他只是说城邦的、人间的法律是服从神圣的法律即逻各斯的。因而,这两种法律在实质上是一致的,不是对立的。所以,不能将赫拉克利特的思想和在他以后的智者们的思想作简单的类比,从而将他划到保守反动的一边。也许赫拉克利特关于神圣的法律是引起后来智者们争论的前导,但不能

---

① 卡恩:《赫拉克利特的艺术和思想》,第179—180页。

将后来的思想简单地加到赫拉克利特身上。

赫拉克利特的社会政治思想，无论是他关于战争的看法，还是他关于法律的看法，尽管在哲学上是提出了一些深刻的思想，但作为社会政治思想，他并没有超出当时一般希腊人的水平，即崇拜战争和英雄、赞美法律。单根据他的这些思想，是很难确定他的政治态度的。

第九节　天体和太阳

赫拉克利特认为永恒的活火是万物的本原，由火转化成为气、水、土，成为万物；同时，土、水、气又转化为火。前者是上升的路，后者是下降的路；上升的路和下降的路又是同一条路，是同时进行的。用他的这种自然哲学如何解释天体等自然现象？——这是当时的自然哲学家普遍试图作出解释的问题。可惜，现在留下来的赫拉克利特关于这方面的资料很少，唯一比较完整的材料是第欧根尼·拉尔修的论述。

第欧根尼·拉尔修在论述了赫拉克利特关于火转化为万物，上升的路和下降的路，说到有明亮的热气和黯淡的热气，火是由明亮的热气哺育的，水是由黯淡的热气哺育的等，接着就说：

> 至于〔围绕天空的〕周围的东西的性质，他并没有说明。他只是说，天空中有许多小窝，以它们的凹面向着我们，其中聚集着明亮的热气，形成火焰，这就是天体。太阳的火焰是最明亮的最热的，其他的星体因为离大地较远，所以它们的光芒和热度较弱；月亮虽然离地较近，但它通过的区域是不纯洁的。相反，太阳是在明亮而纯洁的区域里，和我们的距离也合适，所以提供更多的热和光。当小窝向上翻转时，便发生日蚀和月蚀。每个月中月亮的盈亏是由小窝的逐渐翻转造成的。日和夜、月、季、年、雨、风等等，都是由热气的不同造成的。明的热气在太阳的圈子里燃烧就是白天，以相反的热气为主时就成为黑夜；在明亮的热气中热度增加便成为夏天，在黯淡的热气中温度增加便成为冬天。他〔赫拉克利特〕以同

样的方式解释其他的现象。但是,他对于大地以及小窝的性质,并没有作出解释。这些就是他的学说。①

赫拉克利特用火—热气的变化和不同来解释日、月、星辰、白昼和黑夜、夏和冬等现象;但正像第欧根尼·拉尔修所指出的,他对于大地,特别是那些很关键的"小窝"的性质,并没有作出说明。赫拉克利特所作的这种解释可以说是相当肤浅的,难怪格思里说他是"将种种不同的现象,放在一个单纯的一般的原因之下,令人吃惊地将它们集合在一起,这种解释似乎是并不很明智的。"②除了企图用火的运动变化来说明种种自然现象之外,赫拉克利特在天文学说方面并没有比米利都的哲学家们有所前进。

在赫拉克利特的残篇中,讲得比较多的是关于太阳的问题。

残篇第九十九:

> 如果没有太阳,纵然有别的星辰,也还只能是黑夜。(DK22B99)

残篇第三,根据艾修斯的记载,赫拉克利特说:

> 太阳只有人的脚那么大小。(DK22B3)

但根据第欧根尼·拉尔修的记载,却是赫拉克利特认为:"太阳并不比我们所看到的更大。"③卡恩对此有所论述:注释家们对于赫拉克利特这种说法是否实在曾有所争论,他认为,赫拉克利特只是对当时一般人认为太阳大小的说法既不赞成也不批判地加以引用。为了要科学地思考太阳的大小,阿那克西曼德及其后继者想为天体制造一个地理模型。最早估计太阳的大小的是阿那克萨戈拉,他认为太阳比伯罗奔尼撒地方大。直到一个世纪以后,亚里士多德才承认太阳"大于我们所说的大地"。④ 赫拉克利特所处的时代对星球的距离和大小的估计还才处于开始阶段,他们的认识是极其可怜的。⑤

还有残篇第六:

---

① 第欧根尼·拉尔修:《著名哲学家的生平和学说》第 9 卷,第 9—11 节。
② 格思里:《希腊哲学史》第 1 卷,第 483 页。
③ 第欧根尼·拉尔修:《著名哲学家的生平和学说》第 9 卷,第 7 节。
④ 亚里士多德:《论灵魂》,428^{b}4。
⑤ 参见卡恩:《赫拉克利特的艺术和思想》,第 163 页。

　　太阳每天都是新的。(DK22B6)

这则残篇辑自亚里士多德的《气象学》。亚里士多德是在批评早期思想家(主要就是赫拉克利特)主张太阳是由热气哺育的说法。他说:"如果太阳是这样被哺育的话,就不只是像赫拉克利特所说的,太阳每天都是新的,而应该是每个瞬间都是新的了。"①这是从太阳的不断运动变化而提出来的。柏拉图在《国家篇》中也提到赫拉克利特的类似思想。柏拉图说:如果哲学家不以研究哲学作为自己的任务,到他们年老时,就要熄灭掉,比赫拉克利特的太阳还不如,因为他们不可能重新点燃。② 一般注释家解释:赫拉克利特的太阳是在黄昏熄灭,清晨重新点燃的。像这样说赫拉克利特认为太阳是每天熄灭又重新点燃的,找不到别的根据,和上引第欧根尼·拉尔修的说法(明亮的热气在太阳圈里燃烧便是白天,黯淡的热气为主时便是黑夜)也有不同。可能赫拉克利特自己对这一点也没有说清楚。

　　有两则辑自普卢塔克的残篇比较重要。残篇第九十四:

　　太阳不应越出它的尺度($\mu\acute{\epsilon}\tau\rho\alpha$, metra),否则厄林尼斯(Erinyes,复仇女神)——正义之神的女使就会把它找出来。(DK22B94)

在这则残篇前面,普卢塔克解释说:"每个行星都各自在一个轨道上运行,像在一个岛上,保持着它的规律性。"③这里说的尺度,是指一定的轨道、周期,也就是太阳运行的逻各斯,这是太阳运行时所必需遵守的。普卢塔克在《柏拉图问题》中,又有一段记载,其中一些话被辑为残篇第一百:

　　……时间……是有秩序的运动,是有尺度($\mu\acute{\epsilon}\tau\rho o\nu$)、限度($\pi\acute{\epsilon}\rho\alpha\tau\alpha$)和周期($\pi\epsilon\rho\iota\acute{o}\delta o\upsilon s$)的。太阳是这些周期的监视者和保卫者,它建立、管理、规定和揭示出变动和带来一切的季节,像赫拉克利特所说的。这不是指无关紧要的、小的周期,而是指最大的、最有影响的周期。这样,太阳就成为至高无上的神的帮手了。④

----

① 亚里士多德:《气象学》,355ª13—15。
② 参见柏拉图:《国家篇》,498A。
③ 普卢塔克:《论放逐》第 11 卷,604A;基尔克:《赫拉克利特宇宙论残篇》,第 284 页。
④ 普卢塔克:《柏拉图问题》第 8 卷,1007B;基尔克:《赫拉克利特宇宙论残篇》,第 294 页。

卡恩和《古希腊罗马哲学》将"太阳是这些周期的……一切的季节"这句话列
为残篇,第尔斯和基尔克则认为只有"带来一切的季节"才是赫拉克利特的原
话,列为残篇。

当时希腊计算日、月、季、年的时间是用太阳计算的太阳历。因此,太阳被
认为是时间的监视者和保卫者。普卢塔克这段话是在讨论柏拉图《蒂迈欧
篇》中关于星体运动的时间的观点时讲的。小周期指人生的周期,以 30 年为
一周期,每年 12 个月,每月 30 天,所以:30×12×30＝10800 天,这是小周期;大
周期就是 10800 年,是行星、太阳、月亮又回到相同的关系位置上,[1]是宇宙大
燃烧和复活的周期。后来的斯多亚学派是这样看的,但要是说赫拉克利特已
经得出这样的观点,卡恩认为是不可靠的。[2]

这就是我们所能知道的赫拉克利特关于天文的学说。在这方面,也和在
社会政治法律学说方面一样,赫拉克利特除了坚持一切皆变和逻各斯的思想
外,并没有提出其他深刻的新的观点。

---

① 参见柏拉图:《蒂迈欧篇》,39D。
② 参见卡恩:《赫拉克利特的艺术和思想》,第 155 页。

　　赫拉克利特是伊奥尼亚的哲学家,他继承米利都学派的传统,认为物质性的元素是万物的本原。他认为本原是永恒的活火,强调它本身就是不停歇的运动,火转化为万物,万物又转化为火。在这方面,他将米利都学派关于本原的思想向前发展了。

　　赫拉克利特在哲学思想上的发展,主要表现在辩证法方面。他的辩证法思想虽然还带着朴素的直观性,但在当时却是非常深刻的。

　　首先,他提出事物不断运动变化,一切皆流的思想。将运动作为一个哲学问题来探讨,是从他开始的。比他稍后的爱利亚学派和他针锋相对地提出只有静止不动的东西才是我们可以认知的真实的东西。这样,运动和静止的关系就成为哲学中的一个重要问题而展开了。

　　赫拉克利特还认为事物的运动变化都是按照一定的尺度、分寸进行的,从而提出了逻各斯的思想。他和略早于他的毕泰戈拉及其早期学派一起,从探究万物的本原深入到要探求现象背后的普遍规律。这为人类认识的发展,为希腊以至整个西方的哲学和科学的发展提供了广阔的领域和深远的前途。

　　赫拉克利特的辩证法的核心还是他有关对立统一的思想。有关对立的问题,虽然是希腊哲学一开始,在米利都学派的哲学中就已经涉及到了,毕泰戈拉学派也已经列出对立的表来;但是,从哲学上探讨对立面之间的相互关系,却是从赫拉克利特开始的。他从自然社会和日常生活中,朴素地看到对立双方是相互依存、相互统一、相互转化、相互作用的,提出了斗争是万物之父、万物之王的思想。他无愧为辩证法的奠基人。

　　赫拉克利特这些思想非常深刻,从希腊罗马甚至以后相当长一段时期哲学家都不能认识和理解它;黑格尔是第一个发掘赫拉克利特辩证法思想的哲学家,但是对它作了唯心论的歪曲。只有马克思主义哲学才对赫拉克利特的唯物辩证法思想作出正确的评价。

　　虽然后来的哲学家在理论上对赫拉克利特的对立统一学说没有真正的认识,但是在实践中,讨论有关对立的种种问题,却一直是希腊哲学的一个重要方面的内容。许多重要的哲学家如德谟克利特、柏拉图、亚里士多德等人,都以自己的方式提出和讨论了对立统一的关系,在某些方面达到和赫拉克利特相似的结论。

　　赫拉克利特又可以说是第一个提出认识论问题的哲学家。他重视感觉经验,最早提出感觉是否可靠的问题,又提出人人有共同的智慧。从这方面也可以说赫拉克利特是第一个人,他将哲学从完全讨论外部世界开始转向也研究认识以及认识的主体——人。

　　在宗教上,赫拉克利特和比他稍早的塞诺芬尼一起反对传统宗教,但赫拉克利特主要是反对传统的宗教祭神仪式,反对偶像崇拜。赫拉克利特也承认神,但他所说的神,就是指永恒的活火,指逻各斯,指最高的智慧。因此,他又是最早将宗教哲学化,将宗教的神改造成为理性的神,从而使哲学摆脱宗教走出了一大步。但因为他不可能也没有划清哲学和宗教的界限,所以到后期希腊—罗马哲学时期的斯多亚学派和基督教教父哲学,又将他的逻各斯和火解释成为宗教的神,使他的哲学为宗教教义服务,既使宗教哲学化,又将哲学拉回到宗教。

　　简括以上这些方面,可以看出赫拉克利特在希腊哲学发展中的历史地位,他在许多方面的思想确实都是开创性的。

第 四 编

爱利亚学派

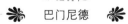

塞诺芬尼

巴门尼德

芝诺和麦里梭

爱利亚学派在早期以至整个希腊哲学的发展中是一个重要的转折点。它对以往的——主要是伊奥尼亚的哲学进行了批判性的总结,独树新帜,提出了一个永恒不变的"存在",将早期希腊的自然哲学引向本体论,成为后来希腊哲学以至整个西方哲学发展的逻辑起点。

一般认为,爱利亚学派有四位代表人物:塞诺芬尼是他们的先驱,巴门尼德是爱利亚学派的奠基人和领袖,芝诺和麦里梭则起着捍卫、修正和发展巴门尼德的理论的作用。

爱利亚学派是后人以他们活动的中心地点——南意大利的爱利亚(Elea)城邦命名的。但是它并不像以前的毕泰戈拉学派那样依靠宗教教义和仪式结成一个牢固的盟会,也不像后来的柏拉图和亚里士多德那样有一个固定的学习和研究场所。爱利亚学派像米利都学派一样,并没有一个有形的组织;只是因为他们有着共同一致方向的哲学思想,而被人们称为一个学派的。在他们之中,除了巴门尼德和芝诺有师承关系外,其他两人并没有师承关系的可靠记载。塞诺芬尼仅仅在思想上起了先导作用,也许并不认识巴门尼德;麦里梭一生主要生活在伊奥尼亚地区的萨摩斯岛。然而这个学派传播的地区却相当广泛,除了南意大利和西西里岛外,在希腊本土(例如雅典)和东方小亚细亚伊奥尼亚地区都有传播和影响;在时间上延续了一百年左右。因此,爱利亚学派决不仅是爱利亚一个城市的产物,它有广阔的社会背景。

从公元前六世纪中叶塞诺芬尼到南意大利起,到公元前5世纪芝诺、麦里梭逝世为止,这一百多年仍属于希腊城邦奴隶制从建立到繁荣的时期,同时也是社会历史上发生重大变革的时代。这时候小亚细亚西岸的希腊城邦先后受吕底亚和波斯的威胁,公元前546年波斯国王居鲁士征服了吕底亚,紧接着就派哈帕古斯(Harpagus)进犯伊奥尼亚最北部的城邦佛凯亚和科罗封等地,除了当时同波斯结盟的米利都外,其余十一个城邦全部受波斯控制,居民沦为奴隶,或者逃往别处建立其他殖民城邦。地处南意大利西北岸的爱利亚城邦,就是这次逃到那里的佛凯亚人于公元前540—前535年左右建立的。公元前499—前494年米利都人反叛波斯的起义失败以后,城邦被毁,从此,小亚细亚西岸及沿海岛屿结束了它的光荣历史,①希腊文化的重心向西方转移。

这时候的南意大利和西西里岛———一般称为大希腊,《剑桥古代史》又称之为西部希腊,因为它是希腊世界的一个部分———却是另一番景象。希腊人继续往这个地区移民,建立殖民城邦。同时,早先建立的希腊城邦如叙拉古、克罗顿也向周围扩张,建立新的居住区。这个地区政治形势一直比较稳定。公元前6世纪,北非的迦太基(属西亚腓尼基人,约在公元前814年建立城邦)和意大利中部的伊特拉里亚(属外来的伊特拉斯坎人)都敌不过希腊人。公元前5世纪上半叶的几次战争中均被希腊人首先是叙拉古人所战败。公元前480年发生希墨腊战争,叙拉古人打败了迦太基;公元前474年叙拉古僭主希厄隆击败了伊特拉里亚人。② 这一百多年可以说是西部希腊的兴盛发展时期,以至在希波战争中,斯巴达和雅典都派使节向叙拉古求援。③ 毕泰戈拉和塞诺芬尼相继到南意大利定居和谋生,形成毕泰戈拉学派和爱利亚学派。在文学上,希腊本土的诗人品达和埃斯库罗斯等也到这个地区活动或长期居住。这些说明,当时的南意大利和西西里岛是繁荣和稳定的,并不是什么落后保守的反动势力的聚集地。

同东部希腊相比较,西部希腊地区的经济、政治、文化有它自己的特点。

第一,西部希腊尽管也有海上交通以及相应的商业和手工业,但是远不及东部希腊那样发达,没有能形成一个强大独立的工商奴隶主阶级。这一地区

---

① 参见希罗多德:《历史》第1卷,第162—170节;第6卷,第1—21节。

② 参见希罗多德:《历史》第7卷,第166—167节。

③ 参见希罗多德:《历史》第7卷,第157—163节。

有的城邦也建立过几次民主政体的政权,如公元前 491 年及公元前 466 年在叙拉古,以及恩培多克勒的故乡阿克拉伽都建立过民主政体,但都是短暂的,没有大的业绩;而且是由耕奴和下层民众搞起来的,被僭主或贵族中的不同派别所利用。这个地区占支配地位的是奴隶主农业经济。这些依附农业经济的奴隶主虽然被统称为贵族奴隶主,但他们和希腊本土的氏族贵族不同。这个地区的贵族奴隶主是从不同时期、不同城邦、不同阶层中的移民中形成起来的,他们后来成为不同的贵族集团。不同集团的贵族奴隶主的斗争,在这个地区中具有重要地位。

第二,在政治上,贵族政体一直在这个地区占主导地位。但由于所处的历史发展阶段不同,奴隶主贵族的组成性质不同,它们同东部希腊以及本土雅典的情况不同,这个地区的贵族政体一般还是适应当时当地奴隶制经济的发展的,还不能简单笼统地说它们是反动的。这个地区也出现过僭主政治,但是也同东部希腊不同,这个地区的僭主往往是依附贵族中的某一集团和另一集团相抗争。

第三,这时候这个地区的文化相当发达,但是宗教势力的影响也相当深。它既有传统的希腊通俗宗教,又有从色雷斯传来的奥菲斯教;这个地区产生的最早的哲学学派——毕泰戈拉学派也有浓厚的宗教气息,它同时又是宗教团体。在这样的条件下,塞诺芬尼敢于公开批判宗教神话,是要有相当大的勇气的。

爱利亚学派就是在这样的历史条件下,紧接着伊奥尼亚哲学和毕泰戈拉学派的哲学传播之后产生的。

❀ 第六章 ❀

塞诺芬尼

　　塞诺芬尼算不算一个哲学家？能不能将他摆在爱利亚学派范围内来研究？在西方学者中一直是众说纷纭的。我们必须首先回答这两个问题。

　　塞诺芬尼应该算作什么人物？研究文学史、哲学史和宗教神话史的人都从自己本学科的角度去看他。有人说，他本来是个诗人，只是哲学史家出于误会才将他当成了哲学家；有些人强调他是一个神学家，有人说他是一个真正的一神论者，还有人说，其实他还是一个承认多神论的神学家；伯奈特不同意这些看法，说："倘若他知道，有这么一天他竟被当作神学家，他自己也会觉得好笑。"①

　　幸运的是，除了个别人如尼采外，大多数哲学家都没有完全将塞诺芬尼拒于哲学的门外。本来，在早期希腊阶段，哲学和神学、哲学和文学尚未分化。哲学家多以这样方式或那样方式谈到神的问题。至于塞诺芬尼对神采取什么态度？这正是本章所要探讨的问题。哲学和文学更有密不可分的关系。一个哲学家的思想总要通过文学形式表达出来，或者用诗，或者用散文，或者用对话，或者用严谨的论文，因此，从古至今许多大哲学家往往在文学史上也占有重要的位置。我们又何必一定要用现代学科的划分去争论塞诺芬尼是文学家还是哲学家呢？这个问题，康福德在《鉴别原理·希腊哲学思想的起源》中说

---

　　① 伯奈特：《早期希腊哲学》，第 129 页。上述见解，参见格思里：《希腊哲学史》第 1 卷，第361—362 页；耶格尔：《早期希腊哲学家的神学》第 3 章；基尔克、拉文：《苏格拉底以前的哲学家》，第 167、171 页；巴恩斯：《苏格拉底以前的哲学》第 1 卷，第 85 页及注 8。

到,远古时代只有宗教意识,没有专门的祭司,以后才逐渐产生专职宗教人员和比较复杂的祭神仪式。公元前9世纪开始有诗人和预言者(卜者)的分化,诗人着眼于过去,编造史诗,歌颂以往神灵和英雄的故事;预言者则寄托于神,预卜未来。哲学家关心的是古往今来的奥妙的哲理,同诗人、预卜者有共同的主题,后来才分了家。① 塞诺芬尼确实是个游吟诗人,同时又是一位哲学家,二者并不矛盾。

但当问题进一步涉及塞诺芬尼是否属于爱利亚学派时,争论就更大了。当代西方许多哲学史家如格思里、基尔克和拉文、罗宾逊(J.M.Robinson)等都根据这样或那样的理由,认为塞诺芬尼不属于爱利亚学派。格思里在《希腊哲学史》中将塞诺芬尼的学说当做独立的部分来处理,将他和毕泰戈拉和赫拉克利特并列,放在第一卷论述,而将爱利亚学派包括巴门尼德、芝诺和麦里梭放在第二卷论述。基尔克和拉文将塞诺芬尼置于伊奥尼亚思想家的行列,而将巴门尼德等人放在南意大利系统;他们认为塞诺芬尼的思想同米利都学派、赫拉克利特和巴门尼德"显然均有相当大的区别"②。罗宾逊走得更远,他认为塞诺芬尼对巴门尼德是否发生过影响,也是可疑的。③ 另一些学者则持相反态度。策勒将塞诺芬尼放在爱利亚学派范围内论述。沃格尔(Vogel)则明确将塞诺芬尼看作是"爱利亚学派的先驱"。④

我们认为,考虑一位哲学家是否属于某一个哲学学派,主要不能以这位哲学家出生于某一地区或主要在某一地区活动以及他的职业等来确定,而是应该从他的基本理论及其特征方面来考察,从人类认识发展史的角度来考察。我们想这样提出问题:公元前6—前5世纪时期的希腊出现了那些不同的社会哲学思想,每种思潮的特点是什么,它是由谁提出来的,后来又是那些人继

---

① 参见康福德:《鉴别原理》第5章"预言家、诗人、哲学家",第62—87页;第8章"预言家同哲学家的争执";第9章"哲学家同诗歌的争执",第127—155页;有关塞诺芬尼部分参见143—148页。

② 基尔克、拉文:《苏格拉底以前的哲学家》,第167页。

③ 参见罗宾逊:《希腊哲学导论》,第108页。

④ 参见策勒:《苏格拉底以前的学派》第1卷,第522—642页;《希腊哲学史纲》,第41页;沃格尔:《希腊哲学》,I,"从泰勒斯到柏拉图",第31—35页。

承和发展了这种思潮? 这样,我们就可以看到,塞诺芬尼的思想虽然是在伊奥尼亚产生的,但和米利都学派以及赫拉克利特的思想有明显的不同,他代表了一种新的思潮。他的这种新思潮后来是在爱利亚,主要由巴门尼德开花结果的。因此,我们还是将塞诺芬尼的思想当做爱利亚学派的先驱,将他放在爱利亚学派内来论述。

第一节　游吟诗人和哲学家

塞诺芬尼生于小亚细亚西岸伊奥尼亚十二个希腊殖民城邦之一的科罗封,这是确实无疑的。关于他的生卒年代,史料记载相去甚远。第欧根尼·拉尔修记载说:

> 塞诺芬尼是科罗封人,德克修斯的儿子,或者按阿波罗多洛的说法,是俄尔索美涅的儿子,……索提翁说他是阿那克西曼德的同时代人。……他活的时间很长,这点可见于他自己的诗:"自从我在希腊土地上漫游以来,已经过去了 67 年,但在这以前直到我出生时,还有 25 年,这点,我是会说出真话的。"(DK21B8)……他的鼎盛年约在六十届奥林比亚赛会〔公元前 540—前 537 年〕时。[①]

按照这个记载,塞诺芬尼的生年当在公元前 580—前 577 年。这样便不能说他和阿那克西曼德同时,因为阿那克西曼德的生活时代大约是公元前 610—前 546 年左右。塞诺芬尼比阿那克西曼德年轻。

另据克莱门特在《汇编》中的记载:

> 科罗封人塞诺芬尼是爱利亚学派的先驱,蒂迈欧〔Timaeus,西西里的历史学家〕说他生活在西西里的僭主希厄隆以及诗人厄庇卡尔谟的时代,而阿波罗多洛说他生在第四十届奥林比亚赛会〔公元前 620—前 617

[①]　第欧根尼·拉尔修:《著名哲学家的生平和学说》第 9 卷,第 18—20 节。

年〕，而且一直活到大流士和居鲁士的时代。①（DK21A8）

这两种说法时间上也有很大不同。根据蒂迈欧的说法，叙拉古僭主希厄隆在位年代是公元前478—前467年，当时厄庇卡尔谟正在他的朝廷里。按此推算，塞诺芬尼最早只能生于公元前530年左右。而阿波罗多洛却说他生于公元前620年左右，可是波斯王居鲁士死于公元前529年，大流士于公元前521年继位，则塞诺芬尼至少活了一百岁，这也是难以置信的。

关于塞诺芬尼的生年，按照这几种说法，前后相差几乎达一百年。根据前引残篇第八，塞诺芬尼自己说他在希腊土地上已经漫游了67年，在这以前还有25年，大约是在他的故乡。又根据他的残篇第二十二：

> 冬天，饱餐之后宾主围住火炉，躺在软椅上边吃榛子，边饮甜酒："我的好朋友，请问您是谁，从何处来？您有多大了？当米地亚人来的时候，您有多大年纪？"（DK21B22）

这里提到的"米地亚人来的时候"，指的是公元前546年居鲁士派哈帕古斯征服科罗封，塞诺芬尼大约就在这时候离开故乡。从此上推25年即公元前570年左右是他的生年，下推67年即公元前479年时他还未死。这与第欧根尼·拉尔修的记载比较接近，因此，近现代西方学者多将塞诺芬尼的生卒年代定于这段时间，如策勒、格思里定为公元前570—前470年②；伯奈特定为公元前565—前470年③；基尔克和拉文定为公元前570—前475年④。

我们在第二编论述毕泰戈拉及其学派时曾提到塞诺芬尼的残篇第七，原文是：

> 现在，我要再转到另一个主题，指明其途径……他们说，有一次路过时看到有只狗挨打，他〔毕泰戈拉〕痛心疾首喊道："住手，别打了！这是

---

① 克莱门特：《汇编》第1卷第64节；参见基尔克、拉文：《苏格拉底以前的哲学家》，第163页。

② 参见策勒：《苏格拉底以前的学派》第1卷，第556—557页；格思里：《希腊哲学史》第1卷，第363页。

③ 参见伯奈特：《早期希腊哲学》，第123—124页。

④ 参见基尔克、拉文：《苏格拉底以前的哲学家》，第163—164页。

我一个朋友的灵魂，它哭叫的时候，我听出来了。"（DK21B7）

在第三编论述赫拉克利特时，我们曾引用赫拉克利特的残篇第四十，其中指名批评了塞诺芬尼。因此，一般学者推断塞诺芬尼比毕泰戈拉年轻，比赫拉克利特年长，这大概是可信的。

塞诺芬尼生活的时间很长，甚至将近百岁，他自称在希腊的土地上漫游了67年，可惜历史上没有留下具体的记载。在他的残篇中提到过吕底亚、米地亚、色雷斯、埃塞俄比亚等地，但也无法肯定他是否到过那里。有关的记载不多。第欧根尼·拉尔修记载说：

> 他〔塞诺芬尼〕被逐出母邦以后，住在西西里的仓克勒（Zancle），（还参加了爱利亚的殖民活动，在那里教学。）①并在卡塔纳（Catana）住过。②

仓克勒在西西里岛北部和南意大利半岛隔海相望，原来是西凯利人（Siceli）的城镇，萨摩斯殖民者占领时取名仓克勒；阿那克西拉人（Anaxillas）赶走萨摩斯人后改名为麦撒那（Messana）；公元前396年迦太基占领者毁了城邦，后为叙拉古王狄奥尼修重建，仍定名麦撒那。卡塔纳在西西里岛的埃特纳（Aetna）山脚下，公元前729年那克索斯人所建。③ 第欧根尼·拉尔修的这条记载说明，塞诺芬尼曾在西西里岛居住和活动过。

希波吕托在谈到塞诺芬尼关于大地形成的学说时说，他根据化石证明陆地原来是大海，说塞诺芬尼曾"在叙拉古的采石场发现了鱼和海草的痕迹，在〔爱琴海中的〕帕罗斯岛的石头深层发现了月桂树叶，在〔西西里南边的〕马耳他岛发现了压扁的海生生物。他〔塞诺芬尼〕说，很久以前，所有这些都被覆盖在稀泥之中。"④（DK21A33）这里提到的事情，策勒和伯奈特认为是塞诺芬尼目睹的，因为在那个时代，别的人还不能敏锐地观察到这些现象并作出解

---

① 括号内这句话是第尔斯根据古代希波吕托、普卢塔克、艾修斯等人的记载，最后根据塞奥弗拉斯特《物理学》残篇第5、16辑补的。

② 第欧根尼·拉尔修:《著名哲学家的生平和学说》第9卷，第18节。

③ 参见斯密斯编:《古典小辞典》，第189、75页。

④ 希波吕托:《驳众异端》第1卷，第4章第4—6节。

释。据此,一般学者认为塞诺芬尼到过这些地方。① 此外,前引克莱门特在《汇编》中提到,塞诺芬尼在叙拉古僭主希厄隆王朝生活过(DK21A8);策勒提到,普卢塔克曾讲塞诺芬尼到过埃及。② 这些没有更多资料,不予赘述。我们重视的问题是:塞诺芬尼有没有到过爱利亚,并且向巴门尼德传授他的学说?关于这个问题,有下列一些资料:

第一,柏拉图在《智者篇》中的对话人、来自爱利亚的陌生人说:"至于我们爱利亚学派,可以追溯到塞诺芬尼甚至更早,他是这样说的:我们所说的'一切',其实不过是'一'。"③

第二,亚里士多德在《形而上学》中说,"塞诺芬尼是第一个说出'一'的,(因为,巴门尼德据说是他的学生,)……"④

第三,亚里士多德在《修辞学》第2卷第23章中谈到省略三段论的推理和证明时,举了一个例子:"爱利亚的民众问塞诺芬尼,他们应不应该向琉科忒亚(Leucothea)女神⑤献祭,并为她哀悼,他〔塞诺芬尼〕劝告他们,如果他们认为她是女神,就不必为她哀悼;如果他们认为她是凡人,就不必为她献祭。"⑥

第四,辛普里丘转述塞奥弗拉斯特的意见时说:"塞诺芬尼是巴门尼德的老师。"(DK21A31)。

第五,第欧根尼·拉尔修记载说,塞诺芬尼"有篇关于科罗封建城的诗,另外还有一篇关于意大利地区爱利亚殖民城邦建立的诗,一共有二千行"。⑦

---

① 参见策勒:《苏格拉底以前的学派》第1卷,第570页注1;伯奈特:《早期希腊哲学》,第124页。

② 参见策勒:《苏格拉底以前的学派》第1卷,第557页注。

③ 柏拉图:《智者篇》,242D。

④ 亚里士多德:《形而上学》,986^{b}21—22。

⑤ 琉科忒亚,希腊神话中的海中女神。荷马在《奥德修纪》中首次提到她曾使希腊英雄奥德修免于溺死。通常人们将她同底比斯国王卡德摩斯的女儿伊诺混同。——根据《简明不列颠百科全书》中文版,第357页。

⑥ 亚里士多德:《修辞学》,1400^{b}5—8。

⑦ 第欧根尼·拉尔修:《著名哲学家的生平和学说》第9卷,第20节。

此外,前引第尔斯根据塞奥弗拉斯特《物理学》残篇辑补第欧根尼·拉尔修说,塞诺芬尼"还参加了爱利亚的殖民活动,并在那里教学"。①

第六,前引克莱门特在《汇编》中的记载:"科罗封人塞诺芬尼是爱利亚学派的先驱"。（DK21A8）

在这六条资料中,说明两方面的问题:一是塞诺芬尼曾经到过爱利亚,或在爱利亚定居过;二是他和爱利亚学派的关系,说他是爱利亚学派的先驱,甚至是巴门尼德的老师。对于前一个问题,现在多数学者是肯定的。策勒明确认为塞诺芬尼在南意大利和西西里漂泊了大半生以后,终于在南意大利的爱利亚定居。② 格思里说得比较谨慎,说根据传说,塞诺芬尼到过麦撒那、爱利亚等地,晚年在叙拉古的希厄隆朝廷生活过。③ 但是对于后一个问题,有些学者却持否定态度。他们不愿承认塞诺芬尼和爱利亚学派在思想上有直接联系,所以对古代记载也加以怀疑。如格思里认为,柏拉图的记载是不严肃的、可疑的,亚里士多德的说法则是受了柏拉图的影响,塞奥弗拉斯特则是误解了他的老师亚里士多德的话,等等。④ 伯奈特也持否定态度。⑤ 我们以为,第一个提出一切是"一"的是塞诺芬尼,他的思想直接影响了爱利亚学派。在这点上,古代记载基本上是一致的,特别是柏拉图、亚里士多德和塞奥弗拉斯特都有相似的看法。他们和爱利亚学派相距时间较近,他们的思想受爱利亚学派影响也较多,如果不抱成见,对他们的论述不必轻易怀疑和否定。他们之间在思想上的联系,本章以下几节及本编以后章节将专门讨论。

塞诺芬尼是个游吟诗人。他的职业就是在贵族们举行的宴会上吟诵荷马、赫西奥德等人的史诗,或他自己创作的诗篇,以此获得一定的报酬和食物。在当时的社会风尚下,这虽然还是颇受尊敬的职业,但正如第欧根尼·拉尔修所记述的,塞诺芬尼的生活是贫困的。他没有固定的家园,67 年中到处漂泊

① 第欧根尼·拉尔修:《著名哲学家的生平和学说》第 9 卷,第 18 节。
② 参见策勒:《希腊哲学史纲》,第 46 页。
③ 参见格思里:《希腊哲学史》第 1 卷,第 364 页。
④ 参见格思里:《希腊哲学史》第 1 卷,第 367—369 页。
⑤ 参见伯奈特:《早期希腊哲学》,第 115 页及注 2、3。

谋生。他主要活动在南意大利和西西里岛,也可能到过希腊其他地方。这些
地方距离不远,交通也比较方便,他有条件到这些地方吟诵自己的作品,传播
他的思想,其中就包括爱利亚。至于巴门尼德是不是他的学生,直接听过他的
教导,那就难说了。巴门尼德是直接还是间接地了解塞诺芬尼的学说的,并不
重要,重要的是他们二人的学说确实有内在的联系。

　　塞诺芬尼作为一位游吟诗人,他还有一些诗篇的片段保留下来。古代记
载,塞诺芬尼写过哀歌(Elegiacs)、讽刺诗,以及关于科罗封和爱利亚城邦的叙
事诗。在希腊诗歌的发展史上,他可能是最早写讽刺诗的。公元前 3 世纪上
半叶的怀疑论者佛利岛(南意大利一小岛)的蒂蒙(Timon)模拟塞诺芬尼写讽
刺诗,取名 $\sigma\iota\lambda\lambda o\iota$(silloi),后来就给塞诺芬尼的讽刺诗加了这个名称。[1] 塞
诺芬尼的著作现在只剩下一百一十八行残篇诗。不过这是宝贵的资料,因为
在他以前,米利都学派的哲学家仅留下极少几则残篇,毕泰戈拉也没有留下什
么著作,赫拉克利特的时间则在塞诺芬尼以后,因此格思里说,塞诺芬尼是古
代希腊哲学家中,"第一个留下有无可辩驳的、相当数量著作的哲学家。"[2]

　　关于塞诺芬尼的著作也有两个有争议的问题:

　　第一,塞诺芬尼主要是吟诵荷马和赫西奥德的史诗,还是吟唱自己写的
诗? 冈珀茨认为他主要是咏诵荷马的诗,是个吟诵史诗者,只不过附带地零星
地写了一些自己的诗在晚宴上吟诵而已。[3] 耶格尔的看法与之相反,他引了
第欧根尼·拉尔修的一段话:"他写了一些叙事诗、哀歌和讽刺诗以反对荷马
和赫西奥德,斥责他们关于神灵的全部看法。他还经常歌唱他自己的诗。"[4]
耶格尔论辩说,塞诺芬尼的诗主要就是反对荷马和赫西奥德的,他怎么可能主
要仅是吟诵荷马的史诗呢? 我们以为,当时以吟诵史诗为职业的塞诺芬尼,可
能是经常吟诵荷马和赫西奥德的诗;但他又是一个有思想的,富有革新精神的
人。从他残留下来的诗句看,他确实提出了一种反对荷马和赫西奥德的思想,

---

① 参见《希英大辞典》,第 1598 页。

② 格思里:《希腊哲学史》第 1 卷,第 362 页。

③ 参见冈珀茨:《希腊思想家》第 1 卷,第 155 页。

④ 第欧根尼·拉尔修:《著名哲学家的生平和学说》第 9 卷,第 18 节。

在当时是一种崭新的思想。

第二,塞诺芬尼是否写过《论自然》这样的著作,或者是否写过专门论述自然哲学的诗? 这个问题从古代起就有不同说法。亚里士多德在《形而上学》第 1 卷中论述早期的自然哲学时,对塞诺芬尼是相当轻视的,①后来辛普里丘转述塞奥弗拉斯特的意见说:"塞诺芬尼的观点属于另一研究领域,不属于自然哲学范围。"②(DK21A31)。第欧根尼·拉尔修提到塞诺芬尼的自然哲学观点,但没有说他有《论自然》的著作。公元 5—6 世纪,斯托拜乌和《伊利昂纪》的边注者开始提到塞诺芬尼的《论自然》,后来语法学家波吕刻斯(Pollux)也采用这个说法。19 世纪第尔斯编辑塞诺芬尼的残篇时,在《哀歌》题目下辑编了残篇第一至第九,在《讽刺诗》题目下辑编了残篇第十至第二十一,在《论自然》题目下辑编了残篇第二十三至第四十一,他分别加了这三个标题。从此就出现了塞诺芬尼有《论自然》的著作。后来,策勒、格思里、莱恩哈德(Reinhardt)等哲学史家都认为塞诺芬尼可能有过失传了的《论自然》的诗;③格思里在《希腊哲学史》第 1 卷讨论塞诺芬尼的这一章中还专门写了 3 节,讨论他的自然哲学。

但伯奈特和耶格尔却持不同意见。伯奈特作了详细考证,认为《论自然》可能是帕伽马(Pergamus)图书馆④给塞诺芬尼的某些诗加上的标题。辛普里丘在注亚里士多德《论天》时引用塞诺芬尼的话(即残篇第二十八)时,说当时就没有找到塞诺芬尼的著作。第尔斯在《论自然》题目下辑录的塞诺芬尼的二十八行诗全是攻击荷马和赫西奥德的,其中许多出自对荷马史诗的注释。据此,伯奈特认为,塞诺芬尼"很可能是在讽刺诗中偶尔表述这样一些有关自然的意见。"⑤耶格尔同意伯奈特的意见,认为塞诺芬尼不曾有过《论自然》的

---

① 参见亚里士多德:《形而上学》,986ᵇ22—27。
② 参见格思里:《希腊哲学史》第 1 卷,第 367 页。
③ 参见格思里:《希腊哲学史》第 1 卷,第 366 页及注一;策勒:《苏格拉底以前的学派》第 1 卷,第 558 页注。
④ 帕伽马是小亚细亚西岸一城市,后来成为罗马行省,地址在古特洛伊附近,该图书馆在希腊化时期与亚历山大里亚图书馆齐名。
⑤ 伯奈特:《早期希腊哲学》,第 115—116 页及 115 页注 5。

说教诗,他说,"现有残篇只不过表明,他在讽刺诗中谈论过某些自然现象和问题,而且批评了其他哲学家和诗人的观点。甚至亚里士多德和塞奥弗拉斯特都不将塞诺芬尼算作一个自然哲学家。"①我们在前面曾经讲过,《论自然》这种书名并不是早期哲学家自己给著作定下的名称,而是后人给他们有关自然的著作加上的名称;塞诺芬尼作为哲学家,他的哲学思想和以往哲学家不同,他主要不是研究自然哲学,虽然他也研究并利用了以前的自然哲学,并发表了他的意见,这就是他的《论自然》诗句残篇。究竟怎样看待这些自然残篇? 我们在以下几节中详加讨论。

现存的塞诺芬尼的著作一百一十八行诗,被第尔斯辑成四十一则残篇(B类),后人论述的资料(A类)有五十二条。策勒评论说:"这两类史料并非总是彼此一致。在说教诗的残篇〔B类〕中,占统治地位的是神学方面的意见,只涉及少量自然理论;古代学者关于塞诺芬尼的记述〔A类〕则是同他的继承者巴门尼德紧密相连的一般形而上学的论断。"②所以产生这种不大一致的情况,因为B类残篇都是在荷马史诗的注释中保存下来的,所以多与神学问题有关;而记述塞诺芬尼思想(A类)的主要是柏拉图、亚里士多德和后来的纂述学者,他们注重的是塞诺芬尼和巴门尼德的理论以及他们之间的联系。这二者的联结正好说明塞诺芬尼的思想是从批判荷马和赫西奥德的神学开始,他的思想启发并影响了巴门尼德的哲学,所以他是爱利亚学派的先驱。

第二节　对传统神话的批判

塞诺芬尼和爱利亚学派究竟是什么关系,他能不能算是爱利亚学派的先驱,以及他的思想和巴门尼德的哲学是否有内在的联系? 关于这些问题,最早提出系统论述的还是亚里士多德。亚里士多德在《形而上学》第1卷第3、4、5

① 耶格尔:《早期希腊哲学家的神学》,第40页,并参见第210—211页注11、12。
② 策勒:《苏格拉底以前的学派》第1卷,第557—558页。

章先后叙述了早期的自然哲学家讲到万物的质料因和动力因，又论述了毕泰戈拉学派以后，就转来谈爱利亚学派。他说：

〔以上〕这些考察可以使我们充分认识前人认为自然的元素是"多"的意思了。可是还有些人却认为万物只是"一"，虽然在他们说法的优劣或者和自然事实是否一致上，彼此并不一样。讨论他们〔的理论〕和我们当前对原因的研究并不合适，因为他们并不像有些自然哲学家那样肯定存在是"一"，它又是从作为质料的"一"中产生的，他们说的是另外一种意思；别的那些〔自然〕哲学家要加上变化，宇宙是在变化中生成的；而这些思想家却说宇宙是不变的。可是这些是对我们当前的研究密切有关的：巴门尼德看来是牢牢抓住作为定义〔逻各斯〕的"一"，而麦里梭说的是作为质料的"一"，因此前者说它〔"一"〕是有限的，后者说它是无限的。而塞诺芬尼是第一个说出"一"的（因为，巴门尼德据说是他的学生），但他没有作出清楚的说明，看来他没有把握住这些〔质料和动力〕原因的性质，只是凝视整个太空，说"一"是存在的，"一"就是神。我们认为，为了当前研究的目的，可以不顾这些思想家，特别是其中两个可以完全不提，即塞诺芬尼和麦里梭，因为他们显得太天真朴素了；但是巴门尼德说的却颇有见识。因为他宣称，在"存在"以外没有"非存在"，他认为只有一个存在，那就是"存在"，再也没有别的……①

这一大段引文中的有些问题将在本编以后有关章节中再来讨论，现在只谈其中亚里士多德对塞诺芬尼的几点看法。

第一，亚里士多德是在讨论了早期自然哲学家们研究万物的本原，从米利都学派到德谟克利特，以及毕泰戈拉学派，认为他们所说的各种本原不过就是事物的质料因、动因和形式因之后，插进了这一段话的。他提出还有些人认为万物只是"一"，就是指爱利亚学派。亚里士多德指出爱利亚学派认为万物（存在）是一，这种说法和他所讨论的自然哲学家的说法根本不同，这个"一"并不是万物的质料因或动因；因此，就他当时正在探讨事物的"原因"这点说，

---

① 亚里士多德：《形而上学》，986ᵇ8—30。

现在讨论爱利亚学派并不合适（只有巴门尼德所说的"存在"是事物的定义〔形式因〕，麦里梭所说的"存在"是事物的质料因，是和当前讨论"原因"的问题有关的）。亚里士多德还指出：爱利亚学派和其他自然哲学家的不同，主要在于自然哲学家都认为自然万物是变动的，而爱利亚学派却提出不变的"一"来。其他自然哲学家也有主张万物（存在）是"一"的，如泰勒斯认为万物是水，赫拉克利特认为万物是火，但这种"一"是作为万物的质料，从它产生万物的；而爱利亚学派所说的"一"却不是这样的意思，因为他们认为"一"既不是生成的，也不会产生万物。所以，爱利亚学派所说的"一"是另外一种意思。从这里可以看出，亚里士多德实际上已经指出：爱利亚学派提出的关于"一"的理论是和他以前（还有以后）那些自然哲学家的理论根本不同的新理论。亚里士多德明白承认塞诺芬尼是第一个说出这种"一"的人，即这种新的学说的首创人。

第二，但是，亚里士多德对塞诺芬尼的评价不高。他首先指责塞诺芬尼没有将这个"一"说清楚，主要是塞诺芬尼没有掌握"原因"的意义，没有说出他所说的"一"究竟是事物的质料因，动力因，还是其他什么因？所以他认为塞诺芬尼和麦里梭一样，太天真朴素（naive）了。他们没有巴门尼德那样"颇有见地"，以至亚里士多德不屑于专门讨论塞诺芬尼的学说。

第三，亚里士多德关于塞诺芬尼的思想，只说了一句话，即他看到整个宇宙，说"一"是神。

我们以为，亚里士多德所指出的：主张有不变的"一"，是当时一种新的学说，这种学说是由塞诺芬尼第一个提出来的；但他并没有说清楚，只是说"一"是神。这种看法是符合当时思想发展的实际情况的。至于对塞诺芬尼的思想应该作何评价，后面再讨论。

塞诺芬尼怎么会首先提出这种新的关于"一"的学说来的，为什么他的学说仅止于说"一"是神？这是因为他的学说首先是从批判旧的观念出发的。他是一个游吟诗人，他到处吟诵荷马和赫西奥德的神话史诗；但他又是一个思想家，他发现这些神话中有许多矛盾和问题，他批判这些旧的传统，特别是批判旧的关于神的观念，从这些批判中一步步得出他自己的结论。这从他的残篇第一、二、三(都属于"哀歌")中可以看出。

残篇第一相当长,生动地描写了当时希腊传统的宴会盛况和祭神仪式。[1]鲍拉(C.M.Boura)在《希腊诗论》(*Problems in Greek Poetry*)中说"它是公元前 6 世纪或前 5 世纪初期希腊社会历史的一个重要资料"。[2] 这段残篇结尾时塞诺芬尼说:

> 应该赞美那在饮酒以后仍然表现出高尚思想,并且记住美德的人。
>
> 不要去歌颂泰坦、巨人或半人半兽的怪物们的斗争,那是先辈们的虚构;
>
> 也不要去歌颂城邦里那些无益的纷争,唯有崇敬神才是善行。(DK21B1)

按照当时习惯,吟诵者可以在宴会上规劝人们饮酒适度,行动得体,崇敬神灵。塞诺芬尼并没有逾越这一传统格式,但却加进了新的思想:他将歌颂传统神话和史诗中宙斯和泰坦、巨人们的斗争,以及颂扬城邦间的纷争都认为是不善的、非正当的行为,并尖锐指出关于诸神斗争的故事是"先辈们的虚构"。他敢于在贵族宴会的宾客面前说出传统的神是不值得尊敬的,这就大大超出了当时一般游吟诗人的水平。[3]

在残篇第二中,塞诺芬尼抨击了当时只知道崇尚体育竞技,忽视智慧和技艺的传统观念:

> 如果一个人在奥林匹亚——宙斯的庙就在那里靠近比萨河边——参加赛跑或五项竞赛得胜,或者在角力时得胜,或者在激烈的拳斗中得胜,或者在那被称为全能竞赛的可怕的比赛中得胜,这个人便会在公民们眼中充满荣誉,会在竞技场上赢得显赫的地位,会被邀参加城邦的盛筵,得到珍贵的奖品;如果他在驾车比赛中获胜,也会得到奖赏,然而他却没有像我那样值得受奖,因为我们的智慧优于人或马的体力。在这件事情上人们的意见混乱不堪,而重视体力甚于重视智慧是不公正的。因为纵然在人们中有一位优秀的拳击手,或者有人在五项竞赛或角力中获得冠军,或者赛跑得胜(赛跑比别的竞技更加重视敏捷),可是城邦却并不因此而

---

① 参见北大哲学系编:《古希腊罗马哲学》,第 44—45 页。

② 鲍拉:《希腊诗论》,第 1 页。

③ 参见格思里:《希腊哲学史》第 1 卷,第 364 页;罗宾逊:《早期希腊哲学导论》,第 55 页。

治理得更好。当一个人在比萨河边竞技得胜时,城邦得到的幸福是很小的,因为这并不能使城邦的库藏充盈。(DK21B2)

这是当时最早提出的对奥林匹亚赛会的攻击,后来欧里庇得斯和伊索克拉底也说过类似的批评的话。这里所说我们的"智慧"(sophia)既指思想,也指技艺。耶格尔将它解作思想——哲学,认为这则残篇是塞诺芬尼的整个哲学神学的组成部分,是同他对旧神观念的批判相一致的,而且反映了"旧贵族的涵养和新的哲学人物之间的不可避免的冲突"。① 鲍拉认为这 sophia 主要指技艺,塞诺芬尼的意思是技艺重于竞技,而不是说哲学智慧优于竞技,因而这里不存在什么反贵族的倾向。不过,他也承认,自梭伦、泰勒斯以来,sophia 已经具有智慧的含义了。② 我们以为,在塞诺芬尼的时代,sophia 确已具有技艺和智慧双重含义。在这则残篇中所说的智慧,具体地说就是治国的才能,当然包含有智慧的含义。但如果单凭这一点就推论塞诺芬尼有或没有反贵族的倾向,那就太简单了。我们从广阔的背景来考察,可以发现塞诺芬尼的这种批判确实是反映了历史发展的趋势的。歌舞和竞技会本来是同旧宗教的祭神仪式一起发展起来的,因而它们受到人们的重视。但是随着经济、政治和文化的发展,人的智力的提高,人们对于智慧、科学以及城邦的政治伦理生活就日益重视起来。塞诺芬尼的这则残篇,提出了应该认为智慧是一种$\acute{\alpha}\rho\varepsilon\tau\acute{\eta}$(arete,美德),对治理城邦,对公民的品性修养的发展,都比竞技更为有用,要求给这些方面以应有的地位。塞诺芬尼的这种思想可以说是后来苏格拉底提出"知识即美德"的先河。所以,塞诺芬尼的思想是进步的,合乎历史潮流的。格思里和鲍拉都承认:"公元前 6 世纪,贵族既不像后来的阿尔开乌(Alcaeus)那样反动,也不像某些社会历史学家所设想的那么和谐一致"。他们都认为贵族中有一个有生气的阶层。③ 那么,批判旧传统、旧观念的塞诺芬尼当然不可能是从属于维护氏族残余的那个反动贵族集团的。这一点,从塞诺芬尼指责他母邦贵族们的奢侈生活——即残篇第三中也可以看出来:

① 耶格尔:《潘迪亚:希腊文化的理想》,第 171、230—234 页。
② 参见鲍拉:《希腊诗论》,第 16—18 页。
③ 参见格思里:《希腊哲学史》第 1 卷,第 365 页;参见鲍拉:《希腊诗论》,第 21—28、37 页。

当他们摆脱了可恨的僭主的奴役时,却从吕底亚人那里学会了过度的奢侈。他们身穿紫袍走进会场,极度虚荣,讲究头发的式样,遍身搽着精工调制的香膏,人数不下一千人。(DK21B3)

从这三则残篇中,我们可以看到塞诺芬尼思想的基本倾向,即对旧的宗教观念、价值判断、风俗习惯和生活方式都抱批判态度。这种批判精神使他将矛头直指以荷马和赫西奥德为代表的旧神体系,反对他们的拟人化的多神论。从而开始创立了一种新的思潮:神是"一"。这就成为巴门尼德的"存在是一"的思想来源。

这里我们需要简单地回溯一下宗教的发展史。原始人类从无宗教到创造出最初的宗教,是一大进步,它说明人类的自我意识有了相当程度的发展。远古时代的希腊氏族同世界上其他地区的部落、氏族一样,经过动物崇拜、图腾崇拜和自然力崇拜发展到拟人化的神。随着原始社会向奴隶社会的过渡以及希腊民族的逐步形成,宗教也从希腊的部落神、地方神逐步发展出全希腊共同信仰的神,而且神的属性也在原有的自然属性的基础上增加了日益丰富的社会属性。例如,赫费司托(Hephaestus)原来是火山爆发地区西西里的地火之神,以后成为火神。因为冶炼业离不了火,所以在手工业发展起来以后,他就成了火神兼冶炼之神,不仅为众神建造宫殿和兵器,而且还用泥土造成了第一个人间的女子——潘多拉(Pandora)。又如海伦(Helen)本来是在罗得岛和斯巴达等地流行崇拜的神,后来成为伯罗奔尼撒地区的丰产和光明女神;由于光明和航海的关系,她后来又获得水手庇护者的属性。阿波罗本来是爱琴海提洛岛上的阳光神,原是一块大石头,后来成为太阳神,①在公元前8—前6世纪殖民时代又获得迁移和航海的庇护神的品格;随着文艺和医学的发展,阿波罗又有掌管文艺、智慧和医药的职能,为人消灾解忧。这些例子说明,人类每前进一步,获得了一项技艺,神也就增加了一项属性,或者是另外创立一个新神。围绕着这些神,希腊人创造了许多富有魅力的神话。将这些神和神话系统化,就成了希腊各地大同小异的几种神谱及诸神体系。这些神话故事经由荷马等

---

① 根据克莱门:《劝诫希腊人》。

诗人加以提炼总结,成了长久流传的荷马史诗。据说当时希腊有几种神谱,现在留下来的只有赫西奥德的《神谱》。① 在希腊的神话史上,地神、天神、时间之神、泰坦诸神、独眼巨人、百手巨人等诸神混战的神话,后来被称为旧神体系;以主神宙斯为代表的奥林帕斯(山)诸神则被称为新神体系。在公元前8—前6世纪时希腊社会流行的是体现新神系统的荷马史诗,还有赫西奥德的神谱。所以,希罗多德说:"正是他们创造了希腊的神谱,给诸神命名,为他们分配权力和技艺,还描绘了他们的形象。"②由于荷马史诗具有很高的艺术价值,而且反映英雄时代人们的风俗习惯和精神面貌,所以它成为人们宗教和伦理教育的范本,荷马本人享有崇高的威望。塞诺芬尼的残篇第十说:

自古以来,人人都以荷马为榜样。(DK21B10)

但是,从公元前7世纪末以来,希腊社会发生了一些重大变化,对荷马史诗及其神话宗教内容都产生了冲击。首先,从公元前7世纪末以来,希腊出现了一批新的诗人,创作了各种有生命力的抒情诗,例如挽歌、战歌、哀歌等;形式方面也创立了新的格律,除了荷马用的扬抑格外,还有抑扬格、扬抑抑格等。这些诗内容新颖,有时代气息,颇受人们欢迎。这样,荷马原来的独尊地位开始动摇了。其次,也是更重要的是社会生活的变化。荷马史诗中的神话传统是原始社会晚期的产物。当时,希腊各地区发展不平衡,社会上杂婚制、群婚制、对偶婚制并存;在神话中就有宙斯娶姊妹赫拉为妻,他诱拐腓尼基国王女儿欧罗巴,又和底比斯王后阿尔克墨涅生出大力士赫拉克勒斯等等。在原始部落制的风俗习惯中,人们对这些问题还没有善和恶、正义和非正义的观念,还不以盗窃、抢劫为恶,也无所谓奸淫、强奸等观念。所以那时候的神话史诗自然也是按这种社会生活描绘诸神的。但是到公元前8—前6世纪城邦奴隶制形成以后,新的经济政治制度以及新的生活方式产生了新的人伦关系,产生了新的观念。这时候,古代的神话传说及荷马史诗除了还具有艺术魅力外,它们的具体内容与现实生活越来越脱节了。歌颂乃至仿效诸神的这些行为,无

① 参见《洛布古典丛书》中《赫西奥德著作集和荷马的赞歌》一书的英译者导言。
② 希罗多德:《历史》第2卷,第53节,中译本,第300—301页。

异于破坏新兴的社会秩序和人伦关系。在塞诺芬尼以前,其实人们的观念已经在发生变化了。康福德说,在荷马的"《伊利昂纪》和《奥德修纪》中,体现理想的人的美德的,是英雄而不是诸神。"①确实,荷马的史诗主要歌颂的已经是英雄阿伽门农和奥德修等,而不是宙斯的乱伦行为和欺诈手段。公元前7世纪末和前6世纪的诗人,在吟诵宴会诗时已开始劝说人们行善,不要歌颂神灵之间的斗争。②

社会生活条件的变化,人们观念的改变,以及诗人们新的创造,所有这些都为塞诺芬尼对荷马的批判创造了条件。第欧根尼·拉尔修说:

> 塞诺芬尼写了一些叙事诗、哀歌和讽刺诗来反对赫西奥德和荷马,斥责人们对于神灵的全部看法。③(DK21A1)

从现在保留下来的塞诺芬尼的残篇中,我们可以看到他对荷马和赫西奥德关于神的看法的批判有以下三个方面:

第一,批判他们将神描绘成为不道德的。这方面有由塞克斯都·恩披里柯的《反数理学家》第九卷保存的残篇第十一:

> 荷马和赫西奥德将人间的无耻丑行都加在诸神身上:偷盗、奸淫、彼此欺诈。(DK21B11)

还有出自同书第一卷保存的残篇第十二,内容几乎完全一样:

> 他们〔游吟诗人〕讲了有关神的各种可能发生的邪恶故事:偷盗、奸淫、彼此欺诈。(DK21B12)

第二,批判他们赋予神以人的形象,甚至动物的形象。这方面留下三则残篇:

> 凡人们以为诸神是诞生出来的,穿着衣服,并且有同他们一样的容貌和声音。④(DK21B14)

> "埃塞俄比亚人说他们的神的皮肤是黑的,鼻子是扁的;色雷斯人说

---

① 康福德:《鉴别原理》,第146页。
② 参见鲍拉:《希腊诗论》,第2—6页。
③ 第欧根尼·拉尔修:《著名哲学家的生平和学说》第9卷,第18节。
④ 克莱门:《汇编》第5卷,第107节。

他们的神是蓝眼睛、红头发的。①（DK21B16）

　　可是，假如牛、马和狮子都有手，而且像人一样都能用手画画和塑像，它们就会各自照着自己的模样，马画出或塑成马形的神像，狮子画出或塑成狮子样的神像。②（DK21B15）

第三，批判他们在诸神之间划分等级关系。这方面没有塞诺芬尼自己的残篇，只有尤息比乌所转述的。

　　关于神，塞诺芬尼指出，在他们〔诸神〕之间不存在统治关系；认为诸神中有一个统治者，那是渎神。无论在哪一方面，诸神都不欠缺任何东西。（DK21A32）

悲剧诗人欧里庇得斯在《赫拉克勒斯》中重述了塞诺芬尼的思想。

　　我不相信神欣赏不正当的爱情，也不相信神灵们真的会犯罪，也不认为一个神要去统治另一个神；因为倘若真的是神，他就不欠缺任何东西。那些都是歌咏者们的无稽之谈。③

除了这三个方面以外，西塞罗和艾修斯等还提到塞诺芬尼否认占卜和预言的真实性。

剩下还有残篇第十七的问题。这则残篇仅有一句话：

　　象征巴克科斯（Bacchus）的常青树摆在华丽大厅的周围。（DK21B17）

这句话是阿里斯托芬的喜剧《骑士》的旁注者摘引的。全文是："不仅狄奥尼修斯，而且履行他的仪式的人，以及入会者的支派都称为'巴克科斯'。塞诺芬尼在讽刺诗中提到：'象征巴克科斯的常青树摆在华丽大厅的周围'。"狄奥尼修斯神可能出自吕底亚，后来传到色雷斯，最后转入希腊，是植物之神。因为酒是由植物酿成的，所以他又是酒神。希腊人，尤其是阿提卡人每逢葡萄收获季节，饮酒作乐，不受拘束，于是酒神狄奥尼修斯成为放荡的典型，他的外号

---

① 克莱门：《汇编》第5卷，第22节。
② 克莱门：《汇编》第5卷，第110节。
③ 转引自格思里：《希腊哲学史》第1卷，第373页。

就叫巴克科斯。巴克科斯使植物常青,葡萄丰收;没有他的庇护,植物就要枯死。巴克科斯意味着常青和活力,人通过饮酒获得活力,也受惠于巴克科斯;因此巴克科斯在人生中具有重大意义。有什么办法使自己和巴克科斯同在,与神合一呢?就要靠一定的宗教仪式。人们戴上各种植物和巴克科斯的假面具,饮酒狂欢,呼喊:"我是圣洁的,我叫巴克科斯!"履行了这套入会仪式以后,入会者就自称"巴克科斯"。入会者又按这套仪式去发展信徒,他们的支派也成了巴克科斯。对于这些,希腊人开始曾有所抵制,后来接受了,并且流行起来。古典艺术中的簇叶圆柱,上面也镶着神的假面具,就是狄奥尼修斯亦即巴克科斯的象征。格思里分析了这则残篇的含义以后,说:它的目的"是进一步嘲笑流行的宗教仪式:神穿着人的衣服,神有形体,有塌鼻子的,红头发的,还有植物模样的神呢!"①格思里的说法是有道理的,这则残篇和以前的几则残篇(第十一至第十六)的基本思想是一致的。

塞诺芬尼对传统的神的观念的批判具有重要意义。特别是残篇第十五和十六最早揭露神是人想象出来的。策勒说得好:"普通人的信念是,将文明的重要成就,例如农业、栽培技术、火的发明和使用,以及其他发明等等,都看成是神所赐予的。塞诺芬尼第一个将这些看成是人类自己的创造。正是在他的关于宗教的研究中,表现出他有很高的洞察力。在这里,他也看到了人的作用:神的特征是由不同民族的人的特点所决定的。"②所以,和他同时代的诗人相比,塞诺芬尼是最激进的;和他同时代的哲学家相比,他也毫不逊色。米利都的哲学家们用他们自己的学说去解释神和灵魂,但还没有公开批判荷马和传统的神的观念;塞诺芬尼却做到了这一点。他的批判对当时的文学和哲学都产生重大影响。古典时代的悲剧家和喜剧家多吸收过塞诺芬尼的思想。在哲学方面,赫拉克利特对旧神观念和荷马的指责,显然也受到他的影响。

既然荷马和赫西奥德关于神的观念是根本站不住脚的,那么,以神人同形同性说为基础的,用以解释种种自然现象的神话体系和宗教观念也就从根本

① 格思里:《希腊哲学史》第1卷,第372页。
② 策勒:《希腊哲学史纲》,第43—44页。

上动摇了,根本就没有像人模样的地母之神、冥府之神、时间之神、太阳神等等。如何解释种种自然现象呢? 塞诺芬尼就不得不利用当时自然哲学家的种种说法。比如,在荷马史诗中,彩虹被说成是伊里斯(Iris)女神,她披着彩云外衣去传达宙斯的旨意。塞诺芬尼却对它作出另外一种解释:

> 所谓伊里斯,其实不过是一团云,看起来是紫的、鲜红的和黄绿色的。

（DK21B32）

艾修斯还记载了所谓"爱尔谟圣火"(St.Elmo's Fire),塞诺芬尼说,那是"由于浮云的运动而发出的闪光";"像是在一条船上的星星状的东西〔指银河〕,有人称之为'狄奥司科罗伊'(Dioskouroi),其实也是一片由于运动而发亮的云。"①(DK21A39)

现代学者伯奈特、格思里、基尔克和拉文都注意到塞诺芬尼的用语"所谓伊里斯"、"所谓圣火"的含义,指出:"他〔塞诺芬尼〕的动机是反对将这些自然现象当作神的流行观念"②;"我们可以推断,关于太阳、月亮、星星等也是一样,因为纂述学者告诉我们,这些都被他解释为'由于运动而燃烧的云'"③;"同样的不相信传统宗教的动机,想必起了作用。"④这些学者虽然看出了塞诺芬尼对于自然现象的解释,动机是为了批判传统宗教的流行观念,但他们并没有以此为主线去处理塞诺芬尼的属于自然哲学的残篇,而是将这些残篇同他的关于神的理论分开,只探讨它们同米利都哲学家的关系以及后人是如何记载的,单纯探讨它们在自然哲学发展中的地位。

我们以为,塞诺芬尼的自然哲学思想同米利都的哲学家、毕泰戈拉学派以及赫拉克利特不同。后者是从研究自然的奥妙出发,力图在当时条件下作出科学的解释,他们的着眼点是探讨万物的本原以及事物的生成原理,所以被统称为自然哲学家。而塞诺芬尼的出发点是要破除传统的宗教观念,所以利用当时的自然哲学成就,取代神话,解释自然;他可能在某些自然哲学思想方面

---

① 艾修斯:《哲学家意见集成》第 2 卷,第 18 章第 1 节。
② 基尔克、拉文:《苏格拉底以前的哲学家》,第 174 页。
③ 伯奈特:《早期希腊哲学》,第 121 页。
④ 格思里:《希腊哲学史》第 1 卷,第 393 页。

也有自己的独创和发展,但对他来说,那并不是主要的。所以,亚里士多德不认为他是自然哲学家,塞奥弗拉斯特说他是另一类型的学者,原因就在这里。只有从这个角度去看塞诺芬尼的自然哲学残篇以及古代纂述学者的记载,才能理解其价值。有的学者如策勒孤立地从自然哲学的角度看问题,所以得出这样的结论:"塞诺芬尼的这些自然哲学理论,同他的哲学的基本观点几乎没有任何关系。这些都是分散的观察和猜测,有些是意味深长,发人深思的;有些则是幼稚的,没有意思的,是自然科学发端时期人们所看到的那些东西。"①沃格尔也将塞诺芬尼的神学理论同自然哲学分开,所以他认为只有希波吕托在《驳众异端》中转述的关于大地形成和化石的那一段话才是有价值的。②

按照我们提出的观点去看塞诺芬尼有关自然哲学的七条残篇(残篇第二十七至第三十三),以及古代的有关记载(A 类),就可以看出,塞诺芬尼所讲的都是涉及与神话传说有关的三个问题的。

第一,关于天体和气象的问题。

这方面的资料有残篇(B 类)第二十八至第三十二,以及 A 类中的第三十二、三十三和第三十七至第四十六,其中主要的是 B 三十和 A 四十六。

在荷马史诗中,天上的一切都来自海洋,海洋之神孕育天上诸神。在赫西奥德的《神谱》中则是混沌之神产生黑夜之神和爱神,其后地母之神该亚生育了天上诸神。塞诺芬尼摒弃了这类神话,利用阿那克西曼德和阿那克西美尼的自然哲学成果,说明风云雾雨等都是自然界的现象,来源于海水的蒸发:

> 海洋是水的源泉,风的源泉。因为如果没有大海,在云中就不会刮出来风暴,也不会有任何泛滥,也不会有天空的雨水;大海可以说是风、云和江河之父。(DK21B30)

艾修斯在《哲学家意见集成》第 3 卷第 4 章中记述了塞诺芬尼的类似的一段话:

> 塞诺芬尼说,太阳发出的热是天上一切事物产生的主要原因。海洋

---

① 策勒:《苏格拉底以前的学派》第 1 卷,第 567 页。
② 参见沃格尔:《希腊哲学》第 1 卷,第 34 页。

产生湿气,其中轻便的部分由于结构精细便同海洋分开了,凝聚成雾,继而成云,云积厚了便下起雨来,云蒸发便成风。他明确地说:"大海是水的源泉"。(DK21A46)

这些当然是古代人从日常观察得到的见解,但它们和神话有关。残篇第三十出自对荷马《伊利昂纪》第21卷第196行的注释。那里说到"海洋之神俄刻阿诺是一切江河、海水、井水之父"。[1] 革那乌(Genav)的旁注者在注这行诗时便引用了塞诺芬尼的诗,即残篇第三十。这事实说明,塞诺芬尼这一思想可能受到荷马的启发,另一方面也说明他用自然界的海洋代替了海洋之神俄刻阿诺。近现代学者论述这些问题时,比较多注意的是塞诺芬尼的自然哲学思想同史诗的继承关系,而忽略了它还具有批判和否定神话传说的方面。以下我们着重论述这一方面。

第一,是关于日月星辰、大地冥府的问题。艾修斯记述:

塞诺芬尼认为,世界不是产生出来的,而是永恒的,不可毁灭的。(DK21A37)

星辰是从火云生出来的,它们一到白天就熄灭,晚上又重新燃烧,就像炭一样。它们的升和落其实就是燃烧和熄灭。(DK21A38)

塞诺芬尼说,太阳由炽热的火云组成。塞奥弗拉斯特在他的《物理学》中写道,太阳是由湿气蒸发而聚结在一起的火花组成的。(DK21A40)

普卢塔克和尤息比乌的记载:

塞诺芬尼说,太阳是许多火花聚集在一起而形成的……他说,太阳和星辰来自火云。(DK21A32)

希波吕托转述:

太阳每日都从聚结在一起的火花中生成。(DK21A33)

这些论述也不过是重述米利都哲学家的一些看法,格思里还指出,作为自然哲学的观点,塞诺芬尼的转述不仅在细节上有矛盾,而且是不准确的。他

---

[1] 参见基尔克、拉文:《苏格拉底以前的哲学家》,第11页。

说:"如果这些资料是真的,它们不过说明了:塞诺芬尼并不是严肃地看待这些问题的。他所关心的大概只是嘲笑关于天体的宗教观念。"①格思里的这个猜想是有道理的,可以看塞诺芬尼的一则残篇:

> 大地上面的边沿,我们看见的是在我们的脚下,与气相连;但是下面的边沿则伸展到无边无际的地方。(DK21B28)

这就是说,大地的上沿和下沿都是物质性的气和土,既没有地下的冥府塔耳塔洛,也没有天神乌剌诺斯。塞诺芬尼就是嘲弄了关于天体的宗教观念。

第二,是关于大地形成的问题。

按照赫西奥德的说法,大地之神该亚较天神、时间之神早,为混沌之神所生。塞诺芬尼在自然科学方面的贡献,在于他首先观察了陆地上海生生物的化石,认为大地是海水退缩以后形成的;而且由于海水的侵袭,雨水的冲刷,最终又变成海洋;过了若干时候,海水退缩又成为大地,由此循环往复。关于这个问题,虽然没有他本人的残篇,却有两则比较可靠的资料。普卢塔克和尤息比乌记载:

> 塞诺芬尼还宣称,随着时间的推移,大地不断地受到冲刷,渐渐归入大海。(DK21A32)

在上一节中我们曾经引用过的希波吕托的记载,其全文如下:

> 塞诺芬尼说,海水是咸的,原因是许多混合物汇集在一起。梅特罗多洛用这样的事实说明,即海水的咸性是由土地中渗出来的。但是塞诺芬尼却认为,大地和海正在混合,大地将被湿的元素所溶解。其证据是:在陆地和高山上发现了贝壳,在叙拉古的采石场发现了鱼和海草的痕迹,在帕罗斯岛的石头深层发现了月桂树叶,在马耳他岛发现了压扁的海生生物。他说,很久以前,所有这些都被覆盖在稀泥之中。稀泥干涸了的时候,这些遗骸就形成了。当大地冲刷入海,变成泥潭的时候,全人类就毁灭了。然后又开始新的大地的生成,所有的世界就是这样形成的。②

---

① 格思里:《希腊哲学史》第 1 卷,第 390 页。

② 格思里:《希腊哲学史》第 1 卷,第 387 页;基尔克、拉文:《苏格拉底以前的哲学家》,第 177 页。

（DK21A33）

塞诺芬尼的这种自然哲学的思想有他的独创性。阿那克西曼德认为大地开始是湿的，后来逐渐干涸了；这个过程还在继续，最后将完全干涸而毁于大火之中。塞诺芬尼则不同，他认为起初是水陆混合，后来形成陆地，陆地被冲刷，大地最后毁于大海之中。阿那克西曼德没有说到新的循环，塞诺芬尼却讲到陆地和大海反复循环，他是根据观察到的化石而得出这种结论的。因此，在科学发展史上，他是最早观察化石的人，在地质史和地球形成史上占有一定的地位。而且，他的这种思想当然也是反对宗教神话的。

第三，关于人类和生物的生成问题。

在神话传说中，也有说到一切生物以至人都是从土中生长的。腓尼基王子卡德摩斯寻找被宙斯拐骗走的妹妹，到了希腊，杀死了毒龙，它的牙齿从土中长出全身披挂的武士；最后卡德摩斯遵照阿波罗的命令，同从泥土中长出的五个人一起建立底比斯城。① 塞诺芬尼将泰坦诸神、百手巨人和其他传说都当作"前人的虚构"。塞诺芬尼既接受了这种神话的影响，又将它改变成为哲学，提出"土"是生物本原的思想。在这方面还留有他的三则残篇：

> 一切都从土中生，一切最后又都归于土。（DK21B27）
>
> 一切生成和生长的东西都是土和水。（DK21B29）
>
> 我们都是从土和水中生出来的。（DK21B33）

在公元前5世纪初的希波克拉底的《论人性》中说："他们〔自然哲学家〕中有的人将气当作普遍的一，有的人将水看成普遍的一，还有人将土看成普遍的一。"②在这里作者并没有指出是谁；后来，奥林匹俄多鲁（Olympiodorus）说："除了科罗封的塞诺芬尼，没有人相信土是万物的本原。"（DK21A36）以后，希波吕托（DK21A32,33），塞奥多瑞特（Theodorut）（DK 21A36）及塞克斯都·恩披里柯（《驳数理学家》第10卷第313节）也都持这种看法，说塞诺芬尼认为万物的本原是土。

---

① 参见斯威希：《希腊的神话和传说》上册，中译本，第45—47页。
② 转引自格思里：《希腊哲学史》第1卷，第384页。

但是伽伦认为这是对塞诺芬尼的误解,他说:"如果这是塞诺芬尼的见解,那么塞奥弗拉斯特在总结自然哲学家的意见时,一定会提到他。"(DK21A36)近现代学者如策勒、格思里、基尔克和拉文等都认为伽伦是对的。亚里士多德在《形而上学》(989ᵃ5)、《论灵魂》(405ᵇ8)中都说过:没有人将土看作是万物的本原。塞诺芬尼说的仅只是万物中的一部分——生物和人是从土和水中产生的。残篇第二十九中的"一切生成和生长的东西"指的就是生物;残篇第三十三中的"我们",指的是人。残篇第二十七"一切都从土中生,一切最后又归于土",这不是从本原的意义上讲的。格思里和基尔克、拉文联系到《伊利昂纪》中讲人从土里来,最后又回到土中去,认为这里讲的还是生物和人。① 在希腊神话中,地母神该亚是人和动物、植物生长的母亲,但是该亚必须同天神乌刺诺斯婚配,由天神赐予雨水,生物才能生长。塞诺芬尼则用自然界的土和水来解释,认为并非什么地神和天神交配生育生物,而是土和水孕育生物。格思里分析了这些残篇以后说:"人们可以相信,为了说明生物的起源,塞诺芬尼追随的是理性主义的道路,而不是多神教的道路。事实上他的目标似乎还是一个:用他所能找到的一切办法去诋毁荷马。"②他说的是有道理的。

在希腊文化史上,先有在宗教上由一神衍生诸神的观念,然后才在哲学上有从一个本原派生万物的思想。同样有兴味的是,也是否定传统的诸神体系及其在人们意识中形成的观念,先于在哲学上否定传统的本原论和生成变化观念。这两种思潮的转折有内在的联系,其关节点就是塞诺芬尼。他既是从多神论发展到一神论的关键人物,又是在哲学上从原来的本原论和生成论发展到巴门尼德的存在学说的先驱。

---

① 参见基尔克、拉文:《苏格拉底以前的哲学家》,第176—177页;格思里:《希腊哲学史》第1卷,第386—387页。

② 格思里:《希腊哲学史》第1卷,第386页。

第三节　神和"一"

塞诺芬尼在批判荷马、赫西奥德等对于神的看法时提出了他自己关于神的理论,主要表现在残篇第二十三至二十六:

有一个神,它是神和人中间最伟大的;它无论在形体上或心灵上都不像凡人。(DK21B23)

神是作为一个整体在看,在知,在听。(DK21B24)

神永远在同一个地方,根本不动;一会儿在这里,一会儿在那里对他是不相宜的。(DK21B26)

神用不着化力气,而是以他的心灵的思想使万物活动。(DK21B25)

这就是塞诺芬尼全部理论的核心。由于对这些残篇有不同的理解和翻译,有必要先弄清它们的含义。

残篇第二十三辑自克莱门特的《汇编》第5卷第109节。其中有问题的是第一个短句,希腊文是 $\varepsilon i s\ \theta\varepsilon\delta s$(heis theos),第尔斯、克兰茨的德文翻译是 Ein einziger Gott,"有一个唯一的神"。格思里的英文翻译是 God is one,"神是一";他在注中说,这也可以译成"一个神"(One god)或"有一个神"(There is one god),但他认为这样就将 heis("一")的强调地位抹掉了。[1] 弗里曼和巴恩斯都译成 There is one god"有一个神"。基尔克、拉文译为 One god,"一个神"或"一神"。

这几种不同的译法:"有一个唯一的神"、"神是一"、"有一个神"、"一神",它们的区别在哪里,何者比较切合塞诺芬尼的原义? 以后我们将专门讨论。

残篇第二十四辑自塞克斯都·恩披里柯的《驳数理学家》第九卷。希腊文为:

---

① 参见格思里:《希腊哲学史》第1卷,第374页注1。

$οὖλος ὁρᾶι, οὖλος δὲ νοεῖ, οὖλος δέτ'ἀκούει$。

第尔斯、克兰茨的德文翻译是：

Gott ist ganz Auge, ganz Geist, ganz Ohr。("神是全视、全知、全听的。")

基尔克、拉文的英文翻译：

All of him sees, all thinks, and all hears。

伯奈特的英译：

He sees all over, thinks all over, and hears all over。

意思都和第尔斯、克兰茨相近，说神是全视、全知和全听的。而康福德和弗里曼却译为：

He sees, hears and thinks as a whole。"神作为一个整体在看，在听，在思想。"

格思里的英译是：

He sees as a whole, perceives as a whole, hears as a whole。

意思和康福德、弗里曼一样，但将"思想"改为"知觉"。因为 $νοετ$ (noei) 这个词在塞诺芬尼那里还只有"觉察"、"知道"的意思，没有后来的抽象的"思维"、"思想"的意思。

这是两种不同的译法：第尔斯、基尔克和伯奈特译成"神是全视、全知、全听的"；而康福德、弗里曼和格思里译成"神是作为一个整体在看，在知，在听的。"在这两种译法中，前一种译法容易和后来的教父哲学以及中世纪经院哲学所说的"上帝是全知、全能"相混淆，以为塞诺芬尼的意思是：神能看见一切、知道一切、听到一切；或者说神无所不见，无所不闻，无所不知。这是将希腊文的副词 $οὖλος$ 当做形容词，用以说明神的属性；或是当作宾词，理解成为"看见一切，知道一切"。教父哲学和经院哲学讲"上帝是全知、全能"，意思是上帝拥有无限的智慧，因此无所不知，无所不能。塞诺芬尼还没有这样的意思。塞诺芬尼反对拟人化的神，他认为神没有像人一样的认识器官，不是用眼、耳、脑去看、去听、去想的。神只是一个不可分的整体，他是作为一个整体而存在,也是作为一个整体而认识的。所以他在心灵上(思想上或精神上)也不像凡人。这一点,我们还可以从第欧根尼·拉尔修的论述中找到旁证:

> 神的本体是球形的,无论哪一方面都不像人。他是作为整体的眼睛和耳朵,但是不呼吸;他是心灵和思想的总体,他是不朽的。①

塞诺芬尼认为神在哪一方面都不像人,他没有眼、耳、心、脑等器官;但他又能活动,能看,能听,能知。那么,他是怎么看、听、知的呢? 他还提不出别的更好的说法,只能说神是作为整体来看、听、知的。但他是处在从具体的器官向抽象的整体("全")的转变过程中,他又忘不了具体的器官,因为总要有眼睛才能看,有耳朵才能听,因此他又说是"作为整体的眼睛和耳朵";可是这样又容易和具体的人相混淆,所以他又加上一句"但是不呼吸",以示和人根本不同。这里可以看出要将拟人化的神取消,代之以另一种抽象的神,无论在思想上或用来表达的语言上,是要有一个发展过程的。我们研究塞诺芬尼的这些模糊的说法,只有用这种思想上的转变才能解释,也只有这样解释才能看清这种转变的过程。

残篇第二十五辑自辛普里丘的《〈物理学〉注释》第23页第19行起,残篇第二十六辑自同书同页第十行起。所以格思里将这两个残篇连在一起,并将残篇第二十六置于第二十五以前。这两则残篇在解释翻译上也有些不同,但理论上分歧的意见不大。如残篇第二十六说神根本不动,所以"一会儿在这里,一会儿在那里对他是不相宜的",有的翻译为"不同时间变更不同位置,对他是不合适的。"意思完全一样。残篇第二十五说神用不着化力气,"而是以他的心灵的思想使万物活动",后一句话有的译为"以他的心灵的思想",有的译为"以他的心灵的冲动";最后"使万物运动"中的"运动"(motion),基尔克、拉文译为 shoke,格思里译为 shiver,都是"摇动、晃动"的意思。塞诺分尼原来用的不是 $\kappa\iota\nu\eta\sigma\iota\varsigma$(kinesis,运动)这个字,而是用 $\kappa\rho\alpha\delta\alpha\iota\nu\epsilon\iota$(kradainei),有"使之晃动"的意思。格思里解释说:荷马在《伊利昂纪》中说'宙斯一点头,奥林帕斯山就晃动',用的就是这个字。真正的神连点头都用不着。荷马的神为

---

① 第欧根尼·拉尔修:《著名哲学家的生平和学说》第9卷,第19节。

了影响地上事情的进程,常常从奥林帕斯山飞到那里亲自干预,而真正的神却永远在同一个地方。"①但是,康福德认为:kradainei 这个字,不过就是运动而已。所谓神靠心灵推动事物,并不意谓神有一种极高的智慧,借以安排世界的秩序,或者预先控制事件的进程。它只不过是说,荷马的神要飞往那里去亲自动手,而塞诺芬尼的神却只要动动念头就可以收到同样的效果。② 这也是说明塞诺芬尼所说的神和传统的荷马等人所说的神是不同的。

从这四则残篇,再加上批判荷马和赫西奥德的残篇第十一至第十六,我们可以看到塞诺芬尼的总的思想,即他提出了一个新的神,和传统的荷马、赫西奥德所说的神根本不同。塞诺芬尼所说的神,归纳起来,大约有下列几个特点:

其一,神是不动的;

其二,神没有生灭;

其三,神没有和人一样的形体和器官;

其四,神是一个单一的整体、全体;

其五,神有心灵和思想,但不像人那样需要认识器官才能认识;

其六,神不动,但他知道世上的事,能靠心灵左右事情的进程。

这就是说,神自身不动而能使万物运动,这是后来亚里士多德的"不动的动者"的最初萌芽。

这些点结合起来,就是塞诺芬尼的神学理论,残篇第二十三所说的这种神无论在形体上或心灵上都和凡人不同,就是集中表现了这种理论——反对拟人化的神。

围绕塞诺芬尼的神,有三个理论问题必须加以讨论。

第一个问题,塞诺芬尼是否认为只有一个唯一的神,还是他也承认有别的神? 这是一个最重要的,至今还在争论不休的问题。

残篇第二十三所说的 heis theos,如果译成"一个唯一的神",或理解为"只

---

① 格思里:《希腊哲学史》第 1 卷,第 374 页。

② 参见康福德:《鉴别原理》,第 147 页。

有一个神",那就认为塞诺芬尼是一神论者。但这样解释就和这则残篇的后一句话"它是神〔复数的〕和人中间最伟大的"发生矛盾。在塞诺芬尼的残篇中有一些讲到多数的神,如前引残篇第一的结尾中的话,残篇第十八:"确实,诸神并没有从一开始就把一切指点给凡人,……"(DK21B18)残篇第三十四:"从来没有,也决不会有任何人认识〔诸〕神和我所说的一切事情的真理,……"(DK21B34)这几处讲到"神"时,用的都是复数。因此在哲学史上一直存在这个问题:塞诺芬尼是否认为只有一个神? 西方学者中有三种不同的意见:

1. 塞诺芬尼还是承认多神,只是反对将神看作和人一样形相和作恶的。换句话说,只要剥掉拟人化的外衣,荷马所讲的那些神他都可以承认。耶格尔说:"在其他方面,塞诺芬尼依然是主张传统的希腊的多神论。基督教的信奉者总是想当然地将他们自己的一神论贯注到塞诺芬尼的一神的主张中去。""〔在塞诺芬尼那里〕除了一神,必定还别的神,正如还有别的人一样。"①

2. 卡恩在《阿那克西曼德》书中认为:"塞诺芬尼的复数的神,可能是指元素、太阳、月亮和星星,'最伟大的神'指的就是世界本身,或者是世界的永恒的源泉。"②

3. 策勒、格思里、基尔克和拉文等认为,塞诺芬尼只承认一个唯一的神。策勒在论述了上述四则残篇以后说:"这是同自然宗教和多神论相冲突的纯粹的一神论,但还不能说这是建立在论证基础上的严格哲学性质的一神论……"③基尔克和拉文认为塞诺芬尼在残篇第二十三中所讲的"神和人中间最伟大的",仅仅是修辞上的问题,只是用这种修辞手段说明唯一的神的伟大。正如赫拉克利特在残篇第三十中所说的,"这个有秩序的宇宙对万物都是相同的,它既不是神也不是人所创造的。"这里强调的是世界不是神或人创

---

① 耶格尔:《早期希腊哲学家的神学》,第 43—44 页。
② 卡恩:《阿那克西曼德》,第 156 页注 3;转引自格思里:《希腊哲学史》第 1 卷,第 375 页注 2。
③ 策勒:《苏格拉底以前的学派》第 1 卷,第 561 页。

造的,并不是赫拉克利特承认有"神"。同时作者又承认:"塞诺芬尼在别的地方如残篇第十八所说的'诸神',无疑地,从另一方面说是对通行的宗教术语的让步——也许是完全不自觉的让步。不过,除了那个模糊的、猜想的一神外,塞诺芬尼是否承认其他的小神,确是可疑的。"[①]格思里同意基尔克和拉文的解释,他又补充说,在残篇第十八、三十四等中,塞诺芬尼都是在否定的意义上使用复数的"诸神",不等于承认多神的存在。[②]

我们以为,这个问题必须从人类认识发展史、宗教发展史和比较神学三个方面结合起来研究,才能说明。

从动物崇拜、自然力崇拜和图腾崇拜到拟人化的神,这是世界上各地区、各民族的原始宗教观念发展的必然趋势,大体上都一样。但在往后的发展中却有各种不同的情况。比如佛教提倡人修行上升为佛,按修行程度分为罗汉、菩萨、佛。这种宗教体系必然是拟人化的多神教体系。我国的道教大体也是这样,神仙是人修炼成的,势必是拟人化的多神教,有多少山头,多少不同的修炼法,就有多少不同派系的神仙。古代巴比伦、以色列和埃及的神是从氏族、部落、部落联盟的神转化而来的民族神,不过它们的进一步发展也不一样。在早期王朝的埃及,过渡到奴隶社会后,部落神成为王权的庇护者。不同王朝、不同集团的人往往将自己信奉的神说成是最高的神。例如在新王朝时代,法老政权将阿蒙神奉为最高的神,中央集权势力的代表图特摩斯四世用孟菲斯的普塔神及其他地方神来对抗阿蒙神;后来,阿蒙荷特普三世时代又将古老的阿吞神(太阳神)奉为全国唯一崇拜的对象。[③] 所以古埃及在不同时期有不同的最高的神,都是和政治斗争相关的,都是拟人化的神。以色列的雅赫维(即后来所说的上帝耶和华)原来是该民族最高的神,它是在反对偶像崇拜中形成的,是以色列民族唯一的神,它的拟人意义比较少。以色列和埃及不同,不同支派的人不是去树立另一个最高的神,而是将自己说成是上帝的虔诚信徒,指责别的支派的人是应受惩罚的、不忠于上帝的、推崇偶像崇拜的叛逆者。

① 基尔克、拉文:《苏格拉底以前的哲学家》,第170页。
② 参见格思里:《希腊哲学史》第1卷,第375—376页。
③ 参见《世界上古史纲》上册,第275、304页。

《旧约》中的《创世纪》、《出埃及记》、《利末记》、《撒母耳记》、《以赛亚书》等充塞了这方面的内容。到基督教诞生的时候,雅赫维才变成了唯一的神——上帝。但是,即使是基督教,上帝也不是真正的唯一的神。除上帝外,还有上帝之子耶稣以及那个谁也说不清楚的,到处显灵的"圣灵",此外还有一批天使。人们创造耶稣这个形象的时候,还没有意识到这同他们的一神论前提会发生根本矛盾;后来到教父学时期,人们才意识到这一点,因而才有所谓"三位一体"(即圣父上帝、圣子耶稣和圣灵三者同一)的论证以及因此产生没完没了的辩论。

塞诺芬尼的神同上述各民族、各地区的最高神不同,他是用希腊哲学的成就,对传统神话进行改造的结果。这一点很重要。我们可以看到往后希腊神学的发展有一条不同于其他任何民族宗教发展的道路。从柏拉图的"创造者"、亚里士多德的"第一推动者"、斯多亚学派的"普纽玛"和"世界理性",一直到新柏拉图学派的"太一",都是沿着塞诺芬尼所开辟的这条道路前进的,最后为基督教提供了完备的宗教哲学理论基础。关于这个问题,我们在绪论第四节中已经对哲学和宗教的关系概述了发展轮廓。以下我们再来分析塞诺芬尼是怎样思考神的问题的。

当塞诺芬尼剥去了拟人化的神的外貌和性格以后,他面临两种可能的选择:一是回到拟人神以前的自然崇拜,用图腾式的表述方式,将宇宙、日月星辰以至山川、动物等看作神,类似于以上介绍的第二种,即卡恩所理解的方式,这并不是塞诺芬尼所选择的道路。另一条道路就是在以往的自然神、人格神的基础上,利用哲学提供的成果及已经发展起来的抽象思维能力,进行新的思考和概括。显然,塞诺芬尼走的是后一条道路。在剥掉了神的拟人外衣以后,他试图说明和以往的神根本不同的特征——即我们前面指出的那六点。他虽然好不容易说出了这六点特征,但对这样一个新的神应该如何命名?他却说不出来。他只能说有这么一个神。这个神显然不是以往的任何一个神,因为那些神不仅是拟人的,而且是某个时候才诞生的;也不能追溯到最初那个混沌之神,因为他自身是会动的,并且是不能靠心灵去左右万物的。我们按照塞诺芬尼所提供的这些特征,可以推断出来的是:他所说的这个"一神"是以整个宇宙为对象去思索出来的产物。

以荷马史诗为代表的传统的神都是具体事物的象征。人们看到日月星辰、大地、海洋河川等等,按一一对应的关系,想象出一个一个具体的神。对于这些具体事物的总体,人们最初只有和大地相对应的"天空"(乌剌诺斯)概念,"宇宙"(科斯摩斯)这个概念是后来才形成起来的。将科斯摩斯解释为"有秩序的世界",是毕泰戈拉学派逐渐明确起来的,大约晚于塞诺芬尼。塞诺芬尼用来说明整个宇宙的还是"乌剌诺斯"这个概念。本章第二节开始引用亚里士多德在《形而上学》第 1 卷中概述爱利亚学派时,讲到塞诺芬尼"凝视整个太空,他说'一'是存在的,'一'就是神。"[①]这里讲的"太空",用的还是"乌剌诺斯"这个字。塞诺芬尼是将整个宇宙(太空)当作一个整体来看待的,他的"一神"就是将宇宙作为一个整体而得到的观念。

现在我们需要探讨关于"一"的含义。亚里士多德在《形而上学》第 5 卷(即所谓"哲学辞典")第 6 章中专门分析了"一"的各种含义,到第 10 卷又专门讨论过"一"的各种含义。大体说来,他分析"一"这个范畴有几种不同的含义:作为数量关系的"一",连续的"一",定义的"一",种或属的"一"等等。作为数量关系的"一"是毕泰戈拉学派所最重视的,他们从数方面研究问题,将作为单位的"一"也几乎抬到高于一切的地位。塞诺芬尼所说的"一"当然有自然数"一"的含义,但他不可能将自然数的"一"神化,也不可能像后来新柏拉图学派的"太一"那样,赋予"一"以神的种种属性。从这种意义上说,格思里将残篇第二十三开始的短句译成"神是一"是不确切的,有点将后来才产生的思想加到塞诺芬尼身上去了。诚然,塞诺芬尼在这里比较强调这个"一",但他还没有形成一个抽象的相当于神的"一"的思想。他说的只是"有一个神"或"一神"。至于连续的"一",是到巴门尼德和芝诺才发展论证出来的。作为定义(即形式、本质)的"一",也是由巴门尼德开始,柏拉图和亚里士多德逐渐完成的。作为"种"和"属"的"一",也是柏拉图和亚里士多德时代的概念。当然,如果将宇宙作为整体来看,这个"一"也就是最大的"种",不过在塞

---

① 亚里士多德:《形而上学》,986^{b}24—25。

诺芬尼却还没有这样的概念。因此,在塞诺芬尼认为"一"就是神时,这个"一"只能是作为宇宙整体的"一"。他将乌剌诺斯看成是一个整体,与之相应的就有一个神。所以他认为"一"就是神。在塞诺芬尼时代,得出这种看法是完全可能的。塞诺芬尼可能略晚于毕泰戈拉本人,和最早的毕泰戈拉学派几乎同时。早期毕泰戈拉学派就将作为整体的科斯摩斯看成是"一",是神,不过他们是从数的和谐方面得出这个结论的。希波吕托记述说:"毕泰戈拉以这种方式表明'一'是神:他对数作了深刻的研究,断言和谐地构成的科斯摩斯进行歌唱,……"①可见,毕泰戈拉和塞诺芬尼差不多同时都将宇宙作为整体的"一"来看待,并且认为这样的"一"就是神了。

因此,塞诺芬尼所说的"一个神",应该理解为整体化的单一的神;用哲学的语言来说,就是象征整个宇宙的抽象的一般的神。

作为整体的宇宙只有一个,相应地,神也只有一个。"神是唯一的"或"只有一个神",只能在这样的意义上理解,严格地说这是不确切的。因为说神只有一个,就排斥了其他多神的存在。我们切不可将塞诺芬尼说的"一神"理解为排斥"多"的"一"。因为将"一"和"多"对立并分裂开来,是从巴门尼德才开始的。塞诺芬尼还没有将一和多、动和静、存在和非存在对立起来的思想,甚至还没有存在和非存在的概念。在塞诺芬尼这里,"一个神"并不排斥还可以有别的神。作为整体的"一"和作为它的部分的"多"并不矛盾,完全可以并存。从前引残篇第一、十八、二十三、三十四等看,塞诺芬尼显然是承认有别的神的。基尔克、拉文和格思里认为他否认多神的解释有些牵强。至于塞诺芬尼所提到的"诸神"究竟指什么? 他自己没有解释,或者说没有留下这方面的资料。但有一点是可以肯定的,其他诸神多少也具有上述塞诺芬尼归之于神的那些特性,他们必然是非拟人化的,抽象的,可能也是不动的、不生不灭的、仅以心灵左右事物的,等等。所以,他所说的诸神不可能是荷马史诗中拟人神,也不是泰勒斯所说的充满万物的灵魂。塞诺芬尼所说的诸神很可能就是

---

① 希波吕托:《驳众异端》第1卷,第2章第2节;转引自格思里:《希腊哲学史》第1卷,第298页。

建立在对具体事物的二重化认识基础上的神。他也可以承认有太阳神、山神、水神等等，但这些神不是拟人化的，而是抽象的；正像对于整个宇宙说，可以有一个神；这个神就是整个宇宙的抽象物。具体的宇宙是运动的有生灭的等等，这个"一神"却是不动的、无生灭的等等。这种具体和抽象、个别和一般就构成人类的二重化认识。在原始神话观念中，人们还不能将太阳神和太阳、山神和山区别开来，以为太阳和大地山川等等如同人一样，里面有一个灵魂在推动它们活动，这个灵魂也就是具体事物的神。因此，他们看到彩虹就等于看到了彩虹之神，太阳出来了就等于太阳神来了。神和具体事物二者合一，因而神也必然是运动的、有生灭的。以荷马史诗为代表的拟人化的神也还停留在这个阶段，抽象化程度并没有提高。从自然哲学家开始探索万物的本原，将具体事物的表面现象和它们的内在本质逐渐区别开来，特别是像毕泰戈拉学派那样从事物中抽象出数来，表明人类的抽象能力迅速提高了。塞诺芬尼认为太阳和彩虹不过是燃烧的云、发光的云，表明他能将本质（原因）从现象中区别和抽象出来了。燃烧和发光的云当然还不是神，但塞诺芬尼既然具有从具体的宇宙整体中抽象出"一个神"的能力，可以设想，他也能从诸具体事物抽象出诸神来，比如，从具体的太阳中抽象出太阳之神来。但这个太阳之神却是既不运动也不发光，甚至不是圆的也不是红色的，只是一个抽象的太阳之神。用后来哲学的语言说，这就是太阳的观念或概念的开始。在塞诺芬尼这里，还将这些称为"神"，到柏拉图那里，这些就是"理念"了。塞诺芬尼所说的"一个最伟大的神"，到柏拉图就变成为最高的善的理念。塞诺芬尼所说的"诸神"就是柏拉图的众多理念。这就是人类认识从具体到抽象的发展过程。当然，从塞诺芬尼的神到柏拉图的理念，还要经历一段非常复杂曲折的过程。

这个问题弄清楚了，下面两个问题就比较容易解决。

第二个问题，塞诺芬尼所说的"一个神"是否就是宇宙本身，他是泛神论者吗？

对这个问题也有两种相反的意见。凡主张塞诺芬尼是一神论的人，在这个问题上往往也认为这个一神就是宇宙，塞诺芬尼是泛神论者。例如策勒认为塞诺芬尼是"纯粹的一神论",他那"关于神的'一'的命题,同时也意指宇宙的'一'。"①在他后来所写的《希腊哲学史纲》中,说得更加明确:"务必把塞诺芬尼的哲学看作是泛神论"。② 康福德也认为塞诺芬尼的神就是宇宙本身,得出"这个神就是宇宙","神的属性就属于宇宙本身"的结论。③ 格思里和基尔克、拉文也同意这种看法,认为"塞诺芬尼将神等同于宇宙,在某种程度可以说是个泛神论者。"④有些学者则持相反的意见。彻尼斯说:"残篇并没有提供证据,说明塞诺芬尼将神和宇宙相等同。"⑤弗兰克尔认为:塞诺芬尼的神是不动的,而宇宙则是运动的,二者怎么能等同呢?⑥

　　我们以为,这个问题也同样需要从人类认识发展史和宗教发展史的角度去探索,去理解。原始氏族以大象、狮子、老虎等某一种动物看作本部落的象征加以崇拜时,图腾上的大象、狮子已经是具体动物的抽象物(一般)了。具体的动物是运动的,有生灭的;而表征它们的图腾却是不动的,无生灭的;对这个部落说它就是永恒的,具有神性的,它对本部落的庇护作用也是看不见、摸不着的。这就是说,其中已经包含有塞诺芬尼所说的神用心灵左右事物进程的思想萌芽。原始人当然没有能力认识图腾和具体动物之间有什么一和多、不动和动的矛盾。塞诺芬尼将具体的自然现象和表征它们的神分开,就像原始人将具体的动物和图腾分开一样,所不同的只是塞诺芬尼对神的理解远比原始人对图腾的理解高深得多,也比荷马的拟人神思想进步得多。塞诺芬尼从统一的唯一的宇宙想到有一个代表全宇宙的、统一的单一的神,他的思路其实就是具体动物和图腾二者关系的发展。宇宙是运动的,而反映宇宙的观念(神)却是不动的,二者可以并存,这就是认识的二重化。从塞诺芬尼所处的历史条件和人类思维能力看,他不可能脱离某一具体对象进行抽象的推理和论证,他还必须在脑子中联想到某一具体对象才能进行抽象的思维。往后我

① 策勒:《苏格拉底以前的学派》第 1 卷,第 563—564 页。
② 策勒:《希腊哲学史纲》,第 43 页。
③ 参见康福德:《鉴别原理》,第 146—147 页。
④ 格思里:《希腊哲学史》第 1 卷,第 381 页。
⑤ 彻尼斯:《亚里士多德对苏格拉底以前哲学的批判》,第 201 页注 228。
⑥ 参见格思里:《希腊哲学史》第 1 卷,第 381—382 页。

们可以看到,这种情况在巴门尼德那里也难以避免。因此,塞诺芬尼的一神和唯一的宇宙的确有密切的关系,然而二者又毕竟不是等同的。他所说的神只是宇宙在观念上的反映,这与后来布鲁诺、斯宾诺莎等将神和自然等同的泛神论根本不是一回事,尽管塞诺芬尼的"神"可能对后来的泛神论思想产生影响。我们在本章上一节开始时引证亚里士多德在《形而上学》中论述爱利亚学派那一大段话中,他说到塞诺芬尼是"第一个说出'一'的,但他没有作出清楚的说明",又说他"只是凝视整个太空,他说'一'是存在的,'一'就是神。"①也可以说明这一点,因为塞诺芬尼是第一个说出这种"一"的,所以他没有,也不可能对这个"一"作出清楚明白的说明。他只是对宇宙作为整体进行了思索,得出整个宇宙是一个统一的整体,是"一",它也就是神。用这样的从具体宇宙中抽象出来的带有哲学意义的神来代替传统的拟人化的神。后来的巴门尼德就更前进一步,说这个"一"就是"存在"。人类思想就是这样一步一步前进的。

第三个问题,塞诺芬尼的神有没有形体,是不是球形的?

塞诺芬尼所说的神不像人,但还是有形体的。这是学者们比较一致的看法。前引残篇第二十三说,神"无论在形体上或心灵上都决不像凡人"。这就是说,神既有形体,又有心灵或精神。塞诺芬尼虽然反对拟人化的神,但是他的抽象能力还不可能想象一个完全没有形体的神,只有到后来柏拉图在《蒂迈欧篇》中,以及亚里士多德在《形而上学》第12卷中提出"第一推动者"时,才达到那样的抽象水平。那末,塞诺芬尼所想象的神的形体是怎么样的呢?在他的残篇中没有具体论述,古代的一些记载说他认为神是球形的。格思里列举了第尔斯汇编的七条资料:②

1. 前引第欧根尼·拉尔修在《著名哲学家的生平和学说》第九卷第十九节中所说的:"神的本体是球形的,无论那一方面都不像人。"(DK21A1)

2. 伪亚里士多德的《麦里梭、塞诺芬尼和高尔吉亚》977^{b}7说的:"神是球

---

① 亚里士多德:《形而上学》,986^{b}21—25。
② 参见格思里:《希腊哲学史》第1卷,第376—377页。

480

形的,因为各方面相等。"(DK21A28)

3. 辛普里丘在《〈物理学〉注释》中重述了(2)的话,然后说根据亚历山大,塞诺芬尼的本原是有限的,球形的。(DK21A31)

4. 希波吕托记载:"塞诺芬尼认为,神是永恒的、单一的、各个方面相等的,有限的,球形的,各部分都有感知的。"(DK21A33)

5. 西塞罗记载说,塞诺芬尼的"神……形体是球形的。"(DK21A34)

6. 塞克斯都·恩披里柯记载:"塞诺芬尼断言,……万物归一,神与万物同体,它是球形的。"(DK21A35)

7. 塞奥多瑞特记载:"塞诺芬尼说,一切是一,是球形的,有限的,不是产生的而是永恒的,完全不动的。"(DK21A36)

在现代学者中,格思里积极维护这些古代学者的记载,认为塞诺芬尼所说的神是有限的,球形的,可是基尔克、拉文却认为:"球形说超出残篇以外,是靠不住的。"[1]耶格尔认为,球形说"显然是后人在巴门尼德的影响下对残篇第二十三所作的解释。"[2]

我们以为,塞诺芬尼既然认为神不是人形的,如果他要为神设想一个形体,则最有可能的还是将他设想成为球形,在各个方向都相等。这是当时希腊人所能设想的最完美的形体,后来巴门尼德的存在就是球形的。但是,在塞诺芬尼的残篇中确实没有讲到神——宇宙是球形的。前引残篇第二十八说:"大地上面的边沿,我们看见的是在我们的脚下,与气相连;但是下面的边沿则伸展到无边无际的地方。"可见他是用视觉直观来看大地的形状的。在塞诺芬尼那个时代,阿那克西曼德认为大地好像柱子的一块基石,其形状是扁平的。阿那克西美尼也认为大地是扁平的,浮在气上。残篇第二十八表明,塞诺芬尼大约也是这样看的,所以才有大地上面的边沿与气相连,下面的边沿则无限延伸之说。毕泰戈拉学派认为中心火、大地以及日月星辰都是球形的,将科斯摩斯解释为"有秩序的宇宙"。但对整个宇宙是什么形状,他们也并没有设

---

① 基尔克、拉文:《苏格拉底以前的哲学家》,第170页注1。
② 耶格尔:《早期希腊哲学家的神学》,第211页注23。

想过。所以很难说塞诺芬尼就已经有整个宇宙是球形的这样的概念,从而认为整个神也是球形的。在这个问题上,我们觉得还是比较慎重一点,说:塞诺芬尼认识到,神的形体和人不一样,至于像什么,他还想不出来。正像阿那克西曼德的本原一样,他只认识到它不是水、火那样具体的物质,而是没有任何规定性的东西,但这东西是什么,他说不出来。在人类认识发展史上,这种情况并不少见,它还往往是人类认识进到一个新的阶段时的中介环节:人们往往先认识到它"不是什么",然后才能认识到它"是什么"。

以上所说的是有关塞诺芬尼的神的理论的几个主要问题。通过这些问题的探讨,我们把握了塞诺芬尼的神的观念。但是到此为止,还不能说完全理解了塞诺芬尼所说的神。因为他还从认识论的角度提出人对神的认识问题。在以往的宗教中,尘世的人是通过祭司或神谕的发布与神交往的。人们对神的认识只有一些宗教观念,还未能从理论上提出这个问题。塞诺芬尼开始从哲学的角度提出:神是否向人启示真理? 人能否认识神,以及如何认识神?(这些问题后来在基督教里就成为人能否认识上帝以及如何认识上帝的问题。)这些问题的提出,还启发了巴门尼德,使他考虑如何认识存在的问题。因此,我们还需要从这方面考虑塞诺芬尼关于神的思想。

塞诺芬尼关于神的学说在当时是一种新颖的思想,大胆的创见,高深的理论。普通人即他所说的"凡人"只能想象在日月山川背后有和人相像的神;要他们设想一个非拟人的、不动的、无生灭的、靠精神左右事件进程的神,如果缺乏抽象的理论思维能力,是相当困难的。塞诺芬尼当然还不可能懂得这个道理,他认为这只是因为神不会轻易地将这些真理指点给凡人。但是,塞诺芬尼自己也只是凡人而不是神,他却发现了这个真理。这又如何解释呢? 这样就产生了他的残篇第十八:

确实,诸神并没有从一开始就把一切指点给凡人,而是人们经过一定时间的探索逐渐找到更好的东西的。(DK21B18)

神虽然没有将真理指点给人,而人经过一定时间的探索却可以找到接近真理的东西。这也可以看成是塞诺芬尼自己一生探索真理的写照。同时,这也是对传统观念的破除。按照古代及荷马、赫西奥德的神话传说,人的智慧是由普罗米修斯传授的,诗人的艺术才能是由文艺女神缪司们给予的。赫西奥德在牧羊时,缪司女神光临,从此他写出了《神谱》、《田工农时》等诗篇。塞诺芬尼不认为他自己的关于神的理论是那个不动的一神所授予的,否认神会向人启示真理;他相信人的认识能力,他自己就是经过探索而接近真理的。不过,塞诺芬尼到此止步了。他承认有神,而且神比人高明,只有神能认识真理;凡人却只能猜测和想象,只有意见。神的形体和精神都和人不同。神以整个心灵去思想,不会有错误;凡人却靠眼去看,用耳去听,以心灵去思想,这些认识可以因人而异,因此即使你找到了真理,你自己无法判定,别人也不一定承认。这就是他的残篇第三十四:

> 从来没有,也决不会有任何人认识神和我所说的一切事情的真理;即使有人偶尔说出了极完备的真理,他自己也无法断定这是真理。一切只是意见而已。(DK21B34)

在这里,塞诺芬尼是非常自信地认为他自己已经认识了真理,所以和神一样,将自己和神并列,和一般凡人却区分开来了。类似的残篇还有:

> 将这些都当作类似真理的猜测吧!(DK21B35)

> 在凡人看来,许多东西似乎是一目了然的……(原文断缺)
> (DK21B36)

这就是说,凡人所看到的一切只能是“类似真理的猜测”,并不是真正的真理。要认识神,认识真理,就要靠残篇第二十三、第二十五中所说的心灵和思想。塞诺芬尼就是靠这种抽象的理论思维能力创立了关于神的学说。大约就是因为这个缘故,他将自己置于一般人之上。他认为对于一般人说,他们只能有意见,即使这意见就是真理,他们自己也无法判定。这就是残篇第三十四所表达的思想。

但是,塞诺芬尼的这一思想同后来的怀疑论不是一回事。残篇第三十四辑自怀疑论者塞克斯都·恩披里柯,关于这句话,在他的著作中一共引用了四次。(《反逻辑学家》第1卷第49节;同卷110节;第2卷第326节;《皮罗学说概要》第2卷第18节。)普卢塔克、伽伦、普罗克洛、奥利金(Origen)等人都援引过。塞克斯都·恩披里柯对这段话如获至宝,他用自己的观点对此作了解释：

> 没有人认识真理，因为即使他偶而触及到了，他也无法断定所接触到的就是真理。我们像是在一间黑屋子里寻找黄金，屋里除了黄金还有许多别的宝藏；有的人可能摸到了黄金，但是他们无法证实所触到的是不是黄金。所以，要奉劝那些寻求真理而又自以为找到真理的哲学家，还是不要相信你的运气为好。①

塞诺芬尼决不是像塞克斯都·恩披里柯那样的怀疑论者，也不是不可知论者。在他那时代，还没有具备怀疑论和不可知论的理论前提。关于个人感觉相对性的学说是在塞诺芬尼以后的赫拉克利特才开始提出来的。塞诺芬尼的意思只是认为神是作为整体去思想、去认识的，所以他能认识真理；而人是凭感觉器官去认识，自以为对万物一目了然，其实不然。"倘若神没造出黄色的甜的蜜，人们会以为无花果是甜得多的果子呢！"（DK21B38）塞诺芬尼虽然没有提及人的感觉的相对性，但他认为由于人是依靠人体器官去认识的，所以感觉不一，看法不同，无法断定那一种看法就是真理，还是将它们"当作类似真理的猜测吧"，因此得出结论——"一切只是意见而已"。应该承认这里已经有相对主义和怀疑论的因素和萌芽。但他决不是像塞克斯都·恩披里柯所解释的那样，认为根本没有真理，人无法下判断。他还是相信人的认识能力，相信人能依靠自己的探索发现更好的东西；也相信神，还包括他自己已经认识了真理。他虽然批判传统的宗教神话，但并不能完全摆脱它们的影响；也出于他对神和人的不同认识方法的观点，所以作出这样的结论：神能认识真理，凡人的认识只是意见。塞诺芬尼最早提出这一对认识论的范畴，并且将它们对立起来。这思想后来被巴门尼德继承了，发展成为爱利亚学派的一条基本原则。

由于塞诺芬尼重视对神的问题进行理论的探索，所以在他的学说中出现了新的萌芽——开始提出理论的论证。就现有资料说，一般学者都认为：西方哲学重视推理和论证，最早是从爱利亚学派看到的。现在保留的巴门尼德和

---

① 塞克斯都·恩披里柯：《反逻辑学家》第1卷，第51—52节。

芝诺的残篇中有很多论证。塞诺芬尼是否有论证呢？从他的残篇中找不出来，但在亚里士多德的《修辞学》中却保留了三条塞诺芬尼提出来的论证：

第一，本章第一节中曾引用过：爱利亚的民众问塞诺芬尼，他们应不应该向琉科忒亚女神献祭，并为她哀悼？塞诺芬尼回答：如果他们认为她是女神，就不必为她哀悼；如果他们认为她是凡人，就不必为她献祭。①

第二，亚里士多德举例说：

> 塞诺芬尼说，断定诸神是诞生的，就像说他们会死一样渎神；因为这两个陈述的结论是一样的，认为有一个时候，诸神是不存在的。②

第三，亚里士多德在讲到发誓的时候说，一方发誓，对方可以接受或不接受。如果你不接受对方的誓言，可以服从更高的原则为理由，"你可以引证塞诺芬尼的话：'不敬畏神的〔人〕指责虔诚的人，是不公平的'"；亚里士多德说，如果你又接受誓言了，你也可以将塞诺芬尼的话颠倒过来说："渎神的人发誓，虔诚的人接受它，这是公平的。"③因为，我是根据自己的信念行事，而不是接受别人的誓言。

从这三则资料看，我们可以说塞诺芬尼已经注意到论证的问题，而且他已经用推论的形式来回答和处理问题了。在哲学思想的发展中，哲学家不仅作出判断，而且运用推理的方式来为自己的理论作论证。这是很重要的步骤，后来巴门尼德和芝诺将它大大地发展了。

塞诺芬尼的哲学是从神学到哲学的过渡，或者说是理性神学。他和神庙里的祭司或占卜者根本不同，也和一般的游吟诗人不同；他是用泰勒斯以来的哲学成果，对神的问题进行理论探讨的。他的学说也和伊奥尼亚哲学及毕泰戈拉学派不一样，不是传统的自然哲学，而是关于神的哲学——理性神学。（毕泰戈拉学派的哲学也讨论神，但主要还是从探讨自然的本原而得出数的

---

① 参见亚里士多德：《修辞学》，1400^{b}5—8。
② 亚里士多德：《修辞学》，1399^{b}5—8。
③ 亚里士多德：《修辞学》，1377^{a}15—25。

哲学的。)理论本身的这种神学—哲学的性质,决定了后来它对哲学和神学有相当的影响。

从宗教神学发展史看,可以说,在世界范围内,塞诺芬尼是最早对神人同形同性说提出批判的,他认识到拟人化的神存在着致命的弱点——不同民族、不同时代的人都按各自的风俗习惯、行为准则以及人的外貌、服装装饰去描述他们的神。拟人神是形象化的,具有个性和个体化的特点。在这种思维模式支配下,人们越感到拟人神的伟大和力量,就越想在艺术形象上下功夫将他们表现出来。这就推动了文学和造型艺术的发展。在希腊神话和文学艺术中,同一个神、同一个基本情节的神话,例如阿波罗、普罗米修斯、俄狄浦斯、安提戈涅(Antigone)等,都有各种形象不同的雕塑,有几个不同版本的神话和剧本。文学艺术的内容围绕着宗教观念而展开。这种情况在非拟人的神中就难以想象。古代以色列人的上帝耶和华的拟人成分较少,他们连一座像样的耶和华的神殿也造不好,雕塑艺术也不发达。拟人神可以促进形象思维,推动文学艺术的发展,但在另一方面,它对人们的抽象思维能力却可以产生限制的作用。在拟人神的观念支配下,人们对神的认识不可能有新的突破,这样也就阻碍了从原始的宗教和神话过渡到宗教理论和神学。恩格斯早就看到,从拟人神到一神教必须借助于哲学的思维:

> 通过自然力被人格化,产生了最初的神。随着各种宗教的进一步发展,这些神越来越具有了超世界的形象,直到最后,通过智力发展中自然发生的抽象化过程——几乎可以说是蒸馏过程,在人们的头脑中,从或多或少有限的和互相限制的许多神中产生了一神教的唯一的神的观念。①

恩格斯这里说的是从人格神到正统的基督教的一神观念发展的全过程。这个过程是借助于智力发展中的抽象化过程来实现的。原来,希腊神话为希腊哲学的产生创造了条件,现在,神话要向神学过渡却要依靠哲学了。在这个发展过程中,塞诺芬尼是一个重要的环节。他的理论标志着人们对神的认识进入了一个新的阶段,即摆脱了具体形象的东西,进到抽象概括的阶段。它为拟人

---

① 《马克思恩格斯选集》第4卷,人民出版社1995年版,第224页。

的多神论指明了一个新的发展方向——运用哲学思维达到的成果,对神的问题进行新的探讨。后来的柏拉图、亚里士多德以及斯多亚学派、新柏拉图学派等,就他们的神学理论说,大体上都是沿着塞诺芬尼开辟的这个方向前进的,最后达到了教父学和经院哲学的一神论的神学体系。

由于塞诺芬尼的学说对宗教神学既有建设性、肯定性的一面,又有破坏性、否定性的一面,所以在后来的发展中,维护并发展神学的人利用了他的建设性的一面;而对宗教神学持否定态度的人则认真地吸取了他的批判性的一面。对任何一种理性神学,只要其中有拟人观的成分,人们就可以利用塞诺芬尼的残篇第十四至第十六来对神进行讽刺和批判。由于宗教本身在某种意义上乃是人的本质的异化,所以它不可能完全摆脱拟人观。即使是塞诺芬尼自己所说的神,以及后来基督教的上帝,也只不过是剥去了人的外表和某些性格特征而已。后来加之于神全知、全能以及一切真善美的品格,也还是人的智情欲的神化。所以,塞诺芬尼批判宗教神话的那些话,直到近现代批判基督教神学的人,如费尔巴哈还加以利用。

在哲学发展史上,塞诺芬尼的思想主要表现为对巴门尼德的影响。塞诺芬尼的单一的、不动的、无生灭的神,是巴门尼德"存在"学说的主要思想来源。

以往的哲学,从泰勒斯到毕泰戈拉学派,还可以将稍后的赫拉克利特也包括在内,都是寻求万物的最后的本原,并以本原为基础设想一套万物的生成原理。因此,本原概念和生成原理是他们的基本范畴和根本学说,其他的范畴和理论都受它们的制约,或是由它们引伸出来的。这些哲学家的理论模式大体上是这样的:本原→生成原理→宇宙生成和演化论→人类的起源以及生理、心理和灵魂的问题→社会秩序、伦理规范的形成和准则等问题。而塞诺芬尼的思路和理论模式却是另一个样子。他不是以宇宙及其生成变化为研究对象,而是以神及与神有关的问题作为研究主题,即使他论述自然现象,也是针对原来的神话的。因此,一方面,在他的思想中并不重视"本原"范畴,没有事物的生成原理,因而也缺少传统意义的其他范畴和理论。另一方面,从他的学说中又开始出现了新的思维方式,提出了新的范畴和问题:既然万物归于"一",那么,这"一"是什么,它有什么特征的问题就提出来了;既然有这个无生无灭的"一",原来意义的生成变化的观念、时间的观念也就动摇了;既然有一个不动的"一",动与不动的关系,以及不动的东西如何引起别的事物运动等问题和概念也就提出来了。所有这些表示人们观念的变化和认识的发展。在塞诺芬尼以后,即使没有一个巴门尼德出现,也会有另外一个哲学家来加以发挥和阐明。这是认识发展的内在逻辑所决定的。它说明一种新的思潮的形成已经是不可避免的了。

第七章

巴门尼德

巴门尼德是爱利亚学派的奠基人，是主张不动的“一”这种学说中最受人尊敬的人物。① 他为早期希腊哲学的发展提出了新问题，开辟了新的途径。爱利亚学派哲学的基本范畴和学说都是由他提出来的。

第一节 提出了新问题

巴门尼德是爱利亚人。关于爱利亚城邦，第欧根尼·拉尔修说它“是佛凯亚人的殖民地，原先叫叙埃雷(Hyele)，后来改名爱利亚，是一个中等大小的城邦。”②爱利亚的拉丁文名称是维利亚(Velia)，位于南意大利的康帕尼亚地区，离锡巴里人建立的波塞冬尼亚约五十公里。③ 这个城邦的创建者和主要居民是小亚细亚西岸伊奥尼亚民族的佛凯亚人。佛凯亚原是一个工商业发达的城邦。希罗多德说：

> 在希腊人当中，佛凯亚人是最初进行远洋航行的人，是他们发现了亚得里亚海、第勒尼安海、伊比利亚〔Iberia，今西班牙〕和塔太萨斯〔西班牙

---

① 参见柏拉图：《泰阿泰德篇》，183E。

② 第欧根尼·拉尔修：《著名哲学家的生平和学说》第9卷，第28节。

③ 参见《剑桥古代史》第3卷，第3分册，第142页。

一古镇〕。他们航行时所用的船只不是圆形的商船，而是五十桨战船。①可见当时佛凯亚人的经济和军事力量都是相当强大的。公元前600年，他们就在马赛利亚（今法国马赛）建立殖民地；公元前565年，又在科西嘉岛的阿拉里亚（Alalia，今名Aleria）建城。公元前546年，波斯王居鲁士任命米地亚人哈帕古斯为司令官，进犯伊奥尼亚地区，地处伊奥尼亚北部的佛凯亚首当其冲。佛凯亚人弃城逃往开俄斯附近一小岛，企图在那里重建城邦。但是开俄斯因为"害怕佛凯亚人会在那里设立市场，从而使本国商人遭到排斥"，②加以拒绝。佛凯亚人就到库诺斯岛（Cyrnus，即科西嘉岛），定居于20年前建立的阿拉里亚。由于他们的强大和掠夺，公元前540年同迦太基人以及南意大利的伊特拉里亚人冲突，结果是两败俱伤。佛凯亚人难以在阿拉里亚立足，便将全部人员和财物搬到雷吉翁，那是卡尔西斯人的殖民城邦，当然不能久留。不久，他们在波塞冬尼亚人的帮助下，于公元前540—前535年间，选择爱利亚建立新的城邦。《剑桥古代史》说："他们以熟练的建筑技巧建立了一个规范化的、多角形的石质结构的卫城，和在佛凯亚地方发掘到的遗迹是一样的。"③从此，爱利亚就成为佛凯亚人的永久性居住点。

爱利亚西面临海，东边是高山陡壁。现今有的沿海小平原，《剑桥古代史》认为在古代可能还没有形成。因此，爱利亚的农业土地少，主要是继承以往传统，从事海上贸易，后来他们也没有开辟新的领土。④看来，爱利亚不是以农业经济为主的城邦，但它的公民素质以及经济文化的发展水平都是比较高的；加上海上交往频繁，人们的见识多，思路开阔，为爱利亚学派的形成创造了有利的客观条件。"他们〔爱利亚人〕以海为生计，很快就繁荣起来了。不久就成为一个著名的哲学学派的故乡；正如亚里士多德指出的，⑤当人们的物

① 希罗多德：《历史》，中译本，第248页。
② 希罗多德：《历史》，中译本，第249页。
③ 《剑桥古代史》第3卷，第3分册，第143页。
④ 参见《剑桥古代史》，第142—143、180页。
⑤ 参见亚里士多德：《形而上学》，982^{b}23—27。

质需要得到满足,就转向哲学了"。①

　　巴门尼德就是在爱利亚城邦建立以后,在这种环境下成长起来的哲学代表人物。第欧根尼·拉尔修记载说:

　　　　巴门尼德是爱利亚本地人,皮瑞斯的儿子,是塞诺芬尼的学生(塞奥弗拉斯特在《述要》中说他是阿那克西曼德的学生)。可是巴门尼德自己认为,他虽然受塞诺芬尼的教导,却并不是他的信徒。②

巴门尼德和塞诺芬尼的关系,在上一章已经讨论过了。巴门尼德认为他自己虽然受过塞诺芬尼的教导,却并不是他的信徒。这是合乎实际情况的。巴门尼德接受了塞诺芬尼关于"一"的思想,但并不认为它是神。塞奥弗拉斯特说巴门尼德是阿那克西曼德的学生,无论从时间上或地理上说都是不大可能的。第欧根尼·拉尔修说巴门尼德的"鼎盛年约在第六十九届奥林比亚赛会时",③即公元前504—前501年,按推算,他的生年约在公元前540年左右。而第欧根尼·拉尔修根据阿波罗多洛的记载,说阿那克西曼德在第五十八届奥林比亚赛会的第二年(公元前546年)是64岁,以后不久就死了。④ 阿那克西曼德主要活动在米利都,也不可能成为在西方爱利亚的巴门尼德的老师。策勒认为,第欧根尼·拉尔修的这句话应该读为:塞奥弗拉斯特说塞诺芬尼是阿那克西曼德的学生。⑤

　　关于巴门尼德的生卒年代,古代有两种不同的记载。除了第欧根尼·拉尔修的这个记载外,柏拉图在《巴门尼德篇》中另有一种说法,那里讲到巴门尼德、芝诺和苏格拉底的一次会晤:

　　　　有一次芝诺和巴门尼德到雅典来过泛雅典娜大节。⑥ 巴门尼德是一位相貌堂堂的人。那时他年岁已高,头发已经白了,大约有65岁。芝诺

---

① 《剑桥古代史》第3卷第3分册,第143页。

② 第欧根尼·拉尔修:《著名哲学家的生平和学说》第9卷,第21节。

③ 第欧根尼·拉尔修:《著名哲学家的生平和学说》第9卷,第23节。

④ 参见第欧根尼·拉尔修:《著名哲学家的生平和学说》第2卷,第2节。

⑤ 参见策勒:《苏格拉底以前的学派》第1卷,第581页注1。

⑥ 泛雅典娜大节 Panathenaea 是雅典人祭祀雅典娜女神的节日,除献祭外还有游行和各种竞赛,每四年举行一次,每次在奥林比亚赛会的第三年。

那时将近 40 岁,身材高大,看起来很美,据说他是巴门尼德所钟爱的。……而苏格拉底这时年纪还很轻。①

苏格拉底于公元前 400 年或前 399 年被处死,那时他已经 70 岁,这在历史上是确实可信的。由此推算,如果相会时苏格拉底在 25 岁以下,会晤时间当在公元前 450—前 445 年之间,那时巴门尼德 65 岁,则巴门尼德当生于公元前 515—前 510 年。② 对于这次会晤,柏拉图在其他两篇对话中都提到过。在《智者篇》中,柏拉图讲到苏格拉底和爱利亚客人讨论智者的性质,苏格拉底建议采用问答的方法,他说:

> 巴门尼德就用这方法将深奥的道理讲出来,当时我〔苏格拉底〕在场,我还年轻,而他〔巴门尼德〕却已经老态龙钟了。③

在《泰阿泰德篇》中也有类似的说法:

> 巴门尼德年老时我见过,那时我年纪还轻,我觉得他的话深奥难懂,高不可攀。④

这两处指的都是《巴门尼德篇》中的那次会晤。

柏拉图和第欧根尼·拉尔修讲的这两种不同说法,时间大约相差 25—30 年。因此,近现代学者中也出现不同的主张。策勒倾向于第欧根尼·拉尔修的说法,但认为很难确切断定巴门尼德的生卒年代。因为第欧根尼·拉尔修的说法无疑来自阿波罗多洛的《编年史》,而阿波罗多洛是机械地推算出来的;柏拉图虽然说得那么具体,却也令人生疑。假如苏格拉底很年轻,仅 15 岁,则相会于公元前 455 年,巴门尼德应生于公元前 519—前 520 年。如果依照格罗特《希腊史》的说法,相会时间是公元前 448 年,则巴门尼德生于公元前 513 年。⑤ 如若照赫尔曼的考证,相会时间是公元前 445 年,苏格拉底 25 岁,则巴门尼德生于公元前 510 年。策勒接着说:柏拉图有意描绘得有声有

---

① 柏拉图:《巴门尼德篇》,127A—C。
② 参见基尔克、拉文:《苏格拉底以前的哲学家》,第 263 页。
③ 柏拉图:《智者篇》,217C。
④ 柏拉图:《泰阿泰德篇》,183E。
⑤ 参见格罗特:《希腊史》第 8 卷,第 145 页以下。

色,意在强调巴门尼德对苏格拉底的影响,其实对话人物和时间都是虚构的,这在柏拉图的对话中是常有的事。① 策勒在后来写的《希腊哲学史纲》中明确按照第欧根尼·拉尔修的说法,确定巴门尼德的生卒年代为公元前540—前470年,并且说:"虽然我们不知道巴门尼德的卒年,但他不可能像柏拉图所说的,晚年时和苏格拉底相会于雅典。"②陈康在《柏拉图巴曼尼得斯篇》译注中也认为柏拉图所说的这次会晤,"并非史事,只是出于假托。"③

伯奈特的意见与此相反,他认为,"与其相信阿波罗多洛,还不如相信柏拉图的说法。"他认为,柏拉图在三篇对话中提到同一次会晤,说法一致,说明不是虚构的。④

在其他近现代学者中,接受柏拉图说法的比较多,例如弗里曼认为巴门尼德的鼎盛年是公元前475年,生年是公元前515年,和伯奈特的看法一致。⑤康福德⑥、弗莱⑦、罗宾逊⑧等也认为巴门尼德生于公元前515年前后。有人仅将两种说法介绍一下,不下判断,如沃格尔;⑨有人如巴恩斯则认为毋需在生卒年代上劳神费力。⑩

我们以为,在资料不充分的情况下,对哲学家的生卒年代不必轻易舍此取彼;重要的是从认识发展史的角度,把握各种思潮及其代表人物的先后次序和关系。对于巴门尼德,有一点是可以肯定的,即他是生活在赫拉克利特以后,又是在恩培多克勒和阿那克萨戈拉以前的哲学家。这是极大多数哲学史家公认的。

有关巴门尼德生平活动的资料很少。根据现有资料,只能说巴门尼德是

---

① 参见策勒:《苏格拉底以前的学派》,第581—582页。

② 策勒:《希腊哲学史纲》,第49页注1。

③ 陈康译注:《柏拉图巴曼尼得斯篇》,第31—32页。

④ 参见伯奈特:《早期希腊哲学》,第169页及注3。

⑤ 参见弗里曼:《苏格拉底以前哲学家的辅助读物》,第41页。

⑥ 参见康福德:《柏拉图和巴门尼德》,第1页。

⑦ 参见《哲学百科全书》第6卷,第47页弗莱撰写的"巴门尼德"条目。

⑧ 参见罗宾逊:《早期希腊哲学导论》,第107页。

⑨ 参见沃格尔:《希腊哲学》第1卷,第35页。

⑩ 参见巴恩斯:《苏格拉底以前的哲学家》第1卷,"序言"第10页。

爱利亚本地人，出身豪门富家，曾为爱利亚城邦立过法；在学术思想上，前期受过毕泰戈拉学派的影响，还可能参加过这个学派；后期脱离政治和毕泰戈拉学派，专门从事哲学活动，创立自己的学说。

关于他的政治活动，古代留下三则资料。第欧根尼·拉尔修记载：

> 据说巴门尼德曾以立法者身份为他的母邦〔爱利亚〕立过法，这是斯彪西波在《论哲学家》一书中说的。①

普卢塔克记载：

> 巴门尼德以他那令人敬佩的法律使他的母邦秩序井然，以致爱利亚的执政官每年都要遵循巴门尼德所立的法举行公民宣誓。（DK28A12）

斯特拉波记载：

> 巴门尼德和芝诺都是毕泰戈拉学派的成员，来自爱利亚，我相信……爱利亚……城邦依靠他们的才能是会治理好的，像以往一样。（DK28A12）

从这些记载看，巴门尼德的立法对于建立和治理爱利亚城邦是起了积极作用的，并没有证据可以说明他是代表反动的奴隶主贵族的。

巴门尼德对于毕泰戈拉学派的学说肯定是颇有研究的，上面引证曾经在南意大利活动过的斯特拉波的记载，明确说巴门尼德和芝诺都是毕泰戈拉学派的成员。普罗克洛在《论巴门尼德》的残篇中也说："巴门尼德和芝诺是爱利亚人，据尼各马科记载，他们还是毕泰戈拉学派的成员。"（DK28A4）毕泰戈拉学派活动的中心在南意大利的克罗顿，离爱利亚不远。在当时的南意大利，毕泰戈拉学派的影响很大，出身豪门富家的巴门尼德到克罗顿求学，是完全可能的。根据第欧根尼·拉尔修的记载，巴门尼德和毕泰戈拉学派的成员阿美尼亚（Ameinias）交往甚密：

> 据索提翁说，他〔巴门尼德〕还结识毕泰戈拉学派的阿美尼亚，此人是狄奥凯塔的儿子，贫穷但颇有声望。巴门尼德宁愿追随他。阿美尼亚逝世时，出身豪门富家的巴门尼德还为他建立祭堂。引导巴门尼德走向

---

① 第欧根尼·拉尔修：《著名哲学家的生平和学说》第9卷，第23节。

沉思生活的，与其说是塞诺芬尼，还不如说是阿美尼亚。①
从这则资料看，阿美尼亚似乎并不属于毕泰戈拉盟会内圈的重要成员，因为他并不遵循该盟会关于财产和葬礼的规定制度。巴门尼德很尊敬他，说明阿美尼亚本人也具有相当高的威望，因为按照古希腊人的风俗习惯，某人去世后，必须是有威望、有建树的人，城邦的人才会为他立碑修祠。阿美尼亚对巴门尼德的影响主要是什么？这则资料似乎只说明他可能劝阻巴门尼德参加政治活动，退居纯粹的沉思学术生活。关于巴门尼德的学说同塞诺芬尼以及毕泰戈拉学派的关系，我们在以下几节中就涉及的问题再作分析。这里只须说明：无论巴门尼德受过什么人的影响，追随过谁，但从他的著作看，他决不是重复别人的意见，而是在前人思想的基础上，创立了自己杰出的理论，其标志就是他本人的诗篇。

巴门尼德的著作不多，可能只有一部用六韵步（Hexameter）的诗句写成的诗篇。原来并没有名称，后人给加上一个不确切的很一般的篇名《论自然》。关于写诗的年代，康福德根据序诗中女神称呼巴门尼德为"年轻人"，推断写成于公元前485年左右；②格思里以阿里斯托芬的喜剧《鸟》对于并不是年轻的人，神谕也这样称呼为例，认为"年轻人"是古代诗歌中的一般称呼，不能作为判定的根据。③ 基尔克、拉文推测写于公元前490—前475年间。④ 鲍拉根据诗的韵律形式及词语用法，推断和诗人品达的诗作大体同时，即公元前490—前468年间。⑤ 有一点是我们可以肯定的，即巴门尼德的诗写作于赫拉克利特的著作以后，因为赫拉克利特残篇中指名攻击过毕泰戈拉和塞诺芬尼，却没有提到巴门尼德；而巴门尼德的诗中却不指名地反对赫拉克利特的思想。从诗的内容看，这是巴门尼德思想成熟时期的作品，不可能是早期受毕泰戈拉学派思想影响时写的。

———————

① 第欧根尼·拉尔修：《著名哲学家的生平和学说》第9卷，第21节。
② 参见康福德：《柏拉图和巴门尼德》，第1页。
③ 参见格思里：《希腊哲学史》第2卷，第2页。
④ 参见基尔克、拉文：《苏格拉底以前的哲学家》，第268页。
⑤ 参见鲍拉：《希腊诗论》第3章，第38、43页。

巴门尼德的这部诗作流传了将近一千年,直到公元 6 世纪的辛普里丘大约还看到全文,他在注释亚里士多德的著作时详细引证,并特意申明:

> 巴门尼德论存在是"一"的诗句不多,我想将它附录在这个注释中,用以证明我的说法,同时也因为它的稀罕和珍贵。①

可见在辛普里丘时代,巴门尼德的诗篇已经是很不容易见到了。可能以后不久就失传了,因为后来的注释家都已经只能转述前人的引证。现在,巴门尼德的著作仅存残篇二十五则,其中十九则被认为是可靠的,共一百五十四行诗。绝大部分是由塞克斯都·恩披里柯和辛普里丘保留下来的,此外还有别人的转述和记载五十四则。

巴门尼德的残诗大体上保持原来的结构,分"序诗"、"真理之路"和"意见之路"三大部分。据第尔斯估计:"真理之路"保存了原诗的十分之九,"意见之路"仅保存十分之一,"序诗"则是完整的。

一般人对"序诗"不太重视,其实,要了解巴门尼德写诗的目的,弄清他所要解决的问题,探讨他解决问题的途径,都非研究"序诗"不可。

"序诗"原文共三十二行,它同塞诺芬尼的宴会诗的开场白不同,这是用诗的形式表述哲学内容的一段哲理诗。省略掉个别细节,全文如下:

> 载我的马车引我前进,随我所欲地奋力驰骋。它将我带上女神的著名的道路,她引导有学识的人走遍所有的城。我在这条路上行进,聪明的马儿带着我,拉着我的车前进,少女们指点途径。……太阳的女儿们引我走进光明,拂开她们面上的纱巾,离开了黑暗的居所。在黑夜和白天的路上有一座大门……大门紧闭,保管钥匙的是狄凯(Dike),那司报应的正义女神,少女们用恭维的言辞机智地劝说她将拴牢的门闩从大门上挪开。……女神亲切地接待我,握住我的右手,对我说:"欢迎你,年轻人!你由不朽的驭者驾着车,送你到我的住所。引你走上这条路的不是恶运,而是公平和正义。因为这远不是一般人走过的道路。走上这条路你就可

---

① 辛普里丘:《〈物理学〉注释》,第 144 页第 26 行起,转引自格思里:《希腊哲学史》第 2 卷,第 3 页。

以学到一切东西,既有不可动摇的圆满的真理,又有不包含真实信念的凡人的意见。无论如何你也应该学习这些东西——那些看来是如此的东西,只有通过彻底的考察,才能判明那些似乎是存在的东西。"①
(DK28B1)

这则残篇辑自塞克斯都·恩披里柯的《反逻辑学家》,辛普里丘的《〈论天〉注释》也保存了这一"序诗"。② 塞克斯都·恩披里柯在引用时说明这是全篇的起首。诗篇中的少女们就是太阳神的女儿。狄凯是希腊神话中的正义女神,她手持标尺衡量事物和事件是否合适、适当、公平、正直。后来这个名称(Dike)即成为"公平"、"正直"范畴。诗中说到的接待巴门尼德的女神,他没有作进一步解释,在希腊神话中没有出现过,看来是巴门尼德虚构的指引真理之路的女神。关于这个问题也有不同意见。弗莱认为这个女神可能就是正义女神狄凯;辛普里丘将这个女神看作是巴门尼德自己。③ 巴门尼德的全部诗篇,包括真理之路和意见之路,都是这一位女神向他传授的。

鲍拉在《希腊诗论》第三章"巴门尼德的序诗"中,将这段序诗和希腊传统的史诗以及同时代诗人的作品加以比较,研究它的特点。他认为巴门尼德的序诗用了传统的比喻方式,即光明和黑暗的比喻。但在传统史诗中,荷马和赫西奥德用光明和黑暗大都指日神和夜神,有时就是在常识意义上使用这个比喻,径指光明和黑暗。品达的诗中用光明和黑暗代表荣誉和耻辱。阿尔开乌(Alcaeus,公元前7—前6世纪的抒情诗人)将城邦比作"随风摇摆的船",用黑暗代表城邦中的阴暗;诗人西蒙尼德则用光明代表美德。所以,同时代的诗人已经赋予光明和黑暗以伦理价值——善恶和美丑了。可是,巴门尼德和他们大不一样,他是用光明和黑暗代表知识和无知,成为泾渭分明的两条不同的途径。太阳神的女儿们引导他离开了无知的领域——"黑暗的居所",进入光明即知识的大道。另一个比喻是载他的马车,它是古希腊的双轮战车,也用于

---

① 参见基尔克、拉文:《苏格拉底以前的哲学家》,第266—267页。
② 塞克斯都·恩披里柯:《反逻辑学家》第1卷,第111节;辛普里丘:《〈论天〉注释》,第557页第25行起。
③ 参见《哲学百科全书》第6卷,第48页弗莱写的"巴门尼德"条目。

仪仗队。诗人品达、西蒙尼德、塞奥格尼的诗中都有过,意指"满载荣誉的战车"、"满载胜利的战车"等;巴门尼德的用法却带有抽象的哲理性质,是"聪明的马儿"拉着"有学识的人"乘坐的太阳车,奔驰在通往真理的大道上。鲍拉分析了这些比喻以后说:"巴门尼德的序诗可以看作是比喻性的,它有两层意思;表面是讲了这么个故事,蕴含的意思是赋予诗人以特殊使命。他谈到太阳车经过大门到了女神那里,但真正要说的是从无知过渡到有知。这样使用比喻,在早期希腊诗中是极罕见的。""巴门尼德只关心探求真理……他严格地将自己限制在知识领域以内,将探求真理看作至关重要的事情,这是新的东西,在希腊文学上是没有先例的。"①

应该说,不但在文学上,而且在早期希腊哲学上,这也是没有先例的。基尔克、拉文和格思里都注意到鲍拉的这个意见,②但是他们没有详细发挥。我们以为,在早期希腊哲学的发展中,巴门尼德是一个转折点,他在这里提出了一个新的问题,是与他以前的哲学家们根本不同的。在他以前,从米利都学派到赫拉克利特,他们提出问题、思考问题和认识问题的出发点是万物的本原是什么,以及万物是如何生成和变动的。早期的毕泰戈拉学派虽然提出数的理论,但还是把它当做万物的本原,要说明数是如何生成万物的。而在巴门尼德看来,这些都只是凡人的意见,只能属于他所说的意见之路。凡人看到的是这个变动不居的世界,像赫拉克利特所说,它们是既存在又不存在的,由这里得不到真理。巴门尼德却是要在这种多样的变动的意见之上,寻求唯一的永恒不变的真理。这就是由那位接待他的女神指引,由聪明的马儿曳引的,要他由黑暗的居所走向光明的真理大道。这就是巴门尼德提出来的新的问题,也是他为当时哲学的发展开辟的新的途径。在他以前,早期的毕泰戈拉学派,特别是赫拉克利特也提出过感觉和理性的问题,但是他并没有详细讨论这二者的关系,更没有将这两个方面对立起来。是巴门尼德第一个从认识的角度,将以前哲学家的种种观点统统贬为凡人的意见,认为哲学的任务是要寻求更高一

---

① 鲍拉:《希腊诗论》,第39、48页。
② 参见基尔克、拉文:《苏格拉底以前的哲学家》,第268页;格思里:《希腊哲学史》第2卷,第11—13页。

级的真理,认为唯一真实的乃是不变的"存在"。这就是巴门尼德全部哲学思想的主题。这一点很重要,把握住这一点,就抓住了巴门尼德的以至爱利亚学派的根本思想。根据巴门尼德提出的新问题,我们重点研究巴门尼德所说的存在和非存在、真理和意见、思想和感觉等基本范畴,以及他的求得知识的论证方法,探讨巴门尼德哲学中的存在、思想和真理的逻各斯。这就是以下四节的任务。

第二节　存在和非存在

巴门尼德的全部残篇是根据"序诗"提出的线索编排的。残篇第二至第八是关于"真理之路";残篇第八的第五十三行至结尾(第六十一行)转入意见部分;以下残篇第九至第十八是关于"意见之路",残篇第十九像是"意见之路"部分的总结。

综观全部残篇,巴门尼德有一个立论的基点,这就是残篇第八的第十三行以下这段话中的最后一句:

真正信心的力量决不容许在"存在"以外,还从"非存在"产生任何东西;所以正义决不放松它的锁链,容许它生成或毁灭,而是将它抓得很紧;决定这些事情的就在于:存在还是非存在。

这里的最后一句话,基尔克、拉文译为:"And the decision on these matters rests here;it is or it is not."①弗里曼的译文基本相同。《古希腊罗马哲学》译成:"关于这一点,可以判定的乃是:或者它存在,或者它不存在。"这种译法看来没有能表达巴门尼德的思想。巴门尼德的本意是:决定这一切问题的关键在于:存在还是非存在。所以,"存在"和"非存在"这一对范畴以及在此基础上提出的命题,乃是巴门尼德全部哲学理论的基础。

巴门尼德提出的关于存在和非存在的两个基本命题,就是在残篇第二中

---

① 基尔克、拉文:《苏格拉底以前的哲学家》,第273页。

所指出的两个对立的判断：

一个是："存在是存在的，它不可能不存在"，这是通向真理的道路。这句话，基尔克、拉文译成："that it is and cannot not be"；弗里曼译成："that IT IS, and it is not possible for IT NOT TO BE"；《古希腊罗马哲学》译成："存在物是存在的，是不可能不存在的"。

另一个是："存在是不存在的，非存在必然存在"，这是一条不可思议的道路。这句话，基尔克、拉文译成："that it is-not and needs must not-be"；弗里曼译成："that IT IS NOT, and that IT is bound NOT TO BE"；《古希腊罗马哲学》译成："存在物是不存在的，非存在必然存在"。

在近现代学者中，有人（如第尔斯）认为前一个命题是同义反复，没有什么意思。这是现代人用已经形成了的逻辑观点去看古代人（当时连形式逻辑为何物都不知道）的思想。按照希腊文的语法，联系动词 $\varepsilon\psi\mu$（eimi，为排印方便，以下均用音译）的现在陈述式第三人称单数 $\dot{\varepsilon}\sigma\tau\acute{\iota}\nu$（estin），和它的过去式 $\dot{\eta}\nu$（en），除了译为 it is, it was（是）的句型外，还可译为 there is, there was（有）的句型。如果换成后一种表达方式，意思就比较清楚了，前一句说的是："有存在，它不可能没有"，后一句说的是："存在是没有的，而非存在却是有的"。这在中文表达上就比较容易理解了。但中文译句中的"存在"，是我们按照汉文语法加上去的，它原来就是希腊文的 estin，在英文中可以用 it is 或 there is 表达，但在中文中如果单说"是"或"有"，人们便无法了解：是什么？有什么？现在说：是存在，有存在，我们的思想习惯比较容易接受。其实，"是"、"有"和"存在（在）"都是翻译 estin 即 eimi 这个字的。在我国，有人将它译成"有"，也有人将它译为"是"，我们还是译为"存在"。

"存在"和"非存在"是巴门尼德哲学中一对最根本的范畴；以上一对对立的命题是巴门尼德哲学中的根本命题，我们必须重点讨论它们。但从以上简单的介绍中就可以看出：要理解这些问题和语言文字有关。哲学思想总要通过语言文字来表达，不同民族的语言是不同的，我们的汉语和印欧语系的语法结构很不一样；即使同属印欧语系，近代的英语、德语和古代希腊语也有很大差别；在巴门尼德时代的古希腊语也是正在逐渐形成和发展之中。因此，要研究巴门尼德这些哲学思想,我们不得不从它们的文字表述以及语言学的问题等方面作些探讨,试图说明它们的哲学意义。

一　存在和非存在的表述

巴门尼德的原诗用下列三个希腊文表述"存在":

第一,estin:这是联系动词 eimi(相当于英语的 be)的主动语态现在陈述式单数第三人称,相当于英语的 it is。estin 既可以作实义动词"存在"讲,也可以作联系动词"是"讲。为便于区别,前者的重音标在第一音节,写作 éstin;后者标在第二音节,写作 estín,或者不标重音也可。必须说明的是,在巴门尼德那里还没有作这样的区分。当然,希腊语言从一开始就存在重音和音调,否则不成语言,更写不成诗;但是文字上的标志却是逐步形成的。现在我们看到的标音法,据说是在公元前 300 年左右由拜占庭的阿里斯托芬制定的。[①] 19 世纪末第尔斯在编纂残篇时,将两种不同含义的 estin 作了上述不同的标音。他的标法为近现代学者所接受,仅对个别地方有不同意见,如基尔克、拉文所提出的。[②]

我们根据基尔克、拉文校订过的希腊原文作了些统计:在"序诗"三十二行中,只有第十一行用复数的系词"是"(eisi),第二十七行用单数的"是"(estin)。"意见之路"部分的十一条残篇中,仅在残篇第九的第三行、残篇第十六的第三、四行共三处使用 estin(或 esti,希腊文词尾的"n"可省略,二者是一样的)。可是在"真理之路"的残篇第二至第八部分,大量使用 estin,写作实义动词"存在"estin 的就有二十二处:残篇第二的第三行(两处)、第五行,残篇第三,残篇第六的第二行,残篇第八的第二、四、五、九(两处)、十五、十六(两处)、十八、二十、二十七、三十三、三十四(两处)、四十六、四十七行。诗中的"非存在"就是加个否定词οuκ(ouk)。在上述二十二处中,残篇第三和残篇第八的第四行、第三十四行第一处,第尔斯原来标作 estín,作联系动词"是"

---

① 参见伏伯士(F、H、Fobes):《哲学希腊语入门》,第 5 页。
② 参见基尔克、拉文:《苏格拉底以前的哲学家》,第 269—270 页及注。

讲,基尔克、拉文改作 éstin,作"存在"讲,因为 éstin 还有能够(can)、可能(it is possible)的意思,策勒和康福德对残篇第三(即说思维和存在是同一的)作过说明,认为应作可能存在讲。① 基尔克、拉文同意他们的解释。残篇第八的第三十四行的 éstin 也作可能讲。(严格地说,巴门尼德自己还不可能意识到"能够"和"可能"的存在;直到亚里士多德才区分潜能的即可能的存在和现实的存在。)作联系动词"是"讲的 estin 有十五处,即:残篇第二的第四、五行,残篇第五的第一、九行,残篇第八的第三、十一、二十二(两处)、二十四、二十五、三十五、四十二、四十五、四十八、五十四行。这些不同的用法,以后讨论到有关的残篇时再来论述。

由于语言上的原因,有的表述就相当费解。例如讲到上述两个对立的判断的残篇第二的第三至五行:

> 一条路,存在是存在的,不可能不存在,这是可靠的途径,(因为它通向真理);另一条路,存在是不存在的,非存在必然存在,……(he men hopos éstin te kai hous ouk ésti me einai,peit hous éstin keleouthos(Aletheia gar opedei),he de hour ouk estin tu kai hous chreon ésti me einai)②

就这么几句话,却用了五个 estin(esti),其中三个是 éstin,两个是 estin 即 estin,还有两个同一词根的不定式,即 einai,一共七个。行文中的"存在"和"是"都是同一个字,仅从语法形式看,是很难理解的。

第二,用中性动名词 é on,或加冠词即 το é on(tou eon)表示"存在";"非存在"则加否定词 μη(mei)。因为在希腊文中,动名词要按名词变格的规则,作单数、复数五个格、双数两个格的变化,所以行文中出现不同数和格的 eon。例如残篇第三的第七行:"你既不能认识非存在,也不能将它说出来。"这里的"非存在"处于宾语位置,用单数中性第四格。又如残篇第七的第一行:"决不能证明存在着非存在的东西"。这里的"存在着"等于"有",用不定式,"非存在的东西"是复数,原文用 mei eonta,即中性名词复数第四格。

---

① 参见策勒:《苏格拉底以前的学派》第 1 卷,第 584 页注 1;康福德:《柏拉图和巴门尼德》,第 34 页注 1。

② 据基尔克、拉文:《苏格拉底以前的哲学家》,第 209 页。

在残篇第二至第八中,用动名词表述"存在"和"非存在"的,除以上两例外,还有十三处,即:残篇第六的第一行,残篇第四的第二行,残篇第八的第三、七、十二、十九、二十五、三十二、三十三、三十五、三十七、四十七(两处)行。

第三,用不定式 εἶναι(einai)表述"存在",加否定词 mei 表示"非存在"。

不定式在希腊语中出现得相当晚,而且形式不一。存在主义哲学家海德格尔为了论证他自己关于存在的观点,说明"在"(sein)与"在者"(das Seinde)的区别,从语源学角度考证了古代印欧语中关于"是"的表述。海德格尔本人的观点,我们不在这里评述;他所提供的资料可以引用。谈到不定式时,海德格尔说:"在语言发展的顺序中,不定式是个晚出的形式,事实上是很晚出的形式。这可以用希腊语的不定式作例证。……To be 在阿提卡语支中作 einai;在阿卡狄亚语支中作 ēnai;在列斯堡语支中作 emmenai;在多立斯语支中作 émen。"[①]

早期的希腊语中,不定式还起着第三格(Dative)的作用。希腊语和拉丁语不同,有呼格(Vocative)而没有第五格(Ablative),第三格兼有第五格的职能。所以,在巴门尼德的残篇中,同是不定式 einai,在近代西方语言及汉语中要按照他的上下文意思译成不同的话。例如:

残篇第二("序诗")的第三十一至三十二行:"只有通过彻底的考究,才能判明那些似乎是存在的东西"。这里的 einai 作第三格用,表示拉丁文第五格的内容,意思是"似乎存在的东西"。残篇第六的第一行:"能够被表达、被思想的必须是存在,因为仅仅对存在而言这才有可能。"前面一句的"被表达"、"被思想"就是这两个词的不定式,而后一句话原文只有三个字:ésti gar einai。这里的不定式 einai,英文译为 for To Be,中文译为"对存在而言"。还有残篇第七的第一行:"决不能证明存在着非存在"。这里的"*存在着*"用 einai,用法同近现代的不定式一样。

除了以上三处外,残篇第二至第八中还有七处使用这种不定式,即:残篇第二的第三、五行,残篇第三,残篇第八的第十八、三十二、三十九、四十行。

----

① 海德格尔:《形而上学导论》,第68页。

这里顺便说明一下:希腊文 eimi 的分词是 $\omega\nu$(oun), $o\bar{v}\sigma\alpha$(ousa), $\acute{o}\nu$ (on),分别为阳性、阴性和中性的分词。在柏拉图和亚里士多德那里常用中性分词 on 表述"存在",但在巴门尼德这里却没有用过。所以这是后人用这个中性分词 on 概括叙述所有的 estin、eon、einai,就像英文中用 being 代表所有的系词表述的"存在"一样。

从以上介绍的这三种表述,我们可以看到:

第一,"存在"这个词,原来就是联系动词的"是",也有"有"的意义。由于希腊文中的系动词 eimi 有人称、时态、语态变化,有分词、动名词、不定式等等形式,所以,"存在"也就按语法规则有种种不同的字形,但它们的意思即所指的东西是同一的。换言之,不管是 estin,eon,einai 及它们的各种变化形式,在巴门尼德那里是指同一内容的东西。现在有的中文译本中,即使在同一则残篇中,有时译为"存在",有时译为"存在物",似乎巴门尼德使用了两个不同的概念,指两个有所不同的东西。这是没有根据的,容易引起误解。

第二,"非存在"没有独立的词根,(不像在汉语中的"有"和"无","无"是有独立的词根的。)从形式逻辑讲,它是一个负概念。负概念是无内容的。阿那克西曼德的"阿派朗"就是一个负概念,它是没有任何规定性或规定形的。"非存在"就是说它不是存在。不是存在并不等于说它不存在。所以,将"非存在"译为"不存在",甚至解释成为"乌有"、"虚无",都是不妥当的。将"非存在"译为中文的"无",容易引起误解。如果从词义考虑,巴门尼德的"非存在"并不是"无";从哲学范畴考虑,"存在"和"非存在"同中国哲学中的"有"和"无"的范畴是不一样的。这个问题我们在下文再详细讨论。

第三,范畴的内容和表达同语言的词义和语法规则有密切关系,因此,研究范畴必须研究语言的历史。如前所述,在巴门尼德那里,作为系动词("是")的 estin,和作为实义动词("存在")的 estin 没有分清;而且作为实义动词的词义和作为哲学范畴"存在"的含义二者也混在一起。我们应该注意到这点情况。我们以后论述亚里士多德的哲学时,还要看到,亚里士多德关于范畴的研究,开始也是从语词的角度提出来的;在他那里,范畴的内容和语词的词义也还经常混淆在一起。

第四,在理解和翻译以上三种表述时,动名词不会发生分歧;estin 至多是重音标法不同,你看作是系动词"是"的,我可以认为是实义动词"存在";唯有不定式却能引出各种理解和翻译上的分歧。例如著名的残篇第三"思想和存在是同一的",这里的"存在"是不定式 einai,若将"存在"和"思想"两个不定式当做主语,这个命题就是第尔斯等所理解的"思想和存在是同一的";如将这两个不定式当做是行使第三格的职能,就变成策勒所理解的意思:"能被思想的东西和能存在的东西是同一的。"类似这样产生的不同的理解,我们以后还将遇到。

二　存在和非存在范畴的含义

巴门尼德用上述语词表述存在和非存在,从哲学上讲,这两个范畴的含义是什么? 这是我们现在要讨论的问题。

存在和非存在的含义集中体现在辛普里丘①所保留的残篇第八中。这则残篇共六十一行诗,占全部残篇的五分之二,从行文看是相当完整的。残篇开首说:

> 现在只留下一条途径可以言说,这就是存在是存在的。在这条途径上有许多标志表明:存在是不生不灭的;存在是完整的、单一的、不动的、没有终结的。

伯奈特、弗里曼、基尔克和拉文都将第四行诗中的 gar 译成"因为",这句话便成为:"存在是不生不灭的,因为它是单一的……"《古希腊罗马哲学》也将 gar 译成"因为";成为:"……有许多标志表明:因为它不是产生出来的,所以也不会消灭……"康福德和格思里没有将 gar 译成"因为"。gar 除说明原因的意义外,也可以作为强调语气的作用。这里属于后一种情况,只是强调说明这些标志是并列的,不能说明后者是前者的原因。欧文(Owen)在《爱利亚学派诸问

---

① 辛普里丘:《〈物理学〉注释》,第 145 页第 1 行起。

题》一文末加了一个补充,题为《残篇第八的第二至四行,论证的纲目》,他认为,"在残篇第八的第二至四行中,女神提供了一系列作为正确道路的标志。事实上这些就是下文论证的纲目。"①他还引证了古代辛普里丘、普卢塔克、普罗克洛等人的说法,认为上述几句是并列的。

这段话中的"标志"semat 即 $\sigma\eta\mu\alpha\tau\alpha$(semata),因诗歌中音节关系省去词尾的 a,它是 sema 这个中性名词的复数形式。基尔克和拉文译为 signs,康福德译为 marks,伯奈特译为 tokens,都是标志、记号的意思。这个字在荷马史诗中就是指作战用的盾牌上面的标志,以及道路上的路标、记号。巴门尼德喋喋不休地讲两条道路,因而用这个词形象化地说明两条道路各有许多标志和特征。格思里解释这个字说,"这就是指存在必须具有的那些属性。"②每一个标志就是一个特征和属性。概括起来,巴门尼德在这里指出,"存在"范畴具有以下五个特征或属性,他还分别进行了论证:

其一,存在是既不生成也不消灭的(第六至二十一行);

其二,存在是"一",是连续不可分的(第二十二至二十五行);

其三,存在是不动的(第二十六至三十一行);

其四,存在是完整的,形如球体(第四十二至四十九行);

其五,只有存在可以被思想、被表述,只有存在才有真实的名称。(这个思想相当重要,在残篇第二至第八中出现过五次。)

我们对这五点分别作些说明。

第一,存在是既不产生,也不消灭的。这是最重要的一个特征,所以放在首位。有关这个特征的论证,本章第五节将专门讨论。巴门尼德在残篇第八的第五至八行说:

> 存在不是过去存在,也不是将来存在,因为它一直是现在这样,作为单一的、连续的整体而存在;你能为它找到什么样的创始呢?

这就是说,对于"存在"来说,不发生什么本原的问题和时间的问题。既然它

---

① 艾伦、弗莱编:《苏格拉底以前哲学的研究》第 2 卷,第 76—77 页。
② 格思里:《希腊哲学史》第 2 卷,第 16 页。

是永恒的、始终如一的，就无所谓它从那里来，它是怎么创始的问题；也不发生它如何变化，变成什么，为什么会生灭等等问题。这样，以往自然哲学中所讨论的本原问题以及生成原理等问题都被取消了。

第二，存在是连续的、不可分的。巴门尼德在残篇第八的第二十二至二十五行说：

> 存在还是不可分的，因为它①是完全一样的，它不会这里多些，那里少些，因而妨碍存在联系在一起，毋宁说存在是充满的、连续的，存在和存在是紧紧相联的。

巴门尼德认为，如果存在是可分的，非连续的，就会导致存在的秩序（科斯摩斯）的瓦解；而这个道理要靠理性才能领悟。残篇第四说：

> 要用你的心灵（努斯）牢牢注视那遥远的东西，好像近在眼前。因为不能将存在和存在的联系割开，既不能让存在的秩序瓦解，也不能使它们聚合在一起。

从这一则残篇可以看出，巴门尼德的存在是个连续的一，不可分为部分，因此也没有存在和存在之间的空隙即虚空；对于这样的存在，不能应用毕泰戈拉学派的数的观点，因为数必然是可分的。按照巴门尼德的理论，存在若是可分的，非连续的，就会发生各个存在（的部分）的聚合和分散，这样就会有生灭了。聚合和分散是当时的自然哲学宇宙生成论的基本理论。巴门尼德否认多，否认可分性，就将宇宙生成论也否定掉了。

第三，存在是不动的。巴门尼德残篇第八的第二十六至三十一行论证说：

> 存在被强有力地锁在有限的范围内，它没有开始和终结，因为生成和毁灭已经被真正的信念赶得很远了。存在自身静止在同一个地方，永远停留在那里，因为强大的必然性将它牢牢地锁在有限这一范围内，使它在各个方向都一样。

在这里，巴门尼德似乎已经将两种变动区别开来了，一种是生成和毁灭，另一

---

① 《古希腊罗马哲学》将这个"它"译为"它的各个部分"，这就等于承认存在是由许多部分组成的。在希腊原文及英、德文译文中都没有这个意思。

种是运动即位移,所以说存在是永远"静止在同一个地方"。巴门尼德显然吸取了毕泰戈拉学派关于静止和运动、有限和无限的思想。在毕泰戈拉学派的对立表中,静止、有限是和正义、善属于同一系列,而运动、无限是和不正义、恶属于同一系列。巴门尼德也用静止、不动、有限来说明完满和完善的存在。在这一点上,他是接受了毕泰戈拉学派的思想的。

第四,存在是有限定的,像个球体。残篇第八的第四十二—四十九行论证:

> 由于有一个最边远的界限,存在在各个方向都是限定的,很像一个滚圆的球体,从中心到任何一个方向都相等,因为它不可能在某一方向大一点或小一点。还因为没有一个非存在阻止存在在各个方向相等,也没有一个存在比另一个存在少些,原因是存在是完全不受侵犯的,因为它在各个方向都和自己相等,所以它和边界的距离相等。①

在古代希腊,圆形、球体是最圆满的,而圆形、球体是有限定的,所以有限定才是圆满,否则就是不完善的。巴门尼德还不能像后来的亚里士多德和普罗提诺那样用抽象的概念和理论说明存在的圆满性、完善性,只能用形象化的球体来解说、描述存在。这说明巴门尼德的抽象思维还是离不开感性的形象的东西。如果存在是有限定的,在这限定以外的又是什么呢?这就是后来麦里梭要纠正的巴门尼德的观点。

第五,只有存在可以被思想、被表述,只有存在才有真实的名称。残篇第八的第三十四至四十一行说:

> 所谓思想就是关于存在的思想,因为你决不可能找到一种不表述存在的思想。在存在以外,没有也决不会有别的东西。因为命运将存在作为一个不动的整体拴在一起了。因此,凡人们在他们的语言中加以固定

---

① 在这段话中,原诗用了三个 gar("因为"),两个 epei("由于"、"原因是")。我们的译文有意将"原因是"、"因为"等译出,目的是尽可能再现他当时的论证方法,本章第五节将要专门讨论他的论证方法。本章中还有几段译文,也是出于这个目的,没有用现代汉语的修辞法改变原来的语法或删去原来的词语。

的,自以为是真的东西不过是空洞的名称,如生成和毁灭、存在又不存在[①]、位置的改变、色彩的变化等。

格思里和基尔克、拉文认为这段话应同下一段(即上面第四所引的第四十二至四十九行)调换位置。从行文看有道理,因为这第五个特征是在上面四个特征以后的。但是他们将这一段看成是前面几段的总结,未必妥当。尽管在残篇第八开首列举的许多标志中没有这个特征,但从巴门尼德的整个思想看,这一点是很重要的。在残篇第二至第八中,有六处提到这个思想:只有存在才能被思想、被表述,非存在则不可能。另外五处是:残篇第二的第五至六行,残篇第三,残篇第六的第一行,残篇第八的第七至八行、第十七行。其译文和分析见本章第三节。

　　巴门尼德的思想是我们现代人很难理解的:非存在为什么不能思想、不能表述呢? 格思里对希腊文的"思想"、"表述"作了考证。他说:"译为思想 $voei\nu$(noein,think of)的动词,在巴门尼德以及他以前的时代,不能表述想象出来的、非存在的东西,因为 noein 起初指的是直接的认识活动。"[②]在荷马的史诗中,只有当主体直接接触到某个对象,认出它是什么东西或什么人时,才用 noein。当女神阿佛洛狄忒伪装成老妇人时,海伦就不能"思想"她;只有当海伦揭开了她的伪装,认出她是女神时,才能思想她。所以他认为非存在是不能思想(noein)的。

　　这种语言文字上的解释可以说明一些问题,但我们以为,从哲学上讲,更根本的原因还在于巴门尼德不懂得变和不变、个别和一般、感性和理性的关系。他认为个别的、感性的、变化着的东西没有固定的内容,命运之神并没有将它们牢牢地固定在一起,因此不能对它们进行思想和命名。我们所思想、所命名的东西必须有固定的内容,否则便只是一个空洞的名词或记号。巴门尼

---

　　① 有些外文和中文译本译为"存在和非存在",是不妥的。因为存在和非存在是巴门尼德的哲学基本范畴,他不可能说它们是"空洞的名词"。他这里指的是那些被认为是既存在又不存在的事物,基尔克、拉文译为"存在和非存在",又用括号注明:"(指二者同时)"。(《苏格拉底以前的哲学家》,第 277 页)

　　② 格思里:《希腊哲学史》第 2 卷,第 17—18 页及 18 页注 1、2。

德在这里接触到一个很重要的哲学问题,即词(概念)和物的关系问题。在巴门尼德以前,早期希腊的自然哲学家们并没有意识到在这二者之间还存在有一致或不一致的问题。在西方哲学史中,巴门尼德可以说是第一个触及这个问题的哲学家。在他以后,哲学家们就注意讨论和探索这个问题了。在柏拉图的《智者篇》中,来自爱利亚的客人说:

> 关于那些似乎存在而其实不存在,可以说而又不真的东西,至今仍同以往一样疑难重重。很难设想能够表述和思想那虚假的东西,将它当作真实的存在而又不致陷入矛盾。①

亚里士多德在《形而上学》第3卷(B)中所提出的十几个哲学问题中,有一个(罗斯列为第八个)问题就是:感性事物是个别的、运动变化的,而我们的知识却是普遍的、不变的;那么,对于个别的、感性的事物我们能不能有知识呢? 亚里士多德认为这个问题是"最困难而又在理论上必须讨论"的问题。② 这个问题就是所谓"名"和"实"的问题,实质上仍旧是一般和个别的关系问题。自从巴门尼德这样提出以后,一直是哲学家们争论不休的问题,直到现代西方哲学,这个问题也还没有得到解决。

在巴门尼德关于"存在"的这五个特征中,前面三个说存在是不生不灭的、不可分的、不动的,主要说存在是没有运动、变化的,是静止的。这是和以往的伊奥尼亚哲学讲变动的世界,宇宙的生灭针锋相对的。毕泰戈拉学派虽然开始看到数的不变性,但他们并没有否认世界是运动变化的。巴门尼德提出真实的存在是静止不变的,将静止和不变绝对化,在哲学上将变和不变、运动和静止尖锐地对立起来,开始了辩证法和形而上学的斗争。这是巴门尼德的存在学说在人类认识发展史上最重要的意义。但是,我们也不能因为巴门尼德否认运动,陷入形而上学,从而完全否定他在哲学发展上的积极作用。他所指出的存在的第五个特征,认为一般人只是用感觉观察到变动的世界,这是不真的;而他却是要用理性的思想去认识那在变动后面的不变的存在。用后

---

① 柏拉图:《智者篇》,236 E。
② 参见亚里士多德:《形而上学》,999ᵃ 24—28,ᵇ2—4。

人的话说,就是要透过现象去深入地研究本质。虽然巴门尼德当然不可能认识真正的本质,但在西方哲学史上他是第一个从这方面提出问题的人。我们不能忽略这方面的重要意义。这些问题,后文还要再进一步论述。

以上五个方面的内容,可以说就是巴门尼德给"存在"范畴规定的含义。此外,近现代西方学者激烈争论巴门尼德的"存在"的主语问题,这是从语法关系中提出来的问题。当巴门尼德用动名词 eon 或不定式 einai 表述存在时,人们未曾提出这个词有个主语的问题;只在巴门尼德用 estin(it is)表述存在时,人们才问这个 it 是指什么呢? 即"存在"的主语是什么? 对于这个问题,有的学者如第尔斯、康福德认为指整个存在,所以是一个同语反复,即"存在是存在的"。策勒认为存在是指"没有任何特殊规定的,充满空间的总体",但它既不是有形的物体,也不是纯粹存在的抽象概念。伯奈特则认为,存在是整个有形物体。弗陵克尔(Fränkel)、基尔克和拉文认为,存在没有确定的主语,就像"下雨了"(it rains)一样,是个无人称句。费尔登留斯(Verdinius)认为是指"事物的真正的性质"。① 其实,参与争论的人都将"存在"这个范畴的含义及表述,和语法意义混在一起了。从语法形式看,要根据语法的关系,追问"it is"中的 it 是指什么? 是不是无人称句? 等等。但是语法上的意义不等于词义本身的意思,比如说"……the house, it is……"句中的 it 就是指房子,从语法关系讲,就不必再去追问"这房子又是什么"了,那是另一类问题。而且,前面讲过,巴门尼德用的 estin 实际上有 estín 和 éstin 两种。作为系词("是")的estén,人们只能根据上下文追问:这一句中的 it 是指什么? 对于作为表述"存在"的 éstin,其中的 it is 本身就是一个整体,它们合起来才表述"存在"这个范畴,根本不存在其中的 it 又指什么的问题。因为它是"存在"范畴的表述形式,我们只能从哲学角度去提出问题,而不能又问"存在"的主语是什么? 不然,人们同样还可以问"非存在"的主语是什么? 因为"非存在"是用 it is not(ouk éstin)表述的,不是也有一个 it 是指什么的问题吗?

---

① 参见格思里:《希腊哲学史》第 2 卷,第 16 页;策勒:《希腊哲学史纲》,第 14 页;伯奈特:《早期希腊哲学》,第 178—179 页;基尔克、拉文:《苏格拉底以前的哲学家》,第 269—270 页。

我们以为，"存在的主语是什么"这个问题，应该用另一个问题来代替，即：巴门尼德所说的"存在"和"非存在"是什么？有没有巴门尼德所说的"存在"？如果有，它是什么样的，以什么方式存在？这才是从哲学上提出问题和分析问题。

以上论述了巴门尼德自己所说的关于"存在"的几个特征——即"存在"的几种存在方式。如何理解这些特征？这是本章以下各节要继续探讨的问题。现在先讨论巴门尼德所说的"非存在"。

对于"非存在"，有一点必须首先弄清楚，即巴门尼德并没有说过非存在就是虚无、乌有。我们必须区分两个问题：一是"非存在"这个负概念指的是什么？换言之它的内涵是什么？二是巴门尼德对"非存在"是怎么看的？首先是关于前一个问题。巴门尼德并没有像研究"存在"一样，提出"非存在"的几个标志加以讨论。但是从他的残篇中可以看出，比如"序诗"中所说的"黑暗居所"，残篇第四所说的"凝聚与稀散"，残篇第七所说的耳闻目见的东西，残篇第八所说的被真正的信念赶跑的"生成和毁灭"等等，指的都是非存在。所以，"非存在"就是指和"存在"相反的，它的特征是：有生灭的、可分的、非连续的、运动着的东西，因而是不能用思想来认识和表述的东西。显然，巴门尼德所指的就是现实的现象世界，它是只能靠感官去感知的东西。这样的非存在当然不是乌有或虚无。后一个问题是：巴门尼德是怎样看非存在即现象界的？他认为虽然非存在不是无，但它是虚假的，不真实的，从中得不到真知灼见的。将这两个问题区分开，关于非存在的问题就不难理解了，但巴门尼德是开始提出存在和非存在的，他对这二者的区分没有能说清楚。由巴门尼德的存在和非存在发展到柏拉图的两重世界的学说，存在就是理念世界，非存在指的就是感性世界。对非存在，或者说对感性世界怎么看，这又是另一个问题。柏拉图并不否认有这个感性世界，只是他认为这个感性世界是不真实的、虚幻的，是理念世界的影子。讨论这两个世界之间的区别以及它们之间的相互关系，成为柏拉图哲学的一个中心内容。巴门尼德只是开始提出存在和非存在的对立，他没有也不可能对这问题深入钻研。

巴门尼德提出的存在和非存在，使近现代西方学者感到难以用现代英、德、法等语文表达清楚。基尔克、拉文深有体会地说:"不幸的是,即使是翻译一下这两个简单明白的词就很容易引起误解。"①译成中文就更困难了。人类的思维是借助语言进行的,而各民族的语言又不一样,这样就产生如何准确地用另一种语言去表达原来语言的内容问题。在世界上还存在并使用不同语言的条件下,要想使思维摆脱民族语言的限制,大概是不可能的。在现实条件下,我们首先是要将不同语言表述的思维内容弄清楚,然后是在了解中国语言及有关哲学涵义的基础上选择或创造适当的词,用来表达外国哲学的范畴和概念。对于巴门尼德的这两个范畴,我们以为还是译为"存在"和"非存在"比较适当。在西方哲学史中,自从巴门尼德提出这两个范畴以后,许多哲学家都沿用了并且作为他们自己哲学中的主要范畴。但是不同的哲学家在使用这两个范畴时所赋予的内涵实际上是并不相同的。比如黑格尔对于巴门尼德提出这两个范畴给予很高的评价,在他的逻辑学中这两个范畴成为一对开初的、基本的范畴;黑格尔赋予这对范畴的含义和巴门尼德原来的含义,应该说是既有相同又有不同之点的。国内有些学者将黑格尔的这对范畴译为"有"和"无",当然是有道理的。但我们以为,如果用"有"翻译巴门尼德的"存在",用"无"翻译"非存在",并不确切。首先从语言上说,西方语言中的 eimi(希腊文)、sum(拉丁文)、be(英文)、sein(德文)等原来是联系动词"是",而古汉语中没有相应的系动词"是",近现代汉语才将"是"作为系动词。古汉语中的"有"和"无"同西方语文中的"是"和"不是"并不一样。从哲学上说,中国哲学史上所讲的"有",往往是指个别的、变化的感性世界中的万事万物,它同巴门尼德所说的"存在"正好相反,这个"有"更相当于巴门尼德的"非存在"。在老庄哲学及魏晋玄学的"贵无论"中,"无"高于"有","无"是无生灭的、真实存在的、要靠理性才能把握的东西。这样的"无"恰恰相当于巴门尼德的"存在"。所以,巴门尼德的"存在"和"非存在"要是和老庄哲学中的"有"和"无"相比,"存在"相当于"无","非存在"相当于"有"。在中国哲学史上,尽管在魏晋时代有"有"、"无"之争,也出现过"崇有论",但是"贵无论"的思辨性和

---

① 基尔克、拉文:《苏格拉底以前的哲学家》,第269页。

哲学地位是在"崇有论"以上的。"无"这范畴在中国哲学中一直有特殊的位置,而在西方哲学史中,"非存在"可以说从古代到现代一直都是在"存在"以下的。所以我们不主张用中国哲学中的"有"和"无"去翻译巴门尼德的"存在"和"非存在"。

三 存在范畴的语言学渊源

希腊文的 eimi 本来是个联系动词,怎么会演变成为巴门尼德的"存在"呢? 古希腊自然哲学中以承认生灭变化为前提的本原学说,怎么发展成为否定生灭和本原的巴门尼德的存在论哲学呢? 这是需要进一步探讨的两个问题。研究这两个问题,可以加深理解语言同哲学范畴发展的关系,以及范畴发展的内在逻辑。

首先讨论从联系动词"是"到"存在"范畴的演变问题。

希腊文属印欧语系。在印欧语系中,"是"的词根有两个。一是"es",在希腊语中就是"eimi",梵文中是"as",拉丁文写作 sum 及分词 esse。原来的意思就是"依靠自己的力量能运动、生活和存在";说某物 es,就是说某物自然而然地出现在那里,生存在那里。可见这个词的本意有显现、呈现的意思,包含后来"存在"的意思。另一个是"bhu"、"bheu",在希腊文中就是 $\phi \bar{v} \omega$(phyo,希腊文的意思就是产生 produce、成长 grow、本来就是那样 be by nature),梵文为 bhu,拉丁文为 fui、fuo。bhu、bheu 原来的意思是"依靠自己的力量,能自然而然地生长、涌现、出现"。[1] 以梵文为表述工具的古代印度哲学中,"as"偏重于单纯的、抽象的存在,或静止的、绝对的存在;以 as 为词根的 sat、satra,在印度哲学中表示最终的、真实的存在;而 bhu、bhuva 表示变化的、相对的东西,指现象方面的事物。[2] 在希腊语中,es 词根的 eimi,后来演变成系动词"是",而phyo 后来指自然而然成长的、变化的东西,最后变成 $\phi v \sigma \iota s$(physis,自然、本性),指本性上就有力量成为"如此如此"的东西。它同另一个希腊词 $\tau \varepsilon \chi \nu \eta$

---

① 参见海德格尔:《形而上学导论》,第 2 章第 2 节"being 这个词的语源",第 70—74 页。

② 撰写本节时,参看了金克木:《试论梵语中的"有—存在"》,《哲学研究》1980 年第 7 期。本节有关梵文的材料均援引此文。

(techne，人工造成的)相对。techne 以后就专指人造的工艺品、手工业品及制造技艺。

了解了印欧语系中这两个词的共同性演变后，就可以进一步研究：系词的功能是怎么形成的，又是怎样固定到以"es"为词根的 eimi 上的。

人类开始形成语言能力的时候，只有一个个孤立的单音节或双音节的词。这些简单的、为数不多的词都同人们所处的生活环境有直接间接的关系，离不开感性的、现象世界中的事物，而且没有名词、动词等等的区别。人们讲某个词的时候还要用手势作辅助工具，情况就像刚刚学话的小孩一样。小孩开始只能说"要、要"，"吃、吃"。在这个阶段，表达的时候往往不成句子，自然谈不上有什么系动词。人类的语言和思维能力进一步发展时，才有名词和动词之分，并在此基础上形成了代词和副词。这个时候人们能将词组成句子了，但还不能形成抽象意义的系动词，只有表示具体动作和行为的实义动词。上面说到的 as、bhu，开始时仅用来表示自身有生命力的现象，说明它们在当时也是一个实义动词，只是所表示的范围较广而已。后来，随着语言的发展，随着人们对事物的属性、用途和关系等等认识的提高，人们在现实生活中要表达事物的属性以及从属关系等等，要向对方说明"这是什么"，"这是谁的"，"他是什么样的人"，"这是什么性质"，"某物在何处"等等，这时候人们感到需要有个"是"字来说明这些关系，专门用作联系动词的词语也就应运而生了，而且同运动、变化联系在一起。① 这说明，从语言和思维的发展历史看，"是"的意思和用法最初都是同运动变化的东西、自己能生长、显现的东西联在一起的，那时候的人们还说不出什么固定不变的东西。

在拼音系统的义字中，大体上最后都形成了一个最通用的系词。（在非拼音的汉语系统中，开始似乎并没有形成这么一个系词。）在希腊语中，这个系词的形成是有一个过程的，最早的文献中使用 eimi 的并不多。我们查阅了《神谱》第一至第一百行，仅有四处出现过系词 eimi 的变化形式。《田功农时》

① 参见海德格尔：《形而上学导论》书中" being and becoming（是和变化）"、" being and apperance（是和显现）"两小节，第 93—104 页。

的第一至第二百行中只有六处。到巴门尼德那里,情况就不一样了。前面说过,在"序诗"和"意见之路"部分,eimi 还很少用,"真理之路"中却大量使用了。仅残篇第八的六十一行诗中,就出现用作"存在"的 éstin14 次,用作系词的 estin10 次,用作"存在"的不定式的 4 次,用作动名词的 9 次,一共 37 次。

以 as 为词根的希腊文 eimi 成为系动词以后,随之而来的语言现象就是动名词、分词、不定式的出现。这样,eimi 不仅有时态、语态、语气、人称等的变化,而且也名词化了,也就是个体化、实体化了。作为动名词,同名词一样有性、数、格的变化,还有词义的问题。作为名词,人们就要追问它"是什么"?这样,语言发展的本身就推动人们追问:作为动名词的"是"是什么意思?本来在印欧语中,as、bhu 就有依靠自身而存在、成长的意思。"某某是什么"就等于"某某作为什么而存在,而成长"。现在,系词"是"还有个动名词形式,很自然地,人们就像研究别的名词一样,要去思考这个"是"的意思了。

这种情况不仅在印欧语系中,而且在古汉语中也存在。古代汉语中用"有"、"在"、"存"等表述印欧语系中 as、bhu 的意思。例如:

有鳏在下曰虞舜。(《尚书·尧典》)

有朋自远方来。(《论语·学而》)

有牵牛而过堂下者。(《孟子·梁惠王》)

不好犯上而好作乱者未之有也。(《论语·学而》)

关关雎鸠在河之洲。(《诗经·周南》)

子在,回何敢死?(《论语·先进》)

见龙在田。(《易经·乾卦》)

其人存,则其政举。(《礼记·中庸》)

笾豆之事,则有司存。(《论语·泰伯》)

有天地,然后万物生焉。(《易经·序卦》)[1]

在这些句子中,"有"、"在"、"存"等都有动词"存在"的意思,同印欧语中 es、

---

[1] 这些例句和分析均参看了金克木:《试论梵语中的"有——存在"》,《哲学研究》1980 年第 7 期。

bhu 表示生长、生命、显现的意思一致。

在古汉语中也发生了由这些词向动名词的转化,最著名的就是老子《道德经》中的:

> 天地万物生于有,有生于无。

在这里,"有"和"无"成了名词,于是便发生了一个作为名词必然会引出的问题:"有"、"无"是什么东西,什么意思? 对此进行探索,就意味着从词义的研究转向哲学范畴的研究了。在中国哲学史上,这个转变的标志是老子,在古代希腊则就是巴门尼德。在巴门尼德以前,赫拉克利特的残篇第四十九中说的"存在又不存在",用的是复数第一人称 esmen,意思是"又是又不是",还不能说它已经是"存在"哲学范畴,尽管它已经包含有哲学的意义。完成这一转变的是巴门尼德,他不用 esmen,而是一律用 estin。因为存在是连续的、不可分的整体,所以用单数而不用复数;因为存在是整个主客体混合为一的东西,而不是你存在、我存在,所以一律用第三人称;因为存在是永恒的、无生灭的,无所谓过去和将来,所以一律用现在式。① 这样,系词 eimi 的主动语态现在陈述式单数第三人称就获得了"是"的其他形式所没有的特殊的意义,成为哲学的范畴。"存在"只能用类似英语中的 it is 来表达,而不能用 it was,it will be 或they are 以及相应的被动语态来表述。由此可见,语言的发展,词汇的丰富和分化,不但依赖于社会经济的发展,而且受人类认识和思维发展水平的限制。人类的思维能力提高了,认识发展了,就需要新的表述手段,或者是改造、利用原有的表述工具。哲学范畴的发展就是这样受语言发展的影响的。

四　从哲学发展看存在范畴

巴门尼德的存在范畴的形成,除了从语言学方面探究其原因外,更重要的还是要从哲学自身的发展来说明它的意义和历史地位。语言只是为思维提供了条件和手段,它将人的思维活动的结果、认识活动的成果用词和语句记载和

---

① 欧文在《柏拉图和巴门尼德论无时间性的现在式》一文中认为,正是巴门尼德发现了现在式的这一特殊功用,并为柏拉图所继承。参见穆雷拉托斯(Mourelatos)编:《苏格拉底以前的学派:批判论文集》,第 271—291 页。

巩固下来。重要的还是思维内容,我们必须从哲学自身的演化,揭示从泰勒斯到巴门尼德的逻辑发展过程。

从泰勒斯开始的早期希腊自然哲学首先将万物的运动变化、生成毁灭看成是不言而喻的、自然的、自明的道理。他们就是要为变化的万物找一个最后的根源——本原,它是万物所从以出,最后又复归于它的东西。所以,本原是希腊哲学最早形成的第一个范畴,它包含着以后的"元素"、"质料"、"原理"、"原因"、"本体"、"本质"等范畴的萌芽。早期的哲学家认为本原只能是一个,万物皆归于一,这就是万物的统一性;实际上已经提出了"一"和"多"这对范畴。万物既然是生成变化的,先有本原,由它派生的万物在后,这样就产生了"先于"、"后于"以及"时间"等范畴。所以在哲学中首先形成的一个观念是"变"的观念,首先要研究的一个问题就是宇宙万物的生成与毁灭的原理。早期的希腊哲学是以宇宙生成论为主的自然哲学。

但是,蕴涵在"本原"中的这些内容的展开却是一个复杂的历史过程。米利都的哲学家们分不清具体和抽象、一般和个别的关系,像本书第一编所说,他们将个别当做一般,将某一种特殊形态的物质(水、气)的属性当作万物的共性。这样就带来一个无法解决的矛盾:这一种个别事物及其性质怎么能成为另一种个别事物及其性质的原因? 而且,当人们将水这一种物质当作一般时,其他的物质——气、土、火便是个别;如果以气作为一般时,水、土、火又成为个别了。用任何一种个别的物质元素都无法解释另外各种物质元素的成因,更无法说明各种事物之间的联系和差异。阿那克西曼德觉察到这个矛盾,所以他提出一个不是任一种特殊物质的阿派朗来,但这种只具有否定意义的物质元素虽然可能避开矛盾,仍不能解决问题。这样就促使人们去思考在水、气、火等物质元素以及形形色色的万物之中的具有共同性的东西。在当时的历史条件下,希腊哲学家首先认识到万物的共性在于它们的数量关系。这是因为当时的商品交换已经相当发展,而在各门科学中,数学又开始居于领先地位。人们开始认识到数量关系不仅是万物共同具有的特性,而且具有重要的意义和地位。人们将它们抽象出来进行研究,越研究越发现其中的奥妙,以至人们像节日盛典一样庆祝自己的新成就。这是哲学认识中出现的新思潮,这种思潮的标志就是毕泰戈拉学派的数的哲学。

　　毕泰戈拉学派的数论打开了一个新的认识领域,因此提出了一系列反映数量和比例关系的新范畴。流传的毕泰戈拉学派的十对对立的范畴,既是哲学范畴,同时也具有数学甚至宗教的性质。数本身是事物的规定性,是事物的限制,所以数是有限,然而就数的整个系列说,又是无限的。有限和无限是数学的范畴,又是哲学的范畴,毕泰戈拉学派又将这对范畴和宗教、伦理上的善和恶、完满和不完满联系在一起。正义本是个伦理范畴,却又被赋予数的比例的含义;"十"是个数,却又被神化了,如此等等。

　　数的特点是它的可分性,数必然是多;但是数又有比例关系,合乎比例就成为和谐的整体,它又是"一"。所以,可分性、多,以及和谐、整体——这些观念,特别引人注意。特别重要的是,在数的理论中,人们从变动不居的万物中发现了某种稳定的、不变的东西。个别的直角三角形有各种大小和形状,但是作为直角三角形的三边之间的关系,$c^2 = a^2 + b^2$ 这条勾股定理却是永远不变的。此外,数学还特别注重推理、论证和要求逻辑上的无矛盾性。所有这些,大大促进了人们抽象思维能力的发展,也促使人们认识到,除了感觉器官以外,人身上还存在着一种其他动物所没有的思考能力。(关于这方面的问题,我们在下一节中再来论述。)显然,爱利亚学派的巴门尼德和芝诺之所以具有这样发达的抽象思维能力,除了佛凯亚人在长期经济、政治生活中形成的素质以外,重要的原因就是得力于毕泰戈拉学派的思想影响。

　　数的哲学的中心范畴是一和多。人们发现,一的积累就是多:点的连续就是线,线的推移就是面,面的扩展就是体。同时,多又可以归结为一,一是数的单位。在一和多中,一是多的基础。所以,"一"具有重要的地位。在毕泰戈拉学派的学说中,数是万物的本原,而"一"又是数的本原。将数归结为一,一的地位就大大提高了,以致在古希腊,"二"才是计数的起点。这个"一",一旦吸取了米利都学派以来的"本原"概念中的统一性、同一性思想,它也就哲学化,远不止是数学概念中的"一"了。这个"一"的概念启发了塞诺芬尼和巴门尼德,也为后来的芝诺所重视。塞诺芬尼找到了一个大一统的、无生无灭的、不动的神,以为神就具有"一"的本性。这样,他就从宗教神学的角度,吸取了哲学上的成就,用宗教神学的形式,将一和多、动和不动、有生灭和永恒分离开了。好像在现象世界以外,还有一个单一的、不动的、不生不灭的东西,他名之曰神。至此,在多、动、生灭以外还有一个不动的、无生灭的"一"的观念大体形成了。塞诺芬尼为巴门尼德作了思想准备。剩下的问题是:这个"一"究竟是神呢,还是别的什么东西? 巴门尼德不同意塞诺芬尼的神的观念。第欧根尼·拉尔修所说的,巴门尼德虽然是塞诺芬尼的学生,但是并不追随他,大约主要是指这一点。

如果这个"一"不是神,它又是什么呢? 在人类认识过程中,否定性的认识比较容易,而要提出正面的取代它的理论,就要困难得多。阿那克西曼德只能提出一个否定的"阿派朗",在他那时候,要提出一个正面的普遍性的物质概念是不可能的。有人可能以为,从塞诺芬尼到巴门尼德的转变容易得很,只要将"神"换个"存在"就可以了。其实并不那么容易,这个转变意味着用哲学范畴取代神的观念。塞诺芬尼说神是无生灭的,不动的,单一的。比较说来还容易被一般人所接受,因为它还有以往的神的观念作为认识的思想基础,尽管塞诺芬尼所说的神同传统的神已经根本不同了。要转变成为一个无生灭的、不动的、单一的概念或范畴,这就必须具有一定的抽象思想能力。所以要跨出从"神"到"存在"的这一步是不简单的。在实现这一转变中,两个方面的因素起了不可忽视的作用。其一是上面谈到的希腊语言的发展。到巴门尼德时代,希腊语已初具规模,有一个语法的体系和各种规则,estin,eon,einai 的语言形式已经形成,eimi 已广泛运用,而且从语词的感性的具体意义慢慢发展出抽象的含义。就像中国古代的"道"字一样,如果人的认识能力只限于具体的眼睛看得见的"道路"或耳朵听得见的"说话"上,就不可能形成哲学上的"道"的范畴,必须语词本身已经获得抽象的意义才有可能。而语词要获得抽象意义又是和人的抽象思维能力的提高密切联系的。巴门尼德的时代已经达到了这一步,他才能用一个最普遍、最常用、最抽象的语词"存在"去取代神。其二就是赫拉克利特对他起了直接的催化作用。我们不能用僵硬的对立模式去考虑他们两人的关系。实际情况是:巴门尼德是反对赫拉克利特的万物皆变、既是又不是、既存在又不存在的;但也正是赫拉克利特启发了他,想到"逻各斯",想到理性的作用,想到变化着的感性的事物是靠不住的,应从理性思想中去寻找出路。可能正是赫拉克利特直接促使他去注意"存在"和"非存在"("是"和"不是")这两个词的特殊意义,启发他在思索什么是存在和非存在?如何用思想去把握存在?感觉和存在的关系如何?什么才是真正的知识、哲学的智慧、可靠的真理等等问题的。当然,巴门尼德在解答这些问题时,将赫拉克利特思想中的辩证法因素抛弃了,代之以形而上学。由此可见,正是在毕泰戈拉学派、塞诺芬尼和赫拉克利特的思想影响下,以存在范畴为核心的巴门尼德的哲学诞生了。

综述这个过程,可以看到:由泰勒斯到巴门尼德,从认识的逻辑过程看,是沿着从具体到抽象这条道路前进的。在这个历史阶段,人类的抽象思维能力比较低下,只能用知性的抽象方法,将思考对象的不同点去掉,抽取其共性作为本原。毕泰戈拉学派撇开个体事物的质的差异,只抽取它们共同具有的数量关系。巴门尼德再舍弃掉量的共性,以及同数有关的多、可分性、流动性等,得出一个最抽象的——既无质的差异,又无量的区分的"存在"范畴。它的唯一内容就是以上列举的那几个标志:存在是无生灭的、不动的、不可分的、连续的,只能被思想所理解、所把握的整体——"一"。至此,希腊哲学的发展完成一个不小的阶段:从承认生灭和变化出发,走到否定生灭和运动;从寻找本原入手,走到否定本原的存在。这是一个辩证的否定,它宣告希腊哲学的起始阶段终结了。

第三节 思想和感觉

巴门尼德在本体论上提出了僵硬对立的存在和非存在,与此相应,他提出两种互不相容的认识:思想和感觉。他颂扬存在,同时就推崇思想;在西方哲学史上,他第一次提出这个著名的哲学命题:思想和存在是同一的。因此,我们要进一步理解巴门尼德所说的存在,必须探讨他所说的"思想"范畴,以及思想和感觉的对立。

然而,要弄清巴门尼德所说的"思想"范畴,却存在一些困难。首先,我们现在认识到所谓"思想"实际上是有思维器官、思维活动、思维能力、思维内容等等的区别的;但在巴门尼德,以致整个希腊哲学,特别是早期哲学,对这些概念没有区别开来,使用得相当混乱。同一个词,有时指思想内容,有时指思想器官,有时指的又是思维活动或能力。这样,我们就难以把握他所说的"思想"以及"思想和存在是同一的"是什么意思。第二,巴门尼德在讲到思想、理智或心灵时,用过几个不同的词:以 νo(nou)为词根的 $\nu o\eta\mu\acute{\alpha}$(noema)和 $\nu o\upsilon\varsigma$(nous,努斯);以 $\phi\rho\acute{\eta}\nu$(phren)为词根的动词 $\phi\rho o\nu\acute{\epsilon}\omega$(phroneo)的不定式 $\phi\rho o\nu\hat{\epsilon}\iota\nu$(phronein);此外还有三处用过 logos(逻各斯)。这几个词在早期希腊哲学中用法不一样,因而产生一个难题:巴门尼德使用这些不同的词时,究竟是什么意思,它们有什么区别? 第三,关于存在和思维的问题涉及哲学基本问题,近现代西方学者对"思想"的理解同马克思主义不同,他们彼此的观点又有差异,所以在翻译、注释和理解巴门尼德的原著上相去很远,比如巴恩斯是用分析哲学的方法研究巴门尼德的残篇,而海德格尔则是用存在主义和解释学的方法读解残篇,彼此大不一样。如何通过他们的解释去理解巴门尼德原著的本义,是个困难的问题。最后还有一个将古希腊文以及现代英、德、法文翻译为中文的问题,由于语言上有很大差异,过去翻译上也有些问题,更增加中国读者在理解上的困难。因此,我们在探讨巴门尼德残篇的思想以前,需要先将以往人们对这几个概念的理解和用法作一点简单的解释。

早期希腊哲学中并没有认识的主体、认识的本质,以及哲学意义的"精神"("思维")范畴。在神话时代,人们认为,认识活动是灵魂的活动,所以人死后的鬼魂还有认识。在巴门尼德那里还有这种原始思想的残迹,他认为死尸还有对冷和寂静的感觉。认识的动力在于求知的欲望,《形而上学》一开始,亚里士多德就说,"人的本性在于求知",他认为认识起于惊异。人们为了弄清楚"为什么",所以去看,去想。而看和想的又是什么呢? 在荷马史诗中我们可以看到:人们以为看东西靠眼睛,听东西靠耳朵,而想(思考)问题也有这么一个器官,就叫 phren,实际上就是心或横膈膜(midriff),以为那里面有这么一个思想的器官,思想的活动就是这一部分灵魂的活动。它相当于中国古代所说的"心之官则思"。《希英大辞典》中列举了荷马史诗中使用这个词的多种意思,可以看出,它既指思维器官、机能,又指思维活动、思维内容,以及同心有关的感情、欲求等等。说明在古代认识水平低下,语言简单的情况下,一个词经常包括好几种意思。①

　　哲学产生以后,米利都学派用物质性的本原去解释灵魂,但没有涉及认识问题,至少是没有这方面的残篇记载。从认识论和生理学角度去探讨灵魂问题起自毕泰戈拉学派,特别是阿尔克迈翁。毕泰戈拉学派开始将心灵(nous,即理性灵魂)提到重要的地位,认为思想(phren)同心灵关系密切。可能从此,心灵和思想的位置就突出了。但毕泰戈拉本人没有留下著作残篇,我们现在所能看到的,最早是塞诺芬尼留下的几则残篇,说明心灵和思想的地位。我们在前一章中说过,塞诺芬尼提出思想高于感觉,对神的认识要靠人自己的思想。他的残篇第二十五说,神同人不一样,神"依靠心灵的思想"左右万物。引号内的短语用的就是 $\nu o\bar{o}\upsilon\ \phi\rho\varepsilon\nu\iota$(noou phreni),noou 即 nous(心灵,努斯)单数的第二格,phreni 即 phren(思想)的单数第三格,起拉丁语的第五格的作用,表示神的作用方式。赫拉克利特虽然讥笑塞诺芬尼缺乏智慧,但在重理性、轻感觉这一点上,他们两人是共同的。赫拉克利特抱怨人们不领会他的话(残篇第一、第二);听见了也不理解(残篇第三十四),甚至格格不入(残篇第七十二);指责人们对自己所遇到的事不假思索,却又自以为是(残篇第十七)。从现有的残篇看,赫拉克利特区分了思想和感觉,但并没有将二者对立起来,也没有认真探讨二者间的关系。讲到"思想"时,他用的还是 phren 词根的动词、分词、名词。有思想、思想器官、能力、活动等多种含义,还将有伦理意义的"深思熟虑"、"持重"、"慎重"等混在一起,因为以 phren 为词根的名词、动词兼有这些意思。由于原文中就有这种情况,现代西文译文和中译文中也就比较混乱。有些中文译为"思想"的地方,同原文有出入,有的并不是这个意思。例如残篇第四十一,原文用的是 $\gamma\nu\dot{\omega}\mu\eta$(gnome)的第四格,弗里曼译为"目

_____

① 《希英大辞典》关于灵魂及 phren 的条目,第 810、1955—1956、2026—2027 页;参见彼得(F.E.Peters):《希腊哲学术语:历史辞典》,第 121、131、132 页;奥奈恩斯(R.B.Onians):《欧洲思想的起源:关于肉体、心灵、灵魂、世界、时间和命运》第 1、2 章。

标"（purpose），格思里虽然译为 thought，但加了注，说明这不是认识论意义上的思想；①基尔克、拉文译为"确切的判断"（true judgement）。② 残篇第一百十二，中文译为"思想是最大的优点"，残篇第一百十六译为"人人都禀赋着……思想的能力"。这里"思想"的原文是以 phren 为词根的 $\sigma\omega\phi\rho o\nu\acute{\varepsilon}\iota\nu$（sophronein），有谨慎、智虑明达、沉着镇定（moderation）的意思，紧跟着的就是 arete（美德），赫拉克利特在这里有从伦理角度讲的意思，表示"智虑明达是最大的美德"，"人人都有智虑明达的才能"。弗里曼就是这样译的；我们在论述赫拉克利特的哲学时，根据卡恩的翻译 well thinking，译为"健全的思想"。残篇第一百十三中"思想是人人共有的"，这里的"思想"是 phronein，但指的是思维能力，弗里曼译为 thinking faculty。可见在赫拉克利特那里，以 phren 为词根的"思想"这个词，还是有各种不同的含义。

从范畴发展史看，最早明确提出一个和感觉相对立的"思想"（理性思维）范畴的是巴门尼德。在他的残篇中，主要用 $\nu o\acute{\varepsilon}\omega$（noeo）的不定式 noein 及其名词 noema 来表述。这是在他以前所没有的，过去是用传统的同心、横膈膜联系的 phronein 来表述的。前面说过，格思里对 noein 这个词的字源和本义作了考察，认为在荷马史诗中，它是"认出"的意思，以此说明为什么"非存在"不能被思想。这有一定的道理，但是还应该看到，巴门尼德已经发展了它的词义。研究范畴时，我们除了必须注意它的词源及本义外，还必须注意词义的演变。恩格斯痛斥德国的庸人们将 Idealism（唯心论）和 Materialism（唯物论）依照词的原义解释成"理想主义"和"物质主义"，还批评费尔巴哈也求助于语源学，把宗教解释为"爱的联系"。他说："宗教一词是从 religare 一词来的，本来是联系的意思。因此，两个人之间的任何联系都是宗教。这种语源学上的把戏是唯心主义哲学的最后一着。加在这个词上的意义，并不是通过它的实际使用的历史发展得到的，而是按照语源所应该具有的。"③所以，我们既要考察范畴的本源，也要研究它们在历史发展中所得到的新的意义。灵魂、本原、逻各

---

① 参见格思里：《希腊哲学史》第 1 卷，第 429 页。

② 参见基尔克、拉文：《苏格拉底以前的哲学家》，第 204 页。

③ 《马克思恩格斯选集》第 4 卷，人民出版社 1995 年版，第 230 页，参看第 227—228 页。

斯、无限等许多范畴都是如此,思想这个范畴也是这样。

Noein 本来确是像格思里所指出的是"认出"、"领悟"的意思,但巴门尼德吸取了塞诺芬尼和赫拉克利特等人的思想,赋予它新的含义。同他的"存在"和"非存在"相对应,noein 就作为和"感觉"相对立的"思想";他又将存在和思想、非存在和感觉统一起来。这样就将"思想"的含义确定下来了。

为了分析巴门尼德使用的 noein、noema("思想")的意思,我们先将他的残篇中使用过的几个有关的词弄清楚。

在现有的十九条残篇中,除了 noein、noema 外,巴门尼德还使用了在塞诺芬尼和赫拉克利特的残篇中使用过的 phroneo、nous、logos、gnome 这些词。我们研究一下它们的意思:

首先是同心、横膈膜相联系的,传统使用的 phroneo,这个词一直到后来都有"思想"、"理智"、"理解能力"的意思。① 但这个词仅仅在巴门尼德的残篇第十六中出现过一次:

　　……人类的心灵(nous)也是这样,因为进行思想的东西(phronein)是每个人,也是所有人都一样的器官的性质(physis,即 nature)。

基尔克、拉文将后一句译为:"That Which thinks is the same thing, namely the substance of their limbs in each and all man."②这同赫拉克利特的残篇第一百一十三中所说的"思想的能力是人人共有的"用的词一样,基本思想也是一样,这个 phronein 是指思想的能力,同残篇第二至第八中讲的"思想"不是一个词,也不是一个意思。

残篇中用 nous(努斯)这个字有三处,都是"心灵"或"理智"的意思。

上引残篇第十六前一句的"努斯",译为"心灵"从字面上说是对的,但从它的上下文以及塞奥弗拉斯特的引证和转述(详见下文)中可以看出,他说的原意是:心灵也同人的躯体一样,是由火和土两种成分混合而成的。所以这里讲的努斯是指用来思想的这一部分灵魂,是思想器官,而不是巴门尼德心目中

---

① 参见《希英大辞典》,第 1955—1956 页。

② 基尔克、拉文:《苏格拉底以前的哲学家》,第 282 页。

的"思想"。

残篇第四的第一句"要用你的心灵(努斯)牢牢注视那遥远的东西,好像就在眼前。"用的是努斯这个词的第三格 noou,等于 to your mind,意思是"出现在你的心灵面前",故译文如上。这个努斯显然也不是巴门尼德的"思想"。

残篇第六中区别两条途径,在批评第三条途径时巴门尼德说:"凡人们两头徬徨,摇摆不定,使理智(努斯)误入歧途",从而认为"存在"和"非存在"是相同而又不同的。这里将努斯和心、胸一起使用,还是传统的看法,认为努斯(理智)存在于心、胸之中,有思维器官和思维机能的意思,也不是巴门尼德所说的"思想"。

残篇第七说到不能依靠感觉器官,"而要用你的理智去解决我告诉你的这些纷争"。这里的"理智",原文是逻各斯的第三格(logou),有"理智"的意思,但还不仅是这意思,在本章第五节中再来讨论。

此外,还有在残篇第八的结尾,女神将她对意见世界的见解告诉了巴门尼德,最后说:"这样,任何一种凡人的看法就都不能胜过你了。"其中的"看法",原文是 gnome,《希英大辞典》解释这个词有几种意义:一、知识的手段或标志;二、心灵、判断、决断;三、看法、意见、见解;四、意愿、品性、目标等。① 伯奈特、基尔克和拉文译为 thought(思想);康福德及格思里译为 judgement(判断)②这些译文都不一定符合原义,因为巴门尼德将以往的自然哲学都贬为"意见",而不是知识,这里女神说的就是这种凡人的看法或意见。《古希腊罗马哲学》译为中文的"看法"比较妥当。《希英大辞典》将 gnome 解释为看法、意见时,所举的例句正是巴门尼德的这一行希腊文(残篇第八的第六十一行)。③

排除了以上几个同义词或相近的词,其余全是使用 noein、noema 了。粗略统计一下:

用不定式 noein 的有:残篇第三,残篇第六的第一行,残篇第八的第八、三

---

① 参见《希英大辞典》,第 354 页。

② 参见伯奈特:《早期希腊哲学》,第 176 页;基尔克、拉文:《苏格拉底以前的哲学家》,第 279 页;康福德:《柏拉图和巴门尼德》,第 46 页;格思里:《希腊哲学史》第 2 卷,第 50 页。

③ 参见《希英大辞典》,第 354 页。

十四、三十六行,共五处;另一处用主动语态的不定式 noesai(残篇第二的第二行)。

用名词 noema 的有四处;残篇第七的第二行,残篇第八的第三十四、五十行,残篇第十六的第四行。

用同一词根的形容词 noeton 一处,即残篇第八的第八行。

以上共十一处。其中有一处是常识用语,即残篇第二的第二行:"来吧,我告诉你,……有哪些途径可以考虑。"这里的"考虑"是被动语态的不定式 noesai,尽管也有译成 thought,但意思是"被考虑"、"被思考"。

剩下的十处都反映巴门尼德使用"思想"这一范畴的特殊含义。现在我们就根据这十则资料来研究巴门尼德关于思想和感觉、思想器官和感觉器官、思想内容和感觉内容的见解。

巴门尼德认为,思想是同心灵(努斯)这个器官及其机能相连的,感觉是同感觉器官相连的;思想器官和感觉器官都是由水和土(或光明和黑暗、热和冷)两种成分混合而成的,不过二者的比例不同,混合方式不同而已。他认为,感觉是由同类成分引起的,而思想只能由火或光明的成分所引起。关于这方面的问题,塞奥弗拉斯特在《论感觉》第一、三节有详细记载。在第一节中,他说,关于感觉有同类相知和异类相知两种,巴门尼德主张同类相知。接着在第三节中说:

> 巴门尼德没有给同类相知以明确的定义,他只是说,有两种成分。认识的工具(γνώσις,gnosis)依赖于某种成分占据优势。它依照热的或冷的那种成分占优势而变化;热的成分占优势时,认识工具就更好、更纯,尽管冷热之间需要某种平衡,因为他说:

> "人们的各式各样的器官是依〔这两种成分的〕混合情况而定的。人类的心灵(努斯)也是这样,因为进行思想的(phronein,that which thinks)是每个人,也是所有的人都一样的,就是说是器官的性质(physis)①,而思想(noema)则是完善的东西。"(DK28B16)

---

① 前引这句话的英译,基尔克和拉文将 physis 译成 substance。

他认为感觉器官同思想器官(tou phronein)一样；记忆和忘记也是由这两种成分的不同混合引起的。但是巴门尼德从来没有说清楚思想器官是否是均匀的混合，如果是这样，又是如何混合的。关于感觉他倒是说得相当清楚的，那是由于相反的混合。他说尸体不能感觉到光、热和声音，那是由于它失去了火的成分；但是它〔尸体〕能感觉到相反的东西，例如冷、寂静等。他还说，一般地讲，任何东西都有某种感知(gnosin)。①(DK28A46)

塞奥弗拉斯特在这则记载中引用了巴门尼德的一段话，它后来被第尔斯辑为残篇第十六。在这则残篇中用了三个不同的希腊词表述"思想"：一个是"nous"，即努斯，通常译为"心灵"，在此似是泛称"思想"，有思想主体的意思；第二个是 phronein，在此似指思想的器官、思想的能力；第三个是 noema，才是巴门尼德所讲的"思想"。（即英语中的 thought、thinking；德语中的 Denken、Gedanke。）联系塞奥弗拉斯特所讲的前后文，可以看出：赫拉克利特是用火的纯净度解释人的聪明和愚蠢、人的高尚和低劣、感觉的好和坏的。巴门尼德也受了他的影响，但他用火和土（即光明和黑暗、热和冷）两种成分的不同混合解释人的感官的差异，认为感官都是由这两种成分混合而成的。尸体由于失去了火的成分，所以对光、热毫无感觉；但它还存在土的成分，所以还有冷、寂静的感觉。根据这一思想，塞奥弗拉斯特将他和恩培多克勒同列为同类相知说。很有可能是，在这点上巴门尼德启发或影响了恩培多克勒。

塞奥弗拉斯特说，关于思想器官(phronein)是不是均匀的混合，是如何混合的等问题，巴门尼德并没有说清楚。这是可以理解的，在当时条件下，他无法作出解释。但是巴门尼德的基本思想，即他解决这个问题的方向和思路，我们还是依稀可寻的。在他看来，用来思想的工具和手段即思想器官 phronein，以及这种器官的功能和能力（他用 physis 即 nature 这个词）都是人人共同的，也就是都由火和土这两种成分混合而成的。所以塞奥弗拉斯特说巴门尼德认

---

① 参见基尔克、拉文：《苏格拉底以前的哲学家》，第 282—283 页；格思里：《希腊哲学史》第 2 卷，第 67 页。

为思想器官同感觉器官是一样的,即它们都是由这两种成分混合而成的,它们的区别只在于两种成分的比例和混合方式的不同。凡是火占优势的便更优越。这样,巴门尼德虽然没有说清楚思想器官是如何混合的,但从残篇第十六的最后一句话可以看出他的思想。

残篇第十六的最后一句,我们译为"思想则是完善的东西",希腊原文是 $τὸ\ γὰρ\ πλέον\ ἐστί νόημα$(tou gar pleon esti noema)。基尔克和拉文译为"for that of which these is more is thought"①("那更多的是思想");《古希腊罗马哲学》也译为"思想是更多一点的东西"。格思里译为"What preponderates is thought"②("那更优越的就是思想");弗里曼译得一样:"for it is excess which make thought"。究竟思想在哪些方面更多或更优越呢?英译文和中译文都看不出来。第尔斯在辑录这则残篇时的德文翻译中却加了一个解释:"namlich das Mehr(vom Licht oder Nachtelement)ist der Gedanke"③(思想就是〔那光明或黑暗成分〕更多更好的东西)。这样,这里的思想 noema 同塞奥弗拉斯特转述中的认识的工具 gnosis 是一样的,都是由光明和黑暗两种对立的成分组成的。不过其中如果黑暗的成分多,便是感觉;如果光明的、热的成分越多越好,便是思想 noema。这样,残篇第十六结尾的 noema"思想"同前几行的 nous、phronein 就是同一种含义的东西,都是由火和土两种成分组成的。基尔克和拉文可能出于这样的理解,将残篇第十六中的 gnosis、nous、phronein、noema 全部译为 thought、think。④

那么,巴门尼德在残篇第十六所讲的"思想",和他在"真理之路"(残篇第二至第八)中所讲的"思想"是不是一致的呢? 有些学者认为残篇第十六属于"意见之路",说不定还不是巴门尼德本人的观点,而是设定的一种看法(详见本章第四节)。我们以为,应该将巴门尼德留下的可靠的残篇当作一个整体,代表他整个思想;残篇第十六也是他的理论,但属于"意见之路",是要说明现

① 基尔克、拉文:《苏格拉底以前的哲学家》,第282页。
② 格思里:《希腊哲学史》第2卷,第67页。
③ 第尔斯、克兰茨:《苏格拉底以前残篇》第1卷,第244页。
④ 参见基尔克、拉文:《苏格拉底以前的哲学家》,第282—283页。

实世界,相当于以往自然哲学所讲的领域。巴门尼德认为思想和感觉都是人的认识,他要解释它们究竟是什么? 在巴门尼德看来,思想和感觉都是人的认识活动,分属于不同的认识器官,不过思想器官 phronein 是一种高级的认识器官或能力,它就是 nous 即心灵,相当于后来亚里士多德所说的"理性灵魂"。按照塞奥弗拉斯特在这里的转述,感觉也是由光明和黑暗、火和土、热和冷两种成分组成的;但这样的感觉可以达到完全失去火和热的成分,只剩下土和冷的成分,那就是死尸的感觉。相反,当火占优势,它更多时,认识也就更好。当土和冷的成分全部排除,只剩下火、热和光明的成分时,就是最多最好的"思想"了。所以,残篇第十六的最后一句话应该是:"思想是最完善的东西"或"最完善的就是思想"。我们这样理解的根据有二:

第一,巴门尼德在"序诗"中将感性世界比作"黑暗的居所",而将存在——思想——真理的三者一致的世界比作和黑暗的居所截然相反的光明世界。因此,将巴门尼德的"思想"理解为完全由纯火、光明构成的东西,是可以的。而且,用纯火说明灵魂的崇高、人类的智慧,赫拉克利特已经开始这样做了,巴门尼德有这样的思想是毫不奇怪的。

第二,亚里士多德也是这样记载的。在《形而上学》中,他说为了解释感性世界,巴门尼德肯定了:

> 两个原因,两个原理,他叫做热和冷,也就是火和土。而且他将热和存在、冷和非存在排列在一起。①

亚里士多德在《生成和毁灭》中也说:

> 巴门尼德讲有两种东西,存在和非存在,也就是火和土。②

究竟巴门尼德是将存在和非存在等同于火和土,还是比作火和土,还是说它们类似于火和土? 学者中尚有争论。但不论哪一种说法,都不否认存在与火、非存在与土的密切关系。所以在思想和感觉的问题上,巴门尼德有可能将思想认为属于光明的领域,感觉属于黑暗的领域。策勒说得比较肯定,他说:"亚

---

① 亚里士多德:《形而上学》,986^{b}34—987^{a}2。

② 亚里士多德:《生成和毁灭》,318^{b}8。

里士多德告诉我们,巴门尼德将光明和存在联结在一起,又将黑暗和非存在联结在一起。这种说法得到了残篇〔"序诗"〕的证实"。①

从以上巴门尼德的残篇以及塞奥弗拉斯特的记载,我们可以看到:在巴门尼德那里,虽然他也使用了不同的词,但对于感觉和感觉器官、思想和思想器官、思想能力、思想活动、思想内容等是没有明确区分的。(我们以上只是按照上下文的意思和传统用法,试图作出这些区分。)因此,他自己的表述和后人的记载和评述难免出现歧义。但是他的思想从总体上说还是可以说清楚的。他认为感觉器官是两种成分的混合,感觉是由同类成分引起的,所以他可以说是同类相知说的创始人。他所说的心灵(nous)、思想能力(phronein)和思想(noein)都属于理性认识范畴,和感觉相对立。他将心灵、思想能力看作也是热和冷、火和土、光明和黑暗两种成分的混合,只是混合的比例和方式同感觉、感觉器官有所不同而已。这种思想同米利都学派、赫拉克利特以及毕泰戈拉学派中某些人的主张是一脉相承的,用物质元素及其属性解释思想器官和思想功能。这是属于唯物论的自然哲学思想。但在"真理之路"中所说的"思想",并不是指思想的器官,这是没有疑问的。残篇第二至第八中探讨的问题,是关于思想的本质、作用和内容是什么? 这些问题和残篇第十六中的思想显然还是有联系的,思想既然完全是由火、热、光明这一成分构成的,所以它的地位特殊。人只能用这种思想才能把握"存在"范畴。思想器官和思想内容、本质是两个不同的问题,因此在"真理之路"部分,巴门尼德就一直使用noein、noema 这个词。

那么,noein、noema(思想)的本质、作用和内容是什么呢? 这就要对残篇第二至第八中的九则资料进行分析。

巴门尼德除了在残篇第十六用过一次 noema 外,其他九次都在"真理之路"部分。其中用名词、形容词 noema 四次,即残篇第七的第二行,残篇第八的第八、三十四、五十行;用不定词 noein 五次,即残篇第三,残篇第六的第一行,残篇第八的第八、三十四、三十六行。

① 策勒:《苏格拉底以前的学派》第 1 卷,第 594 页。

在这九处,巴门尼德表达了三点重要的思想:

第一,思想和感觉是对立的:思想可靠,它通向真理;感觉不可靠,它只能提供意见。

第二,思想对存在进行理论的论证,而感觉只根据感官接触到的材料进行猜测,提供意见。

第三,思想和存在是同一的,感觉和非存在是一致的;用感觉看存在,存在就是没有的,而非存在是有的;用思想去想非存在,非存在就是虚假的,没有真实信念的;用思想去思考存在,存在便是真实可靠的。

第一个观点主要表现于残篇第七:

> 决不能证明非存在存在,务必使你自己的思想(noema)远离这一条途径。不要为许多经验产生的习惯所左右,由你的茫然的眼睛、轰鸣的耳朵以及舌头带向这条路,而要用你的理智(logos)去解决我告诉你的这些纷争。(DK28B7)

这则残篇的前两行出自柏拉图的《智者篇》。[①] 柏拉图在讲到关于非存在能不能被思想、被表述的时候,引用了巴门尼德的这两行诗。这里的"思想"相当于我们说的理性认识,和柏拉图讲的以理念为对象的认识是一样的。它不是思想器官,也不是思想能力,而是思想活动。思想活动不能以非存在为对象,切勿以为用理性的思想可以证明非存在是存在的。思想的对象应该是,也只能是存在。这则残篇的后几行辑自塞克斯都·恩披里柯的《反逻辑学家》[②]。塞克斯都·恩披里柯讲到有没有真理标准时,谈到了毕泰戈拉学派和塞诺芬尼的思想,接着介绍巴门尼德。他先引用了"序诗"的全文,议论一番以后接着就引用残篇第七的这一段话。关于这段话的位置,伯奈特根据李特(H. Ritter)和柏莱勒(L. Preller)编的《希腊哲学史资料》(1898年),将这段话和"序诗"联在一起。[③]《古希腊罗马哲学》的中译文是参照伯奈特译出的,也将这段话接在"序诗"后面,作为"序诗"的一部分。塞克斯都·恩披里柯在

---

① 参见柏拉图:《智者篇》,237A。

② 参见塞克斯都·恩披里柯:《反逻辑学家》第1卷,第114节。

③ 参见伯奈特:《早期希腊哲学》,第173页。

评述"序诗"以后说:"最后,巴门尼德说得很明白,不要诉诸感觉,而要注重理性,因为他说:'不要为许多经验产生的习惯所左右……这些纷争'〔即上引这段话〕"。在下一段开始,塞克斯都·恩披里柯又说:"因此,此人的意思很清楚,作为认识功能的理性是存在事物的真理的标准,他宣称要放弃对感觉的重视。"①往后就转入介绍恩培多克勒和德谟克利特的观点了。但是,第尔斯和克兰茨却将这段话和柏拉图《智者篇》中那两行诗联在一起,(因为它们说的内容是一致的,)成为现在的残篇第七,西方学者大多接受这种安排。

从塞克斯都·恩披里柯的前后文看,他引巴门尼德这段话的目的是要说明:早在塞诺芬尼和巴门尼德时代就将感觉看成是靠不住的。塞克斯都·恩披里柯说的"认识功能的理性",希腊文是 epistem onikon logon(《洛布丛书》英译为 cognitive reason),也就是起认识作用的理性,指的就是巴门尼德所说的思想。在这则残篇中,塞克斯都的理解是对的。在希腊哲学中,epistome(认识)不能用于感觉,它是针对一般,求得普遍知识的。为什么感觉不可靠?塞克斯都·恩披里柯没有进一步介绍巴门尼德的想法。巴门尼德的思想是清楚的,他认为如果从感觉出发,必然要承认多和变,承认生成和毁灭,这样就要承认非存在是真实的,而存在则是不真实的了。所以巴门尼德告诫人们,不要被眼、耳、舌引入歧途。我们现在分析,根本原因就在于巴门尼德将存在和非存在分裂开,对立起来;因而讲到思想和感觉的时候,也势必将二者对立起来,用一个去否定另一个。

我们可以进一步问:巴门尼德为什么认为思想、理性是可靠的呢?赫拉克利特不是也认为理性可靠,为什么他却得出存在又不存在,是又不是的结论呢?这就涉及巴门尼德关于思想的第二个观点了。他认为思想必须遵循正确的途径才能达到存在的真理;如果思想误入歧途,就像残篇第六所说的,心中动摇不定,无所适从,就会承认存在又不存在。这是两条不同的逻辑论证途径,我们将在本章第五节中加以论述。

---

① 《反逻辑学家》第 1 卷,第 115 节。

巴门尼德关于思想的第三个,也是最重要的一个观点是:思想的唯一对象就是存在,思想的内容就是存在的内容,思想和存在是同一的;反之,感觉的对象是非存在,感觉获得的内容就是生灭和运动以及可分的东西。关于这个问题,在巴门尼德的残篇中有六处提到:

1. 残篇第三:

思想(noein)和存在是同一的。

2. 残篇第二中讲到第二条道路——非存在存在,而存在却不存在时,说:

这条道路是什么也学不到的,因为你既不能认识(gnome)非存在,也不能将它说出来。

3. 残篇第六的第一行:

能够被表述($\lambda\acute{\varepsilon}\gamma\varepsilon\iota\nu$, legein)、被思想(noein)的必定是存在。(也可译为:只有存在能够被表述、被思想。)

这里的"表述"、"思想"都是不定式。上一节中我们讲过,翻译和理解方面的分歧往往出在不定式。按字面,这句话也可译为:"存在是对表述和思想而言"。这样就可以将巴门尼德的"存在"理解为仅仅存在于思想和表述之中,现实中存在的只是多变的、可分的东西了。这里的"思想"当然是理性认识的意思。

4. 残篇第八的第八至九行:

我不允许你说,也不允许你思想(noein)存在来自非存在,因为非存在是既不能被表述,也不能被思想的(noeton)。

这里,前一个思想泛指认识活动,有"设想"的意思,后一个思想指理性认识。

5. 残篇第八的第十七行:

将那条途径当作不可思想的(anoeton,即否定词 a 加 noeton)、不可言传的途径抛弃吧。

这里的思想也有一般的"设想"的意思。

6. 残篇第八的第三十四至三十六行:

思想(noein)只能是关于存在的思想(noema)。因为你找不到一个没有它所表述的存在的思想(tou noein)。(也可译为:对思想而言是存在的东西,正是关于存在的思想。因为你找不到一种思想,没有存在〔这一对象〕却又能加以表述。)

这里,前两个"思想"指认识和认识活动,即理性认识,后一个"思想"指认识的内容。这里的问题,还是在于对不定式的理解。基尔克、拉文将这句话译为:"What can be thought is only the thought that it is. For you will not find thought without what is, in relation to which it is uttered."("凡能被思想的只能是关于存在的思想。因为你找不到没有存在的思想,它却是被表述的。")他们也指出,由于对不定式的理解,前一句话的结构也就是:"the only thing that exists for thinking is the thought that it is."("对思想而言,唯一存在的东西只能是关于存在的思想"。)①《古希腊罗马哲学》将这句话译成:"思想与思想的目标是同一的。因为你决不能遇到一个思想是没有它所表达的存在物的。"由此可见,对原文可以有不同的理解和翻译,用中文来表达更容易产生误解。这是我们理解巴门尼德的抽象哲学感到最不容易解决的问题。

在这六则资料中,重要的是第一、三、四、六则。"思想"这个范畴在这六则残篇中出现了七次。除此以外,残篇第八的第五十行:

现在结束我关于真理的可靠的逻各斯和思想(noema)。

这里的"思想",指的是他关于"真理之路"的全部理论。由以上可以看出,巴门尼德所说的"思想",有时是指思想活动、理性认识,即 epistome;有时则是指思想内容、思想对象,希腊文 noema 有一个词义是 that which is thought(所思想、被思想的东西)。了解了这一点,对我们理解残篇第三是很重要的。

这些资料说明,巴门尼德是将"存在"、"思想"、"表述(说)"放在同一个系列。早期希腊人认为,说出来的东西一定是经过思考的,所以能被表述的东西一定是能被思想的。②巴门尼德增加的只是:能被思想的东西只能是存在。因而他几次反复讲:只有存在能被思想,被表述。思想的内容就是存在,所以说没有一个以非存在为对象的思想。那些生灭和杂多的东西,巴门尼德认为

---

① 基尔克、拉文:《苏格拉底以前的哲学家》,第277页。

② 参看奥奈恩斯:《欧洲思想的起源》,第13—14页。

只是"空洞的名称。"(残篇第八的第三十九—四十一行。)

这些材料的中心就是残篇第三:"思想和存在是同一的"。在巴门尼德的哲学中,这个问题至关重要,又存在许多不同的理解,因此需要多说几句。

残篇第三是根据普罗克洛的记载,原来是紧接在残篇第二以后的。残篇第二的末尾说:"你既不能认识非存在,也不能将它说出来"。接着就是残篇第三:"因为思想和存在是同一的"。这句话的希腊文是:τό γάρ αὐτό νοειν ἐστιν①τε και εἰναι(tou gar auto noein estin te kai einai)。这里的 tou auto 即"同一的"(the same thing),noein 是"思想"的不定式,einai 是"存在"的不定式,te kai 是"和"(both……and),gar 可以作"因为"。第尔斯在辑录这则残篇时译为:Denn dasselbe ist Denken und Sein("因为思想和存在是同一的")。

这个命题在古代并没有引起人们的重视。近代以来,由于黑格尔从他自己的哲学思想出发发挥了思想和存在是同一的思想,巴门尼德的这个命题才引人注目。其实,黑格尔本人对巴门尼德的这个命题也没有多加评述,从《哲学史讲演录》中可以看出。但是,由于黑格尔强调提出思想和存在的同一,又因为黑格尔对这个命题作了客观唯心论的理解,后来的学者就都重视巴门尼德的这句话,并且发表了各种不同的意见。首先是策勒,他认为巴门尼德的这句话并不表示:"思想和存在是同一的";从上下文看,应将 éstin 作"可能"讲,所以他译为:"能思想的和能存在的是同一的",并且解释为:只有能存在才能被思想。② 他的解释表明他是认为存在决定思想,而不是思想决定存在的。伯奈特说,"我相信只能像策勒那么译",他译为:For it is the same thing that can be thought and that can be.③康福德的译法也和他们一样,他说,"我遵循策勒和伯奈特的解释,应读作 estin,即可能的意思。……我并不认为,巴门尼德的意思是'思想就是存在',他并没有说他那唯一的存在能作思想活动;而且

_____

① 第尔斯、克兰茨将"存在 estin"作系动词"是"解,所以标为 estin;策勒、基尔克和拉文作"可能"解,所以标为 éstin。凡译为"思想和存在是同一的"均采用前一种标法;采用后一种标法的则译为"能思想的和能存在的是同一的"。

② 参见策勒:《苏格拉底以前的学派》第 1 卷,第 584 页注 1。

③ 伯奈特:《早期希腊哲学》,第 173 页。

在他那时期甚至长久以后,希腊人对于说某一事物'Ａ存在'和'Ａ思想'是同一的,只会视为是荒唐的。"①基尔克和拉文译为 for the same thing can be thought as can be(因为同一的东西能被思想又能存在),他们认为如果直译,就是:the same thing exists for thinking and for being(对思想和对存在说,实存的是同一个东西)。② 格思里追随策勒和伯奈特的翻译,但他介绍了曼斯费尔特(Mansfeld)的观点,说他认为这并不是如有些人所想象的是说"思想和存在的同一性",而只是说"思想的对象同时也就是存在的主体"。③ 这似乎是说思想决定存在了。但是有些人如弗里曼仍按照第尔斯的解释,译为:For it is the same thing to think and to be("因为思想和存在是同一的")。

　　由此可见,对于巴门尼德的这个命题,已经产生了种种不同的理解、解释和翻译。我国一些学者也提出问题:巴门尼德说的"思想和存在是同一的",究竟是思想决定存在呢,还是存在决定思想? 如果是前者,他就是唯心论;如果是后者,他便是唯物论。这种想法其实都是用近代和现代人的思想去理解、解释巴门尼德的思想。在巴门尼德的命题中,根本没有"思想就是存在"或"存在就是思想"的意思,更没有"存在能思想"或"思想能产生存在"的含义。以上分析这些残篇时,我们曾指出:巴门尼德所说的"思想",既有思想活动即理性认识的意思,又有思想内容、思想对象的含义。而思想的内容也就是存在的内容。这样推论,思想和存在当然是同一的。我们现代人认识到:思想得到的概念就其形式说是主观的,但就其内容说却是客观的。"存在"、"物质"等概念的内容就是客观存在着的物质世界的本质特征。巴门尼德当然不可能懂得这个道理,他只是认为客观上有这么一个无生灭的、不动的、不可分的"存在"。其实这是他遵循自己的逻辑依靠理性思维抽象出来的,他认为这样的"存在"就是真正的"思想"的内容。同时,他还没有区别思想和思想的内容,于是他就认为:外界有这么个"存在",我们心(脑)中也有同一内容的这么个"思想",二者当然是同一的。如果离开了思考出来的这些内容——无生灭

①　康福德:《柏拉图和巴门尼德》,第 34 页注 1。
②　参见基尔克、拉文:《苏格拉底以前的哲学家》,第 269 页。
③　格思里:《希腊哲学史》第 2 卷,第 14 页。

的、不动的、不可分的，对"存在"来说，就什么也没有了；对"思想"来说，就只能是没有内容的空洞的思想活动了。如果我们将前面列举的第一、三、六这三则资料结合起来，就可以看到巴门尼德总的意思是：思想和存在是同一的，因为能够被表述、被思想的必定是，也必须是存在；所谓思想只能是关于存在的思想，你找不到一种思想，没有存在这一对象，却能加以表述。

按照相同的道理，根据资料第二、四、五则，可以说感觉和非存在也是同一的。因为非存在是有生灭的、运动的、可分的、杂多的、非连续的东西（即现实的现象世界）；而感觉也是有生灭的、变换不一的、各式各样的，感觉则是由同类成分引起的。所以，感觉（活动）本身以及它的内容也就是非存在本身以及非存在这个概念所包含的内容。非存在和感觉是同一的。

按照巴门尼德的意思，生灭、运动以及颜色的变化等等，是无法表述、无法思想的，因为你说"某物是什么"，就等于说"某物作为什么而存在"。然而当你这样说、这样想时，这个某物已经变了。在这方面，巴门尼德大约接受了赫拉克利特的"万物皆流"以及塞诺芬尼关于"各人有各人的看法"的思想影响，但他看问题的方法和赫拉克利特不同，认为变动不居的东西只是感觉的对象，是非存在，它们是无法思想、无法表述的。所以，按照巴门尼德的逻辑，必然得出：思想和存在是同一的，它和非存在是不同一的；反之，感觉和非存在是同一的，它和存在却是不同一的。因为用感觉去看存在，势必否认无生灭的、不动的"一"，认为那是不真实的，而认为有生灭的、运动的、杂多的非存在才是真实的。

由此可见，巴门尼德是以变和不变、生灭和无生灭、一和多作为划分同一（相同）和不同一（不相同）的标准的。按照这个标准，他认为存在和思想是同一的，非存在和感觉是同一的，又将这二者割裂开来，属于两个不同的领域。我们是以物质和精神来划分的，所以在我们看来，思想和感觉同属于精神领域，而存在（本质）和非存在（现象）同属于客观世界。巴门尼德这样的划分就将物质和精神的关系搅混了，因为在他那时候，物质和精神的区分还不明确。巴门尼德这种划分的根源就在于他不懂得理性和感性之间的区别和联系。对于巴门尼德的这个命题，我们不能将它简单地归结为唯心论。因为彻底的唯物论和唯心论都承认思想和存在是同一的,问题在于以什么为同一的基础;而巴门尼德划分同一的标准不是我们现在所使用的标准,我们不能以现在的标准去判断他。毫无疑问,巴门尼德的哲学有唯心论的倾向,这个问题留到本章第五节再来讨论。从认识发展史看,巴门尼德是最早提出"思想和存在是同一的"这个命题的,最早提出"存在"、"思想"、"同一"这样的哲学范畴,又是最早提出有不变不动的"存在"和"思想"的哲学家。他的这些思想对以后西方哲学的发展影响很大,无论是唯物论者的德谟克利特还是唯心论者柏拉图,都直接受到他的思想影响。

现在我们将巴门尼德的思想概括起来,得出以下几点:第一,变和不变、生灭和无生灭、一和多是划分是否同一的标准。第二,存在是无生灭的不动的"一",思想是以存在为对象的,思想按照女神指引的"真理之路"去思考存在,得到的就是"存在"这个概念所包含的内容,所以思想和存在是同一的。第三,感觉和存在,思想和非存在是互不相容的:感觉否定存在,思想否定非存在,二者都得出否定性的结论。第四,坚持存在和非存在的对立,同时也就必然坚持思想和感觉的对立。因此,在巴门尼德的存在学说中,思想这个范畴以及思想和感觉的关系具有重要的地位。不懂得这些,就无法把握巴门尼德的存在范畴,同时对下节谈的真理和意见也会难以捉摸。

第四节　真理和意见

在巴门尼德的哲学中,同存在和非存在、思想和感觉并列的,还有一对重要的范畴,即真理和意见。人们很容易用我们现在使用的真理和谬误去理解两千年前古希腊人所说的真理和意见,因此需要先探讨这两个范畴的来历和演变,研究在巴门尼德哲学中这二者的关系以及他所说的意见之路的性质、内容和地位。

一　真理范畴的演变

在巴门尼德以至整个希腊哲学中,一般都用άληθεια(aletheia,truth)这个字表示"真理",用同一词根的 alethes(true)作形容词,表示"真正的"、"真实的",alethos(truly)作副词,表示"真正地",aletheuo(speak truth)作动词,表示"说真话"。另外还有一个意思相近的词 σοφής(sophes),塞诺芬尼用过,但一般不作"真理"范畴用。

但是,aletheia 这个词在古代希腊使用时前后也是有变化的。aletheia 本来同印欧语系中的"是"(es,希腊文 eimi)关系密切,它原来是指:由于自身的力量将遮盖真相的东西去掉,露出真面目,显示出原来的样子。《希英大辞典》对它作的一种解释是 unconcealed,[1]即不隐藏、公开化、去掉遮盖物的意思,中译可是"去蔽"或"泄示"。海德格尔考查了"存在"、"自然"、"本性"、"呈现"、"表露"等词和 aletheia 的关系,他说:"Being(存在)的本质就是 physis(自然、本性),physis 本身是涌现出来的力量;涌现出来了就是 appearance(呈现、表露)。原来隐藏着的本质、本性现在处于不隐匿的地位了,就是 unconceal ment 即 aletheia。"所以,aletheia 这个词本来是同"存在"、"自然"、"表现"等联在一起的,同主体(人)的认识没有关系,并没有认识论中"真理"的意思。海德格尔说:"我们将这个字译成'真理',是完全误解了。"[2]海德格尔这样说,就是只承认这个词的原来语源学的意义,而否定了它后来发展的新含义。如果我们将荷马史诗中的 aletheia 译成"真理",那确是误解,是将后来的意思加到前人身上去了;但这个词后来确是演变成为"真理",它有一个发展过程。

按照《希英大辞典》的解释,在荷马时代,aletheia 作"真话"、"真事"讲,和谎言、弄虚作假相对;aletheia 的反义词不是"错误"(error)而是谎话(lie)。例如《奥德修纪》第 11 卷第五百○七行的:"to tell whole truth about the lad",只

---

①　《希英大辞典》,第 64 页。

②　海德格尔的意见,见海德格尔:《形而上学导论》,第 102 页。

能译为"说出了这个童子的全部真相"，而不是"全部真理"。在荷马以后，aletheia 获得了一个新的含义，即与"表面的"、"表露出来的"东西相对应的"真实的"、"实在的"东西。① 在《神谱》开首，赫西奥德说在他牧羊时，缪斯来临，告诉他诸神的系谱。缪斯说：

　　　　我们懂得怎样讲述许多像是真实的假东西，也知道如何讲述真实的事（aletheia），如果我们愿意的话。②

接着缪斯就告诉他真实的事，即神的真正的谱系。这里用的 aletheia，英译为 true things，和它相对应的不是 error（错误），而是 false things（表面上真，实际上假的东西）。这里的真假已经同主体相关了。是主体（人或神）所讲的真实的东西或者是似真而实假的东西，就是说有一种看起来是真、实际上是假的东西，这就同主体的选择有关。

　　哲学产生以后，哲学家们开始将自己的学说称为关于自然的真正的道理。这样，aletheia 开始同 episteme（认识、知识）联在一起，获得哲学上"真理"的意思，成为哲学上的一个重要范畴。不过，哲学家们使用这个词也有发展变化的过程。米利都学派和毕泰戈拉本人，就现存的资料看，还没有使用"真理"这样的词。塞诺芬尼在残篇第三十四中将他自己的关于神的学说称作"真理"，但他用的是 sophes 这个词。这个词是当时希腊传统上的常用词，有清楚的（clear，distinct）、明白的（plain）、确实的、确定的（sure，certain）意思。在希腊文中，sophes 可以作"真理"讲，但倾向于"真象"、"清楚明白"、"确信无疑"的意思。③ 所以塞诺芬尼所说的"真理"的哲学味道还不浓，还有传统的常识的意义。不过可以肯定在残篇第三十四中，塞诺芬尼已经将它当作哲学范畴使用了，因为它是指塞诺芬尼通过心灵得到的认识（episteme），和凡人的"意见"、"印象"相对立。赫拉克利特比塞诺芬尼前进了一步。他的残篇一百一十二说："智慧就在于说出真理，按自然行事，倾听自然的话。"这里的"真理"，他已经用 aletheia 这个词了，具有比塞诺芬尼更多的哲学含义。赫拉克利特认

---

① 参见《希英大辞典》，第 63—64 页。
② 赫西奥德：《神谱》，第 27—29 节。
③ 参见《希英大辞典》，第 1586—1587 页；《希英简明辞典》，第 631 页。

为博学并不等于智慧,智慧必须认识他所说的逻各斯;按照逻各斯行事,就是按照自然的本性(physis)行动。我们前面已经说过,不能认为赫拉克利特讲逻各斯就是要人们照自然的规律办事,他的认识还没有达到这样的高度。他只是认为:原来就存在的东西,本来自己就在那里变化、生长的东西就是自然,它的本性也就是逻各斯。但他又认为自然的本性喜欢隐藏起来(残篇第一百二十三),所以我们看不见真相。智慧的作用就在于揭去遮盖,把握真相,这就是aletheia真理。这样,赫拉克利特就将自然本性、认识、逻各斯、真理等联系起来。要用智慧通过思想(理性认识)去把握本来就存在的东西的真理,这个思想很快就被巴门尼德所吸取了。

巴门尼德继承和发展了塞诺芬尼和赫拉克利特的思想,他将对"存在"本身的认识(思想)叫做真理。"真理"已经不是"存在"自己有能力显露出来,而是要靠我们的思想去思考它,用语言去表达它,它才能显露出来。就是说,要靠人的认识去揭示真理。可见,巴门尼德已经将真理和认识联在一起了,episteme(知识、认识)从此成为同"真理"紧密关联的哲学范畴。本来,episteme是指"理解"、"专门技艺";到巴门尼德这里,episteme开始成为借助于"思想"而得到的真理性的知识。但也仅仅是开始,后来到柏拉图和亚里士多德那里,episteme才具有"普遍知识"、"科学知识"的含义,由此引申出epistemology即哲学中的知识论、认识论的意义。①

在现存的巴门尼德的残篇中,有七处使用了aletheia及其形容词、副词:

1. 残篇第一的第二十九行:"不可动摇的圆满的真理(aletheia)。"这里用的是名词aletheia,意思说真理是完善的,圆满的,其核心就是"存在"是有的、真实的,而"非存在"是没有的、不真实的。

2. 残篇第一的第三十行:"不包含真实(alethes)信念的凡人的意见"。这里用的是形容词alethes,修饰"信念"。

3. 残篇第二的第四行:"这条途径是可以追求的,因为它通向真理(ale-

① 参见《希英大辞典》,第660页"episteme"条目;《希腊哲学术语》,第16—17页"aletheia"条目及第59—60页"episteme"条目。

theia)"。这里用的是名词 aletheia,指认识"存在是存在的"就是真理。

4. 残篇第八的第十七行,说到另一条道路是不可表述、不可思想(设想)的,巴门尼德说:"因为这不是真理之路"。这里用了 $\dot{\alpha}\lambda\eta\theta\dot{\eta}s\,\acute{o}\delta\acute{o}s$(alethes ho-dos,即"真理之路"road of truth 或 truth's road),巴门尼德自己说到"真理之路"的,唯有这一处。

5. 残篇第八的第二十八行,说到存在是连续的、不可分的,因为生成和毁灭"被真正的(alethes)信念赶跑了"。这里用的是形容词 alethes,修饰"信念"。

6. 残篇第八的第三十九行,说到凡人们以为生灭、运动以及色彩变化等"是真实地(alethe)存在着的"。这里用的是副词 alethe,修饰"存在着"。

7. 残篇第八的第五十行:"现在结束我关于真理(aletheia)的可靠的逻各斯和思想"。这里用的是名词 aletheia,说明以上所说关于存在的思想就是真理。

在这七则中,第二、四、五则用的是形容词,第六则用的是副词,都有常识意义的"真正的"、"真实的"、"真实地"的意思;又有巴门尼德自己的哲学含义,即唯有他所说的关于存在的理论才是真正的、真实地,具有真理性的意思,其他学说都是不可信的、不真实的。第一、三、七则用的是名词,就是"真理",最后一则是全部存在学说的总结。从这几则资料可以看出,巴门尼德认为只有他的存在学说才是可靠的真理,它只能是依靠思想,用推论和证明的方法得到的普遍知识,它同用感觉得到的意见恰成鲜明的对照。这样,aletheia 这个词到巴门尼德这里就成为一个有确定意义的哲学范畴——"真理"了。

二　意见范畴的形成

"意见"范畴比较复杂。在西方哲学史中,古代希腊哲学从巴门尼德开始将"意见"当作和"真理"对立的范畴,以后特别是柏拉图在将认识划分为阶段时,也沿用了这样的分法,但后来逐渐发生变化,到近现代西方哲学大多将"真理"和"错误"对立,很少有将"真理"和"意见"对立的。因此,用我们现代人的思想去理解巴门尼德的"意见",很容易将它和"错误"等同起来,其实这是一种误解。

"意见",希腊文 δόξα(doxa)本来是期待、希望的意思,在荷马那里就是这样用的。由于期待、希望总是偏重于自己所愿望的方面,因而,期待、希望总是从主体出发,而不是从对象的认识出发,于是,doxa 就引申为某种"想法"、"幻想"、"猜想"、"欲求"的意思,再一转就成为"意见"、"见解"、"看法"、"判断"。① 海德格尔也从他的存在主义的观点对这个词作了解释,他说:"我们经常是没有同事情本身〔即"存在"〕接触,便这样认为了。我们用各种途径,依据不同的理由,形成某种观点、某种意见;有时我们所主张的观点并没有事情本身的根据,因此它只是某种观点、某种设想(assumption)。我们设想某物为如此如此,因此我们有的只不过是意见(opinion),……所以,设想为如此如此的东西,就是作为意见讲的 doxa 了。"②

我们将 doxa 译为中文的"意见",其实没有能包括它原来的意思,因为它还有"见解"、"看法"、"观点"的意思。它是指靠自己的观察而作出的判断以及提出的看法。所以塞克斯都·恩披里柯将 doxa 看成是"意见性理性"(doxaston logon,opinionative reason),将真理的认识叫做"认识的理性"(epistemonikon logon,cognitive reason)。对于前者,他解释说:"我的意思是,意见性理性有微弱的思想能力",它只提供"或然性的、非确定的知识";对后者他说人们认为是可靠的认识。③ 当时的希腊哲学家还不能明确区分感性认识和理性认识,不能说明它们的关系;他们以为 episteme 才是认识,它所得到的才是知识,只有它才同 aletheia 一致,才是真实可靠的,才具有普遍性;doxa 只是各个人的看法和观点。所以在古代,人们将哲学家的观点叫做哲学家的意见;辑录、注释这些观点的学者就叫作 doxagrapher 即纂述学家,也就是专门收集、整理、注释各种 doxa 的人。

将 doxa 提升成为一个哲学范畴,解释成为同真理相对立的"意见",很可能是从塞诺芬尼开始的,在他以前没有这方面的资料。比塞诺芬尼略迟的赫

---

① 《希英大辞典》,第 444 页。

② 海德格尔:《形而上学导论》,第 104 页。

③ 参见塞克斯都·恩披里柯:《反逻辑学家》第 1 卷,第 111 节。

拉克利特似乎也没有这样用过,赫拉克利特的残篇第七十:"(他将人们的意见称为)儿戏",原是斯托拜乌的一个转述,这里在"儿戏"前面括号内的话是第尔斯在辑录时增补的,并非赫拉克利特的原话。塞诺芬尼则留下有讲到"意见"的残篇,见上一章所引他的残篇第三十四至三十六。他将自己对神的思想叫作"真理",把别人的不同的看法叫作"意见"或"类似真理的猜测"。

巴门尼德吸取了塞诺芬尼关于"意见"的基本思想,认为意见是因人而异的,不确定、不可靠的。但是塞诺芬尼认为除了神以及他自己所说的关于神的思想外,意见沾染了一切,否认存在着可靠的标准;而巴门尼德却认为有真实的知识,可靠的标准,那就是他所说的"真理之路",这样就堵塞了通往怀疑论的道路。对于这个问题,塞克斯都·恩披里柯曾有所论述。他在谈到真理的标准时说:

> 塞诺芬尼似乎并没有否定理智能力,他只是否认所谓可靠的知识,而只承认意见性的东西,因为他说:"一切只是意见而已"。这就足以证明,按照他的意思,意见性的理性,即把握或然性的、非确定性的知识的理性就是真理的标准。

> 但是,他的朋友巴门尼德却拒绝意见性的理性(我的意思是,意见性理性有微弱的思想能力),认为认识的理性即可靠的理性才是真理的标准,因为他〔巴门尼德〕还抛弃了对感觉的信念。在《论自然》的开首他这样写道:……〔即残篇第一,略〕……巴门尼德的这些诗句的意思是:曳引着他前进的马是非理性的冲动和现实的欲望;他们旅行的那条"女神的著名的道路"是根据哲学的理性进行探索的道路。这一理性就像引路的女神一样,指明通往一切知识的道路。①

塞克斯都·恩披里柯的这段解释中,有些是牵强附会的,如他认为拉车的马是非理性的冲动和欲望,又如他将诗中的少女解释成为感官,以及诗中描绘的开门的声音、车轮的响声等代表感性的东西,等等;但是他指出巴门尼德抛弃感性知识,不相信感觉的可靠性,而要诉诸"认识的理性",这是确定无疑的。从

---

① 塞克斯都·恩披里柯:《反逻辑学家》第1卷,第110—112页。

塞克斯都·恩披里柯的记载和解释中，我们可以看到：巴门尼德开始明确地将"真理"和"意见"作为一对对立的范畴，在认识论领域内将二者分裂开，对立起来了。他将"意见"放在黑暗的居所，将真理放在光明的世界。他认为意见的本性是不可靠的，欺人的。

巴门尼德的残篇第八的第五十二行："且听我的欺人虚构的话吧"作为以下"意见之路"的开始。许多西方学者将这句话理解为巴门尼德有意虚构了一个欺人的自然哲学，伯奈特等甚至认为意见部分不是巴门尼德自己的思想。其实，如果我们理解巴门尼德是将意见和真理对立而言的。那就不难理解，意见虽然不可靠，是欺人的，但它终究还是人们的见解、观点、看法，并且是多数人的看法或见解。许多自然哲学家自认为是真的，但在巴门尼德看来却都是虚假的，不可靠的；然而它并非毫无价值的，不值得考察和研究的。其实，巴门尼德在"序诗"中已经讲得很清楚：女神引导他走的路不是一般人走过的路，"走上这条路你就可以学到一切东西，既有不可动摇的圆满的真理，又有不包含真实信念的凡人的意见"，对这两个方面，都应该学习和考察。巴门尼德是认认真真地发表自己的关于自然哲学的见解的，其认真程度并不亚于其他自然哲学家；只是有一点，别人以为这是真理，他却认为他讲的这些道理和别人讲的一样，都只是一种意见，因而带有意见本身所具有的虚幻性和不可靠性。有意识地去编造一套骗人的、虚假的东西，和认真地研究那些内容本身是不可靠的、虚假的东西，这二者是有区别的。不管巴门尼德所讲的意见部分是不是他本人的观点，只要所讲的内容是关于生灭和变化的、多样性的东西，在巴门尼德看来，就是虚假的、欺人的。将这一点弄清楚了，我们就可以研究他的意见部分的内容。

三　意见之路

现在保存的巴门尼德的诗篇中"意见之路"仅有四十行诗，分别为十一个残篇（残篇第八后半至残篇第十九）。从行文看，数量并不算少，结构也是完整的。残篇第八的第五十至六十一行像是长篇的起首，以后的十个残篇是主要内容，残篇第十九和"序诗"相呼应，似乎是全篇的结束语。巴门尼德原来似乎提出过一个比较完整的自然哲学学说,古代的记载可以说明这一点。辛普里丘在引用残篇第十一以后说:"他〔巴门尼德〕叙述了生成和毁灭的事物直到动物构造的进化"。普卢塔克在引用残篇第十以前加了一个说明:巴门尼德"构造了一个宇宙论体系,说是光明和黑暗的混合产生万物;还发表了许多关于大地、天、日、月的言论,并且谈到了人类的起源。"柏拉图在《会饮篇》(195C)中说到赫西奥德和巴门尼德所说的关于神的古老的故事;西塞罗也将巴门尼德和赫西奥德相比。① 可惜的是,内容过多的佚失使得我们根据现有的残篇已经不可能恢复巴门尼德意见部分的本来面目。从现有的残篇只能看出巴门尼德这部分思想的要点,概括说来,就是一个指导原则和两个基本内容。

先说他的指导原则,这就是他的残篇第八的第五十一—六十一行。这几行辑自辛普里丘的《〈物理学〉注释》,②他说:

巴门尼德从思想的对象(noeton)过渡到感觉的对象,或者像他自己写的,从真理过渡到意见时写道:"现在结束我关于真理的可靠的逻各斯和思想(noema),从这里起研究凡人们的意见,且听我的欺人虚构的话吧。"(残篇第八的第五十至五十二行)。然后他将光明和黑暗,或像他自己所称呼的火和土、凝聚和稀散、同和异的基本对立看成是生成的事物的主要原则;因为紧接上面的引语以后,他说:"人们习惯于提到两种形式,其中之一本来是不应该提及的〔或译'不应予以命名的'〕,正是在这里人们误入歧途了。他们将它们加以区别,认为它们在表现上是对立的,并且赋予彼此不同的标志:一种是以太的火焰,稀薄的、轻的、自身在各个方向相等的,但与别的东西不等;另一个正好相反,是无光的黑暗,浓厚的、沉重的。③ 对世界秩序的这种看法是表面的、肤浅的。我将它统统告诉你,

---

① 以上均转引自格思里:《希腊哲学史》第 2 卷,第 60—61 页及注 3。

② 辛普里丘:《〈物理学〉注释》,第 30 页第 14 行起。

③ 辛普里丘在《〈物理学〉注释》,第 30 页第 14 行起引到这里(残篇 8 的第 59 行)为止,他在同书的第 39 页第 8 行又引了后面两行(残篇第 8 的第 60—61 行)。第尔斯将它们辑在一起,加上前面引的辛普里丘在同书第 145—146 页的引语(残篇第 8 的第 1—49 行)合在一起,构成现在的残篇第 8。参见基尔克、拉文:《苏格拉底以前的哲学家》,第 279 页注。

这样,任何一种凡人的看法就不能胜过你了。"(残篇第八的第五十三至六十一行)。

第欧根尼·拉尔修说,巴门尼德"将他自己的哲学分为两个部分,一部分是关于真理的,另一部分是关于意见的。"①从这里开始就是意见部分,所以这一段是"意见之路"的起首。

理解这一段话的关键在于残篇第八的第五十三行所说"两种形式"的问题。许多学者将这里的"两种形式"理解为巴门尼德的自然哲学中所说的光明和黑暗、火和土这两种对立的因素;这样就无法解释为什么提到其中一种形式就是对的,而另一种却是巴门尼德认为"不应该提及",一提就要走上歧途的。关于这个问题,龙格(A.A.Long)曾在《巴门尼德的宇宙生成论原理》一文中,专就原文中的"形式"一词作了考证。他说:"μόρφη(morphe)同英语中的form(形式)最接近,却含糊不清。在古典希腊文中,它最常用的意思是指外部的形状或显现;但是在公元前五世纪的诗人那里,它也可以指类型(type)、特征(specific nature)或同一(identity)。在埃斯库罗斯的《被缚住的普罗米修斯》的第二百十二行中,morphe代表拥有几个名称的同一个对象。……普罗米修斯说他的母亲是'许多名称的一个形式'。② 这里所谓的'形式'不是指他母亲的外形或外貌,而是指她是既叫塞米司(Themis)又叫该亚的同一个存在。"龙格认为,巴门尼德所说的"两种形式"是指存在和非存在这两种类型。③ 只有存在是真实的,非存在是"不应该提及"的,认为非存在存在就要误入歧途。当然,巴门尼德将存在比作光明,它的反面就是黑暗。正像我们说,灯光灭了就是黑暗,但这个黑暗并不是和灯光相对立的另一个东西,它只是灯光的否定或阙失(privation)。实际上只有一个真实存在的东西——存在,它的阙失就是非存在。非存在并不是可以和存在并行的独立的东西,正像黑暗并不是和灯光并行的独立的东西一样。但是普通人的意见却将这种非存

---

① 第欧根尼·拉尔修:《著名哲学家的生平和学说》第9卷,第22节。

② 罗念生的中译文将这句话译成"一身兼有许多名称"。(《埃斯库罗斯悲剧二种》,第13页。)

③ 参见艾伦、弗莱编:《苏格拉底以前哲学研究》第2卷,第92页。

在——有生灭变化的众多的东西认为是真实存在的东西,并赋予它们以对立的标志:一种是光明、火、稀薄、轻、同,另一种是黑暗、土、浓厚、重、异。以往的自然哲学家正是从这里误入歧途的。我们以为,对巴门尼德这里说的"两种形式",似乎应作如此理解。

那么,完全抛开非存在——现实世界,以及对它作出解释的自然哲学行不行呢?当然也不行。哲学必须解释现象世界,可以对它作出种种不同的解释,但是不能回避它,否则便算不得有智慧的人。所以亚里士多德说:

> 他〔巴门尼德〕不得不根据观察到的事实,在承认存在着逻各斯〔定义〕的"一"的同时,又根据感觉,承认存在着"多";他提出两个原因或原则,称之为热和冷,就是火和土。①

辛普里丘在《〈论天〉注释》中也说:

> 麦里梭说变化根本不存在,而巴门尼德却认为虽然在真理中没有变化,在意见中却是有的。②

因此,辛普里丘认为,巴门尼德在从理性对象转到感性对象时,就提出了以两种对立形式为基础的"意见"。他的意图是:要提出一种最好的看法(意见),然后说明即使是最好的意见,也离不开两种对立的形式,也要以承认存在和非存在为前提,因而最好的意见也不是真理。这样,遵照女神的教导,经过了一番彻底的考察以后,又回到了最初的出发点——唯有存在是真实的。可以说,这就是巴门尼德的"意见之路"的指导思想。

在这种思想指导下,巴门尼德像当时的自然哲学家一样,也提出他的宇宙生成和宇宙演化的学说。残篇第十一说他要描述:

> 大地、太阳、月亮、万物共同的以太、天上的银河、最外层的奥林帕斯(Olympus),以及星辰的热量,是怎样产生的。(DK28B11)

他认为构成万物的是一对最根本的矛盾——光明和黑暗。残篇第九说:

> 但是因为万物都被称为"光明"和"黑暗",根据其中这一个或那一个

---

① 亚里士多德:《形而上学》,986ᵇ31—34。
② 辛普里丘:《〈论天〉注释》,第556页第12行起。

的力量给每一类事物命名;每一事物都同等地充满光明和看不见的黑暗,二者是相等的,因为它们彼此并不相属。(DK28B9)

光明和黑暗如何能构成种种不同的万物?它们二者究竟是什么关系?没有更多的资料可以说明巴门尼德自己的看法。格思里根据亚里士多德所说的,巴门尼德认为有热和冷即火和土的对立;以及其他残篇中提到的轻和重、稀散和浓厚、雄和雌、左和右的对立,等等,提出巴门尼德也可能像毕泰戈拉斯学派一样,有一张对立的表。① 但这些对立都是以前的自然哲学家说过的,看不出巴门尼德自己独创的思想。

从残篇第十可以看出巴门尼德的自然哲学所想说明的问题:

你可以认识以太的本性,以及在它〔以太〕之中的所有星座,当它们升起的时候,太阳的纯粹光照所起的破坏作用;你也可以学到圆面孔的月亮的作用和本性。你还可以认识周围的天空是从哪里生出来的,以及必然性如何强迫它限制于星辰之中的。(DK28B10)

但是巴门尼德对这些问题是如何解释的?又缺乏资料说明了。唯一的有比较具体内容的资料是辑自辛普里丘的残篇第十二。辛普里丘在《〈物理学〉注释》第39页引了巴门尼德的残篇第八的最后两行以后,接着说:

在他〔巴门尼德〕说了两种元素以后不久,他是这样介绍那创造的力量的:"那较窄的〔环或带〕是充满了非混合的〔纯粹的〕火,次于它的则是黑夜,但已有相当部分的火焰注入其中了。在这些的中央的则是驾驭一切的女神。"(残篇第十二的第一至三行)。他又让这位女神担负起创造诸神的责任,他说:"在所有的神中,她〔女神〕首先创造了厄洛斯〔爱神〕"(残篇第十三),等等。②

辛普里丘又从别处引了残篇第八的后半,即第四至六行:

因为正是她〔女神〕操纵了所有关于交配的痛苦的诞生的事情,将雌的送给雄的去匹配,再反过来送雄的和雌的匹配。

---

① 参见格思里:《希腊哲学史》第2卷,第58页。
② 辛普里丘:《〈物理学〉注释》,第39页第12行起。

亚里士多德在《形而上学》中也引用了残篇第十三："在所有的神中,她首先创造了厄洛斯",他将巴门尼德和赫西奥德并列,说他们同认为爱和欲望是万物的本原(原则)。①

将巴门尼德的宇宙论作了唯一完整解释的是艾修斯,他说:

> 巴门尼德说有许多环形的带,一个绕在另一个上面,这一个是由稀散组成的,另一个是由浓厚组成的,而在它们之间的则是由光明和黑暗混合而成的。围绕在它们全体以外的是像墙一样的固体。在它下面的是一条火焰的带,而在它们中间的又是固体,围绕它的又是一个火焰带。在所有这些混合带的最中心的是运动和变化的本原和原因,他叫做驾驭一切的女神和钥匙掌握者、"正义"和"必然"。气由于土的强有力的凝聚而蒸发,和土分离开;而太阳和银河圈是火的呼气;月亮是由土和火混合成的。以太则围绕在所有一切之上,在它下面的是我们称为天的火的部分,在天下面的则是围绕大地的地带〔或物体〕。②（DK28A37）

现在我们所能知道的巴门尼德的宇宙学说主要部分大约仅止于此了。西方学者对此作过不少研究和解释,但因为缺乏可靠的资料,对于许多问题如火和土如何混合成为不同的万物,巴门尼德所说的"必然"即驾驭一切的女神究竟是指什么,等等,并不能作出令人满意的说明。这是因为在巴门尼德的长诗中,"意见之路"部分佚失得实在太多了,第尔斯的估计说这部分保留下来的仅只十分之一,可能是正确的。

巴门尼德认为一切事物都有光明和黑暗,即热和冷、火和土两种对立的成分或力量组成的;这两种力量或元素本身是均等的,但是它们在各个个体中的混合却是不等的,有的事物或个体中这一种成分多些,有的却是那一种多些。值得注意的是,他将这种学说去解释人的生理现象,解释胚胎的形成以及感觉和思想器官的形成。这种思想主要表现在残篇第十八:

> 当女人和男人将"爱"的种子混合在一起时,由不同血液组成的在血

---

① 参见亚里士多德:《形而上学》,984ᵇ23—27。
② 艾修斯:《哲学家意见集成》第2卷,第7章第1节。

管中的雏形（胎儿）的力量，只要能保持合适的比例，便可以形成构造完善的身体。但如果在种子混合时力量彼此冲突，不能在混合中形成身体的统一，便会以雌雄两性同体的种子可怕地殃及生长（中的胎儿）。（DK28B18）

巴门尼德又将男女性别的差异也和这两种力量联系起来。残篇第十七：

在（子宫的）右边（生出）男孩，在左边（生出）女孩。（DK28B17）

因为右边是和黑暗、土、冷、重、雄性同一系列，而左边是和光明、火、热、轻、雌性同一系列，哪一种力量强就生什么性别的孩子。上一节中已经说过，他认为人的聪明和愚蠢，以及感觉能力和思想能力、感觉器官和思想器官也都是两种成分混合而成的。

发人深省的是，尽管巴门尼德宣称这是虚构的、不可靠的意见，他根据自己的观察和思考修正了毕泰戈拉学派的对立表。毕泰戈拉学派的对立表中是将雄性和光明、右置于同一系列，而将雌性和黑暗、左置于同一系列；巴门尼德却将其中的光明和黑暗的关系颠倒过来了，他认为雌性在右边，但是和光明、火、热联在一起，而雄性在左边，是和黑暗、土、冷联在一起。对此，亚里士多德曾作过解释：

有些人〔恩培多克勒〕认为水中的生物比陆上的生物热，它们依靠环境的冷来平衡自身的热，无血的动物比有血的动物热，雌的比雄的热。例如，巴门尼德和有些别人则认为女人比男人热，因为过多的血的热产生了月经，这和恩培多克勒的意见是相反的。① （DK28A52）

艾修斯也作了类似的解释：

按照恩培多克勒的意见，性的区别根据于热和冷，因此他说，生物从土中产生的时候，最先的雄性出现在南方和东方，而雌的则在北部。巴门尼德说的恰恰相反，他认为在北方的是雄的（因为雄的分有更多的浓厚的因素），而雌的却由于她们的稀松的肌理，处于南方。② （DK28A53）

---

① 亚里士多德：《论动物的构成》，648ᵃ25—31。
② 艾修斯：《哲学家意见集成》第5卷，第7章第1—2节。

将雌和雄同热和冷、浓厚和稀散联系起来，虽然也有一些简单的观察，但还免不了早期自然哲学的虚构和猜测的成分。

巴门尼德的"意见之路"部分，我们现在能看到的主要就是这两个方面的内容。由于它的内容大量佚失了，我们现在看到的似乎只是他吸取了以前自然哲学家们的意见，很少新的内容，看不出它是巴门尼德自认为是任何一种凡人的看法都不能胜过的意见。但他将"爱"看作结合的、创造的力量，并且用两种元素不同量的混合来解释不同事物的差异，这些方面可能影响了稍后在西西里活动的恩培多克勒。

四　"真理之路"和"意见之路"

辑自辛普里丘《〈论天〉注释》中巴门尼德的一段话，构成残篇第十九：

> 因此，根据意见，事物就是像这样产生，现在是这样存在，将来也会像这样生长，直到终结。人们给这些事物各自一个名称，以将它们每一个区别开来。（DK28B19）

这段话似乎是"意见之路"的结束语。事物都是这样经历了过去、现在和将来的变化、生长和消灭的。这就是和"存在"不同的现象世界。

巴门尼德和别的自然哲学家不同，他们都将自己的意见说成是真理，巴门尼德却认为这些都是不真实的、虚幻的、欺人的意见。那么，他为什么还要劳神费力说这一番道理呢？诗中的女神四次告诫，要人们远离这一条研究的途径（残篇第二的第五至七行，残篇第六的第二行，残篇第七的第二行，残篇第八的第十六至十七行），然而又要人们去对它"彻底考察"一番（残篇第一的第三十一行）。同一个巴门尼德却发表了两种截然相反的思想，这又如何解释呢？这就是近现代许多学者们争论不休的问题：巴门尼德所说的"意见之路"的性质是什么，它是不是他自己的思想？"意见之路"和"真理之路"究竟是什么关系？

从历史上看，柏拉图、亚里士多德、塞奥弗拉斯特以及后来的辛普里丘、艾修斯等人引证或论述巴门尼德的思想时，都是将意见部分的内容当作他自己的思想的，如前引亚里士多德说的，巴门尼德在承认"一"（存在）的同时，也承认"多"（非存在）。①

到了近代，策勒提出了一种观点，认为意见部分不是巴门尼德自己的看法，而是他综合介绍了当时一般人共同的信念，其目的是"说明从凡人的观点看，应如何解释世界。"②接着，伯奈特发表了类似的意见，他认为意见部分是当时别的学派所信奉的，而不是巴门尼德自己的信念。从内容看，其中许多来自毕泰戈拉学派，所以他得出结论："巴门尼德的诗篇的第二部分是同时代的毕泰戈拉学派的宇宙论的概述。"③

以后这个问题的争论就展开了。康福德认为，意见部分代表凡人的思想方式，既承认存在又承认非存在。因为在普通人看来，现实世界就是这样的，既有存在，又有非存在。巴门尼德的想法是：既对此提出一种解释，又指出这是不真的意见，认为这样总比那些以假为真的自然哲学家好。④ 冈珀茨认为，"巴门尼德所介绍的是一般人的看法，不仅包括别人的意见，同样也包括他自己的看法。"他认为巴门尼德作为一个凡人，对自己所处的现实世界，当然也会提出一种想法的。⑤

欧文认为，意见部分不过是"一种论辩上的安排"或技巧⑥，是和真理部分相对照的论证，并不是巴门尼德的真正主张。龙格在上述《巴门尼德的宇宙生成论原理》中说，意见部分的主体是宇宙生成论，关键的问题就要弄清楚这一部分的性质。他说对此有几种不同的主张：（1）它不是巴门尼德本人的主张，而是一般人的信念的概括；（2）它是真理之路部分的扩展；（3）它是对宇宙生成的低一层的解释，但还是有效的；（4）它是巴门尼德自己的主张，但不包含真理。⑦ 龙格发展并修正了欧文的观点。他说，巴门尼德在真理部分正面

---

① 参见亚里士多德：《形而上学》，986^b31—34。

② 策勒：《希腊哲学史纲》，第50页。

③ 伯奈特：《早期希腊哲学》，第185页。

④ 参见康福德：《巴门尼德的两条途径》，转引自弗里曼：《苏格拉底以前的哲学家》，第143—144页。

⑤ 参见冈珀茨：《希腊思想家》第1卷，第180页。

⑥ 转引自格思里：《希腊哲学史》第2卷，第52页注2。

⑦ 参见艾伦、弗莱编：《苏格拉底以前哲学研究》第2卷，第82页。

论述了存在是真实的,非存在是不真的;在"序诗"中就明确提出要用对比的方法论述他的思想,意见部分的目的就是要用对比的方法说明存在的真实性和非存在的虚假性。所以,第二部分的确带有论辩的技巧的性质,但又不像欧文所说的纯粹是为了论辩。他说,巴门尼德的"宇宙生成论在某种意义上(即宣称理论的出发点不包含真理)是论辩性的,但若说完全是论辩性的,就将巴门尼德看做是智者一类人物,同时也就无法解释他的宇宙生成论的含义了。"①

基尔克、拉文反对策勒、伯奈特等人的观点,他们援引亚里士多德、辛普里丘等古代的资料,说明古人一直是将意见部分看成是巴门尼德自己的哲学思想。关于这两个部分的关系,他们认为:"对于巴门尼德来说,理性对象和感觉对象的本质差别是明显的,即在理性对象的情况下,承认一对对立是逻辑地包含着排斥其中的另一方面;而在感觉对象的情况下,承认一方面也就意味着要同样地承认另一方面。"换句话说,在理性对象中不能承认矛盾,而在感性对象中却必须承认对立原则如轻和重、热和冷的存在。② 格思里大体上也是这个意思。但是他们都没有回答,为什么同一个巴门尼德要构造两种相反的理论呢?

其实,这种情况在哲学史中,巴门尼德并不是唯一的。

柏拉图认为理念是绝对的、永恒不变的,他又认为这样的理念同感性的具体事物一样是单独存在的,所以他的哲学就是理念世界和现象世界的二重世界对立,这是直接从巴门尼德的学说继承下来的,连对于这两个世界的认识——对理念世界的认识是知识(episteme),对现象世界的认识是意见(doxa)——也和巴门尼德一样。因此,他除了要论证理念世界的存在以外,还要说明现象世界的产生。不过,他不像巴门尼德那样将两个世界绝对对立和割裂开来,而是企图说明两个世界的联系,即他的分有说和模仿说。他在《蒂迈欧篇》中的自然哲学就是想说明创造者(Demiurge)如何根据理念创造出现

---

① 艾伦、弗莱编:《苏格拉底以前哲学研究》第2卷,第96页。
② 参见基尔克、拉文:《苏格拉底以前的哲学家》,第279—281页。

实世界的。

在中世纪的经院哲学中，天国是真实的存在，对天国的认识是真实的认识，现实世界不过是上帝的创造物，是感性认识的对象，在那里是找不到真理的。要不是有上帝的启示，教会的教诲和经院哲学家的开导，你凭自身的感觉，还以为现实世界是真实的呢。不论是以柏拉图哲学为基础的奥古斯丁主义，还是利用亚里士多德学说的托马斯主义，它们对自然的解释和对上帝的认识同时存在，二者的理论原则也是首尾一贯的。

在黑格尔的哲学体系中，他将现实的自然界看作是虚假的存在，认为倘若绝对精神抛弃了它，大自然就成了一具僵尸，一堆没有活力的物质外壳。但是他又不能置现实自然界于不顾，不得不构造一套解释自然界的理论，就是他的《自然哲学》。在人类已经明确意识到物质和精神、具体和抽象的区别的条件下，黑格尔居然建立一套和他的哲学体系一致的解释自然的原则。他的自然哲学中有许多虚构和荒谬的内容，在他的逻辑学中又何尝没有？但这两方面都是黑格尔哲学的组成部分，都属于黑格尔自己的思想。

由此可见，哲学家在建立一个绝对的、高级的抽象世界时，他也不能将现实的具体世界完全置之不顾；如果他不能解释这个现象的世界，他也就不能算是一个具有智慧的哲学家。所以，一方面，他要论证那个绝对的、高级的抽象世界，同时，他又必须对现实的世界作出解释。在同一个哲学家的思想中，这两个方面的理论同时并存，都是他自己的思想，并不值得惊奇。而这种情况在西方哲学史中，是从巴门尼德开始的。但是，我们也不能据此排斥另一种说法，即认为"意见之路"中的思想也就是当时其他自然哲学家如赫拉克利特等人的思想。这两种看法并不是互相排斥的，巴门尼德在"意见之路"中所阐述的思想和其他自然哲学家的思想并没有多少实质性的不同。

巴门尼德的"存在"本身并不就是精神，他从来没有说过存在就是精神。然而，他的这个存在确实是人类抽象思维的产物，是经过大脑进行抽象概括而获得的最一般的概念。在我们看来，凡是科学的、正确的抽象，都是越来越深入事物的内部，反映事物的本质的。只有理解了的东西，才能更深刻地感觉它；所以对它不会有一种越来越疏远的幻觉。可是在巴门尼德看来，越是抽象的东西离开现实世界越远。他的残篇第四说:"要用你的心灵牢牢注视那遥远的东西,好像近在眼前。"这句话可以直译为:要牢牢盯住那遥远的,但对心灵来说却是贴近的东西。(基尔克、拉文译为:Yet look at things which, though far off, are firmly present to thy mind。)他所指的就是存在。存在不是感官直接接触到的东西,所以他说很遥远;但是心里又想得到,好像就在心中似的,所以对心灵来说又很贴近。这个离感官很远,离思想又贴近的东西,到底在那里呢? 他认为它同现实世界中的个体一样,也是独立存在的,而且是最真实的。这个最真实的存在又是单一的、无生灭的、不动的;而现实世界却是众多的、有生灭的、运动变化的。这样,他就不能用同一的原则去说明这两个不同的世界,就不得不在真理之路以外,另外说出一个意见之路。所以,巴门尼德的意见部分,就其实质而言,相当于柏拉图的《蒂迈欧篇》和黑格尔的《自然哲学》;但在他们那里,这两个世界并不是绝对割裂,而是有桥梁将它们沟通的。而巴门尼德是第一个提出这种两重世界的哲学的,在他那时候,还没有考虑到两个世界的联系问题,他便只能分开制定两套学说,一套用于真理领域,另一套用来解释现实世界。这两套都是巴门尼德的学说,是他的哲学的两个不可分离的组成部分。

对于巴门尼德的真理之路和意见之路的学说,我们一方面要看到它的错误,指出其思想根源在于不懂得一般和个别、抽象和具体、本质和现象、理性和感性、统一和多样、静止的相对性和运动的多样性的辩证关系,而陷入形而上学;另一方面也应该看到;正是因为他提出了真理之路和意见之路的对立,上述这几对矛盾关系才明确地显露出来,后来的哲学家注意研究它们,使它们成为以后哲学发展中的重要问题。

第五节　存在的"逻各斯"

从我们现在所看到的资料说,在巴门尼德以前,希腊哲学家还没有使用逻辑论证。大约巴门尼德是最早有意识地进行逻辑论证的西方哲学家,这也是

他的哲学思想的一个重要特点。当然,在他那时候还没有

逻辑这个概念,更谈不上有这门学科;他是用"逻各斯"和óδoς(hodos,途径、道路、方法)这两个概念来表述他的思想的。

关于逻各斯,我们在论述赫拉克利特的哲学时已经说过它有多种含义。这个希腊词原来有说话、意见、理由、尺度等各种意义,赫拉克利特将它当作一个哲学范畴,认为万物的运动变化是按照一定的逻各斯的。我们分析赫拉克利特所说的逻各斯,主要是指尺度、比例,隐含有普遍规律的意思。因此,在赫拉克利特的哲学中,逻各斯是一个很重要的范畴。巴门尼德也使用这个哲学范畴。一个词原来在语言上有不同的意思,不同的哲学家使用它作为哲学范畴时,也可以赋予不同的哲学意义。

在现有的残篇中,巴门尼德有三处用了逻各斯这个词。

1. 残篇第一的第十五至十六行:"少女们用恭维的言辞"劝说狄凯女神将通往光明之路的大门打开。这里的"言辞",原来就是逻各斯,是原来语言上通用的一般意义。

2. 残篇第八的第五十行:

现在结束我关于真理的可靠的逻各斯和思想。

对于这个"逻各斯"就有种种不同的理解和译法。第尔斯译为德文的 Rede(谈话、言辞、说明、演讲),基尔克、拉文译为英文的 discourse(讲话、言论),弗里曼译为 theory(理论、学说),后面又用括号注明逻各斯,格思里译为 account(说明、阐述、解释),伯奈特译为 speech(说话、言论),康福德译为 reasoning(理性、推理),《古希腊罗马哲学》译为中文的"言辞"。

不论那一种译法,有一个事实是确定无疑的,即巴门尼德在残篇第八的这句话,是他这则残篇以上五十行的概括和总结。他在残篇第八的第一至四十九行中谈了他关于存在的整个思想,然后说,现在我可以结束这番谈话了。这里显然不是讲一般的谈话或言辞,他自己也说,这是关于真理的逻各斯,这就是巴门尼德所讲的关于"存在"这个真理的理论或道理。这里的逻各斯主要应当是这个意思。巴门尼德在这里又将逻各斯和"思想"联在一起,因为在前面五十行中,他主要是论证了存在是必然存在的,以及存在的几个特征,即他

有关存在的思想。所以他说"关于真理的逻各斯和思想",可以理解为他的关于存在的理论和论证。

3. 残篇第七的第五行,女神告诫巴门尼德:"要用你的逻各斯去解决我告诉你的这些纷争"。这里的逻各斯,我们在以上第三节中说过,它有"理智"的意思,但不仅是这意思。这个逻各斯,第尔斯译为德文的 Denken(思想),康福德、基尔克和拉文、弗里曼、格思里都译为英文的 reason(理性,有推理的意思),伯奈特译为 argument(论证),但加了一个注:"这是在辩驳的(dialectical)论证这个意义上使用逻各斯的最早的例证,对此,苏格拉底是很熟悉的。显然,他是从爱利亚学派得来的。赫拉克利特使用它的意义完全不同。"①残篇第七说的是:决不能证明非存在存在,务必使你自己的思想远离这一条途径。不要被感觉经验带向这条路,而要用你的逻各斯去解决这些纷争。这里的逻各斯确实是指理性,和感觉相对立的思想,而作为巴门尼德的理性还有他的特殊含义,就是他所使用的辩驳式的论证即逻辑推理。伯奈特所指出的,苏格拉底对这种论证很熟悉,他的论证就是从爱利亚学派来的。的确,自从巴门尼德开始这种逻辑推理以后,他的学生芝诺将这种方法大大推进了一步,后来的智者和苏格拉底进行论辩时都使用这种方法。重视逻辑推理一直成为西方哲学的一个重要的传统,这是从巴门尼德开始的。

但由此我们也可以看到,巴门尼德使用逻各斯和赫拉克利特使用的逻各斯,意义是很不相同的。他们的不同,用康福德的话说,是:"赫拉克利特是只能以似乎是矛盾来表述的逻各斯的先知,而巴门尼德却是不允许有类似矛盾的逻各斯(逻辑)的先知。"②赫拉克利特的逻各斯是承认事物的运动变化中的矛盾现象,可以说是从似乎是相互对立的现象中找到了相反相成运动的道路,他称之为逻各斯。而巴门尼德却认为矛盾的现象是不真实的,他用否认矛盾的方法去论证唯一的、不动的、无生灭的"存在",他将这种理性的推理方法叫作逻各斯。由此还可以看到,他们二人各自所说的逻各斯的不同还有另一

①　伯奈特:《早期希腊哲学》,第 173 页注 1。
②　康福德:《柏拉图和巴门尼德》,第 29 页。

方面。在赫拉克利特看来,逻各斯是运动着的事物自身的客观规律,不论说它
是相反相成、对立统一,或者说它是事物运动变化的尺度或比例,逻各斯总是
一种客观存在,仅是一般人不能认识它,只有聪明的人才能认识它而已。然而
巴门尼德所说的作为论证和推理的逻各斯,却没有客观性,并不是"存在"本
身所具有的一种性质或规律,而是主体人要认识存在时所必需使用的一种手
段和方法,当然也只有聪明的人才能使用它去认识存在,一般的人不能。巴门
尼德所说的逻各斯没有赫拉克利特所说的逻各斯所具有的那种客观的意义。

巴门尼德为了表述他自己独特的思想,除了逻各斯以外,还用了另一个范
畴——hodos(途径、道路)。人怎样才能获得真理,不误入歧途呢? 必须按照
狄凯女神指引的途径前进。关于这个问题,残篇第六说得比较清楚:

> 能够被表达、被思想的必须是存在,因为仅仅对存在而言这才有可
> 能,非存在是不可能的。这就是我要你牢记的,后一条途径是我首先要你
> 避开的。其次,我也要你避开另一条途径,在那里,什么也不懂的凡人们
> 两头彷徨,摇摆不定,使理智(努斯)误入歧途;他们简直像聋子,瞎子,无
> 所适从,被一群没有判断能力的人所左右,居然以为存在和非存在是同一
> 的又不是同一的,一切事物都按相反的方向活动。① (DK28B6)

巴门尼德在这则残篇中实际上说了三条途径:第一,只有存在是存在的,这是
他肯定的真理之路;第二,认为非存在存在,这是他要人们首先避开的意见之
路,这是只有感觉才能承认的;第三条途径也属于理性,但这种理性承认存在
和非存在既同一又不同一,一切事物都具有相反的对立方面,这是理性"误入
歧途",也是巴门尼德劝人必须避开的。最后这条途径显然就是以赫拉克利
特为代表的那些哲学家们的思想,他们并不单是出于感觉,而是将感觉得到的
东西用理性来确认,承认存在和非存在既同一又不同一,承认对立的统一。在
巴门尼德看来,这条途径——也就是赫拉克利特的逻各斯——将人引入歧途,
是应该避免的。所以,赫拉克利特和巴门尼德所说的逻各斯都可以解释成为
理性,但在巴门尼德看来,赫拉克利特的逻各斯将人引入歧途,只有他自己的

---

① 参见辛普里丘:《〈物理学〉注释》,第117页第4行起。

逻各斯才能认识真理。由此可见,巴门尼德用 hodos 补充说明了逻各斯。

hodos 这个词比逻各斯更和中国古代哲学中的"道"字相近。hodos 原来指具体的道路、途径,经过抽象化,就成为思路、手段以至于思维方式,在柏拉图和亚里士多德那里,hodos 就有"方法"的意义。① 亚里士多德在《分析前篇》第 2 卷开始时说:"我们用什么方法去获得各种三段论式的原则呢",②这里的"方法"就是用 hodos。赫拉克利特所说的逻各斯是万物运动变化的道理,没有 hodos 所含有的方法的意思,但当他说到人人都要以逻各斯武装自己(残篇第一百一十四)和灵魂有自己的逻各斯(残篇第一百一十五)时,逻各斯也可以说有类似方法的引申意义了。从逻各斯获得了方法的意义,发展下去便成为后来的"逻辑"了。巴门尼德也许因为逻各斯这个词已经被赫拉克利特赋予比较确定的意义,所以用 hodos 来补充说明,并发展了逻各斯这个词的意思。

巴门尼德在残篇中比较多地使用 hodos 这个词。在残篇第一至第八中使用了九次,即:残篇第一的第二、五、二十七行,残篇第二的第二行,残篇第六的第三行,残篇第七的第二、三行,残篇第八的第一、十八行,此外还有些代词或省略的,未予计入。《古希腊罗马哲学》中译为"道路"、"途径"、"路途"的,都是 hodos 这个词。通读巴门尼德的残篇,我们就可以领会到其中所说的途径、道路,实际上就是指认识问题和思考问题的途径和方法。在形式逻辑尚未形成,认识论、方法论和逻辑尚未分化的情况下,巴门尼德的 hodos 就是思考问题的方法,其核心就是后来形式逻辑所研究的思维形式和思维方法。

巴门尼德是非常重视论证方法的。残篇第五说:

对我来说,从哪一点开始都一样,因为我将回到同一点上。(DK28B5)

这则引自普洛克鲁(proclus)的《论巴门尼德》的残篇,本来是说明巴门尼德关于存在的几个特征的论证是首尾一致的。基尔克、拉文说:"真理被说成是完满的环形,因为无论你从巴门尼德推理链条的那一处拣起来,都可以依次通过

---

① 参见《希英大辞典》,第 1199 页;《简明希英辞典》,第 475 页。

② 亚里士多德:《分析前篇》53ᵃ2。

它的每一环节,回到你的出发点。"①巴门尼德所论证的关于存在的几个特征——存在是不生不灭的,是连续不可分的一,是不动的,是完整的——是彼此密切关联的,只要你承认其中任何一点,便可以逻辑地推论出其他几点来。因为巴门尼德只留下一些残篇,而且当时这样的逻辑推论还才开始,所以在他的残篇中还看不出严格的推论。但是,巴门尼德的存在学说的逻辑论证,我们还是可以发现出来的。

现在我们可以看到,巴门尼德关于存在的论证,主要是建立在形式逻辑的同一律、矛盾律和排中律的基础上的。巴门尼德当然不可能知道这些形式逻辑的公理,他还不知道形式逻辑为何物,但他所作的论证,却为以后亚里士多德概括出这些公理提供了依据。

巴门尼德提出的两个最根本的判断是:

存在是存在的;

非存在是不存在的。

其实这是按照汉语习惯来翻译的,这两个判断本来是:

存在就是存在;

非存在就是非存在。

所以许多学者认为这是同义反复,没有意义。但这恰恰是后来形式逻辑的同一律——

A 是 A

的具体实例。看起来它是同义反复,没有意义;但在巴门尼德的哲学中,这一对判断应该说是最高的真理。在他看来,只有承认存在是存在、非存在是非存在的人,才是认识真理;否认这个判断也就是否认了真理。

巴门尼德认为关于存在和非存在只有两条途径可以设想:(残篇第二)

一条是:存在就是存在,不可能不存在;

另一条是:存在是不存在的,非存在必然存在。

这里实际上是两组矛盾关系的判断:

---

① 基尔克、拉文:《苏格拉底以前的哲学家》,第 268 页。

> 存在是存在的"和"存在是不存在的";
>
> "非存在是不存在的"和"非存在是存在的"。

二者不能同真,其中必有一假,这就是矛盾律。

亚里士多德在《形而上学》第四卷中论述矛盾律和排中律时,常常引用巴门尼德的这些判断。在第四卷第三章讲到矛盾律的定义:

> 同一属性不能同时在同一方面〔情况〕既属于又不属于同一主词。[①]

他所反对的,正是那:"相信同一事物既存在又不存在,某些人认为这是赫拉克利特说的"。[②] 在同卷第七章,亚里士多德论述排中律时说:

> 在矛盾〔的判断〕之间不能有中间的,对于一个主词,我们必然只能或是肯定或是否定任何一种表述。首先,当我们确定什么是真的和什么是假的时便是如此。说存在是不存在的,或说非存在是存在的,便是假的;而说存在是存在的,非存在是非存在的,便是真的。[③]

在这里,亚里士多德几乎是完全重复了巴门尼德的推理,他是完全赞成巴门尼德的推理的。不但如此,我们阅读亚里士多德的《形而上学》第四卷,可以看出:亚里士多德在论述形式逻辑的基本公理——同一律、矛盾律和排中律时,他心中是想到了巴门尼德的这一对命题的。这也并不奇怪,因为巴门尼德的这一对命题,本来就是从所有具体事实中抽象概括出来的最普遍最一般的命题,而亚里士多德提出的逻辑公理,也就是他认为是适用于一切具体判断的最普遍最一般的公理。我们也可以这样说:亚里士多德以他的形式逻辑理论来论证巴门尼德关于存在和非存在理论及其推理的正确性,他同时也就批评了"某些人认为"是赫拉克利特的观点——存在和非存在是同一的,事物既存在又不存在。

前引巴门尼德的残篇第六,他实际上指出了三条途径:一是只有存在是存在的,这是真理之路,二是认为非存在存在,这是他要避开的意见之路。这两

---

① 亚里士多德:《形而上学》,1005^{b}19—20。

② 亚里士多德:《形而上学》,1005^{b}23—25。

③ 亚里士多德:《形而上学》,1011^{b}23—27。

条便构成矛盾律,只能其一是真,另一是假(这是从形式逻辑来讲的)。根据排中律,不可能有中间的途径。但巴门尼德在残篇第六中提到第三条途径,即认为"存在和非存在是同一的,又不是同一的",事物可以既存在又不存在。对于这第三条途径,格思里认为也是以感觉和经验为基础的。[①] 我们以为,从巴门尼德的整个思想看,他认为第一条途径是以思想(理性)为基础的,第二条意见之路是建筑在感觉基础上的,至于第三条途径,巴门尼德自己强调的是"理智误入歧途",所以"被一群没有判断能力的人所左右",实际上他是以为由于没有判断能力即违背了形式逻辑的排中律而产生的。

由此我们可以进一步理解:巴门尼德所说的逻各斯,其实质就是形式逻辑,它和赫拉克利特的逻各斯不同,后者的实质是素朴的辩证法,"事物既存在又不存在"可以说是辩证逻辑的最初的命题。

过去一般都认为:巴门尼德和赫拉克利特的对立是形而上学和辩证法的对立。当然,从我们现在的观点来看,可以说还是对的。但如果从人类认识发展史来看,则应该看到巴门尼德反对赫拉克利特的辩证法,从思想根源来说,有两个方面:一个是将不变、静止、同一绝对化,犯了形而上学的错误;另一个是他不懂辩证法同形式逻辑的关系,用萌芽状态的形式逻辑的思维方法去反对辩证法。

赫拉克利特从万物的运动变化,得出事物既存在又不存在这样的一般性判断。从辩证法发展史看,确实是一个伟大的发现。但这终究是古代人从直观得到的看法,是朴素的,没有从理论上推理证明的,因此也是普通人的常识所无法接受的。正如亚里士多德所指出的:

> 如果对于同一对象,所有矛盾的说法同时都是真的,则一切事物都将合而为一。如果对任何东西都可以任意肯定或否定(那些接受普罗泰戈拉观点的人必然会接受这个前提),那么,同一个东西就可以既是一艘楼船,一堵墙,又是一个人。如果有人认为这个人不是楼船,显然他不是楼船;如果像他们所说的,矛盾的说法都是真的,那么,他〔这个人〕也就

---

① 参见格思里:《希腊哲学史》第 2 卷,第 23—24 页。

是楼船。这就会达到阿那克萨戈拉的学说,说万物都混合在一起,这样,任何事物都不真正存在了。①

亚里士多德用这样简单的常识论证了形式逻辑的必要性。它使思想明白、清楚、有条理,因此是人类思维所不可缺少的。但是,客观事物又是非常复杂的,充满矛盾发展的;假若只用形式逻辑的同一律、矛盾律、排中律去观察客观世界,从而得出否定辩证发展的结论,这就错了。巴门尼德就是这样,他用人们常识能够接受的形式逻辑去看素朴的辩证法,自然会认为那是理智误入歧途,动摇不定,无所适从,毫无主见的表现。因此,我们不能笼统地将巴门尼德和赫拉克利特的对立仅归结为形而上学和辩证法的对立,这里实际上还有形式逻辑和辩证法的关系问题。

巴门尼德的逻辑论证主要体现在关于存在的全部学说中。残篇第八主要就是以形式逻辑的同一律为基础建立起来的逻辑论证。黑格尔看出了这一点,他将巴门尼德的抽象论证也叫做辩证法,说:"这种辩证法我们可以叫做形而上学的抽象论证。同一律就是这种抽象论证的根据。"②

巴门尼德的残篇第八开头讲的关于存在的几个标志或特征,其实就是"存在"概念的内涵,巴门尼德始终保持这一概念的同一性。残篇第八对这几个特征分别作了逻辑的论证。

关于第一个特征,存在是永恒的,不生不灭的。巴门尼德主要从两个方面作了论证:第一,用的是反证法为基础的选言推理,即:如果存在是产生的,那么它是从哪里产生出来的呢?"它能以什么方式,从什么东西生长出来呢?"只能有两种可能:或者从存在产生,或者从非存在产生。这就是选言推理。但巴门尼德在残篇中并没有讨论从存在产生存在的问题,他只论证了后一方面:"我也不能允许你说或想它〔存在〕是从非存在产生的,因为非存在是既不能表述又不能思想的。再说,如果是从无出发,它有什么必要不早一点或迟一点产生呢?所以它必然或者是完全的存在,或者是根本不存在。"(残篇

---

① 亚里士多德:《形而上学》,1007ᵇ18—26。
② 黑格尔:《哲学史讲演录》第1卷,中译本,第276页。

第八的第九至十四行)从非存在产生存在,就是通常说的从无产生有,这是不可思议的。巴门尼德只是从时间上提出问题:如果从无到有,则时时都可以进行,为什么不更早一点或晚一点呢? 这种论证的逻辑是没有力量的。但巴门尼德的结论是明确的:要么是完全的存在,它不能从非存在产生;要是从非存在产生,它便是根本不存在。存在没有产生也就意味着它没有消灭,这一方面巴门尼德没有论证。我们也可以用同样的方法论证:如果存在有消灭,那么或者它变为存在,那就是没有消灭;或者它变为非存在,那就是从有变为无,这也是不可思议的。这一方面,在下一章中我们将看到麦里梭作了补充。以上说的是第一个方面。关于这个特征的第二方面的论证是毫无力量的,巴门尼德诉诸正义女神狄凯,说她决不放松她的锁链,让存在产生或者消灭,而是牢牢地抓住它不放。最后他得出结论,存在是既没有产生,也没有消灭的。

关于存在的第二个特征,存在是连续的,不可分的"一"。巴门尼德的论证很简单:"存在是不可分的,因为它是完全一样的,它不会这里多些,那里少些,因而妨碍存在联系在一起。"(残篇第八的第二十二至二十四行)。这就是说,作为存在,它不但没有性质上的差异,也没有程度或数量上的不同,所以它是完全一样的,存在和存在完全没有区别,它便只能是连续的、不可分的"一"。残篇第四则说,因为它是连续的一,没有部分,所以也就没有分散和聚合的运动。

关于存在的第三个特征,存在是不动的。巴门尼德的存在不但是没有生灭的,而且在空间中也不能运动。因为要运动就必须有可以运动的空间,即和存在不同的虚空;而巴门尼德认为只有存在存在,并没有虚空,所以存在只能"静止在同一个地方,永远停留在那里"。巴门尼德自己并没有推演出虚空不存在的结论,这个结论是后来由麦里梭完成的。巴门尼德只将它归于必然性,"因为强大的必然性将它牢牢地锁在有限这一范围内,使它在各个方向都一样。"

关于存在的第四个特征,存在像个球体,从中心到任何一个方向都相等。巴门尼德的论据有三点:(1)"存在不可能在某一方向大一点或小一点";(2)存在是完全不受侵犯的,"没有一个非存在阻止存在在各个方向相等";(3)

"因为它在各个方向都和自己相等,所以它和边界的距离相等。"他是将毕泰戈拉学派关于圆形的性质加到存在上去了,以此论证存在是圆满的,均衡的。

关于存在的第五个特征,只有存在可以被思想,被表述。在巴门尼德看来,非存在是不能被表述,被思想的。这就是说,用他的逻辑,是推论不出非存在是存在的。因为"所谓思想就是关于存在的思想,因为你决不可能找到一种不表述存在的思想。"

以上这些简单分析表明,巴门尼德自己对这些特征并没有作出严密的逻辑论证,因为在他那时代形式逻辑还没有形成,还属于前逻辑的阶段。当代西方学者巴恩斯运用现代逻辑和分析哲学的方法分析了巴门尼德的命题及其相互关系。① 虽然他的分析可以给我们启发,但终究是现代人的分析。巴门尼德本人并没有那么严密的论证。其实,只要承认巴门尼德的前提:"只有存在是存在的,非存在是不存在的";这些特征都可以用简单的逻辑推论出来。前提是:只有存在是存在的,这存在便是唯一的,在它以外或除它之外不能有任何其他的东西。这样的存在当然是没有产生和消灭的,它必然是连续的、不可分的,也必然是不能运动的;巴门尼德认为,只有这样的存在才是思想的对象。只有一个特征可以说是和他的前提有矛盾的,那就是他将存在说成是一个球体。因为球体就是有限制,受球体以外的东西所限制,但在这球体以外又是什么呢? 后来麦里梭就来纠正他的这个缺陷。撇开这一点不谈,巴门尼德的论证可以说是首尾一致的,无论从哪一个特征出发都可以推出其他的几个特征来。正如上文所引巴门尼德在残篇第五所说的:"对我来说,从哪一点开始都一样,因为我将回到同一点上。"

现在我们可以回答本章第二节中提出来的问题:巴门尼德提出来的"存在"究竟是什么? 在讨论了巴门尼德自己关于存在和非存在、思想和感觉、真理和意见,以及他关于存在的逻辑论证以后,可以比较明确地说,巴门尼德所说的"存在",实际上就是一个最抽象最普遍最一般的哲学范畴。

马克思在《〈政治经济学批判〉导言》中谈到"劳动一般"范畴时说,"最一

---

① 参见巴恩斯:《苏格拉底以前的哲学家》第 1 卷,第 164—165、174—178 页。

般的抽象总只是产生在最丰富的具体的发展的地方,在那里,一种东西为许多东西所共有,为一切所共有。这样一来,它就不再只是在特殊形式上才能加以思考了。"①巴门尼德所说的"存在"当然要比政治经济学上所讲的"劳动一般"远为抽象和一般。不论是政治经济学上讲的劳动,自然哲学家所讲的水、火、土等物质元素以及任何物体,还有毕泰戈拉学派所说的数等等抽象的东西,都是存在。存在是包罗一切的,外延最广的,它为一切所共有。但它又是最抽象的一般,即它是将物质元素和物体、数等等所有的特殊规定性都抛开了的最一般的"存在",它的内涵最空;因此它既不是这个,又不是那个,同时它就可以既是这个,又是那个。在本章第二节中我们已经简单论述了早期希腊哲学在本原问题上的发展过程:伊奥尼亚哲学家们所说的水、气、火等已经是从具体的物质中抽象出来的一般物质元素;毕泰戈拉学派则从所有事物(物质的,但是他们认为也包括精神的如正义等)中抽象出"数",这已经是很高的抽象了;巴门尼德则将数的规定性也抛开,达到了哲学上最高的,无可再高的抽象——"存在"和"非存在"。所以,希腊哲学这个最早的阶段,主要表现为从具体上升到抽象的阶段,到巴门尼德和爱利亚学派达到抽象的顶峰。

可是,巴门尼德还是给"存在"规定了几个特征,这几个特征就是存在的规定性。这些规定性一般地说是用来描述有形体的事物的特征的;但巴门尼德又认为存在只是思想的对象而不是感觉的对象。因为在巴门尼德的时代,物质和精神还没有区分开来,他在作这种规定性时,实际上是将物质和精神混淆在一起的。因此,不能将巴门尼德所讲的"存在"和我们现在一种特定意义上的"存在"相等同。我们用作和意识相对立的存在,是专指客观物质世界。显然不能说巴门尼德所说的"存在"是指客观物质世界。

但是,巴门尼德将"存在"说成是一个有形的球体,却引起一些不同的看法。伯奈特认为他不是唯心论者。他说:"总之,存在是有限的、球形的、不动的、有形的实体(plenum),没有超越于它的东西。多、运动、空的空间和时间等等现象都是虚幻的。因此我们看到,早期宇宙生成论者所探讨的本原,在这

---

① 《马克思恩格斯选集》第 2 卷,人民出版社 1995 年版,第 22 页。

里成为某种'自在之物'。它决不会再失去这些性质。后来出现的恩培多克勒的元素、阿那克萨戈拉的同素体、留基伯和德谟克利特的原子,正是巴门尼德的'存在'。所以,巴门尼德决不是某些人所说的'唯心论之父',恰恰相反,所有的唯物论都依存在他的关于实在(reality)的观点。"①确实,恩培多克勒和德谟克利特等人所说的元素和原子,是受到巴门尼德的影响;但伯奈特似乎忘记了柏拉图的"理念"也是从巴门尼德的存在发展出来,而且理念比元素和原子更加和存在相似,是从存在直接产生的。巴门尼德的存在既可以为唯物论者解释并发展为原子,也可以为唯心论者解释并发展为理念,这也可以说明这个"存在"含义的不确定性。伯奈特的观点几乎遭到西方许多知名学者的反对。格思里认为,正是巴门尼德首先区分了理性和感性,用理性代替感觉,宣称理性是真空的,"所以,结论是难以避免的,巴门尼德首先打开了通往特殊形式的唯心论的道路"。他所说的"特殊形式"就是指柏拉图将理性和感性割裂的唯心论哲学。②

　　早期希腊哲学处在从具体向抽象的发展过程中,由于当时的哲学家还分不清抽象和具体、一般和个别的关系,所以走上了一条错误的道路,就是将抽象出来的一般当作是和具体事物一样独立存在的,并且是先于具体事物而存在的东西。伊奥尼亚的哲学家所说的本原——水、气、火,虽然已经是一般的水、气、火,但它们也是具体的物质,是可以独立存在的。毕泰戈拉学派将抽象的数和几何图形看作是事物的本原和本体,那就离开了科学的抽象了。因为在现实中,数和图形只能作为具体事物的属性而存在,离开了具体事物,那里还有独立存在的实在的数呢?(只有在人们作抽象时,数才能在思想中和具体事物分离开来,独立存在。)毕泰戈拉学派将数看成是可以和具体事物分离开,独立存在的,并且是先于具体事物而存在,它或者是作为质料构造出具体事物,或者是作为模型而为具体事物所模仿,这样就将第一性的具体事物变为第二性的东西,从而陷入了唯心论。

---

① 伯奈特:《早期希腊哲学》,第182页。
② 参见格思里:《希腊哲学史》第2卷,第26页。

在这方面,巴门尼德走的是和毕泰戈拉学派同样的道路,他将抽象出来的最一般的"存在"当作是独立自存的最真实的存在物。并且可以说巴门尼德走得更远,因为他将这个一般的"存在"和现实世界("非存在")完全割裂开来,对立起来:只有存在是真实的,现实世界却是虚幻不真的,将二者的关系颠倒过来了。在西方思想史上,这种颠倒是从巴门尼德开始的。他将现实世界的根本特性——客观实在性以及物质的运动和多样性——统统抽象掉,说这些是虚幻不真的;剩下一个同现实世界尖锐对立的最抽象的"存在",他却认为是最真实的存在。

以往伊奥尼亚的哲学家都是肯定事物是运动变化的,他们提出的本原——水、气、火本身就是运动变化的,赫拉克利特更提出了深刻的关于运动的理论。在毕泰戈拉学派的十对对立的表中,虽然将运动和静止作为一对对立,并且将静止归为善这一列,将运动归为恶这一列,他们似乎已经发现了抽象的数是静止的,但我们现在看不到他们论述有关静止的更多资料。因此,巴门尼德(在这方面他是继承塞诺芬尼的思想的)是开始将静止不动认为是"存在"的特征,是真实的;而运动变化则是非真实的"非存在"的特征。从他和赫拉克利特以后,动和不动、运动和静止的问题便成为希腊哲学中一个重要的争论问题了。

巴门尼德将存在和非存在对立起来,将静止和运动对立起来,成为两个互相割裂的世界。他在本体论中的这种割裂,是和他在认识论中将理性和感觉、真理和意见的对立和割裂相关联的。在他以前,现存的毕泰戈拉学派和赫拉克利特的残篇中已经讨论到理性和感觉的问题了,但他们还没有将这两个方面明确地对立起来,更没有将它们绝对割裂开来。到巴门尼德才将理性(思想)和感觉划成绝对对立的两个领域,只有理性才是可靠的真理,感觉只能构成意见,是靠不住的。

将存在和非存在(也就是一般和个别)、静止和运动、理性和感觉、真理和意见绝对地对立起来,这就是巴门尼德关于存在的理论出发点。他由此推出有两个对立的世界,一个是真实的存在,另一个是虚幻的现象世界,二者完全割裂,彼此没有联系。这样,在希腊哲学中,除了素朴的辩证法这一主要形态外,开始出现形而上学的思维方法了。形而上学,就其性质说,当然是错误的;但我们应该看到它在哲学史出现的必然性,人们在认识和研究运动变化的时候,会产生一些问题:在我们感觉到的现象世界的背后,是不是还有更深一层的、本质的东西? 我们的思想自身是不是有逻辑的规律,依靠这种规律可以发掘、认识更深刻的存在领域? 巴门尼德的哲学正是代表了人类思想这种想进一步发展的要求。

古代希腊哲学,甚至整个西方哲学,从巴门尼德以后,进入了一个更深更广的领域。由于巴门尼德划分了两个对立的世界,以后的哲学家就要讨论这两个世界的关系,究竟哪一个世界是真实的? 它们之间是完全割裂的,还是有联系的? 如果有联系,究竟是什么样的联系? 等等问题。这也就是一般和个别的关系、一和多的关系、静止和运动的关系,由此发展成为精神和物质的关系问题。西方哲学中所谓本体论 Ontology 原义就是讨论"存在"的学问,本来就是从巴门尼德的"存在"开始的。当然,早期希腊哲学讨论的"本原"也属于"存在"之列,但从古代希腊到中世纪哲学以至近代西方哲学所讨论的本体论问题,实际上便是主要围绕上述这些问题进行的。现代西方哲学有些流派又重新提出要研究本体论的问题,往往也回到巴门尼德那里去,比如前面提到的存在主义者海德格尔。

哲学本体论的问题和认识论的问题是分不开的。巴门尼德将存在和非存在对立的同时,将思想和感觉也对立起来。从他开始,理性认识和感性认识的关系问题,成为哲学家们普遍讨论的问题。一直到近代西方哲学主要表现为理性派和经验派之争,认识论取代了本体论,在哲学发展中占有突出地位。这些问题归根溯源,也是从巴门尼德开始的。

由此可以看到巴门尼德的哲学思想在古代希腊哲学和整个西方哲学史中所占的重要地位。

第八章

芝诺和麦里梭

巴门尼德的思想就其理论的抽象性讲,不仅大大超过了当时一般人的常识所能接受的程度,而且也和当时正在流行的哲学——米利都学派、毕泰戈拉学派和赫拉克利特等承认"多"和运动的理论大相径庭。因此,巴门尼德关于"一"和不动的存在的理论在当时受到普遍的反对。芝诺和麦里梭就是挺身而出,对这些反对意见加以驳斥,从而捍卫并且发展了巴门尼德思想的重要人物。

现存的史料中没有当时反对巴门尼德学说的专门记载,但从柏拉图和亚里士多德的记载中可以看到一些迹象。柏拉图在《巴门尼德篇》中说,当时有人嘲笑巴门尼德,认为如果像他那样肯定"一",就"会推出许多可笑的和矛盾的结果"。[①] 亚里士多德在《论生成和消灭》中讲到某些主张"一"和不动的"存在"的哲学家时说:

> 这就是这些思想家关于"真理"的看法,其理由已如上述。……〔原文有脱落〕……虽然这些意见是用论辩讨论逻辑地得出来的,但若信以为真,以为事实真的如此,那简直是发疯了。事实上,除非是神经不正常的人,离开感觉太远,才会将火焰和冰块看作是"一"。[②]

古代注释家菲罗波努在谈到当时的争论时说,主张"多"的人靠的是一些自明

---

① 柏拉图:《巴门尼德篇》,128D。

② 亚里士多德:《论生成和消灭》,325ª17—21。

的东西,例如实在存在的人、马以及其他生物和物体。① 从这些资料看,当时反对巴门尼德关于存在的理论的人,主要是从常识出发,从实际存在的具体事物出发,承认感官是可靠的,因而认为主张"一"和不动的存在的巴门尼德学说,是"神经不正常,离开感觉太远"。所以,巴门尼德的哲学在当时遭受到的反对和嘲弄是相当普遍的。

　　人类认识发展的历史告诉我们,一种新的学说在其开始出现时,往往会遭到反对,巴门尼德的哲学也遭受到这种命运。这一方面是由于他的哲学是从具体向抽象上升中更深入了一大步,以致超过了当时人们常识所能接受的水平,普遍不能理解;另一方面也因为他的哲学存在着形而上学的缺陷,他的形式逻辑的论证并不能说服人。因此,他的哲学既需要辩护,更需要发展。在公元前 5 世纪中叶以前的一段时期,巴门尼德哲学尽管遭到普遍攻击,但在爱利亚城邦和外地都还有相当影响,赢得了一批信奉者和卫道士,其中最有名的就是爱利亚本地人芝诺和小亚细亚西岸附近萨摩斯岛上的麦里梭。他们出来捍卫巴门尼德的学说,不仅在理论上为他的某些缺陷作了补正,而且在他们为巴门尼德学说所作的辩护论证中,不自觉地揭示了与形而上学相对立的辩证法,从而发展了巴门尼德的思想,使爱利亚学派哲学占有更重要的地位。本章着重介绍芝诺及其论证,同时也论述麦里梭的补正。

　　从芝诺和麦里梭所论及的范围看,当时的主要争论还是关于一和多、动和不动、可分和不可分的问题,此外还牵涉到有限和无限以及虚空的问题。至于巴门尼德哲学中更为基本的关于存在和非存在的问题,在当时似乎尚未引起讨论,是在稍后的原子论、特别是智者时期开始争论,到柏拉图和亚里士多德的时候才成为哲学的一个中心问题。从认识发展史看,这也是可以理解的。巴门尼德的"存在"的根本标志(或内涵)就是"一"和不动。存在是不动的"一",就是他的核心思想。从当时人们的认识看,否定了"一"和不动,他的"存在"也就化为乌有了。所以当时人们并没有专门去讨论"存在"的问题,只有当认识进一步发展以后,人们才意识到即使否定了"一"和不动,也仍然还

---

① 转引自格思里:《希腊哲学史》第 2 卷,第 85 页。

有一个存在和非存在的问题;也就是说在一和多、动和不动的问题以外,存在和非存在还有它们的独立的、更为深刻的意义,需要进一步讨论。我们将在本书第二卷、第三卷中详细论述这些问题。

第一节　芝诺的使命

芝诺是爱利亚本地人,关于他的生卒年代有几种不同的说法。第欧根尼·拉尔修说他的鼎盛年是在第七十九届奥林比亚赛会,[①]即公元前464—前461年。由此推算,他的生年约在公元前504—前500年左右。

根据上一章引证过的柏拉图在《巴门尼德篇》中的说法,苏格拉底年轻时同巴门尼德和芝诺两人在雅典会过面,西方学者根据篇中提供的有关年龄数据推算,芝诺的鼎盛年约在公元前455—前450年左右,生年约在公元前490年左右。

此外,古代辞典《苏达》记述:"芝诺是塞诺芬尼或巴门尼德的学生,他的鼎盛年在第七十八届奥林比亚赛会〔公元前468—前465年〕时。"[②](DK29A2)

尤息比乌在《编年史》中说,芝诺的鼎盛年是在第八十届奥林比亚赛会,即公元前460—前457年。(DK29A3)

以上四则资料所记述的芝诺的年代上下相差十几年。近现代西方学者如弗里曼、基尔克和拉文等人宁愿相信柏拉图的说法,将芝诺的鼎盛年定在公元前450年,生年为公元前490年左右。伯奈特甚至将恩培多克勒、阿那克萨戈拉和毕泰戈拉学派都放在芝诺以前,依次作为他的《早期希腊哲学》的第五、六、七章,第八章才是"年轻的爱利亚学派",论述芝诺和麦里梭。他认为:"如果我们按照柏拉图的说法,设想芝诺比通常所说的年代还迟一些,那么他们的

---

① 参见第欧根尼·拉尔修:《著名哲学家的生平和学说》第9卷,第29节。
② 基尔克、拉文:《苏格拉底以前的哲学家》,第286页。

历史地位就显得清楚多了:先是巴门尼德,然后是多元论,以后才是芝诺的批判。无论如何,亚里士多德的历史发展观点似乎就是这样的。"①将恩培多克勒和阿那克萨戈拉的思想放在芝诺以前论述,一般西方学者多不同意伯奈特的这个看法。策勒则认为以上几种说法的根据都不足,我们只能大体上说芝诺生于公元前 5 世纪初,公元前 5 世纪中叶以前就是一位出名的学者和教师了。②

对我们来说,重要的是确定一个基本事实:芝诺同下一编中论述的恩培多克勒和阿那克萨戈拉等人大体上属于同一个时代,芝诺的著作和思想的传播可能略先于其他二人。同时也为了论述方便,我们还是将芝诺放在巴门尼德以后,在恩培多克勒和阿那克萨戈拉以前论述,一般哲学史都是这样处理的。

关于芝诺的生平事迹,只有第欧根尼·拉尔修和柏拉图留下一些记载。第欧根尼·拉尔修的记述:

> 芝诺是爱利亚人,阿波罗多鲁在他的《编年史》中说,他是忒娄泰戈拉的儿子,被巴门尼德收为义子,……
>
> 芝诺是巴门尼德的学生和亲密朋友。柏拉图在《巴门尼德篇》中说,芝诺身材魁伟;在《智者篇》和《斐德罗篇》中将他称为爱利亚的帕拉墨得斯。③ 亚里士多德说,芝诺是辩证法的创立者,正像恩培多克勒是修辞学的创立者一样。
>
> 据说,他在哲学上和政治上都是一个出色的人。无论如何,他的残存的著作中充满了智慧。他蓄谋推翻僭主涅亚尔科(Nearchus),也有人说是狄俄美冬(Diomedon),但是被阻止了。……
>
> 在所有别的方面,芝诺都是一个高尚的人;他蔑视大人物,不亚于赫拉克利特。……④

---

① 伯奈特:《早期希腊哲学》,第 314—315 页。

② 参见策勒:《苏格拉底以前的学派》第 1 卷,第 609 页注 1。

③ 帕拉墨得斯是希腊神话中参加特洛伊战争的英雄之一。他勇敢而又智慧,传说他发明了度量衡,并且为传入希腊的腓尼基字母增加了 θ、ξ、χ、φ 四个字母。

④ 第欧根尼·拉尔修:《著名哲学家的生平和学说》第 9 卷,第 25、26、28 节。

第欧根尼·拉尔修在这里提到的柏拉图的著作,我们在下文再引述;这段话中值得注意的有两个问题:一是芝诺和巴门尼德的关系,二是芝诺的品德,特别是他的政治立场问题。

先说第一个问题。芝诺和巴门尼德的关系是非常密切的,他是巴门尼德的学生,大约是无疑的,但说他是巴门尼德的义子,却是可疑的。策勒认为义子之说不可靠,只能说芝诺受到巴门尼德的特别宠爱。① 伯奈特认为是第欧根尼·拉尔修误解了柏拉图《智者篇》中的意思。② 柏拉图在《智者篇》讲道:来自爱利亚的客人就存在和非存在的问题回答泰阿泰德时说:"我们不得不将父亲巴门尼德的话拿来估量一番。"③这里的"父亲"用的是 $\pi\alpha\tau\acute{\eta}\rho$(pater,即英文的 father)这个词既有"父亲"的意思,也有"祖先"、"祖辈"的意思,当时希腊似乎还没有收养义子的风气,可能这是对先辈的一般尊称。

芝诺在当时大约是一位被公认为智慧的人,所以他也像赫拉克利特一样,蔑视别人,蔑视大人物。关于他的政治活动,我们在上一章曾引证斯特拉波的记载,说他相信爱利亚城邦依靠巴门尼德和芝诺的才能,是会像早先一样治理好的。(DK28A12)很可能在巴门尼德和芝诺的时代,爱利亚城邦曾发生过一些动乱,所以斯特拉波才说他相信他们能将爱利亚城邦治理得和早先一样好。究竟是什么动乱? 现在没有资料说明,可能就是第欧根尼·拉尔修所说的僭主专政。希波战争在公元前 449 年结束以后,希腊的民主制已进入繁荣时期,僭主政治已失去它原先的一定的进步作用。但是,这里提到的这两个僭主都没有史料可查,史书中一个同名的涅亚尔科是后来马其顿王亚历山大部下的一个将领。所以,芝诺反对僭主的原因和经过,我们不得而知。

根据第欧根尼·拉尔修的记载,芝诺是死于政治斗争的。关于他的死,也有几种说法,一说他"供称僭主所有的朋友都和他同谋,以表明僭主已经众叛亲离了";一说他拒绝招供,咬断了舌头;还有说他最后被抛进臼里用杵捣

---

① 参见策勒:《苏格拉底以前的学派》,第 609 页注 1。
② 参见伯奈特:《早期希腊哲学》,第 311 页。
③ 柏拉图:《智者篇》,241D。

死。① (DK29A1)不管怎样,说芝诺是反动的奴隶主贵族是没有根据的。第欧根尼·拉尔修将他说成是一个德高望重的人,在他的感召下,"这个城邦的公民们后来就起来将这个僭主打死了"。他还引了一段人们歌颂芝诺的话:

芝诺啊,你的愿望是高尚的,你想谋杀暴君〔tyrant,即僭主〕,拯救爱利亚人。可是你被捣碎了,因为暴君将你抛进了石臼。但是,我说,这又算得了什么呢? 被捣碎的只是你的肉体,而不是你。②

这些记载只能说明芝诺的政治行为在爱利亚当时是颇得众望的。关于他的政治态度,我们只能介绍这些资料,不必作什么结论。

芝诺曾经到过雅典,这大概是可靠的。柏拉图在《巴门尼德篇》中讲到芝诺和巴门尼德一起去雅典,住在皮索多鲁家里。③ 普卢塔克在伯里克利传中说到,伯里克利曾经听过芝诺的讲演。④ 柏拉图在《阿尔基比亚德篇》中说,伊索洛库(Isolochus)的儿子皮索多鲁和卡利亚得(Calliades)的儿子卡里亚(Callias)就学于芝诺,每人各付一百个米那(minae,希腊货币名)。⑤ 策勒、伯奈特和格思里等认为没有证据怀疑这些记载都是虚构的。⑥

关于芝诺的著作,柏拉图在《巴门尼德篇》中说是芝诺年轻时写的,以后被人窃去,芝诺和巴门尼德一起来雅典时亲自宣读过。⑦ 但这是否真实,是可疑的。芝诺写过多少著作的说法也不一。上引古代辞书《苏达》说芝诺著作有四种:《辩驳》、《反哲学家》、《论自然》以及一部考察恩培多克勒的著作。(DK29A2)格思里认为,前三种实际上是亚历山大里亚时期赋予同一著作的不同名称,至于第四种则更为可疑。而且辛普里丘也只提到一部著作,大约是

① 参见第欧根尼·拉尔修:《著名哲学家的生平和学说》第9卷,第26—27节。
② 第欧根尼·拉尔修:《著名哲学家的生平和学说》第9卷,第28节。
③ 参见柏拉图:《巴门尼德篇》,127C。
④ 参见普卢塔克:《伯里克利传》第4、5节。
⑤ 参见柏拉图:《第一阿尔基比亚德篇》119A。
⑥ 参见策勒:《苏格拉底以前的学派》第1卷,第609页注1;伯奈特:《早期希腊哲学》,第311页注1;格思里:《希腊哲学史》第2卷,第80—81页。
⑦ 柏拉图:《巴门尼德篇》,128D。

公元前 460 年左右写的。①

芝诺著作的名称，据普罗克洛说叫作 Epicheiremata，《反诘或辩驳》（DK29A5）。它的意思是：从对方所主张的前提出发，可以推论出两个自相矛盾的结论，以证明它的前提是虚假的。后人称之为归谬法（反证法），这在某种意义上是对的；但是芝诺的论证，远不止是归谬法，它有塞克斯都·恩披里柯以及近代的康德的"二律背反"的含义。柏拉图在《斐德罗篇》中讲到苏格拉底和斐德罗讨论修辞学的技巧，苏格拉底说：

> 我们不是听说过爱利亚的帕拉墨得斯——芝诺吗？他有一种说话的技巧，使听众觉得同一事物既像又不像，既是一又是多，既是静止的又是运动的。②

显然，这样的内容是归谬法包括不了的；大概由于这个原因，第欧根尼·拉尔修说芝诺是辩证法的创始人。芝诺并不是赞成"既是又不是"，而是从一个假定的前提出发，推出"既是又不是"的结论，借以否定这个前提。这种"辩证法"的目的是什么？或者说芝诺的使命是什么？柏拉图的《巴门尼德篇》作了很好的说明。在这篇对话的开始，皮索多鲁向安提丰（Antiphon）转述了几十年前巴门尼德、芝诺和年轻的苏格拉底的一场对话。芝诺宣读了他的著作以后，苏格拉底请他再读一下第一个论证的第一个假设（即假设事物是多数的）。芝诺读了以后，接着就开始了下列一场对话：

> 苏：芝诺，在你所说的这些话里，除了证明存在不是多以外，还有别的目的吗？……

> 芝诺：不错，你正确地理解了我的目标。

> 苏：巴门尼德，我明白芝诺不仅愿意在友谊方面和你相契，而且在他的著作中也愿意和你协调一致；他将你的话用另一种方式说出来，同时又想使别人相信他说出了新意。在你的诗里，你认为一切是一，并对此作出了卓越的证明；他却从另一方面说没有多，并且提供了富有说服力的证

---

① 参见格思里：《希腊哲学史》第 2 卷，第 81 页。
② 柏拉图：《斐德罗篇》，261D。

据,来替你说话。你肯定一,他否定多。你们用这种办法欺骗大家,使人
们以为你们说出了不同的话,其实你们说的是一回事。这种手法是我们
不可及的。

　　芝诺:是的,苏格拉底。可是你虽然机灵得像斯巴达的猎犬,善于追
踪寻迹,但是你却没有完全理解这篇作品的真实动机,它并不像你所想象
的那样,是一种做作的东西。……事实上,我的这些作品的目的是保卫巴
门尼德的那些论证,反对那些嘲笑他的人。这些人以为从一的肯定中会
得出许多可笑的、矛盾的结论。我的答复是说给那些拥护多的人听的,我
有意用他们的攻击回敬他们自己,指出假定存在是多,如果推论下去,看
来要比存在是一更加可笑。①

柏拉图构思的这一场对话,当然不是芝诺和苏格拉底的原话,也许根本就没有
发生过这场对话。但是柏拉图不是凭空虚构的,他在对话中对每个人思想的
描述基本上是符合实际的,至少可以说这是柏拉图对芝诺的论证的目的的理
解。柏拉图的看法是正确的:芝诺的"真正的动机"是用一系列论证保卫巴门
尼德的学说;他的手段就是以其人之道还治其人之身。他也从对方认定的前
提出发,推出矛盾的、可笑的结论来,说明与其承认多,不如承认一。从这段对
话中我们可以看到:巴门尼德注重论证的方法,后来他的对手也用论证的方法
来驳斥他。对手的方法是从"假定存在是一"推出矛盾的结论来,以证明巴门
尼德的命题——存在是一——是错误的。芝诺则以"存在是多"为前提,也同
样推出矛盾的结论来,以此来捍卫巴门尼德的"存在是一"。芝诺继承了巴门
尼德的学说以及他注重论证的传统,同时也吸取了对手的反证法以及二律背
反思想的萌芽。在这里,我们又一次看到在哲学思想的发展中,对立的双方不
是僵硬的对立,而是相互吸收和转化的。

　　柏拉图谈到芝诺反对多的论证,后来亚里士多德又转述了芝诺反对运动
的四个论证。从古代到现代,一般传统的观念多认为芝诺反对多和运动,从而
维护了巴门尼德的不动和一。但在 19 世纪后期法国研究科学和哲学史的泰

① 柏拉图:《巴门尼德篇》,127E—128D。

纳利(Paul Tannery)打破传统观点,提出新的见解。他认为亚里士多德误解了芝诺,芝诺并不否认运动的可能性,他只是说运动和多不相容;他认为芝诺的真正目的是反对毕泰戈拉学派关于线、面、体是无数的点的总和这种观点。泰纳利的看法得到当时法国一些学者的赞成,以后英国的康福德、狄士曼·李(Desmond Lee)进一步发挥了泰纳利的见解。西方一批近现代学者如蔡勒、海德尔(W.A.Heidel)等坚决反对泰纳利的看法,认为芝诺所反对的是包括普通人和哲学家(其中包括毕泰戈拉学派)在内的承认多和运动的共同观点,没有资料证明古人亚里士多德误解了和他相距不远的芝诺。① 我们以为泰纳利等人的见解值得注意,对于研究芝诺有关运动的悖论是有帮助的;但是他以为芝诺反驳的对象仅限于毕泰戈拉学派,这是根据不足的,即使是同意泰纳利见解的人中,也有对此提出异议的。芝诺论证的重点是反对多,论证一。按照巴门尼德的学说,承认存在是一,也就必然承认存在是不动的,无生灭的。所以,芝诺反对多也就包含着反对运动,承认一也就包含着承认不动。至于他在理论上还存在什么困难和问题,我们将在以下各节中加以讨论。这里我们只要明确肯定一点,即芝诺的使命就是用论证的方法反对多和运动,维护巴门尼德的存在是不动的一。究竟他是怎样实现这个任务,他是否完成了自己的使命,以及他在认识发展史上起了什么作用? 这些是以下几节所要说明的问题。

有关芝诺的资料主要辑自柏拉图、亚里士多德和辛普里丘。芝诺的著作现在只留下四则残篇,第尔斯和克兰茨在 B 类中辑录了这四则残篇,在 A 类中收录了三十则后人的转述和介绍。第尔斯的编辑有些缺陷,他将几则残篇的次序搞乱了。狄士蒙·李所著《爱利亚的芝诺》(Zeno of Elea,剑桥出版社,1936 年)收集、整理、注释了有关芝诺的资料,是研究芝诺的较好材料。此外,有些学者从现代科学出发,对芝诺的悖论作了探索,如弗拉斯托斯为《哲学百科全书》撰写的"芝诺"的长篇条目,以及匹兹堡大学的阿道夫·格伦鲍姆(Adolf Grünbaum)教授撰写的《现代科学和芝诺的悖论》,是从现代逻辑学和科学研究芝诺悖论的重要著作。

---

① 参见格思里:《希腊哲学史》第 2 卷,第 83—85 页。

第二节　反对多的论证

芝诺的论证集中在反对多和反对运动两个方面。他反对多的论证,辛普里丘在对亚里士多德的《物理学》注释中引用了几段芝诺的原话,第尔斯将它们辑录为三则残篇。

残篇第一辑自《〈物理学〉注释》第 140 页第 34 行以下。辛普里丘先用自己的话作了介绍,然后引证:

〔芝诺所著的〕Epicheirema 的后一半指出:如果事物是多,它们必定是(1)无限小;(2)无限大。

如果存在没有大小(量度),它也就不能是存在了。

如果有任何存在,必定是每一个(部分)有一定的大小和厚度,而且彼此有一定的距离。同样的道理也适用于在它前面的部分;因为那个也有大小,并且在它以前还有另外的部分。实际上,同样的理由可以一直应用下去:整体没有一个部分会是最外面的,也不会有任何一个部分不和其他部分发生关系。所以,如果事物是多,它们必定既是大又是小;小会小到没有大小,大会大到无限。(DK29B1)

残篇第二辑自同书第 139 页第 5 行以下,辛普里丘记述:

Epicheirema 的前一半指出:如果事物是多,它们必定是(1)无限小;(2)无限大。

如果将它加到某些别的存在上去时,不会使后者增大;因为它根本没有大小,将它加上去时,不会在大小上有所增加。这样就可以得出,加上去的东西等于零(无)。再说,如果将它〔从另一个东西〕减去,另一个东西并不变小,正像将它加上去时不会增大一样,显然,所加上或减去的都是零。(DK29B2)

残篇第三辑自同书第 140 页第 27 行以下,辛普里丘记述:

Epicheirema 指出:如果事物是多,它们必定在数量上是(1)有限的;

（2）无限的。

如果事物是多,它们必定是和它们〔实际〕存在的一样多,既不多一点也不少一点。但是如果它们正是和它们存在的一样多,它们〔在数量上〕就是有限的。

如果事物是多,它们在数量上就是无限的。因为在那些存在的东西之间总还有别的东西,而在那些东西之间还会再有别的东西。所以事物〔在数量上〕是无限的。① （DK29B3）

根据普罗克鲁在《论巴门尼德》中记载,芝诺反对多的论证不下四十个（DK29A15）,辛普里丘所引用的可能只是其中一部分。这三则残篇其实是两个论证,其一是残篇第三,从数量的多少上进行论证;其二是残篇第一和第二,从体积的大小上进行论证:如果承认多,它们的体积可以大到无限大（残篇第一）,小到无限小（残篇第二）。关于这两个论证,古代没有留下详细的资料,辛普里丘也没有详加解释,所以近现代学者作了不同的解释。康福德将各种解释概括为两类:第一类是将"事物是多"解释成为感官所见的,运动着的一个一个具体事物,以策勒和罗斯为代表,基尔克和拉文称之为"算术型的解释";第二类是将"事物是多"解释成为几何学上的单元（units）,以泰纳利、康福德和狄士蒙·李为代表,基尔克和拉文称之为"几何型的解释。"②

我们先从残篇第三的解释说起。策勒、罗斯和弗里曼的解释基本一致,大意是说:如果存在的事物是多,那么它们在数量上一定是有限定的 $\pi\epsilon\pi\epsilon\rho\alpha\sigma\mu\acute{\epsilon}\nu\alpha$（peperasmena,pera 的过去完成式分词,等于"已有限定的",limited）,又是无限定的 $\H{\alpha}\pi\epsilon\iota\rho\alpha$（apeira,unlimited）。说它们是有限定的,因为它们的数目不多不少正好是它们实际存在的那么多;说它们是无限定的,因为如下图所示:

---

① 芝诺的这几则残篇,内容次序和译文各家都不一样,我们主要根据弗里曼的英译,参考了基尔克、拉文在《苏格拉底以前的哲学家》,第 288 页中的英译文。

② 康福德:《柏拉图和巴门尼德》第 58 页;基尔克和拉文:《苏格拉底以前的哲学家》,第 289—290 页。

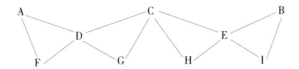

在 A 和 B 之间必然有一个 C 将它们分开,否则 AB 就只是一个东西了;同理,AC 之间一定有个 D,CB 之间必然有一个 E 将它们分开;同样的,在 AD 和 DC 之间必然有 F 和 G 将它们分开,在 CE 和 EB 之间也必然有 H 和 I 将它们分开。依此类推,以至无穷。所以,如果承认事物是多,它们的数量是无限多。[①]

但是,狄士蒙·李认为,"除非将残篇中讲的'事物'解释成是线上的点,否则就是没有意义的;这个论证不过是说,在任何两点 a 和 a_1 之间,都可以有 a_2,a_3 等等,依此类推。"[②]他实际上是将上图中的事物改变为在一条线上的点,如图:

弗拉斯托斯在 20 世纪 60 年代出版的《美国哲学百科全书》中撰写了关于"芝诺"的长篇条目。他将这个论证的后半部译为:"如果有多,那么存在必然是无限地多,因为在存在之间又有其他的存在;这样,存在是无限地多。"对此,他作了解释。他认为从前提"在任何两个存在之间必然至少有一个存在","由此得出结论:任何三个存在,在它们之间必然至少有两个存在;……因此,一般说,如果有几个存在,在它们之间必然至少有 n-1 个存在。"[③]依此类推,所以,如果有多,其数量会多到无法计数。可以公式表示如下:

$$n = 2$$

$$n-1 = 1$$

$$n' = n+(n-1) = 2+1 = 3$$

---

① 参见策勒:《苏格拉底以前的学派》第 1 卷,第 617 页注 2;弗里曼:《苏格拉底以前的哲学家》,第 154 页;罗斯:《亚里士多德的〈形而上学〉》第 2 卷,第 479—480 页。

② 狄士蒙·李:《爱利亚的芝诺》,转引自基尔克、拉文:《苏格拉底以前的哲学家》,第 289 页。

③ 《哲学百科全书》第 8 卷,第 371 页。

$$n'-1=2$$
$$n''=n'+(n'-1)=3+2=5$$
$$n''-1=4$$
$$n'''=n''+(n''-1)=5+4=9$$

……

残篇第一和第二是同一个论证,即从大小方面来论证:如果事物是一,它们既是无限小,又是无限大。原文是四段话,分别在辛普里丘的《〈物理学〉注释》中四处引证。第尔斯的编排不甚合理,基尔克、拉文将残篇第一末尾的结论——"如果事物是多,它们必定既是小又是大;小会小到没有大小,大会大到无限。"——移在开头的地方;并将残篇第一和第二换了位置,将残篇第二放在残篇第一的前面,但将残篇第一的第一句话——"如果存在没有大小,它也就不能是存在了。"——仍旧保留在前面。这样一改,这个论证就比较完整了。[①] 这个论证的前一半即残篇第二(无限小,小到等于零)比较好理解;而这个论证的后一半即残篇第一(无限大,大到无限)却很难理解。这一个论证,尤其是后一半,在芝诺的论证中具有重要地位,本章以下第四、第五节中涉及较多,因此,我们多介绍一些近现代西方学者的解释。

弗里曼的理解是:如果事物是多,它一定有许多单位,这些单位或者是没有大小和厚度的,或者是有大小和厚度的。如果它们没有大小或厚度,则将它们加于某物时,某物不会增大;从某物减去时,某物也不会变小。这样,它们一定很小很小,以至等于零(无,nothing)。如果它们是由有大小和厚度的单位组成,显然,每一单位都有大小和厚度,每一单位的部分也都有一定的大小和厚度,而且彼此有一定的距离;同样,对其中的任一部分都可以这样说,以至无穷。他认为:"决不可能分到不能再分的地步,也就是说,决不可能小到无法再小,以致没有此一部分和彼一部分;……这样我们就得到无数的都拥有一定大小的数,它们加在一起就构成无限的大小和厚度,因此,存在是无限大。"[②]

---

① 参见基尔克、拉文:《苏格拉底以前的哲学家》,第288页。

② 弗里曼:《苏格拉底以前的哲学家》,第155页。

策勒的解释略有不同。他说,如果存在是多,它们一定既是无限小又是无限大。说它们无限小,因为"多"是单位的集合,而单位是不可分的;既然是不可分的,就是没有量度(大小)的;因为它没有量度,无论加之于某物,或从某物中减去,都不会影响某物的大小。所以,它们是无限小,小到等于零。同时,"多"又是无限大,因为所谓"多"就是有度量,有度量就是可分的,可以无限分割以至于无穷。因此,如果有多,它们就是由无限数的量,或无限量的数组成的。①

收在艾伦、弗莱编《苏格拉底以前哲学的研究》第二卷中的弗陵克尔(H.Fränkel)的文章《爱利亚的芝诺对多的辩驳》,详细研究了残篇第一和第二。他认为这两则残篇由下列四个部分组成:"(1)构成一个整体的各个单位是没有量度的;(2)因此,它们是不存在的;(3)既然假设事物是存在的,那么它们就是有量度的,这就导致其量度是无限的结论;(4)因此,如果我们接受'多'这一命题,结论就是,它们的单位既是无限小,小到没有;又是无限大,大到无限。"②

关于(1),弗陵克尔在注第四十一中作了解释:"世界的基本成分必定是不可分的量子(quanta),同时又是可分的多。这个二律背反不仅对(1)是有意义的,而且在芝诺的其他论证中都起作用。"他指出,在芝诺的残篇第三以及关于运动的四个论证中都包含有这个二律背反。他还引证亚里士多德等人的几则资料(下文再引述)证明,芝诺认为多是单位的集合,而单位是不可分的。③

关于(2),为什么说单位不可分就说它们是不存在呢? 弗陵克尔认为这不是巴门尼德意义上的"不存在",而是从量度意义上讲的,因为加之不增大、减之不减小是从量度意义上讲的。所以辛晋里丘在引这段话时加了一句解释:"没有量度、没有大小和体积的东西是不存在的。"④弗陵克尔认为这里的

① 参见策勒:《苏格拉底以前的学派》第1卷,第614—617页及第615页的注。
② 艾伦、弗莱编:《苏格拉底以前哲学研究》第2卷,第110页。
③ 参见艾伦、弗莱编:《苏格拉底以前哲学研究》第2卷,第133页。
④ 辛普里丘:《〈物理学〉注释》,第141页第1行。

大小和量度指的是长、宽、高等三度,有没有量度的标准是有没有长、宽、高这三度;也就是说,有厚度、有体积的东西才叫有量度。这样的东西加之于某物就会变大,减之就会变小。但是,几何上的点、线、面是没有大小、厚度和体积的,所以将它们加上或减去,原来的大小不变。换言之,没有厚度或体积的点、线、面,不管它们有多少,加起来还是没有厚度和体积,既不能使对象增大,也不能使之减少。这样的东西被说成是"不存在"的。

关于(3),弗陵克尔认为,芝诺的意思是说,如果某物是有量度的,就是可分的,作为部分,它就有大小和厚度。其中每一部分都有一定的大小和厚度,还有一定的距离。为什么芝诺说在它前面总有一个部分,以至没有最后的、最外面的部分呢? 因为任何一个事物的部分,都有前部和后部。这一部分的前部(前面),正是另一部分的后部(后方);而这另一部分既然是一个体(部分),它有后部,也就有前部。只要它是一个单位的部分,是一个"体",就总有一个前部;而这前部也还是一个"体",它不是点、线、面。因为在(2)中已说过,点、线、面是没有厚度和体积的。不可能有这么一个"体",它的后部是有体积的,而前部却没有体积。哪怕它再小,也总是有体积的。这样,总有一个前面的部分,这个前面的部分还有它的前面的部分,如此以至无穷。因此,既没有中心,也没有最外面的边沿。弗陵克尔说:"论证本身很清楚,它同(2)的关系也一目了然。从(2)可以得出,没有厚度的面是不存在的。因此,根据所有的面都有厚度这一前提,我们决不会得到一个最后的面,以限制物体的广延。……这样,在衡量物体的厚度时,人们的经验就感到为难了;总还有某些东西加上去,物体似乎总达不到边。"①弗陵克尔的意思可以用具体实例来说明,比如一所房屋,它是可分的,总有前部和后部,都有一定的体积。如果它的前部是前面的一个单元,它又有体积,又有前部和后部,所以说在前部中还有个在前的部分,如这个单元的前面的一个房间。房间也是有体积的,又有它前面的部分,比如说是前面的一堵墙。墙还是有厚度的面,仍旧是有体积的。对

① 艾伦、弗莱编:《苏格拉底以前哲学研究》第2卷,第119页;参见第139页注85,即柏拉图《巴门尼德篇》165A—B;可以参见陈康译注:《柏拉图巴曼尼得斯篇》,第353页及其图解。

这堵墙说,它还有砖、灰砂、涂料等好几层,各有一定的体积。这样,前部中还有前部,以至无穷。它们的体积永远加不完,总有一部分未加上去,总找不到一个最后的边沿,总有一定的量度在设定的界限以外。所以说,如若是多,其量度大到无限大。

弄清了(1)、(2)、(3)以后,得出(4)的结论就是一目了然了。格思里赞同弗陵克尔的解释。[①] 但是弗拉斯托斯在《关于芝诺的残篇第一的注释》一文中批评了弗陵克尔的看法。他认为芝诺所说的"无限"apeira 不是弗陵克尔所说的那种"没有边际",而是"不能穷尽"的意思;$\alpha\pi\varepsilon\chi\varepsilon\iota\nu$（apechein, apecho 的分词)也不是"有一定距离",而是像亚里士多德在《论动物的构成》[②]中的用法,是指在身体的不同位置的各部分,芝诺这里是指"各个互不重叠的部分。"[③]这样,弗拉斯托斯认为,芝诺的残篇第一的意思是:

(1)任何一个存在都有高度或厚度,因而有相互关联的,但又不互相重叠的部分;

(2)其中的每一部分都有一定的厚度,这样,若某物 S 有 a 和 b 两部分,那么 b 又有 c 和 d 两部分;

(3)同理,每一部分的部分也可以包含有部分,d 有 e 和 f,f 又有 g 和 h,依此类推,事物可以无限分割,没有一个最后的部分。[④] 如图:

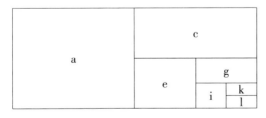

$$S = a+c+e+g+i+\cdots\cdots$$

它可以无限分割,永远达不到最后的一个部分。

弗拉斯托斯在 20 世纪 60 年代为《哲学百科全书》写的"芝诺"的长篇条

---

①　参见格思里:《希腊哲学史》第 2 卷,第 89 页及注。

②　参见亚里士多德:《论动物的构成》,655ᵃ32。

③　艾伦、弗莱编:《苏格拉底以前哲学研究》第 2 卷,第 178—179 页。

④　参见艾伦、弗莱编:《苏格拉底以前哲学研究》第 2 卷,第 179 页。

目中进一步阐释了他的观点。他将残篇第一中的这一部分释为:"如果多是存在的,那么每一个存在都有一定的大小和厚度,每一存在的部分必定处在另一部分以外(lie beyond);对于所设定的任一部分中的部分,也是同样道理,因为它也包含一定大小的部分,其中又有自己的部分;这样可以一直分下去,没有一个部分是最后的部分,也没有一个部分同另一部分无关联。"①弗拉斯托斯接着解释说:假设任何一个存在物 A,它包含两个互不重合的部分 B 和 C,由于"在芝诺的时代,没有更清楚的术语,所以他将 C 说成是位于 B 以外,或伸展在 B 以外,或处于 B 以前或以上等等;对 B 和 C 的关系也是这样。〔请注意,弗拉斯托斯指出的这点很重要。对于一个具体事物 A 和另一个具体事物的关系,我们很容易说出来,说 A 在 B 之中、之外、之上、之前等等,但对一个抽象的东西和另一个抽象的东西之间的关系,如这里讲的这一部分和那一部分的关系,以及一个抽象的东西和一个具体事物的关系,如后来柏拉图的理念和具体事物的关系,就不那么容易说清楚了。正如弗拉斯托斯所说,当时还没有一个清楚的专门术语来表达,说不清究竟是在上面还是在外面。这就是后来柏拉图和亚里士多德一直争论不清的所谓"分离问题"的起源。这个问题,我们将在本书第二卷和第三卷中讨论。〕B、C 之中各有部分,其部分也是同样道理,以至无穷。"②

上述各种解释表明,这些意见分歧关键在于如何理解芝诺所说的"无限";除此以外,在下列基本点上,各家的看法并没有不同,即:

第一,芝诺最早使用 Epicheirema 这种辩驳方法,即从一个前提可以推出两个相反的结论,借以证明前提的虚假性,论证"多"是不存在的。

第二,现有资料说明,芝诺反对多的论证主要是两个,即从体积(大小)方面和从数量(多少)方面论证:如果承认多,就会导致无限大和无限小、有限量和无限量的矛盾。"无限"和"有限"这一对范畴,到芝诺的论证中,才成为有明确含义(体积和数量方面的无限和有限)的对立的范畴。

---

① 《哲学百科全书》第 8 卷,第 370 页。
② 《哲学百科全书》第 8 卷,第 370 页。

　　第三,芝诺关于无限大和无限量的论证,尽管有几种不同的解释,但大家都承认芝诺开始提出了无限分割和极限的思想。

　　对于在这些基本观点一致的基础上所作的不同的解释,我们没有条件加以评论。但是,我们以为有一点必须明确,即:对于芝诺的论证必须从当时的哲学和科学发展的水平出发,从当时认识发展的程度出发,去说明芝诺自己可能是怎么解释的;而不要将我们现代人的认识和现代科学的内容加到古人芝诺的命题上去。当然应该承认,芝诺的思想一直到现代还有影响和启发,为现代自然科学、现代数学和现代逻辑学提供了某种萌芽,这是必须充分肯定的。但是,一种思想所内在地蕴涵着的内容,由逻辑推理可能得出的思想,以及未来萌芽的因素等等,并不是历史上现实地存在着的东西,更不是哲学家本人已经意识到的东西,二者不能混同。我们研究的是哲学史,作为历史的科学,应该用历史的观点去揭示认识发展的过程。从历史的观点看,可能策勒、罗斯和弗里曼等人的解释比较接近芝诺的原意。弗陵克尔、弗拉斯托斯和狄士蒙·李等人的解释,对分析理解芝诺的思想颇有启发,但是芝诺自己是否就有那些意思,是令人生疑的。

　　从古代的记载可以看出,芝诺除了用论证驳斥对方外,还是提出一些正面的主张的。前面说到狄士蒙·李提供了一些资料。其中之一是公元四世纪时先在君士坦丁,后在罗马活动的一位哲学家和修辞学家塞米司提乌的记载,说芝诺认为"一"(unity)和不可分性是必然地结合在一起的。① 辛普里丘曾引证公元 2 世纪时注释亚里士多德著作的亚历山大的记载:

　　　　据欧德谟斯(Eudemus)记载,芝诺曾经试图论证存在是多是不可能的,因为在存在中没有单位(unit),而多不过是单位的集合。②(DK29A21)
辛普里丘还直接引用欧德谟斯的一则记载:

　　　　据说,芝诺经常这样议论:如果有人能给他解释单位一是什么,他就能给他们解释存在。③(DK29A16)

---

① 转引自格思里:《希腊哲学史》第 2 卷,第 88 页。
② 辛普里丘:《〈物理学〉注释》,第 99 页第 13 行起。
③ 辛普里丘:《〈物理学〉注释》,第 97 页第 12 行起。

从这些资料中可以看到，芝诺关于一是不可分的观点就是巴门尼德的观点。他们所说的不可分的一，实际上只能是抽象的像几何学中的点（单位一），它没有体积，没有大小；因此，增之不会加大，减之不会减少。但是，另一方面，普通人日常看到的具体事物，也是由单位一集合而成的，这种具体的单位（部分），无论怎么小，也还是有体积的，不是不可分的。芝诺分不清几何学上的抽象单位和具体事物的单位，将二者混淆起来，所以有时作这样的推论，有时作相反的推论。和他同时或略早的毕泰戈拉学派也是将具体的单位一和抽象的单位一混淆在一起；所不同的只在于：毕泰戈拉学派主张具体事物是由抽象的数构成的，而芝诺却以这种抽象和具体相混淆的情况，建立他的二律背反的论证，目的是反对多。

亚里士多德在《形而上学》第 3 卷提出哲学应该讨论的十几个问题中，在论述最普遍的"存在"和"一"是不是本体时，曾就"一"或单位是否可分的问题，指出这种抽象和具体的关系，批评过芝诺的学说：

> 再说，如果"一"（单位）自身是不可分的，根据芝诺的假设，它就是无。因为，加之不会使一物增大，减之不会使一物减小，他断定它就是不存在的。显然，他〔芝诺〕认为凡是存在的都是有量度（大小）的。如果它有量度，它就是具体的（有形物），而具体的事物是有长、宽、高三度向的，别的数学对象，例如面或线，只有在某一度向增加时才会加大，另一度向就不会如此，①而点或单位则是在任何度向都不会加大的。他〔芝诺〕的理论是低级的，因为不可分的东西能够以和他的说法相违背的方式而存在。不可分的东西可以在数目上，而不是在大小上使它增大。②

亚里士多德在这里区别了抽象的数学对象和具体的有形物。数学上的点是没有大小和体积的，是不可分的；但是数学上的点同具体事物的单位不是一回事。而且，亚里士多德指出，即使按芝诺的说法，也是有问题的：将一个数学上的点加到另一个点上，虽然体积上不会使它增大，但在数目上却使它增多，成

---

① 罗斯在英译本中解释说：如果将一条线加在另一条线的末端，它会延长，但如果加在它的旁边，它不会变宽。

② 亚里士多德：《形而上学》，$1001^b8 - 15$。

为两个点，而不再是一个点了。亚里士多德指出芝诺混淆了一般和个别，所以说他的学说是低级的。亚里士多德指出的芝诺的缺点是对的，但对芝诺的学说总的应该如何评价，我们在本章第四节再来讨论。

第三节　反对运动的论证

芝诺反对运动的论证原著已经佚失，现有资料来自亚里士多德在《物理学》中的论述，主要是该书第 6 卷第九章。按照亚里士多德的说法，芝诺的论证只有四个：

> 芝诺关于运动的论证有四个，它使那些试图解决这些问题的人感到为难。①（DK29A25）

这四个论证就是：二分法、阿喀琉斯、飞矢不动、运动场。这些名称是亚里士多德定的。下面我们先将古今的记载和解释作简略的介绍，在下节再作些评论和分析。

第一，二分法（dichotomy）。

亚里士多德在《物理学》上引这句话后，接着就说：

> 第一个论证是说，运动不存在，因为一个运动的物体在达到目的地以前必须先达到全路程的一半。②（DK29A25）

在《论题篇》中，亚里士多德用有些不同的语言加以转述。他说，推论所得的结论同常识是不同的，甚至是相反的，接着就举了这个例子：

> 有许多论证是同流行的意见相反的，例如芝诺说，运动是不可能的，你不可能越过运动场（$\sigma\tau\alpha\delta\iota\upsilon\nu$，stadium）。③

亚里士多德在这里引述芝诺的话中，以及芝诺的第四个论证都用了 stadium 这

---

①　亚里士多德：《物理学》，239ᵇ9—11。
②　亚里士多德：《物理学》，239ᵇ11—14。
③　亚里士多德：《论题篇》，160ᵇ7—8。

个名称。Stadium 本来是古希腊运动会的竞技场。自从公元前 776 年开始举办全希腊的奥林比亚赛会后,运动场地的跑道长度定为 600 希腊尺,折合 606.75 英尺,或八分之一的罗马时代的"里"。所以 stadium 又指运动跑道及度量名称。希腊人对竞技会是入迷的。谁都知道任何一个运动员,即使是跑得最慢的,也能在一定时间内从起点穿过跑道(stadium)到达终点。现在芝诺向常识挑战,特地挑选运动场和运动跑道作论题。他说,人不可能越过跑道,因为要达到终点,首先要到达全程的一半,即 1/2,为此又必须先越过这一半中的一半,即1/4,依此类推,要先越过 1/8,1/16,1/32……1/n,这是无穷的。因此根本不可能越过。

芝诺的论证尽管是和常识相反的,但在当时却赢得了一批信徒。亚里士多德在《物理学》第 8 卷第八章中说:

> 那些以芝诺的论证为依据的人,认为要走完一段路程必须先走完一半的路程,这种一再二分的一半是为数无限的,因此不可能走完为数无限的路程。另有一些以同样论证为依据的人,换了一种方式提出问题,他们认为在运动的进行中,每走完一半路程,就要先计一半数,因此得出一个结论:如果要走完全程,就必须数无限多的数,而这是不可能的。①

这些芝诺的追随者以两种不同的方式引申了芝诺的论证,一种说如果有运动,无法到达终点;另一种是说如果有运动,无法计数。因为你走一半要先计一半的数,再走一半的一半要先计这一半的一半的数,依此类推有无限个一半,数完无限的一半是不可能的。

芝诺和这些引申者的论证同中国古代哲学中的"一尺之捶,日取其半,万世不竭"(《庄子·天下篇》)的含义是相同的,但是目的不同。中国古代的辩者惠施提出的这个命题和古希腊的智者有相同的理论基础,即相对主义。你说是有限的,我却说是无限的。惠施的优点是看到了在有限中包含着无限。而芝诺及其追随者的目的却是要否认运动。不过,芝诺究竟怎样从这个论证中得出否认运动可能性的论断,亚里士多德并没有作进一步的明确解释。但

---

① 亚里士多德:《物理学》,263ᵃ4—11。

我们可以从亚里士多德所作的反驳中看出芝诺是这样论证的：空间是无限可分的，任何有限的一段距离都可以无限地划分，没有不可再分的最终的量度，因此，物体不可能在有限的时间里越过无限系列的点而达到终点。由此可见，芝诺是以空间的无限可分为前提的，因而他认为总是不可能越过某一个量度，即使它再小，也可以一半又一半地无限分下去。亚里士多德就是从这样的角度反驳芝诺的。他在《物理学》第6卷第二章中说：像时间、空间、量度之称为"无限"，有两种含义，一是指它可以无限地延伸，另一是指它可以被无限地分割；芝诺是混同了这两个"无限"的概念。有限的时间诚然不能越过可以无限延伸的距离而达到终点；但是有限的时间却可以越过一定量度（它是可以被无限分割的）中无限数的点而达到终点，因为这有限的时间也是同样可以被无限分割的。二者成正比，以一半的时间可以越过一半量度的空间，再用一半的一半的时间可以越过一半的一半的空间；这段距离可以无限地分割，相应地这段时间也可以无限地分割，因此，经过一定的时间可以越过一定的距离。亚里士多德说：

　　　　所以芝诺的论证是错误地认为不可能在有限的时间内越过无限的〔点〕，或者分别地同无限事物相接触。因为长度、时间，或一般说任何连续的东西被称为"无限"，有两种意义：或者是无限地可分，或者是无限地延长。因此，不能在有限的时间内同数量上无限的东西相接触，但却能同可分性意义上无限的东西相接触。因为在可分性意义上讲，时间本身也是无限地可分的。①

亚里士多德的意思是，在区分开两种意义的"无限"的前提下，承认在有限的时间内越过有限距离的无限的点是可能的。因为时间和距离本身是有限的，却都可以无限分割，分为无限数的"瞬间"和无限数的点。他的反驳有正确的方面，就是他将两种意义的无限区分开来。但是亚里士多德并没有回答芝诺的问题，并没有直接说明运动是可能的。他自己也意识到这一点，所以在

---

　　① 亚里士多德：《物理学》，233ᵃ21—28；参见基尔克、拉文：《苏格拉底以前的哲学家》，第293页。

《物理学》第 8 卷第八章中说：

> 这个〔即上引的〕答案虽然足以回答所提出来的问题——在有限的时间内能否越过或者计数无限数的单位，但作为对事情本身的说明，则还是不够的。①

那么，怎么才能对事情本身作出说明呢？他指出，芝诺等人的错误在于：

> 在将连续的距离分为两半时，将一点当作两点了，使它成为一个起点和一个终点；那些计数的活动也产生同样的结果。如果以这种方法来分，无论是距离或是运动就都不是连续的了。②

这倒是涉及问题的实质了。时间、空间、运动都是连续的，根据芝诺的无限分割的假设，它们就只有间断性而没有连续性。芝诺认为运动不可能的错误根源正是在这一点上。但是在亚里士多德的时代，他还不可能认识到这一步，不能用连续性和非连续性的统一来反驳芝诺的论证。他只能用潜能和现实来说明这个问题，认为芝诺所说的无限分割只是一种潜能（可能），而不是现实。他接着上文说：

> 因为凡是连续的东西都包含无限数的一半，只是它们并不是现实的而只是潜能的一半。如果这些一半成为现实的，我们将会得到一个间断的而不是连续的运动。在计数一半时也会得到同样的结果：一个点必然被计数为两个，一半是起点，另一半是终点，因为我们不是在计数一个连续的整体，而是计数两个一半。所以对于这个问题：是否可能通过无限数的单位、时间或距离？我们必须回答，在一种意义下是可能的，在另一种意义下则不可能。如果这些单位是现实的，它就不可能；如果是潜能的，就可能。③

因为时间、空间和运动的无限分割，仅是一种可能性，是潜能而不是现实；如果成为现实，就等于分割完毕，它们也就是有限而不是无限。既然只是潜能的，

---

① 亚里士多德：《物理学》，263ᵃ15—18。

② 亚里士多德：《物理学》，263ᵃ23—27。

③ 亚里士多德：《物理学》，263ᵃ28—ᵇ6。

就可以被越过,运动也就是可能的了。

以上就是亚里士多德关于芝诺的第一个论证的记载、解释和评论,也可以说明他对这个论证的认识程度。后来辛普里丘在注释《物理学》时,也对芝诺的论证作了解释:

> 芝诺的论证如下:如果有运动,那就是说某物在有限的时间内越过了无限系列的点。这种二分(dichotomy)的过程是没有限度的,因为任何量度都含有无限数的一半,每一个一半又有它的一半。因此,一个越过了有限距离的物体,等于说它在有限的时间内(即在它实际上越过一段距离的时间内)越过了无限数的一半。芝诺认为这是不可能的,因为实际上不可能在有限的时间内完成无限的系列,因此运动是不存在的。①

辛普里丘在解释芝诺的方法时用了 dichotomy 这个词。亚里士多德在对比芝诺的第一、二个论证的同异点时,将第一个论证叫作 $\delta\iota\chi\acute{o}\tau o\mu\eta$(dichotomy),②英文译作 bisection,“二分法”由此得名。

亚里士多德和辛普里丘关于芝诺第一个论证的介绍和解释,近现代学者的看法没有大的分歧,这里就不一一介绍了。

第二,阿喀琉斯(Achilles)。

阿喀琉斯是攻打特洛伊的英雄,全希腊跑得最快的人。特洛伊的将领赫克托耳(Hector)杀死了阿喀琉斯的朋友帕特洛克勒(Patrocles),阿喀琉斯要为他报仇,和赫克托耳决战;赫克托耳战败后绕城逃跑,被快腿阿喀琉斯追上刺死。芝诺以此作第二个论证,说阿喀琉斯追不上乌龟。亚里士多德是这样论述的:

> 第二个是所谓“阿喀琉斯”的论证,这个论证的意思是说:最快的永远赶不上最慢的,因为追赶者必须首先跑到被追赶者起跑的出发点,因此最慢者必然永远领先。③(DK29A26)

---

① 参见罗宾逊:《早期希腊哲学导论》,第 132 页及 320 页的注。
② 参见亚里士多德:《物理学》,239ᵇ22。
③ 亚里士多德:《物理学》,239ᵇ14—18。

这段话只说"最快的"和"最慢的"、"追赶者"和"被追赶者",最快的追赶者当然指阿喀琉斯,被追赶的却没有说明。辛普里丘在注释时作了说明:

> 这个论证也是建立在无限可分的基础上的,但是有所不同。论证大体如下:如果有运动,最慢的会被最快的所赶上,但是实际上这是不可能的,所以没有运动。……这个论证所以被称为"阿喀琉斯",因为引入了他。论证说,他赶不上同他赛跑的乌龟。因为追赶者在赶上龟以前,必须首先到达龟的出发点。但在追赶者到达这一点时,被赶者已经又爬了一段路程。纵使被赶者是最慢的,它总还是往前走了一点,因为它不是停在那里。……由此证明,阿喀琉斯不仅赶不上赫克托耳,甚至还赶不上乌龟。①

普卢塔克也提到芝诺的这个论证,但他说是阿德拉斯托(Adrastus)的快马和乌龟赛跑。罗斯认为可能是将两个故事混在一起了,一个是快马和乌龟赛跑,另一个是阿喀琉斯和我们所不知道的对象赛跑。② 格思里认为,普卢塔克讲的是斯多亚学派的人讲的故事,可能是套用了芝诺的论证,用不同的故事讲的是同一内容。③

近现代学者大体上都根据亚里士多德和辛普里丘的解释来理解这个论证。"阿喀琉斯和乌龟"这个名称也是后人依此而取的。如图所示。

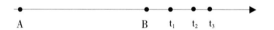

设阿喀琉斯从 A 起跑,同时龟从 B 爬行;当阿喀琉斯达到 B 点时,龟又向前爬了一段,达到 t_1;阿喀琉斯又得从 B 开始追赶,龟又向前爬到 t_2;阿喀琉斯又要从 t_1 开始追赶;如此,龟即使再慢,也总是比阿喀琉斯先向前爬了一段;二者只能无限地越来越接近,却总是赶不上。弗里曼用现代数学来解释这个论证:设慢者为快者速度的 1/10,快者跑 10 单位长度,慢者只能跑 1 单位长度,按

---

① 辛普里丘:《〈物理学〉注释》,第 1013 页第 31 行起,参见罗宾逊:《早期希腊哲学导论》,第133 页。
② 参见罗斯校释:《亚里士多德的〈物理学〉》,第 71 页。
③ 参见格思里:《希腊哲学史》第 2 卷,第 92 页注。

10∶1列式为：

$$\frac{1}{10}+\frac{1}{100}+\frac{1}{1000}+\cdots\cdots+\frac{1}{n}$$

这样只能无限地接近,不能赶上。①

　　从这个论证怎么得出否定运动的结论呢？策勒和伯奈特等认为用的还是反证法:如果运动是真的,就会得出快腿阿喀琉斯赶不上龟的荒谬结论。罗宾逊认为,这里实际上是一个充分条件的假言推理:如果P,则Q;非Q,所以非P。前件P是命题"如果运动是存在的",后件Q是命题"阿喀琉斯永远赶不上龟"。这个推论的假言前提就是:"如果运动是存在的,那么最快的不能赶上最慢的",因为后件是假的,所以前件"运动是存在的"也是假的。②

　　关于芝诺的第一和第二这两个论证的同异点,亚里士多德作了如下的评述:

　　　　这个论证和第一个即二分法的论证是一样的,分别只在于划分空间量度时,这里用的不是二分法。这个论证得出的结论是:最慢的不可能被赶上;而这是根据和二分法同样的办法得到的(在这两个论证中,空间量度的划分都以某种方式导致这样的结论:目标是达不到的;虽然阿喀琉斯的论证进一步断定,最快的也赶不上最慢的),因此,解决的方法也一样。认为在运动中领先的不能被赶上,这个论断是假的,因为当它领先时是不能被赶上的,但如果允许它可以越过规定的有限的距离,那么它也是可以被赶上的。③

亚里士多德的意思是,这两个论证用的都是量度可以无限分割的方法;结论也是一样的:如若有运动,是不能达到目标的。但二者有不同,区别在于前一个论证用的是二分法;后一个论证是按一定比例无限地缩小,永远不能相等。亚里士多德认为,在第二个论证中,芝诺其实是先给定了一个前提,不允许最快

---

① 参见弗里曼:《苏格拉底以前的哲学家》,第162页。
② 参见罗宾逊:《早期希腊哲学导论》,第133页。
③ 亚里士多德:《物理学》,239ᵇ18—30。

的越过规定的有限的距离;如果允许它在一定的时间内可以越过一定的距离(理由如上述),最快的是能够赶上最慢的。黑格尔认为,亚里士多德的"这个答复是不错的,包含了一切。就是说,在这种看法里承认了两个彼此分离的不同的时间点和两个彼此分离的不同的空间点,……反之,当人们承认时间和空间是连续的,则这两个时间点或两个空间点便是连续的,互相联系的:它们同样是两个,也不是两个,而是同一个。……运动的意思是说:在这个地点又不在这个地点;这就是空间和时间的连续性,——并且这才是使得运动可能的条件。"①列宁在《黑格尔〈哲学史讲演录〉一书摘要》中也引证了黑格尔的这些意见。②

　　近现代学者也研究了这两个论证的同异。策勒认为:"区别只在于,前者是在一个固定界限的空间以内,后者是在一个变动着的界限中论证的。"③伯奈特认为,"第二个论证同第一个论证一样:线是一系列的点;但〔第二个〕论证比较复杂,导入了另一个运动对象,因此不是一次一半的二分法,而是二者比例的缩小。再者,第一个论证说的是,按照这个假设,没有一个运动的物体能越过任一距离,不管它是多快;第二个论证却强调,不管是多慢,都横置着一个无限的距离。"④基尔克、拉文认为,这两个论证是一组,都以时空可以无限分割为前提;第一个论证说明,运动对单个物体是不可能的——这是说,绝对地不可能的;而第二个论证是要证明,它对多于一的物体是不可能的——相对地不可能。⑤ 所有这些意见,是后人的分析和推断,可以帮助我们理解芝诺的论证,但芝诺自己是没有意识到的。

　　第三,飞矢不动。

　　紧接着前一个论证以后,亚里士多德说:

　　　　第三个论证是上面说过的:飞矢不动。它是从时间是由瞬间的总和

---

① 黑格尔:《哲学史讲演录》第1卷,中译本,第288—289页。
② 参见《列宁全集》第38卷,人民出版社1959年版,第284页。
③ 策勒:《苏格拉底以前的学派》第1卷,第621页。
④ 伯奈特:《早期希腊哲学》,第318—319页。
⑤ 参见基尔克、拉文:《苏格拉底以前的哲学家》,第292页。

这个假设中得出的。如果不承认这个假设,就不会得出这样的结论。①
（DK29A27）

这里讲的"上面说过",是指上一章（《物理学》第六卷第八章）中,亚里士多德
认为时间和空间都是连续的,运动的物体总是在一定的、连续的时间里运动;
所谓静止也是在一定的时间里静止。一个事物如果经过一段时间以后仍在原
处,就是静止而不是运动。接着,在第九章开始,亚里士多德说:

> 但是芝诺的论证是根据不足的。他说,如果某物处于和他自己的量
> 度相等的空间里,它就是静止的;而运动着的物体在每一瞬间中（都占据
> 这样一个空间）,因此,飞矢不动。这个说法是错的,因为时间不是由不
> 可分割的"瞬间"组成,正如别的量度也都不是由不可分割的部分组成
> 一样。②

这段话的原文,有人认为有脱落,因而有不同的辑补和不同的翻译。以上根据
的是罗斯的译文。③ 在安德罗尼柯整理编辑的《物理学》中,在"它就是静止
的"后面,还有 $\acute{\eta}\,\kappa\iota\nu\varepsilon\iota\tau\alpha\iota$（或者在运动中,or in moved）,第尔斯保持了"或者在
运动中",接着用括号补了一句"而运动是不存在的"。这样,第尔斯、克兰茨
的译文就成为:

> 芝诺的论证是错误的,因为他说,某物占据同它自身量度相等的某一
> 空间时,它或者是静止的,或者是在运动中,（而运动是不存在的）。运动
> 着的物体总是在某一瞬间中占据着同样量度的一个位置,因此飞矢不
> 动。……④

策勒认为,"或者在运动中",原文可能是没有的,因为在亚里士多德看来,"芝
诺的论证是建立在一个虚假的理论——时间是一个个瞬间的总和——的基础
上的";而且塞米司提乌和辛普里丘的解释也和此一致。策勒没有译文,只作
如下解释:"飞矢在每一瞬间都在一定的空间里,因此在它飞行的每一瞬间里

---

① 亚里士多德:《物理学》,239ᵇ29—32。
② 亚里士多德:《物理学》,239ᵇ5—9。
③ 参见罗斯校释:《亚里士多德的〈物理学〉》,第416页,参见第657—658页的注。
④ 第尔斯、克兰茨:《苏格拉底以前哲学家残篇》第1卷,第253—254页。

它都是静止的,只是看起来在整个行程中它是运动的。"①罗斯同意策勒的解释,认为"或者在运动中"是原来没有的,第尔斯的辑补"而运动是不存在的"也无必要;但他又接受了第尔斯辑补的另一句"占据这样一个空间",这样就构成我们上面的译文。

埃伏尔·托马斯编的《希腊数学史资料选辑》,按原文辑录并附有英文翻译和注解。他删去了第尔斯的辑补,但也不同意策勒和罗斯的理解。他将这一段译为:

> 芝诺的论证是荒唐的,因为他说,任一物体当它占据与自身相等的某一空间时,它要么是静止的,要么是在运动中;但是运动着的物体总是处在某一瞬间中,因此飞矢是不动的。然而这是虚假的,因为时间并不是由不可分割的瞬间组成,其他任何量度也一样。②

托马斯在注中表示同意希思在《希腊数学史》中的解释。希思解释的大意是:物体总是于某一时间(瞬间)处于一定空间中。如果承认时间是连续的,那就不能说飞矢于此一瞬间在这一点,彼一瞬间在那一点,因为这样就等于说时间是非连续;只有说时间是非连续的,是由不可再分的瞬间组成的,那么飞矢就是此一瞬间在这一点,彼一瞬间在那一点,就是说它在每一瞬间都是静止的,才能得出飞矢不动的结论。③

这几种理解的基本点是一致的,只是在具体解释和译文上有些差异。他们都承认,芝诺所说的飞矢不动的理论基础是将时间和空间看作是非连续性的,是由不能再分割的最小的单位组成;飞矢不过是在某一瞬间处在和它自身长度相等的空间上,所以它是不动的。从芝诺论证的一般模式看,原文可能是"或者是静止的,或者在运动中,然后证明"在运动中"是不可能的。但是在亚里士多德的转述中,从前后文看,并没有论证"在运动中"的不存在,而是直接证明为什么说飞矢是静止的。而古代资料表明,芝诺确实论证过"在运动中"

---

① 策勒:《苏格拉底以前的学派》第 1 卷,第 622 页注 1。
② 托马斯:《希腊数学史资料选辑》第 1 卷,第 367 页。
③ 参见希思:《希腊数学史》第 1 卷,第 276、280—281 页。

是不存在的。第欧根尼·拉尔修和爱比芳流（Epiphanius）保存了这方面的资料。

第欧根尼·拉尔修在记述皮罗的生平学说时说，皮罗及其门徒"发现塞诺芬尼、爱利亚的芝诺、德谟克利特都是怀疑论者"。关于芝诺，是这样说的：

> 因为他〔芝诺〕摧毁了运动，他说，"运动的物体既不在它所在的地方运动，又不在它所不在的地方运动。"①（DK29B4）

爱比芳流的记载较为详细：

> 芝诺是这样论证的：运动的物体或者在它所在的地方运动，或者不在它所在的地方运动。但是，它不可能在它所在的地方运动，也不可能在它所不在的地方运动，因此，运动是没有的。②

塞克斯都·恩披里柯在三个地方讲到麦加拉学派的狄奥多罗（Diodorus）套用了芝诺的这个论证。关于这些，我们将在下一节分析芝诺悖论的哲学意义时再来论述。现在我们只需要弄清楚一点，即芝诺提出飞矢不动的论证，目的还是为了要证明运动是不可能的。在这几个论证中，芝诺所说的运动都是指位移，位移离不开空间。芝诺这里的论证是：如果说它在某一点，那就是说它是停止在那里，不是运动；如果说它不在某一点，那又是不可设想的，人们无法设想一个位移的物体没有一个场所却能运动。如果我们将这个论证补充到亚里士多德关于飞矢不动的论证上去，就可以看清楚芝诺论证的目的还是要证明运动是不存在的。

第四，运动场（Stadium）。

亚里士多德记载说：

> 第四个论证是关于运动场上两排物体的论证。每排由大小相等、数目相同的物体组成，各以相同速度按相反方向通过跑道，其中一排从终点开始排到中间，另一排从中间排到起点。他〔芝诺〕认为，这里包含一个

---

① 第欧根尼·拉尔修：《著名哲学家的生平和学说》第 9 卷，第 72 节。

② 第尔斯：《希腊学述》，第 590 页；参见罗宾逊：《早期希腊哲学导论》，第 134 页。

结论:一半时间等于一倍时间。① 这个论证的错误在于,它假定一个物体通过另一个以同等速度运动的物体所用的时间,和通过同样大小的静止的物体时所用的时间是相等的;这是错的。他的论证是:假定 A、A……是大小相等的一列不动的物体;B、B……是和 A、A……数量相同、大小相等的另一列物体,排列在出发点到 A 系列的中段;还有一列同样数目和大小的物体 C、C……,排列在终点到 A 系列的中段,其速度和 B 系列相等。这样,当 B 系列和 C 系列作相反方向运动时,得出下列结果:

首先,当 B 系列和 C 系列相互通过时,第一个 B 达到最后一个 C 的同时,第一个 C 也达到最后一个 B。第二,在同一时刻,第一个 C 已经通过了所有的 B,而第一个 B 仅仅通过了一半的 A,所以它只等于第一个 C 的一半时间,因为它们通过每个 A 的时间是相等的。第三,同一时刻,所有的 B 通过所有的 C,第一个 B 和第一个 C 同时到达相反方向的目的地,所以(芝诺说),第一个 B 通过每一个 C 的时间和它通过每一个 A 所占的时间〔的一半〕是相等的,因为第一个 B 和第一个 C 通过所有的 A 所用的时间是相等的。这就是他的论证,但这是根据上述错误的假设得出的。② (DK29A28)

这段话很费解。公元 2 世纪时亚里士多德著作的注释者亚历山大画了一个图:

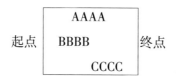

起点   终点

A=静止的物体。

---

① 这句话有两种理解:一种理解为"等于一半的一倍(the half time is equal to its double)",即 $\frac{1}{2}=1$,如罗斯(《亚里士多德的〈物理学〉》,第 461 页)、罗宾逊(《早期希腊哲学导论》,第 134 页)。另一种解释是"等于整个时间的一倍(equal to double that time)",即 $\frac{1}{2}=2$,希思在《希腊数学史》第 1 卷第 277 页注 1 说,他同意该亚(R.K.Gaya 牛津版《物理学》的译者)1910 年在《哲学杂志》发表的论文的观点,认为是"一半时间等于整个时间的一倍"。原文可作两种理解,我们取前一种解释。

② 亚里士多德:《物理学》,239^b 33—240^a 18。

B＝从起点到终点运动的物体。

C＝从终点到起点运动的物体。

辛普里丘在《〈物理学〉注释》中援引了这张图表。后人都借助这张图来理解亚里士多德的这段话,尽管在看法上还有些分歧。

从这张图可以看出:在运动开始以前,这三列物体的位置如下图:

$$A_1 A_2 A_3 A_4$$
$$B_4 B_3 B_2 B_1 \rightarrow$$
$$\leftarrow C_1 C_2 C_3 C_4$$

到运动结束时,三列物体形成下列关系:

$$A_1 A_2 A_3 A_4$$
$$B_4 B_3 B_2 B_1$$
$$C_1 C_2 C_3 C_4$$

这样,按相反方向、相同速度运动的,同样大小、同样数目的物体,在同样的时间里达到了上图所示的下列结果:

第一,当 B_1 到达 A_4 和 C_4 的位置时, C_1 也同时到达 A_1 和 B_4 的位置,形成三列并排的状况。这就是亚里士多德所说的第一点。

第二,由于 B、C 系列是按相反的方向运动的,然而 A 系列却是静止的。这样,当 C_1 从 A_3 到达 A_1 位置时,对静止的 A 系列而言,它仅通过了两个单位的物体;但对于 B 系列而言,由于二者以同等速度按相反方向运动,所以 C_1 通过了 B 系列四个单位的物体。这样,就是仅用一半的时间通过了 B 系列四个单位的物体。因此说“一半等于一倍”。这就是亚里士多德所说的第二点。

第三,上面是 C 系列对 A、B 系列说的,再从 B 系列对 A、C 系列来看,也可以得出同样的结论。 B_1 从 A_2 到 A_4 时,它越过了 A 系列的两个单位,可是在相同的时间内却越过了 C 系列的四个单位,这也是一半等于一倍。这就是亚里士多德所说的第三点。

亚里士多德认为,芝诺这个论证的错误在于:用作比较的两列物体,一列是静止的,另一列却是按相反方向作同速运动的,所以时间就不一样了。犹如现在火车越过车站,它对车站说,从车站这一头到另一头,所需时间如果是 t;它对另一列从对面开过来的火车说,越过同样长度的距离所需的时间就完全不一样了。用近代物理学的语言说,两个参考系是不一样的。

在近现代学者中,策勒、伯奈特、格思里等大部分人是按亚历山大的图来解释亚里士多德的论述,但也有些学者使用不同的图解法,如巴恩斯认为,亚里士多德仅仅说到 A、B、C 系列,至于每个系列物体的数目却没有说明,这也与问题的实质无关,所以他作图时仅用两个单位量度①;而希思在《希腊数学史》中作图却用了八个单位②。问题并不在于用几个单位,这确实和实质无关,实质还在对芝诺的第四个论证如何理解。

亚里士多德在转述芝诺的第四个论证时,用了一个词ὄγκοι(onkoi)。这个词一般是指物体、固体。随着数学和几何学的发展,人们认识到物体、固体都有长、宽、高三度向。在毕泰戈拉学派中,onkoi 指一个完整的、有长、宽、高三度向的量度,即几何学上的立体。但是,罗素、希思、巴恩斯、基尔克和拉文等认为亚里士多德误解了芝诺,说他并没有正确理解和转述芝诺的原意。他们说,亚里士多德的转述和亚历山大的图解,都将 onkoi 看做是有一定间隔的三排物体,作图为:

A_1 A_2 A_3 A_4

B_4 B_3 B_2 B_1

C_1 C_2 C_3 C_4

而他们却认为,芝诺所讲的 onkoi 是指排列在一起的,中间没有间隔的量度单位。所以希思作图如下:

A_1 A_2 A_3 A_4 A_5 A_6 A_7 A_8

B_8 B_7 B_6 B_5 B_4 B_3 B_2 B_1

C_1 C_2 C_3 C_4 C_5 C_6 C_7 C_8

---

① 参见巴恩斯:《苏格拉底以前的哲学家》第 1 卷,第 286—290 页及第 340 页注 19。
② 参见希思:《希腊数学史》第 1 卷,第 277、282 页。

他认为,onkoi 既是一个一个不可分割的单位,又是在彼此中间没有间隔的;就像飞矢不动中讲的时间上的"瞬间"以及与飞矢的长度相等的空间量度一样,它们既是一个一个的,又是中间没有间隔的。① 罗斯在《物理学》注释中,表示同意希思的看法,认为,"如果芝诺承认单位之间有间隔,他就无法计算越过各个单位所需的时间了。"②现在有些中外译文,接受希思的解释,按照他的方法作图,如张竹明的中译本《物理学》。但是有些学者如第尔斯、策勒、格思里、罗宾逊等仍按亚历山大作图。我们以为,在芝诺的时代,是不是已经将抽象的数、几何学上的量度和图形,同现实世界中的物体像这样完全明白地区分开来,还是值得怀疑的。而且,从当时实际情况看,如本章第一节所说,芝诺主要是反对常识的观点,也反对坚持多和运动的哲学家,这四个论证实际上都起这样的作用。因此,第四个论证中的 onkoi 很难说就一定是指纯数学的(抽象的)单位。从现代科学的观点看,应该是像希思和罗斯所理解的那样,才符合数学原理,不过在亚里士多德和亚历山大时代,他们大约还认识不到这两种图解有什么本质区别的。

以上就是芝诺关于运动是不存在的四个论证,哲学史上著名的四个悖论。这四个论证的次序,看来亚里士多德不是随意排列的。他在第六卷第九章开头讲了一段飞矢不动,但在紧接着介绍四个论证时,却将这个论证排在第三个,而且认为第一、二个论证在本质上是一样的。近代学者据此研究了这四个论证的关系。基尔克和拉文认为,在四个论证中,前两个是一对,后两个又是一对。前两个假定时间和空间是无限可分的;后两个则假定时间和空间不是无限可分的,它们是由不可再分的"瞬间"和量度组成的。运动场对飞矢的关系,相当于"阿喀琉斯"对二分法的关系。③

---

① 参见希思:《希腊数学史》第 1 卷,第 276—278、282 页。

② 罗斯校释:《亚里士多德的〈物理学〉》,第 661 页。

③ 参见基尔克、拉文:《苏格拉底以前的哲学家》,第 296 页。

第四节　芝诺的辩证法和形而上学

古代有关芝诺的记载,除了上述关于多和运动的六个论证外,亚里士多德还记述了另外两个论证。

一个是关于谷粒的论证。亚里士多德在《物理学》第7卷第五章讨论到运动中力量的大小、时间的长短和距离的远近等的比例关系时指出:整个的力量A可以使某个物体在某个时间中通过距离S,但不能说A的一半力量必然使物体通过S的一半距离。正像纤夫拉船,虽然几个纤夫的合力拖动船的距离可以被分解为和人数相等的部分,比如十个纤夫将船拉动十里,平均一个纤夫拉船走了一里,但不能说实际上一个纤夫能拉着船走一里地,这样就成为一个纤夫就能够拖动船了。亚里士多德接着指出:

> 因此芝诺所说的一颗谷粒落地也能发出声响的论证是错误的,因为完全有理由说,不论时间多长,一颗谷粒落地时是不可能像一袋谷子落地时那样推动那么多的空气的。①

亚里士多德没有引用芝诺的原话,也没有介绍论证的内容,更没有说明出处。后人不知道这论证出自何处,是针对什么而发的,因而有不同的解释。策勒将它归于芝诺反对多的第四个论证,并作了如下解释:"如果一袋谷子落地会发出声音,那么每一粒谷子以至它再分为更小的部分也同样会发出声音,可是这似乎是和人们的感觉相矛盾的。这里的问题是:为什么许多东西合在一起时会产生它们分离开时所得不到的结果呢?"②格思里对这个论证作了新的解释。他既反对有的人毫无根据地否定这个论证,也不同意策勒将它仅归属于反对多的论证。他认为这是芝诺将反对多的诘难扩展到其他领域,同时又为巴门尼德的关于感觉不可靠的思想增添了论证。在关于多的论证中,推论的

---

① 亚里士多德:《物理学》,250ª19—21。
② 策勒:《苏格拉底以前的学派》第1卷,第619页。

出发点是:事物或者有量度,或者没有量度;而谷物论证的出发点是:事物落下或者有声音,或者没有声音。如果一颗谷粒落地有声音,那就可以追问:半颗谷粒有没有声音? 一半的一半谷粒有没有声音? 以至无穷。如果说一颗谷粒落地没有声音,那么一粒一粒谷子的总和即一袋谷子落地也没有声音,因为零加零,再加无数个零,最终还是等于零。因此人们听到的声音是不真实的,这就同时证明了巴门尼德的看法即感觉是不可靠的。① 格思里的这个解释似乎是比较有道理的。

还有一个是关于空间的论证。亚里士多德在《物理学》第 4 卷第一章中讨论了空间的存在方式,他认为空间是确实存在的,但它既不是事物的质料因,也不是事物的形式因,更不是事物的目的因或动因;空间只是物体的界限,而不是某种实在的事物。他接着指出:

> 再者,如果空间自身也是一种存在物,那么它存在于何处呢? 芝诺的诘难要求我们作出解释:因为如果一切存在物都存在于空间里,〔而空间自身又是一种存在物,〕那么就会有空间的空间,以至无穷了。②

这段话和谷粒的论证一样,既没有引原文,也没有介绍论证的内容。在《物理学》同一卷第三章中又提到芝诺的这个论证。在那里,亚里士多德区分了"在……里"的八种含义以后,接着说,"在自身里"还有两种意思:一是"作为自身"(qua itself)在自身中;一是"作为它物"(qua something else)间接地在自身中。他认为前者是没有意义的,也不能无穷追问下去。因为我们可以说,酒在坛子里,但不能说酒在酒里或坛子在坛子里,因此同样不能说空间在空间里。根据这一道理,亚里士多德说:

> 芝诺的诘难——如果空间是一事物,那么它就会在别的事物里——也不难解决。③

亚里士多德的解决办法就是:空间不是存在物,不能说它"在自身中",而只能说某物在某一空间中。亚里士多德的学生欧德谟斯后来作了解释,辛普里丘

---

① 参见格思里:《希腊哲学史》第 2 卷,第 97 页。
② 亚里士多德:《物理学》,209^{a}23 — 26。
③ 亚里士多德:《物理学》,210^{b}22 — 24。

在注释《物理学》时曾加以引证。第尔斯将上引亚里士多德《物理学》中的这两段话和欧德谟斯的解释这三则资料合在一起辑录为 DK29A24。弗里曼根据这三则资料发表了他自己的见解。他认为,芝诺是将反对多的论证方法运用到空间领域里去了:如果物体在空间里,而空间自身也是某物,那么作为某物的空间也应该在空间里,如此可以推出无穷的空间;如果事物不在空间里,空间也不是某物,那么空间也就是无。接着他转述了欧德谟斯的意思:芝诺是在"场所"(το ποῦ,place)的意义上使用"空间"(τόπος,space)这个词的;物体的场所不过是物体的界限,正如我们说"位置"不是事物本身而是事物的某种关系一样,"空间"也不是事物本身,但它也不是无,它是所涉及的物体的属性——关系。因此,物体不是在空间"里面",空间只不过是物体的外在的边际(outer boundary)。①

策勒认为这个论证是属于芝诺关于多的第三个论证②,弗里曼说是将这种论证方法运用到其他——空间领域里。看来,弗里曼的说法较有道理,但也有不足之处。这个论证就论证方法说,是同芝诺关于反对多和运动的论证一样的;但就内容方面说,芝诺的论点是针对当时有关空间的两种观点的:一种是认为空间也是一种存在物,是一种实在的物体;另一种是认为空间只是虚空。芝诺的论证同时反对这两种观点:空间若是存在物,便发生空间在空间之中,可以推至无穷的问题;空间若不是存在物,便等于无。

除此以外,柏拉图在《巴门尼德篇》中谈到芝诺的相似和不相似的论证,在《菲德罗篇》中说到芝诺的相似和不相似、一和多、动和静的论证。③ 伪亚里士多德的著作《论麦里梭、塞诺芬尼、高尔吉亚》中还谈到芝诺关于同和异、神是一还是多的诘难。④

所有这些论证同芝诺关于多和运动的论证模式基本上是一样的。现在我

---

① 参见弗里曼:《苏格拉底以前的哲学家》,第 160 页。
② 参见策勒:《苏格拉底以前的学派》第 1 卷,第 618 页。
③ 参见柏拉图:《巴门尼德篇》,127E;《菲德罗篇》,261D。
④ 伪亚里士多德:《论麦里梭、塞诺芬尼、高尔吉亚》第 3、4 节,参见黑格尔:《哲学史讲演录》中译本第 1 卷,第 274—275 页。

们可以概括起来,从哲学上作一个总的分析,探讨芝诺的论证在希腊哲学思想发展中的地位和贡献。

如前所述,巴门尼德提出静止不变的"一"——存在,而芝诺却是要从反面为他论证:"多"和运动是不存在的。这种否认运动变化、否认多的思想当然是形而上学的,像"飞矢不动"、"阿喀琉斯追不上乌龟"这样的论点,很明显是违背普通人的常识的。这种思想可以说是对于前一阶段以伊奥尼亚自然哲学为主的承认运动变化的素朴辩证法的否定。但是我们不能这样简单地表面地看问题,而应该从希腊哲学思想发展的逻辑来看他们的思想产生的必然性和重要性。

以上我们已经讲述过巴门尼德的哲学在人类思想从个别上升到一般、从现象深入到本质过程中的重要意义,而芝诺的论证表明,他已经达到相当高的抽象理论思维能力。他不是停留在表面现象上,而是在当时自然哲学和数学所达到的成就的基础上,深入到事物的内部,触及事物本质的矛盾。黑格尔在谈到爱利亚学派的哲学时,指出揭露本质就是揭露本质自身所具有的矛盾;芝诺在哲学史上最重要的贡献,就在于他的这些论证客观上揭示了时间、空间、运动本身的矛盾,意味着"本来意义上的辩证法"的开始。黑格尔对芝诺的辩证法作了很高的评价,他在《哲学史讲演录》中论述芝诺时,开始就说:

> 芝诺的出色之点是辩证法。他是爱利亚学派的大师,在他那里,爱利亚学派的纯思维成为概念自身的运动,成为科学的纯灵魂,——他是辩证法的创始者。①

黑格尔的评价得到了列宁的肯定。列宁说,"就本来的意义说,辩证法就是研究对象的本质自身中的矛盾。"他将"在对象的本质中发现本质自身所具有的矛盾",叫做"本来意义上的辩证法"。②

芝诺当然不可能像黑格尔和列宁所说的那样自觉地去揭示对象自身中的矛盾,但是他在客观上确实起了揭露本质自身矛盾的作用。要理解这一点,需

---

① 黑格尔:《哲学史讲演录》第 1 卷,中译本,第 272 页。
② 《列宁全集》第 38 卷,人民出版社 1959 年版,第 278、277 页。

要作些分析。

从早期希腊哲学的发展看,赫拉克利特总结了伊奥尼亚的素朴辩证法思想,不愧是辩证法的奠基人。但是他对事物的观察,一般还停留在感觉现象上。他举了几十个对立统一的例子,诸如生和死、日和夜、醒和睡、雌和雄、长音和短音等等,都是属于现象领域的。其中有的比较深刻,比如关于善恶、美丑的相对性及其相互转化;但从他的解释看,也仍是属于现象的观察。就一个方面说,芝诺比赫拉克利特前进了一步。他不仅看到一和多、运动和静止、有限和无限等等是相互矛盾的,而且看到多、运动、有限本身也包含着矛盾。更重要的是,这种矛盾不是感官经验所能把握的,而是依据当时自然哲学和数学得到的成就,靠巴门尼德奠定的理论思维和逻辑推论才能认识的。如果没有这些方面的成就,也就不会有芝诺的悖论。芝诺论证的最大特点,就是诉诸理性的思维,正是一种主观的辩证意识,造成概念的运动和矛盾,靠理性思维揭示本质领域的矛盾,引出了世代人都不易解决的难题。所以黑格尔说:芝诺是靠思维设置难题的:"造成困难的永远是思维,因为思维把一个对象在实际里紧密联系着的诸环节彼此区分开来。思维引起了由于人吃了善恶知识之树的果子而来的堕落罪恶,但它又能医治这不幸。这是一种克服思维的困难;但造成这困难的,也只有思维。"①只有理论思维才能揭露对象本质中的矛盾,也只有思维才能认识和逐步解决这种矛盾。我们简单分析一下多、有限和运动这三个范畴的情况就可以认识这一点。

从阿那克西曼德提出阿派朗开始,到毕泰戈拉学派认为有限和无限是绝对对立的,并且有限优于无限:有限和善、光明、正义等列于同一系列,而无限则和恶、黑暗、不义列于同一系列。巴门尼德还没有超越这种思想,但是芝诺的二分法,以及他的阿喀琉斯和飞矢不动的论证却都从有限的量度出发,依据数学上的无限分割理论,揭示出有限和无限并不是绝对对立的,而是有限中包含着无限。正如黑格尔指出的:"特别值得注意的,是我们在芝诺这里看见那较高的意识,即一个规定被否定,而这个否定本身又是一个规定,于是在那绝

① 黑格尔:《哲学史讲演录》第1卷,中译本,第290页。

对的否定里,不是一个规定而必然是两个对立的规定被否定。……有限被否定了,所以绝对本质是纯粹无限的;但我们即将看到,这个无限者本身是一个规定,本身是有限的。"①芝诺的论证说明了:有限这个规定被否定,这个否定本身就是一个规定即无限的被肯定;可是无限本身又是有限的,这就是无限这个规定又被否定。有限和无限的相互否定,同时也就是相互肯定。这种深刻的存在于本质内部的矛盾当然是只有理论思维才能揭露的。芝诺的论证恰恰是在客观上揭示了这种辩证法,虽然他自己丝毫也没有意识到这一点。

在早期希腊哲学中,"多"开始是同常识分不开的现象之多、个体之多;"一"却带有更高的抽象程度,它往往同本原范畴联系在一起。这种对立由巴门尼德理论化了。而毕泰戈拉学派却提出了数量意义上的"一"和"多"。作为量方面的多,它同数目方面的有限定和无限定、体积方面的无限小和无限大等联系在一起。"一"是"多"的单位,"多"是"一"的积累,"多"以"一"作为自己存在的前提。芝诺反对多的论证,正是利用了毕泰戈拉学派的这些数学成就,揭示出"多"本身包含着有限定和无限定、无限小和无限大的矛盾。

芝诺论证中最精彩的,也是影响最大的是关于运动的四个悖论。芝诺看到了运动是同时间和空间分不开的,必须用时间和空间才能说明运动。关于时间和空间,在理论上存在着两种对立的观点:一种认为时空是连续的,可以无限分割的;另一种认为时空是非连续的,是由不可再分的最后的"瞬间"和长度组成的。② 而这两种观点恰恰是反映了时间和空间本身具有的内在矛盾。芝诺的四个论证从不同方面揭露了这种本质的矛盾。他的前两个论证是从时空是连续的、无限可分的出发,揭露了其中所包含的非连续性和不可分割性;它使人们认识到:如果时空只是无限可分的、连续的,那么运动就无法开始,即使开始了也无法达到终点。后两个论证的前提是:时空是非连续的,是由不能无限分割的单位组成的,论证揭露了运动中所包含的连续性和无限可分性;它使人们认识到:如果运动仅只是非连续的,由不能无限分割的单位组

---

① 黑格尔:《哲学史讲演录》第 1 卷,中译本,第 277 页。
② 参见基尔克、拉文:《苏格拉底以前的哲学家》,第 292 页。

成,那么所谓运动就像是放电影似的,不过是无数静止的点或瞬间的总和,便无所谓运动。这样便在实际上揭示了运动是连续性和非连续性(间断性)、不可分割性和无限可分性相结合的内在矛盾。芝诺的这四个论证,同他关于多的论证一样,实际上已经包含着后来康德提出的"二律背反"。所以黑格尔在讨论了芝诺关于运动的论证以后说:

> 这就是芝诺的辩证法。他曾经掌握了我们的空间和时间观念所包含的诸规定;他曾经把它们〔即时空的诸规定〕提到意识前面,并且在意识里揭露出它们的矛盾。康德的"理性矛盾"〔即二律背反〕比起芝诺这里所业已完成的并没有超出多远。①

事实上,康德提出的四对矛盾中有三对芝诺都论及了。

但是,芝诺也同康德一样,他虽然在客观上已经揭示了运动、时间、空间、多的内在矛盾;而在主观上,他却在矛盾面前退却了,得出否定性的结论,否定了多和运动的真实性。在本章第三节中,我们引证过第欧根尼·拉尔修和厄庇芳尼俄的资料。芝诺否定飞矢运动的依据是:"运动的物体既不在它所在的地方运动,又不在它所不在的地方运动。"或者说:"运动的物体或者在它所处的地方运动,或者不在它所处的地方运动;但是,它不可能在它所处的地方运动,也不可能在它所不在的地方运动,因此,运动是没有的。"但这个被芝诺认为是否定运动的理由,黑格尔指出,恰恰是使运动成为可能的条件,他说:

> 运动的意思是说:在这个地点而同时又不在这个地点;这就是空间和时间的连续性,——并且这才是使得运动可能的条件。②

恩格斯在《反杜林论》中也指出:

> 运动本身就是矛盾;甚至简单的机械的位移之所以能够实现,也只是因为物体在同一瞬间既在一个地方又在另一个地方,既在同一个地方又不在同一个地方。这种矛盾的连续产生和同时解决正好就是运动。③

---

① 黑格尔:《哲学史讲演录》第1卷,中译本,第293页。

② 黑格尔:《哲学史讲演录》第1卷,中译本,第289页;参见《列宁全集》第38卷,中文第一版,第284页。

③ 《马克思恩格斯选集》第3卷,人民出版社1995年版,第462页。

可见,芝诺的论证已经触及到运动的本质,然而他不懂得这就是运动的本质,得出了否定运动的真实性的结论。

这里我们可以看到古代人类认识发展的曲折过程。开始是从总体的现象的观察出发,赫拉克利特在当时条件下可以得出相反相成的对立统一的结论。但是当人们的认识进一步涉及本质领域的时候,当知性的思维方法逐渐发展的时候,素朴的观察在理性思维和逻辑推理面前就显出了它的局限性,开始被否定了,依靠素朴的观察得到的结论也就遭到了否定。然后是通过理性思维和逻辑推理揭露了本质矛盾,然而又不能认识这就是事物的本质,又要否定这种本质的矛盾。这在古代希腊就是从芝诺开始最后导致为怀疑论的。在塞克斯都·恩披里柯的著作中有三处提到麦加拉学派的狄奥多罗,他曾经套用芝诺的论证。狄奥多罗说:

> 如果物体是运动的,它或者是在它所在的地方运动,或者是在它所不在的地方运动;但是物体不可能在它所在的地方运动(因为那样就是静止了),也不可能在它所不在的地方运动(因为一物怎么能在根本不存在的地方运动呢),因此,运动是没有的。①

塞克斯都·恩披里柯记述说:有一次狄奥多罗的肩胛骨脱臼了,他找医生——怀疑论者赫罗菲卢(Herophilus)治疗,赫罗菲卢回答他说:

> 你的肩胛骨或者在它所在的地方脱臼,或者在它所不在的地方脱臼;但是它不可能在它所在的地方脱臼,也不可能在它所不在的地方脱臼,因此,它根本没有脱臼。②

塞克斯都·恩披里柯在同书第 3 卷第七十一节,《驳数理学家》第 10 卷第86—89 节中又引了狄奥多罗这个否定运动实在性的论断。他还记述说:有人以圆周运动为例,证明物体能在同一个地方运动;也有人企图证明物体是在两个地方之间进行运动的,即在它所在的地方以及继之到来的地方之间运动。③
塞克斯都·恩披里柯自己则认为两个对立的命题都能成立,他由此得到的结

---

① 塞克斯都·恩披里柯:《皮罗学说概要》第 2 卷,第 242 节。
② 塞克斯都·恩披里柯:《皮罗学说概要》第 2 卷,第 245 节。
③ 参见塞克斯都·恩披里柯:《皮罗学说概要》第 3 卷,第 72—73 节。

论是:无法对运动下判断。① 这就是怀疑论的结论。

　　从这些资料可以看到:从芝诺提出这些问题开始,一直到晚期罗马时期,关于运动的问题始终没有得到解决。而怀疑论者和诡辩论者正好利用这一情况,作出各自需要的结论。一直到近代哲学开始,形而上学的思维方法占据统治地位,又是经典物理的力学和机械论流行的时代,哲学家和科学家仍未能解决关于运动的本质问题。从西方哲学史的发展看,是黑格尔首先用辩证法明确地回答了关于运动的本质的问题。他指出:所谓运动就是"在这个地点而同时又不在这个地点"。所以如此,根据就在于时间和空间是连续的,又是非连续性的(点积性的);因此,运动的本质要用连续性和非连续性这两个概念来把握。但是,"在时空里,连续性以及点积性均不能单纯地认为本质",只有二者的统一才能表达运动的本质。② 正是在芝诺的论证中,第一次提出了运动既有连续性又有非连续性的问题,所以黑格尔对芝诺的辩证法给予很高的评价。但是他也指出:芝诺的错误在于"在他一贯的推理中把这两点〔连续性和非连续性〕弄得严格地相互反对了"③,所以,尽管芝诺揭露了运动的本质的矛盾,但是他不像赫拉克利特,没有能将对立的双方统一起来,最终还是陷入黑格尔所说的爱利亚学派固有的"形而上学的抽象论证",他们不能从辩证法看问题,只能"沉没在理智〔知性思维〕同一性的深渊里"。④

　　尽管芝诺推论的结论的性质是形而上学的,但是这种形而上学和欧洲近代思想中的形而上学不同,我们不能将近代的形而上学套到古代芝诺身上去。芝诺的形而上学并不是从对事物进行分门别类、孤立静止地研究产生的结论,他是用知性的思维去思考如"多"和运动等问题而得到的结果。而这些问题本来应该是用辩证思维方法才能完满解决的。像多和运动这样的对象本身是存在矛盾的,人们运用知性的形式逻辑的思维方法可以指明其中存在两个相反的命题,这就在实际上揭露了客观存在的对象的本质矛盾,在这点上是和辩

---

① 参见塞克斯都·恩披里柯:《皮罗学说概要》第 3 卷,第 76—80 节。
② 参见黑格尔:《哲学史讲演录》第 1 卷,中译本,第 286 页。
③ 黑格尔:《哲学史讲演录》第 1 卷,中译本,第 289 页。
④ 黑格尔:《哲学史讲演录》第 1 卷,中译本,第 276 页。

证法一致的。但是,形式逻辑不能承认关于同一对象的两个相反命题同时皆真,所以,当芝诺要就运动本质自身的矛盾下结论时,他只是遵循形式逻辑。形式逻辑作为一门思维形式的科学,其本身和辩证法是并不矛盾的。但人们在思维和认识时,往往弄不清二者的关系,容易用形式逻辑的思维方式去否定辩证思维。(现代西方一些哲学家否定辩证法,也含有这种因素。)在芝诺那个时代,形式逻辑和辩证法都没有正式形成,他用萌芽状态的形式逻辑的矛盾律去否定现实的多和运动的矛盾,在人类认识发展的这个阶段上,是不足为奇的。上一章说到的巴门尼德是这样,往后我们还可以看到,亚里士多德也是以同样的观点去批判赫拉克利特的。

在古代希腊,从芝诺的论证没有(在当时也不可能)得出辩证法的结论,只是导致了诡辩论和怀疑论。往后我们可以看到,芝诺的论证不但可以运用于“多”和运动,同样也可以运用于“一”、不动和存在。假定对象是“一”,是不动的存在,也同样可以按芝诺的论证方法推出两个相反的结论,从而证明“一”、不动和存在也是不真实的。这就是后来以智者高尔吉亚为代表的一些人所做的工作。他们否定了“一”和存在,也就是摧毁了爱利亚学派的基本理论;而他们所用的理论武器,其实正是爱利亚学派的巴门尼德和芝诺所教诲的。历史就是这样辩证地发展的。一个学派在其发展过程中,同时也为它自己的衰亡创造了条件,积累了否定自身的因素。取而代之的后继的学派,从一个意义上说是同前一学派相对立的,在另一意义上又是继承和吸收了前一学派的思想。这就是哲学思想发展中的间断性和继承性的统一,肯定和否定的统一。

第五节　麦里梭

爱利亚学派的另一位代表人物是麦里梭。他在哲学思想发展上的贡献虽然远不如芝诺,但也不可忽视。他在修正和补充巴门尼德的学说方面起了特殊作用,应给予恰当的评价。

关于麦里梭的生平事迹,第欧根尼·拉尔修是这样记载的:

麦里梭是伊泰根尼的儿子,萨摩斯本地人。他是巴门尼德的学生。他又和赫拉克利特有关系,是他向不知道〔赫拉克利特〕的爱菲索人介绍他所蔑视的赫拉克利特的;正如希波克拉底向阿布德拉人轻蔑地介绍德谟克利特一样。他还参与政治活动,受到本邦人的敬重,被选为舰队司令。他的功绩为他赢得很多荣誉。……根据阿波罗多洛,他的鼎盛年在第八十四届奥林匹亚赛会〔公元前 444—前 441 年〕。①

第欧根尼·拉尔修并没有记载麦里梭所立的功绩。据说,亚里士多德在《萨摩斯政制》中有所记载,可惜早已失传了。普卢塔克在《伯里克利传》中曾提到这件事,说麦里梭曾领导萨摩斯人打败伯里克利的雅典舰队,粉碎了雅典人对萨摩斯的封锁。普卢塔克是这样记载的:

正值伯里克利离开的时候,伊泰根尼的儿子、领导萨摩斯人的哲学家麦里梭,蔑视为数不多的雅典舰只以及指挥官们的无能,劝告萨摩斯人出击。战斗发生了,萨摩斯人取得胜利。他们捉了许多俘虏,毁坏了许多舰只,因而控制了许多海域。他们还获得不少战利品。根据亚里士多德记载,伯里克利自己在早些时候也曾经败在麦里梭手下。②

修昔底德在《伯罗奔尼撒战争史》第 1 卷第八章中具体记述了这件历史事件。事情发生在伯罗奔尼撒战争爆发以前,公元前 440 年(一说公元前 441 年),萨摩斯和米利都为争夺普里耶涅发生战争,米利都战败,到雅典控诉萨摩斯。伯里克利派 40 条战船控制了萨摩斯,建立了民主政体;但萨摩斯的贵族同波斯总督订立同盟,招募雇佣军渡海回到萨摩斯,推翻民主派,宣布独立。不久,伯里克利再次率领希腊舰队封锁萨摩斯海域。但在这时候,伯里克利得到一个错误的情报,说是腓尼基人将进攻他们。伯里克利"马上从停泊在萨摩斯附近的舰队中调出 60 艘战舰,迅速驶往考诺斯和卡里亚。正当伯里克利不在那里的时候,萨摩斯人突然袭击了雅典的军营,他们发现那里没有设防。他们摧

---

① 第欧根尼·拉尔修:《著名哲学家的生平和学说》第 9 卷,第 24 节。
② 普卢塔克:《伯里克利传》第 26 节;参见基尔克、拉文:《苏格拉底以前的哲学家》,第 298 页。

毁了雅典的守望战舰,战败了其他来和他们作战的船舰。"①但在修昔底德书中根本没有提到麦里梭。策勒、格思里等认为亚里士多德、第欧根尼·拉尔修和普卢塔克的记载是可靠的,阿波罗多洛可能就是以这次事件作为麦里梭的鼎盛年的。②

修昔底德记载,不久雅典的舰队又回来包围萨摩斯;经过九个月,萨摩斯被迫投降,交出他们的舰队。麦里梭下落如何,不得而知。他究竟是在此以前就从事哲学研究,还是在事件发生以后才到爱利亚去,受教于巴门尼德的?历史上没有任何资料。也有人怀疑这是两个同名的麦里梭,比如宇伯威格就以怀疑的口吻说:"很可能作为哲学家的麦里梭,和作为政治家和将领的麦里梭不是同一个人。"③

第欧根尼·拉尔修说麦里梭是巴门尼德的学生,但麦里梭是东方伊奥尼亚地区的萨摩斯人,主要活动也在萨摩斯。因此,伯奈特认为,很可能麦里梭原来是伊奥尼亚学派的成员,后来改信爱利亚的学说。他认为在当时东西希腊的交往已经相当发达的情况下,爱利亚学说在东方伊奥利亚传播,是完全可能的。④ 因此,麦里梭究竟是巴门尼德亲授的弟子,还仅只是信奉巴门尼德学说的人?我们就无法判断了。

关于麦里梭的著作,辛普里丘在亚里士多德的《物理学》和《论天》的注释中都说他只有一部著作,书名《论自然或存在》,⑤可能这也是后人所加的一般的书名。不过格思里认为不能一概而论,辛普里丘说过,巴门尼德和麦里梭都用过这一书名,因此后来的高尔吉亚将他的著作定名为《论非存在或自然》。⑥辛普里丘当时还有麦里梭的著作,后来就佚失了。第尔斯辑录麦里梭的残篇共十则,其中第一至第五则,伯奈特说,据1889年波恩出版的帕布士(A.

① 修昔底德:《伯罗奔尼撒战争史》,中译本,第79—80页。
② 参见策勒:《苏格拉底以前的学派》第1卷,第628页注;格思里:《希腊哲学史》第2卷,第101页注1。
③ 宇伯威格:《哲学史》第1卷,第59页。
④ 参见伯奈特:《早期希腊哲学》,第321页。
⑤ 参见辛普里丘:《〈物理学〉注释》,第70页第16行;《〈论天〉注释》,第557页第10行。
⑥ 参见格思里:《希腊哲学史》第2卷,第102页注1。

Pabst)的著作《萨摩斯人麦里梭的残篇》考证,这些都是后人的意译;伯奈特说,他本人几乎同时也独立地得出这个结论,但他认为这五则残篇的意思可靠,可以当作原著使用。① 残篇第六、第八辑自辛普里丘关于《论天》的注释;第七、第九和第十辑自他关于《物理学》的注释;这些都是原文辑录,是真实可靠的。除了第尔斯、克兰茨辑录的这些残篇外,伯奈特认为,辛普里丘的《〈物理学〉注释》第103页第18行的一句话:

如果"无"是存在的,能像表述真实东西一样表述它吗?(If nothing is, what can be said of it as of something real?)

也是麦里梭的原话,他列在残篇第一以前 Ia。②

后人关于麦里梭思想的记述(即第尔斯辑录的 A 类),主要出自亚里士多德和辛普里丘,此外艾修斯和希波吕托也有所记述。由第尔斯辑录为 A 类的第五至第十四则,其中比较完整的均辑自冒充亚里士多德的伪作《论麦里梭、塞诺芬尼和高尔吉亚》中的麦里梭部分。麦里梭的残篇(B 类)和后人的记述(A 类)两类资料内容非常一致,可以互相印证。

前面我们讲过,由于巴门尼德的思想和一般人的看法有很大距离,所以受到很多人反对。芝诺的论证是为巴门尼德的学说作辩护,同样的,麦里梭的使命也就是要在新的挑战下维护巴门尼德的存在学说,但是他提出了一些修正。格思里指出:"显然,辛普里丘拥有这两位哲学家〔巴门尼德和麦里梭〕的著作,因而他写道:'麦里梭单纯地说根本无所谓变化,而巴门尼德说的是虽然在真理部分没有变化,而在意见领域是有变化的'。"③从现有残篇和后人的记述看,麦里梭和芝诺一样,都没有讨论到巴门尼德的意见部分的内容,大概爱利亚学派对这方面并不重视,他们最重视的是关于存在的学说。但在真理领域内,麦里梭也不是全盘照搬巴门尼德的存在学说。他生活在和恩培多克勒、阿那克萨戈拉、留基伯同时,巴门尼德的存在学说不仅遭到旧的学派(如伊奥尼亚哲学和毕泰戈拉学派)的反对,也遇到了新的对手的挑战;而且人们的抽

① 参见伯奈特:《早期希腊哲学》,第321页注4。
② 参见伯奈特:《早期希腊哲学》,第321页及注5。
③ 辛普里丘:《〈论天〉注释》,第556页12行起;格思里:《希腊哲学史》第2卷,第102页。

象认识能力也有了提高。在这种情况下,麦里梭不可能再去维护巴门尼德学说中有明显破绽的地方,他大胆地修正了巴门尼德的学说,同时也对后者的基本信条提供了新的论证。

麦里梭提出的新的论证有几个要点,在第尔斯辑录的残篇(B类)中,这些要点被分别列为不同的残篇,不容易看出它们之间的联系。而在伪亚里士多德的著作《论麦里梭、塞诺芬尼和高尔吉亚》中,对此却有相当完整的介绍。这篇论文尽管不是亚里士多德本人的著作,但是写于辛普里丘以前却是确定无疑的。格思里认为是公元前四世纪末麦加拉学派的成员、可能是塞奥弗拉斯特的学生写的;①策勒认为可能是逍遥学派的人写的。② 但是大家都公认,其中麦里梭部分同现有的残篇(B类)内容大体一致。③ 所以我们可以根据这篇论文的记述来分析麦里梭论证的要点以及其中的相互关系。这篇论文一开始就论述道:

> 麦里梭说,如果有某物存在,它必定是永恒的,因为它不可能从无中产生。
>
> (1)或者一切都是产生的,或者只是有些东西是产生的;不管在哪种情况下,它们都是永恒的,否则无中就能生有了。因为假设一切都是产生的,那么原先必定是无物存在;假设有些东西是产生的,这些别的是后来加上去的,那么存在必定是增多、变大了;所增加的部分也必定是从无中产生的;因为较多的不可能存在于较少的东西中,较大的不可能存在于较小的东西中。
>
> (2)既然是永恒的,它就是无限的。因为它没有由以产生的开端,也没有在某一时候停止或到达的终点(因为它是整体的存在)。
>
> (3)既然是无限的,它就是"一"。因为如果它是二或是多,它们就会互相限制。

---

① 参见格思里:《希腊哲学史》第1卷,第367页注2。
② 参见策勒:《苏格拉底以前的学派》第1卷,第545—546页及注2。
③ 参见格思里:《希腊哲学史》第1卷,第370页,第2卷,第102页;策勒:《苏格拉底以前的学派》第1卷,第554页;罗宾逊:《早期希腊哲学导论》,第140页。

(4)既然是"一",它就是各个方向相同的。因为如果不相同,而是大小不一的,它就不再是"一",而是多了。

(5)既然是永恒的,无限的,各个方向一样的,那么"一"就是不动的。因为它根本不可能动,除非它进入一个充实的东西之中,或者是移动到一个虚空的地方;然而前者是无法接受的,后者是不存在的。

(6)因为存在的性质就是这样,所以"一"无痛苦和悲伤的感觉,它是健康的,没有毛病的,既没有地位的变化,没有形式的更替,也不会同它物相混合。① 因为如果是这些情况,"一"将变成多,非存在将会产生,而存在必然会消灭。然而这些都是不可能的。②（DK30A5）

这一大段论述的思想同麦里梭现有残篇完全一致。这些思想的前后联系,在残篇中看不出来,而在这里却可以看清楚,麦里梭是有一套严密的论证的:如果存在是有(存在)的,它就是永恒的,它不是产生的;永恒的必然是无限的;只有无限的,它才会是"一";既然是"一",它就是各个方向相等的;由于上述几点,所以存在是不动的、完善的、健康的、无痛苦的、无悲伤的。——这就是麦里梭关于存在的基本思想及其论证的逻辑。

按照这个逻辑线索去分析和研究他的残篇,可以看出麦里梭主要是在下列几个方面修正和补充了巴门尼德的存在学说,完善了巴门尼德的论证方法:

第一,存在是永恒的。这是整个论证系列的起点。这个思想主要出现在残篇第一中:

存在过的东西过去和将来都永远存在。因为如果它是产生出来的,就必然得出:在它产生以前无物存在。但如果无物存在,也就决不能有任何东西从无中产生。（DK30B1）

这个思想是和以上引文中的(1)一致的。"永恒"($\alpha i \delta \iota o \nu$, aidion)是麦里梭新提出来的概念。巴门尼德的"存在"是没有时间性的,"存在不是过去存在,也不是将来存在,因为它一直是现在这样……存在"(巴门尼德残篇第八第五

---

① 仅这一句在残篇中没有,其他内容均可在残篇中找到,甚至句子和语词都一样。
② 《麦里梭、塞诺芬尼和高尔吉亚》,974ᵃ1—23。其中(1)—(6)的编号是《洛布丛书》英文译者赫特(Hett)所加。译文依据《洛布丛书》,参照罗宾逊:《早期希腊哲学导论》,第140页。

行）。欧文在《柏拉图和巴门尼德论无时间性的现在式》一文中说,现在式表述现在存在或活动的东西,但它也可以表述无时间性的东西;现在式的这后一含义和用法是巴门尼德发现的,他用现在式 éstin 表述存在,这并不意谓他承认存在有时间性,恰恰相反,正因为他不承认存在有时间性,所以才用现在式,也只能用现在式来表述存在。[1] 欧文这一见解是有道理的,巴门尼德不承认存在有时间性,麦里梭却将存在看作是有时间性的,所以他说"存在过的东西在过去和将来都永远存在。"（这里我们译成中文"存在过",只是为了将原文中的过去式翻译出来;而中文"存在过"一般有"过去存在而现在已不再存在"的意思,麦里梭却没有这种意思,这就是由于两种不同的语言,而汉语的动词本身又没有时态变化因而引起的问题。）显然,麦里梭是从时间的角度来说明和定义存在的永恒性的;说它过去、现在、将来永远存在,既没有开始,也没有终结,所以叫做"永恒"。他的残篇第四说:

　　　　任何有开端和终结的东西,都不是永恒的或无限的。[2] （DK30B4）

尽管"永恒"这个词在麦里梭以前的希腊文献中早已出现过,但将它作为一个哲学上的范畴,规定为在时间上过去、现在和将来永远存在,既没有开始,也没有终究,却是从麦里梭开始的。以后,"永恒性"成为西方哲学中的一个重要的范畴。

　　第二,存在是无限的,因而也是无形体的。这是麦里梭对巴门尼德存在学说的一个重要修正。按照希腊传统的观念,只有球形才是最圆满的,圆满的东西一定是有限的;而无限的东西就是不确定的,所以是有缺陷的。我们在前面说过,毕泰戈拉学派将有限和善排在同一系列,而将无限归于恶的一边。巴门尼德受这种传统影响,将存在比作球形,认为它是有限的。这是他的学说的一个最大弱点。因为如果存在是球形的,就是有体积的,就有长、宽、高三个向度,因而也就是多而不是"一"了。再说,如果存在是有限的,就得承认它的界限以外还有它物,得承认有另一物或虚空构成存在的界限。这样,从存在是有

---

[1]　参见穆雷拉托斯编:《苏格拉底以前的学派:批判论文集》,第271—273页。

[2]　辛普里丘:《〈物理学〉注释》,第110页第3行。

限的出发,就得承认多和虚空,也就是承认非存在的存在,这就走向巴门尼德学说的反面。麦里梭是恩培多克勒、阿那克萨戈拉和留基伯的同时代人,这些哲学家已经用多元的元素和种子来代替巴门尼德的存在,原子论者提出了虚空;在这种新的挑战面前,麦里梭断然地用无限的无形体的存在代替巴门尼德的有限的球形的存在,从而捍卫并发展了巴门尼德的存在学说。

麦里梭从三个方面论证存在是无限的。

1. 他从存在的永恒性出发,论证存在是无始无终的,因而是无限的。他说:

> 既然存在不是产生的,它现在、过去和将来都永远存在,没有开端和终结,而是无限的。因为如果它是产生的,就会有开端(它必须在某个时候开始产生),也会有终结(既然它有开始,就会有终结)。但既然它没有开端也没有终结,一定是过去和将来永远存在,没有什么起点和终点。因为,除非它是整个地存在,它就不可能永远存在。①(DK30B2)

还有上面引用过的残篇第四,这两则资料表明,麦里梭是从时间角度看有限和无限的问题的,这同芝诺讲的量度上的有限和无限不同。麦里梭将存在置于时间之中,便必须将它看作是没有开始和终结的。这个思想是有价值的,它可能是受了初期原子论学说的影响,但也启发了后来的思想家。如果将存在看成是物质的,物质世界同时间联在一起,没有开端和终结。这和巴门尼德的无时间的存在相比,是有所前进了。

不过麦里梭的论证,从后人的观点看,却是一个循环论证。他的推论之一:非产生的,就是永恒的;永恒的,所以没有开端和终结。推论之二:既然没有开端和终结,就是永恒的;因为是永恒的,所以无所谓产生。确实是个循环论证。不过在麦里梭时代,形式逻辑尚未形成,人们刚开始学会使用推理和证明,发生这种情况是可以理解的。前述巴门尼德的残篇第五说,他的推论无论从哪一点开始都一样,都可以回到同一点上。其实已经包含着循环论证的内容,然而他却为自己发现这点而感到自豪呢!亚里士多德是形式逻辑的创始

---

① 辛普里丘:《〈物理学〉注释》,第29页第22行和第109页第20行。

人,他看出麦里梭的论证中有几个逻辑错误。他说:

> 麦里梭的论证错误是明显的。他从"凡是产生的东西都有开端"推论出"凡非产生的东西都没有开端"。①

他说的意思是:按照形式逻辑的换质法,SAP(所有产生的东西都有开端)只能推出$\overline{S}I\overline{P}$(有些非产生的东西是没有开端的),而不能推出$\overline{S}A\overline{P}$(所有非产生的东西都是没有开端的)。亚里士多德在《论智者的辩驳》中还两次提到麦里梭的这个错误:

> 如果从 A 可以推到 B,就认为从和 A 相反的〔非 A=$\overline{A}$〕可以推到和 B 相反的〔$\overline{B}$〕。麦里梭的论证正是建立在后一种认识上的;因为他认为凡是产生的东西都有开端,推论没有产生的东西都没有开端,……②

亚里士多德还指责麦里梭的论证违背了直接推理的换位的规则,即由 SAP 不能推论出 PAS,而麦里梭的论证的错误却是:

> 即使"所有产生的东西都有开端",也不能得出"所有有开端的东西都是产生的"这样的结论;正如一个发高烧的人必然有热度,但并不是有热度的人必然都发高烧。③

亚里士多德在《物理学》中还指出,"开端"可以有几种含义,它可以不是时间上的开端而只是说明它开始有某种性质。④ 亚里士多德的这些批评在逻辑上讲是有道理的,我们不想在这方面多加评论;这里只想说明一点,即麦里梭关于存在是无限的论证,这些资料是可靠的。

2. 存在的无限是"存在是一"的充分必要条件;否则存在便会是多,而且互相限制。这个论证在巴门尼德那里还没有;巴门尼德以存在是连续的、不可分的为依据,论证存在是一而不是多。麦里梭作了一个重要的补充,他从无限和有限的角度论证存在是一。他说:

> 如果它是无限的,它就是一;因为如果它是二,这二就不能是无限,而

① 亚里士多德:《物理学》,186ª10—13。
② 亚里士多德:《论智者的辩驳》,181ª26—29。
③ 亚里士多德:《论智者的辩驳》,167ᵇ18—20。
④ 参见亚里士多德:《物理学》,186ª13—15。

是会互相限制。① (DK30B6)

如果它不是一,它就会被某些别的东西所限制。② (DK30B5)

这两则残篇合起来就是一个充分必要条件的假言推理:只有承认存在是无限的,它才是唯一的;如果它不是无限的(前件假),它就不是唯一的(后件也假);反之,后件假,前件也一定是假。尽管麦里梭这时还不懂得什么假言推理,但他的这个论证是符合形式逻辑的。从哲学理论上看,这个论证的重要之点在于:将无限看作是"存在是一"的前提。即使像巴门尼德所说,存在是连续的、不可分的;但假如它是一个球体,并不是无限的,它也不可能是一。

在这里,麦里梭从空间的角度论证了:唯一的存在只能是无限的。麦里梭和巴门尼德一样否认虚空的存在,但是他不仅仅以存在的充实性作论据,他还认为只有承认存在在空间上是无限的(而不是球体),才能达到否定虚空的目的。亚里士多德在论到爱利亚学派时说:

他们认为宇宙是一,而且是不动的。他们之中有的人还补充说:宇宙是无限的,因为(如果它有限制),限定它的界限就是虚空了。③

从前后文看,这里说的"有的人"是指麦里梭,或至少包括麦里梭。麦里梭在残篇第七中讲了十点关于存在的特征,其中的七、九、十都和虚空有关:

(7)也没有虚空;因为虚空就是无;凡是无的东西是不存在的。它也不能运动;因为它是充实的,不能向任何方向移动。因为如果有虚空,它就会向虚空移动;但虚空是不存在的,它不能向任何地方移动。

(9)必须在充实和不充实之间作出下列区分:如果一个东西还能容纳某些东西或为它留有地盘,它就不是充实的;只有当它不能容纳任何东西,也不为它留有地盘时,它才是充实的。

(10)所以,如果没有虚空,它(存在)就必然是充实的。如果它是充实的,它就是不动的。(DK30B7)

---

① 辛普里丘:《〈论天〉注释》,第557页第16行起。
② 辛普里丘:《〈物理学〉注释》,第110页第5行。
③ 亚里士多德:《论生成和消灭》,325ᵃ14—16。

　　巴门尼德的球形的存在为虚空留下了地盘,这样从理论上便可以得出存在不是一(球体的存在以外还有虚空),并且可以运动(向虚空移动)的结论。麦里梭用无限的存在代替球形的存在,堵塞了使存在成为多和发生运动的可能性,将巴门尼德的唯一的不动的存在学说在逻辑上彻底贯彻。这就是麦里梭对巴门尼德存在学说的主要修正。

　　3. 只有无限的存在才是完满的,伟大的,没有缺陷的。巴门尼德在残篇第八的第二十六—三十三行是以有限来论证存在的完满性的。他说:"存在被强有力地锁在有限的范围内,它没有开始和终结,因为生成和毁灭已经被真正的信念赶得很远了。存在自身停留在同一个地方,永远停留在那里,因为强大的必然性将它牢牢地锁在有限这一范围内,使它在各个方面都一样。因为它如果是无限的,就是不合法的。它是没有缺陷的;但如果它是〔空间上无限的〕,它就是有缺陷的。"这就是希腊的传统观念:有限的才是完善的,无限的便是有缺陷的。现在在麦里梭打破这个传统看法,他认为只有无限才是完善的,强有力的。他说:

　　　　正如它〔存在〕是永恒存在的一样,它也是无比完善的。[①]（DK30B3）

　　这则残篇的后半句,近现代学者的解释大相径庭。这半句的原文是:$o\acute{v}\tau\omega$　$\kappa\alpha\grave{\iota}$　$\tau\grave{o}$　$\mu\grave{\epsilon}\gamma\epsilon\theta o s$　$\check{\alpha}\pi\epsilon\iota\rho o\nu$　$\acute{\alpha}\epsilon\grave{\iota}$　$\chi\rho\grave{\eta}$　$\epsilon\acute{\iota}\nu\alpha\iota$。问题出在$\tau\grave{o}$　$\mu\grave{\epsilon}\gamma\epsilon\theta o s$　$\check{\alpha}\pi\epsilon\iota\rho o\nu$（tou megethos apeiron）这个短语上,其中阿派朗是"无限",对 megethos 应如何理解?第尔斯将后半句译为:der Grösse nach immerdar unendlich sein,即:"也永远是无比伟大的"或"也永远是宏伟无比的"。而基尔克、拉文和格思里译为 infinite in magnitude,"在度量上是无限的";弗里曼译为 its size must always be infinite,"它的大小必定永远是无限的";《古希腊罗马哲学》译为"它在大小方面也永远应当是无穷的";他们都强调译出存在是在空间大小度量上的无限。洛埃纳(Loenen)在《巴门尼德、麦里梭和高尔吉亚》书中和他们的理解不同,他认为希腊文中的 megas 或 megethos 一词,既有量度、大小,又有伟大、宏伟、完善这两个方面的意思。(英文中的 great 和德文中的

―――――――――

[①]　辛普里丘:《〈物理学〉注释》,第 109 页第 31 行。

Grosse 也有这两方面的意思。）他以为这里应作"伟大或完善"讲,所以应译为:"它同样也永远是无限宏伟的"或"无限完善的。"①弗拉斯托斯认为,麦里梭根本没有谈到空间上的无限问题,因为他的存在是无形体的,在残篇第九中他明确地说存在是没有量度的;因此残篇第三的这半句不能译为"在量度方面是无限的"。他说:"我认为这里所说的无限是指延绵方面的没有开端的终结,而不是空间上广延方面的无限。"②罗宾逊译为:But as it always is, so too its greatness must always be infinite,"如同它永远存在一样,它一定也是永远无比伟大的"。他既不同意将这解释成空间量度上的无限,也不同意将它解释成延绵方面(duration)的无限。他说,"存在着第三种可能性。greatness 指的是事物显示自己的特性和力量的程度,这里很可能就是指这个意思。因为麦里梭曾经从力量(power)的意义上考虑过存在。存在是拥有力量的,'没有任何东西比真正的存在更强有力'(残篇第八的第五段)。"他还举出阿波罗尼亚的第欧根尼曾将无限定义为"伟大的、强大的、永恒的、不朽的、全知的"作为旁证。罗宾逊认为,麦里梭在这里是指存在的力量是无限的。③

我们以为,从 megethos 这个词说,两种理解都可以,但是联系麦里梭的整个思想和残篇,还是采用洛埃纳和罗宾逊的解释,将它作为力量上的伟大,而不作空间大小的无限解释。巴门尼德在残篇第八的第二十六行讲的存在被强有力地锁在有限的范围内,这里的"强有力地"就是 megethos 这一名词的副词形式 megelos;显然,巴门尼德并不是在空间量度的意义上使用这个词的。麦里梭讲到形体和量度的,只有残篇第九;这则残篇辑自辛普里丘的《〈物理学〉注释》,辛普里丘是这样说的:

> 他〔麦里梭〕的意思很清楚,认为存在是无形体的,他写道:"如果它存在,它必然是一;而作为一,它必然没有形体。如果它有厚薄,它就会有

---

① 洛埃纳:《巴门尼德、麦里梭和高尔吉亚》,第 157—159 页。
② 转引自基尔克、拉文:《苏格拉底以前的哲学家》,第 300 页注 2。
③ 参见罗宾逊:《早期希腊哲学导论》,第 143 页。

部分而不再是一了"〔=DK30B9〕。①

这里说的"形体",用的是荷马常用的字 σώμα（soma）。荷马将人或兽的尸体叫作 soma,而将活人的肉体叫作 δεμας（demas）;后来,soma 也用来指肉体,和灵魂（psyche）相对。冈珀茨说,大约到公元前 5 世纪,这个词才指具体的、可感的形状的东西。② 这个词德文译为 körper,英文译为 body,上引辛普里丘自己说的"无形体",也是这一词根。在希腊文中,讲长度是 mekos,宽度是 euros,厚度是 pachos;麦里梭这句话中的后一个指度量的词就是 pachos。基尔克、拉文和弗里曼译为 bulk（量度或大小）,格思里和罗宾逊等译为 thickness（厚度）,第尔斯也译为 Dichte（厚度）,《古希腊罗马哲学》也译为"厚度",我们译为"厚薄"。由此可见,麦里梭认为:有形体（soma）的东西,就一定有厚度;既然有厚薄,就是有部分,而不是"一"了。他反对将存在看作是有这种形体的东西。在残篇第三中,他赞成存在的 megethos（greatness）是无限的,这 megethos 和 pachos 是两类不同的性质,pachos 指空间量度,megethos 就不是空间的大小了。麦里梭认为存在的 megethos 是有的,而存在的 pachos 是没有的。因此,我们将残篇第三不译成空间的无限,而译成能力上的"无比完善"。当然,这并不是说麦里梭没有从空间角度考察过无限的问题,如上文中说的,他认为只有空间的无限才是一,否则就有另一物或虚空限制了存在,这就是从空间角度考虑存在无限的问题。因此,弗拉斯托斯否认麦里梭有空间上无限的存在,这种说法是未必妥当的。我们在这里提出这一点来,只是要强调麦里梭认为存在既然在空间上是无限的,所以是无形体的,这就是人类认识从具体到抽象过程中又前进了一步;但当时的抽象思维能力终究还受限制,特别是因为巴门尼德将存在说成是一个球休,麦里梭要修正它,当然不得不从空间上论证存在是无限的,从而又不能完全避免存在是不是有形体的思想。

第三,存在是完善的、完满的、充实的、无痛苦、无悲伤的。

---

① 辛普里丘:《〈物理学〉注释》,第 109 页第 34 行起;参见基尔克、拉文:《苏格拉底以前的哲学家》,第 302 页。

② 参见《简明希英辞典》,第 688、538 页;格思里:《希腊哲学史》第 2 卷,第 110—111 页。

巴门尼德曾经从有限的、圆形的传统观念出发，论证存在是圆满的、完善的、无缺陷的；但他并没有将存在人格化。麦里梭却在这方面推进了一步，将一些人性的，甚至神性的内容加到"存在"上去。这方面思想主要在残篇第七中。这则残篇最长，有十小段。其中第一小段像是前面论述的小结：

> 所以，它〔存在〕是永恒的，无限的，是"一"，是完全一样的（homogeneous）。

接着在第二、四、五、六等小段中就转到另一方面，论证存在是没有痛苦和悲伤的。他说：

> （2）它既不会消失，也不会增大或变更排列的秩序（cosmos），它也不感到痛苦或悲伤。因为如果它有这些感受，它就不再是一了。……

> （4）它也不感到痛苦；如果它痛苦，它就不是完全的存在了；因为一个感到痛苦的东西就不能永远存在。它也没有和健康的东西同样的力量。如果它痛苦，它就不是同一的；因为它感到痛苦就是增加或减少了某些东西，从而便不再是同一了。

> （5）健康的东西不会感到痛苦，因为否则健康——即存在的东西——便会消失，而非存在却会产生。

> （6）至于悲伤，也可以运用同样的推理。（DK30B7）

这则残篇的第三小段虽与我们现在讨论的问题没有直接关系，但也在这里作些说明。《古希腊罗马哲学》将这小段译为：

> 但是变化是不可能的。因为早先的形构并不消灭，不存在的形构也不产生。……

似乎麦里梭在这里否认一般的"变化"。这里中译的"形构"，原文就是"科斯摩斯"cosmos，我们在论述毕泰戈拉学派时专门讨论过这个概念，它是宇宙、秩序的意思。在这里用这个词的意思是指存在的排列或构造，第尔斯译为 Gestaltung（形状、排列、组织），弗里曼译为 arrangement（安排、排列）。这里译为"变化"的这个词，原文是 metacosmethenai，是过去式主动语态的分词形式，意思是"变更排列（的秩序）"；它同以上第二小段的"变更排列的秩序"（metacosmeoito）是同一词根。所以弗里曼将这句话译为：

它〔存在〕也不可能变更排列(秩序),因为原先的安排不能破坏,非

存在的安排也不会产生。……

因此这一小段的意思不是泛指一般的变化是不可能的,而是说存在的排列秩
序或构造是不变的;变更就意味着重新安排它的秩序或构造。因此,这一小段
的目的还是要说明存在是完满的、完善的。

这则残篇的第七—十小段是否定虚空的存在,前面已经论述过。

麦里梭的残篇第七的总的思想是论证:存在不仅是永恒的、无限的、同一
的(第一小段),而且是完满的、完善的、充实的、健康的、没有痛苦和悲伤的。
这则残篇反映了麦里梭的论证的特色,即:从总体上说,他和芝诺不同,他是用
直接论证的方法以维护巴门尼德的存在学说的;但从每一个论题的论证方法
说,他又和芝诺一样,主要用的是反证法。更重要的是这则残篇说明,麦里梭
使巴门尼德的存在带上人格的感情的色彩,甚至神化了。他将存在说成是神,
这是古代第欧根尼·拉尔修和艾修斯都曾经记述的。第欧根尼·拉尔修说:

他〔麦里梭〕的观点是:宇宙是无限的、不变动的,是一,是同一的、充

实的。没有真正的运动,只是一种现象。他还说〔宇宙是神〕,对于神不

可以作确定的说明,因为对神是不能认识的。①

艾修斯说:

麦里梭和芝诺认为,一或整体就是神,唯有神是永恒的、无限的。②

艾修斯提到芝诺也认为一是神,历史上没有更多资料,不能进一步讨论。对于
麦里梭,第欧根尼·拉尔修说的"神"就是艾修斯所说的"一或整体",也就是
那个不动的、永恒的、唯一的存在。他和塞诺芬尼一样,认为这就是神。从艾
修斯的记述看,麦里梭对巴门尼德的存在的修正和补充——存在的永恒性和
无限性,恰恰是神的特性。从这里可以看到,巴门尼德的存在学说中的客观唯
心论倾向,到麦里梭更加发展了,还带有神的色彩。

以上我们分别讨论了麦里梭对巴门尼德存在学说的修正和补充的三个主

① 第欧根尼·拉尔修:《著名哲学家的生平和学说》第9卷,第24节。

② 艾修斯:《哲学家意见集成》第1卷,第7章第27节。

要方面,现在可以将它们综合起来,研究存在这一范畴在麦里梭那里发生了什么样的微妙的变化。

关于存在范畴的表述,麦里梭除了继续使用巴门尼德所用的 estin,eon,einai 外,有两个新的变化:

第一,麦里梭也用系动词 eimi 的过去式 $\mathring{\eta}\nu$(en)和将来式 $\mathring{\varepsilon}\sigma\tau\alpha\iota$(estai)表述存在。巴门尼德的存在是无时间性的,他一直用无时间性的现在一般式 estin 表述存在;麦里梭却将存在看作是永恒地存在于时间之中的,所以在表述时便按语法规则用过去式和将来式以表述它过去存在、将来存在。他的残篇第一的第一行,残篇第二的第二行,残篇第八的第二、第三、第六段等几处都是用过去式或将来式表述存在的。

第二,巴门尼德用动名词 eon 表述过存在,在否定式中按语法习惯可以不加冠词,但在肯定式中,按习惯应加冠词的,巴门尼德也不加冠词,仅在残篇第四的第二行,残篇第八的第二十五、三十二、三十六行等几处加了冠词。其中残篇第四的第二行和残篇第八的第二十五行说的是理智或命运之神使"存在和存在紧密相联",这是巴门尼德学说的自相矛盾之处,同他的"存在是唯一的"思想不相容。巴门尼德在这两处实际上是说这一存在物和另一存在物是紧密相联的。在巴门尼德这里出现这种情况还只是个别的,到麦里梭那里,就大量地使用定冠词加动名词表述存在。这种表述和巴门尼德(的一般用法)有所不同,不是指"存在",而是指"存在物"或"这一存在的东西"。所以一般英译文大多译为 that which is(存在的东西或存在物)。这说明,麦里梭一方面将存在引向神,另一方面在新的挑战面前,他又想将抽象的存在和具体的事物结合起来,所以经常使用"存在物"、"存在的东西"等等,还是将抽象和具体混淆了。

表述方面的这两个特点在残篇第一的第一句表现得很明显。这句话的原文是:aei en ho ti en kai aei estai 共八个词,其中 aei = always,kai = and,en = was,estai = will be,ho ti en = that which was(ho ti 是中性的关系代词)。弗里曼译为:That which was,was always and always will be。我们译为:"存在过的东西过去和将来都永远存在。"这里用的是过去式和将来式,麦里梭将巴门尼德的

"存在"变成为"存在过的东西"了。

从存在范畴的内容看,这就是存在的个体化,将抽象的存在变成为"存在物",或者说成为永恒的、无限的、不动的、充实的、完善的"存在的东西"了。这是巴门尼德的"存在"发展的必然趋势。早期希腊哲学的发展,从总的来讲,是由个别上升为一般的过程。从伊奥尼亚哲学家将水、气、火等个别的物质元素一般化,到爱利亚学派的存在,可以说达到了最高抽象的一般。但是,在从个别到一般的同时也往往伴生着从一般到个别,特别是古代早期的哲学家还分不清抽象的一般和具体的个别二者之间的区别,往往将抽象出来的一般又当作个别,也就是将一般个体化了。无论是伊奥尼亚哲学的一般的本原,或是毕泰戈拉学派的数,都发生有这种个体化的情况。巴门尼德将最一般的存在看成是在个别事物以外的独立的存在,就是将存在又个体化了。现在我们看到,从巴门尼德到麦里梭也同样存在这两种相反的过程:一方面,如上所述,麦里梭将巴门尼德的球形的存在变成为无形体的无限的存在,这是从具体向抽象前进了一步;另一方面,我们现在看到,麦里梭将巴门尼德的存在变为"存在的东西",这是将存在更加个体化,是从抽象向具体更前进了一步。

为什么会产生这种情况?因为一般是从个别中抽象出来的,我们不能完全抛开个别而认识一般;而当我们通过个别认识一般(即将二者相比较)时,不免要将某些个别的性质加到一般上去,便会在某些方面将一般个体化。这一点,在麦里梭的残篇第八中可以看得比较清楚。这则残篇辑自辛普里丘的《〈论天〉注释》,麦里梭用反证法证明:如果存在是多,它也是种类相同,性质相同的一。这则残篇很长,但对于我们了解麦里梭对个别和一般的关系是如何理解如何论证的,却很重要,所以引述全文如下:(第尔斯将全文分为六段,伯奈特不分段,我们根据第尔斯分段。)

(1)这一论证是关于它〔存在〕是唯一的一的最重要的论证,但还有下列证明:

(2)如果事物是多,它们必然和我们所说的"一"是同一类的。因为如果有土、水、气、火、铁、金,还有活的东西和死的东西,黑的和白的,以及所有别的人们说是实在的东西:如果真是如此,而且我们看到的和听到的是正确的话,那么,它们中的每一个必然是我们首先看到的那样一类东西,它不能变化成为不同的东西,而是每一个东西都永远必然是它所是的东西。而现在,我们说我们看到的、听到的、理解的都是正确的。

(3)可是我们看到的却是热变冷,冷变热,硬变软,软变硬,活的东西死去,而且从不是活的东西产生;一切都在变化,凡是过去存在和现在存在的东西并不总是一样的,铁虽然硬,但和手指相触却能磨损,金子、石头以及一切被认为是坚固的东西(也能磨损);而且土和石头是从水产生的。由此可见,我们既不能看到,也不能知道存在的东西。

(4)所以,这些说法是不一致的。虽然我们说,有许多东西是不朽的,有形式和能力,但看来它们又都在改变,似乎时时都在变化。

(5)所以显然我们看到的东西并不正确,那些我们看来是多的东西也不正确,因为如果它们是真实的,它们就不会变化,每一个是它那样的存在。因为没有任何东西比真正的存在更强有力。

(6)而且如果它变化,存在就会被毁灭,而非存在却会产生。所以,如果事物是多,它们也必然是像"一"那样的存在。① (DK30B8)

麦里梭这个论证的基本思想仍是继承巴门尼德的,即认为只有不变的存在是真实的,我们感觉中见到、听到的种种变化和多,是不真实、不正确的。但是他在论证中提出这些感觉事实,企图证明它们是不正确的,这些论证显得没有说服力;倒是从反面说明:他所说的真实的存在,不过就是将运动变化去掉以后的感性事物而已。他并没有像巴门尼德那样将存在的世界和感觉的世界绝对地对立和割裂开来,特别是这则残篇的第二小段的第一句话和最后这一句话:"如果事物是多,它们也必然是像'一'那样的存在",表明他并不是绝对地否定多,而是可以承认多,只要这些多也像"一"一样,是不变的存在。这样,唯一的存在和多数事物也可以是同一种类的东西,存在不过是多中之一。虽然麦里梭认为存在是无形体的,但这样的多中之一的存在,又是从抽象的东西回到现实存在的东西了。由此我们可以理解亚里士多德在《形而上学》第1卷

① 辛普里丘:《〈论天〉注释》,第558页第21行起。

中论述爱利亚学派时所讲的:

> 巴门尼德看来是牢牢抓住作为定义(逻各斯)的"一",而麦里梭说的
> 是作为质料的"一",因此前者说它是有限的,后者说它是无限的。①

亚里士多德这一说法看来是有一定道理的。

亚里士多德所说的"作为质料的一",也就是我们现在所说的"作为物质的一",因为他将完全抽象的存在说成存在物。上面我们分析过,麦里梭将巴门尼德的存在看作是完善的、没有痛苦和悲伤的神,这是将巴门尼德的存在学说向唯心论方面的发展。但是麦里梭的存在学说也还有另外一个方面,他和恩培多克勒、阿那克萨戈拉差不多同时,他们之间可能相互影响,正是因此,他试图沟通存在的"一"和"多",沟通一般的"存在"和具体事物,沟通本质和现象,当然都没有成功。可能正是巴门尼德和麦里梭学说的这种内在矛盾,启发了恩培多克勒和阿那克萨戈拉的多元论以及后来原子论的发展。

---

① 亚里士多德:《形而上学》,986^{b}18—21。

❊ 小 结 * ❊ ─────────────────────────────────

　　早期希腊哲学原来是以自然哲学为主的,自从爱利亚学派提出存在的学说以后,研究存在也就是研究本质的问题就逐渐成为哲学的中心问题。正是在这个基础上,既产生了以德谟克利特的原子论为代表的唯物论哲学,又产生了以柏拉图的理念论为代表的唯心论哲学。以后的哲学都直接或间接地和存在——本质有关。由此可见,在西方哲学思想的发展过程中,爱利亚学派占有相当重要的地位。

　　爱利亚学派历时一百年左右,经历了三代。塞诺芬尼以神的形式表述了不动的、无生灭的“一”,为爱利亚学派作了理论准备。巴门尼德用哲学范畴代替了塞诺芬尼的神,以存在和非存在、思想和感觉、真理和意见三对范畴为中心,用逻辑论证的方法系统地阐述了存在的学说,确立了爱利亚学派的哲学体系。芝诺和麦里梭被称为年轻的爱利亚学派。芝诺用纯粹的逻辑论证捍卫了存在论的基本思想;他的论证很深刻,对后来的逻辑和辩证法的发展都有很大影响。比他稍后的麦里梭,在新的形势下修正和补充了巴门尼德的存在学说。在他们以后若干年内,虽然还有爱利亚学派的成员或追随者在活动,但没有提出值得注意的思想,在历史上没有再留下什么痕迹。

────────────────

　　*　近些年学术界对希腊文的 being 的解读和中译展开了激烈的讨论。讨论中涉及本编的论述,因为涉及面太广,此次再版未作回应。对于本编关于 eimi 和 aletheia 的见解,请参见本书第四卷末“希腊哲学的终结与启示”中第五项“$\acute{\alpha}\rho\chi\acute{\eta}$, $\alpha\acute{\iota}\tau\acute{\iota}\alpha$ 与 $o\acute{\nu}\sigma\acute{\iota}\alpha$:本原、原理与本体”及第六项“$\acute{\alpha}\lambda\acute{\eta}\theta\epsilon\iota\alpha$ 与 $\acute{\alpha}\rho\epsilon\tau\acute{\eta}$:真与善”的释义。

爱利亚学派的发展史,可以说就是它的存在学说的形成和演变的历史。从塞诺芬尼开始到巴门尼德是存在学说的形成时期,它的最高成就便是"存在"和"非存在"这对核心范畴的提出。黑格尔在《逻辑学》中讲到"有(存在)"和"无(非存在)"这对范畴时说:

> 爱利亚学派最早有了纯有(存在)这种简单的思想,尤其是巴门尼德将纯有(存在)当作绝对物,当作唯一的真理,在他遗留下来的残篇中,他以思辨的纯粹热情,第一次以绝对的抽象来理解有(存在),说出:唯"存"有,而"无"则全没有。(存在是存在的,而非存在是不存在的。)①

在《哲学史讲演录》中,黑格尔又指出巴门尼德在哲学发展史中的地位。他说:

> 真正的哲学思想从巴门尼德起始了,在这里面可以看见哲学被提高到思想的领域。一个人使得他自己从一切的表象和意见里解放出来,否认它们有任何真理,并且宣称,只有必然性,只有"有(存在)"才是真的东西。这个起始诚然还朦胧不明确;它里面所包含的尚不能加以进一步的说明;但把这点加以说明恰好就是哲学发展的本身,这种发展在这里还没有出现。②

黑格尔说得很深刻。哲学就是要在现象背后认识它们的本质,认识必然的真理。这一点,正是巴门尼德提出存在学说的真正的意义,虽然他自己还不可能意识到这一点。以后的希腊哲学,以至整个西方哲学正是就存在问题进行分析讨论,以至逐步深入认识本质的,哲学也就这样深入发展了。

可是,就爱利亚学派说,他们只是提出了问题,并不能再进一步将它往前发展。因为他们提出的存在和非存在,是哲学上最抽象也是最一般的范畴。这对范畴一旦形成,也就意味着这个学派已经走到了顶峰。他们不能超越这对范畴,最多在这个范围内作些修正和补充,除此以外就无所作为了,因此最

---

① 黑格尔:《逻辑学》上卷,中译本,第71页。
② 黑格尔:《哲学史讲演录》第1卷,中译本,第267页。

后只能突破这个学派的外壳，也就是否定了它自身。

历史发展的逻辑正是如此。在巴门尼德的学说中就已经存在有否定它自身的因素：他说存在是唯一的，可是在他的残篇第四和残篇第八的第二十五行中又说"存在和存在紧密相连"；他说有限的、球形的才是完善的，就意味着承认空间的有限性和量度的存在；他认为运动、变化、多等等都是非存在，是虚假的，这就将无限丰富的内容都从存在和真理的领域中排除出去了，而且也无法说明柏拉图在《智者篇》中曾经指出的诸如感性世界、工艺产品以及人们的想象与梦境等等之间的区别，甚至无法为之命名。总之，他将真理和意见两个领域分裂开来，成为绝对的对立，就堵塞了人类认识现象世界的可能，使他所说的"真理"只能是空洞的真理。巴门尼德的弟子们看到了其中某些矛盾，力图去弥补它。但是，芝诺否定多和运动的论证，恰恰相反地为人们否定一和不动提供了论证的工具；麦里梭的补充和修正更是走向自己愿望的反面，为后来原子论的创立开了方便之门。关于非存在范畴的思考，也遇到同样的困难。我们在麦里梭这节开始时提到，伯奈特曾将辛普里丘在《〈物理学〉注释》中的一句话："如果'无'是存在的，能像表述真实东西一样表述它吗？"列为残篇 Ia。究竟什么是非存在呢？人们为此而苦恼。柏拉图在《智者篇》中描述来自爱利亚的客人所说的："我年轻的时候，听人谈到非存在，总以为十分了解，如今可觉得迷惑了"；以至于"我们此刻不得不将先辈巴门尼德的话拿来估量一番"，"我们此刻不得不大胆攻击先辈的话"。① 以后的原子论者、智者、柏拉图和亚里士多德对非存在都作了各自的不同解释。存在和非存在这对核心范畴发生了困难，爱利亚学派的基石也就动摇了。随之，他们的关于一和多、动和不动、有限和无限、虚空和充实、可分和不可分、真理和意见等等绝对对立的观念站不住了。爱利亚学派也就终结。

然而一个学派的衰亡却并不像人的躯体的毁灭。黑格尔说得好：

虽然我们应当承认，一切哲学都曾被推翻了，但我们同时也必须坚持，没有一个哲学是被推翻了的，甚或没有一个哲学是可以推翻的。……

① 柏拉图：《智者篇》，243B、241D、242A。

因此所谓推翻一个哲学,意思只是指超出了那一哲学的限制,并将那一哲学的特定原则降为较完备的体系中的一个环节罢了。①

在希腊哲学的发展史中,以下我们即可看到,爱利亚学派的存在和非存在、理性和感觉、真理和意见等范畴成为德谟克利特的原子论和柏拉图的理念论中的重要环节出现,但它们的内涵、它们之间的相互关系却发生改变了。爱利亚学派是终结了,而哲学却大踏步地向前发展了。

---

① 　黑格尔:《小逻辑》,中译本,第191页。

从现代数学看芝诺关于运动的悖论

张尚水

自从芝诺提出关于运动和多的悖论以后,哲学家、逻辑学家和自然科学家都从各自的学科出发,试图解决这些悖论。芝诺的悖论对现代逻辑、现代数学和物理学都起了促进作用。本文主要从现代数学和逻辑的观点,对芝诺关于运动的四个悖论作些分析。

芝诺提出这四个悖论的目的是揭露运动的矛盾,以证明运动是不真实的,不可能的。从哲学上说,运动以矛盾为前提,没有矛盾就没有运动。芝诺企图通过揭露运动的矛盾来否定运动,自然不可能实现他的目的,并且刚好与他的意图相反,恰恰证明了矛盾的不可避免性,运动是客观的必然的。这是根本的哲学观点问题,芝诺的观点和我们是不一样的。就芝诺的四个悖论说,问题是他提出的各个论证,是不是真正确立了他想要证明的结论,他的论证是不是有效的呢? 下面就来对芝诺的四个悖论作一些具体的分析。

芝诺关于运动的四个悖论,可以分为两组,其中前两个悖论是针对认为空间和时间是可以无限分割的观点的,后两个悖论是针对空间和时间是由不可分的单元或"微粒"组成的这种看法的。在这两组悖论中,都是有一个是考察单独一个物体的运动的,另一个则考察若干物体的相对运动。

(一)二分法

论证如下:你不能在有限的时间内越过无穷的点。在你穿过一定距离的全部之前,你必须穿过这个距离的一半;这样做下去会陷于无止境,所以,在任何一定的空间中都有无穷个点,你不能在有限的时间中一个一个接触无穷个点。

这个悖论可以有两种形式。第一种形式是：一个物体，假设他是阿喀琉斯，要从（空间中的）一点 S 到达另一点 E（越过距离 SE），必须先越一半的距离 $\frac{SE}{2}$ 到达中点 M，然后穿过 ME 的一半到达 N，并穿过 NE 的一半，……。也就是说，阿喀琉斯要从点 S 到达点 E，需要依次穿过距离为 SE 的

$$\frac{1}{2},\frac{1}{4},\frac{1}{8},\cdots,\frac{1}{2^n},\cdots(n=1,2,3,\cdots)$$

空间间隔。这样的空间间隔的数目为无穷多个，更确切地说，是可数无穷个，用一个数学名词来说，是 $\aleph_0$ 个。① 芝诺断言，要在有限的时间中穿过 $\aleph_0$ 个空间间隔是不可能的。把上述空间间隔序列称为 Z－区间序列，芝诺的论证可以表述如下：

1.阿喀琉斯要到达终点必须穿过所有的 Z－区间。

2.全部 Z－区间的数目无穷。

3.要在有限时间内穿过无穷多个 Z－区间是不可能的。

4.所以，阿喀琉斯不可能到达终点。

先看一看这个论证中假定的空间的性质和结构。这里假定了：空间是无限可分的，是一稠密的有序的点结构（空间由点组成，任意两点之间有无穷个点，点之间有次序关系，如一点在另一点的左（右）边。）关于 Z－区间，可以指出如下几个性质：每一 Z－区间的左边只有有穷个 Z－区间，右边都有无穷个 Z－区间，并且没有最后一个 Z－区间，它们是两两不相交的（把它们看成半开区间，如包括左端点而不包括右端点），点 E 不包含在任一 Z－区间中。若用每一 Z－区间的一点代表一 Z－区间，把这些点称作 Z－点，则每一 Z－点左边只

___

① 一个无穷集合，如果它的元素和整数 1,2,3,…（或自然数 0,1,2,3,…）之间能建立一个一一对应，就称为可数的。可数无穷集合的基数是 $\aleph_0$。一个集合的基数表示集合元素的个数。如包括 n 个元素的集合 $\{a_1,a_2,\cdots,a_n\}$ 的基数是 n。序列 $\frac{1}{2^1},\frac{1}{2^2},\frac{1}{2^3},\cdots,\frac{1}{2^n},\cdots$，与 1,2,3,… 之间存在一一对应。所以，上述空间间隔序列是一可数无穷集合。

有有穷个 Z-点,右边都有无穷个 Z-点,点 E 不属于 Z-点的集合,并且点 E
无直接前趋(或者说,不是任一 Z-点的后继),任一 Z-点与点 E 之间,都有无
穷个 Z-点。Z-区间序列 $\frac{1}{2},\frac{1}{4},\frac{1}{8}$,…是等比数列(可以写成:a, ar, ar²,
ar³,…,$a=\frac{1}{2}$,$r=\frac{1}{2}$)。并且是一收敛数列,当 n→∞ 时,$\frac{1}{2^n}$→0。序列的开首 n
项的和

$$S_n = \frac{a(1-r^n)}{1-r} = 1 - (\frac{1}{2})^n 。$$

全部 Z-区间的和是算术极限 $\underset{n\to\infty}{Lim}Sn$。所以全部 Z-区间的和

$$L = \frac{1}{2}+\frac{1}{4}+\frac{1}{8}+\cdots = \underset{n\to\infty}{Lim}Sn = 1 。$$

　　有了以上说明的准备,现在来看芝诺的论证。这个论证中的关键是以上
的第 3 点,即要在有限时间内穿过无穷多个 Z-区间是不可能的。芝诺怎样作
出这一断言,他作了什么论证或作了什么进一步的假定?对此没有任何进一
步的材料。现在先不讨论这一点。有一点是显然的,就是,阿喀琉斯到达点 E
的充分必要条件是穿过全部 Z-区间。阿喀琉斯能否在有限的时间内穿过全
部 Z-区间,这与假定时间具有怎样的性质和结构有关。只要假定时间具有和
空间相对应的性质和结构,那末阿喀琉斯无疑就能在有限的时间内穿过全部
Z-区间而到达 E 点。这只需他用 $\frac{1}{2}$ 的时间通过 $\frac{1}{2}$ 的距离,$\frac{1}{4}$ 的时间通过 $\frac{1}{4}$ 的
距离,…,这样,阿喀琉斯分别通过各 Z-区间所需的时间构成一时间的序列:
$\frac{1}{2},\frac{1}{4},\frac{1}{8}$,……。这个时间序列,是一个和 Z-区间序列相同的等比数列,于
是可以求和,得出全部时间

$$T = \frac{1}{2}+\frac{1}{4}+\frac{1}{8}+\cdots = 1 。$$

这样,阿喀琉斯在时间 $t_0=0$ 从 S 点出发,经历 s 个递降的,当 n→∞ 时,$\frac{1}{2^n}$→
0 的时间间隔,并且在 T=1 的瞬间,到达点 E。这就否定了芝诺的断言了,从

而否定了他的结论。

当然,可能,上面的回答并没有解决芝诺的问题。芝诺可能会说,空间和时间的无限分割的结果是 0,无穷个 0 的和仍为 0,因此即使在无限的时间中去掌握无限的空间分割,运动仍然不可能。[①] 这就是说,要联系芝诺关于"多"的悖论来考察他关于运动的悖论。现在就从这一角度来分析"二分法"悖论。

芝诺关于"多"的悖论可以粗略地表述如下:

假定单位长度的线段是无限可分的(由无穷多个部分组成的),那末就会有下述矛盾的结果:

Ⅰ.无限分割的结果,或者每一部分都为零或者每一部分都有一正的量;

Ⅱ.如果每一部分都等于零,那末这线段将等于零,因为整个线段是它的部分的和;

Ⅲ.如果每一部分都有一正的量,那末这线段将为无穷,由于同一理由。

这个论证的第一个假定是无限可分性。我们把这无限分割的过程及其结果区分为两种情形。第一种情形,分割过程如下进行:第一步,把线段二等分;第 n 步,把在第 $n-1$ 步分割所得的每一部分等分为二;第 n 步之后继之以第 $n+1$ 步,也就是说,这是一无穷的过程,对每一 n($n=1,2,3,\cdots$),有第 n 步分割,并且没有最后一步。这一无限分割的结果,把线段分割成 $\aleph_0$ 部分,每一部分相等。并且,这 $\aleph_0$ 部分是两两不相交的,整个线段等于所有 $\aleph_0$ 部分的并(和)。根据可数加性原则,整个线段的测度等于 $\aleph_0$ 部分的每一部分的测度之和。如果每一部分的测度等于零,则Ⅱ成立。那末作为分割的结果的每一部分的测度是否等于零呢? 由于这个分割过程没有最后一步,分割的结果不是点,随着 $n\to\infty$,$\dfrac{1}{2^n}\to 0$,但每一部分的长度 $\dfrac{1}{2^n}\neq 0$。这样,每一部分都有一正的量,不是Ⅱ的情况(虽然Ⅱ本身正确)。那末Ⅲ是否成立,即线段由于无穷分割的结果而将成为无穷的量呢? 由于分割的结果,线段分成 $\aleph_0$ 部分。根据良序定理,可以把它们良序,即排成一个序列,把这个序列称为 P-序列。在

---

① 参见叶秀山:《前苏格拉底哲学研究》,第 173 页。

P-序列和Z-区间序列之间可以建立一一对应。P-序列的每一项都等于$\frac{1}{2^n}$（n→∞），对于每一m，P-序列的第m项的测度小于或等于对应的第m个Z-区间的测度。$\aleph_s$个Z-区间的测度的和等于1，因此，P-序列的各项的测度和≤1，而不是一无穷的量。按照上面的论证，我们并没陷入芝诺的论证中所得出的矛盾之中。芝诺的论证不成立。

现在考虑分割的第二种情形。分割过程与第一种情形同。考虑这样的集合的序列:第一个是第一步分割的一部分，第n个是第n步分割的一部分，使得对每一n而言，第n+1个集合是第n个的子集。一个这样的集合序列称为一个链。每一个链的集合的交都唯一地确定一个点。把这样确定的点看成是组成线段的部分。线段的这样的组成部分共有不可数无穷多个，更确切地说，由这样的部分组成的集合具有连续统的势或者说其基数为$2^{\aleph_s}$。现在考虑在当前情形下芝诺的论证是否成立。关于Ⅲ，在假定阿基米德公理（对任意小的a和任意大的b，存在正整数N使得Na>b）的条件下，是成立的。但是由于每一组成部分是点，点的测度是零，决定芝诺的论证是否成立在于Ⅱ。要使Ⅱ成立的条件，是定义一个比可数加性原则还强的加性原则（也许可称为超加性原则）并建立一个测度理论。当然芝诺没有提出这样的加性原则和测度理论，现在也没有。所以，虽然组成线段每一部分都等于零，得不出单位线段等于零的结论。根据测度理论，单位线段的长度是1。这样，Ⅱ不成立，芝诺的论证不成立。所以，在所考虑的两种情形下，芝诺关于"多"的悖论的论证的Ⅱ和Ⅲ，分别是在一种情形下其一成立，另一不成立。对于有限的空间间隔和一段时间，经无限分割后，不会等于零或无穷。阿喀琉斯在有限时间内是能穿过可数无穷多个Z-区间而到达终点的。

在前面的讨论中，有一点是未曾提到的，这就是:你不能在有限的时间中一个一个接触无穷个点。接触一个点可以说是完成一个动作。在讨论芝诺悖论的文献中，有这样的命题:"在有限的时间中完成无穷的动作序列是不可能的"。如果把穿过一个Z-区间看作是完成一个动作，这也就是前面陈述的芝诺论证中的断言了。这里的问题，是对此命题作怎样的解释。一种解释是，

"完成序列中的所有动作,包括最后一个"("穿过所有的 Z-区间,包括最后一个")。这样解释、论证不可能完成无穷的动作序列,显然是一种乞题。因为按定义,一个无穷序列是没有最后一项的,如 Z-区间序列是没有最后一个区间的。一种解释是,不论完成了多少个动作,总还有更多的动作仍须完成,因此无穷的动作序列是不可能完成的。这显然也是一种不正确的论证。因为这一解释无异于说无穷多个动作不能用有穷多个动作来完成。按照前面的分析,阿喀琉斯能经历无穷的时间序列而越过无穷的 Z-区间序列,而无穷的时间序列的总和是一段有限的时间。

"二分法"悖论的第二种形式是:赛跑者要越过全程到达终点,必须先越过一半距离到达中点,而要到达中点,又必须先越过这一半距离的一半,即先跑完四分之一距离,如此等等。芝诺得出结论说,为了越过不论怎样短的一段距离,赛跑者必须先已越过无穷多段路程。因为,他必须先越过的各段路程构成如下形式的无穷倒退序列

$$\cdots, \frac{1}{16}, \frac{1}{8}, \frac{1}{4}, \frac{1}{2}。$$

这个序列任一项的左边都有无穷多项,并且没有第一项。因此,赛跑者不能在有限的时间内越过无穷多段路程,并且甚至不能开始起跑。

在这里,长度为 $\frac{1}{2^{n+1}}$ 和 $\frac{1}{2^n}$ 的两段路程 S′ 和 S,不是不相交的两段,而是前者包含在后者之中,并且凡长度小于或等于 $\frac{1}{2^{n+1}}$ 的都包含在长度为 $\frac{1}{2^n}$ 的之中。所有长度小于或等于 $\frac{1}{4}$ 的都包含在长度为 $\frac{1}{2}$ 的一段之中。长度 $\leq \frac{1}{4}$ 的无穷多段路程的长度总和是全程的 $\frac{1}{2}$。对于具有包含关系的路程 S′ 和 S,若 S′ 包含在 S 之中,那末在越过 S′ 之前,自然不能越过 S,但是,开始穿越 S′ 也就同时开始穿越 S。所以,尽管距离为 $\frac{1}{2}$ 的一段包含着无穷多段,穿越这无穷多段所需的时间都包含在穿越 $\frac{1}{2}$ 距离所需时间之中。显然,如同在这个悖论的第一

种形式的情形一样,赛跑者越过每一段都包含在另一段之中的无穷多段路程,只需有限的时间。更困难的问题看来是赛跑者能不能开始起跑。因为上面那个无穷倒退的序列没有第一项,任一项之前都有无穷多项。但是,这里的情形和在第一种形式下的情形,问题的性质是同样的,只是过程倒过来。在那里,赛跑者需要穿越的 Z-区间序列没有最后一项,但是,他并不因此不能到达终点。现在,虽然对不论离起点任意近的一点,这之间总还包含无穷的段落,但是,随着 $n \to \infty$,$\frac{1}{2^n}$ 趋于零,并以起点为极限点。起点就是距离趋于零并以起点为极限点而赛跑者需要首先穿越的路程。所以,赛跑者只需要以趋于零的时间间隔越过这一路程,也就是在某一瞬间离开起点就可以了。他是能够开始的。

(二)阿喀琉斯和乌龟

论证如下:阿喀琉斯永远追不上乌龟,因为他首先必须到达乌龟出发的地点,而这时候乌龟会向前走了一段路,于是阿喀琉斯又必须赶上这段路,而乌龟又会向前走了一段路。他总是愈追愈近,但是始终追不上它。我们可以把阿喀琉斯和乌龟赛跑的情形重新描述如下:在赛跑开始时,阿喀琉斯在出发点 A,而乌龟在阿喀琉斯前面离 A 距离为 d_1 的出发点 B。以某一时间单位作标准,阿喀琉斯的速度是 V,乌龟的速度是 v。在时间 $t_0 = 0$,阿喀琉斯和乌龟分别从各自的出发点起跑。越过距离 d_1,阿喀琉斯需用时间 $t_1 = \frac{d_1}{V}$,在这段时间里,乌龟前进了距离 $d_2 = t_1 v = d_1 \frac{v}{V}$;越过距离 d_2,阿喀琉斯需用时间 $t_2 = \frac{d_2}{V} = d_1 \frac{V}{V^2}$,而乌龟又前进了距离 $d_3 = t_2 v = d_1 \frac{v^2}{V^2}$;……。把序列 $d_1, d_2, d_3, \cdots$ 称作 Z-区间序列,芝诺的论证可以表述如下:

1.对于每一 n,乌龟用时间 t_n 越过 Z-区间 d_{n+1},而阿喀琉斯在同一时间越过 Z-区间 d_n;

2.阿喀琉斯将追上乌龟,当且仅当阿喀琉斯和乌龟在同一瞬间到达同一地点;

3.但是,由于 1,对任一 n,在 t_n 的末一瞬间,乌龟总在阿喀琉斯前面相隔第 n+1 Z-区间 d_{n+1};

4.由 2 和 3,阿喀琉斯将永远追不上乌龟。

阿喀琉斯和乌龟,跟"二分法"的第一种形式,性质是一样的。区别只是,在"二分法"的场合,阿喀琉斯的目标是固定的、不动的,而在与乌龟赛跑的场合,阿喀琉斯的目标是不定的、变动的。在这一赛跑过程中,阿喀琉斯需要越过下列的 Z-区间序列:

$$d_1, d_2, d_3, \cdots \quad (n=1,2,3,\cdots)$$

而乌龟要越过下列 Z-区间序列:

$$d_2, d_3, d_4, \cdots \quad (n=2,3,4,\cdots)$$

单从这两个序列来看,的确,对每一 n,乌龟总可以拿 d_{n+1} 与阿喀琉斯 d_n 相对应,乌龟不会和阿喀琉斯行进在同一 Z-区间 d_n 中,不会同处于同一地点。但是,只要考虑 Z-区间序列的性质,结论就不一样了。

把阿喀琉斯要穿越的 Z-区间序列改写一下,就是序列

$$d_1, d_1 \frac{v}{V}, d_1 \left(\frac{v}{V}\right)^2, d_1 \left(\frac{v}{V}\right)^3, \cdots \qquad (1)$$

序列〔1〕是一等比数列,其中公比 $\frac{v}{V}$ 小于 1,当 $n \to \infty$,$d_1 \left(\frac{v}{V}\right)^n \to 0$,也就是,$\lim\limits_{n \to \infty} d_n = 0$。〔1〕的前 n 项之和

$$Sn = \frac{d_1 \left(1 - \left(\frac{v}{V}\right)^n\right)}{1 - \frac{v}{V}} = \frac{d_1 V}{V - v} \left(1 - \left(\frac{v}{V}\right)^n\right)。$$

几何级数

$$d_1 + d_1 \frac{v}{V} + d_1 \left(\frac{v}{V}\right)^2 + d_1 \left(\frac{v}{V}\right)^3 + \cdots\cdots$$

有极限,其和

$$L = d_1 + d_1 \frac{v}{V} + d_1 \left(\frac{v}{V}\right)^2 + d_1 \left(\frac{v}{V}\right)^3 + \cdots =$$

$$= d_1(1 + \frac{v}{V} + (\frac{v}{V})^2 + \cdots) = \lim_{n \to \infty} Sn = \frac{d_1 V}{V - v}。$$

L 就是阿喀琉斯需要穿越的 Z－区间序列的距离的总长度。在离开阿喀琉斯的出发点 A 距离为 L 的地方，有一点 A′，在阿喀琉斯跑完长度为 L 的路程之后，将在 A′ 赶上乌龟。对每一 n，阿喀琉斯穿越第 n 个 Z－区间 d_n 的时间是 t_n，他越过全部 Z－区间所需的时间

$$T = t_1 + t_2 + t_3 + \cdots = \frac{d_1}{V} + \frac{d_1}{V}\frac{v}{V} + \frac{d_1}{V}(\frac{v}{V})^2 + \cdots$$

$$= \frac{d_1 V}{V(V-v)} = \frac{d_1}{V-v} = \frac{L}{V}。$$

而对乌龟来说，对于每一 n，它在时间 t_n 越过第 n+1 个 Z－区间 d_{n+1}。在经历时间序列

$$t_1, t_2, t_3, t_4, \cdots\cdots$$

之后，它越过

$$d_2, d_3, d_4, \cdots\cdots$$

它用时间 T 跑过的全程

$$L' = d_2 + d_3 + d_4 + \cdots = d_1\frac{v}{V} + d_1(\frac{v}{V})^2 + d_1(\frac{v}{V})^3 + \cdots$$

$$= d_1(\frac{v}{V} + \frac{v}{V}\frac{v}{V} + \frac{v}{V}(\frac{v}{V})^2 + \cdots) = \frac{d_1 v}{V - v}$$

而

$$L - L' = \frac{d_1 V}{V - v} - \frac{d_1 v}{V - v} = \frac{d_1(V - v)}{V - v} = d_1,$$

恰好是阿喀琉斯的出发点 A 和乌龟的出发点 B 之间的距离。因此，

$$L' = L - d_1 = \overline{AA'} - \overline{AB} = \overline{BA'}。$$

在阿喀琉斯和乌龟从各自的出发点起跑，经过时间 T 之后，恰好到达同一点 A′。在到达 A′ 的瞬间，在 A′，阿喀琉斯赶上乌龟。

这样，芝诺关于阿喀琉斯将永远赶不上乌龟的结论是不成立的。芝诺的论证的问题在哪里？对每一 n 来说，芝诺的第一个前提是真的。第二个前提

也是真的。对 Z－区间序列和时间序列 $t_1,t_2,t_3,\cdots$ 来说,确实不存在某一 Z－区间中的一点和时间序列中的某一瞬间,在这一瞬间阿喀琉斯将在这样一点追上乌龟,并且这两个序列都是没有最后一项的。但是,这并不证明不存在一点,阿喀琉斯和乌龟将在同一瞬间到达那一点。这一点和瞬间在 Z－区间序列和时间序列之外,分别是两个序列的极限。这就是芝诺论证中的问题。

(三)飞矢不动

论证如下:飞着的箭是静止的。因为,如果每一件东西在占据一个与自身相等的空间时是静止的,而飞着的东西在任何一定的瞬间总是占据一个与自身相等的空间,那么它就不能动了。

芝诺的这个论证的关键是前提:每一东西当它占据一个与自身同一的空间时是静止的。对这一个前提可以有两种不同的理解。一是把物体“占据一个与自身同一的空间”的时间理解为没有任何持续的瞬间;一是把这时间理解为有短暂持续的时间间隔。根据另一前提,可以认为芝诺是在前一种意义下陈述他的这个前提的。在芝诺看来,在一没有持续的瞬间,占有一个与自身同一的空间,一个物体就既没有运动的时间,也没有运动的空间,因此是不动的,是静止的。但是,一物体在一瞬间不是运动的,它在这一瞬间就是静止的吗? 对于芝诺的这一前提,亚里士多德认为,在现时(即一瞬间),物体既没有时间运动也没有时间静止,既不能运动也不能静止。这个前提是矛盾的。但是这不能说就已表明物体在占有与自身同一的空间的一瞬间是运动的。芝诺可以认为,物体在占有与自身同一空间的一瞬间既不运动也不是静止,那末飞矢在整个飞行过程中既不运动也不静止,结果仍是一个悖论。

关于一个物体在一瞬间是运动的还是静止的,是一个复杂的问题。根据什么说一个物体在某一瞬间是运动的还是静止的? 判别一个物体在某一瞬间是运动的还是静止的,是看它在这瞬间的瞬时速度。瞬时速度等于零,物体是静止的,瞬时速度大于零,物体是运动的。物体的运动速度 $v=\dfrac{s}{t}$,S 是物体经历时间 t 所通过的距离。当距离 S＝0 时,速度 $v=\dfrac{0}{t}=0$,但 t 必须 $\neq 0$。因为算术计算规则规定,$\frac{0}{0}$ 或 $\frac{s}{0}$ 都是无定义的。求瞬时速度则更复杂,是一个求极限的过程。求物体在空间中一点 P 的瞬时速度,是取越来越短的空间间隔和时间间隔,并计算一小段距离 $\triangle s$ 和一小段时间 $\triangle t$ 之比 $\frac{\triangle s}{\triangle t}$,如果 $\triangle t$ 趋于零,$\frac{\triangle s}{\triangle t}$ 将趋于一确定的极限,这极限就被定义为物体在给定点 P 的瞬时速度,即瞬时速度 $v = \lim\limits_{\triangle t \to 0} \frac{\triangle s}{\triangle t} = \frac{ds}{dt}$。用数学术语说,瞬时速度是 s 对 t 的一阶微商。但是,说瞬时速度是 s 对 t 的一阶微商,暗中已经假定了运动(轨迹)是连续的,描述物体运动的函数是连续的和可微的。对于飞矢问题来说,只要承认飞矢的运动轨迹是连续的,也就是承认空间和时间是连续的,那末对于飞矢所穿越的空间的每一点和经历的时间中每一瞬间,显然都可以计算瞬时速度,除在飞矢到达的空间中的最后一点和那一瞬间,瞬时速度都不等于零,飞矢都是在运动的。芝诺的悖论的前提是把空间和时间看作是由不可分的、分立的点构成的。如果不承认空间和时间是由不可分的、分立的点构成的,这个悖论显然也就不成立了。

(四)一倍的时间等于一半的时间

论证的大意是:一半的时间可以等于一倍的时间。我们可以假定有三列物体,其中的一列(A),当其他二列(B、C)以相等的速度向相反的方向运动时是静止的(图1)。在它们都走过同样一段距离的时间中,B 越过 C 列中物体的数目,要比它越过 A 列中物体的数目多一倍(图2)

图1	图2
$A_1 A_2 A_3 A_4$	$A_1 A_2 A_3 A_4$
$B_1 B_2 B_3 B_4$	$B_1 B_2 B_3 B_4$
$C_1 C_2 C_3 C_4$	$C_1 C_2 C_3 C_4$

因此,它用来越过 C 的时间要比它用来越过 A 的时间长一倍。但是 B 和 C 用来走到 A 的位置的时间是相等的。所以一倍的时间等于一半的时间。

亚里士多德对这个悖论的解释和批评是相当简单的。认为芝诺的论证忽视了 A 列物体是静止的,而 C 列物体则对 B 列物体作相对运动,因而把一物体穿过静止的物体所需的时间与穿过作相对运动的物体所需的时间等同起来,得出了"一倍的时间等于一半的时间"的结论。如果芝诺的这个悖论确是如此,那末它是没有多大意思的。

但是,芝诺提出这一悖论的想法,根据亚里士多德的叙述,不是很清楚的。可能他只是想指出速度是相对的,B 相对于 C 的速度并非 B 相对于 A 的速度,或者他的意思是表明没有什么绝对的空间可以作为规定速度的依据。更合理的解释,看来是:芝诺的论证是针对把空间和时间看作是离散的不可分的点构成的看法的。按照这一看法,就会得出运动是不可能的。假定空间和时间都是由不可分的点构成的,A、B 和 C 列的物体都各处于空间中的一个点,二物体之间没有其他的点,并且 B 列和 C 列的物体,以一个单位的时间(一瞬间)从一个点的位置到达另一点位置的速度反方向运动。在运动开始前,B_1 位于 A_1 左边的一个点,C_1 位于 A_1 右边的一个点,B_1 和 C_1 二者的位置之间隔一个点。在 A 静止,B、C 反向运动一个单位时间后,B_1 和 C_1 处于同 A_1 垂直的位置上,这样,B 相对于 A 一瞬间从一点到达另一点,而相对于 C 越过两点。由此,芝诺得出"一倍的时间等于一半的时间"的矛盾。根据上述的假定,还可以得出一切运动都以相同的速度进行,一瞬间从一点的位置到达另一点的位置。因为,否则,假定物体一瞬间越过二点,比如从 A_1 到 A_3,那末当物体处于点 A_2,它处于时间的哪一点? 或者假设物体以二瞬间越过一点,那末物体在一瞬间后,它处于空间的哪一点? 把空间和时间看作是由不可分的点组成的,还可以得出相对运动是不可能的。比如,对上面说的 B 相对于 C 的运动来说,可以提出 B_2 和 C_1 处于垂直位置和相遇的瞬间问题,而这样的点和瞬间都不存在。这样,对于把空间和时间看作是由不可分的点构成的观点,就运动的问题说,芝诺的这个悖论确实提出了一个困难的问题。

上面关于芝诺的四个悖论的讨论,都是把时间看成是由点组成的,是一种有序的点结构。但是,从逻辑上说,也可以认为时间是由持续的时段构成的,或者看作是由事件构成的。对于芝诺悖论,可以按照不同的时间结构作不同的分析。从时间的事件结构观点,范贝森对"飞矢不动",曾作这样简单的评论:这里只是一种由忽视本来的分析顺序而产生的论点的混乱。矢飞这样的事件构成我们关于世界的初始材料。然后,这些事件可以彼此比较,产生时间的点作为相应于"同时出现"的事件集合的虚构的极限。于是,在飞行过程每一点"参与"某些事件,但是,"在"点上发生什么(在微观意义上)完全是另一回事情。当本来的分析顺序恢复了时,问题就消失了。整个运动不是由微观事件组成的,相反,后者是从开始预先假定的不成问题的宏观事件产生的虚构。这样,分离经验的世界和理想的世界的对立就失去的戏剧性。① 根据不同的时间结构和空间结构来分析芝诺悖论,总的说,尚有待研究。

---

① 参见 J.F.A.K.V An Benthem:The Logic of Time,D.Reidel Publishing Company,1983,pp.119—120。

第 五 编

公元前 5 世纪后半叶的自然哲学家

公元前 5 世纪的希腊史,从公元前 500 年米利都等城邦反抗波斯帝国起义,揭开希波战争的序幕开始;希腊各邦联合战胜了波斯,然后,公元前 431 年在希腊本土又爆发了伯罗奔尼撒战争;公元前 404 年以雅典向斯巴达投降而结束。这是古希腊社会剧烈变动,产生一代文明的重要时期。奴隶主民主制在同贵族寡头制反复较量,在同外部强敌的生死搏斗中,逐步完善,胜利确立,又从繁荣昌盛逐渐走向衰落。希腊历史舞台的中心,从小亚细亚和意大利南部殖民城邦转移到以雅典和斯巴达为首的希腊本土。古希腊的哲学也随之西移东迁,以雅典为中心而展开。

公元前 500 年米利都反抗波斯的起义,是得到伊奥尼亚地方各城邦和希腊本土雅典等城邦的支持的。结果起义惨遭镇压,米利都等繁华城邦被焚为焦土,丧失独立,人民或遭屠杀,或被掠卖为奴隶。这一悲惨遭遇在全体希腊人中引起极大震动。当时雅典诗人佛律尼库所写剧本《米利都的陷落》演出时,全场观众恸哭起来。[1] 此后,伊奥尼亚地区的学术文化就沦落不振。一些学术精英辗转流徙,移住正在崛起的雅典。阿那克萨戈拉、留基伯等人可能都是这样来到希腊本土的。阿那克萨戈拉给雅典带来伊奥尼亚的科学思想,希腊本土开始产生自己的哲学。希波战争是希腊民族的大灾难,也是大好事。战祸使东学西渐,播种出雅典黄金时代的灿烂文化。

这时候雅典民主制的确立和繁荣,为哲学和科学的发展提供了客观条件。

---

[1] 参见希罗多德:《历史》第 6 卷,第 19—21 节,中译本,第 575—576 页。

早在公元前 11—前 9 世纪的荷马时代,希腊本土的氏族制度已经逐渐解体。公元前 9—前 8 世纪,逐渐产生了以奴隶制小农经济为基础的早期希腊奴隶制城邦。赫西奥德写的《农功田时》和《神谱》反映了当时社会的面貌。私有财产制已经打开了氏族制度的缺口,但氏族贵族还拥有较强的统治势力。位于伯罗奔尼撒东南部拉科尼亚地区的斯巴达,商品经济不发达,是确立贵族奴隶制的典型。斯巴达征服南部近海的希洛人,以希洛人为奴隶,实行所谓希洛制的奴隶制。传说的莱喀古立法,颁布了"瑞特拉"(Rhetrá,法令)神谕,规定城邦的全部权力属于长老会议,确立了奴隶主贵族寡头的统治。斯巴达对公民实行严酷的军事训练,凭借军事征伐谋求在希腊城邦中的霸权地位。斯巴达内部贵族奴隶主和希洛人奴隶之间的斗争一直连绵不断,亚里士多德说:"希洛人老是等待着拉栖代蒙〔斯巴达〕人发生灾难。"[1]只是在民族矛盾突出时,斯巴达才和雅典等城邦一起投入反对波斯帝国入侵的斗争。后来它作为伯罗奔尼撒的盟主,一直支持贵族寡头,反对进步僭主和民主政治力量。在这种军事专制式的贵族寡头统治下,斯巴达的学术文化一直是被窒息的。

然而,希腊本土的奴隶制在以雅典为代表的一些城邦中,却发展出一种崭新的政治形式——奴隶主民主制。

雅典是阿提卡半岛的一个城,阿提卡统一为一个城邦以后,雅典成为这个国家的名称。雅典的王政时代(即荷马时代、英雄时代)约在公元前 683 年结束,开始有一年一任的执政官。氏族在解体中,血缘关系的部落逐渐被地域关系的部落组织所代替。传说中的忒修斯立法(约在特洛伊战争前夕)将雅典居民分为三个等级:氏族贵族(Eupatridae)、农民(Geomoren,是氏族土地占有者)和手工业者(Demiurgen),并在雅典设立总议事会这一中央管理机关。恩格斯指出:这一立法"跨出了摧毁氏族制度的第一步",它表明"因拥有财富而本来就有势力的家庭,已经开始在自己的氏族之外联合成一种独特的特权阶级;而刚刚萌芽的国家,也就使这种霸占行为神圣化。"[2]奴隶制已在阿提卡建

---

① 亚里士多德:《政治学》,1269ᵃ38。
② 《马克思恩格斯选集》第 4 卷,人民出版社 1995 年版,第 109 页。

立和发展起来,日益发展的货币经济瓦解了农村公社的传统的自然经济。贵族统治却日益强化,货币和高利贷成为他们进行债务奴役,并产生大量债务奴隶的主要手段。这种贵族奴役使平民无法忍受,爆发了大规模的阶级斗争,最突出的是公元前632年的基伦反叛事件。反叛被镇压后,司法执政官德拉科于公元前621年立法,其特点是严刑峻法,允许债权人将不能偿还债务者收为奴隶。这样就使公元前六世纪初雅典的阶级斗争达到非常尖锐的程度。亚里士多德描述当时的情况:"以后就发生贵族和群众之间的党争,继续了很长一段时间。因为雅典宪法完全是寡头政治的,贫民和他们的妻子儿女都成为富人的奴隶。他们被称为'保护民'和'六一汉',因为他们为富人耕田,按比率纳租,而全国土地集中在少数人手里,如果交不起地租,他们就成为奴隶。所有借款都用债务人的人身为担保,这种习惯一直流行到梭伦时止,梭伦才第一个成为人民领袖。"①

梭伦和泰勒斯同是希腊的"七贤"。他出身没落的贵族家庭,青年时因家贫出外经商致富,所以,贵族和平民都同意他作为仲裁人。他于公元前594年担任执政官,实行改革,为雅典的奴隶主民主制初步奠定基础。他主要采取了两项重大改革措施:第一,发布著名的"解负令",禁止以人身为担保的借贷,下令取消公私债务,这就废除了债务奴隶制,甚至把先前被贵族卖往国外的债奴也赎回来。梭伦自己在诗中自豪地宣称:"那奥林帕斯诸神的伟大母亲,黑土,将是最好的证人,因为正是我,为她拔掉了树立着的许多界标:以前她曾是一个奴隶,现在已经自由。"②第二,按财产估价把人民分作四个等级:五百斗者、骑士(三百斗)、双牛者(二百斗以上)和日佣(二百斗以下)。前三个等级的人叫当选为不同级别的官员,第四等级只能参加公民大会和陪审法庭。他又创设四百人公民议事会和陪审法庭,使雅典民主制初具规模。这种不论出身、只论财产赋予政治权利,对凭依氏族血统取得特权的贵族是一大打击。恩格斯说:"在制度中便加入了一个全新的因素——私有财产。国家公民的权

---

① 亚里士多德:《雅典政制》第2节,中译本,第4—5页。
② 亚里士多德:《雅典政制》第12节,中译本,第15页。

利和义务,是按照他们地产的多寡来规定的,于是,随着有产阶级日益获得势力,旧的血缘亲属团体也就日益遭到排斥;氏族制度遭到了新的失败。"①此外,梭伦还采取了其他一些经济改革措施,鼓励工商业的发展,使雅典成为希腊本土第一个工商业城邦。梭伦的改革受到多数公民拥护,但这种改革并不彻底,仍保留贵族会议,它对四百人会议有否决权;同时也没有满足平民对土地的要求。因而平民和贵族的斗争不但没有平息,反而日渐加剧,梭伦本人也终于离开雅典而外出了。

公元前 562 年,山居派领袖庇西特拉图战胜了贵族的平原派,确立了僭主政治。亚里士多德称他是"一个极端的人民倾向者。"②他的 33 年的僭主统治,坚决执行梭伦的立法;颁行"国家信贷制",扶助贫苦农民;实行"什一税",增强农业和工商业的经济力量;并开始了雅典卫城内的大规模公共建设,如雅典娜神庙等。庇西特拉图的僭主政治为雅典民主制的建立铺平了道路。

公元前 6 世纪末,克利斯提尼的革命,最终摧毁了氏族贵族的反抗。克利斯提尼实行了一系列政制改革,如取消原有的四个部落选区,重划十个新选区,扩大民主,使多数人可以参与政治活动;设立新的五百人议事会,选举一切官吏,它成为雅典最重要的行政机关;规定从十个选区各选举执政官一人,使武装力量机构趋于完整,这十执政官后来在雅典政治生活中起很大作用;还制定著名的"贝壳放逐法",公民在公民大会上有表决放逐危害公民自由者的权利等。总之,他在不包括奴隶的"公民"这个范围内,保障了他们的政治权利。亚里士多德说:克利斯提尼改革的"宪法比梭伦宪法要民主得多"。③ 他被称为雅典民主制之父。恩格斯评述:"现在已经大体上形成的国家是多么适合雅典人的新的社会状况,这可以从财富、商业和工业的迅速繁荣中得到证明。现在社会制度和政治制度所赖以建立的阶级对立,已经不再是贵族和平民之间的对立,而是奴隶和自由民之间的对立,被保护民和公民之间的对立。"④

---

① 《马克思恩格斯选集》第4卷,人民出版社 1995 年版,第 114 页。
② 亚里士多德:《雅典政制》第 14 节,中译本,第 17 页。
③ 亚里士多德:《雅典政制》第 22 节,中译本,第 26 页。
④ 《马克思恩格斯选集》第4卷,人民出版社 1995 年版,第 117 页。

雅典从此蒸蒸日上。它同斯巴达结盟,肩负起领导全希腊民族抗击波斯帝国入侵的伟大历史使命。这场罕见的大战,是反侵略的民族战争,也是对正在成长中的雅典奴隶主民主制的严峻考验。从公元前492年至前449年,波斯的大流士一世和薛西斯两代大帝,几次大举入侵希腊本土。希腊民族在兵临城下的生死存亡关头,表现出无数可歌可泣的英雄事迹。他们在马拉松、萨拉米、普拉蒂亚等战役中,重创强敌。他们经历了43年战争磨难,粉碎了数十万侵略大军,终于将波斯帝国彻底打败。雅典成为爱琴海的霸主。希波战争后期,雅典和斯巴达争霸,已逐渐发展成为希腊城邦间的主要矛盾。斯巴达控制了伯罗奔尼撒同盟,雅典则建立提洛同盟。提洛同盟的盟邦实际上成为雅典的属国,向雅典纳贡的有三百多个城邦。在战争期间,雅典内部民主派与贵族势力反复作了较量。贵族派首领喀蒙于公元前461年被击败和放逐,民主派首领厄菲亚尔特和伯里克利执政。前者旋被暗杀,伯里克利进行政治改革。伯里克利是克利斯提尼的外甥,奴隶主民主派的杰出领袖。他大力推行民主政治革新,扩充军事经济实力,倡导繁荣学术文化。他统治雅典三十余年(约公元前462—前429年),是雅典的极盛时期。他开辟了雅典奴隶主民主制的黄金时代,使雅典成为全希腊政治、经济和文化的中心。从此,希腊哲学进入一个新阶段,主要在以雅典为中心的希腊本土发展起来。

雅典民主制本质上是奴隶制的一种特定政治形式。这种"民主"只实施在所谓雅典"公民"范围以内,奴隶和异邦人没有任何政治权利。当时的法令"规定享有公民权利的人仅以父母双方均为公民者为限",①奴隶和异邦人被排斥在公民之外。雅典奴隶的主要来源是同外邦作战时所获的俘虏,不是由雅典内部自由民分化而来。恩格斯指出:"到了雅典全盛时代,自由公民的总数,连妇女和儿童在内,约为九万人,而男女奴隶为三十六万五千人,被保护民——异邦人和被释放的奴隶为四万五千人。这样,每个成年男性公民至少有十八个奴隶和两个以上的被保护民。"②所以,雅典民主共和国实质上是奴

---

① 亚里士多德:《雅典政制》第26节,中译本,第31页。

② 《马克思恩格斯选集》第4卷,人民出版社1995年版,第117页。

隶主阶级专政的国家。雅典的财富,不论来自本国或外邦纳贡,首要靠奴隶劳动,其次靠异邦人和公民中的小生产者。通过这种剥削,雅典公民才可能有时间、精力和财力用于政治、军事和学术文化建设,造就古典时代的希腊文明。

然而,同奴隶主贵族寡头专政制相比,当时的奴隶主民主制毕竟是进步的,它拥有较为广阔的社会基础和较为开放的政治体制,适合生产力发展的需要。奴隶的处境也相对好一些,奴隶和奴隶主的矛盾尚未激化。社会斗争主要在代表工商奴隶主和众多自由民利益的民主派同代表贵族奴隶主的寡头派之间展开。伯里克利击败强悍对手寡头派领袖喀蒙以后,制订新的雅典宪法,革新、完善民主政制,使奴隶主民主政治达到全盛。当时规定雅典的最高权力属于全体公民参加的公民大会,而五百人议事会降为公民大会的准备和执行机构。最高司法权属于陪审法庭,扩大陪审官人数,每区选六百人,总数为六千人,并恢复地方巡回法庭。十执政官和其他军职人员由公民大会举手投票选举;并允许第三等级(双牛级)公民有资格当选为执政官。雅典公民中较大量的自由民是中小奴隶主和无地者,他们在改革中获得较多的权利。希罗多德赞美雅典民主制是"在法律面前人人平等",①对雅典中下层公民说,毕竟是扩大了政治权利。这点,连后来反映贵族寡头派观点的伪色诺芬所著《雅典政制》也承认:"雅典的贫民和平民比贵族富人更有势力";"国家官职,不论抽签或举手选举,对每个人都开放着,任何公民都一样有发言权和不受限制";"正是这些穷人,这些平民,这些下等人,他们的得势,他们人数的增长,才扩展了民主政治。"②

奴隶主民主制发展经济,增强国家经济实力,为繁荣希腊学术文化提供了雄厚的物质基础。伯里克利凭借海上霸权,大力发展海上贸易,促进工商业货币经济发展;同时大兴城市建筑工程,从外邦引进大批各行各业的技匠,发展手工技术,促进科学思想的发展。阿里司泰得将提洛同盟的金库移往雅典,盟邦每年纳贡达四百至六百塔壬同,雅典年存款九千七百塔壬同,为伯里克利时

---

① 希罗多德:《历史》第 3 卷,第 80 节,中译本,第 398 页。
② 伪色诺芬:《雅典政制》第 1 卷,第 4 节。

代奠定了经济基础。亚里士多德描述当时情况:"由于国家日益壮大,钱财也积累了很多,阿里司泰得就劝告人民,抛弃田园,入居城市,务以取得领导权为目的;并且告诉他们说,人人都会有饭吃,有的人服兵役,有的人从事公众事务。人民采纳了这种劝告。他们获得霸权,对待盟国就十分专横……他们又按照阿里司泰得的建议,为大众准备充分的粮食供应;因为贡赋、征税和盟邦捐款的综合所得,足以维持两万多人的生活。"①

伯里克利及其同事力图将雅典建设成为全希腊的文化中心,成为"全希腊的学校"。城邦收入有很大一部分用于城市建筑和文化事业。50年间,雅典这座本是半农村式的城邦,在希波战争的废墟中屹立,奇迹般地变为一座宏伟富丽的大都市。从至今残存的雅典娜神庙遗址,不难想象当时全城雍容典雅的庄严气势。伯里克利热爱科学文化,尊重知识,来自各地的学者名流,常是他极其能干的情妇阿丝帕希娅的座上客。历史学家希罗多德、智者普罗泰戈拉、哲学家阿那克萨戈拉、雕塑家菲狄亚斯、城市设计家希波达弥亚,以及诗人、剧作家索福克勒斯、欧里庇得斯、阿里斯托芬等等都聚集在这里,真是世界文化史上一个群星灿烂的时代。

民主制为哲学思想的发展奠立了社会基础,同时,民主制也需要哲学。哲学是民主制破除传统迷信、开发民智、进行政治斗争的必要思想武器。当时以雅典为中心的智者的兴起,是和这种政治需要直接有关的。这一方面我们将在下一编中详细论述。当时作为奴隶主民主制的思想代表的,还有一些有唯物论倾向的自然哲学家。他们的思想是和科学的发展直接联系的。民主制需要科学思想的启蒙,而民主制下工商业和生产技术的发展,又促使自然科学思想和唯物论哲学的发展。在当时的雅典,代表贵族寡头利益的保守派用宗教迷信抵制社会革新,当然和唯物论的科学思想势不两立。阿那克萨戈拉由于主张太阳是炽热的石头,在党争旋涡中几遭杀身之祸,可见当时两种政治力量和两种意识形态之间斗争的激烈尖锐。

在伯里克利时代,由于生产技术发展,自然科学也有较大进展。前一个世

---

① 亚里士多德:《雅典政制》第24节,中译本,第29页。

纪,除了毕泰戈拉学派的数学粗具学科形态之外,在其他自然领域只有一些零碎、粗糙的观察材料和幼稚的想象与猜测。到这一时期,出现了一批专门研究自然现象的科学家。经验观察依然是认识自然的主要手段,但比前一世纪要精细、准确多了;解剖成为重要的补充手段,甚至还有简单的类似力学实验的方法,如恩培多克勒和阿那克萨戈拉都用某种汲水器的作用来证明空气的存在。

这一时期许多科学部门都有了重大的进展。在数学方面,开俄斯人希波克拉底在雅典以教授数学为业,他已研究了"化圆为方"和六次幂方问题;他编写了几何学要义,科学史家法灵顿称:"他的要义为欧几里得的杰作铺平了道路。"①天文学家、数学家俄诺庇得(Oenopides)和麦同(Meton)已编制了较为精确的太阳历法。在天文、气象和地理方面,对许多自然现象的成因,诸如星体轨道、日食月食、银河彗星、风雨雷电、海洋、地震以及尼罗河水泛滥原因等等,都作出比较合理的说明。在物理方面,对物质结构问题作了有深远影响的探索,并涉及力、速度、轻重、光速、光的反射等一些基本物理范畴。农业耕作推动了对土壤、植物营养和成穗结果的考察;对动物尝试分类,并萌发了素朴的动物进化思想,在生育、胚胎方面甚至有遗传思想的最早萌芽。

而注重研究生理和医学,是这一时期自然科学思想的重要特点。这表明,随着社会文明的进展,人已比较重视、也有能力来改善自身的生存和健康条件。本编论述的自然哲学家几乎都在生命科学领域作过探索,有所贡献。在生理研究中运用了解剖手段,如第二编中论述毕泰戈拉学派时提到:早在公元前5世纪初,阿尔克迈翁已在解剖中发现视觉神经,提出大脑是感知中枢和思想器官;他主张身体由多种成分构成以及生命体平衡论。他的思想为恩培多克勒的南意大利医派和科斯人希波克拉底的科斯医派所发展。前一世纪在小亚细亚恪守伊奥尼亚哲学原则指导的克尼杜医派,这时已没有多大作为。而南意大利医派虽还夹杂着一些巫术成分,却随着经验积累和自然哲学的进展,能自树一帜,有重要进展,在辩证论治上有所贡献。生理和医学的卓越成就应

---

① 法灵顿:《古代科学》,第 101—102 页。

归功于西方医学之父希波克拉底。科斯派医学在公元前 6 世纪即已发生,但还不足以和南意大利的同行抗衡。到希波克拉底掌握医学公会(以神话中医神阿斯克莱皮亚德为名),它成为声誉远播海外的医学学派。希波克拉底有献身医学的崇高品格,他声称"生命短促,医艺永存","哪里有对人类的爱,就有对医艺的爱。"①他总结古代医学经验,强调经验和事实是研究医学的出发点;他记录临床医疗经验,留下大量医案。他在生理解剖研究中提出"四体液论"、人体有机平衡论,对以后西方医学发展有深远影响。他的哲学思想将在本编第十一章中论述。

自然科学的发展,表明这一时期希腊人认识自然的能力在提高,认识在具体化和深入。这种新的认识水平必然体现到哲学上,新的自然科学材料也被自然哲学所吸收并作出概括。这些都促进这一时期自然哲学的发展。它深入探索自然本原,以素朴方式研究物质结构,提出"元素"、"种子"、"原子"等新的物质观;对自然现象的具体考察,促使它重视经验事实,力图用新的自然观去贯通科学材料,逐步使唯物论思想系统化;而生理解剖的成果,又促使它研究物质和意识的关系,研究意识的生理基础,研究感知认识的各种形式,从而认识论思想也比早先哲学有明显的进展。从人类认识史角度说,这一时期的自然哲学承先启后,是相当重要的。以往有些哲学史家对此认识不足。可以说:没有这一时期科学和自然哲学的进步,就不可能有后来亚里士多德在科学和哲学思想上的集大成。

这一时期的自然哲学究竟有哪些特点呢?

第一,这时期的自然哲学首先面对并力图克服伊奥尼亚哲学和爱利亚学派哲学的尖锐对立,从探索物质结构这一新途径来解决万物的本原问题。早期希腊哲学的中心课题是:万物的本原是什么?经过伊奥尼亚哲学和爱利亚学派的对立,哲学的争论已成为:怎样解决"一"和"多"、"变"和"不变"、事物的"连续性"和"间断性"等互相关联的矛盾问题。也就是怎样克服巴门尼德那个意见世界和真理世界的僵硬对立,沟通自然本原和生灭变易的现象世界,

---

① 法灵顿:《古代科学》,第 92—93 页。

求得自然界多样性的统一。这一时期的自然哲学对伊奥尼亚哲学和爱利亚学派的哲学都作了扬弃。它们吸取伊奥尼亚的素朴唯物论原则,摒弃它主张某一种宏观的具体物质可以直接转化产生万物的"转化"论。它们接过爱利亚学派关于"存在不能从非存在产生,也不能变为非存在"的基本命题,加以改造,据以探索物质的内部结构,去寻找物质内部底蕴的某种不变的基本粒子,即"元素"、"种子"、"原子"等,把它们看作物质的本原和"存在",用它们的结合和分离(不再是以前的凝聚和稀散)来说明世界的生成和变灭,论证自然界的本原和现象在物质构造上是贯通一致的,都是真实的。这样就较为深入地说明了自然界多样性的统一。"本原"有了物质构造的"元素"的崭新含义。新的自然哲学迈开了探索物质内在结构的新路子,提出需要凭借抽象思维、深入微观领域的新的物质概念。这是素朴唯物论思想的一大前进。它们所达到的成果,使近代哲学家和科学家感到惊讶,他们要加以汲取和发扬。我们要强调一下爱利亚学派对这时期自然哲学的影响。国内过去有些论述将爱利亚学派简单地说成唯心论,只讲它对柏拉图哲学的影响,这是片面的。爱利亚学派关于"存在"的思想,揭示了现象和不可见的本质的对立,促使这一时期的自然哲学家力图透过现象去把握物质本原,使他们认识自然物质的层次不断深入。这是爱利亚学派对唯物论哲学的影响,是不可低估的。

第二,这时期的自然哲学都致力于克服伊奥尼亚哲学和爱利亚学派哲学关于本原问题的两种"一元论"的对立,经过物质本原的"多元论",最后达到原子论这种一元论和多元论的统一。伊奥尼亚哲学中的本原只是某种一元的、生动可变的宏观具体物质,它通过凝聚和稀散的物态变化简单地转化为万物。这种本原毕竟只具有个别性,难以较为科学地说明它转化成万物的环节,难以说明自然界多样性的统一。而爱利亚学派的不变的一元"存在"只有空洞的抽象的普遍性,抹煞了变化万千的现象的多样性。这时期的自然哲学家将巴门尼德的连续的不动的"存在"敲个粉碎,变为间断的可动的粒子,同时又声称这些物质粒子就是本性永恒不变的"存在",试图这样将物质本原的个别性和普遍性结合起来。恩培多克勒的四元素和阿那克萨戈拉的无限多种的种子,就其多类多质说,都是多元论。四种元素在质上互不沟通,不能互相转化,种子更有无限多的类和质。他们将多元论推到极端。阿波洛尼亚的第欧根尼就批判这种多元论,认为它们不能阐明自然界的同一性。德谟克利特提出崭新的物质概念"原子",它的数量无限多,形状大小无限多样,但在质上是同一的。原子本身作为"存在"就是一和多的统一。原子论是否定之否定,是唯物论的一元论和多元论的统一。西方有些学者笼统地用"多元论"来概括这时期的全部自然哲学,是不妥帖的。

第三,这时期的自然哲学在阐述物质粒子的基本特性、描述自然总画面和宇宙演化时,都还处在素朴的直观中,保留和发扬了伊奥尼亚哲学的辩证法光彩,但自发辩证法思想也有所消退,带上机械性。它们不免受爱利亚学派哲学的影响;同时在解剖、分析物质结构时也要使用抽象、孤立的方法,因此它们强调物质本原的本性永恒不变,将自然界的全部生灭变易归结为物质粒子的机械结合和分离,将质的差别归结为量和形状的差别。这像是近代机械唯物论的先兆。但是,我们不能简单地将这理解为倒退,恰好相反,这是人类为了深入认识自然,解剖、分析物质构造而形成的认识的特点;无论在认识内容和认识方法上,在当时毋宁说是人类认识自然的能力提高了,是对自然物质认识的深化。

第四,这时期的自然哲学开始以日渐明朗的方式,提出和回答物质和精神的关系这个哲学基本问题。在早先的哲学中,并不是没有唯物论和唯心论思想成分之分,但是它们还没有自觉地提出哲学基本问题,物质和精神的界限时有含糊相混。伊奥尼亚哲学中有"物活论",物质本原也可称之为神;而毕泰戈拉学派的"数"、巴门尼德的"存在"究竟是物质还是精神,至今尚有争议。如果说恩培多克勒的"爱"和"争"以及"灵魂",既是物质的又是精神的,还具有含混的二重性;那么,阿那克萨戈拉的"种子"和"努斯",在西方哲学史上是首次将物质和精神两个基本范畴的区别和对立较为明显地挑开来了。这两位哲学家的唯物论思想倾向是主导的,但又都带有二元论倾向。在他们那里,唯心论思想因素也在积累,影响了后来的苏格拉底、柏拉图和亚里士多德。德谟克利特回答哲学基本问题的态度鲜明,贯彻了唯物论原则,达到早期希腊唯物论哲学思想的最高峰——原子论和无神论。这一时期物质和精神的对立问题的明朗化展开很重要，它促使希腊哲学走向系统化，唯物论思想因素和唯心论思想因素凝聚成两条鲜明对立的哲学路线。正是在阿那克萨戈拉以后，才有德谟克利特和柏拉图两大哲学体系的对立。

第五，在古希腊，自然科学尚未从哲学中分离出去，二者往往紧密交织在一起。这时期的自然科学思想比前一世纪有明显进展，但也往往包含在自然哲学之中。本编论述的元素论、种子论和原子论等哲学思想，同时也是物理学意义的物质结构论，这里的哲学意义和物理学意义不好硬分拆开来。当时的哲学家们力图用他们的基本哲学观点去阐述种种自然现象，虽还较为零散，未形成严整的体系，但他们的哲学思想往往渗透在他们的科学思想之中。因此，应当将他们的主要的科学思想当作他们的自然哲学的构成部分来考察。尽管这方面残存的资料不齐，但我们仍需考察它们的哲学意义，以加深对这一时期自然哲学的理解。

第六，古代希腊哲学着重探讨本体论问题，认识论直到近代才成为哲学探讨的中心课题。但这时期的自然哲学家已开始重视研究有关认识方面的问题，这也是他们区别于早先哲学的一个特点。他们力图将认识论思想和他们的本体论学说贯通起来，形成素朴唯物论的反映论。恩培多克勒的"流射说"同他的物质元素的"孔道结构说"，德谟克利特的"影像论"同他的原子和虚空的物质结构说都是吻合的。他们对感觉的生理基础、对各种感知认识形式都已初步作了较为具体的考察。对于理智认识及其逻辑形式的研究则还比较微弱，这是从智者派提出问题，到亚里士多德才深入研究的。

自然哲学和智者的哲学是这一时期两股各具特色的哲学思潮。关于智者的哲学将在本书下一编论述。这两股思潮并不是截然分开的。实际上，德谟克利特研究了认识中的主体因素方面，这是对智者鼓吹感觉主义和相对主义的一种反响。自然哲学家也从生理角度研究人的本性，也论及社会问题。希波克拉底研究人，指出人的特性不仅受自然环境影响，也受政治环境制约。德谟克利特从更多方面研究社会问题和人文学科。这些都和智者们一致。这正是哲学向苏格拉底转变时期的一个特点。

综上所述,公元前 5 世纪后半叶的自然哲学,是古希腊哲学开始走向系统化的时期,是人类认识史上的一个重要环节。它承先启后,比早先的哲学有相当明显的新进展,又为苏格拉底以后哲学的繁荣作了重要准备。

第九章

恩培多克勒

在公元前 5 世纪后半叶的自然哲学家中,我们首先要论述的,是在意大利西西里岛上的恩培多克勒。

早在公元前 8—前 6 世纪殖民时代,希腊人在南意大利和西西里建立了不少殖民城邦,史称大希腊。公元前 6—前 5 世纪,西西里诸邦盛行奴隶主大土地所有制和僭主政治。那些僭主往往代表贵族势力。公元前 490 年,西西里最大的城邦叙拉古,贵族势力在镇压耕奴的反抗中拥戴格隆为僭主。他将大批贫民和下层土著居民卖到外邦为奴隶,依靠上层贵族势力建立雇佣兵武装,成为西西里的霸主。希波战争对这里破坏较少,但发生过叙拉古和迦太基争夺西西里霸权的斗争。格隆和他的女婿——阿克拉伽(阿格立真坦)的僭主塞隆结盟,于公元前 480 年,正当希波战争中萨拉米战役方酣之际,进行了希墨腊之战,一举击垮迦太基人,稳固了叙拉古在西西里的盟主地位。但西西里各城邦民主派势力反对贵族派僭主政治的斗争却激化起来。公元前 467 年,叙拉古、阿克拉伽、希墨腊等城邦相继发生了反对僭主政治的起义,取得胜利后大多实行奴隶主民主政治。叙拉古、阿克拉伽都是农业、手工业较为发达的富庶城邦,较早成为南部希腊文明的中心,民主派势力较早在这里得势。为公元前 5 世纪后半叶自然哲学开道的,恰恰是西西里岛上的民主派政治家恩培多克勒。

第一节　富有传奇色彩的哲学家

恩培多克勒是西西里岛南部的阿克拉伽(Acragas)人。阿卡拉伽原是希腊本土阿里亚人在公元前 582 年建立的一个殖民城邦。它约有二十万人口,规模宏伟,实力雄厚,在西西里岛上仅次于叙拉古,在全希腊也卓有地位。这个地中海的富庶城邦,对岸是北非洲,所以欧非两地各族人口杂居。它的航海和工商业发达,土地肥沃,以盛产谷物著称。它是西西里岛重要的农业和海外贸易中心之一,也是一座著名的文化古城。它依山傍水,景色宜人;登临它那巍峨的卫城,俯瞰河海,六座庄严的奥菲斯教大神庙屹然耸立。恩培多克勒在这里度过他的风茂年华。奴隶制工商业的繁荣,为萌发和传播科学思想提供了良好条件,促使他孜孜探索自然的奥秘;美丽的景色使他撰写的哲学诗篇洋溢着热爱自然的激情,文采焕发;而奥菲斯教和毕泰戈拉盟会的宗教生活在这里起着重要作用,又使他难以摆脱宗教思想的束缚,成为神奇的"先知"和"布道者"。罗素说他的人格是"哲学家、预言者、科学家和江湖术士的混合体。"[①]

恩培多克勒的生卒年代,有不同的说法。他和生于公元前 500 年的阿那克萨戈拉差不多是同时代人。亚里士多德说:"克拉佐门尼的阿那克萨戈拉虽然年纪大于恩培多克勒,但是从事哲学研究工作要晚一些。"[②]辛普里丘也说恩培多克勒"出生不比阿那克萨戈拉晚多少"。[③] 看来,恩培多克勒略年轻于阿那克萨戈拉,但形成自己的哲学却比后者早。第欧根尼·拉尔修记载说:"阿波罗多洛在《编年史》说,恩培多克勒是麦同的儿子,而格劳科斯说在图里城建立不久,他〔恩培多克勒〕到过那里";还说亚里士多德认为他在 60 岁时逝世。[④] 西西里岛上的图里城是在雅典人赞助下,于公元前 445—前 444 年建

---

① 罗素:《西方哲学史》上卷,中译本,第 83 页。

② 亚里士多德:《形而上学》,984ª11—13。

③ 辛普里丘:《〈物理学〉注释》,第 25 页第 19 行;DK31A7。

④ 参见第欧根尼·拉尔修:《著名哲学家的生平和学说》第 8 卷,第 52 节。

立的,由著名建筑师希波达弥亚设计,这是古希腊城邦史上的一项盛举。根据这些材料,策勒、伯奈特等哲学史家认为,恩培多克勒大约生活在公元前492—前432年左右,他的鼎盛期当在第八十四届奥林匹克赛会,即公元前444—前441年左右。但也有另外一种看法:19世纪的恩格尔(G.F.Enger)和当代的欧文斯(Joseph Owens)、克莱芙(Felix M. Cleve)推测恩培多克勒约生于公元前520年左右,因流放,于公元前461年从历史舞台上销声匿迹。① 但他们提出的根据并不充分。第欧根尼·拉尔修还记载说:智者高尔吉亚是恩培多克勒的学生,而恩培多克勒和芝诺又都曾是巴门尼德的学生。② 因此,我们赞同前一种说法,推测恩培多克勒大约比巴门尼德年轻二十岁左右,和阿那克萨戈拉、普罗泰戈拉是同时代人。

恩培多克勒出身于一个显贵世家,家庭富有,政治上属于奴隶主民主派。和他同名的祖父曾在第七十一届奥林匹克赛会〔公元前496年〕获得荣誉;③他的父亲麦同是城邦政治生活中的活跃人物。公元前五世纪时西西里岛上的政治斗争是复杂的:奴隶主民主派和贵族派的矛盾同波斯人、迦太基人入侵的民族矛盾交织在一起,造成岛上诸城邦间的错综复杂的关系。当时各城邦实行政治内容不同的僭主政治。恩培多克勒少年时期,希波战争正在进行,虽然波及西西里,但没有造成深重灾难。公元前488—前472年,阿克拉伽在能干的僭主塞隆统治下,同叙拉古结成联盟,在希墨腊击败和波斯人勾结的伽太基人的入侵。西西里岛获得相对安定的局面,经济文化得到繁荣,阿克拉迦处在全盛时代。塞隆热心扶植科学文化事业,他的宫殿里会集了医生、诗人、建筑师等知识界人士,著名的诗人品达就在他的庇护下,写下很多优雅的颂诗,诗中也渲染了奥菲斯教的灵魂轮回转世思想。这种社会文化气氛培育了年轻的恩培多克勒。

塞隆去世后,他的儿子塞拉绪代乌继任僭主。他很不争气,仅只一年,就

---

① 参见欧文斯:《西方哲学史》,第417—419页;克莱芙:《智者以前希腊哲学的巨人》,第333页。

② 参见第欧根尼·拉尔修:《著名哲学家的生平和学说》第8卷,第58、56节。

③ 参见第欧根尼·拉尔修:《著名哲学家的生平和学说》第8卷,第51节。

把阿克拉伽投入同叙拉古的灾难性战争;城邦内部贵族派和民主派势力的斗争尖锐化,内变骤起,僭主政权被推翻,建立了民主制政权。在这场政治变革中,麦同和恩培多克勒父子起了显著的作用,成为深得公众爱戴的民主政体领导人。在古希腊的哲学家中,以民主政治活动家身份直接活跃在政治舞台上的,大约只有恩培多克勒。

在建立和维护奴隶主民主制的政治活动中,恩培多克勒显示出敏锐果断的才干。据第欧根尼·拉尔修记载,在政变发生后,为了粉碎贵族派势力,"恩培多克勒解散了已建立三年之久的千人团,以证明他不仅是富人,而且是拥护群众的事业的。"①还记载了一个著名的传说:"他〔恩培多克勒〕曾被邀请和一位长官一起赴宴会,当宴会已进行了一些时候,酒却还没有端上桌来,其他客人都不作声,他却发怒了,吩咐拿酒来。东道主说他是在等候元老院的官吏到来。当那人一到,东道主将他安排在主宾席上;此人并不怎么掩饰他自己要当僭主的计谋,他竟命令客人们要么喝酒,要么将酒浇在头上。这时恩培多克勒沉默不语,第二天他就控告东道主和那个主宾,使他们受到惩罚,判处死刑。这样开始了他的政治生涯。"②他说服阿克拉伽人结束派系纷争,培植政治平等,反对个人高踞公众之上。他的医务同行阿克隆要为他死去的父亲建立一座显耀的纪念碑,恩培多克勒下令禁止,斥问道:"难道要把伟大的城邦压在碑脚下面?"③他反对生活奢侈,倡导移风易俗,赒济贫寒,还施舍钱财为贫困的少女作嫁资。他无疑赢得公众的爱戴,享有很高的声誉。据第欧根尼·拉尔修记载:"当人们要授予他王位时,他拒绝接受,因为他宁愿过一种俭约的生活",因此,"亚里士多德称他为自由之冠,他讨厌任何种类的统制。"④

然而,他的政治措施和对公众的影响,必然使政敌们怨惧。他们乘他离开城邦往访奥林比亚时,设法阻止他回国。恩培多克勒从此流落异乡,据说去了

---

① 第欧根尼·拉尔修:《著名哲学家的生平和学说》第 8 卷,第 66 节。
② 第欧根尼·拉尔修:《著名哲学家的生平和学说》第 8 卷,第 65 节。
③ 第欧根尼·拉尔修:《著名哲学家的生平和学说》第 8 卷,第 64 节。
④ 第欧根尼·拉尔修:《著名哲学家的生平和学说》第 8 卷,第 63 节。

伯罗奔尼撒，后来可能就死在那里。恩培多克勒作为民主派政治家的形象，在历史上一直受到赞颂。据说在阿克拉伽和后来罗马共和国的元老院前，都建立过他的雕像。19世纪意大利的民族英雄加里波的和玛志尼的部属，都崇奉他是民主政治的先驱，向他呈献花环。恩培多克勒的一生富有传奇色彩。19世纪德国诗人荷尔德林（Höldelin）和英国诗人阿诺德（Mathew Arnold）都撰写过这位古代政治家、哲学家的诗剧。直到20世纪50年代，还有描写他的戏剧在一些国家上演。①

恩培多克勒的贡献，又在于他杰出的科学活动。他在天文、气象、生物、生理和医学方面的建树，在苏格拉底以前的哲学家中是比较突出的。然而，他是科学家，同时又像是个蒙着神圣面纱的先知或宗教布道者，有着二重人格。且看他在自己的诗篇《净化篇》中，怎样描述他出现在大庭广众面前：

> 居住在这伟大城邦的朋友们！你们住在这座俯瞰阿克拉伽黄色岩石，依傍卫城的城邦里，为各种善事忙碌；你们是外邦人的光荣的避难所，从不谙悉卑鄙的事情，我向你们致敬。我漫行在你们中间，我是一位不朽之神，而非凡人。我在你们中间受到尊敬，人们给我带上绶带和花环。只要我戴着这些东西参加男女行列，进入这繁荣的城市，人们便立刻向我致敬。无数的人群追随着我，祈问我什么是求福之道；有些人想求神谕；又有些人在漫长而愁苦的日子里，遭受各种疾病的痛苦折磨，祈求从我这里听到医病的指示。（DK31B112）

身披华衮，神采庄重，知识广博，医艺高超的恩培多克勒，被人们敬若神灵，他也公然以"不朽之神"自命。以上这段话是他的宗教布道诗篇的开场白。在《论自然》中，他对心爱的弟子鲍萨尼阿也声称：经过他的秘授，"你便能够平息那横扫大地、摧毁田园的不倦的风的力量；只要你愿意，还可以使风逆转。你能使阴暗的雨水变成对人有益的干燥的东西，你也能使夏季的干燥再变成滋养树木的大雨从天而降，最后，你还能使死人从地下复生。"（DK31B111）。

---

① 参见阿诺德：《埃特纳火山上的恩培多克勒》，1952年伦敦出版。法国人库埃林（Raymond Guérin）所写剧本《恩培多克勒》，1950年已出第四版；瑞士人勃洛克（Erich Brock）1951年写有《诸神和提坦》剧本，也是描写恩培多克勒的。

他将自己拥有的科学技术,夸大到近乎江湖奇术的地步。当时人们确实将他看成是能创造奇迹的"术士"。据说他的弟子智者高尔吉亚说过,在恩培多克勒表演法术时,他曾在场。① 关于他的神奇本领,有种种传说,比如,说他是"挡风者",他将驴皮袋挂在树上,就削弱了损害农作物的地中海季风;说他将昏迷多日的妇女治醒过来,有起死回生之术等等。甚至关于他的死也附会了种种离奇的传说:有的说他跳进埃特纳(Etna)火山口,成为神;有的说他在深夜救活了一位妇女以后,突然天空中有高声呼唤他,他就升天不见了。②

对这些情况要具体分析。一方面,恩培多克勒勇于探索自然,具有先进的知识技艺,又热心为民造福,自然容易被当时没有科学知识的民众目为天神。据说,当时塞利努斯的居民由于河道污染、瘟疫传播而大量死亡,恩培多克勒来考察后,指导人们疏通河道,净化了河水,消灭了瘟疫。当地人在河岸宴饮庆祝,将恩培多克勒当作神来膜拜。③ 另一方面,在奥菲斯教盛行的南意大利和西西里地方,科学思想往往同宗教迷信交织在一起,毕泰戈拉学派就是先例。从毕泰戈拉学派营垒里出来的恩培多克勒感染了这个特点,自己将科学知识说成是神奇之术,也并不奇怪。

恩培多克勒实质上是一位信赖经验观察的科学家。他对各类自然现象作了大量观察和解释,比早先素朴的自然科学思想要精细、准确。伊奥尼亚的自然哲学家只用水、火的转化或气的凝聚和稀散这类表面的物态变化来说明万物的生灭,他则试图探索自然物质的内部成分和构造,对自然现象作出比较深入的解释。他对自然科学的贡献,在生物、生理和医学方面最为突出。这些方面他受阿尔克迈翁的影响很大。阿尔克迈翁是非正统的毕泰戈拉学派,主要是一位经验科学家。他在观察和解剖中,认为人体由一些异质因素构成,并且用它们的冲突和平衡来解释健康和疾病。他是南意大利医派的直接先驱。恩培多克勒继承和发展了阿尔克迈翁的学说,对人体器官构造作局部的解剖,对生理现象作了大量观察,并且用元素论的自然哲学原理加以概括,建立了比较

---

① 参见第欧根尼·拉尔修:《著名哲学家的生平和学说》第8卷,第59节。
② 参见第欧根尼·拉尔修:《著名哲学家的生平和学说》第8卷,第70节。
③ 第欧根尼·拉尔修:《著名哲学家的生平和学说》第8卷,第70节。

系统的医学理论原则。他是南意大利医派的主要奠立者。他的科学成就显示人类认识和改造自然的能力在进展,而他的元素论哲学,正是建立在这种经验科学知识的基础上的。

然而,恩培多克勒又具有宗教思想家这另一重人格,带有江湖术士气息。从《净化篇》可以看出,他是一个虔诚的宗教布道者。他认真地用宗教和巫术的方式从事科学活动,包括他的医疗实践。所以科斯医派的希波克拉底猛烈抨击他的南意大利医派是"挡风者和街头占卜人",是借助"净化和符咒"的迷信活动来治病。当时人类对自然的认识毕竟还很有限,恩培多克勒的自然哲学还得从奥菲斯教义中汲取某些内容来充填其虚构幻想的部分。至于对人的社会生活和精神生活,当时更不可能有科学的探讨和认识,加上奴隶主阶级统治的需要,他更得借助于宗教。这种科学思想同宗教气息交织在一起的特点,对于理解他的哲学的二重性和二元论倾向,是重要的。

要了解恩培多克勒哲学的形成,还得考察他在哲学上的师承关系。

第欧根尼·拉尔修记述:"蒂迈欧在他的《历史》第九卷中说,他〔恩培多克勒〕是毕泰戈拉的一名学生,并且还说,他和柏拉图一样,犯了剽窃毕泰戈拉的言论的错误,因而一直被禁止参加毕泰戈拉盟会的讨论"。① 恩培多克勒在自己的诗篇里非常崇敬地提到毕泰戈拉:"在他们中间生活着一位赋有超人知识的人,他〔毕泰戈拉〕真正拥有最伟大的智慧财富。"(DK31B129)恩培多克勒生活在南意大利,和毕泰戈拉学派有过密切关系,毕泰戈拉学派的学说对他的哲学有明显影响。不但他的灵魂轮回学说显然源自毕泰戈拉学说,而且,毕泰戈拉学派本身也在演进和分化,从阿尔克迈翁到菲罗劳斯这一分支已注意向经验科学方向发展,加强了唯物论的思想因素,这无疑也影响了恩培多克勒的自然哲学。

恩培多克勒和爱利亚学派可能也有师承关系。第欧根尼·拉尔修有一段记载:

> 塞奥弗拉斯特肯定说他〔恩培多克勒〕是一个非常钦佩巴门尼德的

---

① 第欧根尼·拉尔修:《著名哲学家的生平和学说》第8卷,第54节。

人,并且模仿他写诗,因为巴门尼德用诗体发表他的《论自然》。但是赫
尔米波说他[恩培多克勒]钦佩巴门尼德,还不如钦佩塞诺芬尼,实际上
他和后者一起生活过,并且模仿后者的诗篇写作,而他会见毕泰戈拉学派
是在此以后。阿尔基达玛在他的论文《物理学》中告诉我们,芝诺和恩培
多克勒是巴门尼德的差不多同时的学生,后来他们离开了巴门尼德,芝诺
建立了他自己的体系,恩培多克勒则又成为阿那克萨戈拉和毕泰戈拉的
学生,在生活举止和尊严方面竭力仿效后者,而在物理学研究方面则仿效
前者。①

看来,恩培多克勒非常可能在巴门尼德或塞诺芬尼门下学习过。爱利亚学派
的哲学在他的学说中烙有深刻的印记。爱利亚学派论述"存在"的基本命题,
他接受过来并加以改造,成为他建立元素论哲学的出发点;他的宗教思想中有
向理性—神论过渡的特点,这是接受了塞诺芬尼的思想影响。

　　这里还涉及一个问题:恩培多克勒和同时代的阿那克萨戈拉是否有过直
接交往和思想联系? 过去策勒断然否定这一点,认为第欧根尼·拉尔修所引
的阿尔基达玛的话不可能是真实的。由于他这一权威性的论断,许多哲学史
家回避了第欧根尼·拉尔修的这段记载。当代学者克莱芙考证认为,不能否
定这一历史记载的可靠性,因为阿尔基达玛是恩培多克勒的弟子高尔吉亚的
学生,是柏拉图的同时代人,他和恩培多克勒的时代比较接近,是可靠的报道
者。恩培多克勒往返雅典是可能的,因为另有一条关于恩培多克勒的医业同
行阿克隆的记载,说"阿克隆曾在雅典和恩培多克勒一起学习。"②我们认为,
这个问题由于缺乏其他印证材料,还只能存疑。恩培多克勒的哲学中有伊奥
尼亚哲学的影响,可能来自和阿那克萨戈拉的交往。

　　关干恩培多克勒哲学和他以前的哲学学派的关系,历来有很不同的看法。
在古代,柏拉图把他和赫拉克利特相提并论,亚历山大里亚的注释家们则将他
归属于毕泰戈拉学派,亚里士多德从哲学学说的内在联系,比较严谨地将他同

---

① 第欧根尼·拉尔修:《著名哲学家的生平和学说》第 8 卷,第 56 节。
② 克莱芙:《智者以前希腊哲学的巨人》第 2 卷,第 335—338 页。

阿那克萨戈拉、留基伯和德谟克利特总是放在一起论述,同时又肯定他同伊奥尼亚哲学有一定的思想联系。到近代,德国学者里特(H.Ritter)又将他列为爱利亚学派的成员;策勒则特别强调他同赫拉克利特的思想联系;伯奈特反对策勒的观点,认为在恩培多克勒的学说中看不到多少赫拉克利特的影响。① 还有的学者如欧文斯则认为恩培多克勒是在巴门尼德和赫拉克利特之间走中间路线,搞折衷、调和,在哲学上没有什么独创见解,只是把早先各派哲学混在一起,作了通俗化而已。② 我们认为,把恩培多克勒的哲学简单地归属于早先哲学的某一派,或者将他看作折衷主义者,抹煞他的哲学有新内容、新贡献,都是不合适、不公正的。他对早先各派哲学都有不同程度的吸纳和改造,综合起来,从而建立了别具一格的元素论哲学。策勒有一点讲得比较好:"恩培多克勒哲学的主要倾向,不是对巴门尼德的'存在'概念作形而上学的逻辑探讨,而是对自然界的生灭变易现象作物质结构方面的研究,从而成为对自然界作机械说明的开创人。"③我们还应补充说,恩培多克勒对自然的研究是他的思想主导方面,但他也深受毕泰戈拉学派影响,从而使他的哲学带着二元论倾向和宗教神秘主义成分。但即使在这方面,他比早先哲学中的宗教唯心论思想也有所深化,对后来唯心论哲学思想的系统化,有一定的影响。

关于恩培多克勒的著作,也是一个比较复杂的、有争议的问题。

现在已难确知恩培多克勒究竟写过多少著作。留存下来的是他的两部主要著作《论自然》和《净化篇》的一些残篇。前者论述自然哲学,有残篇一百一十一则,后者阐发宗教思想,有残篇四十二则。共计残篇一百五十三则,均用韵文形式写成,共约四百五十行。据说这两部诗原来总计约五千行;《论自然》分两卷,有两千多行。④ 在苏格拉底以前的哲学家中,保留下来的恩培多克勒的残篇算是比较多的;加上亚里士多德和塞奥弗拉斯特等人的著作中也

---

① 参见里特:《古代哲学史》第 1 卷,第 484 页;策勒:《苏格拉底以前的学派》第 2 卷,第202—207 页;伯奈特:《早期希腊哲学》,第 227 页。

② 参见欧文斯:《古代西方哲学史》,第 109 页。

③ 策勒:《苏格拉底以前的学派》第 2 卷,第 204—205 页。

④ 参见第欧根尼·拉尔修:《著名哲学家的生平和学说》第 8 卷,第 77 节。

记载了不少他的哲学思想,为我们的研究提供了有利条件。此外,第欧根尼·拉尔修还记载说:"亚里士多德在《智者篇》中称恩培多克勒是修辞学的创始人,正如芝诺是辩证法的创始人一样。在他的论文《论诗》中又说恩培多克勒是属于荷马派的,善于辞令,精于比喻,娴熟诗歌技巧。他还说,恩培多克勒写过另一些诗,特别是关于薛西斯入侵的诗和一篇对阿波罗的颂诗。他的一位姊妹(或据希洛尼谟所说,是他的女儿)后来将它们焚毁了。那篇颂诗是她无意中损毁的,但那篇关于希波战争的诗却是她有意毁掉的,因为它尚未写完。总之,他〔亚里士多德〕说他既写过一些悲剧,也写过政治论文。萨拉宾的儿子赫拉克利德认为那些悲剧是另一位作者写的。希洛尼谟声称他看到过恩培多克勒写的 40 部剧本。涅安塞斯告诉我们,恩培多克勒是在他年轻时写这些剧本的,而涅安塞斯熟悉其中的七部。"①恩培多克勒的这些文学作品都没有流传下来,想必他是一位杰出的修辞学家、诗人和剧作家,在修辞学的创立和发展上作出过重要贡献。西西里著名的修辞家如科拉克斯、提西亚斯以及智者高尔吉亚,都是他的学生。他的文学才能是无可怀疑的。第欧根尼·拉尔修还说他写过一篇论医学的论文,计六百行,②但是没有留传下来,只在《希波克拉底文集》中,还转述了他的一些医学思想。

　　《论自然》和《净化篇》这两部主要著作之间,究竟有什么思想联系? 对此,历来学者们也争议不休,有种种不同的见解。

　　《论自然》是恩培多克勒对他的心爱弟子鲍萨尼阿(Pausanias)个人传授元素论哲学和自然科学思想的作品,有明显的唯物论的科学精神;而《净化篇》则是作者对阿克拉伽公众的宗教布道,渲染灵魂轮回的宗教思想。两部著作的内容截然相反,互相矛盾。怎样解释这一现象? 学者们有种种解释。总的说,19 世纪的学者如策勒等认为这两部著作根本没有联系。有些人解释说,那是由于这两部著作写于不同的时期,恩培多克勒的思想在前后期发生了根本变化。例如:比特兹(Bidez)等认为《净化篇》写在作者鼎盛年代,他满怀

---

① 第欧根尼·拉尔修:《著名哲学家的生平和学说》第 8 卷,第 57、58 节。
② 参见第欧根尼·拉尔修:《著名哲学家的生平和学说》第 8 卷,第 77 节。

宗教热情向公众传道,而《论自然》则是他在流放期间研习科学的作品,否定了自己往昔的宗教信仰。第尔斯则相反,他认为《论自然》是作者在早期科学活动中形成的"唯物论的无神论",《净化篇》则是他在被放逐的孤独生活中的思想倒退,转向宗教神秘主义。① 这些见解都缺乏确凿的材料根据。20 世纪的学者一般都认为恩培多克勒的这两部著作表明他一直兼有科学思想和宗教思想的二重性,但他们的见解还有不同。道特(Dodd)、伯奈特和弗拉斯托斯等认为,这两部著作体现了作者思想中深刻的内在矛盾,有不可跨越的鸿沟,要将二者联系起来是徒劳的。② 康福德认为,恩培多克勒的全部思想是从宗教出发,《论自然》只是转用物理术语来表达它。③ 这就夸大了恩培多克勒哲学中的宗教唯心论成分。格思里认为,这两部著作虽然内容迥然不同,但它们之间仍有互相吻合的脉络可寻,他以比较严谨的态度作了具体的剖析,可以给人启发。

我们认为,一位哲学家兼有科学思想和宗教思想的二重性,写出内容不同的著作,这在西方哲学史上是并不罕见的,何况生活在奥菲斯教兴极一时的南意大利的恩培多克勒。他兼有科学和宗教双重熏陶,他的这两部著作存在着不太严谨的联系。《论自然》的主导倾向是唯物论的元素论科学思想,是他的哲学的精髓所在,但是他的自然哲学中也包含有二元论倾向的色彩,他的"爱"和"争"、宇宙循环论以及灵魂学说,都同《净化篇》中的宗教唯心论思想存在着松散的联系。对此,必须作如实的、恰如其分的分析。

这两部著作的残篇都由第尔斯—克兰茨收辑,伯奈特在《早期希腊哲学》一书中以及弗里曼都已译成英文,是我们研究和翻译的主要根据。美国列昂奈达(W.E.Leonard)于 1908 年以韵文形式英译全部残篇出版,书名《恩培多克勒》,保留原诗的文采风格,但其内容和伯奈特的译文出入不多。

---

① 参见格思里:《希腊哲学史》第 2 卷,第 123—127 页。
② 参见格思里:《希腊哲学史》第 2 卷,第 123—127 页。
③ 参见康福德:《从宗教到哲学》,第 110 页。

第二节　四　根

恩培多克勒处在早期希腊哲学发展的一个转折点上。在本原问题上,他面对的是伊奥尼亚哲学和爱利亚学派哲学的两种"一元论"的僵硬对立。伊奥尼亚哲学将某一种具体物质——水或火或气当作本原,难以说明"一"和"多"的统一;爱利亚学派用抽象的静止的浑然一体的"存在",否定了丰富多彩、流变不息的感性现象世界,用"一"否定了"多"。恩培多克勒提出一种关于物质本原的"多元论"即"四根"说,就是要打开这个胶着状态。

恩培多克勒是一位经验科学家,当然不会摒弃他孜孜探索的感性自然界。他依据观察自然的经验,改造巴门尼德的核心命题,以拯救被巴门尼德否定的自然物质的现象世界。在《论自然》中,他开宗明义指出认识自然的正确途径:

> 因为散布在人们肢体上的感官是局促的。侵袭于人们身上的灾难很多,使他们精神迟钝。他们只看到自己生活的一小部分,便离开生命,结束了短促的一生,像青烟那样没入空中。所以每个人都只相信自己在各方面的迷途中所碰到的东西,却以为自己发现了全体。而这些是很难被人看见,听见,或用精神把握住的。但是当你走上正路时,你就可以学习到——不亚于精神所能达到的。(DK31B2)

这里,恩培多克勒指出人生短促,感官受到局限,单凭感官认识全体,容易走上迷途。但是,人的认识又不能离开感官,所以只要走上正路,就能学到精神所能达到的境界。所谓正路,就是他接着指出的:

> 你要用各种官能去观察,看看每一件事物用什么方式才是明白的,不要以为视觉比听觉更为可靠,也不要以为轰鸣的听觉比清晰的味觉更高,也不要低估其余各种感官的可靠性,因为认识的途径只有一条,你要考虑用哪种知觉使每件事物清楚明白。(DK31B4)

由此可见,恩培多克勒虽然受到巴门尼德的影响,区别个别和全体,认为全体是个人很难认识的;但他并没有拘囿于巴门尼德的抽象的逻辑思辨,而是认为人总是只能通过感官这唯一的认识通道去认识世界,不过要选择正当的方法,去明白清楚地认识每一件事物。这样来弥合被巴门尼德割裂开的个别和全体,弥合本原同现象世界的对立。

恩培多克勒用诗喻的方式,提出世界的一切事物都由四种"根"组成:

> 首先听着:一切事物有四种"根":照耀万物的宙斯,哺育万物的赫拉,以及埃多涅乌(Aidoneus)和涅司蒂(Nestis),他们让自己的泪水成为变灭的事物的生命泉源。(DK31B6)

他用希腊神话中的四位神分别喻指水、火、气、土四种根。四位神如何对应四种根?从古以来就有不同说法。从塞奥弗拉斯特以来的传统说法是:大神宙斯是火,他的妻子赫拉是气,埃多涅乌就是地狱神哈得斯,他是土,涅司蒂是西西里的水神,是水。但古代编纂家就有不同意见。① 好在对恩培多克勒的思想说,这问题并不重要。

在恩培多克勒的《论自然》残篇中,直接使用"四根"一词的,就只有这一处。但四根确指水、火、气、土这四种物质,认为它们是万物的本原,这是没有问题的。由辛普里丘在《〈物理学〉注释》中保留的恩培多克勒《论自然》残篇中说:

> 来吧,且听我的话! 因为学习可以增加智慧。正如我前面说过,说明我谈话范围时,我要说一个双重的道理:在一个时候,"一"由"多"生成,另一个时候,"一"又分解为"多";火、水、土和极高的气……所有这些都是相等的,有着同样的寿命,但是每一种都有不同的能力,有它自己的特性,它们依次在时间的循环中,占据优势。在这些东西以外,没有任何东西产生和消灭;如果它们不断被毁坏,它们就不再存在了;还有什么东西能增加这个全体,它又从哪里来呢? 既然它们没有虚空,它们又怎能消灭呢? 不,只有这些东西存在,它们互相奔赴,时而成为这个,时而成为那

---

① 参见格思里:《希腊哲学史》第2卷,第144—146页;伯奈特:《早期希腊哲学》,第299页。

个,而它们是始终不变的。① （DK31B17）

所以,恩培多克勒所说的四根,就是水、火、气、土这四种基本要素。它们的结合就生成万物,它们的分解就使个别事物消亡。世界上的事物都处于不断生灭和变动之中,而水、火、气、土这四种根是不变的,只是处在轮番的结合和分离之中。这就是他所说的"双重的道理"。在同一则残篇,上引这段话的前面,他就说过:

> 我要告诉你一个双重的道理:在一个时候,它从"多"生成为"一",另一个时候,它又从"一"分解为"多"。生灭的事物的生成是双重的,它们的消灭也是双重的。当一切结合在一起时,"一"被生成了,又被破坏了;而在分解时,别的东西又生成了,又解体了。……所以,就"一"从多中产生又立即分解为多说,它们是生成而不是不变的,可是就它们永不停止连续变换场所说,它们在这种循环中又是始终不变的。② （DK31B17）

这四种根本身不变,但由于它们的相互结合和分解,使得万物产生和毁灭:

> 因为从这些东西〔元素〕中产生一切过去、现在和将来存在的事物;树木、男人、女人、兽类、鸟类、水生的鱼,甚至连长寿的最尊贵的神也是这样产生的。因为只有这些东西〔元素〕,它们互相穿插,由于它们混合变化的不同,成为不同的事物。③ （DK31B21）

由于水、火、气、土的不同的结合,生成万物,甚至神也是这样生成的。所以,这四种根当然就是万物的本原了。

值得注意的是,恩培多克勒没有使用"本原"这个范畴,而代之以四"根"($\rho i \zeta \alpha$,root)。他所说的"根"究竟是什么含义? 它同早先哲学家所说的"本原"是什么关系? 在人类认识的演进中,这个新的范畴是怎么提出来的呢?

"根"原来是看到植物都从根生长出来,借用作为基础、起源的意思。④亚里士多德第一个将恩培多克勒的四根说成就是四种物质性的元素

---

① 辛普里丘:《〈物理学〉注释》,第158页第13行起。
② 辛普里丘:《〈物理学〉注释》,第158页第1行起。
③ 辛普里丘:《〈物理学〉注释》,第159页第21行起。
④ 参见《希英大辞典》,第1570页。

($\sigma\tauo\iota\chi\varepsilon\iotao\gamma$, stoicheion)。他在《形而上学》中论述早期希腊哲学家关于本原的看法：泰勒斯认为本原是水，阿那克西美尼和第欧根尼认为是气，希帕索和赫拉克利特说是火，而：

> 恩培多克勒说它〔本原〕是四种元素，除了以上说的几种外，加上第四种——土；他说，因为这些常住不变，不是产生出来的，只在它们集合为一或从一中分解出来时，才变得多一点或少一点。①

亚里士多德和在他以后的辛普里丘等古代注释家们都将恩培多克勒的四根说成是四元素。这种阐释是正确的。当然，广义地说，早期希腊哲学家探讨的中心问题都是关于万物的本原问题。但是，恩培多克勒的四根或四元素，同早先哲学家们说的本原，内涵确有不同，已经有所前进。对此，我们要作历史的分析。

水、火、气、土这四种基本的物质形态，并不是恩培多克勒首先突然提出来的。早在荷马史诗《伊利昂纪》中，就将充满火的天体归于宙斯，水归于海神波塞冬，浓暗的气归于地狱神哈得斯，土则为这三者所共有；它已经以神话的形式将万物归为这四种基本物质。早先哲学家所谈到的冷和热、干和湿这些对立，也是这四种物质所具有的性质。从泰勒斯到赫拉克利特关于宇宙生成的论述中，也都涉及这四种物质。但是，他们都只以其中的一种物质作为本原，其他三种都由这一种转化生成。这些伊奥尼亚的哲学家想以一种本原的凝聚和稀散这样的物态变化，解释其他三种物质的产生。但这四种物质各自具有的冷和热、干和湿等对立的性质，如果只用一种本原的表面的物态变化来解释，在理论上毕竟会有困难。阿那克西美尼用气的凝聚和稀散来说明万物的生成和转化，气这种本原在这种转化中，本身的质是否发生变化？他就不能说清楚。而且，单用这种物念变化说明性质迥然相异的万千自然事物，显然已经不能适应公元前5世纪后半叶希腊人深入认识自然物的要求了。所以，恩培多克勒提出四根或四元素，并不只是扩大了物质本原的种类数目，也不只是将早先哲学已涉及的水、火、气、土这四种物质简单地综合、拼凑在一起。他所

---

① 亚里士多德：《形而上学》，984*8—11。

说的"根",就根源意义说,已经是指物质结构的基本元素,是指作为物质内在构成的本原。他已不再停留在单一的物质本原的表面物态变化上,而是开始进入物质内部构造的堂奥,最早提出了关于物质结构的元素理论。四根已不是单一的物质本原,而是物质内部构造的四个基本要素。它们不再是通过表面的物态变化,而是通过结合和分离的构造活动,使事物生成和毁灭。它们作为物质结构的基本元素,在质上是不可变的;它们作为永恒存在的全体,也是没有生成和毁灭的。因此,原来哲学家所探讨的"本原",到恩培多克勒那里,开始有了物质结构元素的崭新的意义;他的四根或四元素,可以说是早期的"本原"范畴向后来的"本体"范畴过渡的一个重要中介。这是恩培多克勒在认识发展史上的重要贡献。

恩培多克勒所以会提出四根或四元素理论,又是他将伊奥尼亚哲学和爱利亚学派哲学综合改造的结果。

恩培多克勒建立元素论的基本前提,很大程度上是接受了巴门尼德的主要哲学范畴和命题。从他的下列残篇中,我们可以清晰地看到爱利亚学派基本哲学命题的痕迹:

> 这些傻子们——因为他们没有深邃的思想——他们想象过去不存在的东西能够产生,或者一个存在的东西能够消失和完全灭尽。因为从根本不存在的东西中产生出东西来是不可思议的,而存在的东西会消灭,也是不可能的,不曾听说过的。存在的东西永远存在,不管人们将它放在什么地方。(DK31B11、12)

> 全体中没有任何部分是虚空,也没有过剩的。既然全体中没有任何部分是虚空,怎么能进入任何东西呢?(DK31B13、14)

> 〔四根〕不是产生出来的。(DK31B7)

显然,巴门尼德关于存在不能从非存在产生,也不能变为非存在的思想,以及全体不生不灭,没有虚空等基本思想,恩培多克勒都吸收过来并加以改造了。他将"存在"的含义改变了。他用不生不灭的四种物质元素,改造了巴门尼德那个抽象空泛的"存在";他用四元素的结合和分离来说明自然万物的生灭变易,肯定了被巴门尼德贬抑的"意见世界"的真实性。他力图用元素论来阐明"一"和"多"的统一:巴门尼德的"存在"——"一",被打碎成为许多个别具体事物的"一","一"中有"多",具体事物由多种元素构成。构造物质的四种基本元素,就是"存在"全体,它们的结合和分离,形成万千个别事物的生灭和变易;但是它们自身作为基本元素的"存在",没有产生和消灭。所以,恩培多克勒说:

> 任何变灭的东西的基质,都没有真正的产生,在毁灭性的死亡中也没有终结,有的只是混合物和混合物的交换,产生只是人们给这些现象所起的一般名称。(DK13B8)

人类的认识发展史是在各派哲学互相渗透、互相斗争中曲折前进的。巴门尼德的"存在"哲学,客观上揭露了伊奥尼亚哲学的素朴转化论的弱点,即用某一种具体物质本原的表面物态变化,既不能阐明自然现象复杂的生成变灭,也不能真正阐明自然界多样性的统一,以及其内在的物质构造。巴门尼德强调要用思维把握"存在"这个本质,虽然它还只是一个空泛的逻辑思辨的规定,却能启发人们,要去探究自然万物中共同的、不变的物质底蕴,即物质构造的基本元素。恩培多克勒正是循着这个方向,迈出了可贵的第一步。在他以后,从阿那克萨戈拉、第欧根尼到德谟克利特,都是这样在吸收、改造爱利亚学派的"存在"哲学,步步深入地探讨物质内部结构,将古代的素朴唯物论推向高峰。

如上所述,恩培多克勒的元素论综合、改造和推进了伊奥尼亚的唯物论哲学。伊奥尼亚哲学中虽然包含着朴素辩证法的可贵思想,但对自然的认识毕竟是粗浅的、表面的,不能适应深入观察并局部解剖、分析自然物质的要求。恩培多克勒提出四元素说,是同当时自然科学的发展相适应的。我们且再具体分析一下,他的四大元素同早先伊奥尼亚哲学的单一的物质本原,在内容上有哪些不同。四大元素作为多元的物质本原,它们的地位相同,自身质上不变,作为存在全体不生不灭,各有特殊本性不能互相转化。此外,它们作为物质构造的基本要素,还有伊奥尼亚哲学所没有的三个重要特点。

第一,四元素是粒子化了的,是微小的物质粒子,构造物质的基本单元。伊奥尼亚哲学家以水或气或火作为万物的本原,这种单一的物质本原自身是怎么样的,它又如何构成万物的? 在他们那里都没有明确的解说。而恩培多克勒的四元素本身就是许多微小的粒子,这些微小的粒子以不同的方式组合起来就成为万物。关于这种自然界是物质元素的微粒结构的新见解,亚里士多德在《论生成和消灭》中明白描述过:

> 在那些主张和恩培多克勒同样学说的人看来,什么是事物生成的方式呢? 他们认为是组合,就像用砖和石砌成墙一样。他说,这种'组合'就是用元素组成,这些元素是不变的,只是以它们的细小粒子形态紧紧排列结合起来。肌肉和其他一切事物都是这样由元素组合成的。①

罗马时代著名的医学理论集大成者伽伦(Galen)同样指出:

> 恩培多克勒也说,我们和大地上的一切其他事物是由希波克拉底也同样称作元素的东西所构成的,不过它们不是完全互相混合在一起,而是一些微小的粒子并排、互相接触在一起的。(DK31A43)

万物就是这样由四元素的微小粒子组合而成的。

第二,元素组合万物,具有孔道结构。恩培多克勒认为,元素粒子结合构成物体,包含着无数微小的"孔道",不同物体所含孔道的大小不同;和另一物体的孔道相吻合的粒子,就可以进入那个物体,否则就不能。所以他说:

> 水与酒可以和在一起,水与油却不能融合。(DK31B91)

亚里士多德在《论生成和消灭》中论述这种孔道理论时说:"一些哲学家(包括恩培多克勒)在物体结构方面提出这种孔道理论。他们并不将孔道限于物体的作用和受作用上;他们说,元素的'组合'只发生在'那些所含孔道相互对称吻合的物体之间'。而将这种理论最系统、一贯地应用到一切物体的,是留基伯和德谟克利特,他们自然将这种学说作为他们首先的出发点。"②塞奥弗拉斯特也指出:"他〔恩培多克勒〕一般用孔道的对称吻合来说明结合。"(DK31A86)这种孔道结构说是和认识论中的感觉学说有关的,在恩培多克勒的流射说中得到应用和发挥。看来,他所说的元素粒子的结合和分离,并不是

---

① 亚里士多德:《论生成和消灭》,334ᵃ26—31。
② 亚里士多德:《论生成和消灭》,324ᵇ34—325ᵃ3。

如某些哲学史家所误解的,只是杂乱的搅和与分隔开来,而是具有确定的孔道结构的形态。这一思想后来为原子论哲学透彻发挥:原子在虚空中以一定的形状、次序和位置结合成万物,就是更具有严格的几何形状的孔道结构。但是,恩培多克勒一方面提出孔道结构,另一方面,他又和爱利亚学派一样主张元素作为"存在",是全体,没有虚空。这两点是有矛盾的,他没有说清楚这两方面的关系。他也没有说明物体的孔道内是否也充实着其他粒子? 如果孔道是充实的,别的粒子怎么能进出孔道呢? 亚里士多德就批评像恩培多克勒这样既否认虚空,又承认元素粒子的间断性,主张孔道结构,这是自相矛盾的:"那些思想家用通过孔道来解释物体的运动,可又认定孔道是充实的,那么,设定孔道就是多余的了。"①

第三,物体的元素结构有一定的数量比例。恩培多克勒认为,由于四种元素粒子数量上的不同比例,造成万物在性质和形态上的千差万异。他用画家以多、少不同的各种颜料绘画来作比喻:

> 就像画家画出奉献给神的丰富多彩的图画一样,那些善于绘画艺术的人用手选取各种颜色的颜料,将它们混合起来,这一样多一点,那一样少一点,画出酷肖各种事物的形相,画出树木、男人和女人,兽类和鸟类,以及养在水里的鱼,甚至还有永生的最尊贵的神;不要让你的心灵受欺骗,以为无数存在的有生灭的事物还有别的其他来源,除此〔四根〕之外没有别的东西了。(DK31B23)

元素按不同的比例结合,就形成各有不同的自然物体。艾修斯记载说,恩培多克勒认为:"肌肉的形成是由于四种元素等量地混合,神经由火、土和双倍的水结合而成……骨头是由两份水、两份土和四份火混合成的。"②(DK31A78)希波吕特也转述他关于元素按比例结合的见解:"在最初分开的事物中有一种适当的比例,按照这种比例,将被'争'分开的东西又结合起来。"(DK31B131)

---

① 亚里士多德:《论生成和消灭》,326ᵇ6—8。
② 艾修斯:《哲学家意见集成》第 5 卷,第 22 章第 1 节。

我们知道,毕泰戈拉和他的学派开始探讨事物的数量关系,但他们将数绝对化了。恩培多克勒吸收了毕泰戈拉学派的思想,运用来说明构成物质的数量结构,开始用量来规定质。他在这方面的论述还很粗糙。虽然可以看出他是从医学、生理解剖等实践经验中提出这些看法的,但终究在很大程度上是一种猜测的结果。但是,他这种思想开启了探讨物质构造中量的规定性,与伊奥尼亚哲学相比终究是一大前进。伊奥尼亚哲学中的物质本原,浑然一体,没有量的规定和确定的形式结构,是"无定形"的。阿那克西美尼认为由气生成万物是通过气的凝聚和稀散作用,只是模糊地看到量的规定。赫拉克利特虽然提到逻各斯是比例,但没有具体阐释。恩培多克勒批评他们说:

> 如果土的深度和气的多少都是无定的,像许多愚蠢的人从他们口里说出来的那样,他们对于全体真是一无所知。(DK31B39)

恩培多克勒强调事物的生成是受元素的数量比例和孔道结构所限制和规定的。辛普里丘记载说:"恩培多克勒在《论自然》第一卷中说,'一'和'多'是有定的〔受限制的〕,它们循环往复,按聚散而生灭。"[1]

总之,恩培多克勒的四元素说,已经有粒子化、孔道结构和数量比例的规定这三个特点。这在自然科学史上,可以说是化学元素概念的最初萌芽。在哲学上,是综合和改造了以前各派哲学,开始探讨物质内部结构。这对于古希腊的唯物论哲学向原子论发展,有重要意义。

然而,恩培多克勒探讨物质构造毕竟还很粗朴。在总体上,他还停留在对自然现象直观的认识水平,也还保留着伊奥尼亚哲学的素朴色彩。他的四元素说,实际上只来自人们观察到的四种最常见的自然物质,是人们早已提出来的,他不过将它们微型化、粒子化。就对物质结构层次的认识说,也还是非常表面的,缺乏后来原子论那种比较深刻的抽象能力。近代里特等人认为恩培多克勒主张这四种元素又共同由一种更小的基本粒子所构成。[2] 这种说法没有根据,当时恩培多克勒还不可能达到这种认识深度。

---

[1] 辛普里丘:《〈物理学〉注释》,第 157 页第 25 行起。
[2] 参见策勒:《苏格拉底以前的学派》第 2 卷,第 132 页。

恩培多克勒论述四元素各自的特性,也和伊奥尼亚哲学相似,只从冷热、干湿、明暗等物态性质方面加以描述,如气是流动透明的,水是黑暗寒冷的,土是坚硬沉重的,火是明亮灼热的。他在医学理论中,也用人体内部的冷热、干湿的对立和平衡作为病理和治疗的基本根据。这些元素及其自然性质处于对立统一的关系,这里有朴素的辩证法。此外,恩培多克勒虽然也说这四种元素"是相等的"(DK31B17),但实际上,他又将这四元素分为两组,突出了火的地位和能动作用。亚里士多德说,恩培多克勒"是第一个说到四种物质元素的人;但是他实际上没有用四种,只将它们当作两种;以火作为一种,而以和它相对立的——土、气、水——作为另一种。"①恩培多克勒还特别强调火在将各元素聚合成万物时的重要作用。我们知道,赫拉克利特和毕泰戈拉学派都强调火在宇宙生成中的显要作用;恩培多克勒保留和发挥了这种见解,他在论述宇宙演化和生命起源时,都突出了火的重要作用。他常将火和其他三种元素置于相反的关系中,火是其中的主动方面。如他在论述天体形成时认为,整个天穹不仅形成火半球,还由于火对气的凝烤作用,形成另一个和火半球相对立的透明的气半球。②(DK31A51)他又认为,在太古时代,整个大地下面燃烧着火,而人的产生也是由于火对土和水的作用,使元素聚合的结果。(DK31B52、62)

恩培多克勒的元素论,既有素朴辩证法因素,又开始带上机械论色彩。一方面,他没有完全否定元素本身有内在的能动性。亚里士多德在《论灵魂》中记述恩培多克勒在谈到植物生长时,认为植物中的土和火分别有向下和向上的倾向:"根部下伸是由于土有向下运动的自然倾向,枝叶上长是由于火同样有向上运动的自然倾向。"③在《论生成和消灭》中,亚里士多德又提到恩培多克勒认为,"火的本性是向上生长的,而'气',用他的话说,'则是用长的根向下伸进土中'。"④但是,另一方面,他又认为四元素本身在质上永远同一,不会

---

① 亚里士多德:《形而上学》,985^{a}33 — ^{b}2。
② 参见艾修斯:《哲学家意见集成》第 2 卷,第 11 章第 2 节。
③ 亚里士多德:《论灵魂》,415^{b}28 — 416^{a}2。
④ 亚里士多德:《论生成和消灭》,334^{a}4 — 6。

改变,四元素之间也不会转化,它们作为"存在"全体不生不灭。他又将全部自然物体的产生和消灭都归结为只是永恒不变的四元素的结合和分离,实际上只是元素粒子的砌合和析离。将自然界全部运动变化都归结为物质粒子的机械位移运动,这就消磨了早期伊奥尼亚哲学生动地描述事物生灭的辩证法光彩。恩培多克勒既要肯定物质结构的间断性,即元素的孔道结构,又要肯定爱利亚学派的主张即"存在"是充实的全体;他既主张物质元素的结合和分离是机械的位移运动,又同爱利亚学派一样否认虚空,否认位移运动必需的场所。他的学说中的这种内在的矛盾,包含着否定自身,为别的物质结构理论所代替的必然性和可能性。阿那克萨戈拉的种子说和后来的原子说就是在试图克服这种矛盾的努力中发展起来的。

第三节 "爱"和"争"

恩培多克勒认为四种基本元素自身是既不变动也没有生灭的,只是由于它们的相互结合和分离从而产生万物。这样就又发生了一直困扰着希腊自然哲学家的那个老问题:这些物质性元素怎么会运动的? 它们相互结合和分离的源泉即原因究竟何在呢? 恩培多克勒提出一对对立的动力因:"爱"($\varphi\iota\lambda\acute{o}\tau\eta\varsigma$)和"争"($\nu\varepsilon\hat{\iota}\kappa o\varsigma$,或译为"憎"、"恨"):

> 因为它们〔争和爱〕以前存在,以后也将同样存在,我相信,这一对力量是会万古长存的。(DK31B16)

元素的结合和分离,万物的生成和解体,都是由于爱和争这两种力量的作用:

> 在一个时候,万物在"爱"中结合为一;在另一个时候,个别事物又在"争"的冲突中分离。(DK31B17)

所以,在恩培多克勒看来,爱是一种结合的力量,争则是分离的力量。他认为万物——从日月星辰到人的四肢身骸,都是由爱和争这两种力量在四种元素间发生作用的结果。以下几则残篇讲得很具体:

> 看看那给处处带来温暖和光明的太阳,看看那浸沐在温暖光明中的

不朽的星辰,看看那到处寒冷阴暗的雨水,看看那从大地涌出的牢固结实的东西。这一切在受"争"支配时形状不同,彼此分离;然而它们在"爱"中却结成一体,互相眷恋。(DK31B21)

　　因为所有这些事物——太阳、大地、天和海洋——它们自己的部分都连成一起,所有这些部分又都和它们隔开,在生灭的事物中存在。即使如此,一切适于结合的东西都彼此相似,在阿佛洛狄忒〔爱的女神〕的爱中结合在一起。至于那些在来源、混合和形式上非常不同的东西,则彼此极端仇视,完全不习惯于结合,忧伤地受"争"的支配,这是"争"将它们造成的。(DK31B22)

　　这个〔爱和争的竞争〕过程,在人的肢体里可以看得很明显:有时,当精力旺盛的时候,身体的一切部分由爱团聚成一个整体;在另一个时候,则由残酷的争将它们拆散,各自在生命的边缘蹒跚。植物和住在水里的鱼、住在山上的野兽和展翅飞翔的鸟,全都是这样。(DK31B20)

恩培多克勒认为,由于爱和争这两种对立的力量此起彼伏,轮流消长,使四种基本元素不断结合又不断分离,由此产生的万物就处于经常的生灭变易之中。在早期希腊哲学家中,从自然本原以外去寻找运动的原因,恩培多克勒是第一个人。在他以前,伊奥尼亚的哲学家中,无论是泰勒斯所说的水、阿那克西美尼所说的气,以及赫拉克利特所说的火,他们所选择的本原自身就是运动变化的物质。他们一方面朴素地认为既然本原是运动的,那么万物的运动也应该是自明的;另一方面,他们也想解释这种运动的原因,如泰勒斯认为万物都有灵魂,阿那克西美尼认为气在不断地凝聚和稀散。赫拉克利特虽然深刻地认识到对立的统一,并且提出斗争是万物之父,万物是在对立的斗争中产生的,但要是说他已经从理论上明白地意识到他解决了事物运动的内部根源问题,恐怕就夸大了,最多只能说他泛泛地认识到这一点,提出了这方面的问题,没有后来大量的科学论证,要求两千多年前的古人能深入解决这样的问题是不可能的。总之,伊奥尼亚的哲学家朴素地认为物质性的本原自身是运动的,他们并没有从本原以外去寻找运动的原因。

恩培多克勒所以要从本原以外去寻找运动的原因,无疑是受到爱利亚学派哲学的影响。他所说的四根不过是打碎了的巴门尼德的"存在",它们本身基本上是没有生灭和变化的。在这方面,他的元素失去了以前的朴素辩证法的光辉,带上了机械性。从此以后,许多希腊哲学家都认为物质本身是不会运动变化的,要在物质以外寻求运动的原因。正是因此,物质和意识才逐渐区别开来。但也应该看到,恩培多克勒的哲学除了带上机械性的这一方面外,也还有另一方面,那就是亚里士多德指出的:

　　和他的前人相反,恩培多克勒是第一个将这个原因分开来,假定不是一种动力因,而是两种不同的相反的原因。[1]

这就是说,爱和争这两种力量是互相对立的。他将万物的生灭变易看成是这样两种对立力量互相斗争的结果。这里仍然含有赫拉克利特关于对立统一的素朴辩证法的痕迹。只是这种对立统一的力量已经成为和物质元素相割裂、相异在的力量了。

　　在四种元素以外的"爱"和"争"究竟是什么? 它们和四种元素是属于同一类的物质性的东西,还是不同类的精神性的东西? 这个问题也是从古到今,一直都有不同意见的争论。

　　这是因为恩培多克勒自己对"爱"和"争"的说明就是不清楚的,有两则残篇可以作不同的解释。一则是辑自辛普里丘的《〈物理学〉注释》的残篇第十七中说:

　　……在这〔四种元素〕以外还有毁灭性的"争",它在各处都有相等的分量;在它们中间还有"爱",它的长度和宽度都是相等的。用你的心去考察她〔爱〕,不要茫然地瞪着眼睛坐在那里。我们认识爱是植根于人的形体之中,它使人们有友爱的思想,并从事协调的工作,因此人们称她为喜乐之神或爱神阿佛洛狄忒。[2]（DK31B17）

在这则残篇中,特别是说到"爱"的长度和宽度都是相等的,"爱"就成为有形体的,和四种元素一样是物质性的东西了。在古代就有将恩培多克勒的爱和

① 亚里士多德:《形而上学》,985ª29—30。
② 辛普里丘:《〈物理学〉注释》,第158页第19—24行起。

争看成是物质性的元素的。比如亚里士多德就认为恩培多克勒的爱和争,既是事物的动因,又是事物的质料(物质)因,并且由此提出了问题:

> 恩培多克勒也持有一个相悖的观点;因为他将"善"和"爱"相等同,而它〔爱〕既是动力的原则(arche),因为它将事物结合在一起,同时又是质料,因为它也是混合物的部分。即同一事物既是质料又是动力的原则,可是这两方面的存在至少是不同的。那么,爱是那一方面的原则呢?①

辛普里丘也将恩培多克勒的爱和争看成和火、气、水、土同一类的东西,因而认为他的本原的数目是六个:

> 他〔恩培多克勒〕提出物质元素的数目有四个:火、气、水、土,它们都是永恒的,只是通过结合和分离,有膨胀和稀少的变化;但是,他认为赋予这些元素以运动的真正第一原则〔本原〕是爱和争。元素不断地服从于一种轮番交替的变化:一个时候被爱混合在一起,另一个时候被争分离开来;这样,按照他的说法,本原的数目是六个了。② (DK31A28)

由此可见,古代的思想家们对于恩培多克勒的爱和争已经感到不好理解了,它们和四种元素似乎属于同一类东西,似乎又有不同。亚里士多德说它是悖论,辛普里丘则说恩培多克勒认为有六个本原。

恩培多克勒还有一则残篇第一百零九:

> 因为我们是用土来看土,用水来看水,用气来看明亮的气,用火来看毁灭性的火;用爱来看爱,用剧烈难忍的争来看争。(DK31B109)

这样,爱和争也和土、水、气、火一样,既有属于在认识主体以内的主观方面的,也有属于在认识对象以内的客观方面的。我们用主观方面的爱和争去看客观世界的爱和争,正像用主观方面的四种元素去看客观世界的四种元素一样。土、水、气、火是组成我们人体中的物质性元素,所以人体内有土、水、气、火;可是,人体内(主观的)爱和争是像这四种元素一样的物质性的元素呢,还是和它们不同的另一类精神性的元素? 这又是一个不好解释的问题。

---

① 亚里士多德:《形而上学》,1075ᵇ1—6。
② 辛普里丘:《〈物理学〉注释》,第25页第21行起。

亚里士多德在《形而上学》第一卷第四章中,既有如上述的将恩培多克勒的爱和争解释为事物的动因和质料因,同时又将这爱和争同善和恶等同起来。他说:

> 如果我们追溯恩培多克勒的观点,根据它的意义而不是根据它那含糊不清的表述来加以解释,我们就可以发现,友爱是善(好)的事物的原因,而争则是坏的事物的原因。因此,如果我们说恩培多克勒在某种意义上提出了,并且是第一个提出了恶和善是本原,我们该是对的,因为一切善的东西的原因就是善自身。[①]

亚里士多德这番评述并不是武断的推测,因为在恩培多克勒的《净化篇》中,爱和争完全成为善和恶这两种精神力量的代表,变成宗教唯心论的精神原则了。这点,我们下文将专门论述。

由于恩培多克勒既将爱说成是有长度和宽度的有形体的物质,另一方面,又用带着人格情感色彩的语言来描述爱和争;爱和争既存在于客观世界中,又成为主观世界的组成部分。因此,它们究竟是一种物理力量,还是精神性力量? 对此历来有不同的看法。古代学者辛普里丘和普卢塔克认为爱和争是元素本身的特性,争是火的特性,爱是湿润元素的特性。近代学者里特则认为爱是火的特性,争是同火相对立的另外三种元素的特性。[②] 这种解释是牵强附会的,因为恩培多克勒明明将爱和争说成是四种元素以外的两种力量。20世纪的学者对这个问题有三种见解。第一种如伯奈特和贝利(C.Bailey),他们认为爱和争完全"是一种有形体的物理力量",因为爱"在长度和宽度上相等",争对每种元素的作用力量也相等,恩培多克勒只是借用带心理色彩的语言来表述,并不能证明爱和争是精神性的。[③] 科学史家法灵顿也认为:"恩培多克勒将爱和争看成物质性的东西,它们形成整个混合物的部分",爱和争实际上就是"能量"观念的最早萌芽,可是他当时还不可能将物质同能量明确区

---

① 亚里士多德:《形而上学》,985ᵃ4—10。
② 参见策勒:《苏格拉底以前的学派》第2卷,第141页。
③ 参见伯奈特:《早期希腊哲学》,第232页;贝利:《希腊原子论者和伊壁鸠鲁》,第31页。

别开来。① 第二种见解如克莱芙,他主张爱和争完全是一种精神性力量。因为恩培多克勒宗教情绪强烈,他的爱和争表现了"情感是一切运动的终极动力",就像阿那克萨戈拉将"努斯"看成终极动力一样。因此,爱和争的作用,不单意味着元素的结合和分离,也是指元素和万物的"内在意识"的结合和分离。② 第三种见解如策勒和格思里,他们认为爱和争既是一种物理力量,同时又带上精神性色彩。格思里指出:爱和争"是一种机械力量,它们并不是神秘的,因为它们是一种非人格的力量,就像是以磁力、重力等方式将无生命的物体结合在一起";但同时,爱和争也带有人格色彩,使用了"命令"、"仇视"、"支配"这类语言,"微观世界和宏观世界似乎都由同一心理原则所支配";因此他认为:"争论爱和争的作用是物理的还是心理的,那是没有意义的,因为这两者都是。"③

叶秀山在《前苏格拉底哲学研究》中提出一种新的看法。他将上引恩培多克勒残篇第十七中的"争在各处都有相等的分量"和"爱的长度和宽度都是相等的"这两句的文字订正为:"争将重量上各自相等的加以分化,爱则又将它们结合成长、宽都相等的。"他认为:"在语言文字的考订方面,我们当然应该充分信任西方的学者……但是他们有时也会有疏忽的地方","我们这种文字上的猜测,当然可能是不对的,我们的意思是要说明,'爱'和'争'或许带有传统的物质属性,但主要的不应是'物理的力量'和'物理的实体'(有长和宽),而应该是两种精神的力量。"④

我们以为,这个问题还是应该摆在人类认识发展的过程中来考察。早期伊奥尼亚哲学家都朴素地认为物质本原自身是不断生灭变化的,恩培多克勒接受了爱利亚学派的影响,认为物质元素是永恒的存在,它们自身是不会生灭变化的,这样就需要在物质元素以外去寻找使物质运动变化的原因。而在物质以外的东西,就不能是物质的,只能是精神的。古代哲学家正是沿着这条道

---

① 参见法灵顿:《古代科学》,第 74 页。
② 参见克莱芙:《智者以前希腊哲学的巨人》,第 352—354 页。
③ 格思里:《希腊哲学史》第 2 卷,第 156—157 页。
④ 叶秀山:《前苏格拉底哲学研究》,第 206—210 页。

路发现了和物质对立的精神因素,从而最终将物质和精神明确地对立起来。而恩培多克勒提出爱和争,就是这种认识过程的开始。正因为他是从这方面开始将精神和物质分化开来的,所以他自己并没有意识到,从而也不可能明确地将精神和物质区别开来。因此,他所解说的爱和争就带着明显的二重性,既将它们说成是和物质元素不同的人格化的精神力量,又免不了旧的思想习惯将它们说成是有形体的物质力量;既说它们是客观的,又说它们是主观的。特别是因为恩培多克勒本人既是科学家又是宗教的先知。在科学和自然哲学方面,爱和争主要表现为物理的力量,但也带上人格和情感色彩;而在宗教思想中,它们就完全是精神性力量了。所以,随着各人着重点的不同,既可以将爱和争解释为物理的力量,也可以解释为精神的力量,因为恩培多克勒自己就没有将这二者明确区分开来。但是,我们以为,争论和研究这个问题还是很有意义的,而且也只有摆在人类认识发展的过程中,才能解释何以会出现这种矛盾的现象。

恩培多克勒在解释自然现象时,将爱看成是一种吸引和结合的力量,将争看成是一种排斥和分离的力量。所以,在恩培多克勒的科学思想和自然哲学中,爱和争虽然已经染上精神色彩,但主要仍然是物质构成和自然界演化的动因,还是一种物质力量,仍然包含着素朴唯物论的合理因素。这一点,我们不能忽视。而且,恩培多克勒还看到,爱和争作为元素结合和分离的力量,它们的作用是双重的,它们的关系是辩证的。爱将不同的元素和不同的物体吸引、结合在一起,同时也就是将本来聚集在一起的相同的元素分离开来了;而争将某一混合物体中的不同元素分解开来,同时也就是将同类元素吸引、聚集在一起了。这就是说,爱在结合时产生了(另一些事物的)分离,争在分离时产生了(另一些事物的)结合。结合和分离是对立的统一。因而,事物的产生和消亡也是双重的:不同元素的混合体形成,也就是同类元素的聚合体消解;不同元素混合体的消解,也就是同类元素聚合体的产生。恩培多克勒说:

> 生灭事物的产生和消灭都是双重的:万物的结合既生成一个东西,又毁灭了一个东西,而当元素分离解体的时候,另一些东西又生成了。

（DK31A17）

亚里士多德也指出，恩培多克勒的爱和争都具有双重意义：

> 而恩培多克勒虽然将这些原因运用较广，但它们的用法却既不充分也不一致。至少，在许多情况中，他让爱分离事物，又让争来结合它们。因为当宇宙被争分解为它的各种元素时，火以及其他元素便各自集合在一起了；而当各种元素在爱的影响下结为一体时，各个部分又必须从各种元素中分离出来。①

> 照他〔恩培多克勒〕的学说，必然得出，争，像它是毁灭的原因一样，也是存在的原因。同样的，爱也不单是存在的原因；因为当它将事物结集为"一"时，也就破坏了所有别的东西。②

恩培多克勒在阐述爱和争这两种动力因时，包含着素朴的辩证法。他揭示了自然物体在生灭变易中，吸引同时是排斥，结合同时是分离，反之亦然。黑格尔将恩培多克勒的这种思想称为"综合"观念，并且称赞说："一般说来，没有分离的联合与没有联合的分离是不存在的——这是一个深刻的看法；同一性与非同一性就是这样的彼此不能分离的思想范畴。""恩培多克勒的综合，是作为相互关系的一种补充而属于赫拉克利特的。赫拉克利特的思辨理念（作为过程）一般说来是有实在性的；但是个别的环节并不一一是概念——并没有实在性。恩培多克勒关于综合的概念至今还有影响。"③黑格尔所说的至今的影响，就是当代科学史家萨姆伯斯基（S.Sambursky）所指出的："近代物理学家们对恩培多克勒凭直觉提出吸引力和排斥力同时存在，感到惊讶。直至以我们今天的经验说，物理学家们仍得引入这两种力。同重力吸引相对立的，还有宇宙中在起作用的排斥力，通过银河系的衰变，导致宇宙的膨胀。在原子领域，我们知道有正电荷和负电荷，它们同极相斥，异极相吸；而在核物理学中，我们也不能免除排斥力和吸引力的假定。"④

---

① 亚里士多德：《形而上学》，985ᵃ21—29。
② 亚里士多德：《形而上学》，1000ᵇ10—12。
③ 黑格尔：《哲学史讲演录》第1卷，中译本，第323、326—327页。
④ 萨姆伯斯基：《希腊人的物理世界》，第19页。

爱和争是自然界事物运动的原因,这又可以从恩培多克勒阐述元素和物体运动时,认为总是按"同类相聚"这点看出。在他看来,相同的东西总是聚合在一起的:

土增加土,气增加气。(DK31B37)

所以甜的抓住甜的,苦的抓住苦的,酸的趋向酸的,热的和热的跑在一起。(DK31B90)

同类相聚,本来是古希腊人解释自然现象的一个流行观念。荷马史诗中就说过"神总是使物以类聚"。恩培多克勒则从爱和争的角度,将同类相聚看作是元素和物体运动的法则。他在论述自然现象和人的认识时,都强调同类相聚和同类相知。前引残篇第一百零九中说,我们用土看土,用水看水,用爱看爱,用争看争。就是说,用相同的东西去认知相同的东西。但是,根据恩培多克勒的学说,这种同类相聚并不是爱的结合作用的结果,恰恰相反,正是争将混合物分离,才能造成同类相聚。恩培多克勒又用物体的元素结构和孔道相吻合,说明同类的元素和物体能相互吸引和聚合。而爱的物理功能恰恰在于它能将不同类的元素、不同孔道结构的物体聚结在一起。所以,爱的作用乃是使异类相聚。爱和争支配元素和物体的这种不同的运动倾向,造成千差万别的各种元素的结合体。

恩培多克勒在自然哲学中主要将爱和争当做动力,又表现在他将爱和争结合和分离元素的功能,说成是一种自发的自然作用,没有目的论的含义。这样的爱和争,就有更多的物理的而不是精神的含义。他当时还没有形成"必然性"这个哲学范畴,偶而说到"逻各斯"也还只是指元素结合的比例。他常说到"偶然",也不是和"必然"相对而言,而只是自动性、自发性和机缘的意思。他阐述自然现象以及爱和争的作用时,往往强调偶然的自发作用。例如他说:

最细微的物体坠落时越有偶然的机缘碰在一起。(DK31B104)

他在论述爱和争的作用下动物和人的起源时,也将它们说成是偶然自发产生的。在现存的恩培多克勒残篇中没有"逻各斯"一词。亚里士多德在《论灵魂》中说到恩培多克勒认为物体的每一部分都是按元素间的比例组成的,然后就诘问道:"爱是任何偶然混合的原因呢,还是根据逻各斯混合的原因?"①在《论生成和消灭》中,亚里士多德对恩培多克勒的诘问更为明显了。他说,按照恩培多克勒自己的说法,任何生成的事物都不是偶尔结合的,而是按一定的比例——逻各斯结合的:

> 那么,这个逻各斯的原因是什么呢?大概不是火或土,也不能是爱和争:因为爱只是结合的原因,争只是分离的原因。所说的原因只是每个事物的本性——而不仅是(用他的话说)"混合物的结合和分离"。因此,只有"偶然",并非"逻各斯","才能是这些现象的正确名字",因为事物只能是偶然地混合起来的。②

亚里士多德指出,虽然恩培多克勒想用爱和争说明事物是按比例——逻各斯产生的,但单是爱和争并不能说明事物为什么按比例产生;如果单凭爱和争,只能说明事物是任意偶然地产生的。所以辛普里丘也批评说:"恩培多克勒看来是用偶然性来说明少数事物,从未说明这偶然机缘是什么,还不〔如原子论者〕值得考虑。"③这里,亚里士多德的批评是从目的论的角度出发的;如果恩培多克勒的爱和争没有目的,没有意向、意志的意义,那么,这种爱和争就只能是自发的盲目的机械力量,只能凭偶然的机缘将元素和物体结合或分离成各种事物。从亚里士多德的批评也可以看出,恩培多克勒的爱和争在物质元素中所起的作用,不是目的论的,主要还是物质性的力量。

当然,我们也应该看到,即使在自然哲学中,恩培多克勒已经将作为动因的爱和争同物质元素分割开来,已有二重性,爱和争有时被说成是爱和憎的情感。从他的全部哲学说,爱和争不仅是自然物质的动力因,而且又被他概括为支配宇宙万事万物,包括人类生活在内的普遍原则。在《净化篇》中,爱就成为善的力量和目标,争被视为恶的渊薮。在宗教和道德等精神生活领域,爱和争完全成为两种对立的精神性支配力量。他所说的爱和争,最终是要通向唯

---

① 亚里士多德:《论灵魂》,408ᵃ20—22。

② 亚里士多德:《论生成和消灭》,333ᵇ10—17。

③ 辛普里丘:《〈物理学〉注释》,第331页第15行;参见格思里:《希腊哲学史》第2卷,第162页。

心论的。

至此,我们可以概述恩培多克勒的自然哲学中的基本范畴和原则:四种元素和爱与争这两种动力因,它们是物质结构的基本粒子和物质间的吸引和排斥的力量。爱和争虽已带上精神色彩,但他的自然哲学的基本倾向还是带有机械性的朴素唯物论。他正是以这样的基本哲学原则,去探索宇宙演化,阐释自然现象,从事科学实践,研究认识活动,取得了不少可贵的成果。

第四节　流射说

恩培多克勒开始比较具体地研究认识论方面的问题。他作为早期的经验科学家,注重感性经验,开始分别研究各种感知认识形式及其生理基础。他将元素论运用到认识论领域,提出流射说这种素朴的反映论。他从生理机制的研究,开始剖析认识的主体方面,即认识活动中的感官生理学。在他那里,哲学和科学、认识论思想和元素本原论比较有机地联系起来。

恩培多克勒研究感觉,无疑曾得益于阿尔克迈翁。阿尔克迈翁对眼、耳、舌等感官的结构作了初步解剖,研究它们在感知活动中的生理功能,并且指出这些感官将不同的感觉传达到脑,由脑对它们进行综合和贮存,形成知识,脑是意识的中枢。恩培多克勒吸取了阿尔克迈翁的研究成果,并且在元素论哲学的基础上加以发展,形成自己的感知认识论——流射说。

恩培多克勒认为任何物体都有连续不断的、细微不可见的元素粒子放射出来。由普卢塔克记载的残篇第八十九:

> 用恩培多克勒的话来思索物质:"要知道从一切生成的事物里都发生流射"。不仅动物、植物、大地和海,而且石头、铜和铁都不断放射出许多流;因为任何事物都是由于这种无休止射流的不断运动,而损耗和消亡的。①

---

① 普卢塔克:《自然问题》,第 19 章 916D;基尔克、拉文:《苏格拉底以前的哲学家》,第 343页。

（DK31B89）

这种流射说和他的"孔道结构"说相结合。客观对象的流射粒子进入感官,同成分相同的元素的构成部分相遇,进入合适的孔道,就形成种种感觉。所以感觉是物质的元素粒子在流射中通过孔道互相作用的结果。亚里士多德记述:

> 有些哲学家〔包括恩培多克勒〕主张终极的活动者——严格意义的活动者〔指元素的放射流〕——通过一定的孔道进入,使受动者发生作用。他们断言,我们就是这样看、听,以及使用其他一切感官的。①

塞奥弗拉斯特记述得更为具体:

> 恩培多克勒以同样的方式说到一切感觉的形成,主张感觉是由一些各自和一种感官相适合〔的射流〕产生的。所以一种感官不能认识另一种感官的对象,因为某些感官的孔道对感觉对象是太宽了,另一些又太窄了,因而有些〔对象的粒子〕可以没有接触就穿过孔道,另一些却根本不能通过。② （DK31A86）

为什么有些孔道合适,另一些孔道不合适呢? 他的流射说建筑在同类相聚的学说上,从而提出"同类相知"的认识原则。在这方面,塞奥弗拉斯特有比较多的记载:

> 他〔恩培多克勒〕对于智慧和无知也有相同的理论。智慧就是以相同对待相同,无知是以相异对待相异。智慧等同于感觉或者和感觉非常相似。他在列举了我们如何由于同类对应而认知每一事物以后,又补充说,一切合适地结集和构造的事物,都出于这些〔同类的〕东西,也是通过这些东西,他们思想,并感到快乐和痛苦。③ （DK31A86）

> 他主张听觉是由外面的声音产生的,声音在耳内推动空气便形成听觉;因为听觉是耳内的鸣声,他说耳朵是一种"肉芽"。空气振动时便冲击耳的坚实部分产生声音。他主张嗅觉是由呼吸作用来的,因此,嗅觉最灵敏的人的气息运动最强烈,而大量的气息来自最细和最轻的物体。至

---

① 亚里士多德:《论生灭》,324^{b}26—28。
② 塞奥弗拉斯特:《论感觉》第 7 卷;基尔克、拉文:《苏格拉底以前的哲学家》,第 343 页。
③ 塞奥弗拉斯特:《论感觉》第 9 卷;基尔克、拉文:《苏格拉底以前的哲学家》,第 344 页。

于触觉和味觉,他没有说它们是由什么产生的,他只是告诉我们一个可以普遍应用的解释,说感觉是由于和孔道相适应而产生的。元素相同或相同元素的结合便产生快乐,元素相反便产生痛苦。①（DK31A86）

恩培多克勒对眼睛和视觉的研究比较细致。塞奥弗拉斯特也有较多的记述。

> 他〔恩培多克勒〕试图说明视觉的本性。他说眼睛内部是火,火的周围是土和气,由于眼睛结构精细,所以火能够像灯笼里的光一样通过土和气。火与水的孔道是交替排列的。通过火的孔道我们看到光亮的对象,通过水的孔道则看到暗黑的对象。每一类对象都同一种孔道相适合,各种颜色都是由流射带入眼睛的。②（DK31A86）

恩培多克勒认为眼睛是由四种物质元素组成的,相同（相似）认识相同（相似）,所以能够看到外部对象。这种看法虽然粗糙,但从这段记述可以推测,他对眼睛内部的网状结构已经作了观察和解剖。他用粒子流射进入眼内的不同孔道说明产生不同颜色的视觉,表明他的流射说是最早的素朴唯物论的反映论。他还用形象的比喻说明视觉:

> 〔眼睛形成视觉〕如同一个人在冬天夜晚出行一样,要先预备一个点火的灯,带有能面面防火的灯笼。灯笼有挡火的东西,尽管风呼呼地刮,光线仍能射出去照得很远,通过〔灯壁的〕孔道不断发出光来。同样,〔在眼睛中〕藏在圆的瞳孔后部的火包着精细的薄膜,也是通过薄膜上奇妙的小孔射出;薄膜可以防止瞳孔周围的水渗进来,而火很精细,可以射出去。（DK31B84）

将眼睛比成灯笼,并不是简单的推测,而是以当时粗糙的解剖实验为根据的。但是,恩培多克勒没有说清楚:视觉的形成只是由于眼睛被动地接受外界对象的流射粒子,还是由于眼睛本身也射出火的粒子同客体的流射粒子相遇,从而造成视觉形象? 所以,亚里士多德批评他说:如果像恩培多克勒以及《蒂迈欧

---

① 塞奥弗拉斯特:《论感觉》第9卷。
② 塞奥弗拉斯特:《论感觉》第9卷。

篇》①所说,眼睛产生视觉像灯笼发光一样,"为什么眼睛在黑暗中没有看的能力呢?"②亚里士多德进一步指出:"看来,恩培多克勒有时认为视觉是由于眼睛射出的光看东西,……另一些时候又解释为由于视觉的对象流射造成的。"③

恩培多克勒确实没有说清楚眼睛中的火和客观对象中的火的关系,在这点上亚里士多德的批评是对的;但恩培多克勒想以眼中火元素的不同去解释视觉的不同状况,这在塞奥弗拉斯特的《论感觉》中是有记述的:

> 但是眼睛并不是以同样的方式构成的:有些眼睛由相同的元素构成,有些由相反的元素构造;有些眼睛的火在中心,有些眼睛的火则在旁边。因此,有些动物白天能看清楚,有的则在夜晚看得清楚。火少的眼睛白天看得清楚,因为眼中的火要和外面的火平衡;包含与火相反的水元素较少的眼睛在夜晚看得清楚,因为它们的缺陷得到了弥补。但在相反的情况下,这两种眼睛便以相反的方式起作用了。火占优势的眼睛在白天看不清,因为继续增大的火会阻塞并占据水的孔道;水占优势的眼睛在夜晚也发生同样的困难,因为火被水阻碍了。一直要到水被气分出去了,才能看清。在这两种情况下,用作弥补的都是相反的东西。最好的是这两种元素的比例相等的眼睛。这就是他对视觉所说的话。④ (DK31A86)

这种用眼睛里面的火、水两种元素的比例多少,和认识对象中的火元素能否平衡,能否顺利通过孔道来说明人的视觉的不同,当然完全是一种猜测;但是他开始注意研究认识主体的生理差异对于认识功能的影响,这对于认识论思想的发展是有意义的,后来的德谟克利特进一步论述了感觉的相对性问题。重要的是,恩培多克勒认为,视觉形象是认识对象通过粒子流射在眼睛中的反映,他将它比作在镜子中的形象,说它们:

> 是由于对象的流射凝聚在镜子的表面上,并且被镜内排出的火凝定

---

① 柏拉图:《蒂迈欧篇》,45D。
② 亚里士多德:《论感觉》,437ᵇ12—14。
③ 亚里士多德:《论感觉》,437ᵇ24—438ᵃ4。
④ 塞奥弗拉斯特:《论感觉》第9卷。

下来造成的。(DK31A88)

这大约是西方哲学史上最早用镜子中的形象来表述的素朴唯物论的反映论。

对于人的理智和情感,恩培多克勒也对它们的生理基础有所猜测;但同他的感觉学说相比,就过于简单了。他没有接受阿尔克迈翁关于脑是意识中枢的合理猜测,而是认为心是思想的所在地:

> 心处在对流的血液洪流里,它正是人们所谓思想力的所在地,因为围绕着心涌流的血液就是人的思想力。(DK31B105)

他认为人主要用血液思想,因为身体各部分的元素在血液中完全混合;也许他想以此说明人的思想和感觉不同,它能综合地认识物质元素全体。他还认为,血液中的元素混合得越均匀,人就越聪明,反之就是笨人。医师手艺灵巧,因为他们的手里的血液混合得均匀,演说家的舌头里血液混合得均匀。他用相似的方式来说明人的情感和性格,以及快乐和痛苦。他认为快乐是由于感官和对象的元素成分相同造成的,如果它们的成分不同就产生痛苦。身体中物质元素结构较稀松的人,戆拙而勤劳;身体中元素挤紧又裂为许多碎片的人,血液流动太快,性格容易冲动。

我们不能将恩培多克勒的这些论述简单地说成是一种庸俗唯物论。因为在恩培多克勒的时代,对感觉器官还可以作些解剖,作出多少接近科学的说明,而对情感和理智还不可能作科学的探讨。亚里士多德说:包括恩培多克勒和德谟克利特在内的"这些思想家假定知识就是感觉,感觉则是一种身体的变动,……恩培多克勒说,'人的知识随身体的改变而改变,人的智慧因身体滋养而日增。'在另一处他又说,'他们的体质怎样改变,心灵中的思想也发生怎样的改变'。"[1]

恩培多克勒将智慧、理智归结为身体的变动,有其合理之处;而将知识和感觉等同看待就错误了。但是恩培多克勒也不是没有察觉到理智和感觉的区别。他在《论自然》开篇就认为感官只能考察事物的个别部分,只有心灵才能认识全体;同时又指出:不要忽视感官,理智必须通过它们的渠道。(DK31B2,

---

[1]　亚里士多德:《形而上学》,1009^b12—21。

4)这和巴门尼德崇尚理智、贬低感觉,是显然不同的。但是,关于理智的本质以及它同感觉的关系,对于恩培多克勒说还是一个不清楚的领域,所以他提出一种神秘的"物活论"来。

早期伊奥尼亚哲学认为万物都有灵魂,它是一种引起物质运动的能力。他们的物活论本质上是一种素朴的唯物论。恩培多克勒的说法就不同了。他强调理性贯通于万物之中。他说:"命运的意志使万物皆有理智"(DK31B103);"一切事物都有意识,都赋有自己的一份思想"(DK31B110)。塞克斯都·恩披里柯也批评他"模糊地主张万物都赋有理性,不但动物有,植物也有"①。恩培多克勒这里所说的理性,已经不是伊奥尼亚哲学中带有物质性的灵魂,也不是特定的物质结构(心、血)的生理功能,而是无处不在、同万物共存的"理性"了。这表现出将理性夸大成为某种独立的精神实体的倾向,和他在《净化篇》中的灵魂轮回学说是相呼应的。恩培多克勒在《论自然》中根本不提灵魂。他将作为精神实体的灵魂排除在自然哲学和认识论领域以外,放到宗教和道德生活领域中去论述,形成他在《净化篇》中的宗教唯心论思想。

第五节　宇宙演化的四个阶段

恩培多克勒关于宇宙演化的论述,留存的残篇比较零散,大多是古代纂述家记载的第二手材料。但我们仍然可以据以比较简要地勾划出他的宇宙演化学说的基本轮廓。

恩培多克勒将全部宇宙演化的历史描述为:爱和争两种力量在斗争中此起彼伏,轮流消长,造成四种元素的分离和结合,这样一个周而复始、循环往复的过程。柏拉图在《智者篇》中讨论"一"和"多"的对立关系时,说伊奥尼亚的缪斯——赫拉克利特是主张对立既分离又结合的;而温和的西西里的缪

---

① 塞克斯都·恩披里柯:《反逻辑学家》第2卷,第286节。

斯——恩培多克勒却主张它们是交替进行的："一个时候由于阿佛洛狄忒
〔爱〕的作用结合为一，处于和平状态，另一个时候由于争的作用，分裂为多，
处于冲突状态。"①

恩培多克勒认为，宇宙是个球体（这点是接受了巴门尼德的观点），它永
远处于周期性的循环演化之中。四种元素是它的基本质料，爱和争则是演化
的动力。每个循环周期经历四个不同的演化阶段。爱和争这两种对立的力量
轮流占据主导地位，使元素分别结合和分离。每当这种结合和分离的运动达
到绝对状态时，爱和争的主导地位便发生变化，朝着相反的运动方向转化。这
样分合交替，周而复始。在这种循环演化中，由不同元素结合成的具体事物，
或是在分离中各类元素的自相聚集，都是暂时的；只有四种元素的存在以及爱
和争的力量才是永恒的。辛普里丘说："另一些人主张同一个宇宙轮番交替
地生成和消散，又生成又消散，这样无穷进行。恩培多克勒就那样说，爱和争
依次占优势地位：爱将一切东西结合成为一，破坏了争所创生的宇宙，并使之
成为球体，而争又一次将元素分离，创生出如今那样的世界。"②

恩培多克勒按照爱和争的轮流交替，将宇宙循环演化的每个周期，分为四
个阶段。

第一阶段。

爱的力量占主导、支配地位。这时候整个宇宙是一个各方面相等的滚圆
的混沌球体，叫神圣的"斯弗拉"（$\sum\phi\alpha\hat{\iota}\rho\check{\alpha}$，Sphere）。爱的力量统治整个宇宙
球体，将一切东西都混合在一起；爱处在球体中心，形成一种旋涡运动，将四元
素吸为一团，成为一个圆球形的绝对混合体；争的力量只能潜处在球体外层最
边缘。在球体中一切都绝对地混合，没有天地、日月、江海等等的区别，没有纷
争和冲突，处于和谐的状态中。辛普里丘也说，在这个球体中，"一切东西都
被紧紧地制约在和谐的混沌之中。"③恩培多克勒形象地描述这种状态：

　　在那里分不出太阳的明亮的肢体，分不出草木丛生的大地，也分不出

① 柏拉图：《智者篇》，242E—243A。
② 辛普里丘：《〈论天〉注释》，第293页第13行起。
③ 辛普里丘：《〈物理学〉注释》，第1183页第28行起。

海洋。滚圆的球体处在固定地布满的和谐之中,在它的面面孤独的状态中自得其乐。(DK31B27)

在它的肢体中没有纷争,也没有不当的冲突。(DK31B27a)

当这一切结集时,争就退到最外的边缘上了。(DK31B36)

这个"斯弗拉",是接受了巴门尼德的球体的"存在"。它不像巴门尼德的"存在"那么空空洞洞,没有内容,而是有四种元素以及爱和争的对立力量充塞其中。这个球体也被说成是"无限"的:

然而,这个神圣的球体在各方面相等,并且是无限的,……(DK31B28)

有些学者认为这个说法自相矛盾,它既然是球体,又是各方面相等,就应当是有限的。其实,这里所说的"无限"是指没有界限、没有终点。圆形的球体的曲面上没有界限,这并不难理解。(弗里曼将这个词译成"永恒",是时间上的无限。)恩培多克勒假设的这个最初阶段的宇宙模型,同现代爱因斯坦在广义相对论中所假设的宇宙是有限无界的球体,在某种意义上有相似之处。

第二阶段。

争的力量崛起。争从外层边缘侵入球体,将爱的力量向球体中心压迫,造成各元素从绝对混合中分化。恩培多克勒描述说:"然而,当争在神〔斯弗拉〕的肢体中增长,喷薄而出,表现出它的优势,当它们〔爱和争〕的严密誓约设定的交替期满之时……神的一切肢体便依次震动了。"(DK31B30,31)争逐渐从外围侵入混合体,同爱发生冲突。吸引和排斥这两种力量的相反作用,产生回旋式运动,使各种元素从绝对混合体中分离开来;又由于爱和争的交互作用,化生出世界万物,形成天地、日月、星辰和江河大海等等,构成自然界的基本廓架。亚里士多德在《论生成和消灭》中说到这个阶段:"根据他〔恩培多克勒〕所说的来判断,'性质'可以依附于事物上,也可以从事物中分离,特别是因为争和爱为取得支配地位而互相交锋。正是由于这种冲突,各种元素从前一阶段的'一'中生成出来。我说'生成',因为火、土、水原来是完全融为一体,没有区别地存在的。"①在这阶段,爱的力量仍有影响,因此大量元素还处在混合

_____

① 亚里士多德:《论生成和消灭》,315ᵃ15—18。

之中,如江河中有土,地底喷火;爱的作用也使不同的元素结合成各种自然物体。爱和争在形成自然界的过程中,起着同样重要的作用。这就是前引亚里士多德所说的,争是分裂和毁灭的原因,同样也是生存的原因;爱将事物结合为"一",同时也毁灭了其他事物。①

历来许多学者认为,恩培多克勒将现在人类所处的世界,看做就是这个争的力量取得优势的第二阶段。亚里士多德说,恩培多克勒认为"目前的世界秩序处于争的力量占优势的状态,正如过去它在爱的支配之下"②。辛普里丘也认为:"他〔恩培多克勒〕说元素过去被爱结合在一起,后来被争所分离,形成我们现在这个世界。"③

在宇宙演化的这个阶段,自然界是怎样形成的? 艾修斯曾经比较具体地记述:"恩培多克勒主张,以太最先分离出来,其次是火,在火以后分离出来的是土;而当土被旋转力量过分压缩时,土中就喷出水来,而气又从水中蒸发出来。天空是从以太产生的,太阳从火中产生,而另外的天体是由另一些元素压缩而成的。"④普卢塔克也记述:"阿克拉伽的恩培多克勒……主张气是由环流于一个球体中的诸元素的原始混合体中分离出来的;在气以后火跑了出来,没有别处可去,就在气所环绕的坚实球体周界外往上升。他说在土的周围有两个旋转的半球,一个完全由火构成,另一个半球是气和少许火的混合体;他认为后者是黑夜。它们的运动是由于在一个领域内火的聚积所造成的优势力量。"(DK31A30)

大致说来,恩培多克勒描述从原始混沌的斯弗拉中,首先分离出气(以太),上升为天,然后又分离出火和土,水浮在土上,水和土一起形成大地;水被火蒸发,又成为地上的气;火既上升到天上,也在大地上燃烧;火和气形成众多的日月星辰,天地和整个宇宙很快地旋转,使它们能维系各自的位置。恩培

---

① 参见亚里士多德:《形而上学》,1000^{b}10—13。
② 亚里士多德:《论生成和消灭》,334^{a}6—8。
③ 辛普里丘:《〈论天〉注释》,第 590 页第 19 行起;参见格思里:《希腊哲学史》第 2 卷,第 173 页。
④ 艾修斯:《哲学家意见集成》第 2 卷,第 6 章第 3 节。

多克勒在这幅自然界形成的总画面中,又依据他对自然的观察,考察和研究了不少天文和气象现象,这方面我们将在下一节论述。

第三阶段。

争的力量达到高峰,占据绝对的主导和优势地位。这时,争的力量扩展到整个球体,将爱压缩到球体的中心点。由元素结合成的一切物体都解体了,各种元素相互处于绝对分离状态,每一种元素自己聚集在一起。宇宙中各种结合物体不复存在,只有四种元素各自的集合体了。这一阶段的宇宙状况,在恩培多克勒的残篇中很少描述。残篇第二十六中的几句话似乎是讲到这种状态:"在一个时候,它们〔四元素〕被爱完全集结成'一',在另一个时候,它们被争的推力带向不同方向,直到它们再一次聚生为一,全部平服下来。"(DK31B26)

普卢塔克在一部对话式的著作中转述了恩培多克勒所说的这个阶段的情况:

> 小心,你不要调动每个东西〔元素〕,而应将它置于自然的位置上,你的哲学不要用恩培多克勒的"争"——或者如泰坦和老的巨人那样激怒自然——加于它们而导致宇宙的消解;那样你就会发现,由于将一切重的东西和一切轻的东西分离开来,宇宙将成为神秘可怕地没有秩序,像恩培多克勒所说:"分不出太阳的明亮的肢体,分不出草木丛生的大地,也分不出海洋。"(DK31B27)土没有热的部分,水也没有气的部分,没有重的东西上升,也没有轻的东西下降;万物的元素不相混合,不相吸引,单独在一起,没有结合和相聚,只是互相闪避,只以它们自身固有的动力运动着,这就是柏拉图所说①的那种状态:任何事物都缺少了神,即物体被心灵和灵魂所遗弃;直到"爱"、阿佛洛狄忒或厄洛斯进来,像恩培多克勒、巴门尼德和赫西奥德所说的,自然又进入天祐的如意状态。②

在这种状态下,水只和水在一起,火只和火在一起,只有一团团元素的集合体,

---

① 柏拉图:《蒂迈欧篇》,53B。
② 普卢塔克:《论月亮循环的表面现象》,926D;转引自格思里:《希腊哲学史》第2卷,第175页。

没有万物。这个时候还有没有运动呢？按理说：争还是在起作用，还是有运动。但是，亚里士多德却认为这是静止的：

> 按照他〔恩培多克勒〕的说法，宇宙轮番交替地处于运动和静止状态，当"爱"将多聚合为一，或"争"将一分散为多时，就处于运动状态，而在间隔时间则处于静止状态。①

> 恩培多克勒被认为是持这种主张的，他认为，"爱"和"争"必然交替主宰并引起运动，而在间隔的时间里则是静止。②

策勒根据亚里士多德的论述，认为在恩培多克勒的宇宙循环中，有两个阶段（第一和第三）宇宙处于静止状态。他说：元素的完全结合或分离，造成"自然界运动和生命的持续，个别事物的成毁，一旦这个目的达到，运动停止了，元素便中止结合或分离——因为它们已经完全混合或分离了——这种状态持续着，直到一种新的推动力沿着相反的方向扰动这种状态。"③可是，爱和争的相互斗争是不会停止的，如果停止了，这个新的推动力又从何而来呢？所以，恩培多克勒是否认为有静止的间隔阶段，实际上是没有说清楚的问题。

第四阶段。

爱的力量重新崛起。爱的力量又从中心点扩张开来，将争的力量向球体的外层边缘驱压，各种不同的元素又重新结合起来，形成另一个自然和生命世界。直到爱的力量又逐渐达到顶峰，使各种元素又绝对地混合在一起，回复到最初的绝对和谐、混沌的斯弗拉，再开始下一个周期。

对于上述恩培多克勒的宇宙演化的四个阶段的解释，当代学者争议的焦点是：在恩培多克勒看来，现在人类生存的世界究竟处在哪个阶段？有的学者如苏姆逊（F.Solmseen）认为：第二阶段只是形成了无生命的自然界，生物和人类是在第四阶段，即爱的力量重新滋长时才产生的。因为恩培多克

---

① 亚里士多德：《物理学》，250ᵇ26—29。
② 亚里士多德：《物理学》，252ᵃ7—10。
③ 策勒：《苏格拉底以前的学派》第2卷，第971页。

勒在论述生命起源，以及动物肢体和器官的形成时，都突出了爱的作用。[①]
这种说法也有道理，但也有问题，问题在于对恩培多克勒的残篇第三十五如何
理解：

> 当争达到旋涡的最深处，爱到达旋涡中心时，这一切便在它〔旋涡〕
> 中间结合成为"一"——不是立即形成的，而是有些从这部分，有些从那
> 部分来自愿地结集在一起的。从这个混合中产生出无数种族的有生灭的
> 事物。然而，当争仍然在那里盘旋时，在混合的东西中间仍旧有许多尚未
> 混合的东西，因为争并没有完全出来到圆球的最外面，而是仍然留在某些
> 地方，不过它也部分地从〔球体的〕肢体中出来了。它越往前跑，没有过
> 失的爱的仁慈神圣的冲力也越往前推进。于是，原来是没有生灭的东西
> 很快变成了有生灭的东西，原来不混合的东西变成混合的东西，改变了它
> 们的道路。当它们混合的时候产生了无限种族的生物，具有多种多样形
> 式，蔚为奇观。（DK31B35）

这则残篇描述无数生物种族产生的阶段，是爱的冲力往前推进的时候，似乎
是宇宙循环的第四阶段。但是，它开始又说是争到达旋涡的最深处，爱趋向
旋涡中心，也可理解为第二阶段。第二和第四阶段都是爱和争互相交锋，势
力消长之中。而从《净化篇》看，恩培多克勒强调人类所生活的尘世是代表
"恶"的争在起很大作用的时期。看来，我们只能说恩培多克勒将人类生活
的现实世界，看做是爱和争力量交锋的时期，很难确定它是第二阶段还是第
四阶段。

  总之，恩培多克勒的宇宙演化学说是从巴门尼德的"存在"球体的模型脱
胎出来的，只是让它活动起来，在爱和争的作用下，使元素和物体交替结合和
分离，是一个循环往复的过程。这种循环论，本质上是想象和虚构出来的。虽
然他在设想爱和争的斗争时，带有辩证法的因素，但从整体说，却是一种机械
论。他设想爱和争分别以宇宙球体的中心和外层边缘为根据地，扩展势力，争

[①] 参见苏姆逊：《恩培多克勒宇宙论中的爱和争》，见艾伦、弗莱所编：《苏格拉底以前的哲学
研究》第 2 卷，第 232—236 页。

夺地盘,这当然是形象的虚构和幻想。他划分宇宙演化的四个阶段,缺乏自然观察的依据,在理论上也难以自圆其说。例如:第一、第三阶段的宇宙是静止的还是运动的? 如果静止,则由静止到运动的原因何在? 第二和第四阶段都是爱和争互相争夺的阶段,它们的区别又在那里? 此外,他描写宇宙演化时使用的一些神秘的词句,已潜藏着宗教的意义,如说爱和争有"严密的誓约",后来被打破了。这和他在《净化篇》中的有关说法是相似的。他的宇宙循环演化的学说,好像也是为《净化篇》中灵魂轮回的历程,提供了自然的躯壳或居留的客观场所而已。

第六节　天体和人

恩培多克勒是当时比较杰出的自然科学家,他观察和分析种种自然现象,提出了许多卓越的见解;比他以前的自然哲学家在认识自然方面,有较多的进展;特别是在天文学、对人体的研究以及医学方面都作出了比较重要的贡献。他的这些自然科学思想成果,都贯穿了元素论哲学思想的基本线索,增强了唯物论哲学思想的意义。当然,他的科学思想中也有不少空想和虚构的成分,还有许多神秘主义的因素。

恩培多克勒认为整个宏观的天体系统,都是由物质元素在宇宙演化中形成的。柏拉图将他和其他伊奥尼亚哲学家列在一起,说他们认为天体是由四种元素组成,是自然的而不是人为的产物:

> 他们认为火、水、土、气,都是由其本性及偶然机遇存在的,不是人为的产物;而一系列依次的天体——大地、太阳、月亮、星辰,都是用这些绝对无生命的存在物造成的。这些元素由于偶然机遇以及一定的某种内在的亲和力活动起来,成为热和冷、干和湿、软和硬,并且以不可避免的因果结合,将这些对立物混合起来。这样,它们便产生了整个天体以及天空中的一切东西,产生了一切动物和植物,以及季节;这些都是从元素产生的,不是由于心灵的活动,不是任何神造的,也不是人为的,而只是由自然和

机遇造成的。①

柏拉图在这里没有直接提出恩培多克勒或其他任何哲学家的名字，只是泛指当时所有的唯物论哲学家。我们在上文说过，恩培多克勒提出爱和争，已经开始引进精神性因素了，但柏拉图并没有看到这一点。他在这段话中提到的"内在的亲和力"，很像是恩培多克勒所说的爱。柏拉图这里提出的，即自然界不是由神或人造的，而是它本身自己生成的，可以说是早期希腊唯物论哲学家的共同的基本思想；而正式提出四种元素的就是恩培多克勒。因此，说这段话代表了恩培多克勒元素论的基本思想，也是可以的。

恩培多克勒观察和阐述各种天体现象比较细致。他认为从宇宙最初的那个"斯弗拉"中首先分离出来的是气和火。在火的凝烤下，天穹形成两个明暗不同而又都是具有可透明性的晶体半球，即火半球和气半球。处于天体中心的地球在不断旋转中，依次面对这两个半球，便成为日和夜。太阳是由火元素聚合而成的，"星辰也由火构成，具有火的形态，是火元素的构合体。"②它们都能发光。他已经对恒星和行星作出区别，说："恒星是嵌定在凝冻的天穹半球上面的，行星则可以自由流动"；他还明确指出："月亮本身不发光，它从太阳那里得到光。"（DK31A30）他已经认识到月光是从太阳光反射来的。关于整个天穹的结构形状，"他〔恩培多克勒〕说，由于太阳的热的前冲作用，气让路了，整个天穹的两极就发生倾斜，北高南低，整个宇宙也受到同样的影响。"③（DK31A58）因此，他认为天穹轴线是北高南低的，而整个天体是一个宽大于高的蛋形结构。艾修斯记述说："恩培多克勒说，我们所处的大地到天穹的高度，小于整个天穹的宽度；天空向宽的方面更多地伸展，因而宇宙像一个横放的蛋。"④（DK31A50）这种看法可能受到奥菲斯教宇宙学说的影响，但是在当时条件下，却是对天体观察得出的比较合理的见解，同中国汉朝张衡提出的浑天说很相似。在古代天文学史上，这是一种比较进步的天体结构学说。恩培

---

① 柏拉图：《法篇》，889B—C。
② 艾修斯：《哲学家意见集成》第2卷，第13章第2节。
③ 艾修斯：《哲学家意见集成》第2卷，第8章第2节。
④ 艾修斯：《哲学家意见集成》第2卷，第31章第4节。

多克勒的学说虽然带着不少虚构和想象成分,但和早期的米利都学派和赫拉克利特的幼稚的天文学说相比,显然有了很明显的进步,包含较多的科学成分。

恩培多克勒又将整个天体的运动,描述为在争的分离作用下的一种巨大的旋涡运动。伊奥尼亚的哲学家虽然已经提到天体的旋涡运动,但只是十分简单和粗糙的猜测。恩培多克勒通过比较精确的观察,作了较为细致的描述,可以说有了天体力学的思想萌芽,开始探索天体运行的轨道问题。他认为,由于争的力量,斯弗拉这个宇宙球体内部造成旋涡运动,使火和气分离开来形成天穹两半球以及日月星辰大地等。整个天体发生剧烈的旋涡运动,带动太阳、大地及一切星辰都随着旋转,它们各自在一定的轨道上旋转。为什么它们能各自保持确定的位置和轨道呢? 亚里士多德在《论天》中记述了恩培多克勒的解释。他在说到旋涡运动时说:

> 他们都从观察液体和气体,找到说明它〔旋涡运动〕的原因,因为比较大的和重的物体总是在旋涡的中心运动的。所有那些探讨天体形成的人都试图以此解释为什么大地聚集在中心。他们为大地聚集在那里寻找一个理由,有些人解释说是由于大地的大小体积以及它的扁平状态,另一些人如恩培多克勒则认为天体的运动是一种快速的运动,所以能防止大地的运动;正像水在杯里,当杯子作圆周运动时,虽然它总是贴着杯的铜壁,但却能防止水按其本性要作的下坠运动。①

恩培多克勒也认为大地处于宇宙的中心,当然是不正确的;他也不可能形成向心力和离心力的概念;但他以观察水的旋转运动这种力学现象来说明天体运动有稳定的轨道和序列,却不失为一种科学的猜测。他指出,"太阳循着巨大的天穹作圆周运动"(DK31B41);并且设想,早先由于太阳运动较慢,白天时间较长;后来由于旋涡运动加速,太阳运转快了,白天时间就有所缩短。②(DK31A75)恩培多克勒不仅认为整个天体在不断运动中,而且认为这种运动

---

① 参见亚里士多德:《论天》,295ᵃ11—23。
② 参见艾修斯:《哲学家意见集成》第5卷,第18章第1节。

本身也不是始终不变,而是有变化的。亚里士多德在《论天》中评述:

> 所有的人都同意世界是生成的,但是生成以后,有些人认为它是永恒
> 的;另一些人说它像别的自然物一样是要毁灭的。还有些人,如阿克拉伽
> 的恩培多克勒和爱菲斯的赫拉克利特则相信,在毁灭的过程中还有变动,
> 时而朝这个方向,时而朝那个方向,持续没有终止。①

在这方面,恩培多克勒和赫拉克利特一样,是持朴素辩证法的观点的。

恩培多克勒在阐释天体演化和气象、地理等自然现象时,都强调了火元素
所起的重要作用。火形成天穹半球,并且凝烤出气半球;火是日月星辰的构成
要素;火将水中的气蒸发出来,行风布雨;火在地底炙烤,使大地内部的土变成
坚硬的岩石,这是最早的"火成岩"的地质假说;火还给大地带来生命,在生物
起源、胚胎成形中,火都起重要的作用。凡此种种都可以看出赫拉克利特对恩
培多克勒的影响;而恩培多克勒的解说比赫拉克利特更为具体,更合乎科学。
它显示了这一时期希腊科学思想的发展。

恩培多克勒还比较科学地解释了一些天文现象。比如关于日蚀的成因,
虽然传说泰勒斯已经能够预言日蚀,但他并没有能够作出科学的说明。赫拉
克利特只能以幼稚的猜想,说是由于天体上的小孔反转过来,开口朝上因而造
成日蚀,显然是不科学的。恩培多克勒大约是第一个提出:产生日蚀是由于本
身不发光的月亮在运行时,通过太阳和地球之间造成的。

> 当太阳经过月亮上面时,〔月亮〕遮住了它〔太阳〕的光,而在大地上
> 投下一个和面色苍白的月亮一样大的黑影。(DK31B42)

又如,恩培多克勒认为光由火粒子构成,光线由太阳传播到大地,要经历一段
运行的时间。这种见解在当时堪称是有卓越的科学想象力,比后来的亚里士
多德高明。亚里士多德虽然承认光线也是一种存在物,但他否认光线在运动
以及运动要经历时间。他为此批评:"恩培多克勒错误地说光线是在运行着
的,或者说光线从大地到外层之间要经过一定的时间;我们观察不到它的运
动。这个观点和我们的清晰的论证以及观察到的事实是相反的;如果光线运

①　亚里士多德:《论天》,279ᵇ13—18。

行的距离短,这种运动还会观察不到,但是大地从极东到极西的距离那么大,
怎么还会观察不到呢?"①但是另一则历史材料记述:"恩培多克勒说,光线是
一种流射体,它从光源放射出来,先穿过大地和天空之间这个区域,然后才到
我们这里。但是我们意识不到这种运动,因为它的速度太快。"②(DK31A57)
恩培多克勒认为光线以高速度运行,它的传播要有时间。这一天才猜测为近
代物理学所证实。关于光的电磁理论和量子理论都证实光是一种射流;从伽
里略到丹麦天文学家鲁以麦(Roemer)都论证光的运行有一定的高速度。19
世纪的物理学家马赫高度评价了恩培多克勒的猜测,认为:"倒是亚里士多德
没有从自然事实中学到东西。"③

　　恩培多克勒更重要的贡献是在生命科学领域。他在自然科学范围内,比
较全面地研究了人的问题,在生物、生理和医学方面,都作了大量的考察和研
究,提出了不少比较科学的推测和创见。他在这些领域内所取得的成果,在苏
格拉底以前的自然哲学家中,只有稍后于他的希波克拉底堪与伦比,或许在某
些方面超过了他。我们在这里不能详细列述他的许多具体见解,只论述某些
重要内容及其哲学意义。

　　恩培多克勒认为全部生物都是在宇宙演化的一定阶段,在爱和争的力量
作用下,由四种元素结合产生的:

　　　　现在听着,那分离出来的火如何使男人和可怜的女人从黑夜生成的
　　胚芽中产生出来的;我的话不是无的放矢,也不是没有见识的。首先从土
　　中发生的是尚未分化的形式,其中包含着水和热的元素,火将它们送上
　　来,想让它们达到高处,接近和它相同的东西〔天上的火〕,但是它们还是
　　没有肢体的肉体,也没有人所有的声音和各种器官。(DK31B62)

这时已经产生了生命的雏形。恩培多克勒当然不知道从无机物向生命体的转
化需要经历漫长复杂的过程,他的合理见解在于:认识到生命体由无机的物质
元素产生,它同整个自然界在物质构成上是统一的,并不存在不可逾越的

---

① 亚里士多德:《论灵魂》,418^{b}20—27。
② 庇罗波诺:《论灵魂》,第344页第34行。
③ 转引自福莱:《希腊哲学史》,第378页。

鸿沟。

恩培多克勒认为由各种元素结合成生命体并不是杂乱无章的,而是有一定的比例,即逻各斯。亚里士多德记述:

> 因为第一原因〔形式因〕比起它的质料来,更是组成动物本性的东西。实际上恩培多克勒在有些段落中指出了这点,他说出逻各斯是组成事物的本质或真正的本性。例如,当他解释什么是骨头时,他不仅说了它的质料,而且说出它是一种、两种或三种元素所组成,或是所有元素的混合物,并且还说出它们的组合比例(逻各斯)。①

在《论灵魂》中,亚里士多德说:

> 因为每一种事物不仅是由元素组成,而且它们的组合还是按照一定的方式或比例的,如恩培多克勒说到骨头,"温和的土在它宽广的框子里接受了八分之二的水,还有四份火,便形成了白色的骨头"。②(DK31B96)

这种见解,从某种意义上可以说是最早的生物化学思想的萌芽。

恩培多克勒进而企图用不同性质的元素构成,去解释各种不同生物的特性。艾修斯记述:

> 恩培多克勒说,在太阳传播以前,在白昼和黑夜区别开来以前,树是首先从土里生长出来的生物。由于它们的混合中各种元素的不同配置,便结合成雄性和雌性的不同形式。由于土地中热的推动,它们发育生长;所以它们是土的一部分,正如胎儿是子宫的一部分一样。果实是植物中过剩的水和火构成的。当湿气在夏季蒸发了,湿气不足的树木的叶子便枯萎了,而那些包含较多湿气的树木则是常绿的,月桂、橄榄和棕榈便是这样。果实味道所以不同,是由于土壤的不同,植物从它们吸取了不同的养分。葡萄便是这样,酿造一种别有风味的可口美酒,并不在于葡萄不同,而是在于栽培葡萄的土壤不同。③(DK31A70)

---

① 亚里士多德:《论动物的构成》,642^{a}17—24。
② 亚里士多德:《论灵魂》,409^{b}33—410^{a}b。
③ 艾修斯:《哲学家意见集成》第5卷,第26章第4节。

恩培多克勒的这种解释,虽然是粗浅和想象的,但他企图以生物体内部构成的不同来说明不同的生物现象。他还用生物体内元素的构成比例不同来说明动物的不同特性,如认为鸟类体内气和火的元素居多,所以能在空中飞行;鱼类体内因火元素较多,太热,所以需要生活在凉湿的水中,等等。

恩培多克勒关于动物进化的猜测,是当代学者很感兴趣的一个问题。

乍一看来,他论述动物的产生和演变,是非常奇怪的。他说从土中先是生出许多个别的器官或肢体,如没有脖子的头,没有肩的胳膊,没有额的眼睛,等等。在爱和争的交锋中,它们凭着偶然的机遇,在互相追求中结合成形形色色的动物,其中许多是怪物。他本人的残篇中留下一些非常怪异的片段:

> 从土里生出许多没有脖子的头,有许多没有肩的胳膊游来荡去,还有一些没有额的眼睛单独游荡着。(DK31B57)

> 孤独的肢体游荡着,〔寻求结合〕。(DK31B58)

> 但是当一个神圣的东西和另一个神圣的东西〔爱和争〕步步交手时,这些肢体就互相结合了,另外许多肢体又在不断产生出来。(DK31B59)

> 长着无数只手的蹒跚而行的动物。(DK31B60)

> 那时生下来许多前面后面长着两张脸和两个胸的动物,产生出人头牛身的动物,还有牛头人身的动物,还有一半男、一半女的长着不能生育的生殖器的生物。(DK31B61)

这些论述,看来是很幼稚可笑的。他将动物整体的形成,看成是各个器官、肢体偶然地拼凑和结合起来的。值得注意的是,恩培多克勒认为,从最初那些由不同的肢体、器官结合起来的怪异动物,到后来自行繁殖生命的动物界,是经历了一个演化的过程的。艾修斯记述,恩培多克勒认为动物的这种演化,也经历了四个阶段:

> 恩培多克勒说:(一)植物和动物的第一代并不是完整的机体,各肢体部分是分离产生的,并不结合在一起;(二)第二阶段,这些肢体部分偶然地结合生长,有些像怪异的动物;(三)第三阶段是完整有机地构成的世代;(四)第四阶段是它们不再从土这样的元素中产生,而是自

　　　　行生殖了,它们的某些营养体变得浓厚,雌性动物的美刺激了另一些雄
　　　　性动物的精液。① (DK31A72)

可是,动物怎么从第二阶段演变到第三阶段,即从怪异的动物发展为正常的生
命体呢? 从辛普里丘和亚里士多德的记载中可以看到,恩培多克勒是用朴素
的适者生存、自然淘汰的原则来说明这个演化过程的。辛普里丘在《〈物理
学〉注释》中,引述了恩培多克勒所说诸如牛头人身之类的怪异动物产生以
后,又记载恩培多克勒所说的:

　　　　许多动物体是由肢体合适地结合起来的,所以能确保它们的生存,这
　　　　些动物就保存下来了,因为它们的各部分能互相切合需要。牙齿能撕咬
　　　　和咀嚼食物,胃能消化,肝又将它变为血液。人的头和人的身躯相遇,就
　　　　可以确保整个人体的存活。而那些人头牛身的动物是不适合生存的,就
　　　　逐渐消亡。所以那些构造不合适的动物,都要灭亡。②

亚里士多德也在几处记述了恩培多克勒的这种见解,并且从目的论的立场,批
评他将动物的产生和演化都说成是自发的。他在《物理学》中讨论生物机体
的生长是否合乎目的时,说:

　　　　……那些以适合的方式自发地组合起来的动物生存下来了,而那些
　　　　不是这样生长的动物消亡了,还要继续消亡,像恩培多克勒所说的他那个
　　　　"人面牛身"的动物那样。③

恩培多克勒将动物的最初产生想象为许多怪异的肢体,不但幼稚,而且是近乎
荒唐的想象。但是,他提出现在存在的动物是依据适者生存,不合适者淘汰的
原则存活下来的。这里包含着可贵的科学思想的萌芽。他的这种思想是反目
的论的。

　　西方学者对于恩培多克勒的这些论述有不同的评价。有些学者高度赞
扬,称它为已经蕴含了达尔文进化论中关于自然选择、生存竞争,乃至生物体

---

　　①　艾修斯:《哲学家意见集成》第 5 卷,第 19 章第 5 节。
　　②　辛普里丘:《〈物理学〉注释》,第 371 页第 33 行起;参见格思里:《希腊哲学史》第 2 卷,第
204 页。
　　③　亚里士多德:《物理学》,198^{b}30—33,并参见《论生灭》,333^{b}15。

自发变异的思想。冈珀茨评述恩培多克勒说："这里,我们不能不想到达尔文的'适者生存'理论,这里说的每一点都使我们看到一个意图,即以一种自然的方式来阐明生命世界的构成。它虽然是粗糙的,却并不是没有价值的。"①法灵顿也认为,按照恩培多克勒的主张,"有许多种类的生物必然不能生存和繁衍,而现存的每种动物,无论是人工饲养的或自行繁生的,它们开始生存时就能保存自己,保护自己,这就清楚地暗示了适者生存的学说。"②策勒不同意这些意见,他认为生物学在目的论尚未得到发展以前,强调偶然自发性的进化论思想不可能产生,因此,恩培多克勒的有关论述,只是一些零散的想象,算不得进化论思想的萌芽。③我们以为,作为哲学的目的论思想虽然产生于恩培多克勒以后;但作为宗教的目的论——神按照某种目的创造世界,创造各种生物——却是早已流传的。恩培多克勒思想的合理内容在于:不是神一开始就合理地安排产生了我们这个世界,生物原来只是一些分离的怪异的肢体和器官,其中一些不适合生存的就逐渐被淘汰了,只有能适合生存的才保留下来。这不能不被认为是"适者生存"思想的最初萌芽。这种思想发生在二千四百多年以前,是难能可贵的。

恩培多克勒是南意大利医学学派的奠立人,在医学上作出过重要的贡献。元素论是他的医学理论的哲学基础,对古代医学思想的发展起过积极作用。

恩培多克勒的医学思想渊源于阿尔克迈翁。本书第二编中论述的非正统毕泰戈拉学派的阿尔克迈翁可以说是南意大利医派的先驱。他已经对动物和人的一些器官作了解剖,初步认识了它们的生理功能。他已发现了视觉神经,并且推断脑是感知的中枢。他也用对立的原则来阐述生理和医学,认为身体健康在于体内的冷热、干湿等取得平衡;任何一方的过度或匮乏便会造成疾病。他还注意到自然环境对人体健康的影响,认为身体是由各种异质因素或成分所构成,只有它们合比例地和谐结合才能得到健康。他的这些思想,和恩培多克勒的元素论思想是相近的。不过,阿尔克迈翁主要只是根据经验观察

① 冈珀茨:《希腊思想家》第 1 卷,第 244 页。
② 法灵顿:《希腊科学》,第 57—58 页。
③ 参见格思里:《希腊哲学史》第 2 卷,第 204 页。

得出这些思想，而恩培多克勒则不仅在经验观察、局部解剖和医疗实践方面，丰富和发展了阿尔克迈翁的生理学和医学思想，并且在元素论哲学的基础上，概括经验，形成了较为完整的南意大利医派的医学理论；他还培育了鲍萨尼阿、狄奥克勒（Diocles）和腓力司通（Philiston）等杰出的医生，使南意大利医派在古代希腊自树一帜，成为当时医学界一个重要的学派。

根据《希波克拉底文集》中的有关记载，恩培多克勒的医学思想的基本要义是：人和自然都由四元素构成，人是自然的一部分；因此，为了从事医学，必须对自然有总体的认识，也必须知道人的整体。构成自然和人体的四元素，都含有相互对立的二重性质：土是冷和干燥，气是热和湿润，水是冷和湿润，火是热和干燥。人体健康必须在饮食、劳作、体育等同自然环境发生交涉的活动中，使身体内的各种元素合比例地和谐结合，使各元素的这些冷热、干湿的性质在体内得到平衡；如果某种元素或性质过多或匮乏，便会致病。如发烧是由于热的性质过多，打寒颤则是由于冷的性质过多。医疗的任务就是要用药物或其他手段去克服这种不平衡的状态。他反对头疼医头、脚疼医脚，主张人同自然是有机联系的整体，人体本身也是各元素及其性质的有机联系的整体；医生应当在这种相互联系和制约中去诊断病因，提出合适的治疗措施。他的医学理论，包含着素朴的唯物论和辩证法思想。这同中国古代医学讲"阴阳五行"和辨证论治的理论原则，是很相似的。

对于恩培多克勒的医学理论，在西方从古代开始就有不同评价。因为稍晚于他的科斯医派的希波克拉底对恩培多克勒以及南意大利医派，作过尖锐的抨击。希波克拉底作为西方临床医学之父，他在生理和医学上的卓越贡献，是公认的。科斯医派和南意大利医派是各具千秋，风格不同的两个医派。科斯医派比较重视临床经验，主张通过归纳经验和事实，再上升到医学理论。恩培多克勒的南意大利医派虽然也有丰富的医疗经验，但比较强调元素论哲学同医学理论的联系，主张辨证论治的"整体论"。在科斯医派和南意大利医派之间发生过激烈的论战。希波克拉底对恩培多克勒及其医派的批评，集中保存于《希波克拉底文集》中的《论古代医学》一文。我们在此不能详细引述他的论点，只能简要地谈点意见。对他的批评，需要具体分析。他指责南意大利医派的医疗活动中夹杂着巫术迷信，这无疑是对的。他强调医学应当从经验和事实出发，具体分析健康和疾病因素的多样性和复杂性，反对只从冷热、干湿等对立原则来简单地推演医学理论，这也是有道理的。但是，他的某些批评也有片面性。比如，恩培多克勒及其医派强调人和自然都是有机联系的整体，医生应有总体的认识，要从元素及其性质的对立和平衡关系中诊治病人。希波克拉底却批评这些都是只从宇宙论原则出发的空洞假设，说这不属于医术，毋宁说是属于文学描述。他批评恩培多克勒的医派只恪守几条抽象的对立原则，无视医疗经验实践。这并不合乎事实。恩培多克勒在《论自然》一开始就强调感知经验是正确认识的出发点，如果他们不重视医疗实践，就很难理解当时南意大利医派何以能享有较高的声誉，有较长久的生命力。

　　研究古希腊这两个医派之间的不同和争论，对于我们今天研究中医和西医在医疗理论、方法和实践上的区别，可能是有启发的。实际上，西方医学后来走的基本上是科斯医派的道路，所以现代西方科学史家法灵顿竟认为恩培多克勒只从元素论和对立性质的抽象原则来诊治疾病，"对医疗技术产生了最坏的影响"①。

　　实际上，正是这两大医派在互相竞争和争论中，又相互吸收对方的合理因素，从而促进了古代医学的发展。希波克拉底本人也用元素来说明身体的构成，也强调人同自然环境的紧密联系，他也主张生命有机体的平衡论；只是他从不同角度继承和发展了阿尔克迈翁的学说。这些我们将在本编第十一章中论述。冈珀茨比较公正地指出：实际上，恩培多克勒和希波克拉底的医学理论有相似之处："希波克拉底从赫拉克利特、恩培多克勒以及阿那克萨戈拉那里都吸取了一些东西"，从而，"使南意大利医派和科斯医派开始接近起来。"②古希腊罗马医学集大成者伽伦早就指出过："过去，在科斯派和克尼杜派之间有激烈竞争，因为他们都要在医学发现方面超过对方，这是在罗得岛衰落以后留存的两个医学派别。对这种被赫西奥德称颂为'高尚的争辩'，意大利的医

---

① 法灵顿：《希腊的科学》，第67页。
② 冈珀茨：《希腊思想家》第1卷，第293页。

生恩培多克勒、腓力司通、鲍萨尼阿以及他们的同事们也参加进来了。于是就有了三个给人深刻印象、互相竞争的医生集团。科斯派幸而有最多、最出色的开业医生,克尼杜派紧紧追赶,而南意大利派同样有不少功绩。"①(DK31A3)

恩培多克勒在胚胎生理方面也作了一些观察研究。他猜测子宫的冷或热决定生女孩或生男孩。这种见解似乎来自巴门尼德,纯属猜想。但他探讨多胞胎和双胞胎的成因,研究子女同父亲或母亲形貌相似与否,认为这取决于在生殖中,"种子里父方或母方的因素孰占优势"②。(DK31A81)这可能是最早的遗传学思想的萌芽。他发现心脏是胚胎中首先形成的器官,强调心脏在人体生命中的重要性等等。这种见解,至今看来仍是合理的。

他研究人体的呼吸作用,和他的元素论哲学紧密联系。现代西方学者对此也作了研究。根据恩培多克勒的残篇和亚里士多德的转述,恩培多克勒认为人的皮肤是呼吸的主要渠道之一。皮肤有许多微小的开口,直接连通表面的也有孔道的血管。人体外面的空气微粒子,比皮肤和血管的表面孔道都小,所以能进出皮肤和血管。血液在体内不停地流动,当它从体壁皮肤向身体内部流动时,就吸进了体外的空气;当血液从体内向体壁皮肤推涌时,就将体内的空气排出体外。(DK31B100)

在这则辑自亚里士多德《论呼吸》③的残篇第一百中,恩培多克勒用当时的一种汲水器来说明人体的呼吸。这种汲水器,原文为 $\kappa\lambda\epsilon\psi\acute{\upsilon}\delta\rho\alpha$ (clepsydra),一般译为"水计时器"(water-clock),是古希腊法庭上用的计时器。但弗莱(D.Furley)经过详细的考证,认为这是古代希腊家庭中一种用来汲水或汲酒的容器。④ 它的上端封闭,只留一个窄小的通孔管,可用拇指按塞住。容器的底部开许多小孔,形似筛眼。当少女用拇指按住汲水器上部的通孔管,将它浸入水中或酒中时,由于器内空气的压力,液体不能进入器内;拇指

---

① 参见格思里:《希腊哲学史》第 2 卷,第 216 页。

② 艾修斯:《哲学家意见集成》第 5 卷,第 10 章第 1 节。

③ 参见亚里士多德:《论呼吸》,473^{b}9—474^{a}5。

④ 参见弗莱:《恩培多克勒和 clepsydra》,见艾伦、弗莱所编:《苏格拉底以前哲学研究》第 2卷,第 265—274 页。

放开后,器内空气经过通孔管流出,液体没有空气压力,就能通过底部筛孔进入器内,又经过通孔管道输送到另一个装水或酒的器皿内。使用这种器皿,主要利用物理学中的气压现象。恩培多克勒以此比喻说明血液的涌进和回缩,空气在人体的进出这种呼吸的生理机制,同这种汲水器的构造原理相似。

在这里,恩培多克勒应用元素论的哲学思想,指出空气是有形体的细微粒子,而人体是物质元素的孔道结构;开始有了血液循环运动的思想萌芽,并且表明他当时已经有了很粗朴的近似力学实验意义的认识手段。但是,恩培多克勒用汲水器说明呼吸,是否表示已开始使用科学实验手段?对此,当代学者也发生争议。法灵顿赞扬恩培多克勒的汲水器说明,说他"对知识的伟大贡献就是用实验证明了看不见的空气实际上是有形体的。"[1]诺贝尔奖金获得者、著名的物理学家康普顿(A.H.Compton)对美国一位哲学史家勃隆堡(R.S.Brumbough)说,恩培多克勒关于汲水器的说明,是"第一次用人工控制设计的科学实验来证实空气是有形体的。"[2]然而,另外一些学者如弗拉斯托斯、弗莱则认为,汲水器的说明还不具备实验科学方法的本质特点,即为了探讨某个课题,有目的地控制某种条件或器械,再现某种自然现象。康福德说:"从相似的经验中作出一个清楚的推论,还不能算是我们今天所理解的实验方法。"[3]我们认为,恩培多克勒的汲水器说明,表明他对自然现象的观察要比早先的自然哲学家精细得多。他用汲水器比喻说明呼吸,不但在生理学上是一个有意义的类比推理,而且表明他对空气也有比较科学的认识。当然,它和后来的有目的的人工设计的科学实验还有很大的不同,但也表明当时希腊人认识自然,虽然仍没有脱离以观察为主的阶段,但已能利用现成的器具,有了粗朴的近似实验的方法,作为他们认识自然的辅助手段了。

以上简单论述的恩培多克勒关于天文以及人体和医学方面的一些认识,这些和他以前的那些自然哲学家相比,已经有了更多的科学成分。这表明当时希腊学者在科学认识上已经有了很大的发展,古希腊唯物论哲学的高

---

① 法灵顿:《希腊的科学》第 1 卷,第 55 页。
② 勃隆堡:《希腊哲学家》,第 76 页。
③ 参见格思里:《希腊哲学史》第 2 卷,第 226 页。

峰——原子论学说正是在这种科学思想发展的前提下才能产生的。

第七节 《净化篇》

恩培多克勒专门写了《净化篇》($\kappa\alpha\theta\alpha\rho\mu\acute{o}\varsigma$, katharmos, purification)。这个词的原意是清除罪恶。它本来是奥菲斯教的一个术语。奥菲斯教宣传依附于肉体的灵魂,带着前世的原罪来到这个世界,应该使它得到净化。因此,净化是奥菲斯教的一种重要教仪,它采取祭酒、祛邪、戒欲以及用清水净身等方法。如恩培多克勒所说的,人们必须"从五泉中汲水盛入坚实的铜盘来洗净自己。"(DK31B143)。当时奥菲斯教对南意大利地区的精神生活有很大影响。毕泰戈拉学派接受了这种教义,诗人品达和悲剧诗人索福克勒斯的作品中,也都有这种宗教的深刻影响。恩培多克勒《净化篇》中的主要思想,来自奥菲斯教和毕泰戈拉学派的学说。

恩培多克勒的《论自然》,主要阐述他的元素论的自然哲学;《净化篇》就完全不同了,主要论述灵魂轮回、人神关系以及人的宗教道德生活。《净化篇》现在只存残篇四十则,从中可以看出他的宗教思想的主要脉络。它的核心要义是:宣称灵魂轮回转世,并且企图用理性的神去修正奥菲斯教和毕泰戈拉学派的宗教学说,抨击当时希腊的通俗多神教。恩培多克勒的《净化篇》中的思想,过去国内很少提到。因此,我们先循着《净化篇》残篇的线索,概述它的主要内容,然后再探讨其中几个重要问题。

《净化篇》开始,就是我们在本章第一节中提到过的,作者向阿克拉伽公众进行宗教布道。他被人群簇拥着,自称是"不朽之神"。但他并不是狂傲自大,一味吹嘘和炫耀自己,所以紧接着说:"然而,我为什么要唠叨这些事情,仿佛我比那些应当遭受各种毁灭的芸芸众生高明,将这看做似乎是了不起的事情。"(DK31B113)他对他的同胞们布道说:"朋友们,我委实知道,真理就在于我将告诉你们的事情之中;而这对于芸芸众生说是很艰深的,因为抨击他们心中原来的信仰总是不受欢迎的。"(DK31B114)因为当时希腊流行的通俗宗教是赫西奥德在《神谱》中记载的奥林帕斯诸神的多神教,恩培多克勒所要传授的宗教"真理"是和它不同的。

在冗长的宗教布道中,恩培多克勒首先论述灵魂堕落而被放逐和转生。他讲"灵魂"没有用 psyche 这个词,而是用 daimon,有"个别的神"和"灵魂"的意思,可译为"精灵"(daemon,divine spi-rits)。它们本来住在诸神的幸福乐园里,同诸神共享至福;但是,恩培多克勒说:

> 有一种"必然"的神谕,诸神的古老的箴言,它是永恒的,用含蓄的誓言密封着,说:一个精灵如果罪恶地用血污染了自己的肢体,并且发了错误的誓言去追随"争",就要过长时期的罪孽深重的生活,被从幸福乐园里放逐出三万个季节,去过各种有生灭形式的生活,从这一种变为另一种。强劲的气将它们赶进海里,而咆哮的海又将它们喷涌到干燥的陆地上,大地再将它们赶在炽热的太阳光下,太阳又将它们投到以太的边缘。一种〔元素〕将它们从另一种接过来,又谁都讨厌它们。我现在也是这样一个从天上放落下来的流荡者,因为我相信那残酷无情的"争"。
>（DK31B115）

恩培多克勒在这里说到灵魂轮回要经历三万个季节,这也是奥菲斯教的传统说法。恩培多克勒的这种灵魂轮回转世说,有他自己的特点,就是同他的元素论和宇宙循环演化说有某种联系。灵魂轮回要通过四种元素,这些物质元素为灵魂的轮回转世提供了居住的场所。自然界这四种元素的剧烈变动,都讨厌并且折磨着有罪的灵魂。自然改变一切事物,灵魂轮番地寄托在自然界的各种植物和动物之中。他说:"女神给它们穿上一件奇异的肉体外衣。"(DK31B126)他还认为:"灵魂寄托于兽类时,最值得的是黄褐色的狮子,那些雄伟的动物栖息在崇山峻岭,以大地为床;当它们寄托于树木时,最好的是拥有令人赏心悦目的叶簇的月桂。"(DK31B127)人则是灵魂经过多次转生才到达的最后的栖身之所。恩培多克勒就现身说法,说他自己因为相信"争",也是从天上下来的流浪者。"从那光荣之乡,从那至高的福境,我堕落在这大地,徘徊在芸芸众生之中。"(DK31B119)他还说到他的前生:"我曾经生为男孩、女孩、树木、鸟,以及不会说话的海里的鱼。"(DK31B117)由此可见,他所

723

说的这种精灵(灵魂)同它们所寄托的自然界中各种有生物的关系,是一种神和形的关系。这种精灵(灵魂)已经是一种精神性的东西了。

灵魂所以会获罪而堕落,是同爱和争两种力量的斗争紧密相关的。在《论自然》中,爱和争主要是作为物质性的、使事物结合和分离、吸引和排斥的力量。可是在《净化篇》中,爱和争主要是作为善和恶两种伦理价值的力量,可以使灵魂从善而升华或使灵魂作恶而获罪的两种对立的精神原则了。希波吕托记述说:

> 恩培多克勒说有被"争"主宰的宇宙,是恶的宇宙,又有另一个"爱"所主宰的理智的宇宙。爱和争是善和恶两个对立的原则。贯穿于它们之间的是逻各斯,正是按照它,事物被"争"分割开来,又被爱结合在一起,成为和谐的"一"。①

值得注意的是,在他看来,灵魂所寄托的凡间现实世界,在很大程度上处于"争"的影响之下。争在人类所处的凡世生活中,是造成种种纷乱、战争、灾难和死亡的恶的渊薮。他以阴郁的笔调,向听众们描述:人们生活的尘世,是一个充满纷争、不幸和哀怨的悲惨世界。他说:"当我看到这陌乡异壤,我悲泣,我呜咽",灵魂降生到这大地,"我们只是来到这客居的洞穴之中"。(DK31B120)他描绘人世间存在着种种对立:"有着血污的争斗和慈善的和谐,公道和邪恶,兴盛和凝滞,可爱的确实的真理和黑发②的变易无常,生和灭,睡和醒,动和静,加冕的帝王和群氓贱民,安宁和喧嚣"等等。(DK31B122,123)人们生活的这个现实世界充满了种种灾难。他哀叹:"这个悲哀的大地,总是伴随着死亡、神谴和给人厄难的征伐;炙人的瘟疫、腐烂和洪水于黑暗中在草地上泛滥。"(DK31B121)任何生物都可以变成僵死的枯骸。因此,他要听众们幡然醒悟:"哎,凄苦的芸芸众生,哀愁无福的人们,你们就是这样从'争'和哀怨中出生的!"(DK31B126)

---

① 希波吕托:《驳众异端》第7卷第31章第3节;参见格思里:《希腊哲学史》第2卷,第260页。

② 这里,作者借用荷马《伊里昂纪》中的词句,描写这些对立,"黑发"比喻不确定性、变动不居。

另一方面,他认为灵魂在未获罪,没有被放逐以前,是同神生活在至善世界里。同苦难的尘世相对照,恩培多克勒描述了另一个理想的"黄金时代"。他那理想的神圣乐园,并不在希腊通俗宗教和神话传说中的奥林帕斯山上。在他的天堂中,爱神阿佛洛狄忒的权威代替了宙斯,诸神(他也称为"精灵")和万物一起过着宁静和谐的生活。"在他们中间,没有被崇拜的战神,没有争斗的呼号,没有宙斯作为他们的王,没有太阳神克洛诺斯,没有海神波塞冬,只有爱神才是女皇。他们将神圣的礼物献给她,为她描绘肖像;种种香膏和纯净的没药脂、甜醇的乳香,芳香扑鼻,棕色的蜂蜜作为奠酒洒在地上。那里没有被公牛血的恶臭所沾污的祭坛,而且,那种撕裂生物吞噬它们美好的肢体,被认为是最可恶的亵渎。"(DK31B128)恩培多克勒所描述的这个幸福乐园,显然不同于希腊通俗宗教所崇奉的,存在着争斗、奸诈、嫉妒和仇杀的那个由宙斯统治的诸神世界。这个乐园由爱的原则所主宰,四季如春,树木长青,没有战争和痛苦,只有和平与欢乐。诸神同万物相亲相爱,和谐地生活着。公元前5世纪,希腊经历社会动乱,民众饱尝战争与疾病的灾祸。恩培多克勒描述这样一个和平乐园,在某种意义上,是以宗教形式表达了人民对和平生活的向往。

人是灵魂轮回的最高形式。人必须通过净化手段,洗涤罪恶,才能使灵魂返回到和诸神同在的极乐至境。恩培多克勒所说的净化手段,除了奥菲斯教用净水洗身这种教仪外,主要还有三种方式。

第一种是禁忌吃肉和吃豆类、月桂。动物的躯体中寄藏着同人的灵魂有亲缘关系的灵魂,吃肉无异是一种吃亲骨肉的极大罪恶。按照他的逻辑来推论,一切植物中也寄藏着灵魂,岂不是一切蔬食都应当在禁戒之列?他大约觉得人终究还不能不食人间烟火,所以在蔬食中只划出两个禁区,告诫说:"绝对戒食月桂树叶","切莫去触动豆类"。(DK31B140,141)。这大概是因为:在奥林比亚赛会上制作"桂冠"的月桂树叶,是灵魂在植物中寄托的最高形式;而豆类,毕泰戈拉早已认为它同人的生命有亲缘关系。恩培多克勒猛烈抨击当时盛行血祭仪式的希腊通俗宗教。他谴责:"你们还不停止那种疯狂的屠宰么?你们不曾看到,在这种由于你们心里的轻率和粗鄙所造成的活动中,你们在自相吞噬!"(DK31B136)因为在血祭中屠杀的牺牲,同人有血缘关系,所以他指责血祭是亲骨肉互相吞噬:"父亲举起他自己的已经变换形态的儿子,口中念着祷词屠杀了他。这个昏庸透顶的傻瓜!人们在牺牲旁边向神祈求恩幸,那个父亲,是听不到牺牲呼号的聋子,在殿堂里屠杀它们,准备了罪恶的祭宴。而儿子呢,他们也以同样的方式攫住他的父亲,或者儿童攫住他们的母亲,撕毁双亲的生命,吃着亲属们的肉。"(DK31B137)恩培多克勒大约是主张蔬食的。

第二种净化方式是"戒绝邪恶"。(DK31B144)在道德生活中不可作恶。他说:"因此,你们是被邪恶弄得心神狂乱了,你们那负荷着罪孽的灵魂将不能忍受。"(DK31B145)灵魂在邪恶的重压下是不能解脱的。现在留存的残篇中,关于这种道德净化,没有更多的阐述。亚里士多德说他将爱和争看作是善和恶的原则,由此可以推知,他认为道德上的邪恶也是争所引起的。他主张用爱的道德联结人们,过善良、恬静的生活。

第三种净化方式最重要,那就是知识净化。奥菲斯教当然没有这种净化的方式。毕泰戈拉学派将从事哲学和数学的研究,看成是净化灵魂的一条重要途径。恩培多克勒继承了毕泰戈拉学派的思想,他认为,人和乐园中诸神的区别,并不是绝对的,主要还在知识的高下。他说,诸神就是"那些获得丰富的神圣知识的人;而那些可怜的不幸的芸芸众生,在他们心里只有对于诸神的模糊、朦胧的意见。"(DK31B132)灵魂要获救,要返璞归真,就必须向诸神看齐,靠理智去获得丰富的知识,包括自然、宗教和道德的知识。这样才能跻身到神的行列中去。他说这种知识渊博、与神齐等的先知在凡世已经有了:"最终,他们出现在芸芸众生之中,作为占卜预言家、诗人、医生和王族。此后,他们升华成为盛享荣耀的诸神,分享其他诸神的筵席,解脱了人间哀苦,免除了命数,不会再被伤害了。"(DK31B147)恩培多克勒是奴隶主民主派,他这里所说的"王族",不只是作为王者的僭主,而是泛指奴隶主中当政的贵胄世族,当然也包括自称为"不朽之神"的恩培多克勒在内。他虽然也自谦为从天上流放下来的游荡者,但因为他获得渊博的知识,所以也是不朽的神。

这些先知,不但自己超凡入圣,还要担负启导芸芸众生、推行"知识净化",度引他们的灵魂返归极乐世界的责任;要是没有他们,凡世就将永远沉沦在万劫不复的苦难之中。总之,这种知识净化论是将理智和知识的因素吸纳入宗教思想中来,这是恩培多克勒的宗教思想的特点。这是从毕泰戈拉学派的灵魂轮回说到柏拉图的理念论(以及回忆说)的一个中间过渡。

以上是《净化篇》的基本内容。和他的《论自然》联系起来,可以看出:恩培多克勒的哲学,在总体上是唯物论科学思想和宗教唯心论思想并存,有二重性;他的宗教思想则处于从多神论向理性一神论的过渡中,带有较多的哲学色彩。具体说,有这样三个特点:

第一,灵魂的二重化。在《论自然》中,他认为个人的感觉、情感和思想都有生理基础,按照早期希腊哲学的通常说法,将这种作为个人认知活动的精神意识叫作"灵魂"。它依赖于外界对象的流射和身体器官的结构状态,实质上是物质元素的功能和产物。在《净化篇》中,他的灵魂(精灵)却是独立的实体,它可以轮回寄藏在各种生物之中。虽然它同《论自然》中所说的万物皆有意识(智慧)的那种"物活论"的变种还是吻合的,但这里终究有两种不同的灵魂,它们之间是什么关系?他没有说清楚。他将后一种灵魂限制在宗教和道德领域,并没有直接支配和干扰前一种灵魂的认识活动。要说它们之间的联系,只有他认为凡人灵魂获得知识,是净化灵魂的一种手段。可是,恩培多克勒自己并没有将这两篇著作中关于灵魂的不同论述联系起来。灵魂的这种二重化,表明在恩培多克勒的思想里,唯物论因素和唯心论因素都在增进;在一定范围(宗教和道德)内,精神已被吹胀成为一种独立的实体,但还没有被夸大为支配一切的哲学上的第一原则。

第二,爱和争的二重性。在《论自然》中,爱和争作为动力因,虽然已经同物质元素相分离,带上一点精神色彩;但是总的说来,它们还是一种机械的物质力量;而且在自然的演化中,爱和争相反相成,起的是同等重要的作用。而在《净化篇》中,爱和争则完全成为宗教和道德意义上的善和恶的原则,它们分别主宰神的幸福世界和苦难纷乱的尘世这两个对立的世界。他在《论自然》中将动力因和物质元素割裂开来,但爱和争基本上还是物质原则;而在《净化篇》中,他将宗教和道德的意义注入这两个动力因,才将它们完全夸大为一种精神性原则,成为神秘的精神力量。对于爱和争的这种二重性,恩培多克勒也没有将它们有机地联系起来论述。在《论自然》中论述的在爱和争作用下宇宙的循环演化,似乎为灵魂的轮回转生提供了外在的自然场所,但他在《净化篇》中也只是含混地点到而已。从人类认识发展史看,将动力因同物质割裂开来,被比附为精神的能动性,这是通向唯心论的重要途径之一。但是,这也有个发展过程。恩培多克勒提出的爱和争,还只是处于肇始阶段。在他那里,这种唯心论因素还没有超出宗教和道德范围,更没有上升到成为支配他的哲学思想的最高精神原则。他自己并没有意识到这种爱和争的二重性,没有在这两部诗篇中设法将它们联系起来,最多只有一些表面的联系。

第三,多神论和理性一神的成分兼而有之。在这个问题上,学者们有各种不同的见解。里特说恩培多克勒"将世界上一切事物都看成是有灵性和精神性的",同爱利亚学派一样有泛神论倾向。① 这种说法只能说是恩培多克勒思想的一个方面,而不是全部。《论自然》的基本思想是与这种思想相反的。克莱芙认为恩培多克勒的宗教思想是接受了东方波斯的祆教(拜火教)的思想,反对当时希腊的多神教。② 恩培多克勒的宗教思想可能也受到东方宗教的影响,但上文我们已经分析到,奥菲斯教和毕泰戈拉学派的灵魂轮回思想是恩培多克勒宗教思想的主要来源。在这方面,格思里的看法比较稳妥,他认为恩培多克勒既保留了希腊传统的多神教思想,又表现出赞同塞诺芬尼的理性一神论倾向。③

恩培多克勒在说到神或神性的东西时,有多种用法和含义。在《论自然》中,他有时用神或某个神的名字来称呼四种元素、爱和争,以及斯弗拉,那还只能说是一种诗意的比喻。《净化篇》中说的诸神(Gods,用复数名词,有时也就是"精灵"),他们同人相似,也由四元素结合而成,也有生有死,只是寿命比人长。(DK31B21)诸神也就是"获得丰富的神圣知识的人"(DK31B132),即灵魂净化的人。而在这诸神之上,恩培多克勒还提出一个更高级的神(God,用

---

① 参见里特:《古代哲学史》第 1 卷,第 516—517 页。
② 参见克莱芙:《智者以前希腊哲学的巨人》,第 338—339 页。
③ 参见格思里:《希腊哲学史》第 2 卷,第 259—260 页。

单数名词),说他根本不具形体,"要我们将这个神置于我们眼前,或者用我们的手去把握他,那是不可能的,那样做只是人心通常的信仰途径"(DK31B133)。由此看来,他是保留了早期希腊神话和宗教中的人格化的多神,只是将他们降到了次等神的地位,认为他们和人的界限并不是严格不可逾越的。但在他们以上,还有一个高级的、神圣的理性神,他是非人格的:"在他的躯体上并没有人的头,没有两肢从他的双肩迸生出来,他没有脚,也没有反应灵敏的膝盖,也没有毛茸茸的部分;他只是一个神圣的不能言状的心灵,以敏捷的思想闪耀在整个世界中。"(DK31B134)这样的神是没有形体只有智慧的。所以,恩培多克勒的这个神,同塞诺芬尼的那个"全视、全知、全听"的非人格的理性神,是十分相似的。这就是当时的一种思想趋势,即将理性神化,将它夸大为神圣的、独立的精神实体。这种趋向是由塞诺芬尼和赫拉克利特开始的,是在宗教和哲学分化过程中的一个很重要的环节。恩培多克勒的宗教思想中兼收了奥菲斯教和毕泰戈拉学派以及爱利亚学派的思想,加以糅合改造。恩培多克勒本人的思想又有科学和宗教的二重性,在宗教方面,人格化的多神教和理性一神论的内容也混杂着。这也表现出他那个时期一方面是宗教思想本身在演变,另一方面又是宗教和哲学进一步分化的时期。恩培多克勒的思想正是表现这种时期的特点。

最后,我们还要回到本章第一节中提出的问题,即怎样理解《论自然》和《净化篇》这两部诗篇之间的关系?

西方有些学者的观点是我们不能同意的。比如策勒认为这两篇著作的观点完全相反,毫无联系可言。① 也有一些学者认为两篇著作完全对应,紧密联系,他们牵强附会地将恩培多克勒关于宗教的思想硬套到他的自然哲学上去。法国哲学家比格农(Bignone)认为《净化篇》中的理性神就是"爱",它贯穿在宇宙循环演化之中,而物质元素的运动变化,完全受"爱"这种理性神所支配。② 这些说法抹煞了恩培多克勒自然哲学中的唯物论内容,使他的自然哲

---

① 参见策勒:《苏格拉底以前的学派》第 2 卷,第 172 页。
② 参见格思里:《希腊哲学史》第 2 卷,第 259 页。

学完全屈从于他的宗教唯心论,从而将恩培多克勒说成是一个宗教唯心论哲学家了。当然,像我国一些哲学史著作中将恩培多克勒说成完全是一个唯物论的自然哲学家,根本不提他的宗教唯心论思想,也是片面的。

我们以为,在恩培多克勒的思想中的确体现着科学和宗教、唯物论和唯心论的二重性。在这两个方面并不是完全没有联系,可是这联系是松懈的;恩培多克勒自己可能并没有意识到这二者之间存在着矛盾,所以他并没有试图对此作出说明。这种情况在恩培多克勒当时出现并不奇怪,因为他所处的人类认识阶段,虽然上距泰勒斯已经有一百多年了,但哲学和科学、哲学和宗教都还没有区别开来。就哲学讲,唯物论思想因素和唯心论思想因素都在进展,都在积累成分,为各自走向系统化准备条件,也都还没有达到理论形态上的成熟性。这种历史条件造成恩培多克勒作为科学家和宗教思想家的二重人格,造成他在两篇著作中表现的科学思想和宗教思想的二重性。他的元素论开始探讨物质构造,在原来的素朴唯物论思想中增添了科学成分;而他的宗教思想也在将奥菲斯教、毕泰戈拉学派和塞诺芬尼的宗教唯心论思想凝聚起来。但是,这两种思想在他那里都还没有系统化,没有强化到一种可以支配和吞没另一种的程度。这就造成他的学说在总体上带着散漫稀松的二元论倾向这个特点。他本人没有具体阐述这二者之间的有机联系,我们也不能越俎代庖,生硬地将它们联系起来解释,那样只会歪曲原意。我们只能说,从总体上看,《论自然》的基本倾向是唯物论的,而且恩培多克勒在哲学发展史上贡献最宝贵的,正是他的元素论的自然哲学和科学思想。对于《净化篇》中的宗教唯心论思想,我们也不能忽视,要研究它在唯心论哲学思想发展中的影响和作用,但不能将它夸大到淹没他的自然哲学中的唯物论的科学精神。

在古代希腊哲学进入公元前 5 世纪后半叶时期,恩培多克勒占有首先开创的重要地位。他打开了伊奥尼亚哲学和爱利亚学派哲学对峙的僵局,建立起元素论的自然哲学,开始探讨物质的内部结构,并且开始运用萌发中的生理科学思想来具体研讨认识形式。这对古希腊素朴唯物论思想走向深入和系统化,起了重要的促进作用。另一方面,他将动力因和物质本原分离开来,他的宗教唯心论思想,对后来唯心论哲学体系的形成,也有一定影响。

恩培多克勒的元素论哲学,打开了人类认识物质构造的大门,标志着人类探索自然物质达到新的水平。它为后来的原子论哲学提供了一些基本原则,那就是:自然物体都由基本粒子构成,基本粒子自身不生不灭,永恒存在;物质内部存在孔道结构;物质的运动变化被归结为位移运动,带上机械性;用粒子结构中量的差异说明事物的质的区别;用物质粒子的流射说建立素朴的反映论,等等。这些基本要义在德谟克利特的原子论哲学中得到充分发展。亚里士多德总是将恩培多克勒的元素论和德谟克利特的原子论放在一起论述是有道理的,恩培多克勒确实是原子论哲学的先驱。

曾经多次去南意大利的柏拉图,对恩培多克勒的哲学是很熟悉的,并且从不同的角度,吸取其中一些内容。一方面,他在《美诺篇》和《斐德罗篇》中所集中论述的灵魂不朽和轮回的学说,兼收并蓄了毕泰戈拉学派和恩培多克勒的宗教思想;而恩培多克勒关于理性神的论述,更适应柏拉图的需要,在这点上,柏拉图推崇和吸收了恩培多克勒的一些思想成分。另一方面,唯心论和唯物论在斗争中也往往相互影响,将对方的某些思想成分加以改造,吸纳进自己的哲学体系中。柏拉图曾经尖锐攻击恩培多克勒主张"水、火、土和气都按自己本性和机遇而存在,而不依赖于造物者的设计",指责这种自然观是传布不信神的"瘟疫"①。但在他的《蒂迈欧篇》中,却又将恩培多克勒的四元素偷运进来,同他自己的"理念数"的神秘主义糅合起来,成为他的宇宙创生论的基本要素。

在苏格拉底以前的哲学家中,恩培多克勒对自然科学的贡献是比较突出的。他的元素论既是自然哲学,也是物理学和化学意义上最早提出的物质结构学说。德谟克利特的原子论在对物质结构认识的深度和科学抽象能力上,当然超过恩培多克勒的元素论;但从自然科学萌发的历史条件说,当时原子论还没有实验科学的证实,因而不易为人们接受。恩培多克勒的水、火、土、气四种元素,比较符合当时的常识水平,比阿那克萨戈拉的种子论更容易被人们理

———————
① 柏拉图:《法篇》,889B、89CA。

解。所以,在亚里士多德的物理学中,没有直接接受种子论和原子论,却将恩培多克勒的不能相互转化的四元素吸收过来,改造成可以互相转化的四种元素,用来阐述自然界的质料构成。这种四元素论,对后世影响深远,从中世纪到近代,长期在物理学和化学领域内居于主导地位。直到17世纪,波义耳才向它提出挑战;以后实验化学发展起来,才以较为精确的化学元素论取代了这种四元素论。所以恩培多克勒的四元素论虽然很素朴、粗糙,却是近代化学元素论的思想萌芽。恩培多克勒实际上首次引入了物质结构上的元素思想,触及近代化学元素论的一些基本原理:元素是化合物质构成的基本粒子,其种类有限,但是多元的;化合物由元素结合而成,也可以分解为诸元素;元素结合中量的比例规定了化合物在质上的多样性。

恩培多克勒在生命科学领域的探索成果是可贵的,对古代生物学、生理学和医学思想的萌发起了积极作用。亚里士多德有关生物和生理的著作中常常提到他,引述他的有关资料。他所确立的南意大利医派,在医学史上有重要的地位和影响。科斯医派虽然批判它,实际上又得益于它。而伽仑正是综合了这两派的成果,成为古代希腊罗马医学的集大成者。活跃于公元前4世纪的南意大利著名内科医生脾力司通是恩培多克勒的学生,和柏拉图有直接交往。柏拉图在《蒂迈欧篇》中论述人体生理的问题,吸收了他们的一些见解。在历史上,南意大利医派的影响,一直持续到文艺复兴时期。

恩培多克勒的哲学带有过渡性和复杂性,因而他在后世受到的历史评价也大不一样。古罗马的原子论者卢克莱修阐述了他的唯物论的元素论,他称颂这位伟人说:当时在西西里岛上,"从未有过任何东西,比这真正的人,更有名声,更为神圣,更为珍奇可爱——他神圣的心胸唱出了崇高的音乐,诉说着那些光辉的发现,使得他几乎不像一个凡人。"[1]而新柏拉图主义者如普罗提诺则将他的元素论中关于"一"和"多"的论述,将他的宇宙演化论以及流射说等歪曲成为神秘主义的流溢说。在文艺复兴时期,恩培多克勒的学说曾经被重新阐扬,一些意大利思想家如弗拉斯塔罗(Girolamo Frastro)、卡达玛斯(Hi-

---

① 卢克莱修:《物性论》,中译本,第38—40页。

eronynus Cardamus）用人文主义精神来理解和阐发恩培多克勒的学说,借以反对经院哲学。当代西方一些哲学史家往往从自己的哲学立场出发,对恩培多克勒的学说作了曲解。如崇奉怀特海的过程哲学的美国哲学史家勃隆堡,夸大恩培多克勒哲学中某些主观想象的虚构成分,认为恩培多克勒的元素论,全部运用从主观到客观的"投射"方法,说这才是其科学价值,因为它启发人们理解到"很难划定事实和想象之间的界限。"[1]又如,在精神分析学家弗洛伊德眼里,恩培多克勒所说的爱和争的冲突,只是表现生命活动中潜意识内"性爱"的本能和死亡之间的永恒斗争。[2] 凡此种种,用斑驳纷杂的当代西方哲学的外衣,将恩培多克勒的学说重新打扮。我们只有将恩培多克勒放在一定的社会条件中,放在人类认识发展的特定阶段,对他作具体的历史考察,才能还他的学说的本来面目,作比较恰当的评价。

---

[1] 勃隆堡:《希腊哲学家》,第73页。
[2] 参见鲍麦(F.L.Baumer):《近代欧洲思想》,第426页。

❀ 第十章 ❀

阿那克萨戈拉

在公元前 5 世纪中叶，同意大利的恩培多克勒遥相呼应，在希腊本土的雅典，阿那克萨戈拉孜孜从事哲学启蒙，播植科学文明的种子。他首先将伊奥尼亚的自然哲学带到希腊本土，为伯里克利的一代文明灌注科学精神。他深入探究自然，提出了种子论这种别具一格的物质结构学说。他所面对的问题和恩培多克勒相似，但采取了不同的解决方式。在本原问题上，他以彻底的物质多元论修正和革新了伊奥尼亚哲学，为原子论的形成铺平了道路。他提出"种子"和"努斯"这种二元论哲学原则，使存在和思维的分化和对立进一步明朗化。他的哲学成为古希腊哲学分别向德谟克利特和苏格拉底、柏拉图过渡，分化和形成唯物论和唯心论两种哲学体系的重要中间环节。因为他的哲学带有这种二元论倾向的矛盾复杂性，而且他留下的残篇也较少，在理解上也容易引起歧义，所以我们探讨他的哲学思想时，必须慎重。

第一节 雅典的启蒙哲学家

阿那克萨戈拉本来是小亚细亚的希腊殖民城邦克拉佐门尼人。它位于士麦那海湾边，在爱菲索和科罗封城的北边不远。阿那克萨戈拉从小生长在这座美丽而繁荣的城邦。第欧根尼·拉尔修记载说：

赫格西伯罗或欧布卢斯的儿子阿那克萨戈拉，是克拉佐门尼本地人。……据说当他 20 岁时正是薛西斯渡海入侵,他活了 72 岁。阿波罗多洛在他的《编年史》中说,他生于第七十届奥林比亚赛会〔公元前 500—前 497 年〕,死于第八十八届奥林比亚赛会的第一年〔公元前 428 年〕。卡里亚(Callias)当政时,他 20 岁,开始在雅典研究哲学;这是法莱勒人狄米特里乌在他的《执政官名录》中说的;他们说他在雅典住了 30 年。①

多数学者根据这个记载,认为阿那克萨戈拉大约生于公元前 500 年,公元前 480 年左右去雅典,住了 30 年,大约在公元前 450 年受审判被放逐,回到伊奥尼亚地区的兰萨库斯(Lampsacus)大约死于公元前 428 年,正是柏拉图诞生的时候。关于阿那克萨戈拉的生卒年代,另外还有两种说法。第一种认为他是在伯罗奔尼撒战争前夕被审判的,在公元前 435—前 430 年之间,由此推断他到达雅典当在公元前 460 年左右。② 第二种说法以克莱芙、欧文斯为代表,他们将阿那克萨戈拉的年代往前推了 30 年,认为他生于公元前 533 年,公元前 494 年米利都城陷落后他去雅典,公元前 465 年受审,约死于公元前 462—前 461 年。这种推断的主要根据是在柏拉图的对话篇中没有记载苏格拉底和阿那克萨戈拉见过面,因而后者应该比前者老一辈。③ 这种根据的理由是不足的。

阿那克萨戈拉出身显贵门第,富有资产。他少年时即好学深思,追求自然知识,醉心科学研究。他漠视金钱,将继承的遗产分赠亲属,自己专心孜孜于学业。他毕生钻研自然科学,对公共事务似乎不甚关心。有人问他:你活着的目的是什么? 他回答:"为了研究太阳、月亮和天体"。有人责问他:"你忘掉雅典社会了",他说:"不是我忘了,而是他们忘掉了我。"④亚里士多德在《伦理学》中崇尚知识是永恒的财富,认为求知才是幸福,就专门推崇阿那克萨戈拉,说:"阿那克萨戈拉看来也主张幸福的人并不是那些财主和专制君王,他

① 第欧根尼·拉尔修:《著名哲学家的生平和学说》第 2 卷,第 6—7 节。
② 参见弗里曼:《苏格拉底以前的哲学家》,第 262 页。
③ 克莱芙:《智者派以前希腊哲学的巨人》第 1 卷,第 170—171 页;欧文斯:《古代西方哲学史》,第 112 页。
④ 第欧根尼·拉尔修:《著名哲学家的生平和学说》第 2 卷,第 10 节。

说,如果大多数认为幸福者是怪人,他一点也不感到惊奇,因为〔幸福的人〕是用他们所感知的一切永恒的东西来判断的。"①

关于阿那克萨戈拉的学说渊源,第欧根尼·拉尔修说"他是阿那克西美尼的学生",②这已经被多数学者所否定,因为他们两人年岁相差太大;塞奥弗拉斯特说阿那克萨戈拉是阿那克西美尼哲学的追随者,似乎比较合理。因为米利都城被波斯毁灭后,它的文化和哲学仍在伊奥尼亚传播。而赫拉克利特的哲学比较深奥,比较广泛传播的可能仍是阿那克西美尼的学说。阿那克萨戈拉年轻时接受的可能主要就是他的学说。

当波斯王薛西斯率军侵入希腊时,年轻的阿那克萨戈拉因为某种不清楚的原因来到雅典。③ 他建立自己的哲学学说,看来是在定居雅典以后。在他居住雅典的 30 年中,表面看来,他是一位沉执的学者,默默从事自然哲学的研究和教授,没有直接参加政治活动。然而实际上,他通过传播科学思想,促进雅典的思想启蒙,对伯里克利民主制黄金时代的科学昌盛和文化繁荣,作出了开创性的重要贡献。正因为此,眼中只有自然苍天的阿那克萨戈拉,仍然卷入了政治斗争的旋涡,没有能避免遭受政治迫害。

阿那克萨戈拉来到雅典时,这个在希波战争中崛起的城邦,奴隶主民主派和贵族寡头之间的斗争已经十分激烈;可是在思想意识领域中,还比较保守落后,日月星辰被崇为神明,全城笼罩着宗教迷信,科学思想尚未发蒙。伯里克利要确立和壮大民主制,开创一代新风,就必须倡导思想启蒙,扫除为贵族寡头势力张目的旧传统。阿那克萨戈拉带来的伊奥尼亚哲学和素朴的天文气象知识,在小亚细亚虽然已经相当普遍流传,对于雅典却还是一股新鲜空气。阿那克萨戈拉自己的哲学,在当时更是一种严谨的闪发理性光辉的崭新学说,自

---

① 亚里士多德:《尼各马科伦理学》,1179ᵃ12—16。

② 第欧根尼·拉尔修:《著名哲学家的生平和学说》第 2 卷,第 6 节。

③ 伯奈特推断:伊奥尼亚反抗失败以后,克拉佐门尼归属波斯帝国,阿那克萨戈拉可能作为被波斯军队征募人员,随军去雅典;所以后来他受审时,被控为"medism"(私通波斯者)。(参见 J. 伯奈特:《早期希腊哲学》,第 254 页)弗里曼不同意这种说法,认为阿那克萨戈拉是举家避难,逃亡到雅典去的。(参见 J. 巴恩斯:《苏格拉底以前的哲学家》,第 262 页)

然会受到伯里克利的重视。阿那克萨戈拉和另一位有开明政治头脑的达蒙（Damon）成为伯里克利的老师。达蒙表面上是音乐教师，实际上在政治思想方面对伯里克利有重要影响。伯里克利在执政前就受到阿那克萨戈拉的思想熏陶，执政以后，阿那克萨戈拉一直是他客厅中过从甚密的良师益友。普卢塔克在《伯里克利传》中记述说："伯里克利要使他的语言成为适合于他的高尚情操的得力工具，要以一种表现他的尊严生活的风度来演说，他从向阿那克萨戈拉学习中获益甚大，他敬服他的老师的雄辩和丰富多彩的哲学……这种哲学充实了伯里克利的天赋才智，他利用学习自然哲学得到的成果，使他的演说变得庄严，远远超过了其他演说家。"①阿那克萨戈拉教给伯里克利丰富的自然科学知识和清明的理智，这对于一个民主制的启蒙政治家是十分需要的。柏拉图在《斐德罗篇》中也谈到了这一点：

> 一切杰出的才能都需要讨论和高度思索有关自然的真理，因为只有这样才能产生崇高的思想和完善的本领。而这点，我以为正是伯里克利从和阿那克萨戈拉交往中得到，增补了他的自然天赋的。他正是因此提高了哲学思想，认识了心灵和理智的本质，这些正是阿那克萨戈拉所论述的主题，他〔伯里克利〕从中汲取了论辩和演说的才能。②

伯里克利从阿那克萨戈拉那里学到的科学启蒙思想，正是他用来克服宗教迷信和守旧意识的武器。普卢塔克论述："伯里克利从和阿那克萨戈拉经常对话而获益匪浅。从阿那克萨戈拉那里，他懂得如何克服那些由于不同的天体现象在人们中产生的恐怖和迷信；他们不了解原因，因无知而将它们归于神的天谴。要针砭这类痼疾，别无它法，只有靠研习自然来取代那种令人战栗的过分迷信，在人们中培植一种由理性展示和维护的清醒的心智。"③据说，有一次伯里克利即将出征时发生了日蚀，将士们惊慌失措，他却十分冷静。他要大家用衣袖挡住眼睛，问他们看到什么没有？以此说明日蚀不过是太阳的部分被遮住了，只是比衣袖更大而已。阿那克萨戈拉也揭穿过用谶纬迷信作为

---

① 普卢塔克：《伯里克利传》，第 8 节。
② 柏拉图：《斐德罗篇》，270A。
③ 普卢塔克：《伯里克利传》，第 6 节。

政治斗争的手段。据记载,当伯里克利同他的政敌修昔底德①角逐权力方酣时,"有人从伯里克利的农庄里带来一个只长着独角的公羊头,占卜者拉姆朋观看这只独角长得坚实,崛起在公羊前额的正中,他就说伯里克利和修昔底德这两派就要合并,全部权力将授予发现这个祥瑞之物的人。但是,阿那克萨戈拉解剖了这个公羊头,指出它只是因为整个颅内不充实,收缩成椭圆形,才崛生出独角的。观者对阿那克萨戈拉深表赞佩。"②

阿那克萨戈拉的思想对当时雅典思想文化有重要影响。从当时雅典上演的剧本就可以看出,他的自然哲学思想已经广泛传播。当时著名的悲剧作家欧里庇得斯是他的学生,在他的一些剧本中鲜明地表现了阿那克萨戈拉的思想,比如说太阳是炽热的石头或"金色的泥团",声称"我们通过显现出来的事物判断不可见的东西"等等,几乎是照搬阿那克萨戈拉的原话。

在伯罗奔尼撒战争前不久,雅典的贵族寡头派势力利用宗教迷信,发动了对伯里克利民主派的反扑。据普卢塔克记述,当时有一个宗教狂热分子狄奥拜底(Diopeithes)竟设法颁布一条法规:凡是不信神存在,宣扬关于天体现象的新学说的人,都要受到公审。他们选择阿那克萨戈拉来开刀,借以打击伯里克利。在这场政治事件中同时受到审判和迫害的,还有伯里克利的能干的情妇阿丝帕希娅和著名的雕塑家菲狄亚斯。阿丝帕希娅由于伯里克利垂泪陈情辩诉,才得到宽免释放;菲狄亚斯被诬告在雕塑工作中偷窃金银,竟被投监迫害致死。控告阿那克萨戈拉的主要罪状是他宣传"太阳是炽烧的石头",同时攻击他私通波斯人。阿那克萨戈拉几乎被处死刑,只是由于伯里克利大力营救,才逃出雅典。关于阿那克萨戈拉的受审,根据第欧根尼·拉尔修的记载,有四种说法:(1)克莱翁(Cleon)控告他不敬神,经伯里克利辩诉,判罚五个塔壬同,被放逐。(2)修昔底德控告他不敬神和私通波斯,因阿那克萨戈拉已逃跑,缺席判处死刑。(3)阿那克萨戈拉已被投监待执行死刑,伯里克利靠着自

---

① 据普卢塔克记载,这是当时在政治上和伯里克利对立的贵族寡头派领袖,和撰写《伯罗奔尼撒战争史》的修昔底德不是同一个人。

② 普卢塔克:《伯里克利传》,第6节。

己的声望,说服公众,释放了他。(4)伯里克利亲自到法庭陈情辩诉,得到审
判官的同情,判处无罪释放。① 阿那克萨戈拉身陷囹圄时,又遭丧子之痛,真
是祸不单行。但是恪守自然哲学原则的阿那克萨戈拉,在坎坷乖蹇的命运面
前,竟是那样沉静,近乎漠然。当他听到被判处死刑时,他说:"自然早就判处
我的审判官们和我都是要死的";听到爱子夭亡,他说:"我早就知道我的孩子
们生来就是要死的。"②

阿那克萨戈拉逃离雅典以后,回到伊奥尼亚,定居在米利都人的殖民地兰
萨库斯,在那里执教授徒,建立自己的学派。他在当地备受尊敬,享有很高的
声望。临终时,执政官员问他有何遗愿,他说只希望以后每年在他逝世的那个
月份,有孩子们的假日。后来当地长久保持了这个规定。当地公众隆重为他
下葬,树立祭碑,碑上铭刻:"探究天体真理的阿那克萨戈拉,安息于此。"③他
的故乡克拉佐门尼人也一直纪念这位哲学家,直到希腊化和罗马时代,他们还
在钱币上铸了阿那克萨戈拉右手把握天体的图像。

阿那克萨戈拉的学说,主要源于伊奥尼亚哲学,这是公认的。伯奈特说他
的哲学以"古老的伊奥尼亚哲学为背景",是"米利都精神的恢复",甚至说他
是"典型的伊奥尼亚派"。④ 从他的哲学内容说,他对爱利亚学派特别是和他
同时代的芝诺的学说,必定是熟悉的。但总的说来,南意大利哲学对他的直接
影响不大,毕泰戈拉学派思想的痕迹在他的哲学思想中几乎没有。当然,他的
哲学不是伊奥尼亚学说的简单重复,也不是将伊奥尼亚哲学和爱利亚学派哲
学作了折衷和调和;而是通过对爱利亚学派提出的挑战作出反应,从而对伊奥
尼亚哲学作了革新和发展。这种创新,一方面是凭借他对自然所作的科学观
察和探索,要比伊奥尼亚的先辈精细和开阔;另一方面又在于他敢于直接回答
巴门尼德和芝诺的诘难,并且吸收和改造了他们的某些理论,将它们融会到他
的新的自然哲学之中。

---

① 参见第欧根尼·拉尔修:《著名哲学家的生平和学说》第 2 卷,第 12—14 节。
② 第欧根尼·拉尔修:《著名哲学家的生平和学说》第 2 卷,第 13 节。
③ 第欧根尼·拉尔修:《著名哲学家的生平和学说》第 2 卷,第 14 节。
④ 伯奈特:《早期希腊哲学》,第 254 页。

阿那克萨戈拉和恩培多克勒属于同一时期的哲学家,他们所探讨的课题和得出的结论是很相似的,在认识自然的深度和哲学思想的演进方面,也大体属于同一水平。但他们两人的哲学风格和气质却又是很不相同的。恩培多克勒受南意大利哲学传统影响较大,而阿那克萨戈拉的哲学却属于深含伊奥尼亚哲学气质的另一种传统。这主要表现在两个方面:一是在探讨自然本原和物质结构方面,他强调物质本原在质上的无限多样性和连续性、融合性,对此,他使用了米利都学派的一个传统术语"阿派朗",但注入了新的内容,他不像恩培多克勒那样注重数量比例和孔道结构。因此,他的自然哲学较多地保留了伊奥尼亚哲学的素朴辩证法,却忽略了探讨自然物质的数量规定性和形式结构,缺乏物理意义上的数量和空间形式的确定性。二是他的自然哲学洋溢着比较强烈的理性主义精神。恩培多克勒的哲学受宗教传统影响较多,他的爱和争以及灵魂都带有二重性,他的学说也带着浓厚的科学思想和宗教思想的二重性。阿那克萨戈拉的哲学中虽然有种子和努斯的对立,有二元论倾向的内在矛盾,而且他的努斯已经是吹胀和夸大了的理智,开始变为某种独立的精神实体,但它还不是人格化的上帝或理性的神,不具有宗教意义。他的哲学的基本倾向是捍卫科学和理性,同宗教迷信相对立。

关于阿那克萨戈拉的著作,第欧根尼·拉尔修将他列入"只写过一部著作的学者",并且赞扬他的著作"有着引人入胜而格调庄重的风格"。[1] 这部著作也叫《论自然》。它看来不止一卷,不仅论述阿那克萨戈拉的自然哲学的基本原理,而且包括从天体到生物的各类自然现象的研究。阿那克萨戈拉的这部著作在苏格拉底时还很流行,在柏拉图所写的《申辩篇》中,苏格拉底说到在当时雅典市场化一个塔壬同即可买到。[2] 到公元6世纪,辛普里丘在注释亚里士多德的自然哲学的著作时,引述了它的一些原文,这些就是保留到现在的阿那克萨戈拉的《论自然》残篇二十二则,数量虽然不多,却是比较可靠的。这些残篇到17世纪时由珂特华兹(Cudworth)重新发现,后来为第尔斯辑

---

① 第欧根尼·拉尔修:《著名哲学家的生平和学说》第2卷,第6节。
② 参见柏拉图:《申辩篇》,26D。

入苏格拉底以前哲学家的残篇中。至于辛普里丘在引述这些残篇时,手头是否还有阿那克萨戈拉的原书? 学者有不同意见。康福特认为当时还有全书原文,吉尔琛生和格林贝格却认为当时早已没有全书原文,在亚里士多德时代就只有语录式的节本了。① 亚里士多德、塞奥弗拉斯特和辛普里丘等人的著作中转述了不少阿那克萨戈拉的思想,这是我们研究阿那克萨戈拉哲学的重要资料。近人吉尔琛生(D.E.Gershenson)和格林贝格(D.A.Greenberg)所著《阿那克萨戈拉和物理学的诞生》一书,除正文外,汇集了大量古今有关阿那克萨戈拉的第一手和第二手资料,有一定的参考价值。

　　阿那克萨戈拉有没有写过其他著作? 这也是一个有不同意见的问题。有的历史材料说他写过一本论化圆为方的数学著作,伯奈特等多数哲学史家考证认为,这是对普卢塔克的《伯里克利传》中一段话的误解。原文是说阿那克萨戈拉在狱中也不虚掷时光,而在地上画圆刻方,思考圆形和方形能否相等的问题。② 此外还有一个争论的问题:罗马奥古斯都时代(公元前 63 年—公元14 年)作家维特鲁维乌(Vitruvius)在《论建筑》一书的前言中说到,雅典时代为埃斯库罗斯设计舞台布景的艺术家阿伽泰库(Agatheschus)写过一篇关于舞台布景的论文,阿那克萨戈拉和德谟克利特都曾先后研究过这篇论文,并且写了同一论题的著作,阐述了透视法原理。③ 伯奈特和基尔克等认为这是没有根据的传说④;弗朗克认为这是可信的,因为阿那克萨戈拉在论述月蚀的成因时,指出大地在月球投射了锥形阴影,实际上已经运用了透视法原理。格思里认为阿那克萨戈拉写这样一篇著作并非不可能,但因只有一条年代较晚的历史记载,所以也不能确信。⑤ 看来,这个问题只能存疑。

---

①　参见吉尔琛生、格林贝格:《阿那克萨戈拉和物理学的诞生》,第 370—372 页。

②　参见伯奈特:《早期希腊哲学》,第 257 页。

③　参见吉尔琛生、格林贝格:《阿那克萨戈拉和物理学的诞生》,第 104—105 页。

④　参见伯奈特:《早期希腊哲学》,第 257 页;基尔克、拉文:《苏格拉底以前的哲学家》,第 365页。

⑤　参见格思里:《希腊哲学史》第 2 卷,第 270 页。

第二节 种 子

阿那克萨戈拉同恩培多克勒一样，也是面对伊奥尼亚哲学和爱利亚学派哲学的对立，要解决"一"和"多"的矛盾。他也用多元的物质本原来改造巴门尼德的"存在"，用粒子化的物质结构来革新和发展伊奥尼亚哲学的本原论，以此来阐明自然的本原和现象的统一。他提出别具一格的物质结构说——种子论。种子论将关于物质本原的多元论推到极点，把无限多样的自然物质分析为既是无限多样，又是无限微小的粒子——种子。用这种无限多元的本原径直说明自然界的无限多样性。

阿那克萨戈拉主要是继承和发展伊奥尼亚哲学传统的，但是，他建立种子论却是接受了巴门尼德关于"存在不能从非存在产生，也不能变为非存在"的原理，作为他的推论的出发点的。这从他的两则残篇中可以看出：

> 当那些事物这样被分别规定时，我们就应该知道，它们全部是既不能增多也不能减少，因为多于全体是不可能的，它们始终如一。[①]（DK59B5）

他当然不是认为事物全部像巴门尼德的"存在"一样，始终静止不变，而只是认为事物不能从无（非存在）到有，因此无所谓生成和毁灭，只能有种子的相互结合和分离：

> 希腊人在说到产生和消灭时是用词不当的。因为没有什么产生或消灭，只有事物的混合和分离。所以他们应当确切地称产生为混合，称消灭为分离。[②]（DK59B17）

亚里士多德也指出，阿那克萨戈拉是"否认虚空存在"[③]的，并且认为，他就是接受了巴门尼德的"存在不能从非存在产生"，作为他的理论前提的：

---

① 辛普里丘：《〈物理学〉注释》，第156页第10行起。
② 辛普里丘：《〈物理学〉注释》，第163页第20行起。
③ 亚里士多德：《物理学》，213ᵃ22。

阿那克萨戈拉主张本原是无限多样的,或许是由于他接受了自然哲学家的普遍意见,即认为存在不能从非存在产生。由于这个原因,他们使用"一切结合在一起"这样的词句,某一类事物的产生被归结为性质上发生变化,有些人则说成是结合和分离。①

阿那克萨戈拉一方面是根据这样一个抽象的理论推理,另一方面又是根据对自然的观察,才提出他的种子学说的,既然存在不能从非存在产生,落实到每一件具体事物 A,也不能从它的非存在(即非 A)产生,火不能从非火产生,动物不能从非动物产生,头发不能从非头发产生。但在日常生活中,比如食物和营养品,它们不是头发,也不是人身上的肉,而我们吃了以后,却能生长出头发和肉来。所以他这样提出问题:

头发是怎样从非头发产生的,肉是怎样从非肉产生的?(DK59B10)

根据辛普里丘的记述,阿那克萨戈拉自己是这样回答这个问题的:

他〔阿那克萨戈拉〕说:在同一个胚芽中,就有着头发、指甲、血管、肌肉等等,这些表现为粒子,如此小而不可见,但是它们逐渐生长,变得明显了。②(DK59A41)

艾修斯记述得更为详细:

在阿那克萨戈拉看来,任何事物从非存在产生,或者消解为非存在,乃是根本不可能的。我们摄取的营养物如面包和水,是单纯的同质的,可是从这些食物中却能长出头发、血管、肌肉、筋腱、神经、骨头和其他肢体来。根据这种情况,我们应当承认,在我们所摄取的营养物中,包含有一切东西;还应当承认,每一事物都是从已经存在的事物中生长出来的。在营养物中必定已经有产生血、肌肉、骨头等东西的部分。这些部分是只有理性才能认知的。因为刘感官知觉说,它毋需顾及由面包和水产生所有这些东西这一事实;在面包和水中有这些部分是只有理性才能理解的。③

(DK59A46)

---

① 亚里士多德:《物理学》,187ᵃ27—33。
② 辛普里丘:《〈物理学〉注释》,第 27 页第 2 行起。
③ 艾修斯:《哲学家意见集成》第 1 卷,第 3 章第 5 节。

血、肉、骨头这些东西并不是从非血、非肉、非骨头的食物中产生出来的，而是血、肉、骨头原来已经作为食物的部分存在于食物之中，只是它们非常微小，是感官所不能感知，只有理性才能认识的。

阿那克萨戈拉从这种营养和生物的观察出发，推广到整个自然界。首先是推广到植物：

> 他〔阿那克萨戈拉〕主张任何事物都不能从虚无中产生，每一事物只能靠同类事物来养育……同类事物由同类事物所增聚。因此，他提出，这些东西是早已包含在食物中的，而在培育树木的水中，必定也包含了木、茎、叶子和果实了。① （DK59A45）

以至于整个宇宙最初就是这么一个混合体。被辑为他的残篇第一的，据说是他的《论自然》的开篇，就这样说：

> 最初万物都在一起，数目上无限多，体积上无限小。因为小才能是无限的。一切都在一起，由于它们微小，所以不能分离区别开来。气和以太也是无限的，在整个混合中，由于它们在数目和大小上都是最重要的，所以优于一切。② （DK59B1）

宇宙最初就是这样一些微小粒子的绝对混合，万物都没有分别；只是其中气和以太这两大粒子群无论在数目和大小上都占优势，所以最初的宇宙表现为气和以太；但实际上，所有万物本已包含在其中了，只是没有分离出来而已。

阿那克萨戈拉由此概括出他的种子说：

> 既然有这些情况，我们就应该设想，在每一个复合体中，包含着一切种类的许多东西，万物的种子（σπερμαια，spermata seeds）。它们具有各种性状、颜色和气味。③ （DK59B4）

阿那克萨戈拉认为，宇宙万物，无论水、火、土、气，以至动物植物，都是由种子组合而成的。种子无限多，不生不灭。宇宙中无限多样的、生灭变易的自然事物，其本原就是无限多的种子，它们才是永恒存在的东西。种子不生不灭，它

---

① 辛普里丘：《〈物理学〉注释》，第 27 页第 6 行起。
② 辛普里丘：《〈物理学〉注释》，第 155 页第 26 行起。
③ 辛普里丘：《〈物理学〉注释》，第 34 页第 29 行起。

们的全体既不能增加也不能减少,不然就是从非存在产生存在,或从存在变为非存在了。所以全体是始终相等的。具体事物的种种生灭变化,不过就是种子的结合和分离。

阿那克萨戈拉用无限多元的种子,既革新了伊奥尼亚哲学的单一的物质本原,又改造了巴门尼德那个抽象的、静止的、不可分割的"存在"。这就打碎巴门尼德的统一的"存在",认为事物是由无数永恒的微粒子组成的。种子论和恩培多克勒的四元素论是基本相似的。但是,种子论有它独具的三个特点:

第一,种子的无限多元性。

阿那克萨戈拉继承了伊奥尼亚哲学中物质本原"无限"(阿派朗)的思想。物质本原——种子不仅在数量上无限,在种类上也无限,在结构上则是无定形的。如前引残篇第一中所说的,宇宙开初时的万物,它们是无限微小的种子,但因为数量上无限多,所以体积上也是无限的;其中在数量和体积上都占优势的气和以太两大种子群,也是无限的。他和阿那克西曼德、阿那克西美尼一样,认为宇宙开始是无限的混沌,万物的种子都凝聚在一起,没有分化,一切都不定形,没有显示出各自的特性来。但是,它们不仅在数量、体积上无限,而且在性质上也已经包含着无限多的种类。他说:

> 但是在这些事物分离以前,万物一起存在时,甚至不能分出颜色来,这是因为万物结合在一起,既有湿又有干,既有热又有冷,既有明又有暗,还包含大量的土,和无数彼此完全不同的种子,就阻碍我们分辨颜色。其他事物中也没有这一种和那一种相似的。因此,我们只能承认:万物都在整体之中。①(DK59B4)

这就是说,后来分化为万物的无限多元的种子,在宇宙开初的混沌中早就永恒存在;不过它们都混在一起,没有分化,却包含着分化成无限多种事物的可能性。这就是后来亚里士多德所说的"潜能"或"潜在"的意思。阿那克萨戈拉自己是不可能意识到这一点的。但正是在这种潜在的意义上,阿那克萨戈拉所说的种子,无论在数量、种类、性质上都是无限多的。他也用了阿那克西曼

---

① 辛普里丘:《〈物理学〉注释》,第34页第21行。

德的"阿派朗"这个术语,但意义却根本不同了。阿那克西曼德的阿派朗,是指一种单一的物质本原,它在质上没有任何规定性;而阿那克萨戈拉的阿派朗,恰恰是指无限多元的种子在质上有无限多的潜在的规定性。

种子的无限多元性,从自然本原和现象世界的关系说,可以说是"以无限求无限","由无限生无限"。它避免了伊奥尼亚哲学用单一的物质本原转化生成万物所遇到的困难;与恩培多克勒的四元素相比,也是一个前进。四元素论仍然是有限的多元论,只是将四种常见的物质粒子化,仍旧是"以有限求无限","以少生多",仍然不能摆脱巴门尼德的诘难:从非存在如何能产生存在?水、火、气、土只是四种物质元素,怎么能产生出无限多种的万千事物来呢?怎么能说明自然现象的无限多样性呢?为了解决这个"一"和"多"的矛盾,促使阿那克萨戈拉将多元论推到极点,即设定种子本身在质上的无限多元性。他将自然物质的无限多样性,直接还原为种子的无限多元性。这就造成他的种子学说的另一些特点:强调物体可以无限分割,主张粒子在性质上具有互相包含成分的连续性,却又比较忽视了对物质构造中的数量比例和形式结构的探讨。

第二,种子和物体的可以无限分割性。

芝诺的悖论,为了论证只有一个统一的、连续的存在,否认事物的间断性和多样性,认为如果事物可以分为众多,那么这些必然同时既是小的又是大的,小会小到没有大小,大会大到无限。(DK20B1)在他看来,这是不可思议的矛盾。阿那克萨戈拉同这种悖论针锋相对,论述事物的大和小都可以是无限的,但它们又是相对的,所以物体和种子都可以无限分割。他认为:

在小的东西中没有最小的东西,总是还有更小的东西;因为存在不能分割成为非存在;而对大的东西也总有更大的东西,大东西和小东西在数量上相等,每个东西本身都是既大又小的。① (DK59B3)

辛普里丘在记载阿那克萨戈拉这段话以前还解释了他的意思:

他〔阿那克萨戈拉〕说,在一切事物的构成要素中,没有最大或最小

① 辛普里丘:《〈物理学〉注释》,第164页第17行起。

的东西。没有最小的物体,总是有比任何给定的小东西更小的东西,因为要使某种存在事物不复存在是不可能的。另一方面,总是有比给定的大东西更大的东西,较大的物体的构成成分同任何给定的小东西的构成成分,在数量上是相等的。这样,每一物体必定是既大又小的。确实,如果每一事物存在于每一事物之中,每一事物又能从每一事物中抽取出来,那么,人们总能从一个看来是最小的东西中抽取出更小的东西来。①

辛普里丘后来又指出,根据阿那克萨戈拉的种子和物体都可以无限分割的见解,也就意味着在一切事物之间都以无限微小的成分互相包含,间断性中有连续性:

容易看到,如果一切事物可以从每一事物中抽取,如果每一事物都由一切事物的成分所构成,那么,不仅宇宙,而且每个个别物体在数量和空间上都是无限多倍的无限。②

阿那克萨戈拉肯定事物可以无限分割,同时既大又小,具有间断性和连续性的二重性,这恰恰是反对芝诺的悖论的,不是单纯的逻辑推理,而是观察经验事实得出来的理论,这和他主张自然本原的无限多元性在逻辑上也是一致的。种子本身就是物体分割中的一个"微分",一个微观的、肉眼不可见的物质粒子。但是种子并不是不可再分割的基本粒子,种子也可以再分割,分割得再小,仍然是种子。所以,种子的大小是不确定的,无定形的。它不会被分割到零,成为绝对的非存在,不复存在;它也不会是一种数学上抽象的、不可再分割的几何点。

阿那克萨戈拉阐述的物体和种子的无限可分性,是卓越的见解,它已经萌含了后来数学上的"微分"观念。而在物理意义上,这表明他的种子论在探索物质结构的层次上,比恩培多克勒的四元素,更为深入地探索物质的微观结构。在他看来,水、火、土、气这四种元素,也是由更加微小的种子结合而成的,

---

①　辛普里丘:《〈物理学〉注释》,第164页第10行起,见吉尔琛生、格林贝格:《阿那克萨戈拉和物理学的诞生》,第289页。

②　辛普里丘:《〈物理学〉注释》,第495页第25行起,见吉尔琛生、格林贝格:《阿那克萨戈拉和物理学的诞生》,第306页。

它们还不是自然界的本原。亚里士多德在《论生成和消灭》中指出过他们的这种不同,他将阿那克萨戈拉的种子称作"同类部分"(或"同素体"):

> 阿那克萨戈拉学派的观点看来和恩培多克勒的追随者的观点正是对立的。恩培多克勒说火、水、气、土是四种元素,是比肉、骨、身体以及类似这些的"同类部分"更单纯的。而阿那克萨戈拉的追随者却认为"同类部分"才是单纯的和基本的,他们说土、火、水、气是复合物;它们每一个都是一切"同类部分"的"共同的窝"。①

这就是说,恩培多克勒认为是四种最单一的元素,阿那克萨戈拉认为它们仍然是可分的,它们是由类似肉、骨等所有的种子(同类部分)组合而成的。

第三,种子包含万物的成分。

阿那克萨戈拉的种子论认为任何微小的种子中都包含所有万物的成分,这是他的种子论的重要特点,也是他的物质结构学说的特色。他认为,宇宙开初的混沌中,所有种子混合在一起,种子就是万物,包含着生成或分离出全部万物的可能。就每一个种子说,任何一个种子都可以无限分割,无论分割到多小,它仍然是种子,仍然包含着分化为万物的因素。正是从这个意义上,他认为大的东西和小的东西所含的成分在数量上是相等的,因为它们都包含了所有万物的成分。辛普里丘解释说:

> 他〔阿那克萨戈拉〕不仅称混合物全体在大小上是无限的,而且说到每个同类部分中都包含万物,恰如全体一样。它们不仅是无限,而且是无限个无限。②(DK59A45)

由此,阿那克萨戈拉提出种子论的一条重要原理:一切包含一切。现存的每一件事物、每一个种子,同宇宙原始的混沌相似,也包含着宇宙中所有一切东西的成分。残篇第六:

> 既然大东西和小东西所含的成分在数目上是相等的,因此,所有一切东西都在每一件事物之中。要将它们分离开来是不可能的,一切事物都

---

① 亚里士多德:《论生成和消灭》,314^{a}25—^{b}1.

② 辛普里丘:《〈物理学〉注释》,第460页第4行起。

含有每一事物的成分。既然不可能有最小的东西,那就没有任何东西能够分离开来,自己生成;而只能像原始的东西一样,现在也必然是一切合在一起。在所有的事物中都包含许多成分,在分离开的大东西和小东西中,这些成分的数目是相等的。①(DK59B6)

宇宙中所有一切事物的成分都包含在每一事物之中,这和他接受"存在不能从非存在产生"的原则是一致的。辛普里丘阐释:

> 因此,在同类部分中有肉、骨、血、金、铅、甜和白,但是,它们的量是如此小,以至不能被我们感知。一切存在于一切之中。因为,若是每一东西不存在于每一东西之中,每一事物怎么能被看做是从每一事物中产生(即使是通过另一些中间体)的呢?②

种子既然可以无限分割,种子本身又包含着万物的一切成分,因此,种子本身就是间断性和连续性、"一"和"多"的统一体。种子是可无限分割的粒子,这是间断性;它又包含宇宙万物的一切成分,它们是不能孤立和分离开的,这就是连续性;每一个种子是"一",但它又包含万物的成分,是无限的"多"。阿那克萨戈拉进一步认为,既然一切事物都包含有一切事物的成分,因此,万物之间都以极细微的成分互相包含、互相渗透。种子和宇宙万物就都是互相紧密联系的、具有连续性的统一体。他说:

> 我们的统一的宇宙中所有的事物并不是彼此隔裂的,不是可以用斧头将它们彼此割裂——热从冷、冷从热——开来的。③(DK59B8)

这样,他将整个宇宙看成是一个普遍联系的整体,对立面也是相互联系的。这里闪烁着朴素辩证法的光彩。

种子包含万物所有的成分这一特点,表明种子这种物质粒子,同恩培多克勒的四元素的粒子,在内涵上是显然不同的。水、火、土、气四种元素自身是同质的,是物质构造的最基本的粒子,水元素的粒子就是水,火元素的粒子就是

---

① 辛普里丘:《〈物理学〉注释》,第 164 页第 26 行起。

② 辛普里丘:《〈物理学〉注释》,第 163 页第 32 行起;参见格思里:《希腊哲学史》第 2 卷,第 288 页。

③ 辛普里丘:《〈物理学〉注释》,第 172 页第 12 行和第 176 页第 29 行起。

火,它们不能相互转化,没有由此及彼的连续性;只是由于它们的不同比例的结合,并有不同的孔道结构,才生成形形色色的万物。而阿那克萨戈拉的种子自身内部在成分上是异质的。同类种子是"同",但它是万物一切成分的混合体,无论将种子分割到如何小,仍然包含着万物的成分,包含着转生万物的可能性。所以种子是"同"中有"异",是异质的。火的种子不仅有火的成分,还包含有万物的一切成分。那么,为什么它是火的种子并成为火呢? 种子虽然包含万物的成分,但和宇宙开初的混沌还有不同。在混沌中什么事物都不可区分,没有任何质的规定性。而种子,根据阿那克萨戈拉提出的"优势原则",是有自己的质的规定性的。种子以其内部包含得最多的,占优势的成分,决定它的质。亚里士多德在《物理学》中记述了这点:

> 他们〔阿那克萨戈拉及其追随者〕认为,每一事物混合在每一事物之中,因为他们看到,每一事物从每一事物产生。他们说,但是事物看起来是彼此不同的,每一事物由于在混合中所含的最占优势的成分而被命名。他们说,任何事物都不是纯粹的白或黑或甜,也没有纯粹的肉和骨,事物的性质是按照它包含最多的成分决定的。①

综上所述,阿那克萨戈拉的种子同恩培多克勒的元素相比较,有四点区别:(1)四元素是自身同质的基本粒子,没有内部构造,不可无限分割,它自身的质不变,四元素之间也不能相互转化。而种子自身异质,内部是万物成分的完全融合体;它无论怎样分割,仍然是包含万物成分的种子,每个种子都包含着生成一切事物的无限可能性;种子以其内部占优势的成分规定其质,可以改变优势成分以改变质。(2)四元素以机械的砌合生成万物,是具有间断性的孔道结构。种子虽然也以结合方式构成物体,但是种子都是内部包含万物成分的融合体,它们的结合不通过孔道结构,而是本身就有连续性和相互渗透性的。(3)四元素粒子的结合和分离,即事物的产生和消解是有双向意义的:不同元素粒子结合成物体,就是同类元素聚合体的分离;而物体分解为不同元素,同时就是同类元素又自相结合。而种子的结合和分离却只有单向意义:自

---

① 亚里士多德:《物理学》,187^{b}1—6。

然界一切互相区别的种子都是从宇宙原始混沌体中分离出来的,而每一复合物体的产生,就是同类或不同类种子的结合,物体的消解也就是种子的分离。(4)四元素粒子构成物体,有确定的数量比例和形式结构,是"有定形"的。阿那克萨戈拉虽然也提出种子内部成分"占优势原则"来确定事物的质,但是总的说来,他不具体研究物质构造中的数量比例和形式结构,而是强调种子和物体包含万物成分,强调"无定形"及连续流动性。所以辛普里丘说:

> 塞奥弗拉斯特写道:"阿那克萨戈拉看来将物质本原在数目上说成是无限的,而运动和生成的原因是另一个,即心灵。但是,如果像阿那克萨戈拉所说的,万物的混合是一个单一的本体,只在形式和大小上是不确定的,那就是他实际上设定了两个本原,即'无定形'(阿派朗)和'心灵'(努斯)。因此,他所描述的无限的元素就和阿那克西曼德相似了。"①(DK59A41)

我们前面已经讲到,阿那克萨戈拉所说的种子的无限和阿那克西曼德的作为物质本原的阿派朗的含义是不同的。种子的无限或无定形,主要是指种子和万物之间互相包含、互相渗透的连续流动性,以及种子所包含的万物成分、性质的互相紧密联系,不可绝对分隔。这种物质粒子结构,在间断性中有较强的连续性,从现代物理学观点来看,是包含辩证法因素的科学思想的早期萌芽。现代物理学也主张基本粒子内部仍可分割,基本粒子之间可以互相转化,量子既有粒子性又有波动性,就是间断性和连续性的统一。这表明,阿那克萨戈拉这些见解继承和发展了伊奥尼亚哲学的朴素辩证法思想。

阿那克萨戈拉的种子论,作为古希腊自然哲学的物质结构学说,可以说是从恩培多克勒的元素论向留基伯和德谟克利特的原子论过渡的桥梁。恩培多克勒的四元素毕竟只是四种常见物质的微粒化。为什么只承认这四种而不承认其他的东西也是元素?而且,这四种元素又是不能相互转化的,它们之间关系如何,它们有统一性吗?所以,元素论是一种多元论,但它又"多"得不够,特别是它缺少"多"中之"一"。正是在这些方面,阿那克萨戈拉的种子论有所

---

① 辛普里丘:《〈物理学〉注释》,第27页第11行起。

前进。种子论承认无限多的事物有无限多种类的种子,将多元论推到极端;而每个种子内部都各自包含着万物的成分,种子可以无限分割,因此,种子和种子之间可以相互包含、相互联系。这样,种子似乎又有了统一性,是多中之一。可是,这种多中之一是经不起推敲的。阿那克萨戈拉的无限多元的种子,实际上只是将无限多种多样的宏观自然物质无限地分割成为微小的同类部分。宏观物体和微观种子实质上只有量的差异,而没有质的区别。如肉和肉的种子、水和水的种子,在质上都是相同的。他只讲万物和种子的无定形,忽视物质结构中的数量关系和形式结构,忽视不同结构层次的物质是有质的区别的。比如,就当时希腊人所能达到的认识水平说:人体是由眼、耳、鼻、四肢等构成的,而这些肢体是由血、肉、骨等构成的,血、肉、骨又是由水、火、土等元素构成的。物质结构是有不同层次的,上一层次的物质是由下一层次的物质组成的合成物,下一层次的物质是上一层次合成物的组成部分。作为微小粒子的种子是不是也有这样的结构层次,是不是每一层次的物质都有它自己的种子?它们的相互关系又如何说明?这样就产生了对阿那克萨戈拉所说的"种子",和亚里士多德用来表述种子的"同类部分"或"同素体"的理解以及它们之间关系的问题,我们将在下一节中论述。阿那克萨戈拉的种子论表明,要将万物无限多样的性质都包容在最初的物质本原中,是困难重重的,它不能解决"一"和"多"的问题。(以后柏拉图的理念论也在唯心论的范围内遇到这个同样的问题。)这就导致德谟克利特的原子论,它撇开了万物的各种性质,原子本身是不具有任何性质的单纯的"一"。

因此,当代有些学者将阿那克萨戈拉的种子论,比喻为只认识到物质的"分子"(不是现代化学意义的"分子")这个层次,是有道理的。从元素论到种子这种"分子"层次,进而发展到建立原子论,这符合人类探究物质结构逐步深入的认识的逻辑。德谟克利特正是克服了种子论的内在矛盾和弱点,提出了较为科学的原子论的。

第三节　同类部分和对立

关于阿那克萨戈拉的种子学说,历来学者们有不少争议。其中比较突出的是两个互相关联的问题,即:一是种子和"同类部分"的关系,二是种子和对立的关系。

阿那克萨戈拉的现存残篇中,有关种子的具体论述不多,并没有使用"同类部分"(或"同素体"$o\mu o\iota o\mu\acute{\epsilon}\rho\epsilon\iota\alpha$, homoiomereia)这个概念。现在看到的首先将这个概念加诸阿那克萨戈拉的是亚里士多德。亚里士多德在讲到阿那克萨戈拉的物质构造的基本元素时,在同样意义上使用"同类部分"和"种子"这两个概念。他在《形而上学》中说:

> 阿那克萨戈拉……说,本原在数目上是无限的,因为他说几乎所有的事物都由"同类部分"组成,像水、火那样,〔它们的〕生成和毁灭只是聚合和分散,没有别的意义的生成和毁灭,〔它们〕是永存的。[1]

而在《论天》中,他就将这两个概念等同交替使用:

> 关于元素,阿那克萨戈拉和恩培多克勒的观点相反。恩培多克勒说火、土及同级的本体是组成万物的元素体,而阿那克萨戈拉否认这点。他认为元素是"同类部分",如肉、骨以及类似的东西。土和火都是混合物,是由它们〔同类部分〕和所有别的种子组合而成的,每一个都是由一切看不见的"同类部分"集合而成的;这就解释了为什么所有别的事物都由这两个〔土和火〕物体生成的道理。[2]

在《论生成和消灭》中,亚里士多德又具体说明了这个"同类部分":

> 阿那克萨戈拉认为元素是"同类部分",即骨、肉、髓以及别的事物,

---

[1]　亚里士多德:《形而上学》,984ᵃ13—16。

[2]　亚里士多德:《论天》,302ᵃ28—ᵇ5。

它们每一个的部分和整体都是同名同性的。①

由此可知，所谓"同类部分"就是事物如骨、肉等的微小组成部分，它们和整体（骨、肉）是同名（都叫骨或肉）和同样性质的（所以也译"同素体"）。《希英大辞典》解释这个词是：有相同的部分、相似的组成、部分，和整体相似。② 这也就是一般所认为是阿那克萨戈拉说的"种子"的意思。但是，亚里士多德并没有说明"同类部分"是不是阿那克萨戈拉本人提出来的概念。到罗马时代的卢克莱修，就将"同类部分"说成是阿那克萨戈拉自己的说法了：

> 现在我们要考察一下阿那克萨戈拉的"同类部分"，希腊人用这个名称来称呼它们，我们的语言却无法翻译它。不过就事情本身来说，我们不难用一些话说清楚他所说的万物本原的"同类部分"是什么。在他看来，骨头是由许多小骨末组成，肉是由最小的肉末组成，血由最小的血滴组成，金屑形成黄金，小土粒形成土，小水滴形成水，其余的一切，他认为也是这样造成的。③

后世许多注释家沿用这种说法，认为阿那克萨戈拉所说的种子就是这样的同类部分。

最早提出质疑，否定亚里士多德说法的，是 19 世纪的德国著名哲学家尼采。他在《希腊人悲剧时代的哲学》（1873 年）一书中提出：亚里士多德将种子说成是同类部分，实在就是认为阿那克萨戈拉"把世界的本原想象成为某种像尘粒那样无限小而充实的点那样的物质，每一物质点只具有一种单独的性质"。尼采认为亚里士多德的说法是"一个大错误"，因为阿那克萨戈拉的种子是"一些本体的聚合物"，种子自身异质，内部包含无数成分，并不是一种自身同质的质点。④ 尼采的说法，在当时就得到一些学者的赞同。伯奈特也持类似的见解。他说："亚里士多德在阐述元素时说，阿那克萨戈拉把同类部分当作元素。我们知道，元素（stoicheion）这个词是在阿那克萨戈拉以后才有

---

① 亚里士多德：《论生成和消灭》，314ᵇ19—21。
② 参见《希英大辞典》，第 1224 页。
③ 卢克莱修：《万物本性论》第 1 卷，第 870—880 行；见《物性论》，中译本，第 44—45 页。
④ 参见尼采：《希腊人悲剧时代的哲学》，第 105 页。

的,自然可以设想,'同类部分'homoiomere 这个词也是亚里士多德用来称呼
'种子'的词。在亚里士多德自己的体系中,homoiomere 是一个中间词,它介
于组成它们〔同类部分〕的元素以及由它们〔同类部分〕组成的器官之间。心
脏不能分割为心脏,而肉的部分仍是肉。所以,亚里士多德的说法,从他自己
的观点说,是十分合理的。但是,没有理由设想阿那克萨戈拉自己以这种特殊
的方式来表述。我们可以推断,他〔阿那克萨戈拉〕以'种子'取代了恩培多克
勒的'根',种子并不是一种处于分离状态的对立物,而是每一个〔种子〕都包
含了所有它们〔对立物〕的部分。如果阿那克萨戈拉自己使用'同类部分'这
个词,那就很奇怪,辛普里丘怎么没有引述含有这个词的残篇。"①康福特在
《阿那克萨戈拉的物质理论》这篇论文中也认为,如果按照亚里士多德的说
法,就会导致:"〔阿那克萨戈拉的〕理论基于两个看来明显是彼此矛盾的命
题。一个是同类部分的原则:一个自然实体如一片金子,由和金子整体相同的
部分构成,金子每片也相同,每片是金而非他物;另一个命题是'每一事物都
包含一切事物的成分',具体理解它的意思,就是一片金子(或任何其他实
体),前面说只包含金,这里却说它包含了世界上其他每个实体的成分。除非
阿那克萨戈拉糊涂了,否则,他不会提出这种简直由矛盾构成的理论。"康福
德认为亚里士多德误解了阿那克萨戈拉,但阿那克萨戈拉自己的叙述确实也
不精确;因此,他企图以残篇为基础,作出新的解释。②

　　当代另一些哲学史家如贝利和格思里等人,认为亚里士多德用同类部分
阐释种子论,并不是曲解,也不会导致自相矛盾。格思里认为,阿那克萨戈拉
确实说过"在每一事物中都有一切事物的成分",这是他的一个原则,在残篇
第十一、十二以及别处他都这样讲过;但没有理由认为他主张"同类部分的原
则"——即一种自然实体只包含一种和整体相同的部分,没有一条残篇中这
样说过。格思里认为,阿那克萨戈拉自己不像使用了"同类部分"这个词,但
也不能说是亚里士多德将这个词强加到阿那克萨戈拉的学说上去。亚里士多

　　①　伯奈特:《早期希腊哲学》,第 264—265 页。
　　②　参见康福特:《阿那克萨戈拉的物质理论》,见艾伦、弗莱编:《苏格拉底以前哲学的研究》
第 2 卷,第 275—276、283—286、292—297 等页。

德只是指出阿那克萨戈拉认为是基本元素的本体,恰恰就是亚里士多德自己称之为"同类部分"的东西。格思里说:"在亚里士多德的模式中,物质在四种复合的层次上存在。最完全发展的层次是生物、植物、动物和人。它们是由器官——眼、鼻、手、心、肝、果实等——组成的,亚里士多德将这些叫作非同类部分,因为它们不能再分割为同名的东西,心脏不能分解为小心脏,等等。它们是由同类部分的实体组成的,这样的实体就是被定义为'部分和整体是同名同性的'。这包括动物的骨和组织、木、树皮、汁液以及别的植物的组织、矿物、金属和石头,它们则是由四种元素或单纯物体——土、水、气、火组合成的。只有这一层次才是最单纯的具体的实体,虽然在概念上还可以将它们进一步分解为质料和形式。"亚里士多德正是这样得出他所称为"同类部分"的——肉、骨、头发等等——并不是最基本的元素,以此批评阿那克萨戈拉的种子学说的。然而格思里和贝利等人对阿那克萨戈拉是否使用过"同类部分"的概念,以及同类部分在种子的物质结构学说中的确切含义,仍有各种不同的理解,也不一致。①

我们认为,在现存的阿那克萨戈拉的残篇中,固然没有使用"同类部分"这个词,但不能因此断定它是亚里士多德、卢克莱修和辛普里丘强加给阿那克萨戈拉的。因为现存的阿那克萨戈拉的残篇为数甚少,不能说是他的全部论述。而且前面讲过,在亚里士多德等人手头还保留有阿那克萨戈拉的《论自然》的全文或节本;因此很难设想这样严谨的学者要使用一个阿那克萨戈拉自己没有使用过的概念来强加于他。同时,在亚里士多德看来,同类部分的原理和"每一事物包含一切事物的成分"这个种子论的原理,也并不矛盾。他在《物理学》中讲到阿那克萨戈拉的"同类部分",就有我们在上一节中引用过的说法:"每一事物混合在每一事物之中","但是事物看起来是彼此不同的,每一事物由于在混合中所含的最占优势的成分而被命名"。因此没有纯粹的白和黑,也没有纯粹的肉和骨等等。② 一片金子和一粒最小的金屑虽然是同名

---

① 参见格思里:《希腊哲学史》第2卷,第282—283页;贝利:《希腊原子论者和伊壁鸠鲁》一书的附录——《阿那克萨戈拉的理论》。

② 参见亚里士多德:《物理学》,187^{b}1—6。

同质,但这个同质——金子——中实际上也包含了一切事物的质,不过其中以金的成分最占优势而已。

"同类部分"本来是当时生理学和医学所用的术语,指生命躯体的某一组织由许多同类的细微部分组成,如肌肉由小肉末构成,血液由小血滴构成。这些同类部分和它们聚合成的组织整体,同质同名。而同类部分作为种子,其内部成分却是异质的,只由所含的优势成分规定其性质,使它属于某类种子,取得某种同类部分的名称;众多同类的种子聚合成可见的物体或生物体的某一组织。阿那克萨戈拉在论述宇宙的形成和动植物的生长、营养时,都强调"同类相聚"的原则,如肉、骨、血和茎、枝、叶等,都靠同类部分营养、增殖而生长。所以,"同类部分"不过是作为物体构造基本元素的"种子"的另一表述。同类部分或种子聚合成某种事物,每一事物也可以剖析成为许多同类部分或种子。同类部分即种子,这同种子内部包含一切事物的成分,非但不矛盾,而且是互为补充的;它从内部和外在两个方面表明了种子的特点:它自身内部是异质的,但它又按照"同类相聚"的原则,聚合成为物体。

亚里士多德关于"同类部分"的论述,他的本意是探讨什么是事物的基本元素,他批评阿那克萨戈拉的同类部分或种子并不是事物的基本元素。在他的夹叙夹批中,并没有歪曲阿那克萨戈拉的原意,倒是正确地指出种子论的弱点。这表现在以下两个方面:

第一,亚里士多德反对物质元素的无限多元性,他认为构造物体的基质——元素必须是最单纯的、自身同质的,因此他倾向于恩培多克勒的水、火、土、气四元素才是事物的基质。他认为阿那克萨戈拉的种子或同类部分,只是将常见的复合物体分割成无数微粒,这些微粒还是复合体,不是基本元素。他在《论天》中说:

> 下一个问题是元素在数目上是有限还是无限,如果有限,它们的数目是多少? 让我们首先说明否定元素数目是无限的理由。对于持这种主张的那些人,我们且先评述阿那克萨戈拉的观点,他认为一切同类部分是元素。任何赞同这个观点的人都误解了元素的意义。观察表明,甚至混合的物体也常可以分成同类部分,例如肉、骨、木、石。既然复合物不能是一

种元素,每个同类部分的物体也不能是元素;只有如我们前面所说的,那些不能分割成不同形式的物体〔的东西,才是元素〕。①

亚里士多德指出:阿那克萨戈拉的种子实际上只是把无数种类的物体无限分割成细微的同类部分,它们仍是复合体,不是组成自然物体的基本粒子,不是元素。种子论是以无限说明无限,将"多"归结为"多",并没有解决"一"和"多"的矛盾。亚里士多德认为真正的元素应当是最单纯、最基本的,内部不再包含不同形式的东西。

第二,亚里士多德在分析同类部分时,批评阿那克萨戈拉的种子论无视物质世界构造的复杂性,不能正确说明各类复合物体的结构层次。上文引用格思里所说的,亚里士多德将事物分成四个复合的层次:(1)最完全的复合物如动物、植物、人;(2)它们是由各种器官如眼、耳、心、茎、枝、叶等组成的,这些是非同类部分,不能分割为同类部分,如心脏不能分割为小心脏;(3)构成这些器官的才是同类部分,即骨、肉、血、木、树汁等,它们可以分解为小骨、血滴、小木,它们的部分和整体同名同质;(4)但是这些同类部分还是复合物,不是基本元素,它们是由水、火、土、气等组成的,这些才是基本元素。但是这种不同层次的分析是到亚里士多德才开始明确区分的,在他以前,阿那克萨戈拉并没有作这种区别,因此,他所说的"种子"可以理解成无论那一层次的物体的种子,这就是所以造成许多误解的原因。亚里士多德才明确将"同类部分"规定为基本元素和复合物之间的中介物,他举的例子常是骨、肉、血和组织之类。因此,亚里士多德在《物理学》中谈到同类部分时,曾经指出:一个整体事物及其部分,并不是可以任意分割,它们的大小也不是任意的:

> 如果一个整体的部分其大小可以是任意的(这里的"部分",我是指一个整体可以分解为的组成部分,而且它们现实地存在于整体之中),那么这个整体事物也可以有任意的大小了。所以,很清楚,既然一个动物或植物的大小不能不确定,它的部分也不能如此,不然整体也会同样了。肉、骨等是动物的部分,果实是植物的部分。显然,肉、骨以及任何这类事

---

① 亚里士多德:《论天》,302^{b}10—20。

物的大小都不能是不确定的。①

辛普里丘阐释亚里士多德这段话时说：

> 同类部分的大小也必须限于一定的等级，才能保持它们的特性。②

> 如果我们考察一个物体的构成部分，我们必须说，形成一个物体的各部分，同它的整体并不是相似的，而是在性质上要更单纯。整体可分解为部分，如砖是由水和土构成的，能分解为它们；越是基本的构成部分，同整体越不相似……我们必须作出这个结论：事物并不是简单地由它的〔同类〕部分聚合而成的。③

由此可见，亚里士多德的批评表明：物质的基本元素同由它们构成的物体之间、单纯物体同复合物之间，在物质结构上有不同的层次，既有构造和被构造的联系，又有质的差异。阿那克萨戈拉没有看到这种复杂情况，只将无数种类的物体无限分割成无限多元的同类部分和种子，不能发现自然物体的基本元素，也不能真正阐明物体构造的复杂性和物质世界的多样性。

即使像亚里士多德接受恩培多克勒的观点，认为水、火、土、气是基本元素，它们仍是多元的，还不是最单纯的。所以，种子论和元素论要向原子论发展，这是人类不断深入认识物质构造的必由之路。

和"同类部分"相关联，另一个颇有争议的是种子和"对立"的关系问题。争论的焦点在于：既然任何事物的种子都包含着一切事物的"成分"，这些成分是什么？它们是不是指冷热、干湿、明暗这些涉及事物"性质"的对立成分？有些哲学史家认为，这些对立成分就是全部自然物质和种子的终极构成要素，另一些学者不同意这种意见。

有些西方学者认为，阿那克萨戈拉所说的种子中包含着万物的成分，这些成分并不是亚里士多德和古代注释家们所理解的，是以最细微粒子形式存在

---

① 亚里士多德：《物理学》，187ᵇ15—22。

② 辛普里丘：《〈物理学〉注释》，第166页第13行起；参见吉尔琛生、格林贝格：《阿那克萨戈拉和物理学的诞生》，第292页。

③ 辛普里丘：《〈物理学〉注释》，第177页第18行起；参见吉尔琛生、格林贝格：《阿那克萨戈拉和物理学的诞生》，第299页。

于种子内部的一切事物的质料或同类部分,如骨、肉、血以及组成它们的水、火、土、气等等,而是指它们的冷热干湿等对立的性质,即伊奥尼亚哲学传统中所说的对立,只是它们的数目增加了。19世纪的泰纳利(Paul Tannery)已经孕育这种见解,他认为阿那克萨戈拉的元素是"物质固有的性质,它们在不同物体中程度不同",而物质本身无论怎样分割到最小,都是相同的质点;他认为阿那克萨戈拉的种子,只用于说明宏观物体的构成,并不是指物质的基本元素,是亚里士多德误解了它。① 伯奈特明确地论述,"一切事物包含万物的成分",就是指各种或大或小的物质粒子,都包含着伊奥尼亚哲学传统所说的各种对立性质,如冷热、干湿、明暗、大小、黑白等等;由于这些对立成分的不同比例,构成了物质的基本元素即无限多元的种子。② 康福德也认为,种子"分有"万物的成分,就是指分有对立的成分,这就是"一切包含一切"的意思;就物体结构说,种子是单纯的基本元素,但是每个种子又都内含着各种对立成分。他并且认为,在阿那克萨戈拉当时,希腊人还没有形成"性质"(quality)这个哲学范畴,事物的性质也被看作是"事物"(things);所以康福德造了一个新词,将那些对立成分叫做"质物"(quality-things)。他认为,"对立性质应当被理解为这种'质物'","'质物'只存在于种子中,作为物,它们不仅是种子的固有属性,而且种子就是由它们这些成分构成的",它们才是构成种子的基本要素。他认为只有这样理解,才能澄清阿那克萨戈拉本人的表述含混和亚里士多德对他的曲解。③ 当代美国哲学史家弗拉斯托斯也发挥这种见解,他断言:"一切种子的终极构成是热和冷、干和湿以及一切伊奥尼亚宇宙论传统的对立"。他还认为,这些对立的成分,"不能理解为亚里士多德所指的抽象的东西,而是一种本体性的'质物',或者说得更好些,是'能量'或'能力'(power)的形式,它们有影响有机体的能力,任何种子都是由不同的'能力'以不同的合适比例构成的",这种"能力"就是种子的终极成分。〔将阿那克萨戈拉说成

---

① 参见泰纳利:《希腊科学》,第296页。

② 参见伯奈特:《早期希腊哲学》,第263页。

③ 参见康福德:《阿那克萨戈拉的物质理论》,见艾伦、弗莱编:《苏格拉底以前哲学研究》第2卷,第311页。

是古代的奥斯特瓦尔德,一位唯能论者,这又是当代西方学者将古代哲学家现代化的一个例子!〕弗拉斯托斯强调只有这样理解,才能阐明阿那克萨戈拉当时提出的"种子"是个新概念,它是指"由母体的本质构成成分结合而成的,种子由此而生,并且将生长成为新的有机体"。他认为,阿那克萨戈拉在物理学上的革命就在于,他将这种种子的构成成分("质物")看作"巴门尼德的存在",它们"是一切事物共同具有的"。① 克莱芙也持相似的见解,他认为亚里士多德、辛普里丘等误解了阿那克萨戈拉的种子论,说什么水包含了木、纤维、果实等的种子,面包包含了骨、肉、血等种子;正确的理解应当是:面包、水、木、皮、果、骨、肉、血等等,都由终极的对立成分构成,即"稀浓成分、明暗成分、冷热成分、干湿成分"等等。② 总之,他们认为:阿那克萨戈拉的种子最后归结为冷热、干湿、大小、明暗、稀浓等等对立的成分,这些才是构成万物的终极要素。

另外一些哲学史家反对这种观点。他们认为,亚里士多德等并没有曲解阿那克萨戈拉的种子论。种子可以无限分割同种子包含万物成分,这两点是一致的。这些成分,就是万物无限分割成的微细质料。阿那克萨戈拉并没有将这些对立看成是一切事物和种子的终极要素。策勒强调,在阿那克萨戈拉那里,冷热、干湿、明暗等对立的性质,"对事物生成所起的作用,已不像早先伊奥尼亚哲学和毕泰戈拉学派哲学所说的那样重要了"。③ 格思里也不同意他的老师康福德以及弗拉斯托斯的见解。他认为:种子无限可分,自身异质,包含着万物的成分,但是没有什么终极要素;如果将种子看成单纯的物体,又将对立成分说成是不可再分割的终极要素,这才是曲解了阿那克萨戈拉哲学的本意,会造成理解上的混乱。④ 贝利在和康福德的通信中进行辩论,他说:"我依然不理解您所说的'质物'的意思","我发觉极难相信这真的是意味着'在每一单纯自然本体(种子)中含有全部成双的对立成分'"。⑤ 他坚决反对

① 弗拉斯托斯:《阿那克萨戈拉的物理理论》,见艾伦、弗莱编:《苏格拉底以前哲学研究》第2卷,第331—341页。
② 参见克莱芙:《智者以前希腊哲学中的巨人》第2卷,第255页。
③ 策勒:《苏格拉底以前的学派》,第338页。
④ 参见格思里:《希腊哲学史》第2卷,第293页。
⑤ 转引自格思里:《希腊哲学史》第2卷,第293页。

泰纳利和伯奈特所设想的种子内部结构论,他认为,阿那克萨戈拉所说种子包含万物的成分,这些成分就是万物的细微质料,像糖溶解于水那样在种子内部水乳交融在一起,"完全融合为一个新的实体,就像我们今天所说的化学结合的观念";因此,事物无论分割得多小,仍然包含着一切事物的成分。这就是他主张的"融合论"。① 基尔克和拉文在《苏格拉底以前的哲学家》中认为:阿那克萨戈拉当时确实还没有将冷热、明暗等性质(quality)同事物(things)相区别,他有时将这些对立性质看成也是种子内含的成分,但是种子所含的成分,也指骨末、金屑、血滴之类无数微细的质料,它们同对立性质在种子内部是同等并存的。不过,他们也不赞同贝利的"融合论",认为阿那克萨戈拉既然反对芝诺关于"无限分割"的悖论,肯定物质无限可分的间断性,他"只能将种子内含的成分,理解为无数无限小的质点。"②

前一种观点缺乏足够的史料根据,而要否定亚里士多德和辛普里丘等古代记述,又有将后人以至现代的思想加诸阿那克萨戈拉的情况,所以我们基本上同意后一种观点。但是,关于阿那克萨戈拉所说的种子和对立间的关系,还需要作一些具体的考察和分析。

伯奈特、康福德等人推断阿那克萨戈拉将对立成分看成是一切事物和种子内含的终极要素,缺乏可靠的历史根据,在阿那克萨戈拉的现存残篇中,没有这样的论述。当然,我们也不能同意策勒的见解,认为在阿那克萨戈拉的学说中,冷热、干湿等对立的性质,已不像早先伊奥尼亚哲学和毕泰戈拉学派哲学所说的那样重要了。因为前面已经说过,对立的问题从希腊哲学一开始,一直是哲学家们十分关心的问题,这在阿那克萨戈拉也不例外。但当时的哲学家确实还没有形成"性质"这个哲学范畴,他们把冷热、干湿等性质也看成"事物",并不是看作事物的属性。他们把性质和事物等量齐观,因此不可能将对立性质单独分离出来,看作比种子更深层次的终极基本元素。阿那克萨戈拉强调每一事物包含一切事物的成分,这个成分,当然也包含许多对立的性质,

---

① 参见贝利:《希腊原子论者和伊壁鸠鲁》,附录"论阿那克萨戈拉的理论"。

② 基尔克、拉文:《苏格拉底以前的哲学家》,第 377 页。

但并不仅指对立的性质,而是包含了无限多样的性质和事物的各种微细质料在内的。辛普里丘在比较种子论和原子论时,指出原子没有不同的质,只在形状、大小和位置上有不同,然后说:

> 阿那克萨戈拉及其学派主张,宇宙的基本要素是由有对立性质的物质构成的;他们主张,热和冷、干和湿、稀和浓以及其他一切对立的性质,是在同类部分之中的;而这些同类部分,他们认为是一切事物的构成要素,同它们的对立性质不同。他们的理论主张事物的基本区别,是质的区别,而不是形状的区别。①

在阿那克萨戈拉的哲学里,只有同类部分才是一切事物的构成要素;在同类部分中包含一切事物的成分,既有各种对立的性质,也有各种其他不同的性质;在他看来,骨和血之间既有冷和热、干和湿的不同,而且骨和血本身也就是不同的质(即事物),它们都是同类部分中所包含的成分。所以,辛普里丘在另一处又说:

> 亚里士多德在论及阿那克萨戈拉的理论时,补充说了对立性质,因为对立性质以及其他一切性质都是表现于同类部分中的。②

他并且指出:冷热、干湿这些对立性质,实际上也是恩培多克勒的四元素所具有的,"但是阿那克萨戈拉所说的对立性质比较宽泛,还有甜苦等等,更表现为种子的基本属性,显示种子的无限多样性。"他又指出:"阿那克萨戈拉看来是说同类部分在它们的性质方面是无限多样的,因为他说,没有一个事物同其他无限多的事物中的其他事物是完全同一的。"③由此可见,设想只有一些有限的对立性质才是构成一切物质和种子的基本要素,这同阿那克萨戈拉主张的种子和物质的无限多元性,也是相悖的。

从现存残篇看,阿那克萨戈拉主要是在论述宁宙生成时说到对立的。他

---

① 辛普里丘:《〈物理学〉注释》,第164页第10行起;见吉尔琛生、格林贝格:《阿那克萨戈拉和物理学的诞生》,第289—290页。

② 辛普里丘:《〈物理学〉注释》,第153页第26行起;见吉尔琛生、格林贝格:《阿那克萨戈拉和物理学的诞生》,第281页。

③ 辛普里丘:《〈物理学〉注释》,第164页第10行起;见吉尔琛生、格林贝格:《阿那克萨戈拉和物理学的诞生》,第289—290页。

说,宇宙混沌初始,万物都混合在一起,"湿的和干的相混,热的和冷的相混,明的和暗的相混"(DK59B4)。混沌宇宙中有两大主要物质,即气和以太(火)。它们分别是浓、湿、冷、暗和稀、干、热、明的,由于它们的分化,便形成地和天(DK59B15)。这些都是当时的自然哲学家通常的说法,由这里不能推出这些对立性质是万物和种子的基本要素这样的结论。

实际上,阿那克萨戈拉正是由于一方面接受了巴门尼德的原则,认为存在不能从非存在产生;另一方面又观察到自然界中对立的事物互相产生的现象,才提出种子论,认为每一事物和种子中都包含一切事物的成分,其中包括了对立的成分(性质)。亚里士多德说:

> 对立物互相产生这个事实,使他们〔阿那克萨戈拉学派〕得出结论,认为这一个必然已经存在于另一个之中。①

塞克斯都·恩披里柯曾经举过一个有关颜色的例子:

> 阿那克萨戈拉反对说雪只是白的。他论证说:雪是凝冻的水,而水是黑的,由此可知雪也是黑的。②

由水变(转化)成雪,就是由黑变(转化)成白,这是对立的转化。但是这种转化并不是由非存在变为存在,不是从无到有,而是对立的这一面早已存在于对立的那一面之中。雪中有水,也就是白中有黑,白的雪也是黑的。从这个意义上讲,阿那克萨戈拉也是认为一切对立都是互相结合、互相统一在一起(在同类部分即种子之中),又是可以互相产生,也就是互相转化的。

不过,他所说的这种对立的转化,是指原来已经存在于同类部分中的异质成分从对立中分离出来,自相聚合,占有优势。这就是从水转化为雪,从黑转化为白。这种转化已经带上某种机械性。他的种子和对立性质本身都是永恒的存在,在转化中只有程度——所占优势大小——的不同,并没有质的飞跃和新陈代谢。他的对立也不是如弗拉斯托斯所说的是一种能"影响有机体的能力",对立本身并不是能动的,不是事物生成和变灭的动因,因此他还必须从

---

① 亚里士多德:《物理学》,187ᵃ33—34。
② 塞克斯都·恩披里柯:《皮罗学说概要》第1卷,第33节。

一切事物和种子的外部,去设置"努斯",作为万物变动的原因。就这些点说,阿那克萨戈拉的种子论和他的有关对立的学说,和伊奥尼亚哲学,特别是和赫拉克利特那种生动的朴素辩证法相比,毕竟是大为逊色了。

以上就我们所能掌握的材料,分析了在阿那克萨戈拉的种子论中"对立"所占的位置。总起来说,对立并不是不重要的,它仍旧是种子论中必须考虑的一个重要问题。阿那克萨戈拉承认万物中的一切对立,在这方面他比恩培多克勒所承认的基本对立性质的范围要广泛得多。各种对立都是同类部分或种子中的组成成分,但不是仅有的成分;在同类部分或种子中,除了各种对立性质外,还有各种事物的细微质料;将对立说成是构成一切事物和种子的终极要素是没有根据的。种子论承认一切对立都在种子中共同存在,也可以说它是承认对立的统一和转化的,但带着明显的机械性,已经不如伊奥尼亚哲学的生动的朴素辩证法了。这就是我们所能得到的一些看法。但是,种子和对立究竟是什么关系?比如上面提到过的,是一切对立成分在种子中"融合"呢,还是连续的质点?因为现存的资料中有关种子内部结构状态并没有明确的材料,实在很难判断。实际上,有关种子——同类部分和对立之间的关系,从亚里士多德起就并没有清晰地说明,他就曾经将这二者并提过:

> 阿那克萨戈拉还设想他的"同类部分"、本体和对立在数目上都是无限的,而恩培多克勒仅肯定了〔四个〕元素。①

在这里,同类部分和对立(还有本体)之间究竟是什么关系?是看不清楚的。

第四节　努　斯

在早期希腊哲学的发展中,阿那克萨戈拉的重要贡献在于:他提出了"努斯"即心灵这个哲学范畴。在西方哲学史上,他是第一个明确地将"努斯"视为理性的精神实体,也是万物的本原。在上一编论述巴门尼德时,我们曾将早

---

① 亚里士多德:《物理学》,187ᵃ25—26。

期希腊哲学中的思想、心灵、理智等概念的使用和发展情况作了一些分析。在爱利亚学派中,noema(思想)是有关精神方面的重要范畴,但还不是独立的本体。塞诺芬尼反对神人同形同性,但是在他的心目中,神的思想同人的心灵(器官)一样,所以他说,神靠心灵的思想推动万物,还没有将心灵同器官分开。巴门尼德在残篇中所讲的思想,也是作为思维机能和思维器官来理解的。到阿那克萨戈拉,nous 才成为一个独立的本体,而且起着动力因的作用,已经不是单纯的认识功能了。在他以前,努斯只有认识论和心理学、生物学上的意义,从阿那克萨戈拉开始,它已具有本体论上的意义了。这样,种子和努斯就构成他的二元论倾向哲学的两根平行的支柱。在他以前,希腊哲学还没有明确提出一个和客观存在相对立的精神性本体来,从他提出努斯以后,物质和精神的关系才明朗化起来。所以,阿那克萨戈拉提出"努斯",是哲学思想发展的重要转折点。黑格尔对此赞扬备至:"这里有一道光芒开始放射出来(诚然它还是很微弱的):努斯被认为是本原。""在此以前,我们只见过各种思想,现在才见到思想自身被当作原理〔本原〕。"①

阿那克萨戈拉是最早将努斯作为哲学本原范畴的人,第欧根尼·拉尔修记载说:

> 他〔阿那克萨戈拉〕……是第一个将努斯设置于物质以上的人,在他以动人而庄严的语言写成的论文的开端,他说,"先是万物聚合在一起,然后努斯来安排它们有序"。这为阿那克萨戈拉本人赢得了"努斯"或"心灵"这个绰号。②

亚里士多德在《形而上学》第 1 卷第 3 章中分析了以前的哲学家关于质料因和动因的说法以后,指出他们的说法不能解释世界何以是既善且美的,接着说:

> 然而有一个人说,努斯出现了——在动物中,也在整个自然中,这是万物安排有序的原因,和前人的空谈相比,他像是一个清醒的人。我们知

① 黑格尔:《哲学史讲演录》第 1 卷,第 342—343 页。
② 第欧根尼·拉尔修:《著名哲学家的生平和学说》第 2 卷,第 6 节。

道阿那克萨戈拉是采取这个观点的,但据说克拉佐门尼的赫谟提谟(Her-motimus)说得更早。①

这个赫谟提谟是个传奇性的人物,据说他的灵魂常常离开他的肉体,可以得到远处的消息,又说他是毕泰戈拉的灵魂投生以前的肉身之一。古代希腊这类离奇的人物很多,都是不足信的。②

"努斯"($\nu o\tilde{\iota}s$,nous)本来是希腊语中的常用字,相当于中文的"心"、"心灵"(mind),泛指感觉、思想、意志等精神活动以及这些活动的主体。在荷马的史诗以及许多作家的著作中经常使用这个词。③ 在早期哲学家残篇中也出现过这个词,但没有给它以特殊的意义。只有恩培多克勒在《净化篇》中说到他的"神"时,曾说:

> 他就是努斯,神圣而不能言状,只是努斯,以敏捷的思想闪射在整个宇宙上。(DK31B134)

恩培多克勒所说的这个神即努斯,最多也只能说他已经有由原来的宗教人格神向理性神过渡的思想,还没有成为一个中心的哲学范畴。将"努斯"作为重要的哲学范畴,是从阿那克萨戈拉开始的。在阿那克萨戈拉的残篇中,讲努斯的并不多,其中主要的是辑自辛普里丘著作的残篇第十二:

> 别的事物都分有每个事物的部分,只有努斯是无限的,它不是和别的事物相混,而是自己单独存在的。因为如果它不是这样,而是和别的事物相混合,它就要分有一切事物;正如我以前说过的,每一事物都含有一切事物的部分;和它〔努斯〕相混的东西就会妨碍它,使它不能像在独立存在的情况下那样支配事物。因为它是万物中最精最纯的,它有关于一切事物的所有知识,具有最大的能力。努斯能支配一切有灵魂的事物,不论大的或小的。努斯也支配整个旋涡运动,使它在最初开始旋转。它从一个小范围内开始旋转,现在已经扩展到较大的范围,还要越转越大。一切混合的东西,分离开和相区别的东西,都被努斯所认知。所有一切过去存

---

① 亚里士多德:《形而上学》,984^{b}15—20。

② 参见罗斯:《亚里士多德的〈形而上学〉》第1卷,第136页。

③ 参见《希英大辞典》,第1180—1181页。

在的东西，一切过去存在而现在已不存在的东西，以及一切现在存在和将来要存在的东西，都由努斯安排有序；包括旋涡运动以及由此分离开的星辰、太阳、月亮、气和以太。正是旋涡运动造成了分离，将稀的和浓的、热的和冷的、明的和暗的、干的和湿的分离开来。在众多事物中都包含有众多的成分，但是，除了努斯以外，没有任何事物能同其他事物完全分离、区别开。努斯不论大小，都是一样的，而其他任何事物却都不是一样的，每个单纯的物体都以它现在和过去包含最多的成分而显示出来。①（DK59B12）

由此可知，阿那克萨戈拉将努斯说成是完全和物质性的种子和万物相对立的精神性的本原：(1)万物无限多元、异质；努斯虽然也是无限的，但它却是单纯、一样、自我同质的。(2)万物是不能完全分开，互相渗透的混合体；努斯是同万物完全分开，不相混合的独立存在的单纯体。(3)万物是不能自动的，它们只能由努斯的推动和安排而运动；努斯却是能动的，它不但推动宇宙的旋涡运动，而且支配和安排万物，形成有秩序的(善的和美的)宇宙。(4)万物和种子不具有任何精神性的功能，不能认识别的事物；只有努斯才具有认知全部事物的本性并且决定宇宙事物的能力。

这样他就将努斯和物质性的种子和万物完全区别开来了。在阿那克萨戈拉以前，许多哲学家都讲到灵魂，但他们都没有将灵魂和物体这样明确地区分开和对立起来。毕泰戈拉学派的数和具体事物当然不能作这样的区别；而爱利亚学派虽然将"存在"和现象对立起来，但那种对立同这种努斯和种子的对立只是在某些方面是相同的，如"一"和"多"的对立；根本上却是不同的，"存在"不是能动的、能认知和支配一切的精神性本体。只有阿那克萨戈拉鲜明地设立了两个完全对立的本原：物质性的种子和精神性的努斯。辛普里丘引述塞奥弗拉斯特《物理学》的残篇第四说：

这些就是他们的学说，看来阿那克萨戈拉使他的物质性本原成为无限的，而运动和生成的原因却只是一个，叫作努斯。但如果我们认为万物

①　辛普里丘:《〈物理学〉注释》，第 164 页第 24 行和 156 页第 13 行起。

的混合物是一个单纯的本性,只是在形式和大小上无限,那就得出:他实际上是肯定了两种本原,即无限的本体和努斯。①(DK59A41)

但是,阿那克萨戈拉所说的努斯,究竟是精神的还是物质的?在西方学者中也发生争议。

有些学者认为,努斯既然是"最精(也有译成最稀)最纯"的,它还有大有小,是占有空间的东西,所以它必定是某种有形体的、特殊的物质性的东西。伯奈特认为:"它〔努斯〕是一切事物中最稀的东西,所以它能到处渗透,如果说非物质的东西比物质更稀,那是毫无意义的";他还认为,努斯所起的作用只是引起物质性的旋涡运动,它只在生理意义上等同于灵魂;他又指出,努斯能认知一切事物,这并不足以证明它是精神,因为在早期希腊哲学中,赫拉克利特的"火",也是赋有思想能力的。② 福莱(B.A.G.Fuller)赞同伯奈特的观点,反对将努斯看成精神或理性,认为努斯"同赫拉克利特的火一样","完全是物质的";他甚至设想阿那克萨戈拉的努斯也有粒子形式,是"一种有能力的、自动的特殊元素,是宇宙的一个构成方面。"③贝利认为,努斯作为"精神质料",它是物质的;它只能通过直接的物理接触来支配其他事物;它也融合在万物之中,混合物本来是静止的,因为融入了努斯,就引使旋涡运动,使事物分离。④

另外一些学者不同意这种看法,他们认为阿那克萨戈拉的努斯概念有它的复杂性,但本质上却是精神性的。策勒指出努斯的"非形体的本质",同时又认为在努斯学说中,"一方面,精神被描述成为一种有认知力和自为存在的本性","有神那样的精神性人格方面";"另一方面,它又被说成是一种非人格的物质,或非人格的力量,有许多自然力方面";总之,努斯学说"既是理性化的又是自然主义的"理论。⑤ 格思里剖析了努斯的精神本性,但同时也指出,

---

① 辛普里丘:《〈物理学〉注释》,第27页第17行起。
② 参见伯奈特:《早期希腊哲学》,第268—269页。
③ 福莱:《希腊哲学史》,第217—220页。
④ 参见贝利:《希腊原子论者和伊壁鸠鲁》,附录I"论阿那克萨戈拉的理论"。
⑤ 参见策勒:《苏格拉底以前的学派》第2卷,第345—349页。

努斯在某种意义上相似于阿那克西曼德的引生万物的"阿派朗"这个物质本原,相似于赫拉克利特的"逻各斯"或"智慧之火"(Fire which was wise)。但他认为所以造成这种表面上的相似性,只是因为阿那克萨戈拉当时对精神的哲学概念尚难作出比较确切的描述和规定。他认为,阿那克萨戈拉的"努斯学说中唯物论成分甚少",因为"努斯一如这个名词的含义,它是意识性、理智性的东西,它的知识与判断是没有限制的。他〔阿那克萨戈拉〕的残篇中没有称'神'的内容,但这是偶然的,他不可能不将努斯思考为神。"①

我们认为,将物质和精神分化开来的认识,"精神"这个哲学概念的形成,并且被夸大成为一种独立的本原,是经历了一个漫长而复杂的演进过程的。在阿那克萨戈拉以前的哲学家,在伊奥尼亚的哲学中,如泰勒斯的灵魂,阿那克西曼德的阿派朗,赫拉克利特的逻各斯和"智慧的火",都可以说是在开始探索和物质有所不同的东西;从毕泰戈拉学派所说的"数"到爱利亚学派的"存在",还有恩培多克勒的"爱"和"争",更向这方面前进了。但是所有这些哲学范畴,都还不是明确的和物质对立的精神范畴。只有阿那克萨戈拉的"努斯"才是第一次明确和物质对立的,本质上是精神的范畴,是独立的精神本原,同物质的种子平行,从而在古代希腊哲学史上第一次比较明确地提出一种二元论倾向的哲学。但是,当时精神和物质的分化认识尚未完成,努斯这样一个精神本原的哲学范畴,还没有得到完善的规定,对它的表述也不尽恰当,要借用某些形体性的词来描述,因而闪射出某种似乎是感性物质的色彩。此外,阿那克萨戈拉作为自然科学家,在对自然的探究中,贯穿着比较强烈的素朴唯物论的科学精神,因而在某些方面遏制了努斯的精神性作用的发挥,所以在他的自然哲学体系中,努斯的作用并没有得到始终如一的彻底贯彻。格思里说他不可能不将努斯思考为神,其实这是不符合他的科学精神的。总之,这些情况使得在对努斯学说的理解中容易引起种种歧义。

阿那克萨戈拉在研究自然时,推崇理性的作用,开始将人的理性功能吹胀、夸大,使它成为一种同物质平行的本原。他描述努斯的本性,处处将它同

① 格思里:《希腊哲学史》第2卷,第277—279页。

种子这个物质本原对立起来,从否定方面描述它不是物质;而在同物质的对立中,规定努斯的内涵。这正表明努斯是某种精神性的东西。阿那克萨戈拉的残篇第十一说:

> 在每一事物中都包含除了努斯以外的一切事物的成分,但在有些事物中也有努斯。①（DK59B11）

在种子的物质结构中,每一事物都包含有一切事物的成分,只是努斯不包含在其中。但是,有些事物中也有努斯,这是指有精神理智活动的生命体,相当于他们的灵魂部分。他强调努斯有认知全部事物的能力,而且只有有理智能力的灵魂才能具有。这就比较明确地表达了它是和物质不同的精神性的本体。所以从本质上说,不能说努斯是物质性的东西,也不能说它既是精神性又是物质性的东西;它也不是伊奥尼亚哲学中物活论意义上的灵魂,或任何带有物质性意义的灵魂。他用"最精(稀)最纯"这类词描写努斯,只是为了说明它绝对单纯,同总是混合异质成分的物质种子相对立。他所说的"最精(稀)最纯",用的是 $\lambda\varepsilon\pi\tau o\nu$（lepton）这个词,格思里考证,它的原意是某种精细的编织物或精细的粉末。（所以我们认为译为"最精",可能比"最稀"更恰当些。）荷马早在《伊利昂纪》中用它来喻指智慧,所以阿那克萨戈拉借用这个词描述努斯是自然的,不能以此论证努斯就是有形体的精细物。② 阿那克萨戈拉用这个词描述努斯,只是为了说明努斯最精细纯粹,同自身异质的种子不同,它又贯穿和支配一切物质。如他在残篇第十四中所说的,努斯启动了宇宙:

> 但是努斯是永恒的,直到现在也在其他一切事物所在的地方,存在于周围的物质中,在一切聚合或分离的事物中。③（DK59B14）

因为努斯始终是支配和安排一切事物的精神力量,不能说因为它在一切事物中,所以也是物质。此外,阿那克萨戈拉还说到努斯"不论大小",也同样是为了说明努斯作为精神,在质上绝对同一,它的力量到处一样,没有大小之分。他用了"精(稀)"或"大小"这类表述物态或空间的不大确切的词来描述努

---

① 辛普里丘:《〈物理学〉注释》,第 164 页第 23 行。
② 参见格思里:《希腊哲学史》第 2 卷,第 276—277 页。
③ 辛普里丘:《〈物理学〉注释》,第 157 页第 7 行。

斯,我们不能以此否定努斯的与物质相对立的精神本性。物质固然必定具有空间存在的形式和物态特性,但在早期哲学思想中,被描述为占有空间、具有物态形式的,并不都是物质本体,甚至神也可以是具有形体的。古代希腊哲学,在没有形成高度抽象的精神范畴以前,往往将一切存在(包括精神性的存在)都设想为占有空间、有物理形态的东西。阿那克萨戈拉刚开始形成独立的精神范畴,他的描述带有粗糙性,还不得不借用一些物理性的词来说明它。这并不是努斯范畴的真正内涵所在,不过是精神和物质还没有完全分别清楚的表现而已。

阿那克萨戈拉的哲学热衷探讨物质结构,洋溢着科学精神,那么,为什么他在研究自然时,要在物质的种子以外,再设置一个精神本原努斯呢?剖析他所以要提出努斯的原因,我们就可以发现以后各种唯心论哲学体系所以产生的一般的认识根源。阿那克萨戈拉所以提出努斯,有如下三点原因:

第一,物质和运动分开,努斯充当动力因。

阿那克萨戈拉同恩培多克勒一样,吸收和改造了巴门尼德存在论的某些内容,其积极后果是促使他深入探讨物质结构,寻求物质的内在本原;消极后果则是使他们的元素论和种子论的物质观带上机械性。元素或种子永恒存在,没有生成和消灭,只有它们间的结合和分离。它们的运动,就必须靠某种外在的原因来说明。恩培多克勒以爱和争作为动因,它们基本上还是物质力量,但已带上精神、情感和意志的色彩;阿那克萨戈拉的努斯则进一步变成物质以外的理性动力。他将种子和物质的本性看成是僵滞、静止的。宇宙混沌初开,万物和种子绝对混合在一起,处于一种完全静止状态,需要一种外在力量来启动,使它们在旋涡运动中逐渐分离开来,成为各种个别事物。努斯正是作为这样一种同物质相异的动力因而提出来的。亚里士多德指出:

> 阿那克萨戈拉说,在无限长的时间内,万物混合在一起,静止着,然后努斯引入运动,将它们分离开来。①

亚里士多德还具体说明,阿那克萨戈拉将努斯看做是宇宙万物从静到动,从混

---

① 亚里士多德:《物理学》,250^{b}25—27。

合到分离的初始的启动因,它的功能就是作为第一推动力,将原先静止不动的宇宙混合物分离开来:

> 阿那克萨戈拉主张,一个混合物的任何部分和整体是一样的,他的根据是观察到的事实,任一事物都从任何事物产生出来。可能正是因为这个道理,他主张原先万物都混聚在一起。(这块肉、这根骨头,以及任何事物都这样混聚在一起;所以万物都同时在一起。)有一个分离的开端,不仅是每个事物的分离,而且是万物的分离。每一个生成的事物都从一个相似的物体中生成,这就是万物的生成,虽然,真的,它们不是同时生成的。所以,必然有一个生成的起源,这个根源他就叫作努斯,努斯在某个出发点上开始它的思想工作。这样,一切事物在一个确定的时间内必然聚合在一起,又必然在一个确定的时间开始运动。①

将物质和运动割裂开来,认为物质本身是不会运动的,这种思维方式本质上是形而上学的;这样就必须从物质以外去寻求使物质运动的原因,这就是通向唯心论的一条重要途径。以后我们还将多次遇到这种情况。恩培多克勒在这方面已经作了开始,不过他的"爱"和"争"还不完全算是物质以外的东西;阿那克萨戈拉在这条途径上跨出了一大步,他的动力因努斯已经和物质完全分离,是一种精神的理智力量了。

第二,灵魂的理智功能被吹胀、夸大,变成努斯——理性这种精神本原。

努斯和灵魂当然是有密切联系的,但在阿那克萨戈拉的哲学中,努斯和灵魂二者处于什么关系?在现存的残篇中,只有残篇第十二中曾说到:努斯支配一切有灵魂(即有生命)的事物;此外就没有比较明确的论述了。所以亚里士多德在《论灵魂》中谈到这个问题时,说德谟克利特断然将灵魂和努斯等同起来,接着指出:

> 阿那克萨戈拉说到它们时是比较暧昧的;在多数地方他告诉我们,美和秩序的原因在于努斯,别的地方又说这是灵魂。他说,它〔灵魂〕存在于一切动物——大的和小的、高级的和低级的——中,而(理智意义的)

---

① 亚里士多德:《物理学》,203ᵃ23—33。

努斯看来并不同样地属于一切动物，甚至并不属于一切人。①

接着，亚里士多德又说：

> 以上我们说过，阿那克萨戈拉似乎是将灵魂和努斯区别开来，但在实际上，他将它们都当作单纯的本体，只是他特别设定努斯是万物的本原；无论如何，他说，在一切事物中只有努斯是单纯的、非混合的、纯粹的。他将两种特性——知和运动的起源——归于这种本原，他说是努斯安排整体运动的。②

从亚里士多德的这些论述中，我们可以看到，阿那克萨戈拉实际上是怎样将努斯和灵魂区别开来的。古希腊人一般认为灵魂是生命的原则，只要是有生命的东西就都有灵魂，不但人有灵魂，动物有灵魂，植物也有灵魂，即亚里士多德所说的营养的灵魂。早期如泰勒斯这样的物活论者更推广认为灵魂是运动的原则，只要是能运动的事物就都有灵魂，所以说磁石吸铁就是灵魂的作用。阿那克萨戈拉所说的努斯，显然是比灵魂的范围大大缩小了。任何动物都有灵魂，但不能说它们有努斯；一切人都有灵魂，但不能说一切人都有努斯；只有少数人才有努斯，这就是最高级的灵魂即理智、理性。所以，他赋予努斯的两种特性中，"运动的起源"虽然可以说是一般灵魂都具有的功能，但它和"知"即理智联系在一起，它就具有特殊的意义，不是一般的运动的起源，而是指理智、理性这样的运动的根源了。

前面我们已经说过，努斯这个字，希腊文原来是 $νοῦς$，是泛指一切精神活动，包括感觉、思想、意志等，以及这些活动的主体，相当于中文的"心"或"心灵"（Mind）。但到阿那克萨戈拉所说的努斯，已经是专指高级的精神活动即理智和理性了。以后的唯心论哲学家从柏拉图、亚里士多德，以至于黑格尔，都是在这个意义上使用努斯这个词。这样的努斯才能认知万物、安排万物以至产生万物，才能独立于万物之上成为精神的本原。所以，这样的努斯以译成"理性"（Reason）才比较确当。

---

① 亚里士多德：《论灵魂》，404^{b}1—6。

② 亚里士多德：《论灵魂》，405^{a}13—19。

　　第三,努斯成为宇宙万物构造有致、井然有序、安排合理的原因,酝育了通向目的论的因素。

　　早期希腊哲学研究天体现象和整个自然界,很早就发现自然界是有秩序的。毕泰戈拉学派开始提出科斯摩斯——宇宙秩序的思想,赫拉克利特又提出了逻各斯的范畴。宇宙万物并不是乱七八糟的一团,而是秩序井然,安排合理的。恩培多克勒和阿那克萨戈拉开始探讨物质的内部构造,无论元素或种子也都是有秩序的。这样的宇宙秩序,在人们看来,就是善的(好的)、美的。这就产生一个问题:这样的善的和美的秩序,是谁安排的呢? 最初,在宗教的影响下,这个问题的必然答案是:这一切都是由神安排,根据神的意志安排的,因此,它们是尽善尽美的。后来,哲学要和宗教分离,便要在人格神以外,另外找一个使自然安排合理的原因。哲学上原来提出的本原问题,除了说明物质(质料)性的本原、动力的本原外,还要说明事物安排合理的本原,即亚里士多德所说的目的因。恩培多克勒提出爱和争作为事物的动力因时,说爱造成和谐而争导致分离,特别是在他的宗教思想中将"爱"和"争"同"善"和"恶"结合起来,就已经开始包含有目的的意义,但还并不明显。只有到阿那克萨戈拉的努斯—理性,才明显地起这样的作用:它不仅是万物的一般的动力因,使万物运动;而且是将宇宙安排为最善最美的秩序的,也就是万物所要达到的最后目的的原因。"目的因"作为一个哲学范畴,是亚里士多德第一个提出来的,但目的论的思想却是从阿那克萨戈拉的努斯正式开始的。所以亚里士多德对这点非常重视,如前所引,他在《形而上学》中指出:努斯是将整个自然安排有序的原因,赞扬阿那克萨戈拉和他的前人的空谈(或译为糊涂思想)相比,是清醒的(或译睿智的)人。① 黑格尔在《哲学史讲演录》中论述阿那克萨戈拉的哲学时强调指出:"在努斯中有着目的、善";他认为以前的哲学原理都只涉及物质、质料和运动,"现在阿那克萨戈拉这里,出现了第四种原理,即理由、目的范畴以及努斯"。黑格尔并且解释说:努斯的目的性就在于"把一个最初的规定作为主观的东西建立起来,却又把这个主观的东西变成客观的……心

_____

　　① 参见亚里士多德:《形而上学》,984ᵇ16—18。

智是在自身规定中保持自身的东西,从这时开始,这些环节的发展就是哲学的任务。"①从我们的观点理解黑格尔这些论述,这就是:将只有人的理性才能认识到的客观世界的秩序和规律,看成是人的理智、努斯自身有目的的活动的产物,是理性本身的对象化。这就是带有目的论意义的努斯范畴产生的一个重要原因。这种目的论思想,是原来的宗教思想,更是以后许多客观唯心论和宗教唯心论哲学的重要理论支柱。努斯的这个特点表明,唯心论将理性夸大为一种绝对的独立本体,常常将宇宙万物的规律和秩序倒因为果地说成是理性的有目的的产物。阿那克萨戈拉提出努斯,为古希腊哲学摆脱宗教,树立了一个理性神以代替宗教的人格神。所以,在阿那克萨戈拉以后不久,苏格拉底就突出讨论"善"的问题,开辟了目的论哲学的道路;随之而来的,柏拉图理念论中的"善"的理念和亚里士多德哲学中的"第一动者",都是这个努斯—理性—神的发展。哲学思想的发展就是这样充满了矛盾:倡导科学启蒙、反对宗教迷信的阿那克萨戈拉,在宣扬理性精神的同时,却不自觉地为唯心论的目的论奠立一块重要的基石。

阿那克萨戈拉提出的努斯,当然成了唯心论的原则。但从人类认识发展史看,提出这个努斯范畴,有其必然性,因为当时人们不能说明物质的运动,特别是不能解释宇宙万物何以能安排得如此合理、有秩序的原因;既然不能归于宗教的人格神,便得有另一个东西来代替它。同时,我们也要看到它的积极的意义和作用:第一,将努斯作为同物质相对立的精神范畴提出来,表明古希腊思想家已开始从哲学上把握物质和精神的对立。虽然这个问题还没有像近代哲学那样明朗和尖锐地展开,但是阿那克萨戈拉的二元论倾向哲学的内在矛盾,已经点明了这个基本问题,他的哲学成为古希腊哲学发展的一个重要分叉口。在他以后,对物质和精神的区别,有了比较清晰的规范,不像早先哲学家那样含混不清了;从而唯物论和唯心论哲学很快系统化,出现了德谟克利特和柏拉图这样博大的又是尖锐对立的体系。从以上分析的努斯的三个特点,我们可以看出最早产生唯心论哲学的错误根源,这对于我们辨别以后的许多唯

① 黑格尔:《哲学史讲演录》第1卷,中译本,第354—356页。

心论哲学,也可以有帮助的。第二,努斯学说将考察万物的动力因问题,同研究宇宙万物的规律、秩序问题紧密结合;努斯既是动力,又在启动中使万物具有规律和秩序,这种见解也是超越前人的。赫拉克利特虽然提出对立斗争是产生万物的动力,又提出逻各斯,他的思想是很深刻的;但终究限于时代,他的这些思想并没有清晰展开。恩培多克勒提出爱和争是使元素结合和分离的动力,但他只笼统地谈到元素间有比例的逻各斯,没有进一步研究动力和秩序、规律间的联系;他只在《净化篇》中用神秘的词说到灵魂的堕落和放逐具有"必然性"。阿那克萨戈拉提出努斯,不仅注意到事物运动的原因,而且将这种动因和宇宙的规律、秩序联系起来,使哲学和科学更重视研究规律和秩序。在他以后,原子论者明确提出"必然性"这个范畴,柏拉图则要构造有秩序的理念世界,表明人类认识在这个方向上又前进了一步。第三,没有将努斯完全等同于灵魂,而是突出了它的理智性的认识功能。这是从爱利亚学派开始重视的方向,阿那克萨戈拉的努斯就是突出了认识主体的理智方面,尽管这一点在他的认识论思想中并没有真正展开,但在他以后,哲学家就越来越重视研究人类理智认识的形式了,这在苏格拉底、柏拉图和亚里士多德的思想发展中表现得特别明显。人类认识总是要向这个方面前进的。以上几点表明努斯学说在人类认识发展中是起了积极的推动作用的。

努斯学说在阿那克萨戈拉的全部哲学中,究竟占着什么地位和作用呢?

阿那克萨戈拉毕竟是一位严肃的启蒙科学家。他的哲学虽然带有二元论倾向,但从他的思想总体看,素朴唯物论的科学精神还是占有主导的地位。他提出努斯,是对自然作思辨研究的产物,是不正确地夸大了理性、动力和秩序,但它还不是人格化的神或神心中的理念,还没有沾上宗教气息;而且阿那克萨戈拉的主观动机,本来是要将作为理性力量的努斯当作反对宗教迷信的思想武器,这点正是他胜过恩培多克勒的地方。英国哲学史家赫悉(E.Hussey)认为,阿那克萨戈拉已经将神看成"就是努斯的世界",而将宇宙看成是"神的努斯中的理念";他还将努斯学说说成是一种典型的宗教唯心论的目的论:"阿那克萨戈拉的论述,不仅是最可理解的,而且也表达了整个世界构造的合目的性和合适性,看来他清晰地说明,这是最好的可能计划,神的全部工作都是为了做得最好。"①耶格尔也将努斯学说解释为宗教神学。他认为阿那克萨戈拉的努斯就是神,人所分有的努斯就是人心中的神意;努斯事先就设计了"世界模型",它提供了"世界的机械、自动的画面,但是世界的各个阶段都是神圣的努斯所预见的","努斯即神的本质";"在阿那克萨戈拉看来,神即纯粹理性,作为造物主的心灵活动。"②他们的论述,曲解了阿那克萨戈拉的努斯学说,将努斯又变为宗教神,而且片面夸大了它在阿那克萨戈拉哲学中的地位和作用。

努斯学说当然具有明显的唯心论倾向,但在阿那克萨戈拉的学说中,它还比较粗糙,没有系统发挥。他的素朴唯物论的科学精神,限制了努斯的具体作用。这表现在两个方面:第一,在宇宙演化中,努斯只起最初的启动作用,一经引起旋涡运动,混沌的万物就自行逐渐分离,趋向合理的秩序。被辑为残篇第十三的辛普里丘的一段记述:

> 他〔阿那克萨戈拉〕说生成只是分离,分离的原因是努斯,他用努斯作为生成的动因,这是明显的。阿那克萨戈拉写道:"努斯开启运动以后,它就从一切被动的事物中分离出来,万物都和努斯一样分割开来;当事物被运动和分化时,旋涡运动越来越增大了这种分化的过程。"③
> (DK59B13)

所以,努斯在宇宙的生成和演化过程中,被限制于"第一推动力"的作用。这同近代哲学中的自然神论有某种相似之处。自然神论的神,也是非人格的理智的象征,它合理地设计宇宙秩序,但它实际上在给了宇宙第一推动力以后,就无为而治,让物质世界自动去演化了。在18世纪,自然神论是摆脱宗教,走向唯物论的简便易行的办法;而在阿那克萨戈拉,这却是偏离素朴唯物论,滑向唯心论的第一步。这是由于二者的历史条件不同(在阿那克萨戈拉时素朴唯物论占统治地位,而在18世纪时则是唯物论哲学要从宗教神学中解放出来),所以相似的学说却起了相反的作用。第二,努斯虽然具有全知全能,认知一切的功能,但在阿那克萨戈拉的认识论中,并没有发挥这种先验论思想,

---

① 赫悉:《苏格拉底以前的哲学》,第139页。
② 耶格尔:《早期希腊哲学家的神学》,第163—164页。
③ 辛普里丘:《〈物理学〉注释》,第300页第29行起。

他仍然基本上坚持素朴的反映论。这点在下一节中论述。

　　阿那克萨戈拉没有将努斯学说中所包含的唯心论原则贯彻到底,曾使苏格拉底和柏拉图深感惋惜。这集中表现在柏拉图在《斐多篇》中那段著名的记述苏格拉底思想发展过程中的话。苏格拉底说,当他最初听到阿那克萨戈拉说努斯是产生秩序和万物的原因时,感到非常高兴,认为这是对的。但是后来,发现作者并没有用努斯,而仍是用一些物质性的东西说明事物的因果关系,就感到非常失望。①　关于柏拉图记述的这段苏格拉底的论述,我们将在本书第2卷论述苏格拉底和柏拉图时,再来详细讨论。关于这点,辛普里丘也作了比较客观的评述:

　　　　《斐多篇》中的苏格拉底非难阿那克萨戈拉,正是因为在说明具体事物的原因时,他并没有用努斯,而是用物质性的说明,实际上,就是用了一种适合于研究自然的方法……。苏格拉底这样非难,因为他要证明的是对自然的目的论阐释,而阿那克萨戈拉只用物质因说明,不用目的因说明。②

柏拉图自己在《法篇》结束时,也通过对话者"雅典人"之口抨击阿那克萨戈拉及其追随者:

　　　　甚至在过去那些时日里,也有人敢于冒险断言,正是努斯使一切天体排列有序。可是他们又像一些哲学家一样,背离了灵魂,走入歧途。他们将灵魂看成是低于肉体,而不是高于肉体的。我可以说,他们的错误破坏了他们的整个哲学体系,或者更精确地说,破坏了他们自己。因为简要地说,在他们看来,整个运动着的天体的内容,是一团石头、土以及一些无灵魂的物体,虽然他曾赋予世界秩序以原因。正因为此,当时这些思想家们被控为亵渎宗教,不得人心,并且使得一些诗人痛斥这些研究哲学的人是对太阳狂吠的狗,是在谈论一个充满愚蠢的世界。③

————————

　　①　参见柏拉图:《斐多篇》,97C—98B。
　　②　辛普里丘:《〈物理学〉注释》,第177页第9行起;参见格思里:《希腊哲学史》第2卷,第275页。
　　③　柏拉图:《法篇》,967B—D。

唯心论者柏拉图对阿那克萨戈拉的唯物论哲学的抨击,已经近乎谩骂了。

亚里士多德在《形而上学》中也指出阿那克萨戈拉所说的努斯的作用是有限的:

> 阿那克萨戈拉以努斯作为创造世界的机括,但他只是在无法说明某些事物的必然原因是什么时,才拉进了努斯,而在其他一切场合,他总是用别的原因来说明事件。①

综上所述,我们一方面要看到努斯在本质上是精神性本原,阿那克萨戈拉的哲学包含着二元论倾向的内在矛盾;另一方面,又不能夸大努斯的功能和作用,它是受遏制的,因此阿那克萨戈拉是有二元论倾向,但还是有强烈的唯物论科学精神的哲学家。

第五节　异类相知

阿那克萨戈拉的认识论思想,在他的残篇中保留得不多,塞奥弗拉斯特的《论感觉》中保留了较多的资料。

阿那克萨戈拉同恩培多克勒相似,主要从主客体物质粒子的物理作用,从生理机制角度,考察人的认识过程和认识形式。这比早先的自然哲学家的认识论思想是进步了,但限于当时的科学条件和认识水平,他们的考察仍有朴素性,带有猜测的成分。而且,阿那克萨戈拉也只研究人的感知认识,并没有进一步研究人的理智认识。虽然他认为努斯拥有对一切事物的全部认识,特别是理性的认识,但在他的认识论思想中,却又不提努斯了。所以他并没有将努斯的思想始终贯彻到底,他不可能像柏拉图的理念论那样,建立系统的唯心论体系,他只提出一种异类相知的素朴反映论。

塞奥弗拉斯特将以前哲学家研究感知的理论区分为两种类型:同类相知和异类相知。他说:

---

① 亚里士多德:《形而上学》,985ᵃ18—23。

　　所有不同的感知理论可以分为两组：第一组用相似理论说明感知，第二组用相异理论说明感知。巴门尼德、恩培多克勒和柏拉图属于前一组，阿那克萨戈拉、赫拉克利特和他们的学派属于后一组。……后一组哲学家们主张，感知必然涉及性质的变动；只有具有不同性质的物体，才能互相产生物理变化，而相似的物体彼此并不发生影响。这是他们的中心论点。他们引用触觉来论证他们的理论，因为对于〔和主体有〕同样温度的事物，是不会感到热或冷的。①（DK59A92）

阿那克萨戈拉和恩培多克勒都将产生感觉的原因，归结为客观物体对人的感官的物理作用。但是，恩培多克勒立足于元素粒子的流射同感官的孔道结构相吻合，主张同类相知；而阿那克萨戈拉的种子论则强调异质成分互相包含，讲物质结构的连续性而不讲孔道结构，因此他强调在感知中，客观物体同感官所含的成分必须是相异的，才能发生物理变化，产生感觉。

阿那克萨戈拉将感觉器官看做是赋有一定成分和性质的物体，认为只有当客观对象的性质（或性质的程度）同感官的性质不相同时，才能对感官引起刺激，产生相应的感觉。塞奥弗拉斯特记述：

　　阿那克萨戈拉认为异类相知，因为相同的是不会被相同的所作用的……如果一个事物和我们一样热或冷，和它接触时我们是不会感到热或冷的，我们也不能用相同的去认知甜或苦；我们只能用热认知冷，用咸认知淡，用苦认知甜，按照各相反的程度去感知它们。②（DK59A92）

恩培多克勒的同类相知说，主要是指用相同的元素去感知对象中的相同元素，比如用感觉器官（如眼睛）中的火去认知对象中的火，用眼中的水去认知对象中的水；当然，不同的元素有不同的性质，比如他认为火是明亮的，可以认识明亮的对象，水是黑暗的，能够认识黑暗的对象。而阿那克萨戈拉认为种子中包含一切成分和性质。他所说的异类相知，主要是从事物的性质着眼的，他主要讲感官和对象中具有相反的、对立的性质，即冷和热、咸和淡、苦和甜等等。当

----

①　塞奥弗拉斯特：《论感觉》，第1节。
②　塞奥弗拉斯特：《论感觉》，第27节。

然,他们都还没有从哲学范畴上将事物的本体和属于本体的性质自觉地区别开来,但实际上对此还是有所区别的。恩培多克勒着眼于元素自身,所以主张同类相知;阿那克萨戈拉着眼于感官和事物的性质,所以主张异类相知。

从现有材料看,在阐释感觉认识的生理基础方面,阿那克萨戈拉不如恩培多克勒那样具体深入;但阿那克萨戈拉的异类相知说,比较重视认识主体在感觉过程中的作用,它指出由于感官状况的不同而产生感觉的相对性;它符合相反相成的辩证法思想,能够解释实际的感觉现象;从这些方面看,异类相知说要比同类相知的学说深刻。所以后来的哲学家在讨论感觉时,较多地接受这种异类相知说。

异类相知,就是感觉器官和客观对象在相互作用时,相反相成地感知到外物的性质。这是一种朴素的反映论。塞奥弗拉斯特记述说:

> 阿那克萨戈拉认为,视觉是由于入射光线在瞳孔中造成的映象。然而,一个物体不能反映在和它同色的镜子里,只能反映在异色的镜子里。极大多数的动物有着和它在白天所见颜色不同的眼睛,但某些动物有和夜色不同的眼睛,所以这些动物在夜间的视力好。总的说,极大多数动物的眼睛是和黑夜同色的。再说,视力映象在白天发生,因为光线对映象是必需的。阿那克萨戈拉也说,一种明亮的颜色在较暗的镜子里更能强烈地反射出来。① (DK59A92)

阿那克萨戈拉将形成视觉的原理直接比喻为镜子中的映象。他对眼睛这一感觉器官的生理结构和生理机制缺乏具体说明;但是,他用镜子中的映象比喻说明视觉形象,并且指出光线在形成视觉中的重要作用,这比恩培多克勒的流射说合理。然而,由于他过分强调异类相知,有些说法便显得牵强附会。比如他将眼睛的颜色同物体的颜色相异看成是形成视觉的必要条件,并用动物眼睛的颜色来说明为什么大多数动物白天的视力好,少数动物夜间视力好的原因,这就属于不科学的猜测。塞奥弗拉斯特批评过他的这种武断,但仍然称赞他,说"他的特殊贡献是分别研究了每一种感觉,特别是视觉,因为视觉是最重要

---

① 塞奥弗拉斯特:《论感觉》,第 27 节。

的感觉。"①

阿那克萨戈拉认为嗅觉是呼吸了细微的东西而形成的;听觉是由于空气振动形成了声音,通过耳一直传导到脑部,因为脑周围的骨部有些空穴,声音可以穿透进入脑部,形成听觉。②

主张同类相知的恩培多克勒,认为任何感觉中都有和谐和一致,因此,感觉总伴随着愉快和欢乐。阿那克萨戈拉则相反,他认为既然感觉是相异事物对感官的刺激,任何感觉都会伴随着痛苦,刺激越强烈或越持久,痛苦就越显著。塞奥弗拉斯特记述说:

> 从他〔阿那克萨戈拉〕的假设会得出这样的结论:任何感觉都会伴随着痛苦;因为和每个相异的事物接触会产生痛苦;而感觉持续的时间越长或越强烈,痛苦也越显著。……闪亮的色彩和过高的噪音都是使人不快乐的,难以长久承受它们。③(DK59A92)

这种看法也是将问题简单化了,是不够科学的。

根据塞奥弗拉斯特的记载,阿那克萨戈拉还认为,感知能力的大小和幅度,取决于动物及其感官的大小。他认为:"大的动物知觉得多,一般说,知觉随动物形体的加大而增加。例如,有着大而清晰明亮眼睛的动物,能看到大而远的物体,而眼睛小的动物只能看到小而近的物体。听觉也是这样。大的动物能听到幅面广而远的声音,较小的声音会被漏掉;相反,小的动物能听到小而近的声音。嗅觉也是这样。"这种看法,显然也只是对部分动物作表面观察而得到的不科学的概括,是机械的推断。塞奥弗拉斯特批评他的这种看法,指出在实际上某些小动物的感觉,如嗅觉、视觉等,比大动物还敏锐。他指出,感觉能力的高低并不取决于动物形体及其感官的大小,"一个动物的感知能力,应当有赖于整个生命有机体的功能。"④

阿那克萨戈拉的残篇第二十一讲到:我们感官的认识能力是有限的:

---

① 塞奥弗拉斯特:《论感觉》,第 27 节。
② 参见塞奥弗拉斯特:《论感觉》,第 27 节。
③ 塞奥弗拉斯特:《论感觉》,第 27 节。
④ 塞奥弗拉斯特:《论感觉》,第 27 节。

由于我们的感官的无力,我们不能判断真理。(DK59B21)

他还作了具体说明:

食物中便已含有血液、神经、骨骼等等的原始成分,这些成分只能被理性所认识,因为不能将一切都归结到感官,感官只能给我们指出水和面包的形态;只有凭借理性,才能认识到它们所含的物质成分。[1]
(DK59A46)

他还用颜色逐渐变化的例子,说明感官的局限性:

如果我们取黑和白两种颜色的液体,将一种颜色的水一滴一滴地注入另一种液体里,我们的视觉并不能立刻辨别出颜色在逐渐变化中,虽然这种变化是实际在进行的。[2]

显然,只有理性认识才能认知这些真理。但是关于理性认识——努斯,阿那克萨戈拉并没有留下具体的、从认识论角度论述的材料。我们只能断定,他已认识到感觉和理智的区别和联系。他无疑是崇尚理智的,但也没有贬低感觉的作用,认为它是通向理性认识的必要步骤:

可见的东西是不可见的东西的一种显示。(DK59B21a)

通过感知到的事物的现象,理智才能把握不可见的种子的内在本质。

阿那克萨戈拉是倡导科学和理性精神的启蒙思想家。他虽然对人的理性认识还没有作具体研究,但他充分肯定理智在人的全部活动中的重要作用。在他看来,正是理性使人成为人,成为能征服自然、高于动物、驾驭动物的人:

(我们在体力和敏捷上不如动物,)但是我们有经验、记忆、智慧和技巧,能够使用它们(以收集动物的产物)。(DK59B21b)

这同他认为人有双手才成为动物中最聪明的,是一致的。他所崇扬的理性,正是人在实际经验活动中培育起来的高级认识能力,并不是先验地从努斯那里分来的。这和他的努斯学说也是并不完全一致的。

---

[1] 艾修斯:《哲学家意见集成》第1卷,第3章第5节。
[2] 塞克斯都·恩披里柯:《反逻辑学家》第1卷,第90节。

第六节　旋涡运动和自然现象

阿那克萨戈拉的宇宙论的特点是,他认为宇宙的生成、自然界万物的产生,是在努斯的启动下,进行剧烈的旋涡运动分离的结果。正如前引他的残篇第十二中所说的:努斯支配整个旋涡运动,使它开始旋转;从一个小范围开始扩大,越转越大。一切过去、现在和将来存在的东西,都由努斯安排,包括旋涡运动以及由此分离开来的星辰、太阳、月亮、气和以太;旋涡运动造成了分离,将稀的和浓的、热的和冷的、明的和暗的、干的和湿的分离开来。他又在残篇第十三中说,努斯开启运动以后,努斯和万物都分割开来;当事物被运动或分化时,旋涡运动越来越增大了这种分化的过程。从这些论述可以看出,阿那克萨戈拉认为宇宙生成是个分离式旋涡运动的过程。这和他的种子论和努斯学说是一致的,是继承和发展了伊奥尼亚的哲学思想。

在阿那克萨戈拉看来,宇宙原始的时候,无限的种子绝对混合在一起,一切个别事物都还没有分化出来,整个处于静止状态,这就是无定形的阿派朗。在这个混沌中,气和以太最占优势,包含了其他的一切。(残篇第一)这里,他所说的"气"不是空气,而是指无数冷、湿、暗的种子的集合群;他所说的"以太"就是火,亚里士多德说他"不正确地用以太的名称代替火",[①]而他所说的火,也不是指现实燃烧的火,而是指无数热、干、明亮的种子集合群。气和以太这两大性质相反的种子群中,早已潜存着后来分化的自然界的全部事物。但是,它们是处于静态的,不能区别地混合在一体,要靠努斯来启动,使它们发生旋涡运动。亚里士多德认为运动是永恒的,所以批评他这种认为无限最初是静止的说法:

> 阿那克萨戈拉荒谬地说明为什么无限是静止的。他说无限自身是它凝滞不动的原因。这是因为它是在它自身中,没有别的东西包容它;这是

———————

① 亚里士多德:《论天》,270^b24—25。

假定任何东西无论在哪里,都是由它的本性的。但这是不真实的,一件事物可以被迫在某个地方,而不是由于它自己的本性。①

努斯启动了宇宙混沌,形成旋涡运动,就有了越来越大的分离力量。这种努斯的启动,首先从一个小点开始,越来越扩大,就好像人用棍子转着搅动水,从一点开始引起全部的旋转运动那样。努斯引起运动以后,似乎就给了万物以持久不衰、日益强烈的永动力和自然安排;而它自己就分离、缩回了,无须再有作为;而万物却能在越来越加快的旋涡运动中,按照一定的自然法则,彼此分离开来,形成无数个别事物和宇宙秩序。

阿那克萨戈拉描述自然界的形成过程:首先,气和以太从周围物质中分离出来,它们在数量上是无限的。(残篇第二)这两大冷、湿、暗和热、干、明的种子群,在旋涡运动中造成宇宙万物的首次大分离:稀和浓分开,冷和热分开、明和暗分开,干和湿分开。但这种分离并不是绝对的,每一个种子仍包含一切事物的成分;只是由于分离作用,使它内部的某些优势成分显示出来,才具有某种质的规定性;而万物之间互相包容和渗透的状态却并没有改变。所以他说:除了努斯以外,没有一个事物能和其他一切事物绝对分开。(残篇第十三)。这两大种子群的分离,就分别形成天和地。他说:

> 浓的和湿的、冷的、暗的结合在一起,到现在是大地的地方;稀的和热的、干的、明的结合到以太的外空。②(DK59B15)

第欧根尼·拉尔修是这样记述的:

> 他〔阿那克萨戈拉〕说,努斯开启了运动,重的物体占据较低的地位,轻的物体在上空,水和气则在中间。③

伊奥尼亚的哲学家早在观察天体的圆周运动中,设想整个宇宙是在旋涡运动中分化和形成的。恩培多克勒的宇宙循环论中,也有由爱和争所引起的旋涡运动。比较说,阿那克萨戈拉的旋涡运动学说更带有伊奥尼亚哲学气质,又有他自己的新意。

---

① 亚里士多德:《物理学》,205^{b}1—6。
② 辛普里丘:《〈物理学〉注释》,第 179 页第 3 行。
③ 第欧根尼·拉尔修:《著名哲学家的生平和学说》第 2 卷,第 8 节。

在阿那克萨戈拉的旋涡运动中,也是在分离中有聚合,即分离出来的同类种子结合成各个物体。但他更强调旋涡运动的分离作用,并且将宇宙的生成看成是在一次启动后,单方向永久持续分离下去的。恩培多克勒则强调结合和分离的双重意义,他认为宇宙演化是爱和争轮流主导,结合和分离、动和静是周而复始地循环进行的。这种循环论同他的宗教思想是吻合的。阿那克萨戈拉的一次性分离式旋涡运动,发展了伊奥尼亚哲学的宇宙论,虽然他设置了努斯这个精神性的第一推动力,但他的旋涡运动说中可以包含较多的科学内容,同宗教思想没有任何牵连。

阿那克萨戈拉继承和发展了阿那克西曼德的宇宙论思想,阿那克西曼德也认为自然万物是从原始混沌的本原"阿派朗"在旋涡运动中分离出来的。辛普里丘记述说:

> 塞奥弗拉斯特说,阿那克萨戈拉的这个理论同阿那克西曼德的理论相似;因为阿那克萨戈拉说,在无限事物的分离中,相同的东西趋集在一起,在原初的全体中是金和土的东西,分别变成金和土。[1]（DK59A41）

但是,他们两人的学说又有不同。阿那克西曼德的阿派朗,是个完全没有规定性的物质本原,它本身就能运动,不需要别的东西来启动它;在旋涡运动中由于冷热、干湿等对立的作用,产生出自然万物。而阿那克萨戈拉的原始混沌的种子群虽然开始绝对混合在一起,没有区别,但它们在全体中并存着万物,早已潜存着无限多的质的规定性;而且它本来是静止的,要由努斯来启动;旋涡的分离作用只是使种子内部早已存在的各种优势成分显示出来,成为各种现实的质的规定性,即在分离中使各类相同的种子聚合成各种物体。辛普里丘记述说:

> 阿那克萨戈拉的观点是:数量无限的同类部分开始从一个混合物中分离出来,每一事物存在于一切事物之中,但是每个同类部分由占优势的成分显示它的特性。[2]

---

① 辛普里丘:《〈物理学〉注释》,第27页第11行。

② 辛普里丘:《〈物理学〉注释》,第155页第23行起;参见格思里:《希腊哲学史》第2卷,第294页。

这种早已潜存在宇宙混沌中的种子,在旋涡的分离作用下逐渐显现其特性,聚合成物体;这和在动植物的种子中早已潜存着生命的各种因素,逐渐显现生长出生命体是一样的。这样我们就可以理解他为什么将万物的本原称作"种子"。

同阿那克西曼德的宇宙论相比,由于阿那克萨戈拉对自然观察更为精细,他的旋涡运动说中包含较多的科学成分。他论述气和以太两大种子群在旋涡运动的作用下形成个别物体时,有了力学思想的萌芽。他认为正是旋涡运动的速度造成种子的分离力量。残篇第九说:

> 这些质料旋转时,被力量和速度所分离。速度造成了力量。它们的速度同现今人类世界中任何事物的速度都不同,而是要快过许多倍。
> (DK59B9)

他开始触及物理学意义的"速度"和"力"这种概念了。这种力在不同的条件下对不同物质的分离程度是不同的,残篇第十六说:

> 当这些事物分离开来,土就从它们凝聚而成;因为水是从云中分离出来的,土从水中分离出来,由于冷,土凝聚成为石头。石头比水向外动得更远。① (DK59B16)

因为沉重的石头比较轻的水所受到的分离力更大,所以分离得更远。他认为旋涡运动分离事物的过程将无限地持续下去,不可能进行完成,因此,他没有像恩培多克勒那种循环轮回的思想。

在旋涡运动中,气和以太两大相反的种子群首先分化,分别形成天和地;然后两大种子群陆续在分离中有聚合,演化出天地间的万物。希波吕托有一段概要的论述:

> 一切事物分有由努斯开启的运动,相同的事物聚集在一起。整个天体事物因旋转运动而安排有序。浓的、湿的、暗的、冷的东西以及一切重的物体,都聚集到〔旋涡运动的〕中央,它们的密集物就是大地;而它们的对立物,稀的、热的、亮的、干的和轻的东西,形成为以太领域内的事

---

① 辛普里丘:《〈物理学〉注释》,第179页第8行、第155页第2行。

物……太阳、月亮和星辰是炽烧的石块,它们似乎是由于以太的旋转运动
而卷上去的。①(DK59A42)

值得注意的是,他将日月星辰等天体,说成是在剧烈的旋涡运动中,被以太
(火)从大地卷上去的石块,是大地本身在旋转运动中分裂出去的岩石。艾修
斯也是这样记载:

阿那克萨戈拉说环绕宇宙的以太是火的实体。由于它的旋转运动剧
烈,它从大地上攫走岩石,将它们置于火中,变成了星辰。②(DK59A71)

这就是说,天体和大地是同样的物质构成的。被希腊宗教奉为神明的日月星
辰,原来不过是从大地分裂出去的炽烧的石块。这种思想在当时的雅典,确实
是一种振聋发聩的勇敢的无神论科学见解。就因为这种学说,他被当时的雅
典人控告为不敬神,几乎被处死。

阿那克萨戈拉认为宇宙在混沌状态中的种子是无限的,因而在宇宙生成
中所形成的世界,也不只是我们大地上人类生活着和观察到的这个世界;他认
为应该设想,在宇宙中还有其他相似的世界存在。残篇第四说:

(我们应该设想)人和别的有生命的动物都是这样〔由种子〕形成的;
这些人同我们一样建立城市,耕种土地,他们同我们一样有太阳、月亮和
其他星辰,土地会生长出各种各样的产物供给他们,他们将其中最有用的
收集到家里使用。这就是我对于分离过程的说明:这种分离不仅在我们
生活的这块地方进行,也在其他地方进行。③(DK59B4)

阿那克萨戈拉观察自然的眼界是开阔的,他设想无限的种子在旋涡运动的分
离作用下,可以形成无数个类似人类所生存的世界,它们有同样的物质构成,
服从同样的自然规律,有相似的自然秩序。这就突破了恩培多克勒的宇宙循
环论中那个有限的世界——斯弗拉。这种富有科学想象力的假设,全今还使
人们感兴趣,当代科学家们仍在孜孜探讨:宇宙中是否还有些天体也存在生命

---

① 希波吕托:《驳众异端》第1卷,第8章第2节;参见格思里:《希腊哲学史》第2卷,第302
页。

② 艾修斯:《哲学家意见集成》第2卷,第13章第3节。

③ 辛普里丘:《〈物理学〉注释》,第35页第3行起。

和人,甚至比人有更高智慧的生命。

在古希腊的宗教神话中,苍穹是不可亵渎的禁区,灿烂的日月群星是诸神所在,变幻莫测的天文气象是冥冥诸神的威力。阿那克萨戈拉用种子的物质结构和物理变化的法则去阐释日月星辰和雷电冰雹等的成因,这在当时是使人耳目一新的勇敢启蒙。他从天体的物理运动角度研究天文气象,获得一些至今仍有合理性的见解,在天文和气象学说史上有一定地位。

公元前468或前467年,一块巨大的陨石坠落在希腊的爱戈斯波大摩(Aigospotamoi)附近,引起人们惊惧,以为是天谴之兆。据记载,阿那克萨戈拉曾预言这块陨石从太阳坠落,因而获得很高荣誉。罗马学者普林尼(Pliny)在其名著《自然史》中记述了这件事:

> 希腊人说,在第七十八届奥林匹克赛会的第二年,克拉佐门尼的阿那克萨戈拉以其渊博的天体知识预言:某天将有一块石头从太阳坠落下来。这件事在靠近爱戈斯波大摩的色雷斯地区发生了。这块石头有一辆货车大小,棕色的。一颗彗星在那几夜也闪耀着。(DK59A11)

希腊人说他能预言陨石坠落的时间和地点,当然是夸大的,现代天文学家还做不到这一点。据普卢塔克记载,这块陨石坠落的事件是真实的,到罗马时代这块巨石还躺在当地,受人们崇拜。阿那克萨戈拉主要是阐释了陨石发生的物理原因。普卢塔克记述说:

> 据说,一块巨石从空中坠落在爱戈斯波大摩,这是事实,因为切尔苏尼底曾敬祀它。据说,阿那克萨戈拉曾预言,由于嵌在天空中的物体撼动了,其中一块会被撕裂开,往下甩,掉落下来。他声称,每颗星辰并不在它的自然位置上,因为它们是石头,重的,是由于以太的阻力和摩擦而发光。它们在这种阻力中作圆周式的拖动,并被整个旋涡运动吃力地拉绷得紧紧的,就像当初,冷的和重的物体从整体中分离出去时,它们就因阻力而不掉落下来。……达玛修斯在《论虔诚》中也说到阿那克萨戈拉的这件事,并且记载,在石块坠落以前的七十五天里,天空中就看到一团巨大的炽光物体,像一团燃烧的云……当石头坠落到那里时,当地人从恐惧中恢复过来,走近去,他们看到的不是火或火的痕迹,而是一块石头躺在那里,

但已经不是燃烧的物团了。（DK59A12）

第欧根尼·拉尔修也记述了关于阿那克萨戈拉和陨石的事：

> 西勒诺斯（Silenus）在他的《历史》第 1 卷中说，当德美洛斯
> （Demylus）任执政官的时候，一块陨石从天上坠落下来，据说阿那克萨戈
> 拉断言，整个天体是由石块造成的；由于旋涡运动的速度使石块粘在一
> 起，当它放松时，石块就落下来了。①

由这些记载看，由于陨石降落，阿那克萨戈拉解释其成因，大概是事实。他认
为旋转速度产生使石块粘在一起的力量（用现代术语就叫向心力）可以克服
以太的阻力，使天体保持在运行轨道上；而由于这些力量放松，石块就坠落下
来了。在天文学史上，他可能是最早从天体力学角度试图说明陨石的成因的，
如果他没有对物理现象作过仔细的观察，是不可能得出这样的认识的。

阿那克萨戈拉说太阳只比伯罗奔尼撒大一些，当然是直观的错误。但他
认为整个天体自生成以后，处于永恒的运动之中。整个天体从东往西作旋转
运动，没有一颗星辰固定在一个位置上。他还推断，在浩瀚的太空中，除了我
们看到的日月星辰以外，还存在许多我们看不到的天体。他认为："太阳、月
亮和一切星辰都是炽烧的石块，随着以太的旋转运动而转动。但在星辰下方，
还有一些物体随着太阳和月亮转动，只是我们看不见罢了。"②（DK59A42）

他认为月亮同大地一样，也有平原和深谷；柏拉图在《克拉底鲁篇》中说
到阿那克萨戈拉的新发现是"月亮的光来自太阳光的反射。"③他同恩培多克
勒一样，最早从天体运行轨道的角度，比较正确地说明了月食和日食的成因。
他认为："月食是由于大地遮断了太阳照到月亮上的光"，"日食发生在新月
时，那时月亮遮蔽了太阳照射到大地上的光"；而且，所遮蔽的圆锥形阴影有
多大，蚀面就有多大。④（DK59A42）这表明他对日、月和大地的运行轨道有较
为正确的认识，并且认识到光线是直线传播的。

---

① 第欧根尼·拉尔修：《著名哲学家的生平和学说》第 2 卷，第 12 节。

② 希波吕托：《驳众异端》第 1 卷，第 8 章第 6 节。

③ 柏拉图：《克拉底鲁篇》，409A。

④ 参见希波吕托：《驳众异端》第 1 卷，第 8 章第 3 节。

关于银河,亚里士多德在《天象学》中讲到,阿那克萨戈拉、德谟克利特和他们的学派认为:"银河是这些星群的光。本来,太阳光的射线淹没了群星的光,所以看不见了;但当太阳运动到大地下方时,因为太阳光被大地挡住了,这些星群的光就显露出来,成为银河。"①

阿那克萨戈拉同阿那克西美尼(后来还有德谟克利特)一样,认为大地是扁平的,这种推测当然是不科学的;但是,他们认为扁平的大地由下面的空气托浮在空中,像是处在气垫上。亚里士多德在《论天》中记述了他们的说法:他们认为,大地是扁平的,这是它静止不动的原因。它被浮托,漂在上面,空气在它下面。② 他认为空气也是有形体的,能承受压力,所以能支撑沉重的大地。他认为大地有平原,有幽谷山峰,还有许多凹孔和洞穴;雨水下注,形成江河海洋和地下河流。他还认为地下的洞穴中也注入了以太即火,由于雨水冲注,以太引起地壳扰动,发生地震。③ 他可能是注意到有些地震总伴随着火山爆发和暴雨,才这样解释的。

他认为,闪电是云块互相撞击时发生的火光,由此引起的爆响就是打雷,所以雷声出现在闪电以后。④ 他还解释了冰雹的成因,认为:云块被热气推升到很高的空中,那里很冷,于是云中的水汽凝结成冰,掉落下来。冰雹常发生在夏季,因为这时有大量热气将云腾送到远离地面的高空。⑤ 关于非洲尼罗河水在夏季泛滥的原因,是古希腊学者们热衷探讨的一个课题,有各种不同的看法。阿那克萨戈拉批驳了种种猜测,认为尼罗河泛滥的真实原因是由于南部埃塞俄比亚山上的大量积雪在夏季溶化而造成的。⑥ 他没有实地勘察过尼罗河流域,他这个分析,表明他有丰富的地理知识和科学推断能力。

阿那克萨戈拉的种子论,不仅是哲学上的一种本体论,在物理学上,也是

① 参见亚里士多德:《天象学》,345ª25—29。
② 参见亚里士多德:《论天》,294ᵇ13—15。
③ 参见伪普卢塔克:《汇编》,第3章第15节。
④ 参见亚里士多德:《天象学》,369ᵇ14,348ª14。
⑤ 参见亚里士多德:《天象学》,348ª14—25。
⑥ 参见罗斯所辑:《亚里士多德残篇》,第246页。

别具一格的物质结构论。他的种子无限可分,他将"微分"思想和微观结构引入物理领域。他认为物质结构既可无限分割,粒子间又可互相渗透和包含。他的种子是间断性(粒子性)和连续性的统一。这种关于粒子结构的朴素的辩证观念,从现代量子力学的角度看,可以说是颇有意义的猜测。他对物体运动的许多不同形式以及一些力学现象(压力、向心力等),都作了初步的考察。他描述了旋涡运动、垂直下落运动、速度和力的关系等问题。他同恩培多克勒一样,用汲水器的工作机制,以类似实验的方法,证明空气是实在的物质。辛普里丘记述:"阿那克萨戈拉及其学派认为,他们只要指明空气是某种物质,就能驳斥虚空的存在。实际上,他们用压缩酒皮袋里空气的办法,表明空气是一种物质实体,它能抵抗压力"。[①] 从而他否认虚空的存在。在光学思想方面,他指出光线是直线传播的,以此说明日食和月食的成因。他又说:"我们将太阳光在云里的反射叫作虹。"(DK59B19)表明他已认识到光线的折射现象。他还认为,事物的颜色有黑色和白色两个极端,其他颜色是依次排列在黑白之间的连续带,是黑白两色的混合物。[②] 这可以说是最早的色谱观念。

由此可见,阿那克萨戈拉对自然界的许多现象都作了比较细致的观察,因而对它们的成因作出比较合理的推测。如果说,恩培多克勒在自然科学方面的主要贡献,在于他用元素论研究了天体现象和生命科学领域;那么,阿那克萨戈拉的主要贡献就在于他用种子论研究了各种自然现象的物理成因,从而促进了物理学思想的萌发。在亚里士多德以前,他在这方面的研究和贡献是较为突出的。现代学者吉尔琛生、格林贝格所著《阿那克萨戈拉和物理学的诞生》一书,提供了比较丰富的材料,可供参考。

阿那克萨戈拉对生物和生理也有研究,但是这方面的材料少而零碎,而且有关论述同他的努斯学说的关系,也不清晰。

关于生命的起源,表面上看,他采取同恩培多克勒相似的观点,认为"生

---

① 辛普里丘:《〈物理学〉注释》,第647页第20行起;参见吉尔琛生、格林贝格:《阿那克萨戈拉和物理学的诞生》,第310页。
② 参见塞奥弗拉斯特:《论感觉》,第92节。

物最初是在湿、热和土中产生的,后来就一代一代自行繁殖了。"①但是,他并不认为生命是从无机物中逐渐自行演化产生的,不存在由无机物向生命的转化。在他看来,生命早已在种子中亘古存在,他认为:"空气中包含了一切种子,它们随着雨水冲落下来,产生了植物。"②这种说法是离奇的、幼稚的。

阿那克萨戈拉认为在万物中只有有生命的事物才分有努斯,这是生物同非生物的分界。亚里士多德说:"植物是没有呼吸的,可是阿那克萨戈拉认为它有";③"阿那克萨戈拉认为植物是能够感觉快乐和痛苦的动物,这从它们会弯动的叶簇可以推知";④所以,植物也是"有欲望,有运动,有灵魂的"。⑤ 但关于灵魂和努斯的关系,阿那克萨戈拉的说法是混乱的。他时而将它们说成是一个东西,有时又说它们是不同的。前面已经引述过,亚里士多德指出:阿那克萨戈拉似乎区别了灵魂和努斯,但实际上他又将它们看成是一个实体,只是努斯是单纯的、不混合的、纯粹的。⑥ 而且,阿那克萨戈拉曾经说过,所有的灵魂分有的努斯都是相同的;那么,生物体天赋的努斯——认知能力也理应是相同的,为什么人和动物以至植物之间在感觉和理智能力上又会有很大差别呢? 在这方面,他就不用努斯来解释,而是用物质性的东西——自然造成他们的身体构造不同来说明了。亚里士多德记述:"阿那克萨戈拉的意见是,人是动物中最聪明的,原因在于他有双手。"他猜测到人有双手是能使人增长理智能力的,这是个卓越的见解;亚里士多德却从目的论的角度立即批评了这个观点:"假定人获得双手是由于他是最聪明的结果,而不是原因,才是更合理的。因为手是工具或器官,是自然有计划地分配给能使用它们的动物的"。⑦

在生理方面,阿那克萨戈拉也有些合理的见解,例如他认为鱼是用鳃排出

---

① 　第欧根尼·拉尔修:《著名哲学家的生平和学说》第 2 卷,第 9 节。
② 　塞奥弗拉斯特:《论感觉》第 3 卷,第 1 章第 4 节。
③ 　亚里士多德:《论植物》,816^{b}25 — 26。
④ 　亚里士多德:《论植物》,815^{a}17 — 20。
⑤ 　亚里士多德:《论植物》,816^{b}24。
⑥ 　参见亚里士多德:《论灵魂》,405^{a}13 — 17。
⑦ 　亚里士多德:《论动物的构成》,687^{a}7 — 15。

水而呼吸空气的。① 他也赞同阿尔克迈翁的观点,认为脑是感知的中枢器官,因而在胚胎发育中,脑是最先形成的部位,等等。但总的说来,他考察生物和生理领域所取得的成果,比恩培多克勒远为逊色。

　　阿那克萨戈拉对古希腊的科学和文明作出过重要的贡献;在哲学思想的演进中,他处在一个转折性的分岔路口,是继往开来的重要人物。他在坎坷的一生中,将伊奥尼亚的哲学和科学思想传播到希腊本土的雅典,并且创建了自己的崭新学说;晚年又被放逐流返东部故土,确立学派,聚徒授业。他是古代希腊东部殖民城邦和本土间哲学和科学思想交通的重要桥梁。从他开始,希腊本土才有自己的哲学;随后,古希腊哲学的中心转向雅典,并逐步走向系统化的全盛时代。

　　阿那克萨戈拉的自然哲学和理性主义的科学精神,是伯里克利一代文明的重要构成部分。他本人虽然因政治迫害而被逐出雅典,但他留下的思想种子即伊奥尼亚传统的自然哲学和科学精神,却在雅典和希腊本土生根开花。他的学生阿凯劳斯在雅典建立科学团体,努力宣扬阿那克萨戈拉的自然哲学和物理学思想,并且注意研究伦理问题。阿凯劳斯是苏格拉底的老师,据说他将生性疏漫、狂狷的青年苏格拉底引上经受哲学训练的正途。阿那克萨戈拉哲学对苏格拉底和柏拉图的影响,大约是通过他为媒介的。与他同时,一批年轻的自然哲学家如阿波洛尼亚的第欧根尼等,都致力于宣扬伊奥尼亚哲学传统,形成一股复兴并改革伊奥尼亚哲学的思潮。阿那克萨戈拉的思想促进了当时自然科学的欣欣向荣,如阿那克萨戈拉的学生俄诺庇得在天文学上有杰出成就,而西方医学的鼻祖希波克拉底也是在这种科学精神熏陶下成长的。关于他们的思想,我们将在下一章专门论述。亚里士多德及其学园很重视研究阿那克萨戈拉,亚里士多德的著作中有许多关于他的论述。据说塞奥弗拉斯特写过专门论著,有"评阿那克萨戈拉一卷,关于阿那克萨戈拉的学说一

---

　　① 参见亚里士多德:《论呼吸》,470ᵇ33—35。

卷"。①

在推进古代希腊哲学的发展中,阿那克萨戈拉的主要贡献在两个方面:一是种子论的物质结构理论,二是他提出的努斯学说。这两方面从不同的角度,分别影响了后来的德谟克利特和苏格拉底、柏拉图。

阿那克萨戈拉的种子论富有伊奥尼亚哲学传统的特色,它同具有南意大利哲学传统特色的恩培多克勒的元素论,各有千秋,互相辉映。德谟克利特采纳两者的长处,克服它们各自的缺点,登上原子论高峰。种子论是原子论的前奏或直接准备。德谟克利特深入研究过阿那克萨戈拉的学说,而希腊后期著名的原子论者伊壁鸠鲁也深受阿那克萨戈拉和苏格拉底的老师阿凯劳斯的影响。

阿那克萨戈拉的努斯学说将动力因和物质相割裂,把理性夸大成为同物质对立的精神本原,成为世界秩序的原因。这些都对苏格拉底和柏拉图建立目的论的唯心论有一定影响。但是,不能将这种影响夸大,不能将阿那克萨戈拉的努斯学说神化。后来的新柏拉图学派和早期基督教神学家,就将阿那克萨戈拉的努斯直接曲解为"神",如罗马时代的扬布利柯说,阿那克萨戈拉主张"我们的心灵〔努斯〕是神";尤息比乌说,阿那克萨戈拉的努斯学说表明,"他是希腊人中第一个以这种方式说到神的人"。② 19 世纪德国神学家施莱马哈认为,阿那克萨戈拉的努斯开启了有神论,是柏拉图主义的真正理论来源。③ 这些都歪曲夸大了阿那克萨戈拉哲学的历史作用。在阿那克萨戈拉的具有二元论倾向的哲学中,素朴唯物论思想占主导地位,不能说他的唯心论倾向已进入有神论,他对苏格拉底和柏拉图的影响也不是直接的,不能夸大。

---

① 第欧根尼·拉尔修:《著名哲学家的生平和学说》第5卷,第42节。
② 扬布利柯:《研究哲学的虔诚》;尤息比乌:《预备福音》;参见吉尔琛生、格林贝格:《阿那克萨戈拉和物理学的诞生》,第 185、187 页。
③ 施莱马哈:《古代哲学史》,第 43 页。

第十一章

复兴伊奥尼亚哲学的思潮
——阿凯劳斯、第欧根尼和希波克拉底

阿那克萨戈拉虽然被迫离开雅典,但他留下了富有伊奥尼亚传统特色的自然哲学,留下了理性主义的科学精神,也留下了尚待解决的二元论哲学倾向的内在矛盾。在差不多和阿那克萨戈拉同时或其后二三十年间,以雅典为中心的希腊本土上,有一批自然哲学家非常活跃,他们兴起了一股复兴伊奥尼亚哲学的思潮。这股思潮内容参差不齐,主导倾向是宣扬理性,发展科学。它和同时的智者派运动的人文主义精神平行发展,是希腊民主启蒙运动的一个方面,伯里克利文明的表现。它是从阿那克萨戈拉哲学向德谟克利特和苏格拉底哲学过渡的一个中间环节。阿凯劳斯、阿波洛尼亚的第欧根尼和希波克拉底是这股思潮的主要代表。

西方一些学者往往认为这些自然哲学家在哲学上没有创造性的见解,仅仅是简单地回复传统的伊奥尼亚哲学,所以对他们没有给予必要的重视,往往略而不提。我们认为,从希腊哲学的发展看,他们的这些思想的出现,无论从哲学思想发展的内在逻辑,还是从历史发展的必然性上看,都应该给予一定的位置。具体一点说,这股思潮可以说有以下一些特点:

第一,他们在当时哲学的根本问题——关于万物的本原问题上,没有采取多元的粒子说——无论是恩培多克勒的四元素说,或是阿那克萨戈拉的多元的种子论——而是回复到伊奥尼亚的一元的物质本原说——泰勒斯的水,更多的是阿那克西美尼的气。表面上看来,仿佛是一种倒退;但这种"倒退"有

它的历史必然性。当时由于爱利亚学派的倡导,哲学要求解决"一"和"多"的矛盾,要寻求的是多中之一。"元素"和"种子"在形式上似乎满足了这种要求,只有它们是唯一的"存在";但实际上,它们本身的质却是多元的,因而并没有能解决一和多的矛盾。而这些哲学家并没有能从恩培多克勒和阿那克萨戈拉的多元的粒子说前进到像原子论那样的一元的粒子说,所以不得不回复到伊奥尼亚的一元的物质本原去。这种发展趋向预示着,为了解决"一"和"多"的矛盾,必须出现一种比"元素"和"种子"更高(更抽象)的一元的粒子说,所以留基伯和德谟克利特的原子论的出现,是当时哲学逻辑发展的结果。

第二,阿那克萨戈拉的哲学既提出了物质性的种子,又提出了精神性的努斯,是一种有二元论倾向的哲学。后来的哲学家看到这方面的矛盾,想调和二者。所以,较多的哲学家选择阿那克西美尼的"气",以它作为万物的本原。因为在所有的物质元素中,气似乎是最容易被说成也是具有精神性的物质,他们想以此调和二元论的矛盾。但这些哲学家的理论活动的结果证明,物质和精神的对立是不能这样地用一种似乎既是物质又是精神的东西来调和的。物质和精神的对立只会更加扩大,发展成唯物论和唯心论两种对立的哲学体系。像第欧根尼和希波克拉底这样的哲学家,可以说是在唯物论和唯心论的哲学体系各自明确形成以前,企图调和二者的一种尝试。当然,这种尝试是失败的。

第三,哲学往往是概括科学思想发展的产物,一种新的唯物论的哲学只能在科学思想大大发展的基础上才能产生。这时候的哲学和科学是还没有分离的,但它们的研究领域有所不同却已经开始显现出来了。本章所研究的这几位思想家都仍然是自然哲学家,他们讨论的既是哲学,也是科学;但他们,特别是希波克拉底是古代希腊最著名的医生,他的科学成就远远超过他的哲学成就。正是他们以及和他们同时的一些科学家在科学上作出了重大贡献,科学的发展使得原子论哲学的产生得到坚实的基础。还应该看到,他们和伊奥尼亚的自然哲学家一样,都在科学方面各自作出贡献;而且,由于时代前进了,他们在科学上的成就,正像恩培多克勒和阿那克萨戈拉一样,比伊奥尼亚自然哲学家要深刻得多。他们的观察更为深入、细致,猜测的成分少了,科学的成分就比较多了。从他们研究的领域说,和伊奥尼亚的自然哲学家也有所不同。伊奥尼亚哲学家主要关心的是天文地理、宏观宇宙的问题,而这时候的自然哲学家却是更多地关心和人有关的科学问题——医学、生理、农业等方面的问题。这和当时以雅典为中心的整个希腊世界的中心思潮有关,即通常所说的:人们的注意力已经从天上移到地上。和他们差不多同时兴起的智者派运动,主要是在社会政治方面代表了这种思潮,而这些自然哲学家则主要是在自然科学研究方面代表了这种思潮,他们也同时重视对社会政治的研究。这就是当时的时代精神——"研究人自己"在自然科学方面的表现。这些自然哲学家在科学上的贡献和智者运动是相得益彰的。

在分节论述阿凯劳斯、第欧根尼和希波克拉底的思想以前,我们先简要介绍几位在一些哲学史上被称为"小哲学家"的代表人物的观点。他们在科学上有所建树,哲学上确实没有创见,但从他们的思想可以看出当时的思想潮流。他们是:希朋(Hippon)、克莱得谟(Cleidemus)和伊戴乌斯(Idaeus)。

希朋。第尔斯说他是伊奥尼亚的萨摩斯人,但有些书上却说他是意大利的克罗顿、罗吉翁或墨塔蓬通人。他是伯里克利时代的人,当时有个名叫克拉提努(Cratinus)的人写了一个剧本《无所不知者》,其中讥嘲希朋是"无神论者"。[①] 说明他当时的观点可能和阿那克萨戈拉相似。但根据扬布利柯的记载,希朋可能曾经是毕泰戈拉盟会的成员。(DK38A1)

希朋的主要观点是复活泰勒斯的学说,主张水或"湿气"是万物的本原。亚里士多德对他的评价很低,在《形而上学》第一卷中论述了泰勒斯以水为万物本原以后,说:

> 至于希朋,没有人认为他适宜于包括在这些思想家之列,因为他的思想是没有价值的。[②]

在《论灵魂》中,亚里士多德作了解释:

> 有些比较肤浅的作者,如希朋,宣称它〔灵魂〕是湿气;看来,他们是

---

① 参见格思里:《希腊哲学史》第 2 卷,第 354—355 页及注。
② 亚里士多德:《形而上学》,984ᵃ3—5。

根据这一事实来论证的:一切动物的精子是液体。因为希朋是企图驳斥那些认为灵魂是血液的人,理由就是,作为最初灵魂的精子并不是血。①希朋认为湿气是生命力的本原。亚历山大在评述亚里士多德的这段话时,指出:希朋使用"湿气"这个一般性的词,没有说明它是指泰勒斯的"水",还是像阿那克西美尼和第欧根尼所说的"气"。(DK38A6)而辛普里丘认为他所说的湿气,就是泰勒斯所说的水。② (DK38A4)1885 年,有人在过去一位经院哲学家研究荷马史诗《伊里昂纪》的文章中,发现了公元前二世纪玛鲁斯人克拉特斯(Crates of Mallus)引述过希朋本人的一段话。这段话后来被第尔斯编为希朋的唯一可靠的残篇:

> 一切水都是从海中吸过来的;因为我们饮用淡水的井当然不比海深,不然的话,水就不是从海来,而是从别处来了。但是事实上,海比井水深。所以,一切高于海的水都是来源自海的。(DK38B1)

这则残篇表明,希朋接受了泰勒斯的见解,即认为大地漂浮在水(海)上。希朋还可能认为海水流经多孔洞的地段,过滤成为淡水的。

据希波吕托记载,希朋认为水是万物的本原,而水生火,"两者制约在一起,形成宇宙。"③(DK38A3)至于水怎么能生火,他没有说明。辛普里丘认为,大概是因为他看到"水气上冒热"的缘故。④ (DK11A13)

希朋在生理问题方面受南意大利医派的影响,注意从生命和灵魂方面论述自然的本原。从前面所引亚里士多德在《论灵魂》的记载中可以看出:他论述水是本原时,认为水是生命力的源泉,因为动物的精液和植物的种子中都是含水的。水是生命的本原,水也就是灵魂。他还认为,灵魂就是脑,脑也充满了水分。脑从精液里生长出来,它的水分是从脊髓里流过来的。古希腊人常将脑和脊髓联系起来,同等看待。阿尔克迈翁认为脑的生长来自精液,希朋是继承这种思想的,但又作了发挥。据第尔斯辑录的另一条古代记载中,说他用

---

① 亚里士多德:《论灵魂》,405^{b}1—4。

② 参见辛普里丘:《〈物理学〉注释》,第 23 页第 22 行。

③ 希波吕托:《参考资料》,第 1 章第 16 节。

④ 参见辛普里丘:《〈物理学〉注释》,第 23 页第 24 行。

水来阐释生、死等问题：

> 他〔希朋〕的观点是：我们人体中有我们自己的"水气"，由于它，我们
> 能感觉，有生命。当这种水气处在合适的状态时，生命体是健康的；一旦
> 水气干涸，生命体就丧失感觉，死亡了。这个道理可以说明，为什么老人
> 总是干瘪的，他们的感官也是迟钝的，就是因为他们缺乏水气了。同样，
> 脚底感觉衰弱，也是因为它们的水分减少了。……同一作者在另一著作
> 中还说：由于过冷或过热，使水气的合适状态发生变化，就会导致疾病。
> 由于水气过多或者干涸，它的质地变得粗浑或太稀纯，或者水气变成了一
> 些别的实体，他认为这些都是致病的原因。不过，对于这样引起的疾病，
> 他并没有命名。（DK38A11）

由此可见，希朋基本上是继承泰勒斯的自然哲学思想的，认为万物的本原是
水。但希朋对自然的观察比泰勒斯的时代进步多了，尽管他主要仍然是一种
猜测，其中包含的科学因素却比较多。这也是人类认识在前进的一种表现。

此外，希朋的自然哲学思想还带有一点毕泰戈拉学派思想的痕迹。据记
载，他强调"10"和"7"这两个数，认为它们在人的生命发育中有重要意义，比
如，胎儿在7至10个月间分娩，婴儿在7个月至10个月长牙，7岁的孩子开始
掉落乳齿，到10岁落完，等等。（DK38A16）这类思想当然是肤浅的比附。另
外，他认为动物胚胎的营养是靠在子宫内像乳房那样的生长物的。
（DK38A17）据说，他还写过论植物的著作，塞奥弗拉斯特在《植物史》中曾评
述他关于野生植物和人工栽培植物的区别的见解。

克莱得谟。克莱得谟的原籍和生卒年均无记载。塞奥弗拉斯特评述他的
感觉学说时，将他同阿那克萨戈拉和阿波洛尼亚的第欧根尼放在一起，表明他
们大概是同时代人，生活在公元前5世纪的后半叶。

关于自然的本原，没有涉及他有特殊见解的记载。他的思想特点是力图
运用伊奥尼亚的自然哲学来阐述自然现象，如天文气象和植物生长等问题，他
特别关注研究农业耕作的实际问题。据说，他认为闪电是在黑夜中大海被某
种杆状物所击动，发射出像硫磺燃烧那样的火花来。（DK62A1）这和阿那克
西美尼将闪电比作大海被桨片划破的说法相似。他认为植物和动物的本原本

来是相同的,只是前者的质料更冷,更混浊,所以在生长发育中和动物区别开来了。(DK62A3)他认为植物的生长和季节之间,有冷热相反相成的关系:冷性的植物在夏季萌发,热性的植物在冬季抽芽。(DK62A5)人们必须懂得这种关系,才能搞好农业耕作。最好的播种时间是在二月,天昂星升起的时候,因为再过一个星期就要下雨了。到春分还不下种是危险的,因为春分以后土壤潮湿,水气厚重,土壤结构就像一团板结的乱羊毛了。(DK62A5)克莱得谟注意用伊奥尼亚的自然哲学思想来阐释农业耕作的经验,表明当时科学和生产实践的联系。

克莱得谟论述感觉的成因,注意探讨感官的生理结构,兼收并蓄了恩培多克勒和阿那克萨戈拉的不同思想。他认为眼睛有视觉能力,因为它们是透明的。他同阿那克萨戈拉一样强调光在形成视觉时的重要作用。他也赞同恩培多克勒的流射说,认为耳、鼻、舌等器官能感知事物,是因为感知对象的细微粒子能进入这些感官。比如,舌头有味觉,因为它是孔道结构,能溶纳食物的细微粒子。除耳、鼻、舌、目外,身体的其余部分只能感知冷或热、干或湿。除耳朵外,其他感官能自行辨识感觉,只有耳朵没有这种分辨能力;必须将声音传达到"心灵"中,才能加以辨识。他的"心灵"不同于阿那克萨戈拉的"努斯",是感觉的中枢器官,具有较多的物质性。

伊戴乌斯。伊戴乌斯是希腊人,大概稍年轻于阿那克萨戈拉。塞克斯都·恩披里柯把他同阿那克西美尼、阿波洛尼亚的第欧根亚一起列入主张"气"是万物本原的哲学家。① 但是,有些学者认为,伊戴乌斯就是亚里士多德在《物理学》中所说的主张万物的本原是比火浓厚比气稀薄的那种"中间物"的哲学家,②还说阿那克西曼德的阿派朗就是这种"中间物"。③ 这个问题我们前面论述阿那克西曼德的哲学时已经讨论过。认为伊戴乌斯主张本原是中间物的人也没有提出可靠的根据。

---

① 参见塞克斯都·恩披里柯:《反自然哲学家》第1卷,第360节。

② 参见亚里士多德:《物理学》,187ᵃ14—15。

③ 参见罗斯:《亚里士多德的〈物理学〉》,第482页。

第一节　阿凯劳斯

阿凯劳斯可能是出生于雅典的第一位哲学家。第尔斯将他定为雅典人，鼎盛年则在公元前450年左右。第欧根尼·拉尔修是这样记述他的生平的：

> 阿凯劳斯，阿波罗多洛的儿子，也有人说他是弥同的儿子，是雅典或者米利都人。他是第一个将自然哲学从伊奥尼亚带到雅典的阿那克萨戈拉的学生。阿凯劳斯是苏格拉底的老师。他被称为自然学者，在他那里自然哲学宣告终结，苏格拉底很快引进了伦理学。然而，阿凯劳斯自己看来也研究伦理学，因为他也讨论法、善和正义。苏格拉底从他那里接过这个题目，将它发展到顶峰，因而被认为是它的创始人。①

第欧根尼·拉尔修的这种说法不是很精确的。他说在阿凯劳斯那里希腊的自然哲学宣告终结，实际上阿凯劳斯和留基伯差不多同时，德谟克利特在他以后，至少不是在他以前，将早期希腊的自然哲学推上了顶峰。拉尔修之所以这样说，是因为古代作家对德谟克利特没有给予应有的重视。将伦理学引入哲学，正像拉尔修自己所说，实际上并不始自苏格拉底，阿凯劳斯已经讨论伦理问题了；其实，早在阿凯劳斯以前，古希腊的许多哲学家都讨论过有关伦理方面的问题。与阿凯劳斯同时的智者们都是讨论社会伦理问题的。但西方的传统都将苏格拉底认为是伦理学的创始人，不仅因为他主要讨论伦理问题，而不是自然哲学（在这点上，智者们和他是一样的），而且因为以后西方伦理学的一些基本原则是由他最初提出来的。

　　阿凯劳斯在哲学史上的位置，主要是因为他是苏格拉底的老师。阿凯劳斯和苏格拉底有很密切的联系，第欧根尼·拉尔修曾记载说："开俄斯的伊翁说，他〔苏格拉底〕年轻时曾和阿凯劳斯一起去萨摩斯。"②去干什么？去打

---

① 第欧根尼·拉尔修：《著名哲学家的生平和学说》第2卷，第16节。
② 第欧根尼·拉尔修：《著名哲学家的生平和学说》第2卷，第23节。

仕。他们参加了以雅典军队为一方,以爱利亚学派哲学家麦里梭率领的军队为另一方的著名的萨摩斯战役。但阿凯劳斯主要是在思想上和苏格拉底有关系,因为他一方面是阿那克萨戈拉的学生,另一方面又是苏格拉底的老师。他成为这一段哲学思想发展的中介人。柏拉图在《斐多篇》中说,苏格拉底听到有人介绍阿那克萨戈拉的思想。① 这个人大约就是阿凯劳斯。据说,苏格拉底 17 岁时就受教于阿凯劳斯,两人交往多年,阿凯劳斯对苏格拉底的影响是很显然的。

阿凯劳斯和阿那克萨戈拉一样,在雅典活动多年后,也跑到兰萨库斯去,继承他老师的衣钵,成为阿那克萨戈拉学派的首领。第尔斯辑录的一则残篇中,说他"写过一本《生理学》,并且认为正确与错误不是人的天性固有的,而是约定俗成的。他还写过另外一些著作。"(DK60A1)他的著作都没有保存下来,被辑录的据说是他自己原话的残篇只有寥寥几个字。至于对正确和错误的看法,他大约是接受了当时智者们较为普遍的观点。

阿那克萨戈拉的哲学,是阿凯劳斯思想的出发点。但是,他大约察觉到他的老师的学说有二元论倾向的内在矛盾,因此,他企图用阿那克西美尼的本原——气的一元论,来弥合阿那克萨戈拉哲学中物质种子和努斯的对立。关于他的哲学思想,辛普里丘记载说:

> 雅典的阿凯劳斯,阿那克萨戈拉的学生,据说苏格拉底曾和他交往。他试图将某些他自己的带有创造性的思想引进宇宙论及其他课题,但他设置的本原还是和阿那克萨戈拉一样的。他们都主张本原在数目上无限,而在种类上不同,他们都以同类部分作为本原……②

希波吕托的一段记载则较为详细地阐述了他的哲学和科学思想:

> (1)阿凯劳斯出生于雅典,是阿波罗多洛的儿子。他相信类似于阿那克萨戈拉所说的物质的混合,所说的本原也是相同的;然而他主张从开始起,努斯内部也有一定的混合成分。(2)运动的开始是热和冷彼此分

---

① 参见柏拉图:《斐多篇》,97C。

② 辛普里丘:《〈物理学〉注释》,第 27 页第 23 行起;参见基尔克、拉文:《苏格拉底以前的哲学家》,第 396 页。

离,热是运动的,冷处在静止中。当水在液态时,它总流向中心,燃烧起来成为气和土。气生来是向上升的,土则留在下面的位置上。(3)正是因此,大地产生了,静止地躺在中心,成为整个宇宙的不可估量的部分。而由燃烧产生的〔气〕,〔支配宇宙,〕由于它开始燃烧,产生了天体。太阳是其中最大的,月亮次之,其余有的较大,有的较小。(4)他说天穹是倾斜的,所以太阳光照在大地上,使空气透明,土地干燥。因为大地本来是一个沼泽,边缘高而中间凹陷。他用这事实来证明凹陷,即太阳的升起和下降,对所有的人并不是同时的;要是大地扁平,就应该是同时的。(5)关于动物,他主张,大地开始在低陷的地方得到热时,热和冷是混在一起的,许多动物包括人开始出现了,它们的生活方式是一样的,都从泥淖中获取营养。这些活得不长,但是后来它们开始自行繁殖了。(6)人和动物区别开来,建立起统治者、法律、技艺、城邦等等。他说,努斯是一切动物都一样生来固有的,每种动物都和人一样使用努斯,只是有的用得比别的更敏捷些。① (DK60A4)

由此可知,阿凯劳斯和阿那克萨戈拉一样,既认为万物的本原是同类部分,又承认努斯;但是他将努斯作为精神性本原的地位降低了:一则认为努斯内部也有混合的部分,像物质性的种子(同类部分)一样,并不是完全单纯的、纯粹的;二则认为一切动物都和人一样,也分有努斯,使用努斯,只是动物使用努斯的程度不如人那样敏捷而已。这样,努斯就失去了和物质性的种子根本对立的地位,二者的根本差别泯灭了。努斯也不成为安排宇宙秩序的原因,失去了在阿那克萨戈拉那里具有的目的论的意义。阿凯劳斯力图调和物质种子和努斯这种二元论倾向的内在矛盾,加强了素朴唯物论的思想成分。但是,这样还没有能真止解决矛盾,因此,他不得不借助阿那克西美尼的"气"的学说。

阿那克萨戈拉认为在宇宙原始混沌中,气和以太(火)两大种子群包含一切物质。阿凯劳斯在论述宇宙的生成时,强调"气"的主导作用,认为气支配

---

① 希波吕托:《参考资料》第1卷,第9章第6节;参见基尔克、拉文:《苏格拉底以前的哲学家》,第396—397页。

宇宙万物,燃烧的气形成宇宙中一切天体。因此,古代有些学者认为阿凯劳斯实际上是将气看作自然的本原。艾修斯记述:"阿凯劳斯主张本原是无限的气,它凝聚为水,稀散为火。"①(DK60A7)艾修斯又说他称"气和努斯是神",主张"宇宙是从热气和有生命力的气中产生的。"②(DK60A12)看来,他认为气是能动的,有生命力的,和努斯一样都是神。他试图吸收早期伊奥尼亚哲学中的物活论思想,将阿那克西美尼的气改造成为物质和努斯的综合体,是一种有生命力的能动的本原,但却基本上是物质性的本原。他还用冷和热这两种对立性质说明运动和静止的原因。这样,他实际上修改了他的老师的学说,企图用有生命力的气来弥合阿那克萨戈拉学说中二元论倾向的内在裂隙。这种意图后来在第欧根尼的自然哲学中,得到更明确的发挥。

阿凯劳斯虽然抽象地承认努斯是运动的始因,但在具体论述宇宙的演化时,他又说热和冷分别是运动和静止的原因,又是万物凝聚和稀散、结合和分离的原因。他完全用自然力量的互相作用来说明宇宙的形成。宇宙的原始混合物是阴暗的雾气那样的东西,由于凝聚和稀散,热和冷首先分离开来,采取火和水的形式。水由于热而液化,流向宇宙中央,进而冷却、凝聚为土,即大地。普卢塔克保存了阿凯劳斯本人仅有的几个字的残篇:"冷是〔土的〕镣铐"。(DK60B1)气燃烧成为火,形成广阔无垠的宇宙中灿烂的日月群星;而冷却的大地却静止地躺在宇宙的中央,仅是大千世界中的一个部分。这样,阿凯劳斯在论述宇宙形成时,实际上否定了努斯作为第一推动力的作用,而代之以热和冷的物理作用。他所描述的宇宙画面,就如第欧根尼·拉尔修所记述的:"大地被空气所包围,空气被圆周形的火所包围。……他声称太阳是天体中最大的,而宇宙是无限的。"③

阿那克萨戈拉认为动植物生命的种子,是在宇宙中早就存在的,由雨水将它们冲落到地面,衍生出各种生物来。阿凯劳斯没有接受这种由天外飞来生命的说法,而是同恩培多克勒一样,主张各种动物和人都是在冷热混合的泥沼

---

① 艾修斯:《哲学家意见集成》第1卷,第3章第6节。
② 艾修斯:《哲学家意见集成》第1卷,第17章第15节。
③ 第欧根尼·拉尔修:《著名哲学家的生平和学说》第2卷,第17节。

中产生的。第欧根尼·拉尔修记述说："他〔阿凯劳斯〕主张,当土发热,并抛出乳状的浓稠粘泥作为一种养料,生命就从土中产生了,土以同样的方式产生出人"。① 他强调气和热是产生生命的必要条件,并且认为潮湿的土壤为最初萌发的生命提供了养料;只是到后来,生物才自行繁殖。他用这样的说法解释从无机物向生命的过渡,这一看法后来被伊壁鸠鲁学派接受和发挥。

在认识论思想方面,阿凯劳斯没有独特的见解。他认为一切动物都使用努斯,只是有些用得敏捷些,有的用得迟钝些。这样就使努斯失去了阿那克萨戈拉强调的理智认识的功能,不过成为一般的生命力和认知能力了。关于感觉活动,第欧根尼·拉尔修说阿凯劳斯"最早说明声音的发生是由于空气的振动。"②这个记述是不大可信的。塞奥弗拉斯特干脆说阿凯劳斯在认识方面的论述,不值得评论。

据说,阿凯劳斯注意探讨社会伦理问题,可惜这方面留下的历史记载极少。希波吕托曾简单提到:阿凯劳斯论述了世界的生成、社会生活的起源,一直追溯到最早人类社会的产生,并且论述了法律、伦理和艺术问题。③(DK60A4)阿凯劳斯和智者普罗泰戈拉是同时代人,又生活在智者活动的中心雅典,他自然会涉及道德和法的问题。

阿凯劳斯企图克服阿那克萨戈拉哲学中二元论倾向的内在矛盾,但由于材料较少,他的思想并不明确。但他终究是向这个方向走出了第一步。他在复兴和传播伊奥尼亚的科学思想上也有一定贡献。他是苏格拉底的老师,他的思想在柏拉图和亚里士多德的学园中都有影响。

第二节 阿波洛尼亚的第欧根尼

在复兴和革新伊奥尼亚自然哲学的思潮中,阿波洛尼亚的第欧根尼是一

---

① 第欧根尼·拉尔修:《著名哲学家的生平和学说》第2卷,第17节。
② 第欧根尼·拉尔修:《著名哲学家的生平和学说》第2卷,第17节。
③ 参见希波吕托:《参考资料》第1卷,第9章第6节。

位颇有特色的哲学家。如果说,阿凯劳斯只是羞羞答答地企图修补他的老师阿那克萨戈拉的哲学,第欧根尼则鲜明地抨击本原问题上的各种"多元论",指责它们不能阐明物质世界的统一性。表面上看,他似乎回复到阿那克西美尼的"气"的学说,实际上,他所主张的"气"的一元论,已经注入了新的科学内容,特别是生理学思想;他也吸纳了阿那克萨戈拉以及和他同时代的留基伯的某些哲学思想。所以,第欧根尼的学说,是伊奥尼亚哲学经过恩培多克勒和阿那克萨戈拉,通向原子论的一个演进环节。

根据第欧根尼·拉尔修的记载:

> 阿波洛尼亚的第欧根尼,阿波罗塞米的儿子,是一位自然哲学家和颇负盛名的人。安提斯泰尼说他是阿那克西美尼的学生,但是他生活在阿那克萨戈拉的时代。这个人在雅典是如此不得人心,几乎丧失了他的生命,这是法莱勒的狄米特里乌(Demetrius of Phalerum)在他的《苏格拉底辩辞》中说的。[1]

古代希腊有不少叫第欧根尼的人,如传记作家第欧根尼·拉尔修,是公元3世纪时的人;后来的昔尼克学派和伊壁鸠鲁学派中都有叫第欧根尼的哲学家;阿波洛尼亚的第欧根尼是比较早的哲学家,和阿那克萨戈拉同时。亚里士多德在《形而上学》中常提到的第欧根尼,就是他。在古代希腊也有几个小城邦都叫阿波洛尼亚,经一些学者考证,第欧根尼出生的阿波洛尼亚,很可能是靠近黑海边的一个米利都人的殖民城邦。阿里斯托芬在著名喜剧《云》(据说写于公元前423年)中,名义上是嘲谑苏格拉底,实际上是讽刺第欧根尼的自然哲学观点。这大约表示他在雅典是不得人心的。关于他如何会几乎丧失生命,没有其他材料可以推论。有些学者由此推断,他的鼎盛期大约在公元前440—前423年间。耶格尔根据《云》和后来喜剧作家菲勒门(Philemon)的作品中也涉及他的思想,推断第欧根尼"在雅典生活过一个长时期。"[2]

关于他的著作,辛普里丘是这样论述的:

---

① 第欧根尼·拉尔修:《著名哲学家的生平和学说》第9卷,第57节。

② 耶格尔:《早期希腊哲学家的神学》,第165页。

要知道,第欧根尼写过不少著作,这是他自己在《论自然》中说的,那里他说他写的某些东西是反对自然哲学家(他将他们叫作智者)的,还写过一本《气象学》(他说,在那里他讨论本原),还有《论人的本性》。可是,现在留到我们手头的却只有《论自然》,在那里,他力图充分论证他所设定的本原是很有理智的。①（DK64A4）

第欧根尼所反对的那些被他称为"智者"的自然哲学家,主要是指在本原问题上的多元论者。到公元6世纪辛普里丘时,他的《论自然》尚未佚失,罗马时代的伽伦（Galen）说《论自然》至少有两卷。现在则只有辛普里丘为我们保存的第欧根尼的八则残篇。第欧根尼可能还是一位职业医生,对生理学颇有研究。伽伦在《论医学的经验》中说到,第欧根尼写过一系列简要的医学病理和治疗的论文。

在《论自然》中,第欧根尼开始便提出:

> 在我看来,任何研究的开始,必须是某种无可辩驳的出发点,它的表述是简明而严整的。（DK64B1）

他的学说的出发点是:气是自然的本原,万物和生命都从气产生。第欧根尼·拉尔修记述:

> 第欧根尼的学说如下:气是普遍的元素。有无限多的世界和无限的虚空。气通过凝聚和稀散产生世界。存在不从非存在产生,也不消失为非存在。大地是圆球形的,由于热和冷的凝聚发生的旋涡运动,确定了大地的结构。②

第欧根尼以气为自然的本原,并不是简单地回复阿那克西美尼的学说。第欧根尼论述气,首先引进了巴门尼德的"存在"原则,认为存在不能从非存在产生,以此反对在本原问题上的多元论。因为在他以前,无论恩培多克勒或阿那克萨戈拉,虽然将本原归为物质性的元素和种子,但元素有四种,种子更有无限多的种类,因而是多元的本原论。第欧根尼是在批判多元的本原论时

---

① 辛普里丘:《〈物理学〉注释》,第151页第24行起。

② 第欧根尼·拉尔修:《著名哲学家的生平和学说》第9卷,第57节。

提出气的一元论的。这思想集中表现在辑自辛普里丘的残篇第二中：

> 总而言之，我的意见是：一切存在的事物都是由同一事物变化产生的，并且是同一的东西。这是很明白的。因为现在宇宙中所有存在的事物——土、水、气、火和一切看来在这个宇宙中存在的事物——如果其中任何一个在它自己固有的本性上和别的东西不同，如果在许多变易中而不保持本质上的同一性的话，它们就不可能互相结合，或者相辅相害，或者植物从土中生长，生物从任何别的事物中生长出来，除非它们本是由同一事物组成的。但是所有这些事物都是由同一事物变化出来的，在不同的时间变成不同种类的事物，又复归为同一事物。① （DK64B2）

这里他反复强调了自然万物具有同一性，它们的本原是同一的。如果它们本来不是同一事物，怎么能互相混合，互相产生——植物怎么能从土中生长，动物又怎么能从别的事物产生呢？在第欧根尼看来，恩培多克勒所说的四元素互相结合和生长，就是从非存在产生存在，从水怎么能产生火呢？阿那克萨戈拉认为一切存在于一切之中，食物的种子中有头发的成分，所以动物吃了食物能长出毛发来，好像是说明了同类相生的道理，但实际上却只是异类相生——不同的东西变化成为不同的东西。在第欧根尼看来，这种物质本原的多元论否认了万物本来具有同一性，所以无论他们怎样解释，总免不了巴门尼德的批评：存在从非存在产生。因此，要贯彻巴门尼德的存在原则，就得承认万物的本原是唯一的存在，万物都从这个存在产生，又复归为这个存在。这样才能说明万物的统一性。因此，他主张万物的本原只能是一个，就是气。这似乎又回复到阿那克西美尼的学说，辛普里丘记述：

> 阿波洛尼亚的第欧根尼，大概是从事这些〔自然研究〕中最年轻的，写了许多折衷方式的东西，在有些方面追随阿那克萨戈拉，另一些方面则追随留基伯。他也认为万物的本原是无限的永恒的气，当它凝聚、稀散或变换它的位置时，别的事物的形式就产生了。这就是塞奥弗拉斯特所说的关于第欧根尼的话；传到我手上的第欧根尼的题为《论自然》的书明白

---

① 辛普里丘：《〈物理学〉注释》，第151页第31行起。

地说别的一切都是从气发生的。①（DK64A5）

辛普里丘在这里虽然没有提出阿那克西美尼，但认为万物都是由气的凝聚和稀散而产生的，分明是阿那克西美尼的学说，所以安提斯泰尼会说他是阿那克西美尼的学生。不过，第欧根尼虽然和阿那克西美尼一样，同样主张气是万物的本原，但他们关于气的阐释是有很大不同的。

第一，第欧根尼的"气"虽然产生万物，但它的本质特性是不变的，实际上是粒子化的"气"；他还承认虚空的存在。

阿那克西美尼从对自然的单纯直观出发，确认气是万物的本原；气的凝聚和稀散便转化为万物。气凝聚成为水和土，这水和土是气的一种存在的形式（即气的本质不变，只是它的存在形式发生了变化），还是和气是本质不同的另一类存在？阿那克西美尼对这种问题并没有明确的回答。因为他仅只凭直观，还没有深入探讨物质内部结构；同时在他那时候，还没有将物质本身（本体）和它的性质区别开来。后来巴门尼德提出了"存在不能从非存在产生"的原则，具体到个别事物上，也发生了这一种物质不能从那一种物质产生的问题。气怎么能产生土？水怎么能产生火？恩培多克勒和阿那克萨戈拉深入探究物质构造，提出了元素和种子的学说，但他们都认为元素和种子的质是多样的，企图以此避免巴门尼德关于存在从非存在产生的指责。但这样，物质的本原就成为多元的了；这和当时哲学家要从多中求一的一元论倾向又发生了矛盾。第欧根尼正是在这种情况下，明白宣称：万物只能由同一的本原产生；这种本原是唯一的，不然便无法解释如何能由这种事物变化成为另一种事物。这种本原是永恒的，它在变化成万物时并不改变它的本性，只是由于它的凝聚、稀散或改变它的位置，别的事物的形式便产生了。气还是气，当它变化成为其他事物时，只是气凝聚了、稀散了，或是它的位置改变了。这样，火只是稀散的气，水是凝聚的气，别的任何事物也只是气的不同位置和状态而已。万物都由唯一的本原气产生出来，又复归于气。这样的气，实际上已经是粒子的气，所以它能稀散、凝聚或改变位置。我们看到：原子论的理论形式已经出现

---

① 塞奥弗拉斯特：《物理学》残篇第二，见辛普里丘：《〈物理学〉注释》，第25页第1行起。

了,只是第欧根尼的抽象能力还不够,他还提不出更高层次的原子,而将它说成是物质性的(当然是物质元素中最抽象的)气。

爱利亚学派的巴门尼德和麦里梭都否认"虚空",因此他们的"存在"是不能运动的,"一"不能生"多"。恩培多克勒和阿那克萨戈拉也不需要承认虚空,因为他们的本原本来是多种多样的,没有虚空也可以运动,仍旧是多。第欧根尼的本原是一,他的气粒子需要有运动的场所,需要虚空。如上所引,第欧根尼·拉尔修说他认为有无限多的世界和无限的虚空。气在无限的虚空中产生各种运动变化,生成万物。这就是从"一"产生"多"。承认虚空,也就是第欧根尼追随留基伯的地方。在第欧根尼的时代,原子论学说已经开始出现了。但从人类认识发展史看,第欧根尼可以说是从恩培多克勒和阿那克萨戈拉向原子论者过渡的中间环节。

第二,第欧根尼偏重于从生命现象角度来阐述自然的本原——气。他的气是一种有生命力的,特别是包含理智能力的本原;他企图以此来克服阿那克萨戈拉哲学中二元论倾向的内在矛盾。

阿凯劳斯将气和努斯二者并提,它们的关系是不明确的。第欧根尼力图弥合物质本原和努斯的裂隙,明确地将二者的功能都集中统一在"气"中。因此,第欧根尼的"气"和阿那克西美尼的纯粹是物质性的"气"有很大不同。第欧根尼的残篇第五至第八都是论述这种有理智能力的气的。这些残篇如下:

> 进一步说,这也是重要的证明:人和其他动物都是用气,通过呼吸它而生活的。所以对于他们来说,它〔气〕既是灵魂又是理智($\nu \acute{o}\eta\sigma\iota\varsigma$,noesis,Intelligence),这是明白显示的;如果它移去,他们就要死亡,理智也要消失。[1](DK64B4)

> 在我看来,那个有理智的东西就是人所称为气的,所有的人都受它支配,它的能力超越万物。就是这个气,我认为就是神,[2]它无所不在,安排万物,并在每一事物之中。没有任何单一的事物是不分有它的;但是每个

---

[1]辛普里丘:《〈物理学〉注释》,第152页第18行起。

[2]塞奥弗拉斯特在《论感觉》第42节中说,第欧根尼认为在我们身体中的气,是"神"的一小部分。

事物分有它时,相互间是不相等的。气自身和理智都有许多样式,热一点和冷一点,干一点和湿一点,比较静止的和比较活动的,在气味和颜色上也有许多别的变化,为数无限。可是,对一切生物说,灵魂是同一的,气比我们所处的外界热,却比靠近太阳的地方冷得多。但这种热,每一个生物也是不同的(即使两个人之间也不一样);但这种差别并不大,它们仍可说是相似的。可是,要任何事物变成彼此完全相同也不可能,因为在变化中的事物是不能变得一样的。由于变化有各种样式,生物也有各种样式,数目又很多,所以无论在生命的方式或是在理智上,彼此都不会一样。然而它们都是由于同一个东西〔气〕而生活着,看见,听到,而且还有理智。①(DK64B5)

正是这个东西〔气〕既永恒,又有不朽的身体,而别的事物正是因它,有的产生,有的消失。②(DK64B7)

在我看来,这是很明白的,它〔气〕是伟大的、强有力的、永恒不朽的、富有智慧的。③(DK64B8)

他的残篇第三说得更为明白:

它〔实在的本体〕如果没有理智,就不可能分开,〔理智〕是万物——冬和夏、夜和日、下雨、刮风和晴天——的尺度。别的事物也是如此,人如果想要研究它们,就会发现它们都是以最好的可能安排的。④(DK64B3)

从这些残篇所以看出,第欧根尼所说的永恒不灭的气,不仅是物质的,是人和动物呼吸的气,而且还带有精神性,是人和动物的灵魂和理智。每一事物都分有气,不过分有的程度是不相等的。气作为精神性的本原,不仅是人和生物的灵魂——生命的原则,而且是理智——认识的原则;正因为它,人才能将万物区别开来,区分冬和夏、日和夜等等。就这方面说,第欧根尼说气是万物的尺度。(要记得:第欧根尼和提出"人是万物的尺度"的普罗泰戈拉差不多

---

① 辛普里丘:《〈物理学〉注释》,第 152 页第 22 行起。
② 辛普里丘:《〈物理学〉注释》,第 153 页第 19 行起。
③ 辛普里丘:《〈物理学〉注释》,第 153 页第 20 行起。
④ 辛普里丘:《〈物理学〉注释》,第 152 页第 13 行起。

是同时代的人)第欧根尼还更进一步,说气是无所不在,安排万物的;因此,气能支配所有的人,它的能力超越万物,它是以最好的可能方式安排万物的。就最后这点说,气完全具有阿那克萨戈拉的努斯所有的安排万物的功能;也和后来莱布尼茨所说的:现实世界是上帝安排的最好的可能的世界,有某种相似。它可以通向宗教和唯心论的目的论。所以在残篇第五中,第欧根尼明白宣称,他认为,本原——气就是神。

就因为第欧根尼说气就是神,有些西方学者认为第欧根尼的学说要旨是要回复神学意义的一元的神。耶格尔说:"很显然,第欧根尼精巧地从恩培多克勒、阿那克萨戈拉那些后期自然哲学家的多元论,返向一种单一的原始存在的学说,其根由主要在于神学意义";也就是说,他"要确立一元的神,使传统宗教中的神性立足于理性的基础上。"①格思里也认为:"在第欧根尼那里,神学的说明是主要的,他致力于使他的神奠立在理性的基础上。"②这种说法过分夸大了第欧根尼思想中的神学意义。诚然,第欧根尼说气就是神,认为气有安排万物的目的论意义;但古代希腊的哲学家往往将他们认为最崇高有力的东西,即使明明是物质性的本原,也叫作神。如果过分强调这种字面的意义,那就可以将古希腊大多数哲学家的哲学,都说成是神学了。就第欧根尼说,我们认为,他的哲学的主要方面,还是想解决阿那克萨戈拉哲学的二元论倾向的内在矛盾,想消除物质的种子和精神的努斯这两种对立的本原之间无可弥合的裂痕,因而企图将努斯的职能嫁接到本来是物质性的气上,使它一身而二任,既具有种子又具有努斯的双重功能。在古代希腊,灵魂原来就是呼气,所以在四种基本元素中,选择气作为具有物质和精神双重意义的本原,也是顺理成章的。从古希腊的认识发展史看,阿那克萨戈拉首先提出努斯这种精神性的本原,却无法说明或调和精神与物质间的矛盾;第欧根尼紧接着提出气的一元论,使气具有双重功能,以调和物质和精神的对立。这才是第欧根尼哲学的真实意义。

---

① 耶格尔:《早期希腊哲学家的神学》,第 166 页。
② 格思里:《希腊哲学史》第 2 卷,第 369 页。

　　但是,第欧根尼想调和物质和精神二者对立的企图并没有成功。因为这二者的对立原来就是不可调和的,你不能不肯定在这两方面中,总有一方是占主导地位的,是第一性的。第欧根尼要使气同时具有双方面的功能,但在他的具体论述中,这两方面的功能也不可能是完全平等的,总有一方面是主要的,另一方面则显得次要。从第欧根尼现有的资料看,他论述气时,主要还是它的物理功能,因为第欧根尼本人是一位自然科学家,基本上还是一位素朴的唯物论者。比如在上引他的残篇中,他说气和理智有许多存在的样式,但他举出来的还是热一点和冷一点、干一点和湿一点、静一点和动一点等等,都属于物理的存在样式;还有,气作为区分万物的尺度,它所区分的,也只是冬和夏、日和夜、下雨、刮风和晴天等等,也是物质性的形态。(要知道:当时还没有将认识的对象和主体明白区别开来。)第欧根尼的这种阐述方式,表明在他的思想中,对于物质和精神的区别和对立,还没有明确的认识;这也是因为对于精神领域内的问题,他还没有更进一步的探讨和认识。

　　这一点,从第欧根尼的认识论思想中也可以看出来。第欧根尼认为,动物和人呼吸的气,就是具有生命力的灵魂,也就是有认知能力的理智。呼吸的气越纯净,认知能力就越高;而潮湿的不纯洁的气会阻滞认知能力。在地面匍匐行走的动物,呼吸的气远不如人所呼吸的气那么纯净、清新,又吃粘湿混浊的食物,所以它们的认知能力比人要差得多。他认为感觉依赖于身体中气的温度,有相对性;身体状况不同,感觉的能力和状况也就不同。第欧根尼的认识论思想同恩培多克勒和阿那克萨戈拉相似,偏重于从生理角度考察感知认识形式,说明它们是如何反映外界事物的。

　　第欧根尼详细考察了各种感觉认识形式。塞奥弗拉斯特在《论感觉》中保存了有关材料。他以这样的论述开始:

　　　　第欧根尼将思想、感觉,同生命一起,都归于气。所以,看来他是以相似的东西的作用来说明的,因为他说,除非万物都从同一来,否则就没有作用和被作用了。

第欧根尼认为万物的唯一本原是气,认知的对象是气,主体也是气,显然他是接受恩培多克勒的同类相知的原则。他接着以这个原则具体阐述各种感觉:

嗅觉是从脑周围的气产生的……当耳朵以内的气被外部的气推动时,听觉就产生了,传递到脑。当事物在瞳孔上反映时,产生视象,它和眼中的气结合,就产生感觉。其证明是:如果眼内的血管发炎,虽然反映还像以前一样确实存在,但因它没有和眼中的气结合,所以没有视觉。味觉是舌头和温柔的东西接触产生的。关于触觉,无论是它的本性或对象,他都没有作出规定。但是后来他企图说明那些是较敏锐的感觉的原因,以及它们有那一类对象。嗅觉对于那些在脑子中含气最少的人是最敏感的,因为它能最快地混合起来;此外,如果一个人通过狭而长的管道嗅气,〔也最敏感〕因为这种方式能较快传导。因此,有些动物的嗅觉比人灵敏,但如果说到在结合中,嗅觉和气的均匀,则只有人的嗅觉是完善的。……在感知中的气,作为神的一小部分,可以用这事实来显示,即当我们全神贯注于别的事物时,我们便既不看也不听了。[1] (DK64A19)

第欧根尼从生理角度研究人的各种感知形式,并没有超出恩培多克勒和阿那克萨戈拉的水平;但是,他用人体内以及感官中的气和外部对象的气的结合来说明各种感觉的发生,当然是阿那克西美尼的气的学说所不能达到的。接着上述引文,第欧根尼还用气的生理功能来说明人的情感:

快乐和痛苦是这样发生的:当气以一定的量和血混合,使它轻松,合乎自然,贯通整个身体,就产生快乐;但是,当气违反自然,不同血混合,血就凝滞了,变得衰弱和浓稠,痛苦也就产生了。信心和健康以及与它们相反的情况,也是类似地发生的。[2] (DK64A19)

第欧根尼赞同阿尔克迈翁的观点,认为脑是感知和思想的中枢器官,因为血液在血管中运行,将气贯通全身,而血管都是发端于脑的。所以他认为思想也是脑中的气的功能。希波吕托记述了他的看法:

我〔第欧根尼〕认为,在人体中脑是最强有力的。因为在正常的情况下,脑是我们对于通过气进来的事物的说明者;而且是气产生了理智。眼

---

[1] 塞奥弗拉斯特:《论感觉》,第39节。
[2] 塞奥弗拉斯特:《论感觉》,第43节。

睛、耳朵、舌头以及手和脚做些什么,都由脑决定;因为在整个身体中,虽然各部分都分有气,但只有那里〔脑〕才有理智的因素,只有脑才是理性的传导者。因为当人呼吸时,吸进的〔气〕最先到达脑,然后气散布到身体的其他部位,却将它〔气〕的最精选的部分留在脑中,它就是理智,并能作出判断。① (DK64C3a)

这时候,希腊的生理学对于脑在人体中的功能已经有比较科学的认识了。但第欧根尼想用气的最精选部分来解释脑的理智作用。这一点,影响了同时代的希波克拉底。希波克拉底在《论所谓神圣的病》一文的开头就说:"我主张脑在人身体中能力最大",接着就阐发了看来是得自第欧根尼的思想:"因为脑,如果它是健康的,它就是从气产生的事物的说明者;是气提供了理智。"②

当时人们虽然已经将理智和感觉区别开来,认识到理智的重要作用,但他们还不可能认识理智的本质。第欧根尼将理智、思想简单地归结为一种纯净的干燥的气,认为思想同感觉一样,只是气的一种物理作用。上引塞奥弗拉斯特《论感觉》中接着又论述第欧根尼的看法:

已经说过,思想是由纯洁和干燥的气产生的;因为散发潮湿的〔气〕会阻滞理智;由于这个道理,在睡眠、醉酒和暴食时,思想便会消失。湿气会使理智消失,也表现于这些事实:别的生物智力低下,因为它们是从地面吸气,并且吸取粘湿的营养物。……植物没有孔道,不能吸气,所以完全没有理智。③ (DK64A19)

这种思想是对于理智所作的素朴唯物论的解释。第欧根尼说气也是理智,从他实际上所作的解释看,不但不能将他说成一元神论,应该说他是坚持了唯物论的,可惜的是他坚持的只是简单而粗陋的机械论。在他那个时代,才开始探讨有关理智的问题,他当然不可能作出比较科学的解释。第欧根尼的这种粗朴的见解,受到当时著名的喜剧作家阿里斯托芬的讥嘲。他在喜剧《云》中描

---

① 希波克拉底:《论所谓神圣的病》第 16 节;参见基尔克、拉文:《苏格拉底以前的哲学家》,第 442 页。

② 希波克拉底:《论所谓神圣的病》,第 2 节。

③ 塞奥弗拉斯特:《论感觉》,第 44 节。

述"苏格拉底"为了呼吸清新的空气以获得理智和灵感,坐在吊篮里升腾到高空。这里面的角色虽然名为苏格拉底,实际上是嘲讽第欧根尼,因为这并不是苏格拉底而是第欧根尼的观点。

第欧根尼用气的学说考察各种自然现象,也都洋溢着素朴唯物论的精神。

阿那克萨戈拉认为宇宙万物最初混聚在一起,静止不动,需要努斯启动。第欧根尼认为气和由气产生的万物处于永恒的运动之中,气本身就是能动的,不需要外力来推动。伪普卢塔克的《汇编》记述:

> 阿波洛尼亚的第欧根尼提出气是元素,万物都处于运动中,有无数个世界。他这样说明宇宙的生成:全体处在运动中,在某些地方变得稀薄了,另一些地方变得浓稠;浓稠的事物聚合,集中起来,形成大地,其他事物也以同样的方式形成,最轻的部分位于上边,产生了太阳。[1] (DK64A6)

第欧根尼认为,整个宇宙由气生成,由于气的浓聚和稀散,形成大地和各种天体。这种见解显然是从阿那克西美尼的宇宙论来的。他还认为天体都是炽烧的石块。艾修斯记载说:

> 第欧根尼说天体是像〔多孔的〕浮石那样的东西。他将它们看作世界的通气孔,它们是炽烧发光的。在可见的天体周围还有看不到的石块,因此它们尚未命名。它们常常坠落到大地上,熄灭了,就像带着火光坠落在爱戈斯波大摩的那块陨石。[2] (DK64A12)

第欧根尼还认为"彗星是星",也是这样的浮石。[3] (DK64A15)他还认为,海中的水是太阳照射到土上,烤挤出来的,并企图以此说明尼罗河水泛滥的成因。

在物理思想方面,他接受了恩培多克勒的某些见解,比如,他认为光线是从固定在太阳中心的以太辐射出来的;他认为磁石和铁都有孔道结构,并且用气在孔道中的奔流解释磁石吸铁的原因。

---

[1] 伪普卢塔克:《汇编》,第十二章;参见基尔克、拉文:《苏格拉底以前的哲学家》,第438页。
[2] 艾修斯:《哲学家意见集成》第2卷,第13章第5节。
[3] 参见艾修斯:《哲学家意见集成》第3卷,第2章第8节。

　　第欧根尼在生理学方面作过较多的解剖研究。他指出,动物和人的身体中,血管分布在全身,有左和右两个血管系统,他还描述了血管在身体各个部分的位置。他认为血液中所含的气通过血管流往全身各个部位,给动物和人以生命力和理智;如果含气的血离开了血管,动物和人就死亡了。艾修斯记述:

　　　　第欧根尼说,如果流注入身体各个部位的血充满于血管,并且将封闭在血管中的气推入胸及胸下部的胃,就引起睡眠;身体的中间部分比较温热;但如果所有气的部分都跑出血管,死亡就同时发生了。① （DK64A30）

可见第欧根尼已经初步认识到血液循环的事实,并且以此解释一些生理现象。在病理诊断方面,他也有一些独创的见解,比如他发现了从舌苔的颜色可以判断病因。伽伦说,舌苔的颜色,“对第欧根尼和他同时代的权威”是诊断疾病的最精确的表征,他们以舌苔的颜色和血液、体液来给疾病分类。② 用舌苔的颜色来判断病因,是从长期的医学实践中得出来的结论。这种结论并不是没有道理的,不是不科学的。古代希腊以第欧根尼为代表的自然哲学家、医学家同中国古代医学家一样,都是很早认识到这个道理的,只是在西方,这种学说后来被医学家放弃了;(下一节论述希波克拉底的思想时,可以看到西方医学思想的变化。)在中国医学中则还一直保留着这种诊断病因的方法,可惜的是一直没有注意用科学的方法来解释这种现象。

　　第欧根尼的哲学,后人研究得不多,一般哲学史甚至没有专门论述他。但由于他用气的一元论比较通俗清楚地阐释了当时的哲学思想和科学成果,在他那个时代,他的学说的影响是相当广泛深入的。这从当时的文学作品中可以看出,不但如上述在和他同时代的阿里斯托芬的《云》中有讽刺他的思想,而且在稍后,公元前4世纪的喜剧作家菲勒门也在一部喜剧中模仿第欧根尼的思想,声称:

　　　　我就是“气”,人们也可以将我叫作宙斯。我像神一样,无处不

---

① 艾修斯:《哲学家意见集成》第5卷,第24章第3节。

② 参见伽伦:《论体液》,转引自格思里:《希腊哲学史》第2卷,第378页。

在——在这里雅典，在帕塔拉，在西西里，在所有的城邦，在所有的家庭，在你们每一个人之中。没有一个地方没有"气"。他〔气〕到处出现，因为在每一个地方他都必然地知道每一件东西。① （DK64C4）

柏拉图在《斐多篇》中回忆他在青年时代曾热衷于学习所谓自然科学，研究万物成毁的原因，他来回踱步，困惑地思索这类问题："我们是用血，还是用在我们中的气或火来思想的？或者它们都不是，而是脑提供我们听觉、视觉和嗅觉的，从它们又产生记忆和意见，建立在感觉和意见的基础上，产生了知识。"② 这些都可以说明，第欧根尼的思想在当时是相当流行的。

第欧根尼的气的一元论，原来是为了解决阿那克萨戈拉的物质种子和努斯对立的二元论的矛盾，而提出来的。他赋予本来是物质性的气以精神性的力量，说气就是理智。他企图以气的一身而二任来调和物质和精神的对立，因为在几种物质元素中，气似乎最可以解释为带有精神性的物质。在中国古代哲学中，气也既可以说成是物质性的质料，又可以解释为"精气"。将它们作比较研究，是很有意思的，说明东西方哲学在古代本来存在很多共同的东西。就第欧根尼个人的思想说，他想调和物质和精神的对立，并不成功，因为他最终还是将气的精神功能归结为它的物理作用。所以，第欧根尼基本上还是一位素朴唯物论哲学家。

第三节　希波克拉底和《希波克拉底文集》

希波克拉底是公元前 5 世纪后半叶希腊的科斯医学学派的领袖，后来被称为西方临床医学之父。他在生理、解剖、病理及临床诊断、医疗等方面，都作出创造性贡献；对西方医学的发展，无论在临床实践和理论方面，都有非常深远的影响。亚里士多德在《政治学》中说："希波克拉底所以被称为伟大，并不

---

① 菲勒门：《残篇》，第 91；参见格思里：《希腊哲学史》第 2 卷，第 380 页。
② 柏拉图：《斐多篇》，96B。

是作为一般的人,而是作为一个医生,他比别的比他高大的人更为伟大。"①当代西方医学史家阿克奈西特(E.H.Ackernecht)称他是"希腊医学第一个创造性时期的象征",说他的名字"代表了一切时代的医学的美、价值和尊严。"②

希波克拉底在历史上的贡献,其实不只是在生理和医学方面,他也是伯里克利时代的一位重要的启蒙思想家。当时生理学和医学思想的发展是同自然哲学的演进紧密相连的。希波克拉底及其学派,紧密联系生理学和医学的实际,探讨了不少医学哲学问题,提出不少引人深思的见解,企图超越伊奥尼亚传统哲学的框架,鲜明地反映了那个过渡时期自然哲学演变的特点。过去,西方的哲学史著作对希波克拉底及其学派的哲学思想论述很少,例如,伯奈特简单地将希波克拉底及其学派归结为只是折衷主义的一种形态,在《早期希腊哲学》中略提一下,一笔带过。格思里在《希腊哲学史》第 2 卷中虽然指出希波克拉底关于人的本性的学说明显的是属于公元前 5 世纪自然哲学和人文主义背景下的产物;③但在他的长篇大著中对希波克拉底也没有专门论述,似乎将他看成只是一位医学家,在自然哲学方面并无研究价值。只有冈珀茨在《希腊思想家》中,因为它以广义的文化思想(而不是以狭义的哲学思想)为对象,专辟一章探讨希波克拉底及其科斯学派的医学哲学思想,较有参考价值。我们认为,无论从对于自然哲学一些基本问题的探索,或是从当时生理学、医学同自然哲学的紧密联系说,希波克拉底及其学派的医学哲学思想,都是当时人类认识发展中值得研究的一个环节。

关于希波克拉底的生平,留下来的记载资料不多。他出生在东方伊奥尼亚沿海的科斯(Cos)岛,大约生活在公元前 460—前 379 年期间,他的鼎盛年被定在伯罗奔尼撒战争开始前后,大约是公元前 431 年左右。

他的故乡是科斯派医学的发源地,早已有医学活动的传统。医疗在当时是受人尊敬的职业。医生开展有组织的活动,建立了医生的"同业公会",以

---

① 亚里士多德:《政治学》1326ᵃ15—17。

② 阿克奈西特:《医学简史》,第 58 页。

③ 参见格思里:《希腊哲学史》第 2 卷,第 353 页。

古希腊神话中的医神阿斯克莱皮亚德的名字命名为 Asclepiadae。希波克拉底生于一个医生世家。他在青少年时代先后向他的父亲赫拉克莱德（Heracleidas）和另一位名医赫罗狄库（Herodicus）学医,据说他还是智者、修辞学家高尔吉亚的学生,他和同时代的原子论哲学家德谟克利特是好朋友。

希波克拉底不仅具有高深的医学造诣,而且拥有广博丰富的自然知识和人文学科的知识。他在医学上崭露头角以后,离开科斯本土,在全希腊游历,吸取各地医学经验,热心为人治病,传播自己的医学思想和医疗技术。他的足迹横越欧、亚两洲,东至小亚细亚,采纳克尼杜（Cnidos）学派医学的精华。他的声誉远播西北的马其顿地区,曾应邀为马其顿王佩尔狄卡治愈了怪病。他往访过德谟克利特的老家阿布德拉,留下许多在当地治病的医案,[①]并且帮助当地的居民摆脱了流行的瘟疫。他在雅典和阿提卡地区有杰出的医疗贡献,作为一名异邦人,他曾被授予雅典公民的荣誉称号。传说在伯罗奔尼撒战争期间,他曾设法使阿提卡地区抵御了大瘟疫的袭击;但这种说法并不可靠,当时由于大瘟疫流行,雅典在战争中惨败。希波克拉底在行医中收徒授业,为科斯医派广泛招收后继弟子。柏拉图在《普罗泰戈拉篇》中称他是医神——阿斯克莱皮亚德,说向他学医是要交学费的。[②] 这位古代希腊最杰出的医学大师,差不多和德谟克利特同时逝世,死在拉利萨。古希腊的一些城邦,长期保留向他献祭的传统。传说有大群蜜蜂常在他的墓边采花酿蜜,附近的奴隶们用这些蜂蜜为他们的孩子治疗鹅口疮。

从古代留传下来的《希波克拉底文集》（Corpus Hippocraticuen）计有七十篇著作。20 世纪 20 年代英国学者琼斯（W.H.S.Jones）将它重新编纂、翻译,《洛布古典丛书》出版了四卷的希腊文和英文对照本。1988 年 Paul Pottur 编译了希波克拉底及其学派的其他著作,作为《洛布丛书》第五至八卷出版（第八卷1995 年才出版）,这是希腊文明留下的一笔宝贵的思想遗产。这部文集不是希波克拉底一个人的作品,而是那个时代希波克拉底学派的医生和自然哲学

---

① 这些医案保存在希波克拉底的《流行病》中,参见《洛布古典丛书》,《希波克拉底文集》第1卷,第 141—287 页。
② 参见柏拉图:《普罗泰戈拉篇》,311B—C。

家著作的合集。这七十篇著作在内容上缺乏紧密的内在联系,写作时间前后相距可能有一百年之久。从医学内容说,多数篇章反映希波克拉底学派的医学思想,但也夹杂了少数克尼杜医派的医学论文。从自然哲学内容说,不同篇章包含着并不一致甚至互相矛盾的观点,既有希波克拉底本人的哲学思想,也有被他批评过的观点,反映了当时流行的其他一些哲学思想。

这样一部内容庞杂的《文集》究竟是怎样形成的? 过去以里特莱(Littrê)为代表的传统看法,认为它是公元前 3 世纪希腊化时代,由亚历山大里亚城的图书馆首先编纂发表的。[①] 琼斯以为这种说法不确切,他认为:科斯是希波克拉底医派的基地,当地图书馆可能早已根据收藏的文稿,编纂了这部《文集》的雏形,以后不断充实,各种稿本辗转流传,到希腊化时代又修订定形为流传至今的文本。[②] 所有这么多人写作的篇章,编纂时都编在希波克拉底名下,无疑是因为文集主要体现这个学派的医学和哲学思想,因为希波克拉底是古希腊医学最杰出的大师。

《希波克拉底文集》内容丰富。70 篇著作包括了大量生理、解剖著述,总结医学经验的专题论文,病例医案,分别为传徒授医或者为一般人所写的教本和讲义,还有一些笔记,甚至有医生同业公会训诫医德的《誓词》,等等。这些对研究西方医学思想发展史有重要价值。其中有些著述,是和医学密切结合的自然哲学论文,对当时自然哲学思想的演进,是重要的记录,这是我们要着重论述的。在这些篇章中,究竟哪些是希波克拉底自己写的? 经西方学者考订,认为其中一些可以确定是他本人的作品,有些篇章历来就有争议,难以确定。我们以下论述的内容,主要根据多数学者鉴定是希波克拉底写的,和虽不是他写的,但能体现他这个学派的自然哲学观点的篇章。有些篇章的观点和希波克拉底的看法相左,西方学者认为出自同科斯医派对立的学派之手,其实也不一定,因为古代学派的界限并不明确,即使同一学派的人也可能有不同甚至相反的观点。《文集》的内容错综复杂,正表现了那个时代自然哲学思潮的

---

① 参见阿克奈西特:《医学简史》,第 59 页;莱伐恩(E.B.Levine):《希波克拉底》,第 20 页。
② 参见《希波克拉底文集》第 1 卷中琼斯写的《导言》。

特点。

一 医学和自然哲学

《论古代医学》是希波克拉底论述医学和自然哲学关系的一篇重要代表作,在西方哲学思想和医学发展史上都具有重要意义。希波克拉底在这篇论文中,从哲学角度总结古代医学发展的经验,力图突破早期希腊自然哲学的旧眼界,主张医学发展应当建立在科学实践的基础上,表现出要在医疗实践中革新自然哲学的意图。

维护身体健康,同疾病作斗争,这是人类有史以来生活实践的重要内容。在古代希腊,医疗活动有悠久的历史。医学理论的发展同自然哲学思想的发展是交织在一起的。到公元前 5 世纪,古希腊三大医学学派都已形成,各有特点。小亚细亚西南端的克尼杜医派产生较早,在医学理论上,他们接受传统的伊奥尼亚自然哲学,后来也受到恩培多克勒的四元素论的影响。南意大利医派在生理解剖和辨证论治方面作出贡献,在医学思想上较多受毕泰戈拉学派和恩培多克勒自然哲学思想的影响;他们的医疗活动中还夹杂着宗教巫术的神秘因素。科斯学派的医学,在生理解剖和临床医疗方面都达到新的水平,卓有成效;它们发挥这种实验科学的精神,力图超越和革新传统的自然哲学理论原则。这三大医学学派在互相批评和竞争中,又互相影响渗透。希波克拉底在《论疾病中的饮食医嘱》中,就吸取了克尼杜派的合理见解,即必须保持体格锻炼和营养饮食之间的平衡;而南意大利医派的先驱阿尔克迈翁的生理解剖成果和他的医学理论,对希波克拉底也有直接影响。

总之,到公元前 5 世纪后半叶,生理研究和医学思想的蓬勃发展,是伯里克利文明中的一大科学硕果。它和当时自然哲学思想的发展有紧密联系:一方面,医学内容中对生命现象、人的生理本性以及人和自然的关系等等的探索,丰富和促进了自然哲学的发展,不少自然哲学家都注重研究生理和医学问题;另一方面,总结医疗实践经验,建立新的医学理论,又需要哲学原则。许多医学家,特别是像希波克拉底这样的医学大师也重视自然哲学的探讨研究。生理学和医学思想的发展,提出了革新自然哲学的要求。希波克拉底正是在这种思想背景下,撰写《论古代医学》这篇重要论文的。

素朴唯物论的经验论是希波克拉底总结和批评古代医学思想的基本出发点。

饮食营养和身体健康是人生存的基本条件。希波克拉底认为医学首先要注意营养和摄生,不同的营养和摄生,造成优劣不同的生活状态,分别为健康、疾病和死亡。他从历史上考察,认为远古时代的人们,食物粗劣,生活荒蛮,体质强健的自能适应,但是疾病、痛苦和死亡频繁发生。人们便寻求合适的食物营养以保持健康,比如,将生肉变成熟食,将麦粒碾磨成粉,烘制成面包,等等。他认为医学的宗旨就是要改善人类的生活条件,谋求合适的营养和摄生,以保障健康,避免和遏制疾病与死亡。[①] 他论述人类生活的改进和医学的萌发,有社会进化的思想。

希波克拉底指出,医学的产生和发展已经历了漫长的岁月,人们在医疗活动中积累了许多行之有效的技艺和技术知识,所有这些经验是当前研究和发展医学的基点。他是一代医学大师,成就和声誉超过任何前辈,但他对古代医学既不妄自尊大,予以鄙视,也不全盘肯定,墨守成规,而是有分析地批判总结。他说:

> 我声称,我们不应将古代的技艺当作非存在,或当作错误的探索方式而摒弃;正因为它并未在每个细节上都精确,正因为它只是从摆脱蒙昧无知中产生出来,而趋向精确、完善,我认为应当赞扬那些医疗发现,它们不是偶然产生的,而是在医疗工作的正常探索中产生出来的。[②]

他从古代医学发展中概括出一条基本准则:医疗活动和医学研究必须从人的生活条件和疾病的实际情况出发,并且吸取和发扬光大古代医学中有效的实际经验。他告诫说:

> 从这个古老的原理,由这种常规中得到现有的一切成果;沿着这个常规,在时代的进程中曾作出许多美妙的医学发现;如果具有合适才智的人

---

① 参见希波克拉底:《论古代医学》,第3节;《希波克拉底文集》第1卷,第17—21页。
② 希波克拉底:《论古代医学》,第11节;《希波克拉底文集》第1卷,第33页。

们具备了迄今已发现的知识,以这些成果作为出发点,进一步探讨,医学将日益完善。那些摒弃这个古老原理的人,以另外的途径和形式去从事研究,声称他发现了什么东西,这是被欺骗又欺骗他自己,因为这条路是走不通的。①

然而,医学实践在发展,古老医学中的一些理论原则和哲学内容,毕竟过时了;我们只能吸收古代医学中的合理成分,不能墨守成规,否则就会阻碍医学的新发展。希波克拉底尖锐地批评一些医学家,无视事实和实践经验,恪守一些已经陈旧的自然哲学原则,以此作为医学的理论基础,就会阻碍医学发展的道路。他说:

> 那些打算对医学有所论述的人,都为他们自己采取某些假设作为他们论证的基础——热、冷、湿、干,或其他任何他们能想象的东西,他们将人们疾病和死亡的因果关系弄得非常狭窄。②

他还具体批评说:

> 就我所知,那些医生并没有发现热或冷、干和湿以及另一些性质本身是什么样的。我的看法毋宁是:他们并不知道除了我们所吃的东西以外,还有别的什么食物和饮料。要是他们嘱咐病人去吃一种'热',那是不可能的,因为病人立即要问:哪一种"热"? 实际上他们是诉诸空洞的赘语,诉诸我们熟悉的一种本原。③

希波克拉底在这里批判当时一些医学家既不具体研究人体生理现象,也没有弄清冷热、干湿等对立究竟是什么,只将这些对立看成是人体的基本要素,用其中某一个对立成分(如冷或热)的过多或匮缺,作为判断疾病的原因,从而,对它们补缺削多,就成为医疗的基本手段。希波克拉底认为,这是从简单的原则出发推演一切病因。他以为,用这种抽象的类同的原因,难以确诊多样的复杂的疾病,不能做到对症治疗。他指责只将冷热和干湿的对立奉为医学的基本理论原则,这是信奉一种"空洞的假设"。他声称:"我一直认定,不需要一

---

① 希波克拉底:《论古代医学》,第 2 节;《希波克拉底文集》第 1 卷,第 15 页。
② 希波克拉底:《论古代医学》,第 1 节;《希波克拉底文集》第 1 卷,第 13 页。
③ 希波克拉底:《论古代医学》,第 15 节;《希波克拉底文集》第 1 卷,第 41 页。

种无法解释的‘空洞的假设’。"①

　　怎样看待希波克拉底对这种"空洞的假设"的批判？我们知道,早期的伊奥尼亚哲学出于对自然现象的素朴直观,将某种具体物质如水、火或气当作万物的本原,并且认为冷热或干湿是自然物质固有的能力,它们的对立和转化促成自然界的运动变化。这种素朴的哲学观点,长期影响了早期希腊的医学,包括克尼杜医派和南意大利医派。他们用冷热、干湿等对立解释人体生理和病理现象,这本来包含自发的辩证法思想,对当时医学的发展起过积极的作用。但是,这毕竟只是停留在素朴的直观水平,缺乏对生理和病理事实作深入的解剖和实验,缺乏科学的说明。随着生理解剖和医学材料的丰富积累,这种素朴的理论原则越来越显得太简单狭窄了,不能概括错综复杂的生命现象,不能适应临床医疗的发展需要。阿尔克迈翁已经在观察自然和生命现象中扩展对立的数目。到希波克拉底,他积累了丰富的临床医疗经验,生理解剖和医学都有了较大的进展;他觉察到旧的自然哲学原则已经不能适应医学思想发展的需要,它们之间存在尖锐的矛盾。所以,他批判"空洞的假设",其实质是在呼吁突破和革新已经变得陈旧的自然哲学原理。

　　希波克拉底区分真实的假设和空洞的假设,表明他注重从事实出发的科学精神。他指出,科学不需要"空洞的假设",因为它只涉及那些"不可见的、不能测度的东西。任何企图描述这类东西的人必定要使自己从这种假设中获益。这样就涉及天体中及地底下的什么事物,即使他知道并且说了它们是什么东西,他和他的听众也都不明白这究竟是不是真理,因为他们没有能达到充分确实性的标准。"②他实际上指出,像这类空洞的假设是不可能用事实证明的,没有任何测度其确实性的标准。他这种说法是有一定道理的,当然,他将当时一切有关天体的假设都视为是空洞的,显得偏颇了。但是,他的批判触及逻辑学上"假设"的问题,而且在医学理论上也是有实际意义的。

　　他批判"空洞的假设",但并不反对从事实出发的真实的假设。他并不完

---

①　希波克拉底:《论古代医学》,第 1 节;《希波克拉底文集》第 1 卷,第 15 页。
②　希波克拉底:《论古代医学》,第 1 节;《希波克拉底文集》第 1 卷,第 15 页。

全否定生理现象中有冷热和干湿等对立,但是反对将它们看作研究医学的唯一理论原则,也反对将冷和热、干和湿截然分割、绝对对立,而认为它们并不是孤立和独立存在的东西。他指出,在生理活动中,冷和热是相对的,它们相互依存,相反相成。他说:

> 我相信,人体中一切能力没有比冷和热更为稳定的了。我的理由是:只要人体中热和冷混合在一起,就不会引起痛苦,因为热被冷所测度并中和,冷也被热所测度并中和。但当冷与热完全分离开来,就引起痛苦。在某个季节,冷袭击一个人,引起他的痛苦,可是正因为如此,他身体中内在的热,无须任何帮助或准备,也能迅速同时出现。①

他又阐述:任何一个医生都很难在人体中找到哪个东西叫热,哪个东西叫冷;常见的现象却是在受到冷的刺激,如洗了冷水澡后,便发生热的感觉;相反,受到热的刺激,如洗完热水澡后,便感到凉快。他认为,人体中包含着多种多样的能力或性质,致病的因素也是多样而复杂的,冷和热总是同其他致病因素联系在一起才引起疾病的。"热"并不是发烧的唯一致病原因,发烧有各种不同的病态。他根据不同的征候,提出有不同的病因联系,认为有:"苦热、酸热、咸热,以及另外一些热的联系,还有冷和其他能力的联系,正是所有这些能力引起了疾病。"②他强调医疗活动和医学研究不能从抽象、空洞的原则出发,而应该从经验事实和临床观察出发,具体分析食物、环境及生理现象,看到致病因素的多样性和复杂性,从中总结出科学的理论来。

如果我们将中国的医学和西方的医学作简单的对比,可以发现这样的现象:人类最初对于疾病的原因不可能作出比较科学的解释,但是从长期的医疗实践中却认识到:人体内部存在着矛盾,存在着对立的力量,如果这种对立得到均匀和平衡的发展,人体就健康;一旦这种平衡被破坏,疾病也就产生了。古希腊的早期自然哲学家和医学家认为这种对立就是冷和热、干和湿;古代中国的哲学家和医学家也有相同的看法,他们不但提出冷和热、干和湿,而且还

---

① 希波克拉底:《论古代医学》,第16节;《希波克拉底文集》第1卷,第43页。
② 希波克拉底:《论古代医学》,第17节;《希波克拉底文集》第1卷,第45—46页。

概括出一对一般性的对立——阳和阴。西方的医学家以希波克拉底为代表，从他开始批判这种理论，认为这是"空洞的假设"。他们要运用解剖、实验等方法，对各种疾病作出具体的解释。他们这种注重实验，要寻根究底的实证科学的精神，使后来的西方医学向这方面发展了，特别到近代，和其他自然科学相结合，医学也获得很大和迅速的发展。但是，在他们向这个方向发展的时候，却将古代医学的辩证观念抛弃掉了，因而使西方医学带上机械性，缺乏辩证论治的精神。而中国医学一直保持并且发展这种辨证论治的精神，虽然缺乏西方那种注重解剖实验的科学方法，仅仅依靠医疗实践经验，至今还保持着生命力，在某些方面对人类医学也作出有益的贡献。了解中西医学的发展史，可能有助于明确当前提倡研究中西医学结合的方向。

在西方医学发展史上，使医学研究方向发生转折的，主要就是上述希波克拉底的思想。希波克拉底不但批评认为致病原因只是对立一方的过度或匮乏的学说，他还要将医学和研究整体的人的问题区别开来。他说：

　　某些医生和哲学家断言，不懂得人是什么，就不能理解医学。他们说，要妥切地诊治病人，必须首先懂得这一点。但是，他们提出的这个问题是哲学问题，那是像恩培多克勒那样研究自然的人所探讨的领域：人开初是什么，人最初是怎样产生的，人原本是由哪些元素组成的。然而我的看法是：所有那些哲学家和医生就自然哲学所说所写的，毋宁说是文学的描述，不像是医学。我主张，关于自然科学的清晰的知识，能从医学而不能从其他源泉得到；只要确切地理解医学本身，就能获得这种关于自然的清晰的知识。但是迄今为止，还不可能达到这一点。在我看来，要达到这样博学的程度，那样详尽细致地理解人是什么，人是由于什么原因产生的，等等问题，还要经过　个漫长的历程。①

希波克拉底的这段话可以从不同的角度去理解。一种理解是将医学作为科学的研究和对于人的整体研究对立起来，认为要研究人是什么，人是怎么产生的，以及人是由哪些元素组成的等问题，不属于医学的范围；认为以往的自

------

① 希波克拉底：《论古代医学》，第 20 节；《希波克拉底文集》第 1 卷，第 53—55 页。

然哲学家对这些方面的研究只能说是"文学的描述",不是科学,不能给人关于自然以清晰的知识。这种思想在当时的历史条件下是有一定道理的,因为那时的自然哲学家对于整个自然界——从天体到人体的研究,科学的成分较少,较多的还只是推论和猜测。希波克拉底所举的恩培多勒的例子就是这样的。他讽刺这种自然哲学只能说是"文学的描述",虽然太过分了,但并不是完全没有道理的。从医学来讲,要医疗病人,不能根据这种没有科学根据的猜想,而需要进行扎扎实实的科学研究。希波克拉底强调的,是在当时的条件下所能进行的局部的生理解剖和医学试验。希波克拉底强调的这个方向,使西方医学后来一贯重视科学实验,在这方面获得明显的成绩;但也带来另一方面的倾向,即比较忽视将局部发生的疾病摆在整个人体范围内,根据整个人体的状况来考察,也就是比较缺少中国医学所强调的辨证论治。将中西医学进行比较研究,就可以看出这种情况。

希波克拉底的这段话还可以从另一个角度来理解,即认为他强调科学和哲学的对立,要重视科学,轻视哲学。西方有些哲学史家,从实证论立场出发,认为希波克拉底的论述,表明他已强烈地主张:医学应当完全摆脱自然哲学,成为绝对独立的学科。比如琼斯说,希波克拉底已"主张医学摆脱哲学的假设,恰如要摆脱宗教教条一样。"①冈珀茨说他力图使医学摆脱自然哲学,摆脱思辨的形而上学的樊笼,"成为一种完全独立于普遍科学的个别学科"。② 的确应该承认:希波克拉底可能是在西方哲学史上第一个以科学家的身份对哲学提出异议,要想使医学摆脱当时的自然哲学的影响,从而也是最早提出科学和哲学的关系问题的人。但是,我们也应当看到,在当时,科学和哲学还远没有分离,那时候的科学家实际上也都是哲学家,都被称为爱好智慧的人。即使在上述希波克拉底这段话中,虽然他要将医学和当时的自然哲学区别开来,但医生和哲学家还是混在一起提的。他所反对的,只是当时自然哲学中那些空洞的猜测,他不可能像后来的实证论者那样将科学和传统哲学完全对立起来。

---

① 琼斯:《希波克拉底文集》第1卷,"导言"。
② 冈珀茨:《希腊思想家》第1卷,第310页。

实际上,当时的医学只能使用简陋的实验手段,它本身便是不能完全避免"空洞的"猜测的。在《希波克拉底文集》中可以看出,他们的医学论述中仍然贯穿着各种不同的哲学观点。而且,即使如我们上面说的,希波克拉底的观点可能在后来西方医学中造成忽视局部和整个人体关系的后果,但希波克拉底自己却并没有忽视对整个人体的研究。他在《论古代医学》中,在讲到上引这段话的同时也说:

> 在我看来,每个医生,如果是称职的,就应当具备关于整个自然的知识,懂得人同食物和饮料的关系,懂得人同生活习俗的一般关系,每样事物对人所能产生的结果……他应当在这方面竭尽全力。[1]

他还具体举例说,不能简单地说某种乳酪对人是坏食品,而是要具体研究不同的人有不同的构成,有不同的"能力",对不同成分的食品有不同的反应。他强调自然环境、生活条件和生命现象的多样性,在方法上反对从抽象原则或主观猜测出发;他主张遵循从观察、经验到理论的认识途径,以发展医学,革新自然哲学。在他的医学哲学中,洋溢着素朴唯物论也包含有辩证法因素的科学精神。

希波克拉底从医学发展的实际需要出发,呼吁革新某些旧的自然哲学原则;但在宇宙本原问题上,他和他的学派并没有提出新的创见。他们仍然接受了当时流行的各种自然哲学,尤其是伊奥尼亚自然哲学的影响,加以融合,运用到医学思想之中。《希波克拉底文集》的不同篇章,提出了斑驳交杂、并不一致的本原观点,有的甚至还是希波克拉底自己批评过的观点。例如在《摄生篇》中,认为自然万物包括一切动物和人,都是由具有热、干性质的火和冷、湿性质的水所构成的,全部生命现象是水和火的对立平衡过程。《摄生篇》中说:

> 包括人在内的一切动物,是由'能力'不同而一起发挥作用的两种事物构成的,那就是火和水。两者集合在一起,它们彼此就有能力,并且使其他事物也有能力。但是,它们各自都是依据自己的本性而不是靠他物

---

[1]　希波克拉底:《论古代医学》第20节;《希波克拉底文集》第1卷,第53—55页。

具有能力的。它们具有的能力是这样的:火总是能推动一切事物,而水总是能营养一切事物;但是,它们各自轮流地在最大或最小可能范围内占主导或次要地位,然而它们都不能获得完全的主导地位。理由是:当火推进到超过水的范围,便缺乏营养,它就转向要受营养的地方;当水推进到超出火的范围,发现它丧失运动,就此停止,它的力量也停止了,火便进入。①

他们还认为,一切事物并无产生和消亡,所谓事物的产生,不过是永恒存在的水、火元素的结合,所谓事物的消亡,不过是这些元素的分离:

因为事物永不停留在同一的状况,总是从这个事物变为那个事物,不相似的事物也从这些元素中分离出来。这样,一切事物没有消亡,也不会产生原来不存在的事物。……我说到"生成"或"消亡",只是使用了通俗的表述。我的真实含义是指混合和分离。事实是:生成和消亡是同一个东西,混合和分离是同一个东西,增加和减少是同一个东西,生成和混合也是同一个东西,消亡、减少和分离也是同一个东西;个体事物对全体事物的关系和全体事物对个体事物的关系,就是这样。而一切事物中又没有相同的东西。②

《摄生篇》中还认为,自然万物都是由于水和火的对立,永远处在流动变化之中;水和火交替占优势,自然界就有向上和向下两个相反方向的运动:

一切事物,包括天和神圣的事物〔天体〕,都处于向上和向下的流动变化状态中:昼和夜有最大和最小的变化范围,恰如月亮有最大和最小的变化范围。火向上变化,太阳的运行历程最长;水向上变化,太阳的运行历程最短。一切是同样的东西,又不是同样的东西。③

以上《摄生篇》中的论述,分明是吸取了米利都学派、赫拉克利特和阿那克萨戈拉的某些见解融合而成的。

在《营养篇》中,作者用赫拉克利特式的格言,描述身体和食物的本原都

---

① 《摄生篇》,第 3 节;《希波克拉底文集》第 1 卷,第 231 页。
② 《摄生篇》,第 4 节;《希波克拉底文集》第 1 卷,第 235 页。
③ 《摄生篇》,第 5 节;《希波克拉底文集》第 1 卷,第 237 页。

是一种"能力"，它是"流动的一"，"一切开始于一，又复归于一。"①而在《气篇》中，作者又明显地接受了阿波洛尼亚的第欧根尼的观点，强调气是天地万物和生命的本原，气赋有理智的功能。希波克拉底在《论神圣的病》中也同样说：

> 我主张，脑是人体中最强有力的器官，因为当脑是健康时，它是我们对气所引生的一切现象的说明者；而也正是气，给脑以理智……事实上，整个身体按它所分有的不同比例的气，参与理智活动。脑是意识的信使，当一个人吸进气，气首先到达脑部，再扩散到身体的其余部分，而在脑中留下了气的精髓。所有的含有气的身体各部分，就都有了理智和感觉。②

而在《人的本性篇》中，作者又反对用四元素说明身体的构成："我根本不说一个人是气，或火，或土，或其他什么东西，它明显不是一个人的构成成分。"作者主张人体是由多种成分构成的"整体"。③

同一文集的不同篇章，关于本原问题的见解如此不同，不能简单地将这种现象归结为折衷主义，因为这些论述乃是出于希波克拉底学派的不同作者，而古代同一学派的成员彼此的观点并不总是相同的。但是，这些不同的本原观，总的倾向仍然是伊奥尼亚的传统的素朴唯物论的科学精神。这表明，希波克拉底学派虽然要在医学理论上突破古老的自然哲学眼界，但是在宇宙本原问题上，他们仍旧只能在现存的自然哲学思潮中徘徊和探索，跨不出新的一步。

然而，希波克拉底及其学派毕竟继承和发展了伊奥尼亚的哲学传统。他们用素朴唯物论和自发辩证法的观点，研究医学认识论，研究生命现象，研究人和自然的关系，提出不少有意义的见解，丰富了当时的自然哲学。

二　经验和理性

《箴言》（Precepts）一篇，难以确定是不是希波克拉底本人写的。这篇著

---

① 希波克拉底：《营养篇》，第1节；《希波克拉底文集》第2卷，第345页。
② 希波克拉底：《论所谓神圣的病》，第14节；《希波克拉底文集》第2卷，第179页。
③ 参见《人的本性篇》，第1节；《希波克拉底文集》第4卷，第3页。

833

作的前两章,围绕经验同理论的关系,言简意赅地论述了希波克拉底医派的认识论思想。

作者认为,"医疗是一个'时间'问题,而某些时间也是一个机缘问题"。获得正确的医疗知识,要经历一个认识发展的过程,也就是说,要善于把握从感知经验上升到理论的契机。因此,作者指出,一位医生懂得了这一点,就"必须投身于医疗实践,不是首先致力于似是而非的理论,而应致力于同理性相联系的经验。"作者强调,正确的医学知识不是从未经经验确证的暧昧理论中推演出来的,必须遵循从经验到理论、经验和理性相结合的认识途径去获得。他们坚持素朴唯物论的经验论。

他们论述医学认识的过程,表达了朴素的反映论的观点,认为人的认识首先来源于感官对客观事物的映象,这是一切理论知识的基础。《箴言》的作者说:"因为一种理论是关于事物的一种复合的记忆,它是凭借感官知觉了解事物的";"感官知觉首先在经验中产生,并且传达给概括事物的理智;这种感性知觉是清晰的映象,理智多次接受这些事物的映象,将它们贮存起来,记忆它们。"[1]作者强调医学科学的认识需要有一个正确的"理论化"(theorizing) 阶段,"它建立在事实的基础上,而且,从它推演出的结论也和现象符合。如果理论化的认识是以清晰的事实为基础,就会发现它存在于理智统辖的领域,理智本身从别的来源接受各种印象。所以,我们必须这样理解我们的本性:我们是被动地由大量不同的事实所刺激,它们提供情况。而理智,如我已说过的,从印象中获得事物的本性,并且引导我们通向真理。"作者接着又指出:"然而,武断和空谈是欺骗性的、危险的,因此,医生必须紧紧地在概括中把握事实,专注于坚持事实。如果医生获得这种熟练无误的习惯,我们就称为'医疗技艺',因为这样做,就是为病人和医生都造了大福。"作者还告诫说:如果医学认识"不是从清晰的印象出发,而是从暧昧的虚构出发,它常常会导致严重麻烦的结果。凡是这样做的,都会陷入死胡同。"总之,作者主张,理论必须立

---

① 《箴言》,第 1 节;《希波克拉底文集》第 1 卷,第 313 页。

足于经验，"以确证了的事实为基础。"①

从这些材料可以看出，希波克拉底认为感性知觉是感官对外界事物的直接映象，是理智认识的来源和基础。认识过程中应有从感性知觉上升到理性认识的"理论化"阶段；但它必须依靠清晰的印象和事实，这是鉴别真理和错误的标准。他们是在亲身从事医疗实践和医学研究中归纳出这个认识论的道理，有着亲切的感受。希波克拉底学派的医学在实践和理论上都取得辉煌成就，正是由于他们坚持这样的认识路线。当然，他们不可能认识到感性认识和理性认识的辩证关系，他们将理性认识仅仅归结为对感性知觉的积累、贮存和记忆，不懂得它是认识过程中的一个飞跃，是对事物本质的科学抽象。因此，他们的认识论不免带着素朴的狭隘经验论色彩。

希波克拉底学派论述从经验上升到理论时，触及"分析"和"概括"等认识方法在"理论化"中的作用。他们认为，要建立"完整的医学技艺"，首先应当观察认识对象的"各个部分及其特殊细节，然后再将各个部分联结成为一个整体"，并且注意考察它们发生作用的"普遍性"，从中得出普遍有效的医学原理来。② 他们较早注意到"归纳"这种认识方法在科学活动中的运用，注意分析和综合方法的科学意义。《箴言》的写作年代不能确定，大约早于亚里士多德的时代。希波克拉底学派的这些科学方法的认识和提出，是后来亚里士多德逻辑思想的先驱。

三 对于人的研究

希波克拉底在生理和医学领域，突破传统眼界，循着比较科学的认识途径，通过生理解剖和临床医疗实践，取得许多创造性成果。

首先是他建立起关于生命体的基本理论。他认为人的生命体是一个处在流动变易之中的，由多种要素构成的整体，是经常从不平衡到平衡的有机统一体。

---

① 《箴言》，第1—2节；《希波克拉底文集》第1卷，第314—315页。
② 参见《箴言》，第2节；《希波克拉底文集》第1卷，第315页。

希波克拉底指出，研究病理和医学，首先要分析食物营养和人所处的环境，这属于外在方面；同时要研究人的生命体本身，即人的生理结构和生理功能，这是属于内在方面。对于人体本身，他又从两个方面作了具体考察：第一方面，人体的结构形式，包括人体的外部器官和内脏器官、组织。他对肺、胸、脾、膀胱、胃、头颅等的结构形态，都作过具体剖析。他在人体解剖方面取得的成果，超过了前人。他认为必须在医疗中注意考察：人所有器官的结构形态是正常还是畸变，以及是否适合执行正常的生理功能。第二方面，人体内的"体液"（humours）及其"能力"（powers）。体液指人体内贮存和流动的各种液体，它们由多种不同的要素构成，担负着维系生命力的不同功能，有多种多样的"能力"。他认为，诊断疾病要考虑到上述人体结构形式和体液及其能力两个方面。他说："我主张，必须知道哪种疾病状态出自'能力'，哪种疾病状态出自人体结构。我能粗略说的是：'能力'是体液的一种强度和力量，而'结构'是人体中的构成。"①

体液论是希波克拉底学派在医学上的一大贡献。以往的医生或自然哲学家往往只说到人体有某一种液体，如恩培多克勒只强调血液有生命力和思想力；阿那克萨戈拉认为胆汁不正常是致病的主要因素；克尼杜学派往往认为粘液过多或缺乏是主要病因。这些见解都是简单的、缺乏科学根据的。希波克拉底认为人的体液其实有四种：血液、黄胆汁、黑胆汁和粘液（指人体的一些内分泌液），它们自身各都赋有多种"能力"，冷热、干湿只是这些能力的一小部分。四种体液的流动承担营养和维系生命力的功能。"能力"是体液执行生命功能的强度的表现，它们会随着季节气候、食物营养以及其他生活条件的变化而变化。如果这四种体液自身保持纯质，而且它们之间在强度、数量以及相互结合上，在经常的流动变易中，不断从不平衡达到和谐的平衡，就是健康。如果这种平衡被急剧、持久地破坏了，就会致病。希波克拉底的这种四体液论和生命有机体平衡论，在西方医学中长久流传，一直到18世纪法国启蒙哲学家拉美特利，仍然用这种体液论来阐述他的唯物论学说。

----

① 希波克拉底：《论古代医学》，第22节；《希波克拉底文集》第1卷，第57页。

　　阿尔克迈翁早已提出：身体健康在于身体所含有的各种要素保持平衡。希波克拉底继承并充实发展了这个论点，使它成为一种系统的生理和医学理论。他的四种体液所赋有的许多能力或性质，远远超过冷热、干湿那样简单的对立。他不仅论述四体液的对立和平衡，而且将整个人体看成是平衡协调的有机统一体。他具体论述了四体液及其能力同身体器官的结构形式有内在关联，相互配合，应当保持协调和平衡；吸收营养和生理消耗也应当有合适的比例，求得平衡，营养缺乏和暴食都会致病，等等。所有这些，都是保持生命体健康的基本条件。前面已经引述过，在《摄生篇》中认为：一切动物包括人，都由水和火两种东西组成，它们在功能上不同，但是结合在一起发挥作用。火的功能是推动一切事物，驱使生命力活动；水的功能是营养一切事物，供给生理消耗所需要的东西。这两种本原在对立中处于流变状态，力量轮流消长，但无论哪一方面都不能取得完全支配的地位。它们之间的不断产生的相对平衡，就是健康状态。如果火过多，水匮乏，便缺乏营养；如果水过多，火匮乏，生命体会缺乏动力；这些都会引起疾病。[①]

　　希波克拉底的生命有机体平衡论，是对人体生理状况作具体解剖和考察总结出来的理论。从现在来看，它当然是不很科学的，有猜测和空想的成分；但和他以前的理论相比较，在他那个时代的条件下，应该说是比较科学的生理和医学的基本理论。他所说的平衡，是多种对立和异质因素在流动变易中的平衡，这样才能构成人体的有机统一。他反对爱利亚学派所主张的那种僵硬和绝对的"同一"。他曾指名批评麦里梭的这种观点，说由于麦里梭坚持这种"同一"的观点，便"无法理解正确的知识来自对于实在的认识，在讨论中便会自己推翻自己。"[②]他的生命有机体平衡论在医学上是一个重要建树，在哲学上也有辩证法的内容，可惜在近代医学兴起的时候，他的这部分思想并没有得到应有的重视。

　　虽然前面已经引证，希波克拉底认为当时自然哲学家研究人是什么、人是

----

① 参见《摄生篇》第1、3节；《希波克拉底文集》第1卷，第231—235页。
② 《人的本性篇》，第1节；《希波克拉底文集》第4卷，第5页。

怎样产生的等等问题,只能算是文学的描述,不能给医学提供清晰的知识。但在文集的另一篇著作《气,水,场所》中,他又将人看成是自然的产物,是自然的一部分,认为人生活在自然环境中,人同自然环境也是对立的统一体,应当保持合适的平衡。在这篇著作中,他依据大量考察材料,论述自然环境对人体的健康和疾病,对人的身体结构和形态,以至对人的性格特点等等,都有重要的影响。他认为人的生理状态、自然本性乃至心理性格习惯,都是深受环境制约的。

希波克拉底认为,人体生命是在自然环境和生活方式影响下的自然过程。合适的环境和生活方式可以使人体生命同环境保持和谐与统一,这是健康的重要条件;反之,不合适的自然条件,不正常的生活方式会破坏人体同自然的和谐,破坏人体内部的生理平衡,这是致病的重要原因。因此,他强调指出,医生到一个地方出诊,必须入乡问俗,首先了解当地的气候状况、地理环境及生活方式。各地情况很不相同,应作细致考察,才能正确判断病因,提出适宜的治疗办法。他举出大量观察到的事实和病例,具体分析了季节和风候的变迁同流行病的关系;水质和土质的不同对人的消化营养乃至生育的影响;而居民的生活方式,如是否酗酒、饮食方式及体育运动状况等等,也往往会同某些疾病紧密相关。他指出,医生到一个地方治病,一定要首先调查清楚这些情况,"他才不会在诊治疾病时感到困惑,或犯愚蠢的错误。"[1]因此,他认为,一位称职的医生,不能将目光只专注于人体本身,而应当具备广博的天文、气象、地理和生活各方面的知识。希波克拉底在这篇著作中强调从人和环境的关系中去研究病理,应该是医学发展的重要原则。

但是,希波克拉底在《气,水,场所》这篇文章中,将环境对人的影响又讲得有些过头了,以至可以说他是西方最早的地理环境决定论者。他在这篇文章中,细致地剖析了埃及、小亚细亚、利比亚及欧洲不同地区的气候和地理条件,阐明它们的差异怎样直接影响了不同民族和部落在体形、身体结构、生活习惯和生理特点上的不同。他还分析了自然环境如何直接影响了每个民族或

---

[1] 《气,水,场所》;《希波克拉底文集》第 1 卷,第 73 页。

部落在心理性格上的特点。例如他认为："亚细亚人的性格不像欧罗巴人那样好战，比较温和，主要原因在于当地气候比较均衡，没有剧烈的冷热变动，因而不会产生心灵上的震动和剧烈的生理变化"；而欧罗巴地区的民族或部落，由于气候和地理多变，造成他们性格的多样性，"比较刚强"，尤其是那些高地的游牧民族，他们的性格更为"独立不羁"。[①]

值得注意的是，希波克拉底将政治体制状况也看作是影响民族性格的一种外在环境方面。他说："亚细亚人的性格比较纤弱，他们的制度是一个辅助性原因，因为亚细亚的较大部分是由君主统治的"。因而，在这些地区，"人们不是他们自己的主人，不是独立自主的，而是被专制君主所统治；他们不喜欢军事力量，不愿战争"；这是因为："臣民总是被迫从事兵役和劳役，以至死亡，只是为了君主的利益而要同他们的妻子、儿女和朋友分离。他们作出有价值的英勇业绩，也只是服务于抬高君主，扩张君主的势力；可是他们自己得到的却只是危险和死亡，他们的土地由于敌人入侵和自己的疏怠而必然荒芜"。在这种情况下，"甚至那些天性勇敢的人，他们的性格也由于他们所处的政治制度而改变了"。而在另外一些欧、亚地区的人，由于"没有君主统治，独立自主，只为他们自己的利益和荣誉而劳作，冒险，他们的性格就比较勇猛。"由此他得出结论："哪里有君主，哪里必定是最懦怯的，因为人们的灵魂被奴役了。"[②]

希波克拉底最早提出并探讨了地理环境对人的生理特点以至民族性格的影响，是有价值的。因为他将生理特点和民族性格不归于天赋或神所授予，而要从客观环境找原因，认识到人是受环境制约的。但他将这些简单地直接归因于地理环境和气候条件，如他将欧、亚人的性格不同简单地归之于气候的差异不同，显然是不科学的，是后来地理环境决定论的萌芽。他将欧、亚人心理和性格的不同归因于政治制度的不同，虽然有点简单化，但他已经看出在政治制度背后存在着人们的物质利益，在当时能够提出这样深入的看法是比较难

① 《气，水，场所》；《希波克拉底文集》第1卷，第115—117页。

② 《气，水，场所》；《希波克拉底文集》第1卷，第133页。

得的。特别是他揭露了君主制度对人民的性格起压抑的消极作用,赞扬奴隶主民主制能提高人民发奋图强的精神,表现出他是站在当时民主派的进步方面的。希波克拉底的这些有关论述同18世纪法国启蒙思想家孟德斯鸠的地理环境论有许多相似之点,但也有重要区别。希波克拉底主要论述了自然环境和政治制度对人的生理特点和心理性格的影响,不像孟德斯鸠那样过分强调地理环境对社会生活的影响,甚至认为政治体制也是由地理环境所制约和决定的。希波克拉底却将政治制度也看成是客观环境的一个方面,它也影响民族心理。他剖析欧、亚人民在君主统治和民主制度下民族性格的不同,不是为了论证不同种族天生有优劣之别,只是表明他反对君主专制和颂扬民主制度,这同后来资产阶级种族主义的理论,也是根本不同的。

希波克拉底坚持从自然本身研究人的生理和病理现象,宣扬唯物论的科学精神,批判一切迷信和巫医活动,表现出无神论的倾向。在《论所谓神圣的病》这篇重要著作中,他说:"任何智慧都是从事科学的方法","一位热爱智慧的医生,就等于是一位神",医生必须"摆脱迷信和什么先定的神性。"①他尖锐地批判了当时流行的一种看法,即认为某些"神圣的疾病"如癫痫的产生,是由于某种超自然的、出自神意的原因。他说:"我打算讨论所谓'神圣的'疾病。在我看来,它并不比另外的疾病要神圣些,它们也是有自然原因的。所以会提出这种神圣的疾病,根源在于人们缺乏经验,不了解它的特性。现在人们还继续相信这种疾病有神圣的根源,因为他们仍旧不理解它。"②

他针对当时南意大利医派中存在的某些宗教巫术成分,以及其他地区的巫医迷信活动,展开了猛烈的批判。他说:"那些首先将这种疾病〔癫痫〕说成带有神性的人,像当今那些巫医、净化者、庸医、骗子们,自称对神虔诚,并且具有至高无上的知识;实际上他们只是用迷信来掩饰自己行医的无能,他们将某种疾病称为有神性的,只是为了避免暴露他们自己的无知罢了。"③希波克拉底表面上没有否定希腊神话和通俗宗教中的诸神,但认为他们根本不干预自

---

① 希波克拉底:《论所谓神圣的病》;《希波克拉底文集》第2卷,第187页。
② 希波克拉底:《论所谓神圣的病》;《希波克拉底文集》第2卷,第139页。
③ 希波克拉底:《论所谓神圣的病》;《希波克拉底文集》第2卷,第141页。

然和人体生命现象。他由此机智地驳斥那些主张"神圣的病"的人。他说,那些用"净化"等办法欺骗人的庸医,谈论神能干预人体生命,实际上正是否定了神,对神并不虔敬。他们自称能摘月遮日,挡风呼雨,有神奇的法术;但他们自己是人不是神;这恰恰表明,即使他们能改变某些自然现象,也是人造成的。这只能表明,"所谓神的能力,是能被人的狡狯所克制,所奴役的";而他们说的神意致病,也恰恰是亵渎了他们的"神",恰恰表明"神不存在"。① 希波克拉底强调一切疾病都由于自然的原因,否定任何超自然的能力,坚决批判巫医,主张在医疗活动中消除一切宗教迷信成分。这表明他所领导的科斯学派,比恩培多克勒的南意大利学派有较彻底的科学精神,他机智地表达了无神论倾向。

希波克拉底有时也沿袭当时习惯的用语,说到"神圣的东西",但他只是将它理解为"自然的本性"。在这个意义上,他说:"在我看来,这种疾病〔癫痫〕并不比任何其他疾病更神圣些;它有和其他疾病一样的本性,即产生其他疾病那样的原因"。② 他主张,应当研究这种疾病发生的自然原因。在这方面,他接受并发挥了阿尔克迈翁关于脑是意识中枢的见解,并且用他自己的体液论加以补充,以说明癫痫的病因。他认为,"脑是人体中最强有力的器官",③反对认为心脏是思想器官的见解。他指出,人体各器官都由血管联通到脑部,而气给脑以理智。在正常情况下,脑通过血管将气输导到人体各部分,使整个人体都介入理智性的活动,所以脑是意识的"信使"和"说明者"。但是,一旦季节突变,或者人受到突然的打击,或过度欣喜,或过度忧伤时,体液中的粘液突然跃入血管,于是,脑通过气输导理智到人体各器官的功能被堵塞,便发生癫痫,引起全身抽搐和痉挛。④ 从现代医学来看,对于癫痫病因的这种解释当然是不科学的,但在当时条件下,他的这种解释尚有合理之处。特别是在这个问题上,他坚决反对迷信和巫医,在医学实践和理论上坚持了唯物

① 希波克拉底:《论所谓神圣的病》;《希波克拉底文集》第 2 卷,第 145—149 页。
② 希波克拉底:《论所谓神圣的病》;《希波克拉底文集》第 2 卷,第 151 页。
③ 希波克拉底:《论所谓神圣的病》;《希波克拉底文集》第 2 卷,第 179 页。
④ 参见希波克拉底:《论所谓神圣的病》;《希波克拉底文集》第 2 卷,第 153、179—181 页。

论的科学态度。他无愧为西方医学之父。

综上所述,希波克拉底的主要活动和贡献是在医学方面,他强调医学理论应该是科学的说明,从而批评以前的自然哲学只是空洞的假设;但是同时,他在古希腊哲学思想的发展中也是作出一定的贡献的。因此,我们不能像西方一些哲学史家那样将他看作只是一位实证的科学家,撇除在哲学史以外,而是应该在哲学史上给他以一定的地位。希波克拉底以一个真诚的科学家的态度,首先提出了哲学和科学的关系问题,要求自然哲学排除那些非科学的空想,而将哲学建立在科学事实的基础上;他以医生兼自然哲学家的身份,主要研究了有关人的问题,对人的生理和病理现象作出了比较合乎科学的解释;他不但从自然科学角度研究人,而且还将人的心理性格和政治制度联系起来考察。可以说,他的活动与和他同时的智者的活动,共同体现了当时的时代精神;他还从科学方法的角度提出了有经验论倾向的认识论;更以比较彻底的唯物论态度反对医疗活动中的迷信和巫术。所有这些都表明:希波克拉底是当时在哲学上作出相当贡献的科学家。

公元前5世纪后半叶,大约介于恩培多克勒、阿那克萨戈拉和原子论者之间,在以雅典为中心的希腊世界,出现了一批以阿凯劳斯、阿波洛尼亚的第欧根尼和希波克拉底为代表的哲学家。他们大多是科学家,强调科学精神和民主精神,是当时伯里克利时代文明的一部分,也是和当时蓬勃兴起的智者运动有关联的、并行发展的一种思潮。在哲学思想上,他们主要是不满于恩培多克勒和阿那克萨戈拉在本原问题上所主张的多元论,也不满于阿那克萨戈拉提出的物质性种子和精神性努斯的二元论倾向;他们提出气的一元论,想将多元的本原归为一元的"气"。表面上看,他们似乎是在回复传统的伊奥尼亚哲学;但实际上,他们使"气"既具有物质性又具有精神性,似乎是企图调和这二者的对立,以避免二元论倾向;但在具体阐述时,他们用气的物理功能解释理智的精神活动。他们基本上还是唯物论者。从哲学思想发展上看,他们是想将物质的多样性质概括为唯一的性质,但因为他们的抽象能力还不足以概括出一种更普遍的物质来,所以他们仍只能归结为一种具体的(又是在具体中最抽象的)物质——"气"。从他们的思想再进一步发展就可以得出一种抽象的物质概念——原子。所以,他们的思想预示着原子论哲学的产生。从这个意义上,可以说他们的哲学是从恩培多克勒的元素论和阿那克萨戈拉的种子论向原子论哲学的过渡阶段,他们是原子论者的先驱。

第十二章

留基伯和德谟克利特

  古代希腊哲学从泰勒斯开始,经历了将近两个世纪的发展过程,终于在公元前 5 世纪末和公元前 4 世纪初,正当奴隶主民主制和伯里克利文明由盛趋衰的时代,结出了丰硕的果实,那就是由留基伯开创和德谟克利特建立的原子论哲学。原子论哲学是对早期希腊各派自然哲学的大综合,是认识上的一次重大飞跃,它将早期希腊的自然哲学推上一个光辉的顶峰。同时,原子论哲学的产生又标志着古代希腊哲学进入系统化时期,进入希腊哲学最繁荣的时期。

  在西方,从古代亚里士多德开始,就对原子论哲学给予很高的评价。亚里士多德在《论生成和消灭》开始讨论关于事物的生灭和变易等问题时,指出:"在我们的先驱者中,除了德谟克利特是唯一例外,可以说,没有一个人曾经深入事物的表面或透彻地考察过这些问题。只有德谟克利特,看来不仅细致地思考所有这些问题,而且从开始起就以他的方法表现卓越。"①近代著名的哲学史家文德尔班,虽然是新康德学派的唯心论者,也不能无视原子论哲学的历史意义。他认为古希腊哲学的启蒙时期,从具体的个别知识"进向形而上学",形成综合性体系,"这方面的成就应归功于三位追求知识的伟大人物,他们造就了古代思想中最有价值的发展,他们就是德谟克利特、柏拉图和亚里士多德。"他将这三位哲学家相提并论,说他们在两代人间,以抽象的思想探讨形而上学的重大问题,"达到了最高点","提炼、深化了典型的三种不同的世

---

  ① 亚里士多德:《论生成和消灭》,315ᵃ34 —ᵇ2。

界观",形成三足鼎立的局面。而且他们共同具有"体系化的特点","都建立了自身完整的无所不包的用以说明世界的科学体系。"①当代著名的古希腊哲学专家基尔克和拉文认为:"原子论在很多方面是在柏拉图以前希腊哲学所达到的冠冕。它解开了爱利亚学派辩驳的死结,从而完成了伊奥尼亚唯物论一元论的最后目的。它不仅得益于巴门尼德和麦里梭,又得益于恩培多克勒和阿那克萨戈拉的多元论体系,可是,它又不是像阿波洛尼亚的第欧根尼那样的折衷哲学。它在本质上是一种新的概念,被德谟克利特广泛而熟练地运用的新概念;即使在柏拉图和亚里士多德以后,它还通过伊壁鸠鲁和卢克莱修,在希腊思想中成为重要部分。当然,它最终还刺激了现代原子学说——它的真实的性质和动机都是很突出的——的发展。"②

总之,将早期希腊哲学和科学认识概括起来,加以系统化,建立起西方哲学史上第一个较为完备的唯物论哲学体系。这就是留基伯和德谟克利特的杰出贡献。

第一节　原子论的创始人留基伯

留基伯的生平资料留存极少,但历史上确有这位原子论哲学家,不容置疑。我们所以要下这个断语,因为留基伯究竟在历史上是否存在过,曾有过一段小公案。据第欧根尼·拉尔修记载,伊壁鸠鲁曾经否认过留基伯的存在:

> 阿波罗多洛在他的《编年史》中告诉我们,我们这位哲学家〔伊壁鸠鲁〕是瑙西芬尼和普拉西芬尼的学生;但是在伊壁鸠鲁致欧律罗库的信中,他自己否认这点,说他是靠自学成材的。伊壁鸠鲁和赫尔玛库都否认留基伯这位哲学家的存在,虽然有些人和伊壁鸠鲁学派的阿波罗多洛都说他〔留基伯〕是德谟克利特的老师。③

---

① 文德尔班:《哲学史》,第 99—100 页。
② 基尔克、拉文:《苏格拉底以前的哲学家》,第 426 页。
③ 第欧根尼·拉尔修:《著名哲学家的生平和学说》第 10 卷,第 12—13 节。

这段记载在历史上本来并不被人重视,因为在亚里士多德和塞奥弗拉斯特的著作中都经常提到留基伯和德谟克利特是原子论哲学的代表,而且伊壁鸠鲁以后的罗马思想家卢克莱修和西塞罗都从来没有怀疑过留基伯的存在。但到近代,德国学者罗德(Rohde)在 1879 年出版的一本文集中却翻出伊壁鸠鲁的这封信来,认为历史上根本没有留基伯这个人。伯奈特认为这是误解和误译,伊壁鸠鲁这句话原意是"留基伯算不得什么哲学家",意思是"我(故意)无视他"或"我不想讨论他"①。应该承认,留基伯在历史上还是存在过的,只是他的资料极少,他的成就又被他的学生德谟克利特所掩盖,以致后期的原子论者伊壁鸠鲁也不愿谈论他。

第欧根尼·拉尔修关于留基伯的生平记述极少,只有短短的两句话:

> 留基伯出生于爱利亚,有人说他出生于阿布德拉,也有人说他出生于米利都。他是芝诺的学生。②

留基伯的生卒年代已无从查考,但他必定比巴门尼德年轻,又年长于公元前460 年左右出生的德谟克利特。阿波洛尼亚的第欧根尼曾从他那里吸取"虚空"概念,而第欧根尼的观点曾在公元前 423 年上演的阿里斯托芬的喜剧《云》中受到嘲讽。由此推算留基伯的鼎盛年大约在公元前 423 年左右,他的主要活动时期在公元前 5 世纪后半叶。第欧根尼·拉尔修关于他的出生地的三种说法,有些学者认为可能是概括了他的经历和学说上的关系:或许他本来是米利都人,他的学说出自伊奥尼亚的传统;希波战争中米利都革命失败沦为废墟后,他迁居爱利亚,成为芝诺的学生,他无疑是通晓爱利亚学派的哲学的;后来他又去阿布德拉,成为德谟克利特的老师,师生二人自树高帜,建立了原子论的阿布德拉学派。③

关于留基伯的著作,塞奥弗拉斯特说他写过一部《大宇宙系统》(DK68A33),但没有流传下来。在第欧根尼·拉尔修记载的公元 1 世纪学者塞拉绪罗(Thrasyllus)编辑的德谟克利特的著作目录中,有这部著作;拉尔修

---

① 伯奈特:《早期希腊哲学》,第 330 页注 2。
② 第欧根尼·拉尔修:《著名哲学家的生平和学说》第 9 卷,第 30 节。
③ 参见格思里:《希腊哲学史》第 2 卷,第 384 页。

注明:"塞奥弗拉斯特将它归于留基伯"。① 很可能这部著作是他们师生合作的共同成果。据说留基伯还写过一篇论文《论心灵》,亦已佚失,只保存了留基伯的唯一的一则残篇:

> 没有任何事情是随便发生的,每一件事都有理由,并且是遵循必然性的。(DK67B2)

关于原子论学说的产生,古希腊后期有一种记载,说在留基伯以前,远在特洛伊战争期间,有一个腓尼基人摩赫(Mochus)就已经提出过"原子"概念。② 要是说那时有人曾经讲过这个字,并作过简单的解释,并不是不可能的;但要是说那就是最早的原子论哲学,则是无稽之谈,因为那时候根本还没有产生哲学,怎么可能有这样高度抽象的原子论哲学? 还有,古代印度哲学中也产生原子论哲学,希腊的原子论是不是受了印度哲学的影响? 学者们也有不同的意见。贝利认为,印度的原子论比留基伯出现要晚一些,而且两种原子论的内容也不同。③ 也有学者认为印度哲学的原子论在先。我们以为,不能说留基伯创建的原子论是"舶来品",它是希腊自然哲学发展到一定阶段的产物。世界上不同民族的哲学思维发展到一定阶段会独立地产生彼此相类似的思想,毫不为奇,这只能说明人类思想的发展确实具有客观规律性。

关于留基伯创立原子论的师承关系,许多学者强调他同爱利亚学派的关系密切。第欧根尼·拉尔修说他是芝诺的学生,为大多数学者所接受;辛普里丘倾向认为他是巴门尼德的学生。留基伯大约在爱利亚生活过,很可能听过芝诺讲学。他的思想曾接受爱利亚学派的影响,这是事实。古代一些学者如希波吕托、辛普里丘等人,将原子论哲学归属到爱利亚学派,显然是不对的。亚里士多德经常指出原子论哲学同爱利亚学派的思想联系,但他总是将原子论者放在恩培多克勒和阿那克萨戈拉以后,并列论述,这是很有道理的。原子论哲学是伊奥尼亚唯物论思想在新的历史条件下的重大革新。留基伯建立原

---

① 第欧根尼·拉尔修:《著名哲学家的生平和学说》第 9 卷,第 46 节。
② 参见贝利:《希腊原子论者和伊壁鸠鲁》,第 64 页。
③ 参见贝利:《希腊原子论者和伊壁鸠鲁》,第 64—65 页。

子论,在理论方向上是和恩培多克勒、阿那克萨戈拉一致的,他们都坚持唯物论原则,改造爱利亚学派的"存在",循着探索物质结构的途径,去认识物质内部不变的本原,从而解决"一"和"多"的矛盾,沟通自然本原的现象世界。

留基伯建立的原子论的这一特点,可从以下两段材料中看出。一是辛普里丘记载的塞奥弗拉斯特所说的:

> 爱利亚或米利都(两说都流行)的留基伯在哲学上曾同巴门尼德交往,但他关于"实在"的观点,并没有走和巴门尼德与塞诺芬尼相同的路子,毋宁说似乎是走了相反的道路。因为他们〔巴门尼德和塞诺芬尼〕将整体看做是一、不动的、非创造的和有限的,并且不准去研究非存在;而他〔留基伯〕却设置了无数在永恒运动着的元素——叫作原子——并且主张它们的形状的数目是无限的,因为没有理由说为什么任何原子只能有一种形状而不能有另外的一种,因为他也观察到在世界上生成和变化是永不休止的。再说,他主张"非存在"和"存在"一样,也是存在的,而且二者同等地是事物生成的原因。他设定原子的本性是坚固和充实;他说,这就是"存在",它在虚空中运动,他将它〔虚空〕叫作"非存在",并且主张它并不比"存在"更少存在。他的伙伴阿布德拉的德谟克利特以相同的方式提出充实和虚空就是本原……①(DK67A8)

还有一段材料更早,出自亚里士多德《论生成和消灭》第1卷第八章。亚里士多德在论述了包括恩培多克勒在内的一些哲学家关于物体结构的理论以后,接着指出:

> 而最系统、最始终一贯,并且可以应用于一切物体的学说,是由留基伯和德谟克利特提出的,他们这样主张,而且以之作为他们自然首先形成的出发点。因为有些老一点的哲学家〔爱利亚学派〕主张"实在"必然是"一",而且是不动的。他们论辩说,虚空是无:但是除非有自身独立分离存在的虚空,否则,"实在"就不能运动——再说,它也不能是"多",除非

---

① 塞奥弗拉斯特:《物理学》残篇第八;辛普里丘:《〈物理学〉注释》,第28页第4行起。

有东西将它们分隔开来。①

在作了一番分析以后,亚里士多德又指出:

　　　　但是,留基伯认为他有一种理论,和感性知觉是一致的,并不抹煞事物的生成、毁灭或运动,以及它们的多样性。在这方面,他对感觉事实让步;另一方面,他又告诉一元论者,如果没有虚空就不能有运动。结果就得出他的学说,主张如下:虚空就是"非存在",而"存在"的部分都不是"非存在";因为严格意义的"存在"是绝对的充实。可是,充实的东西并不是"一",相反,它们是"多",它们在数目上无限,而且是看不见的,因为它们的体积太小。"多"在虚空中运动(虚空是存在的):它们结合时就成为"生成",分离时就是"毁灭"。那里它们发生接触(那里它们就不是"一"),它们就发生作用和被作用,结合起来,它们就生成为事物。另一方面,一个真正的"一"是不可能生成为"多"的,而真正的"多"也不能生成为"一",那是不可能的。但是,(正如恩培多克勒和别的一些哲学家所说的,事物是通过它们的孔道发生作用的,)一切变易和一切被作用都通过这种方式解释的:消解(即毁灭)是借助虚空发生的,而生长也就是坚实的物体进入虚空。②

这两段材料很能说明原子论者所说的"原子"和"虚空"的意义,所以我们先在这里长篇引证。本节只想用它们说明:留基伯创立的原子论哲学,确实最初是从爱利亚学派的思想中发展起来的,但在理论上他们走的是不同的方向。爱利亚学派只承认"存在"是存在的,否认"非存在"的存在,"存在"是唯一的、永恒不动的"一",否认运动,否认"多",也就否认了现象;这样,"一"和"多"、静止和运动、本质和现象就完全割裂开来了。这就成为爱利亚学派的解不开的死结。原子论者就要解开这个死结。他们认为,不但"存在"是存在的,"非存在"也是存在的,"非存在"就是虚空;充实的存在就是原子,原子在虚空中运动,就成为"多";每个原子是"一",它本身是不变的,但由于无数的原子在

---

① 亚里士多德:《论生成和消灭》,324^b36—325^a7。
② 亚里士多德:《论生成和消灭》,325^a24—$^b5$。

虚空中结合和分离,就成为无数现象事物的生成、毁灭和运动变化。这样,"一"和"多",静止和运动,本质和现象就都通过原子和虚空而相互结合起来,不再是互相割裂的死结了。所以,原子论哲学虽然是从爱利亚学派的学说中发展出来的,但它决不是继承爱利亚哲学的传统,而是将它拨转过来,更多继承伊奥尼亚哲学的传统,向唯物论和辩证法方向发展。这就是原子论学说在哲学发展史上的意义。至于原子和虚空的哲学意义,我们将在第三节专门论述。

要将留基伯和德谟克利特的思想区别开来,单独论述留基伯的原子论哲学,是很困难的。因为他们两个人的学说基本相同,他们本人的著作又没有流传下来,只保留了极少的残篇;古代论述他们的第二手材料,多将他们两人相提并论。所以,如果硬要将他们两人分开论述,必然会造成重复累赘,如贝利所著《希腊原子论者和伊壁鸠鲁》一书,就有这种弊病。

在古代的记述中,第欧根尼·拉尔修在《著名哲学家的生平和学说》书中,曾对留基伯的学说作过单独论述。现在将他的论述全部引证如下,由此可以推测留基伯思想的概况。

他〔留基伯〕的观点是这样一些。事物的总数是无限的,它们互相转化。全体包含了虚空和充实。原子落进虚空并相互结合就形成许多世界;当它们体积增大而运动时就产生各种星体。太阳循着更大的圆周绕月亮运动。大地稳定地停留着,作绕中心的旋涡运动,它的形状像一面鼓。留基伯是第一个提出原子是本原的人。这些就是他的观点的概述。详细的观点如下:已经说过,他声称全体是无限的;而全体的一部分是充实,一部分是虚空,他将这些叫做元素。数目无限的世界从它们产生,又分解为它们。世界就是这样形成的。在世界的某一部分,许多各种形状的原子被从无限带进巨大的虚空。它们聚合在一起形成一个旋涡,它们在其中彼此冲撞,并且沿着各种可能的方向作圆形运动,彼此分开,相似的原子相互结合。如此众多的原子在转动中不能长期保持平衡,轻的原子就像过筛似的被抛向外面的虚空;而留下的〔原子〕仍集在一起,结集起来,继续旋转,形成最初的球形体系。离开的这部分像一层壳,其内包含了所有各种原子;这些由于中心的抵抗力而旋转,包含它们的壳越变越薄,而邻近的原子在接触旋涡时继续集积。这样,积聚在中心部分的就形成为大地。而外面的壳也由于外来原子的流入而增大,在它被带进旋涡转动时,给它自己添加了它所接触到的原子。其中有些部分粘在一起成为一团,先是潮湿泥泞的,但在宇宙旋涡中转动时变为干燥,后来燃烧起来,形成星体。太阳的轨道在最外层,月亮的轨道最靠近大地,其余天体的轨道在二者之间。所有星体由于快速运动都是燃烧着的;太阳的燃烧也得力于星体,月亮是烧得最微弱的。大地向南方倾斜时就发生日食和月食;北方地区总是被雾笼罩着,很冷,有冰冻。日食是很少的,月食则经常发生,因为它们的轨道是不相等的。世界是生成的,它也有成长、衰落和毁灭,按照某种必然性,可是对此他并没有细说。①

从第欧根尼·拉尔修这段论述可以看出:留基伯作为原子论的创始人,已经提出原子和虚空这对基本范畴,用以说明物质的内在结构和自然界生灭变易的现象;他还提出了原子运动的宇宙生成说,借以说明一些天体现象,这些说法大体是沿袭伊奥尼亚和恩培多克勒、阿那克萨戈拉的自然哲学思想,但也有一些创见;更重要的是他可能是西方哲学史上第一个正式提出必然性概念的哲学家,认为天体的生灭运动是按照一定的必然性的,可是他在这方面并没有细说。

由此可见,留基伯已经提出了原子论哲学思想的基本框架。但原子论的系统理论大概还是德谟克利特完成的,或者是他们师生合作,主要由德谟克利特完成的。

第二节　百科全书式的哲学家德谟克利特

德谟克利特的生活年代,第欧根尼·拉尔修是这样记述的:

---

① 第欧根尼·拉尔修:《著名哲学家的生平和学说》第9卷,第30—33节。

德谟克利特是赫格西斯特拉图的儿子,有人说是阿塞诺克里托的儿子,还有人说是达玛西普的儿子。他是阿布德拉本地人,也有人说他是米利都人。……后来他就学于留基伯,而照有些人的说法,他就学于阿那克萨戈拉,他比后者年轻 40 岁。[1]

关于他的年代,他自己在《小宇宙系统》中说,当阿那克萨戈拉是老年人时,他还是一个青年,他比阿那克萨戈拉小 40 岁。他说《小宇宙系统》写于特洛伊被攻陷后 730 年。按照阿波罗多洛在《编年史》中所说,他应生于第八十届奥林比亚赛会〔公元前 460—前 457 年〕。但照塞拉绪罗在《阅读德谟克利特著作的导言》中说,他生于第七十七届奥林比亚赛会的第三年〔公元前 470—前 469 年〕,这就比苏格拉底大一岁。因此,他应当是阿那克萨戈拉的学生阿凯劳斯以及俄诺庇得学派的同时代人;事实上他提到过俄诺庇得。此外,他提到巴门尼德和芝诺所主张的关于"一"的学说,他们在他那个时代是很有名的;他也提到阿布德拉的普罗泰戈拉,他被公认为苏格拉底的同时代人。[2]

从这些记载可知,德谟克利特比阿那克萨戈拉小 40 岁,和阿凯劳斯、苏格拉底以及他的同乡普罗泰戈拉是同时代人。策勒据此推算德谟克利特的生平约在公元前 460 年,他去世的年代难以断定,古代文献对他的寿命有种种说法:90 岁、95 岁、100 岁、109 岁,等等。他必定享有罕见的高寿。

阿布德拉是德谟克利特的故乡,也是他从事学术活动的主要地方。它是早在公元前 6 世纪中叶就由希腊人建立起来的一个殖民城邦,位于希腊本土东北端的色雷斯地区,处在从希腊本土到小亚细亚的中间要冲地段,当时以经济、文化发达著称,和亚里士多德的故乡斯塔吉拉邻近。在伯里克利时代,阿布德拉也是文化繁盛的城邦。普罗泰戈拉也出生在那里,希波克拉底在那里整理了不少医案。阿布德拉和雅典在学术文化上有密切的关系。

德谟克利特漫长的一生,经历了奴隶主民主制由盛到衰,而科学精神却一

---

[1] 第欧根尼·拉尔修:《著名哲学家的生平和学说》第 9 卷,第 34 节。
[2] 第欧根尼·拉尔修:《著名哲学家的生平和学说》第 9 卷,第 41—42 节。

直勃兴的时代。他的童年时期正值希波战争结束,伯里克利登上历史舞台,古代希腊进入黄金时代。雅典等城邦那种政治革新、经济繁荣、文化昌盛的生动局面,那种百家争鸣的科学探讨精神,造成了西方历史上难得的一代文明。德谟克利特显然感受了这种时代精神,他是奴隶主民主制的热诚拥护者。由于奴隶制的内在矛盾,雅典的民主政治走向衰落。德谟克利特的鼎盛年在公元前 420 年左右,正当伯罗奔尼撒战争第一阶段。雅典同盟在这场大战中遭到惨败,但是,奴隶主民主制还有生命力,黄金时代孕育出来的灿烂文化和科学精神并没有中断,而在兵燹和危难中继续发扬。德谟克利特跨越两个世纪,处在这样一个历史转变时期,他的思想始终贯彻着科学和民主精神。他的哲学是早期希腊自然哲学的顶峰,也是它的终结,同时又开启了以他和柏拉图、亚里士多德为代表的希腊哲学系统化的新阶段。德谟克利特是一位承先启后的重要哲学家。

德谟克利特的父亲是在阿布德拉很有资产和地位的人士。据说在希波战争中,波斯王薛西斯率军经过色雷斯时,受到他父亲的款待,因而给他家留下一些有学问的人;这些东方的高级知识人士就成为德谟克利特的启蒙老师。第欧根尼·拉尔修是这样记载的:"他是〔波斯的〕玛伽僧侣和迦勒底星相家的学生。因为〔波斯〕王薛西斯受到德谟克利特的父亲的款待,他留下这些人作为报答,希罗多德就是这样说的。①　当他〔德谟克利特〕还是孩子时,就从这些人学习神学和天文学。"②西方有些学者认为这个记载并不可信,只是由于德谟克利特青年时期曾涉猎东方知识,因而编造出来的。策勒和贝利指出,薛西斯率军入侵希腊是在公元前 480 年,比德谟克利特出生还早 20 年,所以这条记载不可信。但如果这些留下来的人长期定居在阿布德拉,这事也不是不可能的。

德谟克利特少年好学,对财富冷漠,孜孜于研究学问,寻求科学真理。他不满足于现成的书本知识,决意走向广阔世界,去猎取生动丰富的经验知识。

---

①　希罗多德在《历史》中只讲到薛西斯曾路过阿布德拉(第 7 卷第 109 节,第 8 卷第 120 节),没有讲和德谟克利特家庭的关系。

②　第欧根尼·拉尔修:《著名哲学家的生平和学说》第 9 卷,第 34 节。

据说在分遗产时,他的两个兄弟知道他急需现钱以供外出游历,就划出最少的一份财产,一百塔壬同现金,他果然只要这一份,全都花费在旅行上。① 他旅游地区之广,在同时代的学者中,只有著名的历史学家希罗多德可以相比。据说,德谟克利特南赴埃及向祭司学习几何学,直达埃塞俄比亚,东去波斯结识星相家,越过红海,甚至到印度和裸形智者有所交往。② 德谟克利特自称:"在我的同辈人中,我漫游了大地的绝大部分,探索了最遥远的东西,我看见了最多的地方和国家,我听见了最多的有学问的人的讲演;而在勾画几何图形并加以证明方面,没有人超过我,就是埃及的所谓土地测量员也未能超过我。在那里作客时我已年近八十岁了。"③ 他周游世界,获得极其丰富的知识。由第欧根尼·拉尔修保留下来的他的著作目录中,就有《巴比伦的圣书》、《迦拉底研究》、《弗里基亚研究》、《环洋航行》等著作,④ 表明旅游是他的广博知识的重要来源之一。

他远游归来,已一贫如洗,只能靠兄弟达玛苏斯支助生活。而他的科学知识以及料事如神,在当地很有名气。据说在一次盛暑割麦时,他劝大家立即停下,先去收藏已经割下的麦子;不久果然来了暴雨,不听信他的人便大受损失。他还根据观察星象,预言橄榄的收成和油价会上涨。这些都使他的同胞十分惊异,赞誉他是"贤人",甚至是能享有"神"的荣誉的人。

马克思和恩格斯赞扬德谟克利特是"经验的自然科学家和希腊人中第一个百科全书式的学者。"⑤ 他所积累的丰富的经验科学知识,正是他建立原子论哲学的重要基础。

自从伊奥尼亚的科学文明传到希腊本土以后,自然科学(哲学)思想的发

---

① 参见第欧根尼·拉尔修:《著名哲学家的生平和学说》第 9 卷,第 35—36 节。

② 策勒是欧洲中心论者,他否认德谟克利特受东方思想的影响,说他不可能到过印度。(见《苏格拉底以前的学派》第 2 卷,第 212 页)但据希罗多德在《历史》中记载,当时的印度也曾向波斯帝国纳贡,所以德谟克利特到过印度也不是不可能的。

③ 尤息比乌:《预备福音》第 10 卷,第 472 页;转引自《马克思恩格斯全集》第 40 卷,人民出版社 1982 年版,第 251 页。

④ 参见第欧根尼·拉尔修:《著名哲学家的生平和学说》第 9 卷,第 49 节。

⑤ 《马克思恩格斯全集》第 3 卷,人民出版社 1960 年版,第 146 页。

展,不再停留在原来比较零碎的直观水平。一些学科如前面讲到过的生理学、病理学和医学等已初具规模,对观察材料有初步整理,一些学者已经运用局部解剖和类似简单实验的手段,对自然界的认识不断深入。德谟克利特不仅广泛吸取当时科学思想的成果,他本人也积极从事各种科学活动。据说,希波克拉底曾去会晤他,看见他坐在一棵大树下,四周堆着正在解剖的动物躯体。[①]他考察过天文、气象,编过历法,探溯过尼罗河泛滥的原因,研究过圆锥切割定理、海盐成因、地理与地震、光线辐射、动物生理、胚胎成形、植物生长、医疗摄生等等,差不多涉及当时人类知识的每一个领域。正如塞拉绪罗对他的评述:"德谟克利特确实通晓哲学的每一分支,因为他娴熟于物理学和伦理学,还有数学以及教育的正规项目,他还是通晓艺术的行家。"[②]他是古希腊多才多智的经验自然科学家。原子论作为关于物质结构和自然本原的一种崭新的学说,不是出于简单的猜测和玄思冥想的产物,而是根据人类已经积累的经验科学知识而作出的合理的科学推论,反映当时人对自然物质认识的深入程度。同时,在德谟克利特的时代,智者十分活跃,形成研究人和社会生活的学术气氛。德谟克利特也拥有丰富的人文学科知识,在这些领域内也作了广泛的研究,使他有别于早期希腊的其他自然哲学家。他是亚里士多德以前百科全书式的卓越学者。渊博的学术素养是他将哲学思想推向系统化的重要条件。

然而,单凭经验科学知识还不足以使德谟克利特登上原子论哲学的高峰。他有过良好的哲学训练,对早期希腊哲学诸流派有广泛的了解。他能博采众议,兼收并蓄,加以改造,作出综合,因而才得以提出系统的原子论哲学。

第欧根尼·拉尔修记载说,有人说德谟克利特就学于阿那克萨戈拉;但又说法沃里诺告诉我们,德谟克利特认为阿那克萨戈拉剽窃前人的观点,而且怨恨他。[③]无论怎样,德谟克利特必定熟悉阿那克萨戈拉的学说,在他的哲学和自然科学思想中,明显有阿那克萨戈拉及他传来的伊奥尼亚自然哲学的影响。

---

① 关于德谟克利特和希波克拉底有没有会晤,策勒曾有不同意见,参见格思里:《希腊哲学史》第 2 卷,第 465、468 页。
② 第欧根尼·拉尔修:《著名哲学家的生平和学说》第 9 卷,第 37 节。
③ 参见第欧根尼·拉尔修:《著名哲学家的生平和学说》第 9 卷,第 34—35 节。

关于他和毕泰戈拉学派的关系，第欧根尼·拉尔修记录了一些人的说法，说德谟克利特似乎曾是毕泰戈拉学派的追随者，他写过一部题为《毕泰戈拉》的著作，赞扬了毕泰戈拉；还有人说他曾受教于毕泰戈拉学派的一位成员，并和菲罗劳斯在一起过。① 虽然德谟克利特的原子论学说中没有明显的和毕泰戈拉学派学说的直接关系，但是他注重研究数学，强调原子的几何形状和原子在虚空中结合的形式结构规定了事物的质，这就是合理地吸收和改造毕泰戈拉学派学说的成分。关于他和爱利亚学派的关系，上一节曾讨论留基伯和德谟克利特的原子论学说同爱利亚学派哲学的关系。虽然就他们两人比较说，可能留基伯受爱利亚学派影响更多，但巴门尼德和芝诺的学说是他们那个时代的自然哲学家所常常讨论的题目，第欧根尼·拉尔修也曾说他论述巴门尼德和芝诺关于"一"的学说。而且，原子论学说的出发点正是针对爱利亚学派不能解开的"一"和"多"、静止和运动、本质和现象相互割裂的死结，按相反的路子改造他们的学说而得到比较正确的理论。就原子论哲学的理论说，它是继承和发展伊奥尼亚自然哲学的传统，并吸收改造了南意大利的毕泰戈拉学派特别是爱利亚学派的哲学思想；就它更接近的根源说，主要还是恩培多克拉和阿那克萨戈拉的哲学思想的发展。德谟克利特循着元素说和种子论的路子，更深入地研究物质的内部结构，从而制定更抽象更有普遍意义的原子理论；在这方面，他是阿凯劳斯、阿波洛尼亚的第欧根尼和希波克拉底等人所着手的工作的完成者，他的成果大大超出了他们。所以，由留基伯开创和德谟克利特完成的原子论哲学，确实可以说是在他们以前各派学说的大综合、大总结，又是一次大飞跃，它登上早期希腊自然哲学的顶峰，也是它的光辉的终结。

关于德谟克利特的其他活动，人们所知不多。他毕生从事学术研究，是一位不重名利的谦谦君子。他性情平和，为人善良，事业上坚忍刚毅，处世达观开朗。罗马时代的西塞罗和诗人贺拉斯说到他的别号是"欢笑的哲人"，同赫拉克利特这位"晦涩的哲人"形成对照。他有政治态度，拥护奴隶主民主制，但是没有任何关于他从事政治活动的记载。苏联的《哲学史》说他"积极从事

---

① 参见第欧根尼·拉尔修：《著名哲学家的生平和学说》第9卷，第38节。

政治斗争",①但并没有提出任何资料和事实根据。他访问过雅典,那时苏格拉底已名噪一时,而他在雅典却默默无闻。第欧根尼·拉尔修记载狄米特里乌(Demetrius)在《同名人录》中说的:"看来他〔德谟克利特〕到过雅典,并不急于为人所知,因为他不看重名声;他认识苏格拉底,苏格拉底却不认识他。他这样说:'我来到雅典,但是什么人也不认识我。'"②苏格拉底被处死时在公元前399年,所以他访问雅典当在他六十岁以前。虽然那时他的学说在雅典还不为人知,但在他的母邦阿布德拉,他的学说已为他确立了不朽的名誉。据记载:他知道当地的法律不允许一个耗尽祖产的人在本土接受葬礼,他又不愿让那些嫉妒者、告发者借此摆布他的身后,便在人们面前朗诵他最好的著作《大宇宙系统》,他不仅得到丰厚的五百塔壬同的报酬,阿布德拉人还为他树立铜像。他在死前可能眼睛已经失明,但仍未放弃学术研究。有人说他是自动将眼睛弄瞎,以免视觉蒙蔽他的理智。但普卢塔克认为这是误传,可能是后世怀疑论者曲解他的认识论思想编出来的无稽之谈。

德谟克利特去世前后,他的思想必定已经广泛传播。死于公元前347年的柏拉图,生前已经知悉他的学说,并且感受到它的威力。第欧根尼·拉尔修有两处提到有关的传说:

> 塞拉绪罗说,"如果《对手篇》是柏拉图的著作的话,德谟克利特就是其中那个不指出名字的人,他和俄诺庇得、阿那克萨戈拉不同,是在和苏格拉底对话正谈到哲学问题时出现的,苏格拉底说这位哲学家是全能的运动员。"③

> 阿里司托森在他的《历史实录》中肯定地说,柏拉图想把他所能收集到的德谟克利特的著作全都烧掉,但是毕泰戈拉学派的阿密克拉和克利尼亚劝阻他,说这样做是无用的,因为这些著作已经广泛传播了。事实已经清楚地证明了这点:柏拉图几乎提到了所有早期的哲学家,却没有一处

---

① 敦尼克等人主编:《哲学史》第1卷,中译本,第103页。
② 第欧根尼·拉尔修:《著名哲学家的生平和学说》第9卷,第36节。
③ 第欧根尼·拉尔修:《著名哲学家的生平和学说》第9卷,第37节。

提到德谟克利特,甚至在那正应该反对他的地方也不提,显然因为他知道他所遇到的是所有哲学家中最强有力的巨擘。①

正因为德谟克利特的思想在当时已经广泛流传,深入人心,柏拉图才会表现这样强烈的嫉妒和敌意。然而不久,柏拉图的学生亚里士多德却非常重视研究德谟克利特的学说,并作了比较公平的评述。

秉性谦逊善良,毕生献身于科学真理的德谟克利特,认为死亡不过是灵魂原子同身体相分离,是符合自然法则的。他活到罕见的高寿,从容安详地离开人世。卢克莱修在诗中赞颂他:"当成熟的高年提醒他,他那记忆的心灵的运动已经衰退的时候,就自愿地将头颅献给了死神。"②他逝世后,城邦为他举行隆重的葬礼,他享有科学伟人应得的荣誉。

德谟克利特写了大量著作,卷帙之多,内容之广,同时代人无与伦比。这种百科全书式的著作,可以和后来亚里士多德的著作并称。公元1世纪的塞拉绪罗曾按照编排柏拉图著作的同样方式,编纂了德谟克利特的著作,现在仅存一个目录。③ 目录分列伦理学、物理学、数学、文学和音乐、技术等五大栏,按四部(篇)一组编排,有十三组,再加上未列入五大栏的著作两组十八篇,总计十五组七十部(篇)。从这些题目可以看出,他论述了哲学、物理、数学、天文、地理、逻辑、心理、动植物、医学、摄生、社会伦理、政治、历史、诗歌、音乐、绘画、语言、农业耕作乃至军事等各方面的问题,几乎探索了当时人类知识的一切领域。参照现存的第二手转述的残篇看,物理学一栏内十六部(篇)著作很重要,论述了原子论的自然本原说和认识论,其中又以居首的《大宇宙系统》和《小宇宙系统》最重要。现存的阐释各种自然现象的第二手残篇,大约都出自数学栏内的天文、地理著作,以及一组九篇关于研究天文、气象、动植物等各种"自然原因"的著作。据古代学者评论,德谟克利特的原著文笔优美,逻辑严谨,很有说服力。古希腊哲学家、文学家蒂蒙(Timon)颂扬他说:"这就是智慧的德谟克利特,论证的守护者,在我读到的第一流人物中,他是最能敏锐应

① 第欧根尼·拉尔修:《著名哲学家的生平和学说》第9卷,第40节。
② 卢克莱修:《物性论》,中译本,第185页。
③ 目录现在保留于第欧根尼·拉尔修:《著名哲学家的生平和学说》第9卷,第46—49节。

付的论辩家。"①古罗马著名学者西塞罗赞扬他的著作虽然不是韵文,却富有诗意,笔墨生动,修辞俏丽,行文潇洒,有雄辩的风格。

　　可惜德谟克利特的原著基本上没有保存下来,有关自然哲学的连第一手的残篇也没有了,这真是哲学史上的一大不幸。据说,公元 3 世纪的塞克斯都·恩披里柯手里还有德谟克利特的著作;但到公元 6 世纪辛普里丘已经没有这些原著,只能转述第二手材料。幸亏亚里士多德及其学派很重视研究德谟克利特。亚里士多德著作中有大量有关德谟克利特的论述,据记载,他还写过一本《论德谟克利特》及两卷《论德谟克利特提出的问题》;他的学生塞奥弗拉斯特也写过《论德谟克利特》和《论德谟克利特的天文学》二本著作,这些书都已佚失。但在塞奥弗拉斯特的《论感觉》中保留了一些德谟克利特的有关认识论的思想材料,辛普里丘的著作中保留了一些有关材料。塞克斯都·恩披里柯等也提供一些转述的残篇。这些是我们现在研究德谟克利特思想的可靠史料。它们能提供原子论哲学的主要脉络,但丰富广博的德谟克利特的思想详情,我们现在已经无法知道了。

　　作为德谟克利特的原著残篇留存下来的,只有 260 条引起争议的道德格言。其中 130 条,是公元 6 世纪斯托拜乌辑录的。另外 86 条,是直到 17 世纪才首次发表的,据说其根据是一个题为《哲学家德谟克利特的黄金格言》的稿本。一些学者对全部道德格言的残篇发生怀疑,主要理由是从柏拉图、亚里士多德以后的七百年中,没有人提到过有关内容。罗斯完全否定全部道德格言的可靠性,策勒则认为斯托拜乌所辑的那部分是取自早先已有的原著。② 我们以为,从版本出现的年代看,《黄金格言》那部分是令人怀疑的;但至今学者也提不出确凿的论据推翻全部道德残篇,所以只能同意格思里的意见,对残篇的真伪暂且存疑,在具体论述时采用第尔斯的态度,不作绝对的肯定或否定。③ 本章仍然根据这部分材料论述德谟克利特的社会政治和伦理思想。

---

① 第欧根尼·拉尔修:《著名哲学家的生平和学说》第 9 卷,第 40 节。
② 参见策勒:《苏格拉底以前的学派》第 2 卷,第 214—215 页。
③ 参见格思里:《希腊哲学史》第 2 卷,第 490 页。

由于德谟克利特博学多才,又去埃及和东方旅行过,从后期希腊和罗马时代以来,有不少伪托德谟克利特的著作,如一些神秘的巫术、医学处方,乃至炼金术著作,都说是德谟克利特的著作。罗马时代的伽伦早就指出,一些伪托德谟克利特写的治疗精神病的处方,是不科学、不可信的。有的伪著记载他发现了"点石成金"术,英国博物馆保存公元3世纪一卷草纸文稿,内含一系列"德谟克利特的有趣的配方",其中有点铜成金、春药的配方等等,都是虚妄离奇的。① 这些只能表明德谟克利特身后被人看作一位传奇式的人物。

第三节　原子和虚空

原子论者认为万物的本原就是原子和虚空。亚里士多德在《形而上学》第一卷第四章中是这样论述的:

> 留基伯和他的同伴德谟克利特主张,〔万物的〕元素是充实和虚空,前者被叫作"存在",后者是"非存在"。存在是充实的、坚固的,非存在则是虚空的(因而他们说,"存在"并不比"非存在"更是实在,因为充实并不比虚空更为实在);他们认为这二者是事物的质料因。正像那些主张由一种基本的本体的变化而产生一切别的事物,并认定稀散和凝聚是这些变化的原因〔的思想家〕一样,这些哲学家〔留基伯和德谟克利特〕也以同样的方式说元素间的差别是其他一切事物〔不同性质〕的原因。②

亚里士多德在这里说的"充实"($\pi\lambda\acute{\varepsilon}o\nu$, pleon, plenum)就是原子。第欧根尼·拉尔修明白地说,德谟克利特认为,"宇宙的本原就是原子和虚空"。③

留基伯和德谟克利特主张,"存在"是充实的原子,"非存在"是虚空,但它们都是实在的,就实际上存在这点说,"存在"并不比"非存在"、原子并不比虚空更为实在。原子与虚空是万物的本原,两大基本原则。由于原子本身的差

---

① 参见弗里曼:《苏格拉底以前的哲学家》,第323—325页。
② 亚里士多德:《形而上学》,985^{b}4—13。
③ 第欧根尼·拉尔修:《著名哲学家的生平和学说》第9卷,第44节。

异,以及原子在虚空中的结合和分离,产生万物和自然世界。以原子和虚空作为万物的本原,在当时是一个崭新的自然模型,是人类认识史上的一次飞跃。为了理解它的深刻内容,必须先弄清楚原子和虚空的含义。

原子(ἄτομος,atomos,atom),是指"不可分割"的东西。德谟克利特说的原子是指最微小的、不可再分割的物质微粒,它又是坚实的、充满的、内部没有空隙的东西。这种原子学说,是从以前一些哲学家的思想中发展出来的,即:巴门尼德的"存在",恩培多克勒和阿那克萨戈拉的"根"和"种子",以及毕泰戈拉学派和芝诺的非连续的、不可再分的最小量度。亚里士多德说德谟克利特将原子比作"在空气中游动的细微尘粒,我们从透过窗户的光线中可以看到它们。"[1]这种尘粒大约是当时人们所能看到的最小的粒子,但德谟克利特只是以此作比喻,并不是说这些尘粒就是他所说的原子,他也明白这种不可再分割的原子是我们看不到的,凡是我们眼睛能够看到的东西总还是可以分割的。原子内部是坚实的,充满的;与之相反,内部空无一物、完全空虚的东西,就是他所说的"虚空"(κενός,kenos,empty)。这种虚空当然并不是指空气,当时希腊人已经知道气体也是实在的存在物;虚空乃是空无一物的空间,它只是为原子提供运动的场所,如果只有原子,整个宇宙只是充实的一团,原子就不能运动了;只有肯定虚空的存在,才为原子提供了运动的可能性。正因为此,原子论者认为虚空和原子一样,也是万物的本原。

关于原子本身的内在性质,可以概括为以下三点:

第一,原子是非常微小,内部绝对充实而无空隙,因此,它们是坚不可入,不可分割的粒子;它们又是看不见的、不可感知的,而数目又是无限多的构造物体的基本单元。

辛普里丘曾记载亚里士多德在《论德谟克利特》中说的:

德谟克利特……将空间称作"虚空"、"无"、"无限",而将每个个别的原子称作"有"、"充实"和"存在"。他认为它们是如此之小,以至是我们的感官所不能把握的,但是它们具有各种形式、形状和大小的差异。所

---

[1]　亚里士多德:《论灵魂》,404ª3—4。

以能从它们,如同从元素那样,通过聚合,产生能被视觉或别的感觉所感知的事物。① (DK68A37)

前引亚里士多德在《论生成和消灭》中讲到留基伯认为"存在"是绝对的充实:

> 可是,充实的东西并不是"一",相反,它们是"多",它们在数目上无限,而且是看不见的,因为它们的体积太小。②

辛普里丘还记载原子论者——包括德谟克利特、伊壁鸠鲁和卢克莱修——都认为:

> 本原在数目上是无限的,认为它们是不可分的原子,由于它们内部充实,没有虚空,所以是不可侵入的;可分性只能是在复合物体中因虚空造成的。③ (DK67A14)

由这些记载可以看出,原子论者认为原子是不可分的,有两种含义:一是原子的体积很小,小到不能再分;另外一种含义则是原子是绝对的充实,其中没有任何空隙(虚空),只是有虚空的物体才能被分割,才有可侵入性,没有空隙的原子是只有连续性而没有间断性,具有不可入性,所以是不可分割的。这样不可分的原子是我们看不见摸不着的,不是任何感觉的对象,只能在抽象的思维中才能把握它。这样的原子在数目上是无限多的,宇宙万物都是由原子的各种形式集合组成的复合物,原子是构成这些复合物的基本单元。

这样的原子和巴门尼德的"存在"相比较,二者都是不可分的;但巴门尼德的"存在"之所以不可分,因为它是唯一的,只有一个;原子的每一个都是不可分的,但这种不可分的原子的数目却是无限多的。所以,原子可以说是将巴门尼德的"存在"打碎成为无限多的、微小的"存在",它是"一"和"多"的统一。原子是不可分割的,而由原子组成的复合物体却是可以分割的,但这种分割又不能像阿那克萨戈拉的"种子"那样能够无限分割下去,永无止境;任何复合物体可以分割,但分割到原子就是最小的了,不能再行分割。这又是可分性和不可分性的统一。亚里士多德在《论生成和消灭》中讲到那些老一点的

---

① 亚里士多德:《论德谟克利特》,见辛普里丘:《〈论天〉注释》,第295页第1行起。

② 亚里士多德:《论生成和消灭》,325^a29-31。

③ 辛普里丘:《〈论天〉注释》,第242页第18行起。

哲学家——爱利亚学派时指出：“如果可以不断分割下去，那就既没有‘一’，也没有‘多’，整体就只能是一个虚空了。”①（当然，关于物质基本粒子是否无限可分的问题，直到现代物理学仍是一个尚未完全解决的问题。）芝诺关于事物的连续性和间断性的悖论，也是反对事物可以无限分割的。原子论者提出的原子，它的内部是不可分的连续的“一”；而原子的聚合和分离，就是复合物体的产生和消灭，又显示事物的间断性，并使运动成为可能。从这方面说，原子论正是要解决在物质结构上连续性和间断性的统一问题。以上这些，可以说是原子论者在一定程度上解开了爱利亚哲学关于“一”和“多”、连续性和间断性的死结。

第二，原子都是同质的，它们没有性质的不同，只在形状、大小和排列上有差异。

原子论者所说的原子是构成物体的基本粒子，在这点上和恩培多克勒所说的“元素”以及阿那克萨戈拉所说的“种子”是一样的；但它们又有根本不同：元素有水、火、土、气四种，它们的性质是彼此不同的，而种子有无限多种，而且它们的性质，即它们内部包含的成分更是多种多样的；只有原子，尽管它们的数目是无限多，但无限多的原子间，彼此在性质上却并没有不同，是同样的。亚里士多德在《论天》中记述，德谟克利特和留基伯告诉我们：

它们〔原子〕在形状上彼此不同，但它们的性质是相同的，就像从一块金子剥离的许多金屑。②

所以，原子论者所说的原子，是将阿那克萨戈拉的种子的无限多的内涵以及恩培多克勒的四种元素的不同的质抽象掉，使原子成为不具有任何不同性质的抽象的一般物。这样，原子论哲学又回到了一元的本原论。

我们知道，希腊哲学从一开始就是要寻求万物的本原，为万物找出一个最初的根源，就是寻求多中之一，用后来的话说，就是寻求事物的统一性问题。但是，要以唯一的本原说明万物的生成，就必须能解释对立的问题，即从唯一

①　亚里士多德：《论生成和消灭》，325ᵃ7—8。
②　亚里士多德：《论天》，275ᵇ34—276ᵃ2。

的本原如何能产生相反的对立的性质或事物呢？只能有两种解决办法：一种是如赫拉克利特所主张的，"一"本身就是对立的统一，这种办法在希腊哲学中并不多见；古希腊哲学家更多采取的是另一种方式，即将对立的性质从这个"一"之中抽象掉，使它成为既不是甲又不是非甲，这样它才能既可以是甲又可以是非甲，他们将这个唯一的本原成为抽象掉任何性质的"一般"。阿那克西曼德的阿派朗是第一个这样的抽象的一般；巴曼尼德的存在是第二个这样的抽象的一般；而原子论者的原子可以说是第三个这样的抽象的一般。恩培多克勒和阿那克萨戈拉在深入剖析物质构造的时候，以多元的本原取代了一元论，阿波洛尼亚的第欧根尼要求回复到一元论，但他所说的气还是具有某种特殊性质的物质，只有原子论者提出的原子才是没有任何性质抽象的一般。简单回顾这段发展过程，就可以看出希腊哲学一直在"一"和"多"、一般和个别之间循环反复，说明人类的认识要从具体上升到抽象必须经过曲折的螺旋过程。在这方面，可以说原子论学说是古希腊自然哲学家关于物质结构理论的最高抽象，它达到希腊唯物论哲学的顶峰。

既然原子本身在性质上是同一的，怎么由原子组成的事物却会有万千不同的性质呢？原子论者将事物内部的各种性质上的不同归因于原子外部的形状、次序和位置的差异。前引亚里士多德在《形而上学》第1卷第四章中论述原子论哲学时，说到原子论者将各种事物性质上的不同归因于元素（即原子）的差别以后，立即说：

> 他们〔留基伯和德谟克利特〕说，这种差别有三种——形状、次序和位置。因为他们说，存在只在"状态"、"接触"和"方向"上有不同；而状态就是形状，互相接触就是次序，方向就是位置；如A和N是在状态上不同，AN和NA是在次序上不同，H和工是在位置上不同。[①]

亚里士多德在《论生成和消灭》中也说到德谟克利特和留基伯认为变易和生成等现象是由于原子的不同形状（形式）造成的：

> 既然他们认为真理存在于现象之中，而现象却是矛盾冲突，数目上又

---

① 亚里士多德：《形而上学》，985ᵇ16—19。

无限多的;他们主张〔原子的〕形状在数目上也是无限多的。因此,由于
复合体的变化,同一事物对不同的人看来是有不同的、互相冲突的:这是
由于一个小小的互加因素的"变换",显得就变成别的事物了。悲剧和喜
剧都是由同样的字母组成的。①

用同样的字母可以组成不同的词和句子,写出不同的文章、悲剧和喜剧。原子
论者以此比喻相同的原子可以仅仅因为它们的形状大小不同,排列组合的方
式和趋向不同,便造成千千万万性质不同的事物。

　　原子论者认为原子的形状大小是多种多样的,因而它们可以造成各种不
同的性质。比如,火的原子细小、圆形、光滑,因而它的性质活泼、易动、明亮;
而土的原子较大而粗糙,所以它的性质厚实、凝重、灰暗。事实上,我们知道,
像光滑和粗糙,以至圆形和方形、大和小,也都可以说是事物的一种性质(属
性),原子论者似乎只是将表现于外部的形式、形状大小和内在的种种性质区
别开来,这种区别是不够严格的。在德谟克利特的时代,事物的各种属性——
性质、数量、关系等等还没有被明白区分开来。原子论者认为原子的性质都是
一样的,只是它们的形式、形状和大小是有不同的。

　　原子是不可再分割的最小的粒子,既然是最小,就应该无所谓大小了。可
是原子论者德谟克利特却认为原子有大小,甚至认为有非常大的原子。公元
3 世纪的狄奥尼修曾将德谟克利特和伊壁鸠鲁的原子论对比说:

　　　　在这方面,他们〔伊壁鸠鲁和德谟克利特〕是有不同的,一个认为所
　　有的原子都是很小的,因而是感觉不到的;可是另一个——德谟克利特却
　　认为有些原子是非常大的。②（DK68A43）

艾修斯甚至记载德谟克利特说过有像宇宙一样大的原子。③（DK68A47）艾修
斯的记述是可疑的。基尔克、拉文认为德谟克利特最多认为原子有像日光中
的尘埃那么大,他所说的"非常大"不过是比较而言的。④ 但德谟克利特所说

----

① 亚里士多德:《论生成和消灭》,315ᵇ9—16。
② 转引自基尔克、拉文:《苏格拉底以前的哲学家》,第 409 页。
③ 参见艾修斯:《哲学家意见集成》第 1 卷,第 12 章第 6 节。
④ 参见基尔克、拉文:《苏格拉底以前的哲学家》,第 409 页。

的原子的形状不同中是包括有大小的不同的,后来的伊壁鸠鲁在这方面对他有所修正。既然承认原子有大小,德谟克利特是否承认原子有不同的重量呢?古代的记载包括亚里士多德的论述在内,对此是不清楚的,有分歧的。马克思在他的博士论文《德谟克利特的自然哲学与伊壁鸠鲁的自然哲学的差别》中,对此专门作了考察,并得出结论说:

> 从这段话〔前引亚里士多德《形而上学》第一卷,第四章985ᵇ3—19〕里可以清楚地看出,德谟克利特只是从原子特性与现象世界的差别的形成的关系上来考察原子的特性的,而不是从原子本身来考察的。此外还可以看出,德谟克利特并没有把重量当作原子的一种本质特性提出来。在他看来,重量是不言而喻的东西,因为一切物体都是有重量的。同样,在他看来,甚至体积也不是什么基本的质。它是原子在具有外形时即已具备了的一个偶然的规定。只有形状的差别使德谟克利特感兴趣,因为除了外形的差别外,形状、位置、次序之中再也不包含任何东西了。由于体积、形状、重量在伊壁鸠鲁那里是相提并论的,所以它们的差别就是原子本身所具有的差别;而形状、位置、次序是原子对于某种别的东西所具有的差别;这样一来,我们在德谟克利特那里只看见一些用来解释现象世界的纯粹假设的规定,而伊壁鸠鲁则向我们说明了原理本身得出来的结论。①

以前,有的哲学史著作将马克思所说的德谟克利特和伊壁鸠鲁原子论的不同,简单地归结为:德谟克利特认为原子没有重量上的不同,伊壁鸠鲁则指出了原子有重量的不同。这是一种误解,马克思并没有否认德谟克利特可能承认原子在重量上也有不同。马克思指出的他们二者间的差别是很深刻的:德谟克利特只是为了要说明现象的多样性,才承认原子具有各种不同的形状,而形式、次序、位置的不同实际上都是外部形状的不同;因为形状不同,所以体积、重量也有不同,这些都是附属于形状的"偶然的规定性",并不是原子的本质特性。德谟克利特只是为了说明现象,说明同一性质的原子如何能生成为多

---

① 《马克思恩格斯全集》第40卷,人民出版社1982年版,第220—221页。

样性的事物,才对原子的多种不同的形状感兴趣。正是在这点上,伊壁鸠鲁深入研究原子的本质特征,将原子的体积、形状、重量三者结合起来考察,这些就不再是原子的"偶然的规定性",而是原子的本质特性,所以恩格斯说伊壁鸠鲁"已经按照自己的方式知道原子量和原子体积了"。① 在原子论哲学的发展中,德谟克利特终究还只是一个开创人,他的思想还不可能发展到后来伊壁鸠鲁那样的深度。

值得注意的是,德谟克利特讲到原子的"形状"、"形式"时,也是就原子的外部样式说的,他也使用了 ἰδέα 这个词,有些古代注释家如辛普里丘等就是这样说的。②《希英大辞典》ἰδέα 条的解释中也包括有"德谟克利特的原子的形式"。③ 柏拉图的"理念"和亚里士多德的"形式"有时用的就是这同一个词。据说,德谟克利特还写过一篇《论形式》,也是用 idea 这个字。由此可见,德谟克利特和柏拉图、亚里士多德的哲学体系虽然是根本对立的,但他们之间并不是没有联系的,他们都认为不同的事物有共同的 idea,这个字大约是从毕泰戈拉学派讲的"几何图形"演变过来的。格思里说:"事实是:唯物论者德谟克利特和唯心论者柏拉图常被注释为,将他们的最后那不可感知的实在都叫作 ideas。他们是以不同的方式使用了毕泰戈拉学派的学说,但是对于毕泰戈拉学派和柏拉图来说是非常本质的有规则的几何图形的观念,却被原子论者撤弃了。"④我们以为,德谟克利特并不是撤弃了毕泰戈拉学派的几何图形,而是吸收来作为物质原子的形式;至于他和柏拉图之间的不同,并不在于原子论者所说的原子的形式是不是几何图形的。其根本对立还在于:原子论者所说的形状或形式乃是物质的原子(前引亚里士多德明确指出,原子是事物的质料因)的具体的形式,是有大小、形状等区别的,柏拉图却将这个 idea 变成精神性的东西了。

第三,原子内部充实,没有虚空,所以它们的内部永无动变;但是每个原子

① 恩格斯:《自然辩证法》,《马克思恩格斯全集》第20卷,人民出版社1971年版,第384页。
② 参见格思里:《希腊哲学史》第2卷,第395页注2。
③ 《希英大辞典》,第817页。
④ 格思里:《希腊哲学史》第2卷,第395页注2。

作为整体,又是能动的,它们在虚空中结合和分离,造成自然界具体事物的生成和消亡,原子则永恒运动。

关于原子的运动,亚里士多德在《形而上学》第 1 卷第四章中,在概述了前引留基伯和德谟克利特的学说以后,又补上一句说:

> 至于运动的问题——事物的运动是从何来的,如何进行的——这些思想家,也像别人一样,疏懒地忽视了。①

按照亚里士多德这里所说的,留基伯和德谟克利特大约没有明确论述过原子运动的原因和方式。我们只能从一些有关的论述中探讨他们关于原子运动的看法。

首先,原子不能从原子中产生,也不能互相转化。原子是同质的,同质的原子也不能互相产生即互相转化。亚里士多德在《物理学》中讨论了阿那克萨戈拉认为任何事物都由任何事物(种子)生成的学说以后,接着说:

> 德谟克利特却相反地断定,任何元素〔原子〕都不是从别的元素〔原子〕产生的。虽然对他来说,这个共同体〔同质原子〕是一切事物的根源,但它们之间却只有大小和形式的差别。②

原子不是从其他原子产生的,它们不能相互转化。而且,德谟克利特同巴门尼德一样,认为"存在不能从非存在产生,也不能变为非存在","原子由于内部是充实的,所以它是不动,不能变易的"③。原子本身也是永恒不变的,因此,它们的运动只能是在虚空中运动。亚里士多德在《论天》中论述:

> 留基伯和德谟克利特说,基本的物体〔原子〕总是在虚空或无限中永恒地运动着,但是他们应当说明它们是什么方式的运动,以及它们的那一类运动是自然的运动。④

其实,原子的运动是哪一类运动,在本章第一节中所引的《论生灭》中,亚里士多德就说过:原子的结合就是事物的"生成",它们分离就是事物的"消灭"。

---

① 亚里士多德:《形而上学》,985^{b}19—20。
② 亚里士多德:《物理学》,203^{a}34—^{b}2。
③ 第欧根尼·拉尔修:《著名哲学家的生平和学说》第 9 卷,第 44 节。
④ 亚里士多德:《论天》,300^{b}8—12。

当原子和原子发生接触时,它们就发生作用和被作用,二者结合起来就生成为事物。① 但是这种说法——原子间的结合就生成为具体事物,原子间的分离就是事物的消失——不过是以前自然哲学家一般常用的说法,究竟原子论者有没有更为具体的思想呢? 辛普里丘记录了两条材料。其一是他记录的亚里士多德在《论德谟克利特》中讲到的德谟克利特的见解:

> 它们〔原子〕由于已经说过的彼此不同以及其他差别,在虚空中运动和互相冲撞。它们运动,它们碰击,并且互相紧密地联结在一起。……他〔德谟克利特〕认为原子所以在某一时刻处于结合状态,是因为它们能互相吻合,相互捕捉住了;它们中有些是有角的,有些是带钩的,有些是凸出的,有些是凹陷的,还有无数别的这样的差别;所以它们能够互相钩住,结合起来,直到周围某些更强的必然性来撼动它们,将它们分离开来。他谈到这种相互结合和分离,不仅涉及动物和植物,也涉及世界上一切可感知的物体。②（DK68A37）

辛普里丘又记述说:

> ……这些原子在无限的虚空中运动,彼此分离,在形状、大小、位置和排列上不同;它们冲撞时互相捕捉,有些在某个偶然的方向上碰开了,另一些则由于形状、大小、位置和排列的一致性,彼此连接起来,聚集在一起,这样就产生了复合的物体。③

此外,在尤息比乌注释的狄奥尼修中也记述:

> 他们〔留基伯和德谟克利特〕说这些原子在虚空中任意移动着,由于它们那种急剧的凌乱的运动,就彼此碰撞了;当它们碰在一起时,因为有各种各样的形状,就彼此勾联结合起来。这样就形成了世界及其中的事物,或者毋宁说形成了无数的世界。④（DK68A43）

亚历山大也记述说:

---

① 参见亚里士多德:《论生灭》,325ª30—34。
② 亚里士多德:《论德谟克利特》,见辛普里丘:《〈论天〉注释》,第295页第9行起。
③ 辛普里丘:《〈论天〉注释》,第242页第21行起。
④ 尤息比乌:《预备福音》第14卷,第23章第2—3节。

他们〔留基伯和德谟克利特〕说,原子因相互冲撞和打击而运动。①
这些大约就是我们现在所能知道的原子运动的情况。原子在虚空中运动,互
相碰击和冲撞,由于它们的形状(有的凹,有的凸,有的有角,有的带钩等等)
以及大小、位置和排列等不同,有些结合在一起,有些就分离开来;有些原来结
合在一起的原子,由于周围某种更强的必然性,又使它们分离开来。——这样
的运动完全是物质原子自身在虚空中的机械运动。

这样的运动学说,当然是亚里士多德所不能同意的。他在《形而上学》第
12卷中谈到现实性时,将留基伯和柏拉图并提,说他们都假定有永恒的现
实性:

> 因为他们说有永恒的运动。但是为什么有这样的运动,以及这个运
> 动是什么,他们却没有说;而且,如果世界以这种或那种方式运动,他们也
> 没有告诉我们这样做的原因是什么。②

亚里士多德为什么认为原子论者(他在这里也讲到柏拉图,是指《蒂迈欧篇》,
这问题我们将在第2卷中论述。)没有说明运动的原因呢? 因为在他看来,追
究事物运动的原因,最后必然要达到那个"不动的动者"即"第一推动者"。他
在前引《论天》中说到留基伯和德谟克利特没有说明原子的运动是以什么方
式以及是那一种运动以后,接着又说:

> 因为如果不同的元素〔原子〕都是互相强制而不得不运动的话,每一
> 个还必然由于被强制的反抗而有自然的运动,而最初的动者乃是自然运
> 动的原因,不是强制运动的原因。如果运动没有最后的自然原因,则在这
> 系列中每一个前项总是被强制而动的,我们就会得到一个无限的过
> 程了。③

在亚里士多德看来,物质性的原子本身是不会运动的,它们的运动只能是彼此
冲撞而强制发生的运动;如果没有第一动者给它们以动力,让它们自然运动的

---

① 亚历山大:《〈形而上学〉注释》,第36页第21行起,见基尔克、拉文:《苏格拉底以前的哲
学家》,第416页。

② 亚里士多德:《形而上学》,$1071^b31—34$。

③ 亚里士多德:《论天》,$300^b12—17$。

话,这种强制的运动就可以一个一个地推下去,成为无穷的系列,也还找不到运动的最后的原因。他的理论的前提是:物质(质料)本身是不会运动的(它只是可能运动,是潜能),它们运动只能是由于其他原因的推动,所以他认为只有像恩培多克勒的"爱"和"争"以及阿那克萨戈拉的努斯,才能说是事物的动力因。他责备原子论者没有说出这种的动因来。

但是原子论者却是继承伊奥尼亚自然哲学的传统,认为物质原子本身就是自己运动的,而不是静止不动的,他们根本不需要从原子以外去寻求原子运动的原因。因此,原子论哲学家不可能也不需要回答亚里士多德提出来的问题。对此,当代科学史家萨姆伯斯基评述:"正是这种真实的科学本能,使原子论学派的奠基人摆脱了亚里士多德本人所纠缠的问题之网。他们〔原子论者〕从一开始就不提出运动原因的问题,而将运动作为一种既定事实加以接受,恰如他们对待原子一样。"他还高度评价原子论者无需数学帮助,就触及物质的动力学原则:"德谟克利特描述原子运动的画面,使我们想到近代气体动力学理论中理想气体的分子,处于以恒常冲撞为特征的永恒运动之中。"①格思里也比较公正地指出:"在拒绝需要运动的第一推动者这点上,留基伯和德谟克利特比较亚里士多德更加接近自从伽利略和笛卡尔以来的欧洲科学家的流行观点。"②

但是,我们应该看到:原子论者认为原子本身是没有变动的,原子没有生成与毁灭,也不能相互转化,更没有性质上的变化;它们只能在空间中进行位置的移动,聚集或者分散。原子的这种机械运动实际上只能是凌乱的,许多是出于偶然的,更不可能说出它们从低级发展到高级的一定规律来。这是因为原子论者没有认识到原子内部存在着运动的原因,在这点上,他们没有达到赫拉克利特的高度——认识对立面的统一和斗争是事物内部存在的动因。所以,原子论只能是机械唯物论,我们站在辩证唯物论的高度上,也可以批评他们,说他们没有说明事物内部存在的真正的动因。当然,我们的批评和亚里士

① 萨姆伯斯基:《希腊人的物理世界》,第112页。
② 格思里:《希腊哲学史》第2卷,第399页。

多德站在目的论的立场上对他们所作的批评，是根本不同的。

留基伯和德谟克利特将虚空看成是构造自然万物的另一个本原。在西方哲学史上，这是第一次比较明确地提出"空间"概念，具有重要意义。

在原子论哲学以前，毕泰戈拉学派提到虚空，只是指空气。恩培多克勒说物体内部有元素结构的孔道，但还不是自然中的虚空。爱利亚学派认为只有存在，非存在是不存在的，他们明确否认虚空。麦里梭认为，"存在"是充实的，它所以不能运动，就因为它没有虚空；因为如果有虚空，它就向空中移动了；既然没有虚空，也就没有可借以移动的空间。（DK28B7）原子论者提出虚空，正是受到爱利亚学派的反面启发，他们是同爱利亚学派相反地提出论证："他们〔原子论者〕认为虚空就其作为运动发生的场所的意义上说，乃是运动的条件；这就是有些人所说的空间那种东西。"①爱利亚学派认为"非存在"是绝对的"无"，是根本不存在的。原子论者认为"非存在"就是虚空，它不是绝对的无，只是相对于完全充实的原子（就是"存在"）说，它空无一物，是虚空，才是"非存在"。所以，作为"非存在"的虚空，也是一种客观的实在，它和原子一起，是构造自然万物的两大本原之一。这种见解在当时是大胆而新颖的。其重要意义在于：虚空的提出，使原子运动并在运动中构成千差万别的事物成为可能。

虚空是运动的场所，带有容器那样的性质。亚里士多德在《物理学》中分析了当时自然哲学家关于虚空的两种不同意见，一种是以阿那克萨戈拉为代表否认虚空存在，另一种是以留基伯和德谟克利特为代表肯定虚空存在。亚里士多德认为后者比前者有理，并列举他们的论据是："如果没有虚空，运动就不存在，凡是充实的〔地方〕就不能包含更多的东西。如果能够的话，就会有两个物体在同一个地方，任何数量的物体也就可以在一起了"。有虚空，酒才能注入桶中，生命体才能吸收营养，灰堆才能吸收像空的容器同样多的水。② 亚里士多德还说："主张虚空存在的理论就包括位置〔空间〕的存在，因

① 亚里士多德：《物理学》，214ᵃ24—25。
② 参见亚里士多德：《物理学》，213ᵇ5—23。

为人可以将虚空定义为抽掉物体以后的位置〔空间〕。"①他又说,那些主张事物是由于虚空而运动的人,"他们用虚空说明的是位移运动"。② 所以,原子论者所说的虚空,就是抽掉物体以后的空间,而他们所说的运动,主要是在空间中的位移运动。

虚空不仅是原子运动的场所,而且也指原子组合成物体时,在原子和原子之间的"空隙"。这种空隙,使原子的结合具有不同的形式结构,从而造成事物具有不同的特性。原子论者试图以此来说明事物的不同性质。原子结合的次序和位置都在一定的虚空中形成;而一些物体的性质不同,就是由于它们内部原子之间的空隙不同。如海绵和铜的比重不同,是由于它们内部原子之间的空隙很不一样。但是,用空隙的大小只能解释事物的轻重不同,不能解释其他性质的不同。

我们知道,空间是物质运动和存在的形式,亚里士多德在《物理学》第4卷第八、九章中论证过:同物体分离的虚空是不存在的。现代科学也已证明,自然界没有脱离物质的绝对真空。然而,原子论者在当时提出"虚空"范畴,却是有积极意义的。

原子论者引入虚空,同爱利亚学派的哲学针锋相对,否定了巴门尼德和麦里梭那个因为不承认虚空,从而认为是绝对充实、僵死不动的"存在";虚空是原子运动的条件,从而使僵死的存在活动起来。引入虚空,也有助于克服恩培多克勒和阿那克萨戈拉哲学中的二元论倾向的内在矛盾。恩培多克勒和阿那克萨戈拉所说的物质粒子的结合和分离,也是一种位移运动;但他们也否认虚空的存在,所以"元素"和"种子"本身也只能是僵硬不动的,他们就以"爱"和"争"或努斯作为运动的始因。亚里士多德说原子论者是"那些不主张这类原因的人,他们用虚空说明运动,——他们用虚空说明的运动只能是位移运动"。③ 原子论者否认原子内部性质可以变动,无疑带有机械性;但是他们引

---

① 亚里士多德:《物理学》,208ᵇ24—26。

② 亚里士多德:《物理学》,265ᵇ27。

③ 亚里士多德:《物理学》,265ᵇ24—26。

入虚空这种运动场所，使"元素"和"种子"这种僵硬不动的粒子变成了能动的粒子，同时又否定了精神性的运动始因。他们认为原子和虚空是万物的二大本原，一方面是将空间和物质区别开来；但另一方面，在某种程度上，他们也揭示了空间同物质运动的必然联系。赫拉克利特的存在和非存在的对立统一，在他们那里发展成为原子和虚空在运动中的对立统一。综合以上各点，原子论者的虚空和运动的学说，虽然主要表现为机械性的一面，但其中也包含着自发的辩证法成分。

原子论者还用"虚空"否定芝诺关于物体不可分割成"多"的悖论，阐明了自然界是连续性和间断性、"一"和"多"的统一。芝诺为了证明"存在"是连续的"一"，不能是可分割的"多"，提出所谓无限分割的悖论：如果物体可以无限分割，分割到最后的结果是大小等于零的点，而大小等于零的数相加总和仍然是零；再说，如果事物可以无限分割为"多"，它必然同时既大且小，小会小到没有，而小的东西又会包含无穷大的部分。（DK29B1，2）原子论者提出原子是物质最小的不可再分割的基本粒子，这就避免了无穷分割到零的威胁；同时，他们提出虚空这种分割事物的条件，说明由原子结合成的物体可以分割成"多"。亚里士多德指出：留基伯和德谟克利特主张的虚空作为空隙，打破了芝诺坚持"存在"只有连续性的悖论："作为和物体不同的、非存在的空隙，可以分割整个物体，打破它的连续性，这是德谟克利特和留基伯所主张的。"[1]原子本身是不可分割的连续体，是"一"，虚空又使自然物体可以分割，使它成为"多"。这样，自然界总体是连续性和间断性、"一"和"多"的统一。这也是原子论哲学中包含的辩证法成分。

综上所述，原子的数量和虚空的范围都是无限的。无限众多的原子在广阔无垠的虚空中运动，自由状态的原子互相结合，就是物体的产生，它们的分离就是物体的消亡。千差万别的自然事物生灭不息，而原子及其在虚空中的运动永恒不灭。原子论在当时比较科学地展示了自然现象和本原构成相统一的总画面。

---

① 亚里士多德：《物理学》，213ᵃ32 — ᵇ — 1。

　　马克思、恩格斯说，德谟克利特的原子论是一种物理假设，用以解释事实的辅助工具。这种原子论在当时还缺乏实验科学的验证，只是一种假设。但它已不像早先自然哲学家那样，只满足于对自然的直观，以某种具体物质作为万物的本原。它已经是一种科学的抽象，立足于当时的经验科学知识，作出当时堪称为比较合理的物质结构的假说。"原子"就是当时可能达到的、比较科学的抽象的"物质"概念。

　　留基伯和德谟克利特的原子和虚空学说，是对早期希腊各派哲学的综合、改造和系统化，形成一种崭新的哲学。它坚持并发展了伊奥尼亚哲学传统的唯物论原则，用物质本身说明全部自然界；同时，它又将伊奥尼亚哲学的物质本原，从个别性上升到作为万物共同的构成本原——在性质上具有同一性的"原子"这种普遍性，完成了从具体上升到抽象的一般的过程。它将爱利亚学派的那个不可分割的、连续抽象的、僵死不动的"存在"或"一"，改造成为无数个生动活泼的原子个体，将"存在不能从非存在产生，也不能变为非存在"这个原则，改造成原子与虚空永恒不灭，存在与非存在、原子和虚空的统一。原子论又将恩培多克勒和阿那克萨戈拉的多元多质的元素和种子，改造成为一元同质的原子；同时又排除了"爱"和"争"以及努斯这类带精神性的外在动因；它在认识物质结构的层次和认识自然本原的科学抽象的深度上，都有很大进步：它将元素和种子的比较粗糙的混合和分离，改造成为比较精致的原子和虚空以及二者相统一的物质结构形式。此外，他论述在虚空中运动的原子的形状大小、次序、位置等物质的结构形式，决定了事物的性质，这种见解可以说是对毕泰戈拉学派理论的一种扬弃，它吸收和改造了后者关于探讨事物的数量关系和形式结构方面的合理内核。亚里士多德论述：留基伯和德谟克利特认为原子在数目上是无限的，它自身是不可分割的，"这种观点在某种意义上是将事物变成了数，或是由数构成。他们没有明白地这样说，但这是它的真正意思。"[①]这里，亚里士多德说原子论者将存在物归结为数，这种说法并不妥切。然而，原子论者确实重视研究原子的形状大小、次序、位置和排列，这些都

---

　　① 亚里士多德：《论天》，303ᵃ5—11。

属于物体的数量关系和空间形式，想用量来说明质，这和毕泰戈拉学派的基本思想是一致的。德谟克利特赞颂毕泰戈拉，他本人也注重研究数学，因此，他吸收并改造毕泰戈拉学派的学说，是顺理成章的。

总之，在原子论哲学中，"一"和"多"，变和不变，连续性和间断性，自然的本原和现象，在物质的原子结构上都豁然贯通起来。因此，原子论在当时能比较科学地、系统地说明物质世界多样性的统一，能首尾一贯，比较严密地建立起一个自然哲学体系。

原子论综合和改造了早期希腊各派哲学，在唯物论基础上加以系统化，创建了在当时的条件下比较科学的自然哲学，自觉地形成唯物论的哲学路线。柏拉图的理念论也是对早期希腊哲学作了综合，集其大成，却正好同原子论针锋相对，是在唯心论基础上作了综合，形成唯心论的哲学路线。原子论同它的对立面理念论，差不多在同一个历史时期产生，前后相差不过二三十年，这表明人类认识发展到这个阶段，唯物论和唯心论的思想因素都在汇聚，走向系统化，开始形成两条哲学路线的对立。

西方有些学者曲解德谟克利特的原子论，模糊或抹煞唯物论或唯心论的界限。他们的根据是：德谟克利特强调原子的形状大小及其形式结构规定事物的特性，并且他有时也称原子为 idea，和柏拉图所说的"理念"是同一个字；文德尔班就认为德谟克利特的原子论和柏拉图的理念论同出于毕泰戈拉主义，并且认为原子是"抽象"掉了可感物体〔物质〕的一切性质，只剩下光秃秃的数学形式，他说，德谟克利特和柏拉图"都把纯粹的形式（idea）设计成事物的真正的本性。"①因此，现代西方还有一些学者在争论：德谟克利特理解的原子是否仅指它们在数学上和逻辑上的不可再分割，而并不是指物理上的不可再分割？他是不是将原子归结为有点像毕泰戈拉学派所说的数学上的抽象的"点"？我们以为，将德谟克利特的原子和柏拉图的理念等同起来，或者将原子说成只是逻辑上和数学上不可分割的抽象的点，而不是物理上不可分割的物质的最小粒子，那是不正确的。我们以上引用的材料说明：德谟克利特所说

_____

① 文德尔班：《哲学史》第 1 卷，第 106—110 页。

的原子首先是物理上的不可分割的点,然后才可以考虑它是不是逻辑上和数学上不可分割的点。亚里士多德早已看出:德谟克利特的原子是事物的质料因。从他们的思想渊源看,原子论是古代希腊唯物论的自然哲学的继承和发展;如果脱离了这个思想背景,将原子说成只是逻辑上和数学上不可分割的点,也是将后来的(甚至是现代的)思想加到原子论学说上去。伯奈特也说:"我们必须看到,原子并不是数学上的不可分割,因为它是有大小的;无论如何,它是物理上的不可分割,就像巴门尼德的'一'一样,它不包含虚空的空间。"①企图将原子论的学说解释为不是唯物论的哲学,是没有根据的。

德谟克利特的原子论将早期唯物论哲学思想推到高峰,但同时也带上较多的机械论色彩。自然事物的全部生灭变化都根源于永恒不变不灭的原子的结合和分离;而原子的全部运动又被归结为在虚空中的位移运动。空间范畴虽然开始提出来了,但是它同原子是分离存在的,它不是物质自身存在的形式,而是一种外在的场所或分隔物体的空隙,"虚空"可以说是后来牛顿的"绝对空间"的先声。一切原子都没有性质的差异,是同质的;只用原子的形状大小及形式结构来说明原子以及物体的多样性,这也有只讲形式决定内容、量决定质的片面性。而且,每个原子内部既然是没有变动的,就很难说明它们有内在的动力因。德谟克利特只是站在素朴唯物论的立场上,认为物质本身是不断运动的,运动是原子的本性;只要有虚空,它们就能运动,原子和虚空构成全部自然事物的永恒运动。他对于运动的真正原因并没有去深入探究。这些方面都表明:尽管他的学说中有自发辩证法的因素,但总的说来,他的原子论是后来西方的机械唯物论哲学的先导。这是由他所处的历史条件造成的。

第四节　灵魂和影像说

原子论者说原子是万物的本原,这个万物是包括灵魂在内的。在灵魂这

---

① 　伯奈特:《早期希腊哲学》,第336页。

个容易滑向唯心论的领域,德谟克利特坚持唯物论,用原子的学说一以贯之。

在早期希腊哲学中,灵魂有双重含义,它既指生命力,又指认识功能。伊奥尼亚哲学将灵魂理解为像"气"那样能聚散、贯通一切的东西,有物活论倾向。恩培多克勒的灵魂有二重性,在他的宗教思想中,灵魂是不朽的精神本体。阿那克萨戈拉经常将灵魂和精神本体努斯相联通,认为人的灵魂是分有了努斯才具有精神性的。德谟克利特则在唯物论的基础上,将灵魂和身体、灵魂和努斯统一起来,统一为原子。

德谟克利特认为,身体和灵魂的本原是同一的,都是原子,不过灵魂是一种精致的圆形的原子。第欧根尼·拉尔修记载他的说法:

> 太阳和月亮是由光滑、圆形的原子聚合成的,灵魂也是这样,它〔灵魂〕就是努斯。①

亚里士多德在《论灵魂》中说到有些哲学家认为灵魂是具体的,有些认为不是具体的,接下去说:

> ……他们认为,凡是由其自然本性产生运动的东西必然是属于基本的东西之列的。因此有些人将它说成是火,因为火是诸元素中最精致的,也是最接近于不是具体的东西,再说,就其最基本的意义上,火既是被推动的同时又是产生一切别的事物的运动的。德谟克利特说得比别人更为聪明机智,他将这两种特性都归于灵魂;他说,灵魂和努斯是同一个东西,而这种东西必然是那最基本而不可分的物体〔原子〕中的一种,它那产生运动的能力必然是由于它的原子的精致和形状;他说在所有的形状中,圆形是最能动的,而这正是火和努斯二者的粒子的形状。②

德谟克利特认为灵魂也是一种原子,它和其他原子的不同,不过在于它的原子的形状是在一切原子中最精致的,是圆形的。在一切形状中,圆形是最能动的,火的原子是圆形的,所以它是最能动的;灵魂的原子也是这样。火的原子是所有元素中最接近那不具形体的东西,但它终究还有有形状的是最精致的、

---

① 第欧根尼·拉尔修:《著名哲学家的生平和学说》第9卷,第44节。

② 亚里士多德:《论灵魂》,405*4—13。

圆形的、有大小的原子,是物质性的原子;灵魂的原子也是这样。而且,德谟克利特说,火的原子和努斯的原子是一样的,灵魂和努斯是同一个东西。这样,阿那克萨戈拉的那个和物质的种子根本不同的精神性的本体——努斯,仍旧不过是一种物质性的原子,只是它的形状与众不同而已。德谟克利特克服了阿那克萨戈拉的二元论倾向的内在矛盾,回复到以原子为唯一物质本原的唯物论的一元论。

这种灵魂的原子是到处都在的。德谟克利特说"一切事物都分有灵魂",甚至"在石头中也有一种灵魂"。① (DK68A117)但他并不是回复到传统的"物活论",而只是强调灵魂的原子很精细、最活动,可以无孔不入。他认为这种自由游离的灵魂原子并不会使石头活起来,灵魂的原子必须和肉体相结合,才能构成生命。

人体生命是身体的原子和灵魂原子的组合体。卢克莱修专门论述了德谟克利特的意见(他的意见和伊壁鸠鲁有所不同):

> 这个意见认为身体和心灵的原初物体是一个对一个地彼此叠置着,互相交错而编成我们肢体的组织。

而且认为在身体中,灵魂的原子不单小得多,而且数目也少得多,它们是稀疏地散布在全身。② 这种细小而能动的原子给身体以活力,它是身体运动的原因。亚里士多德比喻说:

> 德谟克利特使用了喜剧家腓力普斯的说法,〔腓力普斯〕说,代达罗斯给他的木雕的阿佛洛狄忒〔爱和美的女神〕像里注入水银,使她能活动。德谟克利特也相似地说:构成灵魂的圆形的原子,由于它们处于无休止的运动中,促使整个身体随它们而运动起来。③

所以,灵魂的原子是整个身体运动的原因。但灵魂的原子怎么能运动呢? 因为它们是圆形的最精致的原子。他并没有用超物质的精神去解释。

亚里士多德在《论呼吸》中还论述了德谟克利特是怎样解释生命和呼吸

---

① 艾修斯:《哲学家意见集成》第4卷,第4章第7节。
② 参见卢克莱修:《物性论》,中译本,第149页。
③ 亚里士多德:《论灵魂》,406ᵇ16—22。

的关系的：

> 他〔德谟克利特〕说，灵魂和热的元素是同一的，都是在圆形粒子中的基本形式。当它们被周围的空气压在一起并被排出时，呼吸就来帮助它们。因为在空气中有许多这样的被他称为努斯和灵魂的粒子。所以，当我们吸进空气时，它们也一起进入，而且由于它们的活动抵消了这种压力，这样就防止了动物体内的灵魂之被逐出。……然而，一旦周围空气的压力占了上风，动物不再能呼吸，外面的空气不再能进入以抵抗这种压力时，死亡就发生了。死亡是由于周围空气的压力，灵魂原子从体内外溢出去了。①

这种灵魂和努斯的原子不仅在人和动物体内存在，而且也在周围空气中存在，只是通过呼吸，使被压出的灵魂原子得到补充，人便继续活下去；一旦呼吸断绝，身体内的灵魂原子只被压出而不能得到补充，便是死亡。这样的灵魂原子当然是物质性的。

德谟克利特认为物质性的灵魂原子虽然和其他的原子一样，是不朽的，但是由原子组成的"灵魂是会死亡的，随着肉体解体。"②（DK68A109）死亡不过是灵魂原子同身体分离。因此，在他看来，人根本用不着害怕死亡，因宗教迷信所渲染的死后的惩罚而感到恐惧。

德谟克利特还认为，生命和死亡之间没有截然分开的绝对界限。有这样一些资料记载：

> 德谟克利特认为死后的身体还会有感觉。（DK68A117）

> 德谟克利特说，所有事物，甚至死了的身体都分有某种灵魂，因为它的大部分灵魂原子虽已溢出了，但保留了一些热和感受性。③（DK68A117）

> 德谟克利特注意研究过坟墓中的尸体，在一段时间内〔它们的〕指甲

---

① 亚里士多德：《论呼吸》，472ª3—16。
② 艾修斯：《哲学家意见集成》第2卷，第7章第4节。
③ 艾修斯：《哲学家意见集成》第4卷，第4章第7节。

和头发还在生长。①（DK68A160）

德谟克利特不赞成达到死亡有个确定的表征,他宣称并没这样一个确定的标志,医生可以用来精确地规定生命的终止。②（DK68A162）

总之,德谟克利特将灵魂认定为物质性的原子,说明了灵魂和身体的物质统一性,摒弃了精神性的灵魂不朽说。这样,他就为发展朴素反映论的认识论思想提供了生理基础。

从认识论的角度说,灵魂具有感觉和理智两种功能。德谟克利特认为,遍布全身的灵魂原子具有能感觉的功能,而灵魂中有一个特殊部分努斯,是思想的器官。关于这个思想中枢究竟在人体什么部位,古代记载有两种说法。据说,德谟克利特和伊壁鸠鲁都主张:"灵魂有两个部分,理性〔努斯〕位于心,非理性部分弥散于全身;一说德谟克利特主张理性在于脑。"③（DK68A105）从德谟克利特的生理学和医学思想是倾向于阿尔克迈翁和希波克拉底的观点来看,后一种说法较有可能,即认为思想中枢在脑。

德谟克利特主张,一切认识都发源于外界物体对身体的作用,从而刺激了身体中的灵魂原子。亚里士多德说,"有些思想家认为知识就是感觉,这是一种身体的变动,他们说,显现于我们感官的必然是真实的。因此,恩培多克勒和德谟克利特,以及几乎可说所有其他思想家都成为这种意见的俘虏。"④塞奥弗拉斯特记述:德谟克利特认为可感觉到的性质,乃是"感觉部位在身体变动中所造成的特性,由此产生感觉,并非冷和热是一种客观的性质,甚至原子在运动中,在我们身体内造成的各种变动,也是这样。"⑤总之,他将感觉归结为外界物体对身体发生作用的结果。在古代希腊的这些唯物论的自然哲学家看来,外界事物是变动的,认识主体——人的身体也是变动的,感觉乃是这两种(客体和主体)变动发生作用的结果。德谟克利特认为,感觉性质如冷和热

---

① 西塞罗:《图斯库兰的辩论》第1卷,第34章第82节。
② 塞奥弗拉斯特:《植物的原因》第2卷,第11章第7节。
③ 艾修斯:《哲学家意见集成》第4卷,第4章第6节。
④ 亚里士多德:《形而上学》,1009^{h}12—17。
⑤ 塞奥弗拉斯特:《论感觉》,第63节。

并不是完全客观的,而是有主观的身体变动的因素在内,关于这一点,下文将专门讨论。但是,德谟克利特和大多数自然哲学家一样,认为感觉归根到底受外界物体作用所制约,所以,凡是"显现于我们感官的必然是真实的"。但是,感觉也受身体状况所制约,而身体状况又是受周围环境条件影响的。塞奥弗拉斯特记述德谟克利特说:当灵魂"处于温度合适的状态时,会产生思想,如果处于太热或太冷的状态,思想就错乱了",灵魂也就"不能真实地思想。"①(DK68A135)德谟克利特明确肯定精神依存于物质,认为认识是身体中的灵魂原子同外界客观对象发生物理作用的产物。正是根据这一基本原理,他建立起原子论的朴素反映论。

德谟克利特认为各种感觉都产生于外部对象同感官的接触。亚里士多德曾经批评:"德谟克利特和大多数自然哲学家对感性知觉的处理是不合理的,因为他们将所有感觉的对象都当作触觉的对象。若真是如此,显然每一别的感觉都只是触觉的一种样式了;人们将立刻看出这是不可能的。"②这种批评是一种误解。德谟克利特等人所说的"接触"是一种一般性的发生物理作用,触觉则只是其中一种具体的接触,其他视觉、听觉、嗅觉都是一种"接触",仍可以和触觉区别开来。亚里士多德在这里似乎是将这种一般和具体混淆了。

德谟克利特发展了恩培多克勒的流射说,提出了他的影像说。

德谟克利特首先是在论述视觉时提出"影像"($\varepsilon'\iota\delta\omega\lambda o\nu$, eidolon, image)这个概念的。他认为视觉是眼睛和对象都发出原子射流,相互作用,产生了视觉影像。塞奥弗拉斯特记述说:

> 德谟克利特用视觉影像解释视觉,对此,他有独特的看法;他认为视觉影像并不是直接产生在瞳孔上的,而是在眼睛和视觉对象之间的空气被压缩,被看到的对象和看的人上了印记,因为任何事物总经常产生一种流射。这样的空气是坚实而有各种颜色的,就出现在湿润的眼睛上;眼睛不允许稠密的部分而只让湿润的部分通过。眼睛里面的脉胳很直而

① 塞奥弗拉斯特:《论感觉》,第58节。
② 亚里士多德:《论感觉》,442ª30—ᵇ4。

空,很湿润,脑子能顺当地接受影像。①（DK68A135）

这种影像首先是对客观事物的真实的映象。亚历山大记述说:

> 德谟克利特说,看的意思是指从被看的东西接受影像,影像是表现在瞳孔里的形状,就像别的能保留影像的明亮物体中所发生的一样。他（像他以前的留基伯和以后的伊壁鸠鲁一样）相信,从事物流射出来的一定的影像同流射影像的事物〔视觉对象〕是相似的。这种影像进入注视者眼内,视觉就是这样产生的。（DK68A29）

德谟克利特认为空气是眼睛和对象之间的中介物,视觉影像要以空气为媒介,来形成和传递,因此可以造成影像的减弱甚至变形。亚里士多德指出,德谟克利特曾经设想,"要是眼睛和对象之间只有虚空,我们就能清晰地看到天穹里的一只蚂蚁。"②

德谟克利特论述了其他各种感觉。他认为声音是密集的空气产生一种运动,气流中大量粒子进入耳朵的孔道,以很强的力量扩散到全身,形成听觉。③味觉和触觉是各种不同形状的原子刺激舌头和身体的结果。各种感官都能感知物体,所以,他将各种感官得到的关于物体的印象,都推广叫作"影像",并且认为这是全部认识的来源。留基伯和德谟克利特认为,"感觉和思想都是外部模压的影像造成的,没有这种影像,它们都不会发生。"④（DK68A30）。

影像说是朴素的反映论,它明确肯定认识起源于感觉,而感觉是客观物体的映象。影像说发展了流射说,它不仅将影像看作主客体原子流射互相发生作用的结果,而且进一步剖析原子形状大小怎样对认识主体的感官发生作用,怎样造成感觉的相对性和复杂性。

德谟克利特在明确客观对象对主观认识的决定性前提下,也重视研究认识中的主体因素,这很值得注意。影像是土体感官和客观物体的原子射流互相作用的结果,但他又强调感觉和思想都是"身体的变动",就意谓主体感官

---

① 塞奥弗拉斯特:《论感觉》,第50节。

② 亚里士多德:《论灵魂》,419*15—17。

③ 参见塞奥弗拉斯特:《论感觉》,第55节。

④ 艾修斯:《哲学家意见集成》第4卷,第8章第10节。

对客体的原子作用也作出反应。正是因为这样,他指出某些感觉的内容并不是客观物体本身的直接反映或原始内容,冷和热并不完全是客观的性质。塞克斯都·恩披里柯记述了德谟克利特的看法:

> 甜是习惯俗成的,苦是习惯俗成的,热是习惯俗成的,冷是习惯俗成的,颜色是习惯俗成的。真实存在的是原子和虚空……实际上,我们没有理解到,它们〔感觉〕是根据身体和事物的状况而变易的,是身体和事物相接触或相抵御的一种反应。① (DK68A11)

在他看来,像颜色、冷热、甜苦这类感觉内容,并不是物体中原子和虚空本来的特性,而是在主客体相互作用中才表现出来的性质,它们是因主观条件而变易的,有相对性。正常的人感觉甜或热,病人可能感觉苦或冷,可以因身体条件的不同而异。他认为这些可感性质都不存在于客观事物中,"它们都是感官在变动中的经验"。② (DK68A129)但是,德谟克利特并不认为这类可感性质是主观感官自生的,他并不是将客观物体的性质归结为主观的感知;而认为它们是客观物体对感官发生作用的结果,只是可以因身体或感官状况的变化而变化,具有相对性。塞奥弗拉斯特记述德谟克利特在论述了每一感觉对象包含有许多不同形状的原子,但以占优势的原子的形状为特性以后,又说:"感觉又依赖于原子所进入的身体的状况,这也造成了不少的差异;因为同样的对象有时能产生相反的效果,而相反的对象也能产生相同的效果。"所以会造成不同的效果,既和身体状况有关,也取决于对象中原子本身。比如,蜂蜜含有大量比较大的、表面平滑的原子,进入身体便产生甜味;但蜂蜜也含有一些比较小的、粗糙的原子,在某种身体状况下会产生苦味。③ 他是在这种意义上说这些感觉性质是"习惯俗成"的。过去有人将这种"习惯俗成"解释成为"主观上约定",是一种误解。黑格尔正是出于这种误解,批评德谟克利特"为坏的唯心论打开了大门"。④ 他是把德谟克利特主张感觉有某种相对性,说成是近

---

① 塞克斯都·恩披里柯:《反逻辑学家》第 1 卷,第 139 节。
② 塞奥弗拉斯特:《论感觉》,第 65 节。
③ 参见塞奥弗拉斯特:《论感觉》,第 67 节。
④ 黑格尔:《哲学史讲演录》第 1 卷,中译本,第 341 页。

似贝克莱的主观唯心论的观点了。这是误解了德谟克利特的原意。

德谟克利特指出感觉的这种相对性,可以说是在西方哲学史上最早提出所谓物体的第一性质和第二性质的问题。客观物体是原子和虚空组成的,原子又有各种不同的形状大小等等,这是物体固有的性质;而冷热、颜色、味道等等感觉性质则是由原子的形状大小派生出来,并且因主体条件不同而有相对性,这些可以说是由原子的形状派生的第二性质。但是,德谟克利特在解释这些派生的性质时,是作了朴素唯物论的阐明的。他认为色、香、味等感觉性质并不是主体感官任意自生的,归根结底,它们仍由物体中原子的形状大小所决定,是它们作用于感官而造成的派生性质。他认为,颜色的感觉取决于对象表面原子的形状、位置以及它们相距的空间,其中白、黑、红、绿是四种基本色,其他颜色是它们的混合。① 比如:光滑的原子造成白色,这些原子周围有较多的虚空,较为稀松,不产生阴影,容易渗透,造成明亮而透明的色感;而粗糙、多角的原子能投下阴影,不易穿透,便造成黑色;较大的球形的、生热的原子则造成红色。塞奥弗拉斯特还记述:

> 德谟克利特对每种味觉都赋予一种〔原子的形状〕。甜是圆而大的原子;酸涩是大、粗糙、等边角而非圆形的原子;辣味如其名字(sharp)所示是指一种尖的、勾弯角、细小而非圆形的原子;辛辣是小、圆而带勾弯角的原子;咸是大而等边勾角的原子;苦是圆形、平滑、形体小而参差不一的原子;油腻味是精细的、小而圆的原子。②(DK68A135)

所以,这类感觉性质无非是一定形状大小的原子作用于感官,在正常条件下呈现某种派生性质,产生一定的感觉;就像近代物理学揭示不同的光的波长会造成不同的颜色。但是,它们又同认识主体的身体状态有关。德谟克利特已经注意到,研究认识要同时注意分析认识者——主体和认识对象这两个方面。他指出,"感觉者在身体结构上,随他们的状况和年纪而变化,因此很清楚,他们的身体状况是他们的感觉影像的一个原因。"③(DK68A135)

---

① 参见塞奥弗拉斯特:《论感觉》,第 80 节。
② 塞奥弗拉斯特:《论感觉》,第 65 节。
③ 塞奥弗拉斯特:《论感觉》,第 64 节。

由此可知,他说某些感觉是"习惯俗成"的,不能说他就是将存在归结为被感知,不是黑格尔所说的"坏的唯心论"即主观唯心论。他揭示,产生这类感觉,既依赖于客观物体中原子的形状大小,也依赖于身体感官的生理状况;因此,它们的相对性都是有客观的物质基础的。这是唯物论的分析,不能将它说成为唯心论。他提出原子固有的本性同它们的派生性质的联系,从现代科学关于光线波长和颜色的关系来看,也是包含合理的内容的。因为一定的颜色是一定波长的光线作用于感官而呈现出来的,声波频率同音度的关系,分子运动同冷热温度的关系,也是一样的。德谟克利特强调研究认识应注意研究认识者——主体的因素,研究认识者和对象之间的相互作用,这些对促进认识论思想的发展有积极意义。德谟克利特关于感觉的学说,比他以前的哲学家要深入细致得多。我们知道,近代的伽利略、笛卡尔和波义耳在这方面都采取了同德谟克利特相似的观点,直到洛克比较系统地建立了关于第一性质和第二性质的学说。

德谟克利特有关感觉的这些论述,在当时也是针对智者派普罗泰戈拉宣扬"人是万物的尺度",鼓吹感觉主义的一种积极的反响。德谟克利特肯定了认识中感觉的相对性,但是没有将它夸大、绝对化,成为相对主义,而是对这种相对性作了素朴唯物论的说明。

德谟克利特没有论述人的努斯怎样产生理智或思想。贝利认为,他可能主张某种"影像"过于精细,不能刺激身体表面的灵魂原子,就透入身体直达努斯,努斯的原子紧密聚合,"影像"不能透过,就刺激它们,产生一种特殊的感觉即思想。① 贝利的这种设想只是一种没有资料根据的推想,说德谟克利特将思想归结为一种特殊的感觉,也不能成立。艾修斯记述:"留基伯、德谟克利特和伊壁鸠鲁说,感觉和思想都由外界影像的作用而发生,它们在任何人中都不会没有影像的作用而发生的。"②(DK68A30)前引亚里士多德在《形而上学》中曾批评"有些思想家认为知识就是感觉",说恩培多克勒和德谟克利

---

① 参见贝利:《希腊原子论者和伊壁鸠鲁》,第173页。
② 艾修斯:《哲学家意见集成》第4卷,第8章第10节。

特都成为这种意见的俘虏。① 这种说法未必恰当,因为德谟克利特也初步研究了理智认识形式,论述了感觉和理智既区别又联系的关系。

德谟克利特在一部题为《论逻辑或规则》的著作中,区别了"暧昧认识"和"真理认识",前者就是指感觉,后者就是指理智。他认为,"暧昧认识在最最微小的领域内,不能再看,不能再听,不能再嗅,不能再尝,不能再触摸,而知识的探求又要求精确时,真理认识就参加进来了,它具有一种更精致的工具"。② 这种工具就是概念和思想。感觉的认识是暧昧的,因为它只停留于事物的现象,并受认识主体因素的影响,有相对性。理智则能认识事物内部的本原——原子和虚空,这就是它比感觉优越的地方。然而他又认为事物的现象(影像)同事物的本原是相通的,相互有联系:色、香、味、热等"习惯俗成"的感觉性质,也同原子的形状大小有内在关联。他认为感觉和理智的关系并不是截然割裂的。感觉给理智提供影像原料;理智则能纠正错误的感觉,透过现象,洞悉原子和虚空的内在真理。理智优于感觉,又离不开感觉,它必须以感觉为基础。他有一段名言生动地描述了感觉和理智的辩证关系:

> 德谟克利特在说了"颜色是习惯俗成的,甜是习惯俗成的,苦是习惯俗成的,实际上只有原子和虚空",从而抑低了现象的地位以后,又让感官以下面的语言来反对理性:"可怜的理性,你从我们这里取得证据又要推翻我们? 你的胜利同时也就是你的失败!"③

当然,关于感知认识怎样向理性认识过渡和飞跃,还是德谟克利特当时不可能提出来的问题;对于理性思维的逻辑形式,他也不可能作具体研究。他写的《论逻辑或规则》,大约不是后来所说的逻辑学著作,就现在所知,它大约是讨论了人类认识的标准以及感觉和理智的关系等认识论的问题。他主张科学研究应从事实出发,注重经验的概括。塞克斯都·恩披里柯将他和经验论医

---

① 参见亚里士多德:《形而上学》,1009^b12—17。

② 塞克斯都·恩披里柯:《反逻辑学家》第1卷,第139节。

③ 伽伦:《医学经验》残篇,第1259页第8行起;转引自格思里:《希腊哲学史》第2卷,第460页。

学学派列在一类,显然是因为在认识论和方法论上,德谟克利特同希波克拉底是一致的。恩披里柯还指出他在《论逻辑或规则》中强烈地反对只从一些自明的公理来作推演论证。① 又说,他在《论逻辑或规则》中主张:"有三种真理标准:(1)现象是了解可见事物的标准……(2)概念是研究的标准……(3)情感是取舍事物的标准……"②似乎他已经开始认识到概念这种思维形式对于认识事物本质的重要作用。亚里士多德指出:

> 我们的先驱者都不懂得这种〔下定义——逻各斯的〕研究方法,理由是他们还没有获得关于本质的观念,也没有获得任何为本体定义的观念。首先接触到这点的是德谟克利特,但他也还远远没有将它当作自然科学的必然的方法来采用它,他只是不知不觉地被事实强迫而提出了它。③

在《形而上学》中,亚里士多德说:"自然哲学家德谟克利特只是在小范围内接触到这个〔普遍定义的〕问题,他以某种方式定义了热和冷。"④这些材料只能说明,德谟克利特在建立自然哲学体系中已经开始注意到普遍的"定义"、"概念"这种逻辑思维形式(但他也还没有正式提出这些逻辑概念来),没有材料说明德谟克利特对于后来所说的逻辑学已经作了比较系统的研究。苏联的《哲学史》遽然断言"德谟克利特是归纳逻辑的奠基人",⑤那是缺乏根据的。

关于德谟克利特的认识论,西方学者还有一个争论的问题:德谟克利特是不是相信人类能够认识客观真理? 他有怀疑论的倾向吗? 在古代,前引亚里士多德曾经指出德谟克利特认为现象就是真实的。⑥ 但是,塞克斯都·恩披里柯却记述说,德谟克利特"摒弃一切现象","摒弃显现在感官中的事物,断言它们都不是真理的表现,只是意见的表现";"他〔德谟克利特〕在《论形式》中说,人必须懂得这个原则:'他离实在很远',要认识每一事物的实在本性是

---

① 参见塞克斯都·恩披里柯:《反逻辑学家》第 2 卷,第 307 节。
② 塞克斯都·恩披里柯:《反逻辑学家》第 1 卷,第 140 节。
③ 亚里士多德:《论动物的构成》,642^{a}25—28。
④ 亚里士多德:《形而上学》,1078^{b}19—21。
⑤ 敦尼克主编:《哲学史》第 1 卷,中译本,第 101 页。
⑥ 参见亚里士多德:《论灵魂》,404^{a}28。

不可能的。"①第欧根尼·拉尔修也记述,德谟克利特说过:"关于真理我们什么也不知道,因为真理隐藏在深渊中。"②近代德国学者多洛夫(Dyroff)根据塞克斯都·恩披里柯等人的记载,在《德谟克利特研究》书中,断言德谟克利特是个怀疑论者。策勒认为他不是怀疑论者,但是有怀疑论的因素。还有的学者如新康德主义者那托普则根据亚里士多德的材料,说德谟克利特是"现象论者"。贝利反对以上这些见解,认为应当联系德谟克利特的全部哲学思想,有分析地对待上述历史资料。他认为德谟克利特是可知论者,不是怀疑论者。③ 塞克斯都·恩披里柯本人是个怀疑论者,他的论述不免带有偏见;而上引第欧根尼·拉尔修的这句话前面,他还说:"德谟克利特因为排斥〔原子具有〕性质,所以说,'意见说是热或冷,实在却是原子和虚空'。"④所以他才说真理是隐藏在深渊中的。

亚里士多德将德谟克利特有时说成是唯感觉论者,说现象就是真理,甚至说他赞成"知识就是感觉"。⑤ 这种说法有片面性。上文已经分析,德谟克利特认为感觉和理智都能认识真理,只是它们达到真理的程度有所不同。有些感觉即使是"习惯俗成"的,有相对性,也不是主观任意自生的;它们同原子的形状大小,同身体感官的状况都有一定的联系,这类感觉只能认识现象的真理。正是在这个意义上,德谟克利特才说我们不能认识真理。亚里士多德在《形而上学》中指出:因为许多动物得到的印象同我们所得到的相反,即使我们每一个人的感觉也是不同的,那么,这些感觉印象究竟哪个是真的,哪个是假的,是不明白的;"所以,德谟克利特说,或者是没有真理,或者是对于我们,至少真理是不清楚的。"⑥他认为只有理智才能把握这些现象背后的真理,即原子和虚空。如果他说过要"摒弃现象",也只能理解为要超越现象,透过现

①　塞克斯都·恩披里柯:《反逻辑学家》第1卷,第369节。

②　第欧根尼·拉尔修:《著名哲学家的生平和学说》第9卷,第72节。

③　以上参见策勒:《苏格拉底以前的学派》第2卷,第275页;贝利:《希腊原子论者和伊壁鸠鲁》,第178页。

④　第欧根尼·拉尔修:《著名哲学家的生平和学说》第9卷,第72节。

⑤　亚里士多德:《形而上学》,1009^{b}13。

⑥　亚里士多德:《形而上学》,1009^{b}7—12。

象,洞悉隐藏在深渊中的内在真理。

德谟克利特说过很多这类的话:"人离实在很远","关于真理我们什么也不知道,因为真理隐藏在深渊中","真理是不清楚的",等等;这些可以理解为他是指感觉认识或"意见"而言,认为认识了现象还不等于认识了真理,还要更深入认识原子和虚空,才是事物的本质。另一方面也可以理解为,他虽然创立了原子论哲学,敲开了物质结构的大门;但当他用原子论解释各种自然现象时,受到当时科学水平的限制,会感到不少困难。他不像恩培多克勒那样,有时用诗意的想象来填补自然哲学中的虚构部分,因而认为包括他自己的原子论哲学在内,都还离开真理很远。不能因此说德谟克利特是怀疑论,恰恰相反,这正表现了他的严肃的科学态度。当然也不能以此说他已经知道人的认识是一个无限发展的过程,是相对真理和绝对真理的统一,等等,那又是将德谟克利特现代化了。古代的哲学家不可能有这样的认识,但他自己意识到并没有穷尽真理,离开全部的真理还很远,这是可能的。这样的思想,也由于他自己不可能表述得很恰当,因而被怀疑论者所利用,或者容易被误解为怀疑论思想。后来他的某些弟子正是循着这个方向,加以夸大,真正走向怀疑论。然而德谟克利特自己却并不是怀疑论者。

德谟克利特在认识论方面始终坚持唯物论的可知论,坚持从自然本身说明自然。这也表现在:他用影像说批判神秘的宗教迷信,宣传无神论思想。

德谟克利特在自然哲学方面,用原子和虚空排除了神在自然界的地位。在早期希腊哲学家中,他是态度最鲜明的比较彻底的无神论者。

他蔑视当时宗教对神的盲目崇拜,嘲讽他们说:"一些有教养的人,向着我们希腊人现在叫做天空的地方伸起他们的双手,说:'宙斯深察万物,他洞悉一切,他赐福万物,享受万物,他是万物之王'。"(DK68B30)在他看来,天空中的太阳、月亮等天体,不过是像大地一样的物块,只是因为充溢了火原子使它们炽亮;因此,把它们幻象化为主宰人世的神来膜拜,是很可笑的。他认为人应当靠认识自然来为自己造福,掌握自己的命运。他说:"人们在祈祷中恳求神赐给他们健康,而不知道这种力量还在于他们自己;如果他们无节制地去做相反的事情,他们就离开了自己所希望有的健康。"(DK68B234)他指出,人们所以会制造神,崇拜神,是因为对自然现象的无知和恐惧。"古代人们看到天空中发生的事情,像雷电、霹雳、天体会合、日食、月食,等等,就畏惧诸神了,相信他们是这些事情的原因。"①(DK68A75)

　　某些难以说明的自然现象,当时被人们说成是神所显示的奇迹。德谟克利特用影像说对它们作了唯物论的解释。他指出,所谓这样的"神"或"神兆",其实都是人的灵魂感觉到的一些"偶像",就是特殊的"影像"他认为,"这些'偶像'接近人们,其中一些是有益的,另一些是有害的,于是人们便祈求遇到幸运的'偶像'。这些偶像很大,形体异常,不易破灭,但并不是不会破裂的。它们让人们看到了,并发出声音,这样就向人们预示未来。因此,古代人感受到它们的影像,就想象有一种神,其实除了这些影像外,并没有享有不死的本性的神。"②所谓"神"实际上就是原子射流所形成的特殊的影像,是灵魂感知到的自然现象;不过这种影像比其他自然现象形状奇特,更为持久,好像是什么"奇迹"或"神兆",被人在想象中神化了。他认为,在自然界这种尚未被人理解的影像其实很多很多:"德谟克利特说幽灵就是影像,并说天空中充满了它们。"③(DK68A78)它们都不过是原子射流造成的自然现象。我们知道,后来的原子论者伊壁鸠鲁将神还原为凡人,并且在世界和世界间的隙缝地带为他们保留了一块生活地盘,说他们不干涉自然和人世。德谟克利特则直截了当地将神归结为自然现象和"影像",否定了宗教和神。

　　格思里根据西塞罗抨击德谟克利特的一段话,认为德谟克利特并没有完全否定神和宗教。西塞罗曾经指责德谟克利特的话并不是自相一致的:"一方面,他认为赋有神圣本性的影像存在于世界之中;另一方面,他又说神是心灵〔努斯〕的元素,就在这个世界中;这种心灵元素存在于另一些有活力的、对我们有益或有害的影像中,存在于另一些极为巨大的影像中,它们的数量如此之多,以至从外面包围整个世界。"④格思里引述这些材料,认为德谟克利特最

---

① 塞克斯都·恩披里柯:《反自然哲学家》第 1 卷,第 19 节。
② 塞克斯都·恩披里柯:《反自然哲学家》第 1 卷,第 19 节。
③ 塞克斯都·恩披里柯:《反自然哲学家》第 1 卷,第 24 节。
④ 西塞罗:《神性论》第 1 卷,第 23 章第 120 节。

终是要调和原子论和神的存在,说:"人们在德谟克利特那里,可以感到有一种冲突,既在理智上忠诚于唯物论……又展示了本质上属于非物质世界的宗教的和美学的价值,拒绝否定它们的有效性。"①这里的问题还在于西塞罗以神学的观点曲解了德谟克利特的话。从上面的材料和分析可以看出,德谟克利特所说的"有神圣本性的影像"以及"心灵的元素",实际上都是物质性的原子。在另一则材料中,他就将神即"偶像"定义为"圆球形火〔原子〕一样的努斯。"②(DK68A74)在德谟克利特看来,构成灵魂或努斯的火一样的原子,可以被人吸进呼出,是弥散在宇宙中的。构成神的影像的原子同灵魂或努斯的原子一样,都像火的原子,精致、球形、富有活动力。他认为在无限的宇宙中有无数个世界,这种"努斯的元素"即火一样的原子大量地包围在人类所处的世界的外面,却仍然是处在无限的物质性的宇宙之中。它们会形成"偶像"即特殊的影像;但这些被人称为"神"的偶像,仍旧是由物质性的原子构成的。因此,认为德谟克利特承认有一个超物质的宗教世界,是难以成立的。

第五节　必然性和自然界

关于必然性,留基伯留给我们的唯一完整的一句话是:"没有一件事情是随便发生的,每一件事都有理由,并且是遵循必然性的。"(DK67B2)他提到必然性,但他对必然性是如何讲的,我们现在无法知道了。德谟克利特发挥了这个思想,在古希腊哲学史上第一次从哲学上阐述了"必然性"($\dot{\alpha}\nu\dot{\alpha}\gamma\kappa\eta$,ananke,necessity),使它成为原子论哲学体系的一个重要的哲学范畴。

赫拉克利特有时也将他的逻各斯说成是必然性,就是命运,说得比较晦涩。巴门尼德在诗中有几处用了ananke,即指必然性,又指命运女神之一,还有神学意义。恩培多克勒的逻各斯指元素结合的数量比例,他只在《净化篇》

---

① 格思里:《希腊哲学史》第2卷,第482页。
② 艾修斯:《哲学家意见集成》第1卷,第7章第16节。

中讲到灵魂的轮回转世有"必然性",它也只是一个神秘的宗教思想的概念。只有在原子论哲学中,"必然性"才摆脱了神学,成为一个哲学范畴。从哲学上对"必然性"进行比较充分探讨的,首先还是德谟克利特。

亚里士多德在《论动物的生成》中指出:"德谟克利特无视目的因〔最后因〕,将自然界的一切作用归结为必然性。"①他接着解释说:自然界一切作用都是必然的,这是对的;但是它们还有目的因,即在每一种情况中都是为了那个"最好的、最后的目的。亚里士多德还举例说:如果说唯一的原因就在于必然性,那正如我们说,从水肿病人中放出水,其原因在那把柳叶刀,而不是因为健康,应该说是为了健康,才用柳叶刀去割切的。② 这就是说,在亚里士多德看来,德谟克利特讲的必然性,只是去寻求一些最接近的原因,寻求物理上的因果关系,而不是从它的目的——为了什么? 因为这是"最好的!"——方面去考虑。这样,最多只是说明事物的质料因和动力因,没有说明那个最后的目的因。究竟是寻求事物的物质性的因果关系呢,还是寻求事物的目的? 这是当时以唯物论者德谟克利特为一方,以苏格拉底、柏拉图和亚里士多德为另一方争论的焦点。这场争论表现为主张必然性和主张目的论的对立,所以我们现在必须首先了解德谟克利特所说的"必然性"的含义,至于"目的"的意义,将在以后论述苏格拉底和柏拉图的哲学时再作论述。

德谟克利特所说的必然性,主要就是指事物的产生都是有一定的因果关系的,自然界任何一种情况的产生,都可以找出它的物质性原因。第欧根尼·拉尔修记载他的见解:

> 一切事物都是根据必然性发生的,旋涡运动是产生一切事物的原因,他〔德谟克利特〕称之为必然性。这种活动是为了得到平静,它和快乐不同,不像有些人所误解的那样,而是使灵魂继续处于安静和强有力的状态,不受恐惧、迷信以及其他情绪的困扰。③

这段记载说得很好! 寻求事物发生的必然原因,正是为了避免迷信、恐惧等等

---

① 亚里士多德:《论动物的生成》,789ᵇ2—4。
② 参见亚里士多德:《论动物的生成》,789ᵇ4—15。
③ 第欧根尼·拉尔修:《著名哲学家的生平和学说》第9卷,第45节。

的困扰,使心灵得到平静,感到人自己是强有力的,这才是真正的科学态度。贯穿在西方文明中的这种科学态度和科学精神,是德谟克利特首先表达出来的。他写过一系列自然科学的著作,都题为关于某种现象的"原因",如:《天体现象的原因》、《大地表面的原因》、《声音的原因》、《种子、植物和果实的原因》、《动物的原因》等等。① 据说,他有一句名言:"宁愿找到一个因果的说明,而不愿获得波斯的王位。"②(DK68B118)这种蔑视富贵、献身科学的态度,不但表现出德谟克利特个人的品德,而且也是人类在和自然斗争中能够不断前进的重要精神。

但是,德谟克利特终究是第一个提出必然性就是因果关系的人,在他那时候还不可能分清必然的原因和偶然的原因、现象的因果关系和本质的因果关系;这就是说,他没有理解必然和偶然的对立,也就是没有真正深入理解"必然性"这个范畴。因而在他论述必然的原因时陷入了机械论。亚里士多德就是抓住这一点批评德谟克利特的。亚里士多德在《物理学》中讨论到"偶然性"(chance)和"自发性"(spontaneity)算不算原因时说:"有些人〔指德谟克利特〕竟怀疑它们〔偶然性和自发性〕是否实在。他们说没有什么事情是偶然发生的,我们说是偶然或自动发生的事情,都是有一定原因的。"比如有人到市场上去偶然遇到了某个他正要去找的人,遇到这个人是偶然的,原因是他到市场上去买东西。③ 德谟克利特自己举例说,如天气闷热,水气蒸发到天空而下雨,这就是自然原因;而某些看来是偶然的事件,像种橄榄时挖地发现了宝藏,秃鹰从高空猛扑乌龟而碰破了脑袋等等,都有必然的原因。④(DK68A68)像这样否定自然事件中有偶然性,表明他对因果必然联系的理解是机械的,有片面性。

正因为德谟克利特自己没有将必然和偶然、自发区别开来,所以古代就有

① 参见第欧根尼·拉尔修:《著名哲学家的生平和学说》第9卷,第47节。
② 尤息比乌:《预备福音》第14卷,第27章第4节。
③ 参见亚里士多德:《物理学》,195ʰ36—196ª5。
④ 参见辛普里丘:《〈物理学〉注释》,第330页第14行起;格思里:《希腊哲学史》第2卷,第418页。

不同的记载。如辛普里丘记述说：“德谟克利特在他的著作中说：‘旋转从全体中分化出一切个体事物来’（但他没有说明这种分化的原因），在他看来，分化好像是自发产生的。”①（DK68A68）根据这个记载，德谟克利特似乎主张原子在旋涡运动中生成事物，是受偶然性自发性支配的。其实，这不是德谟克利特本人的原话，而是辛普里丘的评述。他是要指出，德谟克利特主张像天体等自然事物都是自行（自发自动）从旋涡运动中产生出来的，不是自然以外的神或努斯安排的。这正是反对目的论的思想。而亚里士多德却是站在目的论的立场上批评他是自相矛盾的：

> 有些人〔德谟克利特，大约也包括阿那克萨戈拉〕认为天体和一切世界是自发生成的。他们说旋涡运动是自发产生的，它将一切存在物分离开并安排在现在的秩序中。这种说法实堪惊讶。因为他们既然说动物和植物的存在和生成都不是由于偶然性，自然、努斯或某些这类东西乃是它们的原因（从一类种子只能产生橄榄树，从另一类只能产生人，这里没有任何偶然性）；可是同时他们又断言天体以及已见事物中最神圣的东西却是自发产生的，它们没有像指定给动物和植物那样的原因。②

实际上，德谟克利特自己虽然讲了必然性，但他讲的必然性只是指有客观的原因，他还没有将必然和偶然区别开来。亚里士多德是将必然和偶然、自发区别开来了，但他也还没有分清偶然和自发虽有联系、也有区别的一面。因为这些范畴当时都还是开始引入哲学，还没有比较确定的含义。

应该看到，德谟克利特论述必然性时虽然带有机械性，但是他排除任何神学意义的目的论，启导人们去认识物质世界本身固有的客观原因和科学规律，富有科学的精神。这是应该肯定的。罗素对于这点说得比较客观：“原子论乃是严格的决定论者，他们相信万物都是依照自然律而发生的。”“……原子论者要比批评他们的人更科学得多。”“原子论者问的是机械论的问题，而且做出了机械论的答案。可是他们的后人，直到文艺复兴时代为止，都是对于目

---

① 辛普里丘：《〈物理学〉注释》，第331页第16行起。
② 亚里士多德：《物理学》，196ᵃ25—35。

的论的问题更感兴趣,于是就把科学引进了死胡同。"①

德谟克利特用原子运动的必然性,阐述自然世界的生成和宇宙演化的总貌。艾修斯记载说:"〔关于必然性〕德谟克利特认为就是指原子的运动、抵抗力和撞击力。"②无数的自由原子在广阔无垠的虚空中,向不同方向作看来是凌乱的运动,就像现代气体分子运动理论所描述的那样。原子在互相撞击的作用力下,自然地形成一种旋涡运动。在旋涡运动中,有两条具有必然性的物理法则起着作用。

第一条法则是同类相聚。

德谟克利特认为同类相聚是自然界的普遍法则。他的残篇中说:"生物同类相聚,如鸽和鸽,鹤和鹤,别的动物世界也如此。还有非动物世界,人们可以在筛种子和沙滩上的石子中看到,在前者,由于筛子的旋转,豆和豆、大麦和大麦、小麦和小麦〔合在一起〕;在后者,由于波浪的运动,卵石和卵石一起,圆石和圆石,别的事物也同样,好像有一种吸引力将它们合在一起。"③(DK68B164)亚里士多德也有记述:"他〔德谟克利特〕认为作用者和被作用者是同一的,即'相似'的。不同的'相异'的东西互相作用是不可能的;相反,即使有两个不同的东西以某种方式相互作用,也不是作为不同的东西作用,而是作为某种具有相同的性质的东西〔而相互作用〕。"④恩培多克勒也讲元素之间同类相聚,但是要靠"爱"这种外在力量的作用。德谟克利特所说的同类相聚则是同类原子或具有同一性质的事物本身彼此发生物理作用。原子在旋涡运动的分离作用下,形状大小相同的原子结合起来,形成水、火、土、气等元素物质,进而结合成为万物。

第二条法则是原子及其结合物在旋涡运动中造成轻重有别的运动方向。

德谟克利特的原子究竟有没有轻重的不同? 我们在本章第三节中讲到原

---

① 罗素:《西方哲学史》上卷,中译本,第98—100页。
② 艾修斯:《哲学家意见集成》第1卷,第26章第2节,见基尔克、拉文:《苏格拉底以前的哲学家》,第413页。
③ 塞克斯都·恩披里柯:《驳数学家》第7卷,第117节。
④ 亚里士多德:《论生灭》,323^{b}12—16。

子的性质时曾说,古代的记载对此是有分歧的。基尔克、拉文在《苏格拉底以前的哲学家》中提供了四条材料:①其一是亚里士多德在《论生灭》中记述的:

> 德谟克利特说,每个不可分的物体〔原子〕越大,它就越重。②

其二是塞奥弗拉斯特记述的:

> 德谟克利特用大小区别轻重……可是在复合物体中,包含更多虚空的越轻,包含少的越重。有时他这样说,在别的地方他却简单地说精细的〔原子〕是轻的。③（DK68A135）

其三是艾修斯的记载:

> 德谟克利特提到两种〔原子的特征〕,即大小和形状;而伊壁鸠鲁加上第三种,即重量……——德谟克利特说原初的物体〔原子〕并不具有重量,只是在虚空中因彼此碰撞而运动。④（DK68A47）

其四是辛普里丘的记述:

> ……德谟克利特学派认为任何事物都是有重量的,火因为重量较少,被〔重量〕较多的事物所压挤,因而向上运动,并常显得是轻的。⑤（DK68A61）

因为古代记载有这样的分歧,所以近现代学者对此也有不同的说法。策勒断言德谟克利特已将重量看作是原子的本性和运动的原因,一切原子最初都作下落运动,重原子下落的速度快,把轻原子碰甩到外层上方去。⑥ 有些哲学史根据艾修斯的记载,认为德谟克利特的原子并没有重量的特性,是后来伊壁鸠鲁才给原子加上重量的。当代法国学者奥伯林（D.O'Brien）在其《德谟克利特,重量和大小》一书中,提出根据亚里士多德在《论天》中谈到有"绝对的轻重"和"相对的轻重"的分别,认为德谟克利特的原子"近乎有绝对的重量;

---

① 参见基尔克、拉文:《苏格拉底以前的哲学家》,第414—415页。
② 亚里士多德:《论生灭》,326ª9—10。
③ 塞奥弗拉斯特:《论感觉》,第61—62节。
④ 艾修斯:《哲学家意见集成》第1卷,第3章第18节。
⑤ 辛普里丘:《〈论天〉注释》,第712页第27行。
⑥ 参见策勒:《苏格拉底以前的学派》第2卷,第240—241页。

只是对于由原子组成的物体，亚里士多德才说它们有相对的重量。"①原来亚里士多德在《论天》第四卷第一章讨论"轻"和"重"时，提出有"绝对的轻重"和"相对的轻重"的区别。所谓相对的轻重，是指两个有重量的物体如木与铜，如果大小相同，一个（铜）在下降运动中的速度快于另一个（木），就是相对的重。但是整个宇宙是圆的，无所谓上和下，只有中心和边缘。当原子运动时，有些原子总是从中心向边缘运动，就是向上运动，就是绝对的轻；相反，如果从边缘向中心运动，就是向下运动，就是绝对的重。亚里士多德说，"我们的先驱者没有研究过绝对的轻和重，只研究相对的轻和重"。② 亚里士多德当然不可能懂得万有引力的道理，他无法解释宇宙旋涡运动中为什么有些原子向上有些向下的道理，才提出这种"绝对的轻和重"的解释来。德谟克利特自己当然还不可能提出"绝对的轻和重"同"相对的轻和重"这样的区别来。但他认为原子在无限的宇宙中作旋涡运动时，有的从中心向外圈边缘运动，就是轻的；有的从外圈向中心运动，就是重的。这是完全可能的。所谓轻和重虽然不是原子的本质特性，而是大小不同的原子在旋涡运动中派生的，形成了不同的运动方向。重原子趋向运动中心，轻原子则飞向旋涡的外层。在旋涡运动中造成的轻重区别，不仅取决于原子的大小，就原子结合的物体说，也取决于原子与原子间包含虚空的多少，因为德谟克利特是用这个道理说明由原子结合成的物体有的是大而轻的，有的是小而重的。

伊奥尼亚哲学早就用旋涡运动说明宇宙的生成，但还只是非常素朴的猜测。阿那克萨戈拉以旋涡运动说明世界的生成，只是以气和以太两大种子群在旋涡运动中使各类种子分离的过程，它们必须靠努斯这种外在的精神力量来开启。德谟克利特坚持用物质本身来说明运动，认为原子的大小轻重便是决定事物向各种方向运动的必然性原因，他以此来解释如何从旋涡运动中分化出宇宙万物来。

德谟克利特认为世界是这样产生的：各种形状的无限数目的原子在无限

---

① 奥伯林：《德谟克利特，重量和大小》，第7—15页。
② 亚里士多德：《论天》，308ᵃ7—34。

的虚空中运动，它们在那里聚集，互相作用，就形成一种旋涡运动。原子在旋涡中彼此冲撞，向各个方向转动，彼此分开，同类相聚。由于原子数量之多，由于它们的形状大小造成轻重有别以及不同的运动方向，就不能在旋涡运动中保持平衡。轻的物体像筛扬似地被抛向外层虚空，其余较重的物体就纠集着陷向旋涡中心，因为运动的合力，紧密地结合成最初的一团球形，它像一层壳，逐渐厚固，就形成处于旋涡中心的大地。抛向外层的物体也不断有自由原子和新的物体附着上去，分别形成一团团紧密的物体。它们最初是潮湿泥泞的，后来逐渐干了。它们的基质构成同大地一样，都是原子的结合物；只是它们处在旋涡外层，运动速度快，所以燃烧而明亮发光。月亮、太阳和各种星辰就是这样形成的。它们各自运行的轨道同旋涡中心大地的距离不等，因而速度也不等。我们人类所处的这个世界体系，就是这种井然有秩序的原子运动的大旋涡之一，是原子自身运动的必然结果。德谟克利特的这种天体系统理论，是一种地心说，它不像后来亚里士多德和托勒密的地心说那样精致，但是它摒弃任何精神性力量，认为整个天体系统都是物质原子自身运动所生成的，有必然的因果联系，无需神的第一推动力，不给神以任何容身之地。

原子论者进而认为：宇宙在时间空间上都是无限的，像人类所处的原子旋涡运动所生成的世界，在宇宙中有无数个。无数个世界产生了，又分解还原为无限多的原子。德谟克利特还描述了无数个世界有生有灭，无限多样。据希波吕托记述，德谟克利特认为：

> 有无数个大小不同的世界。在有些世界中既无太阳，也无月亮；在另一些世界中，太阳和月亮比我们这个世界中的太阳和月亮要大；而另一些世界中不只有一个太阳和月亮。这些世界距离不等，某一个方向大些，另一个方向小些。一些世界正处在鼎盛时期，另一些世界在衰落之中。这里的世界产生了，那里的世界毁灭了，它们是因彼此冲撞而毁灭的。某些世界没有动物、植物，也没有水。①（DK68A40）

德谟克利特还认为，一个世界衰亡，或者是由于它达到鼎盛期后，不能再从外

---

① 希波吕托：《驳众异端》第1卷，第13章第2节。

层虚空补充新原子,它逐渐自行消解为互相分离的自由原子;或者是由于一个世界在运行中碰击和并合了另一个世界。但它的原子构成的本质不变,"并合"不过是原子的更大聚集。总之,无限的宇宙中有无数个世界在生灭不息。它们生长于原子的旋涡运动,衰变为自由原子;自由原子在另一个时刻又会结合成另一个世界。一切世界、一切事物都是要灭亡的,它们的运动生灭都有必然性,有一定的物质原因;只有运动的原子永恒不灭。这就是德谟克利特揭示的一幅宇宙演化的总画面。

德谟克利特的宇宙演化学说,虽然也还只是一种素朴的假设,但比早先的希腊自然哲学中的宇宙形成论,科学内容却大为增强了。它在西方科学发展史上很有意义。17世纪笛卡尔提出太阳系起源于以太旋涡运动,被誉为科学史上的一次勇敢尝试。18世纪拉普拉斯提出太阳系起源于白热气体旋涡运动,大胆摒弃了上帝这个假设。而康德冲破形而上学缺口的星云假说,主张太阳系起源于物质微粒的凝聚和旋涡运动,认为无限的宇宙中有无数个太阳系不断生灭成毁,就像神话中的"火凤凰",不断"自焚"又"从它的灰烬中恢复青春得到重生。"[1]这些近代的科学假说,在力学内容和科学论证方面,当然是德谟克利特的宇宙演化论所无法比拟的,但它们的基本观点却很相似。德谟克利特的假设提出于两千多年以前,应该说是难能可贵的。

在自然科学思想方面,德谟克利特写过许多探讨各类自然现象原因的著作。他用原子论哲学具体研究全部自然界,成为综合当时自然科学知识的自然哲学体系。可惜这方面现在只有一些残存的第二手资料了,我们只能根据这些资料作概括的介绍。

西方有些学者如克莱芙,认为德谟克利特的自然科学思想是保守陈旧的,只是因袭了伊奥尼亚自然哲学家和其他前人的科学思想。这种评价是不公平的。确实,德谟克利特的某些见解是接受了前人一些素朴的肤浅的猜测,比如,他认为大地是一个扁长、中凹的大圆盘,人和虫豸一样是从潮湿温热的泥土中产生的,等等。但我们不能以偏概全。仅就残存的资料也可以看出,德谟

---

[1]　康德:《宇宙发展史概论》,中译本,第154—156页。

克利特根据原子论对各种自然现象作出新的阐释,表现出他在科学探讨上的创新精神,其中不乏独到的真知灼见。当然,他的科学探索受着当时历史条件的限制,我们不能以近现代的科学水平去苛求古人。

德谟克利特很重视研究数学,特别是几何学。比他略早的智者普罗泰戈拉认为人是万物的尺度,只有感知到的现象是存在的,几何学研究的抽象的几何图形是不存在的。据说,他指出几何学上的圆和直线是我们看不到的,几何学上说"圆和直线只能在一点上相切",而我们看到的一个铁环和一根直杆却决不止在一点上相切。他以此反对几何学。① 德谟克利特著作目录中有一篇题为《论观点的差异或论圆或球面相切》,虽已佚失,许多学者猜想这篇著作从题目看,很可能就是批评普罗泰戈拉的上述论点的。德谟克利特可能从"暧昧认识"和"真理认识"的区别,在肯定感性经验反映现实的同时,指出几何学作为理性认识的工具,在科学研究上是必要的。德谟克利特研究过数、锥角、锥切面等数学课题,阿基米德曾提到他在这些方面的成就:"德谟克利特确实对圆锥体和角锥体的定理有不小的贡献。这些定理的证明是欧多克索首先发现的,这些定理即:一个圆锥体是一个底面和高与之相同的圆柱体的三分之一,角锥体是一个底面和高与之相同的角柱体的三分之一,而他〔德谟克利特〕是首先没有证明而陈述这些几何定理的。"②可见德谟克利特在几何学上的成就是在古代已经得到承认的。

在天文学方面,德谟克利特在天体运行轨道方面纠正了经验观察中的一些误解。留基伯因袭阿那克西曼德的看法,认为太阳炽热最明亮,所以运行速度最快,处在离大地最远的外层轨道上,其次是别的天体包括恒星,月亮最靠近大地。③ 德谟克利特认为,不能只凭天体的可见亮度来判断其运行速度和轨道远近。天体越近旋涡中心大地,受旋转力影响越小,速度越慢;反之则速度越快。他指出,恒星离大地最远,看起来似乎不动,其实运行

① 参见亚里士多德:《形而上学》,998ª1—4。

② 转引自格思里:《希腊哲学史》第 2 卷,第 488 页;参见萨姆伯斯基:《希腊人的物理世界》,第 152—157 页。

③ 参见第欧根尼·拉尔修:《著名哲学家的生平和学说》第 9 卷,第 33 节。

速度最快,其次才是太阳、月亮。他认为天体运行的轨道,"最外层是恒星,其次是〔另一些〕行星,然后依次是太阳、金星、月亮。"①(DK68A86)而且,"许多行星并不是处在同一高度,它们同大地的距离不等。"②(DK68A40)。他专门写过《论行星》著作,指出行星是很多的,不少行星尚未被人发现。(DK68A92)留基伯主张月亮本身有微弱的火,能发光。③ 德谟克利特却接受阿那克萨戈拉的观点,认为月亮同大地一样,有山峡幽谷(那就是我们所看到的月亮上的阴影),不发光,它只是由于反射太阳光而明亮。④(DK68A90)在阐述银河和彗星方面,他赞同阿那克萨戈拉的见解,认为它们是群星或游星的汇集。

在气象和地理方面,德谟克利特试图以原子论作出新的阐释。关于风的起因,传统的伊奥尼亚见解用冷热、干湿造成气的浓聚或稀散来说明;德谟克利特则径直用原子的无休止的运动来说明风的成因。当大量原子聚集在较小的空间,互相猛烈冲击,空气流动,便产生风;而当原子流溢,散入较大的空间,风就平息了。(DK68A93a)关于雷电等的成因,他用原子论解释比传统的伊奥尼亚见解要科学一些:

> 打雷的原因是云块中原子结合不平衡,往下方挤迫。闪电是云块的冲撞,由于这种冲撞,生火的粒子聚集在一起,它们彼此摩擦,通过许多空隙,进入一个点而滤出。发生霹雳是因为往下方挤迫云块的生火粒子,比较精纯、平衡,或者如他自己所说,它们是紧相吻合的。海上龙卷风的发生是因为具有较多虚空的原子的结合,被带入虚空的地方,而且有一种特殊的膜包围了它们,然后由于许多因素混合,形成猛烈旋转翻腾的东西。⑤(DK68A93)

德谟克利特还认为闪电和打雷是同时发生的,只是因为视觉快于听觉,造成二

---

① 艾修斯:《哲学家意见集成》第2卷,第15章第3节。
② 希波吕托:《驳众异端》第1卷,第13章第9节。
③ 参见第欧根尼·拉尔修:《著名哲学家的生平和学说》第9卷,第33节。
④ 参见艾修斯:《哲学家意见集成》第2卷,第25章第9节。
⑤ 艾修斯:《哲学家意见集成》第3卷,第3章第11节。

者先后有别的感觉。（DK68A93）海水蒸发为什么会得到盐？因为海水中原来含有许多盐粒子,同类相聚,水蒸发时便结晶成为盐粒。他也有专门著作研究当时学者热衷探究的尼罗河泛滥的原因,他认为那是由于夏季非洲高山上积雪溶化;而大量的积雪是由于季风将许多水蒸气凝成的云块吹送到埃塞俄比亚高山上凝冻而成的。

　　德谟克利特还用原子论解释某些物理现象。恩培多克勒用孔道结构和元素粒子流射说明磁石吸铁,人们可以质疑:孔道如果是充实而不是虚空的,怎么能吸入粒子？为什么是磁石吸铁,而不是铁吸磁石？德谟克利特肯定粒子流射和同类相吸,但是他作出新的解释。他认为磁石吸铁是在虚空里进行的,磁石和铁由形状相似的原子构成;但是磁石中的原子比铁中的原子更小,更活跃,而且磁石内部的原子构造更稀松,有较大的空隙。更小、更活动的磁石原子很快进入铁中,激动铁原子,使它们流向磁石,进入磁石内部较稀松的空隙。这样就使铁被磁石吸引,而不是铁吸磁石。（DK68A165）

　　德谟克利特对生物、生理和医学作过许多考察,其广泛和详致,大约可和后来的亚里士多德相媲美。仅从现存少数第二手材料看,他用原子论的观点研究了植物营养、果实成因;从动物皮肤和血管的孔道结构,阐述营养过程,并分析鹿角和牛角的成因。他认为有些动物头上长角,是由于动物的营养物通过网状血管,渗入前额含孔道的骨壁,接触到冷空气而逐渐硬化形成的。他试图用血管和骨壁含虚空的原子结构,解释生角的原因。（DK68A153）他观察了狮、鹰、蜘蛛、海鱼的特殊生理功能,试图用原子的生理结构加以说明。如他认为狮子睡觉不闭眼、猫头鹰夜间视力好,乃是由于它们眼内含有较多的火原子。他对无血的动物和有血的动物进行分类,研究了杂交动物骡子不能生育的原因,考察了胚胎的营养问题,等等。他具体研究了动物的繁殖问题。他认为动物和人的生命力在于活跃的圆球形的原子。动物的精子和卵子的生殖力在于动物吸进的各种元素,这些元素是从身体各部分吸取过来,集中到精子或卵子中;它们包含了身体各重要部位的细微成分,而骨、肉、筋是最重要的成分。精子和卵子间并不均衡的结合,是生命体繁殖的原因,就像无生命物质中原子在碰击中结合一样。①（DK68A140,141）他反对阿那克萨戈拉和第欧根尼强调只有雄性种子才有繁殖能力的观点,主张雄性和雌性的种子在繁殖中都起作用。关于在动物和人的繁殖中决定胎儿性别的原因,他不同意恩培多克勒的见解,即性别取决于子宫内的温度;也不同意阿那克萨戈拉的猜测,即性别取决于精子长在子宫的左边或右边。他认为胎儿的性别取决于父方或母方的种子在结合体中谁占优势。②（DK68A143）这可以说是最早的基因遗传学思想的萌芽。

德谟克利特写过一系列医学著作,涉及营养、摄生及诊断等,专门研究过某些特殊的热病。在这方面,他很可能接受了阿尔克迈翁和希波克拉底的影响。他强调医学首先从营养出发,主张身体健康在于身体内各种要素的均衡,主张疾病预防重于治疗。他在道德残篇中主张节制使身体健康,纵欲使身体分崩离析,这同他将肉体和灵魂看成是由物质原子构成的有机平衡体,是一致的。

以上仅就现在残存的资料,在自然科学各方面为原子论学说勾画一个极其简单的轮廓。这些可能只是德谟克利特原来著作中的一鳞半爪。由此也可以看出,德谟克利特真不愧是古代第一位百科全书式的思想家。

第六节　社会和道德

德谟克利特生活在智者已经活跃的时代,哲学家关心的主要问题已开始从自然界转向人类社会和伦理道德方面。德谟克利特可以说是早期自然哲学最后的一位集大成者,但他同时已经重视研究社会和道德问题。在第欧根尼·拉尔修记载的德谟克利特的著作目录中就有关于伦理和艺术方面的著作。③ 这些著作早已不存在了。留下的德谟克利特的残篇中,绝大部分(几乎

---

① 参见艾修斯:《哲学家意见集成》第5卷,第3章第6节。
② 参见艾修斯:《哲学家意见集成》第5卷,第3章第6节。
③ 参见第欧根尼·拉尔修:《著名哲学家的生平和学说》,第46—48节。

可以说全部)是有关道德的格言,一共有二百多条。① 由此可以看到德谟克利特的社会和伦理思想的大概情况。

德谟克利特对社会生活的研究和他的政治伦理思想,同他的原子论自然哲学体系之间究竟是什么关系?德谟克利特的残篇第三十四曾将人同宏观世界——"大宇宙"相比,说:

　　　　人是一个小宇宙。(DK68B34)

大宇宙是由原子构成的物理世界,小宇宙——人也是由原子构成的物理世界,但这是就人的自然构造方面说的;就人的社会伦理方面说,多数学者认为,同他的原子论哲学之间很难找出紧密的内在联系。但也有人如美国学者弗拉斯托斯在《德谟克利特的伦理学和物理学》一文中,认为德谟克利特的伦理学同他的原子论,特别是同他论述灵魂和身体的生命科学思想,以及论述感觉和理智的认识论思想,都是直接或间接地有着内在联系的。② 我们以为,这种理论上的联结点或吻合处是存在的,但社会政治和伦理思想毕竟属于另一个新的探讨领域,在当时的历史条件下,很难设想能形成将自然和社会各方面无所不包的、有机而严密完整的哲学体系。所以我们不准备多从原子论理论方面去探讨他的伦理思想,主要还是从他当时所处的社会历史条件来研究他的社会伦理思想。

关于人类社会和文明的起源,在古希腊神话中有所谓远古"黄金时代"之类的说法;希腊传统的通俗宗教则将社会起源和人世生活说成都是受神支配的。早期希腊哲学家中也有提及这方面问题的,但到公元前五世纪中叶,一些思想家如希波克拉底、普罗泰戈拉,诗人剧作家如埃斯库罗斯、欧里庇得斯以及历史学家希罗多德和狄奥多罗等人,都注意探索人类社会的起源问题,在他们的著作中描述了人类的史前生活。他们认为远古人类像野兽那样孤独生活,艰难困苦,饥寒交迫,茹毛饮血,凿穴而居,没有衣服、房屋、农业、家畜及技

---

　　① 这些残篇,北京大学哲学系编《古希腊罗马哲学》均列为"道德思想"残篇,另为编号,我们仍按第尔斯-克兰茨的残篇编号(DK),主要根据弗里曼的英译。

　　② 参见艾伦、弗莱编:《苏格拉底以前哲学的研究》第2卷,第396—398页。

艺,不少人沦为野兽的食物或疾病的牺牲品。后来,为了生存的需要,他们便集合起来,合群生活;狂野和自私的本性使他们屡遭挫折以后,逐渐确立稳定的社会生活,从城邦、技艺到各种社会文化开始建立和发展起来。德谟克利特也和他们一样,主张这种素朴的社会进化思想。

德谟克利特是无神论者,他否定神创社会或神主宰社会生活的思想。在他看来,人是自然的产物,社会文明是人自己逐渐创造出来的。他认为,远古人类像动物那样过着衣食匮乏的群居生活,是双手和智慧引导他们从蒙昧走向文明。技艺和文化不是神赐予的,而是人类经验的结晶。他说,"在许多重要的事情上,我们是动物的学生:从蜘蛛学会纺织和缝纫,从燕子学会造房子,从天鹅和夜莺等鸣鸟学会唱歌,都是摹仿它们的。"(DK68B154)他还意识到文化艺术是随着人类物质生活条件的改善而发展起来的,他认为:"音乐是相当年轻的艺术,原因就在于它不是由需要产生的,而是生活已经富裕后的产物。"①

德谟克利特的朴素的社会进化思想也表现在他关于语言起源的意见中。柏拉图在《克拉底鲁篇》中记述,关于语言的起源,当时流行两种对立的观点。一种认为语词和它们所代表的事物有某种天然的关系,苏格拉底后来发挥这种见解,认为语词来自神。另一种见解认为语词是人们从俗约定的,它们是由于人们之间需要交流思想感情而产生的,同它们所表示的事物只有通过声音发生人为的互相对应的联系。狄奥多罗在《历史》中描述:远古人们聚在一起,防卫野兽袭击,"他们起初只发生一些没有意义的紊乱的声音,然后逐渐变成清晰的语词。他们约定这些声音分别表示各种对象,于是创造了就每一事物交流思想的认知模式。在居住的全部世界中,相似的人群聚集在一起,因此,所有不同的人群并没有听起来是共同的语言,因为每个人群都凭机缘构成自己的词。这就是世界上各地的语言如此不同的道理。"②后来新柏拉图学派的普罗克洛(Proclus)在评注《克拉底鲁篇》中记述,德谟克利特赞成语言是约

---

① 斐罗德谟:《论音乐》第4卷,第31章。
② 狄奥多罗:《历史》第1卷,第8章第3—4节。

定俗成的,他还从四个方面来论证这种观点:(1)不同的事物有时用同一个名词称呼;(2)不同的名词有时可用来称呼同一事物;(3)一件事物或一个人的名词有时可以随便改变;(4)两个平行的观念,一个可以用词表达,另一个却没有词表达,如动词"思想"有相应的名词"思想",而名词"正义"却没有相应的动词。①

在德谟克利特的著作目录中,有一系列论述文学和音乐的著作,包括论歌咏的技艺、论节奏与和谐、论诗、论荷马、论正确的词和非常用词、论辞藻的美、论字的和谐和不和谐,等等。克莱门特根据德谟克利特的一些残篇,说他认为"一位以一种富有灵感的激情来写作的诗人,是最美妙的";他称颂荷马能构造一个韵诗的"宇宙",是"因为他怀有一种神圣的激情"②。可惜德谟克利特关于文艺和美学的思想都已经佚失了。

社会政治是他关心的题目。普卢塔克记载说:"德谟克利特劝人接受政治方面的教育,认为这是极重要的,并劝每个人去从事那种人能借以实现最伟大和最美的事情的工作。"③但他自己并不是政治活动家,在他的著作目录中也没有政治方面的著作。要了解他的政治思想只能通过他的残篇。

德谟克利特是一个奴隶主,在对待奴隶的看法上,他和亚里士多德是一样的。亚里士多德认为奴隶"是有生命的工具"④,德谟克利特也说,"应当像使用我们身体的一个部分一样地使用奴隶,让每一个〔奴隶〕完成他的任务。"(DK68B270)他认为"统治天然是属于强者的。"(DK68B267)他也具有当时希腊人一般的偏见——重男轻女,说:"接受女人的统治,是对一个男人最大的侮辱。"(DK68B111)

德谟克利特是奴隶主民主制的拥护者。但他直接讲到民主制的,只有一段人们常引用的残篇:

在民主制度下贫穷也比在专制制度下享受所谓幸福好,正像自由比

---

① 参见格思里:《希腊哲学史》第 2 卷,第 475 页。
② 格思里:《希腊哲学史》第 2 卷,第 477 页。
③ 普卢塔克:《驳科罗封》,第 32 节。
④ 亚里士多德:《政治学》,1253^b28。

受奴役好。(DK68B251)

但是德谟克利特对于希腊民主制的态度,还应该根据当时的实际情况来考察。

在德谟克利特的青年时代,雅典伯里克利的民主制还在兴盛时期,它代表工商奴隶主和众多自由民的利益,拥有宽厚的社会基础,战胜了贵族寡头,创造了繁荣和文明。德谟克利特生活在雅典同盟的区域以内,必有美好的感受。但是到德谟克利特的鼎盛期,伯罗奔尼撒战争爆发,由于奴隶制本身的内在矛盾激化,奴隶主民主制的社会基础在瓦解。恩格斯指出,"发生了财富积累和集中于少数人手中以及大批自由公民贫困化的现象",使大批自由公民"变成穷光蛋"。① 奴隶主民主制连同雅典国家走向衰落,许多向雅典纳贡的盟邦也不例外;由于雅典的苛求勒索,雅典同一些盟邦的矛盾也激化了。一些大奴隶主聚财敛富,大批自由民沦为破产游民,贫富尖锐对立。奴隶主民主制的政治制度也在衰变,公民大会往往成为少数政客钻营私利、投机弄权的工具。雅典同盟在战争中惨败于斯巴达同盟,就因为这种奴隶主民主制已经逐渐丧失它维护和发展奴隶制的历史作用。战后的雅典,民主派和贵族寡头派的执政像走马灯似地轮番更迭,也难以重新振作奴隶制;直到外邦马其顿来统一希腊,建立强大集权的奴隶制国家。

德谟克利特的大半生处在这样一个奴隶主民主制从兴盛走向衰落的时代。苏联的一本哲学辞典将他誉为"古代民主政体的代表"②,也是没有事实根据的。我们知道,伯里克利有一篇著名的在阵亡将士葬礼上的演说,满怀豪情地讴歌雅典民主制造成模范的政治、公正的法律、华丽的城邦、强大的军事、充裕的财富、真挚的友谊、英雄的气概,等等,这确实是一篇气壮山河、激励公众的古代民主政治家的杰作。以此对照德谟克利特的那些格言,连追忆这种民主制的青春年华的影子也没有,对民主制没有正面论述,没有振奋人心的赞颂;他的不少论述都是在旁敲侧击社会生活中的灰暗面,字里行间透露出他对民主制下潜伏危机的不安。我们以为,德谟克利特的政治思想的历史价值,恰

---

① 参见《马克思恩格斯选集》第4卷,第117页。
② 罗森塔尔、尤金编:《简明哲学辞典》,"德谟克利特"条目。

恰在于他以敏锐的目光,在某种意义上觉察到当时已经呈现出来的社会危机的实质;即使在困难情况下,他也是坚决维护民主制的,但他也没有能力挽救这种颓势,他所能做的,不过是像当时一些思想家(包括后来的亚里士多德)一样,提出了一种企图调和矛盾的幻想而已。

德谟克利特看到贫富两极分化是造成当时社会动荡的重要原因。他说:"赤贫和豪富动辄变换位置,是造成灵魂巨大困扰的原因。灵魂被大的分歧所震动,是不稳定也不愉快的。"(DK68B191)因此,在他的道德残篇中多次谈到财产兼并和贫富分化问题。他反对财富兼并,指责有些人"为孩子们聚敛太多的财富,只是一种借口,用以掩饰自己的贪欲。"(DK68B222)他斥责守财奴"贪得无厌会使自己失其所有,像伊索寓言中的狗那样。"(DK68B224)〔《伊索寓言》中说:一只狗衔着一块肉渡河时,看见水里自己的影子,以为是另一只狗衔着一块更大的肉,想去抢它,于是便将自己衔的那块肉放下,冲了过去,结果将自己衔的肉也丢掉了。①〕他指出,侵占别人的财产是最坏的占有,"正像毒瘤是最坏的疾病一样。"(DK68B281)他告诫说,"守财奴的没有教养的子女,就像在刀尖上跳来跳去的人那样。如果他们落下来时没有把脚落在该落的地方,就完蛋了。"(DK68B228)

为了维护民主制度,缓和社会矛盾,德谟克利特提出,应当限制财富的积聚和兼并,克服因贫富过于悬殊造成的"不幸"和"危险"。他主张,"应该只安排一个中等的财富,奋斗的目标只能以一个人的需要为标准来衡量。"(DK68B285)"我的意见是,在一切事物中,均等是好的,过分和不足是不好的。"(DK68B102)他一方面对众多破产和贫困的自由民说,在民主制度下贫穷比在专制制度下受奴役总要好些;另一方面又想劝那些富人,多想想"生活贫困的人的痛苦",免得陷于"贪得无厌"。(DK68B191)他甚至梦想,"如果有钱人能够借钱给穷人,给他们帮助,给他们利益,结果就会有同情、友爱和互助,公民间的和谐,以及许多别的人们能够数得出来的好处。"(DK68B255)他希望在贫富不太悬殊的基础上,使民主制度能够稳定下来,这当然是天真的

---

① 参见《伊索寓言》,中译本,第83页。

空想。

德谟克利特对当时政治制度的衰变,对政治生活的纷扰和动荡,表现出明显的不安。他说:"在现行的宪章制度下,没有方法可以防止官吏做坏事,即使他们本来是好的。因为他是为自己而不像是为了别人,所以在不同的环境下他会表现为同样的人。①但我们应该看到当一个没有做坏事的官吏却被宣判为有罪时,他可以不屈服在后者的淫威之下,法律或其他手段应该是能保护做好事的官吏的。"(DK68B266)德谟克利特已经看出,当时在衰变中的民主制的一些法律,实际上只是使那些拥有权力的人可以为所欲为,好的官吏不能得到保护,即使他们本来是好人,也会去干坏事。所以他大声疾呼:"应该将国家〔城邦〕的事务摆在最重要的位置上,要好好管理;人们不应该为反对公道的事而争执不休,也不应该获得违反公共利益的权力。治理得好的国家是最大的庇护所,可以包容一切;它安全了,一切就都安全,它毁灭了,一切也都毁灭。"(DK68B252)他呼吁大家都要以国家利益为重,但他又看到当时内乱和党争频繁不断,感到忧心忡忡:"内战对两派都是有害的;它使征服者和被征服者同样遭受毁灭。"(DK68B249)面对外来的强敌——斯巴达同盟,他认为,"只有团结一致,才能将伟大的事业,包括城邦间的战争好好进行下去,没有别的办法。"(DK68B250)对于这种内忧外患的政治局面,他也提不出什么具体、高明的改革方案,只能像当时别的思想家一样抽象地提出两点主张:一是要有一个好的法律:"法律意在使人民生活有利;它应该能做到这一点,因为人民自己希望得到好处;这表现于那些服从法律并以之作为自己特有的美德的人。"(DK68B248)二是要做正义的人:"正义就是去做他应该做的事;不正义就是没有做到他应该做的,并且将它置之一边。"(DK68B256)"人必须尽自己的最大努力去处分那做了坏事的人,不应该忽视它。这样做就是正义和善,忽视它便是不正义和恶。"(DK68B261)德谟克利特在当时智者们纷纷热衷于讨论"什么是正义"、"什么是善"等问题时,他是这样看的。联系当时民主制度下产生的种种以权谋私、不负责任等等现象,可以看出他这种说法还是

---

① 参见弗里曼解释:"这就是说,权力会毁坏最好的人。"

有针对性的。

德谟克利特的伦理道德思想的中心，就是要得到精神上的宁静。他说："人们重视灵魂胜过肉体是对的；因为灵魂的完善可以纠正肉体的劣势，而强壮的身体如果缺乏理智，是不能改善灵魂的。"（DK68B187）"有益和无益的标准在于愉快和缺乏愉快。"（DK68B188）"对人来说，最好的方式是使他的生活尽可能地快乐，尽可能地减少痛苦。而这点，如果人是在要毁灭的事物〔名利〕中寻求幸福，是不可能达到的。"（DK68B189）"人们只有通过有节制的享受和生活上的宁静和谐，才能得到快乐。"因此他告诫人们不要贪得无厌，应该常去想想比自己更不幸的人。（DK68B191）只有这种精神上的宁静和谐，才能将人引向正义和善。

但是，德谟克利特并不是禁欲主义者。他说，"一生没有宴饮，就像长途跋涉而没有旅店一样。"（DK68B230）他认为，"一切沉溺于口腹之乐，并在吃、喝、情爱方面过度的人，快乐是短暂的，只在他们吃喝的时候才有，而痛苦却很多。因为对同样东西的欲望不断发生，当人们得到他们所想的东西时，快乐又很快过去；他们除了得到暂时的快乐以外，没有任何好处；对同样东西的需要却又重新回来了。"（DK68B235）因此，他反对放纵这些情欲，说：在我们的内心，"是各种疾病的仓库，会带来许多痛苦的可能性。"（DK68B149）相反，"在灵魂中的理性，却是习惯于从自身获得幸福。"（DK68B146）在德谟克利特这里，已经有由理性节制情欲，认为理性高于情欲，只有从理性自身才能得到真正的幸福的思想了。他的这些思想出现在柏拉图以前，唯物论者德谟克利特和唯心论者柏拉图，在伦理思想的基本观点上并没有根本的对立。

德谟克利特的这种节制欲望的学说，和前面所说的他的政治思想是一致的。他说："对财产的欲望如果没有满足的限度，要比极端的贫穷更为痛苦；因为情绪越强烈，产生的需要也就越大。"（DK68B219）他一方面要富人节欲，另一方面又对穷人说："如果你的欲望不大，则很少一点对你也就显得是很多了；因为欲望少就使贫穷和富有相等。"（DK68B284）总之，富人和穷人都要节欲，就能遏制社会矛盾，大家都会知足常乐，一切纷争便都烟消云散。这就是他为挽救奴隶主民主制所开的"伦理处方"。

德谟克利特在人生态度上推崇理智的作用,并以此坚持原子论、反对宗教迷信。他说,"有些人对我们这有死之身毫无所知,但认识到生活中的痛苦,在生活期间为烦恼和恐惧所困扰,便虚构死后的神话。"(DK68B297)如果懂得人的死亡不过就是原子的分解,便会毫无恐惧,也不必虚构来世生活的荒唐神话了。在这点上,他的伦理思想和他的原子论哲学之间还是有一致之处的。

德谟克利特的伦理思想表现了理性主义的精神。他强调只有追求知识才是最高尚的道德修养。他说:"坚定不移的智慧是最可宝贵的,胜过其余一切。"(DK68B216)"单单一个有智慧的人的友谊,要比所有愚蠢的人的友谊更好。"(DK68B98)"对善的无知就是犯错误的原因。"(DK68B83)因此他说,他宁愿找到一个因果的说明,而不愿获得波斯的王位。看来德谟克利特是个言行一致的人,他大约没有参加什么政治活动,而将自己的一生孜孜不倦地从事于哲学和科学的研究。

留基伯和德谟克利特的原子论哲学,集早期希腊自然哲学的大成,形成西方最早的唯物论哲学体系。它在西方哲学发展史上有十分重要的地位。原子论哲学的发展也经历了曲折的历史命运,并产生深远的历史影响。

德谟克利特提出的原子论,在当时还只是一个天才的假设,缺乏实验科学的验证。而且,在德谟克利特提出原子论哲学时,智者已经广泛兴起,思想界注意的中心已开始从自然界转向人类社会。接着很快出现了苏格拉底和柏拉图的唯心论哲学体系。柏拉图是自觉地明确反对原子论哲学的,但在他的《蒂迈欧篇》的自然哲学理论中,我们也可以看出原子论哲学影响的痕迹。亚里士多德也是站在目的论的立场上,批评原子论的机械论思想;但是他也认为原子论哲学探讨自然现象最为详细,他在自己的著作中多次引用和论述德谟克利特的思想,超过其他哲学家。原子论哲学对于亚里士多德建立自己的自然哲学有一定的启发和影响,策勒说德谟克利特是亚里士多德的"直接前驱",这是并不过分的。

在德谟克利特身后的一段时期,由于柏拉图和亚里士多德的庞大哲学体系思想广泛流传,原子论以至整个自然哲学显得比较衰微,但德谟克利特的学说还是曲折复杂地流传和演变着。

公元前四世纪,德谟克利特的学说还有不少追随者。他的亲授弟子开俄斯岛的涅索斯(Nessus of Chios)的主要旨趣在社会文化方面,研究了荷马史诗的韵律及语源学问题。德谟克利特的另一弟子梅特罗多洛(Metrodorus of Chios)撰写了《论自然》,阐发他的老师关于原子和虚空以及宇宙演化的学说;在天文、地理思想方面,对他的老师有所修正。但是,他为了批判巴门尼德那个永恒不动的"存在",陷入了另一个片面极端,强调人只能感知变易无常的现象,否认理智认识真理的重要功能,否定知识的可能性,染上怀疑论的色彩。他声称:"我否定我们知悉自己是否了解某一事物;我否定我们知悉有知或无知是否存在;总之,我们不知道任何事物存在或不存在。""只是某个人认为某种事物存在罢了。"①显然,他是夸大了他的老师论述感知现象有相对性的一面,走向怀疑论。梅特罗多洛的学生阿布德拉的阿那克萨库(Anaxarchus of Abdera)也有怀疑论色彩,他将实在看成是一个色彩变幻,难以真实认知的万花筒。他是马其顿王亚历山大的顾问,较多地发挥了德谟克利特的社会伦理思想。他的学生皮罗(Pyrrho)进一步发展这种消极因素,建立起古希腊典型的怀疑论哲学。皮罗的学生提奥斯的瑙西芬尼(Nausihhanes of Teos)的学说带有二重性:他既追随德谟克利特,主张科学家应当尊重事实的知识;又响应皮罗,认为对存在事物的认识,无法区别实在和非实在的界限,而现象世界的变易也互相矛盾,会使人从所知感到无知。所以,瑙西芬尼自己的学生——那个领略了德谟克利特学说真谛的伊壁鸠鲁讥嘲他是优柔寡断的"水母"。②

德谟克利特的原子论哲学由伊壁鸠鲁和卢克莱修真正继承下来。伊壁鸠鲁尽管有自诩独创性的癖向,但正如古代学者赫尔米波(Hermippus)所说,正是德谟克利特的著作使伊壁鸠鲁从一个学究变为原子论哲学的弘扬者。③ 卢克莱修的著作《万物本性论》是对德谟克利特原子论的精辟和系统的发挥。在后期希腊和罗马哲学时期,伊壁鸠鲁和卢克莱修阐扬和发展了德谟克利特的原

① 弗里曼:《苏格拉底以前的哲学家》,第327—329页。
② 参见弗里曼:《苏格拉底以前的哲学家》,第335—336页。
③ 参见弗里曼:《苏格拉底以前的哲学家》,第294页。

子论、灵魂说、无神论和伦理思想。罗马时期的斐德罗（Phaedrus）、菲罗德谟（Philodemos）和琉善（Lucian）也传播原子论，反对宗教迷信。

在漫长的中世纪，德谟克利特的著作被遗弃，他的学说遭禁止，基督教神学所利用的柏拉图和亚里士多德的哲学，先后处于独居一尊的地位，科学沦为神学的侍婢。但是德谟克利特的原子论及其科学精神，并没有被基督教的长期思想统制所窒息致死。到中世纪后期，随着英、法、意等国一些学者发掘和翻译介绍古代希腊文化成果，德谟克利特的原子论重露头角，成为基督教内部异端思想家反对神学目的论的思想武器。12世纪的英国人阿迪拉特（Adelard of Bath）、科学家和哲学家威廉（William of Canches）以及法国人考恩特（Hugo Count of Blankenburg）等都翻译介绍了原子论的物质结构学说。两个世纪以后，尼古拉（Nicolaus of Antrecourt）的宇宙论完全接受德谟克利特的学说。他主张物质的终极元素是原子，全部自然现象都是永恒原子的结合和分离，反对目的论的宇宙观。

在文艺复兴时期，原子论哲学苏醒，逐渐成为一股冲击亚里士多德目的论和天主教神学的思潮。在意大利，科学殉道者布鲁诺崇敬德谟克利特，努力以原子论思想冲开亚里士多德哲学体系的缺口。这种科学和宗教神学的斗争在法国也表现得明显，16世纪末法官博亭（Jean Bodin）和希尔（Nicolaus Hill）都撰写论述原子论思想的专著，以反对亚里士多德的学说；17世纪的生理学家巴索（Sebastian Basso）在《自然哲学》一书中阐述原子论思想，用"以太"修正德谟克利特的虚空，此书秘密送往日内瓦发表，冲击了法国天主教神学，1624年引起公开争论，终于被法国政府下令禁毁。1646年，法国学者马格奈努（Jeannes Chrysostomus Magnenus）又发表了向天主教神学挑战的著作《民主派哲学家德谟克利特复活了》，称赞德谟克利特是"力图理解连续物质构造中最卓杰的人"；他修正原子的理论，主张不可分割的原子有改变自身形状的能力。原子论在同宗教神学目的论的斗争中虽然屡遭禁抑，仍然不断滋发，正是"野火烧不尽，春风吹又生"。

原子论思想直接激发和影响了近代科学和唯物论哲学的建立。从物理学角度重新论述原子论，首先得力于伟大的科学家伽利略。他在科学观察和实验中逐渐离开对亚里士多德的信仰,接受了德谟克利特的学说,并且开始将古代原子论引上经受物理学验证的轨道。

在近代哲学中,原子论成为奠立机械唯物论的一块基石,成为先进的资产阶级思想家反对宗教神学和唯心论的锐利武器。从培根起,一些重要的唯物论哲学家都很推崇德谟克利特。霍布斯把伽利略的动力学和原子学说结合,发展成为一种唯物论的机械论哲学,并且提出了激进的无神论思想。笛卡尔虽然否认虚空,主张物质可以无限分割,但他形成广延、质量、动量等范畴,用物质粒子的机械运动解释种种自然现象,仍然是以修正了的原子论作为他的哲学和科学基础的。伽桑狄则将原子论从中世纪神学的禁锢中完全解脱出来,他大力阐发古代原子论的唯物论精神,有力地批判经院哲学和笛卡尔哲学中的"形而上学"。不久,科学巨人牛顿实现了物理学上的伟大综合。他的存在于绝对时间和绝对空间中的宇宙体系,是由坚实不可分割的物质原子按照严格的力学规律构成的;他的严谨论述,使原子论获得科学上的正宗地位,也增强了它的哲学影响。英国科学史家丹皮尔将牛顿和古代创建原子论的伟人相提并论,说牛顿"像古代的德谟克利特一样,他真可算是人类中杰出的天才。"①

原子论通过笛卡尔、伽桑狄和牛顿的宣扬,进入18世纪法国的启蒙运动;在这场伟大的思想变革运动中,原子论成为战斗唯物论和无神论的重要内容。伏尔泰在《哲学辞典》中用原子和虚空给物质下定义,拉美特利依据原子运动撰写心灵的自然史,狄德罗赋予物质微粒运动以"自因",霍尔巴赫的庞大的自然体系完全是由物质"分子"构成的。古代原子论的唯物论科学精神,在法国启蒙思想家那里得到充分发挥,起了猛烈扫荡宗教神学的作用。德谟克利特开创的原子论学说,经历了千百年来坎坷的道路,终于战胜了它的主要敌人宗教神学,取得了科学精神的胜利。

马克思在青年时代写的博士论文,研究了德谟克利特和伊壁鸠鲁的自然哲学间的区别。虽然当时他的一些论述还没有摆脱黑格尔哲学的影响,然而

---

① 丹皮尔:《科学史》,中译本,第240—242页。

他的研究是有重要成果的，而且也表明马克思在完成他的世界观的转变以前，就已经重视对古代原子论哲学的研究。

罗素公正地指出："原子论者的理论比古代所曾提出过的任何其他理论，都更接近于近代科学理论。"①原子论对近代科学的物质结构学说以至整个基础自然科学理论的发展，都有显著影响。伽利略、笛卡尔和牛顿已经在物理学上为物质的原子结构做了定性工作；牛顿甚至指出，"光的结构基本上是原子的"，提出了光学上的微粒说。17世纪的波义耳在化学上采纳了原子论，抛弃了"四元素"的陈旧概念，提出了新的"化学元素"的概念；它被18世纪法国的拉瓦锡所接受，奠定了近代实验化学的基础。19世纪的道尔顿终于以精确的定量分析，建立了系统的关于物质结构的原子说。门捷列耶夫的化学元素周期表又按照原子量的顺序，科学地揭示了原子所构成的元素家族的谱系。德谟克利特的原子论假说经过了二千三百多年，终于发展成为一种确定无疑的科学理论，充分显示了它的科学价值。

现代物理学的发展，从卢瑟福提出原子自身结构的模型，到高能加速器击碎了"坚实、不可分割"的原子，人类正在逐步打开原子内部的秘密，原子并不是物质结构的最基本的粒子。现代物理学对物质结构层次的深入认识，远远超过了古代和近代的原子论。但是，德谟克利特所涉及的一些自然哲学意义上的重要问题，在某种含义上，可以说至今仍由科学家在探讨，从而开拓科学前进的道路。比如，当时争论有关自然本原和物质结构的一些问题，对物质微粒可否进行无限分割，在各种基本粒子里能否深一层找到最基本的共同的"基质"，求得"一"和"多"的统一，等等，当代的理论物理学家在量子物理学领域内仿佛仍在讨论这些古老的问题；他们对"规范场"、"层子"及"夸克"等等的探索，仍旧包含有这些古老的自然哲学意义。当代英国著名科学哲学家波普尔说：爱利亚学派和德谟克利特的基本问题，"至今仍然是自然哲学的基本问题。"②

---

① 罗素：《西方哲学史》上卷，中译本，第99页。
② 波普尔：《假设和反驳》，第79—81页。

德谟克利特将原子和虚空看做是自然的终极本原,认为原子是物质结构的最小和不可分割的基本粒子,这种见解当然是陈旧、过时了。然而,他坚持以物质本身说明自然的唯物论的科学精神,却并不过时。正因此,对由他创始的原子论的评价,也成为现代自然科学领域内一个争论的焦点。随着对物质结构认识的深入,有些自然科学家对原子的分裂和元素的衰变,对微观世界内部特殊的量子力学规律,感到惶惑,以至认为"物质消灭了",自觉或不自觉地向唯心论哲学动摇。例如,著名的量子理论创始人普朗克,本来受机械唯物论影响较多,后来却说原子"只是一种理智的构造,在一定意义上说,它是任意的";并且认为原子"是由我们的想象所产生的,具有暂时的、可变的性质……它是一种人为的产物。"①当代著名的理论物理学家、哥本哈根学派的主要代表之一海森堡,在建立和发展量子力学上有卓越的贡献,但是在哲学上却鼓吹倒退到毕泰戈拉和柏拉图那里去。他认为现代量子理论中,基本粒子最终只是"数学形式"。他贬低德谟克利特的原子论,声称:"现代物理学采取了明确地反对德谟克利特的唯物论而支持柏拉图和毕泰戈拉的立场。"②当然,要驳斥这种理论,一切旧唯物论都是无能为力的。用辩证唯物论去总结、概括当代自然科学的成果,并且汲取而不是墨守历史上自然哲学的合理成分,以促进自然科学不断发展,这才是真正继承和发展德谟克利特的原子论的科学精神。

---

① 普朗克:《物理学的哲学》,中译本,第 50、68—69 页。
② 海森堡:《物理学与哲学》,中译本,第 34 页。

❀ 小　结 ❀

　　早期希腊哲学从泰勒斯开始,经过二百年时间的发展,到德谟克利特原子论哲学体系的建立;它可以说是以前各派哲学学说的大综合,也是古代自然哲学的高峰和它的终结。从德谟克利特开始,希腊哲学转入一个新的历史时期,以研究人和社会为主以及使哲学理论系统化的繁荣时期。

　　希腊哲学从探讨万物的本原开始。伊奥尼亚的哲学家包括赫拉克利特,都以一种具体的物质元素作为万物的本原,万物都由它产生,最后又复归于它。在他们看来,万物本身都是不断运动变化的,赫拉克利特专门研究了各种运动变化,创立了最早的辩证法学说。南意大利哲学却从另一方面提出问题。毕泰戈拉学派指出运动变化的事物背后都有数的规定性,不变的数才是万物的本原。爱利亚学派进一步提出真理和意见两个世界的对立:我们感觉到的多样性的、运动变化的世界是不真实的,真实的乃是那唯一的不变不动的最抽象的“存在”。这样,运动和静止、变和不变、一和多、本质和现象这些哲学上的根本性的问题都提出来了。

　　公元前5世纪后半叶的自然哲学家正是在希腊东西方这两股对立的思潮的激荡下产生的,他们要解决这些对立的问题。这时候希腊的自然科学思想已经有了很大的发展,恩培多克勒、阿那克萨戈拉和德谟克利特都是当时重要的科学家,还有在希腊医学上作出了卓越贡献的希波克拉底等人,他们在科学发展的基础上将哲学也从原来比较简单的物质本原论发展为探讨物质内部构造的哲学学说。他们都是自然科学家,主要是继承和发展伊奥尼亚的哲学传统,但同时也吸收了爱利亚哲学的合理因素,主要是有固定不变的本质以及

"存在不能从非存在产生"的思想。他们提出宇宙万物都是由一些基本的物质微粒组成的。这些物质粒子就是被打碎了的巴门尼德的"存在",它们本身的性质永不变易,由于它们的结合与分离而形成万物的生成和毁灭。这样,他们从唯物论的立场解决了不变的本质和变化的现象二者之间的关系问题。

从恩培多克勒的"元素"和阿那克萨戈拉的"种子"到留基伯和德谟克利特的"原子",关于这些物质粒子的规定性质也有一个认识的发展过程。恩培多克勒只承认水、火、土、气四种元素,用它们的不同数量比例的配合来说明种种事物的形成。用这样来解释千变万化、无限复杂的世界终究是太简单化了,阿那克萨戈拉便发展为承认在每一个种子中都包含有一切事物的因素,发展为粒子性质的无限多元论。可是,哲学提出万物的本原问题,原来就是要寻求事物的统一性;因此,阿波洛尼亚的第欧根尼反对这种多元论,认为一切存在的事物只能是由同一事物变化产生出来的,他想回到"气"的一元论。但"气"还是一种具体的物质,用它说明万物的生成又会遇到伊奥尼亚哲学所遇到的有关对立问题的困难。于是就有原子论的提出。原子本身是没有内在性质的区别的,它是将各种性质都抽象掉的更高一级的抽象物。正因为它没有任何性质,它便能变成具有一切性质的任何事物。但是这种抽象物不同于巴门尼德的"存在"那样完全空洞的抽象,因为原子是充实的,有形状大小(也包括重量)的不同。这就是当时所能认识到的关于物质的最一般的特性,因此可以说,"原子"是近代科学对物质的认识进一步发展以前的具有普遍性的物质概念。古代留基伯和德谟克利特提出这样的原子假设,完成了从具体的物质上升到抽象的过程,从物质方面解决了"一"和"多"的问题。因此,这可以说是达到了古代唯物论哲学的顶峰;在科学方面,它一直影响了近代自然科学的复兴和发展。

最早的素朴唯物论者认为物质本身就是不断运动变化的。赫拉克利特最早提出解释事物运动变化的辩证法学说,但他的这种深刻的思想一直被忽视;在爱利亚学派提出不变的"存在"以后,公元前5世纪后末叶的这些自然哲学家们要回答事物运动原因的问题。恩培多克勒和阿那克萨戈拉在元素和种子这些物质以外提出"爱"和"争"以及"努斯"作为动因,特别是努斯的提出是在物质性的本体以外开始设立了精神化的本体。阿那克萨戈拉基本上是唯物论者,但他同时也是西方哲学史上最早的心物二元论者,虽然他并没有将这种思想贯彻到底。留基伯和德谟克利特的原子论认为努斯和灵魂不过是最精致的、圆形的原子,恢复了唯物论的一元论。但是,他们只提出"虚空"作为原子运动的原因,实际上是将一切运动归结为只是空间的位移运动;他们又将多样性事物产生的原因只归结为原子的形状大小、次序和排列位置的不同,因此他们只重视事物的形状大小和几何形式,这是接受了毕泰戈拉学派的思想传统,但也是将事物的不同的质简单地还原为量的关系。德谟克利特从哲学上阐述了事物运动的"必然性"问题,对于哲学和科学的发展是很重要的,代表了他终身孜孜以求的,也是西方文化中极为突出的科学精神。但是,他所认识的"必然性"还仅仅是事物的表面的因果关系,他还没有认识偶然性(根据马克思《博士论文》的研究,伊壁鸠鲁才开始认识原子运动中的偶然性),因此,他分不清必然的因果关系和偶然的因果关系、本质的因果关系和现象的因果关系。以上这几方面使得原子论哲学带上浓厚的机械论气息,成为近代西方哲学中机械唯物论的先驱。他们提出了"流射说"和"影像说"这样朴素的反映论学说,初步展开了对唯物论的认识论的研究。

德谟克利特曾写过大量的论述到各方面问题的著作,其范围之广泛,只有柏拉图和亚里士多德可以和他相比。人们将他们三个人并提,说他们在西方哲学史上创立了最早的三个庞大而又不同性质的哲学体系。所以,德谟克利特的思想既标志着前一阶段——以自然哲学为重心的早期希腊哲学的终结,又标志着后一阶段——注重研究社会和道德以至引起希腊哲学系统化的繁荣时期的开始。

附　录

这里所列仅限于本卷直接引用和参考了的书目。外国作者的书刊，统一按作者姓氏的拉丁字母排列；我国作者的姓氏，按汉语拼音列入。

第一类　工具书

The Columbia Encyclopaedia，New York，3rd Edition，1963.

《哥伦比亚百科全书》，纽约，1963 年第 3 版。

The Encyclopaedia Britannica，New York，(1)1910 11th Edition；(2)1958 Edition；(3)1974，15th Edition.

《不列颠百科全书》，纽约，(1)1910 年第 11 版；(2)1958 年版；(3)1974 年第 15 版。

The Encyclopaedia of Philosophy，8 Volumes，New York，1967.

《哲学百科全书》，八卷本，纽约，1967 年版。

Lidell-Scott-Jones，*A Greek-English Lexicon*，Oxford，9th Edition，1940，Reprinted 1953.

利德尔—斯科特—琼斯：《希英大辞典》，牛津，1940 年第 9 版，1953 年重印本。

The Oxford Classical Dictionary，Oxford，First Published 1949，Reprinted 1964.

《牛津古典辞典》，1949 年第 1 版，1964 年重印本。

Peters，F. E.，*Greek Philosophical Terms*：*A Historical Lexicon*，New York，1967.

F.E.彼得斯：《希腊哲学术语：历史辞典》，纽约，1967 年版。

Smith，W.*Smaller Classical Dictionary*，London，1952.

don，1952.

W.斯密斯:《古典小辞典》,伦敦,1952
年版。

Webster's New International Dictionary of the
English Language, Massachusetts, 1917;

3rd Edition, 1961.

《新韦勃斯特英语国际大辞典》,马萨
诸塞,1917 年版,1961 年第 3 版。

第二类　苏格拉底以前哲学家残篇资料

Capelle, W. Die Vorsokratiker: Die Fragmente
und Qullenberichte, Berlin, 1958.

W.卡佩莱:《苏格拉底以前学派:残篇
和资料》,柏林,1958 年版。

Cohen, M.R.& Drabkin, J.E., A Source Book
in Greek Science, New York, 1948.

M.R.珂亨和 I.E.德拉勃肯:《希腊科学
资料》,纽约,1948 年版。

Cornford, F. M., Greek Religious Thought:
From Homer to the Age of Alexander, New
York, Reprinted 1969.

F.M.康福德:《希腊宗教思想:从荷马到
亚历山大大帝时代》,纽约,1969 年
重印本。

De Vogel, C.J., Greek Philosophy: A Collec-
tion of Texts with Notes and Explanations,
Vol. 1-Thales to Plato, Leiden, 4th Edi-
tion, 1969.

C.J.德·沃格尔:《希腊哲学:附有注解
的原始资料集》,第 1 卷,《从泰勒斯
到柏拉图》,莱顿,1969 年第 4 版。

Diels, H., Doxographi Graeci, Berlin, 1965.

H.第尔斯:《希腊学述》,柏林,1965 年
重印本。

Diels, H. und Kranz, W., Die Fragniente der
Vorsokratiker, Griechisch und Deutsch,
Weidmann, 1974, unveränderte Nachdrucke
der 6 Auflage.

H.第尔斯和 W.克兰茨:《苏格拉底以前
学派残篇》,希德对照本,魏德曼出版
社,1974 年根据第 6 版重印。

Freeman, K., The Pre-Socratic Philosophers:
A Companion to Diels, Fragmente der Vor-
sokratiker, 2nd Edition, Oxford, 1959.

K.弗里曼:《苏格拉底以前哲学家:第尔
斯的〈苏格拉底以前学派残篇〉导
读》,牛津,1959 年第 2 版。

Freeman, K., Ancilla to the Presocratic Phi-
losophers, translated of the Texts in Diels-
Kranz, Harvard, 1978.

K.弗里曼:《苏格拉底以前哲学家的辅
助读物》,第尔斯—克兰茨原编《苏

格拉底以前学派残篇》部分英译,哈佛,1978 年版。

Kahn,C.H.,*The Art and Thought of Heraclitus：An Edition of the Fragments with Translation and Commentary*,Cambridge,1983 Reprinted.

C.H.卡恩:《赫拉克利特的艺术和思想:附有英译和注释的残篇校刊版本》,剑桥,1983 年重印本。

Kirk,G.S.& Raven,J.E.,*The Presocratic Philosophers：A Critical History with a Selection of Texts*,Cambridge,Re- printed 1979.

G.S.基尔克和 J.E.拉文:《苏格拉底以前的哲学家:附有原始资料选编的批判史》,剑桥,1979 年重印本。

Kirk,G. S.,*Heraclitus：The Cosmic Fragments-Edited with an Introduction and Commentary*,Cambridge,Rlleprinted 1978.

G.S. 基尔克:《赫拉克拉底宇宙论残篇——附有引论和解释的校刊版本》,剑桥,1979 年重印本。

Leonard,W.E.(ed.& trans.),*The Fragments of Empedocles*,Wisconsin,1908.

W.E.列翁奈达编译:《恩培多克勒残篇》,威斯康星 1908 年版。

Loenen,F.H.M.M.,*Parmenides,Melissus,Gorgias：A Reinterpretation of Eleatic Philosophy*,Assen,1959.

F.H.M.M.洛埃纳:《巴门尼德、麦里梭、高尔吉亚:爱利亚哲学的再解释》,阿森,1959 年版。

北京大学哲学系外国哲学史教研室编译:《古希腊罗马哲学》(原始资料选辑),三联书店,1957 年第 1 版。

第三类 古代著作

Aeschylus, *Aeschylus*, 2Vols., translated by H.W.Smyth,The Loeb Classical Library,Reprinted 1973.

埃斯库罗斯:《埃斯库罗斯悲剧集》,两卷本,H.W.斯密斯英译,《洛布古典丛书》,1973 年重印本。

埃斯库罗斯:《悲剧二种》,罗念生译,人民文学出版社,1961 年版。

Aesop(伊索):《伊索寓言》,周启明译,人民文学出版社,1955 年版。

Apollodorus, *The Library*,2 Vols.,translated by J.G.Frazer,The Loeb Classical Library,Reprinted 1976.

阿波罗多洛:《丛书》,两卷本,J.G.弗雷泽英译,《洛布古典丛书》,1976 年重印本。

Aristophanes, *Aristophanes*, 3Vols., translated by B.B.Rogers, The Loeb Classical Library, Reprinted 1982.

阿里斯托芬:《阿里斯托芬喜剧集》,三卷本,B.B.罗杰斯英译,《洛布古典丛书》,1982 年重印本。

阿里斯托芬:《阿里斯托芬喜剧集》,罗念生等译,人民文学出版社,1954 年版。

Aristotle, *Aristotle*, 23 Vols., translated by J.H.Frees, etc., The Loeb Classical Library, Reprinted 1973.

亚里士多德:《亚里士多德著作集》,二十三卷本,J.H.弗里兹等英译,《洛布古典丛书》,1976 年等重印本。

Aristotle, *The Works of Aristotle*, 12 Vols., translated into English under the Editorship of W.D.Ross, Oxford, 1928—1952.

亚里士多德:《亚里士多德著作集》,十二卷本,W.D.罗斯等主编的英译本,牛津,1928—1952 年版。

Aristotle(亚里士多德):《雅典政制》,日知、力野译,三联书店,1957 年版。

Aristotle(亚里士多德):《形而上学》,吴寿彭译,商务印书馆,1959 年版。

Aristotle(亚里士多德):《政治学》,吴寿彭译,商务印书馆,1965 年版。

Aristotle(亚里士多德):《动物志》,吴寿彭译,商务印书馆,1979 年版。

Aristotle(亚里士多德):《物理学》,张竹明译,商务印书馆,1982 年版。

Clement of Alexandria, *Clement of Alexandria*, translated by G.W.Butterworth, The Loeb Classical Library, Reprinted 1979.

亚历山大里亚的克莱门特:《亚历山大里亚的克莱门特著作集》,G.W.巴特沃思英译,《洛布古典丛书》,1979 年重印本。

Diodorus Siculus, *The Library of History*, 12Vols., translated by C.H.Oldfather, etc., The Loeb Classical Library, Reprinted 1968.

狄奥多罗·西库卢:《历史丛书》,12 卷本,C.H.奥德法瑟等英译,《洛布古典丛书》,1968 年重印本。

Diogenes Laertius, *Lives of Eminent Philosophers*, 2Vols., translated by R.D.Hicks, The Loeb Classical Library, Reprinted 1972.

第欧根尼·拉尔修:《著名哲学家的生平和学说》,两卷本,R.D.希克斯英译,《洛布古典丛书》,1972 年重印本。

Euripides, *Euripides*, 4Vols., translated by A.S.Way, The Loeb Classical Library, Reprinted 1978.

欧里庇得斯:《欧里庇得斯悲剧集》,四卷本,A.W.韦英译,《洛布古典丛书》,1978 年重印本。

Herodotus, *Historiae*, 4Vols., translated by A.D.Godley, The Loeb Classical Library, Reprinted 1981.

希罗多德:《历史》,四卷本,A.D.戈德利英译,《洛布古典丛书》,1981 年重印本。

希罗多德:《历史》,王嘉隽译,商务印书馆,1959 年版。

Hesiod, *Hesiod and Homeric Hymns*, translated by A.G.E.White, The Loeb Classical Library, Reprinted 1977.

赫西奥德:《赫西奥德著作集和荷马颂歌》,A.G.E.怀特英译,《洛布古典丛书》,1977 年重印本。

Hippocrates, *Hippocrates and the Fragments of Heracleitus*, 4Vols., translated by W.H.S.Jones, The Loeb Classical Library, Reprinted 1972.

希波克拉底:《希波克拉底著作集和赫拉克利特残篇》,四卷本,W.H.S.琼斯英译,《洛布古典丛书》,1972 年重印本。

Homer, *The Iliad*, 2Vols., translated by A.T.Murray, The Loeb Classical Library, Reprinted 1978.

荷马:《伊利昂纪》,两卷本,A.T.默里英译,《洛布古典丛书》,1978 年重印本。

Homer, *The Iliad*, translated by E.V.Rieu, The Penguin Classics, Reprinted 1956.

荷马:《伊利昂纪》,E.V.里欧英译,《企鹅古典丛书》,1956 年重印本。

Homer, *The Odyssey*, 2Vols., translated by A.T.Murray, The Loeb Classical Library, Reprinted 1980.

荷马:《奥德修纪》,两卷本,A.T.默里英译,《洛布古典丛书》,1980 年重印本。

Homer, *The Odyssey*, translated by E.V.Rieu, The Penguin Classics, Reprinted 1958.

荷马:《奥德修纪》,E.V.里欧英译,《企鹅古典丛书》,1958 年重印本。

Homer(荷马):《奥德修纪》,杨宪益译,上海译文出版社,1979 年版。

Iamblichos, *Pythagoras*, Griechisch und Deutsch, Stuttgart, 1963.

杨布利库:《毕泰戈拉传》,希德对照本,斯图加特,1963 年版。

Lucretius, *On the Nature of Things*, translated by C.Bailey, Oxford, 1910.

卢克莱修:《万物本性论》,C.贝利英译,牛津,1910 年英译。

Lucretius(卢克莱修):《物性论》,方书春译,商务印书馆,1985 年第 2 版。

Pindar, *The Odes of Pindar*, *including The Principal Fragments*, translated by J.E.Sandys, The Loeb Classical Library, Reprinted 1971.

品达:《品达的颂歌,附主要残篇》,J.E.桑兹英译,《洛布古典丛书》,1971 年重印本。

Plato, *Plato*, 12 Vols., translated by H. W. Fowler, etc., The Loeb Classical Library, Reprinted 1971.

柏拉图:《柏拉图著作集》,十二卷本,H.W.福勒等译,《洛布古典丛书》,1971 年等重印本。

Plato, *The Dialogues of Plato*, translated into English with Analytic and Introduction, 5 Vols., Oxford, 3rd Edition 1892, Impression of 1931.

柏拉图:《柏拉图对话集》,B.乔伊特英译,附有析义和引论,五卷本,牛津,1892 年第 3 版,1931 年重印本。

Plato, *The Collected Dialogues of Plato*, Including the Letters, Edited by H.Hamilton & H.Cairns, Princeton, 7th Printing 1973.

柏拉图:《柏拉图对话全集,附信札》,H.汉密尔顿和 H. 凯恩斯编,普林斯顿,第 7 版,1973 年重印本。

Plato(柏拉图):《柏拉图〈巴曼尼得斯篇〉》,陈康译注,商务印书馆,1982 年重印版。

Plato(柏拉图):《柏拉图〈泰阿泰德〉、〈智术之师〉》,严群译,商务印书馆,1961 年第 1 版。

Plutarch, *Moralia*, 16Vols., translated by F.C.Babbitt, etc., The Loeb Classical Librar-y, Reprinted 1969.

普卢塔克:《道德论集》,十六卷本,F.C.巴比特等英译,《洛布古典丛书》,1969 年等重印本。

Plutarch, *The Parallel Lives*, 11 Vols., translated by B.Perrin, The Loeb Classical Library, Reprinted 1982.

普卢塔克:《希腊罗马名人传》,十一卷本,B.佩林等译,《洛布古典丛书》,1982 年重印本。

Polybius, *The Histories*, 6Vols., translated by W.R.Paton, The Loeb Classical Library, Reprinted 1979.

波利比乌斯:《通史》,六卷本,W.R.佩顿英译,《洛布古典丛书》,1979 年重印本。

Sextus, Empiricus *Sextus Empiricus*, 4 Vols., translated by R.G.Bury, The Loeb Classical Library, Reprinted 1976.

塞克斯都·恩披里柯:《塞克斯都·恩披里柯著作集》,四卷本,R.G.伯里英译,《洛布古典丛书》,1976 年重印本。

第一卷——《皮罗学说概要》。

第二卷——《反逻辑学家》(相当于《反理论学》第 7—8 卷)。

第三卷——《反自然哲学家》(相当于另一版本的《反理论家》第 9—10 卷);——《反伦理学家》(相当于另一版本的《反理论家》第 11

卷）。

第四卷——《反诸学科技艺教师》（相当于另一版本的《反理论家》第1—6卷）。

Sophocles, *Sophocles*, 2 Vols., translated by F. Storr, The Loeb Classical Library, Reprinted 1981.

索福克勒斯:《索福克勒斯悲剧集》,两卷本,F. 斯托尔英译,《洛布古典丛书》,1981 年重印本。

Sophocles(索福克勒斯):《索斯克勒斯悲剧二种》,罗念生译,人民文学出版社,1961 年版。

Thomas, I(ed.& trans.), *Greek Mathematical Works*, 2Vols., The Loeb Classical Library, Reprinted 1980.

I . 托马斯编译:《希腊数学原始资料选编》,两卷本,《洛布古典丛书》,1980 年重印本。

Thucydides, *History of the Peloponnesian War*, translated by C. F. Smith, The Loeb Classical Library, Reprinted 1980.

修昔底德:《伯罗奔尼撒战争史》,四卷本,《洛布古典丛书》,C. F. 史密斯英译,1980 年重印本。

Thucydides(修昔底德):《伯罗奔尼撒战争史》,谢德风译,商务印书馆,1960 年版。

第四类　近现代著作

Ackernecht, E. H., *A Short History of Medicine*, New York, 1968.

E. H. 阿克奈西特:《医学简史》,纽约,1968 年版。

Allen, R. E. & Furley, D. J., *Studies in Pre-Socratic Philosophy*, 2 Vols., Human Press.

R.E. 艾伦和 D.J. 弗莱:《苏格拉底以前哲学研究》,两卷本,人文出版社。

Armstrong, A. H., *An Introduction to Ancient Philosophy*, London, 1946.

A.H. 阿姆斯特朗:《古代哲学导论》,伦敦,1946 年版。

Асмус, В. Ф., *Анмчнная Фцлософця*, Издание 2 — e, Дполненное, Москва, 1976.

В.Ф. 阿斯姆斯:《古代哲学》,莫斯科,1976 年增订第 2 版。

Bailey, C., *The Greek Atomists and Epicurus*, Oxford, 1928.

C. 贝利:《希腊原子论者和伊壁鸠鲁》,牛津,1928 年版。

Barnes. J., *The Presocratic Philosophers*, London, 1979. Volume 1 — *Thales to Zeno*, Volume 2—*Empedocles to Democritus*.

J.巴恩斯:《苏格拉底以前哲学家》,两卷本,伦敦,1979。

第一卷——《从泰勒斯到芝诺》;

第二卷——《从恩培多克勒到德谟克利特》。

Barron, B., *Hippocrates in Red Vest*, Illinois, 1973.

B.白龙:《红色网络中的希波克拉底》,伊利诺斯,1973 年版。

Bartlett, E., *An Discourse on the Time, Charakter and Writing of Hippocrates*, New York, 1852.

E. 巴特列脱:《论希波克拉底的时代、性格和著作》,纽约,1852 年版。

Bernal, J.D.(J.D.贝尔纳):《历史上的科学》,伍况甫等译,科学出版社,1959 年版。

Boas, G., *Rationalism in Greek Philosophy*, Baltimore, 1961.

G.博厄斯:《希腊哲学中的理性主义》,巴尔的摩,1961 年版。

Bonnard, A., *Greek Civilization from the Iliad to the Parthenon*, translated by A.L.Sells, London, 2nd Impression, 1958.

A.邦纳:《希腊文明:从〈伊利昂纪〉到巴特农时代》,A.L.塞尔斯英译,伦敦,1958 年第二次重印本。

Bowra, C.M., *Problems in Greek Poetry*, Oxford, 1953.

C.M.鲍拉:《希腊诗论》,牛津,1953 年。

Brumbaugh, R.S., *The philosophers of Greek*, Albany, 1981.

R.S.勃隆堡:《希腊哲学家》,奥尔巴尼,1981 年版。

Burnet, J., *Greek Philosophy*:*Part I*, *Thales to Plato*, London, Reprinted.

J.伯奈特:《希腊哲学:第一部分,从泰勒斯到柏拉图》,伦敦,1928 年重印本。

Burnet, J., *Early Greek Philosophy*, London, 4th ed.1930.

J.伯奈特:《早期希腊哲学》,伦敦,1930 年第 4 版。

Burte, E. A., *The Metaphysical Foundation of Modern Physical Science*, London, 1980.

E.A.伯特:《现代物理科学的形而上学基础》,伦敦,1980 年版。

Bury, J.B., *A History of Greek to Death of Alexander the Great*, New York, 1937.

J.B.伯里:《希腊史:到亚历山大大帝之死》,纽约,1937 年版。

Cajori, F.(F.卡约里):《物理学史》,戴念祖译,内蒙古人民出版社,1981 年版。

The Cambridge Ancient History, Cambridge.

Volume 3 Part 3— *The Expansion of the Greek World*, *eigth to sixth century B.C.* New Edition, 1982.

Volume 4 — *The Persian Empire and the West*, *Reprinted* 1977.

《剑桥古代史》，剑桥。

第 3 卷第 3 分册：《希腊世界的扩张，公元前 8 到 6 世纪》，1982 年新版。

第 4 卷：《波斯帝国和西方》，1977 年重印本。

Cherniss, H., *Aristotle's Criticism of Presocratic Philosophy*, Baltimore, 1935.

H.彻尼斯：《亚里士多德对苏格拉底以前哲学的批判》，巴尔的摩，1935 年版。

Cleve, F. M., *The Giants of Pre-Sophistic Greek Philosophy*, 2 Vols., Holland, 1969.

F.M.克莱芙：《智者以前希腊哲学的巨人》，两卷本，荷兰，1969 年版。

Cole, A. T., *Democritus and the Source of Greek Anthropology*, American Philosophical Association, 1967.

A.T.考尔：《德谟克利特和希腊人类学的来源》，美国语言学协会，1967 年版。

Cornford, F. M., *From Religion to Philosophy*, New York, 1957.

F.M.康福德：《从宗教到哲学》，纽约，1957 年版。

Cornford, F. M., *Before and After Socrates*, Cambridge, 1960.

F.M.康福德：《苏格拉底以前和以后》，剑桥，1960 年版。

Cornford, F. M., *Principium Sapientiae: The Origins of Greek Philosophical Thought*, Edited by W. K. C. Guthrie, New York, 1971.

F.M.康福德：《鉴别原理：希腊哲学思想的起源》，W. K. C.格思里编，纽约，1971 年版。

Cornford, F. M., *Plato and Parmenides: Parmenides' Way of Truth and Plato's Parmenides with an Introduction and a running Commentary*, London, 1939.

F.M.康福德：《柏拉图和巴门尼德：巴门尼德的〈真理之路〉和柏拉图的〈巴门尼德篇〉，英译并附有引论和注释》，伦敦，1939 年版。

Cornford, F. M., 'Mysticism and Science in the Pythagorean Tradition', in *The Pre-Socratic: A Collection of Critical Essays*.

F.M.康福德：《毕泰戈拉学派传统中的神秘主义和科学》，见《苏格拉底以前学派批判论文集》。

Dampier, W.C.（W.C.丹皮尔）:《科学史及其与科学和宗教的关系》，李珩译，商务印书馆，1975 年第 1 版。

Дынник, M.A.（M.A.敦尼克等主编）:《哲学史》，三联书店版。

Dunbabin, T.J., *The Western Greeks*, Oxford, 1948.

T.J.邓巴宾：《西部希腊人》，牛津，1948

年版。

Ehrenberg, V., *The Greek State*, 2rd Edition, London, 1969.

　　V.埃伦伯格:《希腊城邦》,伦敦,1969 年第 2 版。

Emyln-Jones, C.J., *The Ionians and Hellenism: A Study of the Cultural Achievement of the Early Greek Inhabitants of Asia Minor*, London, 1980.

　　C.J.埃姆林—琼斯:《伊奥尼亚人和希腊化:小亚细亚早期希腊居民的文化成就研究》,伦敦,1980 年版。

Farrington, B., *Greek Science*, 2Vols., London, 1949.

　　B.法灵顿:《希腊科学》,两卷本,伦敦,1949 年版。

Fobes, F. H., *Philosophical Greek: An Introduction*, Chicago, 1955.

　　F.H.福布斯:《哲学希腊语引论》,芝加哥,1955 年版。

Fuller, B.A.G., *History of Greek Philosophy, Thales to Democritus*, New York, 1923.

　　B.A.G.福莱:《希腊哲学史,泰勒斯到德谟克利特》,纽约,1923 年版。

Gamow, G.(G.伽莫夫):《物理学发展史》,高士圻译,商务印书馆,1981 年第 1 版。

Gershenson, D.E.& Greenberg, D.A., *Anaxagoras and the Birth of Physics*, New York, 1962.

　　D.E.吉尔琛生和 D.A.格林贝格:《阿那克萨戈拉和物理学的诞生》,纽约,1962 年版。

Glotz, G., *Ancient Greece at Work: An Economic History of Greece from the Homeric Period to the Roman Conquest*, London, 1926.

　　G.格洛茨:《古希腊的成就:从荷马时期到罗马征服时期的希腊经济史》,伦敦,1929 年版。

Glotz, G., *The Greek City and Its Institutions*, London, 1929.

　　G.格洛茨:《希腊城邦及其政制》,伦敦,1929 年版。

Gomperz, T., *The Greek Thinkers: A History of Ancient Philosophy*, 4Vols., translated by L. Magnus, London, 7th Impression, 1969.

　　T.冈珀茨:《希腊思想家:古代哲学史》,四卷本,L.马格纳斯译,伦敦,1969 年第 7 次重印本。

Gorman, P., *Pythagoras: A Life*, London, 1st Published, 1979.

　　P.戈尔曼:《毕泰戈拉传》,伦敦,1979 年第 1 版。

Grote, G., *History of Greece*, 12Vols., London.

　　G.格罗特:《希腊史》,十二卷本,伦敦。

Grünbaum, A., *Modern Science and Zeno's Paradox*, London, 1965.

　　A.格伦鲍姆:《现代科学和芝诺的悖

论》,伦敦,1965 年版。

顾准:《希腊城邦制度》,中国社会科学出版社,1980 年版。

Guthrie, W. K. C., *Orphseus and Greek Religion*, London, Corrected ed., 1952.

　　W.K.C.格思里:《奥菲斯和希腊宗教》,伦敦,1952 年订正版。

Guthrie, W. K. C., *In the Beginning, Some Greek Views, on the Origins of Life and the Early State of Man*, London, 1957.

　　W.K.C.格思里:《泰初,希腊人关于生命的起源和人的早期状况的观点》,伦敦,1957 年版。

Guthrie, W.K.C., *A History of Greek Philosophy*, Cambridge.

　　Volume 1 — *The Earlier Presocratics and the Pythagoreans*, Reprinted 1971;

　　Volume 2 — *The Presocratic Tradition from Parmenides to Democritus*, 1965.

　　W.K.C.格思里:《希腊哲学史》,剑桥。

　　第 1 卷:《早期苏格拉底以前学派和毕泰戈拉学派》,1971 年重印本。

　　第 2 卷:《苏格拉底以前学派的传统,从巴门尼德到德谟克利特》,1965 年版,1974 年重印本。

Haddon, C. G., *Empedocles and Anaxagoras in Aristotles' De Anima*, Philadelphia, 1929.

　　C.G.海登:《亚里士多德的〈论灵魂〉中的恩培多克勒和阿那克萨戈拉》,费

城,1929 年版。

Heath, T.L., *A History of Greek Mathematics*, 2 Vols., Oxford, 1921.

　　T.L.希思:《希腊数学史》,两卷本,牛津,1921 年版。

Hegel(黑格尔):《哲学史讲演录》,第 1 卷,三联书店,1956 年版。

Hegel(黑格尔):《小逻辑》,贺麟译,商务印书馆,第 2 版。

Hegel(黑格尔):《逻辑学》,两卷本,杨一之译,商务印书馆。

Heidegger, M., *Introduction of Metaphysics*, translated by R.Manheim, Yale University, 1959.

　　M.海德格尔:《形而上学导论》,R.曼海姆英译,耶鲁,1959 年版。

Heissenberg, W.(W.海森伯):《物理学和哲学:现代科学中的革命》,范岱年译,商务印书馆,1981 年版。

Hölscher, H., *Empedokles und Hölderlin*, Frankfurt am Main.

　　H.荷歇尔:《恩培多克勒和荷尔德林》,美因河畔法兰克福。

Jaeger, W., *The Theology of the Early Greek Philosophers*, Oxford, 1947.

　　W.耶格尔:《早期希腊哲学家的神学》,牛津,1947 年版。

Jaeger, W., *Paedeia:The Ideals of Greek Culture*, Vol.1 — *Archaic Greece*、*The Mind of Athens*, translated by G. Highet, Oxford,

Reprinted.

W. 耶格尔:《潘迪亚:希腊文化的理想》,第 1 卷——《古代希腊、雅典精神》,G. 海特英译,牛津,1980 年重印本。

日本会田雄次、江上波夫审订:《世界风物志》,第八册《希腊、土耳其、以色列》。中文版由《世界风物志》编译小组译,黄鼎三、刘恩霖、项退结审订,台湾地球出版社,1977 年。

Kagan, D., *Problems in Ancient History——The Ancient Near East and Greece*, Volume 1, New York, 1975.

D. 卡根:《古代史问题——古代近东和希腊》,第 1 卷,纽约,1975 年版。

Kant(康德):《宇宙发展史概论》,上海人民出版社,1972 年版。

Kline, M(M. 克莱因):《古今数学思想》,第 1 册,张理京等译,上海科学技术出版社,1979 年第 1 版。

Lafargue, A.(A. 拉法格):《思想起源论:卡尔·马克思的经济决定论》,王子野译,三联书店,1963 年版。

Lambridis, H., *Empedocles*, Alabama, 1976.

H. 拉姆勃列达斯:《恩培多克勒》,亚拉巴马,1976 年版。

Lange, W(W. 兰格主编):《世界史编年手册》,两卷本,三联书店。

列宁:《列宁全集》,第 38 卷,人民出版社,1959 年版。

列宁:《列宁选集》,第 1—4 卷,人民出版社,1995 年版。

Levin, E. B., *Hippocrates*, New York, 1971.

E. B. 莱伐恩:《希波克拉底》,纽约,1971 年版。

McCure, M. T. & Lattimore, *The Early Philosophers of Greece*, Appleton-Century Co., 1935.

M. T. 麦克鲁尔和拉铁摩:《早期希腊哲学家》,阿普尔顿世纪公司,1935 年版。

Luey, G. De, *On the Doctine of Hippocrates and Plato*, Berlin, 1978.

G. 德·路依:《论希波克拉底和柏拉图的学说》,柏林,1978 年版。

马克思、恩格斯:《马克思恩格斯全集》,人民出版社,1960—1985 年版。

马克思、恩格斯:《马克思恩格斯选集》,第 1—4 卷,人民出版社,1995 年版。

Mason, S. F.(S. F. 梅森):《自然科学史》,周煦良等译,上海译文出版社,1980 年新 1 版。

Михайлова, Э. Н., *Ионнийская Философия*, Москва, 1966.

Э. Н. 米哈依洛娃等:《伊奥尼亚哲学》,莫斯科,1966 年版。

Mourelatos, A. P. D.(ed.), *The Pre-Socratic: A Collection of Critical Essays*, New York, 1974.

A. P. D. 穆雷拉托斯编:《苏格拉底以前

的学派:批判论文集》,纽约,1974 年
版。

Nietzsche, F., *Philosophy in the Tragic Age of the Greeks*, Chicago, 1962.

F.尼采:《希腊人悲剧时代的哲学》,芝加哥,1962 年版。

O'Brien, D., *Empedocles' Cosmic Cycle*, Cambridge, 1969.

D.奥伯林:《恩培多克勒的宇宙循环》,剑桥,1969 年版。

Onians, R. B., *The Origins of European Thought*: *About the Body*, *the Mind*, *the Soul*, *the World*, *Time*, *and Fate*, Cambridge, 2nd Edition, 1954.

R.B.奥奈恩斯:《欧洲思想的起源:关于肉体、心灵、灵魂、世界、时间和命运》,剑桥,1954 年第 2 版。

Popper, K.R., *The Open Society and Its Enemies*, Volume 1——The Spell of Plato, Princeton, 5th Edition(revised), 1966.

K.R.波普尔:《开放的社会及其敌人》,第 1 卷,《柏拉图的符咒》,普林斯顿,1966 年修订第 5 版。

Robin, L.(L.罗斑):《希腊思想和科学精神的起源》,陈修斋译,商务印书馆,1965 年第 1 版。

Robinson, J. M., *An Introduction to Early Greek Philosophy*, Boston, 1968.

J.M.罗宾逊:《早期希腊哲学导论》,波斯顿,1968 年版。

Ross, W.D., *Aristotle's Metaphysics*: *A Revised Text with Introduction and Commentary*, 2Vols., Reprinted 1975, Oxford.

W.D.罗斯:《亚里士多德的〈形而上学〉:附有引论和注释的希腊语校订本》,两卷本,牛津,1975 年重印本。

Ross, W. D., *Aristotle's Physics*: *A Revised Text with Introduction and Commentary*, Oxford.

W.D.罗斯:《亚里士多德的〈物理学〉:附有引论和注释的希腊语校订本》,牛津。

Rostovtzeff, M., *A History of the Ancient World*, Volume1——*The Orient and Greece*, Oxford, 1925.

M.罗斯托采夫:《古代世界史》,第 1 卷,《东方和希腊》,牛津,1925 年版。

Rothenbücher, A., *Das System der Pythagoreer*, Berlin, 1867.

A.罗滕比克尔:《毕泰戈拉学派体系》,柏林,1867 年版。

Russell, B.(B.罗素):《西方哲学史》,上卷,何兆武等译,商务印书馆,1963 年第 1 版。

Sambursky, S., *The Physical World of Greeks*, translated from the Hebrew M.Dagut, London, Ist Published 1956.

S.萨姆伯斯基:《希腊人的物理世界》,M.达格特英译自希伯来语,伦敦,1956 年第 1 版。

Schuré, E., *Pythagoras and the Delphic Mysteries*, London, 1918.

E.舒雷:《毕泰戈拉和德尔菲神殿的神秘宗教仪式》,伦敦,1918 年版。

Scott, J. E. (J. E.斯科特):《数学史》,商务印书馆,1981 年版。

Seligman, P., *The Apeiron of Anaximander: A Study in the Origin and Formation of Metaphysical Idea*, London, 1962.

《世界上古史纲》编写组:《世界上古史纲》,上、下册,人民出版社,1979—1981 年版。

Sinnige, T. G., *Matter and Infinity in the Presocratic Schools and Plato*, Assen, 2nd Edition 1968.

T.G.辛尼格:《苏格拉底以前的学派和柏拉图的物质以及无限性》,阿森,1968 年版。

Smith, W., *The Hippocratic Tradition*, Cornell University Press, 1979.

W.史密斯:《希波克拉底传统》,康奈尔大学出版社,1979 年版。

Smyth, H. W., *Greek Grammar*, Harvard, 1976.

H.W.史密斯:《希腊语语法》,哈佛,1976 年版。

Tannery, *Pour L' Historie de la Science helléne*, 2nd ed. by A. Dies, Paris, 1930.

泰纳利:《希腊科学史》,A.第斯编第 2 版,巴黎,1930 年版。

Thomson, G. (G.汤姆逊):《古代哲学家》,何子恒译,三联书店,1963 年版。

Ueberweg, F., *History of Philosophy*, Volume 1 — *History of the Ancient and Mediaeval Philosophy*, New York, 1903.

F.宇伯威格:《哲学史》,第 1 卷,《古代和中世纪哲学史》,纽约,1903 年版。

Vaux, W. S. W., *Greek Cities and Islands of Asia Minor*, London, 1877.

W.S.W.沃克斯:《希腊城邦和小亚细亚岛屿》,伦敦,1877 年版。

West, M. L., *Early Greek Philosophy and the Orient*, Oxford, 1971.

M.L.韦斯特:《早期希腊哲学和东方》,牛津,1971 年版。

Westerman, W. L., *The Slave Systems of Greek and Roman Antiquity*, Philadelphia, 1955.

W.L.韦斯特曼:《希腊罗马古代奴隶制度》,费城,1955 年版。

Windelband, W., *A History of Philosophy*, Volume 1, New York, 1958.

W.文德尔班:《哲学史》,第 1 卷,纽约,1958 年版。

Windelband, W., *History of Ancient Philosophy*, translated by H. E. Cushman, New York, 3rd Edition, 1924.

W.文德尔班:《古代哲学史》,库什曼英译,纽约,1924 年第 3 版。

叶秀山:《前苏格拉底哲学研究》,三联书

店,1982 年版。

Zeller, E., *Outlines of the History of Greek Philosophy*, London, 1922.

　　E.策勒:《希腊哲学史纲》,伦敦,1922 年版。

Zeller,E.& Nestle,W.,*Outlines of the History of Greek Philosophy*,London,13th Edition,1931.

E.策勒和 W.内斯特莱:《希腊哲学史纲》,伦敦,1931 年第 13 版。

Zeller, E., *A History of Greek Philosophy*: *From the Earliest Period to the Time of Socrates*,2 Vols.,London,1881.

　　E.策勒:《苏格拉底以前的学派》,两卷本,伦敦,1881 年版。

❀ 译名对照表 ❀ ───────────────

（一）人名、神名

Achilles	阿喀琉斯	Alcidamas	阿尔基达玛
Acron	阿克隆	Alcinous	阿尔喀诺俄
Adrastus	阿德拉斯托	Alcmaeon	阿尔克迈翁
Aelian	埃利安	Alcmene	阿尔克墨涅
Aenesidemus	埃涅西得姆	Alexandros	亚历山大
Aeolus	埃俄罗斯	Alyattes	阿吕亚特
Aer	埃尔	Amasis	阿玛西斯
Aeschylus	埃斯库罗斯	Ameinias	阿美尼亚
Aetius	艾修斯	Ammon	阿蒙
Agamemnon	阿伽门农	Ammonius	阿谟尼乌
Agathemerus	阿伽塞美鲁	Amyclas	阿密克拉
Agatheschus	阿伽泰库	Anacharsis	阿那卡尔西
Agenor	阿革诺耳	Anaxagoras	阿那克萨戈拉
Aidoneus	埃多涅乌	Anaxarchus	阿那克萨库
Albinus	阿尔比努	Anaximander	阿那克西曼德
Alcaeus	阿尔开乌	Anaximenes	阿那克西美尼
Alcibiades	阿尔基比亚德	Androklus	安德罗克罗

938

Andronicus	安德罗尼柯	Athenocritus	阿塞诺克里托
Ansar	安沙尔	Augustinus	奥古斯丁
Antigone	安提贡涅	Augustus	奥古斯都
Antiphon	安提丰	Aurelius	奥勒利乌
Antisthenes	安提斯泰尼		
Anu	阿奴	Bacchus	巴克科斯
Aphrodite	阿佛洛狄忒	Bathyllus	巴绪卢
Apollo	阿波罗	Bias	彼亚斯
Apollonius	阿波罗尼奥	Bloson	伯洛松
Apollodoros	阿波罗多洛	Brotinos	布隆提诺
Apollothemis	阿波罗塞米		
Apsu	阿普苏	Cadmus	卡德摩斯
Arcesilaus	阿尔凯西劳	Caesar	凯撒
Archelaus	阿凯劳斯	Calliades	卡利亚得
Archimedes	阿基米德	Callias	卡里亚
Archippus	阿尔基波	Callimachus	卡利马科
Archytas	阿尔基塔	Calliphon	卡利封
Ares	阿瑞斯	Cambyses	冈比斯
Aristarchus	阿里司塔库	Cebes	克贝
Aristeides	阿里司泰得	Censorinus	肯索里努
Aristodemus	阿里司托得姆	Charondas	卡隆达斯
Aristomachus	阿里司托玛库	Chilon	喀隆
Aristophanes	阿里斯托芬	Chronus	克罗诺斯
Aristotles	亚里士多德	Chrysippus	克律西波
Aristoxenus	阿里司托森	Cicero	西塞罗
Artemis	阿耳忒弥	Cimon	喀蒙
Asclepiades	阿斯克莱皮亚德	Claudianus Mamertus	
Aspasia	阿丝帕希娅		克劳狄安·玛美尔图
Aspasius	阿斯帕西乌	Cleidemus	克莱得谟
Athena	雅典娜	Cleisthenes	克利斯提尼

Clement Aloxandria		Dexius	德克修斯
克莱门亚历山大里亚的		Dicaearchus	狄凯亚尔库
Cleobulina	克莱俄布里娜	Didymus	狄底谟斯
Cleobulus	克莱俄布卢	Dike	狄凯
Cleon	克莱翁	Diochaetas	狄奥凯塔
Clinias	克利尼亚	Diocles	狄奥克勒
Corax	科拉克斯	Diodorus	狄奥多罗
Crates	克拉特斯	Diodotus	狄奥多图
Cratinus	克拉提努	Diogenes	第欧根尼
Cratylus	克拉底鲁	Diogenes Lartius	第欧根尼·拉尔修
Cresphontes	克瑞司丰特	Diomedon	狄俄美冬
Croesus	克娄苏	Dionysius	狄奥尼修
Cronus	克洛诺斯	Dionysus	狄奥尼修斯
Cylon	库隆	Diopeithes	狄奥拜底
Cypselus	库普塞卢	Dorus	多鲁斯
Cyrus	居鲁士	Douris	多乌里斯
		Dracos	德拉科
Daedalus	代达罗斯		
Damacius	达玛修斯	Ea	哀阿
Damasippus	达玛西普	Echecrates	厄刻克拉底
Damasus	达玛苏斯	Echemus	厄刻姆斯
Damon	达蒙	Ecphantus	厄克芳图
Darius	大流士	Empedocles	恩培多克勒
Demeter	得墨忒耳	Empiricus	恩披里柯
Demetrius	狄米特里乌	Ephialetes	厄菲亚尔特
Democritus	德谟克利特	Epicharmos	厄庇卡尔谟
Demokedes	德谟凯得	Epicurus	伊壁鸠鲁
Demylus	德美洛斯	Epimenides	厄庇美尼德
Deucalion	丢卡利翁	Epiphanius	爱比芳流
Dexippus	德克西波	Eratothenes	厄拉托塞涅

Erebes	厄瑞布斯	Hammurabi	汉谟拉比
Eridu	厄里杜	Harpagus	哈帕古斯
Eros	厄洛斯	Hecataeus	赫卡泰乌
Eryximachus	厄律克西马库	Hector	赫克托耳
Euclid	欧几里德	Hegesistratus	赫格西斯特拉图
Eudemus	欧德谟斯	Helen	海伦
Eudorus	欧多鲁斯	Hellen	希伦
Eudoxus	欧多克索	Hephaestus	赫费司托
Eupalinus	欧帕利努	Hera	赫拉
Euripides	欧里庇得斯	Heracles	赫拉克勒斯
Europa	欧罗巴	Heraclides	赫拉克利德
Eurylochus	欧律罗库	Heraclitus	赫拉克利特
Eurystratos	欧律司特拉托	Heracon	赫拉孔
Eurytus	欧律托斯	Herakleides	赫拉克莱德
Eusebius	尤息比乌	Here	希拉
Euthydemus	欧绪德谟	Hermarchus	赫尔玛库
Examyos	埃克萨密俄	Hermes	赫耳墨斯
		Hermippus	赫尔米波
Favorinus	法沃里诺	Hermodoros	赫谟多洛
Ficino	斐奇诺	Hermotimus	赫谟提谟
Furies	富里斯	Herodicus	赫罗狄库
		Herodotus	希罗多德
Gaea	该亚	Herophilus	赫罗菲卢
Galen	伽伦	Hesiod	赫西奥德
Gelon	格隆	Hestiaeos	赫司提埃俄
Glaucos	格劳科斯	Hicetas	希凯塔
Gorgias	高尔吉亚	Hierocles	希罗克勒
Gyges	巨格斯	Hieron	希厄隆
		Hieronymus	希洛尼谟
Hades	哈得斯	Hiketaos	希凯塔俄

941

Hipparchus	希帕库斯	Kroeisos	克洛伊索
Hippasus	希帕索		
Hippias	希庇亚斯	Lacydes	拉居得
Hippocrates	希波克拉底	Lahamu	拉哈牧
Hippodamia	希波达弥亚	Lahmu	拉牧
Hippolyts	希波吕托	Laurentinus	努伦提诺
Hippon	希朋	Lembus	兰布斯
Homer	荷马	Leon	勒翁
Horace	贺拉斯	Leucippus	留基伯
Hyllus	叙卢斯	Leucothea	琉科忒亚
Hypnus	许普诺斯	Lucian	琉善
		Lucretius	卢克莱修
Iamblichus	杨布利柯	Lycurgus	莱喀古斯
Idaeus	伊戴乌斯	Lysis	吕西斯
Ion	伊翁		
Iris	伊里斯	Marcus	玛尔库斯
Isis	伊西斯	Maximus	玛克西姆
Isocrates	伊索克拉底	Melanippe	美拉尼珀
Isolochus	伊索洛库	Melas	梅拉斯
Italus	伊塔卢斯	Melissus	麦里梭
Ithagenes	伊泰根尼	Meno	美诺
		Mermnad	美尔姆纳特
Jahveh	雅赫维	Meton	麦同
Jesus	耶稣	Metrodorus	梅特罗多洛
Justinus	查士丁	Milo	米罗
		Min	米恩
Karneades	卡涅亚德	Minos	弥诺斯
Kisar	刻沙尔	Minyas	米尼亚斯
Kleitomachos	克利托玛科	Mitylene	米提勒涅
Krantor	克冉托尔	Mnesagoras	涅萨戈拉

Mnesarchos	涅萨尔科	Orpheus	奥菲斯
Mochus	摩赫	Orthagoras	俄尔萨戈拉
Mummu	摩摩	Orthomenes	俄尔索美涅
Muses	缪斯	Osiris	俄西里斯
Myskellos	密斯刻洛	Ouranos	俄剌诺斯
Myson	密松		
		Palamedes	帕拉墨得
Naucratis	瑙克拉提	Panaetios	帕奈提乌
Naukudes	瑙居特斯	Pandora	潘多拉
Nausiphanes	瑙西芬尼	Parmenides	巴门尼德
Neanthes	涅安塞斯	Paron	帕朗
Nearchus	涅亚尔科	Patrocles	帕特洛克勒
Neileos	奈勒俄斯	Pausanias	鲍萨尼阿
Nemesius	涅美西乌	Pelops	珀罗普斯
Nessus	涅索斯	Perdiccas	佩尔狄卡
Nestis	涅司蒂	Periander	佩里安德
Nicomachus	尼各马科	Periandros	珀里安德洛
Ninon	尼农	Pericles	伯里克利
Noetus	诺厄图斯	Perithous	佩里索斯
Nudimmud	纽迭门特	Perseus	珀耳修斯
Nymphs	尼姆福斯	Pesistratus	庇西特拉图
Nyx	尼克斯	Petron	佩特隆
		Petros	佩特罗斯
Oceanides	俄刻阿尼得	Phaedo	斐多
Oceanus	俄刻阿诺	Phaedrus	斐德罗
Odyseus	奥德修	Phaidros	斐冬
Oedipus	俄狄甫斯	Phalaris	法拉里斯
Oenopides	俄诺庇得	Phanes	法涅斯
Olympiodorus	奥林匹俄多鲁	Phanton	芳同
Origen	奥利金	Pharos	法洛斯

Silenus	西勒诺斯		Theodorut	塞奥多瑞特
Simmias	西米亚		Theognis	塞奥格尼
Simonides	西摩尼德		Theon	塞翁
Simplicius	辛普里丘		Theophrastus	塞奥弗拉斯特
Socrates	苏格拉底		Theseus	忒修斯
Solon	梭伦		Thrasybulus	塞拉绪布罗
Sophocles	索福克勒斯		Thrasydaeus	塞拉绪代乌
Sosikrates	索西克拉底		Thrasyllus	塞拉绪罗
Sotion	索提翁		Thucydides	修昔底德
Speusippus	斯彪西波		Tiamat	提阿玛特
Stilpo	斯提尔波		Timaeus	蒂迈欧
Stobaeus	斯托拜乌		Timon	蒂蒙
Strabo	斯特拉波		Tisias	提西亚斯
Syrianus	绪里亚努		Titan	泰坦
			Tyrius	堤里乌斯
Tartarus	塔耳塔洛			
Teios	忒俄斯		Uranus	乌剌诺斯
Teleutagoras	忒娄泰戈拉			
Temenus	特美努斯		Vitruvius	绪特鲁维乌
Tethys	忒提斯			
Teutames	透塔美斯		Xenocrates	色诺克拉底
Thales	泰勒斯		Xenophanes	塞诺芬尼
Theaetetus	泰阿泰德		Xenophilos	塞诺菲罗
Theagenes	塞亚革涅		Xenophon	色诺芬
Theano	塞亚诺		Xerxes	薛西斯
Theleus	塞琉斯		Xuthos	苏索斯
Themis	塞米司			
Themistius	塞米司提乌		Zeno	芝诺
Themitius	塞米修斯		Zeus	宙斯
Theo	塞俄			

(二)地 名

Colophon	科罗封	Greek	希腊
Corinthus	科林斯		
Cos	科斯	Halys	哈吕斯
Crete	克里特	Harisu	哈里苏
Croton	克罗顿	Heilot	希洛
Cyclades	基克拉迪	Heraclea	赫腊克利亚
Cyprus	塞浦路斯	Heraklides	赫拉克利得
Cyrene	居勒尼	Hermus	赫尔莫斯
Cyrnus	库诺斯	Himera	希墨腊
		Hittite	赫梯
Delos	提洛	Hot Gates	温泉关
Delphi	德尔斐	Hyele	叙埃雷
Doris	多利斯		
		Iberia	伊比利亚
Egypt	埃及	Ionia	伊奥尼亚
Elea	爱利亚	Ionian Sea	伊奥尼亚海
Eleusis	埃琉西斯	Italia	意大利
Elis	埃利斯		
Ephesus	爱菲索	Lacedaemon	拉栖代蒙
Epirus	埃皮鲁斯	Laconia	拉科尼亚
Erythrae	埃律特莱伊	Lagash	拉格什
Etna	埃特纳	Lampsacus	兰萨库斯
Etruria	伊特拉里亚	Larissa	拉利萨
Euboea	优卑亚	Lebedus	勒柏杜斯
Euphrates	幼发拉底	Leontini	林地尼
Eurotas	幼洛托斯	Lesbos	列斯堡
		Locri	洛克里
Firenze	翡冷翠（佛罗伦萨）	Lucania	卢卡尼亚
		Lydia	吕底亚
Gallia	高卢		

Scythia	司奇提亚	Thebes	底比斯
Selinus	塞利努斯	Thermopylae	德摩比利
Sicilia	西西里	Thessalia	帖撒利
Sicyon	希巨昂	Thrace	色雷斯
Sinope	辛诺普	Thurii	图里
Smyrna	士麦拿	Tigris	底格里斯
Sparta	斯巴达	Troy	特洛伊
Sporades	斯波拉底	Tusculan	图斯库兰
Sumer	苏美尔	Tyeotes	泰俄提斯
Susa	苏萨	Tyrus	推罗
Sybaris	锡巴里斯	Tyrrhenian	第勒尼安
Syracusae	叙拉古		
Syria	叙利亚	Urartu	乌剌尔图
Syros	锡罗斯		
		Vesto	维斯多
Tanagra	塔那格拉		
Tarentum	塔壬同	Zagros	札格罗斯
Tartessus	塔太萨斯	Zancle	仑克勒
Teos	提奥斯		

（三）民族、部落名

Achaian	阿该亚人	Assyrian	业述人
Aeolian	埃俄利亚人		
Agrigentum	阿格里根特人	Cadmian	卡德米亚人
Anaxillas	阿那克西拉人	Carian	卡里亚人
Argolian	阿哥利亚人	Chalcis	卡尔西斯人
Argos	阿哥斯人	Chaldaea	迦勒底人

Charonea	开罗尼亚人	Median	米地亚人
Chenian	刻尼人	Mesopotamian	米索不达米亚人
		Messenian	美赛尼亚人
Danaan	达那安人	Minyae	米尼亚人
Dorian	多立斯人		
		Pelasgian	佩拉司吉人
Etruscan	伊特拉里亚人	Phoenician	腓尼基人
Gephyrae	格菲拉人	Scythian	司奇提亚人
		Sicel	西凯尔人
Heilot	希洛人	Siceli	西凯利人
		Syrian	叙利亚人
Ionian	伊奥尼亚人		
		Thera	铁拉人
Lacedaemonian	拉栖代蒙人	Thessalian	帖撒利人
Lydian	吕底亚人		

❈ 索 引 ❈

责任编辑:洪　琼　崔秀军
装帧设计:曹　春

图书在版编目(CIP)数据

希腊哲学史.第1卷/汪子嵩 等著. 修订本-北京:人民出版社,2014.1
　(2023.6 重印)
ISBN 978－7－01－011020－2

Ⅰ.①希…　Ⅱ.①汪…　Ⅲ.①古希腊罗马哲学-哲学史　Ⅳ.①B502

中国版本图书馆 CIP 数据核字(2012)第 152263 号

希 腊 哲 学 史
XILA ZHEXUESHI
第一卷
(修订本)

汪子嵩　范明生　陈村富　姚介厚　著

人民出版社 出版发行
(100706　北京市东城区隆福寺街 99 号)

北京新华印刷有限公司印刷　新华书店经销

2014 年 1 月第 1 版　2023 年 6 月北京第 3 次印刷
开本:710 毫米×1000 毫米 1/16　印张:62.25
字数:880 千字

ISBN 978－7－01－011020－2　定价:220.00 元

邮购地址 100706　北京市东城区隆福寺街 99 号
人民东方图书销售中心　电话 (010)65250042　65289539